Moderna PLUS

CARO ALUNO,

Acesse o portal **MODERNA PLUS** e descubra os conteúdos exclusivos que preparamos para você. Para se cadastrar, basta ter um endereço de e-mail válido e um código de acesso. É simples e rápido.

CB131275

1 PRIMEIRO ACESSO

- Acesse o site http://www.modernaplus.com.br
- Clique em **Primeiro acesso** no menu superior.
- Digite seu código de acesso no local indicado e clique em **Avançar**.

Seu código de acesso é:

A 82975 QUIMICA 1 08973

2 INFORMAÇÕES PESSOAIS

Preencha os campos com seus dados pessoais e clique em **Avançar**. **Atenção:** seu endereço de e-mail e seu CPF são essenciais para a validação do cadastro. Informe-os corretamente.

3 INFORMAÇÕES ESCOLARES

Preencha os campos com seus dados escolares e clique em **Avançar**.

4 INFORMAÇÕES DE ACESSO

Seu endereço de e-mail será o login de acesso ao portal Moderna Plus. Agora, crie uma senha de 6 a 10 caracteres. Em seguida, confirme sua senha. Depois, leia os termos de uso do portal e clique em **Concluir**. Você receberá por e-mail a confirmação do cadastro com seus dados de acesso.

Pronto! A partir de agora, você terá acesso a todos os conteúdos exclusivos do portal **Moderna Plus**.

Tira-dúvidas

Acesse o endereço **http://www.modernaplus.com.br/faq** a qualquer momento. Nele você encontrará respostas para as dúvidas mais frequentes.

Requisitos desejáveis para acesso ao portal

- Sistema operacional: Windows 98 ou superior
- Processador Pentium II 233 MHz ou superior
- Mínimo de 128 Mb de memória RAM
- Resolução de vídeo: 1024 x 768
- Acesso à internet por linha discada (conexão mínima de 56 Kb) ou banda larga
- Caixas de áudio ou fone de ouvido
- Aplicativos: Flash Player e Acrobat Reader 5 ou superior
- Navegadores: Internet Explorer versão 6.0 ou superior; Mozilla firefox 2.0 ou superior (sem bloqueador de pop-up)

Atenção

Após cadastrar-se no site Moderna Plus, seu acesso terá validade de 1 ano.

www.modernaplus.com.br

Moderna PLUS

QUÍMICA 1

QUÍMICA NA ABORDAGEM DO COTIDIANO

TITO • CANTO

Francisco Miragaia Peruzzo (Tito)

Graduado em Química pelo Instituto de Química de Araraquara da
Universidade Estadual Paulista Júlio de Mesquita Filho (U
Professor de Química em escolas de Ensino Médio e em cursos p

Eduardo Leite do Canto

Graduado em Química pela Universidade Estadual de Campina
Doutor em Físico-Química Orgânica pela Unicamp
Professor de Química em escolas de Ensino Médi

5ª edição

Moderna PLUS

Coordenação de Projeto e Inovação: Sérgio Quadros, Sandra Homma
Coordenação editorial: Rita Helena Bröckelmann
Edição de texto: Luis Fernando de Oliveira Furtado (coordenação), Mauro Faro, Fabiana Eiko Shibahara Asano, Horácio Nakazone, Manuel Carlos Garcez Kopenzinski, Edna Emiko Nomura
Assistência editorial: Josy Malone Simões Gomes, Paula Coelho Carvalho da Cruz
Coordenação de *design* e projetos visuais: Sandra Homma
Projeto gráfico e capa: Everson de Paula, Marta Cerqueira Leite
Foto: Óleos essenciais. © Burke/Triolo/Brandx/Other Images e Vidraria de laboratório contendo soluções coloridas. © George Diebold/Getty Images
Coordenação de produção gráfica: André Monteiro, Maria de Lourdes Rodrigues
Coordenação de revisão: Elaine Cristina del Nero
Revisão: Agnaldo dos Santos Lopes, Ana Paula Luccisano, Denise de Almeida, Sérgio Roberto Torres
Coordenação de arte: Wilson Gazzoni Agostinho
Edição de arte: Flavia Maria Susi, Fernanda Fencz, Alexandre de Paula
Assessoria de projetos visuais: William Hiroshi Taciro
Edição de Infografia: Luis Fernando de Oliveira Furtado
Ilustrações: Adilson Secco, Nilson Cardoso, Setup Bureau Editoração Eletrônica
Cartografia: Alessandro Passos da Costa
Editoração eletrônica: Setup Bureau Editoração Eletrônica
Coordenação de pesquisa iconográfica: Ana Lucia Soares
Pesquisa iconográfica: Camila D'Angelo, Thais R. Semprebom, Flávia Aline de Morais, Vera Lucia Barrionuevo, Carlos Luvizari, Angélica Nakamura, Luciano Baneza Gabarron, Ana Carolina Muniz
As imagens identificadas com a sigla CID foram fornecidas pelo Centro de Informação e Documentação da Editora Moderna
Coordenação de *bureau*: Américo Jesus
Tratamento de imagens: Rubens M. Rodrigues, Pix Art
Pré-impressão: Helio P. de Souza Filho, Marcio H. Kamoto
Coordenação de produção industrial: Wilson Aparecido Troque
Impressão e acabamento: Prol

Dados Internacionais de Catalogação na Publicação (CIP)
(Câmara Brasileira do Livro, SP, Brasil)

Peruzzo, Francisco Miragaia
Química na abordagem do cotidiano / Francisco Miragaia Peruzzo (Tito), Eduardo Leite do Canto. – 5. ed. – São Paulo : Moderna, 2009.

Obra em 3 v.
Conteúdo: V. 1. Química geral e inorgânica – v. 2. Físico-química – v. 3. Química orgânica
Bibliografia.

1. Química (Ensino médio) I. Canto, Eduardo Leite do. II. Título.

09-07090 CDD-540.7

Índices para catálogo sistemático:
1. Química : Ensino médio 540.7

ISBN 978-85-16-06340-5 (LA)
ISBN 978-85-16-06341-2 (LP)

EDITORA MODERNA LTDA.
Rua Padre Adelino, 758 - Belenzinho
São Paulo - SP - Brasil - CEP 03303-904
Vendas e Atendimento: Tel. (0_ _11) 2602-5510
Fax (0_ _11) 2790-1501
www.moderna.com.br
2009
Impresso no Brasil

1 3 5 7 9 10 8 6 4 2

Apresentação

Com muito orgulho apresentamos a 5ª edição da obra ***Química na abordagem do cotidiano***, que passa a integrar o *Moderna Plus*, projeto que incorpora várias inovações à coleção.

O conteúdo de cada ano letivo foi encadernado separadamente em três **Partes**. Cada **Parte** é dividida em **Unidades**, identificadas por letras, cada qual organizada em torno de um tema central. Os **Capítulos** são divididos em **Seções** e apresentam vários recursos visuais, como representações esquemáticas, fotografias de experimentos, de modelos e de situações que possibilitam aproximar do cotidiano a abordagem da Química.

As listas de **Objetivos** e de **Termos e conceitos** descrevem o que será estudado em cada Seção e norteiam o estudo, sinalizando os pontos centrais de cada tema. Mapas conceituais permitem encadear conceitos em momentos oportunos.

Os **Exercícios essenciais** contemplam os vestibulares de diversas regiões brasileiras. Estão inseridos logo após um conjunto de pequenos itens e podem ser utilizados em classe e/ou como tarefa, a critério do professor.

Ao final de cada **Unidade**, o **Estabeleça conexões** apresenta o **Mapa conceitual da Unidade**, proporcionando uma visão geral do que foi estudado, e um **Revise, relacione e resolva**, que propõe um exercício mais elaborado para integrar o que acabou de ser visto a conhecimentos anteriores e oferece um roteiro de revisão para diferentes partes da disciplina.

No **Portal Moderna Plus** há vários outros recursos para complementação e ampliação dos temas, como os **Exercícios adicionais**, que têm por objetivo a revisão do tema, o estabelecimento de inter-relações, a aplicação dos conceitos a novas situações e o estudo para as avaliações. No Portal Moderna Plus também existem animações, simuladores, modelos moleculares tridimensionais e atividades adicionais de revisão.

Os aspectos relacionados às recentes descobertas científicas e às modernas linhas de pesquisa e suas aplicações tecnológicas e cotidianas são apresentados na Seção **Informe-se sobre a Química**, no Portal Moderna Plus.

Agradecemos aos colegas que muito nos têm honrado com a adoção de nossos livros e convidamos a todos — os que já adotam ou que ainda não — para a análise desta 5ª edição, cujo objetivo continua sendo o de tornar mais fácil, eficiente e prazeroso o ensino e o aprendizado da fantástica ciência que é a Química.

Tito Peruzzo e Eduardo Canto

ORGANIZAÇÃO DESTE LIVRO

A Coleção *Moderna Plus Química* é composta de três livros. O conteúdo de cada volume é encadernado separadamente em três partes: Parte I, Parte II e Parte III. Assim, você leva para a sala de aula apenas a Parte na qual está o conteúdo em estudo.

Abertura de Parte
Cada Parte está organizada em Unidades, com seus respectivos Capítulos.

PARTE I

Unidade A

Substâncias químicas

Capítulo 1 Introdução ao estudo da Química, *14*
Capítulo 2 Propriedades da matéria, *23*
Capítulo 3 Substâncias químicas, *41*
Capítulo 4 Obtendo substâncias puras a partir de misturas, *53*

Unidade B

Do macroscópico ao microscópico

Capítulo 5 Introdução ao conceito de reação química, *71*
Capítulo 6 Introdução ao microscópico: átomos e moléculas, *87*

Unidade C

Estrutura atômica

Capítulo 7 Modelo atômico de Rutherford, *103*
Capítulo 8 Átomos neutros e íons, *113*
Capítulo 9 Modelo atômico de Bohr, *125*
Capítulo 10 Modelo atômico de subníveis de energia, *140*

Unidade D

Tabela periódica

Capítulo 11 A estrutura da tabela periódica, *153*
Capítulo 12 Algumas propriedades periódicas dos elementos, *173*

PARTE I

Abertura de Unidade
No início de cada Unidade há indicação do tema sobre o qual os Capítulos que ela reúne serão trabalhados.

Abertura de Capítulo
Cada abertura de Capítulo apresenta imagem retratando situações cotidianas com a Química ou que propicia a aquisição de informações sobre assuntos relacionados ao Capítulo.

UNIDADE A Substâncias químicas

Capítulo 1

Introdução ao estudo da Química

A Química, ciência que tem características, história e método de trabalho próprios, é de grande relevância para a sociedade.

1.1 Aprender Química para o exercício da cidadania
A Química é uma ciência de grande importância para o bem-estar humano.

1.2 Os vários aspectos da Química
A Química tem linguagem própria, caráter experimental e aplicado e relaciona-se com várias outras disciplinas.

1.3 Breve panorama histórico
Os passos decisivos para o nascimento da Química foram dados nos séculos XVII e XVIII, sobretudo com os trabalhos de Boyle e Lavoisier.

1.4 Método científico
O método científico norteia a atividade científica, relacionando experimentos, observações, leis ou princípios e teorias.

Química por toda parte

Natural ou artificial, quase tudo em que pousamos o olhar tem química. Tudo o que envolve as transformações dos materiais e suas propriedades é objeto de estudo da Química.

Fotossíntese
Graças a um complexo maquinário molecular, as plantas convertem energia solar em energia química, na forma de moléculas como a glicose.

Combustível
A energia química de moléculas orgânicas convertida em calor é o que move motores a combustão presentes em veículos e em máquinas industriais. Obtemos essas moléculas de fontes como o petróleo e a biomassa.

Protetor solar
O dióxido de titânio (TiO_2) é um dos componentes dos protetores solares. Esse óxido inorgânico é um excelente absorvedor de raios ultravioleta nocivos à pele e está presente também em algumas células solares.

Gosto de...
Percebemos aromas e sabores por meio de sinais químicos. As moléculas presentes nos alimentos ligam-se a receptores olfatórios e gustatórios e nosso cérebro interpreta essa informação com base em nossa memória.

No instinto
Mãos suando, coração acelerado, respiração pesada: todos sintomas de uma torrente de adrenalina pelo corpo. Quando somos pressionados, esse é o sinal químico que nos faz...

Medicina

Para pensar
1. O que você pensa quando ouve a frase "rolou uma química entre nós"?
2. O que seria a vida sem química? E como seria a nossa vida sem a ciência Química?

Há uma breve descrição do que será estudado no Capítulo e um foco (objetivo) para cada Seção do Capítulo.

Alguns temas foram destacados com infografias, criando oportunidade para você exercitar a leitura de imagens.

Cada infográfico apresenta algumas questões que possibilitam o estudo do tema proposto.

Abertura de Seção
Cada Capítulo é organizado em Seções. No início de cada Seção, existe a descrição dos seus Objetivos e também dos Termos e Conceitos envolvidos em seu estudo. Os Termos e Conceitos são retomados no *Caderno do Estudante*, promovendo revisitação dos temas do Capítulo. Desta maneira, você tem uma visão geral sobre a Seção que irá estudar.

Boxes
Lembretes para o aluno e observações aparecem em boxes em cor laranja. Boxes verdes contêm destaques para curiosidades e complementações teóricas.

Exercícios essenciais
Aparecem ao longo do Capítulo e são planejados para serem executados em classe e/ou como tarefa pós-aula. Há também nesta Seção exercícios resolvidos, facilitando a compreensão. Foram selecionadas questões de vestibulares de várias regiões do país.

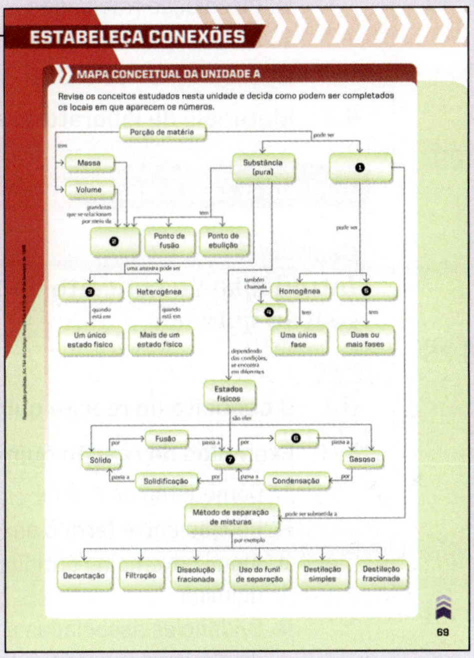

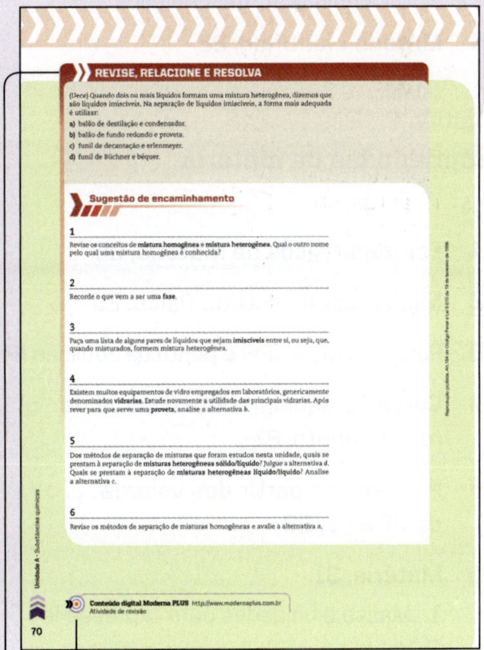

Estabeleça Conexões
Seção que organiza cada fechamento de unidade, apresentando um Mapa Conceitual da Unidade e um Revise, relacione e resolva.
O *Mapa conceitual* propõe uma revisão e conexão entre os conceitos estudados na unidade.

Revise, relacione e resolva
Favorece a retomada de temas e estabelece relação entre diferentes partes da Química. Nesta Seção, há um roteiro para o aluno fazer sua revisão e solucionar o exercício.

Conteúdo digital *Moderna Plus*
Ícone com indicação de conteúdo digital no portal do *Projeto Moderna Plus*, como leituras complementares, animações, exercícios extras, simulações e vídeos relativos ao tema estudado.

SUMÁRIO GERAL

PARTE I

PARTE II

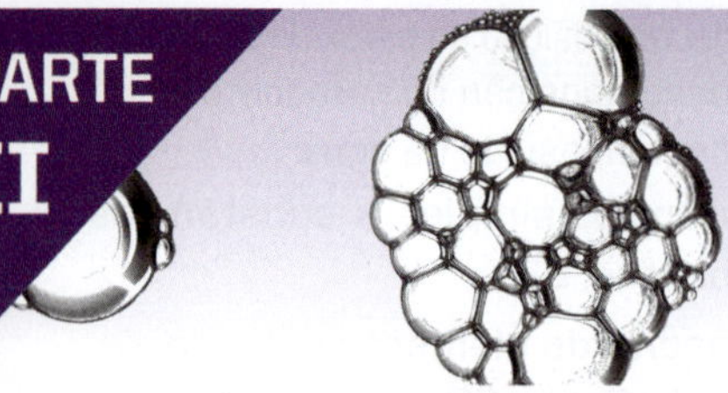

PARTE III

PARTE I

Unidade A

Substâncias químicas

Unidade B

Do macroscópico ao microscópico

Unidade C

Estrutura atômica

Unidade D

Tabela periódica

PARTE I

Capítulo 1

Introdução ao estudo da Química

A Química, ciência que tem características, história e método de trabalho próprios, é de grande relevância para a sociedade.

1.1 Aprender Química para o exercício da cidadania

A Química é uma ciência de grande importância para o bem-estar humano.

1.2 Os vários aspectos da Química

A Química tem linguagem própria, caráter experimental e aplicado e relaciona-se com várias outras disciplinas.

1.3 Breve panorama histórico

Os passos decisivos para o nascimento da Química foram dados nos séculos XVII e XVIII, sobretudo com os trabalhos de Boyle e Lavoisier.

1.4 Método científico

O método científico norteia a atividade científica, relacionando experimentos, observações, leis ou princípios e teorias.

Química por toda parte

Natural ou artificial, quase tudo em que pousamos o olhar tem química. Tudo o que envolve as transformações dos materiais e suas propriedades é objeto de estudo da Química.

FOTOSSÍNTESE

Graças a um complexo maquinário molecular, as plantas convertem energia solar em energia química, na forma de moléculas como a glicose.

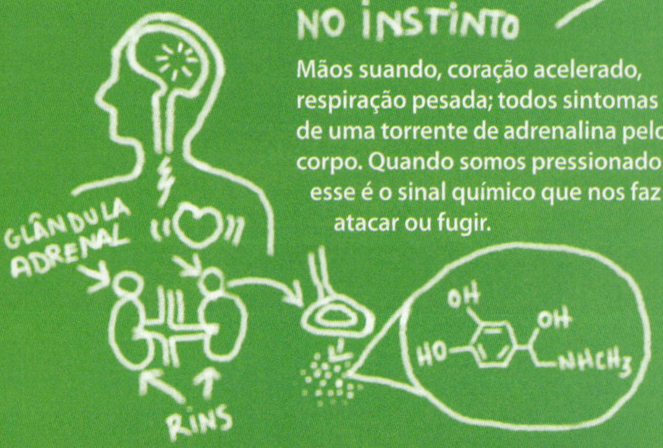

NO INSTINTO

Mãos suando, coração acelerado, respiração pesada; todos sintomas de uma torrente de adrenalina pelo corpo. Quando somos pressionados, esse é o sinal químico que nos faz atacar ou fugir.

MEDICINA

Os químicos desenvolvem novas moléculas com importantes aplicações em Medicina, permitindo que pacientes vivam mais e melhor.

COMBUSTÍVEL

A energia química de moléculas orgânicas convertida em calor é o que move motores a combustão presentes em veículos e em máquinas industriais. Obtemos essas moléculas de fontes como o petróleo e a biomassa.

PROTETOR SOLAR

O dióxido de titânio (TiO_2) é um dos componentes dos protetores solares. Esse óxido inorgânico é um excelente absorvedor de raios ultravioleta nocivos à pele e está presente também em algumas células solares.

GOSTO DE...

Percebemos aromas e sabores por meio de sinais químicos. As moléculas presentes nos alimentos ligam-se a receptores olfatórios e gustatórios e nosso cérebro interpreta essa informação com base em nossa memória.

Para pensar

1. O que você pensa quando ouve a frase "rolou uma química entre nós"?
2. O que seria a vida sem química? E como seria a nossa vida sem a ciência Química?

Seção 1.1

Aprender Química para o exercício da cidadania

Objetivos

- Ponderar sobre a importância da ciência Química.
- Aplicar corretamente a palavra *química*.
- Perceber o uso incorreto dessa palavra nos meios não científicos.

Para a população em geral, a expressão "pão sem química" transmite a ideia de um pão isento de substâncias prejudiciais à saúde. Essa expressão, além de infeliz, é totalmente incorreta, porque na produção do pão utiliza-se farinha de trigo como matéria-prima, e o que ocorre é que parte da farinha passa por uma reação química (denominada *fermentação*). Mesmo sem saber Química, o padeiro executa, todos os dias, essa reação.

Ao utilizar a expressão "pão sem química", uma pessoa revela desconhecer que:

- a Química não é um objeto e, portanto, não pode ser colocada em um pão. A Química é uma ciência, ou seja, um ramo do conhecimento humano que visa compreender melhor alguns fenômenos que ocorrem na natureza e/ou em um laboratório, estudando-os com uma linha organizada de trabalho, denominada *método científico*;
- ao fazer o pão, o padeiro utiliza transformações químicas (reações químicas);
- todos os objetos e materiais existentes (incluindo os pães) são constituídos por substâncias químicas.

Assim, o "pão sem química" é, na verdade, um pão obtido a partir de substâncias e reações químicas, mas sem a adição de substâncias que possam ser nocivas à saúde.

Analogamente, frases como "não tomo remédios, pois contêm muita química", "alimentos enlatados fazem mal porque os fabricantes adicionam muita química" ou "instalei em minha piscina um novo sistema de tratamento totalmente isento de química" também estão incorretamente elaboradas, pois confundem uma importante ciência com substâncias tóxicas ou com produtos e processos maléficos ao ser humano.

Certos materiais que compõem um *notebook* foram obtidos devido aos avanços da Química. Alguns exemplos são as baterias recarregáveis, o monitor de cristal líquido e os circuitos eletrônicos miniaturizados.

Em nosso dia a dia é frequente encontrarmos indicações de substâncias químicas nas embalagens de alimentos, nos frascos de cosméticos, nos rótulos de produtos de limpeza, nas etiquetas de roupas, nas caixas e bulas de remédios e em tantos outros objetos.

Da imensa variedade de produtos colocados à venda, a maioria deles, senão todos, provém de indústrias químicas ou, então, entrou em contato durante sua manufatura com produtos delas provenientes (por exemplo, sabões, detergentes, remédios, cremes dentais, cosméticos, plásticos, borrachas, metais, papéis, colas, tintas, álcoois, sais, açúcares, vinagres, aditivos alimentares, refrigerantes, balas, fibras têxteis, CDs e DVDs etc.). Virtualmente, tudo o que encontramos à venda se relaciona de alguma forma com a indústria química. O produto usado nas embalagens – papel, plástico, vidro ou metal – e a tinta nelas utilizadas são obtidos por meio de processos químicos.

Os materiais empregados na construção de casas, prédios, automóveis, aviões, embarcações, computadores e eletrodomésticos constituem outros exemplos que se relacionam com as indústrias de processos químicos, nas suas mais diferentes modalidades e especialidades.

Os medicamentos são substâncias químicas devidamente extraídas da natureza ou fabricadas artificialmente, purificadas, dosadas e comercializadas.

Do mesmo modo que substâncias químicas podem contribuir para o bem-estar da humanidade, elas também podem – se usadas incorretamente (por ignorância, incompetência, ganância ou ideologias duvidosas) – acarretar doenças, poluição do ar e das águas, desequilíbrios ecológicos e mortalidade de plantas, animais e pessoas.

Assim, apesar de toda a importância desta ciência e de suas aplicações, há muita confusão no que diz respeito à palavra *química*. É comum ouvirmos seu nome sendo usado impropriamente como sinônimo de "substâncias tóxicas", "veneno" ou "poluição".

Aprender *Química* é se envolver num estudo das substâncias ao nosso redor, de onde vêm, quais suas propriedades, que utilidades possuem e quais as vantagens ou os problemas que eventualmente podem trazer à humanidade. A principal meta deste livro é ajudar você a compreender melhor alguns conceitos fundamentais da Química e sua relação com o dia a dia.

Um cidadão participativo e capaz de tomar as melhores decisões para si e para sua comunidade precisa, entre outras coisas, ter noções claras sobre Ciência e Tecnologia. Assim, dominar os conceitos científicos e compreender os fenômenos que nos rodeiam é uma importante condição para o exercício da cidadania.

O conhecimento da Química e a correta utilização de seus princípios podem evitar problemas como o mostrado nesta foto.

Seção 1.2

Os vários aspectos da Química

Objetivos

- Compreender que a Química é uma ciência com linguagem própria, de caráter experimental e caráter aplicado.
- Perceber que a Química interage com outras áreas do conhecimento humano.

Termos e conceitos

- **reprodutibilidade (de um experimento)**
- **pesquisa pura**
- **pesquisa aplicada**

1 A Química possui linguagem própria

[A]

$$\frac{2}{3} + \frac{5}{6} = \frac{3}{2}$$

[B]

Observe atentamente as figuras [A] e [B] acima.

Elas mostram dois códigos diferentes. A figura [A] é uma simbologia matemática, que interpretamos da seguinte forma: "Dois terços mais cinco sextos é igual a três meios". Na figura [B], vemos um sinal de trânsito, que interpretamos como "Proibido estacionar".

Tais códigos constituem um *tipo de linguagem*, cujo objetivo é a comunicação por meio de reduzido número de caracteres (números, letras, símbolos). Toda linguagem exige que a pessoa esteja familiarizada com os códigos para poder interpretá-los.

Diversos ramos do conhecimento humano, por vezes, servem-se de códigos para expressar as ideias de maneira concisa.

A Química, assim como a Música, a Computação e a Eletrônica (apenas para citar alguns poucos exemplos), utiliza-se de representações que podem ser entendidas por qualquer pessoa familiarizada com elas. Ao longo deste curso de Química você irá adquirir informações que lhe permitirão entender essa linguagem. Em breve poderá fazer leituras do tipo:

$$C\ (graf.) + O_2\ (g) \rightarrow CO_2\ (g)$$

(Em palavras: Carbono grafite reage com gás oxigênio produzindo gás carbônico.)

Uma sonata para piano escrita por Mozart (músico austríaco) pode ser entendida e interpretada tanto por um pianista chinês quanto por um brasileiro porque a linguagem das partituras musicais é universal. O mesmo acontece com a linguagem química. Isso é importantíssimo no que diz respeito à comunicação científica ao redor do mundo.

A Música tem linguagem própria, que é registrada nas partituras musicais. Da mesma maneira, a Química também tem linguagem própria.

2 A Química utiliza ferramentas de outras áreas

No decorrer deste curso, você poderá perceber que, muitas vezes, a Química utiliza conceitos de outras áreas, principalmente da Matemática, da Física e da Biologia. Quando for necessário, faremos um comentário preliminar sobre eles, para que você possa dominar todos os pré-requisitos necessários e entender a Química do ensino médio.

A Computação também auxilia muito a Química. Os computadores vêm se mostrando uma importantíssima ferramenta, tanto para a execução de cálculos como também para a organização da imensa quantidade de informações sobre compostos químicos que surge todos os anos.

3 O caráter experimental da Química

Assim como acontece com as outras Ciências Naturais (Física, Biologia etc.), a Química baseia-se na observação de acontecimentos (fenômenos) da natureza. Mais do que isso, a pesquisa química envolve a execução de experiências em laboratório e a cuidadosa observação e interpretação dos resultados.

Quando um cientista realiza algumas experiências e obtém resultados importantes, geralmente ele os publica em revistas especializadas de circulação internacional. Sua descrição deve ser precisa o suficiente para que outros cientistas possam reproduzi-la e chegar aos mesmos resultados. Caso contrário, suas conclusões não serão aceitas pela comunidade científica. Assim, uma preocupação importante relacionada com as experiências é a sua *reprodutibilidade*.

4 O caráter puro e aplicado da Química

Uma pesquisa química pode estar voltada apenas para o melhor entendimento de algum fato da natureza; nesse caso, temos uma *pesquisa pura*. Por outro lado, ela pode estar focada em resolver um problema prático, tratando-se, então, de uma *pesquisa aplicada*.

Os conhecimentos adquiridos na pesquisa pura auxiliam os cientistas nas pesquisas aplicadas. Foi o que aconteceu, por exemplo, com José Bonifácio de Andrada e Silva, estadista do período imperial do Brasil. Conhecido como primeiro geólogo das Américas, ele descreveu doze novos minerais. Em dois deles – a petalita e o espodumênio – o sueco Johan August Arfvedson descobriu, em 1817, um novo elemento químico: o lítio.

A pesquisa pura realizada por ambos, que propiciou a descoberta do lítio, permitiu que hoje esse elemento químico seja empregado em baterias, produtos cerâmicos, esmaltes, lubrificantes e medicamentos contra certos casos de depressão, um distúrbio químico do cérebro.

A pesquisa pura permitiu a descoberta do elemento químico silício. A pesquisa aplicada possibilitou que, com ele, se fizessem as modernas células fotovoltaicas, como a da foto. Tais dispositivos convertem energia luminosa em energia elétrica e já são largamente usados em calculadoras portáteis.

5 O caráter interdisciplinar da Química

Como já dissemos, essa ciência possui caráter aplicado. Muitas vezes, para a resolução de um problema prático, é necessário que ela atue em conjunto com outras ciências.

Ao se aliar à Engenharia, a Química tem propiciado a elaboração de novos materiais, como, por exemplo, as cerâmicas que suportam altas temperaturas, os plásticos altamente resistentes e os materiais supercondutores.

A Medicina, talvez a mais antiga das ciências associadas à Química, é uma das maiores beneficiadas com os modernos avanços dessa área. Anualmente, são descobertas centenas de novas substâncias que podem atuar como medicamentos.

Todas essas fascinantes aplicações que descrevemos representam apenas parte do que existe em termos de avanço científico e tecnológico ligado à Química.

É importantíssimo salientar que nenhum progresso nesse campo será possível se os conceitos básicos da Química não forem bem compreendidos. São esses conceitos, que discutiremos ao longo deste livro, que formam o alicerce de todo o conhecimento químico atual. Embora se trate de conhecimentos básicos, você poderá perceber a grande diversidade de aplicações práticas que eles possuem.

Seção 1.3

Breve panorama histórico

Objetivo

- Esboçar um breve panorama histórico da Química, destacando a importância de Boyle e de Lavoisier.

Termos e conceitos

- Alquimia

Entre as Ciências Naturais, pode-se dizer que a Química é uma das mais recentes. Astronomia, Física e Matemática têm uma história que remonta a muitos séculos antes de Cristo.

Não há uma data específica que possamos colocar como "início" da Química. Podemos dizer, entretanto, que ela só se firmou como ciência no transcorrer dos séculos XVII e XVIII. Vamos, em seguida, dar uma ideia sobre isso.

1 A Antiguidade

Há mais de 3.500 anos, os egípcios já utilizavam procedimentos em que estavam envolvidas transformações químicas. Dentre elas, podemos citar a fabricação de objetos cerâmicos por meio do cozimento da argila, a extração de corantes de certos animais e vegetais, a obtenção de vinagre e bebidas alcoólicas não destiladas (vinho, cerveja) e a produção de vidro e de alguns metais. Destaca-se também a arte da conservação das múmias, na qual os egípcios atingiram alto grau de perfeição.

Por volta de 478 a.C., o filósofo grego Leucipo, que vivia na costa norte do Mar Egeu, apresentou a primeira *teoria atômica* de que se tem notícia, e seu discípulo Demócrito a aperfeiçoou e propagou. A ideia envolvida era a seguinte: considere, por exemplo, a areia de uma praia. Vista de longe ela parece contínua, porém, observada de perto, notamos que é formada por pequenos grãos. Não seriam todas as coisas no universo formadas por "grãozinhos" tão pequenos que não podemos enxergar e, dessa forma, temos a impressão de que elas são contínuas? A esses "grãozinhos" foi dado o nome de *átomos* (do grego *a*, que significa "não", e *tomos*, que quer dizer "divisível").

Contudo, entre os gregos, acabaram predominando as ideias de outro filósofo, Aristóteles (384-322 a.C.). Segundo ele, tudo é constituído de quatro "elementos" básicos: *fogo*, *terra*, *ar* e *água*. Essa maneira de pensar influenciou muito a evolução da Ciência ocidental, que conseguiu desvencilhar-se totalmente dessas ideias somente no século XVI, a partir do qual a Química teve considerável impulso.

Concepção artística de um laboratório alquímico da Idade Média.

2 Alquimia, a precursora da Química

Após Aristóteles, a Grécia passou por um agitado período político e, gradualmente, a cidade egípcia de Alexandria assumiu a liderança científica da época. Lá, encontraram-se frente a frente a filosofia grega, a tecnologia egípcia e as místicas religiões orientais.

Disso tudo nasceu a *Alquimia*, uma mistura de ciência, arte e magia, que floresceu durante a Idade Média, tendo uma dupla preocupação: a busca do "elixir da longa vida", que garantiria a imortalidade e a cura das doenças do corpo, e a descoberta de um método para a transformação de metais comuns em ouro (*transmutação*), que ocorreria na presença de um agente conhecido como "pedra filosofal".

A procura pelo ouro não era motivada por razões econômicas, mas porque ele, devido à resistência à corrosão, representava a perfeição divina. Contudo, muitos realizaram encenações simulando sua transmutação para enriquecer à custa da boa-fé de alguns adeptos da Alquimia.

Papiro sobre uma mesa. O papiro, um tipo primitivo de papel, era muito utilizado por escribas e alquimistas.

Na China, as especulações dos alquimistas conduziram ao domínio de muitas técnicas de metalurgia e à descoberta da pólvora. Os chineses foram os inventores dos fogos de artifício e os primeiros a usar a pólvora em combates no século X.

Nenhum dos dois objetivos da Alquimia foi atingido, contudo, muitos progressos no conhecimento das substâncias provenientes de minerais e vegetais foram obtidos no Ocidente e no Oriente. Prepararam-se substâncias, como, por exemplo, ácido nítrico (chamado na época de *aqua fortis*) e ácido sulfúrico (*oleum vitriolum*). Materiais de laboratório foram sendo gradualmente aperfeiçoados.

No século XVI, o suíço Theophrastus Bombastus Paracelsus propôs que a Alquimia deveria preocupar-se principalmente com o aspecto médico em suas investigações. (Isso ficou conhecido como *Iatroquímica*.) Segundo ele, os processos vitais podiam ser interpretados e modificados com o uso de substâncias químicas. Sua contribuição no diagnóstico e no tratamento de algumas doenças foi digna de nota.

3 Da Alquimia surge a Química

Em 1597, o alemão Andreas Libavius publicou o livro *Alchemia*, no qual afirmava que a Alquimia tem por objetivo *a separação de misturas em seus componentes e o estudo das propriedades desses componentes*.

Em 1661, o irlandês Robert Boyle publicou *The sceptical chemist* (*O químico cético* – cético significa "desconfiado", que só acredita mediante provas), no qual atacava violentamente a concepção aristotélica de quatro "elementos". Para Boyle, *elemento é tudo aquilo que não pode ser decomposto por nenhum método conhecido*. Esses dois livros são considerados, por alguns estudiosos, o marco inicial da Química.

Há outros estudiosos que creditam a Antoine Laurent Lavoisier o mérito de ser o "pai" da Química. Os trabalhos desse cientista francês, realizados no século XVIII, deram à Química bases mais sólidas. Ele realizou experimentos controlados envolvendo medidas da massa de frascos (incluindo a dos materiais neles contidos) antes e depois de acontecerem reações químicas dentro deles. Uma de suas conclusões, a de que a massa se conserva durante as reações químicas, é considerada por alguns o marco inicial da Química. Vamos estudar essa importante contribuição científica na Unidade B, capítulo 5.

No século XIX, os trabalhos de Gay-Lussac, Dalton, Wöhler, Avogadro, Kekulé e outros, cujas conclusões também iremos estudar, deram origem à chamada *Química clássica*.

No século XX, com o grande avanço tecnológico, presenciou-se uma vertiginosa evolução do conhecimento químico. O átomo teve sua estrutura interna pesquisada, elementos artificiais foram sintetizados e modernas técnicas de investigação foram desenvolvidas, utilizando conhecimentos de Química, Física, Matemática, Biologia, Computação e Eletrônica.

Seção 1.4

Método científico

Objetivo

▸ Comentar, em linhas gerais, o método científico.

Termos e conceitos

- observações experimentais
- observações qualitativas
- observações quantitativas
- princípio ou lei
- teoria

Antes mesmo de 2500 a.C., povos da Antiguidade (egípcios, babilônios e chineses) já haviam percebido que o movimento dos astros e das estrelas apresenta uma regularidade, ou seja, repete-se de tempos em tempos. Por volta de 1000 a.C., os caldeus, observando essas regularidades, foram capazes de prever com razoável precisão o acontecimento de eclipses.

Esses fatos ilustram bem a preocupação básica das Ciências Naturais: observar as regularidades nos acontecimentos, conhecidas como "leis da natureza", e, por meio delas, adquirir a capacidade de fazer previsões.

A moderna pesquisa em Química segue por esse mesmo caminho. Um cientista decidido a atuar em certo ramo da Química precisa, antes de mais nada, estudar o que já se descobriu a respeito do assunto escolhido. A partir daí, deve decidir qual será o problema a investigar e elaborar experimentos de laboratório, que lhe permitirão executar *observações experimentais*. Essas observações podem ser de dois tipos:

- *qualitativas*: aquelas que não envolvem dados numéricos;
- *quantitativas*: as que provêm de medidas, obtidas com a utilização de aparelhos, e constituem-se de dados numéricos.

Após a execução dos experimentos, podem-se observar as regularidades e, a partir delas, enunciar um "princípio" ou uma "lei", ou seja, uma frase ou equação matemática que expresse a regularidade observada.

Em seguida, pode-se apresentar uma *teoria*, ou seja, uma proposta de explicação para os fatos experimentais e as leis. Uma teoria é considerada satisfatória quando, ao ser testada em novas situações, obtém sucesso. Quando tal sucesso não é conseguido, ela deve ser modificada ou, dependendo do caso, abandonada e substituída por outra melhor.

A Química é uma ciência e, como tal, está em contínuo processo de evolução e aperfeiçoamento.

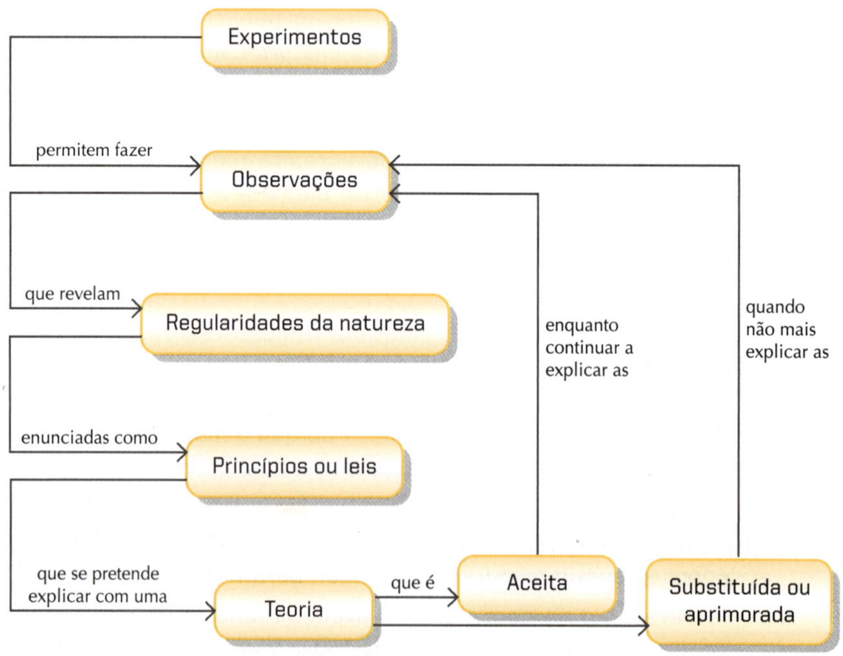

Esse tipo de esquema é denominado *mapa conceitual*. Trata-se de uma maneira de representar a relação lógica entre conceitos. Você encontrará outros mapas conceituais ao longo deste livro.

Capítulo 2

Propriedades da matéria

Nas erupções vulcânicas, temperaturas altíssimas são atingidas, da ordem de milhares de graus Celsius. Nessas temperaturas o material rochoso sofre várias transformações químicas, e também transformações físicas, como a mudança de estado físico.

A matéria tem massa e volume e pode sofrer mudanças de estado físico.

2.1 Estados físicos da matéria

A matéria pode se apresentar em diferentes estados físicos.

2.2 Mudanças de estado físico

Mudanças de estado físico podem ocorrer por aquecimento ou resfriamento.

2.3 Ponto de fusão (PF) e ponto de ebulição (PE)

O ponto de fusão ou de ebulição depende da substância.

2.4 Curva de aquecimento e curva de resfriamento

A temperatura permanece constante durante a fusão (PF) e durante a ebulição (PE) de uma substância.

2.5 Previsões a partir dos valores de PF e PE

O PF e o PE permitem prever estados físicos.

2.6 Matéria

Massa e volume são grandezas que têm unidades apropriadas para que sejam expressas.

2.7 Densidade

A relação entre a massa e o volume de uma amostra de matéria é a densidade dessa amostra.

Seção 2.1

Estados físicos da matéria

Objetivo

▸ Perceber que a matéria pode se apresentar em diferentes estados físicos.

Termos e conceitos

- sólido
- líquido
- vapor
- fusão
- vaporização
- condensação
- solidificação
- sublimação

A foto A abaixo mostra um recipiente contendo cubos de gelo. Nota-se que o tamanho e a forma das pedras de gelo não são influenciados pelo tamanho ou pela forma do recipiente no qual foram colocadas. Dizemos que o gelo se encontra no estado **sólido**, pois apresenta forma e volume definidos.

À medida que o gelo derrete, a matéria resultante passa a ter a forma do recipiente, porém ainda possui volume definido. Dizemos que tal matéria se encontra no estado **líquido**, conforme mostra a foto B abaixo. A passagem do estado sólido para o estado líquido recebe o nome de **fusão**.

Em seguida, se a água é aquecida com auxílio de um bico a gás, por exemplo, o líquido vai esquentando até o momento em que começa a ferver, ou seja, começa a se transformar em vapor. Se o vapor produzido for recolhido em um frasco, como o da foto C abaixo, ele não apresentará forma própria nem volume próprio, pois ficará disperso no interior do recipiente. Dizemos que a matéria se encontra no estado de **vapor**, ou seja, sem forma e volume definidos. A passagem do estado líquido para o estado de vapor recebe o nome de **vaporização**.

O vapor obtido volta ao estado líquido quando resfriado. A passagem do estado de vapor para o estado líquido recebe o nome de **condensação**.

Se dermos continuidade ao processo de resfriamento, o líquido passa a sólido, mudança de estado conhecida como **solidificação**.

Existem sólidos, como a naftalina e o gelo seco, por exemplo, que atingem o estado de vapor sem passar pelo estado líquido, processo denominado **sublimação**.

A

B

C

Seção 2.2

Mudanças de estado físico

Objetivo

- Descrever a relação entre variações de temperatura e mudança de estado físico da água.

Termos e conceitos

- evaporação
- ebulição
- fervura

As situações que acabamos de descrever envolvendo mudanças de estado físico da água e seus respectivos nomes são mostradas no esquema abaixo.

A vaporização, passagem de uma substância no estado líquido para o gasoso, pode ocorrer de forma lenta, na temperatura do ambiente e sem a formação de bolhas, como no caso de uma roupa secando no varal. Nesse caso, a vaporização é denominada **evaporação**. A vaporização também pode acontecer com a formação de bolhas durante o aquecimento do líquido. Nesse caso, é chamada **ebulição** (popularmente, **fervura**).

Considere a figura A abaixo. Os cubos de gelo acabaram de ser retirados do *freezer* e estão a −18 °C (isto é, 18 °C abaixo de zero). A sala situa-se num local ao nível do mar e sua temperatura é de 25 °C.

Acompanhando a temperatura do conteúdo do frasco, com o passar do tempo, verifica-se que ela sobe gradualmente até chegar a 0 °C. Nessa temperatura, o gelo começa a derreter e, enquanto não derrete completamente, a temperatura não se altera, permanecendo no valor constante de 0 °C.

Assim que todo o gelo derrete, a temperatura volta a subir gradualmente até chegar a 25 °C, a mesma temperatura da sala, quando passa a manter-se constante.

Em seguida, essa água líquida, que está a 25 °C, é aquecida com o auxílio da aparelhagem mostrada na figura B. Notamos que a temperatura sobe gradualmente até 100 °C, quando a água começa a ferver. Enquanto a água permanece em fervura, a temperatura mantém-se em 100 °C.

A

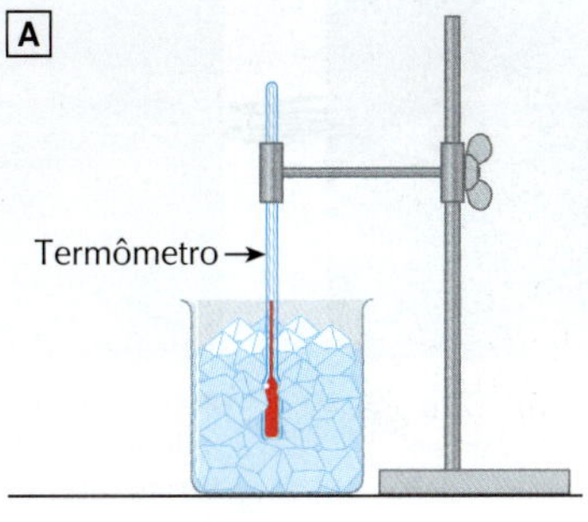

B

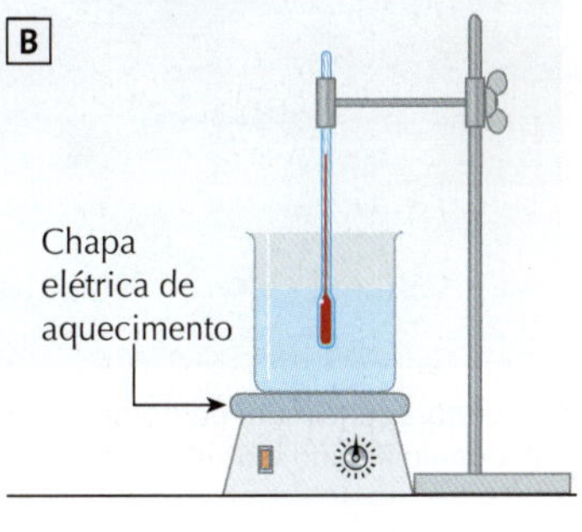

Seção 2.3

Ponto de fusão (PF) e ponto de ebulição (PE)

Objetivo

- Perceber que o ponto de fusão e o ponto de ebulição são diferentes para cada substância.

Como evidenciam os fatos descritos na página anterior, a fusão da água ocorre à temperatura fixa de 0 °C ao nível do mar. Essa temperatura é o **ponto de fusão** (PF) da água ao nível do mar.

A ebulição da água também ocorre a uma temperatura constante, que é de 100 °C ao nível do mar. Essa temperatura é o **ponto de ebulição** (PE) da água ao nível do mar.

O ponto de ebulição das substâncias pode variar bastante, dependendo da pressão atmosférica do local em que a experiência é feita. A pressão atmosférica, por sua vez, varia sensivelmente com a altitude do local. **Vamos deixar subentendido, de agora em diante, que todos os dados relativos à ebulição aqui abordados referem-se à pressão ao nível do mar.**

Ao realizar a experiência descrita anteriormente com outras substâncias, os cientistas chegaram a interessantes resultados. Usando, por exemplo, a substância etanol – o álcool comum presente nas bebidas alcoólicas, altamente inflamável e usado como combustível –, verificaram que a fusão ocorre à temperatura constante de −114 °C e a ebulição, à temperatura constante de 78 °C. Com o naftaleno – substância tóxica presente nas bolinhas de naftalina –, a fusão ocorre à temperatura constante de 80 °C e a ebulição, à temperatura constante de 218 °C.

Esses resultados permitem afirmar que:

- o ponto de fusão da água é 0 °C, o do etanol é −114 °C e o do naftaleno é 80 °C;
- o ponto de ebulição da água é 100 °C, o do etanol é 78 °C e o do naftaleno é 218 °C.

Por apresentar um ponto de ebulição muito baixo (−196 °C), o nitrogênio líquido é utilizado para conservar amostras biológicas.

O nitrogênio líquido também é utilizado em inúmeros experimentos científicos que exigem baixas temperaturas.

Seção 2.4

Curva de aquecimento e curva de resfriamento

Objetivos

- Interpretar uma curva de aquecimento e uma curva de resfriamento.
- Conceituar ponto de fusão e ponto de ebulição.

Termos e conceitos

- curva de aquecimento
- curva de resfriamento

Pode-se fazer o aquecimento de uma amostra de água, fornecendo calor de modo contínuo e regular por meio, por exemplo, de uma chapa elétrica de aquecimento.

Partindo de água sólida (a −40 °C, por exemplo) e chegando até o estado gasoso (a 120 °C, por exemplo), registra-se, durante o experimento, a temperatura da amostra e o tempo transcorrido desde o início. Com os dados, pode-se elaborar um gráfico de temperatura da amostra de água em função do tempo transcorrido no aquecimento. Tal gráfico é conhecido como **curva de aquecimento da água pura** e tem um aspecto como o da figura C abaixo.

C

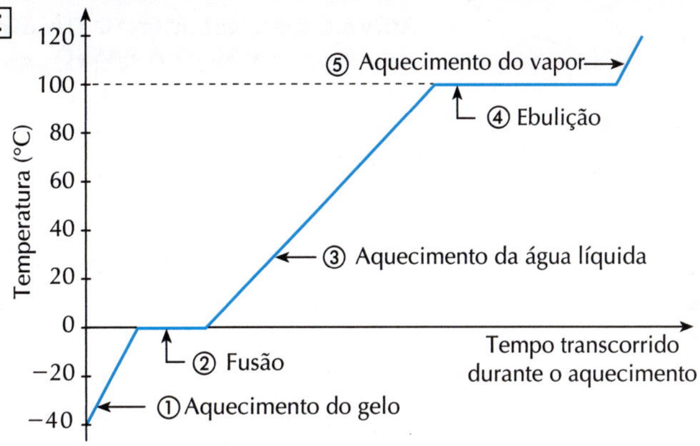

Durante o aquecimento, a água sofre fusão a 0 °C e entra em ebulição a 100 °C.

Outra experiência que pode ser realizada em um laboratório convenientemente equipado é acompanhar a temperatura e o tempo transcorrido durante o resfriamento de uma amostra de água partindo do estado gasoso (a 120 °C, por exemplo) até o estado sólido (a −40 °C, por exemplo). O gráfico que relaciona a temperatura dessa amostra em função do tempo transcorrido no resfriamento é chamado de **curva de resfriamento da água pura** e aparece esboçado na figura D.

D

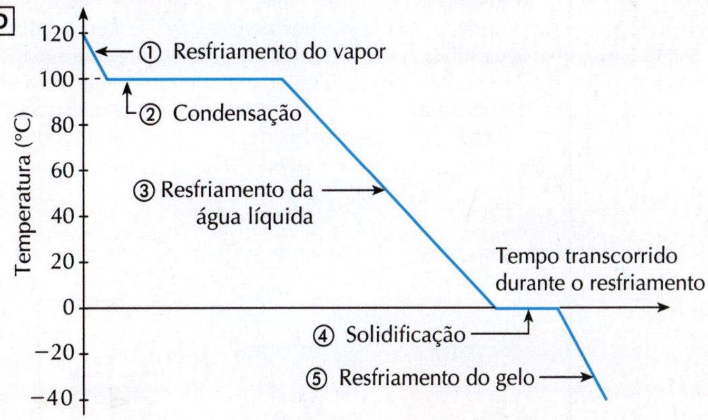

Durante o resfriamento, a água condensa a 100 °C e solidifica a 0 °C.

Conteúdo digital Moderna PLUS http://www.modernaplus.com.br
Animação: *Estados da água*

Vamos generalizar dizendo que:

O **ponto de fusão** de uma substância é a temperatura em que ela sofre fusão (durante o aquecimento) ou solidificação (durante o resfriamento).

Novamente, comparando as figuras C e D da página 27, percebemos que a água entra em ebulição e sofre condensação à mesma temperatura, 100 °C. Assim:

O **ponto de ebulição** de uma substância é a temperatura em que ela sofre ebulição (durante o aquecimento) ou condensação (durante o resfriamento).

CURVA DE AQUECIMENTO DA ÁGUA PURA PASSO A PASSO

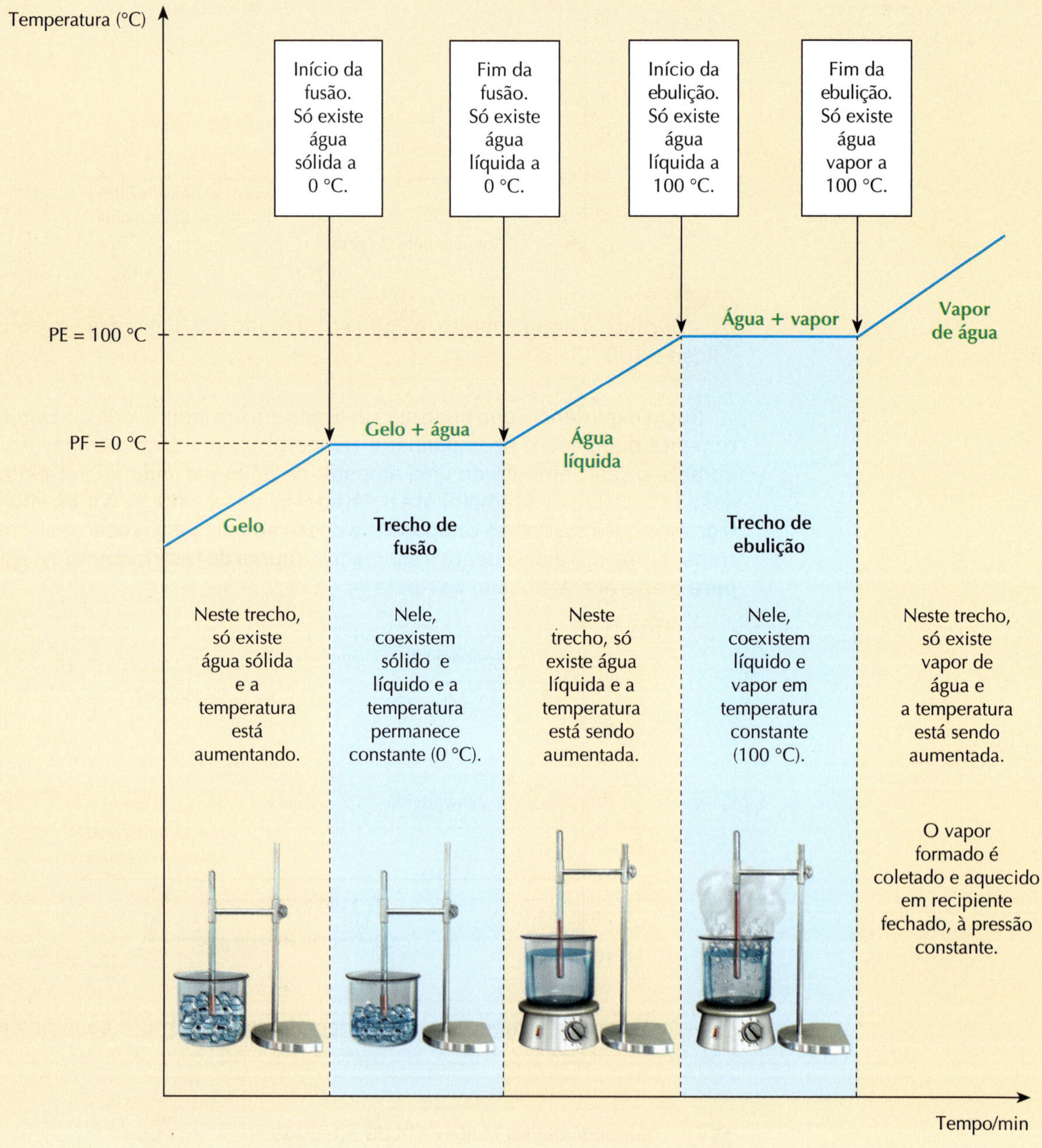

Previsões a partir dos valores de PF e PE

Objetivos

- Prever, com base nos pontos de fusão e de ebulição, o estado físico de uma substância em determinada temperatura.
- Representar, em um esquema, as faixas de temperatura em que uma substância é sólida, líquida ou gasosa.

Em laboratórios convenientemente equipados, os cientistas já determinaram os valores de PF e de PE de muitas substâncias. A tabela 1, abaixo, mostra alguns deles.

Tabela 1 Ponto de fusão (PF) e ponto de ebulição (PE) de algumas substâncias, em graus Celsius (°C), ao nível do mar

Substância	PF	PE	Substância	PF	PE
Tungstênio	3.422	5.555	Benzeno	6	80
Platina	1.768	3.825	Água	0	100
Ferro	1.538	2.861	Bromo	−7	59
Cobre	1.085	2.562	Mercúrio	−39	357
Ouro	1.064	2.856	Amônia	−78	−33
Prata	962	2.162	Metanol	−98	65
Cloreto de sódio	801	1.465	Cloro	−102	−34
Alumínio	660	2.519	Etanol	−114	78
Chumbo	327	1.749	Metano	−182	−162
Enxofre	115	445	Nitrogênio	−210	−196
Iodo	114	184	Oxigênio	−219	−183
Naftaleno	80	218	Hidrogênio	−259	−253

Fonte: D. R. Lide (ed.). *CRC Handbook of Chemistry and Physics*. 84. ed. Boca Raton, CRC Press, 2003.

No aquecimento ou no resfriamento de determinada substância, a temperatura permanece constante (no ponto de fusão ou de ebulição) enquanto uma mudança de estado físico estiver ocorrendo.

Saber os valores do ponto de fusão e do ponto de ebulição de uma substância significa poder prever, em uma determinada temperatura, se a substância estará sólida, líquida ou gasosa.

O esquema abaixo exemplifica previsões desse tipo usando como exemplo as substâncias água, etanol e naftaleno, cujos pontos de fusão e de ebulição aparecem na tabela 1.

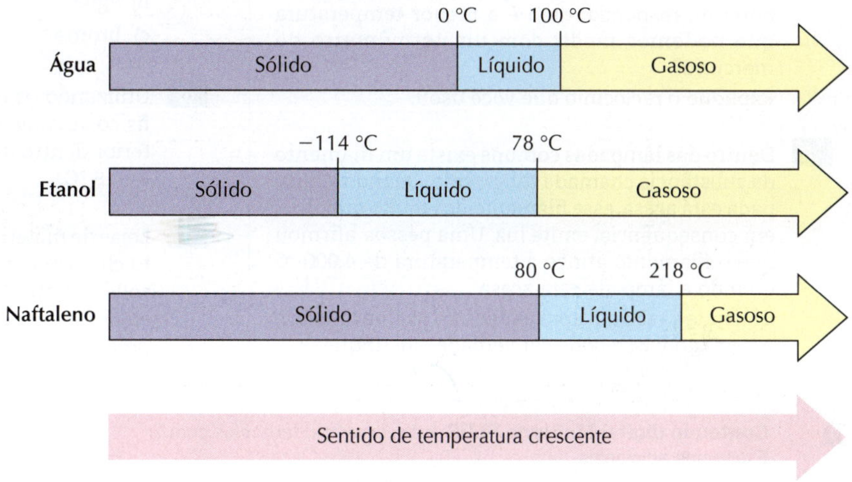

EXERCÍCIOS ESSENCIAIS

1 Quando você sai de uma piscina e se expõe ao sol, sua pele fica seca depois de algum tempo. É correto dizer que a água:

a) vaporizou.
b) evaporou.
c) entrou em ebulição.
d) ferveu.

2 Às vezes, nos dias frios ou chuvosos, o lado interno dos vidros dos carros, em que há alguém, fica embaçado. Por que isso acontece?

3 Em alguns automóveis há, no vidro traseiro, filamentos (fios finos) que servem como desembaçadores.

Ao apertar um botão no painel, o motorista faz esses filamentos se aquecerem e, por causa disso, o vidro é desembaçado.

Proponha uma explicação para o fato de os filamentos aquecidos desembaçarem o vidro.

Vidro de automóvel com desembaçador traseiro.

4 Uma churrasqueira é feita de ferro. Sabendo que o ponto de fusão do ferro é 1.538 °C, o que você pode afirmar sobre a temperatura do carvão em brasa que está na churrasqueira durante o preparo do churrasco? Explique.

5 Um termômetro de mercúrio só funciona adequadamente se o mercúrio contido em seu interior estiver líquido.

Consultando a tabela 1, que aparece na página anterior, responda: qual é a menor temperatura que podemos medir com um termômetro de mercúrio?

Explique o raciocínio que você usou.

6 Dentro das lâmpadas comuns existe um filamento da substância chamada tungstênio. Quando a lâmpada está acesa, esse filamento fica muito quente e, em consequência, emite luz. Uma pessoa afirmou que o filamento atinge a temperatura de 4.000 °C quando a lâmpada está acesa.

Consulte a tabela 1, apresentada na página anterior, e responda: isso pode ser verdade? Justifique.

EXERCÍCIO RESOLVIDO

7 (UFMG) Observe a tabela que apresenta as temperaturas de fusão e de ebulição de algumas substâncias.

Substância	Temperatura de fusão (°C)	Temperatura de ebulição (°C)
I	−117,3	78,5
II	−93,9	65,0
III	801	1.413
IV	3.550	4.827
V	−95	110,6

Em relação aos estados físicos das substâncias, a alternativa correta é:

a) I é sólido a 25 °C.
b) II é líquido a 80 °C.
c) III é líquido a 1.000 °C.
d) IV é gasoso a 3.500 °C.
e) V é sólido a 100 °C.

Resolução

A 25 °C, I é líquido.
A 80 °C, II é gasoso.
A 1.000 °C, III é líquido.
A 3.500 °C, IV é sólido.
A 100 °C, V é líquido.

Alternativa **c**.

8 O ponto de fusão do ouro é 1.064 °C e o do rubi é 2.054 °C. Após um incêndio, foram encontrados os restos de um anel feito de ouro e rubi. O ouro estava todo deformado, pois derreteu durante o incêndio, mas o rubi mantinha seu formato original. O que se pode afirmar sobre a temperatura das chamas durante o incêndio? Justifique sua resposta.

9 Consulte a tabela 1, para responder a esta questão.

Preveja qual será o estado físico de cada uma das substâncias listadas a seguir numa sala onde a temperatura é 25 °C.

a) alumínio
b) água
c) bromo
d) mercúrio
e) etanol
f) nitrogênio

10 Utilizando os dados da tabela 1, preveja o estado físico de cada uma das substâncias da questão anterior dentro de um *freezer* em que a temperatura é −18 °C.

11 Lojas de materiais para piscinas vendem um produto chamado "cloro líquido" e outro chamado "cloro sólido". Consulte a tabela de pontos de fusão e de ebulição, fornecida neste capítulo, e comente se esses produtos podem ser a substância cloro. Justifique.

Conteúdo digital Moderna PLUS http://www.modernaplus.com.br
Exercícios adicionais

Seção 2.6

Matéria

Objetivos

- Nomear as principais unidades de massa e de volume.
- Representar corretamente o símbolo das principais unidades de massa e de volume.
- Utilizar proporcionalidade para converter unidades de massa ou de volume.

Termos e conceitos

- massa
- quilograma
- grama
- tonelada
- volume
- litro
- decímetro cúbico
- mililitro
- centímetro cúbico
- metro cúbico

A mesa, a cadeira, as nossas roupas e o nosso organismo são exemplos de matéria. Todos os seres e objetos que fazem parte do nosso mundo são feitas de matéria. Do ponto de vista científico, **matéria** é tudo o que tem massa e ocupa lugar no espaço.

1 Massa e unidades para expressá-la

A **massa** de um corpo é uma grandeza (grandeza é tudo aquilo que podemos medir) associada à inércia desse corpo, ou seja, quanto maior a massa de um corpo maior é a dificuldade de colocar esse corpo em movimento ou de, uma vez estando em movimento, fazê-lo parar. Trabalhar essa interpretação da massa associada ao conceito de inércia é algo que deixamos para o curso de Física. Vamos, numa abordagem simplificada (e igualmente correta), considerar a massa como uma propriedade dos objetos que pode ser determinada com o uso de uma balança de dois pratos, como a que aparece nas figuras abaixo.

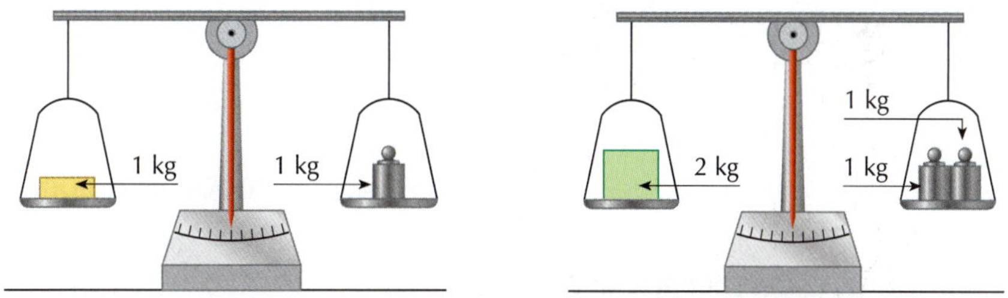

O primeiro passo para determinar a massa de objetos é a escolha de um padrão. O padrão de massa mais conhecido e utilizado é o *quilograma*, simbolizado por kg.

Dizer que um objeto possui massa de 1 kg (um quilograma) significa dizer que, ao colocá-lo num dos pratos da balança, o equilíbrio será estabelecido colocando-se no outro prato o objeto-padrão de massa 1 kg. Um objeto possui massa de 2 kg (dois quilogramas) quando, colocado num dos pratos da balança, o equilíbrio é atingido com dois objetos de massa 1 kg no outro prato. E assim por diante.

A tonelada e o grama são, respectivamente, múltiplo e submúltiplo importantes do quilograma. A tonelada (t) equivale a mil quilogramas:

1 tonelada = 1 t = 1.000 kg

O grama (g) é a milésima parte do quilograma (1 g = 0,001 kg) ou, de modo equivalente, o quilograma equivale a mil gramas (1 kg = 1.000 g):

1 grama = 1 g = 0,001 kg

A massa de um objeto é uma grandeza expressa por um número e por uma unidade (por exemplo, o grama e o quilograma) e é determinada dispondo-se de uma balança de dois pratos e de vários objetos de massa conhecida.

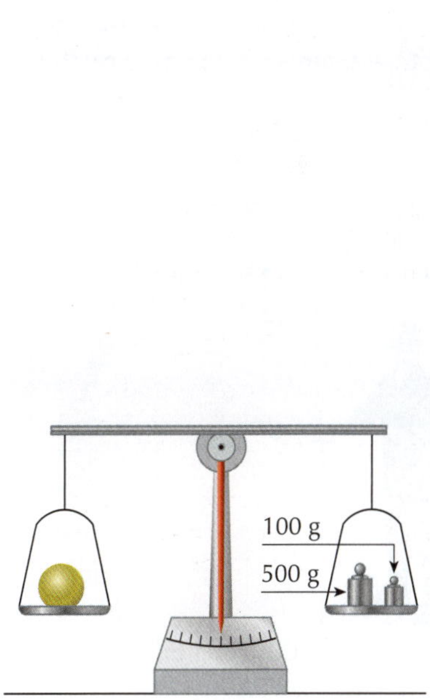

Observe a figura ao lado e responda: qual é a massa do objeto que está no prato esquerdo da balança?

2 Volume e unidades para expressá-lo

Ocupar lugar no espaço é uma característica da matéria associada à grandeza denominada **volume**. Em outras palavras, o volume de uma porção de matéria expressa quanto de espaço é ocupado por ela.

Unidades de volume importantes são o decímetro cúbico (dm^3), o litro (L), o centímetro cúbico (cm^3), o mililitro (mL) e o metro cúbico (m^3).

O decímetro cúbico e o litro

O decímetro cúbico (dm^3) é o volume de um cubo cuja aresta mede 1 dm (um decímetro), ou seja, 10 cm. Essa unidade é equivalente ao litro (L).

$$1\ dm^3 = 1\ L$$

O centímetro cúbico e o mililitro

O centímetro cúbico (cm^3) é o volume de um cubo cuja aresta tem a medida de 1 cm.

A figura [A], abaixo, ilustra um decímetro cúbico. A régua foi ilustrada ao lado do cubo para evidenciar que a medida de sua aresta é 10 cm. Como se pode perceber pela figura, o decímetro cúbico corresponde a mil centímetros cúbicos ($1\ dm^3 = 1.000\ cm^3$).

A unidade de volume mililitro (mL) é definida como sendo a milésima parte do litro. Como consequência dessa definição, um litro corresponde a mil mililitros ($1\ L = 1.000\ mL$).

E já que um decímetro cúbico equivale a um litro, podemos afirmar que:

$$1\ dm^3 = 1\ L = 1.000\ cm^3 = 1.000\ mL$$

Assim, decorre que:

$$1\ cm^3 = 1\ mL$$

O metro cúbico

O metro cúbico é o volume de um cubo de aresta 1 m. Trata-se, portanto, de uma unidade de volume maior que as anteriores. A figura [B], abaixo, permite visualizar que um metro cúbico corresponde a mil decímetros cúbicos.

Assim, temos:

$$1\ m^3 = 1.000\ dm^3 = 1.000\ L$$

Após ter estudado as principais unidades de volume, procure avaliar o volume de recipientes tais como xícaras, copos, jarras, caixa de papelão, tanques de roupa, baldes, máquinas de lavar roupa, piscinas, banheiras etc.

Em cada caso, procure utilizar a unidade de volume mais adequada para expressar o volume.

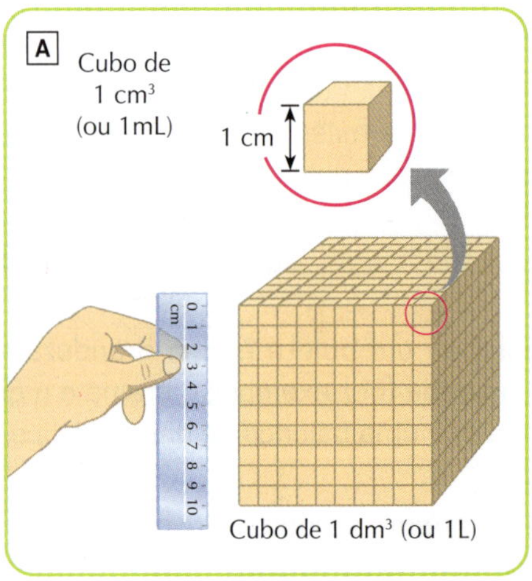

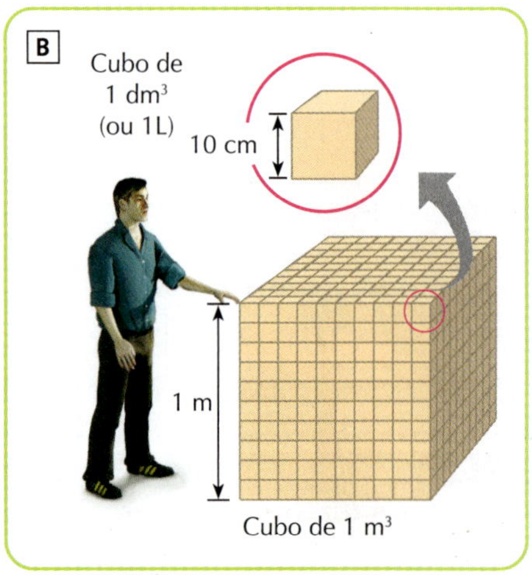

EXERCÍCIOS ESSENCIAIS

EXERCÍCIO RESOLVIDO

12 Um frasco de iogurte informa que contém 320 g do produto. A quanto equivale essa massa, em quilograma?

Resolução

Uma maneira de realizar a conversão de unidades de massa é por meio de uma regra de três.

No caso da conversão pedida, de grama para quilograma, podemos montar a regra de três da seguinte maneira:

Massa em gramas		Massa em quilogramas
1.000 g	———	1 kg
320 g	———	x

Essa montagem pode ser lida como "mil gramas equivalem a um quilograma, assim como trezentos e vinte gramas equivalem a x".

Efetuando a regra de três, chegamos ao valor de x:

$$x = \frac{320\text{ g} \cdot 1\text{ kg}}{1.000\text{ g}} \Rightarrow \boxed{x = 0{,}320\text{ kg}}$$

Portanto, a massa de 320 g equivale a 0,320 kg.

13 Qual é a massa, em gramas, de um bebê de 4,756 kg?

14 Um pacote com 500 folhas de papel tem massa de 2,5 kg. Admitindo que a massa de todas as folhas seja igual, qual é a massa, em gramas, de cada uma delas?

15 Durante um mês, um elefante jovem, em crescimento, sofreu um aumento de massa de 0,179 t. A quantos quilogramas corresponde esse aumento de massa?

16 O miligrama (mg) é um submúltiplo do grama usado para expressar pequenas massas: um miligrama equivale à milésima parte do grama. Uma indústria farmacêutica produz um comprimido em que são colocados 500 mg da substância que atua como medicamento. Quantos comprimidos podem ser produzidos usando 50 kg dessa substância?

EXERCÍCIO RESOLVIDO

17 Quantos litros de água cabem em uma caixa-d'água com capacidade para $2{,}5\text{ m}^3$?

Resolução

A conversão de unidades de volume também pode ser feita por meio de regra de três. No caso da conversão pedida, de metros cúbicos para litros, podemos montar a regra de três da seguinte maneira:

Volumes em metros cúbicos		Volume em litros
1 m^3	———	1.000 L
$2{,}5\text{ m}^3$	———	x

Essa montagem pode ser lida como "um metro cúbico equivale a mil litros assim como dois e meio metros cúbicos equivalem a x".

Efetuando a regra de três, chegamos ao valor de x:

$$x = \frac{2{,}5\text{ m}^3 \cdot 1.000\text{ L}}{1\text{ m}^3} \Rightarrow \boxed{x = 2.500\text{ L}}$$

Assim, $2{,}5\text{ m}^3$ equivalem a 2.500 L.

18 O rótulo de uma garrafa de água mineral informa: "contém 1,5 litro". A quantos mililitros equivale esse volume?

19 Quantas xícaras de capacidade 50 mL podem ser preenchidas com um litro de chá preparado?

20 Um caminhão-pipa transporta 30 m^3 de água. Esse volume de água permite encher quantas caixas-d'água de 500 L?

21 (Enem-MEC) A diversidade de formas geométricas espaciais criadas pelo homem, ao mesmo tempo em que traz benefícios, causa dificuldades em algumas situações. Suponha, por exemplo, que um cozinheiro precise utilizar exatamente 100 mL de azeite de uma lata que contenha 1.200 mL e queira guardar o restante do azeite em duas garrafas, com capacidade para 500 mL e 800 mL cada, deixando cheia a garrafa maior. Considere que ele não disponha de instrumento de medida e decida resolver o problema utilizando apenas a lata e as duas garrafas. As etapas do procedimento utilizado por ele estão ilustradas nas figuras a seguir, tendo sido omitida a 5ª etapa.

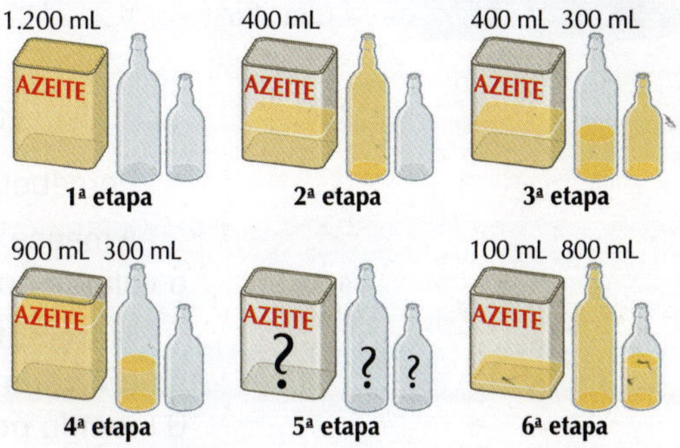

Qual das situações ilustradas a seguir corresponde à 5ª etapa do procedimento?

a) 

b) 

c) 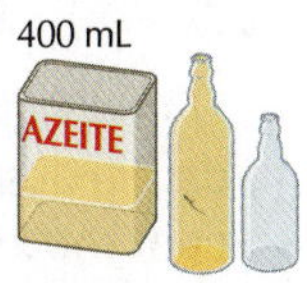

d) 

e) 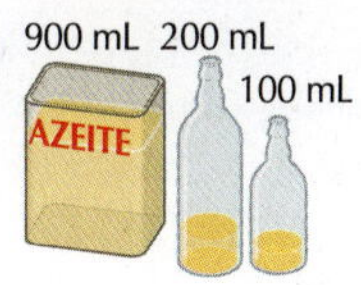

Densidade

Objetivos

- Analisar dados experimentais de massa e volume para estabelecer o vínculo entre essas grandezas.
- Conceituar densidade.
- Executar cálculos empregando o conceito densidade.

Termos e conceitos

- densidade

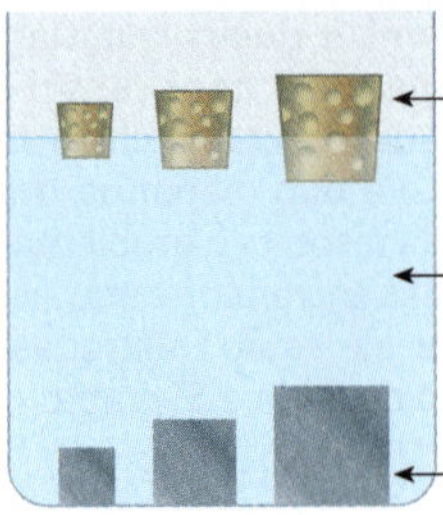

1 Conceituação de densidade

Quando jogamos vários pedaços de cortiça em um recipiente com água, verificamos que todos flutuam no líquido. Já ao jogarmos vários pedaços de chumbo, todos afundam. Esse acontecimento está esquematizado na figura.

Algumas pessoas tentam explicar esse fato dizendo que o chumbo é mais "pesado" que a cortiça. Curiosamente, porém, um pedaço de cortiça de massa 10 kg flutua, enquanto um pedaço de chumbo de 1 kg afunda.

Verifica-se experimentalmente que não importa a massa: pedaços de cortiça flutuam na água e pedaços de chumbo afundam.

Afinal, afundar ou flutuar depende de que característica do objeto?

Vamos analisar os resultados experimentais apresentados a fim de tentar explicar por que a cortiça boia e o chumbo afunda na água.

O primeiro passo é medir, com uma balança, a massa de quatro pedaços de cortiça de volumes 1 cm^3, 2 cm^3, 100 cm^3 e 1.000 cm^3. Para a variedade de cortiça utilizada, foram obtidas as seguintes massas:

1 cm^3 de cortiça tem massa	0,32 g;
2 cm^3 de cortiça têm massa	0,64 g;
100 cm^3 de cortiça têm massa	32 g;
1.000 cm^3 de cortiça têm massa	320 g.

Analogamente, pode-se determinar a massa de pedaços de chumbo de volume conhecido. Chega-se, por exemplo, a que:

1 cm^3 de chumbo tem massa	11,3 g;
2 cm^3 de chumbo têm massa	22,6 g;
100 cm^3 de chumbo têm massa	1.130 g;
1.000 cm^3 de chumbo têm massa	11.300 g.

Percebeu alguma regularidade?

A massa e o volume da cortiça são diretamente proporcionais. Quando o volume aumenta, a massa aumenta na mesma proporção.

Matematicamente, podemos dizer que a razão (divisão) entre a massa e o volume de um pedaço de cortiça fornece resultado constante. O mesmo pode-se afirmar para o chumbo.

A razão entre massa e volume para a cortiça é:

$$\frac{0{,}32\ g}{1\ cm^3} = \frac{0{,}64\ g}{2\ cm^3} = \frac{32\ g}{100\ cm^3} = \frac{320\ g}{1.000\ cm^3} = 0{,}32\ g/cm^3$$

O resultado obtido (0,32 g/cm^3) é a *densidade da cortiça*, grandeza que nos informa quanto de massa existe em certo volume. Um volume de 1 cm^3 de cortiça tem massa 0,32 g, um volume de 2 cm^3 tem massa 0,64 g e assim por diante.

Para o chumbo, temos:

$$\frac{11{,}3\ g}{1\ cm^3} = \frac{22{,}6\ g}{2\ cm^3} = \frac{1.130\ g}{100\ cm^3} = \frac{11.300\ g}{1.000\ cm^3} = 11{,}3\ g/cm^3$$

A *densidade do chumbo* (11,3 g/cm^3) é, portanto, diferente da densidade da cortiça. Um centímetro cúbico de chumbo tem maior massa que um centímetro cúbico de cortiça.

Vamos definir, de modo mais geral:

$$\text{densidade} = \frac{\text{massa}}{\text{volume}} \quad \text{ou} \quad d = \frac{m}{V}$$

(Em palavras: A densidade de um objeto ou de uma amostra de certo material ou substância é o resultado da divisão da sua massa pelo seu volume.)

A unidade da densidade é composta de uma unidade de massa dividida por uma unidade de volume. Assim, podemos expressá-la, por exemplo, em g/cm^3, g/L, kg/L etc.

Mas o que tem a densidade a ver com flutuação?

Para tentar responder a essa pergunta, vamos calcular a densidade da água. Antes disso, precisamos determinar experimentalmente o volume e a massa de uma ou mais amostras desse líquido.

Exemplos de resultados dessas determinações são:

1 cm^3 de água tem massa	1 g;
2 cm^3 de água têm massa	2 g;
100 cm^3 de água têm massa	100 g;
1.000 cm^3 de água têm massa	1.000 g.

De posse desses dados, podemos calcular a densidade da água da seguinte maneira:

$$\frac{1\ g}{1\ cm^3} = \frac{2\ g}{2\ cm^3} = \frac{100\ g}{100\ cm^3} = \frac{1.000\ g}{1.000\ cm^3} = 1\ g/cm^3$$

Assim, comparando os valores de densidades:

$$d_{água} = 1\ g/cm^3, \quad d_{cortiça} = 0{,}32\ g/cm^3, \quad d_{chumbo} = 11{,}3\ g/cm^3$$

concluímos que:

$$d_{cortiça} < d_{água} < d_{chumbo}$$

Compare a densidade do milho de pipoca com a da pipoca pronta.

2 Densidade e flutuação

O resultado a que chegamos ($d_{cortiça} < d_{água} < d_{chumbo}$) sugere que a cortiça flutua na água porque é menos densa que ela e que o chumbo afunda porque é mais denso que esse líquido. De fato, muitas evidências experimentais permitiram aos cientistas concluir que essa afirmação é verdadeira.

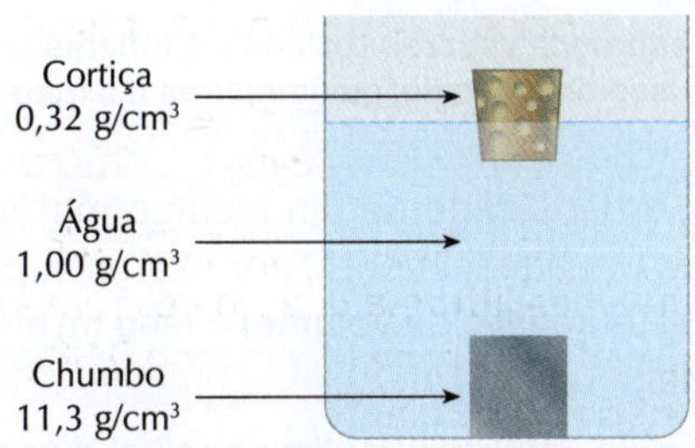

A comparação entre as densidades permite prever se um corpo irá afundar ou flutuar em um certo líquido. Imagine, por exemplo, que uma bolinha de gude ($d = 2{,}7\ g/cm^3$) e um pedaço de isopor ($d = 0{,}03\ g/cm^3$) sejam colocados num frasco com azeite de oliva ($d = 0{,}92\ g/cm^3$). O que se pode prever?

O pedaço de isopor, menos denso que o azeite, irá flutuar nele. E a bolinha de gude, mais densa que ele, irá afundar.

3 Alguns fatores que afetam a densidade

A densidade depende, em primeiro lugar, do material considerado. Alguns valores de densidade aparecem na tabela 2.

Tabela 2 Densidade de algumas substâncias e de alguns materiais

Substância	Densidade (g/cm^3) a 25 °C	Material	Densidade (g/cm^3) a 25 °C
Ósmio	22,6	Madeira balsa	0,11 a 0,14
Platina	21,5	Bambu	0,31 a 0,4
Ouro	19,3	Couro seco	0,86
Mercúrio	13,5	Manteiga	0,86 a 0,87
Chumbo	11,3	Borracha	0,91 a 1,25
Prata	10,5	Ébano	1,11 a 1,33
Cobre	8,96	Gelatina	1,27
Ferro	7,87	Osso	1,7 a 2,0
Iodo	4,93	Giz	1,9 a 2,8
Alumínio	2,70	Areia	2,14 a 2,36
Cloreto de sódio	2,17	Porcelana	2,3 a 2,5
Enxofre	2,07	Bola de gude	2,6 a 2,84
Água	1,00	Quartzo	2,65
Sódio	0,97	Granito	2,64 a 2,76
Lítio	0,53	Diamante	3,51

Fonte: D. R. Lide (ed.). *CRC Handbook of Chemistry and Physics*. 84. ed. Boca Raton, CRC Press, 2003.

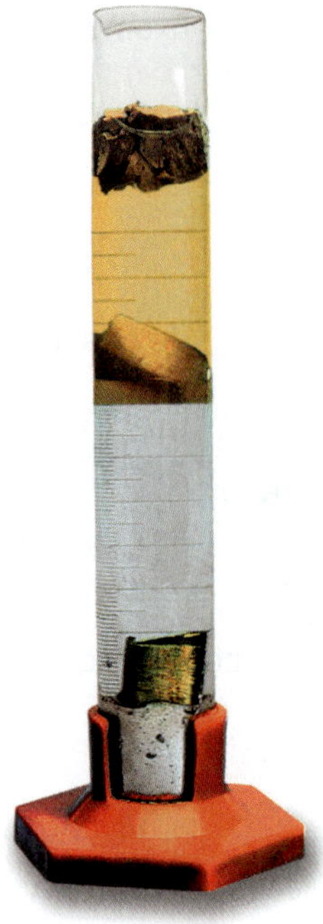

Nessa foto, há seis materiais com densidades diferentes. Os líquidos são gasolina (em cima), água (no meio) e mercúrio (no fundo). A cortiça flutua na gasolina. Um pedaço de madeira afunda na gasolina, mas flutua na água. E o latão afunda na água, mas flutua no mercúrio.

ATENÇÃO

O experimento cujo resultado é retratado na foto ao lado NÃO deve ser feito pelo estudante.

O mercúrio, cujos vapores são facilmente absorvidos, é um metal tóxico e tem efeito cumulativo no organismo.

A gasolina desprende vapores tóxicos e é inflamável, oferecendo risco de incêndio, queimaduras e explosão.

Em segundo lugar, a densidade de um mesmo material depende da temperatura. Um aquecimento, por exemplo, provoca a dilatação do material (aumento de volume) e isso interfere no valor de sua densidade.

No caso de gases, cujo volume é muito sensível a variações de pressão, a densidade, além de depender da temperatura, depende também da pressão.

Mudanças de estado físico provocam mudanças na densidade de uma substância. A água líquida, por exemplo, tem densidade 1 g/cm^3, e a água sólida (gelo) tem densidade 0,92 g/cm^3. Isso permite entender por que o gelo flutua na água.

Parafina sólida é mais densa que parafina líquida e, portanto, afunda (à esquerda). Água sólida é menos densa que água líquida e, portanto, flutua (à direita).

Casos interessantes envolvendo densidade

O clorofórmio (d = 1,5 g/cm³) é vendido, em lojas de produtos químicos, por massa; já o éter comum (d = 0,8 g/cm³) é vendido por volume.

Se ambos são líquidos, por que um é vendido por massa e o outro por volume?

Sendo a densidade da água igual a 1,0 g/cm³, isso significa que cada 1,0 g de água ocupa um volume de 1,0 cm³, ou cada 1,0 kg de água ocupa um volume de 1,0 litro. Utilizando esse raciocínio, cada 1,0 litro de clorofórmio possui uma massa de 1,5 kg; já 1,0 litro de éter possui uma massa de 0,8 kg. Líquidos mais densos que a água costumam ser vendidos por massa; os menos densos costumam ser vendidos por volume.

Agora, reflita sobre o caso dos sorvetes de massa industrializados e vendidos em potes de plástico. São comercializados por massa ou por volume? Por quê?

Outro caso interessante relacionado ao conceito de densidade é o da facilidade com que uma pessoa flutua no Mar Morto. Veja a foto e a legenda abaixo.

Também podemos citar o creme de leite, que, ao ser batido, transforma-se em *chantilly*. Nesse processo, ar é incorporado ao creme de leite causando um aumento de volume. A massa antes (creme de leite) e depois (*chantilly*) é praticamente a mesma, pois somente ar foi acrescentado.

Assim, creme de leite, por ter mais massa em um certo volume (mais denso), é vendido por massa; já o *chantilly*, com menos massa em um certo volume (menos denso), é vendido por volume.

Uma pessoa flutua sem esforço nas águas do Mar Morto. Lá, para cada litro de água do mar, existem cerca de 360 g de sais dissolvidos, enquanto no litoral do Brasil, por exemplo, para cada litro de água do mar, existem cerca de 37 g de sais dissolvidos.

A

B

D

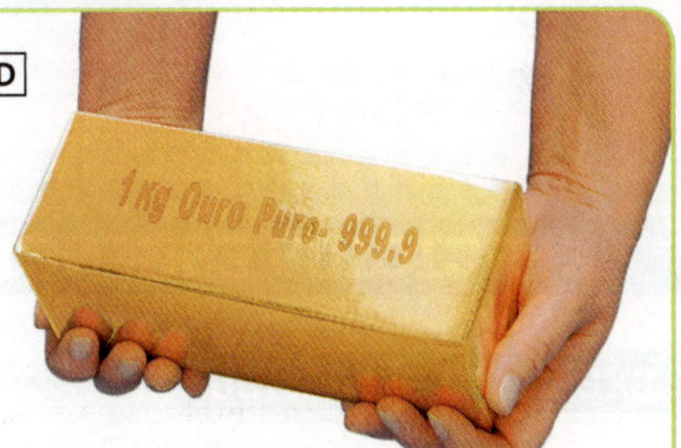

C

A *Chantilly* é vendido por volume.

B Creme de leite é vendido por massa.

C Au (d = 19,3 g/cm³); 1 L de Au tem 19,3 kg.

D Qual seria o grande erro desta foto?

Conteúdo digital Moderna PLUS http://www.modernaplus.com.br
Textos: *Propriedades da matéria* e *A atitude científica*

Construa um densímetro

A critério do(a) professor(a), os alunos podem se reunir em grupos para a realização desta atividade.

Objetivo: comparar as densidades de diferentes misturas de água e sal.

Você vai precisar de:

- quatro copos transparentes
- colher de sopa
- caneta para escrever em plástico
- tampa plástica de caneta esferográfica **SEM FURO**
- massa de modelar
- água
- sal

Procedimento:

1. Coloque água até cerca de 70% da altura dos copos e numere-os de 1 a 4.
2. Adicione uma colher (de sopa) de sal ao copo 1, duas colheres ao copo 2 e três colheres ao copo 3. Mexa bem até dissolver o sal. No copo 4 **não** adicione sal.
3. Use a caneta para escrever em plástico (cuja tinta não sai com água) para fazer marcas, espaçadas cerca de 2 mm uma da outra, na tampa de esferográfica. Grude uma bolinha de massa de modelar na ponta do cabo dessa tampa. Veja a figura A.
4. Coloque a tampa em pé no copo 4. Ajuste a quantidade de massa de modelar a fim de que apenas uma pontinha da tampa fique fora da água. Veja a figura B. Registre quantas marcas estão acima do nível do líquido.
5. Transfira a tampa para cada um dos outros copos e registre em cada caso quantas marcas ficam acima do líquido. Você consegue explicar o resultado?

A

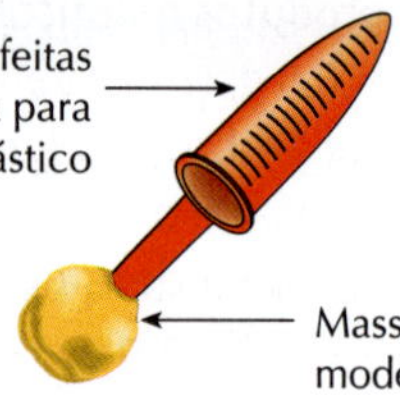

B

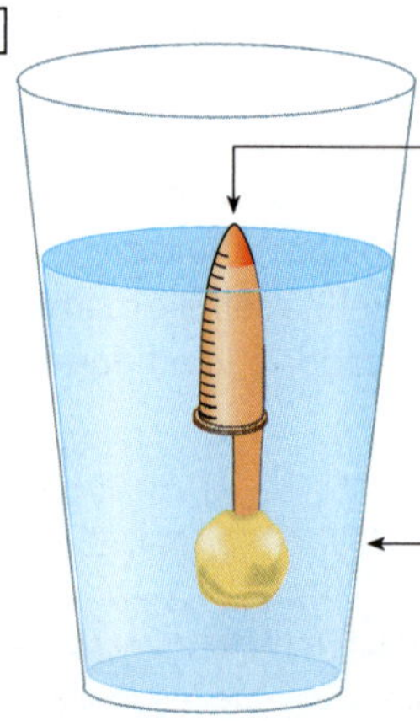

Pesquise: para que um densímetro é usado nos postos de combustível?

EXERCÍCIOS ESSENCIAIS

EXERCÍCIO RESOLVIDO

22 Um bloco de metal tem volume de 200 mL e massa de 1.792 g.

a) Qual a densidade desse metal, expressa em g/cm^3?

b) Qual o volume de uma amostra de 1 kg desse metal?

Resolução

a) Podemos determinar a densidade dividindo a massa (1.792 g) pelo volume (200 mL, ou seja, 200 cm^3):

$$d = \frac{m}{V} \Rightarrow d = \frac{1.792\ g}{200\ cm^3} \Rightarrow \boxed{d = 8{,}96\ g/cm^3}$$

b) Conhecida a densidade, que expressa a relação de proporcionalidade entre massa e volume para certo material em dada temperatura, podemos utilizá-la para determinar o volume de uma amostra de 1 kg (1.000 g):

$$d = \frac{m}{V} \Rightarrow 8{,}96\ g/cm^3 = \frac{1.000\ g}{V} \Rightarrow$$

$$\Rightarrow V = \frac{1.000\ \cancel{g}}{8{,}96\ \frac{\cancel{g}}{cm^3}} \Rightarrow \boxed{V = 111{,}6\ cm^3}$$

23 Um caminhão transporta 5 t de uma variedade de madeira cuja densidade é 0,7 g/cm^3. Qual o volume da madeira que está sendo transportada, expresso em:

a) litros?

b) metros cúbicos?

24 Num laboratório, medir o volume de uma amostra de líquido é mais fácil que medir sua massa. Conhecidos o volume e a densidade de uma amostra líquida (a densidade é encontrada em tabelas), pode-se determinar sua massa.

Determine a massa de cada uma das seguintes amostras líquidas, considerando que estejam a 20 °C, temperatura em que apresentam as densidades informadas entre parênteses.

a) 200 mL de clorofórmio (d = 1,5 g/cm³);

b) 500 cm³ de éter (d = 0,8 g/cm³);

c) 1,5 L de tetracloreto de carbono (d = 1,6 g/cm³);

d) 5 L de acetona (d = 0,8 g/cm³).

25 Um estudante desejava medir o volume de um parafuso grande. Para isso, colocou água em uma proveta (cilindro com graduação de volume) e determinou o volume da água colocada. A seguir, jogou o parafuso dentro da proveta e determinou novamente o volume. Os desenhos abaixo ilustram o que ele observou.

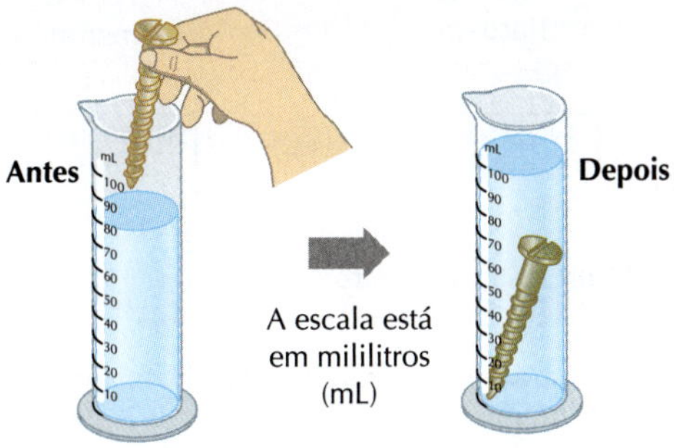

a) Qual é o volume do parafuso?

b) Sabendo que a massa do parafuso é 157,4 g, determine a densidade do material de que ele é feito, em g/cm³.

EXERCÍCIO RESOLVIDO

26 Em três frascos iguais, que chamaremos **A**, **B** e **C**, foram colocadas massas iguais dos líquidos incolores benzeno (d = 0,88 g/cm³), água (d = 1,0 g/cm³) e clorofórmio (d = 1,49 g/cm³), um em cada frasco. Observe o desenho abaixo, que mostra os três frascos, e conclua qual é o líquido colocado em cada um. Justifique sua resposta.

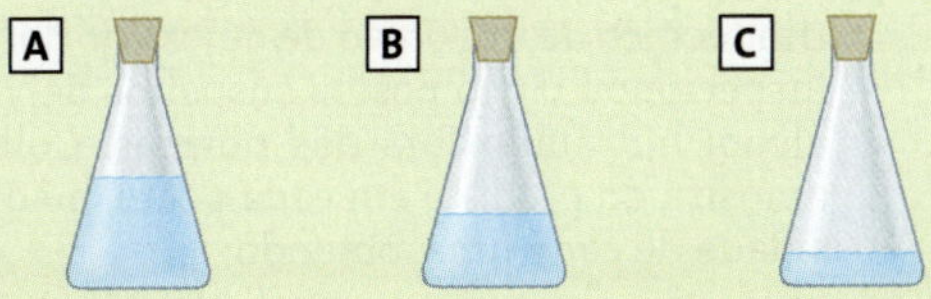

Resolução

Pela expressão que define a densidade, concluímos que, para uma mesma massa, o material que apresentar maior densidade terá menor volume e o que apresentar menor densidade terá maior volume.

$$\uparrow d = \frac{m}{V}\downarrow \qquad \downarrow d = \frac{m}{V}\uparrow$$

Assim, concluímos que o frasco **A** (maior volume de líquido) contém benzeno (líquido de menor densidade), o frasco **B** contém água e o frasco **C** (menor volume de líquido) contém clorofórmio (líquido de maior densidade).

27 (Unicamp-SP) Três frascos não rotulados encontram-se na prateleira de um laboratório. Um contém benzeno, outro, tetracloreto de carbono e o terceiro, metanol. Sabe-se que as suas densidades são: 0,87 g/cm³ (benzeno); 1,59 g/cm³ (tetracloreto de carbono) e 0,79 g/cm³ (metanol). Dos três líquidos, apenas o metanol é solúvel na água, cuja densidade é 1,00 g/cm³. Com base nessas informações, explique como você faria para reconhecer os três líquidos.

Observação: Os três líquidos são altamente tóxicos e não devem ser cheirados.

28 (Unicap-PE) Julgue os itens abaixo.

0. Qualquer porção de qualquer material possui massa e ocupa lugar no espaço.
1. Quando afirmamos que a densidade do alumínio é de 2,7 g/cm³, estamos afirmando que, se pesarmos um volume de alumínio puro igual a 1 cm³, obteremos uma massa de 2,7 g.
2. Quando dois materiais possuem densidades diferentes, sob a mesma pressão e temperatura, podemos afirmar que se trata de materiais diferentes.
3. Quando temos volumes iguais de materiais diferentes, o material de maior densidade apresenta maior massa.
4. Quando temos massas iguais de materiais diferentes, o material de maior densidade apresenta o maior volume.

EXERCÍCIO RESOLVIDO

29 (Vunesp) Nas fábricas de sorvete, o tambor onde o sorvete é fabricado gira dentro de uma solução concentrada de sal em água, com densidade, aproximadamente, de 1,7 g/cm³. Para que a salmoura se encontre na concentração adequada, a marca do densímetro deve coincidir com o nível da salmoura, conforme mostra a figura.

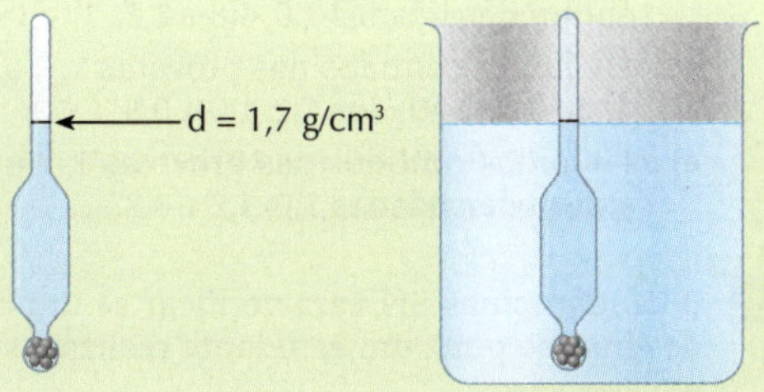

Mas, ao testar uma solução, o que se observou foi:

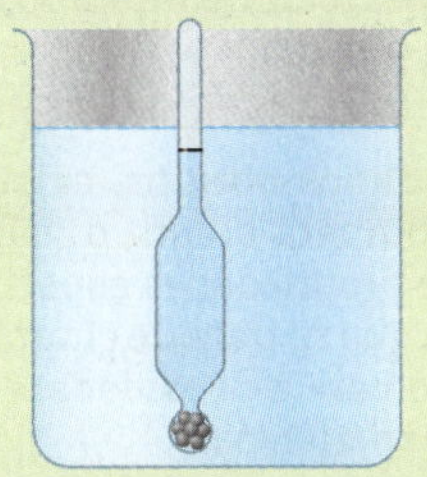

Para que o nível de salmoura coincida com a marca do densímetro, deve-se:

a) aumentar a densidade da salmoura, o que pode ser feito acrescentando-se mais sal à solução.

b) diminuir a densidade da salmoura, o que pode ser feito acrescentando-se mais sal à solução.

c) aumentar a densidade da salmoura, o que pode ser feito acrescentando-se álcool comum à solução.

d) diminuir a densidade da salmoura, o que pode ser feito acrescentando-se óleo de cozinha à solução.

e) diminuir a densidade da salmoura, evaporando-se a água da solução.

Resolução

O traço do densímetro coincidiria com o nível da solução (salmoura) se ela tivesse densidade 1,7 g/cm³. Como o traço do densímetro está abaixo do nível da solução, concluímos que ela tem densidade menor do que 1,7 g/cm³.
Assim, para que o traço do densímetro passe a coincidir com o nível da salmoura, a densidade dela deve ser aumentada até 1,7 g/cm³, o que pode ser feito acrescentando-se soluto, o sal.
Alternativa **a**.

30 (UFPE) Para identificar três líquidos — de densidades 0,8, 1,0 e 1,2 —, o analista dispõe de uma pequena bola de densidade = 1,0. Conforme a posição das bolas apresentadas no desenho abaixo, podemos afirmar que:

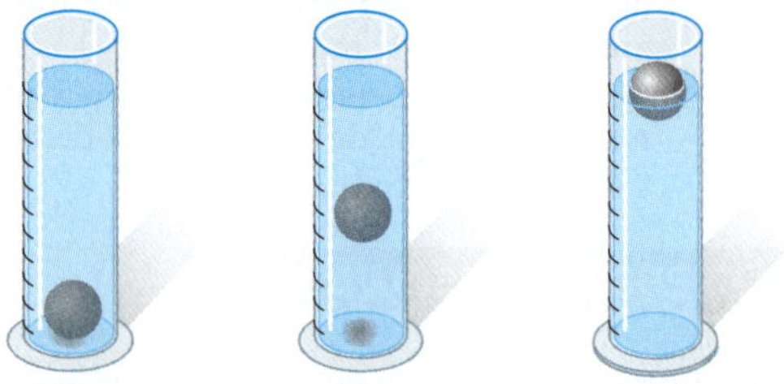

1 2 3

a) os líquidos contidos nas provetas 1, 2 e 3 apresentam densidades 0,8, 1,0 e 1,2.
b) os líquidos contidos nas provetas 1, 2 e 3 apresentam densidades 1,2, 0,8 e 1,0.
c) os líquidos contidos nas provetas 1, 2 e 3 apresentam densidades 1,0, 0,8 e 1,2.
d) os líquidos contidos nas provetas 1, 2 e 3 apresentam densidades 1,2, 1,0 e 0,8.
e) os líquidos contidos nas provetas 1, 2 e 3 apresentam densidades 1,0, 1,2 e 0,8.

31 (PUC-Campinas-SP) Para verificar se um objeto é de chumbo puro, um estudante realiza a seguinte experiência:

1. Determina a sua massa (175,90 g).
2. Imerge-o totalmente em 50,0 mL de água contida numa proveta.
3. Lê o volume da mistura água e metal (65,5 mL).

Com os dados obtidos, calcula a densidade do metal, compara-a com o valor registrado numa tabela de propriedades específicas de substâncias e conclui que se trata de chumbo puro. Qual o valor calculado para a densidade, em g/mL, à temperatura da experiência?

a) 2,61 b) 3,40 c) 5,22 d) 6,80 e) 11,3

32 (Unifesp) Na reciclagem de plásticos, uma das primeiras etapas é a separação dos diferentes tipos de materiais. Essa separação pode ser feita colocando-se a mistura de plásticos em líquidos de densidades apropriadas e usando-se o princípio do "boia, não boia". Suponha que um lote de plásticos seja constituído de polipropileno (PP), polietileno de alta densidade (PEAD), poliestireno (PS) e cloreto de polivinila (PVC), cujas densidades são dadas na tabela.

Material	Densidade (g/cm³)
PP	0,90 – 0,91
PEAD	0,94 – 0,96
PS	1,04 – 1,08
PVC	1,22 – 1,30

O esquema de separação desses materiais é:

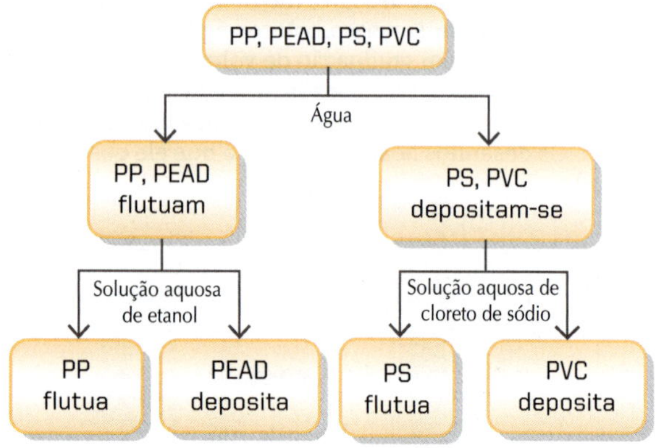

Para a separação PP — PEAD, foi preparada uma solução misturando-se 1.000 L de etanol com 1.000 L de água. Ela é adequada para essa separação? Explique, calculando a densidade da solução. Suponha que os volumes sejam aditivos. Dados de densidade: água = 1,00 kg/L e etanol = 0,78 kg/L.

33 (Enem-MEC) Pelas normas vigentes, o litro do álcool hidratado que abastece os veículos deve ser constituído de 96% de álcool puro e 4% de água (em volume). As densidades desses componentes são dadas abaixo.

Substâncias	Densidade (g/L)
Água	1.000
Álcool	800

Um técnico de um órgão de defesa do consumidor inspecionou cinco postos suspeitos de venderem álcool hidratado fora das normas. Colheu uma amostra do produto em cada posto, mediu a densidade de cada uma, obtendo:

Posto	Densidade do combustível (g/L)
I	822
II	820
III	815
IV	808
V	805

A partir desses dados, o técnico pôde concluir que estavam com o combustível adequado somente os postos:

a) I e II. c) II e IV. e) IV e V.
b) I e III. d) III e V.

Conteúdo digital Moderna PLUS http://www.modernaplus.com.br
Exercícios adicionais

Capítulo 3

Substâncias químicas

O conceito de substância é central para a Química. As substâncias podem apresentar-se puras ou misturadas, em um ou mais de um estado físico, compondo os sistemas estudados pelos químicos.

3.1 Substâncias químicas
Uma substância química é caracterizada por suas propriedades.

3.2 Substâncias puras × misturas
Uma mistura homogênea (solução) tem uma só fase. Uma mistura heterogênea tem duas ou mais fases.

3.3 Conceituação de sistema
Um sistema pode ser constituído por uma substância pura ou por uma mistura. Em cada um desses casos, o sistema pode ser homogêneo ou heterogêneo.

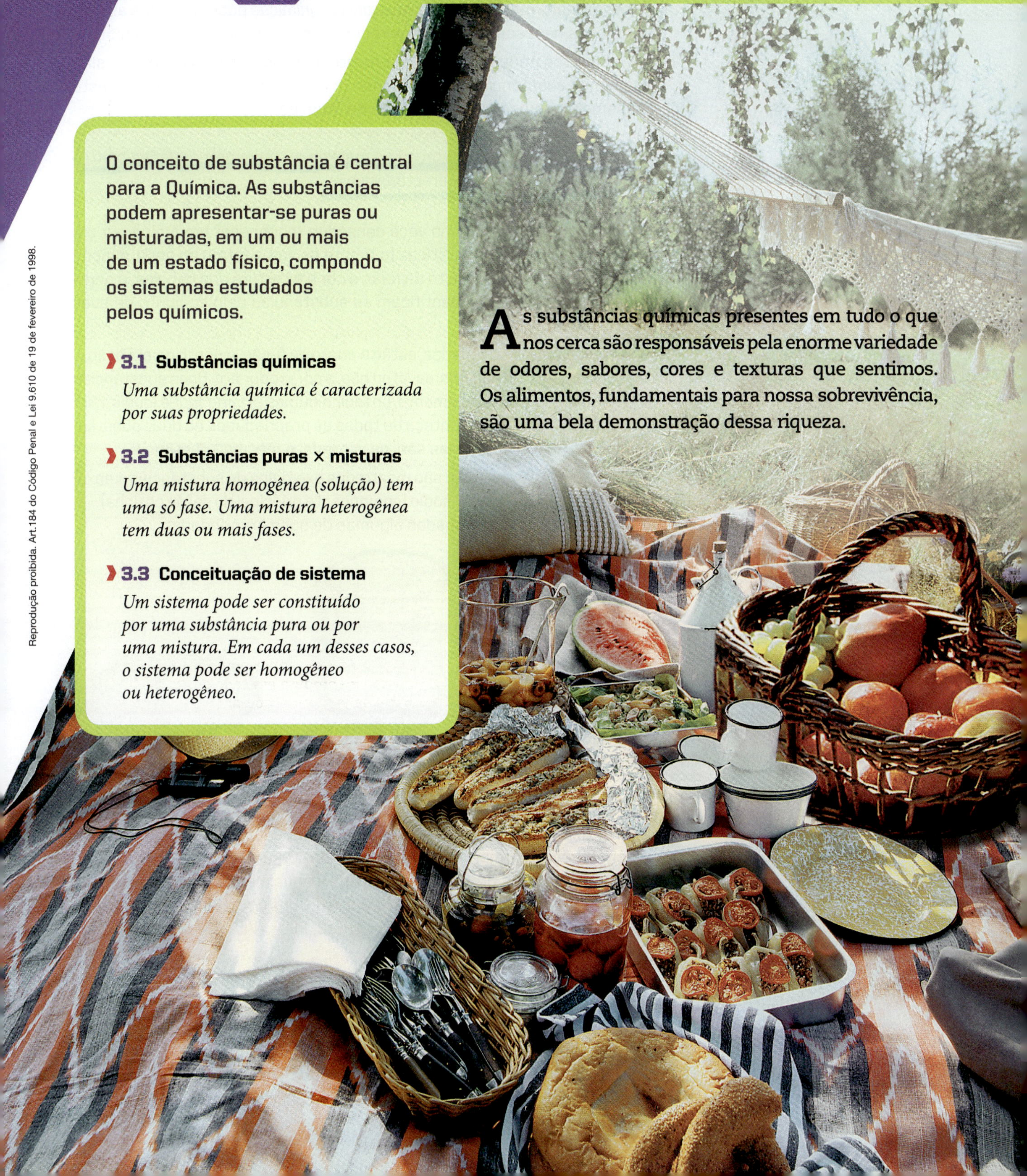

As substâncias químicas presentes em tudo o que nos cerca são responsáveis pela enorme variedade de odores, sabores, cores e texturas que sentimos. Os alimentos, fundamentais para nossa sobrevivência, são uma bela demonstração dessa riqueza.

Substâncias químicas

Objetivo

▶ Descrever, do ponto de vista macroscópico, o que é uma substância química.

Termos e conceitos

• **substância química (ou, simplesmente, substância)**

Este capítulo fornece informações sobre alguns conceitos básicos para o estudo da Química, ciência que se ocupa fundamentalmente em estudar:

- a composição das *substâncias químicas*;
- as propriedades das *substâncias químicas*;
- as transformações que as *substâncias químicas* podem sofrer e as condições necessárias para favorecer ou impedir tais transformações.

Como você pode perceber, o conceito de *substância química* – ou simplesmente *substância*, como iremos chamar de agora em diante – está intimamente relacionado ao estudo da Química.

> Uma **substância** é uma porção de matéria que tem propriedades bem definidas e que lhe são características.

Da mesma maneira como você consegue reconhecer um amigo por um conjunto de suas características (o timbre de voz, a forma do nariz, o modo de andar, a cor da pele, o jeito de falar, a cor e a textura dos cabelos, o porte físico etc.), os químicos identificam as substâncias pelo conjunto de suas propriedades.

Dentre essas propriedades, estão o ponto de fusão, o ponto de ebulição, a densidade, o fato de ser inflamável ou não, a cor, o odor etc. Duas substâncias diferentes podem, eventualmente, possuir algumas propriedades iguais, mas nunca todas elas. Caso aconteça de todas as propriedades de duas substâncias serem iguais, então elas são, na verdade, a mesma substância.

Nas fotografias a seguir, são mostrados exemplos de substâncias – enxofre, ferro, água e cloreto de sódio (componente principal do sal de cozinha) – e, nas legendas, são mencionadas algumas de suas propriedades.

A substância enxofre, sólido amarelo com PF = 115 °C, PE = 445 °C, d = 2,07 g/cm^3.

A substância ferro, sólido cinza-metálico com PF = 1.538 °C, PE = 2.861 °C, d = 7,87 g/cm^3.

A substância água, líquido incolor com PF = 0 °C, PE = 100 °C, d = 1,00 g/cm^3.

A substância cloreto de sódio, sólido branco com PF = 801 °C, PE = 1.465 °C, d = 2,17 g/cm^3.

Uma amostra purificada da substância água, qualquer que seja a sua origem (chuva, rio, mar, lago, geleira, produzida em laboratório etc.), tem sempre as mesmas propriedades. Assim, a água, não importa sua origem, terá sempre PF = 0 °C, PE = 100 °C e d = 1,00 g/cm^3. O enxofre, seja qual for a sua origem, terá sempre PF = 115 °C, PE = 445 °C e d = 2,07 g/cm^3. E assim por diante.

Quando uma substância é produzida em laboratório ou extraída de alguma fonte natural, e desconfia-se ser uma nova substância, os químicos primeiramente determinam suas propriedades. Se elas coincidirem totalmente com as de alguma substância já conhecida, então não se tratará de uma nova substância. Se, por outro lado, não houver substância conhecida com essas propriedades, então realmente terá sido descoberta uma nova substância.

Substâncias puras × misturas

Objetivos

- Analisar dados de densidade e curvas de aquecimento para decidir se uma amostra de matéria é substância pura ou mistura.
- Distinguir mistura heterogênea de mistura homogênea.
- Conceituar solução.
- Identificar as fases presentes em uma amostra de matéria.

Termos e conceitos

- substância pura
- mistura
- componente
- mistura heterogênea
- mistura homogênea
- solução
- solvente
- soluto
- solução aquosa
- líquidos miscíveis
- líquidos imiscíveis
- fase

A água possui densidade 1,00 g/cm³ e o cloreto de sódio, 2,17 g/cm³. Ao acrescentar cloreto de sódio à água e mexer, obtém-se uma mistura cuja densidade é diferente da dos dois componentes isolados. Analise a tabela 1, abaixo, que ajuda a esclarecer esse ponto.

Tabela 1 Densidade de algumas misturas de água e cloreto de sódio

Porcentagem de sal na massa total da mistura	Densidade (g/cm³) a 20 °C	Porcentagem de sal na massa total da mistura	Densidade (g/cm³) a 20 °C
1	1,005	14	1,101
2	1,013	16	1,116
4	1,027	18	1,132
6	1,041	20	1,148
8	1,056	22	1,164
10	1,071	24	1,184
12	1,086	26	1,197

Fonte: B. S. Furniss *et al. Vogel's Textbook of Practical Organic Chemistry*. 4. ed. Londres, Longman, 1987. p. 1.312.

Como a tabela 1 permite explicar o que se observou na experiência da página 38?

Como se pode perceber, qualquer mistura de água e cloreto de sódio possui uma densidade tal que não lhe permite ser classificada nem como água nem como sal.

A água possui PF = 0 °C e PE = 100 °C. Uma amostra de água pura, inicialmente a −20 °C, submetida a aquecimento contínuo apresenta a seguinte curva de aquecimento:

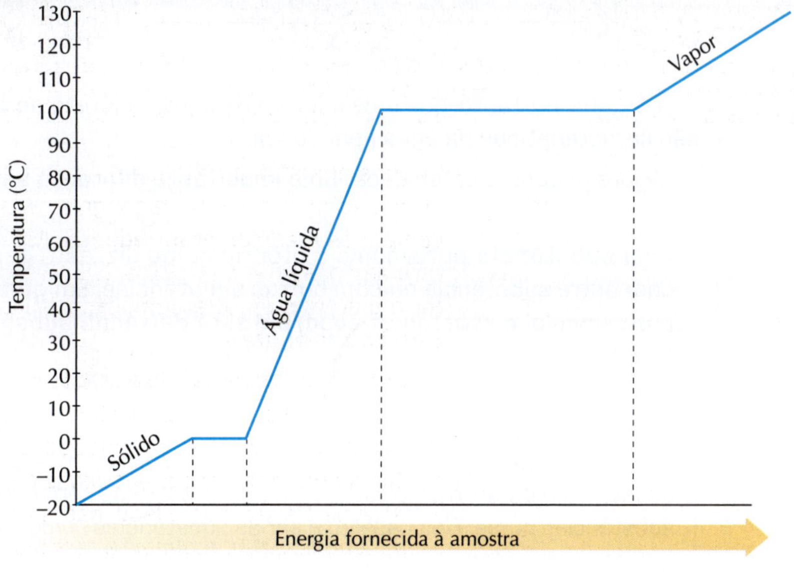

O mesmo experimento repetido com uma amostra pura de cloreto de sódio, PF = 801 °C e PE = 1.465 °C, também submetida a aquecimento contínuo desde o estado sólido, apresentou a seguinte curva de aquecimento:

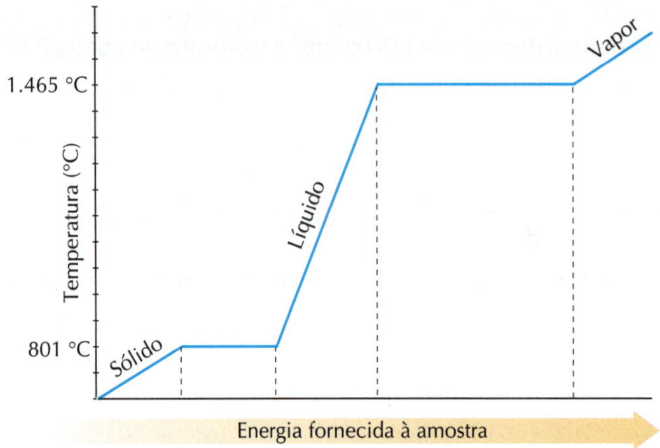

A fusão do $NaC\ell$ ocorre a 801 °C.

Se o mesmo experimento for repetido com a mistura água e cloreto de sódio, verifica-se experimentalmente que a mistura, ao ser colocada num congelador, não congela a 0 °C. Essa mistura inicia seu congelamento abaixo de 0 °C (o valor exato depende da proporção entre as quantidades de água e de sal) e a temperatura não permanece constante durante o congelamento, mas diminui gradualmente.

Quando aquecida, verifica-se que essa mistura não entra em ebulição a 100 °C. Ela começa a ferver acima de 100 °C (o valor exato depende da proporção entre as quantidades de água e de sal) e a temperatura não permanece constante durante a ebulição, mas aumenta gradualmente.

A curva de aquecimento da mistura água e cloreto de sódio é mostrada abaixo:

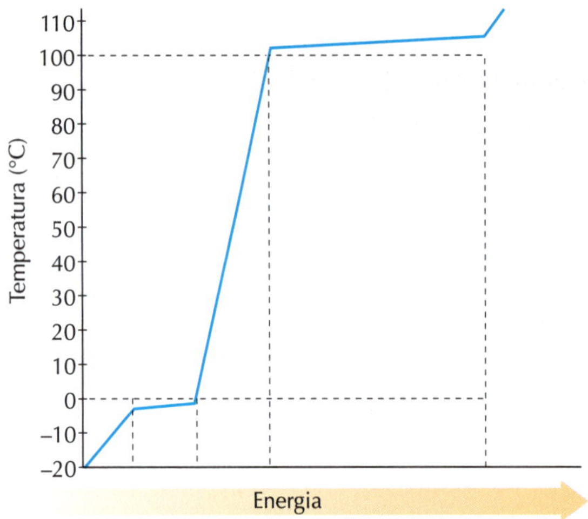

Enquanto na água pura, ao nível do mar, a faixa líquida vai de 0 °C a 100 °C, na mistura de água e sal a faixa líquida se estende abaixo de 0 °C e acima de 100 °C.

Perceba, portanto, que uma mistura de água e cloreto de sódio possui propriedades que não são características da água nem do sal.

Agora podemos estabelecer uma importante diferença entre *substância pura* e *mistura*.

Uma **substância pura**, como o próprio nome diz, está pura, ou seja, não está misturada com outra substância ou com outras substâncias. Em geral, quando um químico refere-se, por exemplo, à *substância* água, ele está deixando subentendido que se refere à *substância pura* água.

Já uma **mistura** é uma porção de matéria que corresponde à reunião de duas ou mais substâncias puras. A partir do momento em que elas são reunidas, deixam de ser consideradas substâncias puras. Elas passam a ser as substâncias *componentes* da mistura.

Propriedades ajudam a diferenciar substância pura de mistura

Experimentalmente, verificou-se que a água pura e o cloreto de sódio puro apresentam pontos de fusão (PF) e pontos de ebulição (PE) bem definidos. Em outras palavras, a porção de matéria analisada, uma vez solidificada, sofre fusão numa temperatura constante. E essa mesma porção de matéria, no estado líquido, sofre ebulição numa temperatura também constante.

A determinação da temperatura de fusão e de ebulição permite concluir que, a amostra de água e a de cloreto de sódio são formadas por substância pura.

Já a mistura formada de água e cloreto de sódio constitui uma amostra de matéria cuja fusão e cuja ebulição não ocorrem a temperaturas constantes, mas, ao contrário, verifica-se variação de temperatura durante tais mudanças de estado.

As propriedades das substâncias possibilitam aos químicos diferenciar experimentalmente uma substância pura de uma mistura.

> Todo material cuja fusão e cuja ebulição ocorrem a uma temperatura constante – ou seja, desde que se inicia a mudança de estado até o seu final não se observa variação de temperatura – é considerado **substância pura** ou simplesmente **substância**. Todo material cuja temperatura sofre variação durante a fusão e a ebulição é chamado **mistura**. As misturas caracterizam-se por apresentar uma faixa de temperatura em que ocorre a fusão e a ebulição.

Propriedades como ponto de fusão, ponto de ebulição e densidade, que são importantes para identificar as substâncias puras e diferenciá-las das misturas, são denominadas *propriedades específicas da matéria*. Tais propriedades não dependem da quantidade de substância, mas somente de sua natureza. Há outras propriedades específicas que, no momento, não nos interessam, por exemplo, cor, dureza, solubilidade e condutividade térmica e elétrica.

1 Diferenciando substâncias puras de misturas com auxílio das curvas de aquecimento

Substâncias puras apresentam pontos de fusão e pontos de ebulição constantes, conforme se observa no gráfico abaixo.

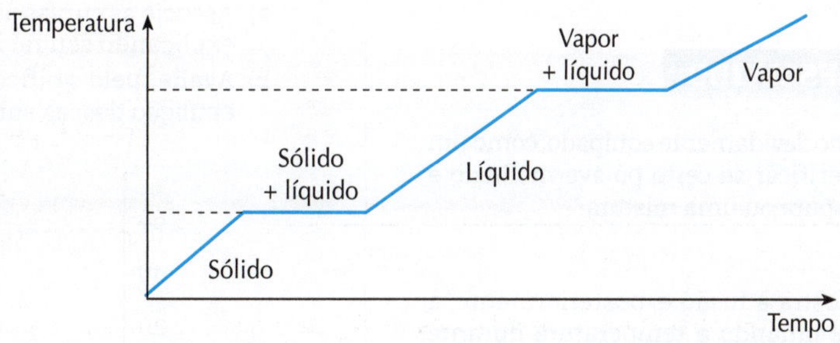

Misturas, na sua grande maioria, não apresentam pontos de fusão e pontos de ebulição definidos, conforme se observa no gráfico abaixo.

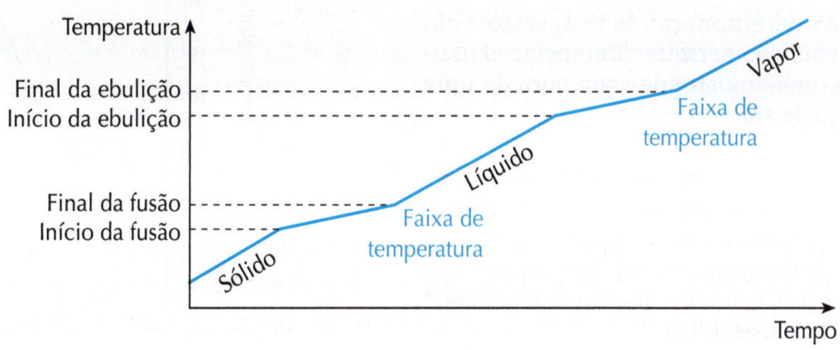

Constituem exceção algumas misturas de sólidos, denominadas **eutéticas** (fundem-se à temperatura constante), e algumas misturas de líquidos, denominadas **azeotrópicas** (fervem à temperatura constante).

A solda usada em eletrônica é mistura eutética: chumbo (37%) e estanho (63%).

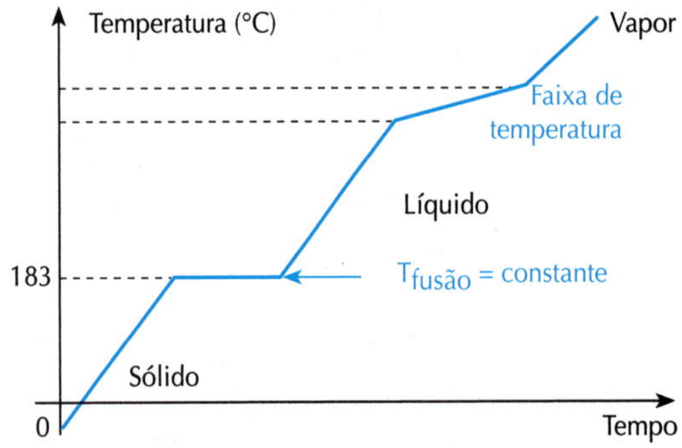

O álcool e a água formam mistura azeotrópica: álcool (96%) e água (4%).

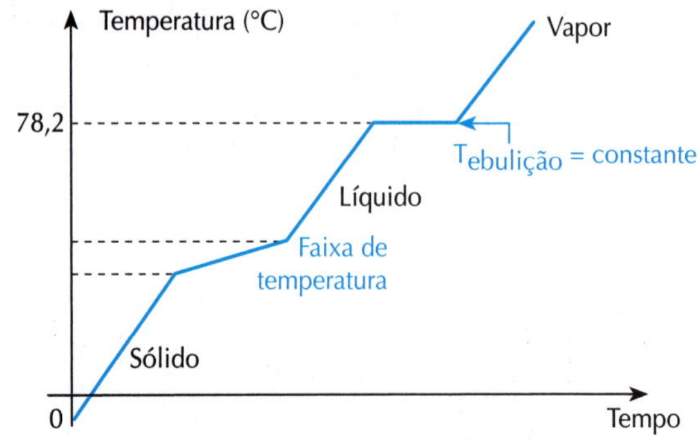

EXERCÍCIOS ESSENCIAIS

1 (UFMG) Uma amostra de uma substância pura X teve algumas de suas propriedades determinadas. Todas as alternativas apresentam propriedades que são úteis para identificar essa substância, exceto:

a) densidade.
b) massa da amostra.
c) solubilidade em água.
d) temperatura de ebulição.
e) temperatura de fusão.

2 Em um recipiente, existe um líquido transparente, inodoro (sem cheiro) e incolor (sem cor). Podemos afirmar com certeza que se trata de uma substância pura? Explique.

EXERCÍCIO RESOLVIDO

3 Em um laboratório devidamente equipado, como um químico pode verificar se certo pó avermelhado é uma substância pura ou uma mistura?

Resolução

Submeter a amostra à fusão e, posteriormente, à ebulição, acompanhando a temperatura durante esses processos. Durante a fusão de uma substância pura e também durante sua ebulição, a temperatura permanece constante.

4 Explique como a determinação da temperatura em que ocorre a ebulição permite diferenciar experimentalmente uma amostra de água pura de uma solução aquosa de sal.

5 Em um laboratório, foram elaboradas as curvas de aquecimento de dois líquidos incolores [A] e [B]. Sabe-se que um deles é benzeno puro e o outro é uma mistura de benzeno e fenol. As curvas estão mostradas a seguir. Qual dos líquidos é o benzeno puro? Justifique sua escolha.

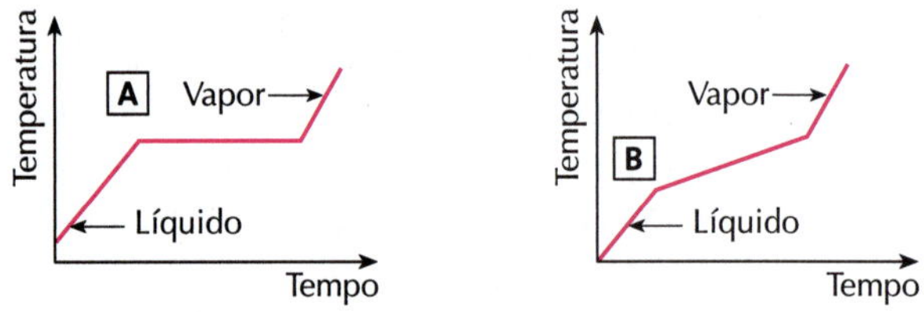

EXERCÍCIO RESOLVIDO

6 As curvas de aquecimento [C] e [D] do gráfico abaixo referem-se ao éter e à acetona, não necessariamente nessa ordem. Sabe-se que o éter ferve com mais facilidade que a acetona.

a) Associe as curvas às substâncias mencionadas, explicando seu raciocínio.
b) Avalie, pelo gráfico, os pontos de fusão e de ebulição dessas substâncias.

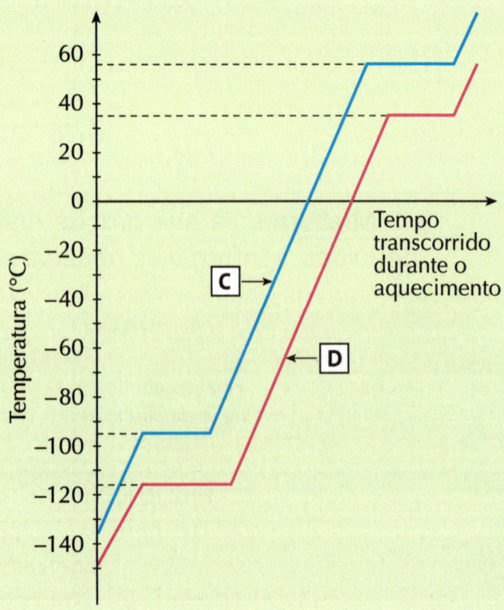

Resolução

a) A curva [D] corresponde a uma substância com ponto de ebulição mais baixo. De acordo com a informação do enunciado, essa deve ser a curva do éter. E a curva [C] corresponde, portanto, à acetona.

b) Éter (curva [D]): PF = −116 °C e PE = 35 °C.

Acetona (curva [C]): PF = −95 °C e PE = 56 °C.

O gráfico não apresenta precisão tão grande a ponto de se poder avaliar o algarismo das unidades sem incerteza alguma. Respostas próximas a essas são perfeitamente cabíveis.

7 (Fuvest-SP) Faça um esboço da curva de aquecimento (temperatura em função do calor absorvido) para água pura, partindo do estado sólido até o estado de vapor. Identifique nesse gráfico as etapas correspondentes às mudanças de fase, bem como as temperaturas associadas, sob pressão normal.

8 (Vunesp) O gráfico representa a curva de resfriamento, temperatura em função do tempo, de uma substância pura utilizada como combustível, à pressão de 1 atm.

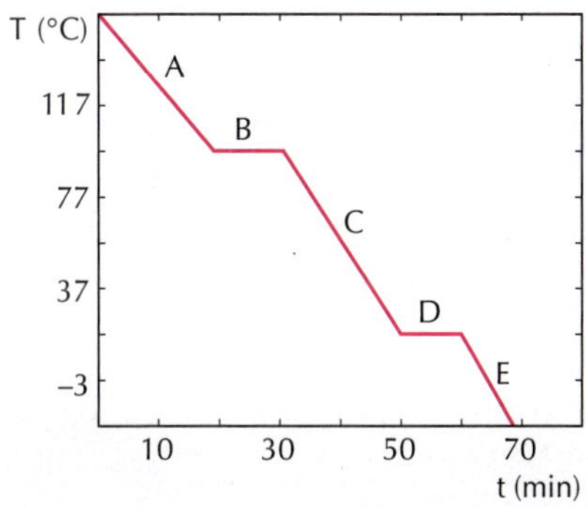

a) Explicar o fenômeno que ocorre em cada região da curva indicada pelas letras A, B, C, D e E.

b) Quais são os pontos de fusão e de ebulição, em °C, dessa substância pura?

9 (UnB-DF) Analise o gráfico, correspondente à curva de aquecimento de um material, no qual estão representadas diferentes fases (s = sólido, ℓ = líquido e v = vapor), e julgue os itens seguintes.

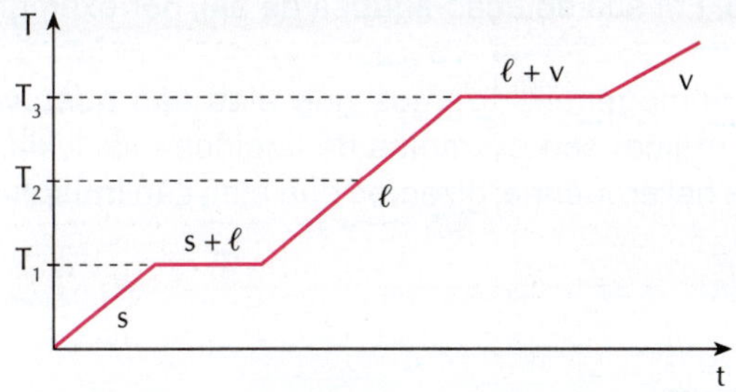

( ) T_2 corresponde ao ponto de ebulição do material.

( ) Se, no estado líquido, esse material fosse resfriado, solidificar-se-ia à temperatura T_1.

( ) Segundo o gráfico, o material é constituído por uma mistura de três substâncias.

10 (Ufal) A matéria existe, principalmente, em três estados físicos: sólido, líquido e gasoso. A maior parte da matéria é constituída por mistura de substâncias. Cada substância possui um conjunto único de propriedades físicas e químicas que pode ser utilizado para identificá-la. O gráfico a seguir apresenta a curva de temperatura *versus* tempo para três amostras materiais I, II e III, partindo do estado sólido no tempo t = 0. De acordo com o gráfico, é correto afirmar que:

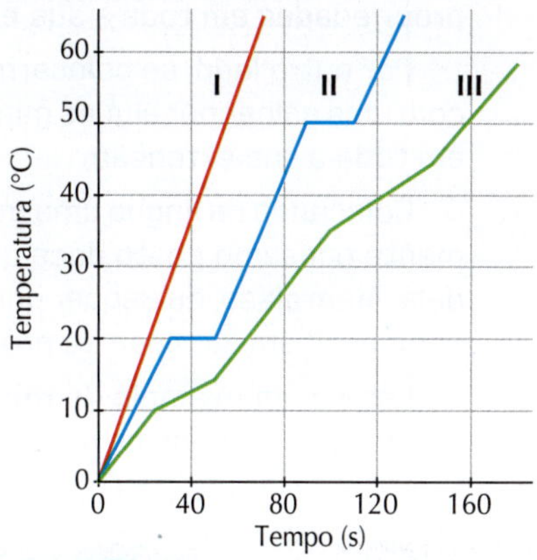

a) a amostra II apresenta temperatura de ebulição de 20 °C.

b) a amostra II aquece mais rápido que a amostra I.

c) à temperatura de 50 °C, a amostra I encontra-se no estado líquido.

d) as três amostras são exemplos de substâncias puras.

e) a amostra III não constitui uma substância pura por não manter as temperaturas de fusão e ebulição constantes.

11 Mistura azeotrópica tem:

a) temperaturas de fusão e de ebulição constantes.

b) temperaturas de fusão e de ebulição variáveis.

c) temperatura de fusão constante.

d) temperatura de ebulição constante.

12 (Unicamp-SP) As curvas de fusão das substâncias A e B estão representadas no gráfico abaixo.

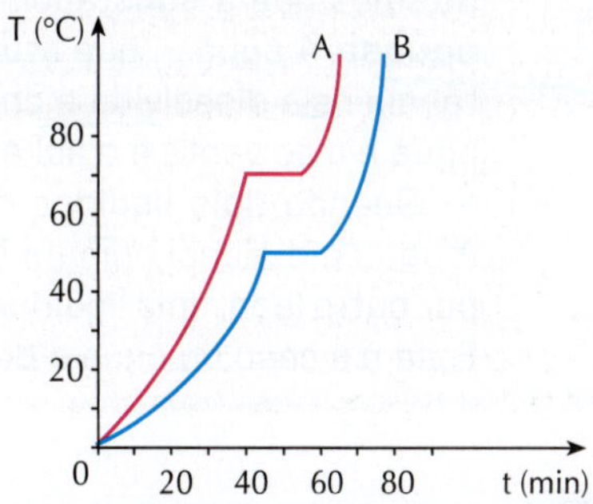

a) Quais as temperaturas de fusão de A e B?

b) A e B misturadas em certa proporção formam uma solução sólida (eutética), que funde em temperatura intermediária às de A e B puras. Em que intervalo estará o ponto de fusão do eutético?

2 Misturas heterogêneas e misturas homogêneas

Ao adicionarmos um pouco de ferro em pó a um pouco de enxofre em pó, obteremos uma mistura que não possui propriedades iguais em todos os seus pontos. Os pequenos fragmentos de ferro possuem as propriedades da substância ferro (cor cinza-metálica, PF = 1.538 °C etc.) e os pequenos fragmentos de enxofre possuem as propriedades da substância enxofre (cor amarela, PF = 115 °C etc.).

Trata-se de um exemplo de **mistura heterogênea**, uma mistura que não possui as mesmas propriedades em toda a sua extensão.

Por outro lado, se colocarmos uma pitada de açúcar numa porção de água pura e mexermos com uma colher por alguns minutos, obteremos uma mistura que possui as mesmas propriedades em toda a sua extensão.

Colocando na língua uma gota proveniente da parte de cima dessa mistura sentiremos exatamente o mesmo gosto doce que sentiríamos ao provar uma gota proveniente da parte de baixo dela. Além disso, quaisquer porções dessa mistura são incolores, têm a mesma densidade, enfim, compartilham as mesmas propriedades.

Esse é um exemplo de **mistura homogênea**, ou **solução**, mistura que tem as mesmas propriedades em todos os seus pontos.

A

A mistura de pó de enxofre e pó de ferro é heterogênea.

B

A mistura de água e açúcar é homogênea.

C

A mistura de água e óleo é heterogênea.

Conheça algumas terminologias muito usadas

Quando certa substância é misturada à água e isso resulta numa mistura homogênea, dizemos que a substância foi **dissolvida** na água e que a mistura obtida é uma **solução aquosa**. A água — que atua dissolvendo a substância — é denominada **solvente** e a substância nela dissolvida é chamada de **soluto**. Em sua solução aquosa de sal, por exemplo, a água é o solvente e o sal é o soluto.

Quando dois líquidos formam mistura homogênea, dizemos que eles são **miscíveis**. A água e o álcool comum (etanol ou álcool etílico) são exemplos de líquidos miscíveis. Se, por outro lado, dois líquidos formam mistura heterogênea, dizemos que eles são **imiscíveis**. Esse é o caso da água e do óleo.

3 Número de fases de uma mistura

Quando estudamos uma amostra qualquer de matéria — seja ela substância pura ou mistura —, é bastante útil o conceito de *fase*.

Podemos definir **fase** como uma porção de uma amostra de matéria que apresenta as mesmas propriedades em todos os seus pontos. Uma fase pode apresentar-se contínua ou fragmentada em várias partes.

Para deixar isso mais claro, considere o caso da mistura de óleo e água mostrada na foto C. Trata-se de uma mistura heterogênea, na qual uma fase é óleo e a outra fase é água. Nesse exemplo, ambas as fases são contínuas.

Voltemos ao exemplo da mistura de ferro e enxofre. Nela, os grãozinhos de ferro constituem uma fase, e os grãozinhos de enxofre constituem outra fase. Diferentemente da mistura de água e óleo, nesse caso cada fase apresenta-se fragmentada em muitas partes.

Numa mistura de água e açúcar, que é homogênea, existe uma só fase. Isso pode ser generalizado para todas as misturas homogêneas. Já que elas apresentam as mesmas propriedades em todos os seus pontos, são constituídas necessariamente por uma única fase.

Assim, concluímos que:

Uma **mistura homogênea apresenta uma só fase** e uma **mistura heterogênea apresenta duas ou mais fases**.

4 Número de fases de uma substância pura

Estabelecemos uma relação entre o tipo de mistura e o número de fases presentes. Mistura homogênea tem uma fase e mistura heterogênea tem duas ou mais.

Agora pense por um momento antes de prosseguir a leitura: uma substância pura apresenta sempre uma só fase?

Bem, para responder a essa pergunta, comecemos imaginando um frasco contendo apenas água líquida. O conteúdo desse frasco possui as mesmas propriedades em todos os seus pontos e, portanto, existe apenas uma fase presente.

Agora imagine que a esse frasco seja adicionada uma pedra de gelo. Dentro do frasco continuará havendo apenas uma substância pura: a substância água. Só que ela está em dois estados físicos distintos (isso antes de o gelo derreter totalmente). Dentro do frasco existirão duas fases distintas: a fase líquida e a fase sólida. Essas fases diferem em pelo menos uma de suas propriedades, a densidade (a da água líquida é 1,0 g/cm^3 e a do gelo é 0,92 g/cm^3).

Assim, numa amostra de substância pura em que ela esteja em diferentes estados físicos, haverá mais de uma fase. E cada estado físico presente corresponderá a uma fase.

Conteúdo digital Moderna PLUS http://www.modernaplus.com.br
Texto: *As soluções e o cotidiano*

EXERCÍCIOS ESSENCIAIS

13 O granito é uma rocha na qual existem três fases sólidas. Uma delas, geralmente esbranquiçada, é formada pela substância quartzo. Outra, cinzenta ou bege, é formada pela substância feldspato. E uma terceira fase, geralmente preta, é constituída pela substância mica.

a) O granito é uma substância ou uma mistura? Justifique.

b) O granito é uma solução? Por quê?

14 (Ufac) A mistura de água e álcool é:

a) homogênea gasosa.

b) heterogênea líquida.

c) homogênea líquida.

d) heterogênea sólida-líquida.

e) simples.

15 (Mackenzie-SP) Granito, refresco de xarope de groselha, água mineral fluoretada e sangue visto ao microscópio são, respectivamente, exemplos de misturas:

Fragmento de granito, formado por quartzo, feldspato e mica.

a) homogênea, homogênea, heterogênea e heterogênea.

b) heterogênea, heterogênea, homogênea e homogênea.

c) homogênea, heterogênea, heterogênea e homogênea.
d) heterogênea, homogênea, homogênea e heterogênea.
e) heterogênea, homogênea, homogênea e homogênea.

16 (Faee-GO) É exemplo de solução (I) sólida, (II) líquida e (III) gasosa à temperatura ambiente e à pressão normal:

	(I)	(II)	(III)
a)	glicose;	água do mar filtrada;	água gaseificada.
b)	ouro 18K;	lágrima;	ar filtrado.
c)	lâmina de cobre;	água;	ozone.
d)	areia;	gasolina;	gás nitrogênio.
e)	cloreto de sódio;	chumbo derretido;	amônia.

17 (Unip-SP) Em cinco recipientes, encontramos misturas distintas, a saber:

I: água + sílica
II: álcool + água
III: nitrogênio + hidrogênio
IV: água + óleo
V: água + cloreto de sódio (sem corpo de fundo)

Em quais recipientes encontramos uma mistura homogênea?
a) I, II, III e V;
b) I e V;
c) II, III e IV;
d) II, III e V;
e) II, III, IV e V.

18 (Vunesp) O rótulo de uma garrafa de água mineral está reproduzido a seguir.

Composição química provável:	
Sulfato de cálcio:	0,0038 mg/L
Bicarbonato de cálcio:	0,0167 mg/L

Com base nessas informações, podemos classificar a água mineral como:
a) substância pura.
b) substância simples.
c) mistura heterogênea.
d) mistura homogênea.
e) suspensão coloidal.

19 Sobre uma solução aquosa de açúcar, responda.
a) Quantas fases há nela?
b) Qual é o solvente?
c) Qual é o soluto?

20 (Mackenzie-SP) Um copo contendo três cubos de gelo e água líquida é:
a) monofásico.
b) tetrafásico.
c) pentafásico.
d) bifásico.
e) trifásico.

21 (UCDB-MS) Em um laboratório de Química, foram preparadas as seguintes misturas:
I. água/gasolina;
II. água/sal;
III. água/areia;
IV. gasolina/sal;
V. gasolina/areia.

Quais dessas misturas são homogêneas?
a) Nenhuma.
b) Somente II.
c) II e III.
d) I e II.
e) II e IV.

22 (Uece) "... a mica se misturou mais intimamente com o feldspato e o quartzo para formar a rocha por excelência, a pedra mais dura de todas, a que suporta, sem ser esmagada, os quatro andares terrenos do globo..." (do livro *Viagem ao Centro da Terra*, de Júlio Verne). A rocha mencionada pelo autor é:
a) uma mistura heterogênea – o granito.
b) uma substância pura – o calcário.
c) uma mistura homogênea – o mármore.
d) uma liga metálica – a pirita.

23 (Ufes) Dada a tabela (Temperatura = 25 °C)

Mistura	Substância *A*		Substância *B*
I	água	+	álcool etílico
II	água	+	sal de cozinha
III	água	+	gasolina
IV	O_2	+	CO_2
V	carvão	+	enxofre

Resultam em soluções as misturas:
a) I, II e III.
b) I, II e IV.
c) I, II e V.
d) II, IV e V.
e) III, IV e V.

Comentário dos autores:
O_2 representa o gás oxigênio e CO_2, o gás carbônico.

Seção 3.3

Conceituação de sistema

› Objetivo

▸ Classificar um sistema quanto a ser substância pura ou mistura e quanto a ser homogêneo ou heterogêneo.

› Termos e conceitos

• sistema

Nos estudos científicos, é comum o uso da palavra sistema.

> **Sistema** é uma porção de matéria que foi escolhida para ser estudada.

Um sistema pode ser constituído por uma substância pura ou por uma mistura de substâncias. Pode ser pequeno como uma gotícula de líquido examinada ao microscópio ou grande como a atmosfera do planeta.

Consideremos, como sistemas a serem estudados, o conteúdo dos frascos esquematizados a seguir, que denominaremos de A a H.

A investigação experimental desses sistemas permite determinar que A, B, C e D apresentam propriedades uniformes em todos os seus pontos, ou seja, possuem uma única fase. Tais sistemas são denominados **homogêneos**.

A: Água pura; B: Água + sal dissolvido; C: Álcool de farmácia (álcool + água); D: Ar atmosférico

Mistura formada por gases é sempre homogênea.

Os sistemas E, F, G e H, por sua vez, apresentam mais de uma fase e são, por isso, denominados **heterogêneos**.

E: Água + gelo; F: Óleo + água; G: Água + areia; H: Areia + sal

O mapa conceitual abaixo resume o que vimos até aqui.

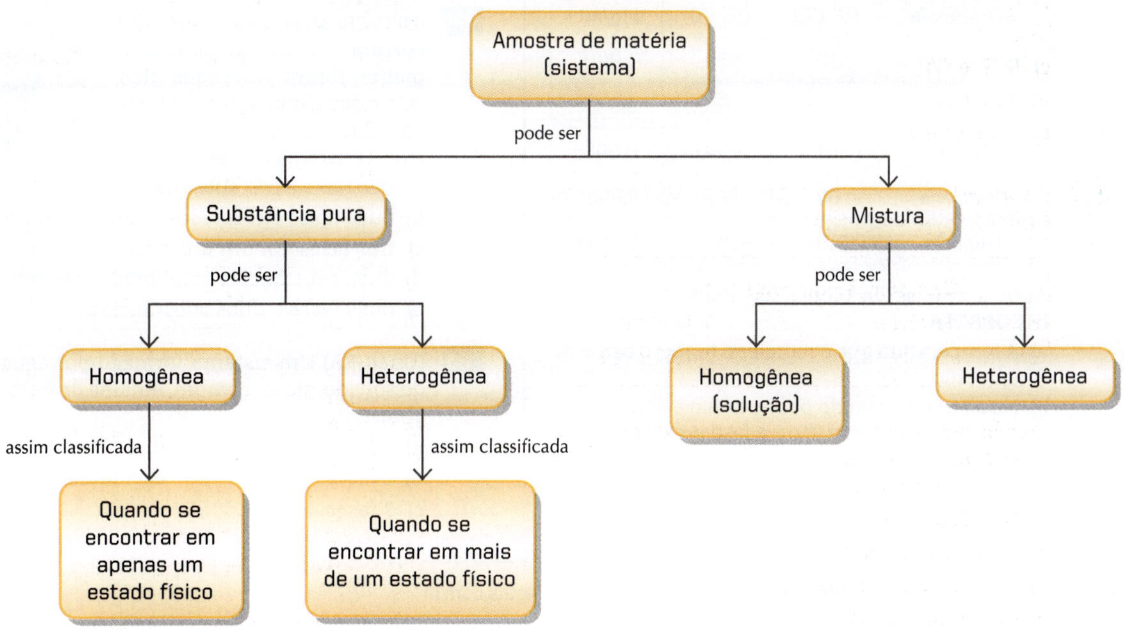

EXERCÍCIOS ESSENCIAIS

EXERCÍCIO RESOLVIDO

24 Imagine um sistema formado por gelo, água líquida, um pedaço de granito, sal e açúcar. O sal e o açúcar estão ambos dissolvidos na água.

a) Quantas fases há nesse sistema?
b) Quantos componentes formam esse sistema?
c) Quantos componentes há em cada fase?
d) Qual das fases é uma solução? Qual dos componentes dessa fase é o solvente?

Resolução

a) Uma fase é formada pelo gelo, outra pela água líquida com sal e açúcar nela dissolvidos. Além dessas duas fases, há mais três no granito (quartzo, feldspato e mica). Ao todo são, portanto, cinco fases.
b) Seis. Água (sólida ou líquida, é a mesma substância), sal, açúcar, quartzo, feldspato e mica (três componentes do granito).
c) Na fase líquida, há três componentes: água, sal e açúcar. Em cada uma das quatro fases sólidas, há apenas um componente: gelo, quartzo, feldspato e mica.
d) A fase líquida é uma solução na qual a água é o solvente e sal e açúcar são os solutos.

25 (Unifor-CE) Numa dose de uísque com gelo, há água sólida, solução aquosa de etanol, outras substâncias dissolvidas e vapor d'água. Esse sistema é:

a) homogêneo e constituído de uma fase.
b) homogêneo e constituído de três fases.
c) heterogêneo e constituído de duas fases.
d) heterogêneo e constituído de três fases.
e) heterogêneo e constituído de quatro fases.

26 (UFJF-MG) A tabela, a seguir, apresenta os pontos de fusão, ebulição e as densidades de algumas substâncias utilizadas em nosso cotidiano, a 1 atm de pressão.

Substância	P.F. (°C)	P.E. (°C)	d (g/mL)
Ácido sulfúrico	10	338	1,840
Benzeno	5,5	80,1	0,9
Cloro	−101	−34,5	0,0025
Naftaleno	82	220	2,250
Oxigênio	−218	−183	0,0014

Após a análise da tabela, assinale a alternativa **INCORRETA**.

a) À temperatura que o naftaleno funde, o benzeno é líquido.
b) No sistema formado por benzeno e ácido sulfúrico, o benzeno constitui a fase superior.
c) Se misturarmos as substâncias cloro e oxigênio à temperatura ambiente, formar-se-á um sistema homogêneo.
d) À temperatura que o oxigênio é líquido, o cloro é sólido.
e) À temperatura que o naftaleno entra em ebulição, o ácido sulfúrico se encontra líquido.

27 Um sistema é formado por água líquida, dois pedaços de chumbo e açúcar dissolvido na água.

a) Quantas fases há nesse sistema?
b) Quantos componentes há no sistema todo?
c) Quantos componentes há em cada uma das fases?

EXERCÍCIO RESOLVIDO

28 Um sistema é formado por uma "pedra" de gelo, água líquida, sal dissolvido na água e três bolinhas da substância chamada polietileno (um plástico menos denso que a água).

a) Quantas fases há nesse sistema?
b) Quantos *componentes* formam esse sistema (isto é, quantas substâncias químicas diferentes há nele)?

Resolução

a) O sistema pode ser esquematizado como aparece abaixo, sendo que nele existem 3 fases: gelo, água líquida contendo sal dissolvido e polietileno.

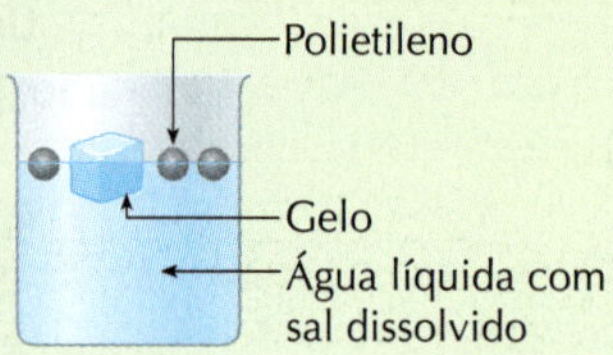

b) As diferentes substâncias existentes no sistema são: água (nos estados sólido e líquido), sal e polietileno. Há, portanto, 3 componentes no sistema.

29 (UFC-CE) Marque a alternativa **correta**. Em um mesmo recipiente, foram colocados óleo, gelo e água, que se mantêm em equilíbrio conforme a figura ao lado. O sistema apresenta:

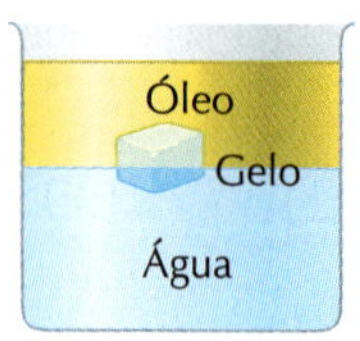

a) três fases e três substâncias.
b) duas fases em estados físicos diferentes.
c) três fases em um único estado físico.
d) duas substâncias equilibradas em três fases.
e) duas fases e duas substâncias.

30 (Uneb-BA) Um sistema formado por água, açúcar dissolvido, álcool comum, limalha de ferro e carvão apresenta:

a) 1 fase.
b) 2 fases.
c) 3 fases.
d) 4 fases.
e) 5 fases.

Conteúdo digital Moderna PLUS http://www.modernaplus.com.br
Exercícios adicionais

UNIDADE A

Capítulo 4

Obtendo substâncias puras a partir de misturas

Plataforma marítima de extração de petróleo. O petróleo é uma mistura de várias substâncias, que podem ser separadas por um método adequado. A gasolina, o querosene e o óleo *diesel* são algumas das frações do petróleo.

Misturas podem ser separadas (fracionadas). O método de separação depende do tipo de mistura e das propriedades dos seus componentes.

› 4.1 Obtendo substâncias puras a partir de misturas

Dentre os principais métodos de separação de misturas heterogêneas estão a decantação, a filtração e a dissolução fracionada. Para fracionar misturas homogêneas, utilizam-se principalmente a evaporação e a destilação.

› 4.2 Materiais de laboratório e segurança

Laboratórios de Química têm vários equipamentos, destinados a finalidades específicas e diversos reagentes, muitos dos quais podem ser perigosos. Para evitar acidentes, é necessário tomar uma série de cuidados.

Seção 4.1

Obtendo substâncias puras a partir de misturas

Objetivos

- Descrever os principais métodos de separação de misturas.
- Listar os equipamentos empregados nesses métodos.
- Reconhecer a presença de processos de separação de misturas no cotidiano.
- Planejar o fracionamento de misturas em casos que envolvam duas ou mais etapas.

Termos e conceitos

- decantação
- sedimentação
- centrifugação
- filtração simples
- filtração a vácuo
- funil de Büchner
- kitassato
- trompa d'água
- funil de separação
- dissolução fracionada
- ventilação
- peneiração
- levigação
- flotação
- sifonação
- evaporação
- destilação simples
- destilação fracionada

Um dos grandes desafios da Química tem sido a obtenção de substâncias puras a partir de misturas, já que a maioria dos materiais presentes na natureza é formada por misturas de substâncias.

Como vimos anteriormente, torna-se possível saber se uma espécie de matéria é substância pura ou mistura por meio da análise de suas propriedades específicas. Se o resultado das análises indicar que se trata de uma mistura de substâncias e o químico quiser isolar as substâncias que a constituem, será necessário escolher um método adequado de purificação.

Há vários métodos de purificação de misturas, e a escolha do método depende:

- do tipo de mistura a ser separada;
- das condições materiais e econômicas;
- do tempo gasto na separação.

Você já pensou como se separa o óleo da água, como o sal é separado da água do mar, ou como é possível separar a areia da água, ou até mesmo os componentes do ar atmosférico? Veremos agora algumas técnicas de separação utilizadas pelos químicos, para algumas misturas bastante comuns entre nós.

1 Decantação

A mistura de areia e água é heterogênea, formada por duas fases. Uma delas é a água e a outra é a areia.

Em uma mistura *heterogênea sólido/líquido* como essa, a fase mais densa tende a ocupar a posição inferior, enquanto a menos densa tende a ocupar a posição superior.

Uma maneira de separar uma mistura de água e areia é esperar que a areia, mais densa que a água, se deposite no fundo do recipiente. (Essa deposição de sólido no fundo é chamada por alguns de *sedimentação*.)

Após a deposição da areia no fundo, pode-se transferir a água para outro recipiente, inclinando-se lentamente o frasco em que está a mistura. Após essa transferência, restarão, no fundo do frasco original, a areia e um pouco de água (para eliminar esse resíduo de água, pode-se, por exemplo, esperar que ela se evapore). As fotos abaixo ilustram a separação dessa mistura. A técnica é denominada **decantação**.

2 Centrifugação (acelerando a decantação)

Caso a separação das fases de uma mistura heterogênea sob ação da gravidade seja muito lenta, ela pode ser apressada submetendo a mistura a uma intensa rotação, técnica conhecida como **centrifugação**. Ela é realizada em aparelhos denominados *centrífugas*. As fotos a seguir mostram um exemplo desse tipo de aparelho. Na foto A, podemos perceber como os tubos que contêm a mistura são colocados na centrífuga. Na foto B, observamos esses tubos em rotação.

A

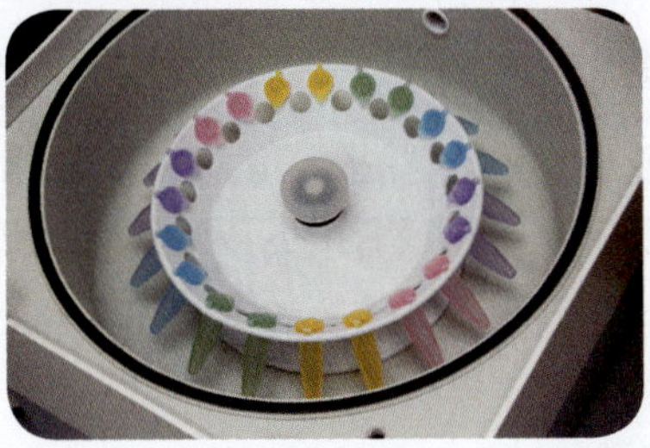

B

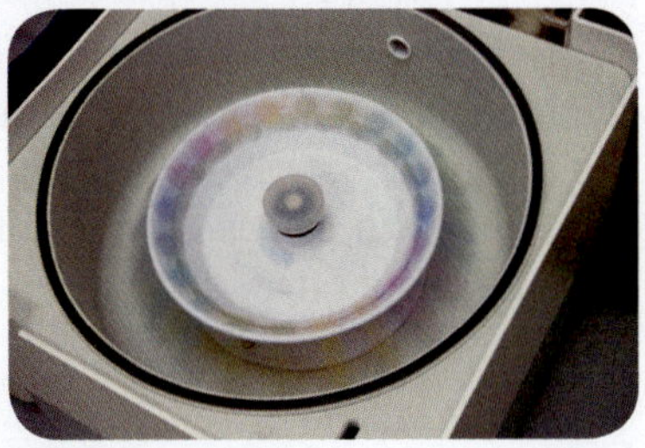

Na indústria de laticínios, por exemplo, a nata é separada do leite com o uso de grandes centrífugas. Girando a grande velocidade, o leite, mais denso, deposita-se no fundo do recipiente, enquanto a nata, menos densa, concentra-se na parte superior.

3 Filtração simples

Mostramos anteriormente que a decantação pode ser usada para separar uma *mistura heterogênea sólido/líquido*.

Para separar misturas heterogêneas sólido/líquido, existe um outro processo, um pouco mais trabalhoso, porém de maior eficiência que a decantação: é a **filtração**, técnica que consiste em despejar a mistura sobre uma superfície porosa apropriada, o filtro. O filtro permite que a fase líquida o atravesse, mas retém a fase sólida, propiciando uma separação de ambas.

O princípio de funcionamento do filtro pode ser comparado, simplificadamente, ao funcionamento das peneiras. Um pedreiro peneira a areia para separar as pedrinhas, os gravetos e os grãos maiores de areia dos grãos mais finos, que serão usados para fazer a mistura com cimento e água. Os orifícios existentes na peneira usada pelo pedreiro são de um tamanho tal que permite aos grãos menores passarem, mas retêm as pedrinhas, os gravetos e os grãos maiores.

O papel de filtro, bastante empregado em laboratórios, é elaborado com fibras de papel entrelaçadas de modo que os orifícios entre elas (invisíveis a olho nu) atuem como os orifícios de uma peneira. As partículas formadoras da água – que nos próximos capítulos denominaremos *moléculas de água* – são tão pequenas que passam por dentro desses orifícios. Já as partículas de areia, maiores que eles, são retidas pelo papel.

A figura abaixo ilustra um dos modos de dobrar o papel de filtro e a foto acima ilustra o procedimento da filtração de uma mistura de água e areia. O líquido que passa pelo filtro é denominado filtrado.

4 Filtração a vácuo (acelerando a filtração)

Num laboratório, é comum haver *misturas heterogêneas sólido/líquido*, cuja filtração é muito demorada. (Um exemplo caseiro é o da mistura de farinha e água, que demora muito mais para ser filtrada que uma mistura de água e areia.)

Para acelerar a filtração, foi desenvolvido o processo da **filtração a vácuo**, como é ilustrado nas fotos abaixo. Nesse processo, o papel de filtro é ajustado à superfície de um funil apropriado, o funil de Büchner, que é conectado à boca de um frasco especial, o kitassato.

O dispositivo denominado trompa d'água (ou trompa de vácuo) é ligado ao kitassato. Dentro da trompa, passa água corrente, que "arrasta" o ar consigo. Esse fluxo remove um pouco de ar de dentro do kitassato e faz a pressão interna ficar menor que a pressão atmosférica. Consequentemente, a pressão atmosférica força a fase líquida da mistura a passar mais rapidamente pelo papel de filtro.

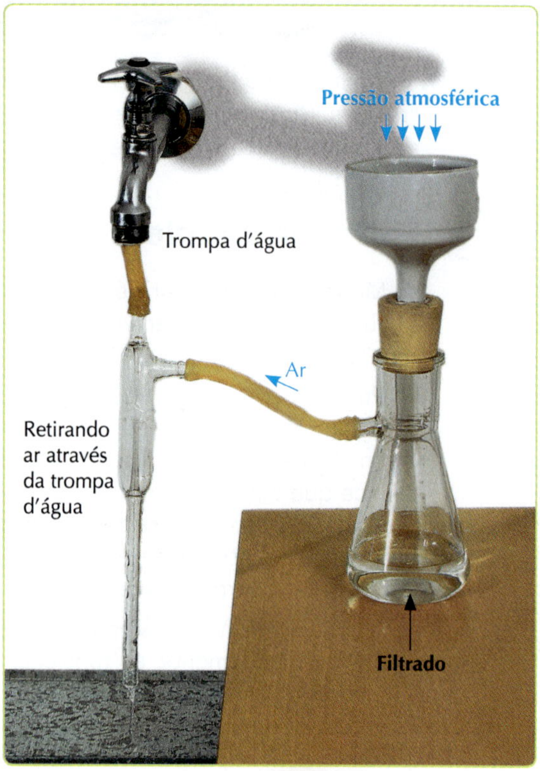

Filtração no cotidiano

Uma **filtração simples** é realizada quando se prepara um café. As partículas do pó de café que não se dissolvem na água ficam retidas no filtro (resíduo), enquanto a água (solvente) e as partículas de café que nela se dissolveram (soluto) passam através dele. Quando preparamos café ou chá, a água quente realiza a **extração** dos componentes solúveis do café ou do chá.

Quando se usa um aspirador de pó, a fase sólida fica retida no filtro do aspirador e a fase gasosa passa por ele. A mistura de ar e poeira, que é uma mistura heterogênea sólido-gás, é separada utilizando-se **filtração a vácuo**.

5 Funil de separação

Ao misturar óleo de cozinha e água, obtemos uma mistura heterogênea na qual a fase superior é o óleo, menos denso, e a inferior é a água, mais densa.

Para separar *misturas heterogêneas líquido/líquido*, como essa, os químicos utilizam um aparelho de vidro, o **funil de separação** (também chamado de *funil de decantação* ou *funil de bromo*), mostrado na foto ao lado.

Para efetuar a separação, a mistura é colocada dentro do funil. A torneira é ligeiramente aberta, permitindo o escoamento gradual da fase inferior, que é recolhida em outro frasco. Fechando-se a torneira no exato momento em que a fase inferior acabou de escoar, consegue-se a separação de ambas as fases: a inferior está recolhida no frasco e a superior permaneceu no funil de separação.

Outros exemplos de misturas que podem ser separadas com o funil de separação são gasolina/água e azeite/vinagre.

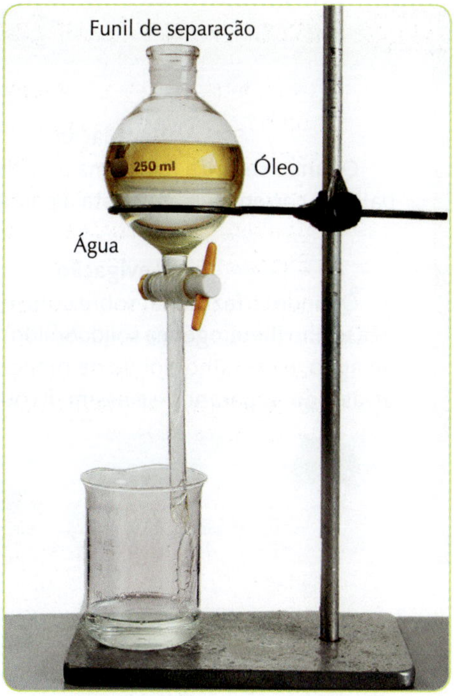

6 Dissolução fracionada

Dos muitos métodos que existem para separar *misturas heterogêneas de dois ou mais sólidos*, vamos analisar um em particular: a **dissolução fracionada.**

Essa técnica de separação está baseada na diferente tendência de os sólidos componentes de uma mistura se dissolverem em determinado solvente. Para ocorrer a separação, um dos sólidos deve se dissolver no solvente e o outro não.

Como exemplo, consideremos a mistura heterogênea sal e areia. Como separá-los, colocando o sal novamente em condições de uso?

Inicialmente, adicionamos água à mistura. A água dissolve o sal, mas não dissolve a areia. Após mexer bem, obtemos um sistema heterogêneo constituído por duas fases: uma delas é a solução de sal em água, e a outra é a areia que não se dissolveu na água.

Em seguida, a mistura é filtrada. A areia fica retida no filtro, enquanto a solução de sal em água passa por ele. A água pode ser eliminada por evaporação ou ebulição, restando o sal pronto para ser utilizado novamente.

A água pode ser eliminada por ebulição ou por evaporação, restando o sal pronto para ser utilizado

Outras técnicas

Ventilação

Quando se lança para cima a mistura de arroz e palha, a corrente de ar arrasta a palha.

Peneiração ou tamização

A mistura de areia e pedregulhos é peneirada, possibilitando, assim, a separação da areia dos pedregulhos.

Levigação

Quando se faz passar sobre uma mistura de ouro e cascalho (heterogênea sólido/sólido) uma corrente de água, o cascalho, sólido de menor densidade, é arrastado, separando-se assim do ouro.

Flotação

Ao adicionar água à mistura, ela não reage nem dissolve os componentes da mistura. Por apresentar uma densidade intermediária, ela fica entre os sólidos, separando-os.

Sifonação

As fases de uma mistura heterogênea sólido/líquido ou líquido/líquido também podem ser separadas por meio da sifonação.

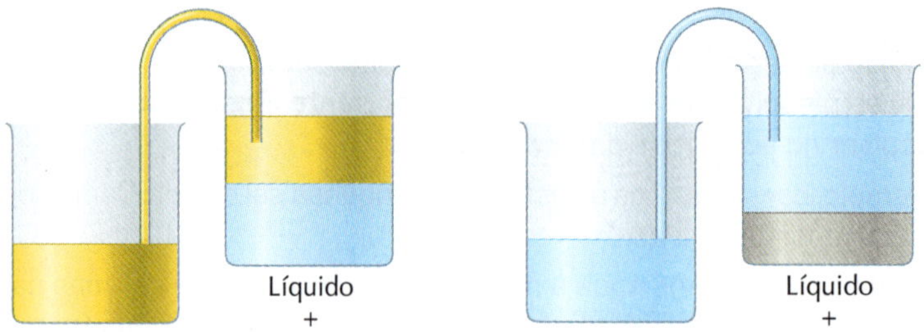

7 Evaporação e destilação simples

Para separar uma mistura homogênea de sal e água (uma solução aquosa de sal), podemos optar, dependendo do interesse imediato, por uma das seguintes técnicas distintas: *evaporação* ou *destilação simples*.

Evaporação

Um meio de fazer a separação da mistura água/sal é simplesmente esperar pela **evaporação** completa da água, por exemplo, sob a ação do calor solar. Assim que a evaporação acabar, restará o sal.

Esse processo tem larga utilização nas salinas, instalações nas quais a água do mar é colocada em tanques largos e rasos, para que vá evaporando gradualmente. Com a evaporação da água, obtém-se o sal sólido. Este, em seguida, passa por um processo de purificação, ou refino, durante o qual são eliminadas as impurezas presentes. Principalmente duas dessas impurezas, o cloreto de magnésio e o sulfato de magnésio, se não forem eliminadas, darão ao produto um sabor amargo indesejável.

A evaporação é uma técnica barata, usada para se obter o componente sólido que está dissolvido no líquido (o sal, no caso). O componente líquido (a água, no caso) é perdido no processo. A evaporação é usada, portanto, quando só há interesse na fase sólida; a líquida, então, é desprezada.

Nas salinas, situadas em locais planos com pouca chuva e muito vento, a evaporação da água possibilita a obtenção do sal.

Destilação simples

Como proceder se o interesse for obter água pura a partir da água do mar?

Para separar a mistura de água e sal, e também recuperar a água, emprega-se a **destilação simples**, ilustrada a seguir.

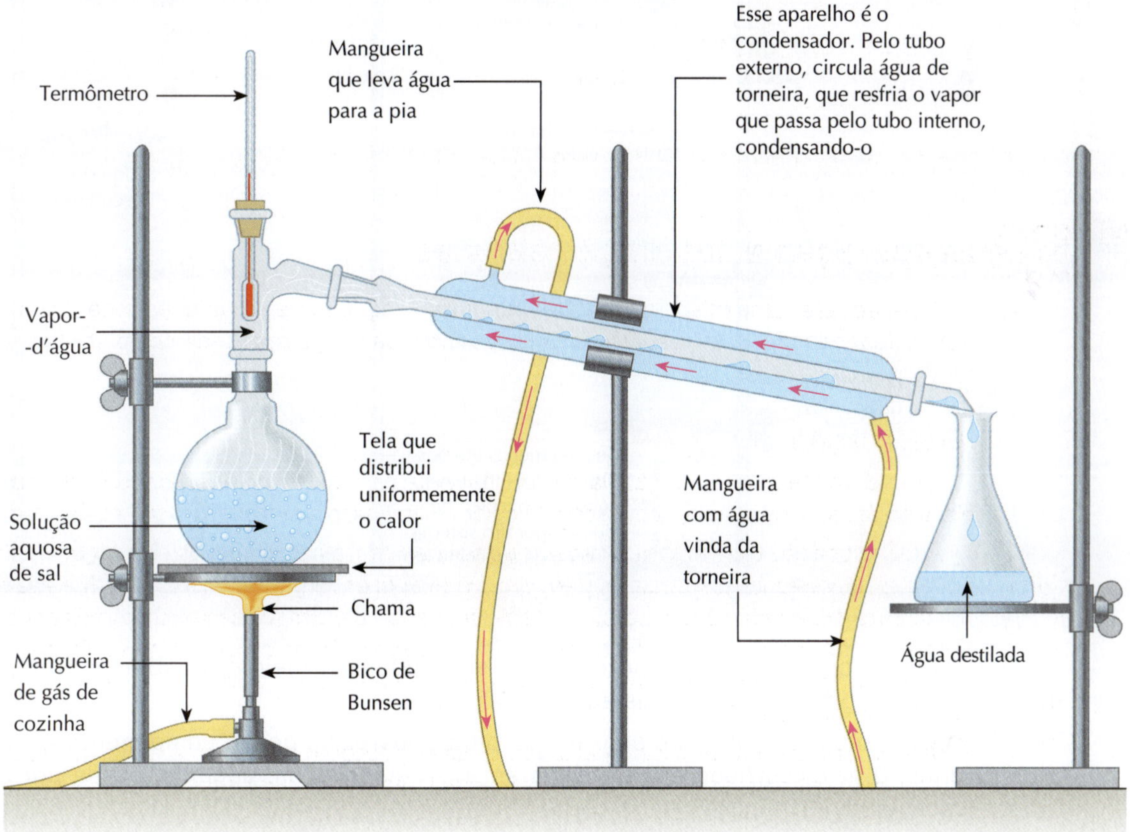

A mistura é aquecida em um balão de vidro e a água entra em ebulição, mas o sal não. O vapor de água passa pelo interior do condensador, que é resfriado por água corrente. Com esse resfriamento, esse vapor condensa-se. A água líquida, isenta de sal, é recolhida no recipiente da direita (erlenmeyer) e, ao final, restará sal sólido no balão de vidro.

O líquido purificado que é recolhido no processo de destilação recebe o nome de *destilado* (nesse caso, trata-se de água destilada). A destilação simples é utilizada quando há interesse nas duas fases ou apenas na líquida.

8 Destilação fracionada

As misturas homogêneas formadas por dois ou mais líquidos oferecem uma razoável dificuldade para sua separação. A técnica da **destilação fracionada**, esquematizada a seguir, pode ser usada com sucesso para separar algumas misturas desse tipo. É uma técnica complexa, e sobre ela vamos apresentar apenas uma breve noção.

A destilação fracionada é um aprimoramento da destilação simples, na qual uma coluna de vidro cheia de obstáculos (bolinhas ou cacos de vidro) é colocada entre o condensador e o balão no qual a mistura é aquecida. O vapor do componente de menor ponto de ebulição é o que passa pelos obstáculos com mais facilidade e por isso ele chega ao condensador antes dos demais componentes e destila primeiro. Assim que ele destilar totalmente, destilará o próximo componente líquido da mistura (em ordem crescente de pontos de ebulição), que é recolhido em outro frasco. E assim por diante.

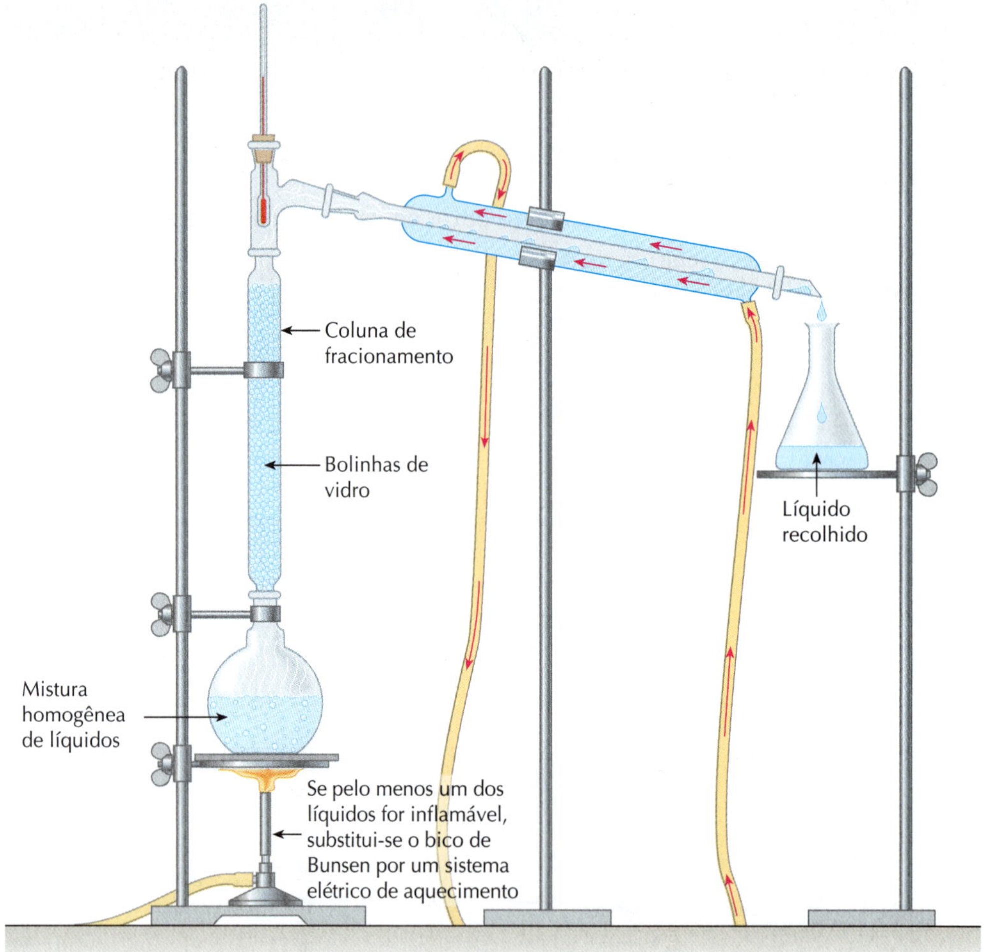

Alguns componentes do petróleo são separados por meio da destilação fracionada, realizada em grandes colunas de aço nas refinarias.

Essa técnica também é empregada para separar os gases componentes do ar atmosférico. O ar é resfriado até atingir o estado líquido e, em seguida, passa por destilação fracionada.

A trajetória do petróleo

Das plataformas que o extraem dos poços...

... às refinarias...

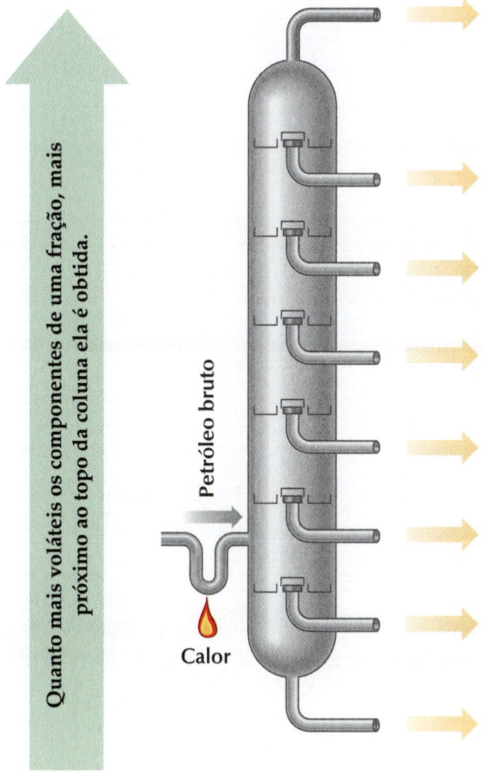

Gás combustível, engarrafado para uso doméstico e industrial.
Até 40 °C

Gasolina, combustíveis de automóveis, solventes.
40 °C a 140 °C

Nafta, matéria-prima para diversos produtos, como os plásticos.
140 °C a 175 °C

Querosene, combustível de aviões a jato, usado também em iluminação.
175 °C a 235 °C

Gasóleo leve, óleo *diesel*, usado em veículos pesados e fornos.
235 °C a 305 °C

Gasóleo pesado, combustível para navios e fábricas.
305 °C a 400 °C

Óleos lubrificantes, ceras, vernizes.
400 °C a 510 °C

Resíduo, inclui o piche e a cera para velas.
Acima de 510 °C

... nas quais é feita a separação de seus componentes nas colunas de fracionamento.

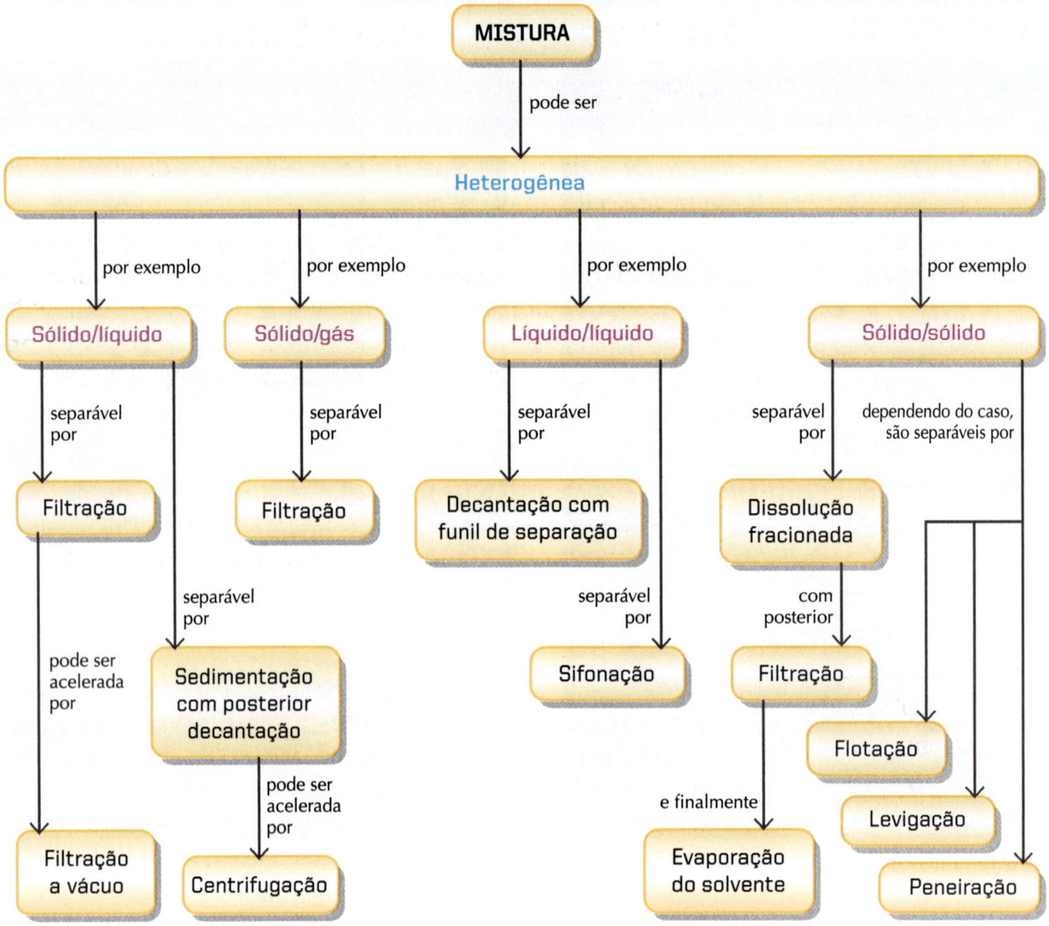
MISTURA
pode ser
Heterogênea
por exemplo
por exemplo
por exemplo
por exemplo
Sólido/líquido
Sólido/gás
Líquido/líquido
Sólido/sólido
separável por
Filtração
pode ser acelerada por
Filtração a vácuo
separável por
Sedimentação com posterior decantação
pode ser acelerada por
Centrifugação
separável por
Filtração
separável por
Decantação com funil de separação
separável por
Sifonação
separável por
Dissolução fracionada
com posterior
Filtração
e finalmente
Evaporação do solvente
dependendo do caso, são separáveis por
Flotação
Levigação
Peneiração

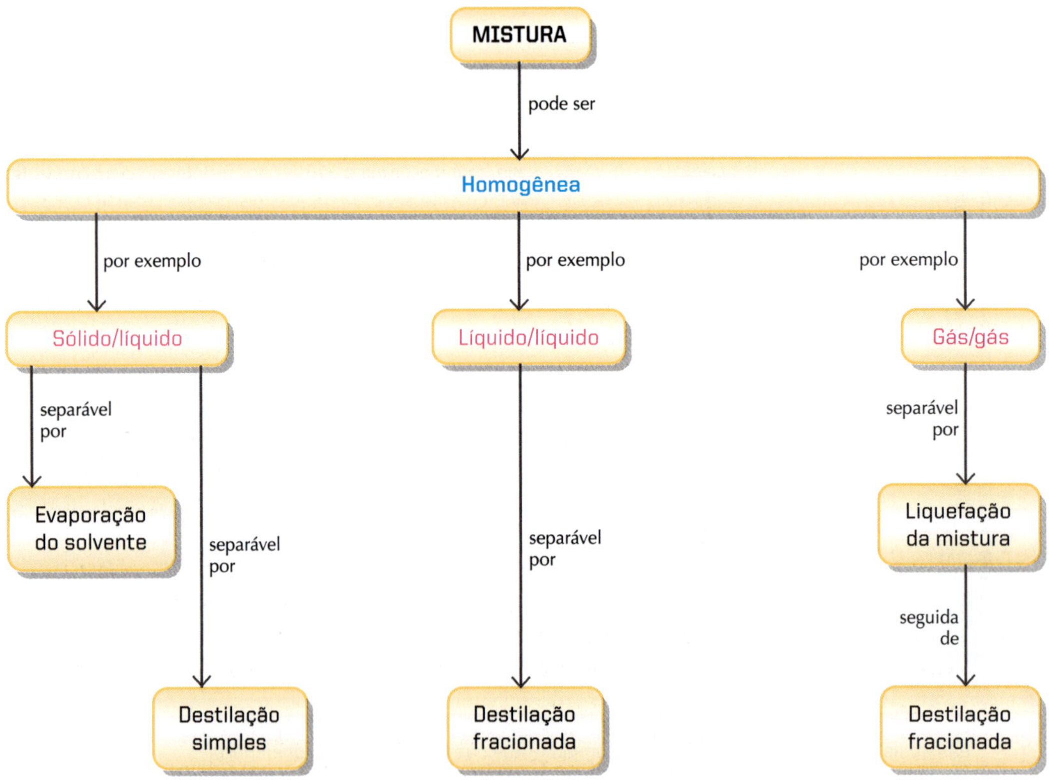
MISTURA
pode ser
Homogênea
por exemplo
por exemplo
por exemplo
Sólido/líquido
Líquido/líquido
Gás/gás
separável por
Evaporação do solvente
separável por
Destilação simples
separável por
Destilação fracionada
separável por
Liquefação da mistura
seguida de
Destilação fracionada

Seção 4.2

Materiais de laboratório e segurança

Objetivos

- Nomear os principais equipamentos de um laboratório químico.
- Explicar a finalidade básica de cada um deles.

Termos e conceitos

- balão volumétrico
- balão de fundo chato
- balão de destilação
- condensador
- bureta
- proveta
- pipeta
- erlenmeyer
- béquer
- tubo de ensaio
- cadinho de porcelana
- almofariz
- pistilo
- pisseta
- dessecador

O esquema da próxima página reúne alguns materiais importantes e fornece informações sobre cada um.

Todo e qualquer laboratório químico é um local em que podem existir objetos e materiais potencialmente perigosos, mesmo que você não esteja mexendo diretamente com eles. Portanto, a possibilidade de acontecer um acidente existe e não é desprezível. Alguns pensamentos básicos resumem a necessidade de atitudes adequadas dentro de um laboratório. São eles:

> O primeiro acidente de uma pessoa pode ser o último.
> Os acidentes não acontecem por acaso, são provocados.
> E, mais importante que isso, todo acidente pode ser evitado.

Cuidados básicos

- Seguir rigorosamente as instruções recebidas do(a) professor(a).
- Usar sempre óculos de segurança, luvas e avental (jaleco). Este último deve ser de algodão, cor clara e mangas longas. Deve permanecer abotoado.
- Dentro do laboratório, cabelos longos devem ser mantidos presos.
- Nunca trabalhar sozinho, principalmente fora de horário.
- Ao caminhar pelo laboratório, olhar para a frente.
- Não comer nem beber dentro do laboratório. Lavar bem as mãos antes de deixar o laboratório.
- É fundamental conhecer a localização dos equipamentos de segurança.
- Antes de usar reagentes (substâncias usadas para realizar experiências), consultar as referências adequadas e informar-se sobre como manuseá-los, como descartá-los e os perigos de sua manipulação, inalação ou ingestão.
- Não retornar reagentes aos frascos originais, mesmo que não tenham sido usados. Evitar circular com eles pelo laboratório.
- Não usar equipamento algum sem antes ter sido autorizado.
- Certificar-se da voltagem dos aparelhos antes de conectá-los à rede elétrica. Quando não estiverem em uso, os aparelhos devem ficar desconectados.
- Usar sempre luvas de isolamento térmico ao manipular material quente.
- Evitar armazenar reagentes em lugares altos e de difícil acesso.
- Não estocar líquidos voláteis (isto é, que evaporam facilmente, por exemplo: álcool, éter, acetona e gasolina) em locais que recebem luz e/ou calor.
- Lembrar-se de que o vidro quente pode ter a mesma aparência que o vidro frio. Não usar qualquer material de vidro trincado; descartá-lo em recipiente apropriado.
- Antes de iniciar um experimento, verificar se todas as conexões e ligações estão seguras.
- Não testar o sabor ou o odor de produtos químicos.
- Ao manipular frascos, nunca dirigir a abertura dele na sua própria direção ou na direção de outras pessoas.

Reflita

Julgar-se entendido e esperto é o primeiro passo para um sério acidente.

Você concorda com esse pensamento?

Balão volumétrico: possui colo longo, com um traço de aferição situado no gargalo. É usado no preparo de soluções. Apresenta volumes, em geral, de 50 mL a 2.000 mL.

Balão de fundo chato: empregado no aquecimento de líquidos puros ou de soluções. Pode ser usado também para efetuar reações que desprendem produtos gasosos.

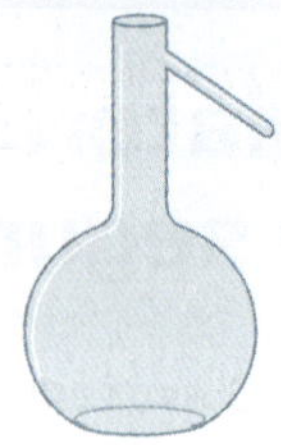

Balão de destilação: utilizado para efetuar destilações simples. O braço lateral é usado para fazer a ligação ao condensador.

Importante

Os desenhos aqui mostrados são esquemáticos e não estão em proporção uns em relação aos outros.

Além disso, muitos desses objetos são comercializados em várias opções de tamanho.

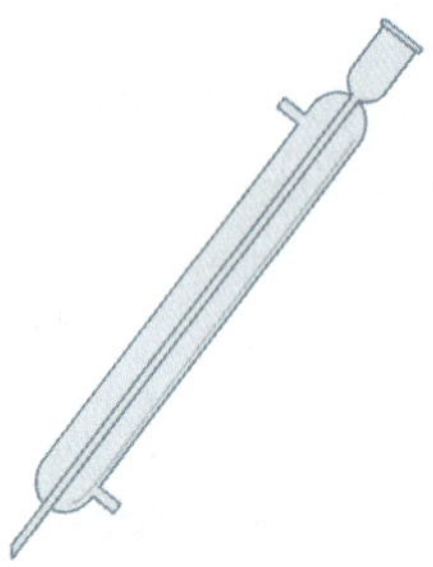

Condensador: utilizado nos processos de destilação. Sua finalidade é resfriar os vapores do líquido a ser destilado, provocando sua condensação.

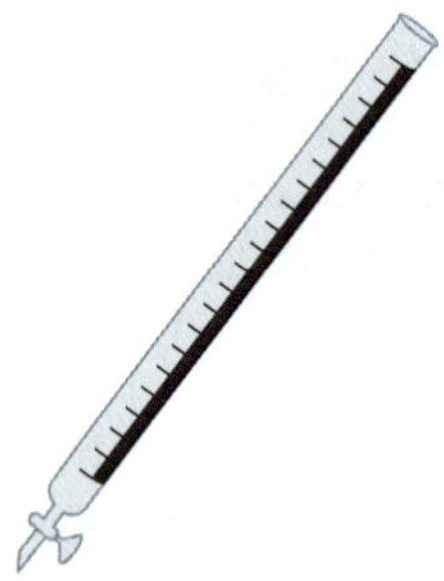

Bureta: empregada para dosar volumes de líquidos. É um tubo cilíndrico graduado, geralmente em cm^3, com uma torneira que controla a saída do líquido.

Proveta: empregada nas medições aproximadas de volumes de líquidos. Comumente, as provetas têm volume situado entre 5 mL e 2.000 mL.

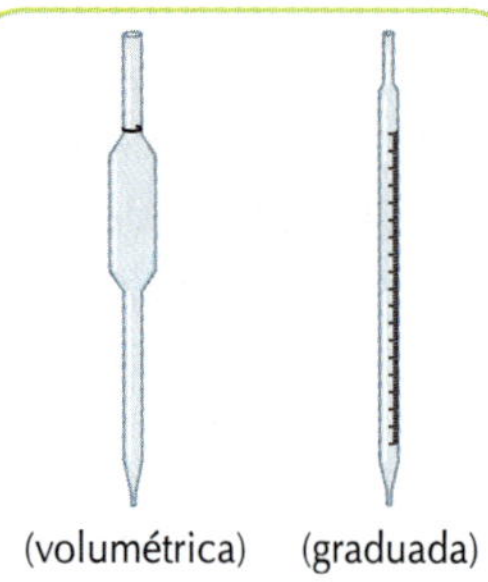

Pipetas: utilizadas nas medições mais precisas de volumes de líquidos. São comuns as pipetas de 5 mL e de 10 mL.

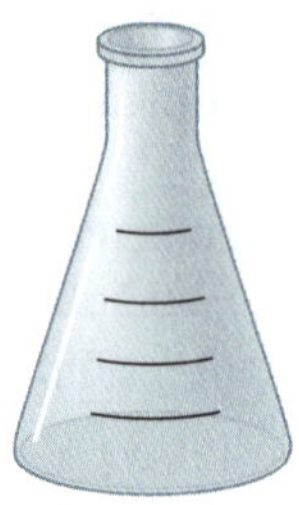

Erlenmeyer: aplicado na dissolução de substâncias, nas reações químicas e no aquecimento de líquidos.

Béquer: usado em reações, dissolução de substâncias, aquecimento de líquidos etc.

Tubo de ensaio: usado para efetuar reações com pequenas quantidades de reagentes. Suporta ser aquecido diretamente numa chama.

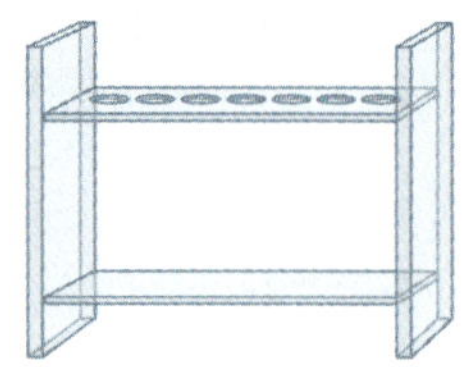

Estante para tubos de ensaio: utilizada como suporte para tubos de ensaio, já que eles não param em pé.

Cadinho de porcelana: empregado no aquecimento de sólidos, graças a sua alta resistência a elevadas temperaturas.

Almofariz e pistilo: utilizados para triturar e pulverizar sólidos. Geralmente, são de porcelana ou de vidro. (O almofariz é um recipiente e o pistilo é um tipo de "pilão".)

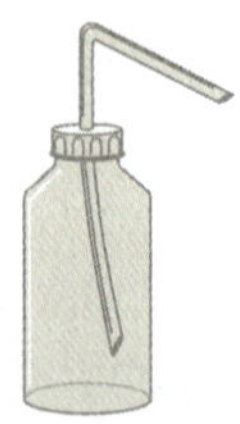

Pisseta: bisnaga plástica empregada para a lavagem de recipientes com jatos de água ou de outros solventes.

Dessecador: usado para guardar substâncias em seu interior, que contém baixa umidade (desde que esteja presente alguma substância especialmente aí colocada para reter água).

EXERCÍCIOS ESSENCIAIS

EXERCÍCIO RESOLVIDO

1 (Unicamp-SP) Têm-se as seguintes misturas:

I. areia e água

II. álcool (etanol) e água

III. sal de cozinha (NaCℓ) e água, nesse caso uma mistura homogênea

Cada uma dessas misturas foi submetida a uma filtração em funil com papel e, em seguida, o líquido resultante (filtrado) foi aquecido até sua total evaporação. Pergunta-se:

a) Qual mistura deixou um resíduo sólido no papel após a filtração? O que era esse resíduo?

b) Em qual caso apareceu um resíduo sólido após a evaporação do líquido? O que era esse resíduo?

Resolução

a) Apenas na mistura I há um sólido presente que pode ser retido pelo filtro. Esse resíduo é a areia.

b) No caso III, o filtrado é a própria solução de sal de cozinha em água. Dessa solução, apenas a água evapora, deixando um resíduo branco de sal de cozinha.

2 (Mackenzie-SP) O processo inadequado para separar uma mistura heterogênea sólido/líquido é:

a) filtração.

b) decantação.

c) centrifugação.

d) destilação.

e) sifonação.

3 (PUC-MG) O conjunto ao lado é adequado para:

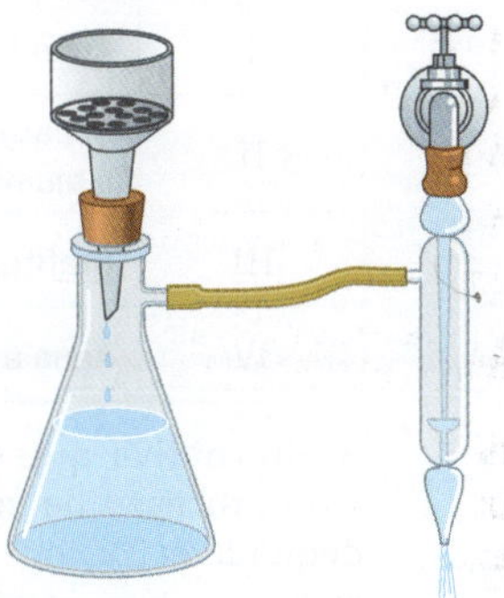

a) lavagem de material em mistura.

b) separação de mistura sólido/líquido.

c) obstruir a passagem de gases ou líquidos.

d) separação de líquidos de densidades diferentes.

e) liquefazer vapores.

4 (Enem-MEC) Em certas regiões litorâneas, o sal é obtido da água do mar pelo processo de cristalização por evaporação. Para o desenvolvimento dessa atividade, é mais adequado um local:

a) plano, com alta pluviosidade e pouco vento.

b) plano, com baixa pluviosidade e muito vento.

c) plano, com baixa pluviosidade e pouco vento.

d) montanhoso, com alta pluviosidade e muito vento.

e) montanhoso, com baixa pluviosidade e pouco vento.

5 (FEI-SP) Em relação aos equipamentos básicos de laboratório, estabeleça a associação adequada da coluna I (equipamentos) com a coluna II, em que são listadas as situações mais frequentes em que eles são usados.

Coluna I	Coluna II
1. Almofariz e pistilo	I. Medidas precisas de volumes fixos de líquidos.
2. Bureta	II. Medidas aproximadas de volumes de líquidos.
3. Funil de Büchner	III. Filtração a pressão reduzida.
4. Pipeta volumétrica	IV. Medidas volumétricas precisas de líquidos.
5. Proveta	V. Trituração de sólidos e homogeneização de materiais sólidos por trituração.

a) 1 – V; 2 – IV; 3 – III; 4 – I; 5 – II.

b) 1 – V; 2 – I; 3 – III; 4 – II; 5 – IV.

c) 1 – V; 2 – II; 3 – III; 4 – IV; 5 – I.

d) 1 – III; 2 – I; 3 – V; 4 – IV; 5 – II.

e) 1 – III; 2 – II; 3 – V; 4 – I; 5 – IV.

6 (UFRRJ) Com a adição da uma solução aquosa de açúcar a uma mistura contendo querosene e areia, são vistas claramente três fases. Para separar cada componente da mistura final, a melhor sequência é:

a) destilação, filtração e decantação.

b) cristalização, decantação e destilação.

c) filtração, cristalização e destilação.

d) filtração, decantação e destilação.

e) centrifugação, filtração e decantação.

7 (UFJF-MG-Modificado) Além da clorofila, que é um pigmento verde, as plantas podem conter outros pigmentos coloridos, como as antocianinas vermelhas. Com o objetivo de separar esses pigmentos, folhas frescas foram trituradas, em presença de dois solventes imiscíveis: acetato de etila (d = 0,78 g/mL) e água (d = 1,00 g/mL). Após eliminação dos resíduos sólidos, a mistura foi transferida para um funil de separação (funil de bromo) e as duas fases foram recolhidas em frascos separados. Considerando que a clorofila é solúvel em acetato de etila e as antocianinas são solúveis em água, assinale a alternativa CORRETA.

a) O experimento descrito acima envolve filtração e destilação.

b) A fase inferior no funil é a fase aquosa.

c) O experimento descrito acima envolve somente filtração.

d) A fase inferior no funil de separação é verde.

e) As duas fases são da mesma cor.

8 Água e tetracloreto de carbono são ambos líquidos incolores e não miscíveis (ou imiscíveis, isto é, que não se dissolvem um no outro). A densidade da água é 1,0 g/cm^3 e a do tetracloreto de carbono é 1,6 g/cm^3.

Descreva um método para, num laboratório adequadamente equipado, realizar a separação de uma mistura desses dois líquidos.

EXERCÍCIO RESOLVIDO

9 (Fuvest-SP) Proponha um procedimento de separação dos componentes de uma mistura de três substâncias **A**, **B** e **C** cujas solubilidades em água e acetona são indicadas na tabela abaixo:

Substância	Solubilidade em água	Solubilidade em acetona
A	Solúvel	Solúvel
B	Insolúvel	Solúvel
C	Insolúvel	Insolúvel

Resolução

Primeira etapa: adiciona-se água à mistura. **A** é solúvel e dissolve-se em água. **B** e **C**, insolúveis, permanecem sem se dissolver.

Segunda etapa: filtra-se a mistura. **B** e **C** ficam retidas no filtro. Passam por ele a água e a substância **A**, dissolvida. Após evaporar a água, **A** está separada.

Terceira etapa: adiciona-se acetona à mistura de **B** e **C**. Como **B** é solúvel em acetona, dissolve-se nela.

Quarta etapa: filtra-se a mistura. **C** fica retida no filtro. Passam por ele a acetona e a substância **B**, dissolvida. Após evaporar a acetona, **B** está separada.

10 Explique como você faria para separar uma mistura de sal e areia.

11 (Unicamp-SP) Deseja-se fazer a separação dos componentes da pólvora negra, que é constituída de nitrato de sódio, carvão e enxofre. Sabe-se que o nitrato de sódio é solúvel em água, o enxofre é solúvel em dissulfeto de carbono, enquanto o carvão é insolúvel nesses solventes. Proponha um procedimento para realizar essa separação.

12 Considere as informações:

- O naftaleno é um sólido branco insolúvel em água.
- O cloreto de sódio é um sólido branco, principal componente do produto comercializado como sal de cozinha.

Descreva um procedimento para separar uma mistura de naftaleno e cloreto de sódio.

13 (Vunesp) Um sistema heterogêneo, **S**, é constituído por uma solução colorida e um sólido branco.
O sistema foi submetido ao seguinte esquema de separação:

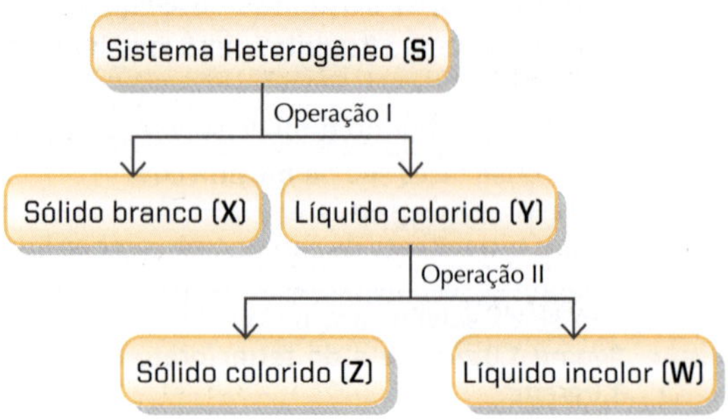

Ao se destilar o líquido **W**, sob pressão constante de 1 atmosfera, verifica-se que sua temperatura de ebulição variou entre 80 °C e 100 °C. Identifique qual das seguintes afirmações é correta.

a) A operação I é uma destilação simples.
b) A operação II é uma decantação.
c) O líquido colorido **Y** é uma substância pura.
d) O líquido incolor **W** é uma substância pura.
e) O sistema heterogêneo **S** tem, no mínimo, 4 componentes.

EXERCÍCIO RESOLVIDO

14 Vários pequenos pedaços de dois materiais sólidos estão misturados. Um desses materiais tem densidade 1,2 g/cm^3 e o outro, 2,7 g/cm^3. Explique como um líquido de densidade 1,6 g/cm^3, que não dissolve nem danifica esses sólidos, pode ser útil para separá-los.

Resolução

A adição do líquido mencionado faz com que o sólido menos denso flutue nele e o mais denso permaneça no fundo do recipiente (flotação).

15 Explique como você faria para separar uma mistura de serragem e areia.

16 Como um ímã poderia ser útil para purificar limalha de ferro contaminada por areia? Explique.

17 (UFMG) Este quadro apresenta misturas heterogêneas que foram submetidas aos processos de separação especificados.

Misturas	Componentes	Processo de separação
I	Água e areia	Decantação
II	Sucatas de ferro e alumínio	Separação magnética
III	Grafite e iodo	Sublimação
IV	Água e óleo	Filtração

A alternativa que corresponde a uma mistura cujo processo de separação especificado é inadequado é:

a) I. **c)** III.
b) II. **d)** IV.

18 (Mackenzie-SP) Uma técnica usada para limpar aves cobertas por petróleo consiste em pulverizá-las com limalha de ferro. A limalha, que fica impregnada de óleo, é, então, retirada das penas das aves por um processo chamado de:

a) decantação.
b) peneiração.
c) sublimação.
d) centrifugação.
e) separação magnética.

19 (UFPI) Arqueologistas usam diferença de densidade para separar as misturas que obtêm por escavação. Indique a opção correta para uma amostra que contém a seguinte composição:

Composição	Densidade (g/cm³)
Carvão	0,3 – 0,6
Ossos	1,7 – 2,0
Areia	2,2 – 2,4
Solo	2,6 – 2,8
Pedras	2,6 – 5,0

Arqueólogo em escavação.

a) Se a mistura acima é adicionada a uma solução que tem densidade de 2,1 g/cm³, o material correspondente a ossos e carvão deverá flutuar.
b) É possível separar os ossos dos demais componentes usando-se um líquido que tenha densidade no intervalo de 0,6 g/cm³ a 1,7 g/cm³.
c) A utilização da água não é recomendada, pois nesse solvente todos os componentes da mistura afundarão.
d) Em soluções de densidade 2,5 g/cm³, a fração da mistura correspondente à pedra e ao solo flutuará e os demais afundarão.
e) Líquido de densidade 2,2 g/cm³ separará os componentes pedra e solo dos demais.

20 (UFSCar-SP) Um dos problemas ambientais atuais é gerado pelo descarte inadequado de materiais plásticos, motivo pelo qual tem sido estimulada sua reciclagem. Essa reciclagem apresenta várias dificuldades, uma das quais é a natureza do material encaminhado para processamento, constituído por uma mistura de diferentes polímeros, que devem ser separados antes de processados. Na tabela a seguir, são apresentadas as densidades dos polímeros presentes em um lote de material a ser reciclado, bem como dos líquidos, totalmente miscíveis entre si, disponíveis para separação dos polímeros por flotação.

Líquido	Polímero (abreviatura)	Densidade ($g \cdot cm^{-3}$)
–	Polipropileno (PP)	0,90
–	Polietileno de alta densidade (PE)	0,95
–	Poliestireno (PS)	1,05
–	Poli (tereftalato de etileno) (PET)	1,37
Álcool	–	0,80
Água	–	1,00
Glicerina	–	1,26

O fluxograma a seguir representa as etapas do processo utilizado para a separação dos polímeros; após cada etapa, as frações são separadas e secas antes de serem submetidas às etapas seguintes.

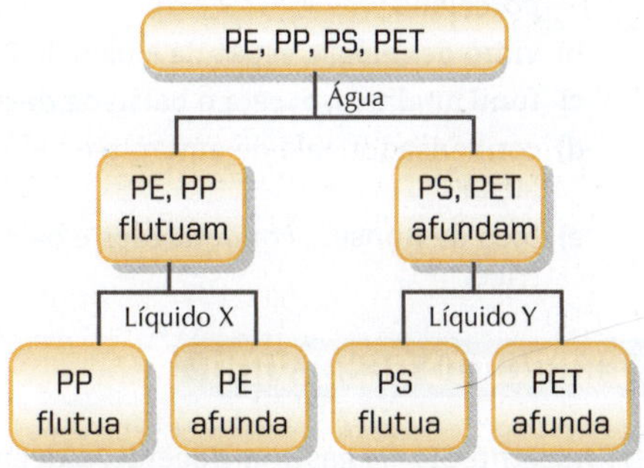

Com respeito aos líquidos utilizados nas etapas finais do processo, é possível dizer que:
a) X pode ser álcool puro.
b) Y pode ser glicerina pura.
c) X pode ser tanto álcool puro como glicerina pura.
d) Y pode ser tanto glicerina pura como álcool puro.
e) X e Y podem ser misturas de água e glicerina.

21 (Fuvest-SP) O ciclo da água na natureza, relativo à formação de nuvens, seguida de precipitação da água na forma de chuva, pode ser comparado, em termos das mudanças de estado físico que ocorrem e do processo de purificação envolvido, à seguinte operação de laboratório:
a) sublimação.
b) filtração.
c) decantação.
d) dissolução.
e) destilação.

22 (PUC-RJ) Uma das atividades práticas da ciência é a separação de substâncias presentes em misturas e a extração de substâncias simples e substâncias compostas.
Sobre os métodos de separação e de extração, é correto afirmar que:
a) uma solução contendo água e etanol pode ter os seus componentes separados completamente por meio de destilação simples.
b) no composto sulfeto de ferro II (FeS), um ímã pode ser utilizado para separar o metal ferro do ametal enxofre.
c) a destilação fracionada é amplamente utilizada para separar frações líquidas do petróleo.
d) em uma mistura contendo os solutos $NaC\ell$ e KNO_3 totalmente dissolvidos em água, a separação dos sais pode ser feita por centrifugação.
e) peneiramento e catação não são considerados processos de separação.

23 (Ufes) Na perfuração de uma jazida petrolífera, a pressão dos gases faz com que o petróleo jorre para fora. Ao reduzir-se a pressão, o petróleo bruto para de jorrar e tem de ser bombeado. Devido às impurezas que o petróleo bruto contém, ele é submetido a dois processos mecânicos de purificação, antes do refino: separá-lo da água salgada e separá-lo de impurezas sólidas como areia e argila. Esses processos mecânicos de purificação são, respectivamente,
a) decantação e filtração.
b) decantação e destilação fracionada.
c) filtração e destilação fracionada.
d) filtração e decantação.
e) destilação fracionada e decantação.

24 (Fesp-SP) Para se montar um aparelho de destilação simples no laboratório, usam-se entre outros os seguintes materiais:

a) condensador, tela de amianto e cadinho de porcelana.
b) vidro de relógio, espátula e bico de Bunsen.
c) funil analítico, bureta e balão de destilação.
d) condensador, tela de amianto e balão de destilação.
e) bico de Bunsen, condensador e balão volumétrico.

EXERCÍCIO RESOLVIDO

25 (Unicamp-SP) Os gases nitrogênio, oxigênio e argônio, principais componentes do ar, são obtidos industrialmente através da destilação fracionada do ar liquefeito. Indique a sequência de obtenção dessas substâncias nesse processo de destilação fracionada. Justifique sua resposta.

Temperaturas de ebulição a 1 atm	
Substância	**Temperatura (°C)**
Argônio	−186
Nitrogênio	−196
Oxigênio	−183

Resolução

Em uma aparelhagem convencional de laboratório para destilação fracionada, o primeiro a destilar é o nitrogênio, pois é o componente de menor ponto de ebulição. A seguir, será destilado o argônio e, por último, o oxigênio, pois apresenta o maior ponto de ebulição.

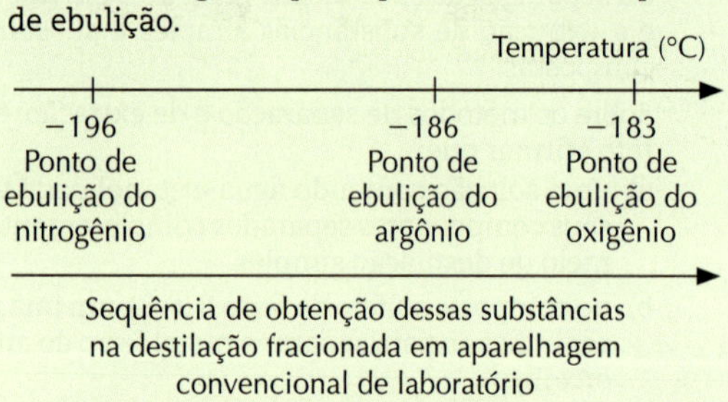

Se a destilação for realizada em uma coluna de fracionamento industrial, na parte superior da coluna, é obtido o **nitrogênio**, pois é a substância **mais volátil (menor ponto de ebulição)**. Na parte inferior, é obtido o **oxigênio**, pois é a substância **menos volátil (maior ponto de ebulição)**. Esquematicamente, temos:

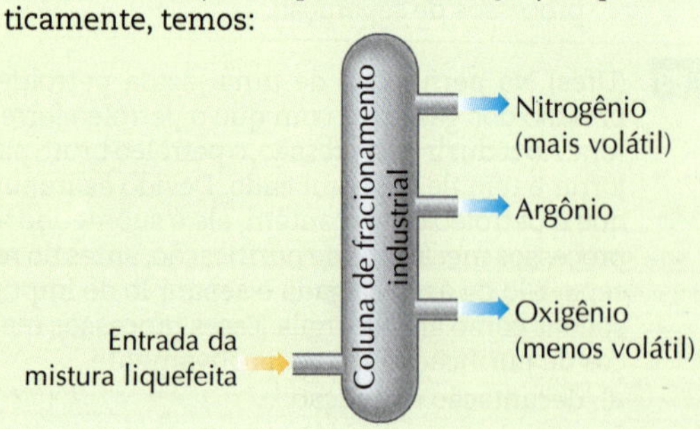

26 (UFPI) A figura mostra esquematicamente uma coluna de fracionamento utilizada em refinarias de petróleo. Os produtos recolhidos em I, II, III e IV são, respectivamente:

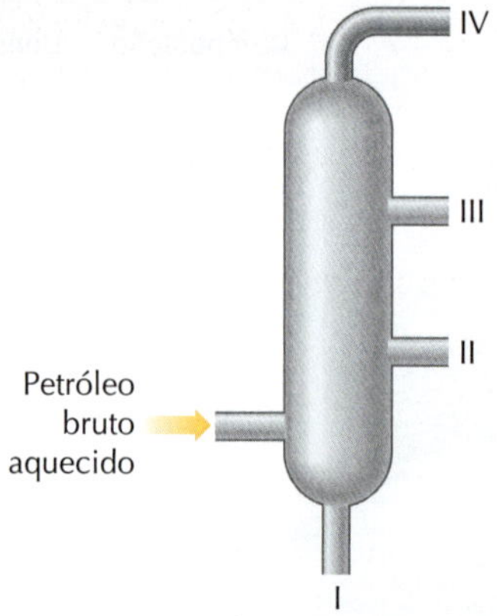

(Dado: Ordem crescente dos pontos de ebulição — gás de cozinha, gasolina, querosene, óleo *diesel*, óleo lubrificante, parafina e asfalto.)

a) asfalto, óleo *diesel*, gasolina e gás de cozinha.
b) álcool, asfalto, óleo *diesel* e gasolina.
c) asfalto, gasolina, óleo *diesel* e álcool.
d) gasolina, óleo *diesel*, gás de cozinha e asfalto.
e) querosene, gasolina, óleo *diesel* e gás de cozinha.

27 (Uneb-BA) A obtenção industrial do oxigênio (PE = −183 °C) e do nitrogênio (PE = −196 °C) é feita por destilação fracionada do ar. Comprimindo-se o ar fortemente e resfriando-o até aproximadamente 200 °C abaixo de zero, ele se liquefaz. Então se destila o ar líquido. Com base nos dados acima, podemos afirmar que:

a) o gás que primeiro é obtido é o oxigênio, cujo ponto de ebulição é −183 °C, e a seguir vem o nitrogênio, cujo ponto de ebulição é −196 °C.
b) o gás que primeiro é obtido é o nitrogênio, cujo ponto de ebulição é −196 °C, e a seguir vem o oxigênio, cujo ponto de ebulição é −183 °C.
c) o gás que primeiro é obtido é o nitrogênio, cujo ponto de ebulição é 196 °C, e a seguir vem o oxigênio, cujo ponto de ebulição é 183 °C.
d) o gás que primeiro e obtido é o oxigênio, cujo ponto de ebulição é 183 °C, e a seguir vem o nitrogênio, cujo ponto de ebulição é 196 °C.
e) os dois gases são obtidos juntos na temperatura de 190 °C, aproximadamente.

28 (Uece) Um frasco contém uma mistura de óleo vegetal, éter, sal de cozinha e água. Assinale a alternativa que apresenta alguns equipamentos que serão utilizados para separar todos os componentes, adotando procedimentos em uma ordem lógica.

a) Funil analítico, erlenmeyer, centrífuga.
b) Funil de decantação, balão de destilação, condensador.
c) Funil de Büchner, pipeta, béquer.
d) Balão de destilação, condensador, centrífuga.

Conteúdo digital Moderna PLUS http://www.modernaplus.com.br
Exercícios adicionais

ESTABELEÇA CONEXÕES

MAPA CONCEITUAL DA UNIDADE A

Revise os conceitos estudados nesta unidade e decida como podem ser completados os locais em que aparecem os números.

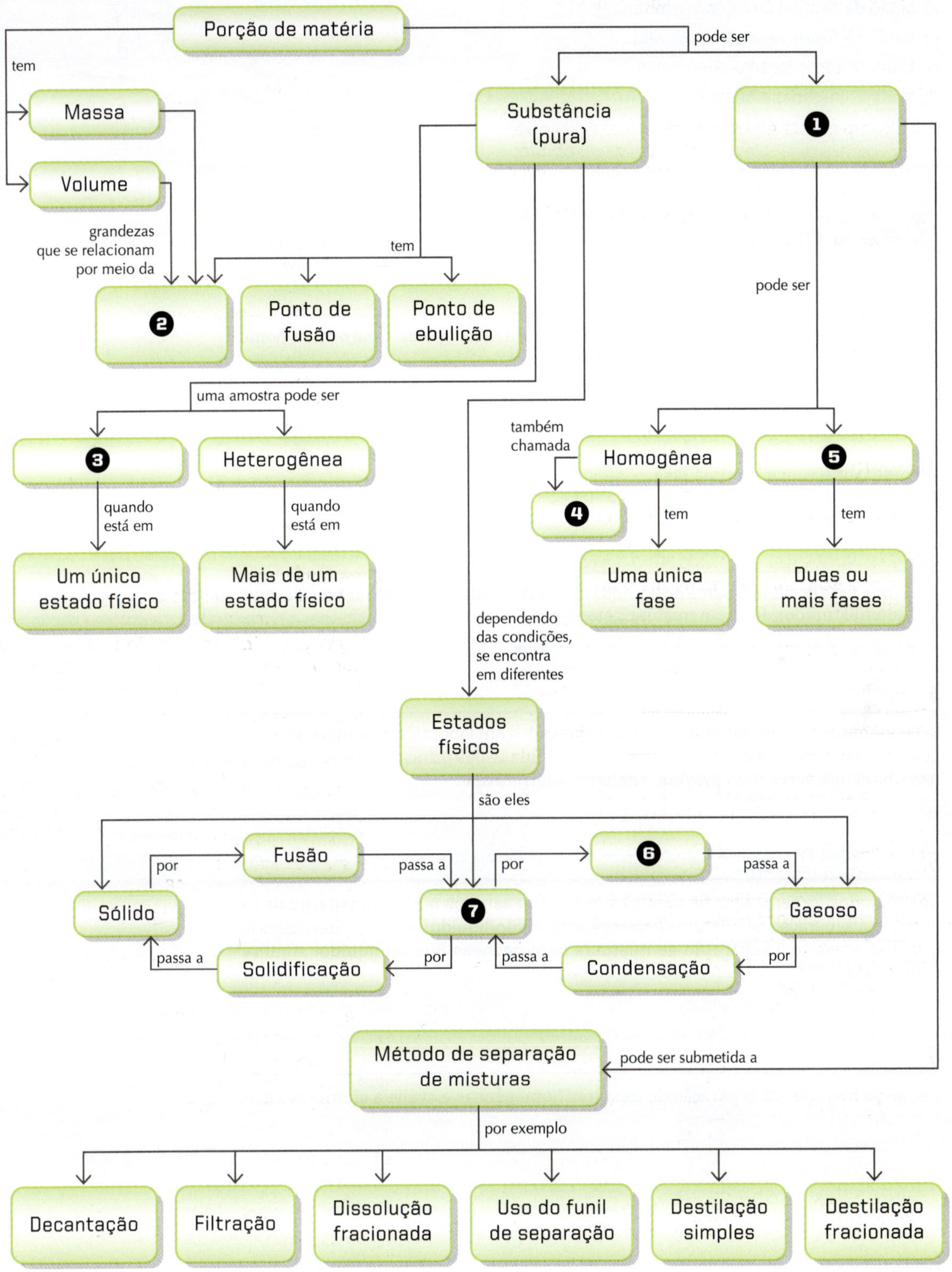

REVISE, RELACIONE E RESOLVA

(Uece) Quando dois ou mais líquidos formam uma mistura heterogênea, dizemos que são líquidos imiscíveis. Na separação de líquidos imiscíveis, a forma mais adequada é utilizar:

a) balão de destilação e condensador.

b) balão de fundo redondo e proveta.

c) funil de decantação e erlenmeyer.

d) funil de Büchner e béquer.

Sugestão de encaminhamento

1

Revise os conceitos de **mistura homogênea** e **mistura heterogênea**. Qual o outro nome pelo qual uma mistura homogênea é conhecida?

2

Recorde o que vem a ser uma **fase**.

3

Faça uma lista de alguns pares de líquidos que sejam **imiscíveis** entre si, ou seja, que, quando misturados, formem mistura heterogênea.

4

Existem muitos equipamentos de vidro empregados em laboratórios, genericamente denominados **vidrarias**. Estude novamente a utilidade das principais vidrarias. Após rever para que serve uma **proveta**, analise a alternativa *b*.

5

Dos métodos de separação de misturas que foram estudos nesta unidade, quais se prestam à separação de **misturas heterogêneas sólido/líquido**? Julgue a alternativa *d*. Quais se prestam à separação de **misturas heterogêneas líquido/líquido**? Analise a alternativa *c*.

6

Revise os métodos de separação de misturas homogêneas e avalie a alternativa *a*.

Conteúdo digital Moderna PLUS http://www.modernaplus.com.br
Atividade de revisão

Capítulo 5

Introdução ao conceito de reação química

A combustão é um exemplo de reação química que libera luz e calor. Neste capítulo, você conhecerá as características que um fenômeno deve ter para que seja classificado como reação química.

O conceito de reação química é central para o estudo da Química.

5.1 O conceito de reação química

Quando uma ou mais substâncias se transformam em uma ou mais novas substâncias, ocorreu uma reação química.

5.2 Exemplos de reação química

Algumas reações químicas apresentam evidências observáveis sem equipamentos especiais.

5.3 Reações de decomposição

Reagentes são consumidos e produtos são formados.
Uma reação de decomposição tem um só reagente e dois ou mais produtos.

5.4 Substâncias simples × substâncias compostas

As substâncias químicas se dividem em dois tipos: simples e compostas.

5.5 O conceito de elemento químico, segundo Boyle

Boyle conceituou elemento químico como qualquer substância pura que não sofra decomposição.

5.6 A Lei da Conservação da Massa de Lavoisier

A massa final de um recipiente fechado, após ocorrer dentro dele uma reação química, é igual à massa inicial.

5.7 A Lei das Proporções Constantes, de Proust

Uma dada substância composta, qualquer que seja sua origem, é sempre formada pelos mesmos elementos numa mesma proporção em massa.

Seção 5.1

O conceito de reação química

Objetivos

- Utilizar materiais caseiros para provocar uma reação química e observar evidência de sua ocorrência.
- Conceituar reação química sob o ponto de vista macroscópico.

Termos e conceitos

- reação (ou transformação) química

Um experimento para abrir o capítulo

A critério do(a) professor(a), os alunos podem se reunir em grupos para a realização desta atividade.

Objetivo: Provocar uma reação química e observar uma evidência de que ela ocorreu.

Você vai precisar de:

- dois copos grandes
- vinagre
- colher de sopa
- bicarbonato de sódio (adquirido, por exemplo, em farmácia)

Procedimento:

1. Faça a experiência sobre um local que possa facilmente ser limpo. Coloque uma colherada de bicarbonato de sódio em um dos copos. No outro, coloque vinagre até cerca de 2 cm de altura.
2. Observe atentamente cada um desses materiais e descreva no seu caderno o aspecto deles.
3. Despeje o vinagre no copo que contém o bicarbonato de sódio. Observe o que acontece e anote.
4. Volte a observar o copo após 15 minutos e registre o aspecto do que está dentro do copo.

O experimento descrito permitiu a você realizar e observar um dos muitos exemplos de reação química. Uma substância (denominada ácido acético) presente no vinagre reage quimicamente com o bicarbonato de sódio produzindo novas substâncias. Uma dessas substâncias produzidas é um gás (chamado gás carbônico), cujo desprendimento pode ser observado ao realizar o experimento.

Os cientistas dão muita atenção ao estudo das transformações, isto é, alterações ou modificações de qualquer natureza.

Para perceber que uma transformação ocorreu, os cientistas escolhem um *sistema* e observam-no no transcorrer do tempo.

Lembre-se de que **sistema** é uma porção de matéria que foi escolhida para ser estudada, observada. Um sistema pode ser constituído por uma substância pura ou por uma mistura de substâncias.

Para verificar a ocorrência de transformação num sistema, é necessário descrevê-lo em instantes diferentes. Ao fazer a experiência descrita na página anterior, você observou um mesmo sistema antes e depois de uma transformação que envolveu o bicarbonato de sódio e o ácido acético presente no vinagre.

Quando consideramos apenas duas observações de um sistema, feitas em instantes diferentes, dizemos que a primeira se refere ao *estado inicial* do sistema e a segunda, ao *estado final* do sistema.

Se uma ou mais substâncias, presentes no estado inicial de um sistema, transformam-se em uma ou mais substâncias diferentes, que estarão presentes no estado final, a transformação é uma **reação química**, ou **transformação química**.

Em outras palavras, **reação química é uma transformação em que novas substâncias são formadas a partir de outras.**

Quando um lápis é quebrado, não se tem um exemplo de reação química.

Quando uma vela queima, temos um exemplo de reação química, combustão da cera.

Você pode estar se perguntando: como os químicos têm certeza de que novas substâncias foram formadas?

Bem, aqui precisamos de uma informação prévia. Uma substância química é caracterizada por suas propriedades, tais como densidade, ponto de fusão, ponto de ebulição, cor, odor etc. Duas substâncias diferentes podem, eventualmente, ter algumas propriedades iguais, mas nunca todas elas.

Para saber se houve uma reação química, precisamos comparar as propriedades das substâncias presentes no sistema, nos estados inicial e final.

Imagine que o sistema escolhido para estudo seja um cano de ferro e que ele seja observado antes e depois de ser serrado ao meio. A substância inicialmente presente, o ferro, possui exatamente as mesmas propriedades da substância presente no final, que também é o ferro. Serrar um cano de ferro não é, portanto, uma transformação química, já que nenhuma nova substância foi formada.

Quando um corpo cai, uma folha de papel é rasgada, uma porção de areia é misturada à água, um giz é esmagado até virar pó e um prego é fincado na madeira, estamos diante de exemplos de transformações que **não são** reações químicas.

Seção 5.2

Exemplos de reação química

Objetivos

- Interpretar uma equação química (escrita com palavras).
- Explicar a importância das propriedades das substâncias na caracterização da ocorrência de uma reação química.
- Indicar evidências macroscópicas de que uma reação química aconteceu.

1 Combustão do etanol

Estudando a queima do etanol (álcool comum), os químicos puderam identificar as substâncias presentes nos estados inicial e final do sistema.

Para haver a combustão do etanol, é necessária a presença de oxigênio (por exemplo, do ar). Ambas as substâncias transformam-se, durante a combustão, em duas novas substâncias: água e gás carbônico (também chamado dióxido de carbono; é o mesmo gás que forma as bolhas nos refrigerantes).

etanol + oxigênio → gás carbônico + água

Nessa representação da combustão do etanol, os sinais de mais (+) podem ser lidos como "e". A seta (→) pode ser lida como "reagem para formar". Ou seja, lemos a equação da seguinte forma: **etanol e oxigênio reagem para formar gás carbônico e água.**

ATENÇÃO

O etanol (álcool comum) não deve ser manipulado perto de chamas ou faíscas. Ele é inflamável e pode causar queimaduras, incêndio e explosão.

Reflita

Apesar de se inflamar facilmente na presença de calor, chama ou faísca, o álcool é, muitas vezes, utilizado como produto de limpeza.

Na sua casa, costuma-se ter cuidado ao manusear e guardar álcool e outros produtos inflamáveis?

Os químicos identificam essas substâncias por meio de suas propriedades. São elas que confirmam que, de fato, as substâncias existentes no estado final são diferentes das presentes no estado inicial. Veja algumas dessas propriedades:

	etanol	+	oxigênio	→	gás carbônico	+	água
Ponto de ebulição	78 °C		−183 °C		−78 °C*		100 °C
Estado físico a 20 °C	líquido		gasoso		gasoso		líquido
Densidade a 20 °C	0,79 g/cm³		0,0013 g/cm³		0,0018 g/cm³		1,0 g/cm³
Cor	incolor		incolor		incolor		incolor

2 Reação entre ferro e enxofre

Enxofre e ferro (veja fotografias na página 42), como qualquer substância pura, são caracterizados por suas propriedades. Cada qual tem seu ponto de fusão, densidade, cor etc. Uma propriedade interessante do ferro é que ele é atraído por um ímã. Já o enxofre não é.

* Na verdade, −78 °C é a temperatura em que essa substância sublima (passa diretamente do estado sólido para o gasoso).

Se pó de enxofre for adicionado a pó de ferro, obteremos uma mistura heterogênea, na qual cada um dos componentes mantém suas propriedades. Isso torna possível usar um ímã para separar o pó de ferro do pó de enxofre, como ilustra a figura A abaixo.

Mas, se essa mistura for aquecida num recipiente apropriado durante alguns minutos, como mostra a figura B, ocorrerá uma reação química na qual enxofre e ferro se transformarão num sólido preto. Determinando as propriedades do sólido formado, é possível identificá-lo como uma substância diferente das inicialmente presentes, conhecido entre os químicos como sulfeto ferroso. Ocorreu, portanto, uma reação química.

ATENÇÃO

Este experimento NÃO deve ser realizado pelo aluno.

O enxofre pode causar conjuntivite, dermatite e irritação do sistema respiratório.

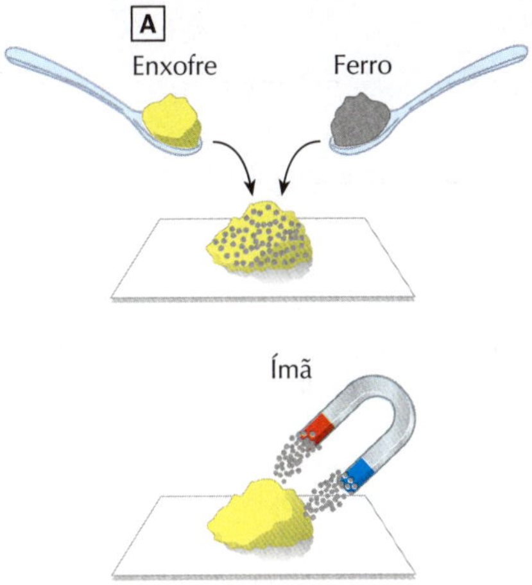

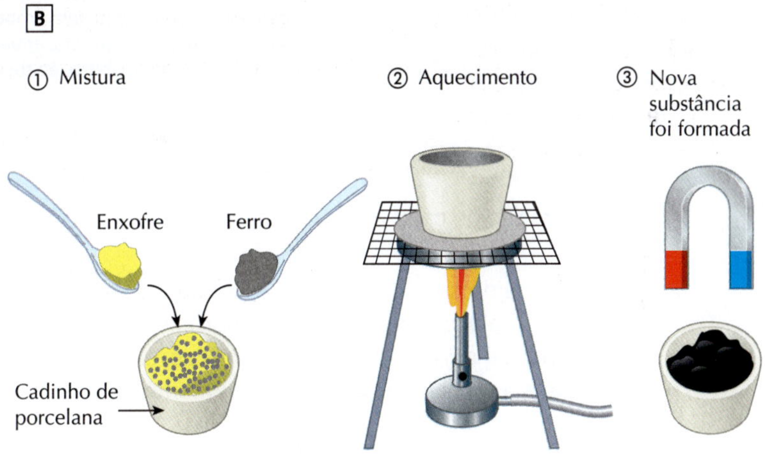

	enxofre	+	ferro	→	sulfeto ferroso
Ponto de fusão	115 °C		1.538 °C		1.188 °C
Estado físico a 20 °C	sólido		sólido		sólido
Densidade a 20 °C	2,07 g/cm^3		7,87 g/cm^3		4,74 g/cm^3
Cor	amarelo		cinza-metálico		preto
Atraído pelo ímã?	não		sim		não

3 Alguns exemplos cotidianos de reação química

O tema *reações químicas* é abrangente e será estudado com mais detalhes em outros capítulos deste livro. Neste momento, o importante é entender como os químicos descobrem se uma transformação é química ou não. Isso é feito comparando as propriedades das substâncias, presentes nas situações inicial e final, para saber se de fato foram produzidas novas substâncias.

Existem muitos exemplos de reações químicas no cotidiano. Dentre eles, estão a formação da ferrugem num pedaço de palha de aço, o apodrecimento dos alimentos, a produção de húmus no solo, a queima de gás num fogão e a combustão de gasolina, álcool ou óleo *diesel* no motor de um veículo.

4 Evidências associadas à ocorrência de algumas reações químicas

A ocorrência de uma reação química nem sempre é fácil de perceber. Algumas só podem ser percebidas em laboratórios suficientemente equipados para separar componentes das misturas obtidas e determinar suas propriedades. Há, contudo, algumas evidências que estão, de modo geral, associadas à ocorrência de reações químicas e que são, portanto, pistas que podem indicar sua ocorrência. Dentre essas evidências, estão:

A reação de combustão entre os gases hidrogênio e oxigênio, uma das reações responsáveis pela propulsão do ônibus espacial, produz água com grande liberação de calor.

- liberação de calor – por exemplo, nas combustões;

- mudança de cor – por exemplo, quando um alvejante é derrubado, por descuido, numa roupa colorida;

- mudança de odor – por exemplo, quando frutas, carnes e outros alimentos se estragam;

- liberação de gás – por exemplo, ao jogar um comprimido efervescente em água;

- formação de um sólido ao misturar duas soluções diferentes, como mostram as fotos abaixo.

Reação entre dois sais: iodeto de potássio e nitrato de chumbo (II), em temperatura ambiente.

ATENÇÃO

Experimentos com sais de chumbo podem causar intoxicação.

Um experimento com palha de aço

Coloque dois pedaços novos de palha de aço, um seco e outro molhado, em dois saquinhos plásticos e feche-os. Compare o aspecto de ambos após um dia. Que diferenças você nota? Há evidência de reação química? Qual?

EXERCÍCIOS ESSENCIAIS

1 Quando uma folha de papel é queimada, diz-se que há uma reação química. Já quando uma folha de papel é rasgada, **não** há reação química.

Explique a razão para a diferente classificação de ambos os processos.

2 A obtenção do metal ferro a partir do minério de ferro chamado hematita é realizada nas indústrias siderúrgicas. Uma reação química que ocorre em fornos apropriados, nessas indústrias, pode ser assim equacionada:

$$\text{hematita} + \text{monóxido de carbono} \rightarrow \text{ferro} + \text{dióxido de carbono}$$

Sobre esse processo e sua representação, responda:

a) Qual o significado dos sinais de mais (+)?

b) Que significa a seta (→)?

c) Que substâncias são consumidas (gastas) no processo?

d) Que substâncias são formadas (produzidas)?

EXERCÍCIO RESOLVIDO

3 Que motivos levam os químicos a classificar a deterioração dos alimentos como sendo uma reação química e o derretimento de um pedaço de gelo como **não** sendo uma reação química?

Resolução

Na deterioração de um alimento, há indícios de que substâncias deixam de existir e outras são formadas; o odor se altera de agradável para desagradável e ocorre mudança de coloração. Já quando um pedaço de gelo derrete, a substância que existia anteriormente, a água, continua existindo ao final. Ela apenas se encontrava na fase sólida e passa para a fase líquida.

4 (Unicamp-SP) Pode-se imaginar que o ser humano tenha pintado o próprio corpo com cores e formas, procurando imitar os animais multicoloridos e assim adquirir suas qualidades: a rapidez da gazela; a força do tigre; a leveza das aves...

A pintura corporal é ainda muito usada entre os índios brasileiros. Os desenhos, as cores e suas combinações estão relacionados com solenidades ou com atividades a serem realizadas. Para obter um corante vermelho, com o que pintam o corpo, os índios brasileiros trituram sementes de urucum, fervendo esse pó com água. A cor preta é obtida da fruta jenipapo ivá. O suco que dela é obtido é quase incolor, mas, depois de esfregado no corpo, em contato com o ar, começa a escurecer até ficar preto.

a) No caso do urucum, como se denomina o processo de obtenção do corante usando água?

b) Algum dos processos de pintura corporal, citados no texto, envolve uma transformação química? Responda sim ou não e justifique.

5 (FEI-SP) São propriedades **exclusivamente** químicas:

I. Gás hidrogênio sofre combustão;
II. Fertilizantes alteram a composição química do solo e aumentam a produção agrícola;
III. Chumbo é mais denso que o alumínio;
IV. A água entra em ebulição abaixo de 100 °C no topo de uma montanha.

São corretas somente as afirmativas:

a) I e III.
b) I e IV.
c) I e II.
d) II e IV.
e) II e III.

6 (UFPE) Considere as seguintes tarefas realizadas no dia a dia de uma cozinha e indique aquelas que envolvem transformações químicas.

1) Aquecer uma panela de alumínio;
2) Acender um fósforo;
3) Ferver água;
4) Queimar açúcar para fazer caramelo;
5) Fazer gelo.

a) 1, 3 e 4.
b) 2 e 4.
c) 1, 3 e 5.
d) 3 e 5.
e) 2 e 3.

7 (PUC-MG) Considere os experimentos equacionados:

I. água $\xrightarrow{\text{corrente elétrica}}$ gás hidrogênio + gás oxigênio;
II. gelo $\xrightarrow{\text{calor}}$ água líquida;
III. papel $\xrightarrow{\text{fogo}}$ gás carbônico + água;
IV. iodo (s) $\xrightarrow{\text{calor}}$ iodo (g);
V. vinho $\longrightarrow$ vinagre;
VI. barra de ferro $\longrightarrow$ ferrugem.

Assinale os experimentos que representam fenômenos químicos.

a) I, II, III e IV.
b) I, III, V e VI.
c) II, III, V e VI.
d) I, IV, V e VI.

8 (UFF-RJ) Joseph Cory, do Instituto Technion de Israel, montou um equipamento que consiste em uma série de painéis plásticos que coletam o orvalho noturno e o armazenam num depósito situado na base do coletor.

Um coletor de 30 m^2 captura até 48 L de água potável por dia. Dependendo do número de coletores, é possível produzir H_2O suficiente para comunidades que vivem em lugares muito secos ou em áreas poluídas.

A inspiração de Joseph foi baseada nas folhas das plantas, as quais possuem uma superfície natural que "coleta" do orvalho noturno.

É correto afirmar que a formação do orvalho resulta de:

I. uma mudança de estado físico chamada condensação;
II. uma transformação química chamada sublimação;
III. uma transformação físico-química denominada oxirredução;
IV. uma transformação química chamada vaporização;
V. uma mudança de estado físico chamada sublimação.

Está(ão) correta(s) a(s) afirmativa(s):

a) I, II e IV, apenas.
b) I e III, apenas.
c) I, apenas.
d) V, apenas.
e) II e IV, apenas.

9 (Enem-MEC) Produtos de limpeza indevidamente guardados ou manipulados estão entre as principais causas de acidentes domésticos. Leia o relato de uma pessoa que perdeu o olfato por ter misturado água sanitária, amoníaco e sabão em pó para limpar o banheiro:

A mistura ferveu e começou a sair uma fumaça asfixiante. Não conseguia respirar e meus olhos, nariz e garganta começaram a arder de maneira insuportável. Saí correndo à procura de uma janela aberta para poder voltar a respirar.

O trecho destacado poderia ser reescrito, em linguagem científica, da seguinte forma:

a) As substâncias químicas presentes nos produtos de limpeza evaporaram.
b) Com a mistura química, houve produção de uma solução aquosa asfixiante.
c) As substâncias sofreram transformações pelo contato com o oxigênio do ar.
d) Com a mistura, houve transformação química que produziu rapidamente gases tóxicos.
e) Com a mistura, houve transformação química, evidenciada pela dissolução de um sólido.

10 (Enem-MEC) Entre os procedimentos recomendados para reduzir acidentes com produtos de limpeza, aquele que **deixou de ser cumprido, na situação discutida na questão anterior**, foi:

a) Não armazene produtos em embalagens de natureza e finalidade diferentes das originais.
b) Leia atentamente os rótulos e evite fazer misturas cujos resultados sejam desconhecidos.
c) Não armazene produtos de limpeza e substâncias químicas em locais próximos a alimentos.
d) Verifique, nos rótulos das embalagens originais, todas as instruções para os primeiros socorros.
e) Mantenha os produtos de limpeza em locais absolutamente seguros, fora do alcance de crianças.

Conteúdo digital Moderna PLUS http://www.modernaplus.com.br
Exercícios adicionais

Reações de decomposição

Objetivos

- Distinguir conceitualmente reagentes e produtos.
- Realizar uma reação de decomposição e observar evidências de sua ocorrência.
- Conhecer exemplos de reações de decomposição.

Termos e conceitos

- reagente
- produto
- reação de decomposição
- fotólise
- pirólise
- eletrólise

1 Reagentes e produtos

As substâncias inicialmente presentes num sistema e que se transformam em outras devido à ocorrência de uma reação química são denominadas **reagentes**. E as novas substâncias produzidas são chamadas **produtos**.

Assim, por exemplo:

$$\underbrace{\text{etanol} + \text{oxigênio}}_{\text{Reagentes}} \longrightarrow \underbrace{\text{gás carbônico} + \text{água}}_{\text{Produtos}}$$

(**Em palavras:** Os reagentes etanol e oxigênio reagem para formar os produtos gás carbônico e água.)

$$\underbrace{\text{enxofre} + \text{ferro}}_{\text{Reagentes}} \longrightarrow \underbrace{\text{sulfeto ferroso}}_{\text{Produto}}$$

(**Em palavras:** Os reagentes enxofre e ferro reagem para formar o produto sulfeto ferroso.)

Lembre-se

Reagentes: são gastos, consumidos ou eliminados.
Produtos: são formados, criados ou produzidos.

2 Reações de decomposição podem ocorrer sob a ação da luz, do calor e da corrente elétrica

Existe uma grande variedade de reações químicas.

Um tipo bastante importante para os químicos são as **reações de decomposição**, reações químicas nas quais uma **única** substância reagente origina como produtos **duas ou mais** substâncias. Na experiência a seguir, você observará um exemplo desse tipo de reação.

Um experimento com a água oxigenada

A critério do(a) professor(a), os alunos podem se reunir em grupos para a realização desta atividade.

Objetivo: Realizar uma reação química de decomposição.

Você vai precisar de:

- batata crua
- faca
- pires
- água oxigenada a 10 volumes (pode ser adquirida em farmácia)
- copo limpo

Procedimento:

1. Coloque água oxigenada no copo até 1 cm de altura. Observe o aspecto dela e descreva-o em seu caderno.
2. Corte duas ou três rodelas da batata crua (elas devem ser cortadas apenas no momento de fazer a experiência) e coloque-as sobre o pires.
3. Despeje um pouco da água oxigenada sobre as rodelas e observe. Relate em seu caderno o que ocorreu.

3 A decomposição do peróxido de hidrogênio

A água oxigenada contém a substância incolor peróxido de hidrogênio. Os químicos descobriram que, em determinadas condições, esta última sofre a seguinte reação:

peróxido de hidrogênio → água + gás oxigênio

Note que se trata de uma reação de decomposição porque há apenas um reagente e dois produtos.

A decomposição do peróxido de hidrogênio é "incentivada" por uma substância presente nas células vivas. Por isso, ao colocar água oxigenada nas rodelas de batata, você deve ter observado a formação de bolhas: é o gás oxigênio.

Há pessoas que empregam a água oxigenada para desinfetar pequenos cortes e esfoladuras. Ao colocá-la no ferimento, a "espuminha" que se forma deve-se a muitas pequenas bolhas de oxigênio produzido na reação. O oxigênio mata certos microrganismos causadores de doenças e, assim, desinfeta o machucado.

Ao despejar água oxigenada sobre um pedaço de fígado bovino cru (cortado na hora), ocorre a mesma reação que quando ela é colocada sobre um ferimento recente.

A luz também "incentiva" a decomposição do peróxido de hidrogênio. Por isso, a água oxigenada é comercializada geralmente em frascos escuros e recomenda-se guardá-los onde não recebam luz. Quando uma substância decompõe-se sob ação da luz, diz-se que ela sofre **fotólise**, palavra que vem do grego *foto*, luz, e *lise*, quebra, decomposição.

$$\textbf{peróxido de hidrogênio} \xrightarrow{\text{luz}} \textbf{água} + \textbf{gás oxigênio}$$

(Em palavras: O peróxido de hidrogênio sofre fotólise [decompõe-se sob ação da luz], formando água e gás oxigênio.)

4 A decomposição do carbonato de cálcio

O calcário é uma rocha constituída principalmente pela substância carbonato de cálcio. Quando essa substância é aquecida a cerca de 800 °C, transforma-se em óxido de cálcio (um sólido branco) e gás carbônico (incolor).

O óxido de cálcio, também conhecido como cal virgem ou cal viva, é um material obtido por meio dessa reação desde a Antiguidade. Dentre outras utilidades, a cal serve para fazer pintura, para fazer a massa usada no assentamento de tijolos e para tratar certas variedades de solo antes do plantio.

A reação que produz óxido de cálcio é um exemplo de **pirólise**, ou seja, decomposição pelo calor (do grego *piro*, fogo).

$$\textbf{carbonato de cálcio} \xrightarrow{\text{calor}} \textbf{óxido de cálcio} + \textbf{gás carbônico}$$

(Em palavras: O carbonato de cálcio sofre pirólise [decompõe-se sob ação do calor], formando óxido de cálcio e gás carbônico.)

A grande muralha da China foi construída com blocos de pedra unidos por uma massa feita com areia, água e cal virgem.

5 A decomposição da água

Observe a ilustração A abaixo. Os dois tubos de ensaio foram enchidos com água e mergulhados com a boca para baixo em um recipiente com água.

Cada fio metálico tem uma extremidade ligada a um dos polos da pilha e a outra ligada a uma placa de platina (metal), mergulhada na água sob cada tubo de ensaio.

ATENÇÃO

A eventual realização desse experimento só deve ocorrer com autorização e supervisão do(a) professor(a).

Óculos de segurança, luvas e aventais protetores são obrigatórios.
O ácido sulfúrico, mesmo diluído, é muito corrosivo e JAMAIS deve ser manipulado sem orientação e supervisão adequadas.
O gás hidrogênio é altamente explosivo.

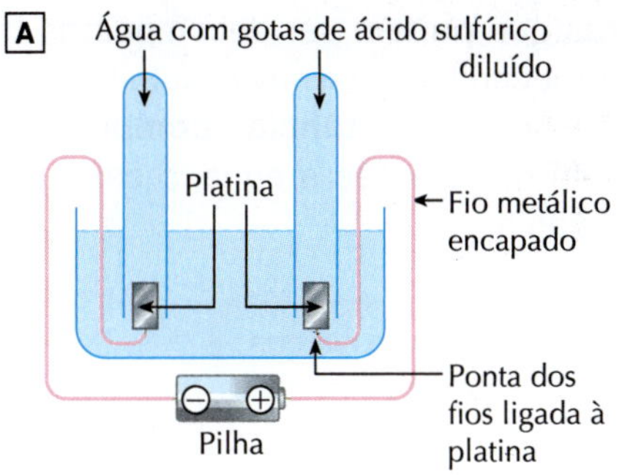

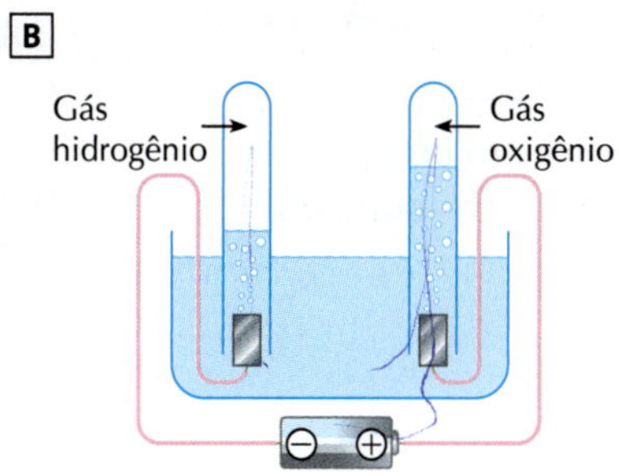

Essa aparelhagem é empregada para fazer passar corrente elétrica através da água. Algumas gotas de ácido sulfúrico diluído são adicionadas à água. Sabe-se que essa substância não será gasta na reação química que irá acontecer, mas é necessária para fazer com que a água torne-se boa condutora de eletricidade. (O ácido sulfúrico é um exemplo de substância perigosa que **jamais** deve ser manipulada sem orientação adequada.)

Assim que os fios são ligados aos polos da pilha, completando-se a montagem do experimento, observa-se o desprendimento de bolhas gasosas incolores de ambas as placas de platina. Os gases produzidos acumulam-se dentro dos tubos. Após algum tempo, o sistema está como mostrado na ilustração B.

A passagem de corrente elétrica através da água provoca sua decomposição em gás hidrogênio e gás oxigênio.

A decomposição provocada pela corrente elétrica é denominada **eletrólise**. Assim, temos:

$$\textbf{água} \xrightarrow{\text{corrente elétrica}} \textbf{gás hidrogênio} + \textbf{gás oxigênio}$$

(Em palavras: **A água sofre eletrólise (decompõe-se sob ação da corrente elétrica), formando os gases hidrogênio e oxigênio.)**

O hidrogênio é o menos denso dos gases. No passado, foi usado em balões dirigíveis tripulados, mas, por oferecer risco de incêndio e explosão, não é mais usado para esse fim. Na foto, explosão do dirigível Hindenburg, em Nova Jérsei (EUA), em 6 de maio de 1937, acidente em que morreram 35 pessoas.

Seção 5.4

Substâncias simples × substâncias compostas

Objetivo

- Explicar, do ponto de vista macroscópico, em que uma substância composta se diferencia de uma substância simples.

Termos e conceitos

- substância pura
- mistura
- substância simples
- substância composta (ou composto químico)

Como vimos, as amostras de matéria podem ser misturas ou substâncias puras. As misturas podem (pelo menos em princípio) ter seus componentes separados, sendo que esses componentes, uma vez separados, são substâncias puras.

O estudo das reações de decomposição foi importantíssimo na história da Química e graças a ele as substâncias puras puderam ser classificadas em dois grupos.

- Substâncias puras que **não podem** ser decompostas, ou seja, que não sofrem reação de decomposição. São denominadas **substâncias simples**. São exemplos o hidrogênio, o oxigênio e o nitrogênio.
- Substâncias puras que **podem** ser decompostas (fotólise, pirólise, eletrólise etc.), fornecendo assim novas substâncias de composição menos complexa. São as **substâncias compostas**, ou **compostos químicos**, entre as quais estão a água, o carbonato de cálcio e o peróxido de hidrogênio.

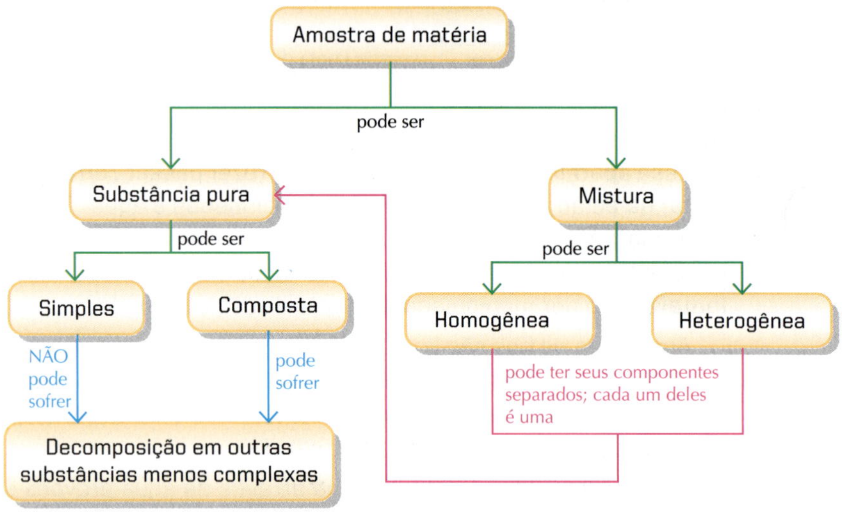

Os globos de plasma são preenchidos com uma mistura de substâncias simples no estado gasoso. Mesmo submetidos a altas voltagens, esses gases não se decompõem.

Seção 5.5

O conceito de elemento químico, segundo Boyle

Objetivo

▸ Compreender o conceito de elemento químico, segundo Boyle.

▸ Situar esse conceito no tempo.

Termos e conceitos

• elemento químico

No passado, muitos cientistas acreditaram na ideia do filósofo grego Aristóteles (384-322 a.C.) de que tudo no mundo seria formado por quatro "elementos" básicos: *ar, água, fogo e terra.*

Embora atualmente haja inúmeras evidências de que isso não é verdade, essa ideia permaneceu bem aceita até o século XVII, quando o cientista irlandês Robert Boyle publicou o livro *O químico cético* ("cético" quer dizer desconfiado, que só acredita em algo mediante provas).

Boyle apresentava argumentos favoráveis a conceituar **elemento químico**, ou simplesmente **elemento**, como qualquer substância pura que não sofra decomposição (substância simples). Assim, hidrogênio e oxigênio seriam exemplos de elementos. Já a água e o peróxido de hidrogênio não seriam exemplos de elementos.

Essa concepção de elemento químico, elaborada por Boyle no século XVII, foi muito importante para o grande impulso que a Química teve, principalmente a partir do século XVIII, com o cientista francês Lavoisier. Atualmente, no entanto, a definição de elemento químico é um pouco diferente dessa. Por enquanto, por razões pedagógicas, nos contentaremos com essa definição. Oportunamente, iremos retomá-la e aperfeiçoá-la para chegar à definição moderna de elemento químico e poder entender sua relação com o conceito de substância simples.

Reprodução de gravura de *Sir* Robert Boyle (1627-1691).

EXERCÍCIOS ESSENCIAIS

11 (UFJF-MG) O ouro 18 quilates é comumente utilizado para produção de joias. Sua composição é 75% ouro e os restantes 25% cobre e prata, portanto, esse material se caracteriza como uma:

a) substância composta.
b) mistura heterogênea.
c) substância simples.
d) substância pura.
e) mistura homogênea.

12 (ITA-SP) Num experimento, um estudante verificou ser a mesma a temperatura de fusão de várias amostras de um mesmo material no estado sólido e também que essa temperatura se manteve constante até a fusão completa. Considere que o material sólido tenha sido classificado como:

I. Substância simples pura.
II. Substância composta pura.
III. Mistura homogênea eutética.
IV. Mistura heterogênea.

Então, das classificações acima, está(ão) ERRADA(S):

a) apenas I e II.
b) apenas II e III.
c) apenas III.
d) apenas III e IV.
e) apenas IV.

13 A substância cloreto de amônio, um sólido branco, é empregada desde a Antiguidade como adubo para vegetais. Os egípcios, por exemplo, obtinham-na a partir do esterco de camelo. Muitos dos fertilizantes atualmente produzidos em indústrias químicas contêm essa substância em sua composição. Sabe-se que:

- O *cloreto de amônio* sofre decomposição produzindo os gases *amônia* e *cloreto de hidrogênio*;
- Por decomposição, a amônia origina os gases *nitrogênio* e *hidrogênio*, e o cloreto de hidrogênio origina os gases *cloro* e *hidrogênio*;
- Os gases nitrogênio, hidrogênio e cloro não sofrem decomposição.

a) Quantas substâncias químicas **diferentes** são mencionadas nas três afirmações acima?

b) Quais delas são substâncias simples e quais são compostas? Deixe claro o critério que você empregou para responder.

Seção 5.6

A Lei da Conservação da Massa de Lavoisier

Objetivos

- Enunciar a Lei da Conservação da Massa.
- Analisar dados experimentais para constatar a validade dessa lei.
- Realizar cálculos baseados na conservação da massa.

Termos e conceitos

- Lei da Conservação da Massa (Lei de Lavoisier)

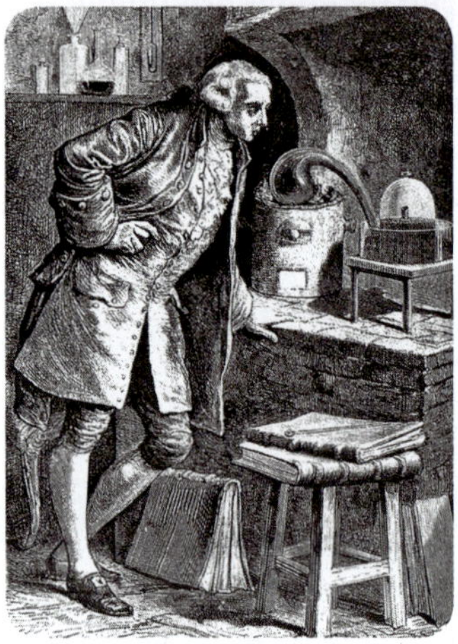

Reprodução de gravura do laboratório de Antoine Laurent Lavoisier (1743-1794).

Foto de comprimido efervescente reagindo com água, em copo aberto: exemplo de reação química em recipiente aberto, que permite a saída do gás produzido. Por causa dessa saída de gás, a massa final do sistema é menor que a massa inicial.

Não há uma data que possamos estabelecer como o início da Química. No entanto, alguns cientistas que viveram nos séculos XVII e XVIII deram importantes contribuições para o estabelecimento dessa ciência.

Entre esses cientistas, um dos mais importantes foi o francês Antoine Laurent Lavoisier. Seus trabalhos, realizados no século XVIII, foram tão importantes que alguns o consideram o "pai da Química". Dentre suas contribuições, a mais conhecida e relevante é a Lei da Conservação da Massa, enunciada por ele após realizar inúmeras reações químicas dentro de recipientes fechados.

Usando uma balança, Lavoisier determinou a massa do recipiente antes e depois de a reação química acontecer. Comparando as medidas, ele pôde enunciar que:

> A massa final de um recipiente fechado, após ocorrer dentro dele uma reação química, é sempre igual à massa inicial.

Essa importante generalização é a **Lei da Conservação da Massa**, ou **Lei de Lavoisier**, que também pode ser enunciada de uma outra maneira:

> Quando uma reação química é realizada num recipiente fechado, a massa dos produtos é igual à massa dos reagentes.

Vejamos um exemplo*:

água	→	gás hidrogênio	+	gás oxigênio
18 g		2 g		16 g
Reagente		**Produtos**		

Note que a massa do reagente (18 g) é igual à massa total dos produtos (2 g + 16 g = 18 g).

Mas por que Lavoisier escolheu recipientes fechados?

Entre os reagentes e/ou entre os produtos de uma reação química podem existir substâncias gasosas, tais como o oxigênio, o hidrogênio e o gás carbônico. Se, por exemplo, uma substância gasosa for produzida numa reação, ela sairá espontaneamente do recipiente e sua massa não será medida pela balança como parte da massa final do sistema. Ao escolher recipientes fechados, Lavoisier eliminou dúvidas sobre a possível entrada ou saída de gases do sistema.

Há quem considere a Lei de Lavoisier o marco inicial da Química. Essa lei, inclusive, incorporou-se aos "saberes populares", sendo frequentemente enunciada como: *na natureza nada se cria, nada se perde, tudo se transforma.*

Conteúdo digital Moderna PLUS http://www.modernaplus.com.br
Texto: *Antoine Laurent Lavoisier*

* Embora este capítulo tenha a preocupação de mostrar fatos importantes na história da Química, alguns dos exemplos de substâncias e de reações aqui empregados foram conhecidos e/ou estudados somente em épocas posteriores às citadas. Esses exemplos foram escolhidos por serem didáticos. Além disso, aqui se utiliza a linguagem da Química atual e não a da época em que viveram os cientistas mencionados.

Seção 5.7

A Lei das Proporções Constantes, de Proust

Objetivos

- Enunciar a Lei das Proporções Constantes.
- Analisar dados experimentais para constatar a validade dessa lei.
- Realizar cálculos envolvendo a proporção entre massas de elementos que formam um composto.

Termos e conceitos

- Lei das Proporções Constantes (Lei de Proust)

O estudo das reações de decomposição foi importante para que o francês Joseph-Louis Proust descobrisse que as substâncias compostas têm uma composição fixa.

Usaremos como exemplo a substância água, que é composta dos elementos hidrogênio e oxigênio. Veja os seguintes dados experimentais, referentes à decomposição de amostras de diferentes massas de água:

Decomposição de:	água	→	gás hidrogênio	+	gás oxigênio
9 g de água	9 g		1 g		8 g
18 g de água	18 g		2 g		16 g
27 g de água	27 g		3 g		24 g
100 g de água	100 g		11,11 g		88,89 g

Vamos dividir a massa de hidrogênio pela massa de oxigênio de cada uma dessas experiências. Fazendo isso, chegamos a uma mesma razão.

$$\frac{\text{massa de hidrogênio}}{\text{massa de oxigênio}} = \frac{1\text{ g}}{8\text{ g}} = \frac{2\text{ g}}{16\text{ g}} = \frac{3\text{ g}}{24\text{ g}} = \frac{11{,}11\text{ g}}{88{,}89\text{ g}}$$

Esses dados revelam que a proporção entre os elementos que compõem a água permanece constante: a massa de oxigênio sempre é 8 vezes maior que a massa de hidrogênio. Em outras palavras, a composição da água, em massa, é sempre de 1 parte de hidrogênio para 8 partes de oxigênio.

Vejamos outro exemplo, o do gás carbônico:

Decomposição de:	gás carbônico	→	carbono	+	gás oxigênio
11 g de gás carbônico	11 g		3 g		8 g
22 g de gás carbônico	22 g		6 g		16 g
44 g de gás carbônico	44 g		12 g		32 g
100 g de gás carbônico	100 g		27,27 g		72,73 g

Dividindo a massa de carbono pela de oxigênio:

$$\frac{\text{massa de carbono}}{\text{massa de oxigênio}} = \frac{3\text{ g}}{8\text{ g}} = \frac{6\text{ g}}{16\text{ g}} = \frac{12\text{ g}}{32\text{ g}} = \frac{27{,}27\text{ g}}{72{,}73\text{ g}}$$

Assim, podemos afirmar que a composição do gás carbônico, em massa, é sempre de 3 partes de carbono para 8 partes de oxigênio.

Por meio de muitos estudos similares a esses, Proust concluiu que:

> A composição química de uma substância composta é sempre constante, não importando qual sua origem.

Em outras palavras:

> Uma certa substância composta, seja obtida de fontes naturais ou produzida em laboratório, sempre é formada pelos mesmos elementos químicos numa mesma proporção em massa.

Essa generalização ficou conhecida como **Lei das Proporções Constantes** ou **Lei de Proust**.

É fundamental que você perceba nesse momento uma distinção importantíssima entre substância pura e mistura.

Reprodução de gravura de Joseph-Louis Proust (1754-1826).

Uma substância pura, como enuncia a Lei das Proporções Constantes, possui sempre a mesma composição. Assim, por exemplo, a água pura – não importa se veio da chuva, do mar, de um rio, do subsolo etc., desde que esteja adequadamente purificada – sempre será formada por hidrogênio e por oxigênio numa mesma proporção, ou seja, sempre terá a mesma composição.

Já as misturas não têm composição constante. Considere, por exemplo, misturas feitas com água e sal. Essas misturas não têm necessariamente a mesma proporção entre as quantidades de água e de sal em sua composição. Podemos fazer uma mistura com uma colherada de sal em um copo de água e outra com duas colheradas de sal na mesma quantidade de água.

Para as misturas **não** vale, portanto, a Lei de Proust.

EXERCÍCIOS ESSENCIAIS

14 Quando uma solução aquosa da substância nitrato de prata (incolor) é adicionada a uma solução aquosa de cloreto de sódio (incolor), ocorre uma reação química em que se forma a substância cloreto de prata, que é branca e insolúvel em água.

As fotos abaixo mostram a formação do cloreto de prata.

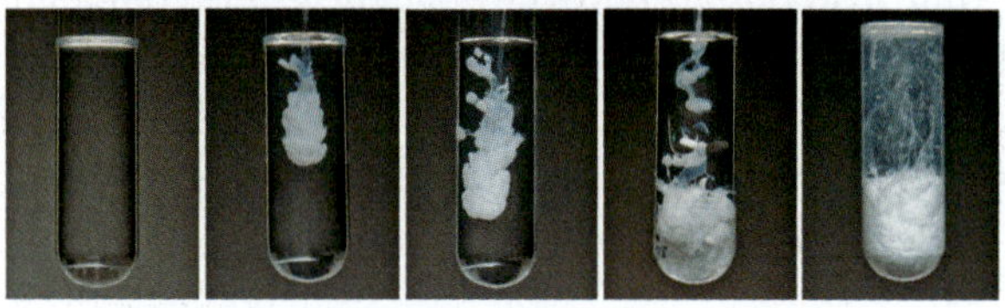

Num laboratório escolar, foi montado o sistema ilustrado abaixo.

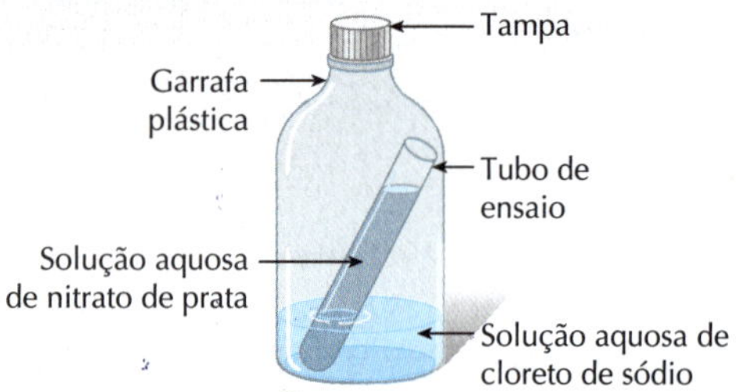

Inicialmente, sua massa foi determinada com auxílio de uma balança. A seguir, sem tirar a tampa, a garrafa foi virada de cabeça para baixo, permitindo o contato das soluções e a formação do cloreto de prata. Finalmente, a massa do sistema foi novamente determinada.

Sobre essa experiência, responda às perguntas:

a) O sistema usado é aberto ou fechado? Justifique.

b) O que se pode prever sobre a massa final do sistema, se comparada à massa inicial?

c) Qual é a lei científica que permite a você fazer a previsão pedida no item anterior? Quem a enunciou? Qual seu enunciado?

15 (Vunesp) Quando um objeto de ferro enferruja ao ar, sua massa aumenta. Quando um palito de fósforo é aceso, sua massa diminui. Essas observações violam a lei da conservação das massas? Justifique sua resposta.

EXERCÍCIO RESOLVIDO

16 O óxido nítrico foi estudado em laboratório. Na decomposição de diferentes quantidades dessa substância, os resultados foram:

Decomposição de:	óxido nítrico	→	nitrogênio	+	oxigênio
15 g de óxido	15 g		7 g		8 g
30 g de óxido	30 g		14 g		16 g
60 g de óxido	60 g		28 g		32 g
90 g de óxido	90 g		42 g		48 g

Mostre, em seu caderno, que esses resultados estão de acordo com a Lei de Lavoisier e com a Lei de Proust.

Resolução

Cada uma das linhas está de acordo com a Lei de Lavoisier:

1ª linha: 15 g = 7 g + 8 g

2ª linha: 30 g = 14 g + 16 g

3ª linha: 60 g = 28 g + 32 g

4ª linha: 90 g = 42 g + 48 g

Há várias relações que podemos estabelecer para comprovar a Lei de Proust.

Uma delas é:

$$\frac{\text{massa de nitrogênio}}{\text{massa de oxigênio}} = \frac{7\text{ g}}{8\text{ g}} = \frac{14\text{ g}}{16\text{ g}} = \frac{28\text{ g}}{32\text{ g}} = \frac{42\text{ g}}{48\text{ g}}$$

Uma segunda maneira é:

$$\frac{\text{massa de nitrogênio}}{\text{massa de óxido}} = \frac{7\text{ g}}{15\text{ g}} = \frac{14\text{ g}}{30\text{ g}} = \frac{28\text{ g}}{60\text{ g}} = \frac{42\text{ g}}{90\text{ g}}$$

E uma terceira maneira é:

$$\frac{\text{massa de oxigênio}}{\text{massa de óxido}} = \frac{8\text{ g}}{15\text{ g}} = \frac{16\text{ g}}{30\text{ g}} = \frac{32\text{ g}}{60\text{ g}} = \frac{48\text{ g}}{90\text{ g}}$$

Conteúdo digital Moderna PLUS http://www.modernaplus.com.br
Exercícios adicionais

UNIDADE B

Capítulo
6

Introdução ao microscópico: átomos e moléculas

Neste capítulo, iniciaremos o estudo de um "mundo" muito além da nossa capacidade de enxergar e cuja investigação científica se iniciou por evidências indiretas. Trata-se do "mundo" dos átomos e das moléculas. A cafeína ($C_8H_{10}N_4O_2$), substância presente no café, pode ser representada por um modelo molecular no qual cada esfera representa um átomo, em cores fantasiosas: preto para o elemento carbono, cinza para o hidrogênio, azul para o nitrogênio e vermelho para o oxigênio.

A Teoria Atômica de Dalton representou um importante passo da Química na compreensão dos fenômenos em nível microscópico.

6.1 A Teoria Atômica de Dalton

Elementos químicos são representados por símbolos e substâncias químicas são representadas por fórmulas.

6.2 Reformulação do conceito de elemento. Distinção entre elemento e substância simples

À luz da Teoria Atômica de Dalton, elemento químico é o conjunto de átomos com as mesmas características químicas.

6.3 Equação química

Uma equação química é um modo de representar uma reação química.

6.4 Explicação para as leis de Lavoisier e de Proust

As leis de Lavoisier e de Proust podem ser compreendidas usando a Teoria Atômica de Dalton.

6.5 Os níveis de trabalho da Química

A Química trabalha nos níveis macroscópico e microscópico e utiliza representações.

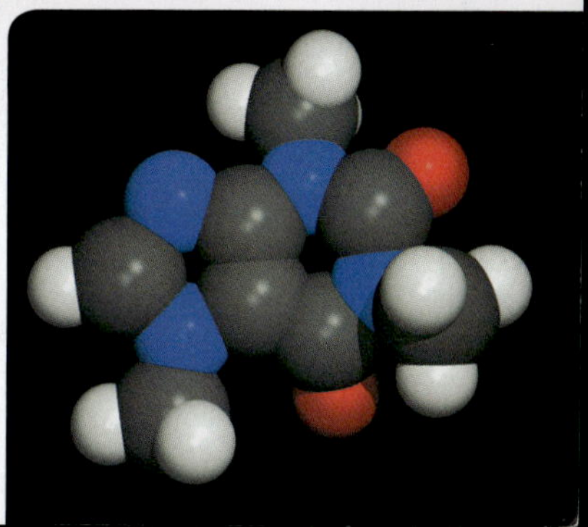

Seção 6.1

A Teoria Atômica de Dalton

Objetivos

- Enumerar os pontos importantes da Teoria Atômica de Dalton.
- Interpretar a representação de elementos e de substâncias.

Termos e conceitos

- átomo
- símbolo
- molécula
- fórmula

Entre 1803 e 1808, o cientista inglês John Dalton propôs uma teoria para explicar as leis enunciadas por Lavoisier e Proust. Essa teoria, que será comentada a seguir, ficou conhecida como Teoria Atômica de Dalton.

A palavra **átomo** vem do grego e significa "indivisível". Ela foi usada pela primeira vez por alguns filósofos da Grécia Antiga que, baseados em argumentos filosóficos, propunham que todas as coisas são formadas por partículas muito pequenas e indivisíveis, os átomos.

As ideias desses filósofos gregos não foram muito além disso, porque não se fundamentavam na cuidadosa observação dos resultados fornecidos por experimentos. Dalton, ao contrário dos filósofos gregos, baseou-se nos resultados de experiências – feitas por ele e por outros cientistas que o antecederam, inclusive Lavoisier e Proust.

Átomos

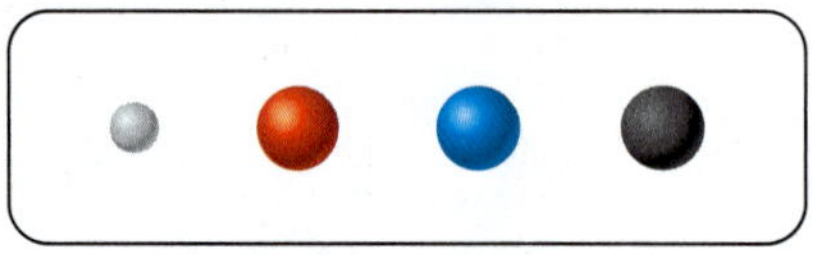

Substâncias simples

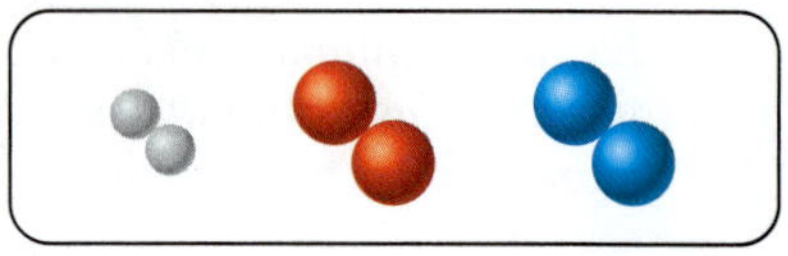

Substâncias compostas

Os átomos estão aqui representados por esferas em cores fantasiosas e em tamanho ampliado alguns milhões de vezes.

Retrato de John Dalton (1766-1844).

Alguns pontos importantes da Teoria de Dalton, em linguagem moderna, são:

- Todas as substâncias são formadas por átomos.
- Os átomos de um mesmo elemento químico são iguais em todas as suas características (por exemplo, tamanho e massa).
- Os átomos dos diferentes elementos químicos são diferentes entre si.
- As substâncias simples são formadas por átomos de um mesmo elemento químico.
- As substâncias compostas (também chamadas *compostos químicos*, ou simplesmente *compostos*) são formadas por átomos de dois ou mais elementos químicos diferentes, que se combinam sempre numa mesma proporção.
- Átomos não são criados nem destruídos; são esferas rígidas indivisíveis.
- Nas reações químicas, os átomos se recombinam.

Conteúdo digital Moderna PLUS http://www.modernaplus.com.br
Texto: *John Dalton*

1 Símbolos representam elementos

A teoria criada por Dalton foi muito importante para o desenvolvimento da Química. Desde que ela foi proposta, muitos progressos foram feitos, e hoje os cientistas têm uma compreensão muito maior de como é a matéria.

São conhecidos atualmente mais de cem elementos químicos. Cada um deles tem um nome e um **símbolo** diferente.

Os símbolos dos elementos são formados por uma ou duas letras. A primeira é sempre maiúscula e a segunda, caso exista, é sempre minúscula. Alguns exemplos de símbolos estão mostrados na tabela 1, abaixo.

Muitas vezes, o símbolo de um elemento vem de uma ou duas letras tiradas de seu nome em latim. Por causa disso, nem todos os símbolos têm relação lógica com o nome do elemento em português.

Tabela 1 Símbolo de alguns elementos químicos

Elemento	Símbolo	Elemento	Símbolo	Elemento	Símbolo
Alumínio	Aℓ	Flúor	F	Nitrogênio	N
Bromo	Br	Fósforo	P	Ouro	Au
Cálcio	Ca	Hidrogênio	H	Oxigênio	O
Carbono	C	Iodo	I	Potássio	K
Chumbo	Pb	Magnésio	Mg	Prata	Ag
Cloro	Cℓ	Manganês	Mn	Sódio	Na
Enxofre	S	Mercúrio	Hg	Zinco	Zn
Ferro	Fe	Níquel	Ni	Zircônio	Zr

2 Fórmulas representam substâncias

Provavelmente você já deve ter ouvido falar que a fórmula da água é H_2O. Outros exemplos de fórmulas usadas pelos químicos são CO_2 (gás carbônico), N_2 (gás nitrogênio), O_2 (gás oxigênio), O_3 (gás ozônio), C_2H_6O (etanol), $C_6H_{12}O_6$ (glicose), NH_3 (amônia) e CH_4 (gás metano).

> Todas as substâncias são formadas por átomos. As substâncias simples são formadas por átomos de um único elemento e as substâncias compostas, por átomos de dois ou mais elementos diferentes.

As **moléculas** são as menores unidades que apresentam a composição característica de uma substância.* As moléculas são formadas por átomos.

Para representar as moléculas de uma substância, seja ela simples, seja ela composta, os químicos utilizam **fórmulas**.

Símbolo —representa→ Elemento químico —por exemplo→ • H • C • N • O • F • Na • Mg • K • Ca • Aℓ • Fe • Zn • Au • Pb • Ag • Hg

Fórmula —representa→ Substância pura —por exemplo→ • O_2 • O_3 • H_2O • CO_2 • NH_3 • C_2H_6O • H_3PO_4 • HNO_3

* Existem substâncias que não são formadas por moléculas. São as substâncias iônicas e as substâncias metálicas, cujo estudo deixaremos para capítulos subsequentes.

Na fórmula de uma substância, são colocados os símbolos dos elementos que tomam parte de sua composição e números, os **índices de atomicidade**, que indicam a proporção em que os átomos do elemento estão presentes na substância. Se o índice de atomicidade não for escrito, é porque seu valor é 1.

Assim, por exemplo:

- A fórmula O_2 representa a substância cujas moléculas são formadas por dois átomos do elemento químico oxigênio.
- A fórmula O_3 representa a substância cujas moléculas são formadas por três átomos do elemento químico oxigênio.
- A fórmula H_2O representa a substância cujas moléculas são formadas por dois átomos do elemento químico hidrogênio e um átomo do elemento químico oxigênio.
- A fórmula NH_3 representa a substância cujas moléculas são formadas por um átomo do elemento químico nitrogênio e três átomos do elemento químico hidrogênio.

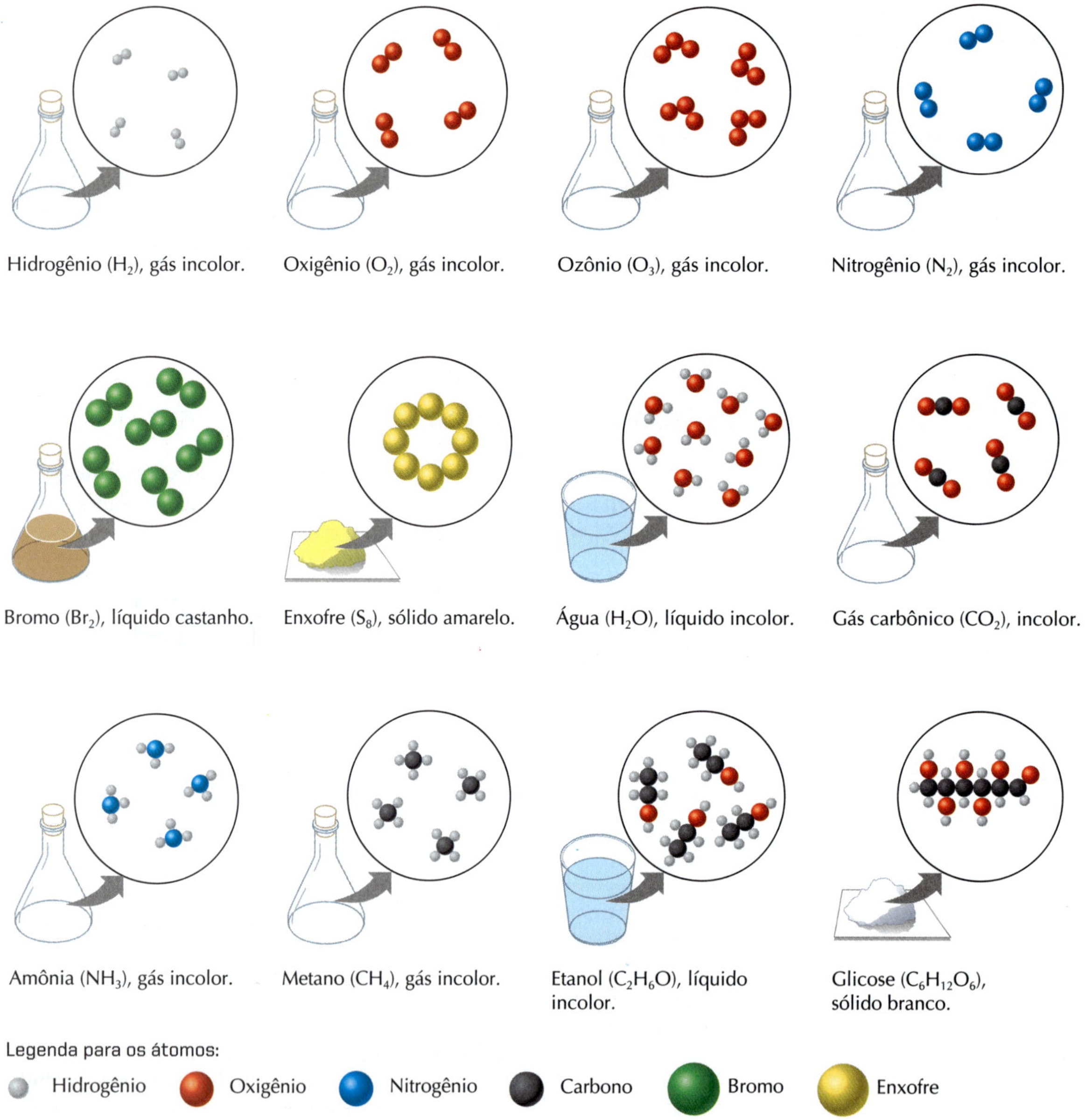

Hidrogênio (H_2), gás incolor. Oxigênio (O_2), gás incolor. Ozônio (O_3), gás incolor. Nitrogênio (N_2), gás incolor.

Bromo (Br_2), líquido castanho. Enxofre (S_8), sólido amarelo. Água (H_2O), líquido incolor. Gás carbônico (CO_2), incolor.

Amônia (NH_3), gás incolor. Metano (CH_4), gás incolor. Etanol (C_2H_6O), líquido incolor. Glicose ($C_6H_{12}O_6$), sólido branco.

Esquema mostrando modelos para as moléculas de algumas substâncias. Os átomos estão aqui representados por esferas em cores fantasiosas e em tamanho ampliado alguns milhões de vezes.

Seção 6.2

Reformulação do conceito de elemento. Distinção entre elemento e substância simples

Objetivo

▶ Compreender o conceito de elemento químico dentro da Teoria de Dalton.

Termos e conceitos

- elemento químico
- substância simples
- substância composta

A partir da Teoria de Dalton, surgiu um novo significado para **elemento químico**, que passou a ser não mais considerado sinônimo de substância simples, mas sim um *conjunto de átomos que possuem características químicas iguais* e que tomam parte da constituição das substâncias.

As substâncias simples são formadas por átomos de apenas um elemento e as substâncias compostas, por átomos de dois ou mais elementos, conforme salienta o esquema a seguir.

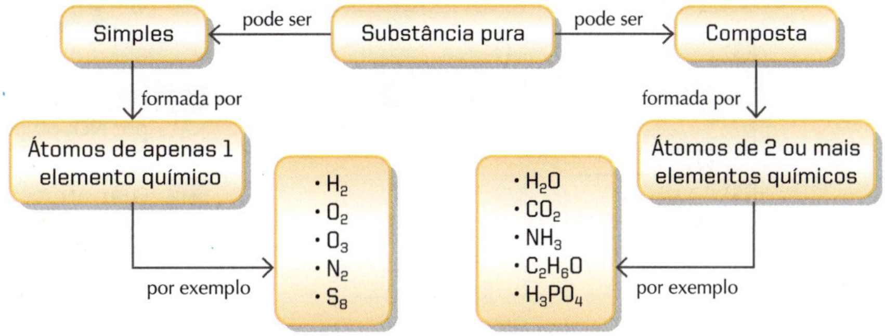

A tabela periódica é um instrumento de consulta

Na página 157 deste livro, há uma **tabela periódica dos elementos**. Ela é um instrumento de **consulta**.

Pesquise nela os nomes e os símbolos sempre que julgar necessário. Aos poucos, você acabará memorizando os que mais utilizar.

EXERCÍCIOS ESSENCIAIS

1 A linguagem científica tem por objetivo facilitar a comunicação entre indivíduos que fazem pesquisas científicas e também entre os que estão estudando determinada ciência. Os **símbolos** e as **fórmulas** fazem parte da linguagem científica da Química e se destinam a diferentes finalidades. Qual é a finalidade de cada um?

2 O açúcar de cana, cientificamente denominado sacarose, é uma substância formada por moléculas e representada por $C_{12}H_{22}O_{11}$. Explique o significado da representação $C_{12}H_{22}O_{11}$ relacionando-a à molécula de sacarose.

3 O vinagre é uma mistura de vários componentes, mas para esta questão vamos considerá-lo como sendo formado **apenas** por água (H_2O) e ácido acético ($C_2H_4O_2$), sendo essa segunda substância completamente solúvel em água.

a) O vinagre é uma mistura ou uma substância pura?

b) É correto dizer que o vinagre é uma solução? Por quê?

c) Quantos elementos químicos há no vinagre?

4 A vitamina C é representada por $C_6H_8O_6$.

a) Essa representação — $C_6H_8O_6$ — é um símbolo ou uma fórmula química?

b) Quantos elementos fazem parte dessa substância?

5 A hemoglobina é uma substância presente no sangue, responsável pelo transporte de oxigênio às diversas partes do corpo humano. Ela pode ser representada pela fórmula $C_{2.952}H_{4.664}O_{812}S_8Fe_4$.

a) Quantos elementos químicos compõem essa substância?

b) Qual o nome de cada um?

6 O ácido sulfúrico é a substância química produzida e comercializada em maior quantidade pela indústria química mundial. Essa substância é formada por moléculas nas quais há dois átomos de hidrogênio, um átomo de enxofre e quatro de oxigênio. Represente o ácido sulfúrico por meio de uma fórmula.

7 Um dos importantes assuntos deste capítulo é a interpretação de modelos que representam as substâncias em nível molecular (chamados **modelos moleculares**).
As perguntas dos itens a seguir referem-se à interpretação dos seguintes desenhos, nos quais esferas de uma mesma cor representam átomos de um mesmo elemento químico e esferas de cores diferentes representam átomos de elementos distintos.

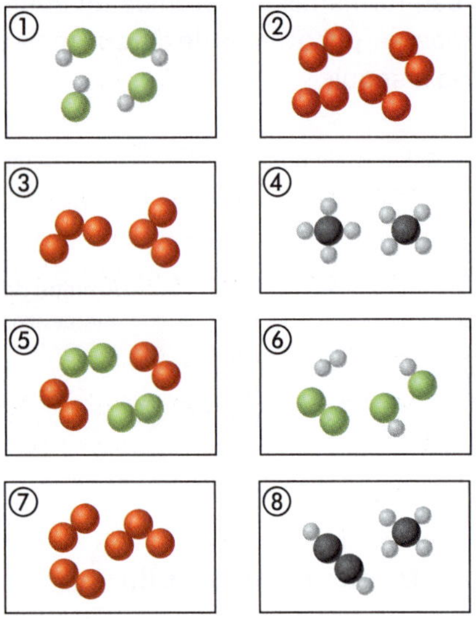

Responda, justificando, qual(is) dos modelos representa(m):

a) substância pura simples?

b) substância pura composta?

c) mistura de substâncias?

8 Para os modelos do exercício anterior, considere a legenda:

Átomo de hidrogênio — Átomo de oxigênio

Átomo de flúor — Átomo de carbono

a) Identifique o símbolo de cada um desses elementos químicos e escreva-o em seu caderno.

b) Escreva a fórmula da(s) substância(s) representada(s) em cada um dos desenhos de ① até ⑧ do exercício 7.

9 Nitrogênio e oxigênio são dois elementos que se combinam para formar diversas substâncias químicas diferentes. Cada um dos modelos a seguir ilustra uma diferente substância formada por eles. Considerando que as esferas azuis representam o nitrogênio e as vermelhas, o oxigênio, escreva a fórmula que representa cada uma dessas substâncias. (Nas fórmulas, o símbolo do nitrogênio é escrito antes do símbolo do oxigênio.)

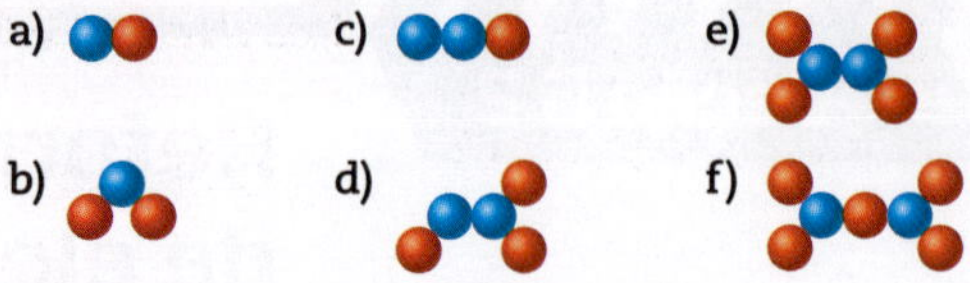

10 Carbono e hidrogênio também são dois elementos que se combinam para formar diversas substâncias químicas diferentes. Nos modelos moleculares a seguir, as esferas pretas representam o carbono e as cinza, o hidrogênio. Escreva a fórmula que representa cada uma dessas substâncias. (Escreva o símbolo do carbono antes do hidrogênio.)

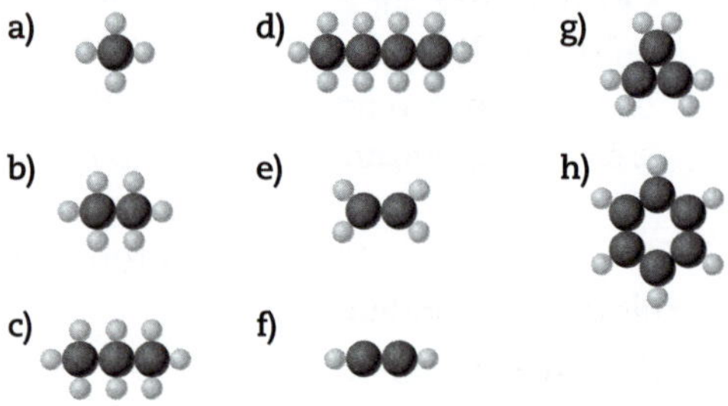

11 Existe diferença entre representar uma substância por NO_2 ou por N_2O_4? Explique.

12 O ar atmosférico contém predominantemente nitrogênio (N_2) e, em segundo lugar, oxigênio (O_2). O ar também contém vapor de água (H_2O), cuja quantidade é variável de local para local e de um dia para outro.
O ar contém ainda pequenas quantidades de argônio (Ar) e gás carbônico (CO_2) e reduzidíssima quantidade de hélio (He), neônio (Ne), criptônio (Kr), xenônio (Xe) e radônio (Rd). Em locais poluídos, podem estar presentes, entre outros, dióxido de enxofre (SO_2), trióxido de enxofre (SO_3), ozônio (O_3), monóxido de nitrogênio (NO) e dióxido de nitrogênio (NO_2).

a) Pesquise na tabela periódica o nome dos elementos presentes nessas substâncias e escreva-os em seu caderno.

b) Quais das substâncias mencionadas são simples?

c) Quais das substâncias mencionadas são compostas?

13 Faz parte da linguagem química chamar as moléculas de *monoatômicas*, *biatômicas*, *triatômicas* e *tetratômicas*, conforme o número total de átomos que forma cada uma delas. Uma molécula é **mono**atômica se contiver só **um** átomo, **bi**atômica se contiver **dois**, e assim por diante.
Com base nessa informação, indique quais das substâncias mencionadas na questão anterior têm moléculas:

a) monoatômicas;

b) biatômicas;

c) triatômicas; e

d) tetratômicas.

14 Não se utilizam fórmulas químicas para representar misturas, apenas para representar substâncias puras. Explique por quê.

Conteúdo digital Moderna PLUS http://www.modernaplus.com.br
Exercícios adicionais

Seção 6.3

Equação química

Objetivos

- Compreender o que é reação química sob o ponto de vista microscópico.
- Interpretar uma equação química.
- Balancear uma equação química.

Termos e conceitos

- equação química
- coeficiente (ou coeficiente estequiométrico)
- balanceamento (de uma equação)

1 Uma equação química representa uma reação química

Voltemos ao exemplo da decomposição da água. Levando em conta a composição das moléculas envolvidas, podemos representar essa reação assim:

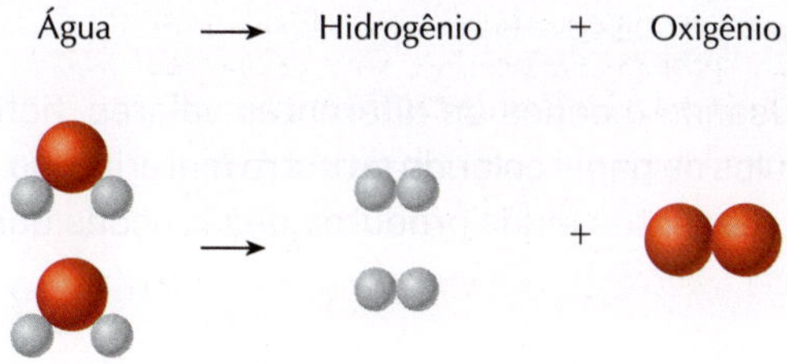

A água, o reagente, é formada por moléculas H_2O; o hidrogênio e o oxigênio, os produtos, têm fórmulas H_2 e O_2, respectivamente. Assim, poderíamos representar a reação usando as fórmulas do reagente e dos produtos:

$$H_2O \rightarrow H_2 + O_2$$

Nessa representação, falta, porém, a proporção correta entre as quantidades de moléculas envolvidas.

Uma representação mais correta é:

$$H_2O + H_2O \rightarrow H_2 + H_2 + O_2$$

ou seja

$$2\,H_2O \rightarrow 2\,H_2 + O_2$$

(Em palavras: Duas moléculas de água reagem para formar duas moléculas de hidrogênio e uma de oxigênio.)

Agora, sim, está expressa a verdadeira proporção entre as quantidades de moléculas que participam da reação.

Essa maneira de representar uma reação química é denominada **equação química**. O exemplo que acabamos de ver é a equação química que representa a decomposição da água.

Os números que indicam a proporção entre as quantidades de moléculas, numa equação química, são chamados de **coeficientes** ou **coeficientes estequiométricos**. Na equação acima, o coeficiente da água é 2, o do hidrogênio é 2 e o do oxigênio é 1 (que não precisa ser escrito).

Em nível microscópico:

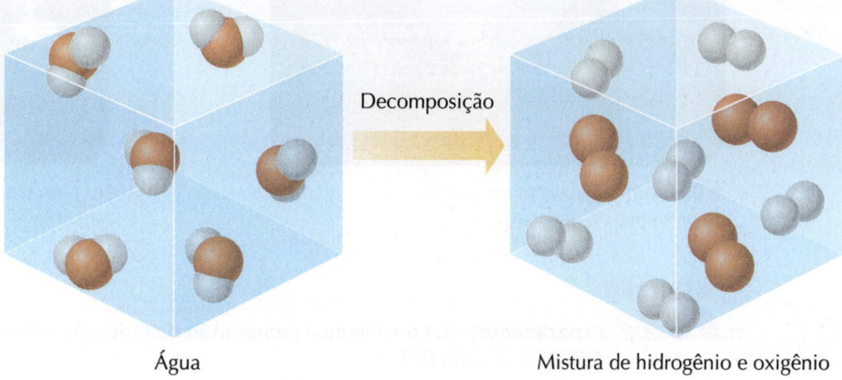

Outros exemplos de equação química são:

$$N_2 + 3H_2 \rightarrow 2NH_3$$

(Em palavras: Uma molécula de nitrogênio reage com três de hidrogênio para formar duas de amônia.)

$$C_2H_6O + 3O_2 \rightarrow 2CO_2 + 3H_2O$$

(Em palavras: Uma molécula de etanol reage com três de oxigênio para formar duas de gás carbônico e três de água.)

Usando moedas de diferentes valores, fichas coloridas, bolinhas de massa de modelar, círculos de papel colorido ou outro material que a imaginação sugerir, represente as moléculas dos reagentes e dos produtos das reações químicas cujas equações são:

$$2H_2O \rightarrow 2H_2 + O_2$$
$$C + O_2 \rightarrow CO_2$$
$$N_2 + O_2 \rightarrow 2NO$$
$$C + 2H_2 \rightarrow CH_4$$
$$N_2 + 3H_2 \rightarrow 2NH_3$$
$$N_2 + 2O_2 \rightarrow 2NO_2$$
$$CH_4 + 2O_2 \rightarrow CO_2 + 2H_2O$$

Em seguida, descrevemos a reação de combustão do gás hidrogênio na presença de gás oxigênio para formar água, desde o nível macroscópico, passando pelo microscópico, pela representação da reação utilizando uma equação até uma aplicação prática.

Em nível macroscópico:

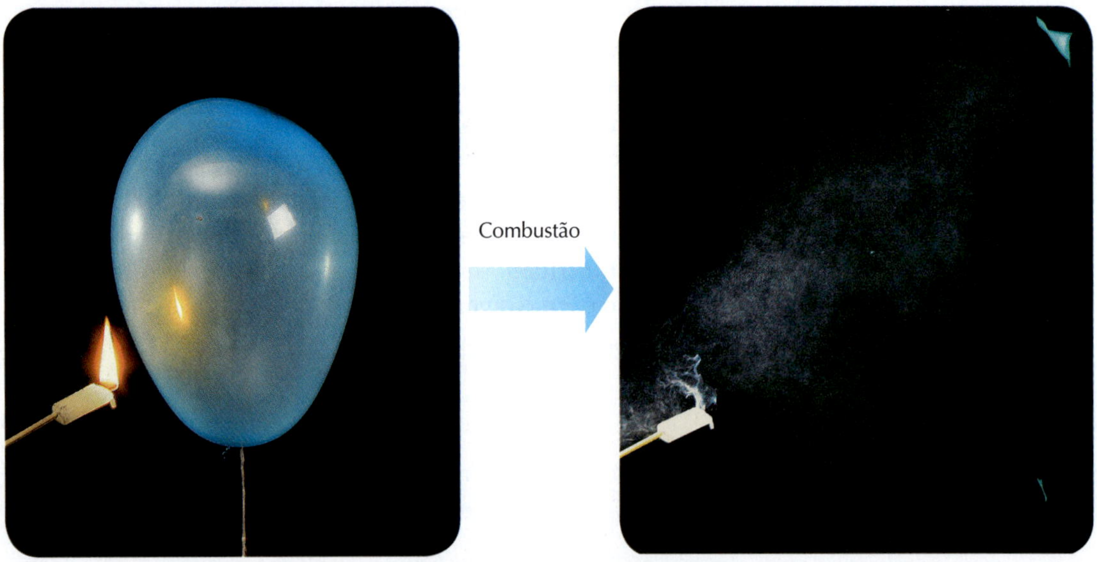

Gás hidrogênio sofre combustão na presença de gás oxigênio ...

... para produzir água no estado de vapor com grande liberação de energia.

ATENÇÃO

Experimentos que envolvam a combustão do hidrogênio NÃO devem ser feitos pelo aluno. A REAÇÃO É EXPLOSIVA.

Em nível microscópico:

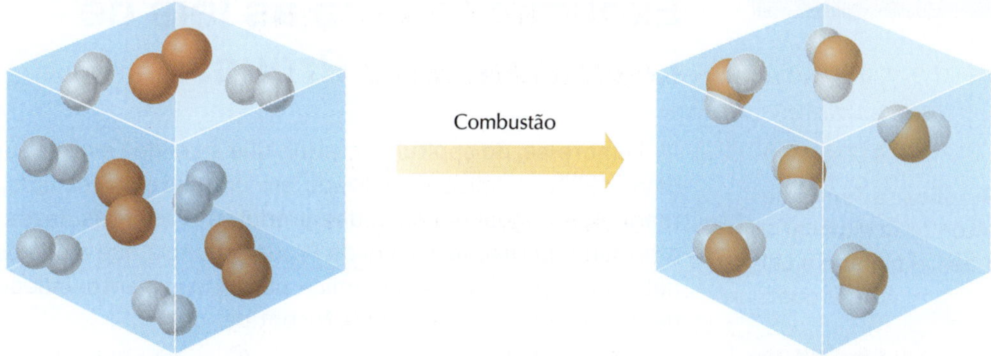

Moléculas H_2 e moléculas O_2 reagem ... ... para formar moléculas H_2O.

$$2\,H_2 + O_2 \rightarrow 2\,H_2O$$

(Em palavras: Duas moléculas de hidrogênio reagem com uma molécula de oxigênio para formar duas moléculas de água.)

A foto abaixo mostra uma aplicação prática desta reação.

2 Balanceamento de equações químicas

Analisando os exemplos de equações químicas mostrados anteriormente, é possível perceber que o número de átomos de certo elemento químico é igual nos reagentes e nos produtos. Isso porque os átomos não são destruídos nem criados numa reação química.

Quando escrevemos uma equação química, ela deve estar corretamente **balanceada**, ou seja, os coeficientes devem estar corretamente indicados. Caso contrário, não estará sendo respeitado o fato de o número de átomos se conservar.

Por exemplo, a equação química $N_2 + O_2 \rightarrow NO$ não está corretamente balanceada, pois há menos átomos de N e de O no lado do produto. Contudo, essa equação ficará corretamente balanceada se colocarmos o coeficiente 2 na frente da fórmula do produto: $N_2 + O_2 \rightarrow 2\,NO$.

Parte da energia necessária para o lançamento de um foguete é obtida pela reação entre hidrogênio e oxigênio para formar água.

Seção 6.4

Explicação para as leis de Lavoisier e de Proust

Objetivo

- Aplicar a Teoria de Dalton para explicar a Lei de Lavoisier e a Lei de Proust.

Termos e conceitos

- **Lei de Lavoisier**
- **Lei de Proust**

Lembre-se, do capítulo anterior, que a Lei de Lavoisier diz que, quando uma reação química é realizada em um sistema fechado, a massa dos reagentes é igual à massa dos produtos presentes nesse sistema após o término da reação. E a Lei de Proust enuncia que a composição de uma determinada substância química pura é constante, independentemente da fonte da qual a substância foi obtida.

A Teoria de Dalton é uma proposta (bem-sucedida) de explicação para a Lei de Lavoisier e a Lei de Proust. E, agora que investigamos as reações químicas do ponto de vista microscópico, podemos entender como essa teoria explica essas duas leis.

> Numa reação química, os átomos apenas se recombinam. Então, já que os átomos não são destruídos nem formados, a massa de reagentes é sempre igual à dos produtos. Isso explica a Lei de Lavoisier.

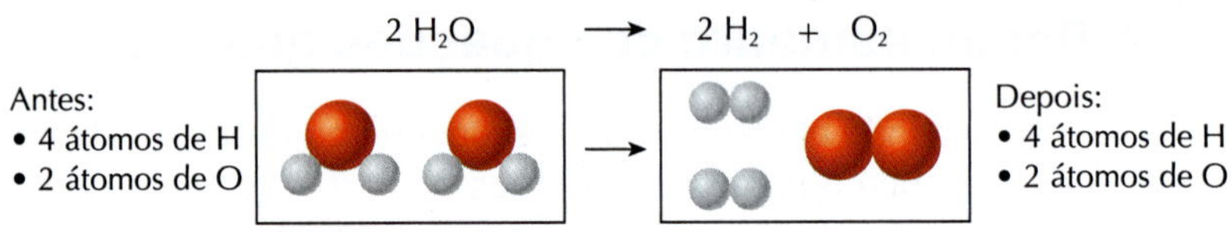

As moléculas de uma determinada substância são formadas por átomos que se unem numa proporção bem definida. Na água, por exemplo, sempre há dois átomos de hidrogênio para um átomo de oxigênio.

Assim, não importa a quantidade da substância que consideremos, haverá sempre uma proporção constante entre os átomos dos elementos que a constituem. Ou seja, tanto em um grama quanto em um quilograma ou em uma tonelada de água, a proporção em que os elementos hidrogênio e oxigênio estão presentes é sempre a mesma.

> Como a proporção em que os átomos estão presentes em uma substância é sempre a mesma, então a composição da substância é fixa, o que explica a Lei de Proust.

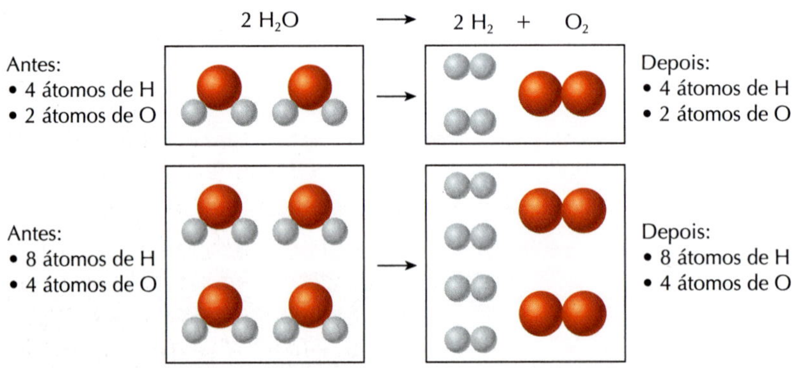

Verificar se, na atividade proposta na página 94, foi respeitado o princípio da conservação dos átomos.

Uma visão microscópica sobre a decomposição da água

Em equação: $2\ H_2O\ (\ell) \rightarrow 2\ H_2\ (g) + O_2\ (g)$

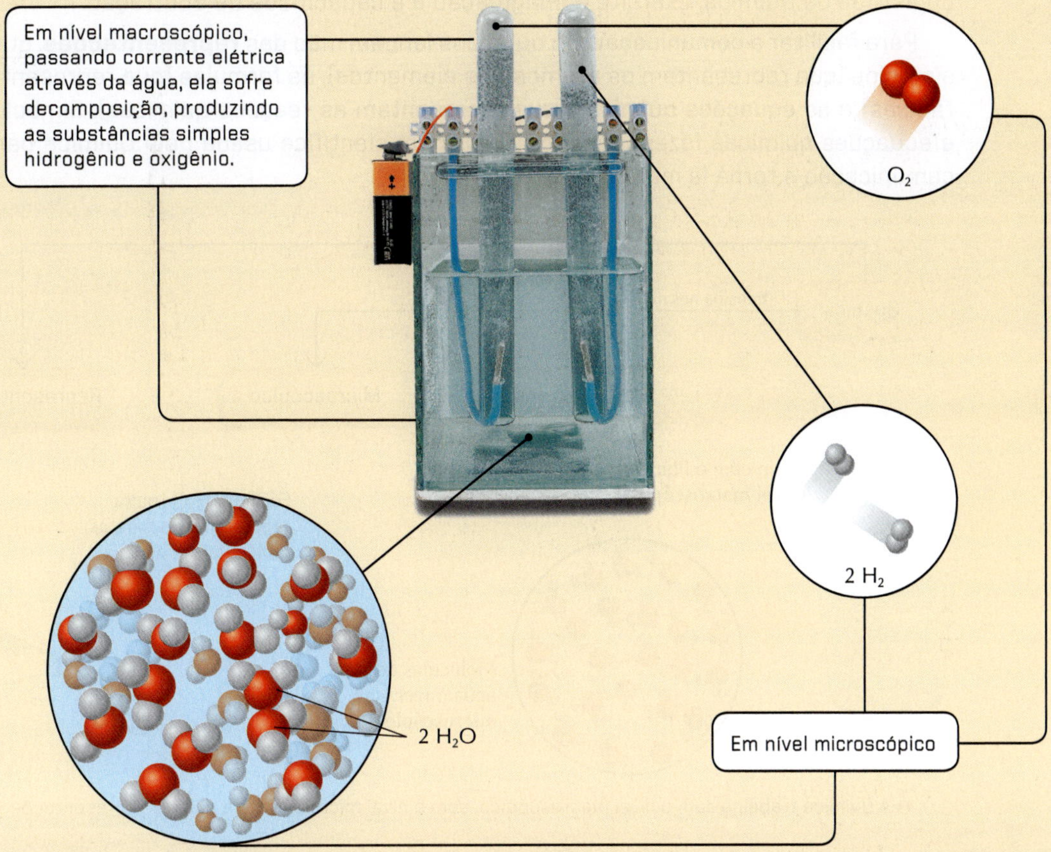

Seção 6.5

Os níveis de trabalho da Química

Objetivo

▸ Reconhecer os níveis de trabalho da Química.

Termos e conceitos

- **nível macroscópico**
- **nível microscópico**
- **representações**

Você chegou a um ponto muito importante dos seus estudos de Química.

É o momento de perceber que essa ciência trabalha em diferentes níveis, porém diretamente relacionados: o nível macroscópico, o nível microscópico e as representações desses níveis.

O "mundo" ao qual estamos acostumados – das coisas que podemos ver, sentir, perceber, tocar ou medir – é o ponto de partida para as pesquisas em Química. Dizemos que as coisas que pertencem a esse "mundo" são do nível **macroscópico**.

Assim, por exemplo, quando falamos que a água é um líquido incolor e inodoro, estamos nos referindo ao aspecto macroscópico da água. Quando dizemos que a água apresenta PF = 0 °C, PE = 100 °C (ao nível do mar) e d = 1,0 g/cm^3, estamos relatando propriedades macroscópicas da substância água.

Ao propor explicação para as leis (essas explicações são as teorias), os químicos utilizam frequentemente os conceitos de átomo e de molécula, entidades que pertencem ao nível **microscópico**.

Contudo, átomos e moléculas não são visíveis nem com os melhores microscópios normalmente presentes nos laboratórios de ensino e de pesquisa. (Há alguns microscópios muito especiais que permitem "visualizar" átomos como borrões. Sobre isso, leia o texto da página seguinte.) Assim sendo, entender os conceitos do nível microscópico exigirá que você, ao longo do estudo da Química, exercite a imaginação e a capacidade de abstração.

Para facilitar a comunicação, os químicos lançam mão das **representações**, que incluem os símbolos (que representam os átomos dos elementos), as fórmulas (que representam as substâncias) e as equações químicas (que representam as reações químicas). Símbolos, fórmulas e equações químicas fazem parte da linguagem científica usada pela Química para facilitar a comunicação e torná-la mais eficiente.

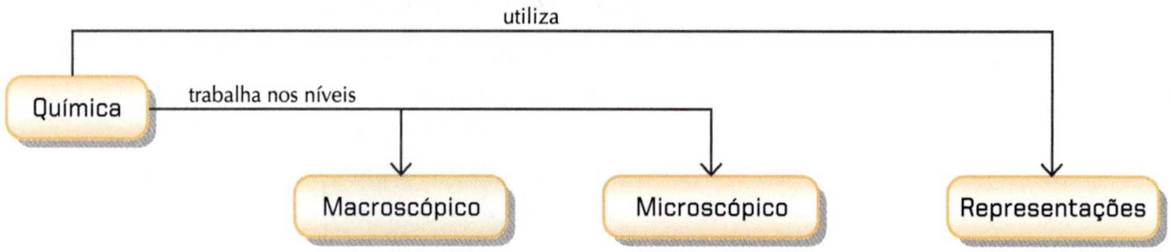

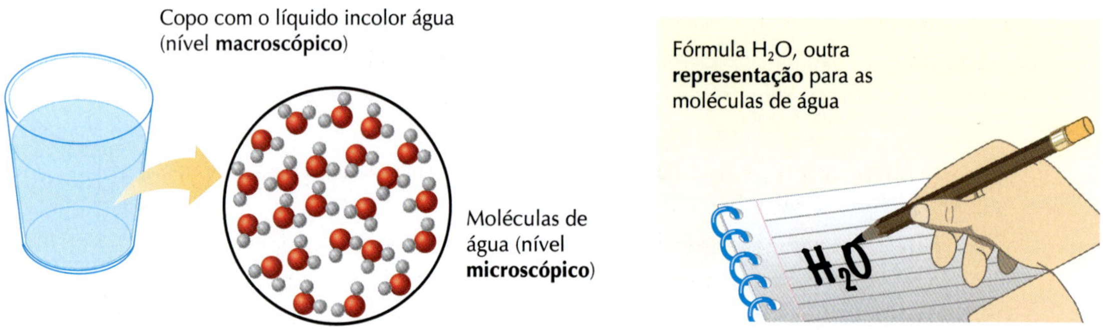

A Química trabalha com o nível macroscópico, com o nível microscópico e com as representações.

Uma destilação simples em nível microscópico

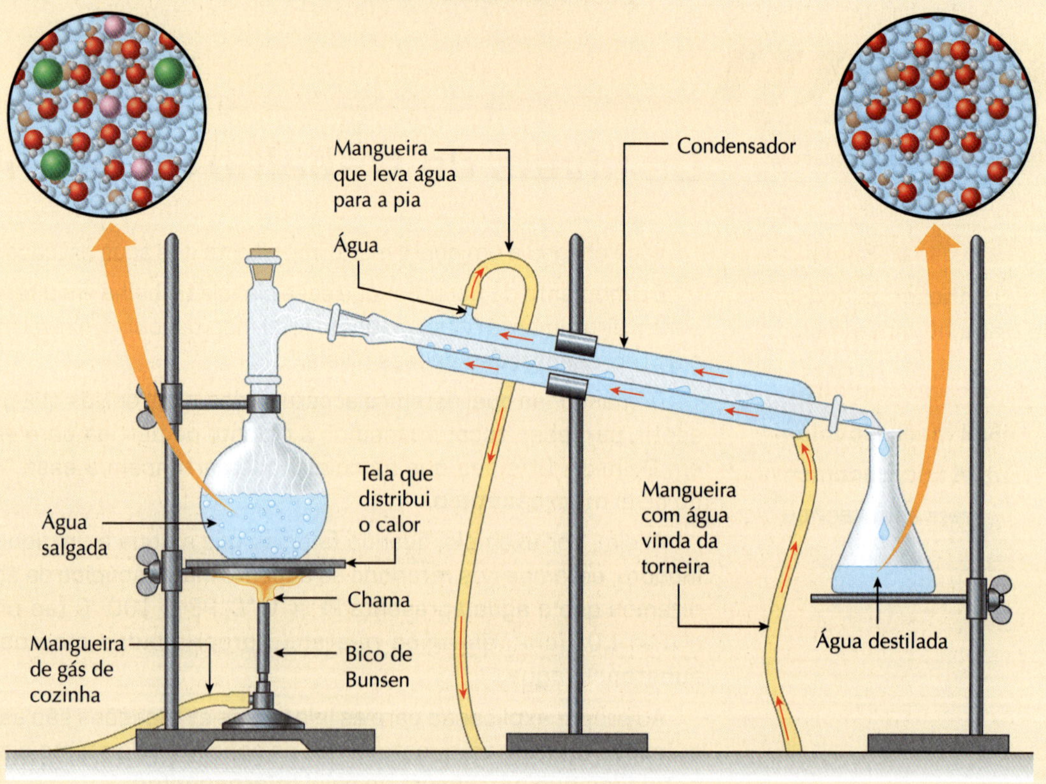

Átomos e moléculas: entidades de um mundo quase além da imaginação

Átomos e moléculas são entidades tão pequenas que mesmo o melhor dos microscópios ópticos não é suficiente para que consigamos enxergá-los.

Mesmo outros tipos potentes de microscópio, usados em pesquisas sobre genes e cromossomos, não têm capacidade de ampliação suficiente para que se possam enxergar átomos e moléculas.

Até a década de 1980, a existência de átomos e moléculas era sustentada por inúmeras evidências experimentais, mas ninguém tinha "fotografado" um átomo. Nessa época, foi desenvolvido um novo instrumento de ampliação, o microscópio de tunelamento.

Com ele, foi possível, pela primeira vez, obter "fotografias" de átomos. São imagens sem muita nitidez e que não são fotografias propriamente ditas, mas sim imagens produzidas por computador a partir de complexos sinais eletrônicos obtidos pelo aparelho. Contudo, esse avanço tecnológico forneceu novas evidências da existência de átomos e moléculas, em que os cientistas já acreditavam há quase dois séculos, e que mais uma vez foi confirmada.

Átomos e moléculas fazem parte de um mundo microscópico, quase além de nossa capacidade imaginativa. As menores partículas de poeira que somos capazes de ver a olho nu são formadas por um número de átomos maior do que o número de estrelas em nossa galáxia.

Quando alguém observa uma célula viva ao microscópio óptico, está observando algo formado por trilhões de átomos ou mais.

Só para você ter uma noção de como os átomos são pequenos, considere os seguintes dados: se conseguíssemos enfileirar átomos de césio, de ouro ou de hidrogênio até que a fileira atingisse 1 cm de comprimento, seriam necessários aproximadamente 19 milhões de átomos de césio, 35 milhões de átomos de ouro ou 134 milhões de átomos de hidrogênio!

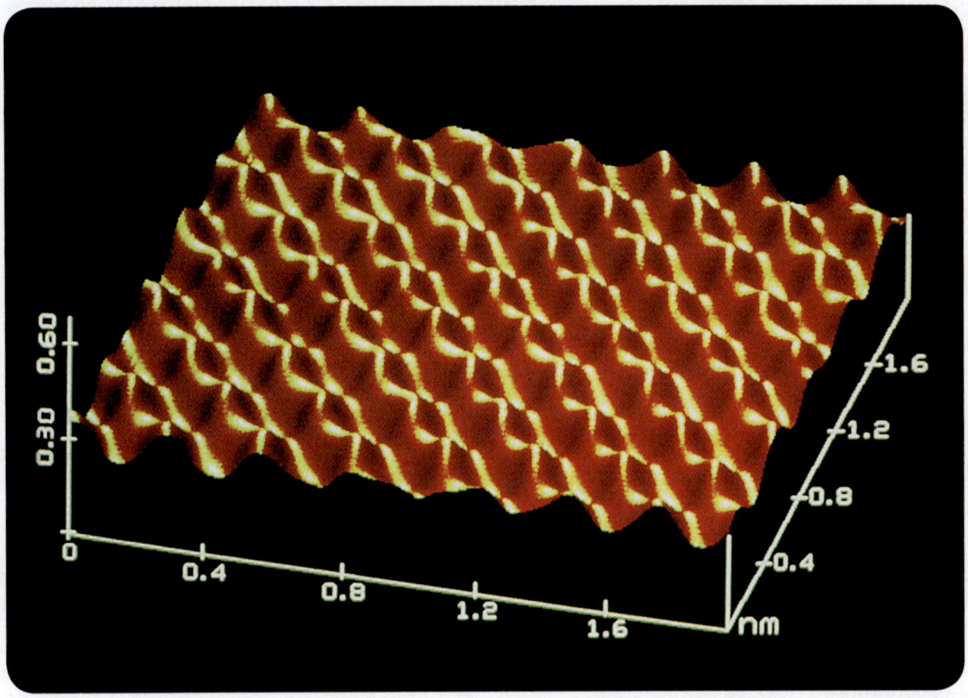

Imagem da superfície da substância grafite (formada por átomos de carbono), fornecida por um instrumento chamado microscópio de tunelamento. A ampliação é de, aproximadamente, 45 milhões de vezes, e o colorido é artificial.

EXERCÍCIOS ESSENCIAIS

15 Em todos os sete desenhos desta questão, esferas de mesma cor indicam átomos de um mesmo elemento químico e esferas de cores diferentes, átomos de elementos distintos.

O desenho abaixo representa moléculas inicialmente presentes em um sistema.

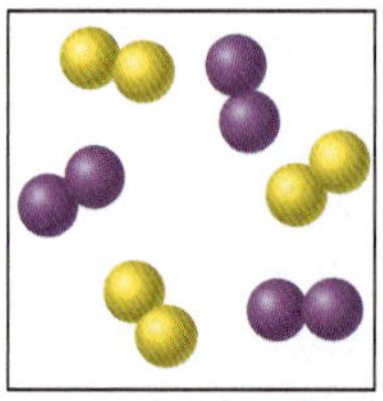

Representação do sistema inicial

Após uma reação química envolvendo essas moléculas, sabe-se que o sistema final corresponde a **um** dos desenhos a seguir. Analise-os e conclua **qual** deles corresponde à situação final do sistema.

Justifique, para **cada um** dos desenhos, por que ele pode ou não representar a situação final.

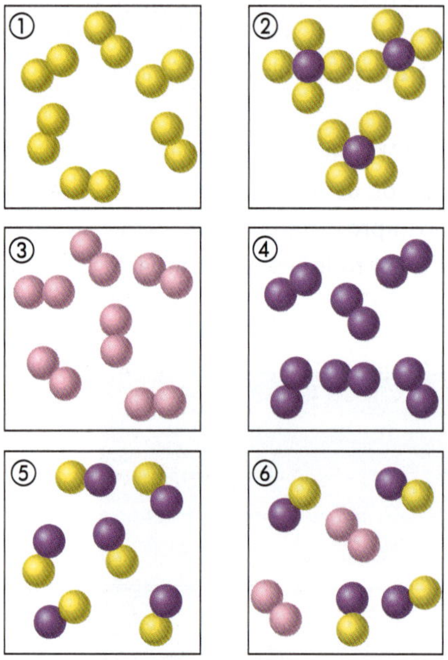

16 O esquema a seguir representa um sistema antes e depois de uma reação química. As esferas cinza indicam átomos de hidrogênio e as verdes, átomos de cloro.

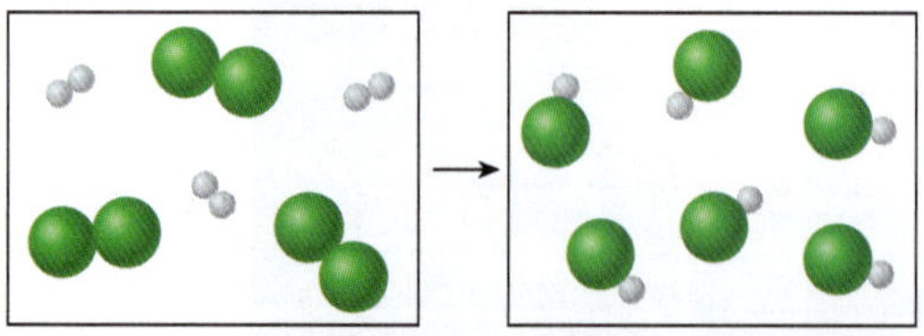

a) Escreva as fórmulas dos reagentes e do produto.

b) Represente a reação que ocorreu por meio de uma equação química. Não se esqueça de balanceá-la.

17 O esquema a seguir representa um sistema antes e depois de uma reação química. As esferas vermelhas indicam átomos de oxigênio e as azuis, átomos de nitrogênio.

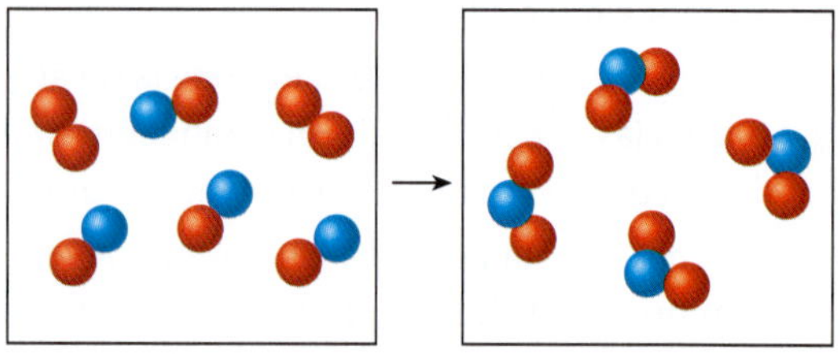

a) Escreva as fórmulas dos reagentes e do produto.

b) Represente a reação que ocorreu por meio de uma equação química. Não se esqueça de balanceá-la.

18 Equações químicas são representações para reações químicas. Como foi visto neste capítulo, todos os átomos presentes nos reagentes devem estar presentes nos produtos.

Verifique se cada uma das seguintes equações químicas está balanceada e, no caso de não estar, faça o balanceamento.

a) $H_2O + CO \rightarrow H_2 + CO_2$

b) $SO_2 + O_2 \rightarrow SO_3$

c) $H_2O_2 \rightarrow H_2O + O_2$

d) $CO + O_2 \rightarrow CO_2$

e) $N_2H_4 + N_2O_4 \rightarrow N_2 + H_2O$

19 Ilustrando os átomos dos elementos químicos por meio de bolinhas coloridas, represente as moléculas dos reagentes e dos produtos de cada uma das reações do exercício anterior, respeitando o seu balanceamento.

20 Algumas das propriedades da substância sacarose, o açúcar de cana, são apresentadas a seguir:

1. É sólida nas condições ambientes.
2. É inodora.
3. Tem sabor doce.
4. É constituída por moléculas.
5. Tem ponto de fusão 185 °C, sendo que se decompõe durante a fusão, originando caramelo e, posteriormente, carvão.
6. Cada uma de suas moléculas é formada por 12 átomos de carbono, 22 de hidrogênio e 11 de oxigênio.
7. É branca.

a) Quais dessas propriedades são **macroscópicas**, isto é, quais estão relacionadas ao nível macroscópico?

b) Quais dessas propriedades são **microscópicas**?

c) Como pode ser **representada** a molécula da sacarose?

MAPA CONCEITUAL DA UNIDADE B

Revise os "conceitos estudados" nesta unidade e decida como podem ser completados os locais em que aparecem os números

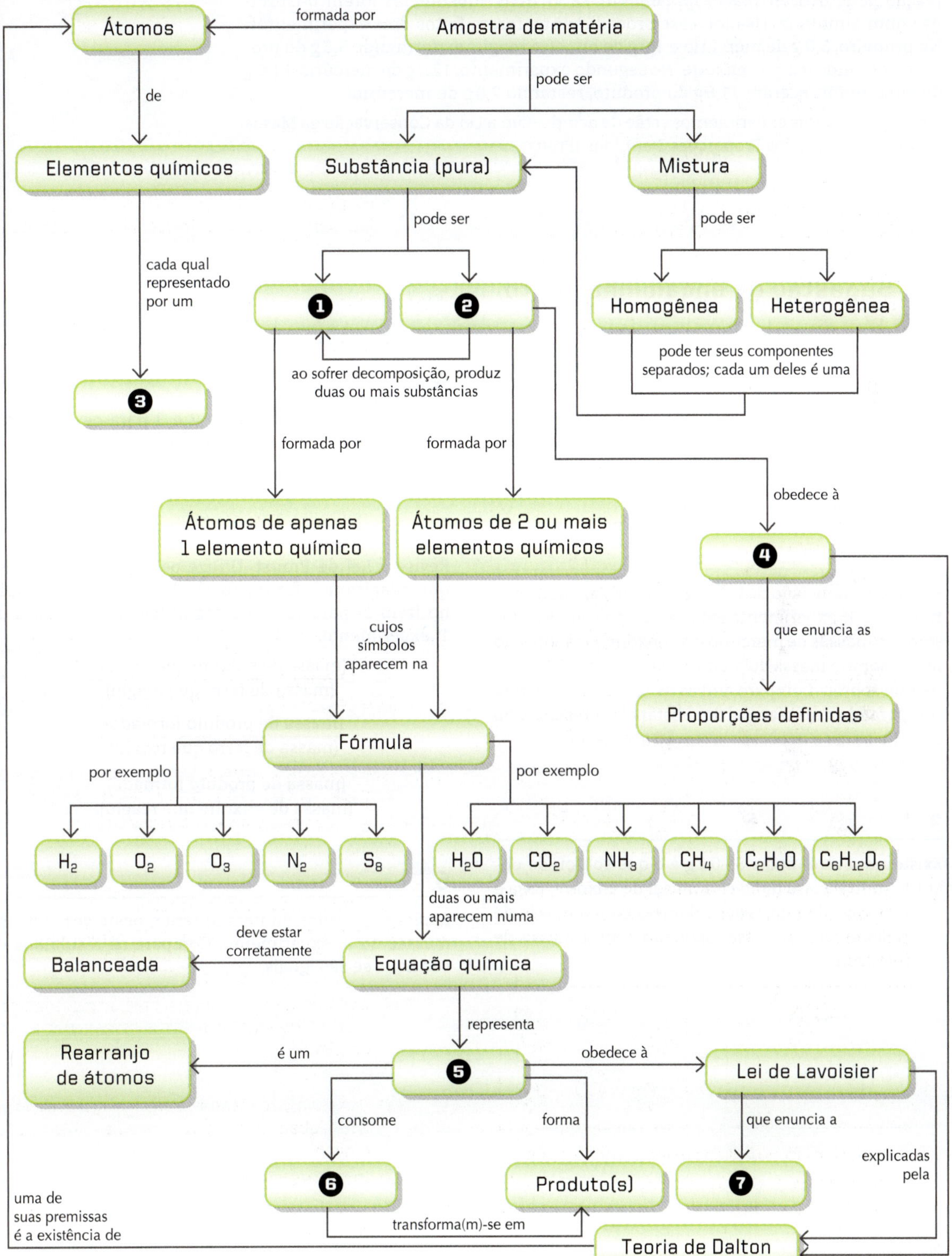

REVISE, RELACIONE E RESOLVA

(Fuvest-SP) Devido à toxicidade do mercúrio, em caso de derramamento desse metal, costuma-se espalhar enxofre no local para removê-lo. Mercúrio e enxofre reagem, gradativamente, formando sulfeto de mercúrio. Para fins de estudo, a reação pode ocorrer mais rapidamente, se as duas substâncias forem misturadas num almofariz. Usando esse procedimento, foram feitos dois experimentos. No primeiro, 5,0 g de mercúrio e 1,0 g de enxofre reagiram, formando 5,8 g do produto, sobrando 0,2 g de enxofre. No segundo experimento, 12,0 g de mercúrio e 1,6 g de enxofre forneceram 11,6 g do produto, restando 2,0 g de mercúrio.

Mostre que os dois experimentos estão de acordo com a Lei da Conservação da Massa (Lavoisier) e a Lei das Proporções Definidas (Proust).

Sugestão de encaminhamento

1

Elabore uma **equação química** da reação mencionada no enunciado usando palavras. Não precisa utilizar fórmulas.

2

Recorde o enunciado da **Lei de Lavoisier**. Para demonstrar que o 1º experimento está de acordo com essa lei, some as massas de mercúrio e de enxofre presentes no início. Some a massa do produto com a massa do enxofre que sobrou. Compare ambas as somas. Você estará comparando a massa total de substâncias presentes no sistema antes e depois de a reação acontecer.

3

Existe um outro modo. Se 0,2 g é o que sobrou de enxofre, subtraia isso da massa inicial de enxofre. Essa é a massa que, de fato, reagiu. Some-a com a massa de mercúrio e compare esse resultado com a massa de produto (sulfeto de mercúrio).

4

Repita a sugestão dos itens 2 e 3 para os dados do 2º experimento com as adaptações necessárias.

5

Revise a **Lei de Proust**. Utilize os dados das massas que reagiram e foram formadas (aquelas usadas no item 3) para fazer os seguintes cálculos para o 1º experimento:

$$\frac{(\text{massa de enxofre que reagiu})_1}{(\text{massa de ferro que reagiu})_1}$$

$$\frac{(\text{massa de produto formado})_1}{(\text{massa de ferro que reagiu})_1}$$

$$\frac{(\text{massa de produto formado})_1}{(\text{massa de enxofre que reagiu})_1}$$

6

Repita os cálculos do item anterior, desta vez com as massas do 2º experimento. Compare os resultados e verifique se são iguais.

Conteúdo digital Moderna PLUS http://www.modernaplus.com.br
Atividade de revisão

Capítulo 7

Modelo atômico de Rutherford

Os tubos de raios catódicos são um importante instrumento na pesquisa científica. No final do século XIX e no início do século XX, esses equipamentos foram de vital importância no avanço do conhecimento sobre a estrutura da matéria. Atualmente, os tubos catódicos também são utilizados em televisores e luminosos de neônio, por exemplo.

Evidências científicas conduziram aos modelos atômicos de Thomson e de Rutherford, mais aprimorados que o de Dalton.

7.1 A natureza elétrica da matéria

Modelo científico é uma concepção criada a partir de evidências científicas.
Os raios catódicos foram descobertos em experimentos de descargas elétricas em gases a baixa pressão.

7.2 O elétron e o próton

Os raios catódicos são fluxos de partículas subatômicas negativas chamadas elétrons.
O modelo atômico de Thomson surgiu do reconhecimento da natureza elétrica da matéria e da comprovação de que o átomo não é indivisível.
O próton é uma partícula subatômica positiva de massa 1.836 vezes maior que o elétron.

7.3 Modelo atômico de Rutherford

O modelo atômico de Rutherford decorreu do resultado do experimento sobre a dispersão de partículas alfa. Nesse modelo, o átomo tem mais espaço vazio do que preenchido.

Seção 7.1

A natureza elétrica da matéria

Objetivos

- Comprender o que é, no contexto científico, um modelo.
- Saber que as cargas elétricas podem ser positivas ou negativas.
- Prever, conhecendo o sinal de duas cargas, se a força elétrica entre elas é atrativa ou repulsiva.
- Reconhecer que a matéria possui natureza elétrica.
- Explicar o que são raios catódicos.

Termos e conceitos

- teoria
- modelo
- atritar
- carga elétrica
- raios catódicos

Antes de continuar a leitura deste capítulo, é recomendável reler o texto sobre método científico, na página 22.

1 Modelo científico

Em Química, a ideia de **modelo** é muito importante. Modelo, de um modo bem simples, consiste na maneira como imaginamos que seja algo a que não temos acesso direto.

Se vamos comprar um melão ou uma melancia, por exemplo, não podemos abrir todas as frutas para saber qual está melhor. Observando o aspecto externo de uma fruta, apalpando-lhe e dando-lhe batidinhas, é possível escolher uma que esteja em boas condições (desde que tenhamos, obviamente, um pouco de experiência na compra). Ao proceder dessa maneira, estamos criando um modelo, imaginando em que condições está o interior de uma fruta sem tê-lo visto.

De forma análoga, os químicos dispõem, desde o início do século XIX, de evidências sobre a existência de átomos. O modelo atômico de Dalton, que estudamos anteriormente, foi muito útil no desenvolvimento da Química.

No entanto, à medida que novas evidências surgem, teorias e modelos têm, muitas vezes, de ser aperfeiçoados ou substituídos por outros. E foi isso que aconteceu com a Teoria de Dalton e seu modelo.

Escolher uma boa melancia sem ver seu interior pode ser grosseiramente comparado a investigar a estrutura dos átomos. Em ambos os casos, está envolvida a ideia de **modelo**.

2 Cargas elétricas, atração e repulsão

Atritando um bastão de vidro em um pedaço de lã, pendurando esse bastão com o auxílio de um barbante e, logo após, aproximando dele o pedaço de lã, notaremos que ambos se atraem. Porém, se em seguida friccionarmos outro bastão de vidro em outro pedaço de lã e aproximarmos esse bastão daquele que está suspenso, notaremos que ambos se repelem.

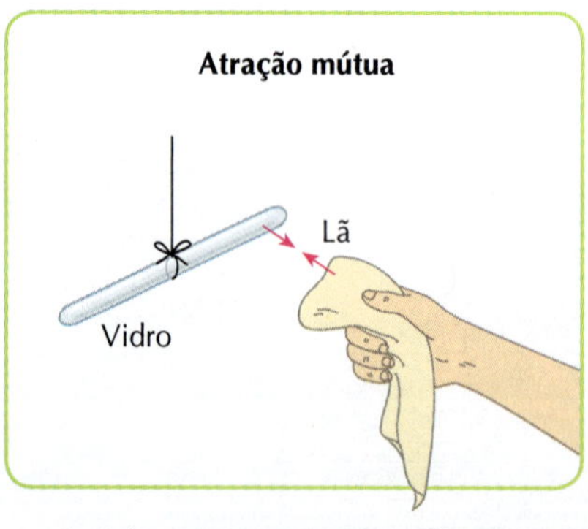

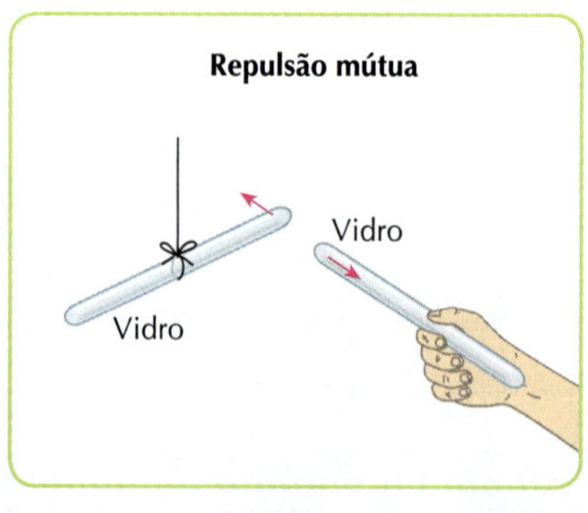

As observações relatadas acima demonstram a ocorrência de fenômenos elétricos. Para justificar tal ocorrência, os cientistas consideram que, ao atritarmos ambos os materiais (lã e vidro), o bastão de vidro passa a ser portador de **carga elétrica positiva** (por uma convenção), e a lã, portadora de **carga elétrica negativa** (também por uma convenção).

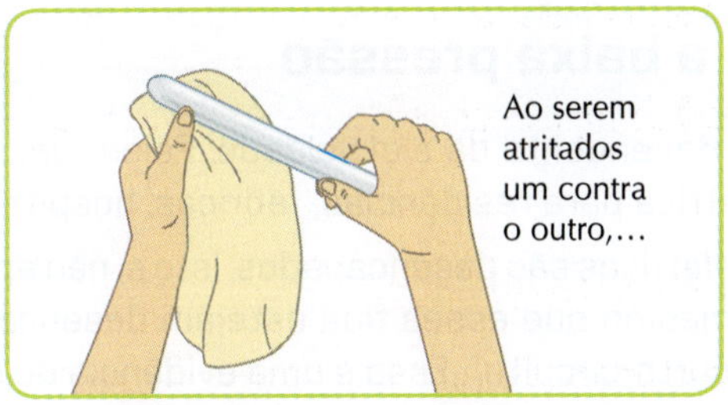

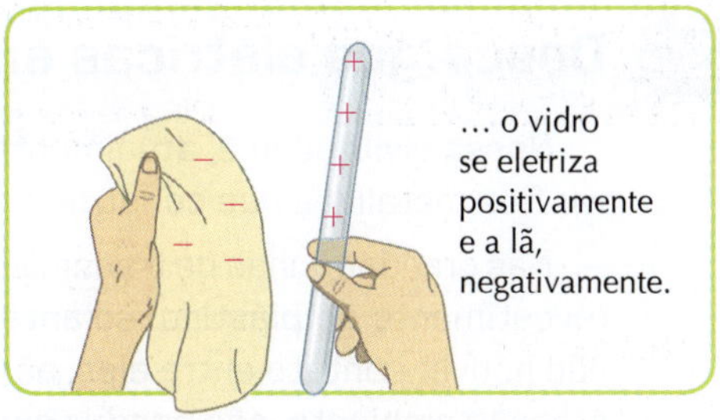

Muitos materiais, quando atritados em outros, ficam eletrizados, ou seja, adquirem carga elétrica. Por meio de experiências de eletrização, semelhantes à descrita, os cientistas concluíram que:

Cargas elétricas de **sinais diferentes** se **atraem**.

Cargas elétricas de **sinais iguais** se **repelem**.

Essas conclusões estão de acordo com o fato de a lã e o vidro, eletrizados com cargas de diferentes sinais, se atraírem, e os dois bastões de vidro, eletrizados com cargas de mesmo sinal, se repelirem (veja os desenhos abaixo).

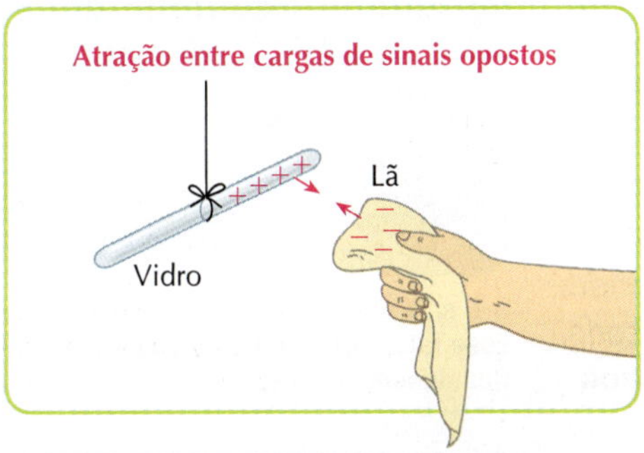

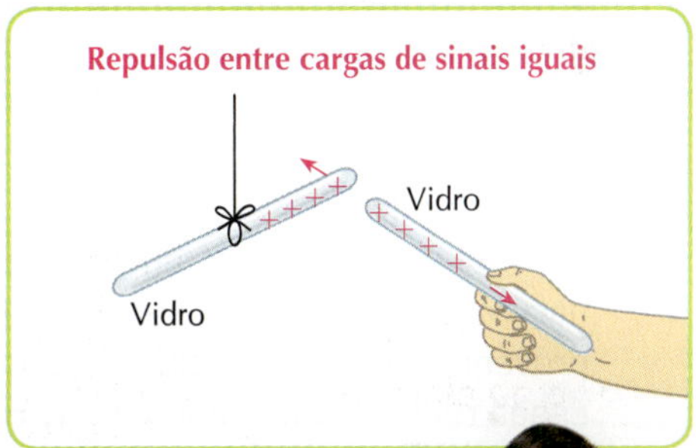

Essa experiência ilustra que a matéria (no caso o vidro e a lã) toma parte em fenômenos elétricos, ou seja, **a matéria possui uma natureza elétrica**.

O funcionamento das máquinas fotocopiadoras, embora complexo, baseia-se no fato de cargas de sinais opostos se atraírem.

Outras evidências da natureza elétrica da matéria são as seguintes:

- Se atritarmos um bastão de vidro num pedaço de lã e o aproximarmos de pequenos pedaços de papel, veremos que estes serão atraídos pelo bastão.

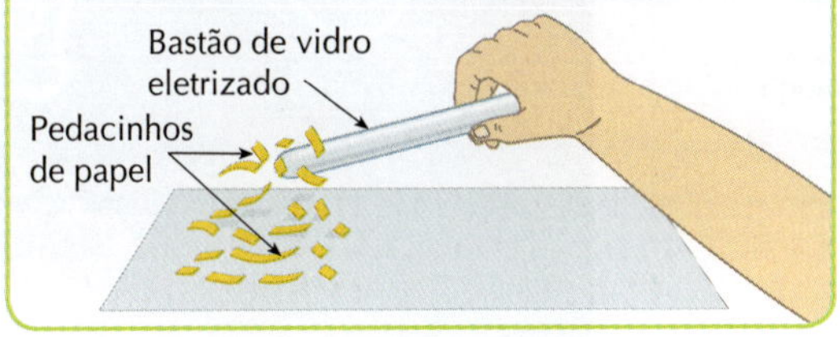

- Se friccionarmos um bastão de vidro em um pedaço de lã e o aproximarmos de um pequeno fio de água corrente, notaremos que este será desviado na direção do bastão.

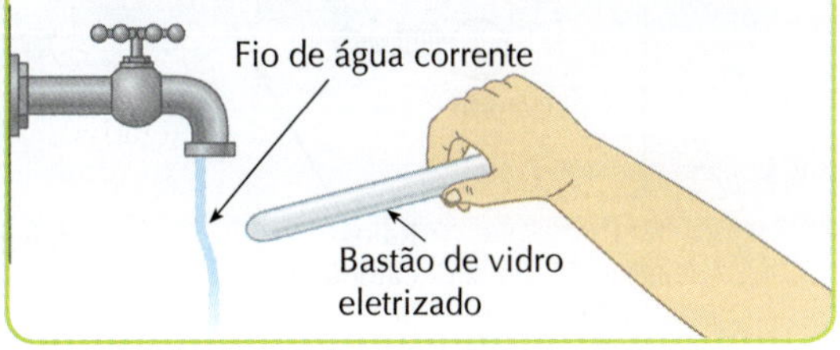

Note que, usando o modelo atômico de Dalton, não é possível explicar a ocorrência de nenhum desses fenômenos elétricos. Assim, devido a evidências obtidas em experiências como as que descrevemos e em outras mais complexas, surgiu, no final do século XIX e no início do século XX, a necessidade de um modelo atômico mais adequado, que levasse em conta a natureza elétrica da matéria.

3 Descargas elétricas em gases a baixa pressão

Nossa civilização é, atualmente, bastante dependente da eletricidade. Pelas ruas, podemos ver fios metálicos que conduzem corrente elétrica para residências, fábricas, hospitais etc.

Nas grandes linhas de transmissão, os fios elétricos são desencapados, isto é, não apresentam revestimento de plástico isolante. Contudo, mesmo que esses fios estejam desencapados, se não houver contato entre eles, não ocorrerá "curto-circuito". Essa é uma evidência de que o ar, à pressão ambiente, não conduz corrente elétrica, ou seja, é um isolante elétrico.

Gases de modo geral não conduzem corrente elétrica quando à pressão ambiente. No entanto, no século XIX, os trabalhos de Henrich Geissler (1859), Johann Hittorf (1869) e William Crookes (1879) mostraram experimentalmente que, quando submetidos a baixas pressões, os gases podem tornar-se condutores elétricos.

Para chegar a essa conclusão, eles utilizaram o chamado *tubo de raios catódicos*, isto é, uma ampola de vidro ligada a uma bomba de vácuo que visa diminuir a pressão interna. Nas duas pontas do tubo, há extremidades metálicas (chamadas de *eletrodos*) ligadas a uma bateria. Quando a pressão interna chega a cerca de um décimo da pressão ambiente, observa-se que o gás entre os eletrodos passa a emitir uma luminosidade. Quando a pressão diminui ainda mais (cerca de cem mil vezes menor que a pressão ambiente), a luminosidade desaparece, restando apenas uma mancha luminosa atrás do polo positivo.

Os cientistas atribuíram essa mancha a raios (de natureza desconhecida, naquela época) que seriam provenientes do polo negativo, chamado de *cátodo*. Esses raios foram denominados **raios catódicos**.

O ar, à pressão ambiente, é um isolante elétrico. Esse fato não permite curto-circuito entre esses fios desencapados.

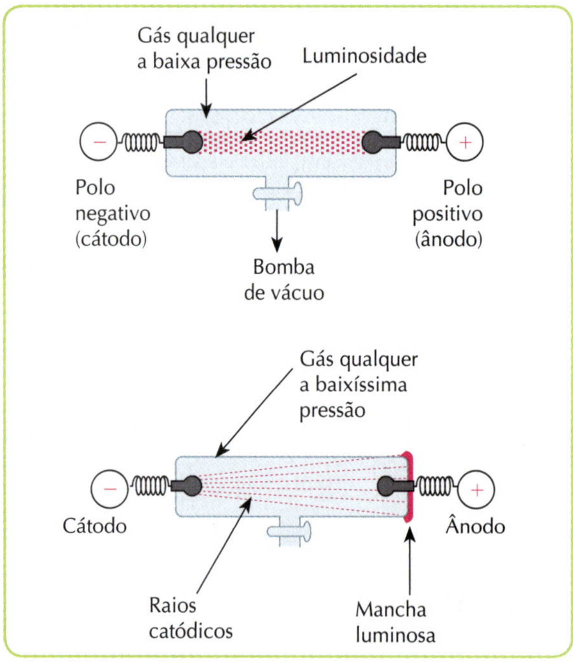

Esquemas de tubos de raios catódicos.

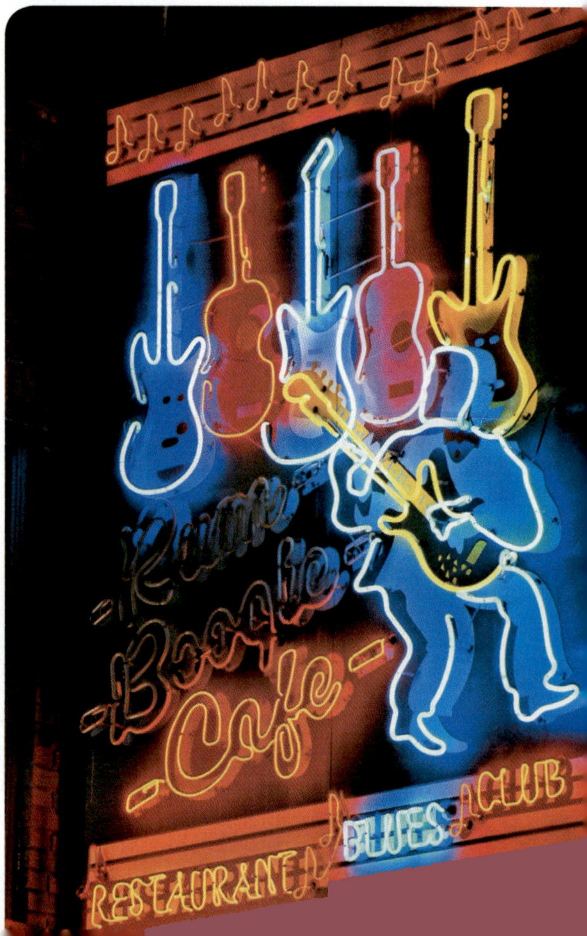

Os luminosos de neônio são tubos de raios catódicos que contêm gás neônio. Luminosos também podem ser feitos com alguns outros gases, como o argônio.

O elétron e o próton

Objetivos

- Saber o que é elétron e qual sua relação com os raios catódicos.
- Perceber que o átomo não é indivisível.
- Descrever o modelo atômico de Thomson.
- Enumerar duas importantes inovações do modelo de Thomson em relação ao de Dalton: o átomo não ser indivisível e apresentar natureza elétrica.
- Saber o que é próton.
- Relacionar próton e elétron, quanto à massa e quanto à carga.

Termos e conceitos

- subatômica
- elétron
- próton

1 Descoberta do elétron

O cientista inglês Joseph John Thomson, elaborando melhor as experiências feitas com o tubo de raios catódicos, foi capaz de concluir, em 1897, que os raios catódicos são, na verdade, constituídos pelo fluxo de partículas menores que o átomo e dotadas de carga elétrica negativa. Estava descoberta a partícula que chamamos de **elétron**.

> Elétron é uma partícula subatômica dotada de carga elétrica negativa.

Após essa descoberta, estava provado que um átomo não é indivisível como imaginavam os filósofos gregos ou como sugeria o modelo de Dalton.

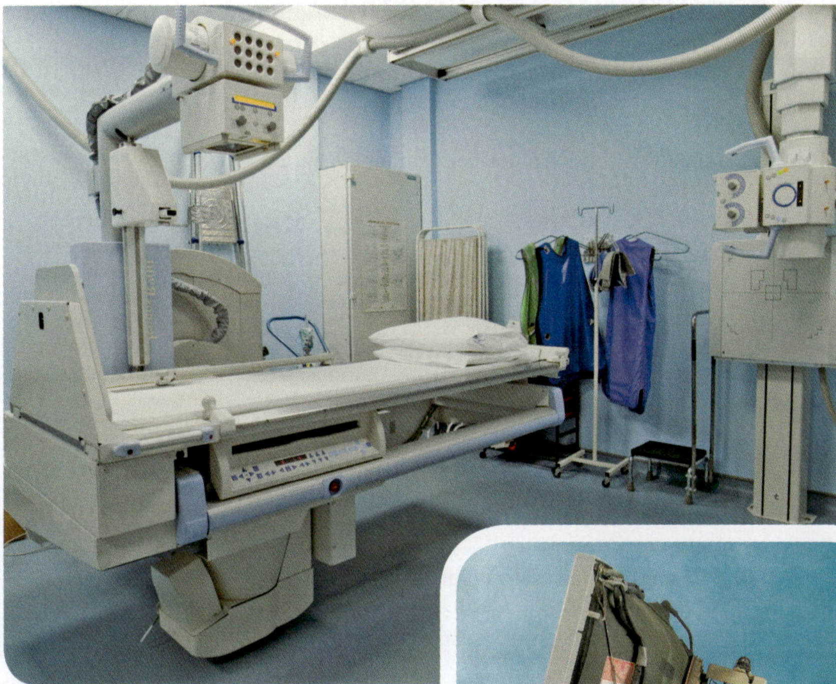

O tubo de imagem de televisores e de monitores de computador convencionais (ao lado) bem como a máquina para exames com raios X (acima) são avanços tecnológicos que decorreram das pesquisas com tubos de raios catódicos.

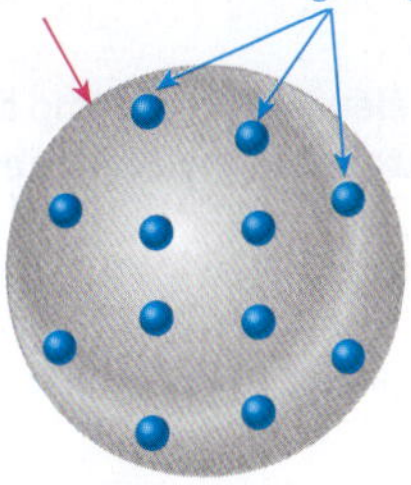

Representação do modelo atômico de Thomson. (Cores fantasiosas.)

2 O modelo atômico de Thomson

Havia a necessidade de um novo modelo, e foi J. J. Thomson quem o propôs. O átomo, segundo ele, deveria ser formado por uma esfera de carga elétrica positiva, possuindo, em sua superfície, elétrons incrustados. Assim, a carga elétrica total de um átomo seria nula, pois a carga negativa dos elétrons compensaria a carga positiva da esfera que os contém. Esse modelo é chamado por alguns de "modelo do pudim de passas".

3 Descoberta do próton

Joseph John Thomson (1856-1940), Prêmio Nobel em 1906.

Modificações no tubo de raios catódicos, feitas pelo cientista alemão Eugene Goldstein, conduziram à descoberta de outra partícula subatômica, 1.836 vezes mais pesada que o elétron e dotada de carga elétrica igual à dele, mas com sinal positivo. Para essa nova partícula, foi proposto o nome **próton**.

> Próton é uma partícula subatômica dotada de carga elétrica positiva e de massa 1.836 vezes maior que a do elétron.

Assim, ao final do século XIX, com a descoberta do próton e do elétron, já estava comprovado que o átomo não é indivisível e que mesmo o modelo de Thomson era incompleto, uma vez que não levava em conta a existência dos prótons. Um novo modelo se fazia necessário.

EXERCÍCIOS ESSENCIAIS

1 Ao atritar um pedaço de lã e um bastão de vidro:

a) ambos ficam eletrizados com cargas de mesmo sinal.
b) ambos ficam eletrizados com cargas de sinais opostos.
c) só a lã fica eletrizada.
d) só o vidro fica eletrizado.
e) nenhum fica eletrizado.

2 Ao atritar um pedaço de lã e um bastão de vidro, eles passam a se atrair mutuamente. Como isso é explicado pelos cientistas?

3 Diga quais das afirmações a seguir são verdadeiras e quais são falsas.

I. Cargas elétricas de sinais iguais se repelem mutuamente.
II. O ar atmosférico, nas condições ambientes, é condutor de corrente elétrica.
III. Gases a baixas pressões são condutores de corrente elétrica.
IV. Dentro de um tubo de raios catódicos, o gás conduz corrente elétrica.
V. O elétron foi descoberto por meio de experiências utilizando tubos de raios catódicos.

4 (UFPA) A realização de experiências com descargas elétricas em tubo de vidro fechado, contendo gás a baixa pressão, produz os raios catódicos. Esses raios são constituídos por um feixe de:

a) nêutrons.
b) partículas α (alfa).
c) raios X.
d) prótons.
e) elétrons.

EXERCÍCIO RESOLVIDO

5 O modelo de Thomson é o primeiro na história da Química a levar em consideração aspectos elétricos. Como é o átomo na concepção desse modelo?

Resolução
No modelo de Thomson, o átomo é considerado como uma esfera de carga elétrica positiva na qual há elétrons incrustados. A carga elétrica negativa dos elétrons é contrabalançada pela carga positiva da esfera em que eles estão e, assim, a carga total do átomo é nula.

6 (PUC-RS) O átomo, na visão de Thomson, é constituído de:

a) níveis e subníveis de energia.
b) cargas positivas e negativas.
c) núcleo e eletrosfera.
d) grandes espaços vazios.
e) orbitais.

7 O modelo de Thomson propôs que o átomo seria formado por uma esfera de carga ■, contendo ■ incrustados, possuidores de carga elétrica ■.
A alternativa que completa corretamente a frase é:

a) neutra/prótons e elétrons/positiva e negativa.
b) positiva/prótons/positiva.
c) negativa/elétrons/negativa.
d) positiva/elétrons/negativa.

8 Próton e elétron possuem:

a) massas iguais e cargas elétricas de mesmo sinal.
b) massas diferentes e cargas elétricas de mesmo sinal.
c) massas diferentes e cargas elétricas de sinais opostos.
d) massas iguais e cargas elétricas de sinais opostos.

Conteúdo digital Moderna PLUS http://www.modernaplus.com.br
Exercícios adicionais

Seção 7.3

Modelo atômico de Rutherford

Objetivos

- Analisar os resultados do experimento sobre dispersão de partículas alfa feito por Rutherford.
- Relacionar esses resultados com o modelo atômico de Rutherford.

Termos e conceitos

- partícula alfa
- núcleo
- eletrosfera

1 Experiência sobre espalhamento de partículas alfa

Ernest Rutherford, cientista nascido na Nova Zelândia, realizou em 1911 um experimento que conseguiu descartar de vez o modelo atômico de esfera rígida.

O raciocínio de Rutherford foi extremamente simples. Imagine que alguém atirasse com uma metralhadora em um caixote de madeira fechado cujo conteúdo fosse desconhecido. Se as balas ricocheteassem, não atravessando o caixote, concluiríamos que dentro dele deveria haver algum material como concreto ou ferro maciço. Mas, se as balas o atravessassem, chegaríamos à conclusão de que ele deveria estar vazio ou então conter materiais pouco densos, como isopor, serragem ou similares.

Porém, se parte das balas passasse e parte ricocheteasse, concluiríamos que materiais dos dois tipos deveriam estar presentes dentro do caixote. Quanto mais balas o atravessassem, menos material pesado deveria existir em seu interior.

É óbvio que, para descobrir o que há dentro de um caixote, seria mais sensato abri-lo em vez de atirar nele. Com o átomo, porém, não acontece o mesmo, já que não é possível enxergá-lo. Nesse caso, faz sentido "atirar" nele para tentar descobrir algo sobre sua estrutura interna.

Rutherford atirou numa *finíssima* folha de ouro, cuja espessura se estima em torno de trezentos ou trezentos e cinquenta átomos. Esses átomos enfileirados correspondem a cerca de 0,00001 cm! A "metralhadora" usada por ele lançava pequenas partículas portadoras de carga elétrica positiva, chamadas de partículas alfa (α). Essas partículas são emitidas por certos elementos radioativos, como o polônio.

Para saber se essas "balas" atravessavam ou eram desviadas, ele usou uma tela feita com um material apropriado (fluorescente) que emite uma luminosidade instantânea quando atingida por uma partícula alfa.

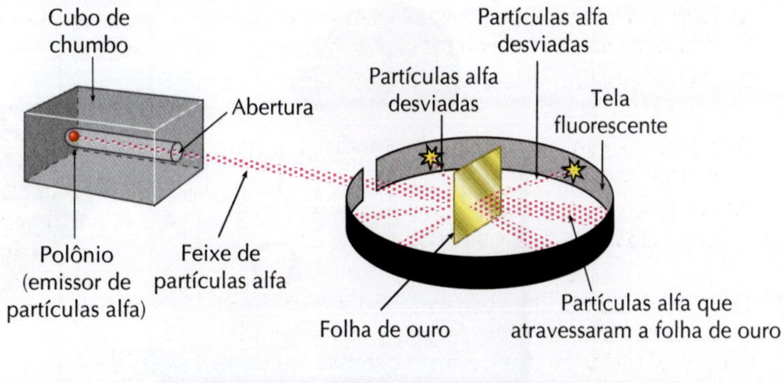

Esquema do experimento feito por Rutherford em cores fantasiosas.

Ernest Rutherford (1871-1937), Prêmio Nobel em 1908.

A experiência mostrou que a grande maioria das partículas alfa atravessava a folha. Apenas algumas poucas eram desviadas. Assim, os átomos não poderiam ser maciços, pois parte das partículas alfa conseguiu atravessá-los.

Conteúdo digital Moderna PLUS http://www.modernaplus.com.br
Animação: *Experiência de Rutherford*

2 Características do átomo no modelo de Rutherford

Os resultados da experiência sobre espalhamento de partículas alfa permitiram a Rutherford concluir que:

- o átomo não é maciço, apresentando mais espaço vazio do que preenchido;
- a maior parte da massa do átomo se encontra em uma pequena região central (que chamaremos de **núcleo**) dotada de carga positiva, onde estão os prótons;
- na região ao redor do núcleo (que chamaremos de **eletrosfera**) estão os elétrons, muito mais leves (1.836 vezes) que os prótons;
- a contagem do número de partículas que atravessavam e que eram desviadas, repelidas pela carga positiva do núcleo, permitiu fazer uma estimativa de que o raio de um átomo de ouro (núcleo e eletrosfera) é cerca de dez mil a cem mil vezes maior que o raio do núcleo.

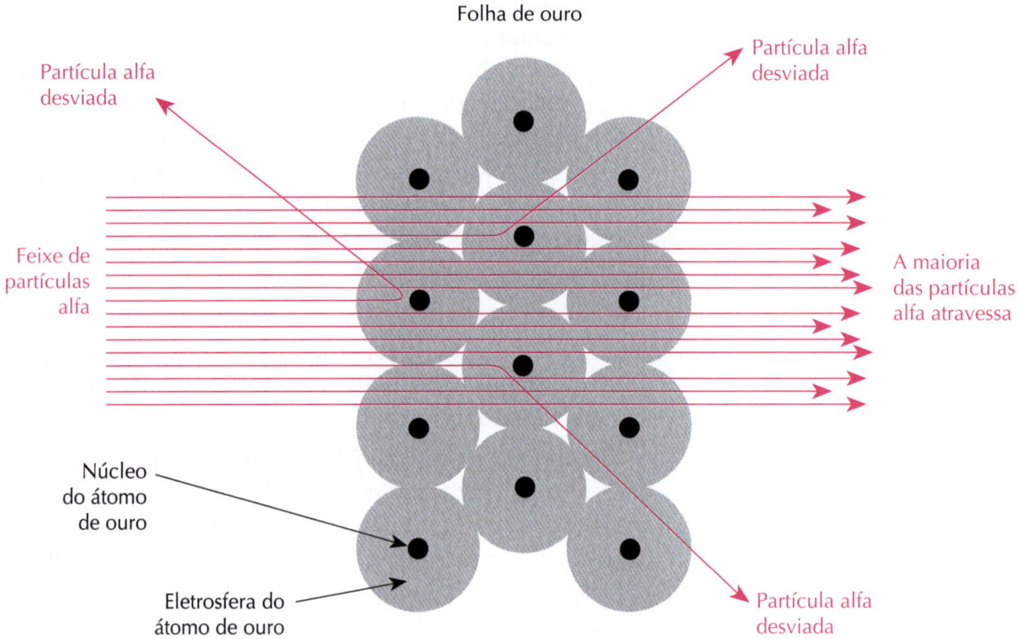

Representação esquemática da folha de ouro usada na experiência de Rutherford. Algumas partículas alfa se desviam, mas a grande maioria atravessa a folha, evidenciando que os átomos não são maciços. (Cores fantasiosas, fora de proporção.)

Os átomos em geral apresentam um raio dez mil vezes maior que seus núcleos. Assim, se o núcleo de um átomo fosse do mesmo diâmetro dessa moeda, os elétrons mais afastados poderiam estar a cerca de 200 m de distância!

Os metais podem ser transformados, por martelamento, em finíssimas folhas. O ouro é o metal que permite obter as folhas mais finas, como a que foi usada por Rutherford em seu experimento. Na foto, uma folha de ouro.

Conteúdo digital Moderna PLUS http://www.modernaplus.com.br
Texto: *Uma comparação ilustrativa*, relacionando dimensões atômicas com dimensões macroscópicas

EXERCÍCIOS ESSENCIAIS

EXERCÍCIOS RESOLVIDOS

9 Compare próton e elétron no que diz respeito a:

a) massa de cada um;

b) carga elétrica de cada um;

c) sua "localização" no átomo.

Resolução

a) A massa do elétron é 1.836 vezes menor que a do próton.

b) A carga elétrica do elétron e a do próton **são iguais em módulo** (isto é, quando consideramos o valor como positivo, ignorando assim um sinal de negativo eventualmente presente). Quanto aos sinais, a carga elétrica do próton é positiva e a do elétron é negativa.

c) Prótons se "localizam" no núcleo do átomo, e elétrons, na eletrosfera.

10 A experiência de Rutherford permitiu evidenciar que o modelo de Thomson estava correto? Comente.

Resolução

Não. A experiência de Rutherford evidenciou que o modelo de Thomson estava incorreto, pois o resultado indicou que o átomo apresenta mais espaço vazio do que preenchido.

11 Baseado em que fato Rutherford concluiu que a maior parte do átomo é vazia? Explique.

Resolução

Baseado no resultado do experimento sobre dispersão das partículas alfa, já que a grande maioria das partículas alfa "atiradas" contra a folha de ouro a atravessou em vez de bater nela e voltar.

12 A experiência de Rutherford permitiu:

a) evidenciar que o modelo de Thomson estava correto.

b) a descoberta do elétron.

c) a descoberta do próton.

d) evidenciar que a maior parte do átomo é vazia.

13 (UCB-DF) Rutherford, ao fazer incidir partículas radioativas em lâmina metálica de ouro, observou que a maioria das partículas atravessava a lâmina, algumas desviavam e poucas refletiam. Assinale, dentre as afirmações a seguir, aquela que não reflete as conclusões de Rutherford sobre o átomo.

a) Os átomos são esferas maciças e indestrutíveis.

b) No átomo, há grandes espaços vazios.

c) No centro do átomo, existe um núcleo pequeno e denso.

d) O núcleo do átomo tem carga positiva.

e) Os elétrons giram ao redor do núcleo para equilibrar a carga positiva.

14 (UEMG) O modelo de átomo conhecido como **modelo de Rutherford** foi idealizado a partir de experiências realizadas em 1909. Várias conclusões foram tiradas a partir dessas experiências, EXCETO:

a) O átomo apresenta, predominantemente, espaços vazios.

b) O núcleo é a região mais densa do átomo.

c) O núcleo atômico apresenta carga elétrica positiva.

d) O núcleo é praticamente do tamanho do átomo todo.

15 (PUC-SP) Uma importante contribuição do modelo de Rutherford foi considerar o átomo constituído de:

a) elétrons mergulhados numa massa homogênea de carga positiva.

b) uma estrutura altamente compactada de prótons e elétrons.

c) um núcleo de massa desprezível comparada com a massa do elétron.

d) uma região central com carga negativa chamada núcleo.

e) um núcleo muito pequeno de carga positiva, cercado por elétrons.

16 (PUC-SP) O raio do núcleo é menor que o raio do próprio átomo aproximadamente:

a) 10^2 vezes.

b) 10^4 vezes.

c) 10^8 vezes.

d) 10^{10} vezes.

e) 10^{23} vezes.

17 Considere os modelos atômicos de:

I. Dalton;

II. Thomson;

III. Rutherford.

a) Qual deles foi proposto baseado nos resultados da medida da massa dos participantes de reações químicas?

b) Qual introduziu a natureza elétrica da matéria?

c) Qual apresenta a matéria como sendo descontínua?

d) Qual é o mais recente?

18 (Faap-SP) Admitem a natureza elétrica da matéria os modelos atômicos de:

a) Boyle e Dalton.

b) Dalton e Thomson.

c) Dalton e Rutherford.

d) Thomson e Rutherford.

19 (UnB-DF) Julgue se a afirmação é certa ou errada:

"No modelo de Rutherford, a maior parte da massa do átomo se concentrava na eletrosfera, onde os elétrons giravam em órbitas ao redor do núcleo, em um modelo similar ao planetário."

20 (UFMG) Na experiência de espalhamento de partículas alfa, conhecida como "experiência de Rutherford", um feixe de partículas alfa foi dirigido contra uma lâmina finíssima de ouro, e os experimentadores (Geiger e Marsden) observaram que um grande número dessas partículas atravessava a lâmina sem sofrer desvios, mas que um pequeno número sofria desvios muito acentuados. Esse resultado levou Rutherford a modificar o modelo atômico de Thomson, propondo a existência de um núcleo de carga positiva, de tamanho reduzido e com, praticamente, toda a massa do átomo.

Assinale a alternativa que apresenta o resultado que era previsto para o experimento de acordo com o modelo de Thomson.

a) A maioria das partículas atravessaria a lâmina de ouro sem sofrer desvios e um pequeno número sofreria desvios muito pequenos.

b) A maioria das partículas sofreria grandes desvios ao atravessar a lâmina.

c) A totalidade das partículas atravessaria a lâmina de ouro sem sofrer nenhum desvio.

d) A totalidade das partículas ricochetearia ao se chocar contra a lâmina de ouro, sem conseguir atravessá-la.

Comentário dos autores:

Você leu atentamente o último parágrafo do enunciado?

21 (UFPE) Ao longo da história da ciência, diversos modelos atômicos foram propostos até chegarmos ao modelo atual. Com relação ao modelo atômico de Rutherford, podemos afirmar que [julgue os itens como verdadeiros ou falsos]:

0) foi baseado em experimentos com eletrólise de soluções de sais de ouro.

1) é um modelo nuclear que mostra o fato de a matéria ter sua massa concentrada em um pequeno núcleo.

2) é um modelo que apresenta a matéria como sendo constituída por elétrons (partículas de carga negativa) em contato direto com prótons (partículas de carga positiva).

3) não dá qualquer informação sobre a existência de nêutrons.

4) foi deduzido a partir de experimentos de bombardeio de finas lâminas de um metal por partículas α.

22 (UFSC) Rutherford bombardeou uma fina lâmina de ouro (0,0001 mm de espessura) com partículas "alfa", emitidas pelo Polônio (Po) contido no interior de um bloco de chumbo (Pb), provido de uma abertura estreita, para dar passagem às partículas α por ele emitidas.

Envolvendo a lâmina de ouro (Au), foi colocada uma tela protetora revestida de sulfeto de zinco.

Observando as cintilações na tela revestida de sulfeto de zinco, Rutherford verificou que muitas partículas α atravessavam a lâmina de ouro sem sofrerem desvio (x), e que poucas partículas α sofriam desvio (y).

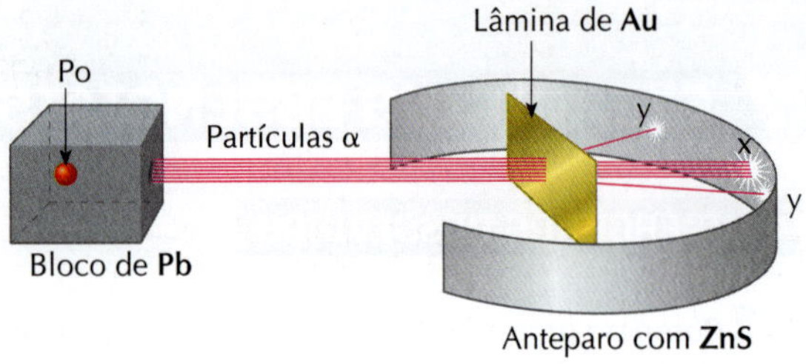

Indique a(s) proposição(ões) **CORRETA(S)**.

1) Partículas α possuem carga elétrica negativa.

2) O tamanho do átomo é cerca de 10.000 a 100.000 vezes maior que o seu núcleo.

3) Partículas α sofrem desvio ao colidirem com o núcleo dos átomos de Au.

4) Partículas α sofrem desvio ao colidirem com elétrons nas eletrosferas dos átomos de Au.

23 (ESPM-SP) O átomo de Rutherford (1911) foi comparado ao sistema planetário:

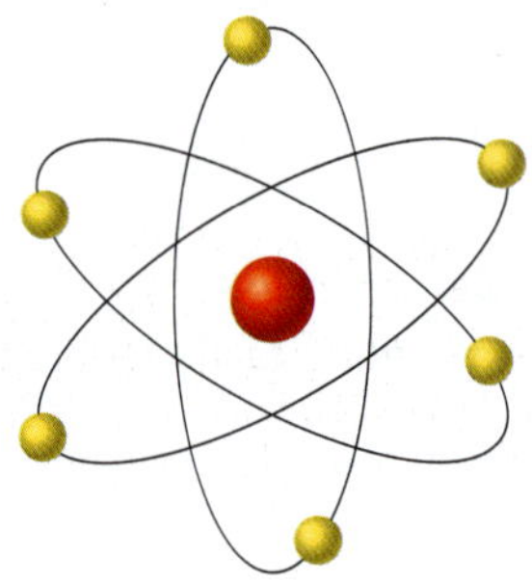

Núcleo — Sol
Eletrosfera — Planetas

Eletrosfera é a região do átomo que:

a) contém as partículas de carga elétrica negativa.

b) contém as partículas de carga elétrica positiva.

c) contém nêutrons.

d) concentra praticamente toda a massa do átomo.

e) contém prótons e nêutrons.

24 (FUA-AM) Com relação à experiência de Rutherford, é **errado** afirmar:

a) que algumas partículas alfa retrocediam ao se chocar contra a película de metal.

b) que o núcleo do átomo deveria ser muito pesado.

c) que há grandes espaços vazios no átomo.

d) que ocorriam desvios de partículas alfa ao atravessarem películas metálicas.

e) que o átomo possuía uma nuvem densa de elétrons.

25 (UFRGS-RS) O modelo atômico que suscitou a ideia de átomo com estrutura elétrica foi o:

a) de Dalton.

b) do átomo planetário de Rutherford.

c) de Bohr.

d) da mecânica ondulatória.

e) de Thomson.

Capítulo 8

Átomos neutros e íons

Átomos de cerca de vinte elementos químicos tomam parte na composição do corpo humano. Entre eles, os principais são O, C, H, N, Ca, P, S, K, Na, Cℓ, Mg e Fe. Neste capítulo, estudaremos a conceituação atual de **elemento químico**.

Átomos apresentam prótons, elétrons e, à exceção do isótopo mais leve do hidrogênio, nêutrons. O número de prótons define a que elemento químico pertence o átomo.

Modelo atômico com núcleo e eletrosfera

Objetivos

▸ Comparar, quanto à massa e à carga, próton, elétron e nêutron.

▸ Descrever como é basicamente a estrutura de um átomo.

Termos e conceitos

- elétron
- próton
- nêutron

A partir da experiência sobre espalhamento das partículas alfa, Ernest Rutherford propôs seu modelo atômico, que ficou também conhecido como "modelo planetário", uma vez que nele o átomo se assemelha ao Sistema Solar, com os elétrons girando em torno do núcleo como os planetas ao redor do Sol.

Em 1932, o inglês James Chadwick descobriu uma outra partícula subatômica de massa muito próxima à do próton, porém sem carga elétrica. Essa partícula, que passou a ser chamada de **nêutron**, localiza-se no núcleo do átomo, juntamente com os prótons.

James Chadwick, Prêmio Nobel de 1935.

Nêutron é uma partícula subatômica sem carga elétrica e de massa praticamente igual à do próton.

Partícula	Massa relativa	Carga relativa
Nêutron	1	0
Próton	1	+1
Elétron	$\frac{1}{1.836}$	−1

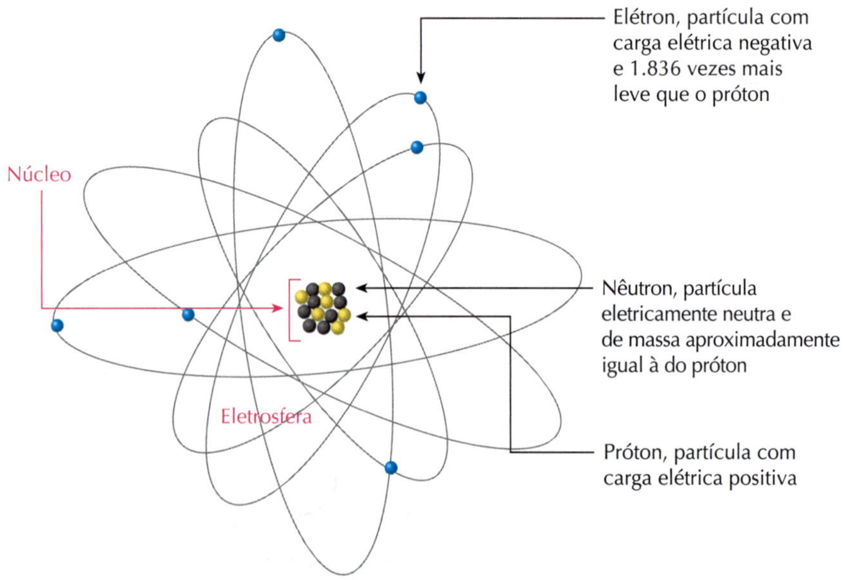

Ilustração esquemática de um átomo, no qual a maior parte é espaço vazio. Esquema **fora de proporção**, pois o diâmetro da eletrosfera é milhares de vezes maior que o do núcleo. O núcleo está aqui representado ampliado cerca de 720 bilhões de vezes, e a eletrosfera, cerca de 215 milhões de vezes. Um átomo apresenta, como mostrou Rutherford, muito mais espaço vazio que preenchido. (Cores fantasiosas.)

Seção 8.2

Número atômico, número de massa e elemento químico

Objetivos

- Comparar os conceitos de número atômico e número de massa.
- Reconhecer Z e A na representação de um átomo.
- Indicar corretamente Z e A ao representar um átomo.
- Calcular os números de prótons, nêutrons e elétrons de um átomo.
- Utilizar corretamente o conceito de elemento químico.
- Distinguir a definição atual de elemento químico daquela proposta por Boyle.
- Consultar números atômicos na tabela periódica.

Termos e conceitos

- número atômico
- número de massa
- transformação química
- elemento químico

1 Número atômico e número de massa

No estudo da Química, são de fundamental importância as definições:

Número atômico (Z) é o número de prótons presentes no núcleo de um átomo.

Número de massa (A) é a soma do número de prótons (Z) e de nêutrons (N) presentes no núcleo de um átomo.

O número de massa pode ser expresso matematicamente da seguinte maneira:

$$A = Z + N$$

Ao representar um átomo, os químicos convencionaram escrever o número atômico na parte inferior esquerda do símbolo e o número de massa na parte superior esquerda. Assim, por exemplo:

- ${}^{12}_{6}C$ representa um átomo do elemento químico carbono com 6 prótons, 6 elétrons e 6 nêutrons;
- ${}^{23}_{11}Na$ representa um átomo do elemento químico sódio com 11 prótons, 11 elétrons e 12 nêutrons;
- ${}^{37}_{17}C\ell$ representa um átomo do elemento químico cloro com 17 prótons, 17 elétrons e 20 nêutrons.

Esteja atento!

As representações atuais ${}^{12}_{6}C$, ${}^{23}_{11}Na$ e ${}^{37}_{17}C\ell$ eram **anteriormente** indicadas assim: ${}_{6}C^{12}$, ${}_{11}Na^{23}$ e ${}_{17}C\ell^{37}$. Por isso, às vezes encontramos em algumas publicações e em alguns exercícios de vestibular esta última maneira.

2 O conceito moderno de elemento químico

É frequente ouvirmos falar nos elementos químicos carbono, hidrogênio, oxigênio e tantos outros. Mas o que significa, cientificamente falando, a expressão *elemento químico*?

No capítulo 6, vimos que átomos de diferentes elementos químicos são diferentes. Mas em que eles diferem?

O núcleo atômico dificilmente tem sua estrutura alterada por fatores externos; os fenômenos relacionados às mudanças do núcleo são chamados *fenômenos nucleares* ou *radioativos*. Esses acontecimentos estão associados a transformações que ocorrem em usinas nucleares e em explosões de armamentos nucleares.

Já sabemos que durante as reações químicas os átomos se recombinam. Os químicos observaram que, durante essas reações, o núcleo dos átomos permanece inalterado e que, quando um átomo se une a outro, essa união acontece por meio de modificações na eletrosfera. Assim, *os acontecimentos estudados pelos químicos estão relacionados a alterações na eletrosfera dos átomos*, não no núcleo.

Durante as transformações químicas, o núcleo dos átomos permanece inalterado.

O número de prótons de um átomo é uma característica que não se modifica durante as reações químicas.

Os cientistas perceberam, nas primeiras décadas do século XX, que o número atômico determina as propriedades químicas de um átomo. O número de nêutrons praticamente não tem influência sobre elas. Assim, define-se atualmente elemento químico da seguinte maneira:

Elemento químico é o conjunto de átomos que possuem o mesmo número de prótons, isto é, o **mesmo número atômico**.

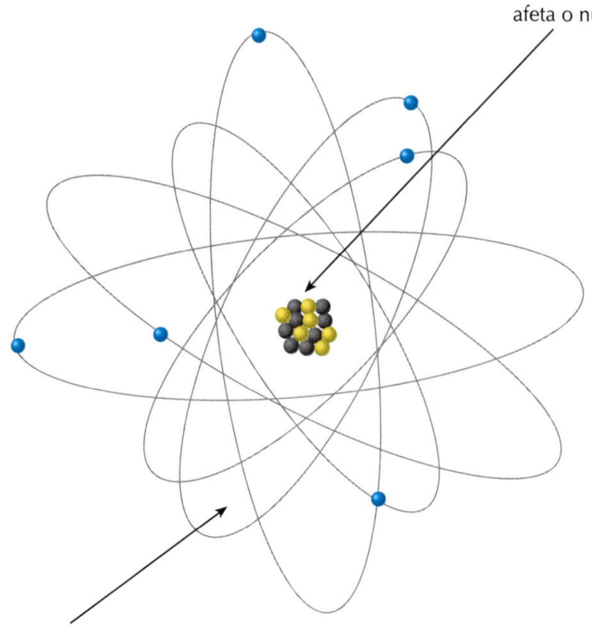

Na página 157 deste livro, há uma **tabela periódica dos elementos**. Ela é um instrumento de **consulta**.

Procure nela os nomes, os símbolos e os números atômicos dos elementos sempre que necessário.

Definição atual de elemento químico

Na página 83, afirmamos que, para Boyle, substância simples era o mesmo que elemento. Tal afirmação, que remonta ao século XVII, foi importantíssima para o desenvolvimento da Química. Contudo, com os avanços da Química no século XX, deixou-se de definir elemento dessa maneira. **A definição de elemento químico atualmente em vigor é a que acabamos de mostrar**.

Conteúdo digital Moderna PLUS http://www.modernaplus.com.br
Texto: *Elementos químicos presentes no corpo humano*

EXERCÍCIOS ESSENCIAIS

1 (Unisinos-RS) Quais são as duas regiões básicas que compõem o átomo? E quais são as três principais partículas que constituem o átomo e suas respectivas cargas relativas?

EXERCÍCIOS RESOLVIDOS

2 Átomos de $^{51}_{24}Cr$ são utilizados em Medicina, no diagnóstico de alterações ligadas aos glóbulos vermelhos.

Explique o significado dos números que aparecem ao lado do símbolo do elemento crômio na representação $^{51}_{24}Cr$.

Resolução

O número 24 é o **número atômico**, ou seja, o **número de prótons** que existe no núcleo do átomo. O número 51 é o **número de massa**, que corresponde à **soma dos números de prótons e nêutrons**.

3 Considere um átomo do elemento químico bromo, possuidor de 35 prótons, 46 nêutrons e 35 elétrons. Escreva a representação correta para esse átomo.

Resolução

Pelos dados do enunciado, temos:

$Z = 35$ e $A = 35 + 46 = 81$

Elemento químico bromo: símbolo Br. Este símbolo é obtido **consultando a tabela periódica**.

Assim, a representação é $^{81}_{35}Br$.

4 Quantos prótons, nêutrons e elétrons apresenta o átomo que é representado por $^{55}_{25}Mn$?

Resolução

Pelo enunciado, $Z = 25$, portanto, o número de prótons é 25.

Como $A = Z + N$, então, $55 = 25 + N$.

Assim, $N = 55 - 25$, então, o número de nêutrons é $N = 30$.

O número de elétrons, salvo menção em contrário, é igual ao de prótons; no caso é igual a 25.

5 Considere os seguintes átomos:

a) $^{12}_{6}C$.
b) $^{17}_{8}O$.
c) $^{13}_{7}N$.
d) $^{27}_{13}A\ell$.

Determine o número de prótons, de elétrons e de nêutrons de cada um deles.

6 (UFV-MG) Os átomos do elemento químico índio (In), com número atômico igual a 49 e número de massa igual a 115, possuem:

a) 98 nêutrons.
b) 49 nêutrons.
c) 115 nêutrons.
d) 164 nêutrons.
e) 66 nêutrons.

7 (UFPI) A representação $^{56}_{26}Fe$ indica que o átomo do elemento químico ferro apresenta a seguinte composição nuclear:

a) 26 prótons, 20 elétrons e 30 nêutrons.
b) 26 elétrons e 30 nêutrons.
c) 26 prótons, 26 elétrons e 56 nêutrons.
d) 26 prótons e 26 elétrons.
e) 26 prótons e 30 nêutrons.

8 (Unifor-CE) O átomo $^{37}_{17}C\ell$ tem igual número de nêutrons que o átomo $^{x}_{20}Ca$. O número de massa x do átomo de Ca é igual a:

a) 10.
b) 17.
c) 20.
d) 37.
e) 40.

9 (UEMG) O desenvolvimento científico e tecnológico possibilitou a identificação de átomos dos elementos químicos naturais e também possibilitou a síntese de átomos de elementos químicos não encontrados na superfície da Terra.

Indique, entre as alternativas abaixo, aquela que identifica o átomo de um determinado elemento químico e o diferencia de todos os outros.

a) Massa atômica.
b) Número de elétrons.
c) Número atômico.
d) Número de nêutrons.

10 (Uece) A identificação de um átomo é feita por meio das partículas que o constituem. Para isso define-se corretamente:

a) Número atômico é igual ao número de nêutrons que o átomo possui.
b) Número de massa é igual à soma do número de prótons e nêutrons que o átomo possui.
c) Massa atômica é igual à soma do número de elétrons e nêutrons que o átomo possui.
d) Número de Avogadro é igual ao número de prótons que o átomo possui.

11 Um dos átomos usados na construção de bombas atômicas é o plutônio (símbolo Pu) com 94 prótons, 94 elétrons e 145 nêutrons. Escreva a representação para esse átomo.

12 Os átomos de um mesmo elemento químico apresentam em comum:

a) o número atômico?
b) o número de prótons?
c) o número de nêutrons?
d) o símbolo químico?

Seção 8.3

Isótopos

Objetivos

- Reconhecer isótopos.
- Generalizar que dois isótopos pertencem ao mesmo elemento.
- Perceber que a maioria dos elementos químicos possui isótopos.

Termos e conceitos

- isótopos

O hidrogênio é o elemento químico com número atômico 1.

Será que todos os átomos de hidrogênio que existem na natureza são exatamente iguais?

A resposta é não. A grande maioria dos átomos de hidrogênio pode ser representada por $^{1}_{1}H$. Contudo, existem outros, em menor quantidade, representados por $^{2}_{1}H$ e $^{3}_{1}H$. Que semelhança e que diferença você nota entre $^{1}_{1}H$, $^{2}_{1}H$ e $^{3}_{1}H$?

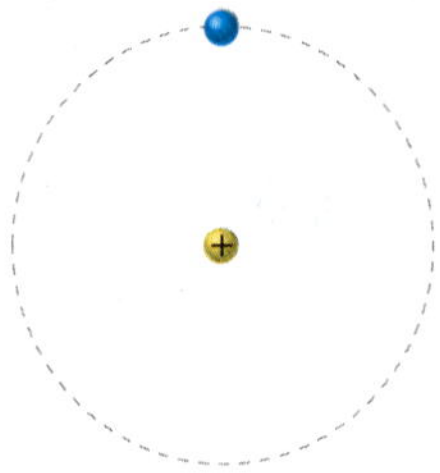

Hidrogênio leve ou **prótio**, $^{1}_{1}H$ (Nenhum nêutron)

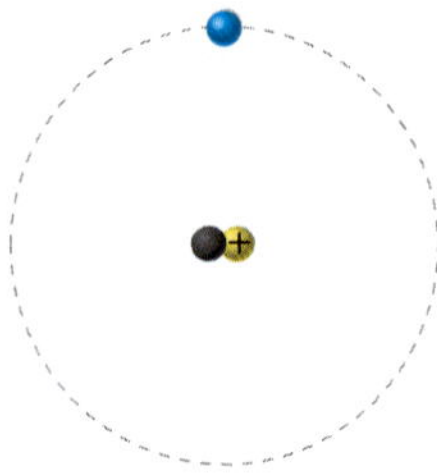

Hidrogênio pesado ou **deutério**, $^{2}_{1}H$ (1 nêutron)

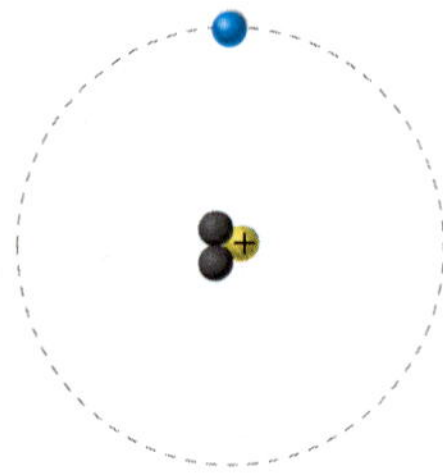

Trítio ou **tritério**, $^{3}_{1}H$ (2 nêutrons)

Os três possuem em comum o número de prótons (Z) (e, considerando-os eletricamente neutros, também o número de elétrons). A diferença está no número de nêutrons.

Uma vez que possuem mesmo número atômico, são átomos de um mesmo elemento químico: o hidrogênio. Dizemos que esses três átomos são *isótopos*.

> Isótopos são sempre átomos do mesmo elemento químico, pois possuem o mesmo Z. São, portanto, representados pelo mesmo símbolo.
>
> O único caso em que isótopos possuem nomes diferentes e podem, eventualmente, ser representados por símbolos diferentes é o do elemento hidrogênio:
>
> - $^{1}_{1}H$ prótio ou hidrogênio leve (H).
> - $^{2}_{1}H$ deutério ou hidrogênio pesado (D).
> - $^{3}_{1}H$ trítio ou tritério (T).

Isótopos são dois ou mais átomos que possuem mesmo número atômico (Z) e diferentes números de massa (A).

A maioria dos elementos químicos é constituída por dois ou mais isótopos presentes na natureza, geralmente em diferentes quantidades. Veja exemplos na tabela 1.

Tabela 1 Abundância de alguns tipos de átomos

Átomo	Abundância natural (%)	Átomo	Abundância natural (%)	Átomo	Abundância natural (%)
$^{1}_{1}H$	99,99	$^{19}_{9}F$	100**	$^{79}_{35}Br$	50,69
$^{2}_{1}H$	0,01	$^{24}_{12}Mg$	78,99	$^{81}_{35}Br$	49,31
$^{3}_{1}H$	traços*	$^{25}_{12}Mg$	10,00	$^{127}_{53}I$	100
$^{6}_{3}Li$	7,59	$^{26}_{12}Mg$	11,01	$^{204}_{82}Pb$	1,40
$^{7}_{3}Li$	92,41	$^{55}_{25}Mn$	100	$^{206}_{82}Pb$	24,10
$^{16}_{8}O$	99,76	$^{63}_{29}Cu$	69,17	$^{207}_{82}Pb$	22,10
$^{17}_{8}O$	0,04	$^{65}_{29}Cu$	30,83	$^{208}_{82}Pb$	52,40
$^{18}_{8}O$	0,20	$^{75}_{33}As$	100	$^{209}_{83}Bi$	100

Fonte: D. R. Lide (ed.). *CRC Handbook of Chemistry and Physics*. 84. ed. Boca Raton, CRC Press, 2003.

* Em Química, a expressão *traços* significa vestígios, quantidades muito pequenas.

** Há vinte elementos químicos que **existem na natureza** na forma de um só isótopo. São eles: $^{9}_{4}Be$, $^{19}_{9}F$, $^{23}_{11}Na$, $^{27}_{13}A\ell$, $^{31}_{15}P$, $^{45}_{21}Sc$, $^{55}_{25}Mn$, $^{59}_{27}Co$, $^{75}_{33}As$, $^{89}_{39}Y$, $^{93}_{41}Nb$, $^{103}_{45}Rh$, $^{127}_{53}I$, $^{133}_{55}Cs$, $^{141}_{59}Pr$, $^{159}_{65}Tb$, $^{165}_{67}Ho$, $^{169}_{69}Tm$, $^{197}_{79}Au$ e $^{209}_{83}Bi$.

EXERCÍCIOS ESSENCIAIS

13 (Unisinos-RS) Considere os seguintes isótopos do elemento césio:

$^{133}_{55}Cs$ (estável) $^{137}_{55}Cs$ (radioativo)

a) Explique o que são isótopos.

b) A partir do símbolo $^{137}_{55}Cs$, responda: Qual o número atômico? Qual o número de nêutrons no núcleo? Qual o número de elétrons? Qual o número de massa?

14 (UFPA) Os isótopos do hidrogênio receberam os nomes de prótio (^1_1H), deutério (^2_1H) e trítio (^3_1H). Nesses átomos os números de nêutrons são, respectivamente, iguais a:

a) 0, 1 e 2.
b) 1, 1 e 1.
c) 1, 1 e 2.
d) 1, 2 e 3.
e) 2, 3 e 4.

15 A tabela menciona os três átomos do elemento urânio existentes na natureza.

Átomo	Representação	Abundância natural (%)
Urânio-234	$^{234}_{92}U$	0,0057
Urânio-235	$^{235}_{92}U$	0,72
Urânio-238	$^{238}_{92}U$	99,27

a) Os átomos mencionados são isótopos?

b) Qual deles existe em maior quantidade na natureza?

c) Qual deles existe em menor quantidade na natureza?

d) Sabe-se que, em reatores nucleares como os da usina de Angra I, no Rio de Janeiro, são úteis átomos de urânio com 143 nêutrons. Com base nessa informação, responda: Qual dos átomos mostrados é útil em tais reatores?

16 (Unifor-CE) Um isótopo do átomo de potássio cujo número atômico é 19 e o número de massa é 40 é o:

a) ^{19}F.
b) ^{39}K.
c) $_{39}Y$.
d) $_{40}Zr$.
e) ^{40}Ar.

17 (UniEvangélica-GO) Considerando os átomos $^{127}_{53}I$ e $^{131}_{53}I$, é correto afirmar que:

a) possuem o mesmo número de massa.
b) possuem o mesmo número de nêutrons.
c) são isótopos.
d) possuem diferentes números de prótons.
e) possuem 50 elétrons.

Conteúdo digital Moderna PLUS http://www.modernaplus.com.br
Exercícios adicionais

Seção 8.4

Isóbaros e isótonos

Objetivo

▸ Reconhecer isóbaros e isótonos.

Termos e conceitos

• isóbaros
• isótonos

O conceito de *isótopo* é bastante útil em Química. Particularmente nos estudos de ensino médio, ele permite entender a massa atômica de um elemento (capítulo 28) e aspectos referentes à radioatividade.

Existem outras duas definições – a de *isóbaros* e a de *isótonos* – que aparecem em livros, mas que são de pouca importância para efeitos práticos em pesquisas de Química.

Isóbaros são dois ou mais átomos que possuem mesmo número de massa (A) e diferentes números atômicos (Z).

Exemplos de isóbaros: $^{14}_{6}C$ e $^{14}_{7}N$

$^{57}_{26}Fe$ e $^{57}_{27}Co$

Isótonos são dois ou mais átomos que possuem mesmo número de nêutrons (N) e diferentes números atômicos (Z) e de massa (A).

Exemplos de isótonos: $^{13}_{6}C$ e $^{14}_{7}N$

$^{37}_{17}C\ell$ e $^{40}_{20}Ca$

EXERCÍCIOS ESSENCIAIS

EXERCÍCIO RESOLVIDO

18 (FEI-SP) São dadas as seguintes informações relativas aos átomos X, Y e Z:

I. X é isóbaro de Y e isótono de Z.

II. Y tem número atômico 56, número de massa 137 e é isótopo de Z.

III. O número de massa de Z é 138.

O número atômico de X é:

a) 53 b) 54 c) 55 d) 56 e) 57

Resolução

A partir do enunciado podemos montar o seguinte esquema:

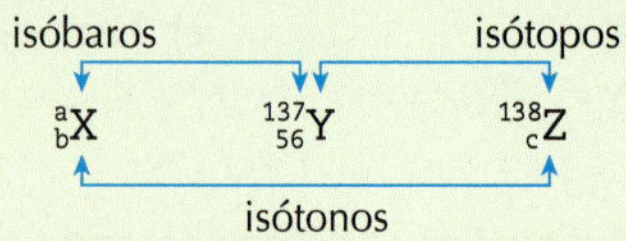

Como X e Y são isóbaros: a = 137

Como Y e Z são isótopos: c = 56

Como X e Z são isótonos: a − b = 138 − c

Substituindo os valores de a e c, calculados anteriormente:

137 − b = 138 − 56

b = número atômico de X = 55

Alternativa **c**.

19 Considere os átomos a seguir:

$^{40}_{19}X$ $^{40}_{20}Y$ $^{91}_{40}Z$ $^{39}_{19}R$ $^{90}_{39}S$ $^{90}_{40}T$

a) Quais são isótopos?
b) Quais são isóbaros?
c) Quais são isótonos?
d) Quais pertencem ao mesmo elemento químico?
e) Quais deveriam estar representados usando o mesmo símbolo químico?

20 (Unifor-CE) Constituem átomos isóbaros:

a) $^{9}_{4}Be$ e $^{10}_{5}B$.
b) $^{16}_{8}O$ e $^{18}_{8}O$.
c) $^{40}_{18}Ar$ e $^{40}_{19}K$.
d) CO e CO_2.
e) O_2 e O_3.

21 (PUC-Campinas-SP) O silício, elemento químico mais abundante na natureza depois do oxigênio, tem grande aplicação na indústria eletrônica. Por outro lado, o enxofre é de importância fundamental na obtenção do ácido sulfúrico. Sabendo-se que o átomo $^{28}_{14}Si$ é isótono de uma das variedades isotópicas do enxofre, $_{16}S$, pode-se afirmar que esse átomo de enxofre tem número de massa:

a) 14. b) 16. c) 30. d) 32. e) 34.

22 (UFF-RJ) Alguns estudantes de Química, avaliando seus conhecimentos relativos e conceitos básicos para o estudo do átomo, analisam as seguintes afirmativas:

I. Átomos isótopos são aqueles que possuem mesmo número atômico e números de massa diferentes.

II. O número atômico de um elemento corresponde à soma do número de prótons com o de nêutrons.

III. O número de massa de um átomo, em particular, é a soma do número de prótons com o de elétrons.

IV. Átomos isóbaros são aqueles que possuem números atômicos diferentes e mesmo número de massa.

V. Átomos isótonos são aqueles que apresentam números atômicos diferentes, números de massa diferentes e mesmo número de nêutrons.

Esses estudantes concluem, corretamente, que as afirmativas verdadeiras são as indicadas por:

a) I, III e V.
b) I, IV e V.
c) II e III.
d) II, III e V.
e) II e V.

23 (UFC-CE) Na tentativa de montar o intrincado quebra-cabeça da evolução humana, pesquisadores têm utilizado relações que envolvem elementos de mesmo número atômico e diferentes números de massa para fazer a datação de fósseis originados em sítios arqueológicos. Quanto a esses elementos, é correto afirmar que são:

a) isóbaros.
b) isótonos.
c) isótopos.
d) alótropos.
e) isômeros.

24 (Vunesp) O elemento químico B possui 20 nêutrons, é isótopo do elemento químico A, que possui 18 prótons, e isóbaro do elemento químico C, que tem 16 nêutrons. Com base nessas informações, pode-se afirmar que os elementos químicos A, B e C apresentam, respectivamente, números atômicos iguais a:

a) 16, 16 e 20.
b) 16, 18 e 20.
c) 16, 20 e 21.
d) 18, 16 e 22.
e) 18, 18 e 22.

25 (UFSC) Considerando as relações entre os átomos indicadas no esquema,

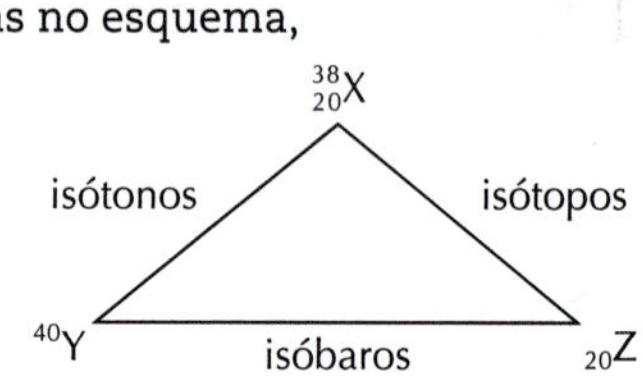

pode-se afirmar que o(s) número(s)

(01) de massa de Y é 40.
(02) de massa de Z é 20.
(04) de prótons de Y é 22.
(08) de nêutrons de X é 20.
(16) de nêutrons de Z é 20.
(32) de nêutrons de Y é 20.
(64) de prótons de Z é 22.

Responda com a soma dos números dos itens corretos.

26 (Cefet-AM) Sabendo que os elementos $^{5x+4}_{x+5}M$ e $^{6x+2}_{x+4}Q$ são isóbaros, podemos concluir que seus números atômicos são, respectivamente:

a) 7 e 6.
b) 14 e 6.
c) 14 e 7.
d) 2 e 2.
e) 28 e 14.

Conteúdo digital Moderna PLUS http://www.modernaplus.com.br
Exercícios adicionais

Seção 8.5

Íons

Objetivos

- Aplicar as terminologias íon, cátion e ânion.
- Interpretar representações de íons.
- Calcular os números de prótons, nêutrons e elétrons de um íon.

Termos e conceitos

- íon
- cátion
- ânion

Como já vimos, entre as partículas que formam o átomo, os elétrons possuem carga negativa e os prótons, carga positiva. Assim, se o número de elétrons for igual ao número de prótons, a carga total do átomo será nula, pois a carga positiva de cada próton será compensada pela carga negativa de um elétron correspondente. Dizemos que um átomo nessa situação está eletricamente neutro.

> Quando um átomo está **eletricamente neutro**, ele possui prótons e elétrons em igual número.

Os químicos descobriram que em determinadas circunstâncias os átomos podem ganhar ou perder elétrons. (Conheceremos exemplos dessas circunstâncias em outro capítulo.) Quando isso acontece, sua carga total deixa de ser zero, ou seja, o átomo deixa de ser eletricamente neutro e passa a ser dotado de carga elétrica. Dizemos que o átomo se transformou em um íon.

> Quando um átomo eletricamente neutro **perde** ou **recebe elétrons**, ele se transforma em um **íon**.

Portanto:

> Quando um átomo se transforma em um íon, seu **núcleo permanece inalterado**.

A palavra **íon** vem do grego *íon*, que significa "viajante".
As palavras **ânion** e **cátion** vêm do grego *an* e *cat*, que significam "direções opostas".
"Os viajantes das direções opostas", uma alusão à experiência denominada eletrólise, estudada na Físico-Química.

Se um átomo eletricamente neutro recebe elétrons, passa a ficar com excesso de cargas negativas, ou seja, transforma-se em um íon negativo. Já, se um átomo eletricamente neutro perde elétrons, passa a apresentar um excesso de prótons, isto é, transforma-se em um íon positivo.

> Íon **negativo** é chamado de **ânion**.
> Íon **positivo** é chamado de **cátion**.

Para entender melhor, considere os seguintes exemplos:

$^{37}_{17}C\ell$ — Átomo neutro: 20 nêutrons, 17 prótons, 17 elétrons

Acrescentando 1 elétron →

O núcleo *não* se altera. Portanto, A e Z também não. → 20 nêutrons, 17 prótons
A alteração ocorre na eletrosfera. → 18 elétrons

$^{37}_{17}C\ell^{-}$ — Ânion: 20 nêutrons, 17 prótons, 18 elétrons

Símbolo que indica excesso de 1 carga negativa. (o sinal $-$)
Excesso de 1 carga negativa.

$^{23}_{11}Na$ — Átomo neutro: 12 nêutrons, 11 prótons, 11 elétrons

Retirando 1 elétron →

O núcleo *não* se altera. Portanto, A e Z também não. → 12 nêutrons, 11 prótons
A alteração ocorre na eletrosfera. → 10 elétrons

$^{23}_{11}Na^{+}$ — Cátion: 12 nêutrons, 11 prótons, 10 elétrons

Símbolo que indica excesso de 1 carga positiva. (o sinal $+$)
Excesso de 1 carga positiva.

Os íons **monovalentes**, isto é, que possuem apenas uma carga elétrica, são representados colocando-se um sinal de mais (+) ou de menos (−) no canto superior direito do símbolo. O sinal de mais indica um cátion e o de menos, um ânion.

Para representar os íons **bivalentes** ou **divalentes** (2 cargas), **trivalentes** (3 cargas) e **tetravalentes** (4 cargas) deve-se colocar um número que indica a quantidade de cargas antes do sinal de mais ou de menos.

Assim temos, por exemplo:

- **ânions monovalentes:** F^-, $C\ell^-$, Br^-, I^-.
- **ânions bivalentes:** O^{2-}, S^{2-}, Se^{2-}.
- **ânions trivalentes:** N^{3-}, P^{3-}.

- **cátions monovalentes:** Li^+, Na^+, K^+, Ag^+, Cu^+.
- **cátions bivalentes:** Mg^{2+}, Ca^{2+}, Ba^{2+}, Fe^{2+}, Cu^{2+}.
- **cátions trivalentes:** $A\ell^{3+}$, Fe^{3+}, Cr^{3+}.
- **cátions tetravalentes:** Sn^{4+}, Pb^{4+}.

Na composição química da jade, são encontrados, dentre outros, os íons Na^+ e $A\ell^{3+}$.

O $A\ell^{3+}$ e o F^- são alguns dos íons que fazem parte da composição química do topázio.

As turmalinas contêm vários íons, dentre os quais, Na^+, Li^+, Fe^{2+}, Mg^{2+}, Mn^{2+}, $A\ell^{3+}$ e F^-.

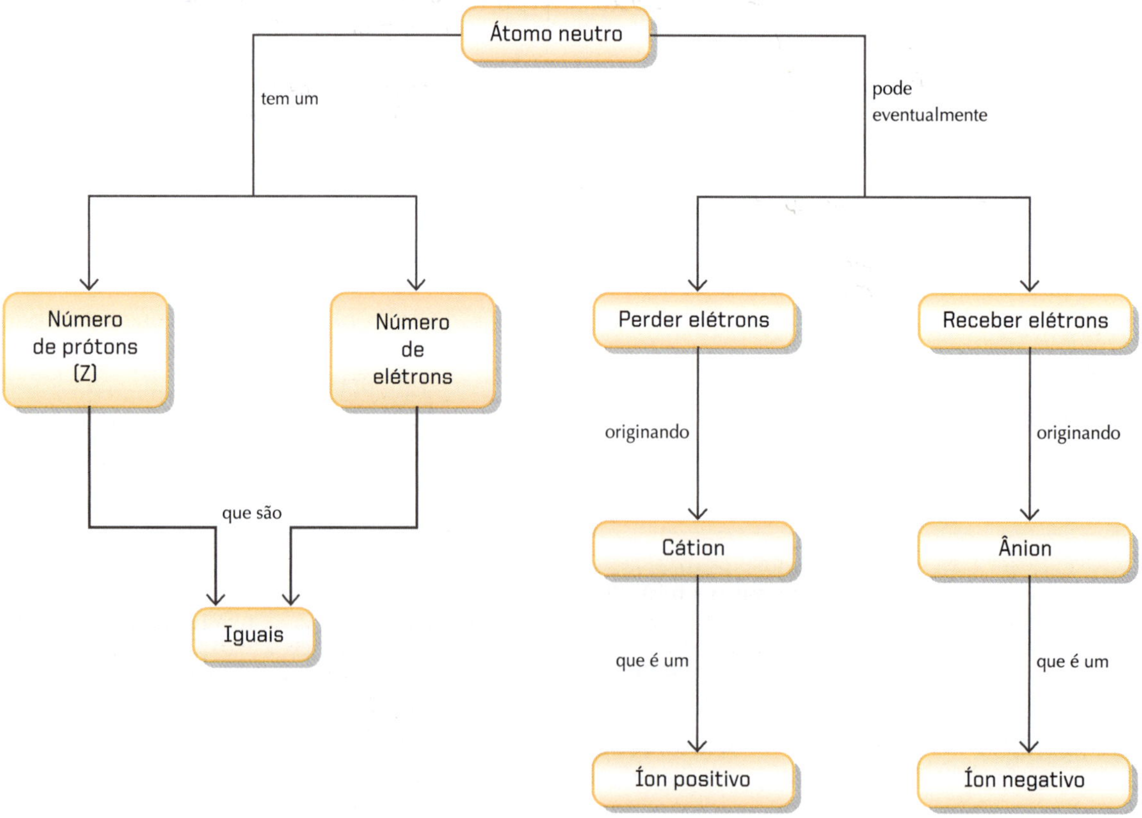

EXERCÍCIOS ESSENCIAIS

EXERCÍCIOS RESOLVIDOS

27 O íon $_{20}Ca^{2+}$ toma parte na constituição dos ossos humanos. Determine quantos prótons e quantos elétrons ele apresenta.

Resolução

Um átomo neutro de cálcio transforma-se no cátion bivalente Ca^{2+} quando perde 2 elétrons.

$$_{20}Ca \begin{cases} 20 \text{ prótons} \\ 20 \text{ elétrons} \end{cases} \xrightarrow{\text{Retirando 2 elétrons}} {}_{20}Ca^{2+} \begin{cases} 20 \text{ prótons} \\ 18 \text{ elétrons} \end{cases}$$

Portanto, o íon $_{20}Ca^{2+}$ tem 20 prótons e 18 elétrons.

28 O íon $_{53}I^-$ é importante para o funcionamento normal da glândula tireoide e, por isso, deve estar presente, em quantidade adequada, na dieta humana. Quantos prótons e quantos elétrons há na constituição desse ânion?

Resolução

Um átomo neutro de iodo transforma-se no ânion monovalente I^- quando recebe 1 elétron.

$$_{53}I \begin{cases} 53 \text{ prótons} \\ 53 \text{ elétrons} \end{cases} \xrightarrow{\text{Acrescentando 1 elétron}} {}_{53}I^- \begin{cases} 53 \text{ prótons} \\ 54 \text{ elétrons} \end{cases}$$

Portanto, o íon $_{53}I^-$ tem 53 prótons e 54 elétrons.

29 (UFSM-RS) Analise a tabela:

Espécie genérica	Número de nêutrons	Número de prótons	Número de elétrons
X	20	17	17
Y	17	17	18
Z	78	79	78
W	18	18	18

Indique a alternativa que apresenta somente espécie(s) neutra(s).

a) apenas X. c) apenas Z. e) apenas X e W.
b) apenas Y. d) apenas W.

Resolução

Dentre X, Y, Z e W, **serão eletricamente neutras apenas aquelas espécies cujo número de prótons for igual ao de elétrons**. Consultando a tabela, verificamos que isso só acontece com X e W.

Alternativa **e**.

30 (Cesgranrio-RJ) Quando um átomo neutro de bromo ($^{80}_{35}Br$) recebe 1 elétron, transforma-se no íon $^{80}_{35}Br^-$, que possui, na sua estrutura, prótons, elétrons e nêutrons, respectivamente em número de:

a) 35-35-46.
b) 35-36-45.
c) 35-80-80.
d) 35-115-80.
e) 36-35-115.

31 (UFF-RJ-modificado) Considere um átomo cujo número atômico é igual a 19, que forma cátion monovalente ao participar de reações químicas e que apresenta 20 nêutrons. Os números de elétrons, prótons e de massa do cátion são, respectivamente:

a) 18 e, 19 p e 37.
b) 19 e, 19 p e 37.
c) 19 e, 18 p e 39.
d) 19 e, 19 p e 39.
e) 18 e, 19 p e 39.

32 (PUC-MG) Assinale a carga de um íon que contém 13 prótons, 10 elétrons e 15 nêutrons.

a) 3+. b) 1+. c) 1−. d) 3−.

33 (FEI-SP) Um isótopo de um elemento metálico tem número de massa 65 e 35 nêutrons no núcleo. O cátion derivado desse isótopo tem 28 elétrons. A carga desse cátion é:

a) −1.
b) +3.
c) 0.
d) +1.
e) +2.

34 (PUC-Campinas-SP) O cálcio iônico, Ca^{2+}, Z = 20, é um íon que possui:

a) 20 prótons e 18 elétrons.
b) 20 prótons e 20 elétrons.
c) 20 prótons e 22 elétrons.
d) 22 prótons e 18 elétrons.
e) 22 prótons e 20 elétrons.

35 (Ufac) Os cátions Mn^{+2} e Mn^{+3} foram obtidos a partir do isótopo de manganês com número de massa 55. Sabe-se que o seu número atômico é 25. O número de nêutrons e o número de prótons nos cátions apresentados são respectivamente iguais a:

a) 26 e 29. c) 25 e 31. e) 30 e 25.
b) 30 e 27. d) 32 e 24.

36 (FEI-SP) Um isótopo de um elemento metálico tem 25 nêutrons e número de massa 50. A carga do cátion derivado desse isótopo é +2. O número de elétrons desse cátion é:

a) 24.
b) 23.
c) 50.
d) 25.
e) 10.

37 (PUC-MG) O íon Y^{3-} tem 38 elétrons e 45 nêutrons. O átomo neutro **Y** apresenta número atômico e número de massa, respectivamente:

a) 35 e 80.
b) 38 e 83.
c) 41 e 86.
d) 45 e 80.

38 (UFMG-adaptado) Analise este quadro, em que se apresenta o número de prótons, de nêutrons e de elétrons de quatro espécies químicas:

Espécies	Número de prótons	Número de nêutrons	Número de elétrons
I	1	0	0
II	9	10	10
III	11	12	11
IV	20	20	18

Considerando-se as quatro espécies apresentadas, é **INCORRETO** afirmar que:

a) I é o cátion H^+.

b) II é o ânion F^-.

c) III tem número de massa 23.

d) IV é um átomo neutro.

Comentário dos autores:

Consulte a tabela periódica sempre que necessário!

39 (UCS-RS) Os elétrons de muitos íons metálicos são responsáveis pela cor de alguns compostos inorgânicos conhecidos popularmente como pedras preciosas. O vermelho do rubi deve-se à substituição de alguns átomos de alumínio por íons cromo trivalente. Já no caso da esmeralda, constituída principalmente de silicato e berílio, a cor verde que lhe é característica deve-se à substituição de alguns átomos do berílio por cromo trivalente.

O cromo trivalente apresenta:

a) 21 elétrons e 24 prótons.

b) 24 elétrons e 21 prótons.

c) número atômico igual a 21.

d) número de nêutrons igual a 31.

e) 21 elétrons e 31 nêutrons.

40 (UFRRJ) "*Mattel anuncia 'recall' de 18,6 milhões de brinquedos*

Após 15 dias recolhendo brinquedos por excesso de chumbo na tinta, a Mattel anuncia 'recall' de 18,6 milhões de brinquedos..."

Brincadeira de alto risco. *In*: Jornal *O Globo*, ago. 2007.

O envenenamento por chumbo é um problema relatado desde a Antiguidade, pois os romanos utilizavam esse metal em dutos de água e recipientes para cozinhar. No corpo humano, com o passar do tempo, o chumbo deposita-se nos ossos, substituindo o cálcio. Isso ocorre porque os íons Pb^{+2} e Ca^{+2} são similares em tamanho, fazendo com que a absorção de chumbo pelo organismo aumente em pessoas que têm deficiência de cálcio. Com relação ao Pb^{+2}, seu número de prótons, nêutrons e elétrons são, respectivamente:

a) 82, 125 e 80.

b) 82, 125 e 84.

c) 84, 125 e 82.

d) 82, 127 e 80.

e) 84, 127 e 82.

EXERCÍCIO RESOLVIDO

41 (Mackenzie-SP) Espécies químicas simples que apresentam o mesmo número de elétrons são chamadas de isoeletrônicas. Assim, entre Mg, Na^+, $C\ell^-$, S, K^+ e Ar, são isoeletrônicas:

(Dados: números atômicos — Na = 11; Mg = 12; S = 16; Cℓ = 17; Ar = 18; K = 19)

a) $C\ell^-$ e S.

b) K^+, Ar e $C\ell^-$.

c) Na^+ e Mg.

d) Na^+ e $C\ell^-$.

e) Na^+ e K^-.

Resolução

$_{12}Mg$ tem 12 elétrons

$_{11}Na^+$ tem 10 elétrons

$_{17}C\ell^-$ tem 18 elétrons

$_{16}S$ tem 16 elétrons

$_{19}K^+$ tem 18 elétrons

$_{18}Ar$ tem 18 elétrons

Assim, possuem o mesmo número de elétrons $_{17}C\ell^-$, $_{19}K^+$ e $_{18}Ar$.

Alternativa **b**.

Lembre-se:

Espécies químicas **isoeletrônicas** são aquelas que têm o **mesmo número de elétrons**.

42 (UFSM-RS) A alternativa que reúne apenas espécies isoeletrônicas é:

a) $_7N^{3-}$, $_9F^-$, $_{13}A\ell^{3+}$.

b) $_{16}S^0$, $_{17}C\ell^-$, $_{19}K^+$.

c) $_{10}Ne^0$, $_{11}Na^0$, $_{12}Mg^0$.

d) $_{20}Ca^{2+}$, $_{38}Sr^{2+}$, $_{56}Ba^{2+}$.

e) $_{17}C\ell^-$, $_{35}Br^-$, $_{53}I^-$.

43 (FIB-BA) O número atômico do elemento **X** é 45. Os íons $\mathbf{X}^{-1}$ e $\mathbf{Y}^{3+}$ são isoeletrônicos. Identifique a opção **correta** para o número atômico de **Y**:

a) 45. b) 46. c) 47. d) 48. e) 49.

44 (PUC-RJ) O número atômico do elemento X é 30. Os íons X^{2+} e Y^{3-} são isoeletrônicos.

Assinale a opção correta para o número atômico de Y.

a) 33. b) 31. c) 3. d) 28. e) 25.

45 (PUC-MG) O íon óxido O^{2-} possui mesmo número de elétrons (isoeletrônicos) que:

a) o íon fluoreto F^-.

b) o átomo de sódio Na.

c) o íon cálcio Ca^{2+}.

d) o íon sulfeto S^{2-}.

Números atômicos:

O = 8; F = 9; Na = 11; Ca = 20; S = 16.

46 (Fuvest-SP) As espécies Fe^{2+} e Fe^{3+}, provenientes de isótopos distintos do ferro, diferem entre si, quanto ao número:

a) atômico e ao número de oxidação.

b) atômico e ao raio iônico.

c) de prótons e ao número de elétrons.

d) de elétrons e ao número de nêutrons.

e) de prótons e ao número de nêutrons.

Conteúdo digital Moderna PLUS http://www.modernaplus.com.br
Exercícios adicionais

UNIDADE C

Capítulo 9

Modelo atômico de Bohr

O modelo de Bohr leva em conta a liberação ou absorção de energia nas transições eletrônicas, o que explica uma série de fenômenos, alguns deles cotidianos.

Os vaga-lumes são bioluminescentes. Por meio de reações químicas, eles emitem luz.

A bioluminescência do cogumelo *Mycena illuminans* provavelmente serve para atrair insetos noturnos, que atuam na dispersão de seus esporos.

Seção 9.1

Noções de espectroscopia de luz visível

Objetivos

- Distinguir ondas eletromagnéticas de ondas mecânicas.
- Relacionar comprimento de onda e frequência de uma onda eletromagnética.
- Comentar a diferença entre espectro da luz visível e espectro atômico.

Termos e conceitos

- **onda**
- **velocidade de propagação da onda**
- **comprimento de onda**
- **frequência**
- **onda mecânica**
- **onda eletromagnética**
- **espectro da luz visível**
- **espectro atômico**

1 Noções sobre ondas

Considere uma piscina em que a água esteja em repouso e em cuja superfície flutue um pedaço de rolha de cortiça. Com a ponta do dedo, alguém movimenta a rolha para cima e para baixo, num movimento periódico. Sobre a superfície da água irá se formar uma série de círculos concêntricos que parecem mover-se a partir do ponto em que está a rolha. Uma visão lateral mostra uma série de elevações (chamadas de **cristas**) e depressões (chamadas de **vales**). Esse conjunto de cristas e vales se propagando constitui uma onda.

Se houver outra rolha flutuando a uma certa distância da primeira, notaremos que ela, inicialmente em repouso, passará a oscilar para cima e para baixo sem se movimentar na direção de propagação da onda.

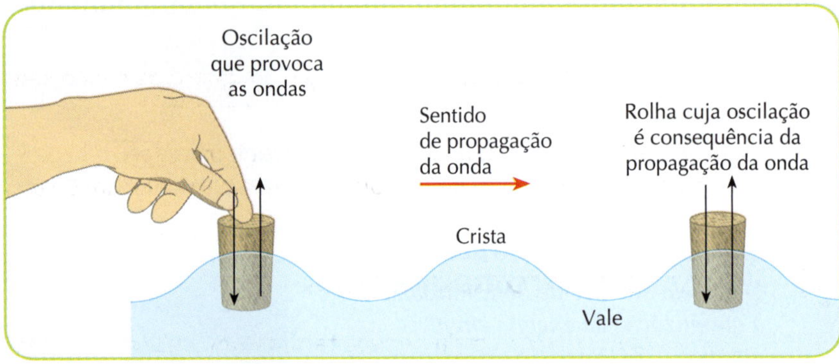

Uma vez que essa segunda rolha **não** se move na direção de propagação da onda, concluímos que a água **não** está caminhando junto com a onda, ou seja, a onda **não** transporta matéria. No entanto, o fato de essa rolha, inicialmente em repouso, passar a oscilar revela que a onda transferiu energia para ela. Assim, podemos dizer que:

Onda é uma perturbação que se propaga **transportando energia**, mas **não matéria**.

Ondas podem ser detectadas

Se a água fosse invisível, não veríamos a onda que se propaga em sua superfície. Mas, se uma rolha flutuante começasse a oscilar, estaríamos observando uma evidência da propagação da onda. **Ainda que uma onda não seja vista, seus efeitos podem ser detectados**, isto é, podem ser percebidos de algum modo. Nesse exemplo, uma rolha funciona como um detector de ondas.

Outro exemplo de onda poderá ser observado se duas pessoas segurarem as pontas de uma corda e uma delas fizer oscilar a sua extremidade.

As ondas na corda e na superfície da água podem ser visualizadas. Há, por outro lado, outras ondas que não podem ser vistas, como é o caso das ondas de rádio e micro-ondas.

2 Características de uma onda

Todas as ondas têm três grandezas que as caracterizam: velocidade (v), frequência (f) e comprimento de onda (λ). Essas três grandezas se relacionam por meio de uma fórmula que você estudará com mais detalhes no seu curso de Física:

$$v = \lambda \cdot f$$

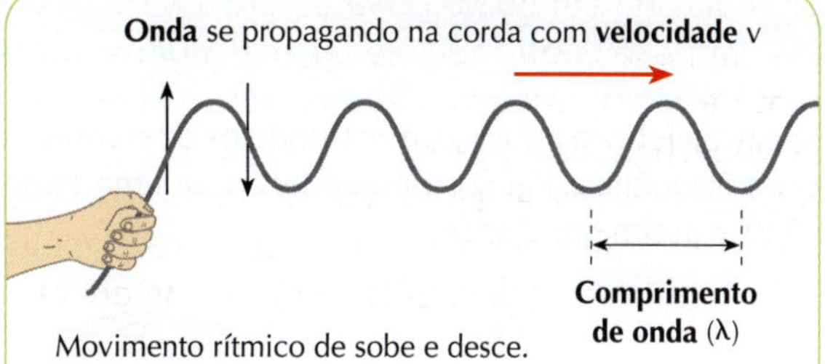

Movimento rítmico de sobe e desce. Quanto maior o número de balançadas na corda por unidade de tempo, maior será a **frequência** (f) da onda que se propaga na corda.

Dizer que a corda de um violino, colocada em vibração pelo músico, emite uma onda sonora de frequência 440 Hz (lê-se 440 hertz) significa dizer que essa onda sonora produzida pelo instrumento realiza 440 oscilações a cada segundo.

A **frequência** de uma onda é o número de oscilações por unidade de tempo.

A unidade mais comum usada internacionalmente para expressar a frequência de uma onda é o **hertz**, simbolizado por Hz, que equivale a uma *oscilação por segundo*.

3 Ondas eletromagnéticas

As ondas numa corda necessitam de um meio material para se propagar, e esse meio é a própria corda. É óbvio que, se não houver corda, não haverá ondas. Uma situação análoga acontece com as ondas na superfície da água. Um exemplo menos óbvio é o do som, que se propaga em sólidos, líquidos e gases. Contudo, o som não se propaga no vácuo, o que demonstra que ele, assim como as ondas na corda e na superfície da água, depende de um meio material para se propagar.

Chamamos de **ondas mecânicas** aquelas ondas que, como o som, necessitam de um meio material para se propagar. Não se propagam no vácuo.

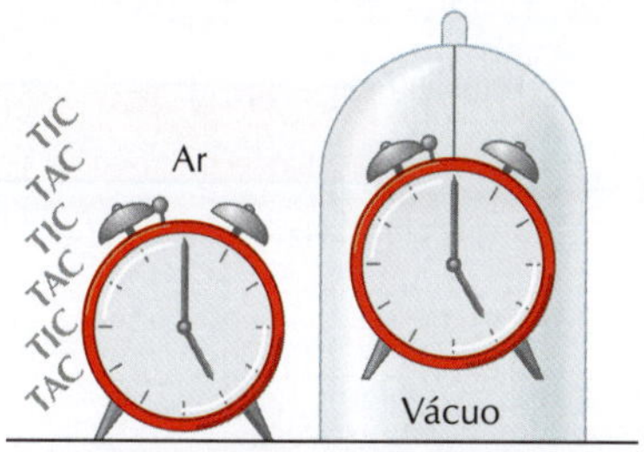

O som não se propaga no vácuo porque é uma onda mecânica.

Já a luz, por sua vez, é um tipo de onda que pode propagar-se no ar e no vácuo. A luz é um exemplo de onda eletromagnética.

As **ondas eletromagnéticas** são aquelas que, como a luz, **não** necessitam de um meio material para se propagar. Podem propagar-se no vácuo.

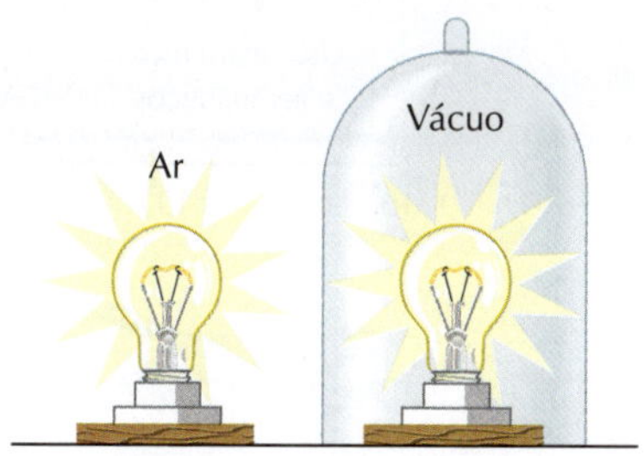

A luz se propaga no vácuo porque é uma onda eletromagnética.

Outros exemplos de ondas eletromagnéticas são as ondas de rádio e de tevê, as micro-ondas, os raios X, gama, infravermelhos e ultravioleta. Todas as ondas eletromagnéticas possuem a mesma velocidade de propagação no vácuo. Seu valor é $3{,}0 \cdot 10^8$ m/s. No ar, essa velocidade é praticamente a mesma.

Como a velocidade de todas as ondas eletromagéticas é a mesma, utilizando a expressão $v = \lambda \cdot f$ concluímos que para elas o comprimento de onda (λ) e a frequência (f) são inversamente proporcionais:

A velocidade é a mesma para todas as ondas eletromagnéticas

$$v = \lambda\downarrow \cdot f\uparrow$$

Quanto menor o comprimento de onda, maior a frequência, e vice-versa.

O espectro eletromagnético

A seguir é apresentado um esquema do espectro eletromagnético, mostrando os diferentes nomes dados às ondas eletromagnéticas de acordo com a frequência. Para compreender o esquema, lembre-se de que 10^4 significa 10.000, 10^6 significa 1.000.000, e assim por diante.

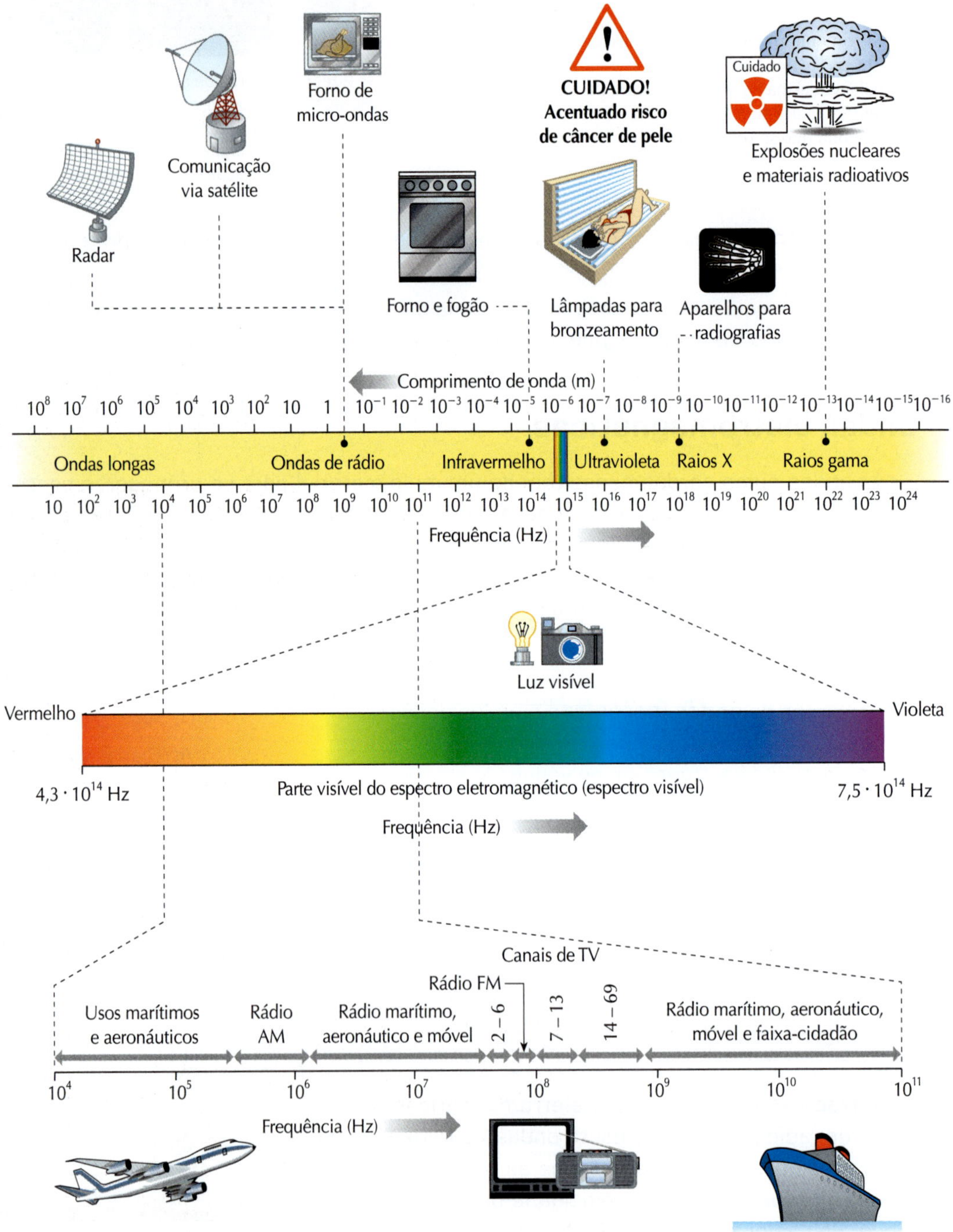

Você pode estar se perguntando por que interrompemos o estudo do átomo para falar sobre ondas. Acontece que, para continuarmos, precisamos ter a seguinte informação: as ondas eletromagnéticas transportam energia e, **quanto maior for a frequência da onda, maior será a energia transportada por ela***.

Observe atentamente o esquema do espectro eletromagnético, em especial a parte que mostra a luz visível. Perceba que há diferenças na frequência das diversas ondas de luz visível.

As ondas de luz colorida transportam diferentes quantidades de energia, dependendo da sua cor.

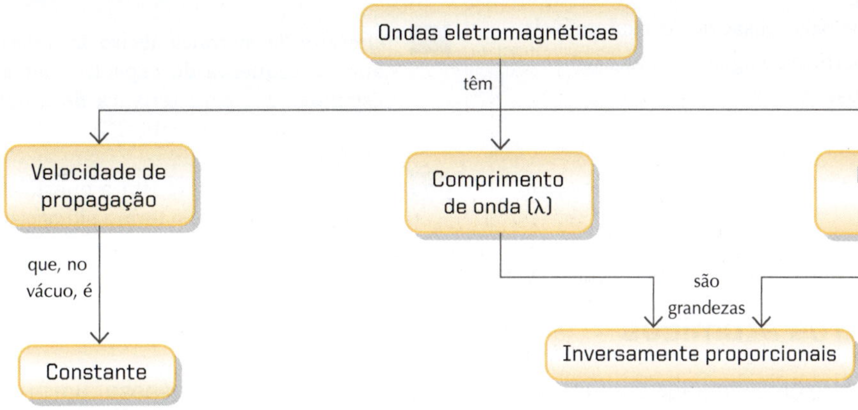

Uma séria inimiga da pele, principalmente em países tropicais como o Brasil, são as radiações ultravioleta provenientes do Sol. A incidência de câncer de pele é maior entre as pessoas que se expõem a elas em demasia. Por isso, protetores solares são uma importante forma de proteção, sobretudo para pessoas de pele clara.

A luz solar chega até nós passando pelo vácuo existente entre a Terra e o Sol.

Astronautas na Lua (onde não há atmosfera) podem comunicar-se com a Terra usando ondas de rádio, que se propagam no vácuo porque são ondas eletromagnéticas.

* Para sermos mais rigorosos conceitualmente, na Química superior essa frase seria assim redigida: "Quanto maior a frequência da onda, maior a energia de um *quantum* dessa onda".

EXERCÍCIOS ESSENCIAIS

1 As ondas correspondentes às várias cores do espectro da luz visível apresentam mesmo(a):
a) energia.
b) frequência.
c) comprimento de onda.
d) velocidade no vácuo.

2 Qual dos casos a seguir é um exemplo de onda eletromagnética?
a) barulho gerado pela colisão de dois automóveis.
b) ondas na superfície da água do mar.
c) ondas se propagando numa corda.
d) luz visível.

3 Qual dos casos não é exemplo de onda eletromagnética?
a) infravermelho.
b) ultravioleta.
c) som.
d) raios X.

4 Considere as ondas correspondentes às cores vermelha e violeta. Qual delas:
a) apresenta maior frequência?
b) apresenta maior comprimento de onda?
c) transporta maior quantidade de energia?

5 *Infravermelho* significa *abaixo do vermelho*. Consultando o esquema do espectro eletromagnético, responda: Que característica do infravermelho é inferior à da luz vermelha?

6 Com base na sua resposta a questão anterior, dê um significado para o termo *ultravioleta*.

4 Espectros atômicos

Se a luz de uma lâmpada comum (de filamento incandescente) atravessar um prisma, ela será decomposta em várias cores, que são popularmente conhecidas como arco-íris. Cientificamente, o que se obtém é chamado de **espectro da luz visível**.

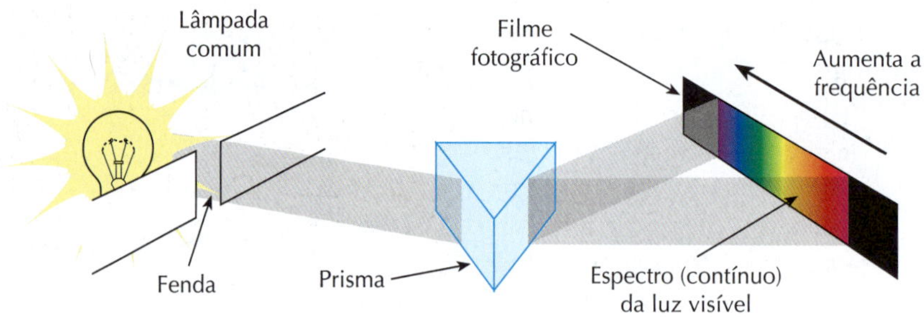

Contudo, se repetirmos essa experiência utilizando a luz proveniente de uma lâmpada de gás (tubo de raios catódicos), não obteremos o espectro completo. Apenas algumas linhas estarão presentes, correspondendo somente a algumas frequências das ondas de luz visível. Essas linhas formam o **espectro de linhas** ou **espectro atômico**.

Atente ao fato de o espectro da luz visível ser **contínuo** e o espectro atômico ser **descontínuo**.

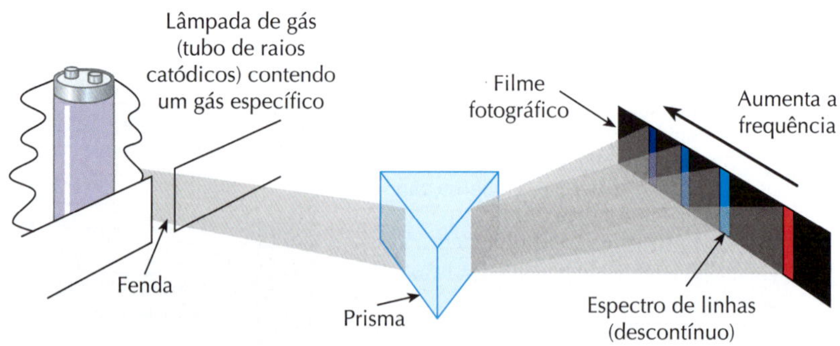

Alguns exemplos de espectros atômicos são representados a seguir. Como você pode perceber, as linhas obtidas dependem do elemento utilizado. É intrigante ver que isso acontece. O fato é que acontece! E os cientistas da época de Rutherford não conseguiam explicar essas observações. Coube a um cientista dinamarquês, Niels Bohr, propor uma resposta.

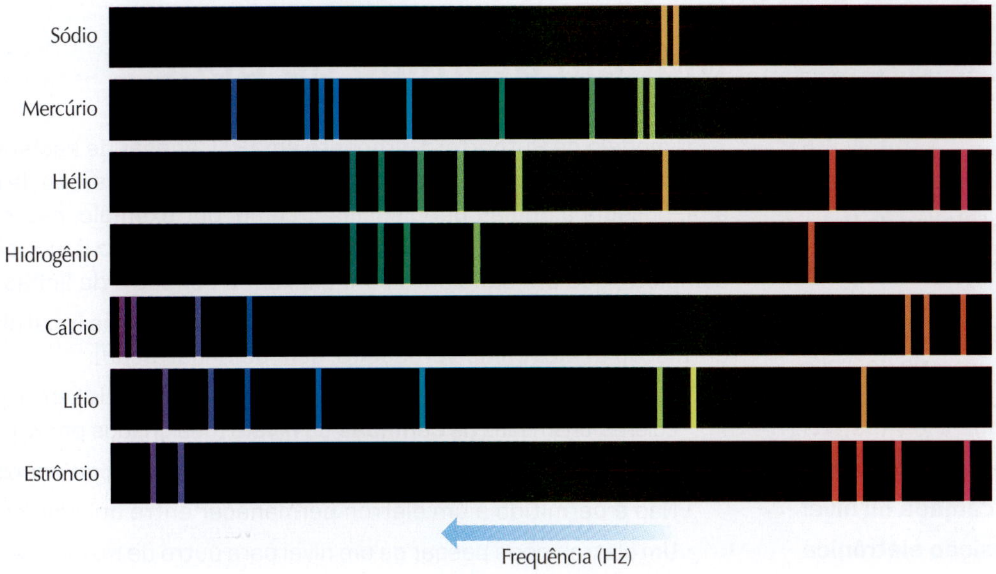

Representação de espectros atômicos (ou espectros de linhas) obtidos com alguns elementos.

Noções sobre energia

Estudar a grandeza denominada **energia** é um assunto que deixaremos para o curso de Física. Entretanto, estamos interessados em que você adquira algumas noções, mesmo que apenas intuitivas, sobre o assunto para entender o modelo de Bohr. Há duas formas básicas de energia:

- **Cinética:** É a energia associada ao movimento (cinética vem do grego *quinea*, que significa movimento). Quanto maior for a velocidade de um corpo, maior será sua energia cinética. Quando um corpo está em repouso, ele não apresenta energia cinética.

A bola chutada pelo jogador de futebol apresenta maior **energia cinética** que a chutada pela criança, pois tem maior velocidade.

- **Potencial:** É a energia associada à situação em que um corpo se encontra. Ela pode ser encarada como uma energia que está "armazenada" no corpo, disponível para ser usada (a palavra *potencial* indica a potencialidade para utilizar essa energia). Veja alguns exemplos:

A "pedra-balão", em Poços de Caldas (MG), tem um valor não nulo de **energia potencial gravitacional** em relação ao solo. Se ocorresse uma queda, essa energia potencial se transformaria em energia cinética.

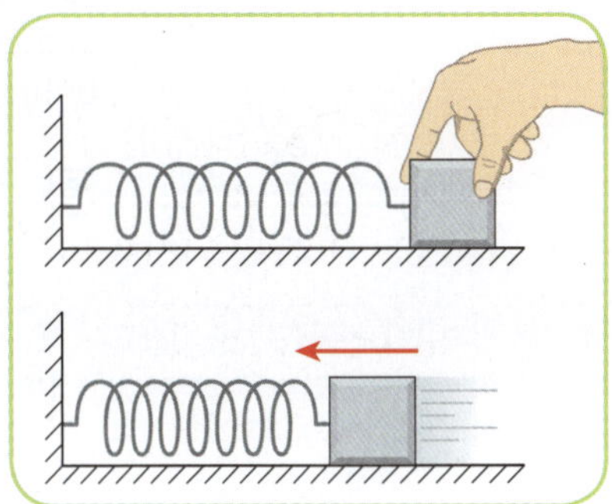

A **energia potencial elástica** existente na mola esticada se transforma em energia cinética quando ela é solta.

Seção 9.2

Modelo atômico de Bohr

Objetivos

- Enumerar os postulados de Bohr.
- Explicar a relação entre transição eletrônica e absorção ou liberação de energia.

Termos e conceitos

- postulado
- camada ou nível
- transição eletrônica
- estado fundamental
- quantização da energia

O modelo de Rutherford, proposto em 1911, apesar de esclarecer satisfatoriamente os resultados da experiência sobre a dispersão de partículas alfa, possuía algumas deficiências – como, por exemplo, não explicar os espectros atômicos. Em 1913, Niels Bohr propôs um outro modelo, mais completo, que era suficiente para explicar o espectro de linhas.

Em seu modelo, Bohr incluiu uma série de **postulados** (postulado é uma afirmação aceita como verdadeira, sem demonstração):

- Os elétrons nos átomos movimentam-se ao redor do núcleo em trajetórias circulares, chamadas de **camadas** ou **níveis** (designados por K, L, M, N etc.).
- Cada um desses níveis tem um valor determinado de energia.
- Não é permitido a um elétron permanecer entre dois desses níveis.
- Um elétron pode passar de um nível para outro de maior energia, desde que **absorva energia** externa (ultravioleta, luz visível, infravermelho etc.). Quando isso acontece, dizemos que o elétron foi excitado e que ocorreu uma **transição eletrônica** (veja a ilustração A).
- Para o elétron retornar ao nível inicial, é necessária a **liberação de energia** na forma de ondas eletromagnéticas (veja a ilustração B), por exemplo, como luz visível ou ultravioleta.

A

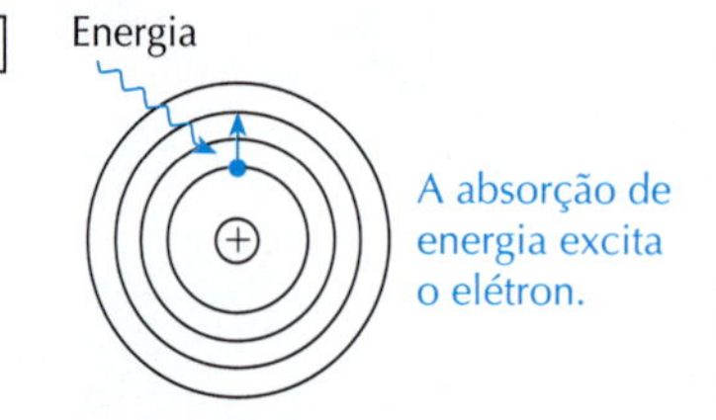

B

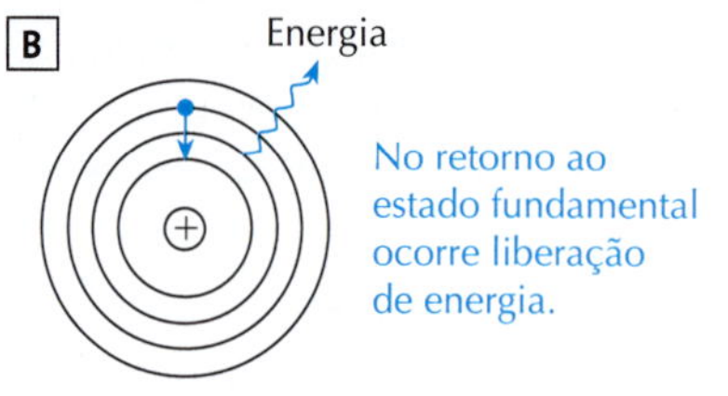

A situação em que os elétrons de um átomo estão com a menor energia possível é chamada **estado fundamental** desse átomo.

Uma novidade relevante da teoria de Bohr está na afirmação de a energia dos elétrons ser **quantizada**, isto é, ter apenas **alguns determinados valores**.

Utilizando o **modelo de Bohr** podem-se explicar os espectros atômicos. Primeiramente os elétrons são excitados na lâmpada de gás e, em seguida, ao retornarem aos níveis de menor energia, liberam energia na forma de luz. Como a cor da luz emitida depende da diferença de energia entre os níveis envolvidos na transição (veja a ilustração C) e como essa diferença varia de elemento para elemento, a luz apresentará cor característica para cada elemento químico. O modelo atômico de Rutherford, modificado por Bohr, é também conhecido como **modelo de Rutherford-Bohr**.

C

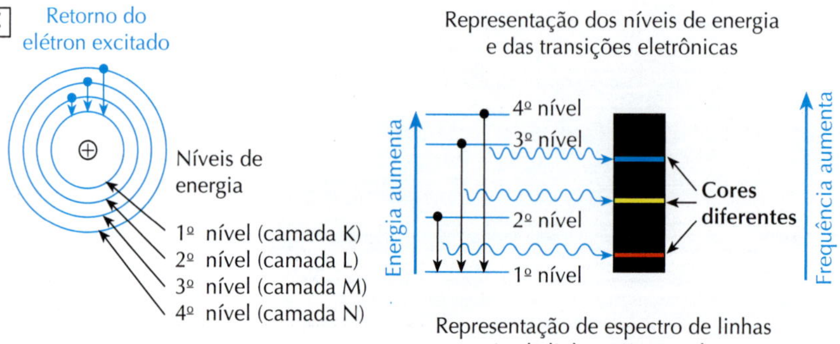

Representação de espectro de linhas (cada linha corresponde a uma transição)

Analogias para a quantização

Os pés de uma pessoa parada numa rampa podem estar a qualquer altura do solo (no mínimo zero e no máximo a altura da rampa).

Já os pés de uma pessoa parada numa escada podem apresentar apenas alguns valores de altura em relação ao solo, correspondentes à altura de cada degrau.

As balas são vendidas de forma quantizada: 1 bala, 2 balas, 3 balas, 4 balas etc. Valores como 2,34 balas ou 4,98 balas não são oferecidos pelo vendedor.

EXERCÍCIOS ESSENCIAIS

7 (PUC-PR) Alguns modelos atômicos que conhecemos foram propostos por Dalton, Rutherford e Bohr no século XIX. Algumas das características de cada um desses modelos estão apresentadas no quadro abaixo:

Modelo	Características
I	Núcleo atômico denso, com carga positiva. Elétrons em órbitas circulares.
II	Átomos maciços e indivisíveis.
III	Núcleo atômico denso, com carga positiva. Elétrons em órbitas circulares de energia quantizada.

Selecione a alternativa abaixo que apresenta a associação **correta** modelo/cientista:

a) I/Rutherford; II/Dalton; III/Bohr.
b) I/Bohr; II/Dalton; III/ Rutherford.
c) I/Dalton; II/ Bohr; III/Rutherford.
d) I/Dalton; II/ Rutherford; III/Bohr.
e) I/ Rutherford; II/Bohr; III/Dalton.

8 O modelo atômico de Bohr introduziu importantes inovações em relação aos modelos anteriores. Entre elas, podemos citar:

a) A matéria é descontínua.
b) Existência de nêutrons.
c) A matéria possui natureza elétrica.
d) Quantização da energia.
e) Explicação da experiência de Rutherford.

9 (Unicap-PE) Julgue os itens em verdadeiros ou falsos.

0. Quanto maior a frequência de uma onda, maior a sua energia.
1. Se o comprimento de uma onda eletromagnética é grande, a sua frequência será grande.
2. O elétron, no nível 3, é mais energético que no nível 1.
3. A transferência de elétrons do nível 1 para o 3 envolve liberação de energia.
4. A energia é diretamente proporcional à frequência.

10 (UFRN) Considere o seguinte diagrama, de níveis de energia para o átomo de hidrogênio:

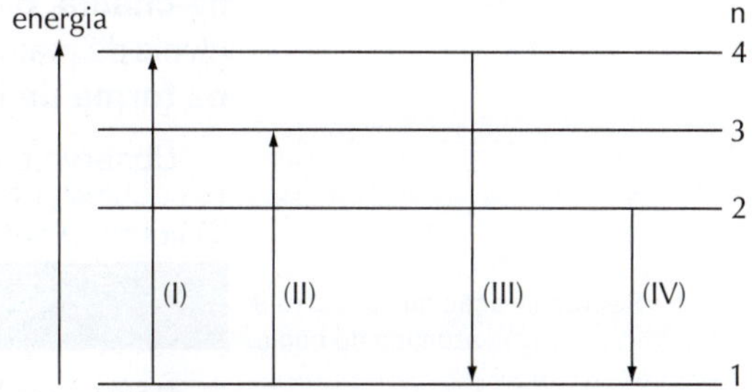

As transições em que ocorre **apenas** absorção de energia são:

a) I, II, III e IV.
b) III e IV.
c) I e II.
d) I e III.

Conteúdo digital Moderna PLUS http://www.modernaplus.com.br
Exercícios adicionais

Seção 9.3

Algumas aplicações do modelo de Bohr

Objetivo

▶ Utilizar o modelo de Bohr para explicar a cor no teste da chama, a cor dos fogos de artifício, a emissão de luz pelas lâmpadas fluorescentes e pelos luminosos de neônio, o princípio da luz *laser* e a bioluminescência.

Termos e conceitos

- teste da chama
- luminescência
- fluorescência
- fosforescência
- luz *laser*
- bioluminescência

1 Interpretação da cor no teste da chama

Considere a seguinte experiência: na ponta de um fio de platina coloca-se uma pequena amostra de cloreto de sódio ($NaC\ell$) e leva-se à chama de um bico de Bunsen, segurando-o com um pregador de madeira para não queimar os dedos.

A observação macroscópica que se faz é a chama, inicialmente azul bem clara, quase transparente, adquirir uma intensa coloração laranja. Repetindo-se esse procedimento, porém utilizando brometo de sódio ($NaBr$) ou iodeto de sódio (NaI), também se observa que a chama adquire coloração laranja.

Como o fio de platina levado à chama sem a presença do sal não produz coloração na chama, isso parece indicar que o sódio deve ser o responsável pela coloração. De fato, ao repetir esse procedimento com sais de alguns outros elementos metálicos, percebe-se que cada um deles produz uma cor característica ao ser submetido à chama (veja a tabela 1).

Tabela 1 Cores emitidas pelos átomos de alguns elementos no teste da chama

Elemento	Cor	Elemento	Cor
Sódio	Laranja	Bário	Verde
Potássio	Violeta	Cobre	Azul-esverdeado
Cálcio	Vermelho-tijolo	Césio	Azul-clara
Estrôncio	Vermelho-camim	Chumbo	Azul-pálida

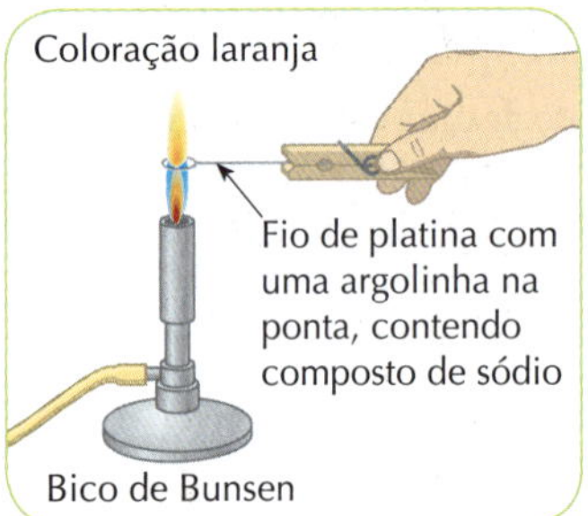

O procedimento que descrevemos é conhecido como **teste da chama**. Ele teve importância histórica como um dos testes empregados na detecção de certos elementos em amostras de minerais. (Atualmente há técnicas bem mais modernas, algumas das quais se baseiam em princípios científicos relacionados ao teste da chama.)

> A cor no teste da chama é uma característica do elemento analisado.

Como explicar o aparecimento de cor característica no teste da chama? Segundo o modelo de Bohr, **quando os átomos de sódio são colocados na chama, o calor excita os elétrons**, isto é, faz com que passem para níveis de maior energia. **Ao voltarem aos níveis iniciais, liberam energia na forma de luz**.

Observe o espectro atômico do sódio:

Sódio

Representação do espectro atômico do sódio.

Como você pode perceber, a luz emitida pelos elétrons do sódio ao voltarem para níveis de menor energia é laranja, exatamente a cor que vemos no teste da chama ao usar o sódio. Veja, agora, o espectro de linhas do estrôncio:

Estrôncio

Representação do espectro atômico do estrôncio.

Quando átomos de estrôncio são submetidos ao teste da chama, eles emitem uma mistura de todas as cores que aparecem nesse espectro. Tal mistura é percebida pela visão humana como um vermelho-carmim. Um elemento químico tem suas linhas coloridas características no espectro atômico. Da mesma maneira, ele terá sua cor característica ao ser submetido ao teste da chama.

Teste da chama com sódio...

... potássio...

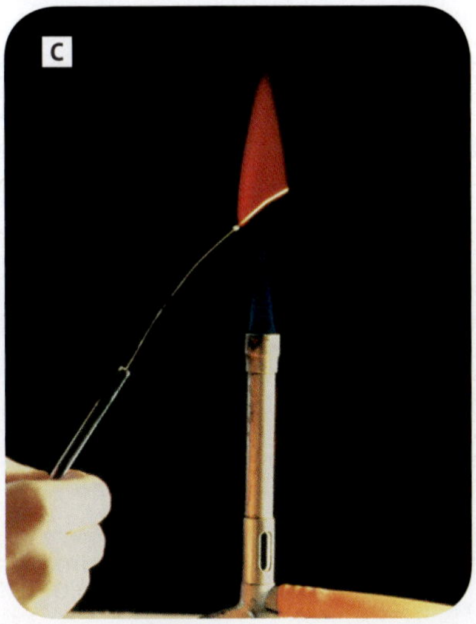

... estrôncio e...

... bário.

2 Fogos de artifício

Quando os fabricantes desejam produzir fogos de artifício coloridos, eles misturam à pólvora compostos de certos elementos químicos apropriados.

Para obter a cor laranja, por exemplo, adicionam sódio. Para conseguir o vermelho-carmim, colocam estrôncio. Quando querem o azul-esverdeado, usam cobre. Desejando o verde, empregam bário.

A cor que um elemento dá aos fogos de artifício é a mesma que ele tem no teste da chama. No momento em que a pólvora explode, a energia excita os elétrons desses átomos. Quando retornam aos níveis de menor energia, liberam luz colorida: exatamente a cor que vemos no teste da chama.

ATENÇÃO

NUNCA caia na tentação de manipular fogos de artifício.
Acidentes sérios, com queimaduras e até morte, atestam o risco que é manuseá-los.

Como funcionam os fogos coloridos

Os números no esquema abaixo indicam a sequência de eventos na explosão de fogos de artifício coloridos.

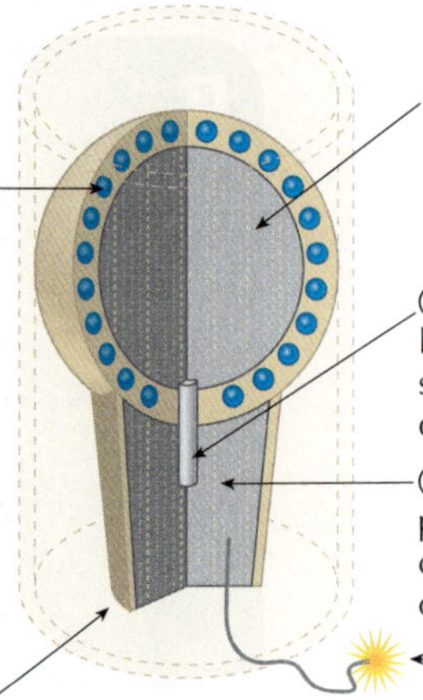

A cor dos fogos de artifício pode ser explicada utilizando o modelo atômico de Bohr.

3 Luminosos e lâmpadas

Os luminosos de neônio e as lâmpadas de vapor de sódio ou mercúrio são dispositivos baseados no tubo de raios catódicos (página 106). Neles, há uma substância no estado gasoso (gás neônio, vapor de sódio e vapor de mercúrio, respectivamente), cujos elétrons são excitados por ação da corrente elétrica. Quando esses elétrons retornam a níveis de menor energia, há a emissão de luz.

Nos luminosos de gás neônio, a luz emitida é vermelha, e, nas lâmpadas de vapor de sódio, é laranja. Nas lâmpadas de vapor de mercúrio, também conhecidas como lâmpadas fluorescentes, há liberação de quantidade apreciável de radiação ultravioleta, que não é visível. A pintura que reveste tais lâmpadas contém uma substância especial (denominada fluorescente), que absorve tal radiação e reemite luz branca, visível.

> No texto acima, a palavra **radiação** está sendo usada como sinônimo de **onda eletromagnética**.

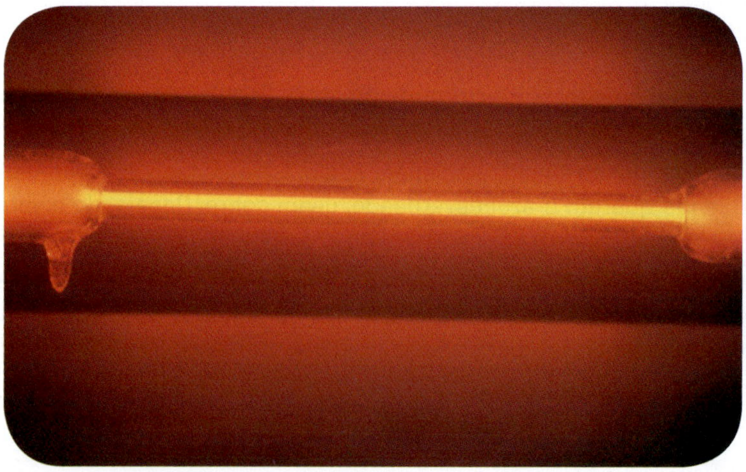

Luminoso de neônio.

Lâmpada fluorescente de mercúrio.

Nas lâmpadas de vapor de sódio como as que aparecem nesses postes, a luz emitida é laranja: a mesma cor do sódio no teste da chama.

Fluorescência e fosforescência

Alguns materiais, quando absorvem radiação ultravioleta ou outras formas de radiação, emitem de volta luz visível.

Esse fenômeno é chamado genericamente de **luminescência**. Quando a emissão ocorre imediatamente após a incidência da radiação ultravioleta, o fenômeno é chamado de **fluorescência**; se, por outro lado, a emissão demorar alguns segundos ou até mesmo algumas horas, chamamos de **fosforescência**. Os interruptores de luz e os ponteiros de relógio que brilham no escuro baseiam-se na fosforescência.

Os interruptores feitos de material fosforescente são visíveis no escuro graças ao retorno gradual dos elétrons que foram excitados durante o tempo em que o dispositivo esteve iluminado.

4 Luz *laser*

A palavra ***laser*** vem do inglês *light amplification by stimulated emission of radiation*, que significa "amplificação da luz por emissão estimulada de radiação". O mais simples, e mais antigo, dos aparelhos desse tipo é o *laser* de rubi.

O rubi é um sólido de fórmula $A\ell_2O_3$ contendo pequenas quantidades de íons Cr^{3+}, responsáveis pela sua cor vermelha característica. No *laser* de rubi, elétrons dos íons Cr^{3+} são excitados através de uma lâmpada tipo *flash*. Na volta, esses elétrons ficam presos num nível energético intermediário (chamado de *estado metaestável*) onde podem permanecer alguns segundos.

Por meio de um artifício, esses elétrons são forçados a retornar simultaneamente para o estado fundamental, num processo denominado *emissão estimulada de radiação*. Com isso, obtém-se um feixe de luz de alta intensidade e de frequência bem definida, chamado de luz *laser*.

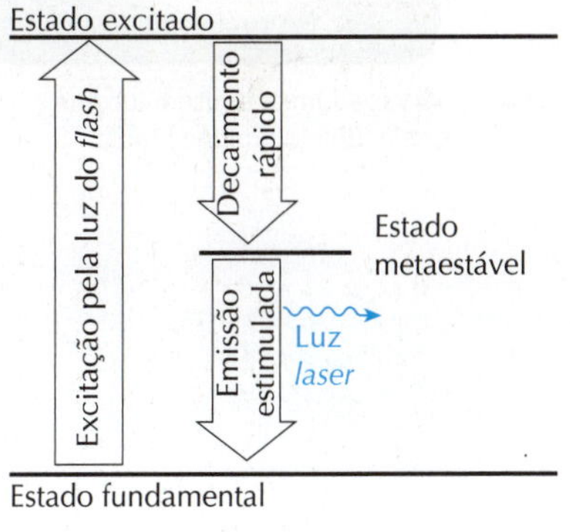

Esquema que mostra um dos processos de emissão de luz em um *laser*.

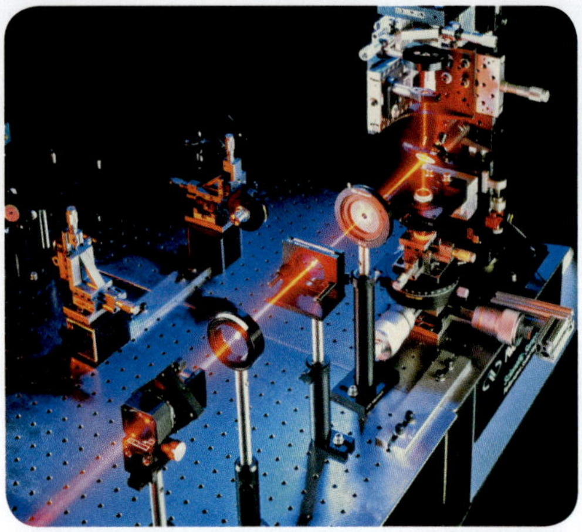

A luz *laser* possui larga aplicação em pesquisa, na indústria, na medicina e no entretenimento. Na foto, *laser* em laboratório de pesquisa.

Leitores ("players") de CD, CD-ROM e DVD utilizam a luz *laser*.

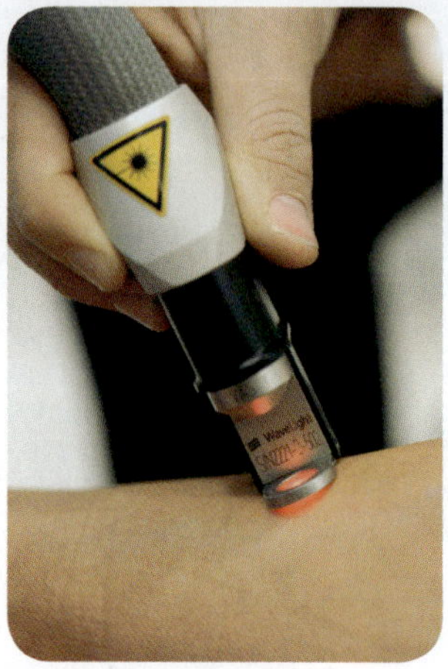

Remoção de varizes utilizando *laser*.

5 Bioluminescência: a luz emitida pelos vaga-lumes

Alguns seres vivos possuem um interessante mecanismo em seu organismo: reações químicas utilizam a energia (proveniente dos alimentos) para excitar elétrons de átomos de determinadas moléculas. Quando os elétrons voltam ao estado fundamental, há emissão de luz. Esse fenômeno é chamado de **bioluminescência**.

O caso mais conhecido de bioluminescência é o dos vaga-lumes (ou pirilampos). Há evidências de que eles utilizam os sinais luminosos para se comunicar com os parceiros do sexo oposto. A emissão de luz tem, portanto, finalidade relacionada ao acasalamento dos vaga-lumes.

Há outras espécies de seres vivos, como, por exemplo, alguns fungos, vermes e cnidários, que também apresentam bioluminescência. Em muitos casos, porém, os cientistas ainda não esclareceram o papel que ela desempenha na vida desses organismos.

Vaga-lumes emitem luz por meio da bioluminescência.

Cogumelo bioluminescente à noite, em floresta tropical da Costa Rica.

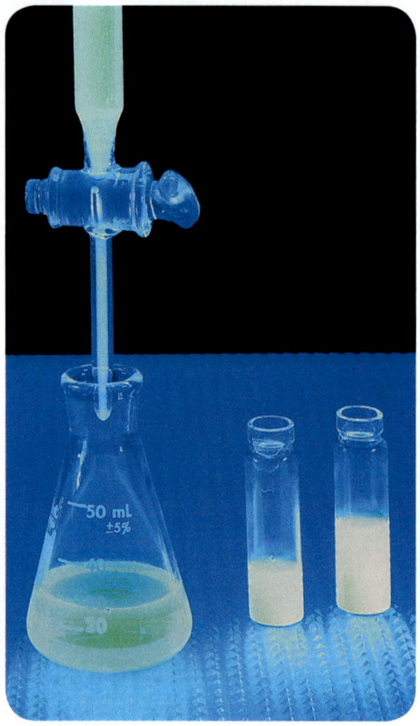

Os químicos já conseguiram reproduzir em laboratório as reações de bioluminescência, como, por exemplo, aquelas responsáveis pela luz emitida pelos vaga-lumes.

Conteúdo digital Moderna PLUS http://www.modernaplus.com.br
Texto: *O nome dos elementos*

EXERCÍCIOS ESSENCIAIS

11 (UGF-RJ) O físico dinamarquês Niels Bohr (1885--1962) enunciou, em 1913, um modelo atômico que relacionou a quantidade de energia dos elétrons com sua localização na eletrosfera.
Em relação à energia associada às transições eletrônicas, um elétron, ao absorver energia, pode sofrer a seguinte transição:

a) da órbita N para a órbita M.
b) da órbita P para a órbita O.
c) da órbita L para a órbita K.
d) da órbita O para a órbita P.
e) da órbita M para a órbita L.

12 De acordo com o modelo de Bohr, a luz vista durante o teste da chama é emitida:

a) quando os átomos se quebram em vários pedaços.
b) pelos elétrons quando são promovidos a níveis de menor energia.
c) pelos elétrons quando retornam, após a excitação, a níveis de menor energia.
d) quando o núcleo do átomo se quebra em dois pedaços devido ao aquecimento.

13 (UFPB) Os fogos de artifício coloridos são fabricados adicionando-se à pólvora elementos químicos metálicos como o sódio (cor amarela), estrôncio (vermelho escuro), potássio (violeta) etc. Quando a pólvora queima, elétrons dos metais presentes sofrem excitação eletrônica e, posteriormente, liberação de energia sob a forma de luz, cuja cor é característica de cada metal.
O fenômeno descrito:

a) é característico dos elementos dos grupos 6A e 7A da Tabela Periódica.
b) ocorre, independentemente, da quantidade de energia fornecida.
c) está em concordância com a transição eletrônica, conforme o modelo de Bohr.
d) mostra que a transição de elétrons de um nível mais interno para um mais externo é um processo que envolve emissão de energia.
e) mostra que um elétron excitado volta ao seu estado fundamental, desde que absorva energia.

14 (UFPI) Luz fornecida por uma lâmpada de vapor de sódio utilizada em iluminação pública é resultado de:

a) transição de elétrons de um dado nível de energia para um outro de maior energia.
b) remoção de elétrons de um átomo para formar cátions.
c) transição de elétrons de um nível de energia mais alto para um mais baixo.
d) adição de elétrons a átomos para formação de ânions.
e) combinação de átomos para formar moléculas.

15 (PUC-MG) Os interruptores brilham no escuro graças a uma substância chamada sulfeto de zinco (ZnS), que tem a propriedade de emitir um brilho amarelo esverdeado depois de exposta à luz. O sulfeto de zinco é um composto fosforescente. Ao absorverem partículas luminosas, os elétrons são estimulados e afastados para longe do núcleo. Quando você desliga o interruptor, o estímulo acaba e os elétrons retornam, aos poucos, para seus lugares de origem, liberando o seu excesso de energia na forma de fótons. Daí a luminescência.

(Texto adaptado do artigo de aplicações da fluorescência, de Daniela Freitas)

A partir das informações do texto, pode-se concluir que o melhor modelo atômico que representa o funcionamento dos interruptores no escuro é o de:

a) Rutherford.
b) Bohr.
c) Thomson.
d) Heisenberg.

16 (UFPI) O diagrama de níveis de energia para o mercúrio mostra as transições de emissão mais importantes para esse elemento. Uma emissão pode ser observada após excitação por uma descarga elétrica como em uma lâmpada de mercúrio. De acordo com esse diagrama e com a tabela abaixo, analise as seguintes afirmativas.

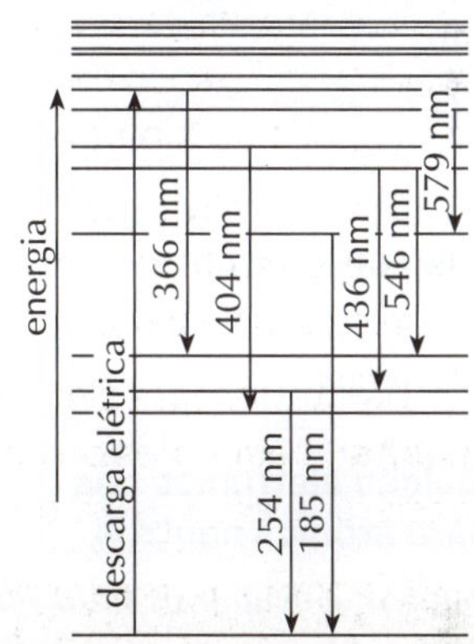

Regiões do espectro	
< 400 nm	Ultravioleta
400-700 nm	Visível
> 700 nm	Infravermelho

I. No espectro atômico do mercúrio, na região do visível, é possível identificarem-se pelo menos 4 raias.
II. Considerando a excitação apresentada, podemos, além das transições de emissão explicitadas, inferir a possibilidade de outras 29 transições de emissão.
III. Considerando que a luz na região ultravioleta tem ação germicida, lâmpadas de mercúrio podem ser utilizadas com essa finalidade.

Analise as afirmativas acima e assinale a opção correta.

a) Apenas I é verdadeira.
b) Apenas I e II são verdadeiras.
c) I, II e III são verdadeiras.
d) Apenas II e III são verdadeiras.
e) Apenas I e III são verdadeiras.

Conteúdo digital Moderna PLUS http://www.modernaplus.com.br
Exercícios adicionais

Capítulo 10

Modelo atômico de subníveis de energia

A previsão da distribuição dos elétrons nos subníveis de energia pode ser feita empregando-se o diagrama das diagonais.

Rumo à memória molecular

Um dos primeiros desafios da era informática foi o desenvolvimento de dispositivos de memória portáteis. Um grande passo foi o lançamento do primeiro HD, em 1956. Tratava-se de um "armário" de 1,72 m de altura, pesando 1 tonelada e com a capacidade de armazenar incríveis 5 MB de memória!

Do analógico ao digital

Nós usamos diferentes linguagens como, por exemplo, a palavra escrita, cujo alfabeto tem 26 caracteres. Já os computadores só utilizam o código binário, ou seja, sequências de zero e um (os *bits*). Um *byte* (1 B) tem 8 *bits*.

Para gravar todos os filmes, músicas e textos de um *pen drive* de 64 GB, você precisaria usar 94 CDs, mais de 45 mil disquetes ou ainda dezenas de milhões de folhas de papel com código binário.

Dias de hoje
Pen Drive
64 GB
1 unidade

O futuro

Nos dispositivos *flash* mais modernos, um *bit* de memória pode ocupar cerca de 150.000 nm^2. Pesquisadores estadunidenses apresentaram dispositivos moleculares em que cada *bit* é armazenado por cerca de 100 moléculas, ocupando 256 nm^2.

Um sinal elétrico mandado por meio dos nanofios interfere nos níveis de energia da molécula e faz com que o anel molecular (em amarelo) mude de posição. Cada posição corresponde a um *bit* de informação.

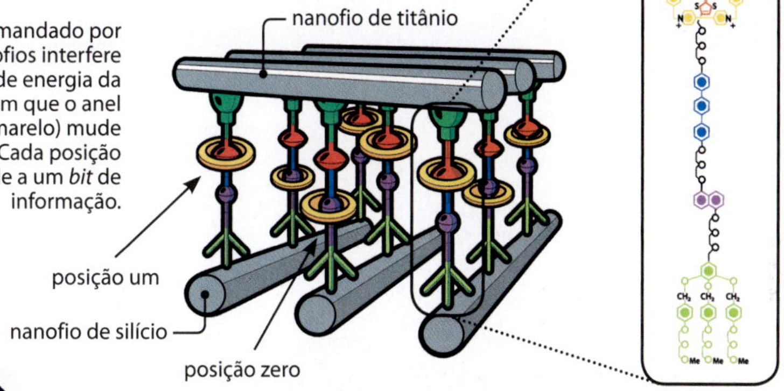

Para pensar

1. Como uma molécula pode guardar informação?
2. O que é a nanotecnologia?

Princípio da Incerteza de Heisenberg

Objetivo

- Compreender por que a energia do elétron é uma característica relevante.

Termos e conceitos

- Princípio da Incerteza

Imagine que você deseja medir a temperatura da água de uma piscina. Para isso, basta usar um termômetro; se desejarmos medir a temperatura de um copo com água, procederemos da mesma maneira.

Contudo, suponhamos que você queira medir a temperatura de uma minúscula gota de orvalho que encontrou, pela manhã, sobre o piso. Nesse caso, o uso do termômetro apresenta um indesejável problema: a gota é tão pequena em relação ao termômetro, que, se estiver mais fria que o instrumento, esquentará ao tomar contato com ele; caso esteja mais quente, o contato com o termômetro a resfriará.

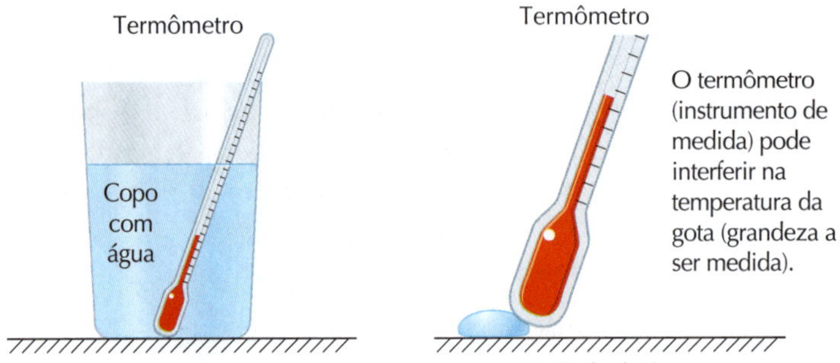

De qualquer maneira, percebemos que o instrumento utilizado para fazer essa medida afeta o valor da grandeza que desejamos medir. Isso também ocorre ao medirmos a temperatura da piscina ou do copo de água, porém a influência do termômetro é absolutamente desprezível nesses casos.

O ato de medir afeta a grandeza medida. E isso se torna tanto mais acentuado quanto menor é o objeto da medida.

Algo semelhante acontece se desejamos enxergar os elétrons em um átomo. A própria luz interage com eles, o que afeta sua posição e sua energia. Assim, é impossível ter certeza absoluta da posição de um elétron em um átomo. Torna-se sem sentido tentar dizer qual é a trajetória dos elétrons. Portanto, **a ideia de trajetórias circulares de Bohr não pode ser comprovada**.

Em 1927, o físico Werner Heisenberg conseguiu elaborar matematicamente (e com muito mais profundidade) as ideias que acabamos de descrever, que passaram a ser conhecidas como **Princípio da Incerteza de Heisenberg**.

Werner Heisenberg (1901-1976), Prêmio Nobel em 1932.

O Princípio da Incerteza e o elétron

Enxergar o elétron com absoluta nitidez é extremamente improvável, para não dizer impossível. Por isso, a pesquisa sobre o átomo vem se concentrando, desde que Heisenberg elaborou o seu princípio, em estudar evidências indiretas. É o caso dos espectros atômicos, que fornecem preciosas informações, como, por exemplo, a energia dos diferentes níveis da eletrosfera. Assim, é importante salientar que **o elétron é mais bem caracterizado por sua energia do que por sua posição, velocidade ou trajetória**.

Seção 10.2

Subníveis de energia

Objetivos

- Interpretar simbologias do tipo "1s", "3d" e "5p".
- Conhecer o número máximo de elétrons em cada subnível.

Termos e conceitos

- subnível

Uma vez que, nas décadas de 1920 e 1930, a análise de espectros se mostrava uma das melhores maneiras de investigar a eletrosfera, muitos cientistas centraram seus esforços nesse campo. Com a construção de aparelhos mais avançados para obter os espectros, foi possível perceber que eles apresentam uma **estrutura fina**, ou seja, algumas das linhas são compostas de duas ou mais linhas muito próximas.

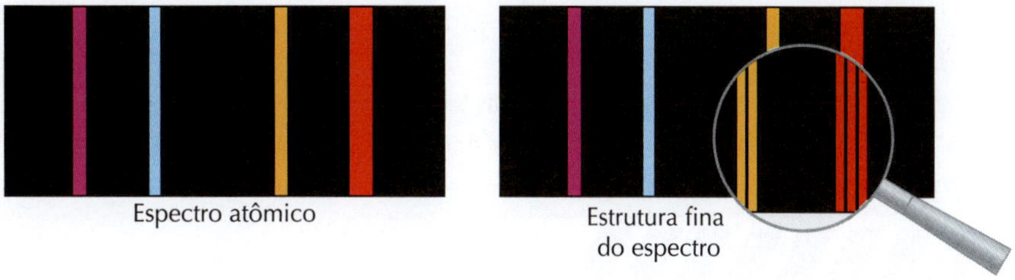

A estrutura fina dos espectros foi explicada quando os cientistas propuseram que os níveis de energia são formados por subdivisões, chamadas de **subníveis**. Estes são designados pelas letras minúsculas **s**, **p**, **d**, **f**, **g**, **h** etc.

A camada **K** é formada pelo subnível **s**.
A camada **L** é formada pelos subníveis **s** e **p**.
A camada **M** é formada pelos subníveis **s**, **p** e **d**.
A camada **N** é formada pelos subníveis **s**, **p**, **d** e **f**.
E assim por diante...

Tabela 1 Número máximo de elétrons acomodados pelos subníveis s, p, d, f

Subnível	Número máximo de elétrons
s	2
p	6
d	10
f	14

Cada subnível comporta um certo número máximo de elétrons, conforme mostrado pela tabela 1.

Ordenando (com base em evidências experimentais obtidas de átomos com dois ou mais elétrons) os subníveis em sequência crescente de energia, os cientistas chegaram ao seguinte esquema:

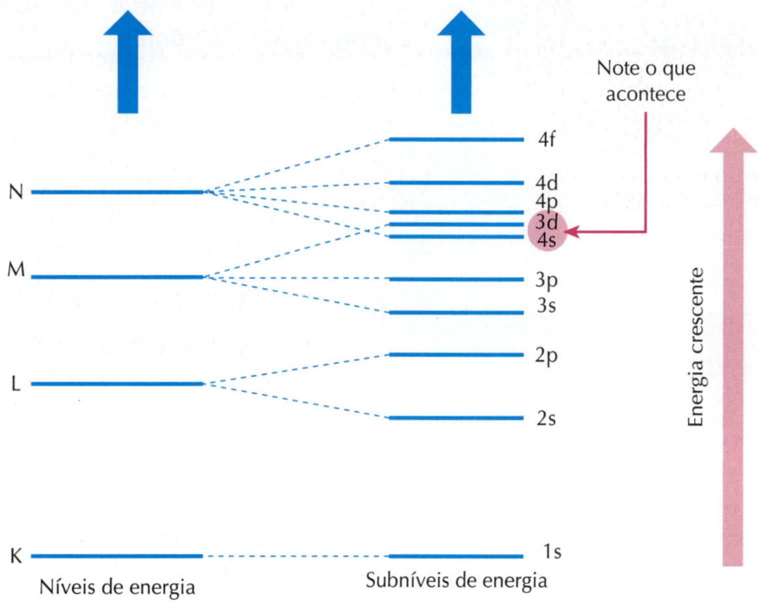

A simbologia **1s** indica subnível s do primeiro nível, **2s** indica subnível s do segundo nível, **2p** indica subnível **p** do segundo nível e assim por diante.

Como pode ser visto no esquema, o subnível 4s, apesar de pertencer à quarta camada, apresenta energia inferior à do subnível 3d, que pertence à terceira camada. Algumas outras situações de inversão desse tipo ocorrem entre os vários subníveis (por exemplo, o subnível 5s tem energia inferior ao 4d e ao 4f; o subnível 6s tem energia inferior ao 4f e ao 5d). O esquema ao lado é mais abrangente e permite estabelecer a **ordem crescente de energia** desde 1s até 6d.

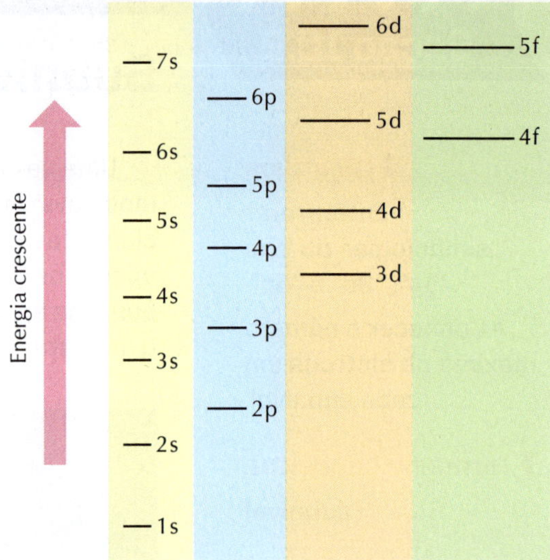

Seção 10.3

Distribuição eletrônica nos subníveis para átomos neutros

› Objetivo

▸ Analisar a distribuição eletrônica dos átomos dos dez primeiros elementos.

› Termos e conceitos

- **distribuição eletrônica nos subníveis**
- **configuração eletrônica**
- **estado fundamental**

Há uma disposição natural que faz as coisas tenderem sempre a uma situação de menor energia. Considere a queda de um corpo: ao final, a energia potencial do sistema é menor do que no início. O mesmo acontece com uma mola esticada, que, assim que for solta, voltará ao seu comprimento habitual.

A tendência a minimizar a energia também é observada na eletrosfera dos átomos. Os elétrons tendem a distribuir-se nos subníveis de menor energia, desde que haja lugar disponível.

Considere, por exemplo, o átomo eletricamente neutro de hidrogênio $_{1}H$, que possui 1 elétron. Este permanece no subnível 1s, que, entre todos, possui menor energia. Dizemos que a **distribuição eletrônica** do $_{1}H$ **nos subníveis** é $1s^1$.

> A **distribuição eletrônica nos subníveis** também é conhecida como **configuração eletrônica**.

No caso do $_{2}He$, a distribuição é $1s^2$, ou seja, os seus 2 elétrons ocupam o subnível de menor energia, 1s. O lítio $_{3}Li$ apresenta distribuição $1s^2\ 2s^1$. Note que o terceiro elétron não é comportado pelo subnível 1s, que comporta no máximo 2 elétrons. Ele é forçado a ocupar o subnível 2s, que, depois do subnível 1s, é o que apresenta menor energia.

$_{1}H$	$1s^1$	$_{5}B$	$1s^2\ 2s^2\ 2p^1$
$_{2}He$	$1s^2$	$_{6}C$	$1s^2\ 2s^2\ 2p^2$
$_{3}Li$	$1s^2\ 2s^1$	$_{7}N$	$1s^2\ 2s^2\ 2p^3$
$_{4}Be$	$1s^2\ 2s^2$	$_{8}O$	$1s^2\ 2s^2\ 2p^4$
		$_{9}F$	$1s^2\ 2s^2\ 2p^5$
		$_{10}Ne$	$1s^2\ 2s^2\ 2p^6$
		etc.	

> A situação na qual os elétrons de um átomo se encontram nos subníveis de menor energia é chamada de **estado fundamental** desse átomo.

Seção 10.4

Diagrama das diagonais

Objetivos

- Construir o diagrama das diagonais.
- Elaborar a distribuição eletrônica nos subníveis de átomos neutros.
- Utilizar a simbologia de cerne de gás nobre.

Termos e conceitos

- diagrama das diagonais
- cerne de gás nobre

Para facilitar, foi elaborado o diagrama abaixo – vamos aqui denominá-lo **diagrama das diagonais** – no qual as diagonais mostram a ordem em que se dá o preenchimento dos subníveis (para a maioria dos átomos dos elementos). Ele nos ajuda a realizar a distribuição eletrônica, o que é feito seguindo as diagonais. Observe, na tabela 2, a configuração eletrônica de alguns átomos neutros.

Diagrama das diagonais

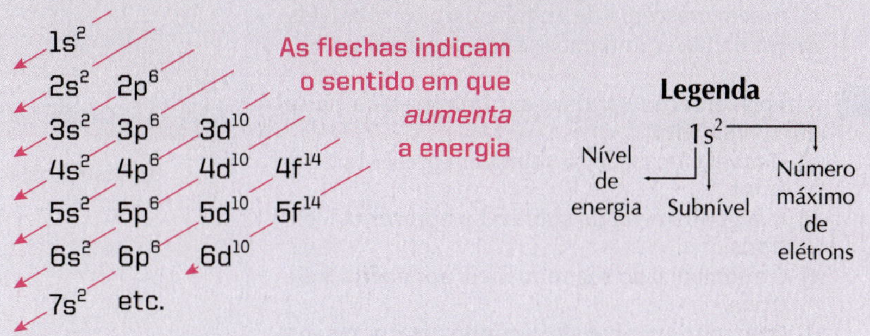

As diagonais desse esquema mostram a sequência segundo a qual pode ser feita a distribuição eletrônica para a maioria dos átomos. Portanto, trata-se apenas de um recurso para facilitar a lembrança dessa sequência. Vamos chamá-lo aqui de *diagrama das diagonais*. (Alguns autores o denominam *diagrama de Pauling*.)

O símbolo [He] indica a configuração eletrônica de um átomo de hélio: $1s^2$. Assim, ao escrever que a configuração de um átomo de $_3Li$ é [He] $2s^1$, estamos querendo dizer que se trata de $1s^2$ $2s^1$. Costuma-se chamar o símbolo [He] de **cerne de átomo de hélio**.

O símbolo [Ne] indica **cerne de átomo de neônio**, ou seja, $1s^2\ 2s^2\ 2p^6$.

O símbolo [Ar] indica **cerne de átomo de argônio**, ou seja, $1s^2\ 2s^2\ 2p^6\ 3s^2\ 3p^6$.

Tabela 2 Configuração eletrônica para os átomos (eletricamente neutros) dos primeiros 20 elementos da tabela periódica

Átomo	Configuração eletrônica		
$_1H$	$1s^1$		
$_2He$	$1s^2$		
$_3Li$	$1s^2\ 2s^1$	ou	[He] $2s^1$
$_4Be$	$1s^2\ 2s^2$		[He] $2s^2$
$_5B$	$1s^2\ 2s^2\ 2p^1$		[He] $2s^2\ 2p^1$
$_6C$	$1s^2\ 2s^2\ 2p^2$		[He] $2s^2\ 2p^2$
$_7N$	$1s^2\ 2s^2\ 2p^3$		[He] $2s^2\ 2p^3$
$_8O$	$1s^2\ 2s^2\ 2p^4$		[He] $2s^2\ 2p^4$
$_9F$	$1s^2\ 2s^2\ 2p^5$		[He] $2s^2\ 2p^5$
$_{10}Ne$	$1s^2\ 2s^2\ 2p^6$		[He] $2s^2\ 2p^6$
$_{11}Na$	[Ne] $3s^1$		
$_{12}Mg$	[Ne] $3s^2$		
$_{13}A\ell$	[Ne] $3s^2\ 3p^1$		
$_{14}Si$	[Ne] $3s^2\ 3p^2$		
$_{15}P$	[Ne] $3s^2\ 3p^3$		
$_{16}S$	[Ne] $3s^2\ 3p^4$		
$_{17}C\ell$	[Ne] $3s^2\ 3p^5$		
$_{18}Ar$	[Ne] $3s^2\ 3p^6$		
$_{19}K$	[Ar] $4s^1$		
$_{20}Ca$	[Ar] $4s^2$		
e assim por diante			

EXERCÍCIOS ESSENCIAIS

1 Segundo o modelo de Bohr, os elétrons se movimentam em camadas. Numa concepção mais moderna, devido ao princípio da ■, os químicos preferem associar o elétron à sua ■ a associá-lo à localização. A alternativa que completa adequadamente o texto é:

a) incerteza / órbita.
b) incerteza / energia.
c) energia / velocidade.
d) energia / órbita.

2 O chamado diagrama das diagonais apresenta a:

a) distribuição dos elétrons nos níveis de energia.
b) posição dos elétrons na eletrosfera.
c) ordem crescente de energia para os subníveis.
d) cor da luz emitida nos saltos dos elétrons.

3 A representação $3p^2$ deve ser interpretada da seguinte maneira:

a) O nível p do terceiro subnível apresenta 2 elétrons.
b) O segundo nível do subnível p apresenta 3 elétrons.
c) O subnível p do segundo nível apresenta 3 elétrons.
d) O terceiro subnível do segundo nível apresenta p elétrons.
e) O subnível p do terceiro nível apresenta 2 elétrons.

4 A representação $5s^1$ deve ser interpretada da seguinte maneira:

a) O subnível s do primeiro nível apresenta 5 elétrons.
b) O subnível s do quinto nível apresenta 1 elétron.
c) O quinto subnível do primeiro nível apresenta s elétrons.
d) O nível s do quinto subnível apresenta 1 elétron.
e) O primeiro nível do subnível s apresenta 5 elétrons.

EXERCÍCIOS RESOLVIDOS

5 (Unitins-TO) Coloque em ordem crescente de energia os subníveis eletrônicos:

4d 4f 5p 6s

a) $4d < 5p < 6s < 4f$.
b) $4d < 4f < 5p < 6s$.
c) $4f < 4d < 5p < 6s$.
d) $5p < 6s < 4f < 4d$.
e) $6s < 5p < 4d < 4f$.

Resolução

A ordem crescente de energia dos subníveis é fornecida pelo **diagrama das diagonais**. Localizando 4d, 4f, 5p e 6s nesse diagrama, concluímos que a **ordem crescente de energia** é:

$4d < 5p < 6s < 4f$, dada pela alternativa **a**.

6 Escreva a distribuição eletrônica nos subníveis de energia para os seguintes átomos:

a) $_{17}C\ell$
b) $_{26}Fe$

Resolução

Utilizando o diagrama das diagonais, devemos distribuir, respectivamente, 17 e 26 elétrons, pois, lembrando-se, num átomo (subentende-se átomo neutro) o número de elétrons é igual ao de prótons. Assim:

a) Distribuição de 17 elétrons do $_{17}C\ell$:

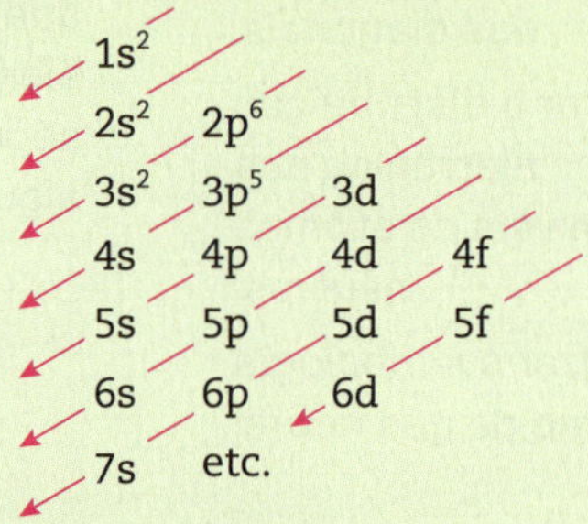

$_{17}C\ell$: $1s^2\ 2s^2\ 2p^6\ 3s^2\ 3p^5$

b) Distribuição de 26 elétrons do $_{26}Fe$:

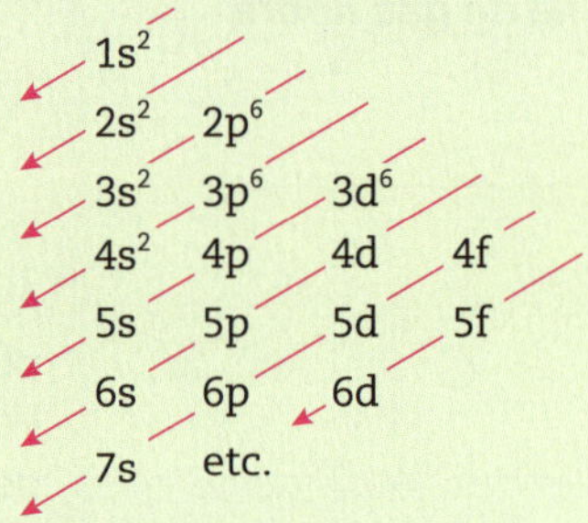

$_{26}Fe$: $1s^2\ 2s^2\ 2p^6\ 3s^2\ 3p^6\ 4s^2\ 3d^6$

7 Escreva a distribuição eletrônica nos subníveis de energia para os seguintes átomos:

a) $_4Be$; b) $_7N$; c) $_{10}Ne$; d) $_{13}A\ell$; e) $_{20}Ca$; f) $_{28}Ni$; g) $_{35}Br$; h) $_{37}Rb$; i) $_{55}Cs$.

8 (PUC-Campinas-SP) Vanádio (Z = 23), elemento de transição, constitui componente importante do aço para produzir um tipo de liga que melhora consideravelmente a tenacidade, a resistência mecânica e à corrosão do ferro. Quantos elétrons há no subnível 3d da configuração eletrônica do vanádio?

a) 1. b) 2. c) 3. d) 4. e) 5.

9 (Vunesp) Para o elemento de número atômico 28, a configuração eletrônica é:

a) $1s^2\ 2s^2\ 2p^6\ 3s^2\ 3p^6\ 3d^{10}$.
b) $1s^2\ 2s^2\ 2p^6\ 3s^2\ 3p^6\ 3d^2\ 4s^2\ 4p^6$.
c) $1s^2\ 2s^2\ 2p^6\ 3s^2\ 3p^6\ 4s^2\ 4p^6\ 5s^2$.
d) $1s^2\ 2s^2\ 2p^6\ 3s^2\ 3p^6\ 4s^2\ 3d^8$.
e) $1s^2\ 2s^2\ 2p^6\ 3s^2\ 3p^6\ 4s^1\ 3d^9$.

10 (Ufes) Ligas de titânio (Z = 22) são muito usadas na fabricação de parafusos e pinos que compõem as próteses ortopédicas. A configuração eletrônica CORRETA do átomo de titânio é:

a) $[Ar]\ 3d^4$.
b) $[Ar]\ 3d^6$.
c) $[Ar]\ 4s^1\ 3d^3$.
d) $[Ar]\ 4s^2\ 3d^2$.
e) $[Ar]\ 4s^2\ 3d^5$.

Conteúdo digital Moderna PLUS http://www.modernaplus.com.br
Exercícios adicionais

Seção 10.5

Distribuição eletrônica nas camadas para átomos neutros

Objetivo

- Aplicar o diagrama das diagonais para fazer a distribuição eletrônica nas camadas de átomos neutros.

Termos e conceitos

- distribuição eletrônica nas camadas (nos níveis)

Além de auxiliar na distribuição eletrônica nos subníveis, o diagrama das diagonais possibilita a elaboração da **distribuição eletrônica nos níveis** ou **camadas**. Veja os exemplos:

$_{8}O$ $1s^2$ | $2s^2\ 2p^4$

K — 2 L — 6 → Distribuição eletrônica nos níveis ou camadas

$_{12}Mg$ $1s^2$ | $2s^2\ 2p^6$ | $3s^2$

K — 2 L — 8 M — 2

$_{25}Mn$ $1s^2$ | $2s^2\ 2p^6$ | $3s^2\ 3p^6$ | $4s^2$ | $3d^5$

K — 2 L — 8 M — 13 N — 2

Tabela 3 Número máximo de elétrons por nível eletrônico

Camada	Subníveis							Número máximo teórico de elétrons	Número máximo de elétrons para um átomo que tiver Z = 118
K	$1s^2$							2	2
L	$2s^2$	$2p^6$						8	8
M	$3s^2$	$3p^6$	$3d^{10}$					18	18
N	$4s^2$	$4p^6$	$4d^{10}$	$4f^{14}$				32	32
O	$5s^2$	$5p^6$	$5d^{10}$	$5f^{14}$	$5g^{18}$			50	32
P	$6s^2$	$6p^6$	$6d^{10}$	$6f^{14}$	$6g^{18}$	$6h^{22}$		72	18
Q	$7s^2$	$7p^6$	$7d^{10}$	$7f^{14}$	$7g^{18}$	$7h^{22}$	$7i^{26}$	98	8

Esses subníveis existem, pelo menos em teoria. Contudo, nenhum átomo presente até agora na tabela periódica da IUPAC (União Internacional de Química Pura e Aplicada) tem tantos elétrons a ponto de que precisemos deles para fazer a distribuição eletrônica.

Conteúdo digital Moderna PLUS http://www.modernaplus.com.br
Texto: *Química e Nanotecnologia: é hora de despertar!*

EXERCÍCIOS ESSENCIAIS

EXERCÍCIO RESOLVIDO

11 Escreva a distribuição eletrônica em camadas (níveis de energia) para os seguintes átomos:

a) $_{11}Na$; b) $_{17}C\ell$; c) $_{26}Fe$.

Resolução

Utilizando o diagrama das diagonais, devemos inicialmente distribuir os elétrons nos subníveis. A seguir, agrupamos os elétrons por camada (nível de energia):

a) $_{11}Na$ $1s^2$ $2s^2$ $2p^6$ $3s^1$

K — 2 L — 8 M — 1

b) $_{17}C\ell$ $1s^2$ $2s^2$ $2p^6$ $3s^2$ $3p^5$

K — 2 L — 8 M — 7

c) $_{26}Fe$ $1s^2$ $2s^2$ $2p^6$ $3s^2$ $3p^6$ $4s^2$ $3d^6$

K — 2 L — 8 M — 14 N — 2

12 Escreva a distribuição eletrônica em camadas (níveis de energia) para os seguintes átomos:

a) $_4Be$; c) $_{10}Ne$; e) $_{20}Ca$; g) $_{35}Br$; i) $_{55}Cs$.
b) $_7N$; d) $_{13}A\ell$; f) $_{28}Ni$; h) $_{37}Rb$;

EXERCÍCIOS RESOLVIDOS

13 A última camada de um átomo possui a configuração eletrônica $3s^2\ 3p^4$. Qual é o número atômico desse elemento?

Resolução

Utilizando o diagrama das diagonais, fazemos a distribuição até $3s^2\ 3p^4$:

$1s^2\ 2s^2\ 2p^6\ 3s^2\ 3p^4 \Rightarrow$ total de 16 elétrons

Como, num átomo neutro, o número de elétrons é igual ao número de prótons, então: Z = 16.

14 (UFMG) Na crosta terrestre, o segundo elemento mais abundante, em massa, tem, no estado fundamental, a seguinte configuração eletrônica:

nível 1: completo; nível 2: completo;
nível 3: 4 elétrons

A alternativa que indica corretamente esse elemento é:

a) Alumínio (Z = 13).
b) Ferro (Z = 26).
c) Nitrogênio (Z = 7).
d) Oxigênio (Z = 8).
e) Silício (Z = 14).

Resolução

De acordo com a descrição feita, temos:

K — 2 L — 8 M — 4.

Isso conduz ao número atômico 14, elemento químico silício. Alternativa **e**.

15 (Uniube-MG) Um átomo cuja configuração eletrônica é $1s^2$, $2s^2$, $2p^6$, $3s^2$, $3p^6$, $4s^2$ tem como número atômico:

a) 10. b) 20. c) 18. d) 2. e) 8.

16 (Unitau-SP) Um átomo que possui configuração $1s^2$, $2s^2$, $2p^6$, $3s^2$, $3p^3$ apresenta na camada mais externa:

a) 2 elétrons. c) 5 elétrons. e) 15 elétrons.
b) 3 elétrons. d) 12 elétrons.

17 (Cesgranrio-RJ) A distribuição eletrônica correta do átomo $^{56}_{26}Fe$, em camadas, é:

a) $1s^2\ 2s^2\ 2p^6\ 3s^2\ 3p^6\ 4s^2\ 3d^6$.
b) $1s^2\ 2s^2\ 2p^6\ 3s^2\ 3p^6\ 4s^2\ 3d^{10}\ 4p^6\ 5s^2\ 4d^{10}\ 5p^6\ 6s^2$.
c) K = 2 L = 8 M = 16.
d) K = 2 L = 8 M = 14 N = 2.
e) K = 2 L = 8 M = 18 N = 18 O = 8 P = 2.

18 Um átomo de certo elemento químico possui 35 nêutrons e uma distribuição eletrônica que termina em $3d^{10}$. Determine o número de massa (A) e o número atômico (Z) desse elemento.

19 O subnível de maior energia de um átomo é 4p e nele existem 3 elétrons. Escreva a distribuição eletrônica em camadas para esse átomo.

20 (UEL-PR) Um átomo neutro de certo elemento, no estado fundamental, tem eletrosfera constituída por 11 elétrons distribuídos, na ordem crescente de energia de dentro para fora, na configuração 2, 2, 6, 1. Satisfazem essa configuração átomos de:

a) neônio (Z = 10).
b) flúor (Z = 9).
c) cloro (Z = 17).
d) sódio (Z = 11).
e) magnésio (Z = 12).

21 (UFPA) O elemento cujo átomo tem o maior número de elétrons em sua camada mais externa é aquele cujo número atômico é:

a) 2. b) 4. c) 7. d) 11. e) 12.

22 (Ufal) Dentre os seguintes elementos, qual apresenta 16 elétrons no terceiro nível energético? (Dados: números atômicos S = 16, Ni = 28, Zn = 30, Br = 35, Zr = 40.)

a) S. b) Ni. c) Zn. d) Br. e) Zr.

23 (Unifor-CE) O átomo de um elemento químico tem 14 elétrons no terceiro nível energético. O número atômico desse elemento é:

a) 14. b) 16. c) 24. d) 26. e) 36.

24 (Vunesp) Um átomo tem número de massa 31 e 16 nêutrons. Qual é o número de elétrons no seu nível mais externo?

a) 2. b) 4. c) 5. d) 3. e) 8.

Conteúdo digital Moderna PLUS http://www.modernaplus.com.br
Exercícios adicionais

Seção 10.6

Distribuição eletrônica em íons

Objetivo

▶ Elaborar a distribuição eletrônica nos subníveis ou nas camadas de íons.

Termos e conceitos

- camada de valência
- íon
- cátion
- ânion

Como vimos na página 121, os íons diferem dos respectivos átomos neutros apenas no número de elétrons. Assim, para fazer a distribuição eletrônica de íons, devemos inicialmente fazer a distribuição eletrônica como se fosse um átomo neutro. Em seguida, retiramos elétrons se for um cátion ou acrescentamos se for um ânion. É importantíssimo que, ao acrescentar ou retirar elétrons, realizemos essa operação com a camada de valência.

Camada de valência é a camada mais afastada do núcleo.

$_{11}Na$: $1s^2\,2s^2\,2p^6\,3s^1$ → **Retirando 1 elétron** → $_{11}Na^+$: $1s^2\,2s^2\,2p^6$

Retira-se o elétron da camada de valência

$_{17}C\ell$: $1s^2\,2s^2\,2p^6\,3s^2\,3p^5$ → **Acrescentando 1 elétron** → $_{17}C\ell^-$: $1s^2\,2s^2\,2p^6\,3s^2\,3p^6$

Acrescenta-se o elétron na camada de valência

Lembre-se

A perda ou ganho de elétrons por um átomo altera a quantidade de elétrons na camada de valência.

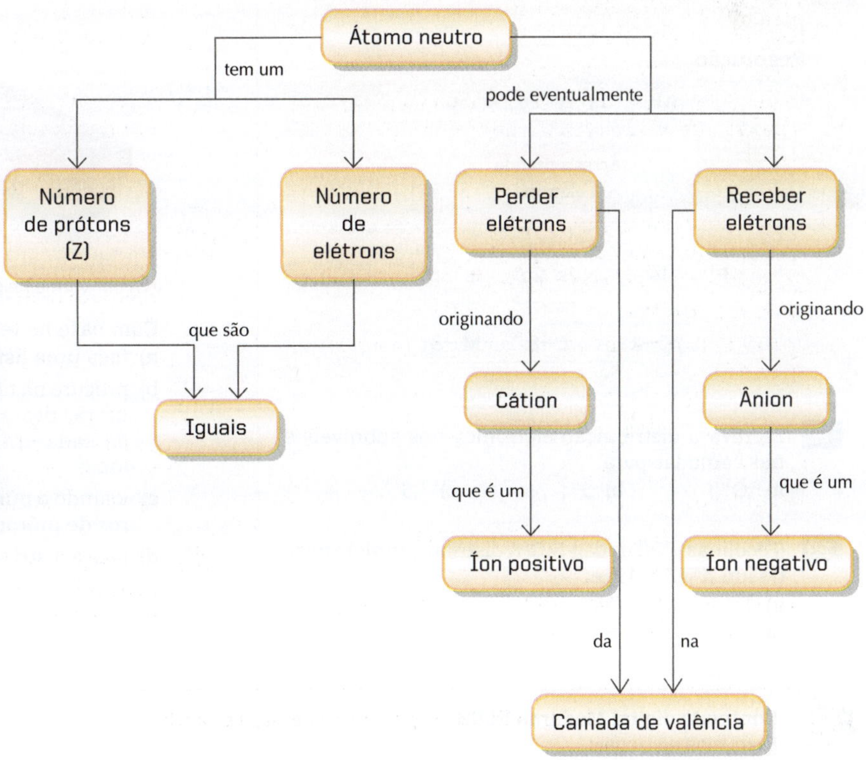

A cerâmica, usada em peças de artesanato, pode conter alguns íons em sua composição, tais como $_{8}O^{2-}$, $_{12}Mg^{2+}$, $_{19}K^{+}$, $_{20}Ca^{2+}$ e $_{13}A\ell^{3+}$. Você consegue escrever a configuração eletrônica desses íons?

EXERCÍCIOS ESSENCIAIS

25 (Uerj) A figura ao lado foi proposta por um ilustrador para representar um átomo de lítio $^{7}_{3}Li$ no estado fundamental, segundo o modelo de Rutherford-Bohr.

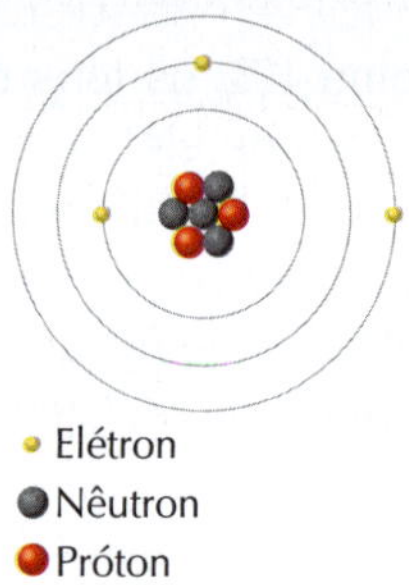

Constatamos que a figura está **incorreta** em relação ao número de:

a) nêutrons no núcleo.
b) partículas no núcleo.
c) elétrons por camada.
d) partículas na eletrosfera.

EXERCÍCIOS RESOLVIDOS

26 Escreva a configuração eletrônica do cátion bivalente obtido a partir do $_{26}Fe$.

Resolução

Inicialmente, devemos distribuir 26 elétrons de acordo com o diagrama das diagonais. A seguir, retiramos 2 elétrons da camada de valência (mais externa).

Camada de valência

$_{26}Fe$ $1s^2\ 2s^2\ 2p^6\ 3s^2\ 3p^6\ (4s^2)\ 3d^6$

Retirando 2 elétrons

$_{26}Fe^{2+}$ $1s^2\ 2s^2\ 2p^6\ 3s^2\ 3p^6\ 3d^6$

27 Escreva a distribuição eletrônica em camadas para $_{15}P^{3-}$.

Resolução

$_{15}P$ $1s^2\ 2s^2\ 2p^6\ 3s^2\ 3p^3$

Acrescentando 3 elétrons

$_{15}P^{3-}$ $1s^2$ | $2s^2\ 2p^6$ | $3s^2\ 3p^6$

K—2 L—8 M—8

28 Escreva a distribuição eletrônica nos subníveis e nas camadas para:

a) $_{8}O^{2-}$; b) $_{9}F^{-}$; c) $_{16}S^{2-}$.

29 (Fecolinas-TO/Fundeg-MG) A distribuição eletrônica do íon K^+ (Z = 19) é:

a) $1s^2\ 2s^2\ 2p^6\ 3s^2\ 3p^6$.
b) $1s^2\ 2s^2\ 2p^6\ 3s^2\ 3p^6\ 4s^1$.
c) $1s^2\ 2s^2\ 2p^6\ 3s^2\ 3p^6\ 4s^2$.
d) $1s^2\ 2s^2\ 2p^6\ 3s^2\ 3p^5\ 3d^2$.
e) $1s^2\ 2s^2\ 2p^6\ 3s^2\ 3p^6\ 3d^1$.

30 (UNI-BH-MG) Sabendo-se que o magnésio (Mg) tem número atômico 12, a estrutura eletrônica do cátion Mg^{2+}, no estado fundamental, é representada por:

a) $1s^2, 2s^2, 2p^6, 3s^1, 3p^1$.
b) $1s^2, 2s^2, 2p^6$.
c) $1s^2, 2s^2, 2p^6, 3s^2, 3p^2$.
d) $1s^2, 2s^2, 2p^6, 3s^1$.
e) $1s^2, 2s^2, 2p^6, 3s^2$.

31 (Unifor-CE) O íon Rb^+ tem configuração eletrônica idêntica à do átomo (Dados: números atômicos K = 19, Rb = 37, Br = 35, Sr = 38, Kr = 36, Xe = 54):

a) Sr.
b) Xe.
c) K.
d) Kr.
e) Br.

32 (Unip-SP) A configuração eletrônica no estado fundamental $1s^2\ 2s^2\ 2p^6\ 3s^2\ 3p^6$ não descreve a espécie:

a) $C\ell^-$ (Z = 17).
b) K^+ (Z = 19).
c) S^{2-} (Z = 16).
d) Sc^{3+} (Z = 21).
e) Ar^+ (Z = 18).

33 A cor de muitas gemas (pedras preciosas) se deve a íons presentes em sua composição química. O rubi, por exemplo, é vermelho devido à presença de Cr^{3+}. As cores das safiras são atribuídas à presença de Co^{2+}, Fe^{2+} ou Ti^{4+}. O belo violeta característico da ametista se deve a Fe^{3+} ou Mn^{3+}. Atualmente, já é possível produzir gemas artificiais utilizando o conhecimento que os químicos adquiriram sobre elas.

A cor vermelha do rubi se deve à presença de íons Cr^{3+}.

Com base no texto:

a) faça uma lista com os íons mencionados;
b) procure na tabela periódica (existe uma na página 157 deste livro) o nome e o número atômico de cada um dos elementos presentes nesses íons;
c) usando o número atômico, determine os números de prótons e elétrons em cada íon;
d) faça a distribuição eletrônica nos subníveis para os íons;
e) faça a distribuição eletrônica nas camadas para os íons.

Conteúdo digital Moderna PLUS http://www.modernaplus.com.br
Exercícios adicionais

ESTABELEÇA CONEXÕES

MAPA CONCEITUAL DA UNIDADE C

Revise os conceitos estudados nesta unidade e decida como podem ser completados os locais em que aparecem os números.

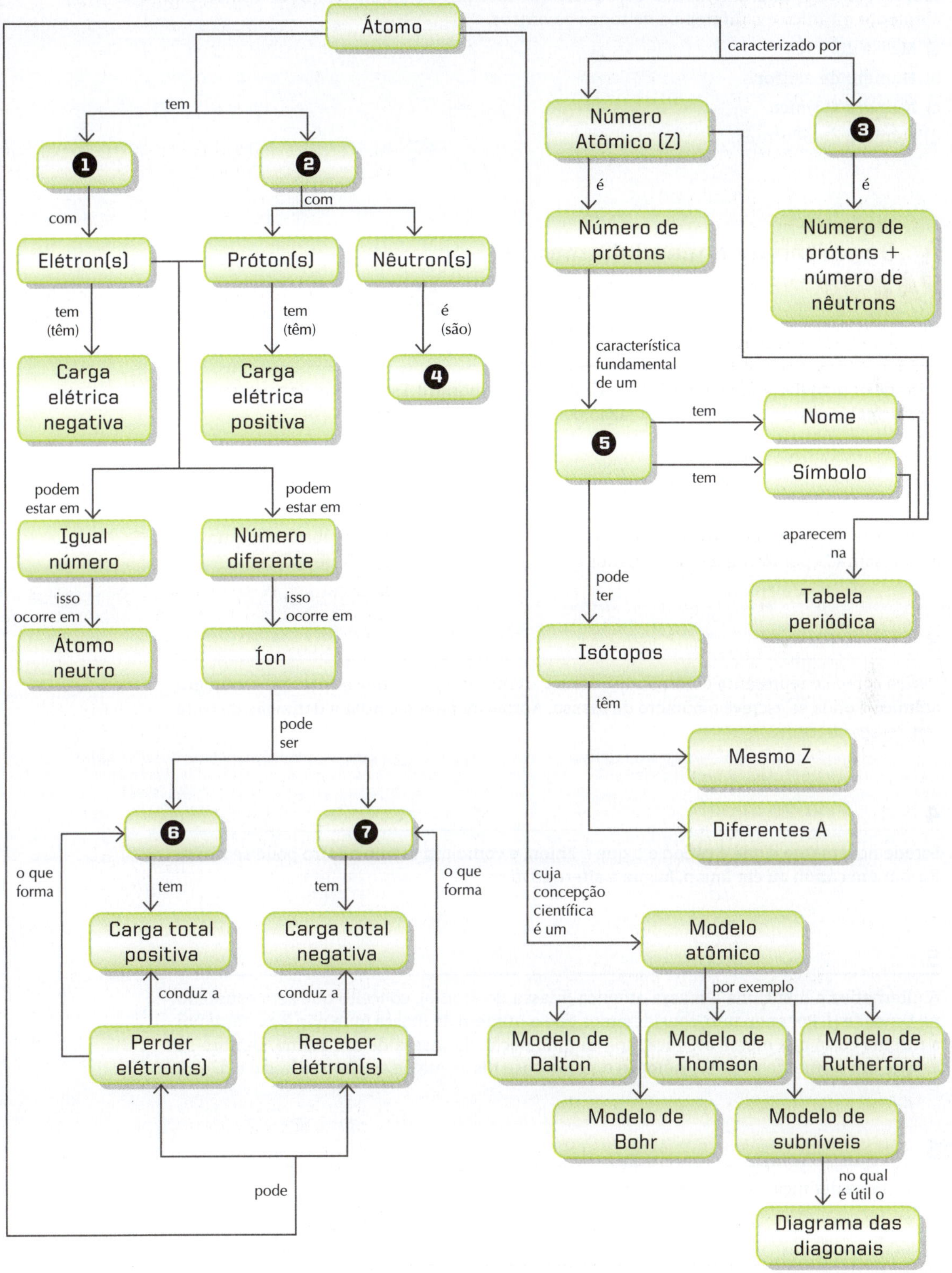

REVISE, RELACIONE E RESOLVA

(UEMG) O desenvolvimento científico e tecnológico possibilitou a identificação de átomos dos elementos químicos naturais e também possibilitou a síntese de átomos de elementos químicos não encontrados na superfície da Terra.

Indique, entre as alternativas abaixo, aquela que identifica o átomo de um determinado elemento químico e o diferencia de todos os outros.

a) Massa atômica.

b) Número de elétrons.

c) Número atômico.

d) Número de nêutrons.

Sugestão de encaminhamento

1

Recorde os **modelos atômicos** de Dalton, Thomson e Rutherford. Esteja certo de ter percebido a principal inovação de cada um e a razão pela qual foi introduzida.

2

Lembre-se de que **elemento químico** é representado por **símbolo** e que **substância química** é representada por **fórmula**. Os elementos estão relacionados na tabela periódica.

3

Revise como se representa determinado átomo, atentando para onde se escreve o **número atômico** e onde se escreve o **número de massa**. Aproveite para recordar a definição de cada um desses conceitos.

4

Estude novamente o que é **cátion** e o que é **ânion**, e como um átomo neutro pode se transformar em cátion ou em ânion. Julgue a alternativa *b*.

5

A alternativa a menciona a **massa atômica** (massa do átomo), conceito que será estudado na Unidade H. Por enquanto, consideremos que o número de massa (que não é exatamente a mesma coisa que massa atômica) nos dá uma noção da massa de um átomo. Lembre-se de que um elemento pode ter **isótopos** e, como base nisso, julgue as alternativas *a* e *d*.

6

Relembre a definição atual de elemento químico e analise a alternativa c.

Conteúdo digital Moderna PLUS http://www.modernaplus.com.br
Atividade de revisão

11 A estrutura da tabela periódica

Muitos equipamentos eletrônicos contêm componentes feitos de silício, elemento do **grupo do carbono**, misturado a pequena quantidade de arsênio, elemento do **grupo do nitrogênio**. O arsênio é extremamente tóxico, e essa é uma das razões pelas quais celulares inutilizados devem ser encaminhados para reciclagem.

Há uma íntima relação entre a estrutura da tabela periódica, com seus períodos e grupos (famílias), e o diagrama das diagonais.

11.1 Breve história da tabela periódica moderna

Vários cientistas contribuíram para a tabela periódica atual. Entre eles, Mendeleev merece destaque.

11.2 Estrutura da tabela periódica (I)

Na tabela periódica atual, na qual os elementos aparecem em ordem crescente de número atômico, as linhas são denominadas períodos e as colunas são chamadas de grupos (ou famílias).

11.3 Configuração eletrônica e tabela periódica

Há uma relação entre a posição de um elemento na tabela periódica e a distribuição eletrônica, em subníveis, dos seus átomos neutros.

11.4 Estrutura da tabela periódica (II)

Os elementos podem ser divididos segundo seu caráter metálico/não metálico, segundo o estado físico da sua substância simples ou de acordo com o fato de serem naturais ou artificiais.

Breve história da tabela periódica moderna

Objetivos

- Situar no tempo algumas contribuições de cientistas para a tabela periódica.
- Explicar o que é a Lei Periódica dos Elementos.
- Reconhecer a importância de Mendeleev para que se chegasse à tabela periódica atual.

Termos e conceitos

- Lei Periódica dos Elementos

1 As tríades de Döbereiner

No início do século XIX valores aproximados para a massa dos átomos de alguns elementos (denominada *massa atômica*) haviam sido estabelecidos.

Em 1829, o químico alemão Johann Döbereiner, analisando três elementos quimicamente semelhantes – o cálcio (Ca), o estrôncio (Sr) e o bário (Ba) –, percebeu uma relação simples entre suas massas atômicas: a massa do átomo de estrôncio apresenta um valor bastante próximo da média das massas atômicas do cálcio e do bário.

Ele também observou o mesmo efeito para outras *tríades* (trios) de elementos químicos, por exemplo, cloro/bromo/iodo e enxofre/selênio/telúrio.

Os químicos da época não se impressionaram muito com as observações de Döbereiner, e estas passaram praticamente despercebidas. Seu mérito foi ter sido, aparentemente, o primeiro a mostrar relações entre elementos conhecidos.

Johann Wolfgang Döbereiner (1780-1849).

2 O parafuso telúrico de Chancourtois

Em 1862, o geólogo francês Alexandre Chancourtois (1819-1886) dispôs os elementos químicos conhecidos em ordem crescente de suas massas atômicas numa linha espiral em volta de um cilindro. Tal disposição ficou conhecida como *parafuso telúrico de Chancourtois* (telúrico significa relativo à Terra).

Ao redor do cilindro foram feitas dezesseis divisões, e os elementos com propriedades semelhantes apareciam uns sobre os outros em voltas consecutivas da espiral. Chancourtois estava sugerindo que as propriedades dos elementos estavam relacionadas ao número que o elemento ocupava na sequência. As regularidades que ele encontrou não funcionavam para todos os elementos conhecidos, e a ideia não recebeu muita atenção.

3 As oitavas de Newlands

Em 1864, o inglês John Newlands, um amante da música, organizou os elementos em ordem crescente de suas massas atômicas em linhas horizontais, contendo sete elementos cada uma. O oitavo elemento apresentava propriedades semelhantes às do primeiro e assim por diante, numa relação periódica que lembra a periodicidade das notas musicais.

A essa repetição de propriedades dentro da sequência o químico inglês deu o nome de *lei das oitavas*. Por buscar essa relação entre Química e Música, Newlands sofreu o desprezo e o escárnio dos membros da Sociedade de Química de Londres. Ao apresentá-la aos membros dessa entidade, um deles teria perguntado sarcasticamente se ele já teria tentado organizar os elementos na ordem alfabética das letras iniciais dos nomes.

Entretanto seu trabalho foi reconhecido cerca de duas décadas mais tarde, por ser um precursor das ideias de Mendeleev. O grande mérito de Newlands foi introduzir a ideia da periodicidade das propriedades dos elementos em função das massas atômicas.

John Alexander Reina Newlands (1837-1898).

4 Mendeleev: periodicidade e previsões

Dmitri Mendeleev foi professor universitário na Rússia e fez uma importante descoberta na história da Ciência enquanto estava escrevendo um livro de Química. Ele registrou as propriedades de cada um dos elementos químicos conhecidos (na época eram 63; hoje são mais de 100) em fichas de papel, cada ficha para um elemento. Manipulando as fichas, na tentativa de encadear as ideias antes de escrever determinada parte da obra, Mendeleev percebeu algo extraordinário.

Dmitri Ivanovitch Mendeleev (1834-1907).

Como já dissemos, na época havia evidências científicas de que os átomos de cada elemento têm massas diferentes. Mendeleev organizou as fichas de acordo com a ordem crescente da massa dos átomos de cada elemento. Notou que nessa sequência apareciam, a intervalos regulares, elementos com propriedades semelhantes, de modo similar ao que Newlands fizera.

Havia uma periodicidade, ou seja, uma repetição nas propriedades dos elementos. Entre os muitos exemplos de elementos com propriedades semelhantes, podemos citar:

- sódio (Na), potássio (K) e rubídio (Rb) – reagem explosivamente com a água; combinam-se com o cloro e o oxigênio, formando, respectivamente, compostos de fórmulas $E C\ell$ e E_2O (E representa o elemento);
- magnésio (Mg), cálcio (Ca) e estrôncio (Sr) – reagem com água, mas não tão violentamente; combinam-se com o cloro e o oxigênio, formando, respectivamente, compostos de fórmulas $E C\ell_2$ e EO.

Em 1869, Mendeleev pôde organizar os elementos em uma tabela, na qual aqueles com propriedades semelhantes apareciam numa mesma coluna. Entre essas propriedades, estava a *valência* na combinação com elementos de referência, tais como hidrogênio, oxigênio e cloro. (*Valência*, conceito que será estudado com mais detalhes oportunamente, é o número de ligações estabelecidas por um átomo com outros átomos.)

Elaborando melhor sua descoberta, ele percebeu que pareciam estar faltando alguns elementos para que ela fosse completa. Mendeleev resolveu, então, deixar alguns locais em branco nessa tabela, julgando que algum dia alguém descobriria novos elementos químicos que pudessem ser encaixados nesses locais, com base em suas propriedades. Ele chegou, até, a prever algumas das propriedades que esses elementos teriam.

Abaixo do silício, por exemplo, Mendeleev suspeitou que deveria existir um elemento que ele denominou *eka-silício* e cujas propriedades previu (*eka* é uma palavra do sânscrito que pode ser traduzida como "o primeiro a seguir"). Esse elemento foi descoberto em 1886 pelo alemão Clemens Winkler, que o chamou de germânio. As propriedades do germânio são espantosamente próximas das previstas por Mendeleev, como mostra a tabela 1, abaixo.

Tabela 1 Propriedades do elemento químico germânio

Propriedade	Prevista por Mendeleev	Observada
Massa atômica	72	72,6
Densidade	5,5 g/cm³	5,35 g/cm³
Ponto de fusão	Alto	947°C
Fórmula do óxido	RO_2	GeO_2
Fórmula do cloreto	$TC\ell_4$	$GeC\ell_4$

Fonte: T. L. Brown et al. *Chemistry;* the central science. 9. ed. New Jersey, Prentice-Hall, 2003. p. 239.

O alemão Julius Lothar Meyer (1830-1895) propôs uma classificação periódica para os elementos similar à de Mendeleev. Contudo, não fez previsões sobre a existência de elementos ainda não descobertos nem sobre suas propriedades. Por isso, embora também seja considerado descobridor da Lei Periódica dos Elementos, o mérito maior costuma ser atribuído ao russo Mendeleev.

Mendeleev também percebeu que em alguns locais da tabela seria melhor fazer pequenas inversões na ordem dos elementos. Em 1871, ele publicou uma versão aprimorada de seu trabalho.

Antes de Mendeleev, outros cientistas – como Döbereiner, Chancourtois e Newlands – já haviam percebido que alguns elementos têm propriedades semelhantes, mas o mérito do químico russo foi o de fazer uma extensiva organização dos elementos com base em suas propriedades, realizar pequenos ajustes necessários e deixar locais para elementos que poderiam existir, mas que ainda não haviam sido descobertos.

Além do germânio, outros elementos cuja existência foi prevista por Mendeleev foram descobertos posteriormente, como o escândio (Sc), o gálio (Ga) e o polônio (Po). E as propriedades desses elementos são iguais às previstas por ele ou bastante próximas delas.

5 Moseley e o número atômico: rumo à tabela periódica atual

Na página seguinte aparece a tabela periódica atual. Nela encontramos informações como o nome dos elementos, seus símbolos e números atômicos.

O conceito de massa atômica será estudado com detalhes em outro capítulo. Trata-se de uma ideia muito importante para o estudo da Química, para a elaboração de previsões e para a interpretação de experimentos. (Massa atômica **não** é o mesmo que número de massa, embora haja uma relação entre ambos, como será visto oportunamente.) Por enquanto, não se preocupe em utilizar os valores das massas atômicas que aparecem na tabela. Com relação a elas temos apenas, neste momento, um comentário histórico a fazer.

Henry Gwyn Jeffreys Moseley (1887-1915).

Mendeleev ordenou os elementos de acordo com a sequência crescente de suas massas atômicas. Percebeu, contudo, que algumas pequenas inversões eram necessárias para que os elementos ficassem corretamente posicionados juntamente a outros com propriedades semelhantes.

Em 1913 e 1914, o inglês Henry Moseley fez importantes descobertas trabalhando com uma complexa técnica envolvendo raios X. Ele descobriu uma característica numérica dos átomos de cada elemento que ficou conhecida como *número atômico* e que posteriormente foi associada ao número de prótons. Lembre-se, do que já estudamos, de que cada elemento químico apresenta o seu número atômico.

Os elementos não estão dispostos na tabela periódica atual por ordem crescente de massa atômica, mas sim por ordem crescente de número atômico. Hoje se sabe que, **quando os elementos químicos são organizados em ordem crescente de número atômico, ocorre uma periodicidade nas suas propriedades**, ou seja, repetem-se regularmente elementos com propriedades semelhantes. Essa regularidade da natureza é conhecida como **Lei Periódica dos Elementos**.

De modo geral, à medida que o número atômico cresce, a massa atômica também cresce. Há apenas quatro casos de elementos consecutivos na tabela em que o de menor número atômico apresenta a maior massa atômica. São eles:

- o argônio ($_{18}Ar$), cuja massa atômica é 39,9 e que vem antes do potássio ($_{19}K$), cuja massa atômica é 39,1;
- o cobalto ($_{27}Co$), cuja massa atômica é 58,9 e que vem antes do níquel ($_{28}Ni$), cuja massa atômica é 58,7;
- o telúrio ($_{52}Te$), cuja massa atômica é 127,6 e que vem antes do iodo ($_{53}I$), cuja massa atômica é 126,9;
- o tório ($_{90}Th$), cuja massa atômica é 232 e que vem antes do protactínio ($_{91}Pa$), cuja massa atômica é 231.

Outros cientistas aprimoraram as descobertas de Mendeleev e de Moseley. Esses aprimoramentos conduziram à atual tabela periódica dos elementos (ou classificação periódica dos elementos).

Apesar de nela aparecerem muitos elementos que não eram conhecidos na época de Mendeleev, a ideia envolvida é essencialmente aquela proposta por ele, com a ressalva de estarem em ordem crescente de número atômico e não de massa atômica.

Tabela periódica dos elementos (IUPAC)

1 ← Numeração dos grupos de acordo com a União Internacional de Química Pura e Aplicada (IUPAC)

1A ← Numeração antiga dos grupos, NÃO recomendada pela IUPAC, porém ainda usada por alguns autores

1 1A	2 2A	3 3B	4 4B	5 5B	6 6B	7 7B	8 8B	9 8B	10 8B	11 1B	12 2B	13 3A	14 4A	15 5A	16 6A	17 7A	18 0
1 **H** hidrogênio 1,0																	2 **He** hélio 4,0
3 **Li** lítio 6,9	4 **Be** berílio 9,0											5 **B** boro 10,8	6 **C** carbono 12,0	7 **N** nitrogênio 14,0	8 **O** oxigênio 16,0	9 **F** flúor 19,0	10 **Ne** neônio 20,2
11 **Na** sódio 23,0	12 **Mg** magnésio 24,3											13 **Aℓ** alumínio 27,0	14 **Si** silício 28,1	15 **P** fósforo 31,0	16 **S** enxofre 32,1	17 **Cℓ** cloro 35,5	18 **Ar** argônio 39,9
19 **K** potássio 39,1	20 **Ca** cálcio 40,1	21 **Sc** escândio 45,0	22 **Ti** titânio 47,9	23 **V** vanádio 50,9	24 **Cr** crômio 52,0	25 **Mn** manganês 54,9	26 **Fe** ferro 55,8	27 **Co** cobalto 58,9	28 **Ni** níquel 58,7	29 **Cu** cobre 63,5	30 **Zn** zinco 65,4	31 **Ga** gálio 69,7	32 **Ge** germânio 72,6	33 **As** arsênio 74,9	34 **Se** selênio 79,0	35 **Br** bromo 79,9	36 **Kr** criptônio 83,8
37 **Rb** rubídio 85,5	38 **Sr** estrôncio 87,6	39 **Y** ítrio 88,9	40 **Zr** zircônio 91,2	41 **Nb** nióbio 92,9	42 **Mo** molibdênio 95,9	43 **Tc** tecnécio [98]	44 **Ru** rutênio 101,1	45 **Rh** ródio 102,9	46 **Pd** paládio 106,4	47 **Ag** prata 107,9	48 **Cd** cádmio 112,4	49 **In** índio 114,8	50 **Sn** estanho 118,7	51 **Sb** antimônio 121,8	52 **Te** telúrio 127,6	53 **I** iodo 126,9	54 **Xe** xenônio 131,3
55 **Cs** césio 132,9	56 **Ba** bário 137,3	57 - 71	72 **Hf** háfnio 178,5	73 **Ta** tântalo 180,9	74 **W** tungstênio 183,8	75 **Re** rênio 186,2	76 **Os** ósmio 190,2	77 **Ir** irídio 192,2	78 **Pt** platina 195,1	79 **Au** ouro 197,0	80 **Hg** mercúrio 200,6	81 **Tℓ** tálio 204,4	82 **Pb** chumbo 207,2	83 **Bi** bismuto 209,0	84 **Po** polônio [209]	85 **At** astato [210]	86 **Rn** radônio [222]
87 **Fr** frâncio [223]	88 **Ra** rádio [226]	89 - 103	104 **Rf** rutherfórdio [261]	105 **Db** dúbnio [262]	106 **Sg** seabórgio [266]	107 **Bh** bóhrio [264]	108 **Hs** hássio [277]	109 **Mt** meitnério [268]	110 **Ds** darmstádtio [271]	111 **Rg** roentgênio [272]							

Número atômico Nome **Símbolo** Massa atômica														
57 **La** lantânio 138,9	58 **Ce** cério 140,1	59 **Pr** praseodímio 140,9	60 **Nd** neodímio 144,2	61 **Pm** promécio [145]	62 **Sm** samário 150,4	63 **Eu** európio 152,0	64 **Gd** gadolínio 157,3	65 **Tb** térbio 158,9	66 **Dy** disprósio 162,5	67 **Ho** hólmio 164,9	68 **Er** érbio 167,3	69 **Tm** túlio 168,9	70 **Yb** itérbio 173,0	71 **Lu** lutécio 175,0
89 **Ac** actínio [227]	90 **Th** tório 232,0	91 **Pa** protactínio 231,0	92 **U** urânio 238,0	93 **Np** netúnio [237]	94 **Pu** plutônio [244]	95 **Am** amerício [243]	96 **Cm** cúrio [247]	97 **Bk** berquélio [247]	98 **Cf** califórnio [251]	99 **Es** einstênio [252]	100 **Fm** férmio [257]	101 **Md** mendelévio [258]	102 **No** nobélio [259]	103 **Lr** laurêncio [262]

Tabela periódica da IUPAC (União Internacional de Química Pura e Aplicada), versão de 22 de junho de 2007, com as massas atômicas aqui apresentadas com um algarismo após a vírgula. Para elementos que não têm isótopos estáveis ou de longa duração, está indicado entre colchetes o número de massa do isótopo com maior tempo médio de existência. Os dados são provenientes de **www.iupac.org/reports/periodic_table** (acessado em 12/1/2009), onde atualizações são periodicamente disponibilizadas. A produção artificial de elementos acima do 111 já foi relatada por pesquisadores, mas aguarda o reconhecimento da IUPAC antes de figurar em sua tabela periódica.

Os elementos químicos no cotidiano

Os elementos químicos estão envolvidos em inúmeras aplicações relacionadas ao cotidiano. A seguir aparece um texto ilustrado que relaciona algumas das inúmeras aplicações dos elementos químicos. (O texto é publicado sob licença da Association of the Dutch Chemical Industry — VCNI, Holanda, detentora de seu *copyright*.)

1 — 1 A

HIDROGÊNIO — H — 1

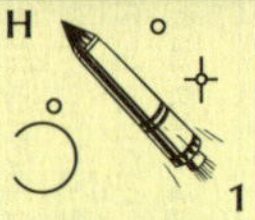

- **combustível para foguete**
- hidrogenação de gorduras
- enchimento de balões
- dessulfurização de petróleo
- amoníaco, água

LÍTIO — Li — 3

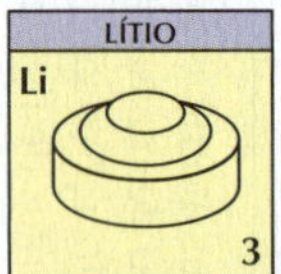

- combustível para foguete
- **bateria para marca-passo**
- material para atividades espaciais
- aditivos para graxas
- vidro, remédios

SÓDIO — Na — 11

- sínteses orgânicas
- iluminação para estradas
- refrigeração para reator atômico
- acumulador (bateria)
- **sal de cozinha**, soda cáustica, vidro

POTÁSSIO — K — 19

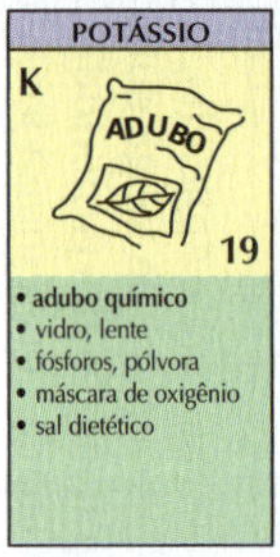

- **adubo químico**
- vidro, lente
- fósforos, pólvora
- máscara de oxigênio
- sal dietético

RUBÍDIO — Rb — 37

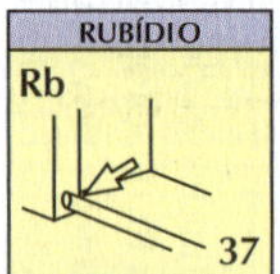

- **célula fotoelétrica**
- receptor de gás em tubo de vácuo
- exame dos músculos do coração

CÉSIO — Cs — 55

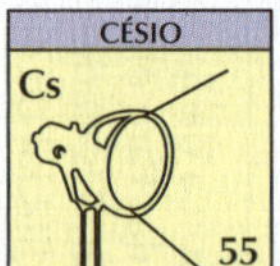

- célula fotoelétrica
- fonte de radiação gama
- **relógio atômico**
- **lâmpada infravermelha**
- combustível

2 — 2 A

BERÍLIO — Be — 4

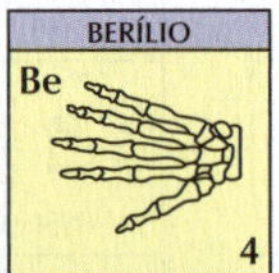

- material para desacelerar nêutrons em reatores atômicos
- janela para tubos de **raios X**
- mola (para relógios)
- ferramentas antifaiscantes

MAGNÉSIO — Mg — 12

- fogos de sinalização, *flash*
- veículos leves, avião
- tijolo refratário
- pigmentos, material de enchimento
- **rodas de liga leve**

CÁLCIO — Ca — 20

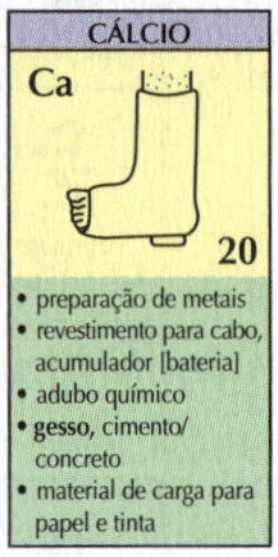

- preparação de metais
- revestimento para cabo, acumulador (bateria)
- adubo químico
- **gesso**, cimento/concreto
- material de carga para papel e tinta

ESTRÔNCIO — Sr — 38

- bateria nuclear: bóia luminosa, estação de tempo
- fonte de radiação beta
- tinta fosforescente
- **fogos de artifício**

BÁRIO — Ba — 56

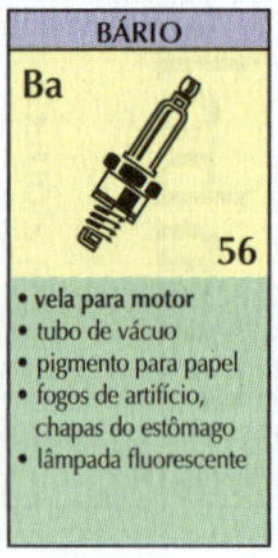

- **vela para motor**
- tubo de vácuo
- pigmento para papel
- fogos de artifício, chapas do estômago
- lâmpada fluorescente

3 — 3 B

ESCÂNDIO — Sc — 21

- detector para vazamento, circuito elétrico
- material para atividades espaciais
- **germinação de sementes**

ÍTRIO — Y — 39

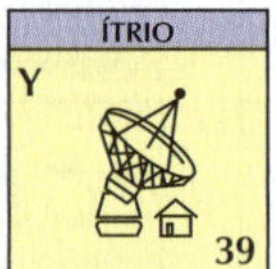

- TV em cores
- filtro para *laser*, **radar**
- lente para câmara fotográfica
- pedra refratária
- medidor de oxigênio

LANTÂNIO — La — 57

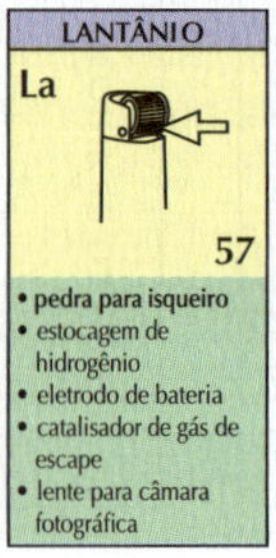

- **pedra para isqueiro**
- estocagem de hidrogênio
- eletrodo de bateria
- catalisador de gás de escape
- lente para câmara fotográfica

4 — 4 B

TITÂNIO — Ti — 22

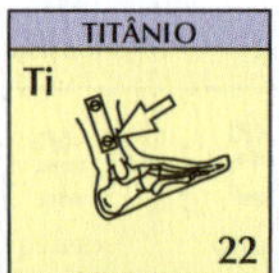

- catalisador para polimerização
- trocadores especiais de calor
- motor de avião
- **pino para fratura**, próteses
- pigmentos: tinta, papel

ZIRCÔNIO — Zr — 40

- revestimento para metais
- catalisador de gás de escape
- **espoleta de detonação de munição**
- revestimento de fornos
- medidor de oxigênio

HÁFNIO — Hf — 72

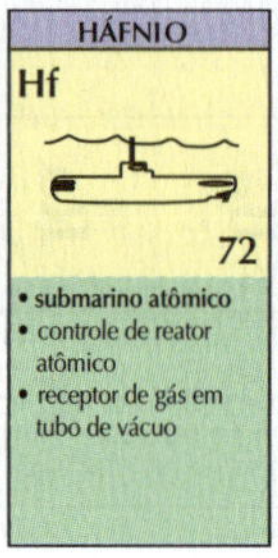

- **submarino atômico**
- controle de reator atômico
- receptor de gás em tubo de vácuo

5 — 5 B

VANÁDIO — V — 23

- material para construção
- **ferramentas**
- motor a jato
- catalisador para produção de ácido sulfúrico

NIÓBIO — Nb — 41

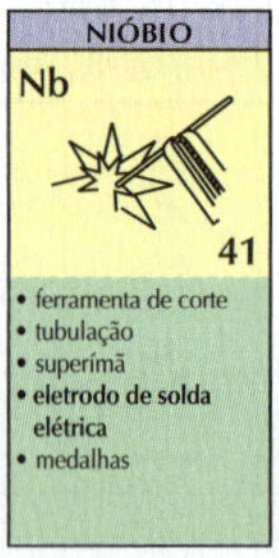

- ferramenta de corte
- tubulação
- superímã
- **eletrodo de solda elétrica**
- medalhas

TÂNTALO — Ta — 73

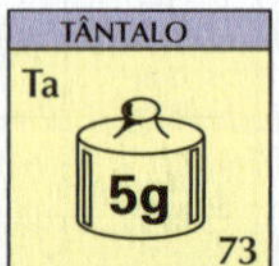

- componentes eletrônicos (condensador)
- fio aquecedor dentro do tubo de vácuo
- ferramentas de corte
- **pesos de balança**
- lente para câmara fotográfica

6 — 6 B

CRÔMIO — Cr — 24

- **proteção de superfícies metálicas**
- aço, ferramentas, faca
- catalisador para preparação do metanol
- tinta para camuflagem, *laser*
- fita de áudio e de vídeo

MOLIBDÊNIO — Mo — 42

- aquecedor elétrico
- fonte de radiosótopos
- motor para foguete, turbina
- **lubrificantes**
- catalisador para a petroquímica

TUNGSTÊNIO — W — 74

- eletrodo de solda
- **fio para lâmpada**, TV
- tanque de guerra, granada, bala
- tubo de jato de foguete
- ferramentas de corte e de perfuração

7 — 7 B

MANGANÊS — Mn — 25

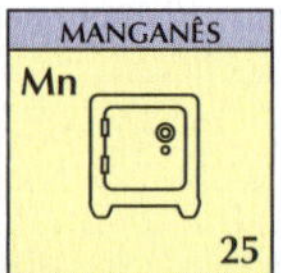

- aço, trilho
- ferramentas, eixo de roda
- **cofre**, arado
- acumulador (bateria)
- vidro, pigmento preto

TECNÉCIO — Tc — 43

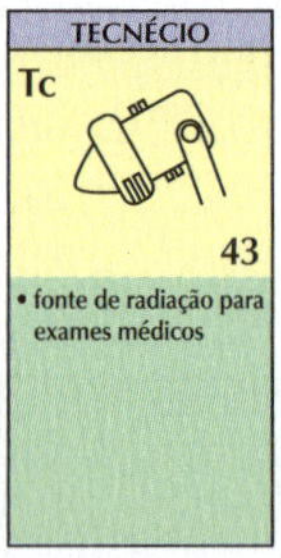

- **fonte de radiação para exames médicos**

RÊNIO — Re — 75

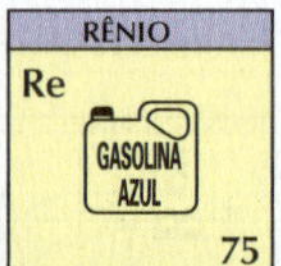

- fio de forno elétrico
- **catalisador para preparação de gasolina azul** (gasolina de alta octanagem)
- camada de proteção para jóias
- eletrodo
- termopares

8 — 8 B

FERRO — Fe — 26

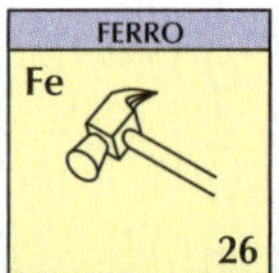

- veículos, pontes, estruturas, aço
- máquinas, ímãs
- latas
- **ferramentas**, parafuso
- catalisador para fabricação de amônia

RUTÊNIO — Ru — 44

- radiação para tratamento dos olhos
- **medidor de espessura**
- ponta da pena de caneta-tinteiro
- contato elétrico
- resistência elétrica

ÓSMIO — Os — 76

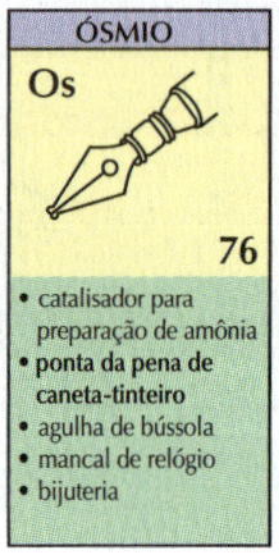

- catalisador para preparação de amônia
- **ponta da pena de caneta-tinteiro**
- agulha de bússola
- mancal de relógio
- bijuteria

9 — 8 B

COBALTO — Co — 27

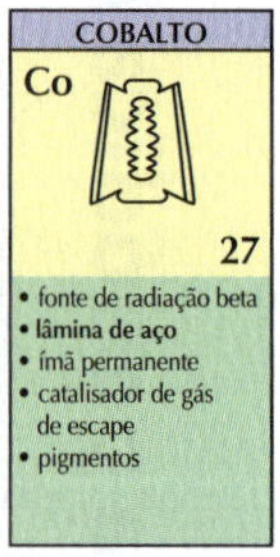

- fonte de radiação beta
- **lâmina de aço**
- ímã permanente
- catalisador de gás de escape
- pigmentos

RÓDIO — Rh — 45

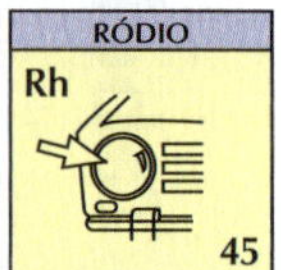

- **refletor de faróis**
- relê para telefone
- ponta da pena da caneta-tinteiro
- catalisador de gás de escape
- vela para motor de avião

IRÍDIO — Ir — 77

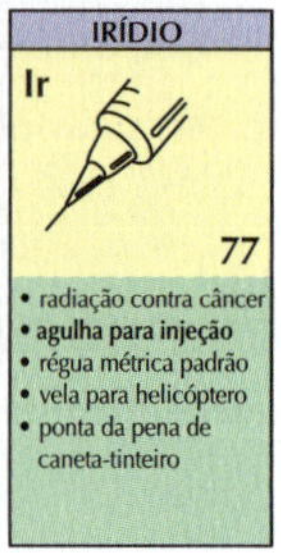

- radiação contra câncer
- **agulha para injeção**
- régua métrica padrão
- vela para helicóptero
- ponta da pena de caneta-tinteiro

18
0

HÉLIO
He
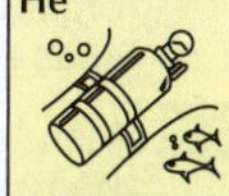
2
- balão dirigível
- **gás engarrafado para mergulho**
- gás para testar vazamentos, *laser*
- atmosfera inerte
- meio para refrigerar reatores atômicos

13 | 3 A

BORO
B

5
- bastão de regulagem para reatores atômicos
- **raquete de tênis**
- vidro refratário
- desinfetante para olhos
- aditivos alvejantes para detergentes

14 | 4 A

CARBONO
C
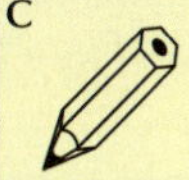
6
- filtros para água e ar
- aço, aço para pneus
- diamante, **grafite para lápis** e eletrodos
- material para desacelerar partículas no reator atômico
- gás, gasolina, óleo

15 | 5 A

NITROGÊNIO
N

7
- crio-cirurgia
- **líquido para conservação de sêmen**
- preparação de amoníaco
- combustível para foguete
- adubos, explosivos

16 | 6 A

OXIGÊNIO
O
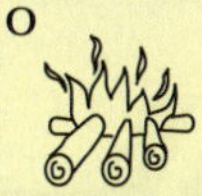
8
- **processos de queima**
- preparação de aço
- digestão
- purificação de água
- areia, água, cimento

17 | 7 A

FLÚOR
F

9
- enriquecimento de urânio
- meio de refrigeração para geladeira
- propelente p/ aerossol
- compostos fluorados
- gravação em vidro
- **aditivo p/ pasta dental**

NEÔNIO
Ne

10
- **iluminação para propaganda**
- lâmpada para neblina
- tubo de TV, *laser*
- teste para tensão elétrica
- líquido para refrigeração

ALUMÍNIO
Aℓ
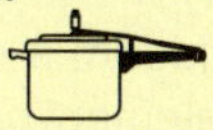
13
- janelas, portas, caixilho de janela, **panelas**
- folha, tubo, cabo
- iluminação, fogos de artifício
- carro, foguete, avião
- cimento, obturação de dentes

SILÍCIO
Si
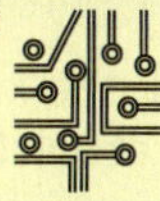
14
- ***chip* eletrônico,** célula solar
- ferramentas
- areia/vidro, quartzo, cimento/concreto
- óleos e borracha de silicone

FÓSFORO
P
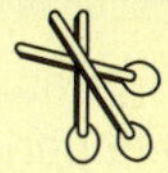
15
- fogos de artifício, **fósforos**
- adubo químico, artigos de limpeza
- pasta de dente
- artigos bélicos
- cerâmica

ENXOFRE
S

16
- fósforos, fogos de artifício, pólvora
- acumulador [bateria], ácido sulfúrico
- vulcanização da borracha
- **conservantes**
- líquidos p/ permanente

CLORO
Cℓ
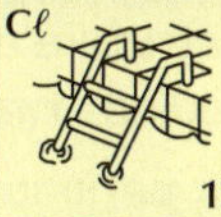
17
- **desinfetante de água**
- branqueador, ácido clorídrico
- plástico PVC
- removedor de manchas
- artigos bélicos

ARGÔNIO
Ar

18
- **gás para lâmpada**
- lâmpada incandescente
- contador Geiger, *laser*
- gás inerte para solda
- cromatografia de fase gasosa

10 | 8 B

NÍQUEL
Ni

28
- **moeda**
- latão para leite, talheres
- ouro branco, cadinhos
- catalisador para polimerização
- bateria carregável

11 | 1 B

COBRE
Cu

29
- arame, cabo elétrico, circuitos impressos
- medalhas, **panelas**
- caldeiras, tubos, registros (válvulas, torneiras)
- hélice para navio
- sino, carrilhão

12 | 2 B

ZINCO
Zn

30
- proteção para metais
- acumulador [bateria], **calha**
- peças para automóveis
- torneiras para água e gás
- pigmento branco, aditivos para borracha

GÁLIO
Ga
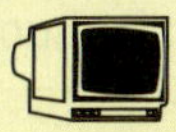
31
- termômetro de quartzo
- memória para computador, circuitos integrados
- **tela de televisão**
- transistor, diodo para *laser*
- detector de tumores

GERMÂNIO
Ge

32
- prisma infravermelho
- refletor de projetor
- **lente para câmara fotográfica**
- transistor, diodo
- odontologia

ARSÊNIO
As
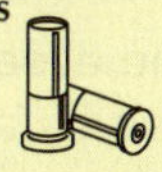
33
- **chumbo para caça**
- metal para espelho
- vidro, *laser*
- diodo emissor de luz
- remédios

SELÊNIO
Se

34
- fotômetro
- copiadoras
- célula solar
- corante para vidro vermelho
- **xampu anticaspa**

BROMO
Br
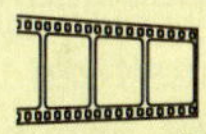
35
- purificador de água
- gás lacrimogêneo
- retardador de chamas
- desinfetante
- papel fotográfico, **filme**

CRIPTÔNIO
Kr
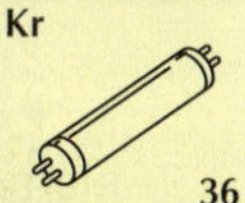
36
- **tubo de luz**
- lâmpada fluorescente
- gás para testes de vazamento
- comprimento de onda padrão
- raio *laser* ultravioleta

PALÁDIO
Pd
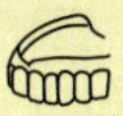
46
- catalisador de gás de escape
- produção de hidrogênio nascente
- **odontologia: coroas**
- balancim do relógio
- relê para telefone

PRATA
Ag

47
- espelho, bateria
- catalisador
- **talheres**, jóias
- papel fotográfico, filme
- vidro corante

CÁDMIO
Cd

48
- **bateria recarregável**
- proteção anticorrosiva: porcas e parafusos
- vara de regulagem para reator atômico
- fotômetro
- pigmento vermelho-amarelado

ÍNDIO
In
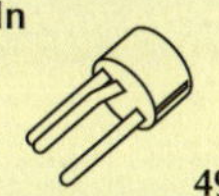
49
- célula solar, espelho
- solda para vidro, mancais
- vara de regulagem para reator atômico
- fotocélula, **transistor**
- exames: sangue, pulmões

ESTANHO
Sn
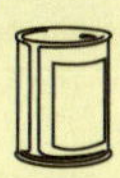
50
- **lata**, solda, moeda
- artigos de decoração
- tubos para órgão
- tinta antiadesiva
- vidro fosco, esmaltados

ANTIMÔNIO
Sb

51
- solda, tipos de imprensa
- [liga de] chumbo para acumulador [bateria]
- maçaneta
- detector infravermelho
- **sombra para olhos (maquiagem)**
- remédios contra tosse

TELÚRIO
Te
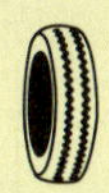
52
- espoleta
- **vulcanização de borracha**
- proteção para chumbo de acumuladores [baterias]
- fio de resistência elétrica
- termopares

IODO
I

53
- **tintura de iodo**
- radiação
- lâmpada de iodo
- pigmento para tinta
- sal iodado

XENÔNIO
Xe

54
- lâmpada ultravioleta: **luz para bronzeamento**
- teste para pigmentos e corantes
- lâmpada de projeção
- raio *laser* ultravioleta

PLATINA
Pt

78
- catalisador para preparação de ácido nítrico
- **cadinhos de laboratório**
- cunha para fundição de vidro
- odontologia: coroas
- jóias
- tratamento de tumores

OURO
Au
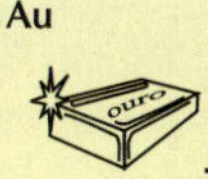

79
- jóias, medalhas
- contato elétrico
- odontologia: coroas
- tratamento de reumatismo
- **aplicações financeiras**

MERCÚRIO
Hg
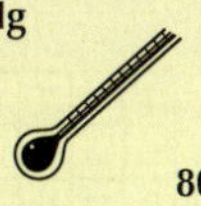
80
- barômetro, **termômetro**
- iluminação
- luz terapêutica, baterias
- odontologia
- desinfetantes

TÁLIO
Tℓ

81
- enchimento para termômetro
- vidro com baixo ponto de amolecimento
- detector infravermelho
- **exame dos músculos do coração**
- vermífugo

CHUMBO
Pb
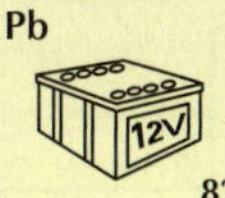

82
- proteção contra radiação
- **acumulador** [bateria]
- solda, munição
- gasolina com alta octanagem
- zarcão, secante para tinta

BISMUTO
Bi
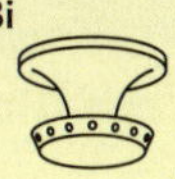
83
- catalisador para preparação da borracha
- fusíveis tipo *diazed*
- ***sprinkler***
- vidro, cerâmica
- atadura contra queimadura

POLÔNIO
Po

84
- **bateria nuclear**
- fonte de nêutrons
- fotografia

ASTATO
At
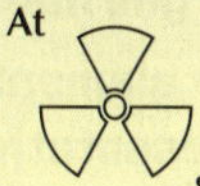
85
- **elemento sintetizado artificialmente**

RADÔNIO
Rn
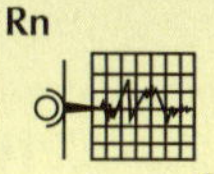
86
- **sismógrafo**
- fonte medicinal

EXERCÍCIOS ESSENCIAIS

1 Mendeleev foi o primeiro a propor maneiras de organizar os elementos químicos de acordo com suas propriedades? Justifique.

2 Mendeleev deixou alguns "buracos" em sua tabela periódica. Comente o motivo que fez Mendeleev deixá-los. A que se destinavam tais "buracos"?

3 Mendeleev dispôs os elementos químicos em ordem crescente da massa de seus átomos. Na tabela periódica atual ainda é assim? Comente.

4 O que se entende por *Lei Periódica dos Elementos*?

Conteúdo digital Moderna PLUS http://www.modernaplus.com.br
Exercícios adicionais

Seção 11.2

Estrutura da tabela periódica (I)

Objetivos

- Analisar a estrutura da tabela periódica atual.
- Distinguir período e grupo.
- Identificar na tabela metais alcalinos, alcalino-terrosos, calcogênios, halogênios e gases nobres.
- Classificar um elemento, segundo sua posição na tabela, como representativo, de transição ou de transição interna.

Termos e conceitos

- período
- grupo (ou família)
- metal alcalino
- metal alcalino-terroso
- calcogênio
- halogênio
- gás nobre
- elemento representativo
- elemento de transição
- elemento de transição interna

1 Períodos

As figuras A e B, abaixo, ajudam a entender o arranjo dos elementos na tabela periódica atual. Os elementos são dispostos, um em cada quadradinho, em ordem crescente de número atômico a partir do hidrogênio (Z = 1). Esse arranjo aparece na figura A.

Nesse arranjo, chamado de *forma longa da tabela periódica*, os elementos aparecem em sete linhas (sequências horizontais). Cada uma é denominada **período**. A tabela periódica atual apresenta, portanto, sete períodos.

Como essa disposição é um pouco longa, é mais comum representarem-se os elementos com números atômicos de 57 a 71, chamados *lantanídios* ou *lantanoides*, e os de 89 a 103, denominados *actinídios* ou *actinoides*, à parte dos demais, abaixo da tabela. Esse novo arranjo, que aparece na figura B, é a *forma curta da tabela periódica*. Mesmo representados em separado, os lantanídios pertencem ao sexto período e os actinídios, ao sétimo.

A

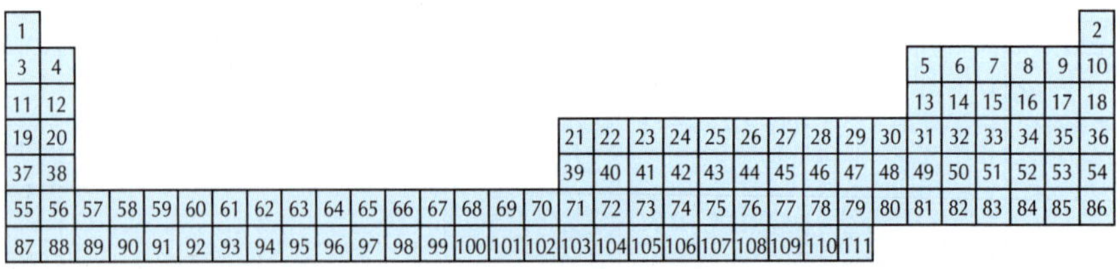

B

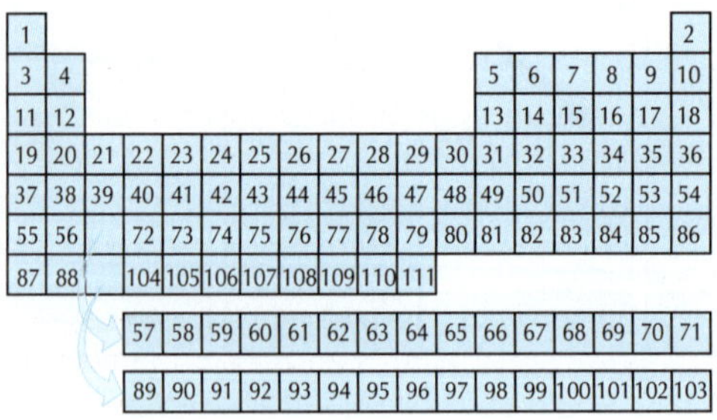

2 Famílias ou grupos

Na forma curta da tabela periódica há dezoito colunas, sequências verticais de elementos. Cada uma delas indica um grupo, ou uma família, de elementos. Por determinação da União Internacional de Química Pura e Aplicada (IUPAC) os grupos são numerados atualmente de 1 a 18, mas ainda é bastante comum a utilização de uma representação com letras e números, também mostrada na página 157.

A disposição dos elementos na tabela periódica é tal que elementos com propriedades semelhantes ficam num mesmo grupo. Alguns dos grupos, por sua importância para a Química, recebem nomes especiais:

O grupo 1, ou 1A, é o grupo dos **metais alcalinos***.

O grupo 2, ou 2A, é o grupo dos metais **alcalino-terrosos****.

O grupo 16, ou 6A, é o grupo dos **calcogênios**.

O grupo 17, ou 7A, é o grupo dos **halogênios**.

O grupo 18, ou 0 (zero), é o grupo dos **gases nobres**.

3 Elementos representativos e de transição

Os elementos dos grupos 1, 2, 13, 14, 15, 16, 17 e 18 apresentam um comportamento químico relativamente menos complexo que os demais e são frequentemente denominados **elementos representativos**. Os dos grupos de 3 a 12 são chamados **elementos de transição*****, sendo que os lantanídios e os actinídios são especificamente denominados **elementos de transição interna**.

Conteúdo digital Moderna PLUS http://www.modernaplus.com.br
Animação: *Tabela periódica*

EXERCÍCIOS ESSENCIAIS

5 Qual a designação genérica dada aos elementos dos grupos 1, 2, 13, 14, 15, 16, 17 e 18 da tabela periódica?

6 Qual a designação genérica dada aos elementos dos grupos 3 a 12 da tabela periódica?

Os exercícios de **7** a **12** referem-se aos elementos cujos símbolos estão destacados na seguinte tabela periódica.

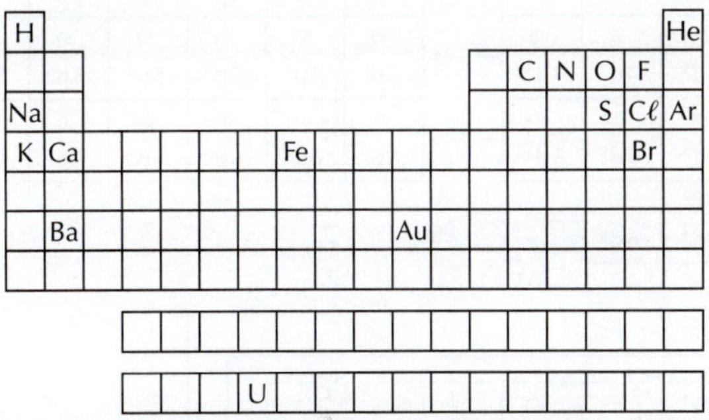

7 Qual(is) desses elementos é(são) representativo(s)?

8 Qual(is) deles é(são) de transição?

9 Qual(is) deles é(são) de transição interna?

10 Qual(is) deles pertence(m) a um mesmo grupo?

11 Qual(is) deles pertence(m) a um mesmo período?

12 Dentre os elementos em questão, qual(is) é(são) classificado(s) como:

a) alcalinos?

b) alcalino-terrosos?

c) calcogênios?

d) halogênios?

e) gases nobres?

Conteúdo digital Moderna PLUS http://www.modernaplus.com.br
Exercícios adicionais

* Como será comentado mais à frente, o hidrogênio não é considerado metal. Assim, apesar de estar no grupo 1, o **hidrogênio não é um metal alcalino**.

** Alguns autores não consideram berílio e magnésio como metais alcalino-terrosos. Há, também, autores que preferem grafar o nome desse grupo como **alcalinos terrosos**.

*** Há autores que consideram como elementos de transição apenas os grupos 3 a 11.

Configuração eletrônica e tabela periódica

Objetivos

- Classificar um elemento, conhecendo apenas seu número atômico, como representativo, de transição ou de transição interna.
- Situar um elemento na tabela periódica (período e grupo), de posse apenas de seu número atômico.

Termos e conceitos

- diagrama das diagonais
- camada eletrônica
- elétron(s) de valência

Usando o diagrama das diagonais abaixo, podem-se distribuir os elétrons para os átomos neutros dos elementos da tabela periódica. À medida que aumenta o número atômico, verifica-se um comportamento periódico no modo como termina essa distribuição.

Diagrama das diagonais

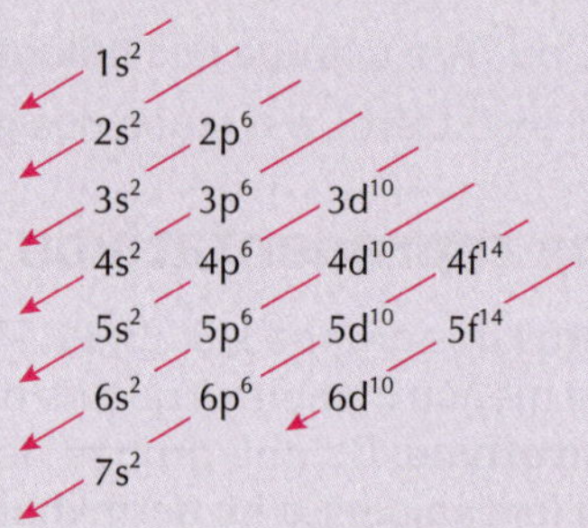

Analisando o esquema a seguir, você pode perceber que a configuração eletrônica dos elementos do grupo 1 termina em s^1, a dos elementos do grupo 2 termina em s^2, a dos elementos do grupo 13 termina em p^1, a dos elementos do grupo 14 termina em p^2 e assim por diante (note, porém, que o hélio destoa dos outros gases nobres).

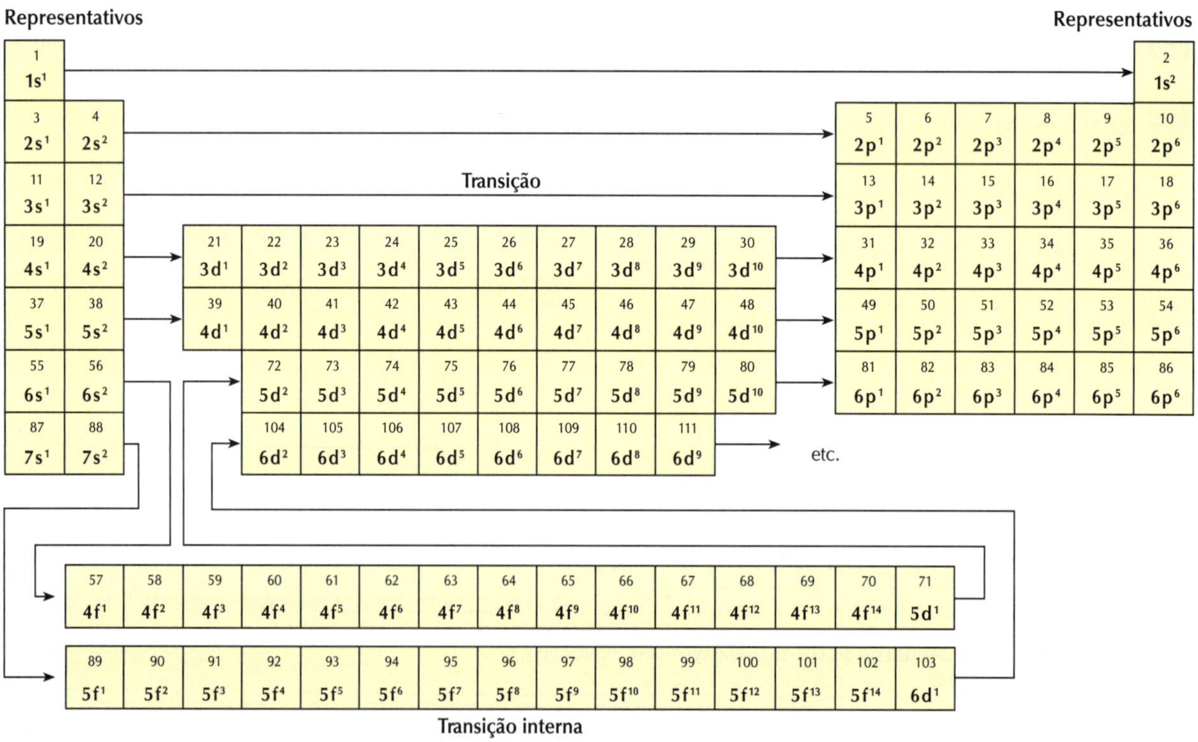

Esquema que demonstra a relação entre a posição de um elemento na tabela periódica e a terminação da configuração eletrônica de seus átomos neutros (tal qual simplesmente fornecida pelo diagrama das diagonais). **Observação**: Alguns elementos apresentam **distribuição eletrônica anômala**, ou seja, que não seguem rigorosamente a sequência do diagrama das diagonais. Essas anomalias são difíceis de explicar no ensino médio. **Não** aparecem, portanto, retratadas no esquema acima.

1 Os elementos representativos

A ilustração abaixo mostra a distribuição eletrônica para os átomos dos elementos representativos, elaborada com auxílio do diagrama das diagonais. Analise-a e tente responder às seguintes perguntas: que semelhança há na distribuição eletrônica dos átomos que estão num mesmo período? E num mesmo grupo?

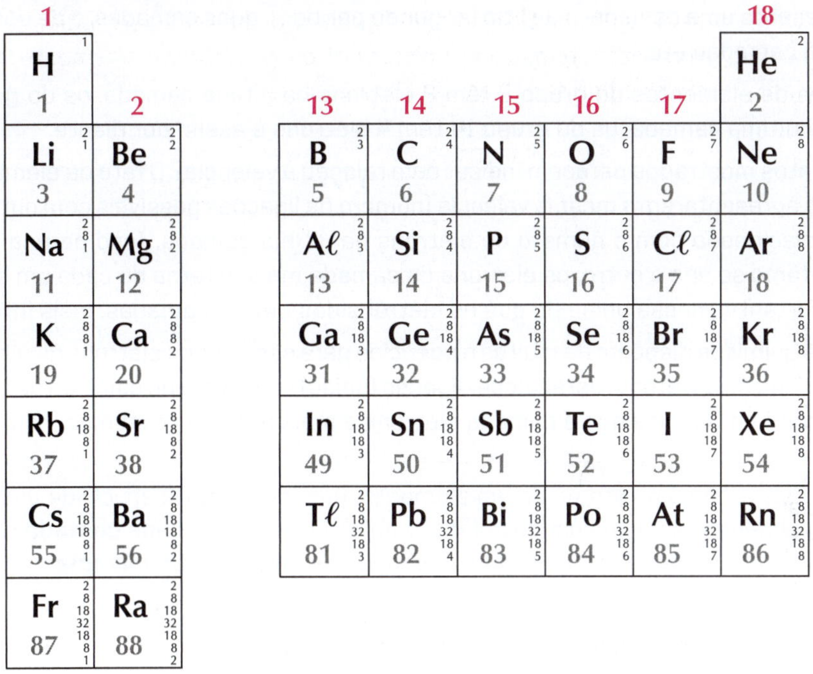

A ilustração ao lado mostra a distribuição dos elétrons em camadas ao redor do núcleo. A legenda é a seguinte:

Número de elétrons na camada:

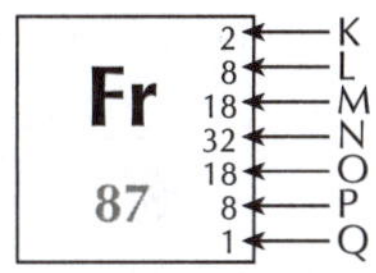

Observe o quadro abaixo, que reproduz a configuração eletrônica de alguns elementos representativos.

Período	1	2	13	14	15	16	17	18
2º	$_3$Li	$_4$Be	$_5$B	$_6$C	$_7$N	$_8$O	$_9$F	$_{10}$Ne
	$1s^2$ $\mathbf{2s^1}$	$1s^2$ $\mathbf{2s^2}$	$1s^2$ $\mathbf{2s^2\ 2p^1}$	$1s^2$ $\mathbf{2s^2\ 2p^2}$	$1s^2$ $\mathbf{2s^2\ 2p^3}$	$1s^2$ $\mathbf{2s^2\ 2p^4}$	$1s^2$ $\mathbf{2s^2\ 2p^5}$	$1s^2$ $\mathbf{2s^2\ 2p^6}$
3º	Na	Mg	Aℓ	Si	P	S	Cℓ	Ar
4º	K	Ca	Ga	Ge	As	Se	Br	Kr
5º	Rb	Sr	In	Sn	Sb	Te	I	Xe
6º	Cs	Ba	Tℓ	Pb	Bi	Po	At	Rn
7º	Fr	Ra						
Generalizando	↓	↓	↓	↓	↓	↓	↓	↓
Família	1	2	13	14	15	16	17	18
Número de elétrons na camada de valência	$\mathbf{ns^1}$	$\mathbf{ns^2}$	$\mathbf{ns^2\ np^1}$	$\mathbf{ns^2\ np^2}$	$\mathbf{ns^2\ np^3}$	$\mathbf{ns^2\ np^4}$	$\mathbf{ns^2\ np^5}$	$\mathbf{ns^2\ np^6}$

2 Número de camadas eletrônicas e período do elemento

Como é possível perceber pelos dados da ilustração e do quadro acima, elementos do primeiro período apresentam átomos com uma camada eletrônica, elementos do segundo período apresentam átomos com duas camadas e assim sucessivamente.

> Átomos de elementos de um **mesmo período** apresentam **igual número de camadas eletrônicas** (camadas que contêm elétrons).

3 Camada de valência e grupo do elemento

Pelos dados apresentados também é possível perceber que os átomos de elementos de um mesmo grupo (família) apresentam em comum o número de elétrons na última camada.

Os átomos de elementos do grupo 1 apresentam 1 elétron na última camada. A diferença entre a eletrosfera de seus átomos está no número de camadas. O átomo de hidrogênio (primeiro período) apresenta uma camada, o de lítio (segundo período), duas camadas, o de sódio (terceiro período), três camadas etc.

Os átomos de elementos do grupo 2 têm 2 elétrons na última camada, os do grupo 13 têm 3 elétrons na última camada, os do grupo 14 têm 4 elétrons e assim por diante.

O que os fatos mostrados parecem indicar com relação à valência? O fato de elementos de um mesmo grupo apresentarem a mesma valência (número de ligações possíveis com outros átomos) deve estar relacionado com o número de elétrons na última camada. Isso parece lógico, pois, quando um átomo se une a outro, os elétrons da camada mais externa de cada um deles devem ser mais importantes nessa união do que os elétrons das outras camadas, mais internas.

De fato, os químicos dispõem de muitas evidências para associar os elétrons da última camada com a capacidade de um átomo estabelecer ligação (união) com outro ou com outros átomos. Isso é tão importante na Química que a camada eletrônica mais externa recebe um nome especial.

A camada mais externa do átomo de um elemento químico é aquela envolvida diretamente no estabelecimento de união com outro(s) átomo(s). Ela é denominada **camada de valência**. Os elétrons dessa camada são chamados de **elétrons de valência**.

É importante que você perceba, pelo que foi visto, que:

Elementos de um **mesmo grupo** da tabela periódica apresentam o **mesmo número de elétrons na camada de valência**.

Exceção a isso é o elemento hélio (Z = 2). Seus átomos apresentam 2 elétrons na camada de valência, mas ele não é colocado no grupo 2. Suas propriedades não se assemelham às dos elementos daquele grupo (Be, Mg, Ca, Sr, Ba, Ra), mas sim às dos gases nobres (Ne, Ar, Kr, Xe, Rn). Por essa razão, o hélio é considerado gás nobre e é incluído no grupo 18 da tabela periódica.

Você viu neste capítulo que a tabela periódica é um importante instrumento de consulta e, entre outras coisas, que ela informa o número de elétrons de valência. A ilustração abaixo mostra os símbolos dos elementos representativos. Ao redor desses símbolos, os elétrons de valência são representados como pequenas bolinhas. Tal simbologia é conhecida como **representação de Lewis** e será bastante útil na compreensão das ligações (uniões) químicas entre átomos, que estudaremos na próxima Unidade.

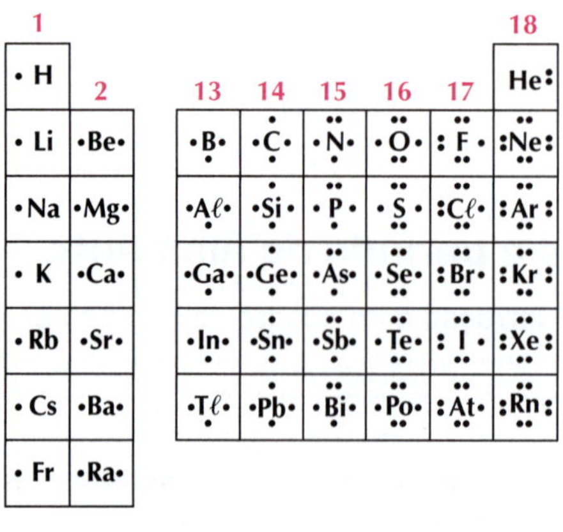

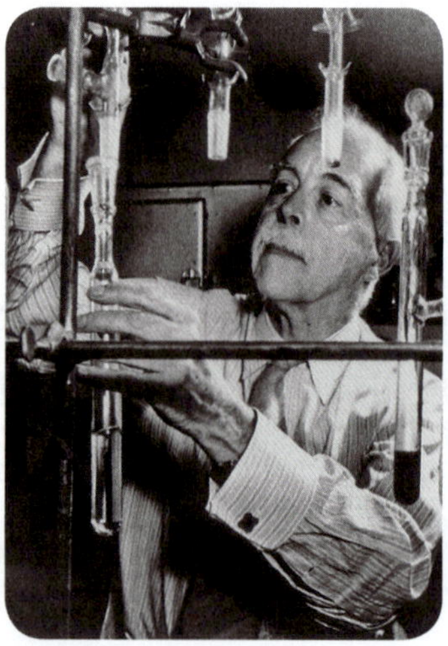

O estadunidense Gilbert Newton Lewis (1875-1946) foi um dos cientistas que mais contribuíram para o entendimento das uniões estabelecidas entre os átomos, chamadas ligações químicas. As representações ao lado, muito úteis, foram criadas por ele e são conhecidas como **representações de Lewis**.

4 Elementos de transição

Elemento	Z	Configuração eletrônica	*	**	Família
Sc	21	$1s^2\ 2s^2\ 2p^6\ 3s^2\ 3p^6$	$4s^2$	$3d^1$	3 (3B)
		[Ar]			
Ti	22	[Ar]	$4s^2$	$3d^2$	4 (4B)
V	23	[Ar]	$4s^2$	$3d^3$	5 (5B)
Cr***	24	[Ar]	$4s^1$	$3d^5$	6 (6B)
Mn	25	[Ar]	$4s^2$	$3d^5$	7 (7B)
Fe	26	[Ar]	$4s^2$	$3d^6$	8 } (8B)
Co	27	[Ar]	$4s^2$	$3d^7$	9 } (8B)
Ni	28	[Ar]	$4s^2$	$3d^8$	10 } (8B)
Cu***	29	[Ar]	$4s^1$	$3d^{10}$	11 (1B)
Zn	30	[Ar]	$4s^2$	$3d^{10}$	12 (2B)

* O subnível mais externo (última camada) é o s, contendo 1 elétron (raro) ou 2 elétrons (mais frequente) na camada de valência.

** O subnível mais energético é o d, contendo de 1 a 10 elétrons.

*** Têm distribuição eletrônica anômala (não segue rigorosamente o diagrama das diagonais).

Características dos elementos de transição

$(n-1)\,d^{(1\text{ a }10)}$ → Penúltimo nível

$ns^{(1\text{ ou }2)}$ → Último nível

São chamados elementos de transição porque não apresentam a mesma regularidade mostrada no caso dos representativos, quanto à variação das suas propriedades.

5 Elementos de transição interna

Originalmente, os lantanídios (Z de 57 a 71) encontram-se no sexto período, grupo 3, da tabela periódica, e os actinídios (Z de 89 a 103), no sétimo período, grupo 3. Por razões já citadas, esses elementos ficam abaixo da tabela.

Observe as configurações eletrônicas dos elementos a seguir.

- **Cério (Z = 58)**

$_{58}Ce\ 1s^2\ 2s^2\ 2p^6\ 3s^2\ 3p^6\ 4s^2\ 3d^{10}\ 4p^6\ 5s^2\ 4d^{10}\ 5p^6\ 6s^2\ 4f^2$ (lantanídio)

$6s^2$ → Última camada

$4f^2$ → Subnível mais energético

Agrupando em camadas, temos:

$1s^2$ | $2s^2\ 2p^6$ | $3s^2\ 3p^6\ 3d^{10}$ | $4s^2\ 4p^6\ 4d^{10}\ 4f^2$ | $5s^2\ 5p^6$ | $6s^2$

K: 2; L: 8; M: 18; N: 20; O: 8; P: 2 → Última camada

O subnível mais energético é o 4f e pertence à antepenúltima camada

- **Urânio (Z = 92)**

$_{92}U\ 1s^2\ 2s^2\ 2p^6\ 3s^2\ 3p^6\ 4s^2\ 3d^{10}\ 4p^6\ 5s^2\ 4d^{10}\ 5p^6\ 6s^2\ 4f^{14}\ 5d^{10}\ 6p^6\ 7s^2\ 5f^4$ (actinídio)

$5f^4$ → Subnível mais energético

$7s^2$ → Última camada

Agrupando em camadas, temos:

$1s^2$	$2s^2\ 2p^6$	$3s^2\ 3p^6\ 3d^{10}$	$4s^2\ 4p^6\ 4d^{10}\ 4f^{14}$	$5s^2\ 5p^6\ 5d^{10}\ 5f^4$	$6s^2\ 6p^6$	$7s^2$
K	L	M	N	O	P	Q
2	8	18	32	22	8	2 → Última camada

O subnível mais energético é o 5f e pertence à antepenúltima camada

Características dos lantanídios e actinídios

Lantanídios e actinídios caracterizam-se por apresentar o elétron mais energético em subnível *f* no antepenúltimo nível. Tais elementos recebem o nome de *elementos de transição interna*.

Série dos lantanídios

La	Ce	Pr	Nd	Pm	Sm	Eu	Gd	Tb	Dy	Ho	Er	Tm	Yb	Lu

Série dos actinídios

Ac	Th	Pa	U	Np	Pu	Am	Cm	Bk	Cf	Es	Fm	Md	No	Lr

→ $(n - 2)\ f^{(1\ a\ 14)} \ldots ns^2$

Observação: Da série dos lantanídios, o lutécio (Z = 71) apresenta o subnível mais energético $5d^1$; e, da série dos actinídios, o laurêncio (Z = 103) apresenta o subnível mais energético $6d^1$. Apesar disso, são classificados, respectivamente, como lantanídios (Lu) e actinídios (Lr).

Um brasileiro associado à descoberta de um novo elemento químico

José Bonifácio de Andrada e Silva foi o primeiro cientista brasileiro a se projetar internacionalmente e está ligado à descoberta de um novo elemento químico. Num artigo escrito na revista alemã *Allgemeines Journal de Chemie*, publicada em Leipzig no ano de 1800, são descritos doze novos minerais por ele descobertos quando realizava pesquisas na Escandinávia. Entre esses minerais destacam-se a petalita e o espodumênio, que na realidade são aluminossilicatos do elemento lítio. Ao descrever esses minerais, José Bonifácio demonstrou que apresentavam características alcalinas.

José Bonifácio de Andrada e Silva (1763-1838).

Baseado nas observações feitas por José Bonifácio, Berzelius escreveu a Berthollet relatando que seu aluno Arfvedson constatou que nesses minerais havia de fato um novo elemento com características alcalinas.

Finalmente, Davy, na Inglaterra, utilizou a técnica recém-descoberta do processo da eletrólise e isolou o novo elemento. A ele foi dado o nome lítio, do grego *lithos*, que significa "pedra". Até a época, já haviam sido descobertos dois outros elementos alcalinos, o sódio e o potássio, obtidos a partir de plantas.

O lítio e sua importância na medicina

Atualmente, a administração controlada de carbonato de lítio por médicos especializados tem sido empregada no tratamento de transtorno afetivo bipolar. Aparentemente, o lítio interfere em alguns mecanismos biológicos nos quais o íon magnésio estaria envolvido, mas a sua função específica no cérebro ainda é desconhecida.

Excesso de lítio no organismo pode levar a parada cardíaca e, consequentemente, à morte do paciente.

EXERCÍCIOS ESSENCIAIS

EXERCÍCIOS RESOLVIDOS

13 Determine a posição do elemento Z = 11 na tabela periódica, com base em sua distribuição eletrônica.

Resolução

Utilizando o diagrama das diagonais:

$$\underbrace{1s^2}_{\substack{K\\2}}\ \underbrace{2s^2\,2p^6}_{\substack{L\\8}}\ \underbrace{3s^1}_{\substack{M\\1}}$$

3 camadas ocupadas ⇒ ⇒ terceiro período

Configuração eletrônica da camada de valência é ns^1 ⇒ ⇒ grupo 1 (ou 1A)

O elemento é metal alcalino e se encontra no terceiro período. Consultando a tabela periódica, podemos confirmar que se trata do elemento sódio, Na.

14 O elemento S se encontra no terceiro período e pertence ao grupo dos calcogênios (16 ou 6A). Qual a configuração eletrônica de sua camada de valência?

Resolução

Terceiro período ⇒ 3 camadas ocupadas, logo a camada de valência é a terceira.

Calcogênio ⇒ 6 elétrons na camada de valência, ou seja, $s^2\ p^4$. A camada de valência do S é: $\underbrace{3s^2\,3p^4}_{\substack{M\\6\text{ elétrons}}}$.

15 Dos elementos com números atômicos até o urânio (Z = 92), o frâncio (grupo 1, sétimo período) e o astato (grupo 17, sexto período) estão entre os últimos a ser identificados. Tais identificações aconteceram em 1939 e 1940, respectivamente, mediante a produção artificial (isto é, em laboratório) dos átomos desses elementos.

Mesmo antes disso, os cientistas já suspeitavam de sua existência e de qual seria a distribuição dos elétrons nas camadas, em seus átomos.

a) Que motivo teria levado os cientistas a suspeitar da existência desses elementos?

b) Como foi possível prever a distribuição eletrônica de átomos de elementos ainda não conhecidos?

16 Esta questão relaciona-se com quatro elementos químicos e as configurações eletrônicas de seus dois níveis mais energéticos.

I. $2s^2\ 2p^6\ 3s^2\ 3p^5$

II. $3s^2\ 3p^6\ 3d^6\ 4s^2$

III. $3s^2\ 3p^6\ 3d^8\ 4s^2$

IV. $4s^2\ 4p^6\ 5s^1$

Com base nas configurações eletrônicas acima, responda:

a) Quais apresentam números atômicos ímpares?

b) Quais se situam no mesmo período?

c) Quais são considerados representativos? Indique o período e o grupo em que se situam na tabela periódica.

d) Quais são considerados de transição?

17 O rubídio é metal alcalino que se encontra no quinto período da tabela periódica. Sem consultar a tabela, é possível dizer quantas camadas eletrônicas apresenta um átomo desse elemento e quantos elétrons há em sua camada de valência? Justifique sua resposta.

18 O chumbo é o elemento do sexto período, grupo 14. Só com essa informação é possível prever quantos elétrons há na camada de valência de um átomo de chumbo? Explique.

19 Dois dos elementos químicos **representativos** muito importantes para a saúde óssea têm as seguintes características: um deles apresenta átomos com quatro camadas eletrônicas e dois elétrons na última delas; os átomos do outro têm três camadas eletrônicas e cinco elétrons na última camada.

a) Você consegue situar esses elementos na tabela periódica, sem consultá-la? Justifique.

b) Consulte a tabela periódica e diga que elementos são esses.

20 Os átomos de um elemento químico presente em quantidade apreciável no corpo humano apresentam 8 prótons e 8 elétrons (além de nêutrons, é claro).

a) Qual é a distribuição eletrônica nas camadas dos átomos desse elemento?

b) A que grupo da tabela periódica ele deve pertencer?

21 Os átomos de um outro elemento químico presente em quantidade apreciável no corpo humano apresentam 6 prótons e 6 elétrons (além de nêutrons, é claro).

a) Qual é a distribuição eletrônica nas camadas dos átomos desse elemento?

b) A que grupo da tabela periódica ele deve pertencer?

22 (UFSCar-SP) Uma tecnologia promissora para atender parte de nossas necessidades energéticas, sem a poluição gerada pela queima de combustíveis fósseis, envolve a transformação direta de parte da energia luminosa do Sol em energia elétrica. Nesse processo são utilizadas as chamadas células fotogalvânicas, que podem funcionar utilizando semicondutores extrínsecos de silício, constituídos por uma matriz de silício de alta pureza, na qual são introduzidos níveis controlados de impurezas. Essas impurezas são elementos químicos em cujas camadas de valência há um elétron a mais ou a menos, em relação à camada de valência do silício. Semicondutores do tipo n são produzidos quando o elemento utilizado como impureza tem cinco elétrons na camada de valência. Considerando os elementos B, P, Ga, Ge, As e In como possíveis impurezas para a obtenção de um semicondutor extrínseco de silício, poderão ser do tipo n apenas aqueles produzidos com a utilização de:

a) B.

b) Ge.

c) Ga e Ge.

d) P e As.

e) B, Ga e In.

23 (Uneb-BA) Um átomo apresenta normalmente 2 elétrons na primeira camada, 8 elétrons na segunda, 18 elétrons na terceira camada e 7 na quarta camada. A família e o período em que se encontra esse elemento são, respectivamente:

a) família dos halogênios, sétimo período.
b) família do carbono, quarto período.
c) família dos halogênios, quarto período.
d) família dos calcogênios, quarto período.
e) família dos calcogênios, sétimo período.

24 (PUC-SP) Na classificação periódica, considerando-se uma sequência de elementos de transição, dispostos em ordem crescente de números atômicos, pode-se concluir que os elétrons vão sendo acrescentados sucessivamente na:

a) última camada eletrônica.
b) penúltima camada eletrônica.
c) antepenúltima camada eletrônica.
d) última ou penúltima camada eletrônica.
e) penúltima ou antepenúltima camada eletrônica.

25 (UFSC) Observe os elementos químicos:

Elemento	Distribuição eletrônica
A	$1s^2, 2s^2, 2p^6, 3s^2, 3p^6, 4s^2, 3d^{10}, 4p^6$
B	$1s^2, 2s^2, 2p^6, 3s^2, 3p^6, 4s^2, 3d^{10}, 4p^6, 5s^2, 4d^{10}, 5p^6, 6s^2$
C	$1s^2, 2s^2, 2p^6, 3s^2, 3p^6, 4s^2, 3d^{10}, 4p^5$
D	$1s^2, 2s^2, 2p^6, 3s^2, 3p^6, 4s^1$
E	$1s^2, 2s^2, 2p^6, 3s^2, 3p^4$

Com base nas informações constantes do quadro acima, assinale a(s) proposição(ões) **CORRETA(S)**, considerando a posição do elemento na Tabela Periódica.

01. **A** é gás nobre.
02. **E** é calcogênio.
04. **C** é halogênio.
08. **B** é alcalino terroso.
16. **D** é alcalino.

26 (Unisinos-RS) Entre as alternativas a seguir, indique aquela que contém afirmações exclusivamente corretas sobre os elementos cujas configurações eletrônicas são apresentadas abaixo:

Elemento	Configuração eletrônica
A	$1s^2\ 2s^2\ 2p^6\ 3s^1$
B	$1s^2\ 2s^2\ 2p^4$
C	$1s^2\ 2s^2\ 2p^6\ 3s^2\ 3p^6\ 4s^2$
D	$1s^2\ 2s^2\ 2p^6\ 3s^2\ 3p^6$
E	$1s^2\ 2s^2\ 2p^6\ 3s^2\ 3p^5$

a) O elemento C é um gás nobre e o elemento B é um halogênio.
b) Os elementos A e C situam-se, respectivamente, no terceiro e quarto períodos da Tabela Periódica.
c) O elemento E é um calcogênio e situa-se no quinto período da Tabela Periódica.
d) O elemento B é um halogênio do segundo período, enquanto o elemento D situa-se no sexto período da Tabela Periódica.
e) O elemento A é um metal alcalino-terroso.

27 (Vunesp) Os elementos I, II e III têm as seguintes configurações eletrônicas em suas camadas de valência:

I. $3s^2\ 3p^3$ **II.** $4s^2\ 4p^5$ **III.** $3s^2$

Com base nessas informações, assinale a afirmação errada.

a) O elemento I é um não metal.
b) O elemento II é um halogênio.
c) O elemento III é um metal alcalino-terroso.
d) Os elementos I e III pertencem ao terceiro período da tabela periódica.
e) Os três elementos pertencem ao mesmo grupo da tabela periódica.

28 (UFPR) Considera-se que quatorze elementos químicos metálicos são essenciais para o correto funcionamento do organismo, portanto indispensáveis para manter a saúde. Os referidos elementos estão listados na tabela a seguir.

Metal	Símbolo	Número Atômico
sódio	Na	11
magnésio	Mg	12
potássio	K	19
cálcio	Ca	20
vanádio	V	23
crômio	Cr	24
manganês	Mn	25
ferro	Fe	26
cobalto	Co	27
níquel	Ni	28
cobre	Cu	29
zinco	Zn	30
molibdênio	Mo	42
estanho	Sn	50

Com base na distribuição eletrônica dos átomos desses metais no estado fundamental, assinale a alternativa correta.

a) K, Ca, V, Cr, Mn, Fe, Co e Ni são elementos que apresentam o elétron mais energético em subnível d e são por isso conhecidos como metais de transição.
b) Mg e Ca pertencem ao mesmo grupo ou família da Tabela Periódica.
c) A camada de valência de K possui a configuração $3s^2\ 3p^6\ 3d^1$.
d) Mo e Sn possuem elétrons em subnível f.
e) Todos os elementos citados possuem subníveis preenchidos parcialmente.

Conteúdo digital Moderna PLUS http://www.modernaplus.com.br
Exercícios adicionais

Experimento: teste de condutividade elétrica

A critério do(a) professor(a), os alunos podem se reunir em grupos para a realização desta atividade.

Objetivo: Construir e utilizar um aparelho para testar se um material conduz corrente elétrica.

Você vai precisar de:

- pilha de 1,5 V (1,5 volt)
- três pedaços de fio metálico com 15 centímetros de comprimento e com as pontas desencapadas
- fita adesiva
- rolha de cortiça
- lâmpada de 1,5 V com soquete
- dois percevejos ou tachinhas de metal (não devem ser pintados)
- materiais variados que você vai testar (borracha, plástico, moeda, prego, clipe etc.)

Procedimento:

1. Faça a montagem que aparece na figura A. Observe se a lâmpada acende. Encoste as extremidades A e B dos fios e observe novamente a lâmpada.
2. Separe as extremidades A e B. Espete os dois percevejos na lateral da rolha, com uma distância de 1 centímetro entre eles. Enrole a extremidade A em um percevejo e a B em outro, a fim de montar a aparelhagem da figura B.
3. Use essa aparelhagem para testar a condutividade elétrica de diferentes materiais. Para isso, encoste o material simultaneamente nos dois percevejos. Se a lâmpada acender, o material conduz corrente elétrica e é chamado **condutor elétrico**. Se não acender, não conduz e é um **isolante elétrico**.

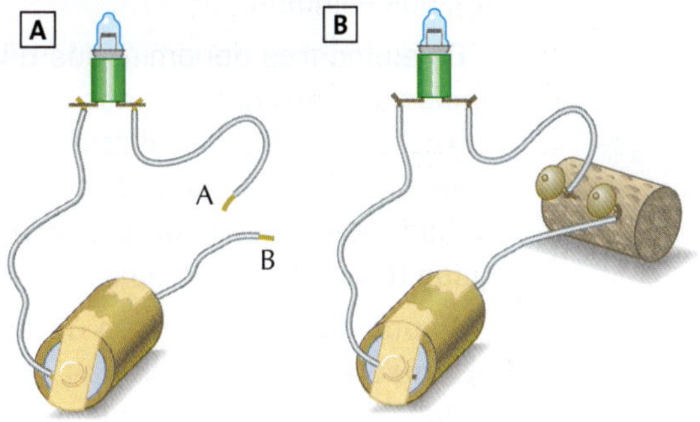

ATENÇÃO

Faça essa experiência utilizando uma pilha de 1,5 V, como indicado no roteiro, e sob supervisão do(a) professor(a), para evitar acidentes envolvendo corrente elétrica.

Seção 11.4

Estrutura da tabela periódica (II)

Objetivos

- Comparar os metais com os não metais.
- Classificar as substâncias simples quanto ao estado físico nas condições ambientes.
- Identificar na tabela os elementos naturais e os artificiais.

Termos e conceitos

- metal
- não metal
- semimetal
- elemento natural
- elemento artificial

1 Circuito elétrico e corrente elétrica

Ao realizar a experiência anteriormente descrita, você construiu um *circuito elétrico*. Quando as extremidades A e B dos fios estão separadas, o circuito está *aberto*. Quando A e B estão unidas, o circuito está *fechado*.

A lâmpada acende quando adequadamente ligada à pilha por meio de um circuito fechado. Nessa situação, passa pelo circuito elétrico uma *corrente elétrica* (veja esquematização abaixo). Uma corrente elétrica não pode ser vista, mas seus efeitos podem ser percebidos. No caso, esses efeitos são o acendimento da lâmpada e o aquecimento do seu bulbo.

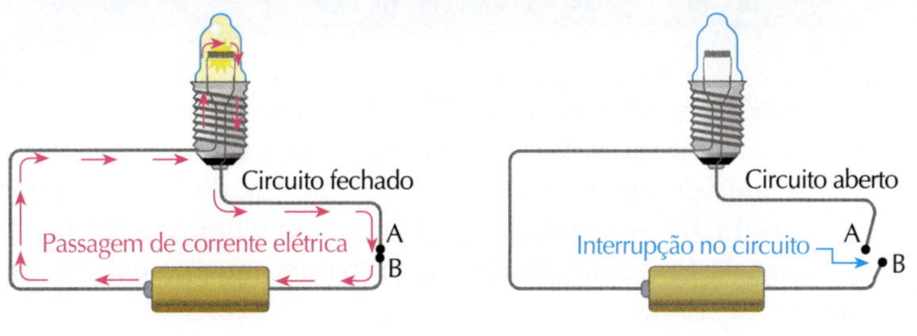

As extremidades A e B dos fios funcionam, no circuito, como um *interruptor*, ou seja, permitem interromper a passagem da corrente elétrica. Os interruptores elétricos que existem nas residências têm esse mesmo princípio de funcionamento.

Cada substância pura tem as propriedades que lhe são características e que servem, como foi comentado no capítulo 3, para identificá-la. Algumas dessas propriedades são o ponto de fusão, o ponto de ebulição e a densidade. Entre essas propriedades, podemos incluir a **condutividade elétrica**, ou seja, a capacidade de conduzir, ou não, a corrente elétrica.

2 Metais, não metais e semimetais

Os elementos conhecidos como **metais** formam substâncias simples que, de modo geral, conduzem bem a corrente elétrica e o calor, são facilmente transformadas em lâminas e em fios e são sólidas nas condições ambientes (isto é, 25 °C de temperatura e pressão igual à pressão atmosférica ao nível do mar), exceção feita àquela substância simples formada pelo mercúrio (Hg), que é líquida.

Os elementos denominados **não metais** (alguns os chamam **ametais**) formam substâncias simples que, ao contrário dos metais, não conduzem bem o calor nem a corrente elétrica (exceto o carbono na forma da substância simples grafite), não são facilmente transformadas em lâminas ou em fios. Dos não metais, onze formam substâncias simples gasosas nas condições ambientes (hidrogênio, nitrogênio, oxigênio, flúor, cloro e gases nobres), um forma substância simples líquida (bromo) e os demais formam substâncias simples sólidas.

Alguns autores chamam de **semimetais** alguns elementos que apresentam propriedades "intermediárias" entre as dos metais e as dos não metais. Eles formam substâncias simples sólidas nas condições ambientes. Dois semimetais de muita importância prática são o silício e o germânio, empregados em componentes eletrônicos.

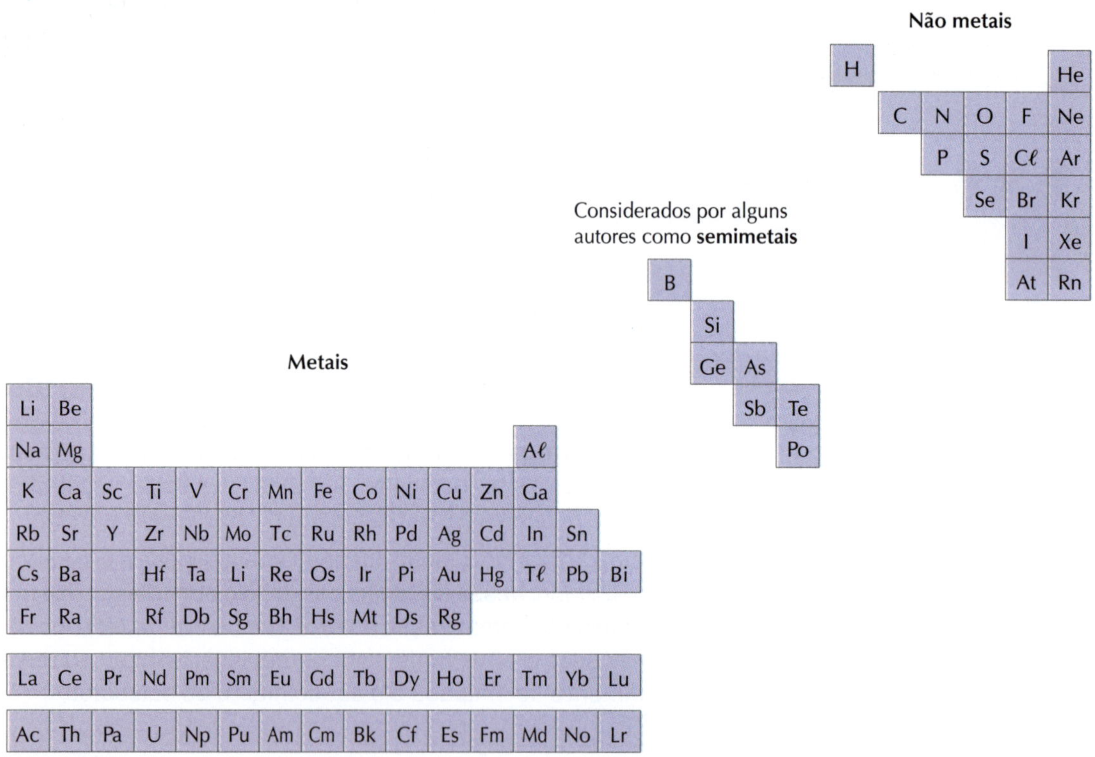

É importante que você perceba que os metais correspondem à maior parte dos elementos e que aparecem no centro e à esquerda da tabela periódica. Os não metais localizam-se à direita. Os semimetais correspondem a uma região de "fronteira" entre os metais e os não metais. Os semimetais não terão destaque no estudo da Química realizado neste livro.

Estado físico das substâncias simples

Esta tabela periódica mostra o estado físico, nas condições ambientes (25 °C e pressão equivalente à pressão média do ar ao nível do mar), das substâncias simples formadas pelos elementos.

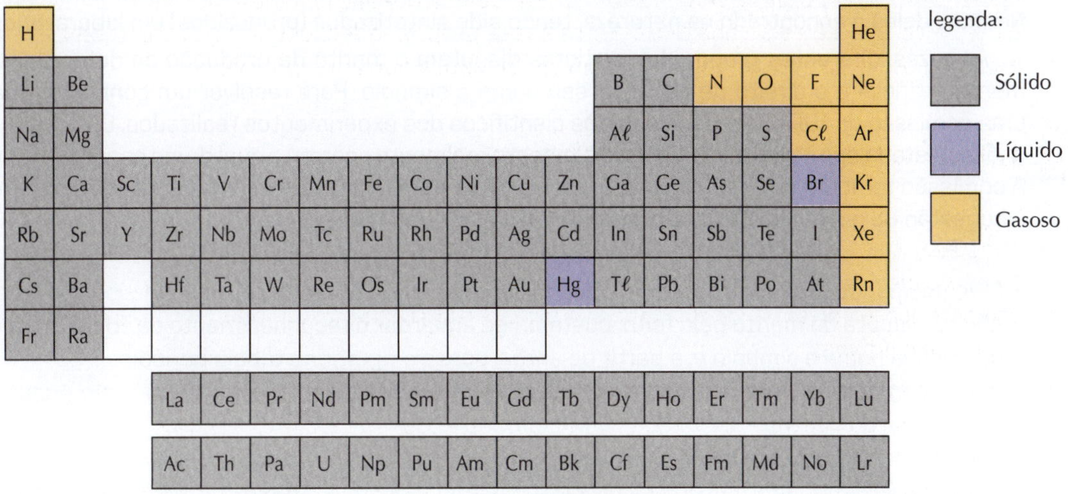

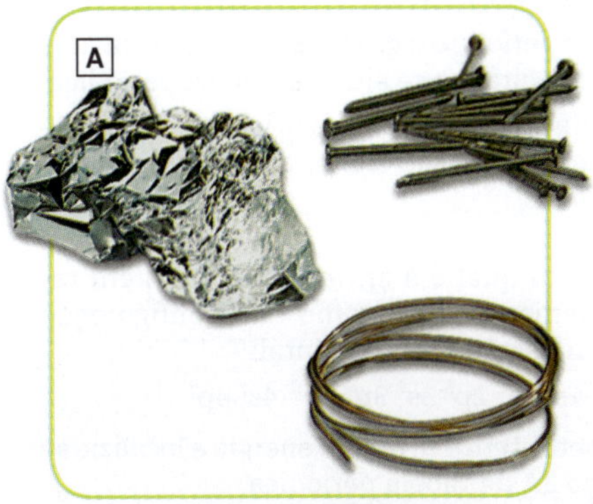

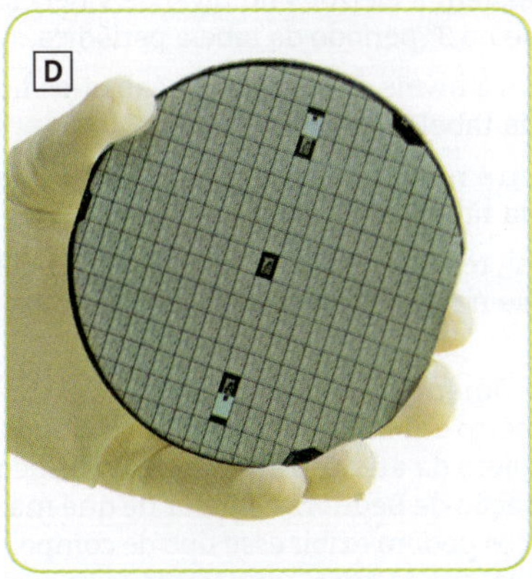

Substâncias simples formadas por:

A metais: alumínio (papel-alumínio), ferro (pregos), cobre (fio);

B não metais: enxofre (pó amarelo), carbono (os dois pedaços de grafite na ponta das molas) e iodo;

C gases nobres: o balão está preenchido com hélio e o bulbo da lâmpada contém argônio; e

D semimetal: silício, misturado a pequenas quantidades de outros materiais, empregado em células fotovoltaicas (que transformam energia luminosa em energia elétrica; usadas, por exemplo, em calculadoras portáteis).

Conteúdo digital Moderna PLUS http://www.modernaplus.com.br
Texto: *37 t de mercúrio contaminam Pará*

3 Elementos naturais e elementos artificiais

Em 1937 a tabela periódica tinha um aspecto bem próximo do atual, porém havia menos elementos químicos conhecidos. Os cientistas já haviam identificado e nomeado os elementos com números atômicos de 1 (hidrogênio) até 92 (urânio). Não eram conhecidos, porém, os elementos 43, 61, 85 e 87. Mas a existência desses quatro "buracos" na tabela periódica encorajava os cientistas a procurá-los.

De fato, átomos desses quatro elementos puderam ser produzidos artificialmente pelos cientistas por meio de processos nucleares, transformações que ocorrem no núcleo dos átomos. O tecnécio ($_{43}Tc$) foi produzido em 1937, o promécio ($_{61}Pm$) em 1947, o frâncio ($_{87}Fr$) em 1939 e o astato ($_{85}At$) em 1940. Eles são conhecidos como *elementos artificiais*, ou seja, produzidos em laboratório. Também são artificiais todos os elementos transurânicos, isto é, com números atômicos superiores ao do urânio. Nenhum deles é encontrado na natureza, tendo sido sintetizados (produzidos) em laboratórios.

Às vezes, diferentes grupos de cientistas disputam o mérito da produção de determinado elemento artificial e o direito de escolher seu nome e símbolo. Para resolver um conflito desse tipo, uma comissão da IUPAC analisa os dados científicos dos experimentos realizados. Com base nessa análise, estabelece se a síntese do novo elemento realmente ocorreu e qual grupo conseguiu primeiro. A comissão também se encarrega de propor o nome para o novo elemento, dando especial atenção à sugestão de quem o sintetizou primeiro.

Mesmo quando apenas um grupo de pesquisadores anuncia a síntese de um novo elemento e não há disputa de mérito pelo feito, costuma-se aguardar o reconhecimento da IUPAC para que ele receba nome e símbolo e, a partir de então, passe a figurar na tabela periódica.

EXERCÍCIOS ESSENCIAIS

Os exercícios 29 a 32 se referem aos elementos: H, He, C, N, O, F, Na, S, Cℓ, Ar, K, Ca, Fe, Br, Ba, Au e U.

29 Consultando o texto do capítulo, responda quais desses elementos formam substâncias simples que, nas condições ambientes, são:
a) sólidas. b) líquidas. c) gasosas.

30 Quais desses elementos são metais?

31 Sem consultar os números atômicos, apenas olhando a localização na tabela periódica, é possível dizer qual dos elementos em questão possui o maior número atômico? Justifique sua resposta.

32 Quais desses elementos formam substâncias simples que conduzem bem a eletricidade e o calor?

33 (UFPel-RS) Os elementos químicos podem ser classificados de acordo com dois critérios: suas propriedades químicas e físicas e sua ocorrência ou não na natureza.

As propriedades químicas dos elementos estão relacionadas com suas distribuições eletrônicas e, de acordo com as propriedades físicas dos elementos, eles são subdivididos em metais, ametais, semimetais, gases nobres e hidrogênio.

Com base na configuração em níveis dos seguintes elementos:

I. 2 - 8 - 13 - 2
II. 2 - 8 - 18 - 20 - 8 - 2
III. 2 - 8 - 8
IV. 2 - 8 - 18 - 6
V. 2 - 8 - 4

a) qual o nome dos elementos representados pelas configurações III e IV?
b) qual(quais), dentre os citados, é(são) considerado(s) metal e qual(quais), gás nobre?
c) indique o período e o grupo em que cada um dos elementos citados se situa na tabela periódica.
d) quais elementos são classificados como de transição e quais são classificados como representativos?

34 (Osec-SP) Diga qual é a afirmação correta em relação ao elemento cujo átomo tem configuração eletrônica no estado fundamental:

$$1s^2\ 2s^2\ 2p^6\ 3s^2\ 3p^6\ 3d^{10}\ 4s^2\ 4p^1$$

a) É não metal, tem 4 níveis de energia e localiza-se no grupo 3A da tabela periódica.
b) É não metal, tem 3 elétrons no nível de valência e localiza-se no 3º período da tabela periódica.
c) É metal, tem 4 níveis de energia e localiza-se no grupo 1A da tabela periódica.
d) É metal, tem 4 níveis de energia e localiza-se no grupo 3A da tabela periódica.
e) É não metal, tem 1 elétron no nível de valência e localiza-se no 4º período da tabela periódica.

35 (PUC-SP) O fenômeno da supercondução de eletricidade, descoberto em 1911 por Kamerlingh Onnes, voltou a ser objeto da atenção do mundo científico com a constatação de Bednorz e Müller de que materiais cerâmicos podem exibir esse tipo de comportamento. Houve, em seguida, uma verdadeira avalanche de novas descobertas, criando a expectativa de sensacionais aplicações do fenômeno. Os físicos citados foram contemplados com o Prêmio Nobel de 1987. Um dos elementos químicos mais importantes na formulação da cerâmica supercondutora é o ítrio. Relativamente ao ítrio, pede-se:
a) a estrutura eletrônica;
b) sua classificação, tendo em conta a estrutura eletrônica.

Conteúdo digital Moderna PLUS http://www.modernaplus.com.br
Exercícios adicionais

Capítulo

12 Algumas propriedades periódicas dos elementos

Os livros em uma biblioteca estão organizados de acordo com um critério lógico. De maneira análoga, os elementos químicos estão organizados na tabela periódica de modo que algumas de suas propriedades têm comportamento razoavelmente repetitivo. Propriedades periódicas dos elementos são estudadas neste capítulo.

Algumas propriedades dos elementos químicos apresentam variação razoavelmente repetitiva à medida que o número atômico cresce, ou seja, são propriedades periódicas.

› **12.1 Valência: uma propriedade periódica**
A valência é um exemplo de propriedade periódica dos elementos químicos.

› **12.2 Raio atômico**
O raio atômico é uma propriedade periódica que cresce para baixo, nos grupos, e para a esquerda, nos períodos.

› **12.3 Energia (ou potencial) de ionização (EI)**
A primeira energia de ionização varia de modo inverso ao raio atômico.

› **12.4 Afinidade eletrônica (AE) ou eletroafinidade**
Em linhas gerais, a afinidade eletrônica varia de modo inverso ao raio atômico.

› **12.5 Outras propriedades periódicas**
A densidade, o ponto de fusão, o ponto de ebulição e a eletronegatividade são propriedades periódicas.

Seção 12.1

Valência: uma propriedade periódica

Objetivo

- Interpretar um gráfico de valência *versus* número atômico e estabelecer o conceito de propriedade periódica.

Termos e conceitos

- valência
- propriedade periódica

1 Valência e tabela periódica

Uma das propriedades mais importantes dos elementos químicos é a capacidade de seus átomos se combinarem com outros átomos.

Um átomo de hidrogênio, por exemplo, pode unir-se a outro átomo de hidrogênio, formando a substância simples H_2. Pode, também, combinar-se com um átomo de flúor, formando HF, ou um de cloro, formando $HC\ell$. Em linguagem química, dizemos que o hidrogênio apresenta **valência** 1, ou seja, um átomo de hidrogênio pode unir-se a apenas um outro átomo.

O hidrogênio é capaz de combinar-se com muitos elementos químicos conhecidos, formando compostos. Com base na fórmula desses compostos, podemos avaliar a valência do elemento que se combina com o hidrogênio.

Considere, por exemplo, as seguintes fórmulas de substâncias formadas por hidrogênio e por elementos do segundo período da tabela periódica:

segundo período LiH BeH_2 BH_3 CH_4 NH_3 H_2O HF

Essas fórmulas ilustram que lítio (Li) e flúor (F) apresentam valência 1, berílio (Be) e oxigênio (O), valência 2, boro (B) e nitrogênio (N), valência 3, e carbono (C), valência 4. O gás nobre do segundo período, o neônio (Ne), não forma composto com hidrogênio; sua valência é zero.

Agora considere as fórmulas das substâncias formadas pelo hidrogênio com os elementos do terceiro período da tabela periódica:

terceiro período NaH MgH_2 $A\ell H_3$ SiH_4 PH_3 H_2S $HC\ell$

Nelas percebemos que sódio (Na) e cloro ($C\ell$) apresentam valência 1, magnésio (Mg) e enxofre (S), valência 2, alumínio ($A\ell$) e fósforo (P), valência 3, e silício (Si), valência 4. O gás nobre do terceiro período, o argônio (Ar), não forma composto com hidrogênio; sua valência é zero.

As fórmulas das substâncias formadas por esses elementos do segundo e do terceiro períodos com flúor ou com cloro, ambos de valência 1, também reforçam as conclusões que tiramos. Observe:

segundo período	LiF	BeF_2	BF_3	CF_4	NF_3	OF_2	FF
segundo período	$LiC\ell$	$BeC\ell_2$	$BC\ell_3$	$CC\ell_4$	$NC\ell_3$	$C\ell_2O$	$C\ell F$
terceiro período	NaF	MgF_2	$A\ell F_3$	SiF_4	PF_3	SF_2	$C\ell F$
terceiro período	$NaC\ell$	$MgC\ell_2$	$A\ell C\ell_3$	$SiC\ell_4$	$PC\ell_3$	$SC\ell_2$	$C\ell C\ell$

As fórmulas acima revelam que existe uma regularidade na valência* dos elementos dos diversos grupos da tabela periódica. De fato, podemos generalizar dizendo que:

grupo	1 (1A)	2 (2A)	13 (3A)	14 (4A)	15 (5A)	16 (6A)	17 (7A)	18 (0)
valência	1	2	3	4	3	2	1	0

* A discussão apresentada nesta seção é **introdutória**. Algumas fórmulas foram escritas de maneira a facilitar o entendimento, e a palavra valência está empregada com o sentido de **valência principal**, já que alguns elementos, às vezes, apresentam mais de uma valência. O estanho e o chumbo, por exemplo, ambos do grupo 14 (4A), além da valência 4, são encontrados em alguns compostos com a valência 2. Aprenderemos mais sobre a valência dos elementos em capítulos posteriores.

Como o oxigênio apresenta valência 2, seus átomos podem combinar-se com dois átomos de valência 1, ou com um átomo de valência 2, e assim por diante. Observe, por exemplo, as fórmulas de algumas substâncias formadas por oxigênio e alguns elementos do segundo e do terceiro períodos:

segundo período	Li_2O	BeO	CO_2	OF_2
terceiro período	Na_2O	MgO	SiO_2	$C\ell_2O$

2 O conceito de propriedade periódica dos elementos

O que vem a ser uma propriedade periódica?

Analisando o gráfico de valência *versus* número atômico apresentado ao lado, é possível entender o que vem a ser uma propriedade periódica.

A propriedade **valência** para elementos com números atômicos de 1 a 20 varia de modo definido (o valor da valência se repete a cada período).

O gráfico mostra uma **propriedade periódica**, ou seja, **o valor numérico da propriedade se repete de período em período.**

Quando você observa uma propriedade periódica, pode verificar que, a intervalos mais ou menos regulares, os valores da propriedade variam de determinado modo à medida que o Z aumenta.

Podemos afirmar que a base do estudo da tabela periódica está no conhecimento e na interpretação das propriedades periódicas dos elementos.

Essa periodicidade será extremamente útil na previsão das propriedades e do comportamento dos elementos químicos. O fundamental é que o estudante perceba como se relacionam as propriedades dos elementos, suas posições na tabela periódica e suas estruturas eletrônicas.

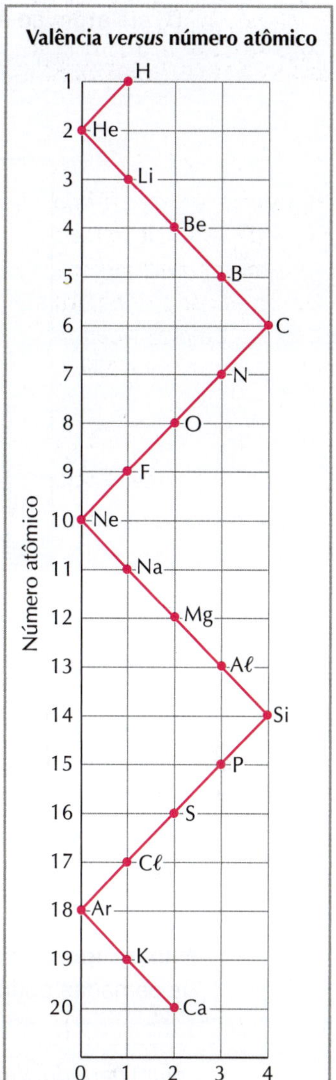

Este gráfico enriquecerá o estudo do assunto desta seção. Analise-o com bastante atenção.

Seção 12.2 Raio atômico

Objetivos

- Esboçar o padrão de variação do raio atômico na tabela periódica.
- Relacionar esse padrão ao número de camadas e à carga nuclear.

Termos e conceitos

- raio atômico

O raio atômico (RA) pode ser considerado uma medida do tamanho do átomo. Tamanho do átomo é um conceito bastante vago. É impossível saber onde termina a nuvem eletrônica ao redor dele. Operacionalmente, o que se faz é adotar alguns critérios para definir o raio do átomo.

Para que seja possível discutir a propriedade periódica **raio atômico**, vamos considerar o átomo como sendo uma esfera; o raio atômico será a distância média do elétron mais externo até o núcleo.

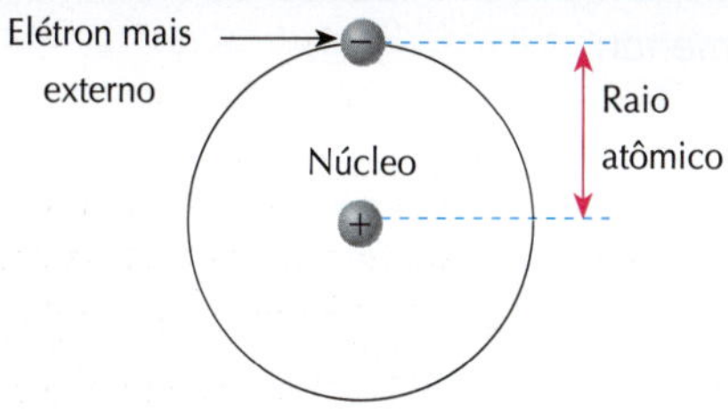

O raio atômico é medido em picometro (pm).

$$1\ \text{pm} = 10^{-12}\ \text{m}$$

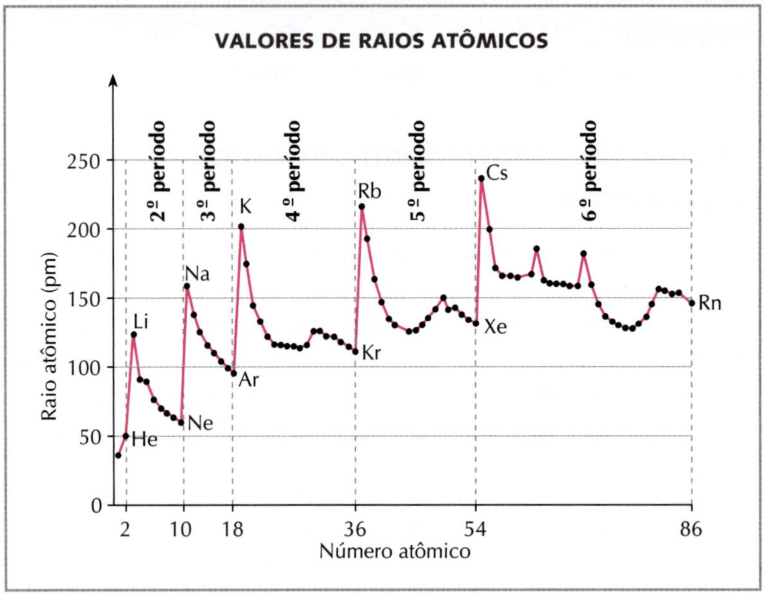

Fonte: D. D. Ebbing. *General Chemistry*. 4. ed. Boston, Houghton Mifflin, 1993. p. 310.

Num grupo: O raio atômico aumenta à medida que o Z cresce, e esse aumento ocorre de cima para baixo.

Num grupo, o raio atômico aumenta de cima para baixo porque há um aumento do número de camadas ocupadas por elétrons.

Num período: Vamos tomar como exemplo o quarto período da tabela.

Sendo do mesmo período, os elementos possuem o mesmo número de camadas. Da esquerda para a direita, há um aumento do número de prótons (Z), o que obviamente acarreta um aumento da carga nuclear. Os elétrons da eletrosfera vão sendo mais fortemente atraídos, o que causa a diminuição do raio atômico.

Comparando K (de maior raio) com Br (de menor raio):

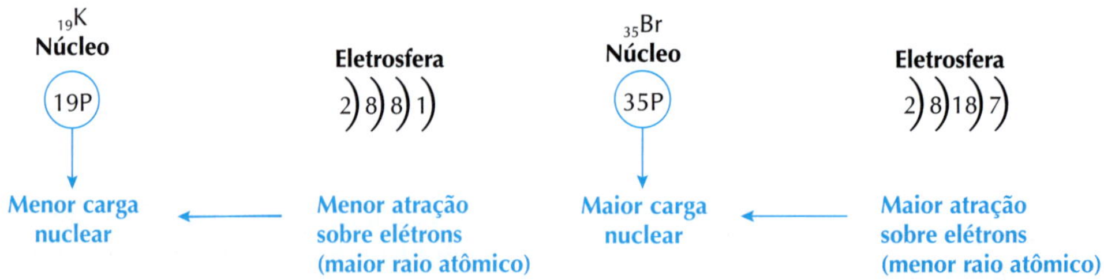

Num período, o raio atômico aumenta da direita para a esquerda, porque, para um mesmo número de camadas ocupadas, os elementos situados à esquerda possuem uma carga nuclear menor.

A tabela a seguir ilustra a variação do raio atômico (em picometros) nos elementos representativos e nos de transição. Observe que nos elementos representativos o raio atômico cresce de cima para baixo num grupo e da direita para a esquerda num período. Os elementos de transição não exibem essa variação de forma consistente.

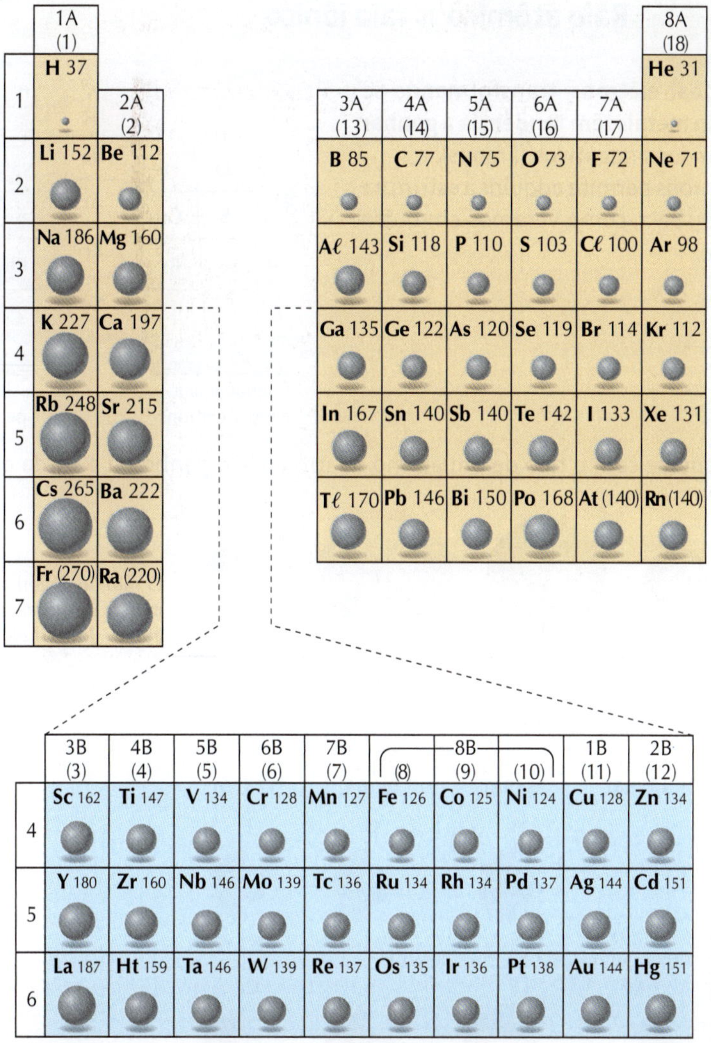

Fonte: Martin Silberberg. *Chemistry* – The Molecular nature of matter and change. 5. ed. Nova York, McGraw Hill, 2009. p. 319.

A ilustração da tabela periódica abaixo fornece uma visão dos raios atômicos dos elementos através de um "mapa de relevos". A altura da barra é proporcional ao raio atômico de cada elemento.

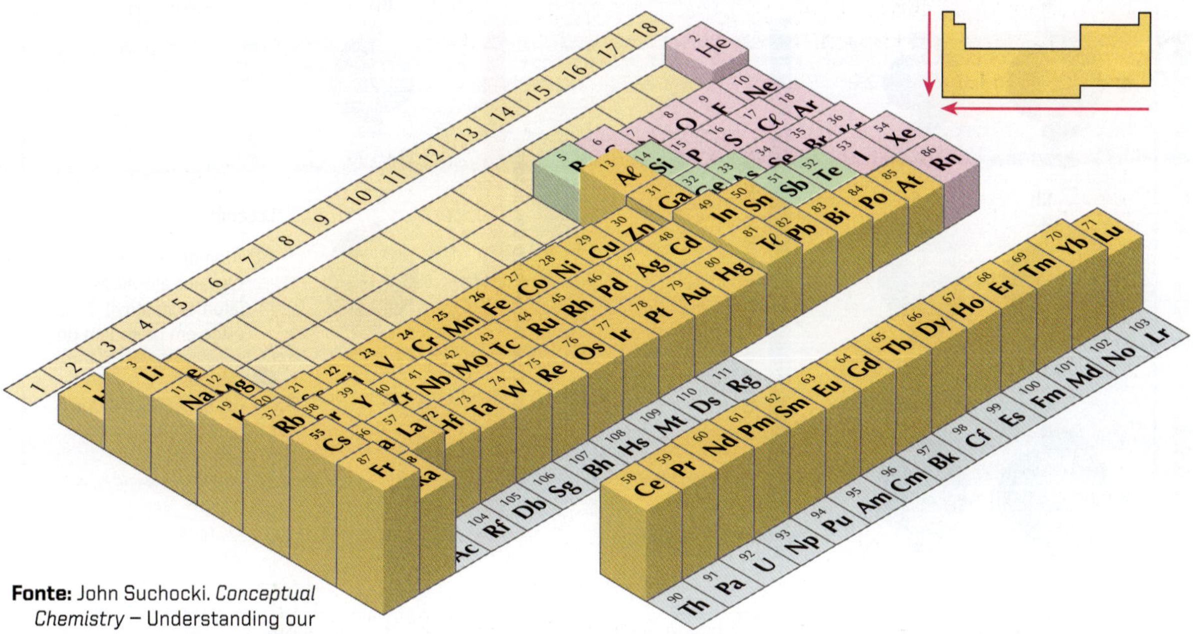

Fonte: John Suchocki. *Conceptual Chemistry* – Understanding our world of atoms and molecules. 2. ed. São Francisco, Pearson/ Benjamin Cummings, 2004, p. 162.

Raio atômico × raio iônico

Metais têm tendência a doar elétrons, transformando-se em íons positivos (cátions). **Não metais têm tendência a ganhar elétrons**, transformando-se em íons negativos (ânions).

Essa perda ou ganho de elétrons permite adquirir a estrutura eletrônica de um gás nobre, ou seja, como veremos em outro capítulo, atingir a estabilidade.

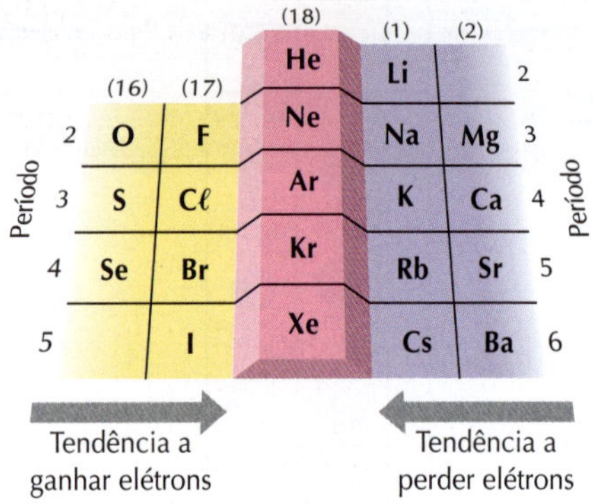

Veja, a seguir, o que acontece com o raio de um átomo neutro após o ganho ou a perda de elétrons, transformando-se em íon.

O raio do ânion é sempre maior do que o raio do átomo do qual ele deriva.

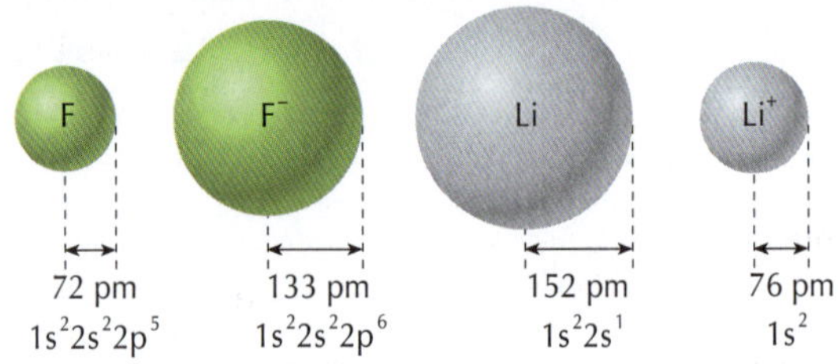

O raio do cátion é sempre menor do que o raio do átomo do qual ele deriva.

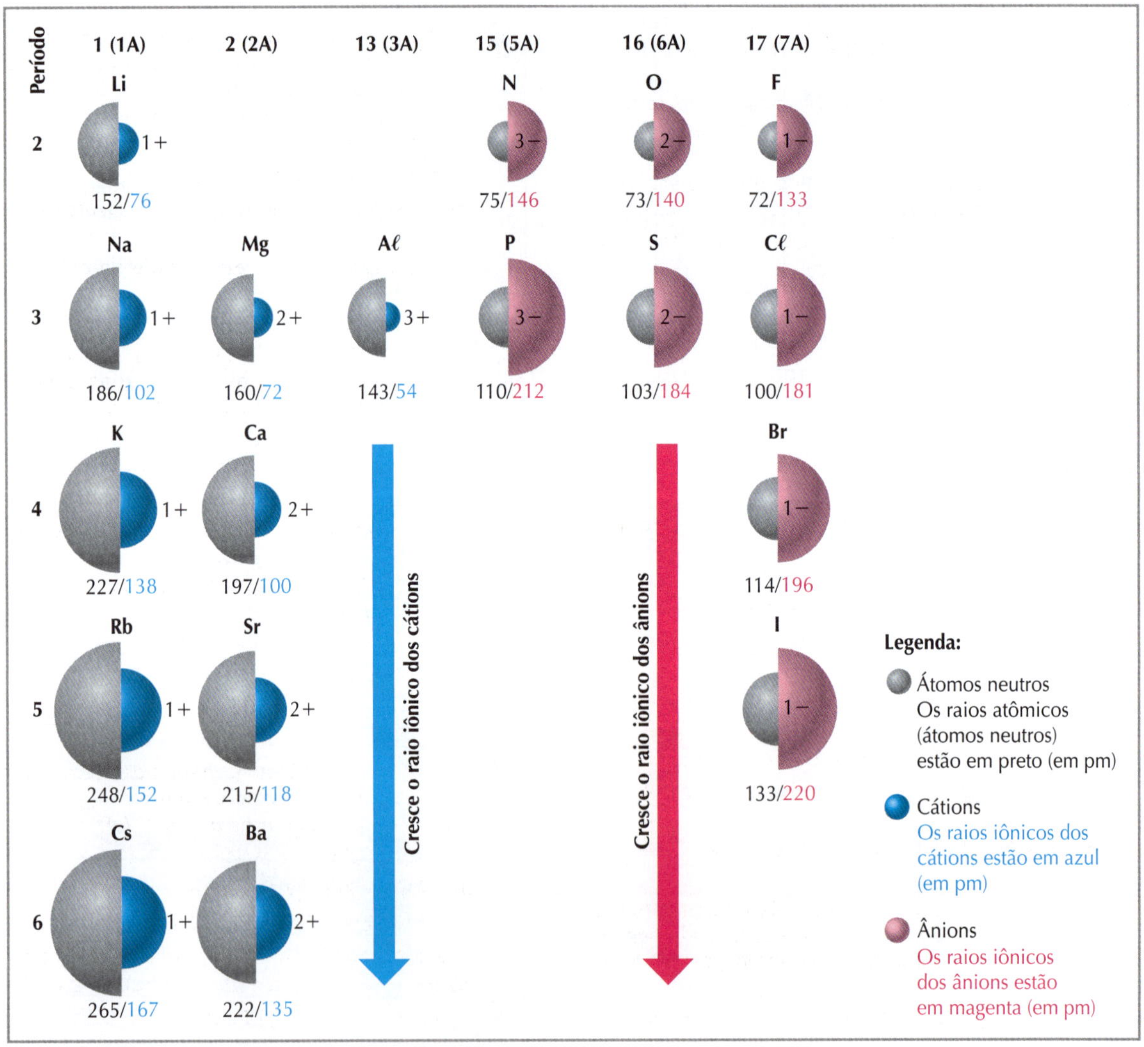

Fonte dos dados numéricos: J. P. Sevenair e A.R. Burkett. *Introductory Chemistry* – Investigating the molecular nature of matter. Dubuque, WCB, 1997. p. 167.

EXERCÍCIOS ESSENCIAIS

1 Analise o gráfico de valência *versus* número atômico que aparece na lateral da página 175 e consulte a tabela periódica para responder às perguntas:

a) Qual a valência dos elementos com números atômicos 3, 11 e 19? A que grupo da tabela periódica pertencem?

b) Quais os calcogênios que aparecem no gráfico? Que valência apresentam?

c) Quais os halogênios que aparecem no gráfico? Qual é a valência deles?

d) Dos elementos que aparecem no gráfico, quais apresentam maior valência? A que grupo pertencem?

e) Dos elementos que aparecem no gráfico, quais têm valência nula? A que grupo pertencem?

2 É fato experimental que elementos de um mesmo grupo apresentam a mesma valência. Baseados em evidências, os cientistas procuram explicar essa semelhança de valência com base na distribuição eletrônica dos átomos.

Para essa explicação, é importante o número de camadas ou o número de elétrons em alguma dessas camadas? Comente.

3 (Cesgranrio-RJ) Considerando um grupo ou família na tabela periódica, podemos afirmar em relação ao raio atômico:

a) Aumenta com o aumento do número atômico, devido ao aumento do número de camadas.

b) Aumenta à medida que aumenta o número de elétrons do nível L.

c) Não sofre influência da variação do número atômico.

d) Diminui à medida que aumenta o número atômico, devido ao aumento da força de atração do núcleo.

e) Diminui com o aumento atômico, devido ao aumento do número de elétrons.

4 (UFV-MG) Os átomos neutros de dois elementos químicos A e B, estáveis, apresentam respectivamente as distribuições eletrônicas:

A: K — 2, L — 8, M — 7 B: K — 2, L — 7

Pode-se dizer, a respeito desses dois elementos, que:

a) apresentam o mesmo número de nêutrons.

b) são metais.

c) apresentam o mesmo número de prótons.

d) pertencem à mesma família da Tabela Periódica.

e) apresentam o mesmo raio atômico.

5 (UCSal-BA) A espécie X^{2-} com 8 elétrons na camada mais externa (camada da valência) pode ser do elemento X, que, na Tabela Periódica, pertence ao grupo:

a) 7A. b) 6A. c) 2A. d) 1A. e) 8A.

6 (Vunesp) Nesta tabela periódica, os algarismos romanos substituem os símbolos dos elementos.

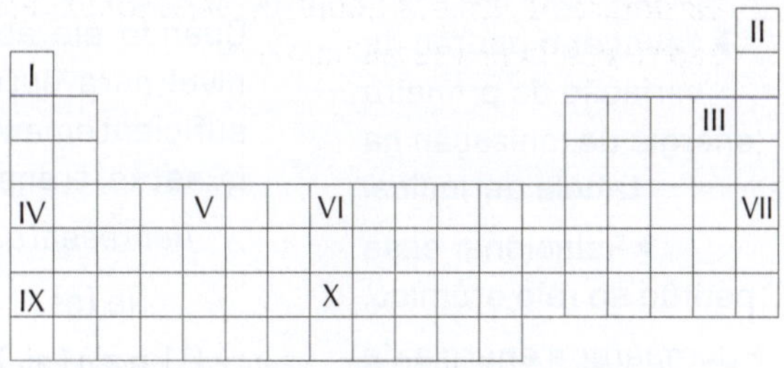

Sobre tais elementos, é correto afirmar que:

a) I e II são líquidos à temperatura ambiente.

b) III é um gás nobre.

c) VII é um halogênio.

d) o raio atômico de IV é maior que o de V e menor que o de IX.

e) VI e X apresentam o mesmo número de camadas eletrônicas.

7 (UFMG) Considerando as partículas constituintes do íon Mg^{2+} e a posição do elemento no quadro periódico, pode-se afirmar que esse íon:

a) tem a mesma configuração eletrônica que o átomo de argônio.

b) tem um núcleo com 14 prótons.

c) apresenta números iguais de prótons e elétrons.

d) apresenta dois níveis completamente preenchidos.

8 (UFSM-RS) Sabendo-se que o íon, genericamente representado por X^{2+}, tem 18 elétrons, classifique os itens como verdadeiros ou falsos.

- O último elétron na distribuição eletrônica do íon está no nível energético número 3.
- O nível de valência do elemento X é o terceiro.
- O raio atômico do íon X^{2+} é maior que o raio atômico do elemento X.
- Os subníveis p do íon X^{2+} estão totalmente preenchidos. A sequência correta é

a) V — F — F — V.

b) F — V — F — V.

c) V — F — V — F.

d) F — V — V — F.

e) V — F — V — V.

9 (ITA-SP) Em relação ao tamanho de átomos e íons, são feitas as afirmações seguintes:

I. O $C\ell^-$ (g) é menor do que o $C\ell$ (g)

II. O Na^+ (g) é menor do que o Na (g)

III. O Ca^{2+} (g) é maior do que o Mg^{2+} (g)

IV. O $C\ell$ (g) é maior do que o Br (g)

Das afirmações anteriores, estão corretas apenas:

a) II.

b) I e II.

c) II e III.

d) I, III e IV.

e) II, III e IV.

Conteúdo digital Moderna PLUS http://www.modernaplus.com.br
Exercícios adicionais

Seção 12.3

Energia (ou potencial) de ionização (EI)

Objetivos

- Esboçar o padrão de variação da primeira energia de ionização na tabela periódica.
- Relacionar esse padrão ao raio atômico.
- Comparar a energia de ionização dos metais com a dos não metais.

Termos e conceitos

- **energia de ionização**

Seja um átomo isolado, no estado gasoso e no estado fundamental. Quando ele absorve energia, elétrons podem ser transferidos de um nível para outro mais afastado do núcleo. Se a energia fornecida for suficientemente alta, será possível arrancar um elétron do átomo em questão, transformando-o num íon positivo.

Representação:

Na (g)	+	EI	→	Na^+ (g)	+	1 e^-
(11 p e 11 e^-)				(11 p e 10 e^-)		
Átomo neutro		(Ganha energia)		Íon positivo		(Elétron liberado)

> **Energia de ionização** (EI) é a energia mínima necessária para arrancar um elétron de um átomo que se encontra no estado fundamental, gasoso e isolado.

A energia de ionização pode ser expressa em uma unidade chamada elétron-volt (eV). Assim:

$$\text{Na (g)} + \underset{\text{(EI do Na)}}{5{,}1\ \text{eV}} \rightarrow \text{Na}^+\text{ (g)} + 1\ e^-$$

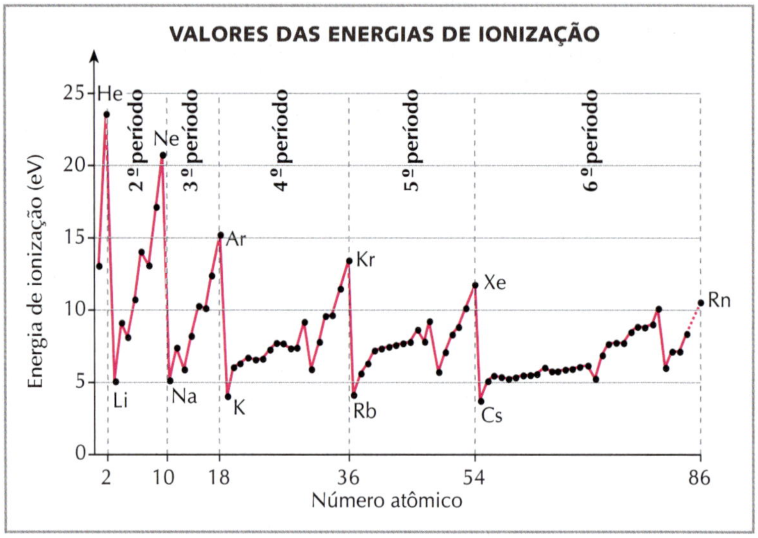

Fonte: Gráfico elaborado a partir de D. D. Ebbing e S.D. Gammon. *General Chemistry*. 8. ed. Boston, Houghton Mifflin, 2005. p. 317.

Num grupo: A energia de ionização aumenta à medida que o Z diminui, aumentando de baixo para cima.

De baixo para cima ocorre, num grupo, diminuição do número de camadas ocupadas por elétrons (diminui o raio atômico). Devido a esse fato, os elétrons externos encontram-se mais próximos do núcleo e, consequentemente, é *maior* a atração do núcleo sobre eles, sendo necessária *maior* energia para arrancar um elétron, ou seja, aumenta a energia de ionização.

Num período: A energia de ionização aumenta à medida que o número atômico cresce (da esquerda para a direita).

O aumento da energia de ionização com o aumento do Z está diretamente ligado à diminuição do raio atômico.

Num período, à medida que o Z aumenta (crescimento da carga nuclear), aumenta também a atração exercida pelo núcleo sobre os elétrons externos, diminuindo o raio atômico e acarretando um aumento da energia de ionização.

Num período ou num grupo, a energia de ionização será tanto maior quanto menor for o raio atômico.

A ilustração da tabela periódica abaixo fornece uma visão das energias de ionização dos elementos através de um "mapa de relevos".

A altura da barra é proporcional à primeira energia de ionização de cada elemento.

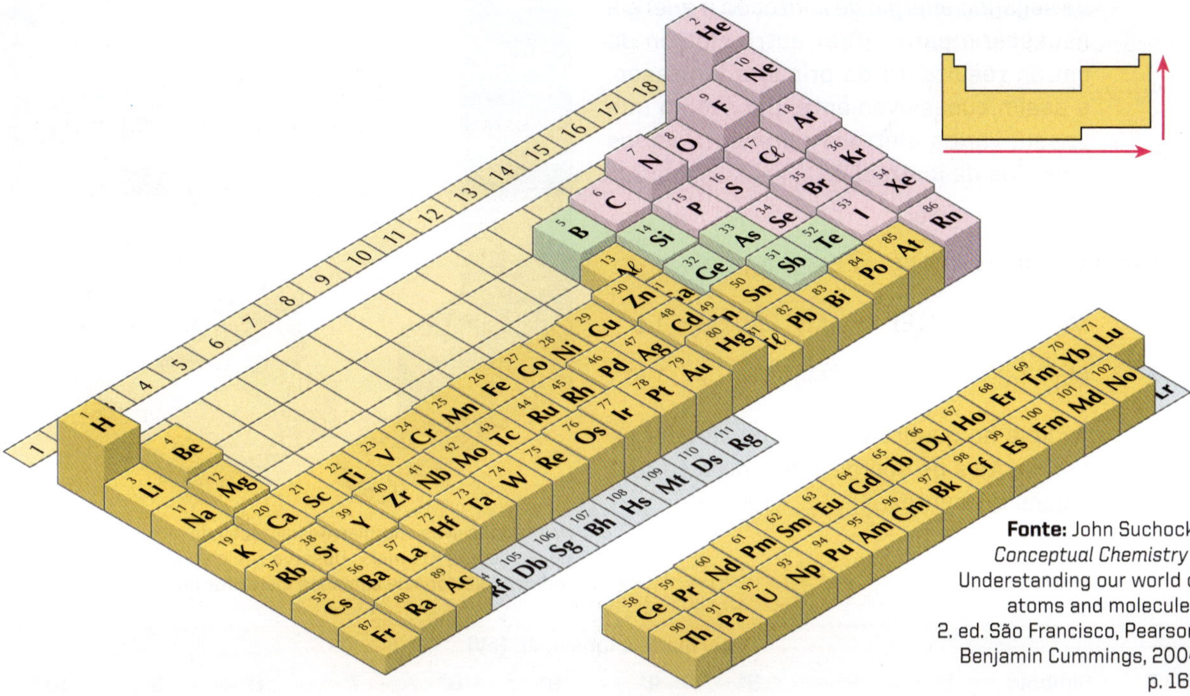

Fonte: John Suchocki. *Conceptual Chemistry – Understanding our world of atoms and molecules.* 2. ed. São Francisco, Pearson/ Benjamin Cummings, 2004. p. 162.

O "mapa em relevo" abaixo mostra as primeiras energias de ionização para elementos representativos situados nos primeiros seis períodos da tabela periódica.

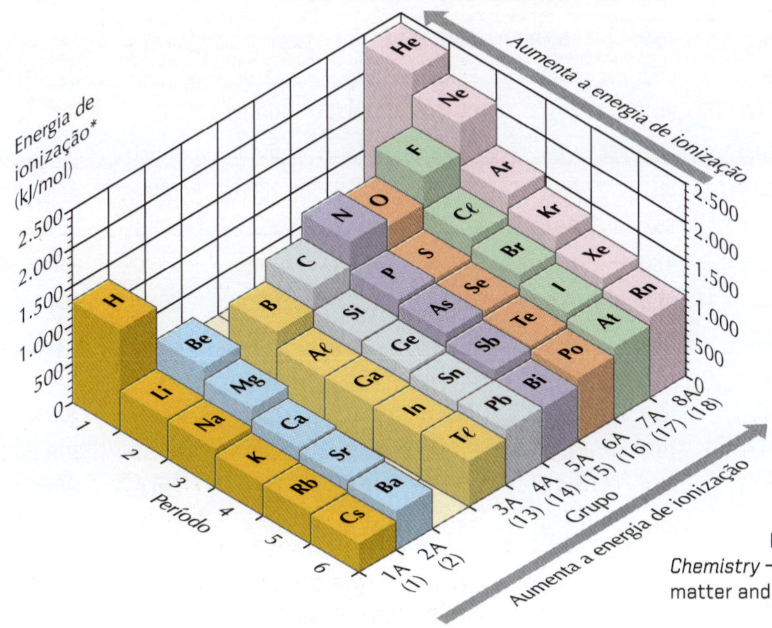

Fonte: Martin Silberberg. *Chemistry* – The molecular nature of matter and change. 3. ed. Nova York, McGraw Hill, 2003.

* Quando a energia de ionização está em kJ/mol, ela indica a quantidade de energia, expressa na unidade **quilojoule** (kJ), necessária para ionizar **6 · 10²³ átomos**, quantidade conhecida como **1 mol de átomos**.

1 Segunda, terceira, ... energia de ionização

É possível retirar mais de um elétron do átomo, bastando, após a retirada do primeiro elétron, fornecer mais energia.

Chamamos de *primeira energia de ionização* a energia necessária para retirar um elétron do átomo neutro (no estado fundamental, gasoso e isolado); de *segunda energia de ionização* a energia necessária para retirar outro elétron do cátion resultante da primeira ionização; e assim sucessivamente. Um átomo que possui vários elétrons apresenta várias energias de ionização.

Por exemplo:

$$Mg\,(g) \;+\; 1^{a}\,EI \rightarrow Mg^{+}\,(g) \;+\; 1\,e^{-}$$

$$Mg^{+}\,(g) \;+\; 2^{a}\,EI \rightarrow Mg^{2+}\,(g) \;+\; 1\,e^{-}$$

$$Mg^{2+}\,(g) \;+\; 3^{a}\,EI \rightarrow Mg^{3+}\,(g) \;+\; 1\,e^{-}$$

Veja no quadro a seguir os valores experimentais de energias de ionização para alguns elementos.

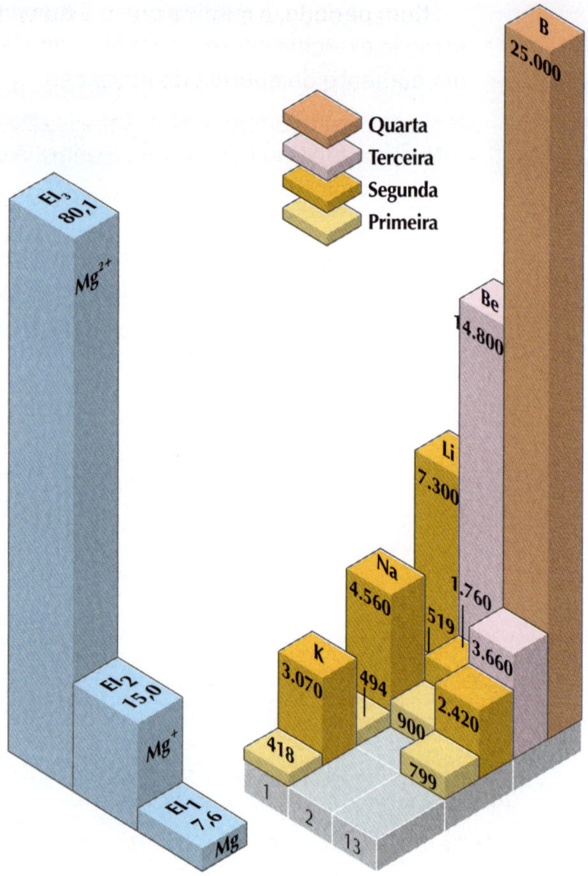

As sucessivas energias de ionização de alguns grupos de elementos kJ · mol^{-1}. Observe como aumenta a EI para remover elétrons de camadas mais internas.

Z	Símbolo	Energias de ionização (eV)									
		1ª	2ª	3ª	4ª	5ª	6ª	7ª	8ª	9ª	10ª
1	H	13,6									
2	He	24,6	54,4								
3	Li	5,4	75,6	122,4							
4	Be	9,3	18,2	153,9	217,7						
5	B	8,3	25,1	37,9	259,3	340,1					
6	C	11,3	24,4	47,9	64,5	391,9	489,8				
7	N	14,5	29,6	47,4	77,5	97,9	551,9	666,8			
8	O	13,6	35,2	54,9	77,4	113,9	138,1	739,1	871,1		
9	F	17,4	35,0	62,6	87,2	114,2	157,1	185,1	953,6	1.100,0	
10	Ne	21,6	41,0	64,0	97,1	126,4	157,9	207,0	238,0	1.190,0	1.350,0
11	Na	5,1	47,3	71,6	98,9	138,6	172,4	208,4	264.1	299,9	1.460,0
12	Mg	7,6	15,0	80,1	109,3	141,2	186,7	225,3	266.0	328,2	367,0
13	Aℓ	6,0	18,8	28,4	120,0	153,8	190,4	241,9	285,1	331,6	399,2
14	Si	8,1	16,3	33,5	45,1	166,7	205,1	246,4	303,2	349,0	407,0
15	P	11,0	19,7	30,1	51,4	65,7	220,4	263,3	309,2	380,0	433,0
16	S	10,4	23,4	35,0	47,3	72,5	88,0	281,0	328,8	379,1	459,0
17	Cℓ	13,0	23,8	39,9	53,5	67,8	96,7	114,3	348,3	398,8	453,0
18	At	15,8	27,6	40,9	59,8	75,0	91,3	124,0	143,5	434,0	494,0
19	K	4,3	31,8	46.9	60,9	83,0	101,0	120,0	155,0	176,0	501,4
20	Ca	6,1	11,9	51,2	67,0	84,0	111,0	127,0	151,0	189,0	211,4

As linhas em vermelho separam dois níveis eletrônicos. Note o acentuado salto da energia de ionização ao atravessar essa linha.
Fonte: H. R. Christen. *Química*. Barcelona, Reverté, 1976. p. 47.

Consultando atentamente o quadro da página anterior, observamos que:

A segunda energia de ionização é maior que a primeira, a terceira energia de ionização é maior que a segunda, e assim sucessivamente.

Isso é fácil de entender, pois, quanto maior for a carga do íon positivo, o mesmo número de prótons estará atraindo menor quantidade de elétrons. O raio atômico estará diminuindo e, consequentemente, a energia de ionização, aumentando.

É importante notar que:

- os *metais*, de modo geral, possuem *baixas energias de ionização* (não é necessário muita energia para arrancar 1 elétron);
- os *não metais*, de modo geral, possuem *altas energias de ionização* (a retirada de 1 elétron necessita maior quantidade de energia).

EXERCÍCIOS ESSENCIAIS

10 (UFS-SE) Considere as seguintes transformações que envolvem o elemento sódio:

$$Na\ (s) \xrightarrow{\text{I}} Na\ (\ell) \xrightarrow{\text{II}} Na\ (g) \xrightarrow{\text{III}} Na^+\ (g) + e^-$$

Há absorção de energia na realização:

a) da transformação I, somente.
b) da transformação II, somente.
c) da transformação III, somente.
d) das transformações I e II, somente.
e) das transformações I, II e III.

EXERCÍCIO RESOLVIDO

11 (PUC-RJ) O gráfico a seguir mostra a variação do potencial de ionização (eixo das ordenadas) em função do número atômico (eixo das abscissas).

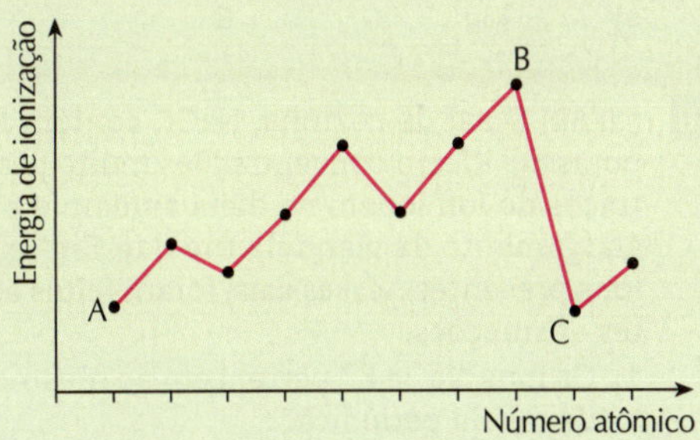

Considerando que a escala no eixo das abscissas não começa necessariamente de zero, os números atômicos dos elementos A, B e C só podem ser, respectivamente:

a) A = 1; B = 9; C = 10.
b) A = 11; B = 18; C = 19.
c) A = 10; B = 19; C = 20.
d) A = 12; B = 17; C = 18.
e) A = 2; B = 10; C = 11.

Resolução

Na sequência de oito elementos que vai de A até B, a energia de ionização, de modo geral, aumenta com o aumento do número atômico. Isso indica que esses oito elementos pertencem a um mesmo período da tabela periódica. E a súbita redução da energia de ionização ao passar de B para C indica uma mudança de período.

Os oito elementos de A até B devem pertencer, portanto, ao segundo ou ao terceiro período da tabela (períodos que têm apenas oito elementos), com A sendo alcalino e B sendo gás nobre. E o elemento C deve ser o alcalino do período seguinte.

Assim, podemos ter as seguintes possibilidades:

1ª possibilidade: A é o lítio (Z = 3), B é o neônio (Z = 10) e C é o sódio (Z = 11).

2ª possibilidade: A é o sódio (Z = 11), B é o argônio (Z = 18) e C é o potássio (Z = 19).

Dentre as alternativas do teste, a única possível é a **b**, que corresponde à segunda possibilidade.

Alternativa **b**.

12 (Fuvest-SP) O gráfico mostra a variação do potencial de ionização para elementos de número atômico, Z, de 1 a 19.

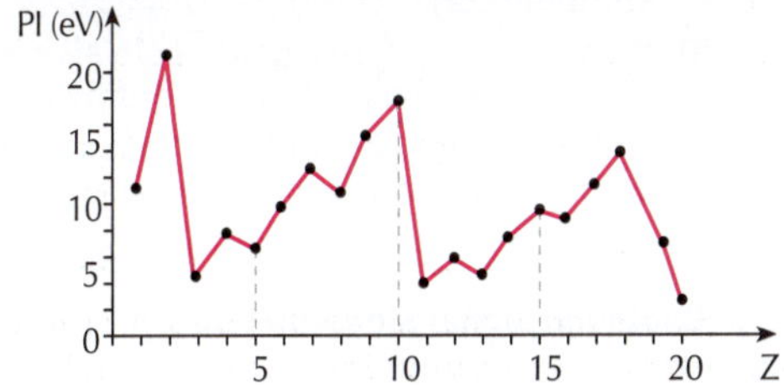

a) Dê o nome dos três elementos que têm maior dificuldade de formar cátions, no estado gasoso.

b) Explique por que, no intervalo de Z = 3 a Z = 10, o potencial de ionização tende a crescer com o aumento do número atômico.

13 (Unicenp-PR) A análise das configurações eletrônicas dos elementos químicos A, B, C e D, no estado fundamental, permite-nos estabelecer conclusões sobre suas propriedades físico-químicas:

A — $1s^2\ 2s^2\ 2p^6\ 3s^1$

B — $1s^2\ 2s^2\ 2p^6$

C — $1s^2\ 2s^2\ 2p^6\ 3s^2\ 3p^6\ 4s^2$

D — $1s^2\ 2s^2\ 2p^6\ 3s^2\ 3p^6\ 4s^2\ 3d^{10}\ 4p^5$

A seguir, são feitas as seguintes afirmações:

I. O elemento B possui o maior valor correspondente ao 1º potencial de ionização;

II. O elemento A é classificado como halogênio;

III. O raio do íon estável (C^{2+}) formado pelo elemento C é maior que o raio do seu átomo neutro correspondente;

IV. O elemento D pertence ao grupo dos halogênios e quarto período da tabela periódica.

São corretas as afirmações:

a) todas.
b) somente II e III.
c) somente I e IV.
d) somente I e II.
e) somente I, II e III.

14 (UFRJ) Desde o primeiro trabalho de Mendeleev, publicado em 1869, foram propostas mais de quinhentas formas para apresentar uma classificação periódica dos elementos químicos. A figura a seguir apresenta um trecho de uma dessas propostas, na qual a disposição dos elementos é baseada na ordem de preenchimento dos subníveis atômicos. Na figura, alguns elementos foram propositadamente omitidos.

Linhas						
1			H	He		
2			Li	Be		
3	B	C	?	?	F	?
4			?	?		
			...	...		

a) Identifique os elementos químicos da quarta linha da figura apresentada.

b) Identifique o elemento químico de maior potencial de ionização dentre todos os da terceira linha da figura apresentada.

15 (UFSM-RS) Para dois elementos químicos genéricos X e Y, sabe-se que é mais fácil retirar elétrons de X do que de Y. Com relação a essa afirmativa, analise as proposições a seguir:

I. O 1º potencial de ionização de X é maior que o 1º potencial de ionização de Y.

II. X poderia ser representado pelo elemento químico enxofre (S) e Y, pelo elemento químico alumínio (Aℓ).

III. X poderia ser representado pelo elemento rubídio (Rb) e Y, pelo elemento químico lítio (Li).

IV. X pode ser um não metal e Y, um metal, sendo ambos do mesmo período da tabela periódica.

Está(ão) correta(s)

a) apenas I.
b) apenas II.
c) apenas III.
d) apenas IV.
e) apenas II e IV.

16 (Unifor-CE) "A 1ª energia de ionização é medida pela energia **X** quando 1 elétron é retirado de um **Y** isolado. Para um mesmo elemento, a 2ª energia de ionização é **Z** do que a 1ª".

Completa-se corretamente o texto substituindo-se X, Y e Z, respectivamente, por:

	X	Y	Z
a)	liberada	átomo neutro	maior
b)	absorvida	átomo neutro	maior
c)	absorvida	íon positivo	menor
d)	liberada	íon positivo	menor
e)	absorvida	íon negativo	menor

17 (Fafeod-MG) Damos a seguir os 1º, 2º, 3º e 4º potenciais de ionização do Mg (Z = 12), B (Z = 5) e K (Z = 19). Esses elementos, na tabela, serão representados por X, Y, Z, mas não necessariamente na mesma ordem.

		Elementos		
		X	Y	Z
Potenciais de ionização (elétron-volts)	1º	8,3	7,6	4,3
	2º	25	15	32
	3º	38	80	46
	4º	259	109	61

Marque a alternativa em que há uma correspondência correta entre Mg, B, K e as letras X, Y, Z.

	X	Y	Z
a)	B	K	Mg
b)	B	Mg	K
c)	K	Mg	B
d)	K	B	Mg
e)	Mg	B	K

18 (UFAL) O sal de cozinha, NaCℓ, contém iodeto de potássio, KI, em concentrações muito pequenas, e traços do íon iodeto na dieta ajudam a prevenir o alargamento da glândula tireoide. Em relação aos íons presentes nesses sais, foram feitas as seguintes afirmações:

1. Os íons Na^+ e K^+ pertencem ao mesmo período da tabela periódica.
2. O íon I^- tem raio iônico maior que o íon $Cℓ^-$, pois o íon I^- tem um maior número de camadas.
3. O íon K^+ tem potencial de ionização maior do que o íon I^-, pois os elétrons do íon K^+ se encontram mais afastados do núcleo.

Está(ão) correta(s) apenas:

a) 1 e 2. b) 2 e 3. c) 1. d) 2. e) 3.

Conteúdo digital Moderna PLUS http://www.modernaplus.com.br
Exercícios adicionais

Seção 12.4

Afinidade eletrônica (AE) ou eletroafinidade

Objetivos

- Esboçar o padrão de variação da afinidade eletrônica na tabela periódica.
- Relacionar esse padrão ao raio atômico.

Termos e conceitos

- afinidade eletrônica

Como vimos, é possível arrancar 1 elétron de um átomo, bastando para isso fornecer energia (energia de ionização). A partícula que resultar daí será um íon positivo.

Vejamos uma outra situação. Seja um determinado átomo no estado gasoso, isolado e no estado fundamental. Esse átomo pode receber um elétron em sua camada de valência e, nesse caso, haverá liberação de energia. Assim o átomo se transforma num íon negativo.

A quantidade de energia liberada pelo átomo ao receber o elétron será tanto maior quanto mais fortemente o elétron atraído se ligar ao átomo.

Representação:

$C\ell$ (g)	+	1 e^-	→	$C\ell^-$ (g)	+	E
(17 p e 17 e^-)				(17 p e 18 e^-)		
Átomo neutro		(Recebe e^-)		Íon negativo		Energia é liberada

Afinidade eletrônica ou **eletroafinidade** de um átomo é a quantidade de energia liberada quando um átomo gasoso, isolado e no seu estado fundamental, recebe 1 elétron.

A afinidade eletrônica também pode ser expressa em eV.

Assim:

$$C\ell(g) + 1\,e^- \rightarrow C\ell^-(g) + 3{,}61\ eV$$

3,61 eV: Afinidade eletrônica do cloro

Valores de afinidade eletrônica

Valores precisos de afinidade eletrônica são muito difíceis de ser medidos e não são conhecidos para todos os elementos. Valores teóricos foram deduzidos para muitos elementos e, em geral, confirmam a variação periódica da afinidade eletrônica. Veja abaixo o gráfico da afinidade eletrônica em função do número atômico, para os três primeiros períodos da tabela periódica.

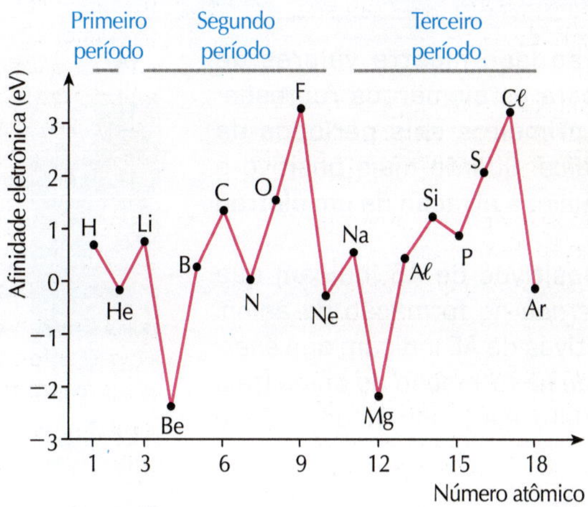

Há átomos que, quando recebem um elétron, absorvem energia em vez de liberá-la. Nesse caso, a afinidade eletrônica tem sinal negativo. Há alguns casos desse tipo no gráfico ao lado.

Fonte: Gráfico elaborado a partir de Raymond. Chang. *Chemistry*. 5. ed. Nova York, McGraw-Hill, 1994. p. 313.

Num grupo: A afinidade eletrônica aumenta à medida que o número atômico diminui, o que ocorre de baixo para cima.

Quanto maior for a atração exercida pelo átomo sobre o elétron a ser recebido na sua camada mais externa, tanto maior será a energia liberada (AE).

A atração exercida sobre o elétron será tanto maior quanto menor for o raio atômico; assim átomos de pequeno raio terão alta afinidade eletrônica.

Num período: A afinidade eletrônica aumenta à medida que o Z aumenta, e isso ocorre da esquerda para a direita.

Como os átomos de um mesmo período possuem o mesmo número de camadas ocupadas, o aumento da carga nuclear faz com que o raio atômico diminua e, consequentemente, aumente a atração exercida sobre o elétron a ser recebido, o que causa também um aumento na afinidade eletrônica.

Quanto menor for o raio atômico, maior será a afinidade eletrônica.

EI *versus* AE			
Elementos	**EI**	**AE**	**Tendência**
Metais	Baixa	Baixa	Perder e^- facilmente
Não metais	Alta	Alta	Ganhar e^- facilmente

A ilustração da tabela periódica abaixo fornece uma visão das afinidades eletrônicas dos elementos através de um "mapa de relevos".

A altura da barra é proporcional à afinidade eletrônica de cada elemento.

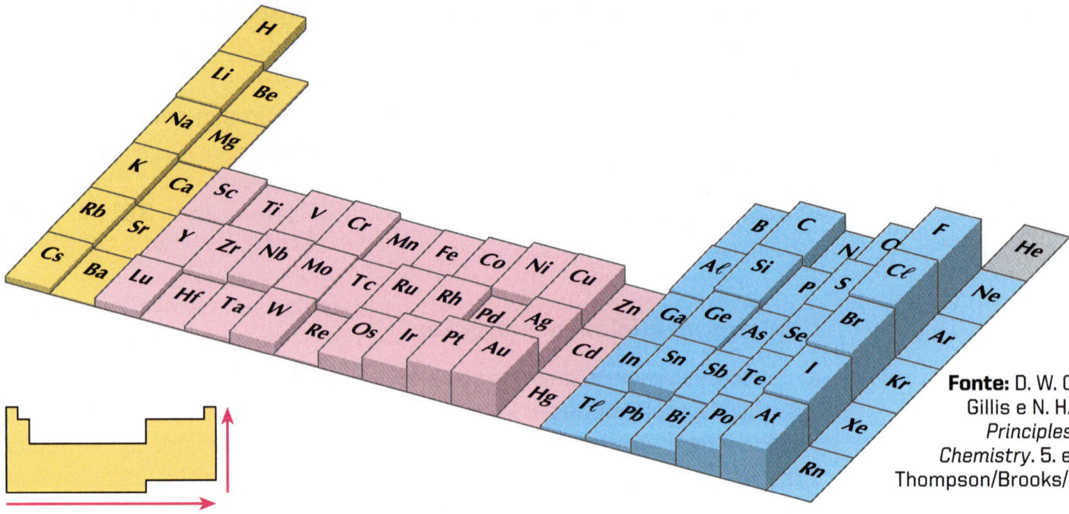

Fonte: D. W. Oxtoby, H. P. Gillis e N. H. Nachtrieb. *Principles of Modern Chemistry*. 5. ed. Londres, Thompson/Brooks/Cole, 2004. p. 556.

A tabela ao lado mostra valores de AE (kJ/mol) para os elementos representativos dos primeiros seis períodos da tabela periódica. Quanto mais positivo o valor do AE, maior a atração de um elétron pelo átomo.

Valores positivos de AE indicam que *energia é liberada* na formação do ânion. Valores negativos de AE indicam que *energia é absorvida* na formação do ânion (tais ânions são instáveis e seu valor de AE é estimado).

1A (1)	2A (2)	3A (13)	4A (14)	5A (15)	6A (16)	7A (17)	8A (18)
H +72.8							He (0.0)
Li +59.6	Be (−18)	B +26.7	C +122	N −7	O +141	F +328	Ne (−29)
Na +52.9	Mg (−21)	Aℓ +42.5	Si +134	P +72.0	S +200	Cℓ +349	Ar (−35)
K +48.4	Ca (−186)	Ga +28.9	Ge +119	As +78.2	Se +195	Br +325	Kr (239)
Rb +46.9	Sr (−146)	In +28.9	Sn +107	Sn +103	Te +190	I +295	Xe (−41)
Cs +45.5	Ba (−46)	Tℓ +19.3	Pb +35.1	Bi +91.3	Po +183	At +270	Rn (−41)

Fonte: Martin Silberberg. *Chemistry* – The molecular nature of matter and change. 3. ed. Nova York, McGraw Hill, 2003. p. 310.

EXERCÍCIOS ESSENCIAIS

19 (UnB-DF) Uma das atividades importantes realizadas pelos químicos é o estudo de propriedades químicas macroscópicas observadas em substâncias simples e compostas. A constatação de regularidades permite ao químico elaborar teorias para explicar, ao nível microscópico, essas propriedades.

A posição de um elemento no quadro periódico permite deduzir algumas propriedades de seus átomos, de sua(s) substância(s) simples e de substâncias compostas nas quais ele está presente. Considerando as propriedades periódicas mais comumente estudadas, classifique os itens que se seguem em verdadeiros ou falsos.

(1) O potencial de ionização é uma propriedade dos átomos dos elementos químicos.

(2) A eletroafinidade é uma propriedade da grafite e do diamante.

(3) Em um mesmo grupo da tabela periódica, os elementos localizados nos últimos períodos têm raio menor que aqueles localizados nos primeiros períodos.

(4) Tanto para os elementos representativos quanto para os de transição, dentro de um mesmo grupo, as propriedades químicas são muito semelhantes.

20 (Unifor-CE) Do leite ao peixe, os minerais estão presentes em todos os alimentos. São fundamentais para o corpo humano, atuando como poderosos coadjuvantes da saúde física e psíquica ao manter bem ajustado um sem-número de funções. Pela sua importância, são classificados:

Macrominerais: Ca, Fe e P.

Microminerais antioxidantes: Cu, Mg, Zn e Se.
Microminerais dos recursos hídricos: K e Na.

É correto afirmar que:

a) Na, Cu, Zn e Se pertencem ao mesmo período da Classificação Periódica.
b) Fe possui em seu estado fundamental o subnível *d* incompleto.
c) Mg, Ca e K são metais alcalino-terrosos e, portanto, apresentam as mesmas propriedades químicas.
d) com relação à afinidade eletrônica, a ordem correta é P > Se > Na > Cu.

EXERCÍCIO RESOLVIDO

21 (ITA-SP) Dadas as configurações eletrônicas dos seguintes átomos no seu estado fundamental:

I. $1s^2\ 2s^2\ 2p^6\ 3s^2\ 3p^6$
II. $1s^2\ 2s^2\ 2p^6\ 3s^2$
III. $1s^2\ 2s^2\ 2p^6\ 3s^2\ 3p^6\ 4s^1$
IV. $1s^2\ 2s^2\ 2p^6\ 3s^2\ 3p^5$

É errado afirmar que:

a) dentre os átomos, o átomo I tem o maior potencial de ionização.
b) a perda de 2 elétrons pelo átomo II leva à formação do cátion Mg^{2+}.
c) dentre os átomos, o átomo III tem a maior afinidade eletrônica.
d) o ganho de 1 elétron pelo átomo IV ocorre com a liberação de energia.
e) o átomo IV é um halogênio.

Resolução

O átomo I é o de menor raio atômico, logo o de maior energia de ionização.

O átomo II é o Mg (Z = 12), que ao perder 2 elétrons se transforma no cátion Mg^{2+}.

O átomo III é o que possui o maior raio atômico, logo é o que apresenta a menor afinidade eletrônica.

O átomo IV sendo um halogênio (7 elétrons na camada de valência) ao ganhar 1 elétron libera energia.

Logo, a alternativa errada é a **c**.

22 (Cesgranrio-RJ) Considere as seguintes afirmativas, em relação às propriedades periódicas:

I. O flúor tem raio atômico maior que os demais halogênios porque tem o menor número atômico do grupo.
II. Na família dos gases nobres, o potencial de ionização é nulo, porque esses elementos não formam compostos.
III. Num mesmo período, um elemento de número atômico Z tem sempre maior afinidade eletrônica que o de número atômico Z − 1.

A(s) afirmativa(s) correta(s) é(são) somente:

a) I. b) II. c) III. d) I e II. e) II e III.

23 (UFMG) Este gráfico apresenta as quatro primeiras energias de ionização de átomos de um metal pertencente ao terceiro período da tabela periódica:

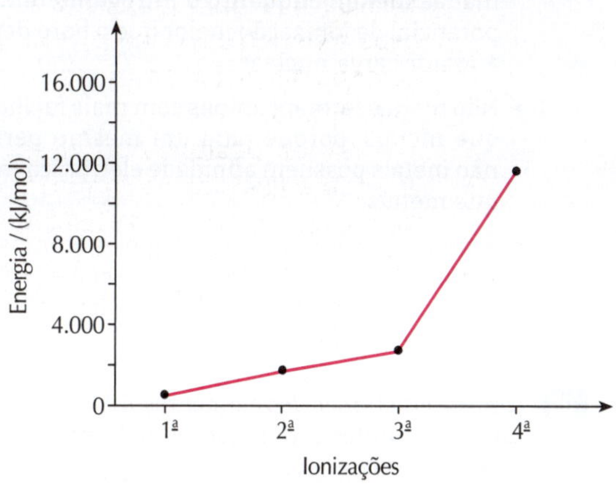

Com base nessas informações, é **INCORRETO** afirmar que os átomos desse metal apresentam:

a) raio atômico maior que o de qualquer dos não metais do mesmo período.

b) afinidade eletrônica menor que a de qualquer dos não metais do mesmo período.

c) 2 e 8 elétrons nos dois primeiros níveis de energia.

d) 4 elétrons no último nível de energia.

24 (UFAL-modificado) A Tabela Periódica é um dos conceitos mais importantes da química. Seu desenvolvimento é um exemplo de como descobertas científicas podem ser feitas pelo uso da perspicácia para organizar dados coletados por um grande número de cientistas durante muitos anos. Comparando os elementos cálcio e bromo na Tabela Periódica, assinale a alternativa correta.

a) O bromo tem maior afinidade eletrônica, pois, com a adição de um elétron, ocorre uma maior liberação de energia.

b) O raio do bromo é maior, pois ele tem maior número de camadas eletrônicas.

c) A energia de ionização do cálcio é maior, pois é mais difícil retirar um elétron desse elemento do que do bromo.

d) Ambos os elementos têm propriedades químicas semelhantes, pois estão no mesmo período.

25 (UFG-GO) O arranjo dos elementos na tabela periódica moderna está relacionado com a estrutura atômica. Sobre a estrutura atômica e periodicidade, classifique os itens como verdadeiros ou falsos.

- Para uma série de compostos do tipo $EC\ell_4$, onde E são elementos do grupo IVA, a distância entre E e $C\ell$ aumentará com a variação de E do C ao Pb.
- O potencial de ionização de um átomo é a energia necessária para a remoção de 1 elétron desse átomo no estado gasoso.
- O segundo e o terceiro potenciais de ionização são sempre maiores que o primeiro potencial de ionização, porque com a remoção do primeiro elétron do átomo a repulsão eletrostática entre os elétrons remanescentes diminui.
- O sódio tem potencial de ionização maior que o rubídio, pois apresenta um número de camadas menor, enquanto o nitrogênio tem um potencial de ionização maior que o boro devido à maior carga nuclear.
- Não metais formam ânions com mais facilidade que metais, porque para um mesmo período não metais possuem afinidade eletrônica maior que metais.
- Ânions são sempre maiores que os átomos dos quais eles são derivados, porque o(s) elétron(s) adicional(is) aumenta(m) a repulsão elétron-elétron.

26 (Unesp) Os átomos dos elementos X, Y e Z apresentam as seguintes configurações eletrônicas no seu estado fundamental:

$X \rightarrow 1s^2\ 2s^2\ 2p^5$.

$Y \rightarrow 1s^2\ 2s^2\ 2p^6\ 3s^1$.

$Z \rightarrow 1s^2\ 2s^2\ 2p^6\ 3s^2\ 3p^6\ 3d^{10}\ 4s^2\ 4p^5$.

É correto afirmar que:

a) dentre os citados, o átomo do elemento X tem o maior raio atômico.

b) o elemento Y é um metal alcalino e o elemento Z é um halogênio.

c) dentre os citados, o átomo do elemento Z tem a maior afinidade eletrônica.

d) o potencial de ionização do elemento X é menor do que o do átomo do elemento Z.

e) o elemento Z pertence ao grupo 15 (VA) e está no quarto período da classificação periódica.

27 (UFPB) Analise as afirmativas abaixo:

I. O comportamento químico semelhante dos elementos de uma dada *família* da tabela periódica, é mais bem explicado pelo fato de que os átomos desses elementos possuem a mesma estrutura nuclear.

II. O elemento químico cujo número atômico é igual a 11 pertence à família 1A e ao 3º período da tabela periódica.

III. *Eletroafinidade* é a energia necessária para retirar um elétron de um átomo no estado gasoso, formando um íon gasoso.

Considerando as afirmativas I, II e III, marque a alternativa correta.

a) Apenas I está correta.

b) Apenas I e II estão corretas.

c) Apenas II e III estão corretas.

d) Apenas II está correta.

e) Apenas III está correta.

28 (ITA-SP) Considere os átomos hipotéticos neutros V, X, Y e Z no estado gasoso. Quando tais átomos recebem um elétron cada um, as configurações eletrônicas no estado fundamental de seus respectivos ânions são dadas por:

$V^-(g)$: [gás nobre] $ns^2\ np^6\ nd^{10}\ (n+1)s^2\ (n+1)p^6$

$X^-(g)$: [gás nobre] $ns^2\ np^6$

$Y^-(g)$: [gás nobre] $ns^2\ np^6\ nd^{10}\ (n+1)s^2\ (n+1)p^3$

$Z^-(g)$: [gás nobre] $ns^2\ np^3$

Nas configurações acima, [gás nobre] representa a configuração eletrônica no diagrama de Linus Pauling para o mesmo gás nobre, e n é o mesmo número quântico principal [número que indica camada eletrônica] para todos os ânions. Baseado nessas informações, é CORRETO afirmar que:

a) o átomo neutro V deve ter a maior energia de ionização entre eles.

b) o átomo neutro Y deve ter a maior energia de ionização entre eles.

c) o átomo neutro V deve ter maior afinidade eletrônica do que o átomo neutro X.

d) o átomo neutro Z deve ter maior afinidade eletrônica do que o átomo neutro X.

e) o átomo neutro Z deve ter maior afinidade eletrônica do que o átomo neutro Y.

Seção 12.5

Outras propriedades periódicas

Objetivos

- Reconhecer que a densidade é uma propriedade periódica.
- Reconhecer que ponto de fusão e ponto de ebulição são propriedades periódicas.
- Reconhecer que eletronegatividade é uma propriedade periódica.

Termos e conceitos

- densidade
- ponto de fusão
- ponto de ebulição

1 Densidade

A **densidade** (d) de um corpo expressa a relação entre a massa (m) e o volume (V) ocupado por esse corpo.

$$d = \frac{m}{V}$$

Num grupo: A densidade de um elemento aumenta com o número atômico, o que ocorre de cima para baixo.

Num período: A densidade cresce da extremidade para o centro.

Esquematizando, temos:

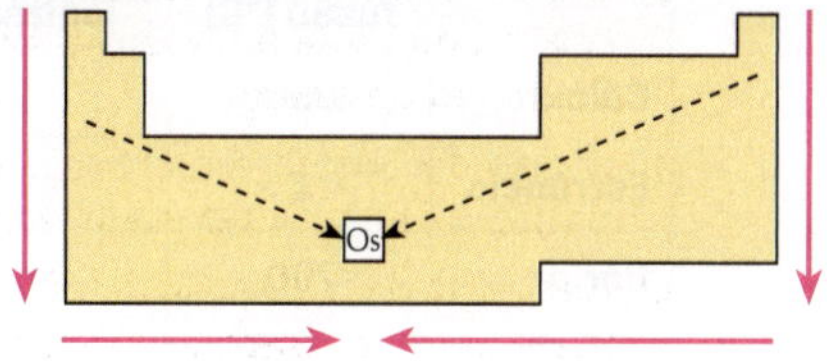

A ponta da pena de ouro é feita de ósmio, devido à sua alta densidade (muita massa em pouco volume).

2 Ponto de fusão e ponto de ebulição

Ponto de fusão (PF) é a temperatura na qual o sólido se transforma em líquido a uma determinada pressão.

Ponto de ebulição (PE) é a temperatura na qual o líquido se transforma em vapor a uma determinada pressão.

À exceção dos metais alcalinos e alcalino-terrosos, o ponto de fusão e o ponto de ebulição em um período crescem das extremidades para o centro, e num grupo crescem de cima para baixo.

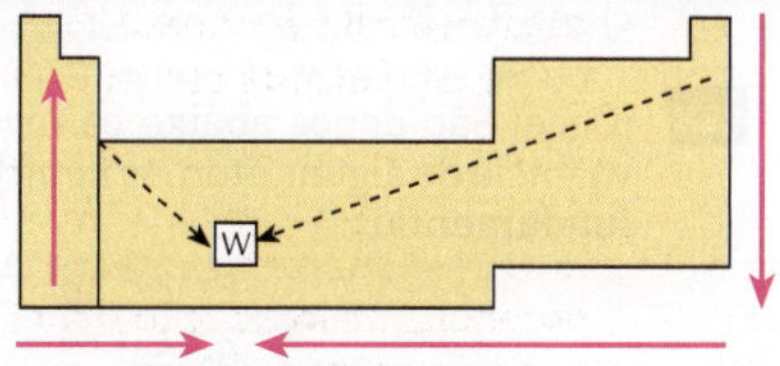

O tungstênio (W) é o metal de maior ponto de fusão (3.422 °C), o que justifica sua utilização no filamento das lâmpadas incandescentes.

3 Eletronegatividade

Existe uma propriedade periódica denominada **eletronegatividade**, a qual, em virtude de sua importância no estudo das ligações que se estabelecem entre os átomos, será estudada no capítulo 17.

EXERCÍCIOS ESSENCIAIS

29 (Cesgranrio-RJ) Uma das utilizações da Classificação Periódica dos Elementos é o estudo comparativo de suas propriedades. Dos elementos abaixo, aquele que, ao mesmo tempo, é mais denso que o bromo e tem maior potencial de ionização do que o chumbo é o:

a) N. b) O. c) Ge. d) Fe. e) Kr.

30 (Cesgranrio-RJ) Os dados *X* e *Y* que faltam no quadro são:

a) $X = 770$; $Y = 141$.
b) $X = 861$; $Y = 1.430$.
c) $X = 1.550$; $Y = 141$.
d) $X = 770$; $Y = 1.430$.
e) $X = 1.550$; $Y = 251$.

	Ponto de fusão (°C)	1ª energia de ionização (kcal/mol)
Cálcio	850	*Y*
Estrôncio	*X*	131
Bário	700	120

31 (Cefet-PR) Relacione as frases a seguir com elementos constantes da Tabela Periódica apresentada e indique a sequência correta:

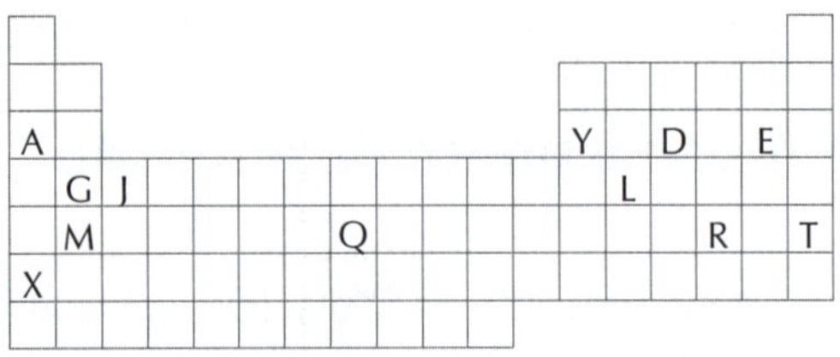

- Dentre os elementos A, Y, D e E, o de menor energia de ionização.
- O elemento que pertence ao 3º período do grupo 5A.
- O elemento de maior afinidade eletrônica.
- Entre os semimetais o de maior raio atômico.
- O elemento de maior densidade.

a) A – L – T – D – J.
b) A – D – E – R – Q.
c) A – L – E – R – J.
d) E – L – T – R – Q.
e) E – R – T – L – J.

32 (Uece) São dados abaixo os níveis energéticos de valência de alguns átomos neutros em seus estados fundamentais:

E $3s^2\ 3p^5$
G $5s^2$
J $5s^2\ 5p^5$

Sobre esses elementos, temos as seguintes informações:

I. Os elementos *E* e *J* pertencem ao mesmo grupo e *E* possui maior eletronegatividade que *J*.
II. O elemento G apresenta maior energia de ionização.
III. Os elementos G e *J* pertencem ao mesmo período e *J* possui maior afinidade eletrônica que G.

Das afirmativas acima, é(são) verdadeira(s):

a) apenas II.
b) I, II e III.
c) apenas I e III.
d) apenas II e III.

33 (Uerj) O comportamento químico e físico dos elementos tem relação direta com suas propriedades periódicas.

Observe, no gráfico 1, parte das energias de ionização de um elemento representativo do terceiro período da tabela de classificação periódica.

Gráfico 1

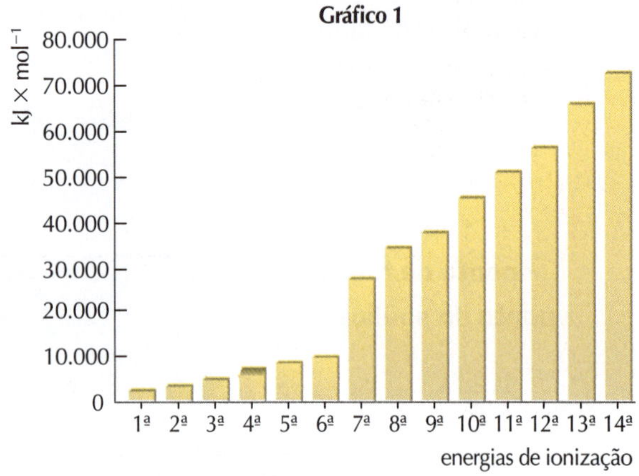

(Adaptado de RUSSEL, John Blair. *Química geral*. São Paulo: Makron Books, 1994.)

Observe, agora, no gráfico 2, as afinidades eletrônicas de 48 elementos da tabela de classificação periódica. Considere que o elemento de menor número atômico representado pertence ao segundo período da tabela.

Gráfico 2

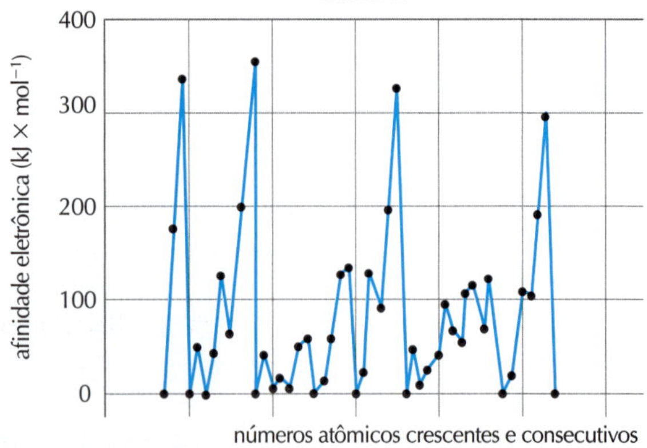

(Adaptado de www.webelements.com)

Nomeie o elemento que corresponde ao gráfico 1, justificando sua resposta. Em seguida, identifique o grupo da tabela de classificação periódica ao qual pertencem os elementos do gráfico 2 que apresentam as quatro maiores afinidades eletrônicas.

Conteúdo digital Moderna PLUS http://www.modernaplus.com.br
Exercícios adicionais

ESTABELEÇA CONEXÕES

MAPA CONCEITUAL DA UNIDADE D

Revise os conceitos estudados nesta unidade e decida como podem ser completados os locais em que aparecem os números.

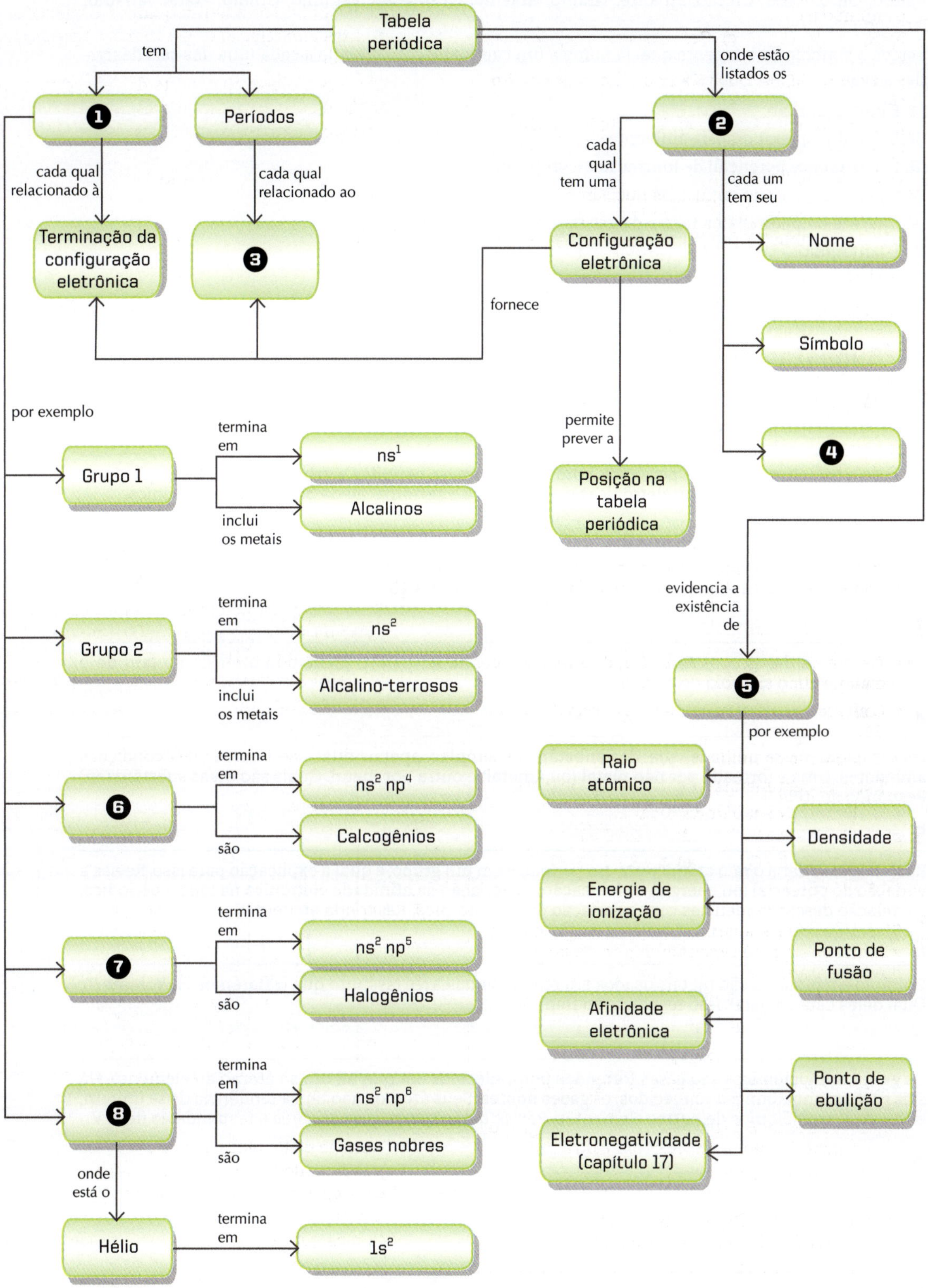

REVISE, RELACIONE E RESOLVA

(UFRJ) O livro "A Tabela Periódica", de Primo Levi, reúne relatos autobiográficos e contos que têm a química como denominador comum. Cada um de seus 21 capítulos recebeu o nome de um dos seguintes elementos da tabela periódica: Argônio, Hidrogênio, Zinco, Ferro, Potássio, Níquel, Chumbo, Mercúrio, Fósforo, Ouro, Cério, Cromo, Enxofre, Titânio, Arsênio, Nitrogênio, Estanho, Urânio, Prata, Vanádio, Carbono.

Escreva o símbolo do elemento que dá nome a um capítulo e corresponde a cada uma das seis descrições a seguir.

I. É metal alcalino.
II. É líquido na temperatura ambiente.
III. É o de menor potencial de ionização do grupo 15.
IV. É radioativo, usado em usinas nucleares.
V. Aparece na natureza na forma de gás monoatômico.
VI. É lantanídio.

Sugestão de encaminhamento

1

Recorde a estrutura da **tabela periódica**, com destaque para **períodos** e **grupos**. Atente à relação entre período e número de camadas eletrônicas e entre grupo e terminação da distribuição eletrônica.

2

Localize cada um dos elementos citados na tabela periódica. Verifique o número do período e o número de grupo, especialmente na numeração mais moderna, de **1** a **18**.

3

Revise o nome dos grupos mais importantes. Responda ao item *I*, prestando atenção ao fato de o enunciado pedir o símbolo do elemento.

4

Foi estudado, nesta unidade, que, das **substâncias simples**, apenas duas são líquidas nas condições ambientes. Uma é formada por **não metal** (ou **ametal**) e outra por **metal**. Quais são essas substâncias? Responda ao item *II*.

5

Recorde como varia o **raio atômico** em um período e em um grupo, e qual a explicação para isso. Revise a variação do **potencial** (ou **energia**) **de ionização** e a variação da **afinidade eletrônica** na tabela periódica, e a relação dessas tendências com a variação do raio atômico. Responda ao item *III*.

6

O urânio e o plutônio são metais usados em reatores nucleares (assunto que trataremos no Volume 2). Qual deles está na lista? Isso responde ao item *IV*.

7

Os **gases monoatômicos** são gases formados por moléculas em que há um só átomo do elemento. Há seis gases monoatômicos conhecidos: os **gases nobres**. Seus átomos não têm a tendência de se unirem, entre si ou com átomos de outros elementos. Revise quais são os gases nobres e responda ao item *V*.

8

Recorde a forma longa da tabela e, na forma curta, o que são **lantanídios** e **actinídios**. Responda ao item *VI*.

Conteúdo digital Moderna PLUS http://www.modernaplus.com.br
Atividade de revisão

Moderna PLUS

QUÍMICA 1

QUÍMICA NA ABORDAGEM DO COTIDIANO

TITO • CANTO

CADERNO DO ESTUDANTE

Organizadora: Editora Moderna
Obra coletiva concebida, desenvolvida
e produzida pela Editora Moderna.

Editora Executiva:
Rita Helena Bröckelmann

Moderna PLUS

Coordenação de Projeto e Inovação: Sérgio Quadros, Sandra Homma

Coordenação editorial: Rita Helena Bröckelmann, Isabel Farah Schwartzman

Elaboração de originais: Mauro Faro, Claudia Amoroso Bortolato, Soraya Saadeh, Ronaldo Tuccori, Marcio Yuji Matsumoto, Rebeca Evahides Yatsuzuka, Paulo Horácio Moutinho Málaga

Edição de texto: Luis Fernando de Oliveira Furtado (coordenação), Mauro Faro, Manuel Carlos Garcez Kopezynski

Preparação de textos: Manuel Carlos Garcez Kopezynski

Assistência editorial: Josy Malone Simões Gomes, Paula Coelho Carvalho da Cruz

Coordenação de *design* e projetos visuais: Sandra Homma

Projeto gráfico e capa: Everson de Paula, Marta Cerqueira Leite
Foto: Carlos Luvizari/CID

Coordenação de produção gráfica: André Monteiro, Maria de Lourdes Rodrigues

Coordenação de revisão: Elaine Cristina del Nero

Revisão: Agnaldo Holanda, Ana Paula Luccisano, Denise de Almeida, Sérgio Roberto Torres, Afonso N. Lopes, Equipe Moderna

Coordenação de arte: Wilson Gazzoni Agostinho

Edição de arte: Flavia Maria Susi

Ilustrações: Adilson Secco, Setup Bureau Editoração Eletrônica

Editoração eletrônica: Setup Bureau Editoração Eletrônica

Coordenação de pesquisa iconográfica: Ana Lucia Soares

Pesquisa iconográfica: Camila D'Angelo, Flávia Aline de Moraes.
As imagens identificadas com a sigla CID foram fornecidas pelo Centro de Informação e Documentação da Editora Moderna

Coordenação de *bureau*: Américo Jesus

Tratamento de imagens: Rubens M. Rodrigues, Pix Art

Pré-impressão: Helio P. de Souza Filho, Marcio H. Kamoto

Coordenação de produção industrial: Wilson Aparecido Troque

Impressão e acabamento: Prol Editora Gráfica

Dados Internacionais de Catalogação na Publicação (CIP)
(Câmara Brasileira do Livro, SP, Brasil)

Peruzzo, Francisco Miragaia
Química na abordagem do cotidiano / Francisco Miragaia Peruzzo (Tito), Eduardo Leite do Canto. – 5. ed. – São Paulo : Moderna, 2009.

Obra em 3 v.
Conteúdo: V. 1. Química geral e inorgânica – v. 2. Físico-química – v. 3. Química orgânica
Bibliografia.

1. Química (Ensino médio) I. Canto, Eduardo Leite do. II. Título.

09-07090 CDD-540.7

Índices para catálogo sistemático:
1. Química : Ensino médio 540.7

ISBN 978-85-16-06340-5 (LA)
ISBN 978-85-16-06341-2 (LP)

EDITORA MODERNA LTDA.
Rua Padre Adelino, 758 - Belenzinho
São Paulo - SP - Brasil - CEP 03303-904
Vendas e Atendimento: Tel. (0_ _11) 2602-5510
Fax (0_ _11) 2790-1501
www.moderna.com.br
2009
Impresso no Brasil

1 3 5 7 9 10 8 6 4 2

Apresentação

Caro estudante

Este material foi produzido para auxiliá-lo em seus estudos. A essência do *Caderno do estudante* é o apoio ao fichamento do livro-texto a partir do resumo, do destaque e da organização dos principais conceitos. Para isso, este *Caderno* está organizado em capítulos correspondentes aos do livro-texto.

No início de cada Capítulo, há atividades de preparação, isto é, para você realizar antes de estudar o respectivo Capítulo do livro-texto.

Em seguida, há atividades correspondentes às Seções do livro-texto. Nessas atividades, os termos e conceitos específicos da disciplina são destacados e trabalhados. Há também ferramentas, chamadas organizadores gráficos, que estimulam a memória por meio da visualização e facilitam a compreensão e a fixação dos conceitos. Assim, você organiza as ideias e explicita as correlações entre elas.

No final de cada Capítulo, você faz uma síntese e avalia o que aprendeu no livro-texto.

O seu *Caderno do estudante* pode ser usado para rever o conteúdo abordado em aula e também como material de estudo e revisão para as avaliações.

Bons estudos!

Organização do *Caderno*

A. Antes de estudar o Capítulo

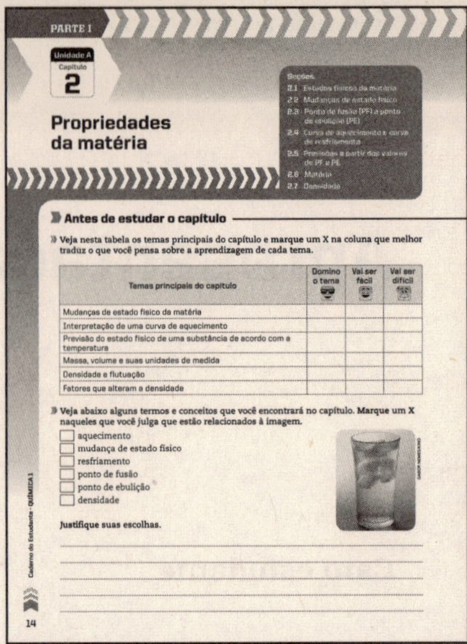
PARTE I

Unidade A
Capítulo
2

Propriedades da matéria

Antes de estudar o capítulo

Veja nesta tabela os temas principais do capítulo e marque um X na coluna que melhor traduz o que você pensa sobre a aprendizagem de cada tema.

Temas principais do capítulo	Domino o tema	Vai ser fácil	Vai ser difícil
Mudanças de estado físico da matéria			
Interpretação de uma curva de aquecimento			
Previsão do estado físico de uma substância de acordo com a temperatura			
Massa, volume e suas unidades de medida			
Densidade e flutuação			
Fatores que alteram a densidade			

Veja abaixo alguns termos e conceitos que você encontrará no capítulo. Marque um X naqueles que você julga que estão relacionados à imagem.

- aquecimento
- mudança de estado físico
- resfriamento
- ponto de fusão
- ponto de ebulição
- densidade

Justifique suas escolhas.

14

Na primeira página de cada Capítulo você vai avaliar seu conhecimento prévio e as dificuldades que você acha que encontrará ao estudar o livro-texto.

B. Após estudar cada Seção do Capítulo

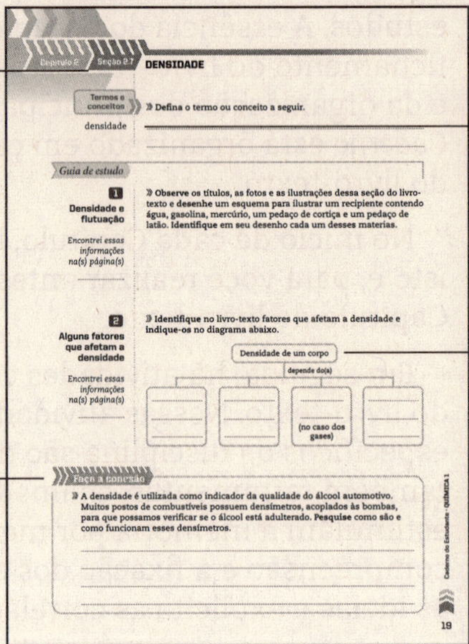
Capítulo 2 Seção 2.7 DENSIDADE

Termos e conceitos

Defina o termo ou conceito a seguir.

densidade

Guia de estudo

1 Densidade e flutuação

Observe os títulos, as fotos e as ilustrações dessa seção do livro-texto e desenhe um esquema para ilustrar um recipiente contendo água, gasolina, mercúrio, um pedaço de cortiça e um pedaço de latão. Identifique em seu desenho cada um desses materiais.

Encontrei essas informações na(s) página(s)

2 Alguns fatores que afetam a densidade

Identifique no livro-texto fatores que afetam a densidade e indique-os no diagrama abaixo.

Densidade de um corpo

depende do(s)

(no caso dos gases)

Encontrei essas informações na(s) página(s)

Faça a conexão

A densidade é utilizada como indicador da qualidade do álcool automotivo. Muitos postos de combustíveis possuem densímetros, acoplados às bombas, para que possamos verificar se o álcool está adulterado. Pesquise como são e como funcionam esses densímetros.

19

Você vai identificar ou definir os termos e conceitos mais importantes de cada Seção.

Com a ajuda do *Caderno do estudante*, você vai fazer um fichamento do seu livro-texto, após a leitura de cada Seção.

Entre outras atividades, você vai preencher organizadores gráficos que sintetizam o conteúdo do livro-texto.

Algumas atividades proporcionam a você oportunidades de fazer conexões entre o conteúdo da Seção e outros conhecimentos.

C. Após estudar o Capítulo

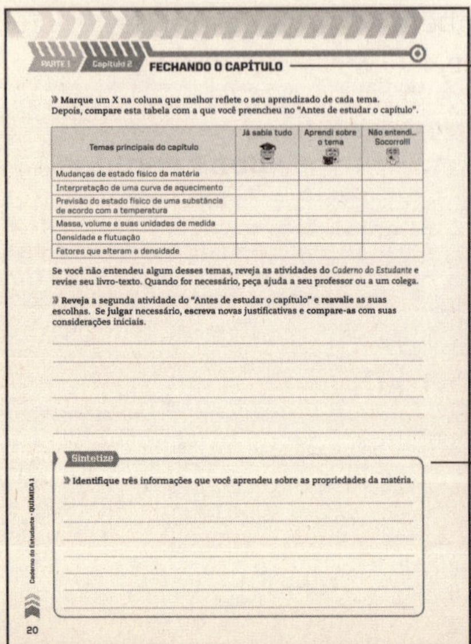
PARTE I Capítulo 2 FECHANDO O CAPÍTULO

Marque um X na coluna que melhor reflete o seu aprendizado de cada tema. Depois, compare esta tabela com a que você preencheu no "Antes de estudar o capítulo".

Temas principais do capítulo	Já sabia tudo	Aprendi sobre o tema	Não entendi... Socorro!!!
Mudanças de estado físico da matéria			
Interpretação de uma curva de aquecimento			
Previsão do estado físico de uma substância de acordo com a temperatura			
Massa, volume e suas unidades de medida			
Densidade e flutuação			
Fatores que alteram a densidade			

Se você não entendeu algum desses temas, reveja as atividades do *Caderno do Estudante* e revise seu livro-texto. Quando for necessário, peça ajuda a seu professor ou a um colega.

Reveja a segunda atividade do "Antes de estudar o capítulo" e reavalie as suas escolhas. Se julgar necessário, escreva novas justificativas e compare-as com suas considerações iniciais.

Síntese

Identifique três informações que você aprendeu sobre as propriedades da matéria.

20

Na última página de cada Capítulo você avalia o que aprendeu e retoma os temas nos quais ainda tenha dúvida.

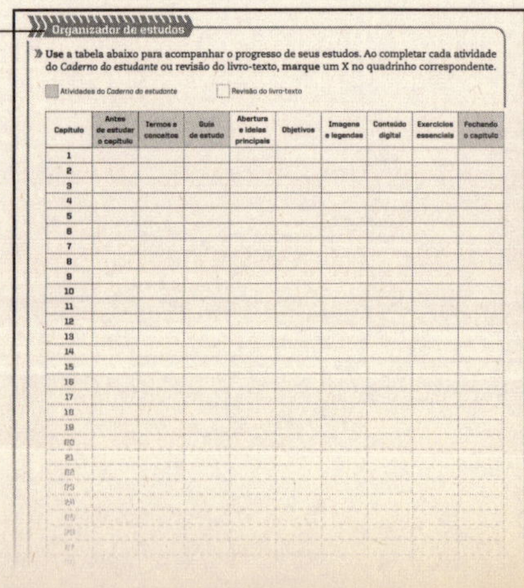
Organizador de estudos

Use a tabela abaixo para acompanhar o progresso de seus estudos. Ao completar cada atividade do *Caderno do estudante* ou revisão do livro-texto, marque um X no quadrinho correspondente.

Atividades do Caderno do estudante | Revisão do livro-texto

Capítulo	Antes de estudar o capítulo	Termos e conceitos	Guia de estudo	Abertura e ideias principais	Objetivos	Imagens e legendas	Conteúdo digital	Exercícios essenciais	Fechando o capítulo
1									
2									
3									
4									
5									
6									
7									
8									
9									
10									
11									
12									
13									
14									
15									
16									
17									
18									
19									
20									

Em um quadro, no final do *Caderno do estudante*, você pode monitorar seu avanço nos diferentes elementos que compõem o **Moderna Plus**.

Para terminar, você escreve uma síntese das principais ideias estudadas em cada Capítulo.

Sumário

Capítulo 34 » Misturas gasosas e densidade de gases

Capítulo 35 » Relações estequiométricas fundamentais

Capítulo 36 » Relações estequiométricas envolvendo volume de um gás

Capítulo 37 » Excesso de reagentes, "impurezas" e rendimento de reação

Unidade A
Capítulo
1

Introdução ao estudo da Química

Seções:
1.1 Aprender Química para o exercício da cidadania
1.2 Os vários aspectos da Química
1.3 Breve panorama histórico
1.4 Método científico

Antes de estudar o capítulo

Veja nesta tabela os temas principais do capítulo e marque um X na coluna que melhor traduz o que você pensa sobre a aprendizagem de cada tema.

Temas principais do capítulo	Domino o tema	Vai ser fácil	Vai ser difícil
A importância da Química no exercício da cidadania			
O uso da palavra *química* no dia a dia			
Características da Química como ciência			
A Alquimia e a Química			
A importância de Boyle e Lavoisier para o surgimento da Química			
O método científico e suas etapas			

Veja abaixo alguns termos e conceitos que você encontrará no capítulo. Marque um X naqueles que você julga que estão relacionados à imagem.

- [ ] reprodutibilidade (de um experimento)
- [ ] pesquisa pura
- [ ] pesquisa aplicada
- [ ] Alquimia
- [ ] teoria
- [ ] observações quantitativas
- [ ] observações experimentais

PHOTODISC/GETTY IMAGES

Justifique suas escolhas.

APRENDER QUÍMICA PARA O EXERCÍCIO DA CIDADANIA

OS VÁRIOS ASPECTOS DA QUÍMICA

Termos e conceitos

» **Defina os termos ou conceitos a seguir.**

pesquisa pura ______________________________

____

pesquisa aplicada ______________________________

____

Guia de estudo

1

A importância da Química no exercício da cidadania

Encontrei essas informações na(s) página(s) ________.

» **Complete o diagrama com informações sobre o estudo da Química.**

Um cidadão participativo é capaz de... ______________ → Para isso um cidadão precisa, entre outras coisas, ______________ → Essa capacitação inclui aprender ______________, isto é, envolver-se no estudo das ______________... → ... investigando ______________

2

Características da Química como ciência

Encontrei essas informações na(s) página(s) ________.

» **Caracterize a Química como ciência, completando o diagrama abaixo.**

Química:
- Possui ______________
- Tem caráter ______________
- Utiliza ______________
- Importante para ______________

BREVE PANORAMA HISTÓRICO

Termos e conceitos

» **Defina o termo ou conceito a seguir.**

Alquimia ____

____

Guia de estudo

A Alquimia e a Química

Encontrei essas informações na(s) página(s) _________.

» **Identifique** no texto algumas contribuições da Alquimia para o desenvolvimento da ciência, especialmente da Química, e **complete** o diagrama abaixo.

Contribuições da Alquimia

» **Complete** a linha do tempo a seguir com informações sobre a evolução do pensamento humano ao longo da História.

Século ________

Tudo no Universo seria constituído de "grãozinhos" invisíveis e indivisíveis, que foram chamados de ____________.

Século ________

Todo o Universo seria constituído por quatro "elementos" básicos: ______, ______, ______ e ______.

As ideias de ________ dominaram o pensamento ocidental por mais de ______ anos

Século ________

Redefiniu elemento químico, propondo a aceitação apenas daquilo que se pudesse ________.

Século ________

Mediu a ________ de diversos materiais antes e depois das reações entre eles, lançando as bases da ________ como ciência.

MÉTODO CIENTÍFICO

Termos e conceitos

» **Defina os termos ou conceitos a seguir.**

observações experimentais ____________________

____

princípio ou lei ____________________

____

teoria ____________________

Guia de estudo

O método científico e suas etapas

Encontrei essas informações na(s) página(s) ________.

» **Organize** os passos que os cientistas devem seguir ao conduzir uma pesquisa em Química.

____
↓ levam a
novas observações
↓ que revelam
____
↓ enunciadas como
____
↓ explicadas por uma
teoria

Faça a conexão

» **Descreva** as etapas de um experimento que você tenha realizado na sua casa ou na escola, identificando as observações qualitativas e as observações quantitativas.

____

____

____

____

FECHANDO O CAPÍTULO

» **Marque** um X na coluna que melhor reflete o seu aprendizado de cada tema. Depois, **compare** esta tabela com a que você preencheu no "Antes de estudar o capítulo".

Temas principais do capítulo	Já sabia tudo	Aprendi sobre o tema	Não entendi... Socorro!!!
A importância da Química no exercício da cidadania			
O uso da palavra *química* no dia a dia			
Características da Química como ciência			
A Alquimia e a Química			
A importância de Boyle e Lavoisier para o surgimento da Química			
O método científico e suas etapas			

Se você não entendeu algum desses temas, reveja as atividades do *Caderno do Estudante* **e revise seu livro-texto. Quando for necessário, peça ajuda a seu professor ou a um colega.**

» **Reveja** a segunda atividade do "Antes de estudar o capítulo" e **reavalie** as suas escolhas. Se **julgar** necessário, **escreva** novas justificativas e **compare-as** com suas considerações iniciais.

Sintetize

» **Identifique** as informações que você aprendeu sobre o método científico, incluindo a preocupação básica das Ciências Naturais e os objetivos da investigação científica.

Unidade A

Capítulo

2

Propriedades da matéria

Seções:

Antes de estudar o capítulo

» **Veja nesta tabela os temas principais do capítulo e marque um X na coluna que melhor traduz o que você pensa sobre a aprendizagem de cada tema.**

Temas principais do capítulo	Domino o tema	Vai ser fácil	Vai ser difícil
Mudanças de estado físico da matéria			
Interpretação de uma curva de aquecimento			
Previsão do estado físico de uma substância de acordo com a temperatura			
Massa, volume e suas unidades de medida			
Densidade e flutuação			
Fatores que alteram a densidade			

» **Veja abaixo alguns termos e conceitos que você encontrará no capítulo. Marque um X naqueles que você julga que estão relacionados à imagem.**

- [ ] ebulição
- [ ] mudança de estado físico
- [ ] resfriamento
- [ ] ponto de fusão
- [ ] ponto de ebulição
- [ ] densidade

GABOR NEMES/KINO

Justifique suas escolhas.

ESTADOS FÍSICOS DA MATÉRIA
MUDANÇAS DE ESTADO FÍSICO

Termos e conceitos

» **Defina os termos ou conceitos a seguir.**

estado sólido ______________________________

____

estado líquido ______________________________

____

estado de vapor ______________________________

____

Guia de estudo

Mudanças de estado físico

Encontrei essas informações na(s) página(s) ________.

» **Escreva no esquema abaixo os nomes dos estados físicos da matéria e das mudanças de estado.**

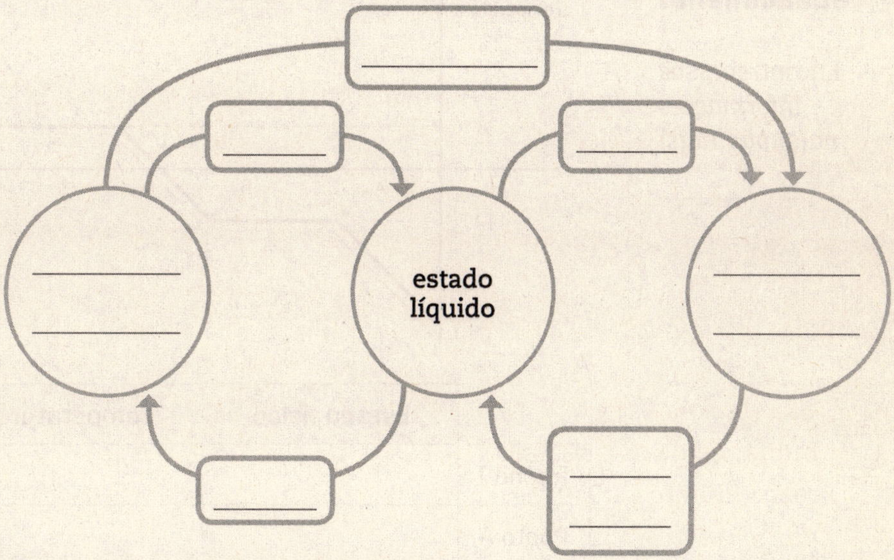

Faça a conexão

» **Reflita:** quando penduramos roupas molhadas no varal, notamos que após algum tempo elas secam. De que maneira isso acontece?

____

____

____

____

Capítulo 2

Seção 2.3 **PONTO DE FUSÃO (PF) E PONTO DE EBULIÇÃO (PE)**

Seção 2.4 **CURVA DE AQUECIMENTO E CURVA DE RESFRIAMENTO**

Seção 2.5 **PREVISÕES A PARTIR DOS VALORES DE PF E PE**

Termos e conceitos

» **Defina os termos ou conceitos a seguir.**

ponto de fusão ______________________________

____

ponto de ebulição ______________________________

____

Guia de estudo

1

Interpretando uma curva de aquecimento

Encontrei essas informações na(s) página(s) ________.

» **Observe a curva de aquecimento do etanol, ao nível do mar, e descreva os fatos físicos verificados durante o aquecimento dessa substância, completando a tabela a seguir.**

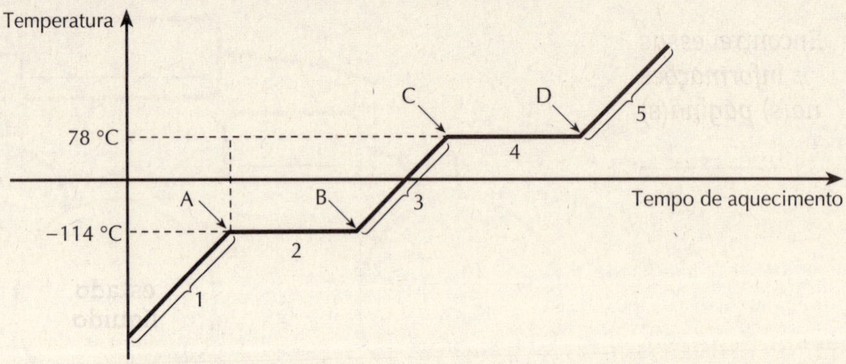

	Estado físico	Temperatura	Mudança de estado
Trecho 1			
Ponto A			
Trecho 2			
Ponto B			
Trecho 3			
Ponto C			
Trecho 4			
Ponto D			
Trecho 5			

2

Prevendo o estado físico de uma substância

Encontrei essas informações na(s) página(s) __________.

» **Consulte** a tabela existente na Seção 2.5, em seu livro-texto, e **preencha** a tabela abaixo com os estados físicos das substâncias à temperatura ambiente (20 °C), ao nível do mar.

Substância	cloro	benzeno	iodo
Estado físico			

Faça a conexão

» No enunciado da questão 1, apresenta-se a curva de aquecimento do etanol *ao nível do mar* – o que representa uma referência de *altitude*. **Justifique**, no contexto das mudanças de estado físico, por que essa referência é necessária.

MATÉRIA

Termos e conceitos

» Defina os termos ou conceitos a seguir.

massa ______________________________

____

volume ______________________________

____

Guia de estudo

Massa, volume e suas unidades de medida

Encontrei essas informações na(s) página(s) ________.

» Compare as propriedades *massa* e *volume* de um corpo, preenchendo o diagrama abaixo.

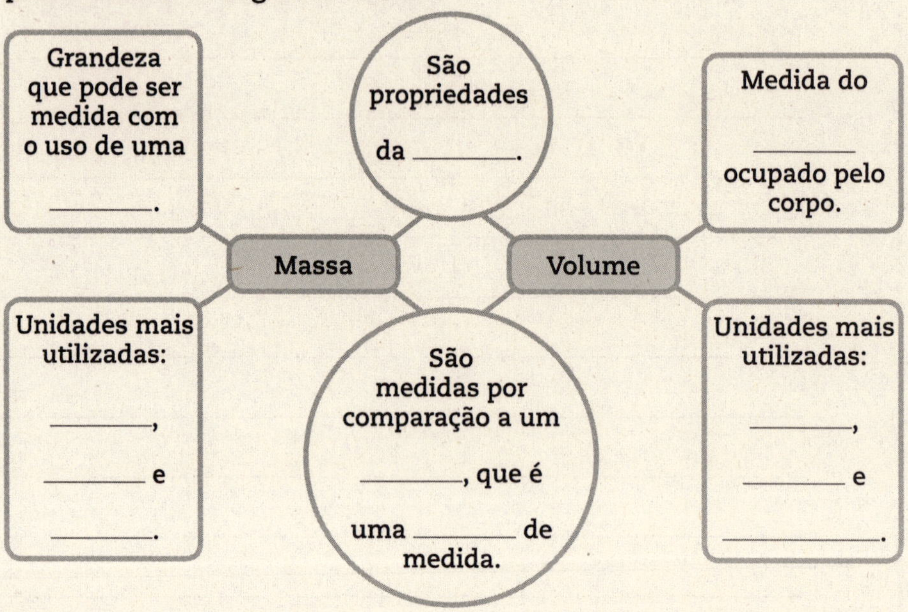

Faça a conexão

» Liste as unidades de massa e as unidades de volume que você usa no seu dia a dia. Exemplifique.

____

____

____

____

____

____

____

DENSIDADE

Termos e conceitos

» **Defina** o termo ou conceito a seguir.

densidade ______________________________

Guia de estudo

1

Densidade e flutuação

Encontrei essas informações na(s) página(s) ______.

» **Observe** os títulos, as fotos e as ilustrações dessa seção do livro-texto e **desenhe** um esquema para ilustrar um recipiente contendo água, gasolina, mercúrio, um pedaço de cortiça e um pedaço de latão. **Indique** em seu desenho cada um desses materiais.

2

Alguns fatores que afetam a densidade

Encontrei essas informações na(s) página(s) ______.

» **Identifique** no livro-texto fatores que afetam a densidade e **indique-os** no diagrama abaixo.

Densidade de um corpo

depende do(a)

______	______	______ (no caso dos gases)	______

Faça a conexão

» A densidade é utilizada como indicador da qualidade do álcool automotivo. Muitos postos de combustíveis possuem densímetros, acoplados às bombas, para que possamos verificar se o álcool está adulterado. **Pesquise** como são e como funcionam esses densímetros.

____

FECHANDO O CAPÍTULO

» **Marque** um X na coluna que melhor reflete o seu aprendizado de cada tema. Depois, **compare** esta tabela com a que você preencheu no "Antes de estudar o capítulo".

Temas principais do capítulo	Já sabia tudo	Aprendi sobre o tema	Não entendi... Socorro!!!
Mudanças de estado físico da matéria			
Interpretação de uma curva de aquecimento			
Previsão do estado físico de uma substância de acordo com a temperatura			
Massa, volume e suas unidades de medida			
Densidade e flutuação			
Fatores que alteram a densidade			

Se você não entendeu algum desses temas, **reveja** as atividades do *Caderno do Estudante* e **revise** seu livro-texto. Quando for necessário, **peça ajuda** a seu professor ou a um colega.

» **Reveja** a segunda atividade do "Antes de estudar o capítulo" e **reavalie** as suas escolhas. Se julgar necessário, **escreva novas justificativas** e **compare-as** com suas **considerações iniciais**.

Sintetize

» **Identifique** três informações que você aprendeu sobre as propriedades da matéria.

Unidade A

Capítulo

3

Substâncias químicas

Seções:

Antes de estudar o capítulo

Veja nesta tabela os temas principais do capítulo e marque um X na coluna que melhor traduz o que você pensa sobre a aprendizagem de cada tema.

Temas principais do capítulo	Domino o tema	Vai ser fácil	Vai ser difícil
Como identificar uma substância			
Diferenças entre substâncias puras e misturas			
Misturas homogêneas e misturas heterogêneas			

Veja abaixo alguns termos e conceitos que você encontrará no capítulo. Marque um X naqueles que você julga que estão relacionados à imagem.

- [ ] substância pura
- [ ] solução
- [ ] mistura homogênea
- [ ] mistura heterogênea
- [ ] sistema

Composição química (miligramas por litro)
Sulfato de bário 0,51
Sulfato de estrôncio 0,21
Sulfato de cálcio 2,53
Bicarbonato de cálcio 59,86
Bicarbonato de magnésio 34,66
Bicarbonato de potássio 5,63
Bicarbonato de sódio 9,73
Nitrato de sódio 6,51
Cloreto de sódio 6,53

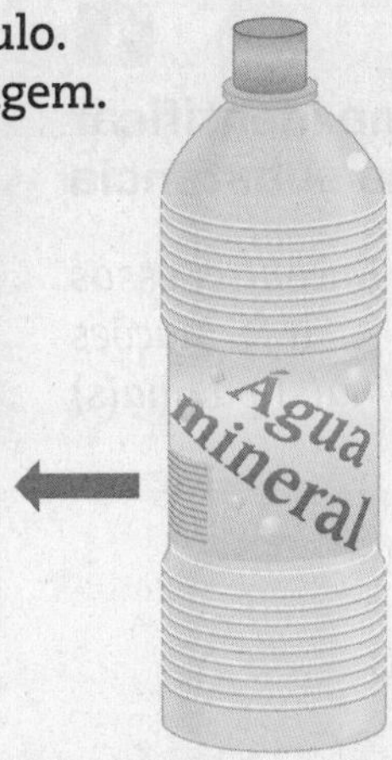

Justifique suas escolhas.

Seção 3.1 **SUBSTÂNCIAS QUÍMICAS**

Seção 3.2 **SUBSTÂNCIAS PURAS × MISTURAS**

Seção 3.3 **CONCEITUAÇÃO DE SISTEMA**

Termos e conceitos

» **Defina os termos ou conceitos a seguir.**

substância ______________________________

mistura ______________________________

solução ______________________________

fase ______________________________

sistema ______________________________

Guia de estudo

1

Como identificar uma substância

Encontrei essas informações na(s) página(s) ________.

» **Indique** na tabela abaixo propriedades da substância *enxofre*, incluindo na coluna da direita uma propriedade não citada nas demais colunas.

Enxofre				
Ponto de fusão	Ponto de ebulição	Densidade	Estado físico à temperatura ambiente	________
________	________	________	________	________

» **Cite** três propriedades que caracterizam a substância **água**.

____

2

Diferenciando substâncias puras e misturas

» **Analise** as curvas de aquecimento da água pura e da mistura de água e cloreto de sódio, mostradas na Seção 3.2 do livro-texto. **Compare** esses dois gráficos e **identifique** diferenças entre eles.

____

____

3

Tipo de mistura

Encontrei essas informações na(s) página(s) ______.

» **Indique na tabela algumas das características que diferenciam os tipos de mistura.**

Característica \ Tipo de mistura	Homogênea	Heterogênea
Número de fases		
Número de componentes		

Faça a conexão

» **Suponha que você esteja diante de duas amostras de material – uma de sal de cozinha e a outra de açúcar. Considerando que ambas são muito parecidas visualmente, proponha um procedimento que pudesse ser realizado em casa para identificar cada amostra sem cheirar nem degustar nenhum dos dois materiais.**

FECHANDO O CAPÍTULO

» **Marque** um X na coluna que melhor reflete o seu aprendizado de cada tema. Depois, **compare** esta tabela com a que você preencheu no "Antes de estudar o capítulo".

Temas principais do capítulo	Já sabia tudo	Aprendi sobre o tema	Não entendi... Socorro!!!
Como identificar uma substância			
Diferenças entre substâncias puras e misturas			
Misturas homogêneas e misturas heterogêneas			

Se você não entendeu algum desses temas, reveja as atividades do *Caderno do Estudante* e revise seu livro-texto. Quando for necessário, peça ajuda a seu professor ou a um colega.

» **Reveja** a segunda atividade do "Antes de estudar o capítulo" e **reavalie** as suas escolhas. Se **julgar** necessário, **escreva** novas justificativas e **compare-as** com suas considerações iniciais.

____

____

Sintetize

» **Resuma** aquilo que você aprendeu sobre o uso das propriedades dos materiais para identificar substâncias e misturas, completando o diagrama.

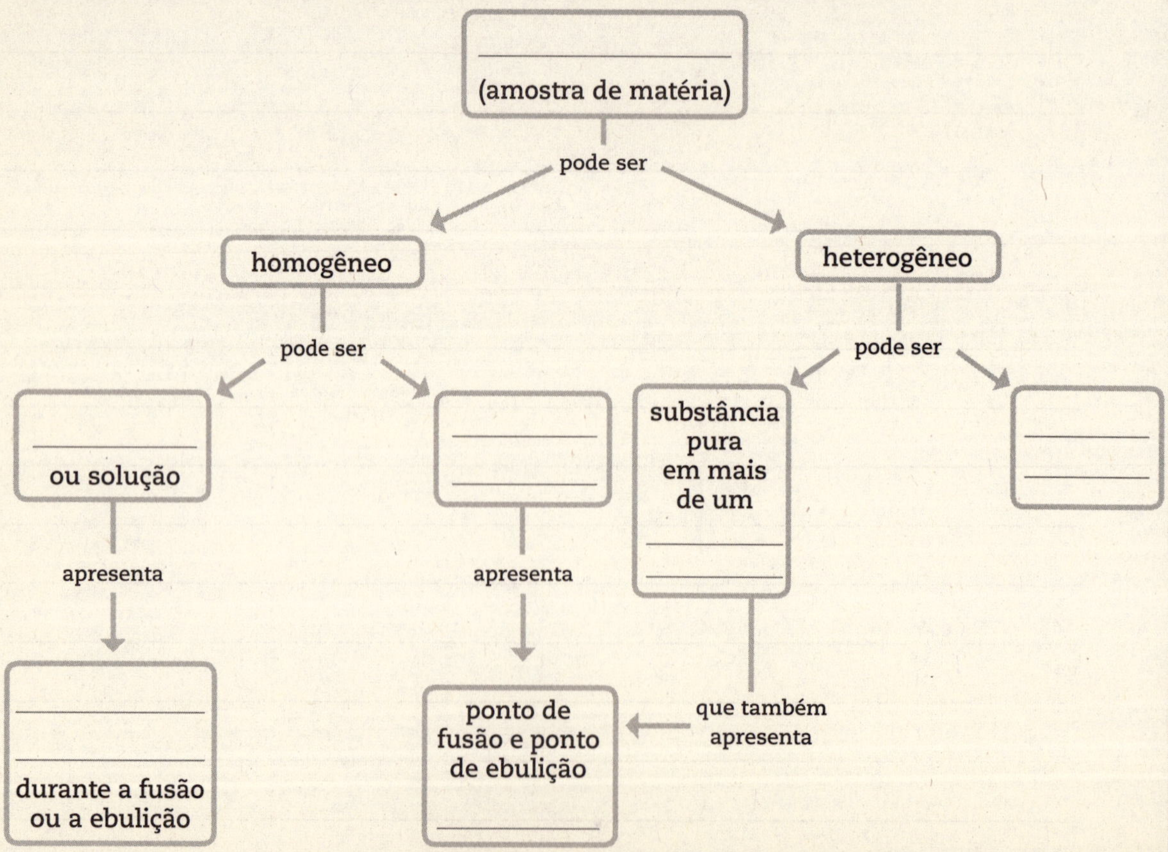

Unidade A
Capítulo
4

Obtendo substâncias puras a partir de misturas

Seções:

Antes de estudar o capítulo

» **Veja nesta tabela os temas principais do capítulo e marque um X na coluna que melhor traduz o que você pensa sobre a aprendizagem de cada tema.**

Temas principais do capítulo	Domino o tema	Vai ser fácil	Vai ser difícil
Separação de misturas			
Decantação			
Filtração			
Funil de separação			
Dissolução fracionada			
Métodos para separação de misturas homogêneas			
Evaporação e destilação			
Materiais de laboratório			

» **Veja abaixo alguns termos e conceitos que você encontrará no capítulo. Marque um X naqueles que você julga que estão relacionados à imagem.**

- [ ] decantação
- [ ] solução
- [ ] filtração
- [ ] destilação
- [ ] funil de separação
- [ ] mistura homogênea
- [ ] mistura heterogênea

PASCAL GOETGHELUCK/SCIENCE PHOTO LIBRARY

Justifique suas escolhas.

Capítulo 4 | Seção 4.1

OBTENDO SUBSTÂNCIAS PURAS A PARTIR DE MISTURAS

Seção 4.2

MATERIAIS DE LABORATÓRIO E SEGURANÇA

Termos e conceitos

» **Associe** termos ou conceitos encontrados no livro-texto a cada definição enunciada a seguir.

1. ______________

1. Substância que tem a propriedade de dissolver outras. Na composição de uma solução, é a substância presente em maior quantidade.

2. ______________

2. Qualquer substância dissolvida em outra.

Guia de estudo

1

Separação de misturas

Encontrei essas informações na(s) página(s)

__________.

» **Comente** o processo de escolha do método adequado para a separação de uma mistura, preenchendo o diagrama a seguir.

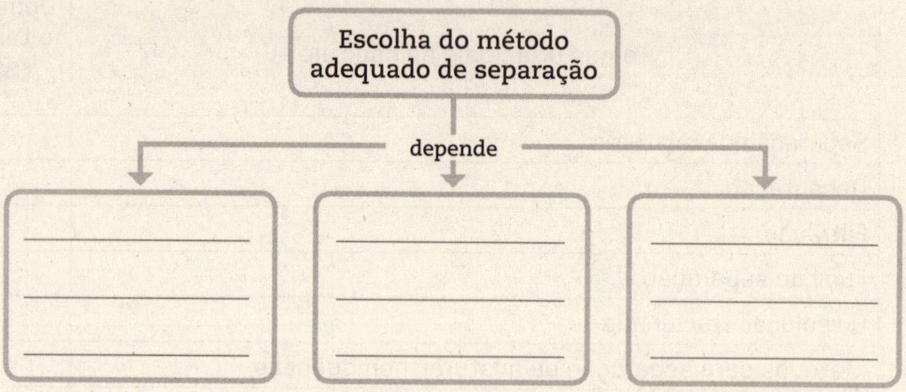

2

Decantação

Encontrei essas informações na(s) página(s)

__________.

» Uma mistura de água e areia fina é colocada em um recipiente e deixada em repouso durante duas horas. **Suponha** que, nesse período, tenha ocorrido a sedimentação de parte da areia, mas que a água continue turva. **Identifique** no livro-texto uma técnica para tornar mais eficiente a separação dessa mistura sem o uso de um filtro.

____

____

____

____

____

____

____

____

3

Filtração

Encontrei essas informações na(s) página(s)

__________.

» **Complete** o diagrama abaixo com informações sobre as aplicações da filtração, considerando o tipo de mistura a ser separada e o estado físico dos componentes.

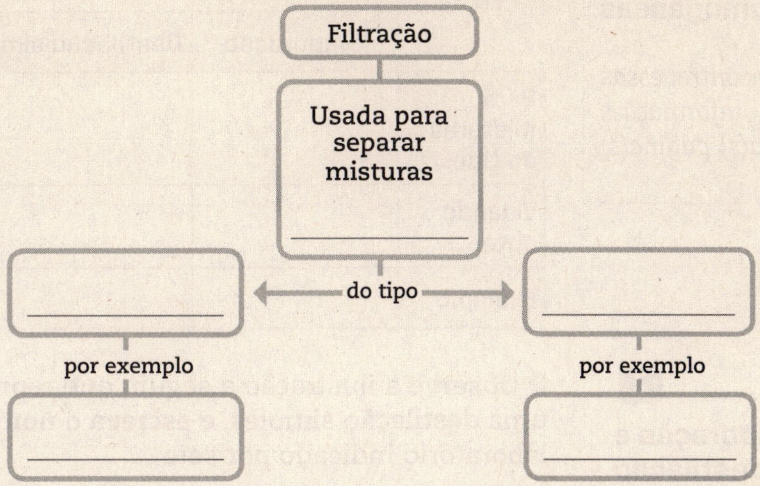

4

Funil de separação

Encontrei essas informações na(s) página(s)

__________.

» **Liste** as características das misturas que podem ser adequadamente separadas com o emprego do funil de separação, indicando o tipo de mistura e o estado físico dos componentes.

____

____

» **Identifique** no livro-texto qual é a propriedade da matéria que possibilita o uso do funil de separação para separar os componentes da mistura.

____

____

5

Dissolução fracionada

Encontrei essas informações na(s) página(s)

__________.

» **Descreva** as etapas de um método apropriado para separar uma mistura de areia e sal, tendo como objetivo a obtenção do sal. Para isso, preencha o diagrama a seguir.

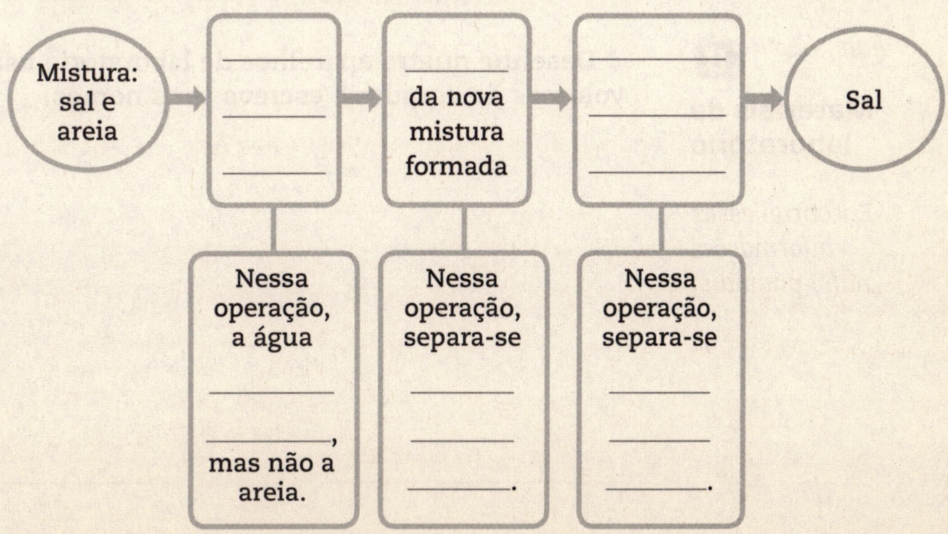

6

Separação de misturas homogêneas

Encontrei essas informações na(s) página(s) ______.

» **Preencha** a tabela abaixo com informações e exemplos relacionados à aplicação das diferentes técnicas de separação de misturas homogêneas abordadas no livro-texto.

	Evaporação	Destilação simples	Destilação fracionada
Para misturas do tipo...			
Visando obter...			
Exemplo			

7

Evaporação e destilação

Encontrei essas informações na(s) página(s) ______.

» **Observe** a ilustração a seguir, que representa a realização de uma destilação simples, e **escreva** o nome de cada material de laboratório indicado por seta.

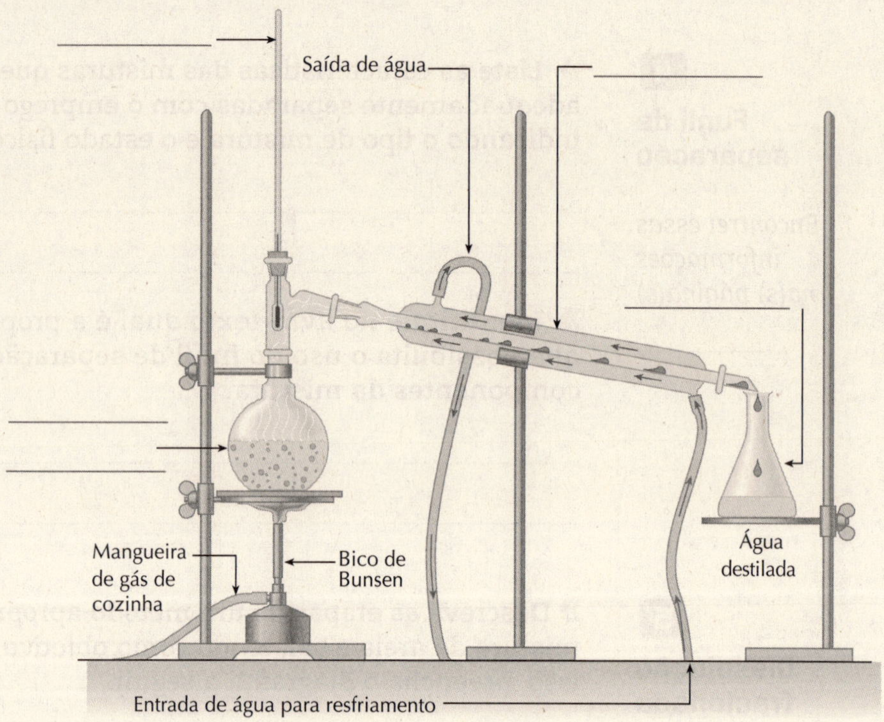

8

Materiais de laboratório

Encontrei essas informações na(s) página(s) ______.

» **Desenhe** quatro aparelhos de laboratório usados para medir volumes de líquidos e **escreva** seus nomes.

» **Observe** a foto abaixo, que mostra a realização de uma filtração simples, e **escreva** o nome de cada aparelho indicado pelas setas.

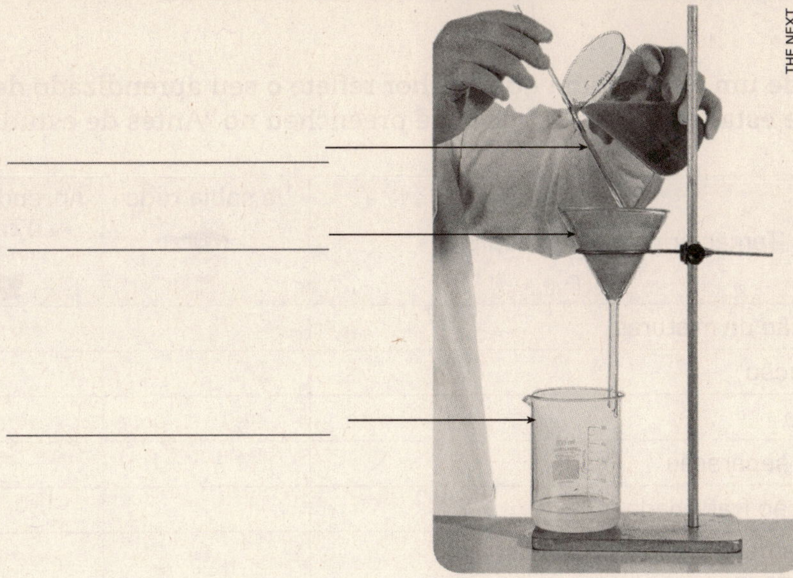

Faça a conexão

» Antes de chegar às nossas casas, a água passa por um processo de tratamento, com o objetivo de torná-la potável. **Pesquise** quais métodos de separação de misturas são usados nessas estações e **esclareça** se esses métodos retiram todas as substâncias dissolvidas na água.

FECHANDO O CAPÍTULO

» **Marque** um X na coluna que melhor reflete o seu aprendizado de cada tema. Depois, **compare** esta tabela com a que você preencheu no "Antes de estudar o capítulo".

Temas principais do capítulo	Já sabia tudo	Aprendi sobre o tema	Não entendi... Socorro!!!
Separação de misturas			
Decantação			
Filtração			
Funil de separação			
Dissolução fracionada			
Métodos para separação de misturas homogêneas			
Evaporação e destilação			
Materiais de laboratório			

Se você não entendeu algum desses temas, reveja as atividades do *Caderno do Estudante* e revise seu livro-texto. Quando for necessário, peça ajuda a seu professor ou a um colega.

» **Reveja** a segunda atividade do "Antes de estudar o capítulo" e **reavalie** as suas escolhas. Se **julgar** necessário, **escreva** novas justificativas e **compare-as** com suas considerações iniciais.

Sintetize

» O café solúvel não precisa ser coado. Para prepará-lo, basta adicionar água quente ao pó e misturar bem. Não sobra pó de café não dissolvido no fundo da xícara. **Explique** quais processos de separação são usados na preparação do café solúvel, sabendo que a sua matéria-prima é o pó de café comum.

Unidade B
Capítulo
5

Introdução ao conceito de reação química

Seções:
5.1 O conceito de reação química
5.2 Exemplos de reação química
5.3 Reações de decomposição
5.4 Substâncias simples × substâncias compostas
5.5 O conceito de elemento químico, segundo Boyle
5.6 A Lei da Conservação da Massa, de Lavoisier
5.7 A Lei das Proporções Constantes, de Proust

Antes de estudar o capítulo

» **Veja nesta tabela os temas principais do capítulo e marque um X na coluna que melhor traduz o que você pensa sobre a aprendizagem de cada tema.**

Temas principais do capítulo	Domino o tema	Vai ser fácil	Vai ser difícil
Reação química			
Evidências associadas à ocorrência de reações químicas			
Reações de decomposição			
Substâncias simples × substâncias compostas			
A Lei da Conservação da Massa, de Lavoisier			
A Lei das Proporções Constantes, de Proust			

» **Veja abaixo alguns termos e conceitos que você encontrará no capítulo. Marque um X naqueles que você julga que estão relacionados à imagem.**

- [ ] reação química
- [ ] reação de decomposição
- [ ] combustão
- [ ] formação de substância composta
- [ ] liberação de calor

HULTON ARCHIVE/GETTY IMAGES

Justifique suas escolhas.

Capítulo 5 | Seção 5.1

O CONCEITO DE REAÇÃO QUÍMICA

Termos e conceitos

» Defina os termos ou conceitos a seguir.

sistema ______________________________

____

reação química ______________________________

____

Guia de estudo

O conceito de reação química

Encontrei essas informações na(s) página(s) ________.

» **Classifique** as transformações envolvidas nas seguintes ações, escrevendo-as nos quadros correspondentes: digerir um alimento, fatiar um pão, acender um fósforo, quebrar uma janela, derreter a neve, assar um bolo.

Transformação da matéria

- Com a formação de novas substâncias
  - • ________
  - • ________
  - • ________
  - são exemplos de transformações ________
- Sem a formação de novas substâncias
  - • ________
  - • ________
  - • ________

Faça a conexão

» **Folheie** seu livro desde o começo até o final dessa seção e, entre as fotos e as ilustrações, **identifique** aquelas que apresentam reações químicas.

____

____

____

EXEMPLOS DE REAÇÃO QUÍMICA

REAÇÕES DE DECOMPOSIÇÃO

Termos e conceitos

» **Defina os termos ou conceitos a seguir.**

combustão ______________________________

reagente ______________________________

produto ______________________________

reação de decomposição ______________________________

Guia de estudo

1

Evidências associadas à ocorrência de reações químicas

Encontrei essas informações na(s) página(s) ________.

» **Associe** uma evidência a cada uma das transformações listadas no diagrama abaixo, completando-o com as seguintes evidências: liberação de calor, mudança de cor e mudança de odor.

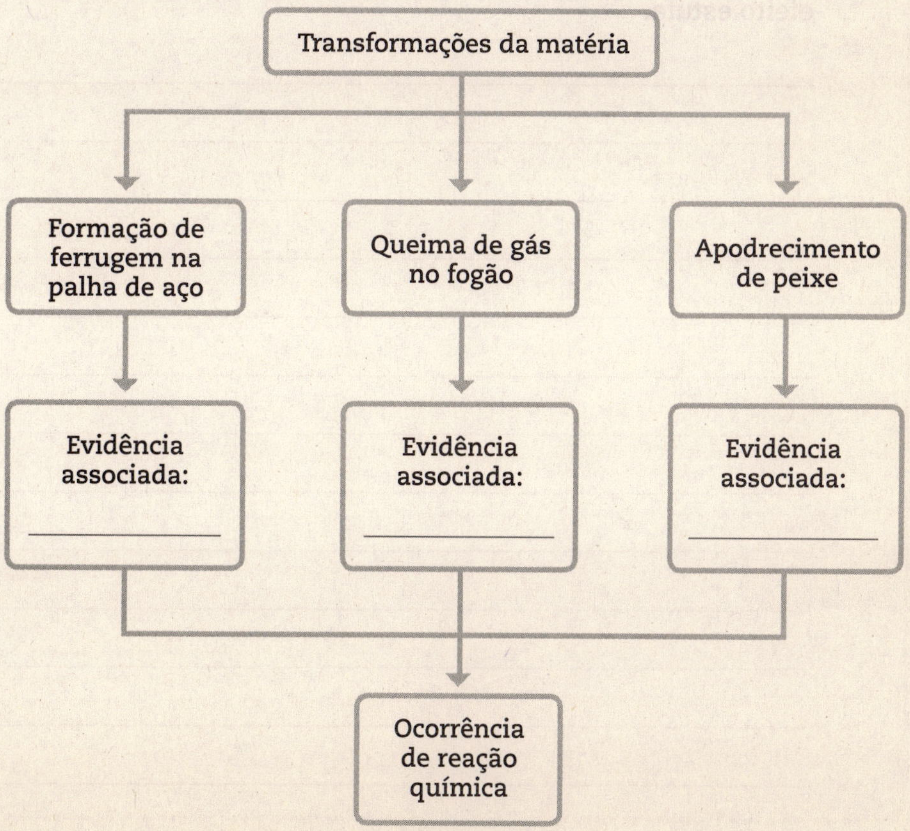

2

Reações de decomposição

Encontrei essas informações na(s) página(s) __________.

» **Preencha** o diagrama abaixo, citando um exemplo de substância que pode se decompor mediante cada reação nomeada.

Reações químicas de decomposição

podem ocorrer

- sob ação da luz: __________ → Exemplo: decomposição do __________ __________
- sob ação do calor: __________ → Exemplo: decomposição do __________ __________
- sob ação da corrente elétrica: __________ → Exemplo: decomposição da __________ __________

Faça a conexão

» **Pesquise** informações sobre o carbonato de cálcio. **Cite** uma das suas aplicações e **explique** por que a sua decomposição pode contribuir para a intensificação do efeito estufa.

Capítulo 5 | Seção 5.4

SUBSTÂNCIAS SIMPLES × SUBSTÂNCIAS COMPOSTAS

Seção 5.5

O CONCEITO DE ELEMENTO QUÍMICO, SEGUNDO BOYLE

Termos e conceitos

» **Defina** os termos ou conceitos a seguir.

substância pura ______________________________

mistura ______________________________

Guia de estudo

Substâncias simples × substâncias compostas

Encontrei essas informações na(s) página(s) ________.

» **Complete** o diagrama a seguir com os conhecimentos que você adquiriu sobre as substâncias.

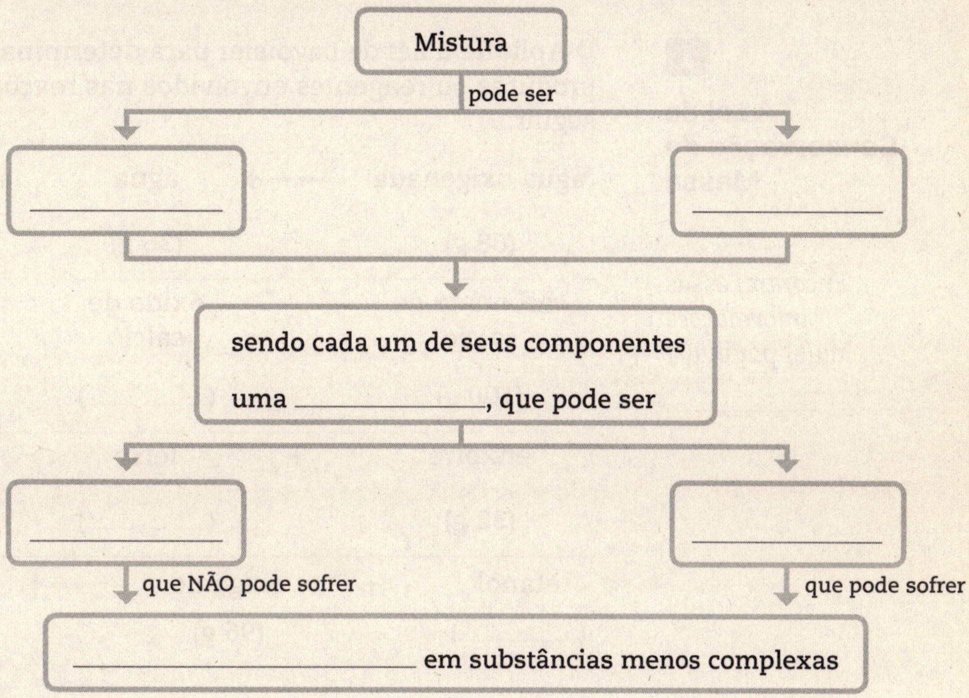

Faça a conexão

» O conceito de *elemento químico* formulado por Boyle não é exatamente igual à concepção utilizada hoje, mas seu trabalho teve o mérito de fornecer bases para o estabelecimento da Química como ciência. Com base no texto da seção 5.5, **explique** por quê.

____

____

____

____

A LEI DA CONSERVAÇÃO DA MASSA, DE LAVOISIER

A LEI DAS PROPORÇÕES CONSTANTES, DE PROUST

Termos e conceitos

» Enuncie a Lei de Lavoisier e a Lei de Proust.

Lei de Lavoisier ______________________________

____

Lei de Proust ______________________________

____

Guia de estudo

1

A Lei de Conservação da Massa

Encontrei essas informações na(s) página(s) ________

» **Aplique a Lei de Lavoisier para determinar as massas dos produtos ou reagentes envolvidos nas reações representadas a seguir.**

água oxigenada	→	água	+	oxigênio
(68 g)		(36 g)		(______)

carbonato de cálcio	→	óxido de cálcio	+	gás carbônico
(100 g)		(______)		(44 g)

enxofre	+	ferro	→	sulfeto ferroso
(32 g)		(______)		(88 g)

etanol	+	oxigênio	→	gás carbônico	+	água
(______)		(96 g)		(88 g)		(54 g)

2

A Lei das Proporções Constantes

» **Analise os dados experimentais apresentados a seguir, referentes à decomposição do óxido de cálcio em recipiente fechado, e responda às questões seguintes.**

óxido de cálcio	→	cálcio (metálico)	+	gás oxigênio
112 g		80 g		32 g
56 g		40 g		16 g
14 g		10 g		4 g
2 g		1,43 g		0,57 g

• **A proporção dos elementos que compõem o óxido de cálcio, na tabela anterior, é sempre a mesma?**

____

Encontrei essas informações na(s) página(s) ____

- **Qual é a porcentagem em massa de cálcio e oxigênio na composição do óxido de cálcio?**

- **Os dados apresentados na tabela estão de acordo com a Lei de Proust?**

» **Preencha** a tabela abaixo e **determine** a proporção entre o enxofre e o ferro na composição do sulfeto ferroso.

enxofre	+	ferro	→	sulfeto ferroso
32 g		56 g		88 g
____		____		22 g
____		____		11 g

Faça a conexão

» Entre os procedimentos adotados por Lavoisier nos experimentos que o levaram a enunciar a Lei da Conservação da Massa, dois deles foram fundamentais para dar a seu trabalho um caráter verdadeiramente científico. **Releia** o texto da seção e **identifique** esses procedimentos – um relacionado ao aspecto qualitativo, e o outro, ao quantitativo.

» **Pesquise** o contexto histórico da época em que Lavoisier realizou seus trabalhos e como esse contexto influenciou o destino desse notável cientista.

FECHANDO O CAPÍTULO

» **Marque** um X na coluna que melhor reflete o seu aprendizado de cada tema. Depois, **compare** esta tabela com a que você preencheu no "Antes de estudar o capítulo".

Temas principais do capítulo	Já sabia tudo	Aprendi sobre o tema	Não entendi... Socorro!!!
Reação química			
Evidências associadas à ocorrência de reações químicas			
Reações de decomposição			
Substâncias simples × substâncias compostas			
A Lei da Conservação da Massa, de Lavoisier			
A Lei das Proporções Constantes, de Proust			

Se você não entendeu algum desses temas, reveja as atividades do *Caderno do Estudante* e revise seu livro-texto. Quando for necessário, peça ajuda a seu professor ou a um colega.

» **Reveja** a segunda atividade do "Antes de estudar o capítulo" e **reavalie** as suas escolhas. Se **julgar** necessário, **escreva** novas justificativas e **compare-as** com suas considerações iniciais.

Sintetize

» **Identifique** pelo menos quatro informações que você aprendeu sobre reação química.

Unidade B

Capítulo

6

Introdução ao microscópico: átomos e moléculas

Seções:

Antes de estudar o capítulo

» **Veja nesta tabela os temas principais do capítulo e marque um X na coluna que melhor traduz o que você pensa sobre a aprendizagem de cada tema.**

Temas principais do capítulo	Domino o tema	Vai ser fácil	Vai ser difícil
A Teoria Atômica de Dalton			
Representação das substâncias por meio de fórmulas			
Diferenciação: elemento químico × substância simples			
O uso de equações para representar reações químicas			
O significado do balanceamento de equações químicas			
As leis de Lavoisier e de Proust e sua relação com a Teoria Atômica de Dalton			
O estudo da Química: a visão macroscópica aliada ao enfoque microscópico			

» **Veja abaixo alguns termos e conceitos que você verá no capítulo, cada qual designado por uma letra. Usando essas letras, associe cada termo a uma ou mais imagens, de modo a expressar que, na sua opinião, existe uma correlação entre eles.**

A) substância pura

B) mistura

C) substância simples

D) substância composta

E) molécula

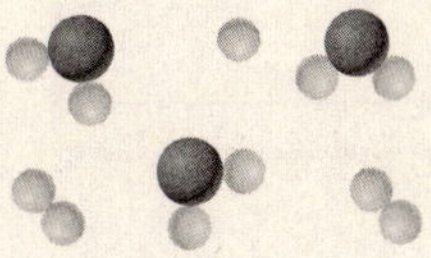

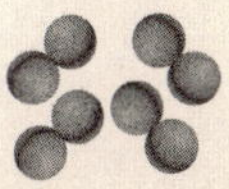

Justifique suas escolhas.

Capítulo 6 | Seção 6.1

A TEORIA ATÔMICA DE DALTON

Seção 6.2

REFORMULAÇÃO DO CONCEITO DE ELEMENTO. DISTINÇÃO ENTRE ELEMENTO E SUBSTÂNCIA SIMPLES

Termos e conceitos

» **Defina o termo ou conceito a seguir.**

elemento químico ______________________________

____

Guia de estudo

1

A Teoria Atômica de Dalton

Encontrei essas informações na(s) página(s)

________.

» **Complete o diagrama abaixo com informações referentes à Teoria Atômica de Dalton.**

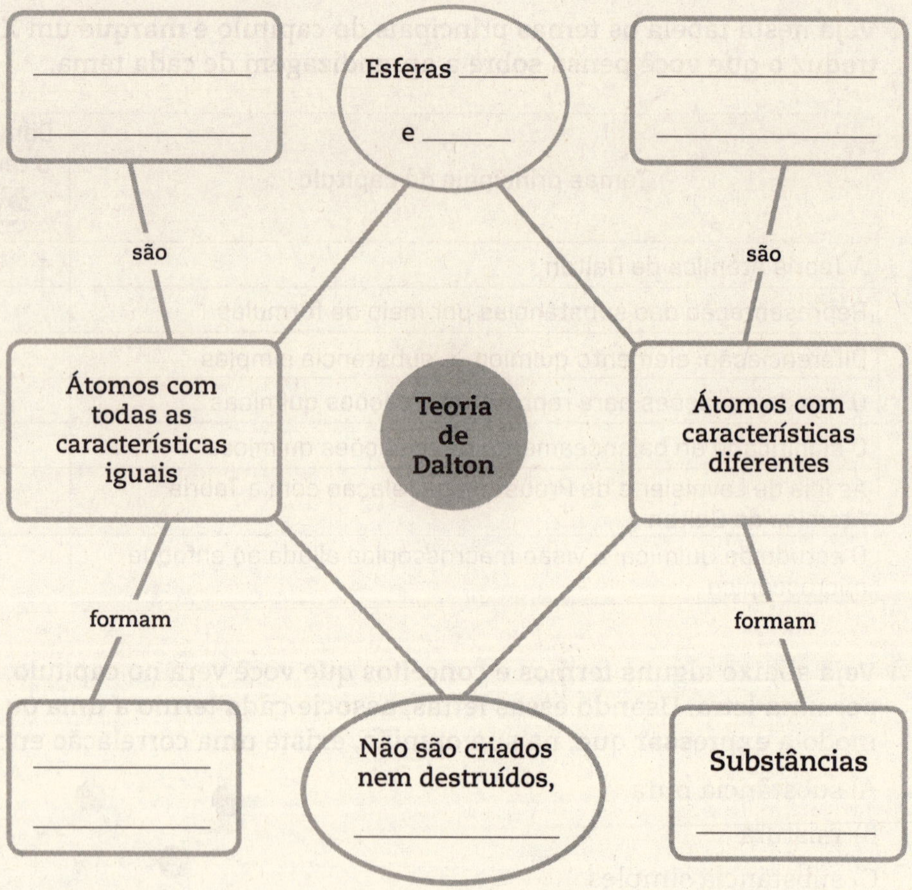

» **Classifique** os modelos abaixo em substâncias simples ou compostas.

 ______________

 ______________

 ______________

 ______________

» **Preencha** o organizador com alguns pontos importantes da Teoria de Dalton em linguagem moderna.

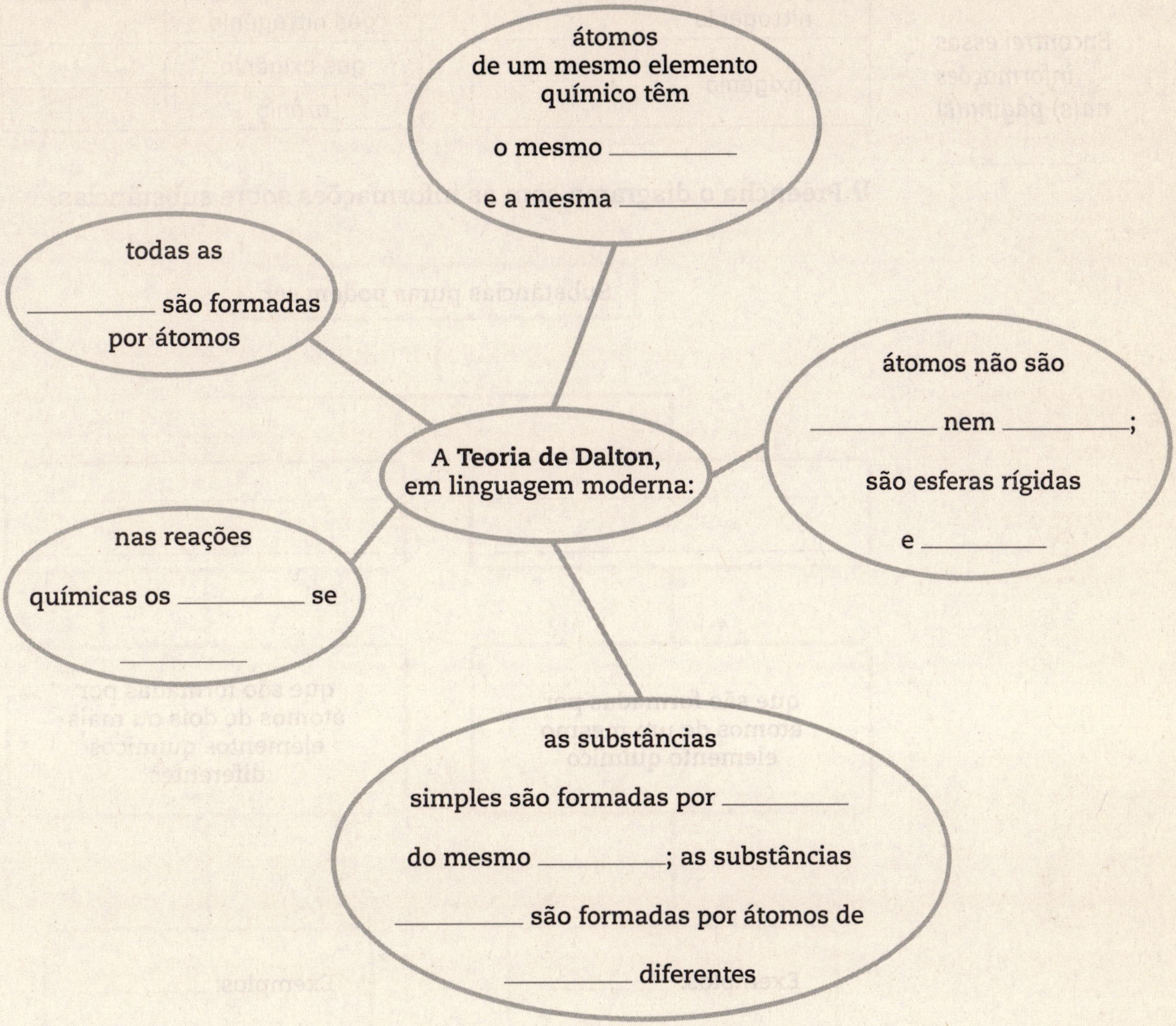

2

Fórmulas representam substâncias

Encontrei essas informações na(s) página(s) ________.

» **Escreva** o que representa a fórmula da substância *metano* no que se refere à quantidade de átomos de cada elemento presente na molécula. (Nota: **localize** a fórmula do gás metano neste capítulo do livro-texto.)

____

____

____

____

____

____

____

3

Elemento químico × substância simples

Encontrei essas informações na(s) página(s) ______.

» **Preencha** a tabela a seguir e **perceba** como o uso de símbolos e fórmulas funciona para diferenciar os elementos químicos das substâncias simples.

Elemento químico	Símbolo
nitrogênio	
oxigênio	

Substância simples	Fórmula
gás nitrogênio	
gás oxigênio	
ozônio	

» **Preencha** o diagrama com as informações sobre substâncias.

Substâncias puras podem ser

______ ______

______ ______

que são formadas por átomos de um mesmo elemento químico

que são formadas por átomos de dois ou mais elementos químicos diferentes

Exemplos: ____, ____

Exemplos: ____, ____

Faça a conexão

» **Observe** o esquema a seguir, no qual cada esfera representa um átomo.

O que o esquema representa? **Justifique** utilizando a Teoria Atômica de Dalton.

______

______

______

______

EQUAÇÃO QUÍMICA

Termos e conceitos

» **Defina os termos ou conceitos a seguir.**

equação química ____________________

coeficiente estequiométrico ____________________

balanceamento de uma equação ____________________

Guia de estudo

1

Uma equação química representa uma reação química

Encontrei essas informações na(s) página(s) _______.

» **Escreva em palavras e na forma de uma equação química a reação representada abaixo.**

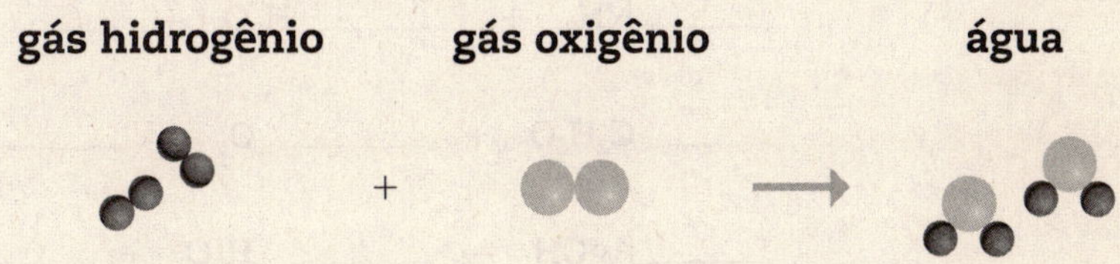

Em palavras: ____________________

Equação ____________________

» **Reescreva** a frase a seguir em forma de equação química. "Uma molécula de metano reage com duas moléculas de oxigênio para formar duas moléculas de água e uma molécula de gás carbônico."

(Nota: **localize** neste capítulo do livro-texto as fórmulas das substâncias gás metano, gás oxigênio e gás carbônico.)

____

2 Balanceamento de equações químicas

Encontrei essas informações na(s) página(s)

__________.

» **Complete o diagrama abaixo com as informações sobre o balanceamento de reações.**

Equação química

deve estar

____

ou seja

os __________ devem estar corretamente __________

caso contrário

o número de __________ não será __________.

» **Faça o balanceamento de cada uma das reações químicas representadas a seguir.**

____ NH_3 + ____ H_2O → ____ NH_4OH

____ C_2H_6O + ____ O_2 → ____ H_2O + ____ CO_2

____ $AgOH$ → ____ H_2O + ____ Ag_2O

Faça a conexão

» **Observe** as seguintes reações do carbono com o oxigênio:

$2\,C + O_2 \rightarrow 2\,CO$ (monóxido de carbono)

$C + O_2 \rightarrow CO_2$ (gás carbônico ou dióxido de carbono)

Apesar de os reagentes serem os mesmos nas duas reações, o produto formado em cada uma delas é diferente. Explique por quê.

____

____

____

____

EXPLICAÇÃO PARA AS LEIS DE LAVOISIER E DE PROUST

Termos e conceitos

» **Enuncie** a Lei de Lavoisier e a Lei de Proust.

Lei de Lavoisier

Lei de Proust

Guia de estudo

1

O significado do balanceamento de equações químicas

Encontrei essas informações na(s) página(s) _________.

» **Relacione** a Lei da Conservação da Massa com o balanceamento de equações químicas.

» **Complete** a tabela usando as representações das equações listadas. Use esferas coloridas para representar cada elemento químico.

Número de átomos dos reagentes		Equação química	Representação	Número de átomos dos produtos	
N	O	$N_2 + O_2 \rightarrow 2\ NO$		N	O
C	O	$2\ C + O_2 \rightarrow 2\ CO$		C	O

2

Relacionando a teoria atômica de Dalton às leis de Lavoisier e de Proust

Encontrei essas informações na(s) página(s)

__________.

» **Organize** as informações sobre as explicações para a Lei de Lavoisier e a Lei de Proust.

Teoria de Dalton fornece uma explicação microscópica para

a Lei de Lavoisier

pois

____

a Lei de Proust

pois

____

Faça a conexão

» **Pesquise** a importância da reação de decomposição da água na busca por fontes de energia renovável.

OS NÍVEIS DE TRABALHO DA QUÍMICA

Termos e conceitos

» **Defina os termos ou conceitos a seguir.**

nível macroscópico ________________________________

____

nível microscópico ________________________________

____

Guia de estudo

Os níveis de trabalho da Química: a visão macroscópica e a interpretação microscópica

» **Liste três exemplos de propriedades macroscópicas da água, a sua composição microscópica e a sua representação.**

____

____

____

» **Represente, no nível macroscópico e no nível microscópico, a reação de decomposição da água, sabendo que nessa reação formam-se os gases hidrogênio e oxigênio.**

Nível macroscópico	
O nível microscópico e suas representações	

Encontrei essas informações na(s) página(s) ________.

Faça a conexão

» **Pesquise se há outras áreas da ciência nas quais se trabalha paralelamente com os níveis macroscópico e microscópico e com o emprego de representações. Exemplifique.**

____

____

FECHANDO O CAPÍTULO

» **Marque** um X na coluna que melhor reflete o seu aprendizado de cada tema. Depois, **compare** esta tabela com a que você preencheu no "Antes de estudar o capítulo".

Temas principais do capítulo	Já sabia tudo	Aprendi sobre o tema	Não entendi... Socorro!!!
A Teoria Atômica de Dalton			
Representação das substâncias por meio de fórmulas			
Diferenciação: elemento químico × substância simples			
O uso de equações para representar reações químicas			
O significado do balanceamento de equações químicas			
As leis de Lavoisier e de Proust e sua relação com a Teoria Atômica de Dalton			
O estudo da Química: a visão macroscópica aliada ao enfoque microscópico			

Se você não entendeu algum desses temas, reveja as atividades do *Caderno do Estudante* e revise seu livro-texto. Quando for necessário, peça ajuda a seu professor ou a um colega.

» **Reveja** a segunda atividade do "Antes de estudar o capítulo" e **reavalie** as suas escolhas. Se **julgar** necessário, **escreva** novas justificativas e **compare-as** com suas considerações iniciais.

Sintetize

» **Identifique** as informações que você aprendeu sobre a importância da Teoria Atômica de Dalton na compreensão dos fenômenos.

Unidade C

Capítulo 7

Modelo atômico de Rutherford

Seções:

7.1 A natureza elétrica da matéria

7.2 O elétron e o próton

7.3 Modelo atômico de Rutherford

Antes de estudar o capítulo

» **Veja nesta tabela os temas principais do capítulo e marque um X na coluna que melhor traduz o que você pensa sobre a aprendizagem de cada tema.**

Temas principais do capítulo	Domino o tema	Vai ser fácil	Vai ser difícil
Cargas elétricas, atração e repulsão			
A descoberta do elétron			
O modelo atômico de Thomson			
A descoberta do próton			
O modelo atômico de Rutherford			

» **Veja abaixo alguns termos e conceitos que você encontrará no capítulo. Marque um X naqueles que você julga que estão relacionados à imagem.**

- ☐ átomo
- ☐ modelo atômico de Thomson
- ☐ modelo atômico de Dalton
- ☐ cargas elétricas
- ☐ próton
- ☐ elétron
- ☐ modelo

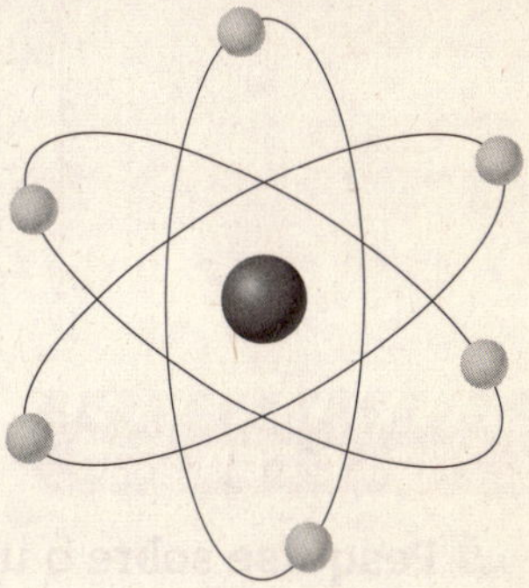

Justifique suas escolhas.

A NATUREZA ELÉTRICA DA MATÉRIA

Termos e conceitos

» **Defina os termos ou conceitos a seguir.**

modelo (em Química) ______________________________

____

____

teoria ______________________________

____

____

raios catódicos ______________________________

____

____

Guia de estudo

Cargas elétricas, atração e repulsão

Encontrei essas informações na(s) página(s) ________.

» **Observe** as ilustrações desta seção e **complete** a frase:

Ao atritar um bastão de vidro contra um pedaço de lã, o vidro se eletriza ______________, e a lã, ______________.

» **Preencha** a tabela abaixo, usando as informações da atividade anterior.

Material	Quando se aproximam do bastão de vidro sofrem	Portanto possuem cargas
Pedaço de papel	Atração	
Filete de água	Atração	

Faça a conexão

» **Pesquise** sobre o uso de modelos em outras áreas da Ciência. **Exemplifique.**

____

____

____

____

____

O ELÉTRON E O PRÓTON

Termos e conceitos

» **Defina os termos ou conceitos a seguir.**

partícula subatômica ______________________________

elétron ______________________________

próton ______________________________

Guia de estudo

1

A descoberta do elétron

Encontrei essas informações na(s) página(s) ________.

» **Construa** uma frase para explicar, em resumo, de que maneira a descoberta do elétron modificou a ideia que se tinha a respeito do átomo. **Utilize** as seguintes palavras: *experimentos, modelo, Dalton, gregos, Thomson, átomo, indivisível* e *elétron.*

____

2

Modelo atômico de Thomson

Encontrei essas informações na(s) página(s) ________.

» **Complete** o diagrama abaixo com diferenças e semelhanças entre o modelo atômico de Thomson e o modelo de Dalton.

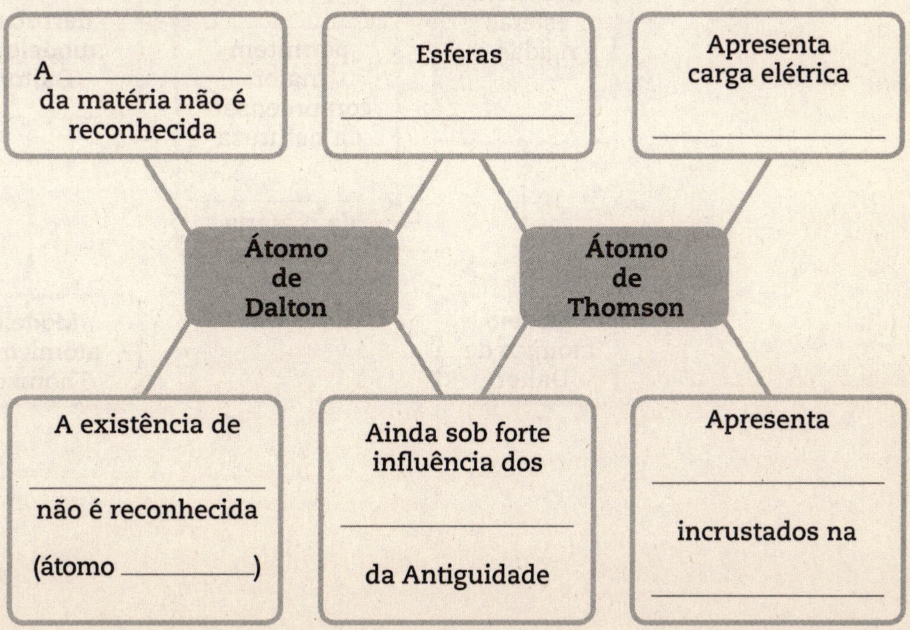

Encontrei essas informações na(s) página(s) ________.

» **Complete o diagrama com as informações sobre os modelos atômicos.**

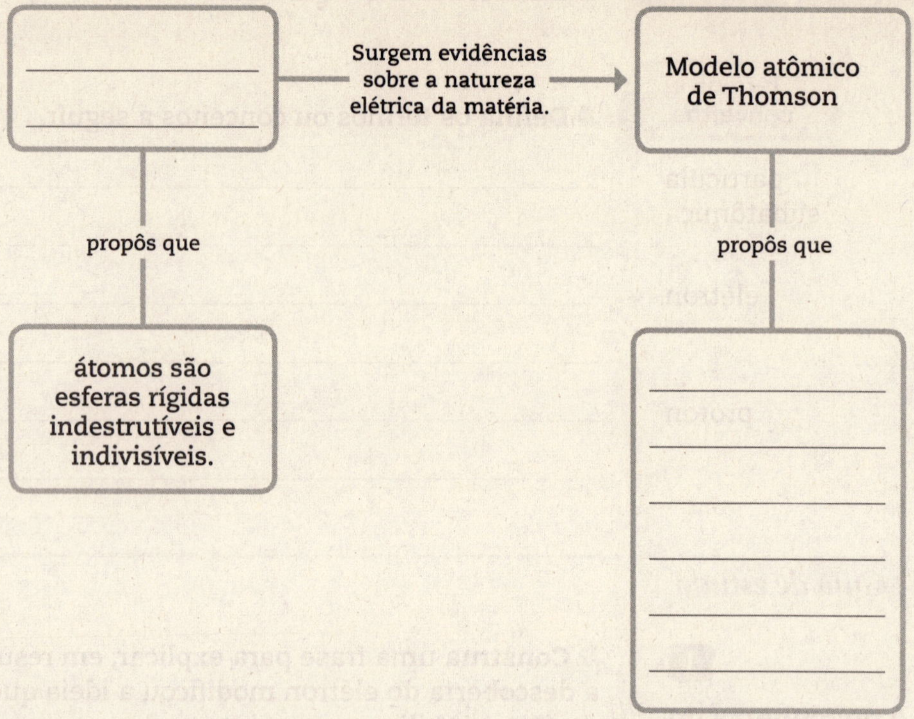

3

A descoberta do próton

Encontrei essas informações na(s) página(s) ________.

» **Complete a linha do tempo de modo a ilustrar parte da história da evolução dos modelos atômicos e como a descoberta do próton afetou essa evolução.**

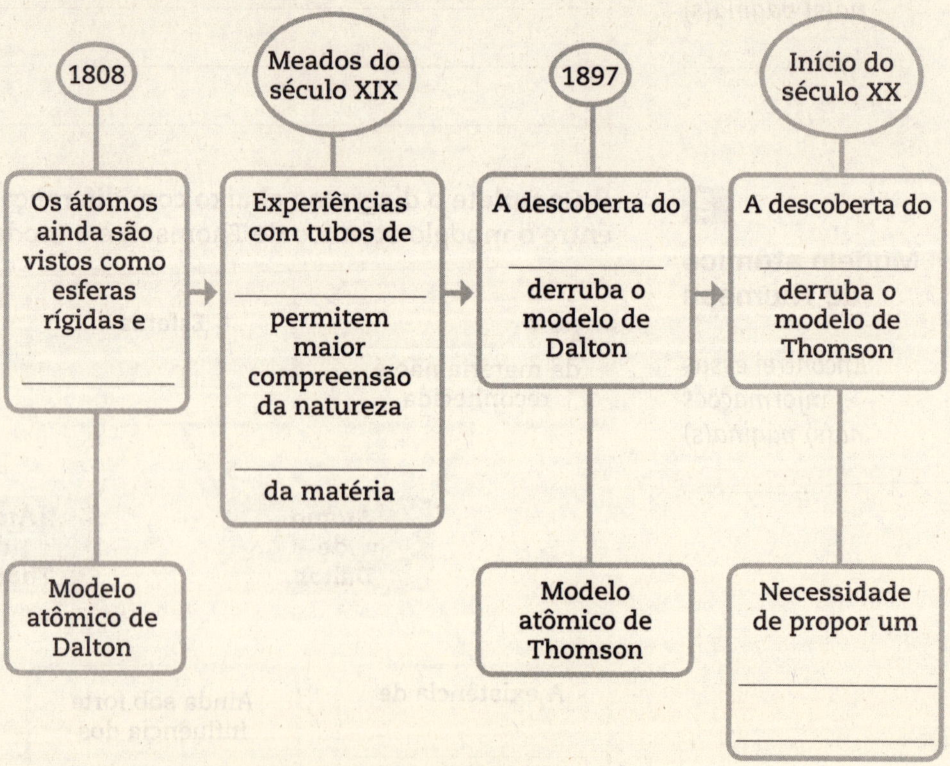

MODELO ATÔMICO DE RUTHERFORD

Termos e conceitos

» **Defina** os termos ou conceitos a seguir.

partícula alfa ______________________________

____

núcleo ______________________________

____

eletrosfera ______________________________

____

Guia de estudo

Modelo atômico de Rutherford

Encontrei essas informações na(s) página(s) ______.

» **Complete** o diagrama que descreve as etapas do experimento de Rutherford.

Experiência de Rutherford

↓

Foram usadas pequenas partículas com ______________________________ (partículas alfa).

↓

Essas partículas foram direcionadas para uma folha finíssima de ____________.

↓

Ao redor da folha de ouro foi colocada uma tela de ______________________________.

↓

A experiência mostrou que a grande maioria das partículas alfa ______________ a folha. Apenas algumas poucas eram ______________.

↓

Conclusão: os átomos ______________________________, pois ______________________________.

Encontrei essas informações na(s) página(s) ________.

» **Complete** o diagrama a seguir com informações sobre o modelo atômico de Rutherford.

Átomo

formado por

________ (onde se encontra a maior parte da massa do átomo)

onde estão os

____

que possuem

carga elétrica ________

____

onde estão os

____

que possuem

carga elétrica ________

Encontrei essas informações na(s) página(s) ________.

» **Complete** o diagrama com as conclusões obtidas por Rutherford após a análise do seu experimento.

Modelo de Rutherford

Na região ao redor do núcleo (eletrosfera) estão os ________, muito mais leves que os ________.

O átomo não é ________, apresentando mais espaço ________ do que ________.

A maior parte da ________ se concentra na região central do átomo chamada ________, onde estão os ________.

A contagem do número de partículas que ________ e que eram ________ permitiu estimar que o raio de um átomo de ouro (núcleo e eletrosfera) é cerca de dez mil a cem mil vezes maior que o raio do ________.

Faça a conexão

» **Considere** os objetivos de Rutherford ao verificar o espalhamento de partículas alfa e **responda**: por que ele utilizou uma folha de ouro tão fina?

____

____

____

FECHANDO O CAPÍTULO

» **Marque** um X na coluna que melhor reflete o seu aprendizado de cada tema. Depois, **compare** esta tabela com a que você preencheu no "Antes de estudar o capítulo".

Temas principais do capítulo	Já sabia tudo	Aprendi sobre o tema	Não entendi... Socorro!!!
Cargas elétricas, atração e repulsão			
A descoberta do elétron			
O modelo atômico de Thomson			
A descoberta do próton			
O modelo atômico de Rutherford			

Se você não entendeu algum desses temas, reveja as atividades do *Caderno do Estudante* e revise seu livro-texto. Quando for necessário, peça ajuda a seu professor ou a um colega.

» **Reveja** a segunda atividade do "Antes de estudar o capítulo" e **reavalie** as suas escolhas. Se **julgar** necessário, **escreva** novas justificativas e **compare-as** com suas considerações iniciais.

Sintetize

» **Identifique** as informações que você aprendeu sobre a importância das evidências científicas na evolução dos modelos atômicos.

Unidade C

Capítulo

8

Átomos neutros e íons

Seções:

8.1 Modelo atômico com núcleo e eletrosfera

8.2 Número atômico, número de massa e elemento químico

8.3 Isótopos

8.4 Isóbaros e isótonos

8.5 Íons

Antes de estudar o capítulo

» **Veja nesta tabela os temas principais do capítulo e marque um X na coluna que melhor traduz o que você pensa sobre a aprendizagem de cada tema.**

Temas principais do capítulo	Domino o tema	Vai ser fácil	Vai ser difícil
Modelo atômico com núcleo e eletrosfera			
O conceito moderno de elemento químico			
Isótopos			
Isóbaros e isótonos			
Íons			

» **Veja abaixo alguns termos e conceitos que você encontrará no capítulo. Marque um X naqueles que você julga que estão relacionados ao conceito citado no quadro abaixo.**

- [ ] número atômico único e próprio
- [ ] número de massa único e próprio
- [ ] número de elétrons único e próprio
- [ ] modelo atômico
- [ ] íons

elemento químico

Justifique suas escolhas.

MODELO ATÔMICO COM NÚCLEO E ELETROSFERA

NÚMERO ATÔMICO, NÚMERO DE MASSA E ELEMENTO QUÍMICO

Termos e conceitos

» **Defina os termos ou conceitos a seguir.**

número atômico ____

____

____

____

número de massa ____

____

____

____

Guia de estudo

1

Modelo atômico com núcleo e eletrosfera

Encontrei essas informações na(s) página(s) ________.

» **Organize** informações sobre as partículas subatômicas e a constituição do átomo, completando o diagrama a seguir.

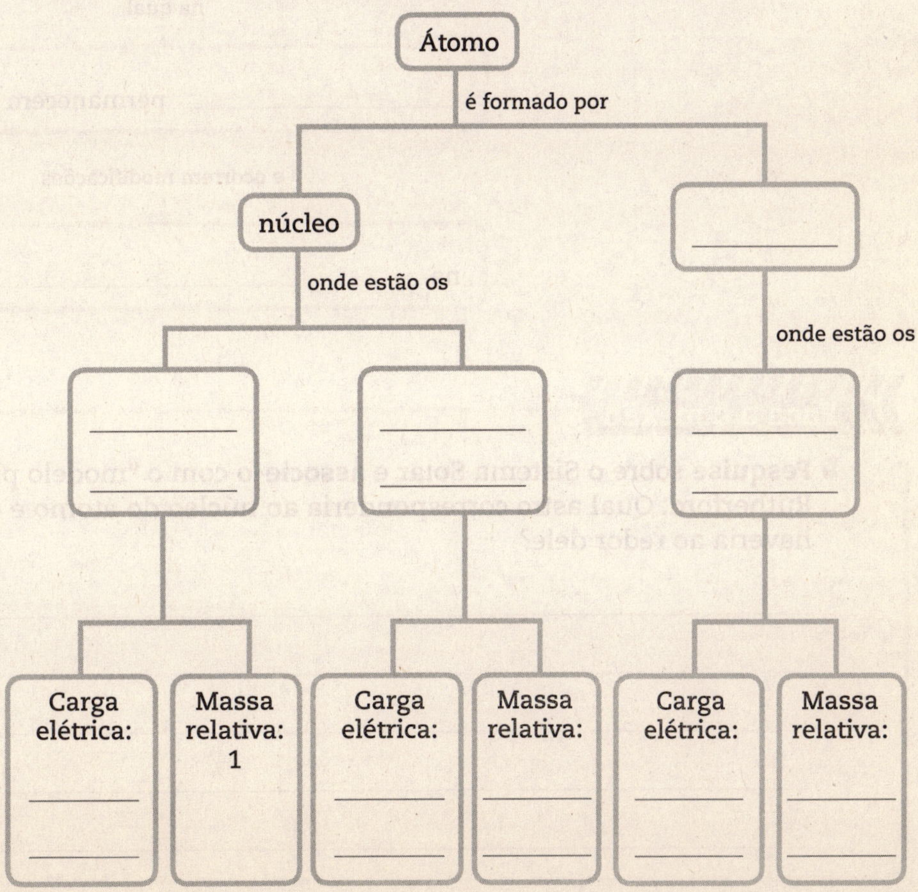

2 O conceito moderno de elemento químico

Encontrei essas informações na(s) página(s) ________.

» **Conceitue** *elemento químico*, completando o diagrama a seguir.

Átomos

com

________ ________	________ ________
pertencem	pertencem
ao mesmo elemento químico	a elementos químicos diferentes

Encontrei essas informações na(s) página(s) ________.

» **Descreva** o que acontece com os átomos durante uma reação química, completando o diagrama a seguir.

Átomos

se recombinam

durante uma ________

na qual

________ permanecem inalterados

e ocorrem modificações

na ________.

Faça a conexão

» **Pesquise** sobre o Sistema Solar e **associe-o** com o "modelo planetário" de Rutherford. Qual astro corresponderia ao núcleo do átomo e quantos elétrons haveria ao redor dele?

____
____
____
____
____

ISÓTOPOS

ISÓBAROS E ISÓTONOS

Termos e conceitos

» **Defina os termos ou conceitos a seguir.**

traços (em Química) ____

____

abundância de um isótopo ____

____

____

Guia de estudo

1

Isótopos

Encontrei essas informações na(s) página(s) ________.

» **Defina as características dos isótopos, completando o diagrama.**

Isótopos

São átomos que possuem o mesmo número de ____________ e número de ____________ diferente, portanto, números de massa ____________.

Sempre pertencem ao mesmo ____________ ____________.

Para um elemento, apresentam o mesmo ____________ e o mesmo nome, com exceção do ____________, que possui ________ isótopos com nomes diferentes: prótio, deutério e trítio.

Encontrei essas informações na(s) página(s) ________.

» **Represente** com desenhos o núcleo de cada isótopo do elemento lítio. **Crie** uma legenda para explicar os detalhes de seus desenhos e **escreva** o símbolo (com o número atômico e o número de massa) correspondente a cada um deles.

2

Isóbaros e isótonos

Encontrei essas informações na(s) página(s) ________.

» **Escreva** em cada lacuna a denominação correspondente aos grupos de átomos identificados pelas diferenças e semelhanças descritas no diagrama abaixo.

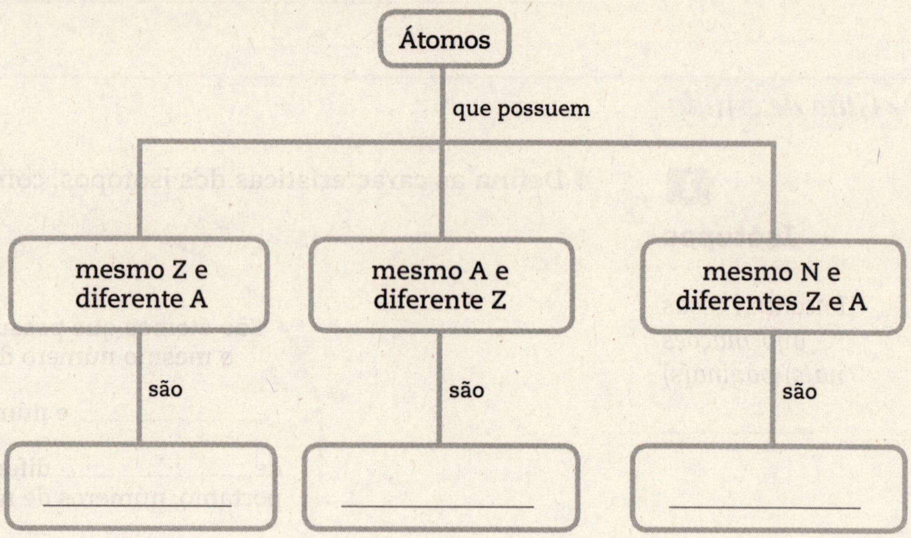

Faça a conexão

» **Pesquise** o que é *água pesada* e qual é a aplicação dessa água no campo da produção de energia elétrica.

ÍONS

Termos e conceitos

» **Defina** o termo ou conceito a seguir.

íon ____

____

Guia de estudo

Íons

Encontrei essas informações na(s) página(s) ________.

» **Descreva** o processo de formação de íons, preenchendo as lacunas do diagrama abaixo.

Em determinadas circunstâncias, os átomos podem ____________ ou ____________ elétrons.

↓

Nesse caso, sua carga total deixa de ser igual a ____________, portanto o átomo não é mais ____________.

↓

O átomo se transforma em um ____________. É importante ressaltar que seu núcleo permanece ____________.

Encontrei essas informações na(s) página(s) ________.

» **Liste** na tabela abaixo as características de um átomo eletricamente neutro, de um ânion e de um cátion.

Átomo neutro	Ânion	Cátion

» **Preencha** a tabela a seguir com o número de nêutrons, prótons e elétrons e a carga do átomo.

	Número de nêutrons	Número de prótons	Número de elétrons	Carga
$^{7}_{3}Li$				
$^{7}_{3}Li^{+}$				
$^{16}_{8}O$				
$^{16}_{8}O^{2-}$				

» **Analise** a tabela anterior e **indique** na seguinte os átomos neutros, o cátion, o ânion e se houve ganho ou perda de elétron(s).

	Átomo neutro	Cátion	Ânion	Ganho de elétron	Perda de elétron
$^{7}_{3}Li$					
$^{7}_{3}Li^{+}$					
$^{16}_{8}O$					
$^{16}_{8}O^{2-}$					

Encontrei essas informações na(s) página(s) ________.

» **Escreva** na tabela a seguir a nomenclatura usada para os cátions e ânions de acordo com o exemplo.

Carga	Nome
+	Cátion monovalente
2+	
3+	
4+	
–	
2–	
3–	

Faça a conexão

» **Pesquise** a importância dos íons sódio, potássio e cálcio em nosso organismo.

FECHANDO O CAPÍTULO

» **Marque** um X na coluna que melhor reflete o seu aprendizado de cada tema.
Depois, **compare** esta tabela com a que você preencheu no "Antes de estudar o capítulo".

Temas principais do capítulo	Já sabia tudo	Aprendi sobre o tema	Não entendi... Socorro!!!
Modelo atômico com núcleo e eletrosfera			
O conceito moderno de elemento químico			
Isótopos			
Isóbaros e isótonos			
Íons			

Se você não entendeu algum desses temas, reveja as atividades do *Caderno do Estudante* e revise seu livro-texto. Quando for necessário, peça ajuda a seu professor ou a um colega.

» **Reveja** a segunda atividade do "Antes de estudar o capítulo" e **reavalie** as suas escolhas. Se **julgar** necessário, **escreva** novas justificativas e **compare-as** com suas considerações iniciais.

Sintetize

» **Identifique** as informações que você aprendeu sobre átomos neutros e íons e como eles estão presentes na natureza.

Unidade C

Capítulo 9

Modelo atômico de Bohr

Seções:

9.1 Noções de espectroscopia de luz visível

9.2 Modelo atômico de Bohr

9.3 Algumas aplicações do modelo de Bohr

Antes de estudar o capítulo

» **Veja nesta tabela os temas principais do capítulo e marque um X na coluna que melhor traduz o que você pensa sobre a aprendizagem de cada tema.**

Temas principais do capítulo	Domino o tema	Vai ser fácil	Vai ser difícil
Características de uma onda			
Tipos de onda			
Ondas eletromagnéticas			
O modelo atômico de Bohr			
Postulados de Bohr			
Luminescência			

» **Veja abaixo alguns termos e conceitos que você encontrará no capítulo. Marque um X naqueles que você julga que estão relacionados à imagem.**

- [ ] modelo atômico de Bohr
- [ ] transição eletrônica
- [ ] mercúrio
- [ ] fluorescência
- [ ] fosforescência
- [ ] luz *laser*

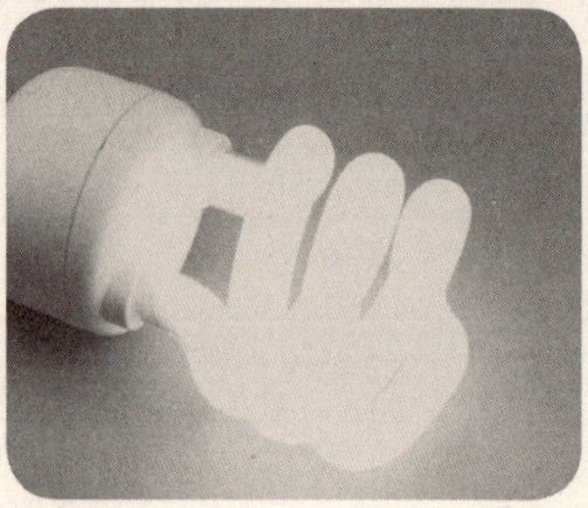

STEVE PERCIVAL/SCIENCE PHOTO LIBRARY/LATINSTOCK

Justifique suas escolhas.

NOÇÕES DE ESPECTROSCOPIA DE LUZ VISÍVEL

Termos e conceitos

» **Defina** os termos ou conceitos a seguir.

onda

espectro da luz visível

espectro atômico

Guia de estudo

1

Características de uma onda

Encontrei essas informações na(s) página(s) ________.

» **Observe** as ilustrações desta seção e **faça um desenho** representando uma onda. **Indique** em seu desenho uma crista, um vale e o comprimento de onda.

» **Escreva** no diagrama abaixo as grandezas que caracterizam uma onda.

Características de uma onda

2

Tipos de onda

Encontrei essas informações na(s) página(s) ________.

» **Defina** cada tipo de onda listado no diagrama a seguir.

Tipos de onda

Onda mecânica: ____________________

____

____

____

Onda eletromagnética: ____________________

____

____

____

____

3

Ondas eletromagnéticas

Encontrei essas informações na(s) página(s) ________.

» **Complete** a tabela abaixo com a frequência ou o tipo de onda correspondente.

Onda	Frequência (Hz)
Luz vermelha	
	10^9
Aparelho para radiografias	
	$7{,}5 \cdot 10^{14}$
Rádio FM	
	10^{16}

Agora, escreva essas ondas na ordem crescente da quantidade de energia que elas transportam: ____________________

____

____

Faça a conexão

» **Explique** por que as pessoas que trabalham sob a luz do Sol, como carteiros e garis, devem usar protetores solares.

____

____

____

____

____

MODELO ATÔMICO DE BOHR

ALGUMAS APLICAÇÕES DO MODELO DE BOHR

Termos e conceitos

» **Defina** os termos ou conceitos a seguir.

postulado ______________________________

____

transição eletrônica ______________________________

____

estado fundamental ______________________________

____

energia quantizada ______________________________

____

laser ______________________________

____

Guia de estudo

1

Modelo atômico de Bohr

Encontrei essas informações na(s) página(s) ________.

» **Organize** as informações sobre o modelo atômico de Bohr.

Espectros de linhas

- não são explicados pelo ________.
  - Nesse modelo, os elétrons giram aleatoriamente ao redor do núcleo.
- são explicados pelo ________.
  - Nesse modelo, os elétrons ________ ________

» **Correlacione** a cor produzida no teste da chama por determinado elemento e as cores observadas em seu espectro de linhas.

____

____

____

2

Postulados de Bohr

Encontrei essas informações na(s) página(s) ________.

» **Enuncie** os postulados propostos por Bohr na criação de seu modelo atômico, completando o diagrama a seguir.

Postulados de Bohr

- Os elétrons se movimentam ao redor do núcleo em trajetórias ________ chamadas ________.
- Cada camada tem um valor determinado de ________.
- Um elétron não pode ________ ________.
- Quando um elétron excitado retorna ao nível inicial, libera ________ na forma de ________.
- Um elétron pode passar para um nível de maior energia desde que ________ ________.

3

Luminescência

Encontrei essas informações na(s) página(s) ________.

» **Complete** o diagrama com as definições correspondentes.

________: emissão de luz mediante absorção prévia de radiação.

- Fluorescência: ocorre ________ após a absorção.
- Fosforescência: ocorre ________ após a absorção.

Faça a conexão

» **Explique** por que seria impossível explicar o espectro de linhas utilizando o modelo atômico de Rutherford.

____

____

____

FECHANDO O CAPÍTULO

» **Marque** um X na coluna que melhor reflete o seu aprendizado de cada tema. Depois, **compare** esta tabela com a que você preencheu no "Antes de estudar o capítulo".

Temas principais do capítulo	Já sabia tudo	Aprendi sobre o tema	Não entendi... Socorro!!!
Características de uma onda			
Tipos de onda			
Ondas eletromagnéticas			
O modelo atômico de Bohr			
Postulados de Bohr			
Luminescência			

Se você não entendeu algum desses temas, reveja as atividades do *Caderno do Estudante* e revise seu livro-texto. Quando for necessário, peça ajuda a seu professor ou a um colega.

» **Reveja** a segunda atividade do "Antes de estudar o capítulo" e **reavalie** as suas escolhas. Se **julgar** necessário, **escreva** novas justificativas e **compare-as** com suas considerações iniciais.

Sintetize

» **Identifique** as informações que você aprendeu sobre a importância do modelo atômico de Bohr na compreensão dos fenômenos.

Unidade C

Capítulo

10

Modelo atômico de subníveis de energia

Seções:

Antes de estudar o capítulo

» **Veja** nesta tabela os temas principais do capítulo e **marque** um X na coluna que melhor traduz o que você pensa sobre a aprendizagem de cada tema.

Temas principais do capítulo	Domino o tema	Vai ser fácil	Vai ser difícil
Princípio da Incerteza			
Subníveis de energia			
Diagrama das diagonais			
Distribuição eletrônica para átomos neutros			
Distribuição eletrônica em íons			

» **Veja** abaixo alguns termos e conceitos que você encontrará no capítulo. **Marque** um X naqueles que você julga que estão relacionados ao conceito citado no quadro ao lado.

- [ ] diagrama das diagonais
- [ ] subníveis de energia
- [ ] distribuição eletrônica
- [ ] camada de valência
- [ ] configuração eletrônica

Modelo atômico de subníveis

Justifique suas escolhas.

____

____

____

____

____

____

Capítulo 10

Seção 10.1 **PRINCÍPIO DA INCERTEZA DE HEISENBERG**

Seção 10.2 **SUBNÍVEIS DE ENERGIA**

Seção 10.3 **DISTRIBUIÇÃO ELETRÔNICA NOS SUBNÍVEIS PARA ÁTOMOS NEUTROS**

Termos e conceitos

» **Defina os termos ou conceitos a seguir.**

subnível ______________________________

____

configuração eletrônica ______________________________

____

Guia de estudo

1

Princípio da Incerteza

» **Descreva** como o Princípio da Incerteza de Heisenberg modificou a pesquisa científica do átomo, completando o diagrama abaixo.

No modelo atômico de Bohr, os elétrons se movimentam em ______________ em torno do núcleo. → foi contestado pelo → Princípio da Incerteza de Heisenberg

Princípio da Incerteza de Heisenberg → pelo qual → é impossível determinar a ______________ em um átomo. Logo, as trajetórias propostas por Bohr não podem ser comprovadas.

→ Por isso, na pesquisa do átomo → um elétron é mais bem caracterizado por sua ______________ do que por sua ______________, ______________ ou ______________.

Encontrei essas informações na(s) página(s) ______.

2

Subníveis de energia

» **Informe** como o uso de aparelhos mais avançados para o estudo dos espectros atômicos modificou a visão que se tinha sobre a distribuição dos elétrons em torno do núcleo do átomo, completando o diagrama a seguir.

Uso de aparelhos mais avançados para obter os ______________ ______________ → permitiu a → observação de ______________ ______________ em algumas linhas do espectro, → explicadas admitindo → diferentes ______________ ______________ em uma mesma camada eletrônica.

Encontrei essas informações na(s) página(s) ______.

DIAGRAMA DAS DIAGONAIS

Termos e conceitos

» Defina os termos ou conceitos a seguir.

diagrama das diagonais

cerne de gás nobre

Guia de estudo

Diagrama das diagonais

Encontrei essas informações na(s) página(s) ______.

» **Monte uma legenda indicando como o nível, o subnível e o número máximo de elétrons por subnível são representados na notação abaixo, adotada no diagrama das diagonais.**

$$1s^2$$

» **Desenhe o diagrama das diagonais, indicando com flechas o sentido em que a energia dos subníveis aumenta**

Faça a conexão

» **Explique** por que o diagrama das diagonais nos ajuda a escrever a configuração eletrônica de um átomo em seu estado fundamental.

DISTRIBUIÇÃO ELETRÔNICA NAS CAMADAS PARA ÁTOMOS NEUTROS

DISTRIBUIÇÃO ELETRÔNICA EM ÍONS

Termos e conceitos

» **Defina** o termo ou conceito a seguir.

camada de valência ______________________________

____

Guia de estudo

1

Distribuição eletrônica para átomos neutros

Encontrei essas informações na(s) página(s) ________.

» **Relacione** a distribuição eletrônica por camadas com o elemento correspondente.

(a) K – 2; L – 8; M – 4 ( ) $_{20}Ca$

(b) K – 2; L – 8; M – 8; N – 2 ( ) $_{10}Ne$

(c) K – 2; L – 8; M – 16; N – 2 ( ) $_{14}Si$

(d) K – 2; L – 8 ( ) $_{28}Ni$

2

Distribuição eletrônica em íons

Encontrei essas informações na(s) página(s) ________.

» **Faça** as distribuições eletrônicas em subníveis e **escreva**, para cada íon, a correspondente distribuição eletrônica em camadas.

$_{20}Ca$: ________________

↓ perde 2 elétrons

$_{20}Ca^{2+}$: ________________

Em camadas: ________________

$_{16}S$: ________________

↓ ganha 2 elétrons

$_{16}S^{2-}$: ________________

Em camadas: ________________

Faça a conexão

» Quando se forma um cátion, os elétrons perdidos são sempre aqueles que estão no subnível de maior energia?

____

____

____

____

FECHANDO O CAPÍTULO

» **Marque** um X na coluna que melhor reflete o seu aprendizado de cada tema. Depois, **compare** esta tabela com a que você preencheu no "Antes de estudar o capítulo".

Temas principais do capítulo	Já sabia tudo	Aprendi sobre o tema	Não entendi... Socorro!!!
Princípio da Incerteza			
Subníveis de energia			
Diagrama das diagonais			
Distribuição eletrônica para átomos neutros			
Distribuição eletrônica em íons			

Se você não entendeu algum desses temas, reveja as atividades do *Caderno do Estudante* e revise seu livro-texto. Quando for necessário, peça ajuda a seu professor ou a um colega.

» **Reveja** a segunda atividade do "Antes de estudar o capítulo" e **reavalie** as suas escolhas. Se **julgar** necessário, **escreva** novas justificativas e **compare-as** com suas considerações iniciais.

Sintetize

» **Leia** novamente os títulos das seções e **liste** o que você aprendeu neste capítulo:

Unidade D

Capítulo

11

A estrutura da tabela periódica

Seções:

Antes de estudar o capítulo

» **Veja** nesta tabela os temas principais do capítulo e **marque** um X na coluna que melhor traduz o que você pensa sobre a aprendizagem de cada tema.

Temas principais do capítulo	Domino o tema	Vai ser fácil	Vai ser difícil
História da construção da tabela periódica			
As divisões da tabela periódica			
A camada de valência e as famílias de elementos			
Metais e não metais			
Elementos artificiais			

» **Veja** abaixo alguns termos e conceitos que você encontrará no capítulo. **Marque** um X naqueles que você julga que estão relacionados com a tabela abaixo.

- ☐ grupos ou famílias
- ☐ períodos
- ☐ elementos de transição
- ☐ metais, semimetais e não metais
- ☐ elementos químicos

H																	He
Li	Be											B	C	N	O	F	Ne
Na	Mg											Aℓ	Si	P	S	Cℓ	Ar
K	Ca	Sc	Ti	V	Cr	Mn	Fe	Co	Ni	Cu	Zn	Ga	Ge	As	Se	Br	Kr
Rb	Sr	Y	Zr	Nb	Mo	Tc	Ru	Rh	Pd	Ag	Cd	In	Sn	Sb	Te	I	Xe
Cs	Ba	*	Hf	Ta	W	Re	Os	Ir	Pt	Au	Hg	Tℓ	Pb	Bi	Po	At	Rn
Fr	Ra	**	Rf	Db	Sg	Bh	Hs	Mt	Ds	Rg							

*	La	Ce	Pr	Nd	Pm	Sm	Eu	Gd	Tb	Dy	Ho	Er	Tm	Yb	Lu
**	Ac	Th	Pa	U	Np	Pu	Am	Cm	Bk	Cf	Es	Fm	Md	No	Lr

Justifique suas escolhas.

Guia de estudo

1

História da tabela periódica

Encontrei essas informações na(s) página(s) _____________.

» **Descreva** as contribuições de cada cientista para a construção da tabela periódica, completando a linha do tempo a seguir.

1829 — ____________ de Döbereiner

Identificação de uma relação entre as massas atômicas de elementos quimicamente semelhantes, aplicável a grupos de três elementos.

1862 — ____________ de Chancourtois

1864 — ____________ de Newlands

Propostas de organizar os elementos na ordem crescente das ____________. Foram identificados alguns grupos de elementos com ____________.

1869 — Classificação periódica de ____________

Organização que visava abranger todos os elementos, agrupados pelas semelhanças entre suas propriedades. Para isso, ele fez ____________ na ordem crescente das massas atômicas e obteve uma tabela na qual deixou ____________, prevendo a existência de elementos até então desconhecidos.

1913 1914 — As descobertas de ____________

Abriram caminho para a elaboração da ____________, isto é: "Dispondo os elementos na ordem crescente dos ____________, verifica-se uma ____________ em suas propriedades".

ESTRUTURA DA TABELA PERIÓDICA (I)

CONFIGURAÇÃO ELETRÔNICA E TABELA PERIÓDICA

Termos e conceitos

» **Defina os termos ou conceitos a seguir.**

camada de valência ______________________________

____

período ______________________________

____

grupo (ou família) ______________________________

____

Guia de estudo

1

Divisões da tabela periódica

Encontrei essas informações na(s) página(s) ________.

» **Denomine** os grupos de elementos situados nas regiões indicadas, completando o perfil da tabela periódica abaixo.

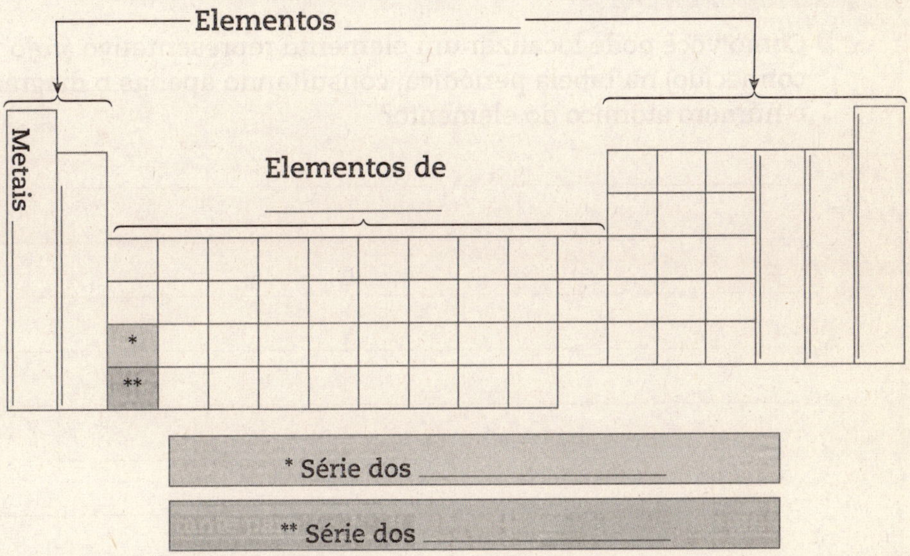

2

A camada de valência e os grupos de elementos

Encontrei essas informações na(s) página(s) ________.

» **Indique** o grupo a que pertence cada elemento listado na tabela a seguir e **construa** a representação de Lewis correspondente.

Elemento	Grupo	Representação de Lewis
Cálcio (Ca)		
Bromo (Br)		
Nitrogênio (N)		

3

Elementos representativos e de transição

Encontrei essas informações na(s) página(s) ________.

» **Compare** os elementos representativos aos de transição, quanto à configuração eletrônica e à localização na tabela periódica, preenchendo o diagrama abaixo.

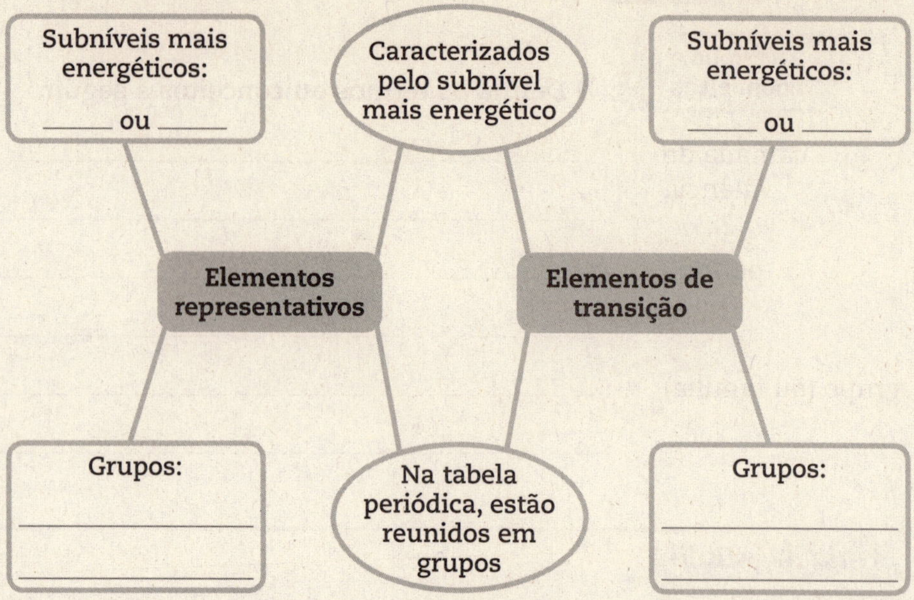

Faça a conexão

» Como você pode **localizar** um elemento representativo (cujo número atômico é conhecido) na tabela periódica, consultando apenas o diagrama das diagonais e o número atômico do elemento?

ESTRUTURA DA TABELA PERIÓDICA (II)

Termos e conceitos

» **Defina** o termo ou conceito a seguir.

semimetais ______________________________

____

Guia de estudo

1

Metais e não metais

Encontrei essas informações na(s) página(s) ________.

» **Compare** as substâncias simples formadas por metais às formadas por não metais, completando a tabela a seguir.

	Substâncias simples formadas por METAIS	Substâncias simples formadas por NÃO METAIS
Estado físico nas condições ambientes	________, com exceção do ________ (líquido)	________, na maioria, algumas sólidas e uma ________ (bromo)
Conduzem calor e corrente elétrica?	________	________, com exceção do ________ (na forma de ________)
São facilmente transformadas em fios e lâminas?	________	________
Onde os elementos componentes estão localizados na tabela periódica?	No ________, e no lado ________	No lado ________

2

Aplicações dos elementos

Encontrei essas informações na(s) página(s) ________.

» **Complete** a tabela abaixo com exemplos de metais, não metais e semimetais e algumas aplicações mais comuns desses elementos no cotidiano.

	Elemento	Símbolo	Aplicações
Metais	________	________	________
	________	________	________
Não metais	________	________	________
	________	________	________
Semimetais	________	________	________

3

Elementos artificiais

Encontrei essas informações na(s) página(s)

____________.

» **Analise** as afirmações abaixo e **assinale** V para as verdadeiras e F para as falsas. Depois, **reescreva** as falsas, **corrigindo** o que for necessário.

(____) Parte dos elementos químicos listados na tabela periódica não existe na natureza, sendo obtida apenas em laboratório.

(____) Todos os lantanídios e actinídios são artificiais.

(____) Todos os elementos com número atômico menor que o do urânio são naturais.

(____) Todos os elementos transurânicos são artificiais.

____

____

____

Faça a conexão

» **Identifique** o tipo de elemento que deve compor as substâncias usadas para encapar fios e cabos elétricos e **explique** por quê.

____

____

____

____

____

____

____

____

FECHANDO O CAPÍTULO

» **Marque** um X na coluna que melhor reflete o seu aprendizado de cada tema. Depois, **compare** esta tabela com a que você preencheu no "Antes de estudar o capítulo".

Temas principais do capítulo	Já sabia tudo	Aprendi sobre o tema	Não entendi... Socorro!!!
História da construção da tabela periódica			
As divisões da tabela periódica			
A camada de valência e as famílias de elementos			
Metais e não metais			
Elementos artificiais			

Se você não entendeu algum desses temas, reveja as atividades do *Caderno do Estudante* e revise seu livro-texto. Quando for necessário, peça ajuda a seu professor ou a um colega.

» **Reveja** a segunda atividade do "Antes de estudar o capítulo" e **reavalie** as suas escolhas. Se **julgar** necessário, **escreva** novas justificativas e **compare-as** com suas considerações iniciais.

Sintetize

» **Identifique** quais são as características da construção da tabela periódica e as classificações que são dadas para os elementos.

Unidade D

Capítulo

12

Algumas propriedades periódicas dos elementos

Seções:

- 12.1 Valência: uma propriedade periódica
- 12.2 Raio atômico
- 12.3 Energia (ou potencial) de ionização (EI)
- 12.4 Afinidade eletrônica (AE) ou eletroafinidade
- 12.5 Outras propriedades periódicas

Antes de estudar o capítulo

» **Veja nesta tabela os temas principais do capítulo e marque um X na coluna que melhor traduz o que você pensa sobre a aprendizagem de cada tema.**

Temas principais do capítulo	Domino o tema	Vai ser fácil	Vai ser difícil
Valência			
Raio atômico			
Energia de ionização			
Afinidade eletrônica			

» **Veja abaixo alguns termos e conceitos que você encontrará no capítulo. Marque um X naqueles que você julga que estão relacionados ao termo citado no quadro abaixo.**

- [ ] massa atômica
- [ ] valência
- [ ] raio atômico
- [ ] energia de ionização
- [ ] afinidade eletrônica
- [ ] densidade
- [ ] ponto de fusão e ponto de ebulição

propriedades periódicas

Justifique suas escolhas.

VALÊNCIA: UMA PROPRIEDADE PERIÓDICA

RAIO ATÔMICO

Termos e conceitos

» Defina os termos ou conceitos a seguir.

propriedade periódica ______________________________

____

raio atômico ______________________________

____

Guia de estudo

1

Valência

Encontrei essas informações na(s) página(s) ________.

» **Determine** a valência dos elementos ligados ao hidrogênio, completando a tabela a seguir.

Substância	H_2S	KH	CaH_2	GeH_4
Valência				

2

Raio atômico

Encontrei essas informações na(s) página(s) ________.

» **Explique como** varia o raio atômico dos elementos na tabela periódica, completando o diagrama abaixo.

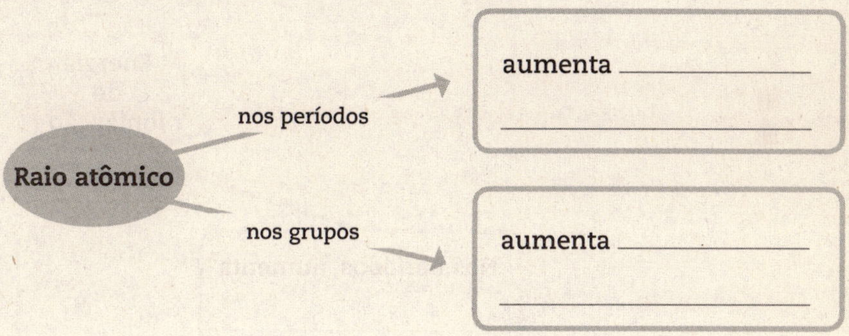

Faça a conexão

» **Compare** o magnésio ($_{12}Mg$) ao sódio ($_{11}Na$), ambos com três camadas eletrônicas, e **explique** por que o sódio tem maior raio atômico, embora apresente uma quantidade menor de prótons e elétrons.

____

____

____

____

____

Seção 12.3 ENERGIA (OU POTENCIAL) DE IONIZAÇÃO (EI)

Seção 12.4 AFINIDADE ELETRÔNICA (AE) OU ELETROAFINIDADE

Seção 12.5 OUTRAS PROPRIEDADES PERIÓDICAS

Termos e conceitos

» **Defina o termo ou conceito a seguir.**

afinidade eletrônica ______________________________

____

____

Guia de estudo

1

Energia de ionização

Encontrei essas informações na(s) página(s) ________.

» **Conceitue** *energia de ionização* e **complemente** as informações no diagrama a seguir.

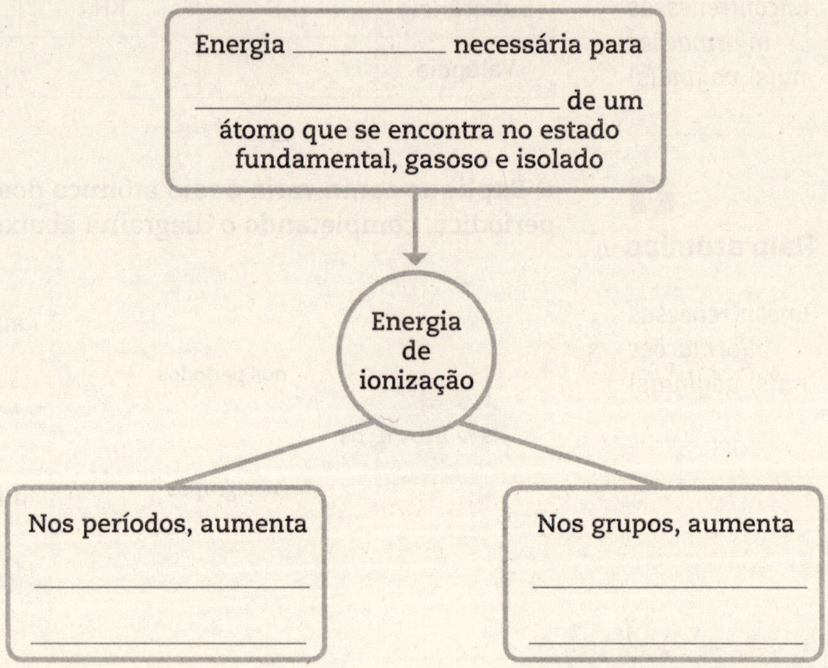

» **Explique por que a energia necessária para retirar o segundo elétron de um átomo de magnésio no estado fundamental é maior que a energia necessária para retirar o primeiro elétron.**

____

____

____

____

____

____

2

Afinidade eletrônica

Encontrei essas informações na(s) página(s)

__________.

» **Dê sentido** às frases a seguir, completando as lacunas.

Em um grupo da tabela periódica, o raio atômico __________ com o número atômico. Em um período, o raio atômico __________ à medida que o número atômico aumenta. Quanto menor for o raio atômico, maior será a __________ __________.

» **Explique** por que a afinidade eletrônica e o raio atômico aumentam em direções opostas nos períodos da tabela periódica.

» **Complete** a tabela a seguir com informações sobre a eletroafinidade dos metais e não metais.

	Metais	Não metais
Eletroafinidade		
Tendência		

Faça a conexão

» **Explique** a relação existente entre a energia de ionização e o raio atômico, isto é: por que, quanto maior é o raio atômico, menor é a energia de ionização?

FECHANDO O CAPÍTULO

» **Marque** um X na coluna que melhor reflete o seu aprendizado de cada tema. Depois, **compare** esta tabela com a que você preencheu no "Antes de estudar o capítulo".

Temas principais do capítulo	Já sabia tudo	Aprendi sobre o tema	Não entendi... Socorro!!!
Valência			
Raio atômico			
Energia de ionização			
Afinidade eletrônica			

Se você não entendeu algum desses temas, reveja as atividades do *Caderno do Estudante* e revise seu livro-texto. Quando for necessário, peça ajuda a seu professor ou a um colega.

» **Reveja** a segunda atividade do "Antes de estudar o capítulo" e **reavalie** as suas escolhas. Se **julgar** necessário, **escreva** novas justificativas e **compare-as** com suas considerações iniciais.

Sintetize

» **Explique** como você pode prever a variação de propriedades periódicas como a energia de ionização e a eletroafinidade, conhecendo como ocorre a variação do raio atômico na tabela periódica.

Unidade E

Capítulo

13

Ligação iônica

Seções:

Antes de estudar o capítulo

Veja nesta tabela os temas principais do capítulo e marque um X na coluna que melhor traduz o que você pensa sobre a aprendizagem de cada tema.

Temas principais do capítulo	Domino o tema	Vai ser fácil	Vai ser difícil
Relações entre as características das substâncias e o tipo de ligação entre os átomos que as formam			
A estabilidade dos átomos			
Formação de íons e ligação iônica			
Neutralidade elétrica *versus* estabilidade dos átomos			
Propriedades dos compostos iônicos			

Veja abaixo alguns termos e conceitos que você encontrará no capítulo. Marque um X naqueles que você julga que estão relacionados à imagem ao lado.

- [ ] regra do octeto
- [ ] formação de íons
- [ ] ligação iônica
- [ ] gases nobres
- [ ] neutralidade elétrica
- [ ] substâncias moleculares

LEIGH BEISCH/STOCK FOOD-GETTY IMAGES

Justifique suas escolhas.

TRÊS GRUPOS DE SUBSTÂNCIAS

OS GASES NOBRES E A REGRA DO OCTETO

Termos e conceitos

» **Defina o termo ou conceito a seguir.**

ligação química interatômica

____

____

____

____

____

Guia de estudo

1

As substâncias e suas ligações interatômicas

Encontrei essas informações na(s) página(s) ________.

» **Caracterize os três grupos de substâncias estudados na seção 13.1, completando a tabela abaixo.**

Tipo de substância	Tipos de elemento presentes na composição	Tipo de ligação interatômica	Pontos de fusão	Conduzem corrente elétrica?
________	________	________	________	no estado ________
		covalente	________	
________	________	metálico	________	nos estados ________

2

A regra do octeto e a estabilidade dos átomos

Encontrei essas informações na(s) página(s) ________.

» **Dê sentido ao texto a seguir, completando as lacunas.**

Com base na estabilidade dos ________________, a ________________ foi proposta como uma forma de interpretar a ocorrência de ____________ entre os átomos. De acordo com essa regra, um átomo se torna ____________ quando passa a ter ________________ em sua ____________ camada (ou ________, caso se trate da camada ________). Assim, unindo-se uns aos outros, os átomos não estáveis tendem a adquirir essa ________________________.

LIGAÇÃO IÔNICA

Termos e conceitos

» **Defina os termos ou conceitos a seguir.**

ligação iônica ____

____

____

____

retículo cristalino iônico ____

____

____

Guia de estudo

1

Formação de cátions e ânions

Encontrei essas informações na(s) página(s) ________.

» **Preencha o diagrama com as informações sobre a camada de valência e a formação de íons.**

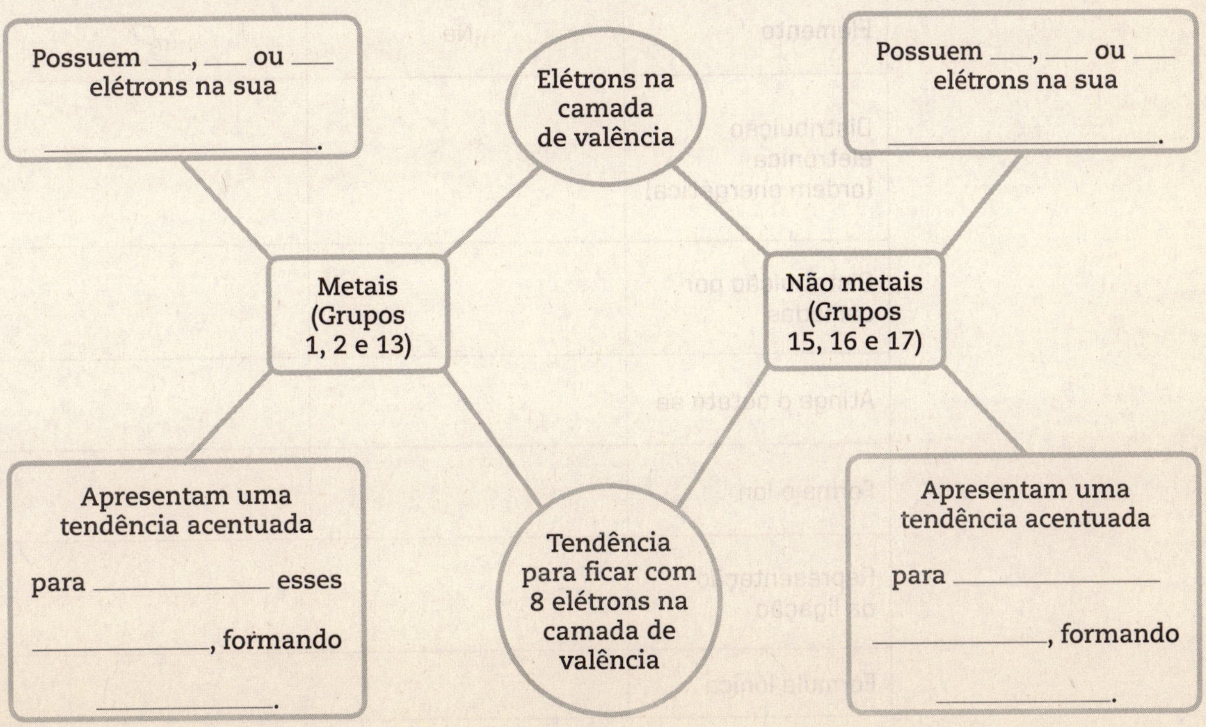

2 Formação de íons e ligação iônica

» **Represente** as ligações entre átomos dos elementos listados a seguir de acordo com o roteiro.

Ligação entre o cálcio e o flúor		
Elemento	$_{20}Ca$	$_{9}F$
Distribuição eletrônica (ordem energética)	$1s^2\ 2s^2\ 2p^6\ 3s^2\ 3p^6\ 4s^2$	$1s^2\ 2s^2\ 2p^5$
Distribuição por camadas	K:2, L:8, M:8, N:2	K:2, L:7
Atinge o octeto se	perder 2 elétrons	receber 1 elétron
Forma o íon	Ca^{2+}	F^-
Representação da ligação	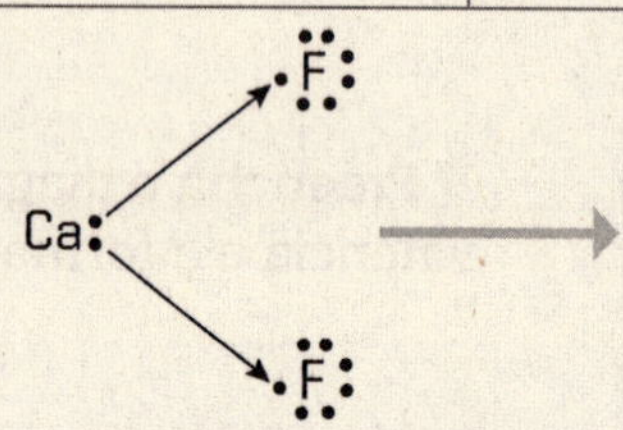	$[Ca^{2+}]_1[F^-]_2$
Fórmula iônica	CaF_2	

Encontrei essas informações na(s) página(s) __________.

Ligação entre o sódio e o cloro		
Elemento	$_{11}Na$	$_{17}C\ell$
Distribuição eletrônica (ordem energética)		
Distribuição por camadas		
Atinge o octeto se		
Forma o íon		
Representação da ligação		
Fórmula iônica		

Ligação entre o alumínio e o oxigênio		
Elemento	${}_{13}A\ell$	${}_{8}O$
Distribuição eletrônica (ordem energética)		
Distribuição por camadas		
Atinge o octeto se		
Forma o íon		
Representação da ligação		
Fórmula iônica		

Encontrei essas informações na(s) página(s) ________.

» **Construa** a fórmula para os íons indicados na tabela de acordo com o modelo, usando a regra prática explicada na seção.

Cátion / Ânion	Na^+	Mg^{2+}	$A\ell^{3+}$
Br^-	NaBr	______	______
S^{2-}	______	______	______

Faça a conexão

» **Identifique** na tabela periódica um grupo de elementos cujos átomos se apresentam naturalmente neutros e estáveis ao mesmo tempo. **Cite** dois desses elementos e seus respectivos símbolos.

____

____

____

____

____

NEUTRALIDADE ELÉTRICA *VERSUS* OCTETO COMPLETO

PROPRIEDADES DOS COMPOSTOS DE METAIS E NÃO METAIS

Termos e conceitos

» **Defina o termo ou conceito a seguir.**

substância iônica (ou composto iônico) ______________________________

Guia de estudo

1

Neutralidade elétrica *versus* estabilidade dos átomos

Encontrei essas informações na(s) página(s) ______.

» **Complete** a tabela a seguir com informações sobre a neutralidade elétrica e a estabilidade de cada átomo representado.

Símbolo	Número de massa (A)	Número atômico (Z)	Número de prótons	Número de nêutrons	Número de elétrons	Átomo neutro ou estável
Aℓ	27				13	Neutro
Ca^{2+}			20	20		
O	16	8				
F^{-}				10	10	
S^{2-}	32			16		

2

Propriedades dos compostos iônicos

Encontrei essas informações na(s) página(s) ______.

» **Caracterize** os compostos iônicos, completando o diagrama abaixo.

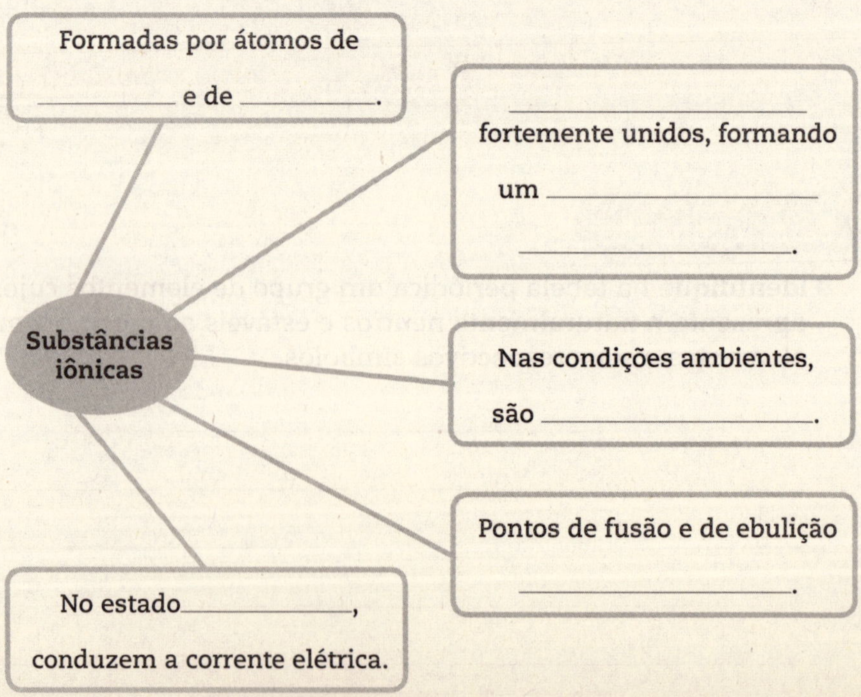

FECHANDO O CAPÍTULO

» **Marque** um X na coluna que melhor reflete o seu aprendizado de cada tema. Depois, **compare** esta tabela com a que você preencheu no "Antes de estudar o capítulo".

Temas principais do capítulo	Já sabia tudo	Aprendi sobre o tema	Não entendi... Socorro!!!
Relações entre as características das substâncias e o tipo de ligação entre os átomos que as formam			
A estabilidade dos átomos			
Formação de íons e ligação iônica			
Neutralidade elétrica *versus* estabilidade dos átomos			
Propriedades dos compostos iônicos			

Se você não entendeu algum desses temas, reveja as atividades do *Caderno do Estudante* e revise seu livro-texto. Quando for necessário, peça ajuda a seu professor ou a um colega.

» **Reveja** a segunda atividade do "Antes de estudar o capítulo" e reavalie as suas escolhas. Se **julgar** necessário, **escreva** novas justificativas e **compare-as** com suas considerações iniciais.

Sintetize

» **Explique** por que o alumínio é encontrado na natureza combinado a outros elementos, como o oxigênio e o enxofre.

Unidade E

Capítulo

14

Ligação covalente

Seções:

Antes de estudar o capítulo

» Veja nesta tabela os temas principais do capítulo e **marque** um X na coluna que melhor traduz o que você pensa sobre a aprendizagem de cada tema.

Temas principais do capítulo	Domino o tema	Vai ser fácil	Vai ser difícil
Ligação covalente			
Diferenças entre ligação covalente e ligação iônica			
"Ligação dativa"			
Número de ligações covalentes possíveis para um elemento			
Exceções à regra do octeto			
Propriedades das substâncias moleculares			

» **Veja abaixo alguns termos e conceitos que você encontrará no capítulo. Marque um X naqueles que você julga que estão relacionados às representações ao lado.**

- ☐ regra do octeto
- ☐ não metais
- ☐ formação de íons
- ☐ compartilhamento de elétrons
- ☐ fórmula eletrônica
- ☐ fórmula molecular
- ☐ fórmula estrutural

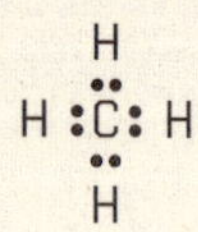

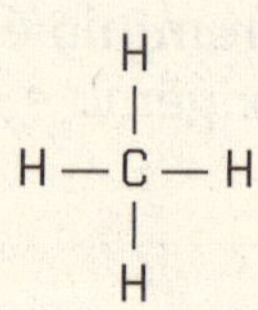

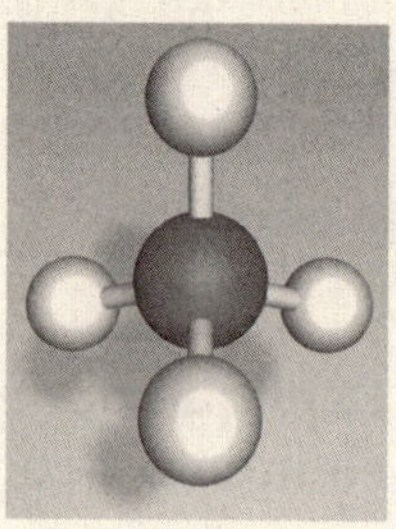

EDUARDO CANTO

CH_4

Justifique suas escolhas.

LIGAÇÃO COVALENTE

Termos e conceitos

» **Defina os termos ou conceitos a seguir.**

ligação covalente ______________________________

____

molécula ______________________________

____

Guia de estudo

1

Ligação covalente

Encontrei essas informações na(s) página(s) ________.

» **Construa a fórmula do composto diclorometano ($CH_2C\ell_2$), de acordo com o roteiro a seguir.**

1) Represente os átomos de carbono, cloro e hidrogênio com os elétrons da camada de valência.	
2) Represente um átomo de carbono no centro do quadro, colocando um átomo de hidrogênio em cima e outro embaixo do carbono. Depois, represente um átomo de cloro do lado esquerdo e outro do lado direito do carbono. Para terminar, assinale o compartilhamento dos elétrons.	
3) Finalizando, escreva a fórmula estrutural do diclorometano.	

2

Ligação covalente *versus* ligação iônica

Encontrei essas informações na(s) página(s) __________.

» **Compare** a ligação covalente à ligação iônica, completando o diagrama a seguir.

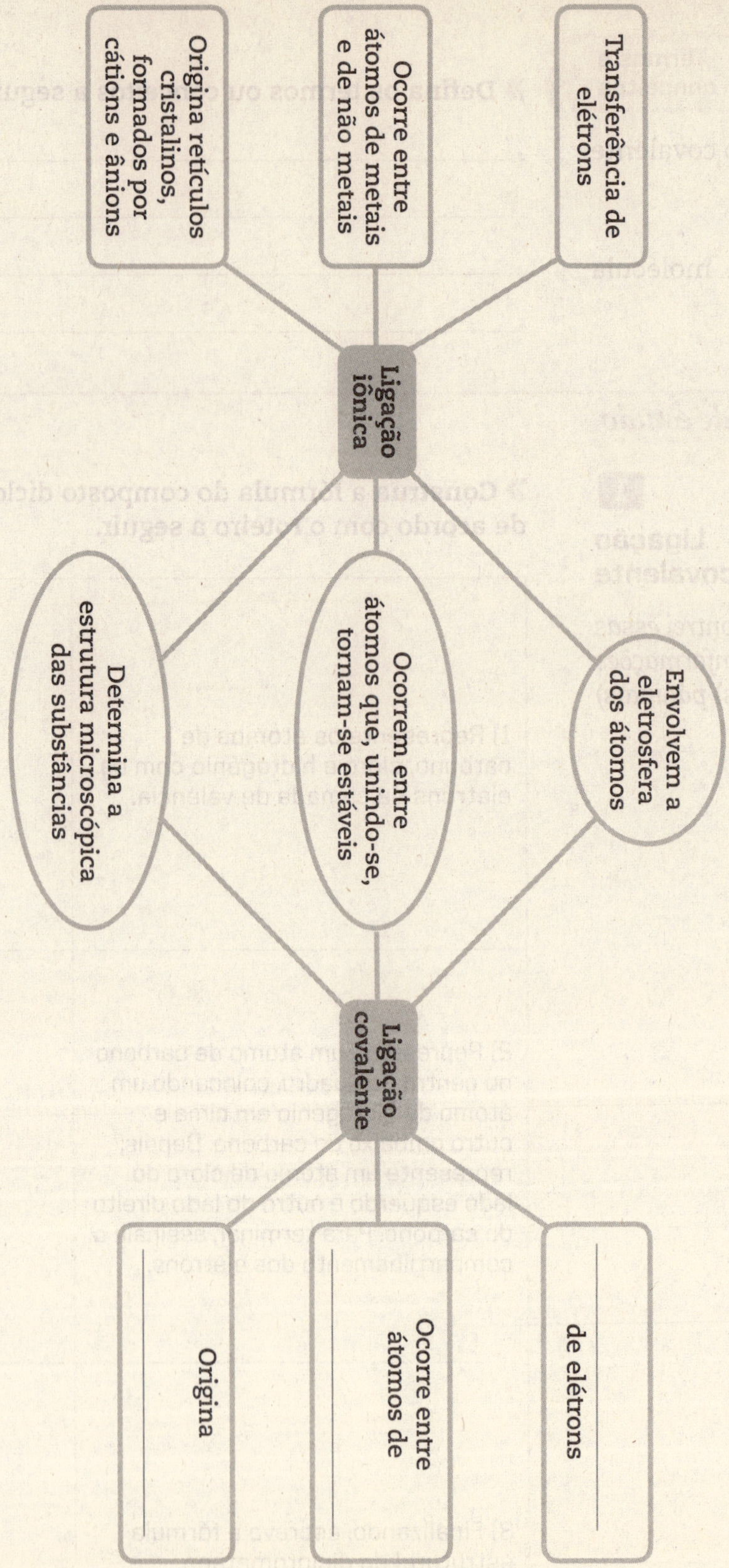

LIGAÇÕES COVALENTES ADICIONAIS USANDO PAR ELETRÔNICO DE UM MESMO ÁTOMO

ESCREVENDO A FÓRMULA DE UM COMPOSTO MOLECULAR

Termos e conceitos

» **Defina o termo ou conceito a seguir.**

grupo ____

____

____

Guia de estudo

1

"Ligação dativa"

Encontrei essas informações na(s) página(s) ________.

» **Caracterize** a chamada "ligação dativa", completando o diagrama abaixo.

Característica

____

____

____

____

Por que é criticada?

____

____

____

____

"Ligação dativa"

Representação de um exemplo (SO_2):

Representação de um exemplo sem a notação de "ligação dativa" (SO_2):

2

Número de ligações covalentes possíveis para um elemento

Encontrei essas informações na(s) página(s) ________.

» **Indique** na tabela abaixo possibilidades de um átomo estabelecer ligações covalentes, de acordo com o elemento químico a que pertence.

Elemento	Grupo	Nº de ligações para completar o octeto	Nº de ligações covalentes adicionais possíveis
Silício (Si)			
Fósforo (P)			
Enxofre (S)			
Cloro (Cℓ)			

ALGUMAS EXCEÇÕES À REGRA DO OCTETO

PROPRIEDADES DAS SUBSTÂNCIAS MOLECULARES

Termos e conceitos

» **Defina os termos ou conceitos a seguir.**

elétron desemparelhado ______________________________

____

substância molecular ______________________________

____

Guia de estudo

1

Exceções à regra do octeto

» **Dê sentido ao texto abaixo, completando as lacunas.**

O berílio, o magnésio e o cálcio pertencem ao grupo ______ da tabela periódica, isto é, possuem ______ elétrons na ______________________________. Embora o comportamento característico dos elementos desse grupo seja fazer ligações ____________, o berílio pode fazer ligações ____________. Em algumas moléculas, esse elemento é encontrado com ______ elétrons na camada de valência. Portanto, o berílio não segue a ______________________________.

Encontrei essas informações na(s) página(s) ________.

» **Complete** a tabela com a quantidade de elétrons presentes na camada de valência dos elementos listados, nas moléculas mencionadas, em que seus átomos não obedecem à regra do octeto.

Elemento	Número de elétrons na camada de valência
Boro (B) em BF_3	
Fósforo (P) em $PC\ell_5$	
Enxofre (S) em SF_6	
Nitrogênio (N) em NO_2	
Cloro ($C\ell$) em $C\ell_2O$	

2

Propriedades das substâncias moleculares

Encontrei essas informações na(s) página(s)

__________.

» **Caracterize os compostos moleculares, preenchendo o diagrama a seguir.**

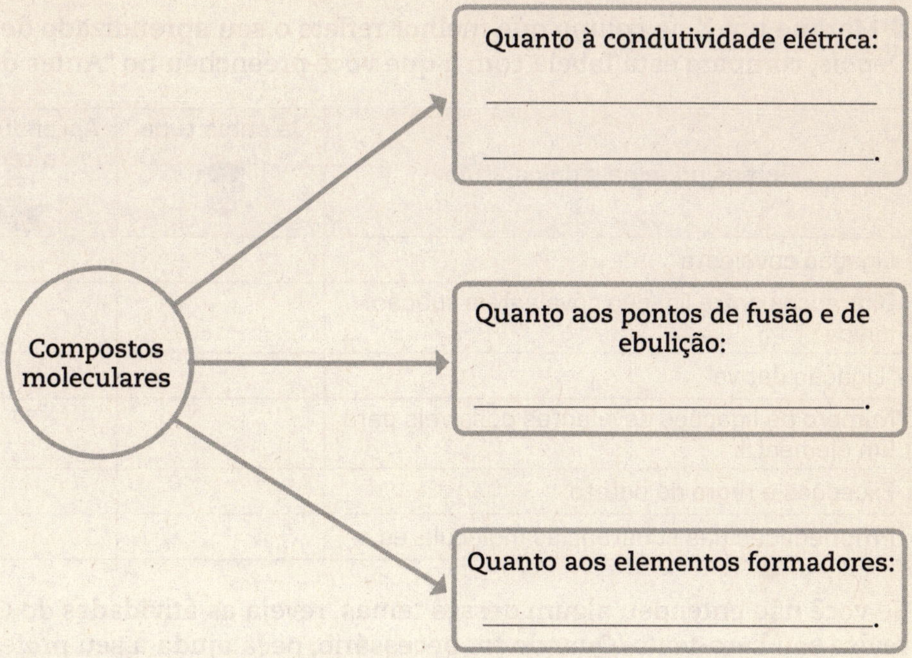

3

Aspecto microscópico

Encontrei essas informações na(s) página(s)

__________.

» **Preencha a tabela com as informações sobre o aspecto microscópico das substâncias moleculares.**

Estado físico	Explicação em nível microscópico
Sólido	
Líquido	
Gasoso	

Faça a conexão

» **Pesquise como são formados o NO e NO_2, que poluem a atmosfera das cidades com trânsito intenso.**

FECHANDO O CAPÍTULO

» **Marque** um X na coluna que melhor reflete o seu aprendizado de cada tema. Depois, **compare** esta tabela com a que você preencheu no "Antes de estudar o capítulo".

Temas principais do capítulo	Já sabia tudo	Aprendi sobre o tema	Não entendi... Socorro!!!
Ligação covalente			
Diferenças entre ligação covalente e ligação iônica			
"Ligação dativa"			
Número de ligações covalentes possíveis para um elemento			
Exceções à regra do octeto			
Propriedades das substâncias moleculares			

Se você não entendeu algum desses temas, reveja as atividades do *Caderno do Estudante* e revise seu livro-texto. Quando for necessário, peça ajuda a seu professor ou a um colega.

» **Reveja** a segunda atividade do "Antes de estudar o capítulo" e **reavalie** as suas escolhas. Se **julgar** necessário, **escreva novas justificativas e compare-as** com suas considerações iniciais.

Sintetize

» **Identifique** no livro-texto as principais características das substâncias formadas por ligações covalentes e **liste-as** no espaço abaixo.

Unidade E

Capítulo 15

Ligação metálica

Seções:

15.1 Propriedades das substâncias formadas por metais
15.2 O que é corrente elétrica?
15.3 Ligação metálica e o modelo do “mar de elétrons”
15.4 Ligas metálicas
15.5 Propriedades das substâncias metálicas
15.6 Comparando as substâncias iônicas, covalentes e metálicas

Antes de estudar o capítulo

» **Veja nesta tabela os temas principais do capítulo e marque um X na coluna que melhor traduz o que você pensa sobre a aprendizagem de cada tema.**

Temas principais do capítulo	Domino o tema	Vai ser fácil	Vai ser difícil
Algumas propriedades das substâncias metálicas			
Estrutura das substâncias metálicas			
Aplicações dos metais, por suas propriedades			
Comparando substâncias iônicas, moleculares e metálicas			

» **Veja abaixo alguns termos e conceitos que você encontrará no capítulo. Marque um X naqueles que você julga que estão relacionados à imagem.**

- [ ] substâncias metálicas
- [ ] substâncias moleculares
- [ ] retículo cristalino metálico
- [ ] “mar de elétrons”
- [ ] condutividade elétrica

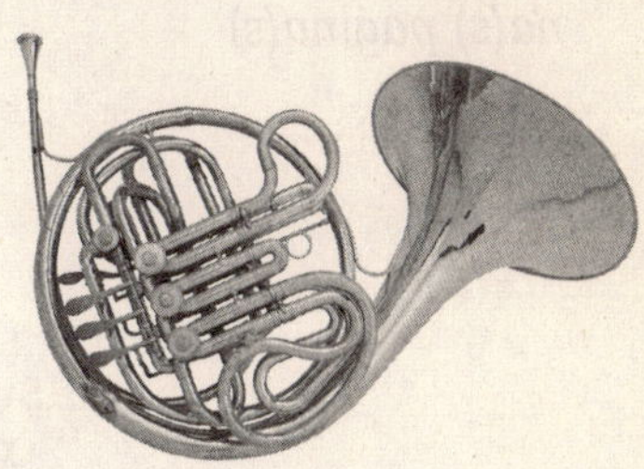
PHOTODISC/GETTY IMAGES

Justifique suas escolhas.

Capítulo 15

Seção 15.1 **PROPRIEDADES DAS SUBSTÂNCIAS FORMADAS POR METAIS**

Seção 15.2 **O QUE É CORRENTE ELÉTRICA?**

Seção 15.3 **LIGAÇÃO METÁLICA E O MODELO DO "MAR DE ELÉTRONS"**

Termos e conceitos

» **Defina os termos ou conceitos a seguir.**

substância metálica ______________________________

____

ligação metálica ______________________________

____

retículo cristalino metálico ______________________________

____

Guia de estudo

1

Algumas propriedades das substâncias metálicas

Encontrei essas informações na(s) página(s) ________.

» **Complete** o diagrama abaixo com cinco propriedades comuns às substâncias metálicas.

Substâncias metálicas

- Formadas ____________ por átomos de ____________.
- ____________ ponto de fusão.
- ____________ ponto de ebulição.
- ____________ corrente elétrica no estado ____________.
- ____________ corrente elétrica no estado ____________.

2 Estrutura das substâncias metálicas

Encontrei essas informações na(s) página(s)

________.

» **Desenhe figuras nos quadros abaixo e complete as respectivas legendas, ilustrando o modelo do "mar de elétrons" e a condução da corrente elétrica.**

Em uma substância metálica, os elétrons da última camada se movimentam ________________ entre os átomos.

Em um circuito elétrico em funcionamento, os elétrons dos condutores metálicos se movimentam ________________.

LIGAS METÁLICAS

PROPRIEDADES DAS SUBSTÂNCIAS METÁLICAS

COMPARANDO AS SUBSTÂNCIAS IÔNICAS, COVALENTES E METÁLICAS

Termos e conceitos

» **Defina os termos ou conceitos a seguir.**

liga metálica ____________________

ouro 18 quilates ____________________

latão ____________________

bronze ____________________

aço ____________________

amálgama ____________________

Guia de estudo

1

Aplicações dos metais, por suas propriedades

Encontrei essas informações na(s) página(s) ________.

» **Associe** uma propriedade dos metais a cada uma das situações descritas.

1) Há talheres metálicos que têm cabo de plástico ou madeira para podermos segurá-los quando estão em contato com alimentos muito quentes.

____

2) As latas de alumínio são feitas com folhas bem finas desse metal.

____

3) Como medida de segurança, um eletricista sempre deve segurar ferramentas como alicates e chaves de fenda nas partes cobertas com plástico.

____

4) Certo elevador, puxado por cabos de aço, consegue erguer mais de uma tonelada. ____________________

2

Comparando substâncias iônicas, moleculares e metálicas

Encontrei essas informações na(s) página(s) ______.

» **Escreva** duas diferenças entre as propriedades das substâncias metálicas e das substâncias moleculares.

______

» **Escreva** uma semelhança e uma diferença entre as propriedades das substâncias iônicas e metálicas.

Semelhança: ______

Diferença: ______

Faça a conexão

» **Pesquise** uma aplicação para cada um dos metais citados abaixo.

a) Ferro: ______

b) Tungstênio: ______

c) Níquel: ______

d) Chumbo: ______

e) Cobre: ______

f) Estanho: ______

g) Alumínio: ______

FECHANDO O CAPÍTULO

» **Marque** um X na coluna que melhor reflete o seu aprendizado de cada tema. Depois, **compare** esta tabela com a que você preencheu no "Antes de estudar o capítulo".

Temas principais do capítulo	Já sabia tudo	Aprendi sobre o tema	Não entendi... Socorro!!!
Algumas propriedades das substâncias metálicas			
Estrutura das substâncias metálicas			
Aplicações dos metais, por suas propriedades			
Comparando substâncias iônicas, moleculares e metálicas			

Se você não entendeu algum desses temas, reveja as atividades do *Caderno do Estudante* e revise seu livro-texto. Quando for necessário, peça ajuda a seu professor ou a um colega.

» **Reveja** a segunda atividade do "Antes de estudar o capítulo" e **reavalie** as suas escolhas. Se **julgar** necessário, **escreva** novas justificativas e **compare-as** com suas considerações iniciais.

Sintetize

» **Explique** por que os metais conduzem eletricidade tanto no estado sólido como no estado líquido, enquanto os compostos iônicos precisam estar líquidos para serem bons condutores.

Unidade F

Capítulo 16

Geometria molecular

Seções:

16.1 O que é geometria molecular?

16.2 Modelo da repulsão dos pares eletrônicos da camada de valência (VSEPR)

Antes de estudar o capítulo

» **Veja** nesta tabela os temas principais do capítulo e **marque** um X na coluna que melhor traduz o que você pensa sobre a aprendizagem de cada tema.

Temas principais do capítulo	Domino o tema	Vai ser fácil	Vai ser difícil
Noções de geometria molecular			
Modelo da repulsão dos pares eletrônicos da camada de valência (VSEPR)			

» **Veja** abaixo alguns termos e conceitos que você encontrará no capítulo. **Marque** um X naqueles que você julga que estão relacionados às imagens.

- [ ] ligações covalentes
- [ ] geometria molecular
- [ ] repulsão de pares de elétrons
- [ ] ângulos de ligação

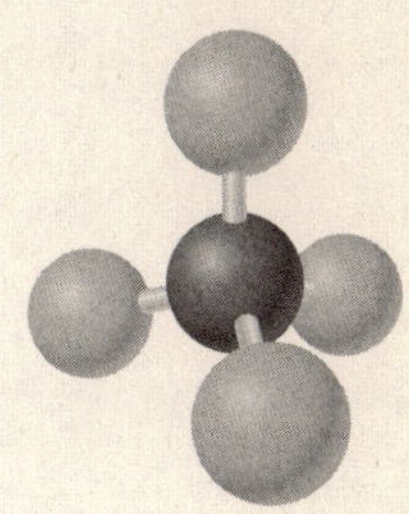

Justifique suas escolhas.

O QUE É GEOMETRIA MOLECULAR?

MODELO DA REPULSÃO DOS PARES ELETRÔNICOS DA CAMADA DE VALÊNCIA (VSEPR)

Termos e conceitos

» **Defina os termos ou conceitos a seguir.**

geometria molecular ______________________________

____

repulsão eletrônica ______________________________

____

Guia de estudo

1

Noções de geometria molecular

Encontrei essas informações na(s) página(s)

_________.

» **Complete a tabela, desenhando os modelos moleculares para as respectivas geometrias solicitadas.**

Geometria molecular	Modelo molecular
Linear	
Trigonal plana	
Angular	
Tetraédrica	
Piramidal	

2

Introdução ao modelo da repulsão dos pares eletrônicos da camada de valência (VSEPR)

Encontrei essas informações na(s) página(s) ______.

» **Dê sentido** ao texto abaixo, completando as lacunas.

A partir da fórmula molecular, obtém-se a fórmula ______________ da substância, representando-se os ______________ compartilhados e não compartilhados. Na contagem do número de pares de elétrons compartilhados, cada ligação covalente é contada como ______________, não importando se é uma ligação ______________, ______________ ou ______________. Os pares de elétrons não compartilhados intensificam as repulsões, diminuindo os ______________ de ligação.

» **Desenhe**, na tabela abaixo, como seriam as figuras formadas pela união de balões de gás (bexigas) amarrados pela boca e soltas sobre a mesa, dependendo do número de balões amarrados. **Nomeie** as formas geométricas constituídas pela união dos centros imaginários desses balões.

Número de balões amarrados entre si	Figura resultante e forma geométrica
2 balões	
3 balões	
4 balões	

Faça a conexão

» **Justifique** a afirmação, tendo como base o que você já estudou sobre as ligações químicas: "Tratar de geometria molecular só faz sentido para as substâncias constituídas exclusivamente por ligações covalentes".

____

____

____

FECHANDO O CAPÍTULO

» **Marque** um X na coluna que melhor reflete o seu aprendizado de cada tema. Depois, **compare** esta tabela com a que você preencheu no “Antes de estudar o capítulo”.

Temas principais do capítulo	Já sabia tudo	Aprendi sobre o tema	Não entendi... Socorro!!!
Noções de geometria molecular			
Modelo da repulsão dos pares eletrônicos da camada de valência (VSEPR)			

Se você não entendeu algum desses temas, reveja as atividades do *Caderno do Estudante* e revise seu livro-texto. Quando for necessário, peça ajuda a seu professor ou a um colega.

Sintetize

» **Complete** o diagrama a seguir, que descreve a aplicação do modelo da repulsão dos pares eletrônicos da camada de valência (VSEPR).

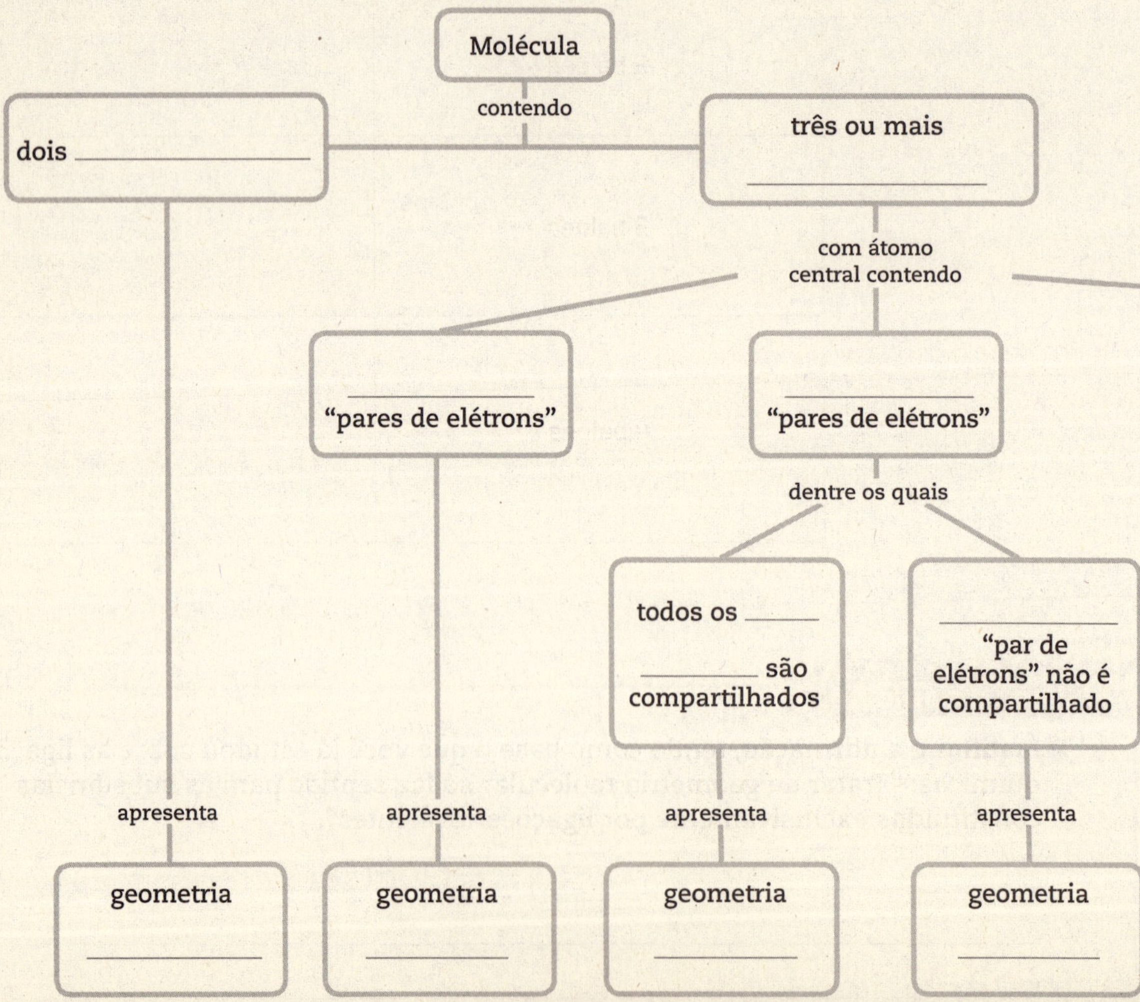

» **Reveja** a segunda atividade do "Antes de estudar o capítulo" e **reavalie** as suas escolhas. Se **julgar** necessário, **escreva** novas justificativas e **compare-as** com suas considerações iniciais.

____

____

____

____

____

____

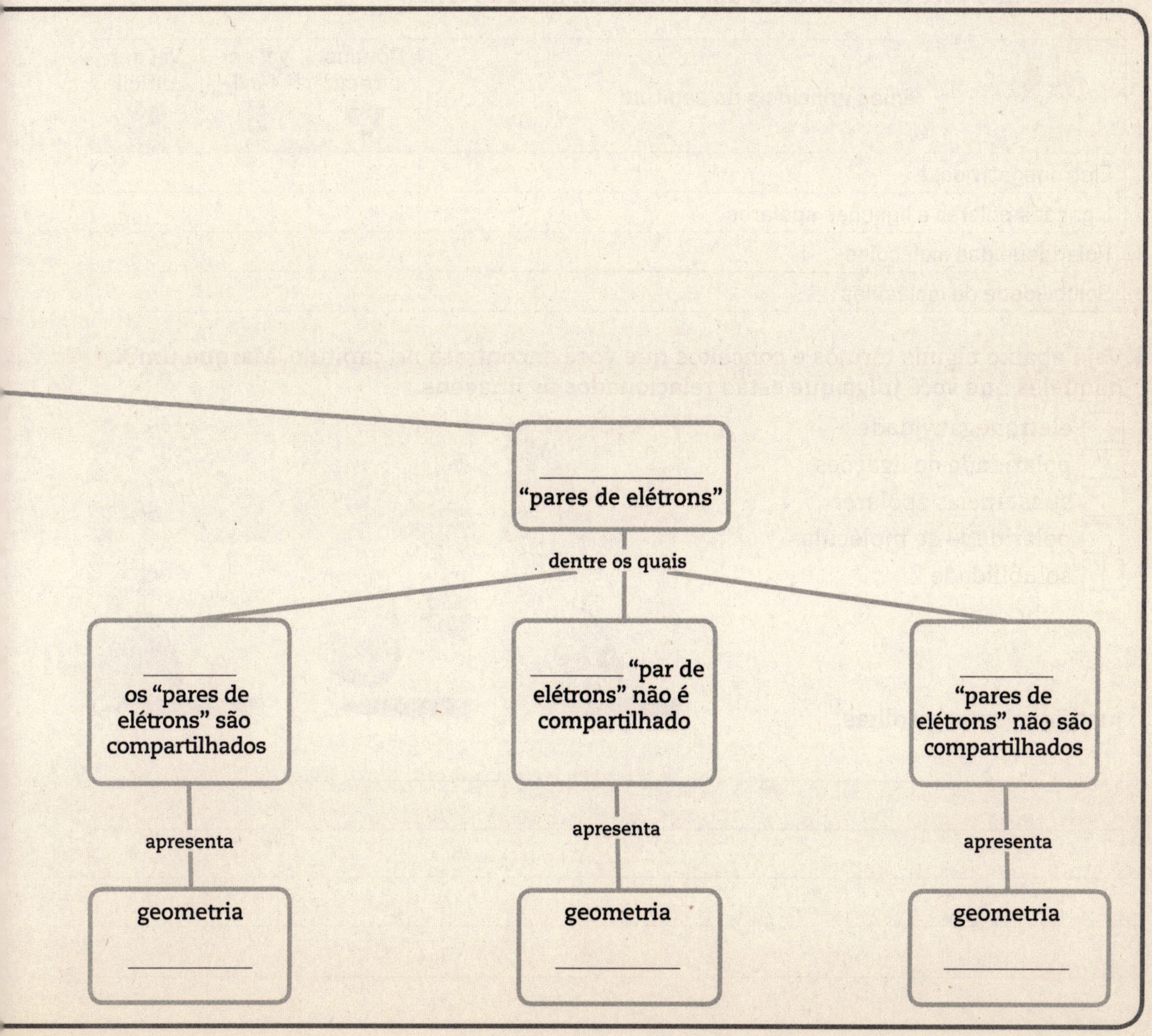

Unidade F

Capítulo

17

Polaridade de ligações e de moléculas

Seções:

17.1 Polaridade de ligações

17.2 Polaridade de moléculas

17.3 Polaridade e solubilidade

Antes de estudar o capítulo

Veja nesta tabela os temas principais do capítulo e marque um X na coluna que melhor traduz o que você pensa sobre a aprendizagem de cada tema.

Temas principais do capítulo	Domino o tema	Vai ser fácil	Vai ser difícil
Eletronegatividade			
Ligações polares e ligações apolares			
Polaridade das moléculas			
Solubilidade de moléculas			

Veja abaixo alguns termos e conceitos que você encontrará no capítulo. Marque um X naqueles que você julga que estão relacionados às imagens.

- [ ] eletronegatividade
- [ ] polaridade de ligações
- [ ] substâncias apolares
- [ ] polaridade de moléculas
- [ ] solubilidade

Justifique suas escolhas.

POLARIDADE DE LIGAÇÕES

Termos e conceitos

» **Defina os termos ou conceitos a seguir.**

ligação covalente polar ______________________________

ligação covalente apolar ______________________________

Guia de estudo

1

O conceito de eletronegatividade

Encontrei essas informações na(s) página(s) ________.

» **Defina o conceito de eletronegatividade e suas características completando as lacunas.**

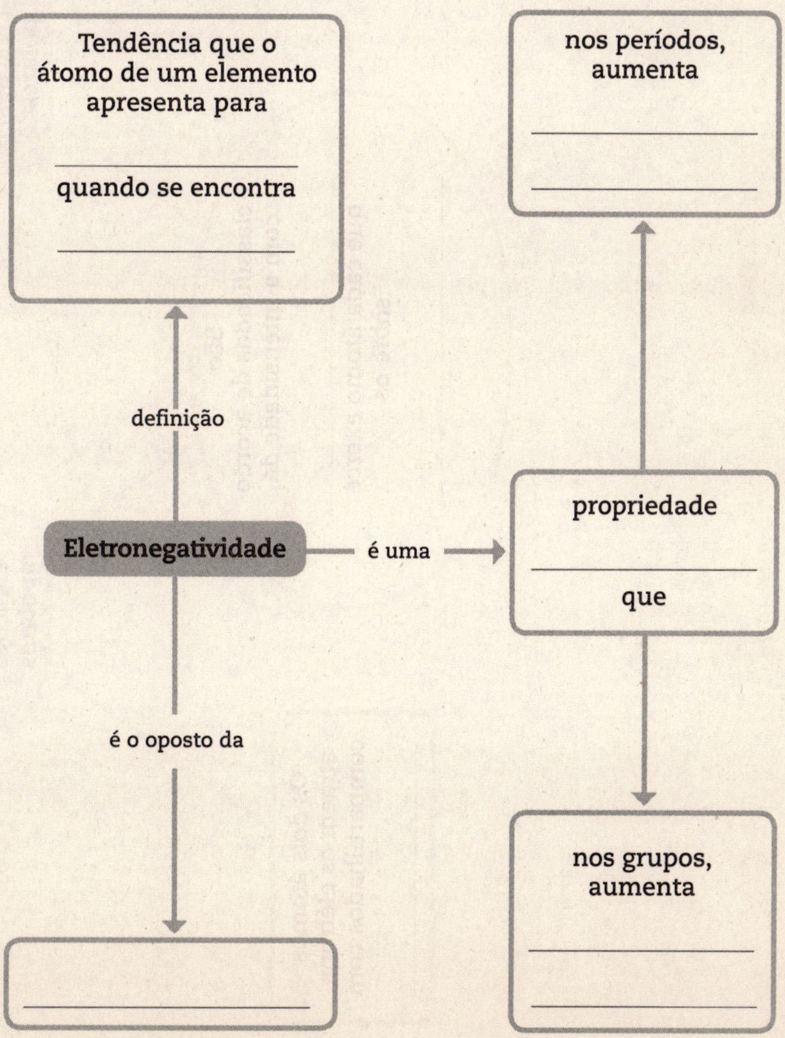

Encontrei essas informações na(s) página(s)

__________.

» **Dê sentido** ao texto abaixo, completando as lacunas com informações sobre os gases nobres.

Como a ______________ é utilizada num contexto em que um átomo está ligado a ______________, não se costuma atribuir essa propriedade aos gases __________, pois esse grupo de elementos é muito __________ e dificilmente forma ligações com outros átomos.

2

Ligações polares *versus* ligações apolares

Encontrei essas informações na(s) página(s)

__________.

» **Complete** o diagrama a seguir com diferenças e semelhanças entre as ligações polares e apolares.

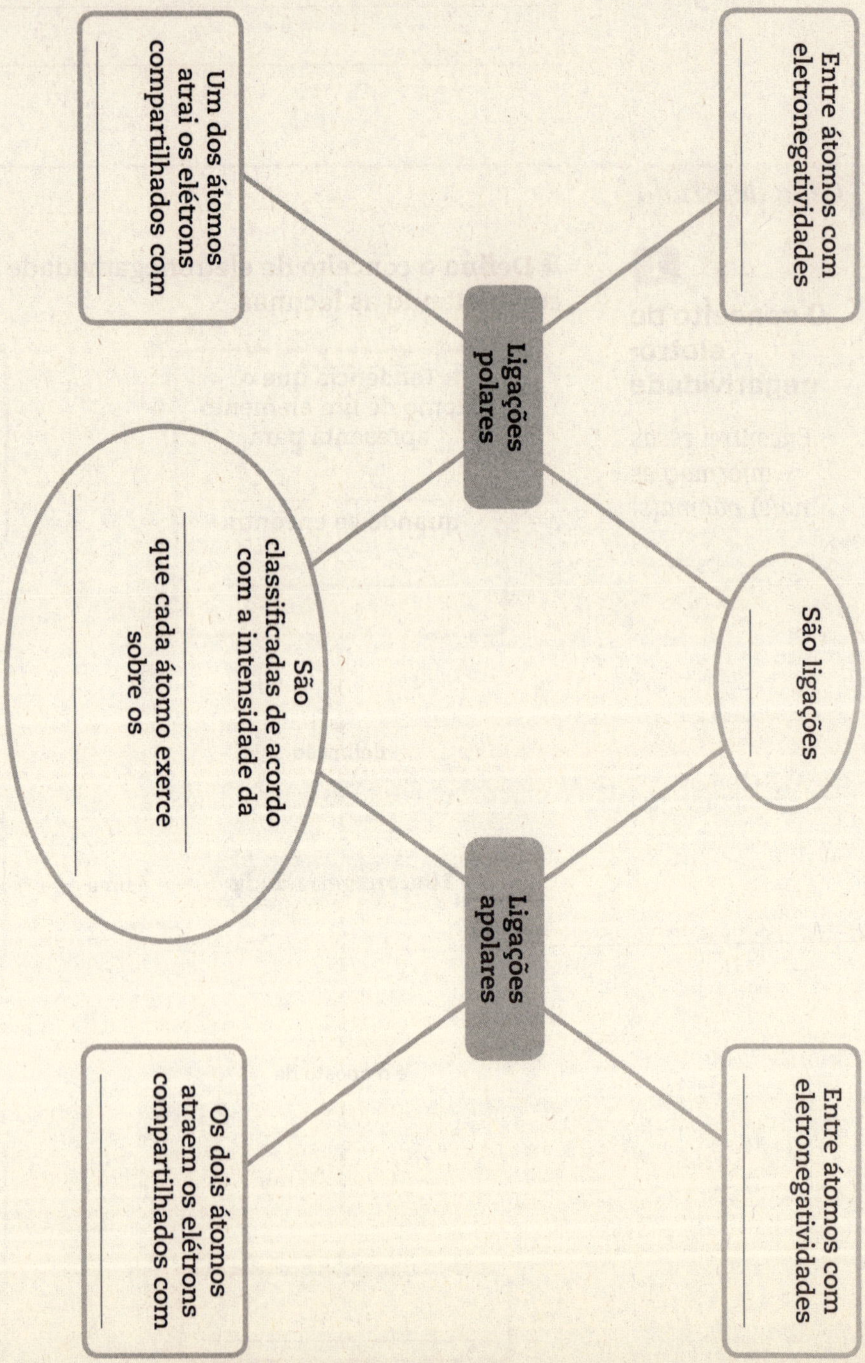

3

Ligação iônica *versus* ligação covalente

Encontrei essas informações na(s) página(s)

_____________.

» **Compare** a ligação iônica e a ligação covalente por meio da diferença entre as eletronegatividades dos átomos, representada por Δ.

Ligação __________
$\Delta > 2{,}0$

Ligação __________
$\Delta < 1{,}5$

Algumas substâncias são formadas por metal e não metal com $\Delta < 1{,}5$

portanto, as ligações presentes não são tipicamente _______________, tendendo mais a _____________________.

Isso justifica o fato de não apresentarem pontos de fusão e ebulição tão __________ como outros compostos tipicamente __________.

Faça a conexão

» **Identifique** a semelhança e a diferença entre as propriedades periódicas eletronegatividade e afinidade eletrônica.

Capítulo 17 | Seção 17.2

POLARIDADE DE MOLÉCULAS

Seção 17.3

POLARIDADE E SOLUBILIDADE

Termos e conceitos

» Defina o termo ou conceito a seguir.

vetor momento de dipolo

____

____

____

____

Guia de estudo

1

Vetor momento de dipolo e polaridade das moléculas

Encontrei essas informações na(s) página(s)

__________.

» Resuma o conceito de vetor momento de dipolo preenchendo as lacunas.

Vetor momento de dipolo

- Representa a __________ de uma ligação
- Sentido: do polo __________ para o polo __________
- Nas ligações __________, é um vetor __________.
- Quando é um vetor não nulo, indica que a ligação é __________

» Complete a frase a seguir.

A soma de todos os vetores momento de dipolo presentes em uma molécula se chama ______________________________. Se este for nulo, a molécula é __________. Se não for nulo, a molécula é __________.

2

Método da simetria

Encontrei essas informações na(s) página(s) ________.

» **Elabore um roteiro para determinar a polaridade das moléculas pelo método da simetria completando os espaços abaixo.**

1º caso – Não há pares de elétrons não compartilhados e todos os átomos ligados ao átomo central são iguais → **As moléculas são** ________ → **Exemplos:**

2º caso – Há um ou mais pares de elétrons não compartilhados e/ou nem todos os átomos ligados ao átomo central são iguais → **As moléculas são** ________ → **Exemplos:**

3

Polaridade e solubilidade

Encontrei essas informações na(s) página(s) ________.

» **Indique adequadamente, na tabela abaixo, quais misturas apresentam a tendência de serem homogêneas.**

Soluto \ Solvente	Polar	Apolar
Polar		
Apolar		

Faça a conexão

» **Explique por que uma mistura de óleo e água possui duas fases, e por que é comum o uso de querosene para remover manchas de graxa das mãos.**

____

____

____

____

____

FECHANDO O CAPÍTULO

» **Marque** um X na coluna que melhor reflete o seu aprendizado de cada tema. Depois, **compare** esta tabela com a que você preencheu no "Antes de estudar o capítulo".

Temas principais do capítulo	Já sabia tudo	Aprendi sobre o tema	Não entendi... Socorro!!!
Eletronegatividade			
Ligações polares e ligações apolares			
Polaridade das moléculas			
Solubilidade de moléculas			

Se você não entendeu algum desses temas, reveja as atividades do *Caderno do Estudante* e revise seu livro-texto. Quando for necessário, peça ajuda a seu professor ou a um colega.

» **Reveja** a segunda atividade do "Antes de estudar o capítulo" e **reavalie** as suas escolhas. Se **julgar** necessário, **escreva** novas justificativas e **compare-as** com suas considerações iniciais.

____

____

____

Sintetize

» **Complete** o organizador com as informações sobre os conceitos de eletronegatividade, polaridade das ligações e das moléculas, e a sua relação com a solubilidade das substâncias.

moléculas

que apresentam

vetor momento dipolar resultante ________	vetor momento dipolar resultante ________
são classificadas como	são classificadas como
moléculas ________	moléculas ________
e tendem a se dissolver em	e tendem a se dissolver em
________	________

Unidade F
Capítulo
18

Forças intermoleculares

Seções:
18.1 Interações dipolo permanente-dipolo permanente
18.2 Ligações de hidrogênio
18.3 Interações dipolo instantâneo-dipolo induzido
18.4 Forças intermoleculares e ponto de ebulição
18.5 Exemplos com substâncias formadas por halogênios

Antes de estudar o capítulo

» **Veja nesta tabela os temas principais do capítulo e marque um X na coluna que melhor traduz o que você pensa sobre a aprendizagem de cada tema.**

Temas principais do capítulo	Domino o tema	Vai ser fácil	Vai ser difícil
As forças que mantêm as moléculas unidas			
Interações entre dipolos permanentes			
As ligações de hidrogênio			
Interações entre moléculas apolares			
Relação entre as forças intermoleculares e os pontos de ebulição			

» **Veja abaixo alguns termos e conceitos que você encontrará no capítulo. Marque um X naqueles que você julga que estão relacionados à imagem.**

- [ ] interações intermoleculares
- [ ] dipolos elétricos
- [ ] ligações de hidrogênio
- [ ] interações por dipolos induzidos
- [ ] pontos de ebulição

TGP/AGB PHOTO

Justifique suas escolhas.

INTERAÇÕES DIPOLO PERMANENTE-DIPOLO PERMANENTE

Termos e conceitos

» **Defina** o termo ou conceito a seguir.

forças intermoleculares

____

____

____

Guia de estudo

1

As forças que mantêm as moléculas unidas

Encontrei essas informações na(s) página(s) ________.

» **Defina** as características de cada estado físico completando as lacunas.

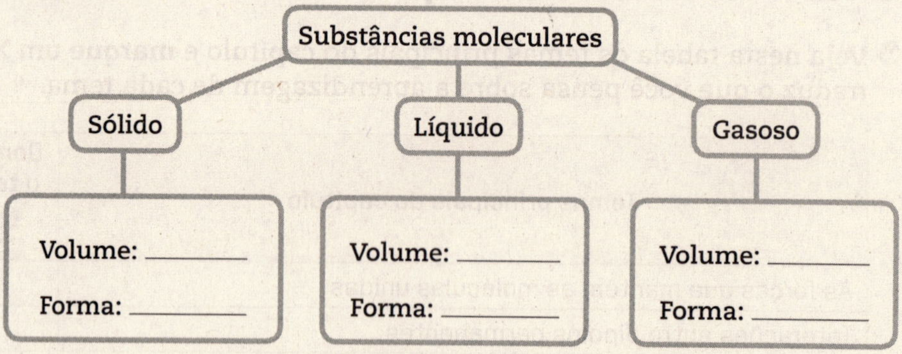

2

Interações entre dipolos permanentes

Encontrei essas informações na(s) página(s) ________.

» **Insira** os símbolos das cargas parciais positivas (δ^+) e negativas (δ^-), de modo a justificar o posicionamento das moléculas de $HC\ell$ em relação às demais.

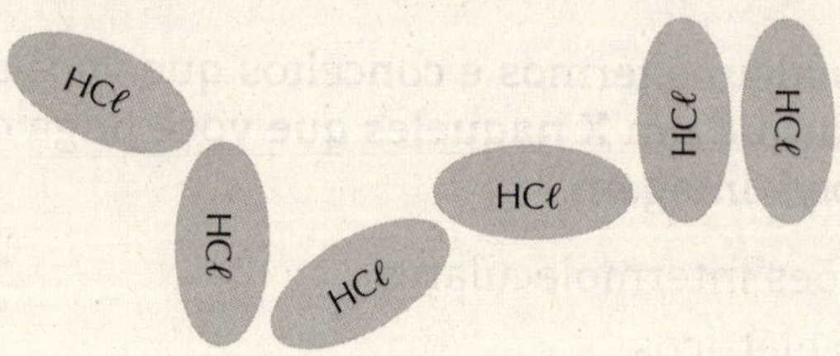

Faça a conexão

» **Explique** por que os líquidos podem preencher qualquer recipiente, independentemente da forma, e por que isso não é válido para os sólidos.

____

____

____

____

____

LIGAÇÕES DE HIDROGÊNIO

INTERAÇÕES DIPOLO INSTANTÂNEO-DIPOLO INDUZIDO

Guia de estudo

1

As ligações de hidrogênio

Encontrei essas informações na(s) página(s) ________.

» Caracterize a ocorrência da ligação de hidrogênio completando o diagrama.

Ligação de hidrogênio → ocorre em → Moléculas ________ → que possuem → ________ ________

» **Escreva** nas representações abaixo as cargas (δ⁺ e δ⁻) e as ligações de hidrogênio usando linhas pontilhadas para representá-las.

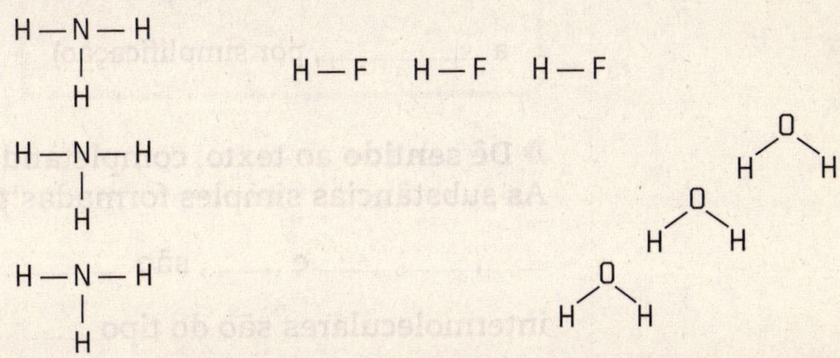

2

Interações entre moléculas apolares

Encontrei essas informações na(s) página(s) ________.

» **Represente**, por meio de uma sequência de desenhos, como são as etapas envolvidas na constituição das interações dipolo instantâneo-dipolo induzido.

Antes de iniciar a interação	Formação de dipolo instantâneo em uma das moléculas	Formação de dipolo induzido na segunda molécula e a consequente interação

Faça a conexão

» Talvez você já tenha observado pequenos animais, como insetos, caminhando sobre a água, valendo-se da elevada tensão superficial desse líquido. **Pesquise** uma explicação para a tensão superficial da água.

____
____
____
____

FORÇAS INTERMOLECULARES E PONTO DE EBULIÇÃO

EXEMPLOS COM SUBSTÂNCIAS FORMADAS POR HALOGÊNIOS

Guia de estudo

As forças intermoleculares e os pontos de ebulição

Encontrei essas informações na(s) página(s) ________

» **Complete** o diagrama abaixo com informações sobre os fatores que determinam a temperatura em que uma substância molecular passa para o estado gasoso.

Intensidade das ____________________

____________ das moléculas (ou a ________, por simplificação)

determinam o ____________ da substância

» **Dê sentido** ao texto, completando as frases abaixo.
As substâncias simples formadas por halogênios, tais como ___, ___, ___ e ___, são __________. Logo, as interações intermoleculares são do tipo ____________________.

Nesse caso, a temperatura de ebulição de cada uma dessas substâncias depende principalmente do __________.

No caso dos haletos de hidrogênio, como o _____, _____, _____ e _____, é necessário considerar também o tipo de __________ que ocorre em cada substância, levando-se em conta que __________ originam forças de atração mais intensas do que as interações do tipo __________.

Faça a conexão

» **Explique** por que a água e o gás metano, apesar de terem massas moleculares próximas, apresentam temperaturas de ebulição muito diferentes.

____

____

____

____

FECHANDO O CAPÍTULO

» **Marque** um X na coluna que melhor reflete o seu aprendizado de cada tema. Depois, **compare** esta tabela com a que você preencheu no "Antes de estudar o capítulo".

Temas principais do capítulo	Já sabia tudo	Aprendi sobre o tema	Não entendi... Socorro!!!
As forças que mantêm as moléculas unidas			
Interações entre dipolos permanentes			
As ligações de hidrogênio			
Interações entre moléculas apolares			
Relação entre as forças intermoleculares e os pontos de ebulição			

Se você não entendeu algum desses temas, reveja as atividades do *Caderno do Estudante* e revise seu livro-texto. Quando for necessário, peça ajuda a seu professor ou a um colega.

» **Reveja** a segunda atividade do "Antes de estudar o capítulo" e **reavalie** as suas escolhas. Se **julgar** necessário, **escreva** novas justificativas e **compare-as** com suas considerações iniciais.

Sintetize

» **Identifique** as informações que você aprendeu sobre as forças de atração entre as moléculas.

Unidade F

Capítulo

19

Alotropia

Seções:

Antes de estudar o capítulo

» **Veja nesta tabela os temas principais do capítulo e marque um X na coluna que melhor traduz o que você pensa sobre a aprendizagem de cada tema.**

Temas principais do capítulo	Domino o tema	Vai ser fácil	Vai ser difícil
Alótropos e alotropia			
Importância do gás oxigênio e do gás ozônio			
Cuidados com o fósforo branco			
Grafite, diamante e suas durezas			
Enxofre e seus alótropos			

» **Veja abaixo alguns termos e conceitos que você encontrará no capítulo. Marque um X naqueles que você julga que estão relacionados às imagens.**

- [ ] alotropia
- [ ] gás oxigênio
- [ ] camada de ozônio
- [ ] fósforo branco
- [ ] grafite e diamante
- [ ] enxofre rômbico

LAWRENCE LAWRY/SPL/LATINSTOCK

VISUAL UNLIMITED/GETTY IMAGES

Justifique suas escolhas.

Capítulo 19 | Seção 19.1

GÁS OXIGÊNIO E GÁS OZÔNIO

Guia de estudo

1

Alótropos e alotropia

Encontrei essas informações na(s) página(s) ________.

» **Preencha** o quadro com as informações sobre alotropia.

Alotropia	
Definição	____________________ ____________________
Elementos que apresentam alótropos	____________________

2

Importância do gás oxigênio e do gás ozônio

Encontrei essas informações na(s) página(s) ________.

» **Complete** o diagrama abaixo, com as informações relevantes sobre os alótropos do elemento químico oxigênio.

O elemento oxigênio é encontrado na atmosfera como

↙ ________ → Fórmula: O_2 → corresponde a ______ do ar atmosférico e encontra-se em qualquer altitude → e é importante para ________ ________

↘ ________ → Fórmula: O_3 → encontra-se, principalmente, em ________ ________ → e é importante para ________ ________

Faça a conexão

» **Explique** por que o buraco na camada de ozônio é nocivo para os seres vivos.

____

____

____

FÓSFORO BRANCO E FÓSFORO VERMELHO

Termos e conceitos

» **Defina o termo a seguir.**

macromoléculas

Guia de estudo

Cuidados com o fósforo branco

Encontrei essas informações na(s) página(s) ______.

» **Diferencie os dois alótropos do elemento fósforo completando a tabela abaixo.**

	Fósforo vermelho	Fósforo branco
Molécula ou macromolécula? Dê a fórmula.		
Modelo molecular	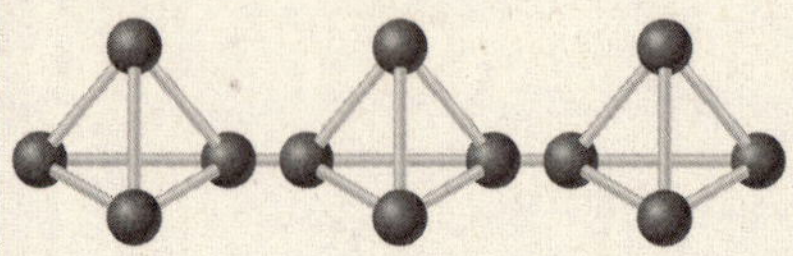	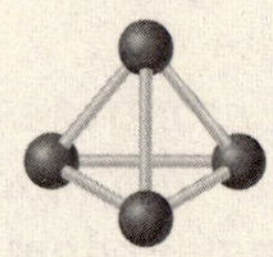
Sofre combustão espontânea em contato com o ar?		
Como armazenar de forma segura?		

Faça a conexão

» O fósforo presente nas embalagens de palitos de fósforo utilizadas nas residências é constituído por qual alótropo do elemento fósforo? **Justifique** sua resposta.

GRAFITE E DIAMANTE

ENXOFRE RÔMBICO E ENXOFRE MONOCLÍNICO

Termos e conceitos

» **Defina o conceito a seguir.**

dureza ______________________________

____

Guia de estudo

1

Grafite, diamante e suas durezas

Encontrei essas informações na(s) página(s) ______.

» **Caracterize os alótropos do carbono, completando o diagrama abaixo.**

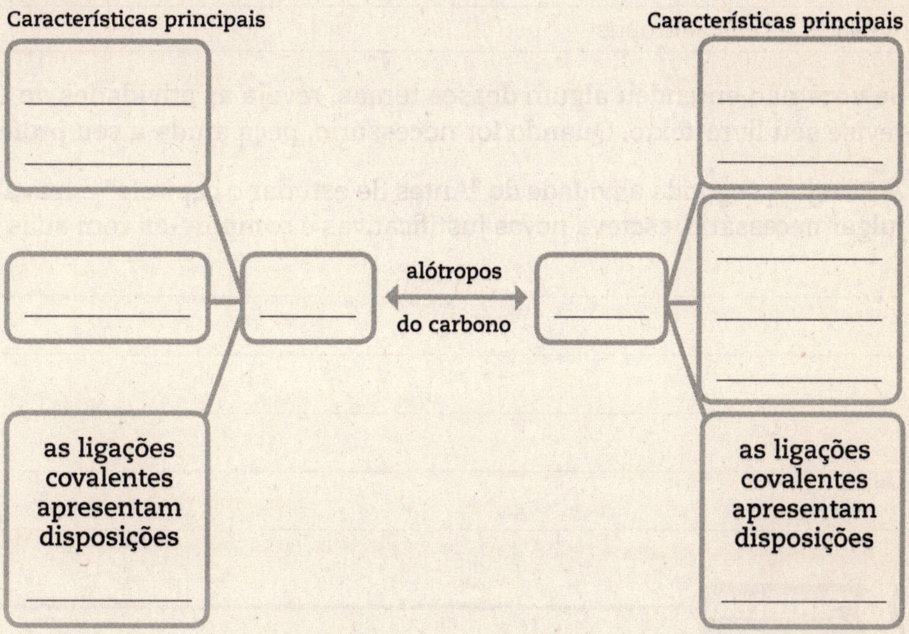

2

Enxofre e seus alótropos

Encontrei essas informações na(s) página(s) ______.

» **Complete o diagrama abaixo com as informações sobre o enxofre.**

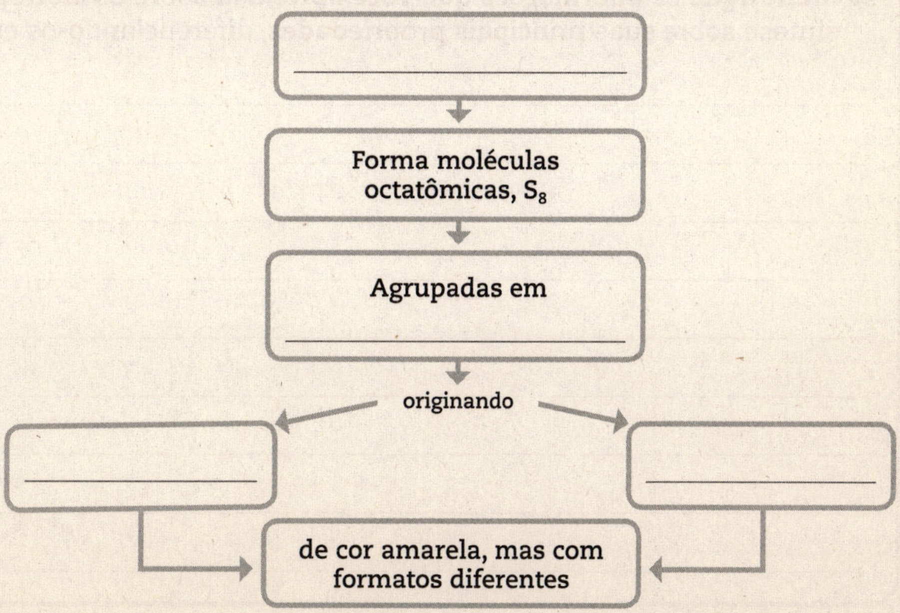

FECHANDO O CAPÍTULO

» **Marque** um X na coluna que melhor reflete o seu aprendizado de cada tema. Depois, **compare** esta tabela com a que você preencheu no “Antes de estudar o capítulo”.

Temas principais do capítulo	Já sabia tudo	Aprendi sobre o tema	Não entendi... Socorro!!!
Alótropos e alotropia			
Importância do gás oxigênio e do gás ozônio			
Cuidados com o fósforo branco			
Grafite, diamante e suas durezas			
Enxofre e seus alótropos			

Se você não entendeu algum desses temas, reveja as atividades do *Caderno do Estudante* e revise seu livro-texto. Quando for necessário, peça ajuda a seu professor ou a um colega.

» **Reveja** a segunda atividade do “Antes de estudar o capítulo” e **reavalie** as suas escolhas. Se julgar necessário, **escreva** novas justificativas e **compare-as** com suas considerações iniciais.

Sintetize

» **Identifique** as informações que você aprendeu sobre os alótropos e faça uma síntese sobre suas principais propriedades, diferenciando-os entre si.

Unidade G
Capítulo
20

Condutividade elétrica de soluções aquosas

Seções:

Antes de estudar o capítulo

» **Veja nesta tabela os temas principais do capítulo e marque um X na coluna que melhor traduz o que você pensa sobre a aprendizagem de cada tema.**

Temas principais do capítulo	Domino o tema	Vai ser fácil	Vai ser difícil
Condutividade elétrica de soluções			
Dissociação iônica e ionização			
Soluções eletrolíticas e soluções não eletrolíticas			

» **Veja abaixo alguns termos e conceitos que você encontrará no capítulo. Marque um X naqueles que você julga que estão relacionados à imagem.**

- ☐ substâncias iônicas
- ☐ eletrólitos
- ☐ formação de íons
- ☐ dissolução do açúcar
- ☐ dissolução do NaCℓ

Justifique suas escolhas.

FATOS EXPERIMENTAIS

DISSOCIAÇÃO IÔNICA E IONIZAÇÃO

Termos e conceitos

» **Defina os termos ou conceitos a seguir.**

solução aquosa ______________________

dissolver ______________________

____

Guia de estudo

1

Condutividade elétrica de soluções

Encontrei essas informações na(s) página(s) ________.

» **Escreva uma semelhança e uma diferença entre as substâncias citadas, com base em resultados experimentais e nas ligações entre seus átomos.**

a) NaCℓ e HCℓ

Semelhança: ______________________

Diferença: ______________________

b) HCℓ e $C_{12}H_{22}O_{11}$

Semelhança: ______________________

Diferença: ______________________

2

Dissociação iônica e ionização

Encontrei essas informações na(s) página(s) ________.

» **Classifique** as substâncias e **descreva** os processos que ocorrem quando cada uma delas é dissolvida em água, completando o diagrama abaixo.

NaCℓ	HCℓ
Substância ________	Substância ________
Em solução aquosa, sofre ________	Em solução aquosa, sofre ________
Nesse processo, ocorre ________	Nesse processo, ocorre ________

Capítulo 20 Seção 20.3

SOLUÇÕES ELETROLÍTICAS E SOLUÇÕES NÃO ELETROLÍTICAS

Seção 20.4

COMPARANDO OS COMPORTAMENTOS ESTUDADOS

Guia de estudo

Soluções eletrolíticas e soluções não eletrolíticas

Encontrei essas informações na(s) página(s) ________.

» **Dê sentido** ao texto abaixo completando as lacunas.

As soluções iônicas conduzem ______________ porque contêm ____________. Elas também são chamadas de soluções ______________. Já as soluções ______________ não conduzem corrente elétrica e podem ser chamadas de soluções ______________.

Algumas substâncias ____________ podem sofrer ionização e, nesse caso, passam a conduzir corrente quando em ____________.

As substâncias que tornam uma solução eletrolítica se chamam ______________.

» **Complete** os quadros dos mapas conceituais com as informações sobre condutividade de soluções:

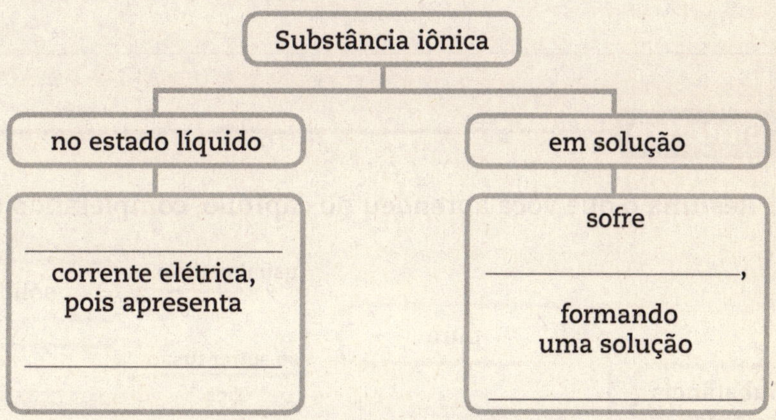

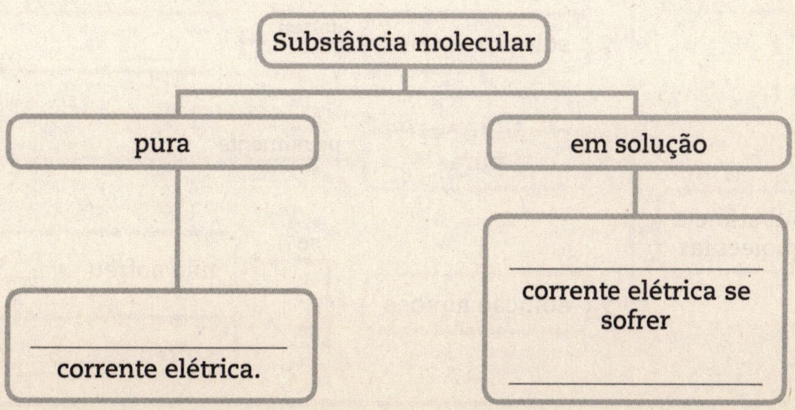

Caderno do Estudante · QUÍMICA 1

FECHANDO O CAPÍTULO

» **Marque** um X na coluna que melhor reflete o seu aprendizado de cada tema. Depois, **compare** esta tabela com a que você preencheu no "Antes de estudar o capítulo".

Temas principais do capítulo	Já sabia tudo	Aprendi sobre o tema	Não entendi... Socorro!!!
Condutividade elétrica de soluções			
Dissociação iônica e ionização			
Soluções eletrolíticas e soluções não eletrolíticas			

Se você não entendeu algum desses temas, reveja as atividades do *Caderno do Estudante* e revise seu livro-texto. Quando for necessário, peça ajuda a seu professor ou a um colega.

» **Reveja** a segunda atividade do "Antes de estudar o capítulo" e **reavalie** as suas escolhas. Se **julgar** necessário, **escreva** novas justificativas e **compare-as** com suas considerações iniciais.

Sintetize

» **Resuma** o que você aprendeu no capítulo, completando o diagrama.

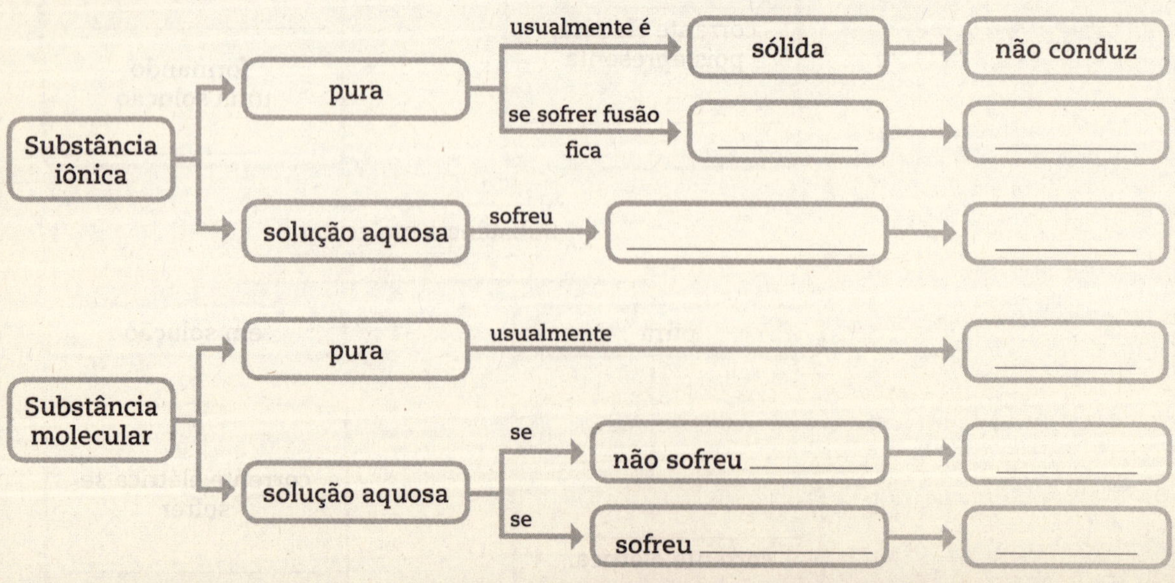

Unidade G

Capítulo

21

Ácidos e bases

Seções:

Antes de estudar o capítulo

» **Veja nesta tabela os temas principais do capítulo e marque um X na coluna que melhor traduz o que você pensa sobre a aprendizagem de cada tema.**

Temas principais do capítulo	Domino o tema	Vai ser fácil	Vai ser difícil
Classificando substâncias: orgânicas ou inorgânicas			
Os ácidos, as bases e a condutividade elétrica			
O conceito ácido-base de Arrhenius			
Fórmulas e nomenclatura dos ácidos			
Ionização de ácidos			
Fórmulas e nomenclatura das bases			
Dissociação iônica de bases			

» **Veja abaixo alguns termos e conceitos que você encontrará no capítulo. Marque um X naqueles que você julga que estão relacionados à imagem.**

- [ ] ácido
- [ ] base
- [ ] ionização
- [ ] dissociação iônica
- [ ] solução aquosa

EDUARDO SANTALIESTRA/CID

Justifique suas escolhas.

SUBSTÂNCIAS ORGÂNICAS *VERSUS* SUBSTÂNCIAS INORGÂNICAS

CONCEITUAÇÃO DE ÁCIDOS E DE BASES

Termos e conceitos

» **Defina os termos ou conceitos a seguir.**

definição operacional

____

____

____

indicador ácido-base

____

____

____

Guia de estudo

1

Classificando substâncias: orgânicas ou inorgânicas

Encontrei essas informações na(s) página(s)

________.

» **Preencha o diagrama com os nomes das substâncias listadas no quadro abaixo.**

álcool; água; gás carbônico; gordura; ácido sulfúrico; diamante; carbonato de cálcio; cloreto de sódio; acetona.

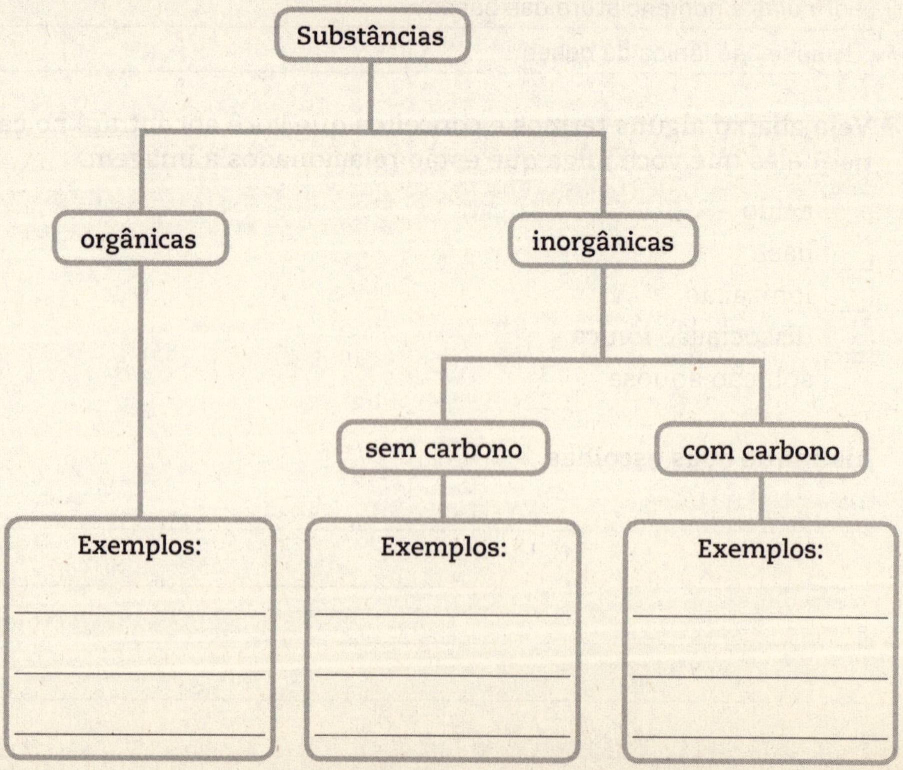

2

Os ácidos, as bases e a condutividade elétrica

Encontrei essas informações na(s) página(s) ________.

» **Complete** o diagrama a seguir com semelhanças e diferenças entre um ácido e uma base, no que se refere às ligações químicas que caracterizam cada substância e à condução de corrente elétrica.

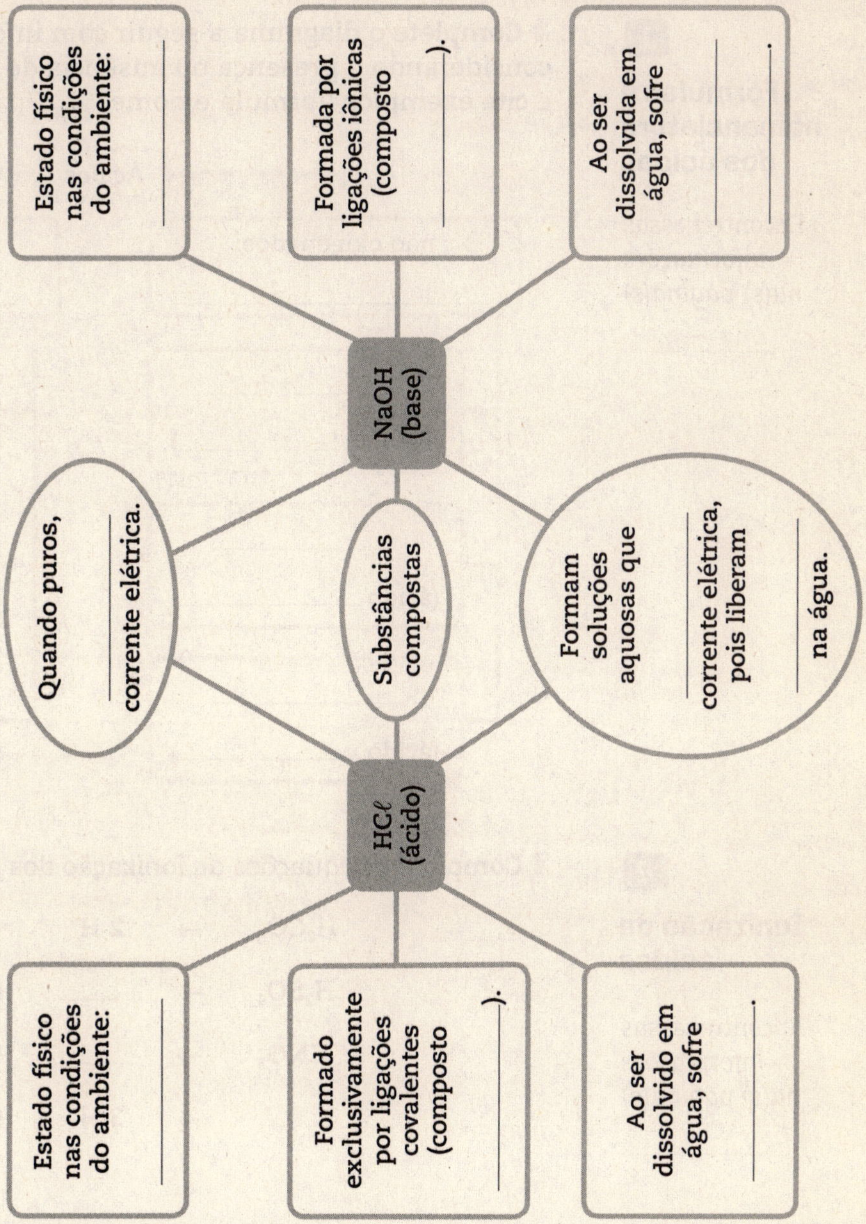

3

O conceito ácido-base de Arrhenius

Encontrei essas informações na(s) página(s) ________.

» **Complete** o diagrama a seguir com as definições de ácido e de base propostas por Arrhenius.

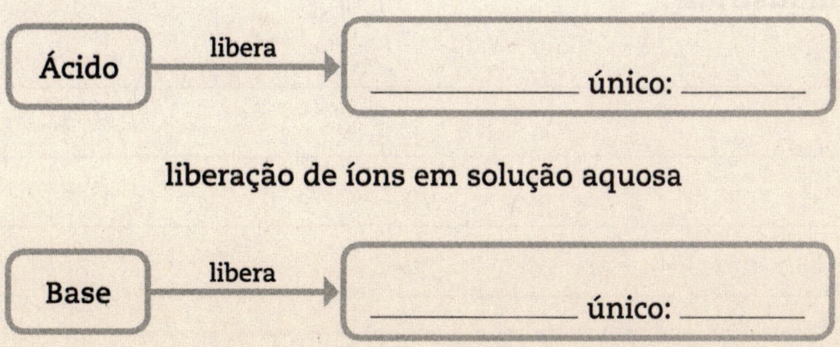

Guia de estudo

1

Fórmulas e nomenclatura dos ácidos

Encontrei essas informações na(s) página(s) _______.

» **Complete** o diagrama a seguir com informações sobre os ácidos, considerando a presença ou ausência de oxigênio na molécula, e cite exemplos (fórmula e nome).

Ácidos

- não oxigenados: _______________
  - _______ (ácido _______________)
  - _______ (ácido _______________)
  - _______ (ácido _______________)
- oxigenados: _______________
  - _______ (ácido _______________)
  - _______ (ácido _______________)
  - _______ (ácido _______________)

2

Ionização de ácidos

Encontrei essas informações na(s) página(s) _______.

» **Complete** as equações de ionização dos ácidos seguindo o modelo.

$$H_2CO_3 \rightarrow 2\ H^+ + CO_3^{2-}$$

$$H_2SO_4 \rightarrow \_\_\_\_ + \_\_\_\_$$

$$HNO_3 \rightarrow \_\_\_\_ + \_\_\_\_$$

$$\_\_\_\_ \rightarrow 3\ H^+ + PO_4^{3-}$$

Faça a conexão

» **Pesquise** a importância do ácido sulfúrico entre os produtos químicos industriais.

____

____

____

____

BASES

Guia de estudo

1

Fórmulas e nomenclatura das bases

Encontrei essas informações na(s) página(s) ________.

» **Complete os espaços para as bases de elementos metálicos que formam mais de um cátion.**

$Fe(OH)_2$: hidróxido de ferro (___) — ___ carga do cátion

$Fe(OH)_3$: hidróxido de ferro (___) — ___ carga do cátion

CuOH: hidróxido de cobre (___) — ___ carga do cátion

$Cu(OH)_2$: hidróxido de cobre (___) — ___ carga do cátion

$Pb(OH)_2$: hidróxido de chumbo (___) — ___ carga do cátion

$Pb(OH)_4$: hidróxido de chumbo (___) — ___ carga do cátion

2

Dissociação iônica de bases

Encontrei essas informações na(s) página(s) ________.

» **Complete as equações de dissociação iônica das bases seguindo o modelo.**

$Ca(OH)_2 \rightarrow Ca^{2+} + 2\ OH^-$

$NaOH \rightarrow$ ______ + ______

$A\ell(OH)_3 \rightarrow$ ______ + ______

______ $\rightarrow Mg^{2+} + 2\ OH^-$

Faça a conexão

» **Pesquise** as principais aplicações da amônia e **explique** a importância dessa substância para a produção de alimentos.

____

____

____

____

____

FECHANDO O CAPÍTULO

» **Marque** um X na coluna que melhor reflete o seu aprendizado de cada tema. Depois, **compare** esta tabela com a que você preencheu no "Antes de estudar o capítulo".

Temas principais do capítulo	Já sabia tudo	Aprendi sobre o tema	Não entendi... Socorro!!!
Classificando substâncias: orgânicas ou inorgânicas			
Os ácidos, as bases e a condutividade elétrica			
O conceito ácido-base de Arrhenius			
Fórmulas e nomenclatura dos ácidos			
Ionização de ácidos			
Fórmulas e nomenclatura das bases			
Dissociação iônica de bases			

Se você não entendeu algum desses temas, reveja as atividades do *Caderno do Estudante* e revise seu livro-texto. Quando for necessário, peça ajuda a seu professor ou a um colega.

» **Reveja** a segunda atividade do "Antes de estudar o capítulo" e **reavalie** as suas escolhas. Se **julgar** necessário, **escreva** novas justificativas e **compare-as** com suas considerações iniciais.

Sintetize

» **Identifique** as informações que você aprendeu sobre ácidos e bases.

Unidade G
Capítulo
22

Sais

Seções:
22.1 Neutralização total
22.2 Neutralização parcial
22.3 Sais hidratados
22.4 Compostos higroscópicos

Antes de estudar o capítulo

» **Veja** nesta tabela os temas principais do capítulo e **marque** um X na coluna que melhor traduz o que você pensa sobre a aprendizagem de cada tema.

Temas principais do capítulo	Domino o tema	Vai ser fácil	Vai ser difícil
Conceituação de sal			
Neutralização total			
Neutralização parcial do ácido			
Neutralização parcial da base			
Nomenclatura e formulação dos sais normais, hidrogenossais e hidroxissais			
Sais hidratados			
Compostos higroscópicos			

» **Veja** abaixo alguns termos e conceitos que você encontrará no capítulo. **Marque** um X naqueles que você julga que estão relacionados à imagem.

- [ ] substância iônica
- [ ] ácido
- [ ] base
- [ ] tipos de sal
- [ ] neutralização
- [ ] água de cristalização (água de hidratação)
- [ ] composto higroscópico

STOCKFOOD/LATINSTOCK

Justifique suas escolhas.

____

____

____

NEUTRALIZAÇÃO TOTAL

Termos e conceitos

» Defina os termos ou conceitos a seguir.

substância iônica ______________________________

____

ácido ______________________________

____

base ______________________________

____

sal ______________________________

____

neutralização ______________________________

____

Guia de estudo

1

Conceituação de sal

Encontrei essas informações na(s) página(s) ______.

» Defina o que é sal completando o diagrama.

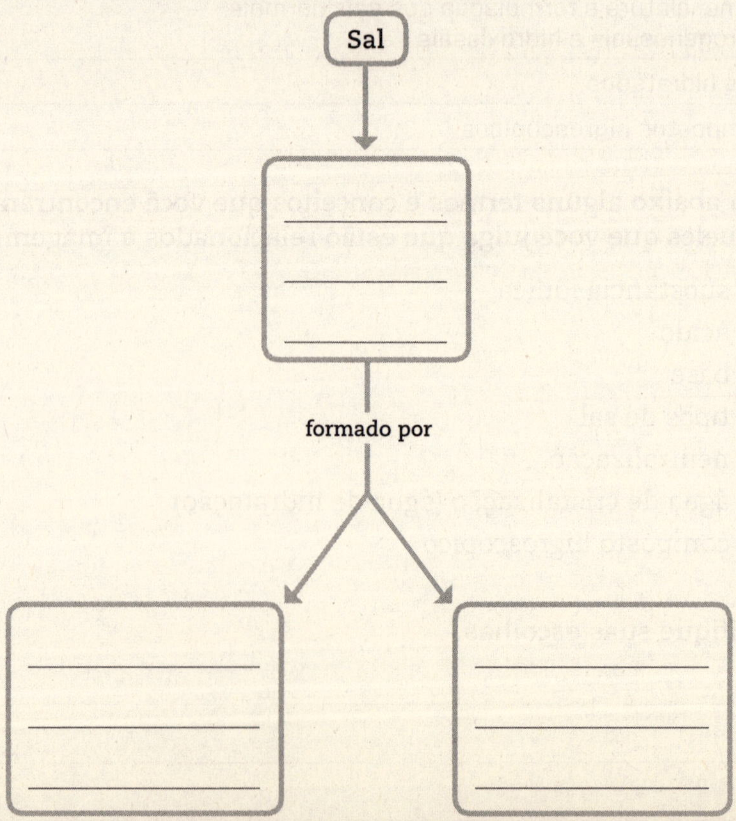

2 Neutralização total

Encontrei essas informações na(s) página(s) ________.

» **Complete** o diagrama a seguir sobre neutralização total.

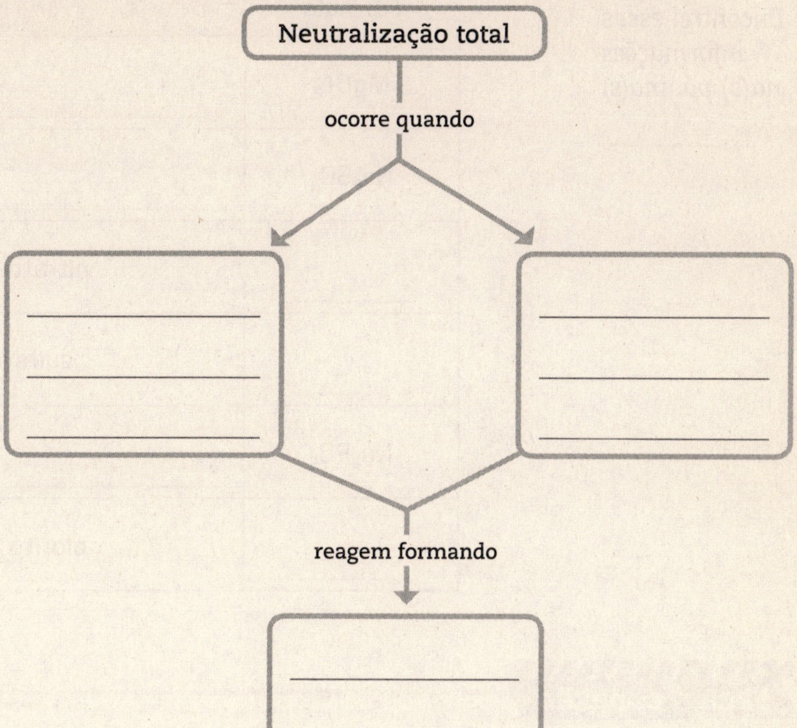

3 Nomenclatura dos ânions

Encontrei essas informações na(s) página(s) ________.

» **Preencha** a tabela com a terminação dos nomes dos ânions a partir dos nomes dos ácidos.

Terminação do nome do ácido	Terminação do nome do ânion
ídrico	________
oso	________
ico	________

» **Nomeie** os ânions ou os ácidos abaixo.

Ácido	Ânion
$HC\ell$ clorídrico	$C\ell^-$ ________
H_2SO_4 sulfúrico	SO_4^{2-} ________
HNO_3 ________	NO_3^- nitrato

Ácido	Ânion
H_2S sulfídrico	S^{2-} ________
H_3PO_4 ________	PO_4^{3-} fosfato
$HC\ell O_2$ cloroso	$C\ell O_2^-$ ________

4 Nomenclatura dos sais

Encontrei essas informações na(s) página(s) ________.

» **Nomeie** ou **escreva** a fórmula dos sais listados na tabela abaixo, usando os nomes dos ânions da atividade anterior. Os nomes dos cátions estão no livro-texto.

Fórmula	Nome
$MgC\ell_2$	________
Na_2SO_4	________
________	nitrato de potássio
________	sulfeto de cálcio
Na_3PO_4	________
________	clorito de potássio

Faça a conexão

» **Escreva** as cores dos indicadores ácido-base antes e depois da reação de neutralização total entre as soluções de ácido clorídrico e de hidróxido de sódio.

Indicadores	Antes da reação		Após a reação de neutralização
	ácido clorídrico	hidróxido de sódio	
papel de tornassol vermelho	________	________	________
papel de tornassol azul	________	________	________

NEUTRALIZAÇÃO PARCIAL

Termos e conceitos

» **Defina os termos ou conceitos a seguir.**

sal normal ______________________________

____

neutralização parcial do ácido ______________________________

____

neutralização parcial da base ______________________________

____

Guia de estudo

1

Neutralização parcial do ácido

Encontrei essas informações na(s) página(s) ________.

» **Indique os produtos formados nas reações de neutralização esquematizadas abaixo.**

ácido + base $\xrightarrow[\text{total}]{\text{neutralização}}$ ________ + ________

ácido + base $\xrightarrow[\text{parcial do ácido}]{\text{neutralização}}$ ________ + ________

2

Neutralização parcial da base

Encontrei essas informações na(s) página(s) ________.

» **Indique os reagentes ou produtos para as reações esquematizadas abaixo.**

________ + ________ $\xrightarrow[\text{total}]{\text{neutralização}}$ sal normal + água

ácido + base $\xrightarrow[\text{parcial da base}]{\text{neutralização}}$ ________ + ________

3

Nomenclatura e formulação dos hidrogenossais e hidroxissais

Encontrei essas informações na(s) página(s) ________.

» **Preencha a tabela a seguir.**

Nome	Fórmula
Hidrogenofosfato de cálcio	________
________	Cu(OH)Cℓ
Di-hidroxinitrato de alumínio	________

4

Neutralização parcial

Encontrei essas informações na(s) página(s) ________.

» **Estude** toda esta seção e **complete** o esquema a seguir.

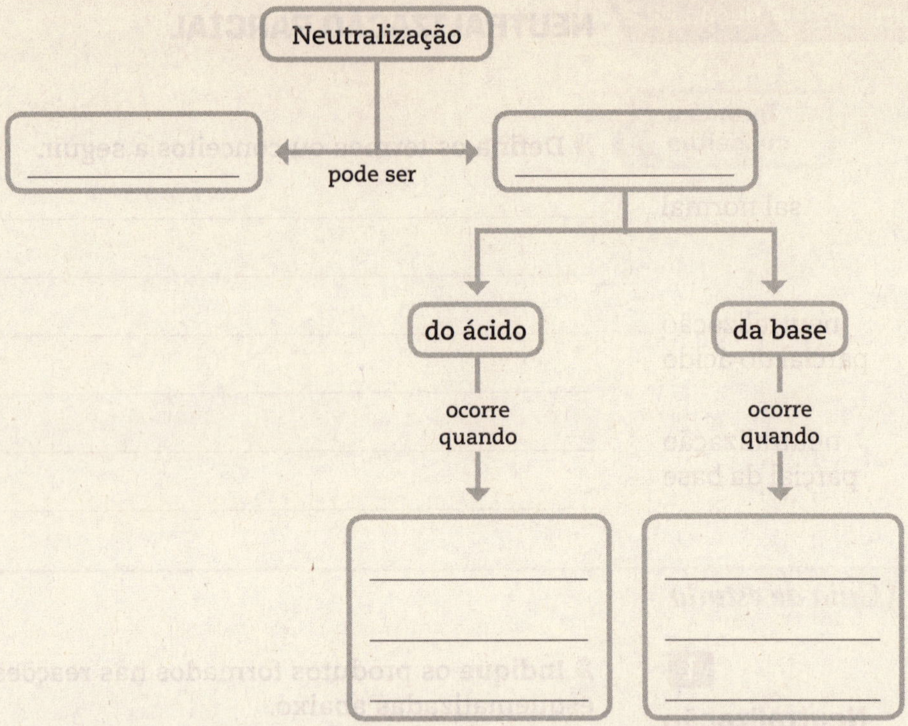

» **Preencha** a tabela abaixo com os termos hidrogenossal, hidroxissal ou sal neutro, considerando o produto formado nas reações entre o ácido e a base indicados na proporção 1:1.

Base \ Ácido	HNO_3	H_2SO_4	H_3PO_4
NaOH			
$Ca(OH)_2$			
$A\ell(OH)_3$			

Faça a conexão

» **Pesquise** as características do bicarbonato de sódio, **classifique-o** como hidrogenossal ou hidroxissal e explique por que ele é usado como antiácido.

SAIS HIDRATADOS

COMPOSTOS HIGROSCÓPICOS

Termos e conceitos

» Defina os termos ou conceitos a seguir.

água de cristalização (água de hidratação) ______________________________

sal hidratado ______________________________

composto higroscópico ______________________________

Guia de estudo

1

Sais hidratados

Encontrei essas informações na(s) página(s) ________.

» **Escreva, na forma de equação química, os textos a seguir.**

O sulfato de cobre (II), em contato com a água, hidrata-se a sulfato de cobre (II) pentaidratado.

Equação química: ______________________________

O sulfato de cobre (II) pentaidratado, quando aquecido, perde água de cristalização, produzindo o sulfato de cobre (II).

Equação química: ______________________________

2

Compostos higroscópicos

Encontrei essas informações na(s) página(s) ________.

» **Explique o fato relatado a seguir.**

Certa amostra de 10 g de sal de cozinha é colocada em um saleiro, no litoral. Após 6 horas sem utilização do saleiro, verifica-se que a massa da amostra é 11 g.

____

Faça a conexão

» Qual é a função do arroz cru que algumas pessoas costumam colocar nos saleiros?

____

FECHANDO O CAPÍTULO

» **Marque** um X na coluna que melhor reflete o seu aprendizado de cada tema. Depois, **compare** esta tabela com a que você preencheu no “Antes de estudar o capítulo”.

Temas principais do capítulo	Já sabia tudo	Aprendi sobre o tema	Não entendi... Socorro!!!
Conceituação de sal			
Neutralização total			
Neutralização parcial do ácido			
Neutralização parcial da base			
Nomenclatura e formulação do sais normais, hidrogenossais e hidroxissais			
Sais hidratados			
Compostos higroscópicos			

Se você não entendeu algum desses temas, reveja as atividades do *Caderno do Estudante* e revise seu livro-texto. Quando for necessário, peça ajuda a seu professor ou a um colega.

» **Reveja** a segunda atividade do “Antes de estudar o capítulo” e **reavalie** as suas escolhas. Se **julgar** necessário, **escreva** novas justificativas e **compare-as** com suas considerações iniciais.

Sintetize

» **Identifique** as informações que você aprendeu sobre sais.

Unidade G
Capítulo
23

Força de eletrólitos

Seções:
23.1 Força dos ácidos
23.2 Solubilidade e força das bases
23.3 Solubilidade e "força" dos sais

Antes de estudar o capítulo

» Veja nesta tabela os temas principais do capítulo e **marque** um X na coluna que melhor traduz o que você pensa sobre a aprendizagem de cada tema.

Temas principais do capítulo	Domino o tema	Vai ser fácil	Vai ser difícil
Força dos ácidos			
Solubilidade e força das bases			
Solubilidade e "força" dos sais			

» Veja abaixo alguns termos e conceitos que você encontrará no capítulo. **Marque** um X naqueles que você julga que estão relacionados à imagem.

☐ ionização
☐ dissociação iônica
☐ eletrólito
☐ grau de ionização
☐ ácido forte
☐ ácido fraco
☐ base forte
☐ base fraca
☐ sal solúvel
☐ sal insolúvel

MARK A. JOHNSON/ALAMY/OTHER IMAGES

Justifique suas escolhas.

FORÇA DOS ÁCIDOS

Termos e conceitos

» **Defina os termos ou conceitos a seguir.**

grau de ionização (α) ______________________________

ácido forte ______________________________

ácido moderado ______________________________

ácido fraco ______________________________

Guia de estudo

Força dos ácidos

Encontrei essas informações na(s) página(s) ________.

» **Relacione** os ácidos listados a seguir com as figuras abaixo, baseando-se na sua força.

Ácidos: H_2CO_3, HNO_2, HNO_3, HBr, HI, $HC\ell O_4$, HF, H_3PO_4, HCN, H_3BO_3, H_2S, CH_3COOH, H_2SO_4, $HC\ell$

brilho intenso

brilho menos intenso

brilho difícil de obter com aparelhagem caseira

______________ ______________ ______________

Faça a conexão

» **Pesquise** exemplos de ácidos moderados e fracos que estão presentes em seu cotidiano e **escreva** qual é o ácido forte que está presente em nosso organismo.

____

Capítulo 23 | Seção 23.2 | Seção 23.3

SOLUBILIDADE E FORÇA DAS BASES
SOLUBILIDADE E "FORÇA" DOS SAIS

Termos e conceitos

» **Defina os termos ou conceitos a seguir.**

base fraca ______________________________

base forte ______________________________

Guia de estudo

1

Solubilidade e força das bases

Encontrei essas informações na(s) página(s) ________.

» **Correlacione** a solubilidade e a força das bases, preenchendo o diagrama a seguir.

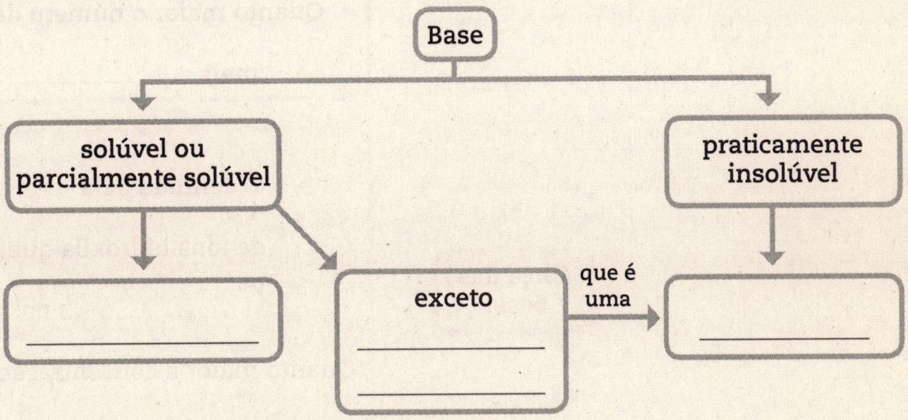

» **Preencha** a ficha com informações sobre a solubilidade dos hidróxidos e **complete** a frase com a definição de base insolúvel.

Solubilidade dos hidróxidos	
Solúveis	
Parcialmente solúveis	
Insolúveis	

Dizer que uma base é "insolúvel" não significa que ela ______________________________, mas que se dissolve em quantidade ______________________.

2

Solubilidade e "força" dos sais

Encontrei essas informações na(s) página(s) __________.

» **Diferencie** os sais quanto à sua solubilidade, completando o diagrama a seguir.

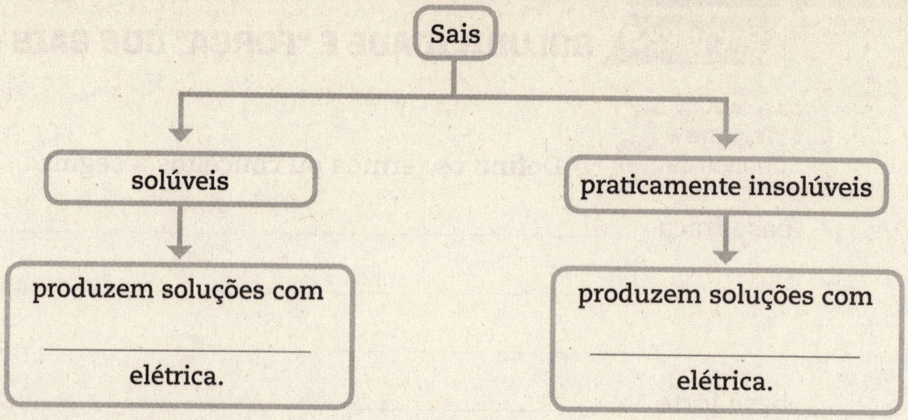

Encontrei essas informações na(s) página(s) __________.

» **Compare** o conceito de força para os ácidos, as bases e os sais, completando os espaços em branco.

Força dos ácidos → É proporcional à quantidade de moléculas que sofrem __________________ quando se dissolve o __________________ na __________________.
Quanto maior o número de moléculas ionizadas, mais __________________ é o ácido.

Força das bases → É definida pela __________________ de íons hidroxila quando se dissolve a __________________ na __________________.
Quanto maior a concentração de íons hidroxila, mais __________________ é a base.

"Força" dos sais → Não é costume falar em "força" de __________________. É importante saber que todo sal que se dissolva bem em água produzirá ______________________________.

Faça a conexão

» **Pesquise**, em rótulos de materiais de limpeza, um exemplo de base fraca.

____

____

FECHANDO O CAPÍTULO

» **Marque** um X na coluna que melhor reflete o seu aprendizado de cada tema. Depois, **compare** esta tabela com a que você preencheu no "Antes de estudar o capítulo".

Temas principais do capítulo	Já sabia tudo	Aprendi sobre o tema	Não entendi... Socorro!!!
Força dos ácidos			
Solubilidade e força das bases			
Solubilidade e "força" dos sais			

Se você não entendeu algum desses temas, reveja as atividades do *Caderno do Estudante* e revise seu livro-texto. Quando for necessário, peça ajuda a seu professor ou a um colega.

» **Reveja** a segunda atividade do "Antes de estudar o capítulo" e **reavalie** as suas escolhas. Se **julgar** necessário, **escreva** novas justificativas e **compare-as** com suas considerações iniciais.

Sintetize

» **Identifique** as informações que você aprendeu sobre força de eletrólitos.

Unidade G

Capítulo

24

Óxidos

Seções:

Antes de estudar o capítulo

Veja nesta tabela os temas principais do capítulo e marque um X na coluna que melhor traduz o que você pensa sobre a aprendizagem de cada tema.

Temas principais do capítulo	Domino o tema	Vai ser fácil	Vai ser difícil
Óxidos moleculares e óxidos iônicos			
Óxidos ácidos ou anidridos			
Reações de óxidos ácidos			
Óxidos básicos			
Reações de óxidos básicos			
Óxidos neutros			
Óxidos ácidos e poluição			

Veja abaixo alguns termos e conceitos que você encontrará no capítulo. Marque um X naqueles que você julga que estão relacionados à imagem.

- [ ] óxido
- [ ] óxido ácido ou anidrido
- [ ] óxido básico
- [ ] óxido neutro
- [ ] peróxido de hidrogênio
- [ ] efeito estufa
- [ ] chuva ácida

RYAN MCGINNIS/ALAMY/OTHER IMAGENS

Justifique suas escolhas.

ÓXIDOS: DEFINIÇÃO E NOMENCLATURA

Termos e conceitos

» **Defina** os termos ou conceitos a seguir.

óxido ______________________________

____

íon óxido ______________________________

____

Guia de estudo

Óxidos moleculares e iônicos

» **Complete** o esquema a seguir com informações sobre óxidos moleculares e óxidos iônicos.

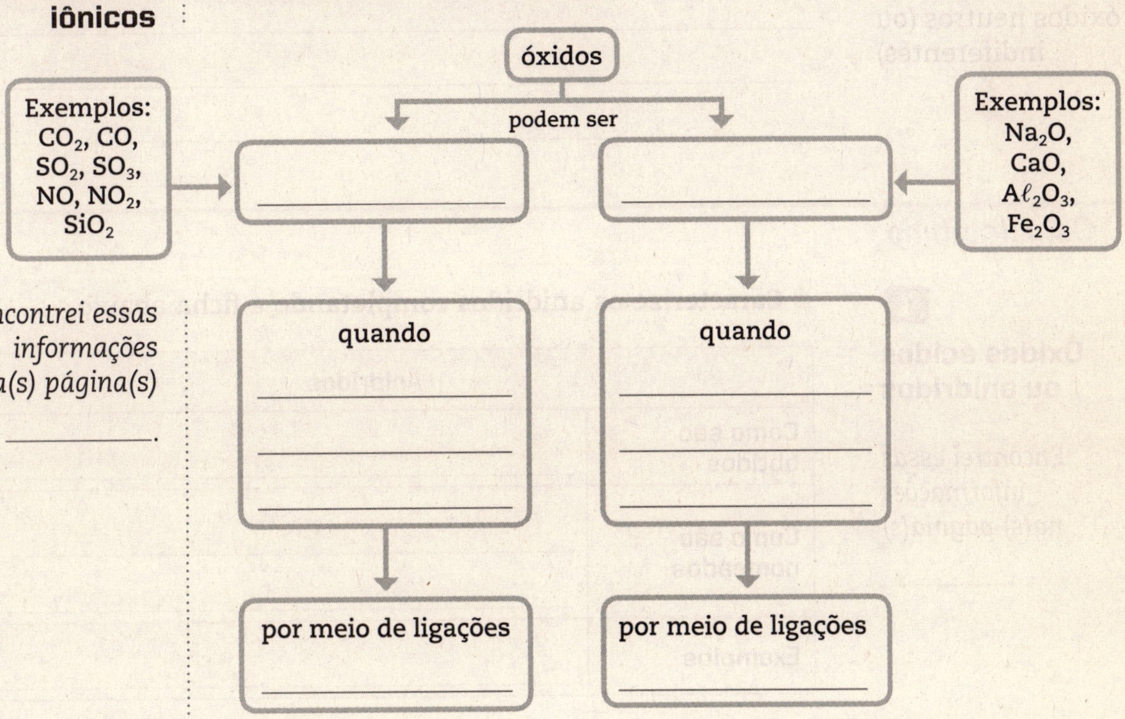

Encontrei essas informações na(s) página(s) ________.

Faça a conexão

» **Pesquise** em jornais e revistas citações sobre alguns óxidos, moleculares e iônicos, presentes no ambiente.

____

____

____

____

Seção 24.2 ÓXIDOS ÁCIDOS OU ANIDRIDOS

Seção 24.3 ÓXIDOS BÁSICOS

Seção 24.4 ÓXIDOS NEUTROS

Termos e conceitos

» **Defina os termos ou conceitos a seguir.**

gelo-seco ______________________________

____

____

cal viva (ou virgem) ______________________________

____

____

óxidos neutros (ou indiferentes) ______________________________

____

____

Guia de estudo

1

Óxidos ácidos ou anidridos

Encontrei essas informações na(s) página(s)

__________.

» **Caracterize** os anidridos completando a ficha abaixo.

Anidridos	
Como são obtidos	______________________________
Como são nomeados	______________________________ ______________________________
Exemplos	______________________________

» **Esquematize e exemplifique** a desidratação de ácidos completando os quadros abaixo.

ácido —desidratação→ [__________ __________] + [__________]

Exemplo:

[__________] → [SO_3] + [H_2O]

2

Reações de óxidos ácidos

Encontrei essas informações na(s) página(s) ________.

» **Complete** o diagrama a seguir sobre as reações de óxidos ácidos.

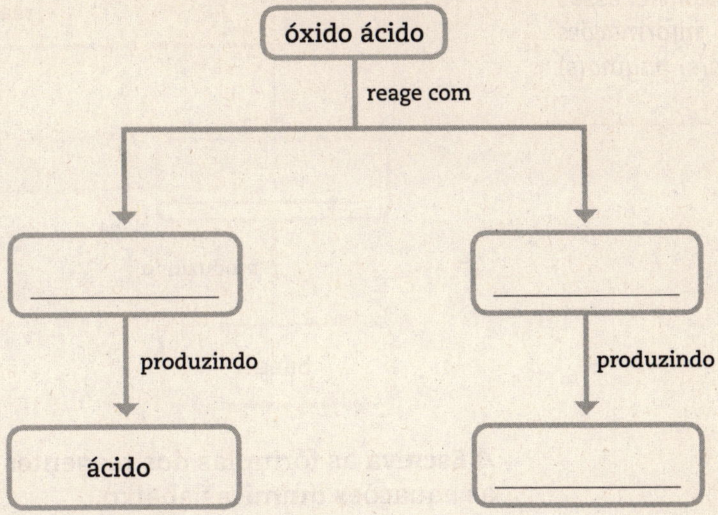

» **Escreva** as fórmulas dos reagentes ou produtos que completam as equações químicas abaixo.

$CO_2 + H_2O \rightarrow$ ________

________ (óxido ácido) + ________ $\rightarrow CaCO_3 + H_2O$

3

Óxidos básicos

Encontrei essas informações na(s) página(s) ________.

» **Caracterize** os óxidos básicos completando a ficha a seguir.

Óxidos básicos	
Como são obtidos	
Como são nomeados	
Exemplos	

» **Esquematize e exemplifique** a desidratação de óxidos básicos completando os quadros abaixo.

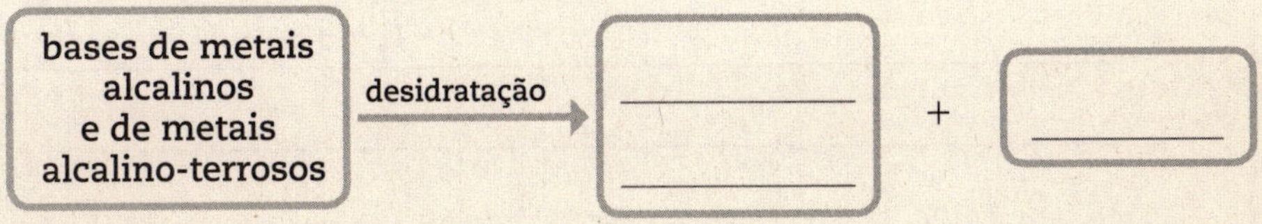

Exemplo:

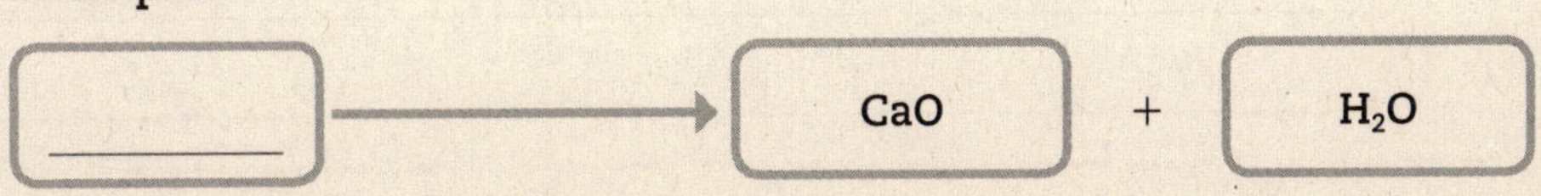

4 Reações de óxidos básicos

Encontrei essas informações na(s) página(s) ______.

» **Complete** o diagrama a seguir com informações sobre as reações de óxidos básicos.

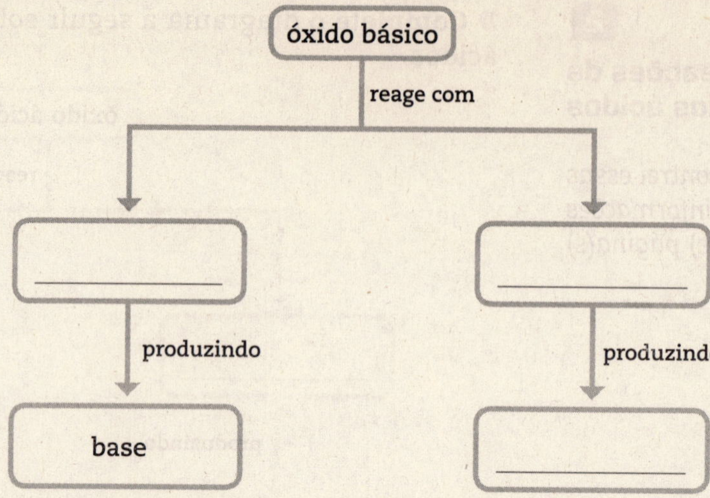

» **Escreva** as fórmulas dos reagentes ou produtos que completam as equações químicas abaixo.

Na_2O + H_2O → ______

______ (óxido básico) + ______ → $CaC\ell_2$ + H_2O

5 Óxidos neutros

Encontrei essas informações na(s) página(s) ______.

» **Defina e exemplifique** o que são óxidos neutros completando o diagrama.

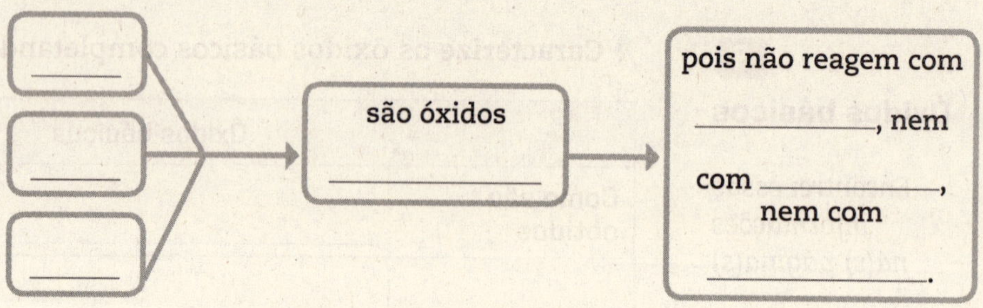

Faça a conexão

» As águas de superfície — rios, lagos etc. —, mesmo em locais não poluídos, são ligeiramente ácidas. **Elabore** uma explicação para esse fato.

____

____

____

____

____

____

PERÓXIDOS

HÁ ÓXIDOS ÁCIDOS ENVOLVIDOS NA POLUIÇÃO ATMOSFÉRICA

Termos e conceitos

» **Defina os termos ou conceitos a seguir.**

peróxido de hidrogênio ______________________

íon peróxido ______________________

efeito estufa ______________________

chuva ácida ______________________

SO_x ______________________

NO_x ______________________

Guia de estudo

1

Peróxidos

Encontrei essas informações na(s) página(s) ________.

» **Organize as informações sobre os peróxidos completando a ficha abaixo.**

Peróxidos	
Estrutura do íon peróxido	
Peróxidos mais importantes	
Nomenclatura	
Exemplos	

2

Óxidos ácidos e poluição

Encontrei essas informações na(s) página(s) ______.

» **Complete** o organizador com informações sobre o ar atmosférico e óxidos que poluem a atmosfera.

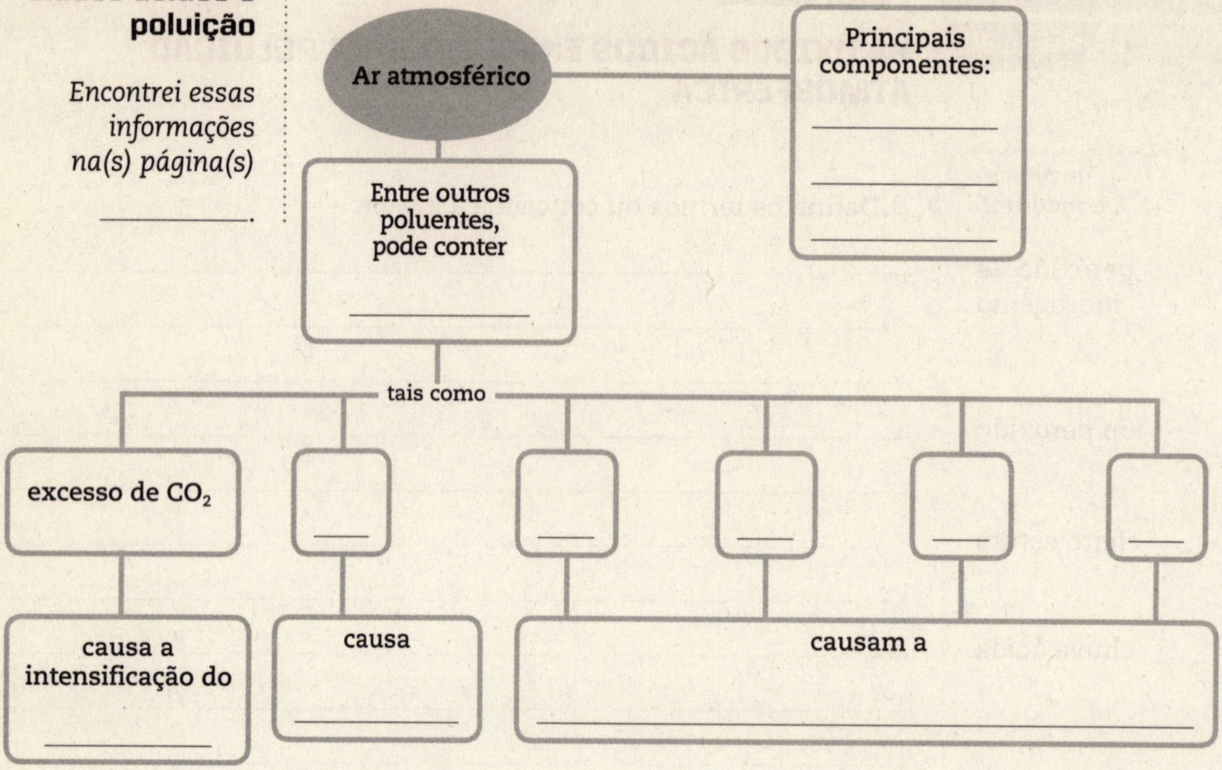

Encontrei essas informações na(s) página(s) ______.

» **Preencha** a tabela com a origem dos óxidos ácidos envolvidos com a poluição.

Substâncias	Origem
Óxidos de carbono	
Óxidos de enxofre	
Óxidos de nitrogênio	

Faça a conexão

» **Reflita** sobre as diversas atitudes que você pode tomar para auxiliar na diminuição da emissão de poluentes.

FECHANDO O CAPÍTULO

» **Marque** um X na coluna que melhor reflete o seu aprendizado de cada tema. Depois, **compare** esta tabela com a que você preencheu no "Antes de estudar o capítulo".

Temas principais do capítulo	Já sabia tudo	Aprendi sobre o tema	Não entendi... Socorro!!!
Óxidos moleculares e óxidos iônicos			
Óxidos ácidos ou anidridos			
Reações de óxidos ácidos			
Óxidos básicos			
Reações de óxidos básicos			
Óxidos neutros			
Óxidos ácidos e poluição			

Se você não entendeu algum desses temas, reveja as atividades do *Caderno do Estudante* e revise seu livro-texto. Quando for necessário, peça ajuda a seu professor ou a um colega.

» **Reveja** a segunda atividade do "Antes de estudar o capítulo" e **reavalie** as suas escolhas. Se **julgar** necessário, **escreva** novas justificativas e **compare-as** com suas considerações iniciais.

Sintetize

» **Identifique** as informações que você aprendeu sobre óxidos.

Unidade H

Capítulo 25

Classificação das reações inorgânicas

Seção:

25.1 Tipos de reação inorgânica

Antes de estudar o capítulo

» **Veja nesta tabela os temas principais do capítulo e marque um X na coluna que melhor traduz o que você pensa sobre a aprendizagem de cada tema.**

Temas principais do capítulo	Domino o tema	Vai ser fácil	Vai ser difícil
Reagentes e produtos nas reações químicas			
Tipos de reações químicas			

» **Veja abaixo alguns termos e conceitos que você encontrará no capítulo. Marque um X naqueles que você julga que estão relacionados à imagem.**

- [ ] fenômeno químico
- [ ] evidência de reação química
- [ ] reação de adição
- [ ] produtos de reação
- [ ] observações qualitativas

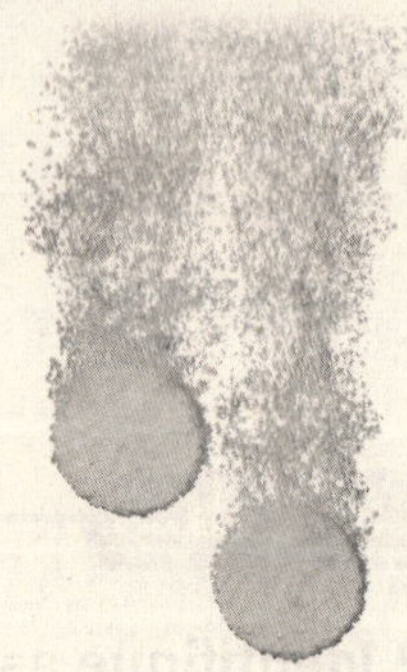

KEITH NEALE/MASTERFILE/OTHER IMAGES

Justifique suas escolhas.

TIPOS DE REAÇÃO INORGÂNICA

Termos e conceitos

» **Defina os termos ou conceitos a seguir.**

reação química ______________________________

equação química ______________________________

balanceamento de equação química ______________________________

Guia de estudo

1

Reações químicas

Encontrei essas informações na(s) página(s) ________.

» **Diferencie os tipos de fenômenos ou transformações completando os quadros abaixo.**

Fenômenos (ou transformações)

- **Físicos**
  - **Não há modificação das substâncias químicas.**
  - **Exemplo: mudança de estado físico.**
- ________________
  - ________________
  - ________________
  - **Exemplo:** ________________

2

Reagentes e produtos nas reações químicas

Encontrei essas informações na(s) página(s) ________.

» **Complete** o diagrama com informações sobre os tipos de reações inorgânicas.

REAÇÕES INORGÂNICAS

- reação de ________ ou ________
  - Características: dois ou mais reagentes; um só produto.
- reação de ________
  - Características: um só reagente; dois ou mais produtos.
- reação de ________ ou ________
  - Características: substância simples e outra composta nos reagentes; substância simples e outra composta nos produtos.
- reação de ________
  - Características: duas substâncias compostas nos reagentes; duas novas substâncias compostas nos produtos

3

Tipos de reações químicas

Encontrei essas informações na(s) página(s) ________.

» **Associe** a coluna da esquerda com a coluna da direita.

Reação de adição	$2\ NH_3 \rightarrow N_2 + 3\ H_2$
Reação de decomposição	$Fe + 2\ HC\ell \rightarrow H_2 + FeC\ell_2$
Reação de deslocamento	$H_2SO_4 + CaCO_3 \rightarrow CaSO_4 + H_2CO_3$
Reação de dupla troca	$2\ H_2 + O_2 \rightarrow 2\ H_2O$

Faça a conexão

» **Pesquise** o motivo de os bolos crescerem com a adição de fermento químico. **Justifique** a sua resposta.

____

____

____

____

FECHANDO O CAPÍTULO

» **Marque** um X na coluna que melhor reflete o seu aprendizado de cada tema. Depois, **compare** esta tabela com a que você preencheu no "Antes de estudar o capítulo".

Temas principais do capítulo	Já sabia tudo	Aprendi sobre o tema	Não entendi... Socorro!!!
Reagentes e produtos nas reações químicas			
Tipos de reações químicas			

Se você não entendeu algum desses temas, reveja as atividades do *Caderno do Estudante* e revise seu livro-texto. Quando for necessário, peça ajuda a seu professor ou a um colega.

» **Reveja** a segunda atividade do "Antes de estudar o capítulo" e **reavalie** as suas escolhas. Se **julgar** necessário, **escreva** novas justificativas e **compare-as** com suas considerações iniciais.

Sintetize

» **Identifique** as informações que você aprendeu sobre reações químicas, seus tipos e suas representações.

Unidade H

Capítulo

26

Reações de simples troca (deslocamento)

Seções:

- 26.1 Reações de deslocamento envolvendo metais
- 26.2 Reações de metais com ácidos
- 26.3 Reações de deslocamento envolvendo não metais
- 26.4 Equações químicas na forma iônica

Antes de estudar o capítulo

» **Veja nesta tabela os temas principais do capítulo e marque um X na coluna que melhor traduz o que você pensa sobre a aprendizagem de cada tema.**

Temas principais do capítulo	Domino o tema	Vai ser fácil	Vai ser difícil
Fila de reatividade dos metais			
Prever a ocorrência de uma reação de deslocamento			
Reatividade *versus* nobreza de metais			
Reatividade dos não metais			
Íons espectadores			
Equação iônica			

» **Veja abaixo alguns termos e conceitos que você encontrará no capítulo. Marque um X naqueles que você julga que estão relacionados à imagem.**

- [ ] reatividade química
- [ ] reação de deslocamento
- [ ] metais alcalinos
- [ ] metais alcalino-terrosos
- [ ] metais de transição
- [ ] calcogênios
- [ ] metais nobres

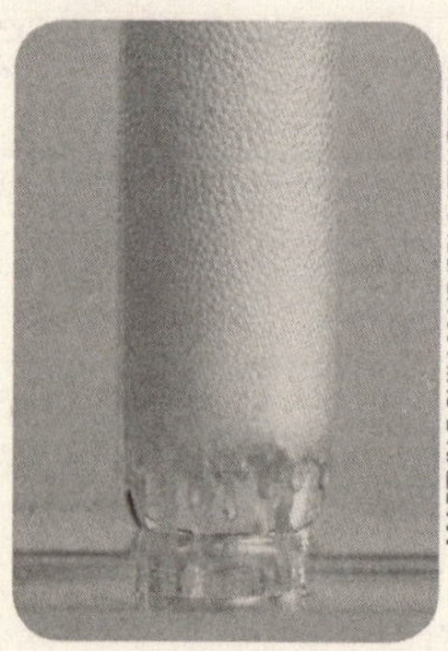

MARTYN F. CHILLMAID/SPL/LATINSTOCK

Reação entre o magnésio e o ácido clorídrico.

Justifique suas escolhas.

Capítulo 26 | Seção 26.1 **REAÇÕES DE DESLOCAMENTO ENVOLVENDO METAIS**

Seção 26.2 **REAÇÕES DE METAIS COM ÁCIDOS**

Seção 26.3 **REAÇÕES DE DESLOCAMENTO ENVOLVENDO NÃO METAIS**

Termos e conceitos

» **Defina os termos ou conceitos a seguir.**

deslocar ______________________________

____

____

____

reatividade ______________________________

____

____

____

nobreza ______________________________

____

____

____

Guia de estudo

1

Fila de reatividade dos metais

» **Complete o diagrama com informações sobre a fila de reatividade dos metais.**

← Reatividade aumenta

Li > ___ > Ca > ___ > ___ > Aℓ > Zn > ___ > ___ > Ni > ___ > Pb > ___ > ___ > ___ > Pt > Au

Metais alcalinos e ______________ ______________

Metais ______________ ______________ no cotidiano

Metais ______________ ______________

Nobreza aumenta →

Encontrei essas informações na(s) página(s) ________.

2

Prever a ocorrência de uma reação de deslocamento

Encontrei essas informações na(s) página(s) __________.

» **Justifique** a ocorrência ou não das reações listadas na tabela abaixo usando a fila de reatividade dos metais.

		Placas metálicas		
		Mg	Pb	Ag
Soluções	$Mg(NO_3)_2$	–	Não ocorre reação	Não ocorre reação
	$Pb(NO_3)_2$	Ocorre reação	–	Não ocorre reação
	$AgNO_3$	Ocorre reação	Ocorre reação	–

____

____

____

3

Reatividade *versus* nobreza de metais

Encontrei essas informações na(s) página(s) __________.

» **Organize** as informações sobre a reação do zinco e do ferro com o ácido clorídrico completando os quadros abaixo.

O zinco e o ferro são corroídos pelo ácido clorídrico.

Nessas reações, ocorre desprendimento de um __________, que se comprova ser o _______________.

Portanto, pode-se dizer que o __________ e o __________ deslocam o __________.

Conclui-se, desses resultados experimentais, que o zinco e o ferro são _______________ que o __________.

» **Complete** o organizador com informações sobre a reatividade dos metais.

Metais

____________________ | ____________________

não reagem com $HC\ell$ porque ____________________ ____________________

reagem com $HC\ell$ porque ____________________ ____________________

» **Defina o conceito de nobreza completando os quadros abaixo.**

Nobreza dos metais

Definição:

____

____

____

____

Exemplos de metais nobres:

__________, __________, __________,

__________ e __________.

4

Reatividade dos não metais

Encontrei essas informações na(s) página(s)

__________.

» **Dê sentido ao texto abaixo, completando as frases a seguir.**

Assim como ocorre com os metais, a __________________ dos não metais está fundamentada em __________________ que possibilitam construir a seguinte ordem:

$$F > O > C\ell > Br > I > S$$

Portanto, o __________________ é o elemento mais reativo e o __________________ é o menos reativo dessa fila.

Faça a conexão

» **Pesquise de qual material é feita a Estátua da Liberdade e por que ela apresenta cor verde.**

____

____

____

____

____

____

EQUAÇÕES QUÍMICAS NA FORMA IÔNICA

Termos e conceitos

» **Defina** os termos ou conceitos a seguir.

equação iônica ______________________________

____

íon espectador ______________________________

____

Guia de estudo

1

Íons espectadores

Encontrei essas informações na(s) página(s) ________.

» **Observe** o esquema da reação entre o zinco metálico e o sulfato de cobre em solução. Em seguida, **classifique** as afirmações como verdadeiras ou falsas.

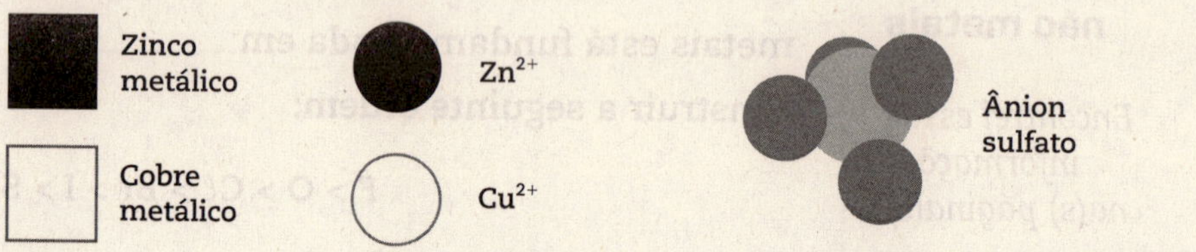

$$Zn\ (s) + CuSO_4\ (aq) \rightarrow Cu\ (s) + ZnSO_4\ (aq)$$

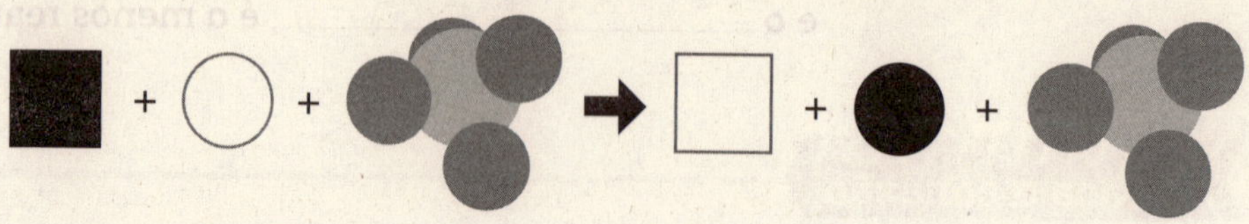

O ânion sulfato está em solução nos reagentes. (____)

O ânion sulfato está em solução nos produtos. (____)

O zinco está em solução nos reagentes. (____)

O cátion zinco está em solução nos produtos. (____)

O cátion cobre está em solução nos reagentes. (____)

O cobre está em solução nos produtos. (____)

Os íons sulfato são íons espectadores. (____)

2

Equação iônica

Encontrei essas informações na(s) página(s) ________.

» **Dê sentido** ao texto abaixo, completando as lacunas.

A melhor forma para representar uma reação de deslocamento em solução é por meio da ________________, na qual ficam evidenciados os verdadeiros ________________ da reação, uma vez que os íons ________________ não figuram.

FECHANDO O CAPÍTULO

» **Marque** um X na coluna que melhor reflete o seu aprendizado de cada tema. Depois, **compare** esta tabela com a que você preencheu no "Antes de estudar o capítulo".

Temas principais do capítulo	Já sabia tudo	Aprendi sobre o tema	Não entendi... Socorro!!!
Fila de reatividade dos metais			
Prever a ocorrência de uma reação de deslocamento			
Reatividade *versus* nobreza de metais			
Reatividade dos não metais			
Íons espectadores			
Equação iônica			

Se você não entendeu algum desses temas, reveja as atividades do *Caderno do Estudante* e revise seu livro-texto. Quando for necessário, peça ajuda a seu professor ou a um colega.

» **Reveja** a segunda atividade do "Antes de estudar o capítulo" e **reavalie** as suas escolhas. Se **julgar** necessário, **escreva** novas justificativas e **compare-as** com suas considerações iniciais.

Sintetize

» **Identifique** as principais informações sobre reatividade e deslocamento entre metais, reação de metais com ácidos, reações de deslocamento envolvendo não metais e equações iônicas.

Unidade H
Capítulo
27

Reações de dupla troca

Seções:

27.1 Reações de dupla troca com precipitação

27.2 Reações de dupla troca com formação de substância volátil

27.3 Dupla troca com formação de produto menos dissociado

Antes de estudar o capítulo

» **Veja nesta tabela os temas principais do capítulo e marque um X na coluna que melhor traduz o que você pensa sobre a aprendizagem de cada tema.**

Temas principais do capítulo	Domino o tema	Vai ser fácil	Vai ser difícil
Condições em que ocorrem reações de dupla troca			
Formação de precipitado ou de produto volátil			

» **Veja abaixo alguns termos e conceitos que você encontrará no capítulo. Marque um X naqueles que você julga que estão relacionados à imagem.**

- [ ] reagentes solúveis
- [ ] efervescência
- [ ] precipitação
- [ ] produto insolúvel
- [ ] reação de dupla troca

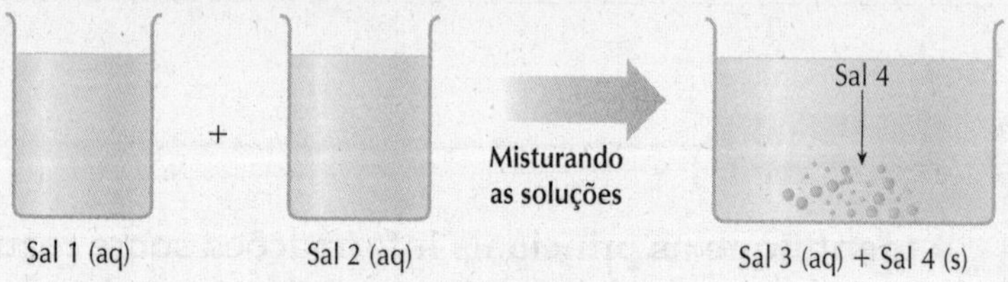

Justifique suas escolhas.

Seção 27.1 **REAÇÕES DE DUPLA TROCA COM PRECIPITAÇÃO**

Seção 27.2 **REAÇÕES DE DUPLA TROCA COM FORMAÇÃO DE SUBSTÂNCIA VOLÁTIL**

Seção 27.3 **DUPLA TROCA COM FORMAÇÃO DE PRODUTO MENOS DISSOCIADO**

Termos e conceitos

» Defina os termos ou conceitos a seguir.

precipitação ______________________________

____

____

volátil ______________________________

____

____

Guia de estudo

1

Condições em que ocorrem reações de dupla troca

Encontrei essas informações na(s) página(s) ________.

» **Complete** o organizador com as características necessárias para ocorrer uma reação de dupla troca.

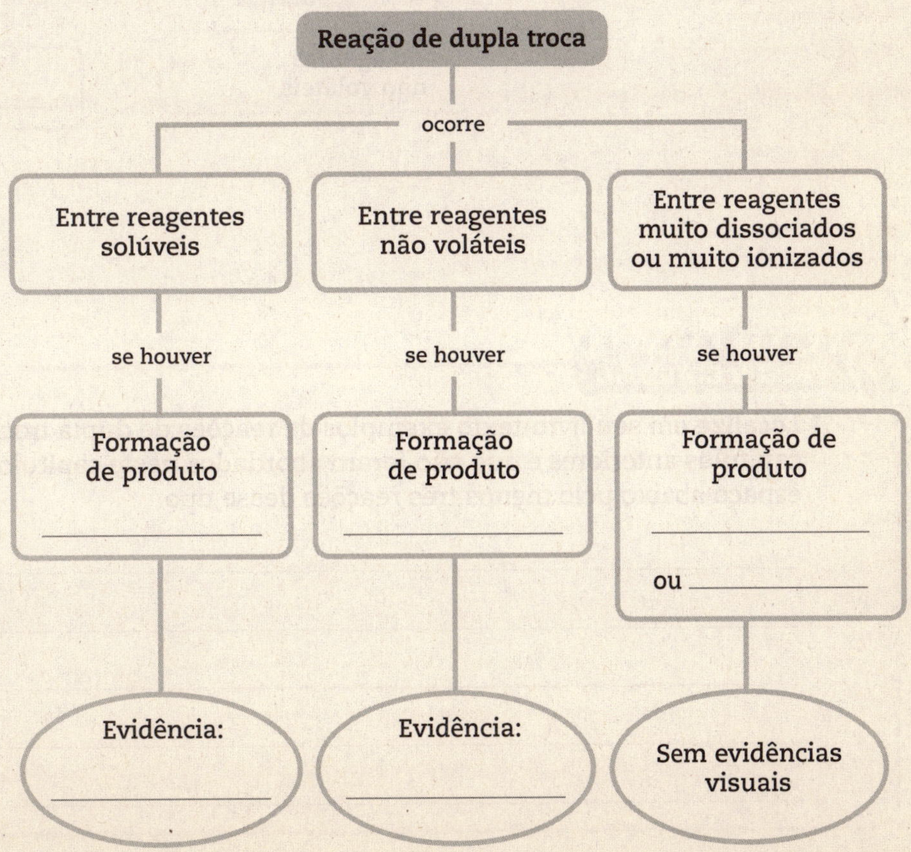

2

Formação de precipitado ou de produto volátil

Encontrei essas informações na(s) página(s) ________.

» Resuma casos mais comuns de dupla troca, preenchendo o diagrama.

Caso genérico:

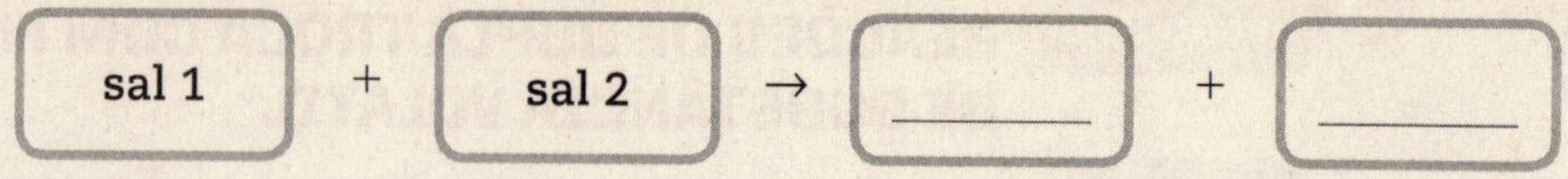

Exemplo:

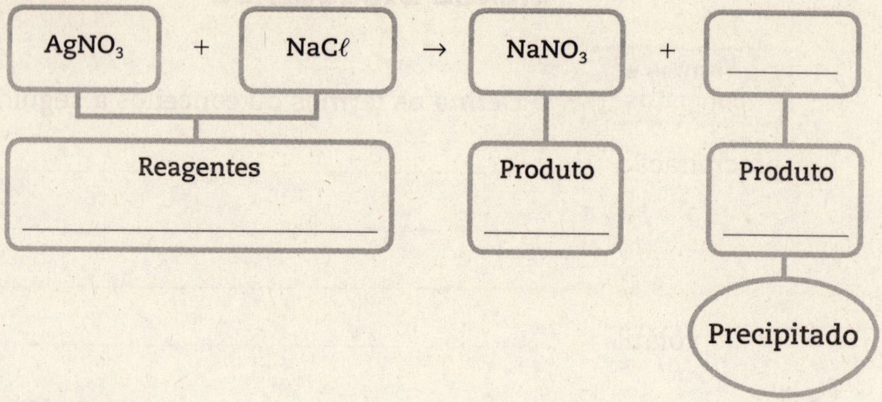

Caso genérico:

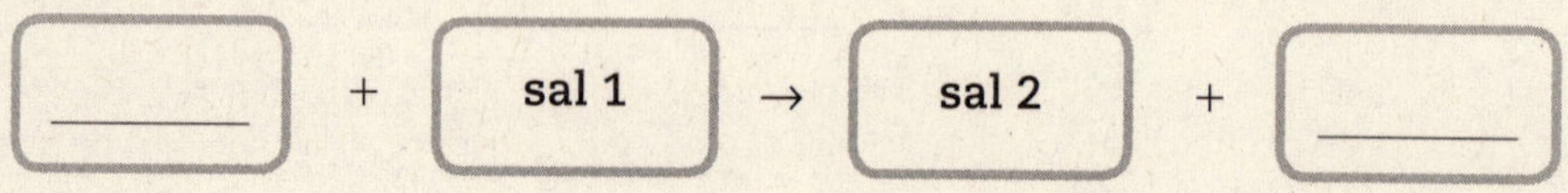

Exemplo:

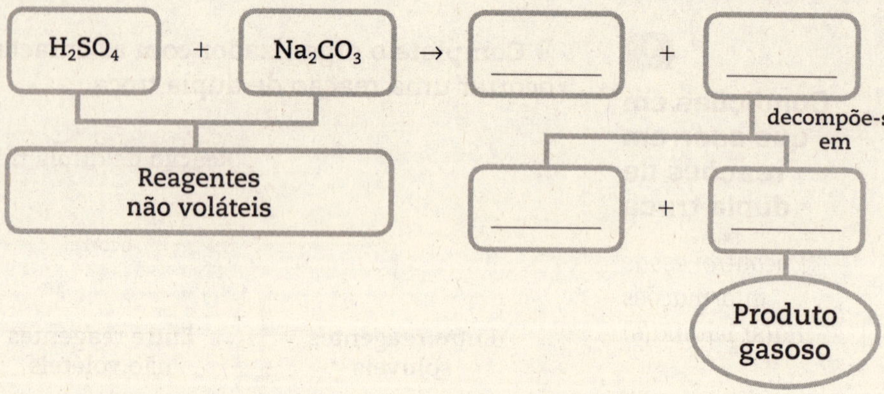

Faça a conexão

» **Localize** em seu livro-texto exemplos de reações de dupla troca apresentados em capítulos anteriores e que não foram abordados neste capítulo. **Transcreva** para o espaço abaixo pelo menos três reações desse tipo.

____

____

____

____

____

FECHANDO O CAPÍTULO

» **Marque** um X na coluna que melhor reflete o seu aprendizado de cada tema. Depois, **compare** esta tabela com a que você preencheu no "Antes de estudar o capítulo".

Temas principais do capítulo	Já sabia tudo	Aprendi sobre o tema	Não entendi... Socorro!!!
Condições em que ocorrem reações de dupla troca			
Formação de produto menos dissociado ou menos ionizado do que os reagentes			

Se você não entendeu algum desses temas, reveja as atividades do *Caderno do Estudante* e revise seu livro-texto. Quando for necessário, peça ajuda a seu professor ou a um colega.

» **Reveja** a segunda atividade do "Antes de estudar o capítulo" e **reavalie** as suas escolhas. Se **julgar** necessário, **escreva** novas justificativas e **compare-as** com suas considerações iniciais.

Sintetize

» **Identifique** as principais informações que você estudou sobre reações de dupla troca, organizando-as de acordo com o seguinte roteiro:

- **Cite** três condições para que ocorram reações de dupla troca.
- Como podemos prever se, ao misturar duas soluções aquosas, haverá precipitação ou liberação de gás?

Unidade I

Capítulo

28

Massa atômica, massa molecular e massa de íons

Seções:

Antes de estudar o capítulo

» **Veja nesta tabela os temas principais do capítulo e marque um X na coluna que melhor traduz o que você pensa sobre a aprendizagem de cada tema.**

Temas principais do capítulo	Domino o tema	Vai ser fácil	Vai ser difícil
Unidade de massa atômica			
Diferença entre número de massa e massa atômica			
Massa atômica de um elemento			
Massa molecular e tabela periódica			
Massa de íons			

» **Veja abaixo alguns termos e conceitos que você encontrará no capítulo. Marque um X naqueles que você julga que estão relacionados à imagem.**

- [ ] medição de uma grandeza
- [ ] comparação a um padrão
- [ ] unidade de medida
- [ ] objetos macroscópicos
- [ ] objetos microscópicos
- [ ] adequação da unidade de medida

ICONOTEC/ALAMY/OTHER IMAGES

Justifique suas escolhas.

ESTABELECENDO RELAÇÃO ENTRE MASSA E QUANTIDADE

Termos e conceitos

» Defina os termos ou conceitos a seguir.

grandeza ______________________________

unidade de medida ______________________________

espectrômetro de massa ______________________________

Guia de estudo

1 **Unidade de massa atômica**

Encontrei essas informações na(s) página(s) ______.

» **Caracterize** a *unidade de massa atômica* completando a tabela a seguir.

Unidade de massa atômica		
Definição		
Símbolo		
Aplicação		
Exemplos	C = ______ u	H = ______ u

2 **Número de massa *versus* massa atômica**

Encontrei essas informações na(s) página(s) ______.

» **Confronte** as definições e as unidades de medida do *número de massa* e da *massa atômica*, preenchendo a tabela a seguir.

	Número de massa	Massa atômica
Definição		
Unidade		

Seção 28.2 MASSA ATÔMICA DE UM ELEMENTO
Seção 28.3 MASSA MOLECULAR
Seção 28.4 MASSA DE ÍONS E MASSA FÓRMULA

Termos e conceitos

» **Defina** os termos ou conceitos a seguir.

abundância de isótopo ______________________________

massa molecular ______________________________

Guia de estudo

1

Massa atômica de um elemento

Encontrei essas informações na(s) página(s) ________.

» **Analise** as afirmações abaixo e **assinale** V para as verdadeiras e F para as falsas.

(___) A maioria dos elementos químicos apresenta apenas um isótopo na natureza.

(___) A massa atômica de um elemento químico é igual à massa média dos seus átomos.

(___) Para elementos que apresentam dois ou mais isótopos naturais, a massa atômica é obtida calculando-se a média das massas dos isótopos.

(___) A massa atômica é expressa em unidades de massa atômica.

2

Massa molecular e tabela periódica

Encontrei essas informações na(s) página(s) ________.

» **Descreva** a sequência de procedimentos para calcular a massa molecular de uma substância, completando o diagrama abaixo.

Obter na tabela periódica as ________ ________ dos elementos que compõem a molécula	→	Multiplicar cada valor obtido pelo respectivo ________ ________ presentes na molécula	→	________ os valores obtidos na etapa anterior

3

Massa de íons

Encontrei essas informações na(s) página(s) ________.

» **Dê sentido** à frase abaixo, preenchendo as lacunas adequadamente.

A massa dos íons é praticamente a mesma dos ________________,
pois a variação de massa decorrente da perda ou do ganho de
________________ pode ser considerada ________________.

FECHANDO O CAPÍTULO

» **Marque** um X na coluna que melhor reflete o seu aprendizado de cada tema. Depois, **compare** esta tabela com a que você preencheu no "Antes de estudar o capítulo".

Temas principais do capítulo	Já sabia tudo	Aprendi sobre o tema	Não entendi... Socorro!!!
Unidade de massa atômica			
Diferença entre número de massa e massa atômica			
Massa atômica de um elemento			
Massa molecular e tabela periódica			
Massa de íons			

Se você não entendeu algum desses temas, reveja as atividades do *Caderno do Estudante* e revise seu livro-texto. Quando for necessário, peça ajuda a seu professor ou a um colega.

» **Reveja** a segunda atividade do "Antes de estudar o capítulo" e **reavalie** as suas escolhas. Se **julgar necessário**, **escreva** novas justificativas e **compare-as** com suas considerações iniciais.

Sintetize

» **Identifique**, entre as informações fornecidas no capítulo, por que o grama — um padrão bastante conhecido para medidas de massa — não é utilizado para expressar a massa de átomos, moléculas ou íons.

Unidade I

Capítulo

29

A grandeza quantidade de matéria e a Constante de Avogadro

Seções:

29.1 Contando entidades (átomos, moléculas, fórmulas unitárias, íons etc.)

29.2 Saindo do micro e entrando no macro: relacionando u com grama

29.3 Quantidade de matéria (n)

29.4 Constante de Avogadro (N_A)

Antes de estudar o capítulo

» Veja nesta tabela os temas principais do capítulo e **marque** um X na coluna que melhor traduz o que você pensa sobre a aprendizagem de cada tema.

Temas principais do capítulo	Domino o tema	Vai ser fácil	Vai ser difícil
Determinação do número de entidades microscópicas que constituem uma porção de matéria			
Relação entre o grama e a unidade de massa atômica			
O mol: unidade de medida de quantidade de matéria			
A Constante de Avogadro			

» Veja abaixo alguns termos e conceitos que você encontrará no capítulo. **Marque** um X naqueles que você julga que estão relacionados ao número abaixo.

- [ ] átomos
- [ ] moléculas
- [ ] densidade
- [ ] mol
- [ ] entidades microscópicas

$$6 \cdot 10^{23}$$

Justifique suas escolhas.

Capítulo 29 | Seção 29.1

CONTANDO ENTIDADES (ÁTOMOS, MOLÉCULAS, FÓRMULAS UNITÁRIAS, ÍONS ETC.)

Seção 29.2

SAINDO DO MICRO E ENTRANDO NO MACRO: RELACIONANDO u COM GRAMA

Guia de estudo

1

Quantidade de entidades microscópicas presentes em uma amostra de matéria

Encontrei essas informações na(s) página(s) ________.

» **Dê sentido** à frase abaixo, preenchendo as lacunas adequadamente.

Em amostras de matéria que tenham a mesma ____________________, cada qual formada por uma substância ____________________, a quantidade de entidades microscópicas (____________________, ____________________ ou ____________________) presentes em cada amostra é diferente, pois a ____________________ de cada uma dessas entidades é ____________________ em cada substância. Sendo assim, a ____________________ não é uma grandeza que nos informa de modo direto o número de entidades microscópicas presentes em uma amostra.

» **Esclareça** por que é importante conhecer a quantidade de entidades microscópicas presentes em uma amostra de matéria, preenchendo o diagrama a seguir.

Conhecer a quantidade de entidades microscópicas presentes em uma amostra possibilita

→ ____________ amostras

→ ____________ fenômenos

→ ____________ acerca desses fenômenos

2

A relação entre gramas e unidades

Encontrei essas informações na(s) página(s) ________.

» Considerando que o grama (g) e a unidade de massa atômica (u) são unidades de medida de massa, **estabeleça** a relação entre essas duas unidades, completando o diagrama abaixo.

1 g — equivale a — ____________

↓ nível ____________ | ↓ nível ____________

QUANTIDADE DE MATÉRIA (n)

CONSTANTE DE AVOGADRO (N_A)

Termos e conceitos

» Defina o termo ou conceito a seguir.

Constante de Avogadro ______________________________

____

Guia de estudo

1

A massa de 1 mol de átomos

Encontrei essas informações na(s) página(s) ______.

» **Consulte** a tabela periódica para obter a massa atômica dos elementos da primeira tabela. Em seguida, **preencha** a segunda tabela, que relaciona a massa e a quantidade de átomos.

Elemento	Massa atômica
Hidrogênio	______
Cálcio	______
Ferro	______

Elemento	Número de átomos	Massa
Hidrogênio	1	______
Hidrogênio	______	1 g
______	1	40 u
Cálcio	$6 \cdot 10^{23}$	______
Ferro	______	55,8 u
______	$6 \cdot 10^{23}$	55,8 g

2

Medindo a quantidade de matéria: o mol

Encontrei essas informações na(s) página(s) ______.

» **Suponha que os grãos de areia tenham formato cúbico, com aresta de 1 mm (10^{-3} m). Com base nessa aproximação, o volume de cada grão seria de 10^{-9} m^3. Usando essas informações, responda às perguntas a seguir.**

1. Calcule o volume ocupado por 1 mol de grãos de areia.

____

2. A área territorial do Brasil é de aproximadamente 8.547.403,5 km^2 (8,547404 · 10^{12} m^2). **Calcule** a altura da camada de areia se fosse possível distribuir 1 mol de grãos de areia uniformemente sobre a superfície do país.

____

3. **Responda** se nas praias brasileiras existe 1 mol de grãos de areia.

____

____

3

A Constante de Avogadro

Encontrei essas informações na(s) página(s) ________.

» **Complete** o diagrama com informações sobre a Constante de Avogadro.

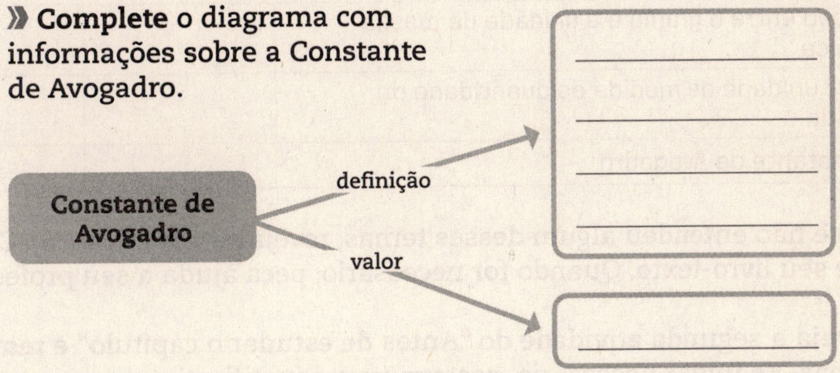

4

Número de entidades e quantidade de matéria

Encontrei essas informações na(s) página(s) ________.

» **Complete** os itens a seguir, que relacionam o número de entidades e a quantidade de matéria.

- Um mol de ____________ de hidrogênio são ____________ átomos de hidrogênio.
- Um ____________ de moléculas de água são 6 · 10^{23} ____________ de água.
- ____________ mol de íons cloreto são ____________.

Faça a conexão

» **Explique** o significado da afirmação abaixo, que se refere a uma amostra de substância com a qual se pretende trabalhar em um laboratório.

"Dispondo da massa molecular da substância, quando substituímos u por grama, estamos passando do nível microscópico ao mundo macroscópico."

____

____

____

____

____

FECHANDO O CAPÍTULO

» **Marque** um X na coluna que melhor reflete o seu aprendizado de cada tema. Depois, **compare** esta tabela com a que você preencheu no "Antes de estudar o capítulo".

Temas principais do capítulo	Já sabia tudo	Aprendi sobre o tema	Não entendi... Socorro!!!
Determinação do número de entidades microscópicas que constituem uma porção de matéria			
Relação entre o grama e a unidade de massa atômica			
O mol: unidade de medida de quantidade de matéria			
A Constante de Avogadro			

Se você não entendeu algum desses temas, reveja as atividades do *Caderno do Estudante* e revise seu livro-texto. Quando for necessário, peça ajuda a seu professor ou a um colega.

» **Reveja** a segunda atividade do "Antes de estudar o capítulo" e **reavalie** as suas escolhas. Se **julgar** necessário, **escreva** novas justificativas e **compare-as** com suas considerações iniciais.

Sintetize

» **Identifique** as informações que você aprendeu sobre a importância de se conhecer e trabalhar com quantidade de matéria e a Constante de Avogadro.

Unidade I

Capítulo

30

Massa molar

Seções:

Antes de estudar o capítulo

» **Veja nesta tabela os temas principais do capítulo e marque um X na coluna que melhor traduz o que você pensa sobre a aprendizagem de cada tema.**

Temas principais do capítulo	Domino o tema	Vai ser fácil	Vai ser difícil
Massa molar			
Obter massas molares a partir de massas atômicas e moleculares			

» **Veja abaixo alguns termos e conceitos que você encontrará no capítulo. Marque um X naqueles que você julga que estão relacionados à imagem.**

- [ ] unidades padrão
- [ ] massas conhecidas
- [ ] massas atômicas
- [ ] massa molecular
- [ ] cálculo da massa molar

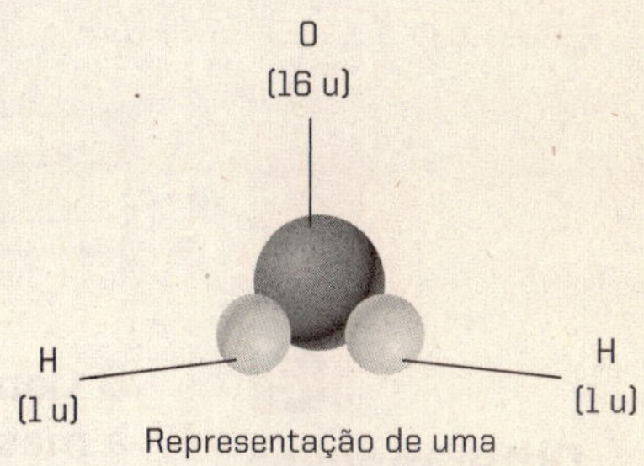

Representação de uma molécula de água.

Justifique suas escolhas.

Capítulo 30 | Seção 30.1

MASSA MOLAR (M)

Seção 30.2

DE MASSAS ATÔMICAS A MASSAS MOLARES USANDO A TABELA PERIÓDICA

Termos e conceitos

» **Defina o termo ou conceito a seguir.**

massa molar ____

____

Guia de estudo

1

Massa molar

Encontrei essas informações na(s) página(s) ________.

» **Complete o diagrama com informações sobre massa molar.**

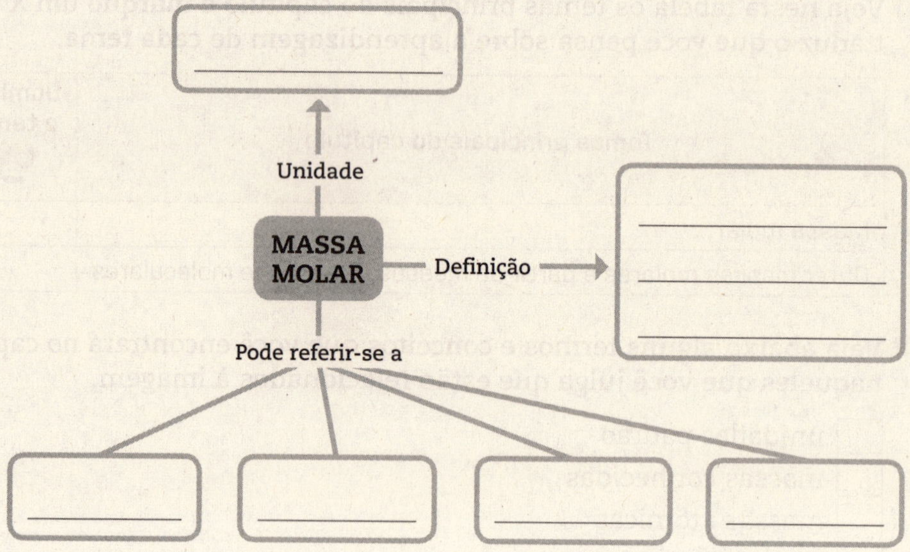

2

Obter massas molares a partir de massas atômicas

Encontrei essas informações na(s) página(s) ________.

» **Consulte** a tabela periódica para obter a massa atômica e a massa molecular pedidas abaixo, de modo a completar os diagramas adequadamente.

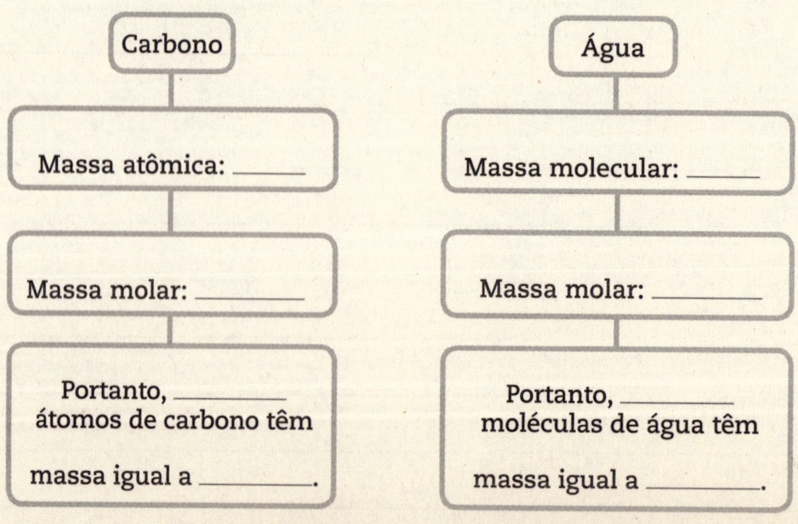

FECHANDO O CAPÍTULO

» **Marque** um X na coluna que melhor reflete o seu aprendizado de cada tema. Depois, **compare** esta tabela com a que você preencheu no "Antes de estudar o capítulo".

Temas principais do capítulo	Já sabia tudo	Aprendi sobre o tema	Não entendi... Socorro!!!
Massa molar			
Obter massas molares a partir de massas atômicas e moleculares			

Se você não entendeu algum desses temas, reveja as atividades do *Caderno do Estudante* e revise seu livro-texto. Quando for necessário, peça ajuda a seu professor ou a um colega.

» **Reveja** a segunda atividade do "Antes de estudar o capítulo" e **reavalie** as suas escolhas. Se **julgar** necessário, **escreva** novas justificativas e **compare-as** com suas considerações iniciais.

Sintetize

» **Identifique** as informações que você aprendeu sobre massa molar e o uso da tabela periódica.

Unidade I

Capítulo

31

Mol e massa molar na determinação de fórmulas

Seções:

31.1 Mol e composição de substâncias

31.2 Fórmula molecular, fórmula mínima e fórmula porcentual

Antes de estudar o capítulo

» **Veja nesta tabela os temas principais do capítulo e marque um X na coluna que melhor traduz o que você pensa sobre a aprendizagem de cada tema.**

Temas principais do capítulo	Domino o tema	Vai ser fácil	Vai ser difícil
Composição das substâncias			
Tipos de fórmulas			

» **Veja abaixo alguns termos e conceitos que você encontrará no capítulo. Marque um X naqueles que você julga que estão relacionados à imagem.**

- ☐ composição mínima
- ☐ composição porcentual
- ☐ proporção fixa entre os constituintes
- ☐ composição aleatória

EDUARDO SANTALIESTRA/CID

Justifique suas escolhas.

Capítulo 31 | Seção 31.1

MOL E COMPOSIÇÃO DE SUBSTÂNCIAS

Seção 31.2

FÓRMULA MOLECULAR, FÓRMULA MÍNIMA E FÓRMULA PORCENTUAL

Termos e conceitos

» Defina os termos ou conceitos a seguir.

mol ______________________________

____

massa molar ______________________________

____

Guia de estudo

1

Composição das substâncias

Encontrei essas informações na(s) página(s) __________.

» **Complete** o diagrama com informações sobre a composição química de uma substância.

A COMPOSIÇÃO QUÍMICA DE UMA SUBSTÂNCIA TRAZ INFORMAÇÕES SOBRE

- __________ __________
- __________ __________

2

Tipos de fórmulas

Encontrei essas informações na(s) página(s) __________.

» **Preencha os espaços com as informações sobre os tipos de fórmulas.**

Fórmula: __________
→ indica a proporção entre o __________ dos elementos que constituem a substância
→ expressa pelos __________ números inteiros

Fórmula: __________
→ indica quais são os __________ formadores da substância
→ e expressa a porcentagem __________ de cada um deles

FECHANDO O CAPÍTULO

» **Marque** um X na coluna que melhor reflete o seu aprendizado de cada tema. Depois, **compare** esta tabela com a que você preencheu no "Antes de estudar o capítulo".

Temas principais do capítulo	Já sabia tudo	Aprendi sobre o tema	Não entendi... Socorro!!!
Composição das substâncias			
Tipos de fórmulas			

Se você não entendeu algum desses temas, reveja as atividades do *Caderno do Estudante* e revise seu livro-texto. Quando for necessário, peça ajuda a seu professor ou a um colega.

» **Reveja** a segunda atividade do "Antes de estudar o capítulo" e **reavalie** as suas escolhas. Se **julgar** necessário, **escreva novas justificativas** e **compare-as** com suas considerações iniciais.

Sintetize

» **Identifique** as informações que você aprendeu sobre a determinação de fórmulas moleculares, mínimas e porcentuais e a utilidade delas.

Unidade J

Capítulo

32

Transformações envolvendo massa fixa de gás

Seções:

Antes de estudar o capítulo

» **Veja nesta tabela os temas principais do capítulo e marque um X na coluna que melhor traduz o que você pensa sobre a aprendizagem de cada tema.**

Temas principais do capítulo	Domino o tema	Vai ser fácil	Vai ser difícil
A experiência de Torricelli			
Unidades de pressão			
Transformações gasosas			
A escala kelvin de temperatura			
Equação geral dos gases			

» **Veja abaixo alguns termos e conceitos que você encontrará no capítulo. Marque um X naqueles que você julga que estão relacionados às imagens.**

- ☐ pressão
- ☐ temperatura
- ☐ gás
- ☐ absorção de calor
- ☐ volume

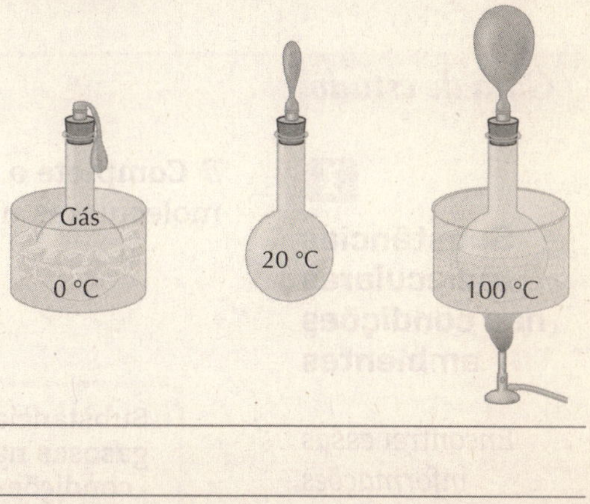

Justifique suas escolhas.

____

____

____

____

____

____

CONSIDERAÇÕES INICIAIS

Termos e conceitos

» **Defina os termos ou conceitos a seguir.**

pressão ______________________________

pressão atmosférica ______________________________

barômetro de Torricelli ______________________________

milímetro de mercúrio ______________________________

estado de um gás ______________________________

variáveis de estado ______________________________

Guia de estudo

1

Substâncias moleculares nas condições ambientes

Encontrei essas informações na(s) página(s) __________.

» **Complete** o diagrama com as informações sobre as substâncias moleculares nas condições ambientes.

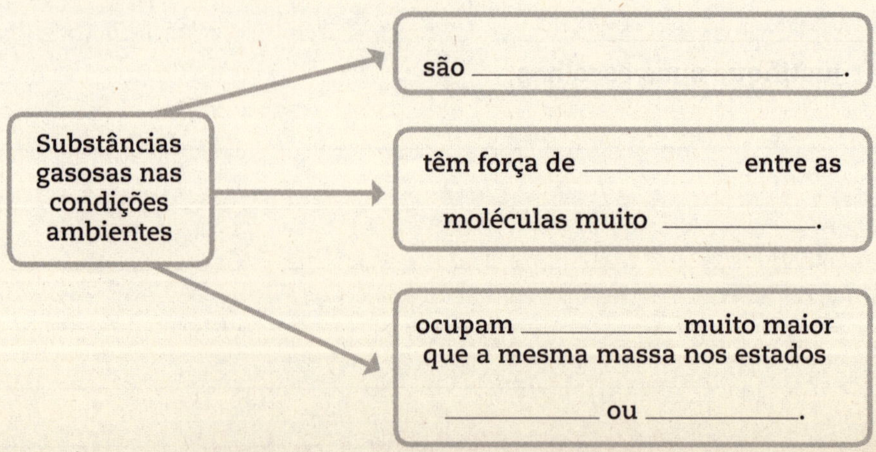

2

A experiência de Torricelli

Encontrei essas informações na(s) página(s) ________.

» **Explique** por que, no experimento de Torricelli, o tubo que contém a coluna de mercúrio não se esvazia, isto é, o mercúrio desce no tubo apenas até determinado ponto.

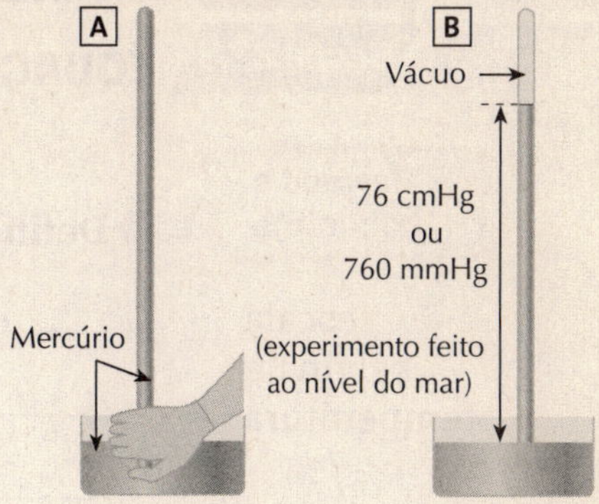

____

____

____

____

____

3

Unidades de pressão

Encontrei essas informações na(s) página(s) ________.

» **Estabeleça** as relações de equivalência entre as unidades de medida de pressão, completando o diagrama a seguir.

1 atm	⇔	________ mmHg	⇔	________ kPa

Faça a conexão

» **Pesquise** os efeitos da altitude sobre os praticantes de esportes que exigem esforço físico, citando exemplos de algumas localidades em que tais efeitos se verificam.

____

____

____

____

____

____

____

Capítulo 32 | Seção 32.2 | Seção 32.3

TRANSFORMAÇÕES ENVOLVENDO MASSA FIXA DE GÁS
EQUAÇÃO GERAL DOS GASES

Termos e conceitos

» Defina os termos ou conceitos a seguir.

escala kelvin de temperatura ______________________________

equação geral dos gases ______________________________

Guia de estudo

1

Transformações gasosas

Encontrei essas informações na(s) página(s) ______.

» Associe a cada gráfico um tipo de transformação gasosa.

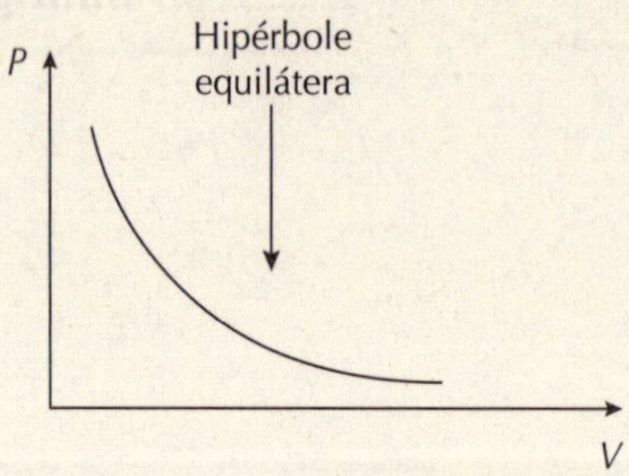

Transformação ______________

(______________ **constante)**

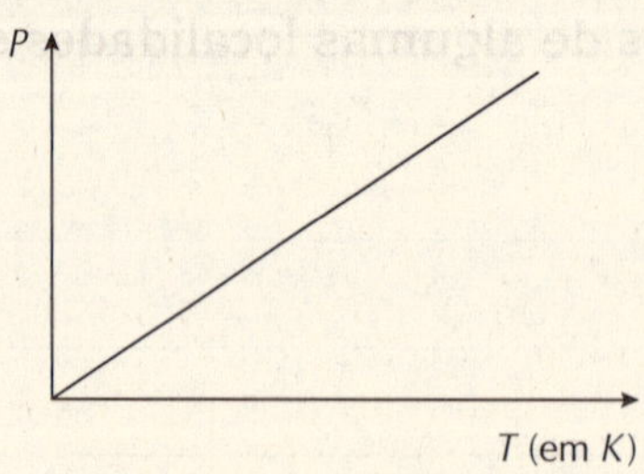

Transformação ______________

(______________ **constante)**

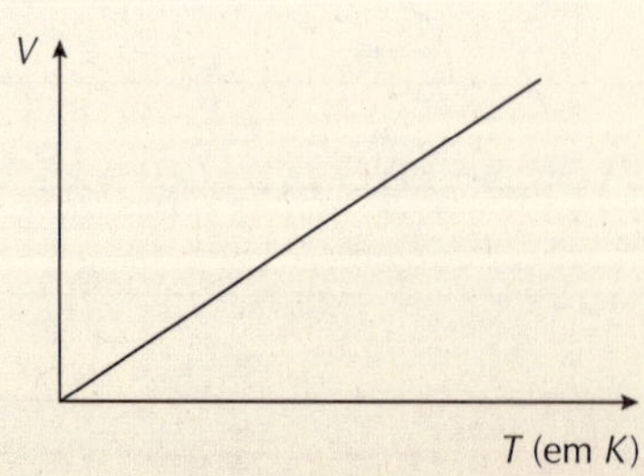

Transformação ______________

(______________ **constante)**

Encontrei essas informações na(s) página(s)

_______.

» **Preencha** os espaços nos diagramas com as informações sobre as transformações gasosas para uma massa fixa de gás.

Balão de gás subindo para o céu (temperatura constante) → Quanto maior a altitude, _______ é a pressão e _______ é o volume; → a pressão e o volume são _______ proporcionais.

Pneu desgastado rodando grandes distâncias em um dia quente (volume constante) → Quanto maior o tempo em atrito com o solo, _______ é a temperatura e _______ é a pressão; → a pressão e a temperatura kelvin são _______ proporcionais.

Balão de gás submetido a diferentes temperaturas (pressão constante) → Quanto maior é a temperatura, _______ é o volume; → a temperatura kelvin e o volume são _______ proporcionais.

2

Interpretação microscópica

Encontrei essas informações na(s) página(s)

_______.

» **Complete** os diagramas que explicam o que acontece microscopicamente nas transformações gasosas.

Transformação _______ → Diminuindo o volume, as moléculas do gás sofrem _______ colisões com as paredes do recipiente. Portanto, a pressão _______.

Transformação _______ → Diminuindo a temperatura, diminui a _______ das moléculas do gás. Com velocidade menor, os choques contra a parede do recipiente são _______ intensos. Portanto, a pressão _______.

Transformação _______ → Aumentando a temperatura do gás, _______ a violência das colisões das moléculas contra as paredes do recipiente. Isso é compensado pela _______ da _______ com que essas colisões ocorrem, já que o volume _______.

3

A escala kelvin de temperatura

Encontrei essas informações na(s) página(s) ______.

» **Converta os valores de temperatura listados a seguir para Celsius ou kelvin, preenchendo os quadros adequadamente.**

100 °C ⇔ ______ K

______ °C ⇔ 273 K

−273 °C ⇔ ______ K

4

Equação geral dos gases

Encontrei essas informações na(s) página(s) ______.

» **Expresse algebricamente as leis que descrevem as transformações gasosas, preenchendo o diagrama a seguir.**

$$\frac{P_1 \cdot V_1}{T_1} = \frac{P_2 \cdot V_2}{T_2}$$

T constante	______ constante	P constante
$\frac{P_1 \cdot V_1}{} = \frac{P_2 \cdot V_2}{}$	$\frac{P_1 \cdot \cancel{V_1}}{T_1} = \frac{P_2 \cdot \cancel{V_2}}{T_2}$	$\frac{\cancel{P_1} \cdot V_1}{\_\_\_\_} = \frac{\cancel{P_2} \cdot V_2}{T_2}$
$P_1 \cdot V_1 = P_2 \cdot V_2$	______ = ______	______ $= \frac{V_2}{T_2}$

Faça a conexão

» **Explique por que, quando abrimos uma garrafa de refrigerante que não está gelada, o líquido tende a derramar.**

____

____

____

____

____

____

____

FECHANDO O CAPÍTULO

» **Marque** um X na coluna que melhor reflete o seu aprendizado de cada tema. Depois, **compare** esta tabela com a que você preencheu no "Antes de estudar o capítulo".

Temas principais do capítulo	Já sabia tudo	Aprendi sobre o tema	Não entendi... Socorro!!!
A experiência de Torricelli			
Unidades de pressão			
Transformações gasosas			
A escala kelvin de temperatura			
Equação geral dos gases			

Se você não entendeu algum desses temas, reveja as atividades do *Caderno do Estudante* e revise seu livro-texto. Quando for necessário, peça ajuda a seu professor ou a um colega.

» **Reveja** a segunda atividade do "Antes de estudar o capítulo" e **reavalie** as suas escolhas. Se **julgar** necessário, **escreva** novas justificativas e **compare-as** com suas considerações iniciais.

Sintetize

» **Identifique** os tipos de transformações gasosas e a relação entre as variáveis de estado em cada um deles.

Unidade J

Capítulo

33

A Lei do Gás Ideal

Seções:

33.1 Volume molar dos gases

33.2 O Princípio de Avogadro

33.3 Lei do Gás Ideal

Antes de estudar o capítulo

» **Veja nesta tabela os temas principais do capítulo e marque um X na coluna que melhor traduz o que você pensa sobre a aprendizagem de cada tema.**

Temas principais do capítulo	Domino o tema	Vai ser fácil	Vai ser difícil
Volume molar dos gases			
O Princípio de Avogadro			
Lei do Gás Ideal			

» **Veja abaixo alguns termos e conceitos que você encontrará no capítulo. Marque um X naqueles que você julga que estão relacionados às imagens.**

- [ ] mesma massa total
- [ ] Princípio de Avogadro
- [ ] CNTP
- [ ] amostras de gás
- [ ] mesmo número de moléculas
- [ ] mesmo número de átomos
- [ ] volume

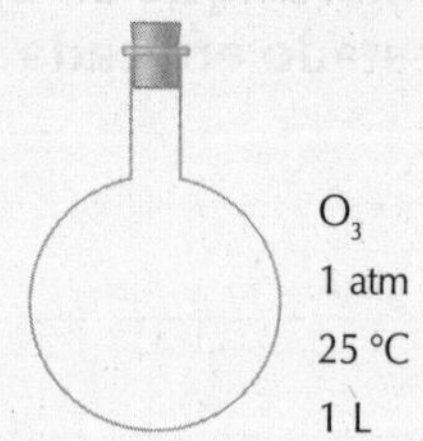

Justifique suas escolhas.

____

____

____

____

____

____

Capítulo 33 · Seção 33.1 · Seção 33.2

VOLUME MOLAR DOS GASES
O PRINCÍPIO DE AVOGADRO

Termos e conceitos

» **Defina os termos ou conceitos a seguir.**

CNTP ______________________________

Princípio (ou Hipótese) de Avogadro ______________________________

Guia de estudo

1

Volume molar dos gases

Encontrei essas informações na(s) página(s) ________.

» **Dê sentido às frases abaixo, completando-as adequadamente.**

Volume molar é o volume ocupado por ________ **de substância.**

O volume molar é ________ **para todos os gases que estejam à mesma** ________ **e à mesma** ________.

Nas ________ **(1 atm e 0 °C), o volume molar de qualquer gás é igual a** ________.

2

O Princípio de Avogadro

Encontrei essas informações na(s) página(s) ________.

» **Aplique** o Princípio de Avogadro para completar a ilustração a seguir, considerando que as amostras de gases se encontram nas CNTP e ocupam um mesmo volume.

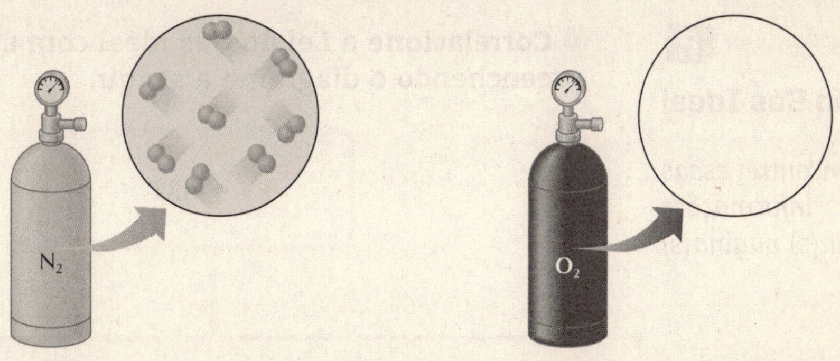

Faça a conexão

» **Explique**, usando a ideia de Avogadro, por que o volume de um balão de festa aumenta cada vez que o ar é soprado para o seu interior. (Admita que P e T são constantes.)

____

____

Capítulo 33 | Seção 33.3

LEI DO GÁS IDEAL

Termos e conceitos

» **Defina o termo ou conceito a seguir.**

constante universal dos gases ______________________________

____

____

Guia de estudo

1

Lei de Boyle e Lei de Charles e Gay-Lussac

Encontrei essas informações na(s) página(s) ________.

» **Enunciie as leis listadas a seguir, completando o quadro adequadamente.**

Lei de Boyle	A uma temperatura constante, a pressão é ____________ proporcional ao ____________.
Lei de Charles e Gay-Lussac	Sob ____________ constante, o volume é diretamente proporcional à ____________.
Lei de Charles e Gay-Lussac	A um ____________ constante, a pressão é diretamente proporcional à temperatura kelvin.

2

Lei do Gás Ideal

Encontrei essas informações na(s) página(s) ________.

» **Correlacione a Lei do Gás Ideal com as leis individuais, preenchendo o diagrama a seguir.**

PV = nRT

- ____________ / ____________ → $\frac{\_\_\_}{V}$ = constante
- Lei de Charles e Gay-Lussac → $\frac{\_\_\_}{T}$ = constante
- Lei de Charles e Gay-Lussac → $\frac{\_\_\_}{T}$ = constante
- ____________ / ____________ → $\frac{V}{\_\_\_}$ = constante

FECHANDO O CAPÍTULO

» **Marque** um X na coluna que melhor reflete o seu aprendizado de cada tema. Depois, **compare** esta tabela com a que você preencheu no "Antes de estudar o capítulo".

Temas principais do capítulo	Já sabia tudo	Aprendi sobre o tema	Não entendi... Socorro!!!
Volume molar dos gases			
O Princípio de Avogadro			
Lei do Gás Ideal			

Se você não entendeu algum desses temas, reveja as atividades do *Caderno do Estudante* e revise seu livro-texto. Quando for necessário, peça ajuda a seu professor ou a um colega.

» **Reveja** a segunda atividade do "Antes de estudar o capítulo" e **reavalie** as suas escolhas. Se **julgar** necessário, **escreva** novas justificativas e **compare-as** com suas considerações iniciais.

Sintetize

» **Identifique** as principais informações que você aprendeu sobre a Lei do Gás Ideal e componha um pequeno texto contendo esses dados.

Unidade J

Capítulo

34

Misturas gasosas e densidade de gases

Seções:

34.1 Misturas gasosas

34.2 Densidade de gases

Antes de estudar o capítulo

» **Veja nesta tabela os temas principais do capítulo e marque** um X na coluna que melhor traduz o que você pensa sobre a aprendizagem de cada tema.

Temas principais do capítulo	Domino o tema	Vai ser fácil	Vai ser difícil
Pressão parcial			
Volume parcial			
Densidade absoluta			
Densidade relativa			

» **Veja abaixo alguns termos e conceitos que você encontrará no capítulo. Marque** um X naqueles que você julga que estão relacionados à imagem.

- [ ] densidade dos gases
- [ ] misturas gasosas
- [ ] pressão parcial
- [ ] Lei de Dalton

J. A. KRAULIS/MASTERFILE/OTHER IMAGES

Justifique suas escolhas.

MISTURAS GASOSAS

Termos e conceitos

» **Defina os termos ou conceitos a seguir.**

pressão parcial ______________________________

fração em mols ______________________________

volume parcial ______________________________

porcentagem em volume (em uma mistura gasosa) ______________________________

Guia de estudo

1

Pressão e volume parciais

Encontrei essas informações na(s) página(s) ________.

» **Complete** o diagrama abaixo com informações sobre as variáveis de estado para misturas gasosas:

Mistura gasosa

Segundo a Lei de ____________,
a pressão total é a soma das pressões ____________.

Segundo a Lei de ____________,
o volume total é a soma dos volumes ____________.

Encontrei essas informações na(s) página(s) ________.

» **Preencha** os espaços com as expressões *pressão*, *pressão total* e *pressões parciais*.

Ao se misturarem gases diferentes num mesmo recipiente, considera-se que cada gás exerce uma determinada ____________ no sistema de modo isolado. Pode-se considerar que a pressão parcial de um gás é a ____________ que ele exerceria se estivesse sozinho no recipiente. Dessa forma, a soma das ____________ dos gases é a ____________.

2

Equações para misturas gasosas

Encontrei essas informações na(s) página(s)

______.

» **Preencha o diagrama a seguir com as equações que você aprendeu neste capítulo para uma mistura de gases com os componentes A e B.**

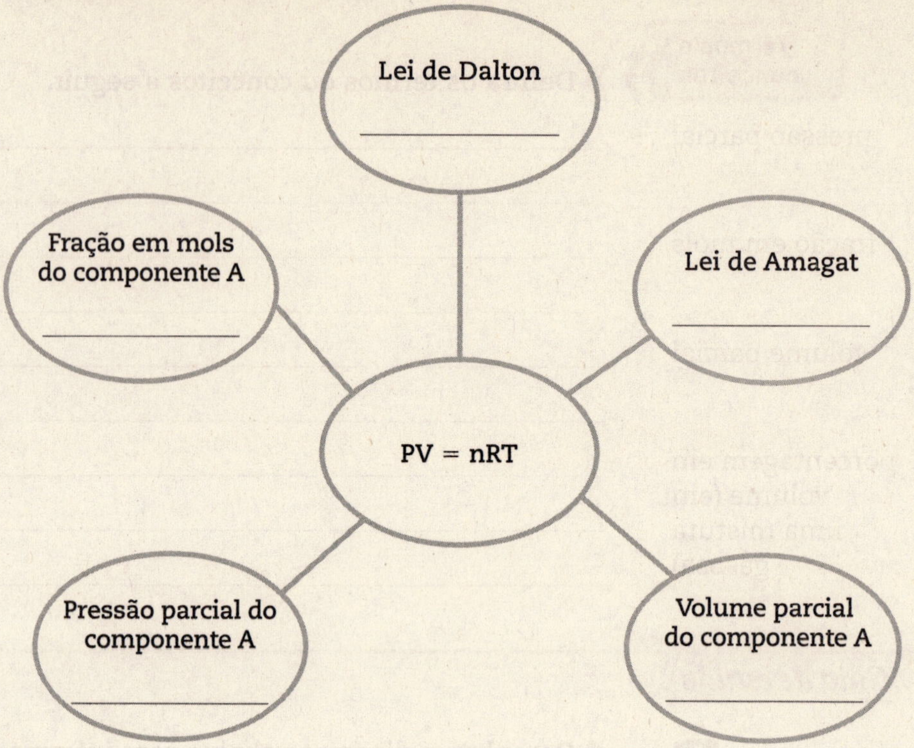

Faça a conexão

» **Pesquise quais são os possíveis efeitos nocivos à saúde humana se a pressão parcial dos gases que compõem o ar for modificada.**

______

______

______

______

______

______

______

______

DENSIDADE DE GASES

Termos e conceitos

» **Defina o conceito a seguir.**

densidade relativa ______________________________

____

____

Guia de estudo

1

Densidade absoluta

Encontrei essas informações na(s) página(s) ________.

» **Aplique a ideia expressa pela equação para o cálculo da densidade de gases para completar o diagrama a seguir.**

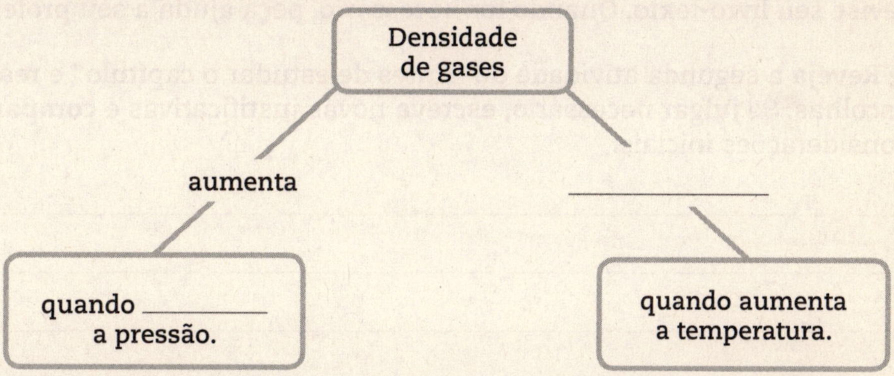

2

Densidade relativa

Encontrei essas informações na(s) página(s) ________.

» **Complete a tabela abaixo, dizendo se um balão solto no ar, cheio com a substância citada, sobe ou desce, sabendo que a massa molar média do ar vale 28,9 g/mol.**

Substância gasosa	Massa molar (g/mol)	Sobe ou desce?
Hélio	4	
Gás carbônico	44	

Faça a conexão

» **Explique** qual é a melhor posição para a instalação de um equipamento de ar condicionado visando ao resfriamento do ambiente: próximo ao chão ou próximo ao teto? Justifique sua resposta.

____

____

____

FECHANDO O CAPÍTULO

» **Marque** um X na coluna que melhor reflete o seu aprendizado de cada tema. Depois, **compare** esta tabela com a que você preencheu no "Antes de estudar o capítulo".

Temas principais do capítulo	Já sabia tudo	Aprendi sobre o tema	Não entendi... Socorro!!!
Pressão parcial			
Volume parcial			
Densidade absoluta			
Densidade relativa			

Se você não entendeu algum desses temas, reveja as atividades do *Caderno do Estudante* e revise seu livro-texto. Quando for necessário, peça ajuda a seu professor ou a um colega.

» **Reveja** a segunda atividade do "Antes de estudar o capítulo" e **reavalie** as suas escolhas. Se **julgar** necessário, **escreva** novas justificativas e **compare-as** com suas considerações iniciais.

Sintetize

» **Identifique** as informações que você aprendeu sobre misturas gasosas, pressão e volume parciais.

Unidade K

Capítulo

35

Relações estequiométricas fundamentais

Seções:

Antes de estudar o capítulo

» **Veja nesta tabela os temas principais do capítulo e marque um X na coluna que melhor traduz o que você pensa sobre a aprendizagem de cada tema.**

Temas principais do capítulo	Domino o tema	Vai ser fácil	Vai ser difícil
Coeficientes estequiométricos			
Proporção estequiométrica			
Relação entre quantidades em mols e em massa			
Relação entre quantidades			

» **Veja abaixo alguns termos e conceitos que você encontrará no capítulo. Marque um X naqueles que você julga que estão relacionados ao conceito abaixo.**

- [ ] relação entre números de átomos
- [ ] relação entre números de moléculas
- [ ] quantidade em mols
- [ ] relação entre massas

Proporção estequiométrica

Justifique suas escolhas.

Capítulo 35

Seção 35.1 **COEFICIENTES ESTEQUIOMÉTRICOS**

Seção 35.2 **PROPORÇÃO ESTEQUIOMÉTRICA ENTRE NÚMEROS DE MOLÉCULAS**

Seção 35.3 **PROPORÇÃO ESTEQUIOMÉTRICA ENTRE QUANTIDADES EM MOLS**

Termos e conceitos

» **Defina os termos ou conceitos a seguir.**

coeficientes estequiométricos ______________________________

balanceamento de uma equação química ______________________________

Guia de estudo

1

Coeficientes estequiométricos

Encontrei essas informações na(s) página(s) ________.

» **Represente com desenhos as reações químicas abaixo, usando os modelos microscópicos especificados na legenda, e use seus desenhos como base para balancear as equações.**

○ Hidrogênio ◍ Oxigênio ● Nitrogênio

$$\_\_\ H_2\ (g) + \_\_\ O_2\ (g) \rightarrow \_\_\ H_2O\ (g)$$

$$\_\_\ N_2\ (g) + \_\_\ O_2\ (g) \rightarrow \_\_\ NO\ (g)$$

$$\_\_\ N_2\ (g) + \_\_\ O_2\ (g) \rightarrow \_\_\ NO_2\ (g)$$

2

Proporção estequiométrica

Encontrei essas informações na(s) página(s) ________.

» **Calcule as quantidades em mols das substâncias que participam da reação em cada linha da tabela abaixo.**

$2\ H_2\ (g)$ +	$1\ O_2\ (g)$ →	$2\ H_2O\ (g)$
2 mol	________	________
________	________	6 mol
________	50 mol	________
1 mol	________	________

Seção 35.4 RELAÇÃO ENTRE QUANTIDADES EM MOLS

Seção 35.5 RELAÇÃO ENTRE MASSAS

Seção 35.6 RELAÇÃO ENTRE QUANTIDADES EM MOLS, MASSAS, MOLÉCULAS, FÓRMULAS E ÁTOMOS

Guia de estudo

1

Relação entre quantidades em mols e massa

Encontrei essas informações na(s) página(s) ______.

» **Descreva** as etapas do cálculo da quantidade de reagentes e produtos de uma reação química, completando o diagrama a seguir.

______ a equação. → Os coeficientes estequiométricos já representam a proporção entre as ______ ______. → Calcula-se a ______ de cada substância. → Multiplicando-se a massa molar pelo respectivo ______ ______, obtém-se a proporção entre as ______.

2

Relação entre quantidades

Encontrei essas informações na(s) página(s) ______.

» **Calcule** as quantidades indicadas na tabela para a reação química representada pela equação abaixo. **Consulte** a tabela periódica para calcular as massas molares.

	N_2 (g) +	$3\ H_2$ (g) →	$2\ NH_3$ (g)
Número de moléculas	______	______	______
Quantidade em mols	______	______	______
Massa molar	______	______	______
Massa da substância	______	______	______

Faça a conexão

» **Explique** por que em uma indústria é importante conhecer tanto as quantidades em mols quanto as massas dos reagentes na fabricação de uma substância.

______

______

______

______

FECHANDO O CAPÍTULO

» **Marque** um X na coluna que melhor reflete o seu aprendizado de cada tema. Depois, **compare** esta tabela com a que você preencheu no "Antes de estudar o capítulo".

Temas principais do capítulo	Já sabia tudo	Aprendi sobre o tema	Não entendi... Socorro!!!
Coeficientes estequiométricos			
Proporção estequiométrica			
Relação entre quantidades em mols e massa			
Relação entre quantidades			

Se você não entendeu algum desses temas, reveja as atividades do *Caderno do Estudante* e revise seu livro-texto. Quando for necessário, peça ajuda a seu professor ou a um colega.

» **Reveja** a segunda atividade do "Antes de estudar o capítulo" e **reavalie** as suas escolhas. Se **julgar** necessário, **escreva** novas justificativas e **compare-as** com suas considerações iniciais.

Sintetize

» **Liste** as informações necessárias a uma indústria que produza uma substância mediante um processo semelhante ao da síntese da amônia.

Unidade K

Capítulo

36

Relações estequiométricas envolvendo volume de um gás

Antes de estudar o capítulo

» **Veja** nesta tabela os temas principais do capítulo e **marque** um X na coluna que melhor traduz o que você pensa sobre a aprendizagem de cada tema.

Temas principais do capítulo	Domino o tema	Vai ser fácil	Vai ser difícil
Relações estequiométricas entre volumes de gases			
Relações entre volumes			
Reações sucessivas			

» **Veja abaixo alguns termos e conceitos que você encontrará no capítulo. Marque** um X naqueles que você julga que estão relacionados às imagens.

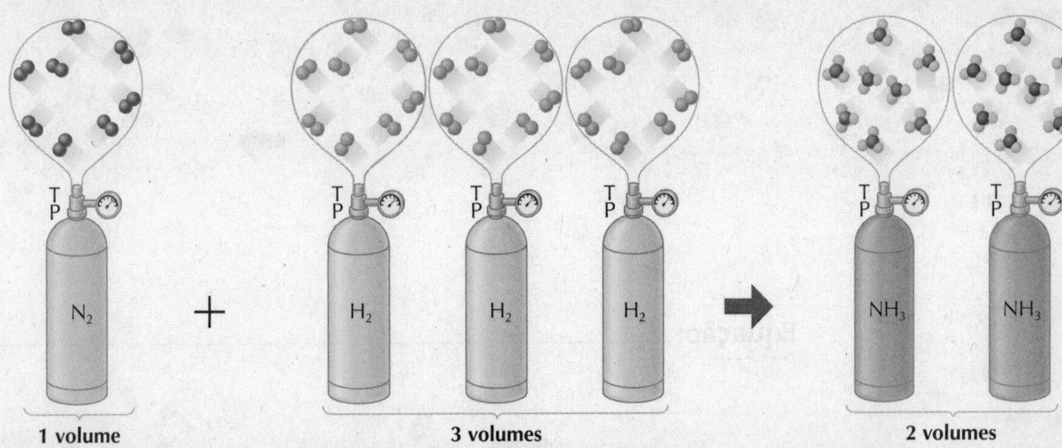

☐ volume de gás ☐ proporção entre volumes ☐ quantidade em mols

Justifique suas escolhas.

____

____

____

RELAÇÕES ESTEQUIOMÉTRICAS COM VOLUME DE GÁS

Termos e conceitos

Lei Volumétrica de Gay-Lussac

» **Enuncie** a Lei Volumétrica de Gay-Lussac.

____

____

____

Guia de estudo

Relações estequiométricas com volume de gás

Encontrei essas informações na(s) página(s) ________.

» **Indique variáveis que devem ser consideradas na medição dos volumes dos gases reagentes necessários para a obtenção de determinado produto, completando a frase a seguir.**

Considerando-se as relações estequiométricas entre os gases participantes da reação, para que a proporção entre os ____________________ corresponda à proporção entre as quantidades em ____________________ desses gases, os volumes desses reagentes devem ser medidos todos à mesma ____________________ e à mesma ____________________.

» **Represente as equações químicas referentes aos processos mostrados nos balões ilustrados abaixo.**

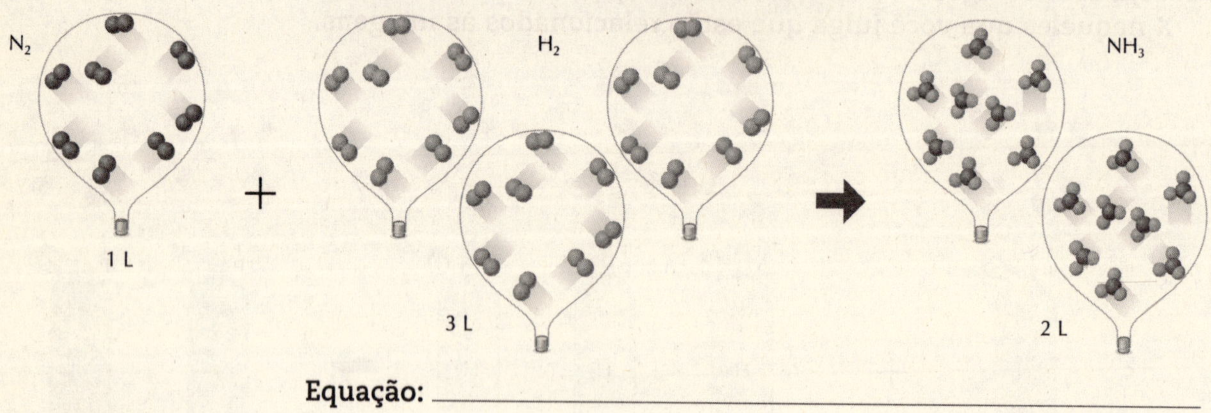

Equação: ____

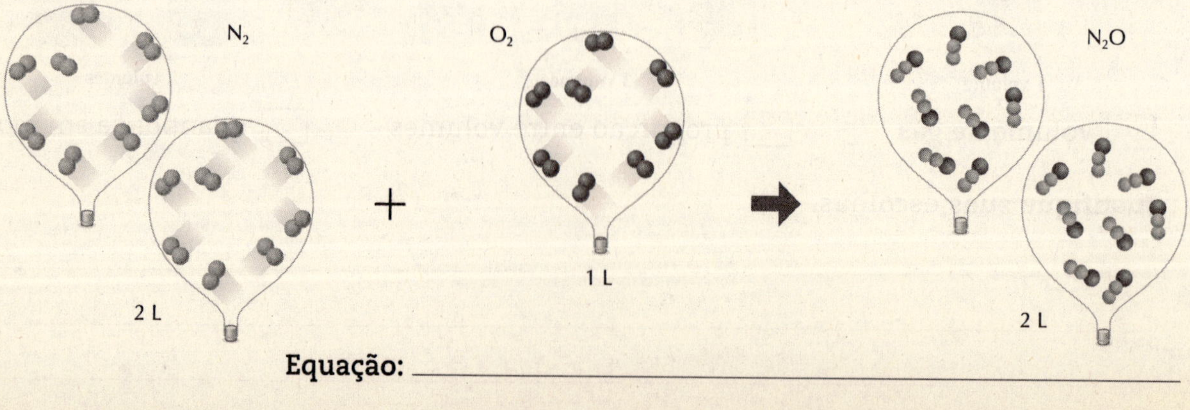

Equação: ____

RELAÇÃO ENTRE QUANTIDADES EM MOLS, MASSAS, MOLÉCULAS, ÁTOMOS E VOLUMES

CÁLCULOS ESTEQUIOMÉTRICOS ENVOLVENDO REAÇÕES SUCESSIVAS

Guia de estudo

1

Relações entre volumes

Encontrei essas informações na(s) página(s) ________.

» **Descreva** um modo de correlacionar os coeficientes estequiométricos de uma equação química e os volumes dos reagentes e produtos, completando as lacunas do trecho a seguir.

Os coeficientes estequiométricos de uma equação podem ser relacionados com os volumes dos reagentes e produtos quando a reação envolve substâncias no ____________________. Para estabelecer essa correlação, é utilizado o ____________________ dos gases, que tem um valor tabelado. À temperatura de 25 °C e pressão de 1 atm, por exemplo, o volume molar de qualquer gás vale ____________________.

» **Indique** diferentes maneiras de expressar as proporções estequiométricas dos gases envolvidos em uma reação química, completando o diagrama abaixo.

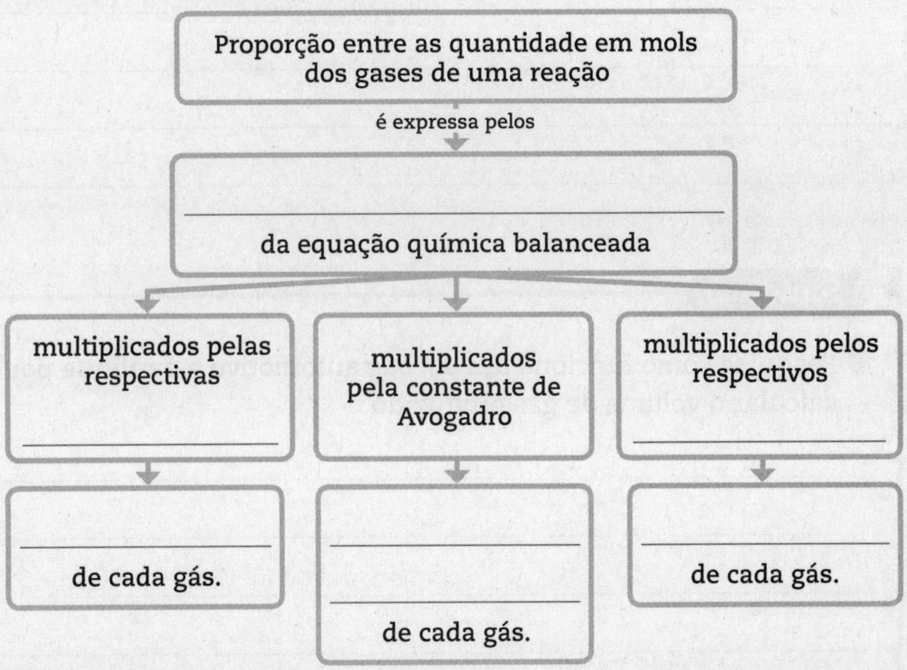

2

Reações sucessivas

Encontrei essas informações na(s) página(s) ________.

» **Explique** por que é necessário igualar certos coeficientes nas equações que representam reações sucessivas antes de somá-las.

____

____

____

____

FECHANDO O CAPÍTULO

» **Marque** um X na coluna que melhor reflete o seu aprendizado de cada tema. Depois, **compare** esta tabela com a que você preencheu no "Antes de estudar o capítulo".

Temas principais do capítulo	Já sabia tudo	Aprendi sobre o tema	Não entendi... Socorro!!!
Relações estequiométricas entre volumes de gases			
Relações entre volumes			
Reações sucessivas			

Se você não entendeu algum desses temas, reveja as atividades do *Caderno do Estudante* e revise seu livro-texto. Quando for necessário, peça ajuda a seu professor ou a um colega.

» **Reveja** a segunda atividade do "Antes de estudar o capítulo" e **reavalie** as suas escolhas. Se **julgar** necessário, **escreva** novas justificativas e **compare-as** com suas considerações iniciais.

Sintetize

» **Pesquise** como funciona um *air bag* automotivo e **explique** por que é importante calcular o volume de gás produzido.

Unidade K

Capítulo

37

Excesso de reagentes, "impurezas" e rendimento de reação

Seções:

37.1 Reagente limitante e reagente em excesso

37.2 Reagentes que contêm "impurezas"

37.3 Reações que não apresentam rendimento total

Antes de estudar o capítulo

» **Veja nesta tabela os temas principais do capítulo e marque um X na coluna que melhor traduz o que você pensa sobre a aprendizagem de cada tema.**

Temas principais do capítulo	Domino o tema	Vai ser fácil	Vai ser difícil
Reagente limitante e reagente em excesso			
Presença de "impurezas" entre os reagentes			
Rendimento de uma reação química			

» **Veja abaixo alguns termos e conceitos que você encontrará no capítulo. Marque um X naqueles que você julga que estão relacionados ao conceito abaixo.**

- [ ] reagente limitante
- [ ] pureza dos reagentes
- [ ] reagente em excesso
- [ ] rendimento da reação
- [ ] síntese da amônia

$$N_2 + 3\,H_2 \rightarrow 2\,NH_3$$

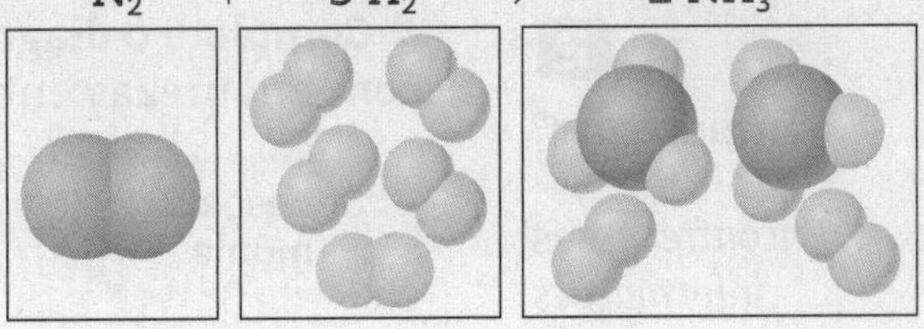

Justifique suas escolhas.

Caderno do Estudante · QUÍMICA 1

REAGENTE LIMITANTE E REAGENTE EM EXCESSO
REAGENTES QUE CONTÊM "IMPUREZAS"
REAÇÕES QUE NÃO APRESENTAM RENDIMENTO TOTAL

Guia de estudo

1

Reagente limitante e reagente em excesso

Encontrei essas informações na(s) página(s) ________.

» **Complete** o diagrama sobre o processo de síntese da amônia.

Síntese da amônia → Proporção estequiométrica: ____ N_2 + ____ H_2 → ____ NH_3

↓

Usando 120 mol de nitrogênio e 300 mol de hidrogênio → Reagente em excesso: ________ Reagente limitante: ________

→ Quantidade em excesso: ________

2

"Impurezas"

Encontrei essas informações na(s) página(s) ________.

» **Complete** o diagrama sobre o processo de síntese da amônia com impurezas entre os reagentes:

Síntese da amônia → Proporção estequiométrica: ____ N_2 + ____ H_2 → ____ NH_3

↓

Usando 100 L de ar (78% de nitrogênio e 22% de outros gases) e 234 L de hidrogênio → Volume de nitrogênio usado: ________

→ Volume de "impurezas": ________

3

Rendimento

Encontrei essas informações na(s) página(s) ________.

» **Complete o organizador sobre o processo de síntese da amônia que não apresenta rendimento total.**

Síntese da amônia → **Proporção estequiométrica:** ____ N_2 + ____ $H_2 \rightarrow$ ____ NH_3

Usando 200 L de nitrogênio e 600 L de hidrogênio → **Volume de amônia obtido se o rendimento for 100%:** ________________

Usando 200 L de nitrogênio e 600 L de hidrogênio → **Volume de amônia obtido se o rendimento for 70%:** ________________

Faça a conexão

» **Muitos minérios são retirados de jazidas com quantidades significativas de impurezas. Explique por que essas impurezas precisam ser retiradas do minério antes da produção dos metais, e por que a maioria das usinas de beneficiamento de minérios localiza-se próximo às jazidas.**

____

____

____

____

____

____

____

FECHANDO O CAPÍTULO

» **Marque** um X na coluna que melhor reflete o seu aprendizado de cada tema. Depois, **compare** esta tabela com a que você preencheu no "Antes de estudar o capítulo".

Temas principais do capítulo	Já sabia tudo	Aprendi sobre o tema	Não entendi... Socorro!!!
Reagente limitante e reagente em excesso			
Presença de "impurezas" entre os reagentes			
Rendimento de uma reação química			

Se você não entendeu algum desses temas, reveja as atividades do *Caderno do Estudante* e revise seu livro-texto. Quando for necessário, peça ajuda a seu professor ou a um colega.

» **Reveja** a segunda atividade do "Antes de estudar o capítulo" e **reavalie** as suas escolhas. Se **julgar** necessário, **escreva** novas justificativas e **compare-as** com suas considerações iniciais.

Sintetize

» **Identifique** no capítulo três fatores, além do conhecimento das proporções estequiométricas entre os reagentes, que devem ser levados em conta no momento em que se planeja obter uma quantidade definida de certo produto mediante uma reação química. **Descreva** como cada um desses fatores influencia esse cálculo.

ESTRUTURA ATÔMICA

Átomos e elementos químicos

- **Número atômico** (Z) é o número de prótons presentes no núcleo de um átomo.
- **Número de massa** (A) é a soma do número de prótons (Z) e de nêutrons (N) presentes no núcleo de um átomo.
- **Elemento químico** é o conjunto de átomos que possuem um mesmo número atômico (Z). Todos esses átomos possuem as mesmas propriedades químicas.
- Durante as transformações químicas, o núcleo dos átomos permanece inalterado.
- **Isótopos** são dois ou mais átomos que possuem mesmo número atômico (Z) e diferentes números de massa (A).

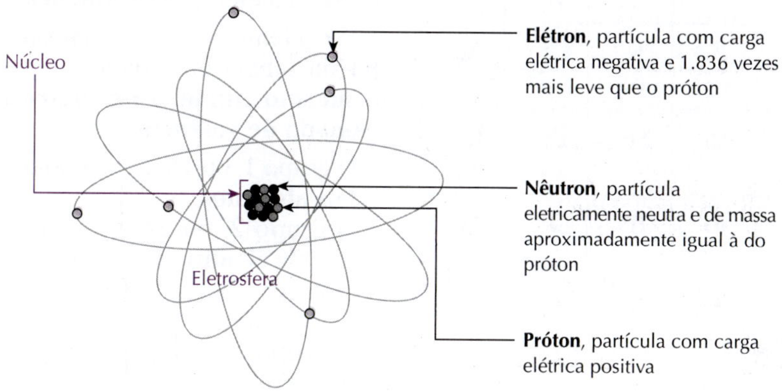

Ilustração esquemática de um átomo, no qual a maior parte é espaço vazio. Este esquema está bastante **fora de proporção**, pois na verdade o diâmetro da eletrosfera é milhares de vezes maior que o do núcleo. Um átomo apresenta muito mais espaço vazio que preenchido.

Distribuição eletrônica nos subníveis

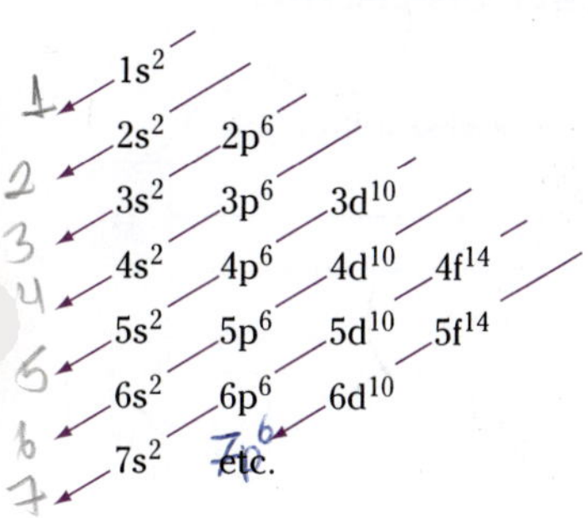

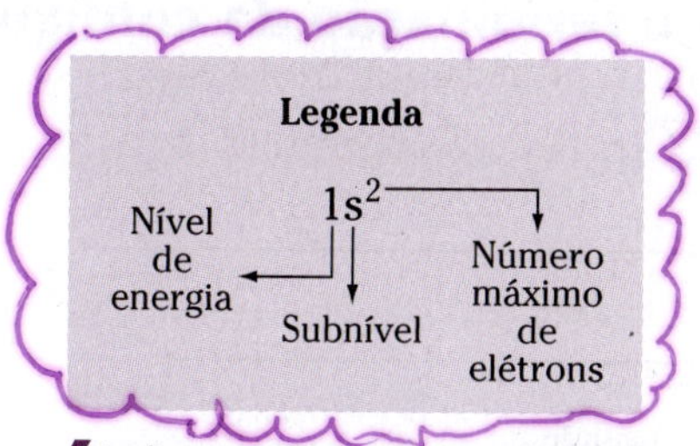

As diagonais desse esquema mostram a sequência segundo a qual pode ser feita a distribuição eletrônica para a maioria dos átomos. Portanto, trata-se apenas de um recurso para facilitar a lembrança dessa sequência. Ele é chamado **diagrama das diagonais**. (Alguns autores o denominam *diagrama de Pauling*.)

Símbolo e número atômico	Configuração eletrônica
$_1H$	$1s^1$
$_2He$	$1s^2$
$_3Li$	$1s^2 2s^1$
$_4Be$	$1s^2 2s^2$
$_5B$	$1s^2 2s^2 2p^1$
$_6C$	$1s^2 2s^2 2p^2$
$_7N$	$1s^2 2s^2 2p^3$
$_8O$	$1s^2 2s^2 2p^4$
$_9F$	$1s^2 2s^2 2p^5$
$_{10}Ne$	$1s^2 2s^2 2p^6$
$_{11}Na$	$1s^2 2s^2 2p^6 3s^1$
...	...

Distribuição eletrônica nas camadas

- A camada mais externa é denominada **camada de valência** e seus elétrons são os **elétrons de valência**.

TABELA PERIÓDICA

Tabela periódica e distribuição eletrônica nas camadas

(Distribuição eletrônica nas camadas; Número atômico)

1	2	13	14	15	16	17	18
H 1 (1)							He 2 (2)
Li 3 (2, 1)	Be 4 (2, 2)	B 5 (2, 3)	C 6 (2, 4)	N 7 (2, 5)	O 8 (2, 6)	F 9 (2, 7)	Ne 10 (2, 8)
Na 11 (2, 8, 1)	Mg 12 (2, 8, 2)	Aℓ 13 (2, 8, 3)	Si 14 (2, 8, 4)	P 15 (2, 8, 5)	S 16 (2, 8, 6)	Cℓ 17 (2, 8, 7)	Ar 18 (2, 8, 8)
K 19 (2, 8, 8, 1)	Ca 20 (2, 8, 8, 2)	Ga 31 (2, 8, 18, 3)	Ge 32 (2, 8, 18, 4)	As 33 (2, 8, 18, 5)	Se 34 (2, 8, 18, 6)	Br 35 (2, 8, 18, 7)	Kr 36 (2, 8, 18, 8)
Rb 37 (2, 8, 18, 8, 1)	Sr 38 (2, 8, 18, 8, 2)	In 49 (2, 8, 18, 18, 3)	Sn 50 (2, 8, 18, 18, 4)	Sb 51 (2, 8, 18, 18, 5)	Te 52 (2, 8, 18, 18, 6)	I 53 (2, 8, 18, 18, 7)	Xe 54 (2, 8, 18, 18, 8)
Cs 55 (2, 8, 18, 18, 8, 1)	Ba 56 (2, 8, 18, 18, 8, 2)	Tℓ 81 (2, 8, 18, 32, 18, 3)	Pb 82 (2, 8, 18, 32, 18, 4)	Bi 83 (2, 8, 18, 32, 18, 5)	Po 84 (2, 8, 18, 32, 18, 6)	At 85 (2, 8, 18, 32, 18, 7)	Rn 86 (2, 8, 18, 32, 18, 8)
Fr 87 (2, 8, 18, 32, 18, 8, 1)	Ra 88 (2, 8, 18, 32, 18, 8, 2)						

• Átomos de elementos de um **mesmo período** apresentam **igual número de camadas eletrônicas**.

• A camada mais externa do átomo de um elemento químico é aquela envolvida diretamente no estabelecimento de união com outro(s) átomo(s). Ela é denominada **camada de valência**. Os elétrons dessa camada são os **elétrons de valência**.

• Elementos de um **mesmo grupo** da tabela periódica apresentam o **mesmo número de elétrons na camada de valência**.

- O grupo 1, ou 1A, é o grupo dos **metais alcalinos**.
- O grupo 2, ou 2A, é o grupo dos **metais alcalino-terrosos**.
- O grupo 16, ou 6A, é o grupo dos **calcogênios**.
- O grupo 17, ou 7A, é o grupo dos **halogênios**.
- O grupo 18, ou 0 (zero), é o grupo dos **gases nobres**.

Posição na tabela periódica e terminação da configuração eletrônica

Representativos

1 $1s^1$		
3 $2s^1$	4 $2s^2$	
11 $3s^1$	12 $3s^2$	
19 $4s^1$	20 $4s^2$	
37 $5s^1$	38 $5s^2$	
55 $6s^1$	56 $6s^2$	
87 $7s^1$	88 $7s^2$	

Transição

21 $3d^1$	22 $3d^2$	23 $3d^3$	24 $3d^4$	25 $3d^5$	26 $3d^6$	27 $3d^7$	28 $3d^8$	29 $3d^9$	30 $3d^{10}$
39 $4d^1$	40 $4d^2$	41 $4d^3$	42 $4d^4$	43 $4d^5$	44 $4d^6$	45 $4d^7$	46 $4d^8$	47 $4d^9$	48 $4d^{10}$
	72 $5d^2$	73 $5d^3$	74 $5d^4$	75 $5d^5$	76 $5d^6$	77 $5d^7$	78 $5d^8$	79 $5d^9$	80 $5d^{10}$
	104 $6d^2$	105 $6d^3$	106 $6d^4$	107 $6d^5$	108 $6d^6$	109 $6d^7$	110 $6d^8$	111 $6d^9$	112 $6d^{10}$ → etc.

Representativos

					2 $1s^2$
5 $2p^1$	6 $2p^2$	7 $2p^3$	8 $2p^4$	9 $2p^5$	10 $2p^6$
13 $3p^1$	14 $3p^2$	15 $3p^3$	16 $3p^4$	17 $3p^5$	18 $3p^6$
31 $4p^1$	32 $4p^2$	33 $4p^3$	34 $4p^4$	35 $4p^5$	36 $4p^6$
49 $5p^1$	50 $5p^2$	51 $5p^3$	52 $5p^4$	53 $5p^5$	54 $5p^6$
81 $6p^1$	82 $6p^2$	83 $6p^3$	84 $6p^4$	85 $6p^5$	86 $6p^6$

Transição interna

57 $4f^1$	58 $4f^2$	59 $4f^3$	60 $4f^4$	61 $4f^5$	62 $4f^6$	63 $4f^7$	64 $4f^8$	65 $4f^9$	66 $4f^{10}$	67 $4f^{11}$	68 $4f^{12}$	69 $4f^{13}$	70 $4f^{14}$	71 $5d^1$
89 $5f^1$	90 $5f^2$	91 $5f^3$	92 $5f^4$	93 $5f^5$	94 $5f^6$	95 $5f^7$	96 $5f^8$	97 $5f^9$	98 $5f^{10}$	99 $5f^{11}$	100 $5f^{12}$	101 $5f^{13}$	102 $5f^{14}$	103 $6d^1$

Alguns elementos apresentam distribuição eletrônica anômala, ou seja, não seguem rigorosamente o diagrama das diagonais. Essas anomalias são muito difíceis de explicar e não são estudadas no ensino médio. Não aparecem, portanto, nesse esquema.

Exemplos de propriedade periódica

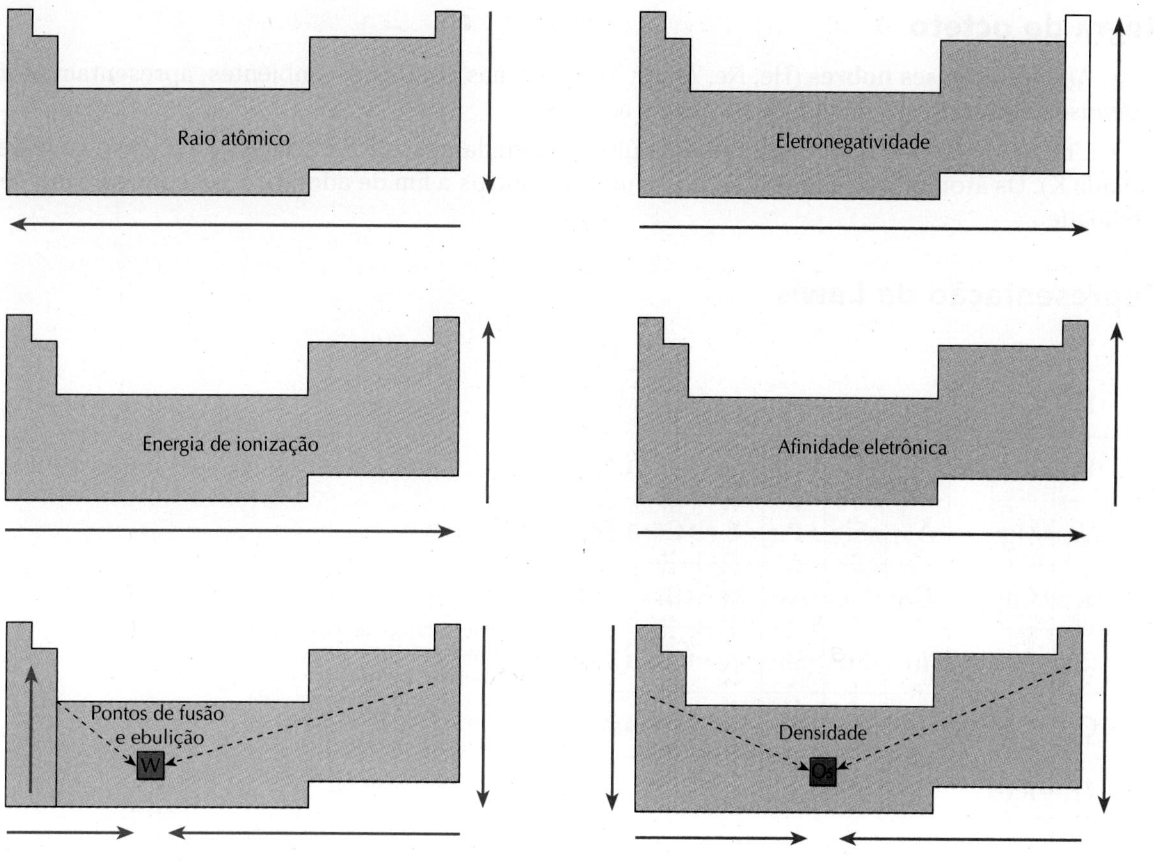

ÍONS

- Quando um **átomo** está **eletricamente neutro**, ele possui **prótons e elétrons em igual número**.
- Quando um átomo eletricamente neutro perde ou recebe elétrons, ele se transforma em um **íon**.
- Íon negativo é chamado de **ânion**.
- Íon positivo é chamado de **cátion**.

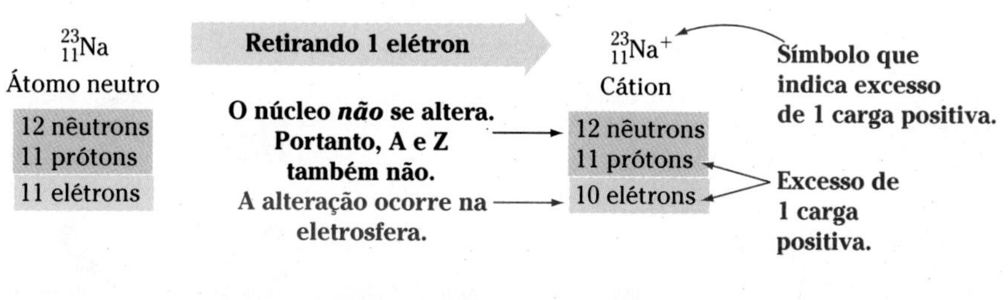

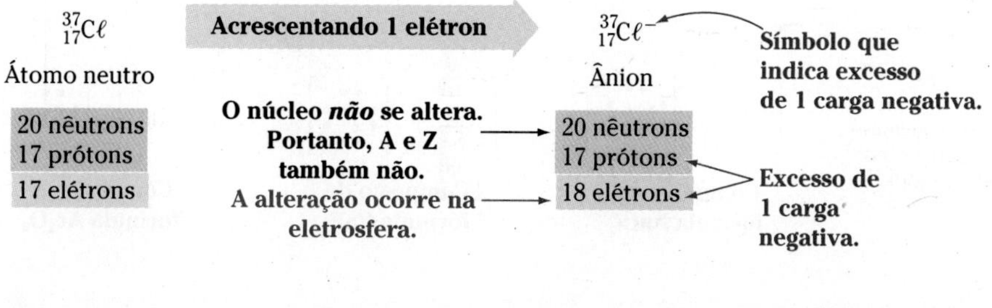

LIGAÇÕES INTERATÔMICAS

Regra do octeto

- Apenas os **gases nobres** (He, Ne, Ar, Kr, Xe e Rn), nas condições ambientes, apresentam **átomos estáveis isolados**, isto é, não unidos a outros átomos.
- Um átomo estará estável quando sua última camada possuir 8 elétrons (ou 2, caso se trate da camada K). Os átomos não estáveis se unem uns aos outros a fim de adquirir essa configuração de estabilidade.

Representação de Lewis

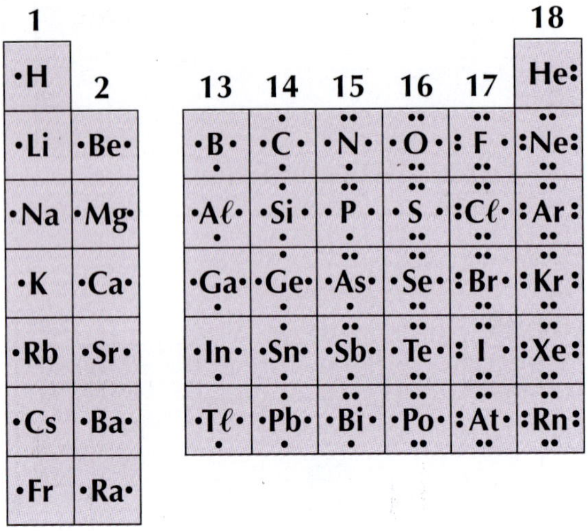

Representações de Lewis para os elementos representativos, nas quais bolinhas ao redor do símbolo do elemento indicam o número de elétrons na camada de valência de seus átomos.

Ligação iônica

- À medida que percorremos um período da tabela periódica, da esquerda para a direita, aumenta a atração exercida pelo núcleo sobre os elétrons da camada de valência. Por isso, metais têm tendência a perder elétrons e formar cátions; e não metais têm tendência a receber elétrons e formar ânions.
- As substâncias formadas por **metais** e **não metais** apresentam em geral elevados pontos de fusão e de ebulição, conduzem corrente elétrica no estado líquido, mas não no estado sólido. São **substâncias iônicas**, nas quais os íons presentes se unem por **ligação iônica** e formam um **retículo cristalino iônico**.
- Em geral, compostos iônicos são sólidos, quando puros, nas condições ambientes de pressão e temperatura.

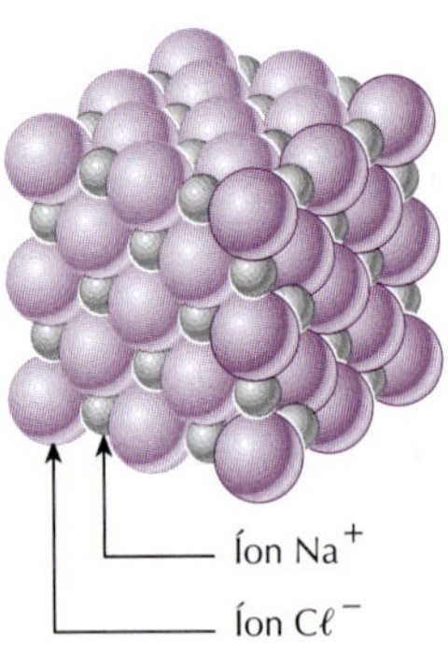

Representação esquemática do retículo cristalino iônico do cloreto de sódio.

Na^+

Cátion do sódio, elemento do grupo 1 (1A).

Ca^{2+}

Cátion do cálcio, elemento do grupo 2 (2A).

$A\ell^{3+}$

Cátion do alumínio, elemento do grupo 13 (3A).

N^{3-}

Ânion do nitrogênio, elemento do grupo 15 (5A).

O^{2-}

Ânion do oxigênio, elemento do grupo 16 (6A).

$C\ell^-$

Ânion do cloro, elemento do grupo 17 (7A).

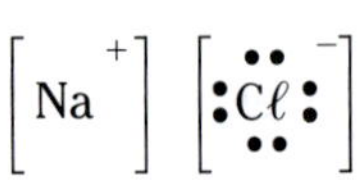

Composto de fórmula $NaC\ell$

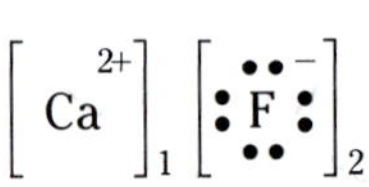

Composto de fórmula CaF_2

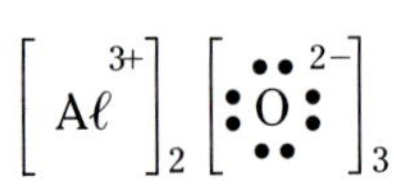

Composto de fórmula $A\ell_2O_3$

Ligação covalente

- Substâncias formadas pela união de átomos de **não metais** (incluindo o hidrogênio) apresentam pontos de fusão e de ebulição relativamente baixos e não tendem a conduzir a corrente elétrica, à pressão ambiente.

- Essa união, que ocorre mediante o compartilhamento de elétrons, é a **ligação covalente**. O agrupamento de átomos resultante desse tipo de ligação é denominado **molécula**.

- Algumas **substâncias moleculares** (formadas por moléculas) são gasosas nas condições ambientes, outras são líquidas e outras, sólidas.

Fórmula molecular	H_2	O_2	N_2	$C\ell_2$	CO_2	NH_3
Fórmula eletrônica						
Fórmula estrutural	H—H	O=O	N≡N	Cℓ—Cℓ	O=C=O	H—N(—H)—H

- **Alótropos** são diferentes substâncias simples formadas por um mesmo elemento químico. Exemplos são: oxigênio (O_2) e ozônio (O_3); carbono grafite (C (graf.)) e carbono diamante (C (diam.)); fósforo branco (P_4) e fósforo vermelho (P_n); enxofre rômbico (S_8 (rômb.)) e enxofre monoclínico (S_8 (mon.)). Quando um elemento apresenta alótropos, diz-se que ocorre o fenômeno da **alotropia**.

Ligação metálica

- Átomos de metais se unem por **ligação metálica**. Assim como a presença dos elétrons entre dois átomos os mantém unidos numa ligação covalente, é a presença de elétrons livres (modelo do mar de elétrons) que mantém os átomos metálicos unidos, formando o **retículo cristalino metálico**, no qual os átomos não se encontram com o octeto completo. A regra do octeto **não** é satisfatória para explicar a ligação metálica.

- Um pedaço de ferro, por exemplo, deveria ser representado por Fe_n, em que "n" representa um número de átomos de ferro muito grande presente nesse pedaço. Contudo, os químicos, por simplicidade, representam um pedaço de metal apenas pelo símbolo do elemento; no caso, Fe.

- As **substâncias metálicas** conduzem a eletricidade nos estados sólido e líquido. Apresentam brilho característico (denominado brilho metálico), são muito maleáveis (fáceis de transformar em lâminas) e dúcteis (fáceis de transformar em fios). Conduzem bem o calor e, em geral, apresentam altos pontos de fusão e de ebulição. São todas sólidas nas condições ambientes, exceto o mercúrio, que é líquido.

- **Ligas metálicas** são misturas sólidas de dois ou mais elementos, sendo a totalidade (ou pelo menos a maior parte) dos átomos presentes de elementos metálicos. Exemplos são o ouro 18 quilates (liga de ouro e cobre e/ou prata), o bronze (liga de cobre e estanho), o latão (liga de cobre e zinco) e o aço (liga de ferro com pequena quantidade de carbono).

GEOMETRIA MOLECULAR E LIGAÇÕES INTERMOLECULARES

Geometria molecular e repulsão dos pares eletrônicos

1º passo Fórmula eletrônica	2º passo Distribuição dos "pares" de elétrons	3º passo Determinação da geometria molecular	Modelo molecular
	Toda molécula biatômica é linear	H—Cℓ Linear	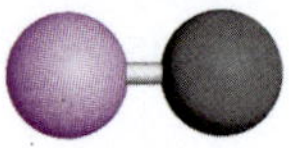
 2 "pares"	O=C=O Segmento de reta	O=C=O Linear	
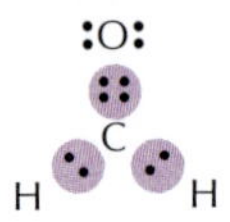 3 "pares"	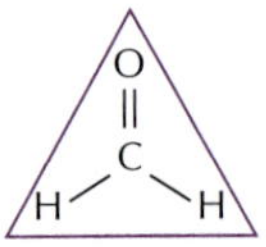 Triângulo equilátero	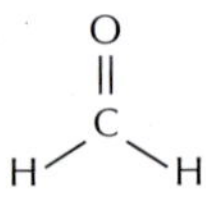 Trigonal plana	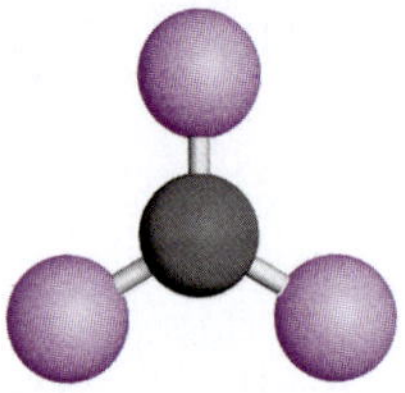
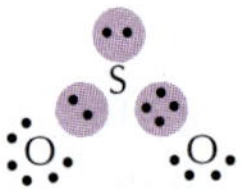 3 "pares"	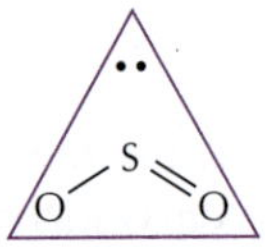 Triângulo equilátero	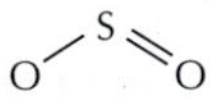 Angular	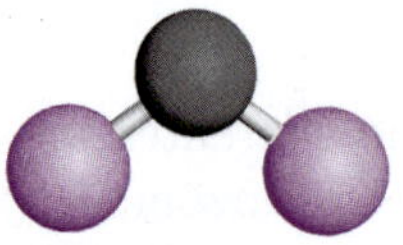
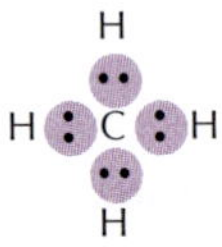 4 "pares"	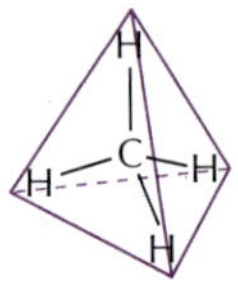 Tetraedro	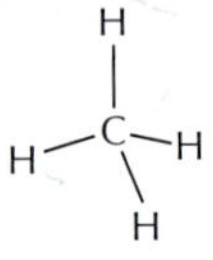 Tetraédrica	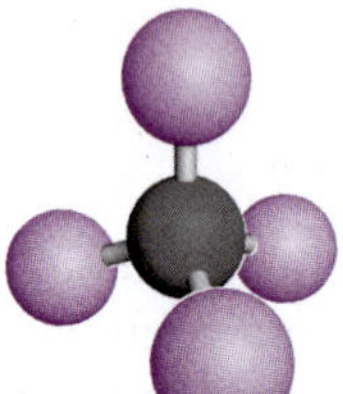
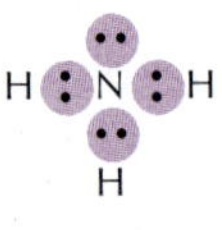 4 "pares"	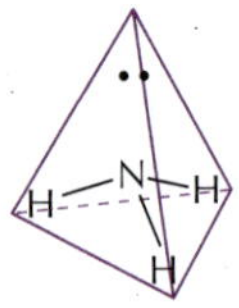 Tetraedro	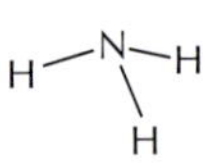 Piramidal	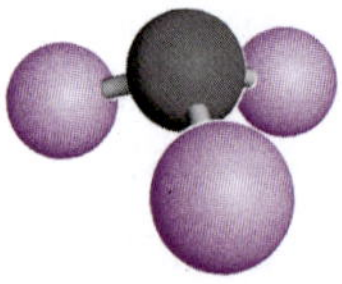
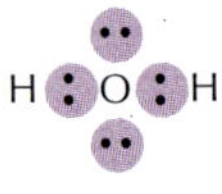 4 "pares"	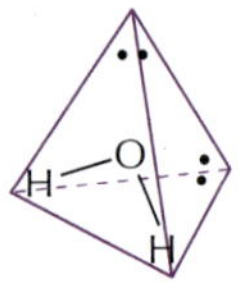 Tetraedro	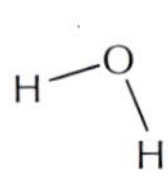 Angular	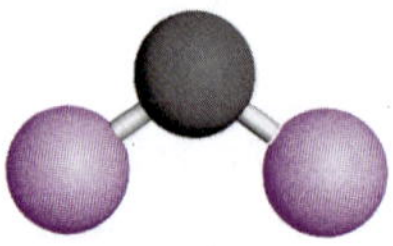

Eletronegatividade

- Denomina-se **eletronegatividade** a capacidade que os átomos de um determinado elemento possuem para atrair elétrons.

$$F > O > N \approx C\ell > Br > I \approx S \approx C > P \approx H > \text{metais}$$

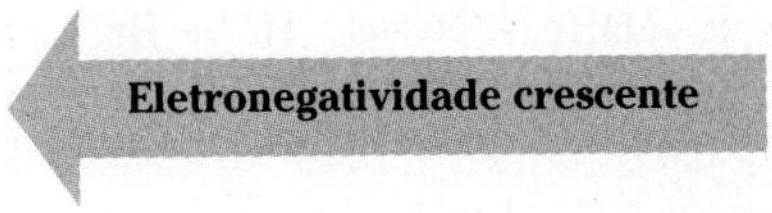

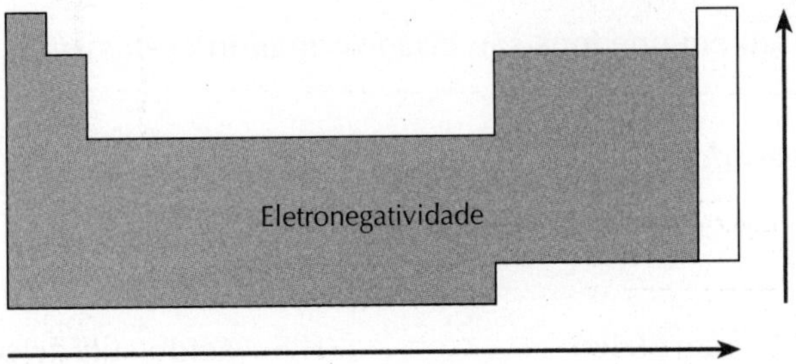

Polaridade molecular

- **Vetor momento de dipolo** ou **momento dipolar** ($\vec{\mu}$) é aquele que representa a polarização de uma ligação covalente.
- A polaridade de uma molécula com mais de dois átomos é expressa pelo **vetor momento de dipolo resultante** ($\vec{\mu}_R$). Se ele for nulo, a molécula será apolar; caso contrário, polar.
- Substância **polar** tende a se dissolver bem em outra substância **polar**.
- Substância **apolar** tende a se dissolver bem em outra substância **apolar**.

Forças intermoleculares e ponto de ebulição

- Quando uma substância molecular passa da fase líquida (ou sólida) para a fase gasosa, ocorre o rompimento de ligações intermoleculares.
- Ao compararmos duas substâncias com o mesmo tipo de interação intermolecular, espera-se que a que tiver maior tamanho (estimado, geralmente, pela massa molecular) apresente maior ponto de ebulição.
- Ao compararmos duas substâncias com massas moleculares e tamanhos aproximadamente iguais, espera-se que a que possuir forças intermoleculares mais intensas apresente maior ponto de ebulição.

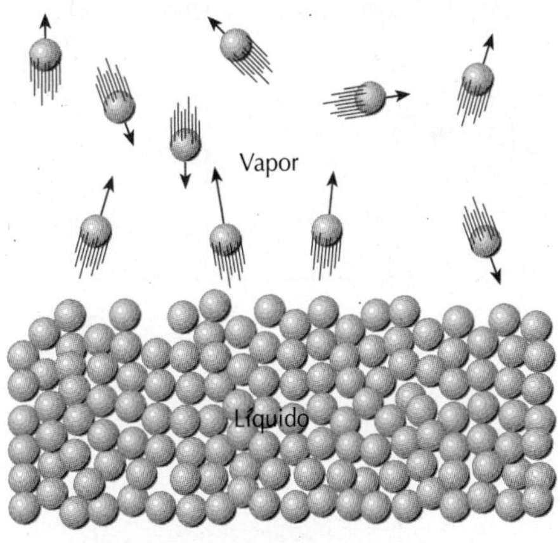

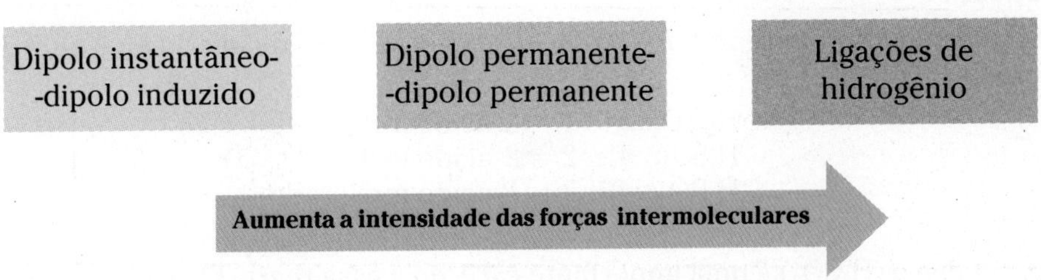

QUÍMICA INORGÂNICA

Ácidos

- **Ácido** é todo composto que, dissolvido em água, origina H^+ como único cátion (o ânion varia de ácido para ácido).

$$HBr \xrightarrow{H_2O} H^+ + Br^-$$

$$HNO_3 \xrightarrow{H_2O} H^+ + NO_3^-$$

$$H_2SO_4 \xrightarrow{H_2O} 2H^+ + SO_4^{2-}$$

- **Ionização** é o processo em que íons são criados quando certas substâncias moleculares se dissolvem em água.

Hidrácidos (ácidos não oxigenados)

(elemento) .... **ídrico**

HF ácido fluor**ídrico**	H_2S ácido sulf**ídrico** (do latim *sulfur*, "enxofre")
$HC\ell$ ácido clor**ídrico**	HCN ácido cian**ídrico**
HBr ácido brom**ídrico**	
HI ácido iod**ídrico**	

Oxiácidos (ácidos oxigenados)

Nomenclatura					
per (elemento) .... **ico**	$HC\ell O_4$ ácido perclórico	—	—	—	↑ +O
(elemento) .... **ico**	$HC\ell O_3$ ácido clórico	H_2SO_4 ácido sulfúrico	HNO_3 ácido nítrico	H_3PO_4 ácido fosfórico	
(elemento) .... **oso**	$HC\ell O_2$ ácido cloroso	H_2SO_3 ácido sulfuroso	HNO_2 ácido nitroso	H_3PO_3 ácido fosforoso	↓ −O
hipo (elemento) .... **oso**	$HC\ell O$ ácido hipocloroso	—	—	H_3PO_2 ácido hipofosforoso	↓ −O

Força dos hidrácidos

$HI > HBr > HC\ell > HF > H_2S > HCN$

Fortes: HI, HBr, $HC\ell$ — Moderado: HF — Fracos: H_2S, HCN

← **Aumenta a força do ácido**

Força dos oxiácidos

- *Subtraia o número de hidrogênios do número de oxigênios*: se o resultado for 2 ou 3, será um ácido forte; 1, moderado; 0, fraco.

$HC\ell O_4$: $4 - 1 = 3$ ácido forte
H_2SO_4: $4 - 2 = 2$ ácido forte
H_3PO_4: $4 - 3 = 1$ ácido moderado
H_3BO_3: $3 - 3 = 0$ ácido fraco

- O *ácido carbônico* (H_2CO_3) é uma importante *exceção* a essa regra. Ele é um ácido fraco.

Bases

- **Base** é todo composto que, dissolvido em água, origina OH^- como único ânion (o cátion varia de base para base).

$$KOH \xrightarrow{H_2O} K^+ + OH^-$$

$$Ca(OH)_2 \xrightarrow{H_2O} Ca^{2+} + 2\,OH^-$$

$$A\ell(OH)_3 \xrightarrow{H_2O} A\ell^{3+} + 3\,OH^-$$

- **Dissociação iônica** é a separação dos íons que ocorre quando uma substância iônica se dissolve em água.

Bases de metais que possuem carga fixa

Hidróxido de .... (elemento)

NaOH	hidróxido de sódio
AgOH	hidróxido de prata
$Ca(OH)_2$	hidróxido de cálcio
$A\ell(OH)_3$	hidróxido de alumínio

Amônia ou amoníaco (NH_3)

A amônia (NH_3), também chamada de amoníaco, é uma base diferente das outras. Trata-se de um composto gasoso que, ao ser dissolvido em água, sofre ionização produzindo como íon negativo exclusivamente OH^-. Por isso a amônia é classificada como base.

$$NH_3\,(g) + H_2O\,(\ell) \rightarrow NH_4^+\,(aq) + \boxed{OH^-(aq)}$$

Hidroxila
íon característico das bases

Podemos representar o produto dessa reação por meio da fórmula NH_4OH e chamar essa base de *hidróxido de amônio*. O composto NH_4OH só existe na água.

Bases de metais que possuem mais de uma carga possível

Hidróxido de .... (elemento) + carga do cátion (algarismos romanos)

ou

Carga **menor**: hidróxido .... (elemento) + **oso**

Carga **maior**: hidróxido .... (elemento) + **ico**

CuOH	hidróxido de cobre (I)	hidróxido cupr**oso**
$Cu(OH)_2$	hidróxido de cobre (II)	hidróxido cúpr**ico** (do latim *cuprum* = cobre)
$Fe(OH)_2$	hidróxido de ferro (II)	hidróxido ferr**oso**
$Fe(OH)_3$	hidróxido de ferro (III)	hidróxido férr**ico**

Força das bases

- Fortes: de alcalinos e alcalino-terrosos (exceto $Mg(OH)_2$).
- Fracas: as demais (incluindo $Mg(OH)_2$).

Solubilidade das bases

- Solúveis: as de metais alcalinos e a amônia.
- Parcialmente solúveis: as de metais alcalino-terrosos (exceto $Mg(OH)_2$).
- Insolúveis: as demais (incluindo $Mg(OH)_2$).

Ação sobre indicadores

- **Ácidos** avermelham o suco de uva ou de amora.
- **Bases** azulam o suco de uva ou de amora.
- **Indicador ácido-base** é uma substância que apresenta uma determinada coloração em meio ácido e outra em meio básico.

	Fenolftaleína	**Tornassol**
Meio ácido	Incolor	Róseo
Meio básico	Rósea	Azul

Sais

• **Sal** é um composto iônico contendo cátion proveniente de uma base e ânion proveniente de um ácido. O nome é dado de acordo com a regra:

(nome do ânion) **de** (nome do cátion)

• A nomenclatura dos ânions é feita trocando-se a terminação do nome do ácido:

Ácido		Ânion
ídrico	⟶	**eto**
oso	⟶	**ito**
ico	⟶	**ato**

Ácido	Cátion	Ânion	Sal
Ácido $HC\ell$ clor**ídrico**	$[Na^+]_1$ cátion sódio	$[C\ell^-]_1$ ânion clor**eto**	$NaC\ell$ cloreto de sódio
Ácido HNO_2 nitr**oso**	$[K^+]_1$ cátion potássio	$[NO_2^-]_1$ ânion nitr**ito**	KNO_2 nitrito de potássio
Ácido HNO_3 nítr**ico**	$[NH_4^+]_1$ cátion amônio	$[NO_3^-]_1$ ânion nitr**ato**	NH_4NO_3 nitrato de amônio
Ácido H_2SO_4 sulfúr**ico**	$[Cu^{2+}]_{\not 2}$ cátion cobre (II) (cúprico)	$[SO_4^{2-}]_{\not 2}$ ânion sulf**ato**	$CuSO_4$ sulfato de cobre (II) (sulfato cúprico)

Note a simplificação dos índices

Óxidos

Óxidos moleculares (não metal + oxigênio)

[mono / di / tri / ...] + óxido de [mono / di / tri / ...] + (elemento)

NO — **mon**óxido de nitrogênio
CO — **mon**óxido de carbono
NO_2 — **di**óxido de nitrogênio
CO_2 — **di**óxido de carbono

• O prefixo *mono* pode ser omitido quando usado na frente do nome do elemento.

Óxidos iônicos (metal + oxigênio)

Óxido de (elemento) + carga do cátion (algarismos romanos)

Na_2O — óxido de sódio
CaO — óxido de cálcio
$A\ell_2O_3$ — óxido de alumínio

• Só se coloca a carga do cátion ao escrever o nome de um óxido de metal que apresente mais de uma carga possível.

Cu_2O — óxido de cobre (I) | FeO — óxido de ferro (II)
CuO — óxido de cobre (II) | Fe_2O_3 — óxido de ferro (III)

Carga **menor**: óxido (elemento) + **oso**
Carga **maior**: óxido (elemento) + **ico**

Cu_2O — óxido cupr**oso** | FeO — óxido ferr**oso**
CuO — óxido cúpr**ico** | Fe_2O_3 — óxido férr**ico**

Óxidos ácidos e óxidos básicos

• Óxidos ácidos reagem com água formando ácido.

$$CO_2 + H_2O \longrightarrow H_2CO_3$$
$$SO_3 + H_2O \longrightarrow H_2SO_4$$

• Óxidos ácidos reagem com bases formando sal e água.

$$CO_2 + Ca(OH)_2 \longrightarrow CaCO_3 + H_2O$$

• Óxidos básicos reagem com água formando base.

$$CaO + H_2O \longrightarrow Ca(OH)_2$$
$$Na_2O + H_2O \longrightarrow 2\,NaOH$$

• Óxidos básicos reagem com ácidos formando sal e água.

$$CaO + 2\,HNO_3 \longrightarrow Ca(NO_3)_2 + H_2O$$

Cátions

Elementos metálicos que formam um só cátion

Elemento metálico	Carga em ligação iônica	
Alcalinos	+1	Li^+, Na^+, K^+, Rb^+, Cs^+, Fr^+
Alcalino-terrosos	+2	Mg^{2+}, Ca^{2+}, Sr^{2+}, Ba^{2+}, Ra^{2+}
Prata	+1	Ag^+
Zinco	+2	Zn^{2+}
Alumínio	+3	$A\ell^{3+}$

Exemplos de elementos metálicos que formam mais de um cátion

Elemento metálico	Carga em ligação iônica			
	+1	+2	+3	+4
Cobre	Cu^+	Cu^{2+}		
Mercúrio	Hg_2^{2+}	Hg^{2+}		
Ouro	Au^+		Au^{3+}	
Ferro		Fe^{2+}	Fe^{3+}	
Níquel		Ni^{2+}	Ni^{3+}	
Cromo		Cr^{2+}	Cr^{3+}	
Cobalto		Co^{2+}	Co^{3+}	
Estanho		Sn^{2+}		Sn^{4+}
Chumbo		Pb^{2+}		Pb^{4+}
Manganês		Mn^{2+}	Mn^{3+}	Mn^{4+}

Ânions

Carga −1		Carga −2	
F^-	Fluoreto	O^{2-}	Óxido
$C\ell^-$	Cloreto	O_2^{2-}	Peróxido
Br^-	Brometo	S^{2-}	Sulfeto
I^-	Iodeto	SO_3^{2-}	Sulfito
$C\ell O^-$	Hipoclorito	SO_4^{2-}	Sulfato
$C\ell O_2^-$	Clorito	$S_2O_3^{2-}$	Tiossulfato
$C\ell O_3^-$	Clorato	CO_3^{2-}	Carbonato
$C\ell O_4^-$	Perclorato	$C_2O_4^{2-}$	Oxalato
NO_2^-	Nitrito	SiO_3^{2-}	Metassilicato
NO_3^-	Nitrato	HPO_3^{2-}	Fosfito
CN^-	Cianeto	CrO_4^{2-}	Cromato
OCN^-	Cianato	$Cr_2O_7^{2-}$	Dicromato
SCN^-	Tiocianato	MnO_4^{2-}	Manganato
PO_3^-	Metafosfato	MnO_3^{2-}	Manganito
$H_2PO_2^-$	Hipofosfito		
MnO_4^-	Permanganato		
OH^-	Hidróxido		
H^-	Hidreto		
CH_3COO^-	Acetato		

Carga −3		Carga −4	
PO_4^{3-}	Fosfato	$P_2O_7^{4-}$	Pirofosfato
BO_3^{3-}	Borato	SiO_4^{4-}	Silicato
$Fe(CN)_6^{3-}$	Ferricianeto	$Fe(CN)_6^{4-}$	Ferrocianeto

Fila de reatividade dos metais

← **Aumenta a reatividade**

Li>K>Ca>Na>Mg>Aℓ>Zn>Cr>Fe>Ni>Sn>Pb>**H**>Cu>Hg>Ag>Pt>Au

Metais alcalinos e alcalino-terrosos | **Metais mais comuns no nosso cotidiano** | **Metais nobres**

Reagem com HCℓ | **Não reagem com HCℓ**

Aumenta a nobreza →

Fila de reatividade dos não metais

F>O>Cℓ>Br>I>S

← **Aumenta a reatividade**

Linhas gerais da solubilidade de sais em água

São geralmente **solúveis** os sais contendo o ânion	Exceções importantes (insolúveis)
NO_3^- (nitrato)	—
CH_3COO^- (acetato)	—
$C\ell^-$ (cloreto)	se o cátion for Ag^+, Hg_2^{2+} ou Pb^{2+}
Br^- (brometo)	se o cátion for Ag^+, Hg_2^{2+} ou Pb^{2+}
I^- (iodeto)	se o cátion for Ag^+, Hg_2^{2+} ou Pb^{2+}
SO_4^{2-} (sulfato)	se o cátion for Ca^{2+}, Sr^{2+}, Ba^{2+}, Hg_2^{2+} ou Pb^{2+}

São geralmente **insolúveis** os sais contendo o ânion	Exceções importantes (solúveis)
S^{2-} (sulfeto)	se o cátion for NH_4^+, alcalino ou alcalino-terroso
CO_3^{2-} (carbonato)	se o cátion for NH_4^+ ou alcalino
PO_4^{3-} (fosfato)	se o cátion for NH_4^+ ou alcalino

Substâncias voláteis importantes

- **H_2S** (g)
- **HCN** (g)
- **CO_2** (g)

Se uma reação de dupla troca produz H_2CO_3, substitua-o por H_2O (ℓ) + CO_2 (g).

- **SO_2** (g)

Se uma reação de dupla troca produz H_2SO_3, substitua-o por H_2O (ℓ) + SO_2 (g).

- **NH_3** (g)

Se uma reação de dupla troca produz NH_4OH, substitua-o por NH_3 (g) + H_2O (ℓ).

UNIDADES, SEUS MÚLTIPLOS E SUBMÚLTIPLOS

Grandeza	Unidade	Símbolo	Relações importantes
Massa	grama	g	1 kg = 10^3 g
	quilograma*	kg	1 t = 10^3 kg = 10^6 g
	tonelada	t	
Comprimento	metro*	m	
Volume	metro cúbico*	m^3	1 m^3 = 10^3 L
	decímetro cúbico	dm^3	1 L = 1 dm^3 = 10^3 mL = 10^3 cm^3
	centímetro cúbico	cm^3	
	litro	L	
	mililitro	mL	
Pressão	atmosfera	atm	1 atm = 760 mmHg = 760 torr
	milímetro de mercúrio	mmHg	1 atm = $1{,}013 \cdot 10^5$ Pa
	torr	torr	
	pascal*	Pa	
Temperatura	celsius	°C	temperatura em K = temperatura em °C + 273
	kelvin*	K	
Quantidade de matéria	mol*	mol	

* Unidades que fazem parte do Sistema Internacional de Unidades (SI).

Múltiplo	Prefixo	Símbolo	Submúltiplo	Prefixo	Símbolo
10^{12}	tera	T	10^{-3}	mili	m
10^9	giga	G	10^{-6}	micro	μ
10^6	mega	M	10^{-9}	nano	n
10^3	quilo	k	10^{-12}	pico	p

Exemplos:

- 1 quilômetro = 1 km = 10^3 m
- 1 milímetro = 1 mm = 10^{-3} m
- 1 micrometro = 1 μm = 10^{-6} m
- 1 nanômetro = 1 nm = 10^{-9} m
- 1 picometro = 1 pm = 10^{-12} m
- 1 quilograma = 1 kg = 10^3 g
- 1 miligrama = 1 mg = 10^{-3} g
- 1 mililitro = 1 mL = 10^{-3} L
- 1 milimol = 1 mmol = 10^{-3} mol

NOTAÇÃO CIENTÍFICA

10.000.000.000	= 10^{10}	
1.000.000.000	= 10^9	
100.000.000	= 10^8	
10.000.000	= 10^7	
1.000.000	= 10^6	
100.000	= 10^5	
10.000	= 10^4	
1.000	= 10^3	
100	= 10^2	
10	= 10^1	
1	= 10^0	
0,1	= 10^{-1}	= $1/10^1$
0,01	= 10^{-2}	= $1/10^2$
0,001	= 10^{-3}	= $1/10^3$
0,000.1	= 10^{-4}	= $1/10^4$
0,000.01	= 10^{-5}	= $1/10^5$
0,000.001	= 10^{-6}	= $1/10^6$
0,000.000.1	= 10^{-7}	= $1/10^7$
0,000.000.01	= 10^{-8}	= $1/10^8$
0,000.000.001	= 10^{-9}	= $1/10^9$
0,000.000.000.1	= 10^{-10}	= $1/10^{10}$

Dizemos que um número está expresso em **notação científica** quando ele está escrito na forma $\mathbf{a} \cdot \mathbf{10^b}$, em que **a** é um número real tal que $1 \leq \mathbf{a} < 10$ e **b** é um número inteiro (isto é, **b** = ..., −3, −2, −1, 0, 1, 2, 3, ...).

Exemplos:

- 800.000 = $8 \cdot 10^5$
- 560.000 = $5{,}6 \cdot 10^5$
- 602.000.000.000.000.000.000.000 = $6{,}02 \cdot 10^{23}$
- 0,5 = $5 \cdot 10^{-1}$
- 0,002 = $2 \cdot 10^{-3}$
- 0,078 = $7{,}8 \cdot 10^{-2}$
- 0,000.000.000.000.000.000.16 = $1{,}6 \cdot 10^{-19}$

Algumas operações envolvendo potências de dez

Multiplicação: $10^m \cdot 10^n = 10^{(m+n)}$
Exemplo: $10^5 \cdot 10^3 = 10^{(5)+(3)} = 10^8$

Divisão: $\dfrac{10^m}{10^n} = 10^{m-n}$
Exemplo: $\dfrac{10^7}{10^9} = 10^{(7)-(9)} = 10^{-2}$

Potenciação: $(10^m)^n = 10^{m \cdot n}$
Exemplo: $(10^{-4})^3 = 10^{-12}$

Radiciação: $\sqrt[n]{10^m} = 10^{m/n}$
Exemplo: $\sqrt{10^{-6}} = 10^{-\frac{6}{2}} = 10^{-3}$

MOL

- A **unidade de massa atômica** (símbolo: **u**) é definida como 1/12 da massa de um átomo do isótopo ^{12}C.
- **Massa atômica** é a massa de um átomo. A **massa atômica de um elemento químico** é a média ponderada da massa atômica de seus isótopos. Por conveniência, é geralmente expressa em unidades de massa atômica (u).
- **Massa molecular** de uma substância é o nome dado à massa de uma molécula dessa substância. Por conveniência, é geralmente expressa em unidades de massa atômica (u).
- A **Constante de Avogadro** é $6{,}0221367 \cdot 10^{23}$. Ela é frequentemente aproximada para $6 \cdot 10^{23}$.
- $1\,g = 6 \cdot 10^{23}\,u$
- Se, partindo da massa de um átomo, molécula ou íon expressa em unidades de massa atômica, substituirmos **u** por **g**, mantendo o mesmo número, passaremos a não ter mais a massa de um só átomo, molécula ou íon, e sim a massa de $6 \cdot 10^{23}$ átomos, moléculas ou íons.
- Um **mol** é um número de unidades igual à Constante de Avogadro.
- A **massa molar** de uma entidade química é a **massa de um mol de unidades** dessa entidade química. Embora haja quem expresse a massa molar em gramas (g), é mais correto expressá-la em gramas por mol (g/mol).

Elemento	Massa atômica	Massa molar
Mg	24 u	24 g/mol
S	32 u	32 g/mol
Fe	56 u	56 g/mol
↓ Átomos	↓ Massa de um átomo	↓ Massa em gramas de 1 mol de átomos

Substância molecular	Massa molecular	Massa molar
H_2O	18 u	18 g/mol
H_2SO_4	98 u	98 g/mol
$C_6H_{12}O_6$	180 u	180 g/mol
↓ Moléculas	↓ Massa de uma molécula	↓ Massa em gramas de 1 mol de moléculas

- A **quantidade de matéria** pode ser calculada por meio da seguinte expressão:

$$n = \frac{m}{M}$$

em que: n = quantidade de matéria (unidade: mol)
m = massa da amostra (unidade: g)
M = massa molar (unidade: g/mol)

- A **fórmula molecular** indica quais e quantos átomos de cada elemento constituem uma molécula de determinada substância.
- A **fórmula mínima** indica a proporção entre o número de átomos dos elementos que formam uma substância. Essa proporção é expressa pelo conjunto dos **menores números inteiros** possíveis.
- A **fórmula porcentual** indica os elementos formadores da substância e suas porcentagens em massa.

Fórmula molecular	Fórmula mínima (ou empírica)	Fórmula porcentual (ou centesimal)
H_2O	H_2O	$H_{11,1\%}O_{88,9\%}$
$C_6H_{12}O_6$	CH_2O	$C_{40,0\%}H_{6,7\%}O_{53,3\%}$

GASES

Transformações envolvendo massa fixa de gás

$$\frac{P_1 \cdot V_1}{T_1} = \frac{P_2 \cdot V_2}{T_2}$$

Esta equação só se aplica a substâncias no estado gasoso, cuja quantidade permaneça inalterada; com P na mesma unidade em ambos os membros; com V na mesma unidade em ambos os membros; e com T na escala kelvin, obrigatoriamente.

$\frac{P_1 \cdot V_1}{T_1} = \frac{P_2 \cdot V_2}{T_2}$:

- **T constante (isotérmica)** → $\frac{P_1 \cdot V_1}{\cancel{T}_1} = \frac{P_2 \cdot V_2}{\cancel{T}_2} \Rightarrow P_1 \cdot V_1 = P_2 \cdot V_2$ — **Lei de Boyle**
- **V constante (isocórica)** → $\frac{P_1 \cdot \cancel{V}_1}{T_1} = \frac{P_2 \cdot \cancel{V}_2}{T_2} \Rightarrow \frac{P_1}{T_1} = \frac{P_2}{T_2}$
- **P constante (isobárica)** → $\frac{\cancel{P}_1 \cdot V_1}{T_1} = \frac{\cancel{P}_2 \cdot V_2}{T_2} \Rightarrow \frac{V_1}{T_1} = \frac{V_2}{T_2}$

(V constante e P constante: **Leis de Charles e Gay-Lussac**)

Lei do Gás Ideal

$$P \cdot V = n \cdot R \cdot T$$

Esta equação só se aplica a substâncias no estado gasoso; com a temperatura na escala kelvin; e com P e V nas mesmas unidades que R.

$$n = \text{quantidade em mols} = \frac{\text{massa (m)}}{\text{massa molar (M)}}$$

R é a constante universal dos gases

$$R = 0{,}082\ \frac{\text{atm} \cdot \text{L}}{\text{mol} \cdot \text{K}}; \quad R = 62{,}3\ \frac{\text{mmHg} \cdot \text{L}}{\text{mol} \cdot \text{K}}; \quad R = 8{,}315\ \frac{\text{kPa} \cdot \text{L}}{\text{mol} \cdot \text{K}}$$

Misturas gasosas

- **Pressão parcial** de um componente de mistura gasosa é a pressão que ele possuiria se estivesse sozinho, no mesmo volume e à mesma temperatura em que se encontra a mistura.
- **Volume parcial** de um componente de mistura gasosa é o volume que ele possuiria se estivesse sozinho, à mesma pressão e à mesma temperatura em que se encontra a mistura.
- Para uma mistura de dois gases, A e B, temos:

$P_A = x_A \cdot P \qquad V_A = x_A \cdot V \qquad \text{com } x_A = \frac{n_A}{n_t}$

$P_B = x_B \cdot P \qquad V_B = x_B \cdot V \qquad \text{com } x_B = \frac{n_B}{n_t}$

$P = P_A + P_B$ **Lei de Dalton das pressões parciais**

$V = V_A + V_B$ **Lei de Amagat**

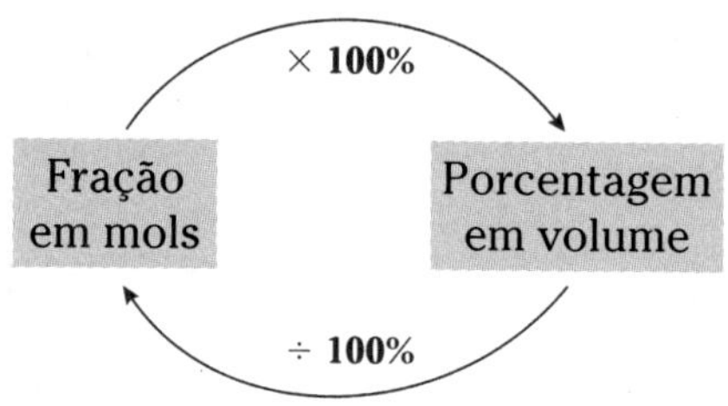

Densidade

Densidade de um gás numa dada P e T

$$d = \frac{P \cdot M}{R \cdot T}$$

Densidade relativa

$$\text{densidade de A em relação a B} = d_{A,B} = \frac{d_A}{d_B} = \frac{M_A}{M_B}$$ **Mesma P e T**

Densidade de um gás X em relação ao ar

$$\frac{d_x}{d_{ar}} = \frac{M_x}{28{,}9}$$ **Mesma P e T**

Unidade E

Ligações interatômicas

Unidade F

Ligações intermoleculares

Unidade G

Substâncias inorgânicas

PARTE II

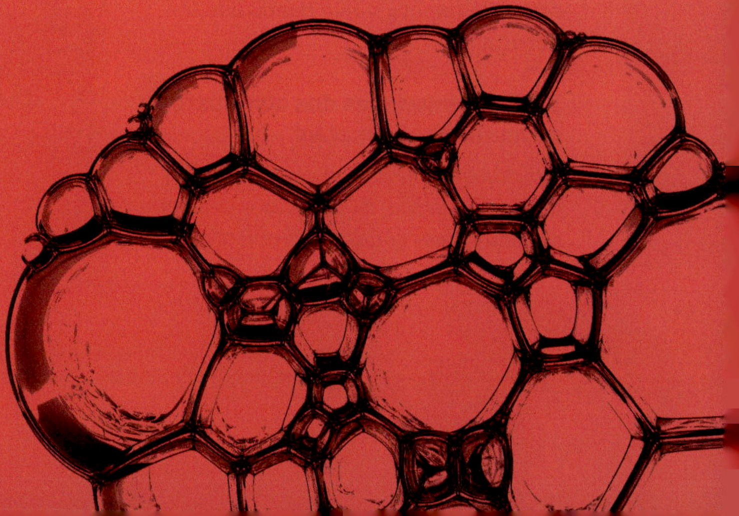

Capítulo

13 Ligação iônica

Depósito de óxido de ferro, uma substância iônica, em castanho-escuro na foto, sobre calcedônia, material branco. A calcedônia é um mineral de quartzo (SiO_2).

Metal tende a se unir a não metal (que não seja gás nobre) por meio de ligação iônica. A substância resultante, denominada substância iônica, tem propriedades típicas.

13.1 Três grupos de substâncias

Há três tipos de ligação química entre átomos (interatômica), e as propriedades de uma substância dependem do tipo de ligação presente.

13.2 Os gases nobres e a regra do octeto

A regra do octeto serve para avaliar a estabilidade de um átomo com base no número de elétrons na camada de valência.

13.3 Ligação iônica

Metais tendem a perder elétron(s) e não metais tendem a receber elétrons(s). Cátions e ânions assim formados se atraem, estabelecendo ligação iônica.

13.4 Neutralidade elétrica *versus* octeto completo

Para íons, a estabilidade do octeto completo implica a não neutralidade elétrica.

13.5 Propriedades dos compostos de metais e não metais

Substâncias iônicas em geral têm altos pontos de fusão e de ebulição e tendem a ser sólidas nas condições ambientes.

Três grupos de substâncias

Objetivo

▸ Observar propriedades tabeladas de diversas substâncias e concluir as semelhanças entre as iônicas, entre as moleculares e entre as metálicas.

Termos e conceitos

• ponto de fusão

1 Escolha de um critério para classificar as substâncias

Agrupar (classificar) objetos de estudo em diferentes categorias é um procedimento muito usado em Ciência, porque facilita a pesquisa e a compreensão das regularidades da natureza. Antes de classificar, é preciso optar por um critério de classificação. Usando as propriedades da tabela 1, um dos possíveis critérios de classificação das substâncias que nela estão listadas é a condutividade elétrica em diferentes estados físicos. Usando esse critério, a classificação dessas substâncias seria a seguinte:

- *Primeiro grupo* – substâncias que conduzem a corrente elétrica no estado líquido, mas não no sólido. Inclui cloreto de lítio, brometo de potássio, cloreto de cálcio, cloreto de sódio, óxido de alumínio e óxido de magnésio.
- *Segundo grupo* – substâncias que não conduzem corrente elétrica no estado sólido nem no líquido; também se destacam por apresentar pontos de fusão significativamente mais baixos que as substâncias dos outros dois grupos. Inclui etanol, cloro, água, naftaleno, iodo e glicose.
- *Terceiro grupo* – substâncias que conduzem corrente elétrica tanto no estado sólido quanto no líquido; quanto aos pontos de fusão, essas substâncias são razoavelmente comparáveis às do primeiro grupo. Inclui alumínio, prata, ouro, cobre, ferro e platina.

Uma atividade para fazer já!

Interrompa sua leitura por alguns instantes e procure na tabela periódica os elementos que formam as substâncias que aparecem na tabela 1. Verifique se são metais ou não metais. A que conclusão você chega?

Tabela 1 Propriedades de algumas substâncias químicas

Substância	Fórmula que representa a substância	Ponto de fusão (°C)	Conduz corrente elétrica no	
			estado sólido?	estado líquido?
Etanol	C_2H_6O	−114	Não	Não
Cloro	$C\ell_2$	−102	Não	Não
Água	H_2O	0	Não	Não
Naftaleno	$C_{10}H_8$	80	Não	Não
Iodo	I_2	114	Não	Não
Glicose	$C_6H_{12}O_6$	150	Não	Não
Cloreto de lítio	$LiC\ell$	610	Não	Sim
Alumínio	$A\ell$	660	Sim	Sim
Brometo de potássio	KBr	734	Não	Sim
Cloreto de cálcio	$CaC\ell_2$	775	Não	Sim
Cloreto de sódio	$NaC\ell$	801	Não	Sim
Prata	Ag	962	Sim	Sim
Ouro	Au	1.064	Sim	Sim
Cobre	Cu	1.085	Sim	Sim
Ferro	Fe	1.538	Sim	Sim
Platina	Pt	1.768	Sim	Sim
Óxido de alumínio	$A\ell_2O_3$	2.053	Não	Sim
Óxido de magnésio	MgO	2.825	Não	Sim

Fonte dos pontos de fusão: D. R. Lide (ed.). *CRC Handbook of Chemistry and Physics*. 84. ed. Boca Raton, CRC Press, 2003.

2 Três grupos de substâncias; três tipos de ligação interatômica

As substâncias da tabela 1 diferem no tipo do elemento químico (ou dos elementos químicos) que toma parte em sua composição.

As do primeiro grupo têm em sua composição simultaneamente metal e não metal. Essas substâncias são denominadas **substâncias iônicas**.

As do segundo grupo apresentam apenas elemento(s) do tipo não metal. São chamadas **substâncias moleculares**. (Existem, também, as **substâncias macromoleculares**, cujo estudo será feito no capítulo 19.)

As do terceiro grupo apresentam apenas metal em sua composição. São as **substâncias metálicas**.

A união entre átomos é denominada **ligação química interatômica**. Ela pode ser de três tipos: **iônica**, **covalente** e **metálica**. Veremos, nesta Unidade, que, nas substâncias do:

- *primeiro grupo*, os átomos se unem por **ligação iônica**;
- *segundo grupo*, os átomos se unem por **ligação covalente**;
- *terceiro grupo*, os átomos se unem por **ligação metálica**.

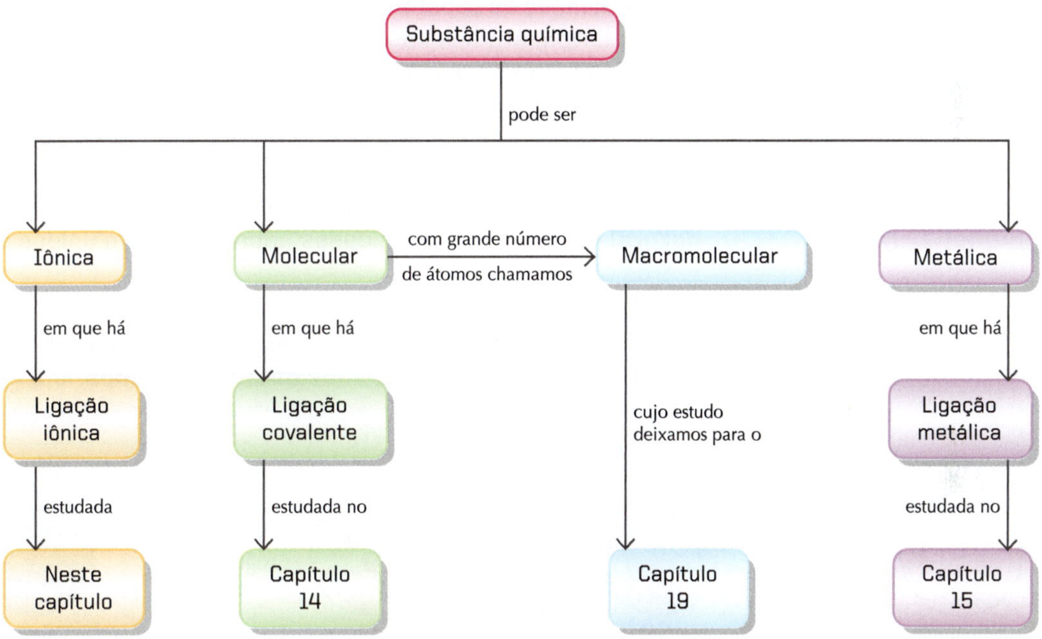

Cristais de cloreto de sódio, uma substância iônica.

O açúcar e os corantes alimentícios são substâncias moleculares.

O alumínio, usado nas latinhas de refrigerante, é uma substância metálica.

Seção 13.2

Os gases nobres e a regra do octeto

Objetivo

- Enunciar a regra do octeto

Termos e conceitos

- camada eletrônica
- distribuição eletrônica
- regra do octeto

1 Gases nobres: modelo de estabilidade

Todas as substâncias químicas são formadas por átomos de elementos químicos. Os cientistas observaram que a imensa maioria das substâncias conhecidas é formada por átomos combinados, unidos. Às vezes são átomos de um único elemento, às vezes de dois ou mais elementos.

Assim, por exemplo, átomos de oxigênio podem ser encontrados combinados com outros iguais a ele (O_2, O_3) ou com átomos de outros elementos, formando diferentes substâncias (CO, CO_2, H_2O, SO_2, SO_3 etc.). Os átomos de oxigênio (O), portanto, não possuem existência estável isolada.

Dos milhões de substâncias conhecidas, sabe-se de **apenas** seis nas quais existem átomos não unidos a outros átomos. Essas substâncias são o hélio, o neônio, o argônio, o criptônio, o xenônio e o radônio, gases presentes em pequena quantidade na atmosfera terrestre. Esses gases são formados por átomos não unidos dos elementos do grupo 18 da tabela periódica (He, Ne, Ar, Kr, Xe, Rn), o grupo dos gases nobres. Além disso, até hoje **não** foi descoberta sequer uma substância **natural** na qual átomos de gases nobres estejam unidos a átomos de outros elementos.

Apenas os **gases nobres** (He, Ne, Ar, Kr, Xe, Rn), nas condições ambientes, apresentam **átomos estáveis isolados**, isto é, não unidos a outros átomos.

Os gases nobres formam substâncias em que átomos não estão unidos a outros. O hélio, presente nestes balões, é um exemplo de gás nobre.

No sal de cozinha, há íons de sódio e de cloro combinados formando os cristais.

Na água há átomos de hidrogênio e oxigênio formando moléculas.

Na prata há muitos átomos de prata unidos formando o sólido.

2 A regra do octeto

Essas observações forneceram pistas aos cientistas, no final do século XIX e no início do século XX, para começarem a esclarecer como os átomos se combinam. A eletrosfera é a parte mais externa dos átomos. E, como o núcleo é muito pequeno, parece razoável considerar que a interação entre os átomos tenha a participação da eletrosfera. Os átomos de gases nobres tendem a se manter não combinados. Portanto, isso parece indicar que um átomo se estabiliza quando possui uma eletrosfera semelhante à de um gás nobre.

Assim, para entender como funcionam as ligações entre os átomos, é importante analisar a eletrosfera dos gases nobres (tabela 2), já que eles parecem ser a chave para entender a questão.

Tabela 2 Distribuição eletrônica dos gases nobres

Gás nobre	K	L	M	N	O	P
Hélio	2					
Neônio	2	8				
Argônio	2	8	8			
Criptônio	2	8	18	8		
Xenônio	2	8	18	18	8	
Radônio	2	8	18	32	18	8

Sugestão para você pesquisar

A história da descoberta dos gases nobres.

Nessa história há episódios muito interessantes de perspicácia e de senso científico.

Ao contrário de todos os outros elementos, os gases nobres apresentam a última camada contendo 8 elétrons, com exceção do hélio, no qual a última camada só comporta 2. Tudo indica, portanto, que possuir 8 elétrons na última camada (ou 2, caso seja a camada K) faz com que o átomo fique estável.

Com raciocínio semelhante a esse, William Kossel e Gilbert Newton Lewis propuseram, independentemente, no ano de 1916, uma regra para interpretar a ligação entre os átomos, que ficou conhecida como **regra do octeto de elétrons** (ou, simplesmente, **regra do octeto**). De acordo com ela:

Gilbert Newton Lewis (1875-1946).

Um átomo estará estável quando sua última camada possuir 8 elétrons (ou 2, caso se trate da camada K). Os átomos não estáveis se unem uns aos outros a fim de adquirir essa configuração de estabilidade. Essa é a **regra do octeto**.

Seção 13.3

Ligação iônica

Objetivos

- Aplicar a regra do octeto para prever a carga de um íon de elemento representativo.
- Prever a fórmula de uma substância iônica.
- Explicar por que o hidrogênio, em ligação iônica, adquire carga -1.

Termos e conceitos

- camada de valência
- metal
- não metal (ametal)
- ligação iônica
- retículo cristalino iônico

1 Tendência dos elementos a perder ou a receber elétrons

Vamos, agora, elaborar ideias sobre perda e recebimento de elétrons por um átomo. Considere os elementos do segundo período da tabela periódica:

	$_3Li$	$_4Be$	$_5B$	$_6C$	$_7N$	$_8O$	$_9F$	$_{10}Ne$
nº de prótons:	3	4	5	6	7	8	9	10
nº de camadas eletrônicas:	2	2	2	2	2	2	2	2

Os átomos de todos eles apresentam duas camadas com elétrons, pois são elementos do segundo período da tabela periódica. Elétrons possuem carga elétrica negativa e prótons, carga elétrica positiva. **O que mantém os elétrons presos ao átomo é a atração exercida pelos prótons do núcleo, de carga positiva.**

No átomo de lítio, o elétron da camada de valência – a camada mais externa do átomo – é atraído por 3 cargas positivas do núcleo. No berílio, os elétrons de valência são atraídos por 4 cargas positivas e assim por diante até o neônio, no qual cada elétron da última camada é atraído por 10 cargas positivas. O que isso sugeriu aos químicos?

À medida que vamos do lítio para o neônio, os elétrons da última camada estão mais presos ao átomo. Em outras palavras, **nessa sequência, o lítio é o átomo que pode perder um elétron com mais facilidade e o neônio é o que perderia um elétron com maior dificuldade.**

	$_3Li$	$_4Be$	$_5B$	$_6C$	$_7N$	$_8O$	$_9F$	$_{10}Ne$
nº de prótons:	3	4	5	6	7	8	9	10
nº de camadas eletrônicas:	2	2	2	2	2	2	2	2

Aumenta a atração do núcleo sobre os elétrons da última camada.

Consideremos, agora, os átomos de elementos do terceiro período:

	$_{11}Na$	$_{12}Mg$	$_{13}A\ell$	$_{14}Si$	$_{15}P$	$_{16}S$	$_{17}C\ell$	$_{18}Ar$
nº de prótons:	11	12	13	14	15	16	17	18
nº de camadas eletrônicas:	3	3	3	3	3	3	3	3

Aumenta a atração do núcleo sobre os elétrons da última camada.

Nessa sequência vale uma conclusão análoga: **o sódio é o elemento cujo núcleo exerce a menor atração sobre o elétron de valência e o argônio é o que exerce a maior**. Podemos generalizar essa discussão da seguinte maneira:

> À medida que percorremos um período da tabela periódica, da esquerda para a direita, aumenta a atração exercida pelo núcleo sobre os elétrons da camada de valência.

De fato, os químicos perceberam que:

> Os átomos dos elementos dos grupos 1, 2 e 13 apresentam uma tendência acentuada a perder os elétrons da camada de valência.

Sem os elétrons de valência, a última camada eletrônica passa a ser a anterior, que satisfaz a regra do octeto. Assim, por exemplo, átomos de Na, sob determinadas condições, podem perder o elétron de valência, átomos de Mg podem perder os dois elétrons de valência e átomos de Aℓ podem perder os três.

Os químicos também verificaram que:

> Os átomos dos elementos dos grupos 15, 16 e 17 apresentam, de modo geral, tendência a receber elétrons para ficar com oito elétrons na última camada.

Assim, átomos de F e de Cℓ, sob determinadas condições, podem receber um elétron, átomos de O e S podem receber dois e átomos de N ou P podem receber três.

A discussão apresentada foi generalizada pelos químicos da seguinte maneira:

> **Metais** têm tendência a formar **cátions**; e **não metais**, a formar **ânions**.

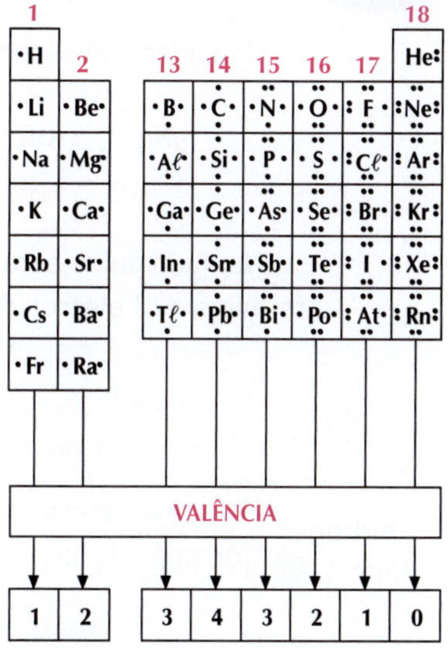

Este esquema retoma as fórmulas de Lewis e a valência dos elementos representativos, mencionadas no capítulo 11. Procure relacioná-lo com o que estudará neste capítulo e nos dois seguintes.

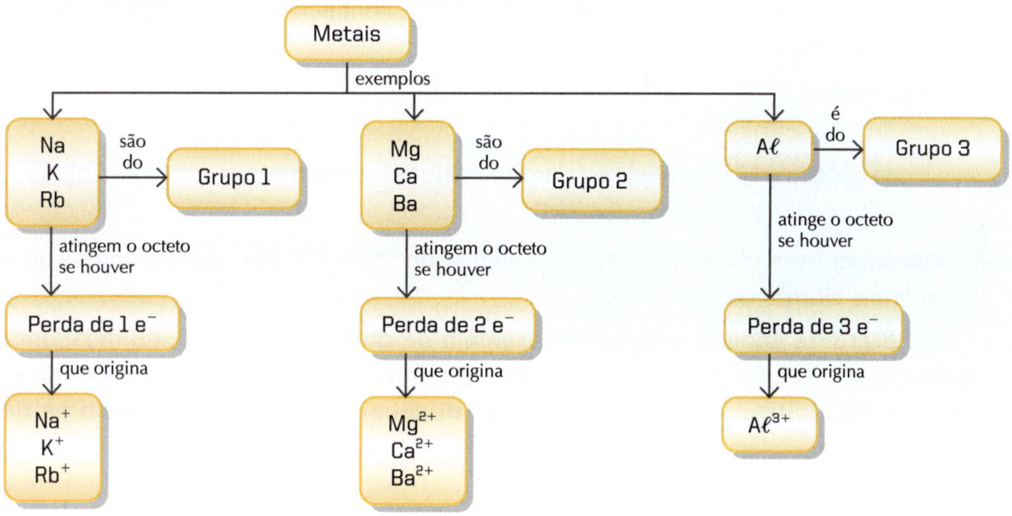

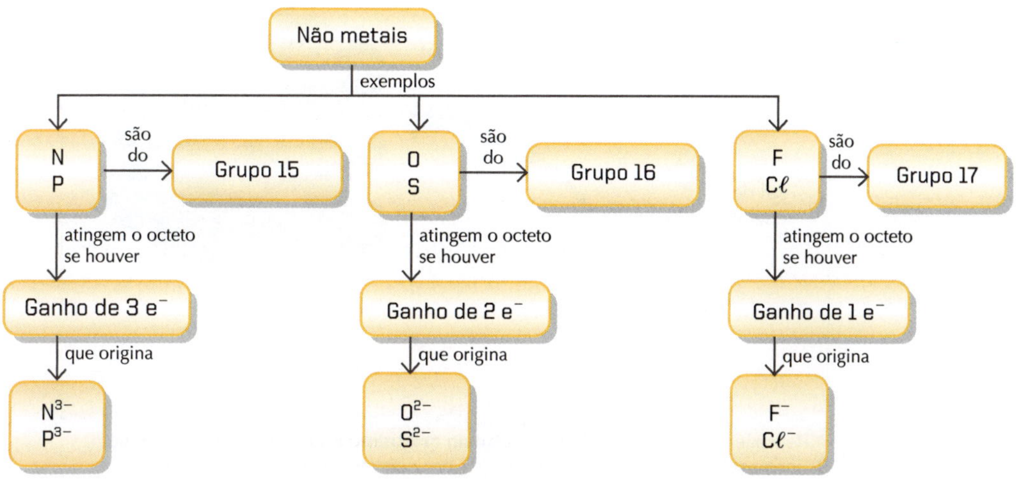

2 Formação de íons e ligação iônica

Consideremos átomos neutros dos elementos sódio e cloro:

$_{11}Na$: K-2 L-8 M-1 $_{17}C\ell$: K-2 L-8 M-7

(Não estão estáveis, pois não apresentam 8 elétrons na última camada.)

Nenhum deles está estável, de acordo com a regra do octeto. Contudo, se houver uma transferência de 1 elétron do sódio para o cloro, ambos atingirão a estabilidade.

$_{11}Na^+$: K-2 L-8 $_{17}C\ell^-$: K-2 L-8 M-8

(Ambos adquirem a estabilidade, pois ficam com 8 elétrons na última camada.)

Esse processo pode ser esquematizado simplificadamente, representando-se por bolinhas os elétrons da última camada (a *camada de valência*) ao redor do símbolo do elemento:

Representação dos átomos isolados Na• :Cℓ• (com 7 elétrons) ⟶ $[Na]^+$ $[:C\ell:]^-$ (com 8 elétrons) Representação dos íons Na^+ e $C\ell^-$

Os íons Na^+ e $C\ell^-$ possuem cargas elétricas opostas; portanto se atraem mutuamente. Essa atração mantém os íons unidos, formando uma substância muito conhecida, o cloreto de sódio (comercializado como sal de cozinha), representado pela fórmula $NaC\ell$. Tal união é chamada de **ligação iônica** (alguns a denominam **ligação eletrovalente**).

Se conseguíssemos ampliar um daqueles cristaizinhos de sal presentes num saleiro, veríamos um arranjo regular de cátions Na^+ e de ânions $C\ell^-$, conhecido como **retículo cristalino iônico**, ilustrado esquematicamente abaixo.

Lembre-se:

> **Metais** têm tendência a formar **cátions**; e **não metais**, a formar **ânions**.

Assim, por exemplo, átomos do metal sódio e do não metal cloro podem unir-se quimicamente formando o cloreto de sódio ($NaC\ell$).

O cloreto de sódio é apenas um exemplo de **composto iônico**, ou seja, um composto formado por íons. De modo geral, **sempre que um elemento, que necessite doar elétrons para se estabilizar, se unir a outro, que necessite recebê-los, a união se dará por ligação iônica**.

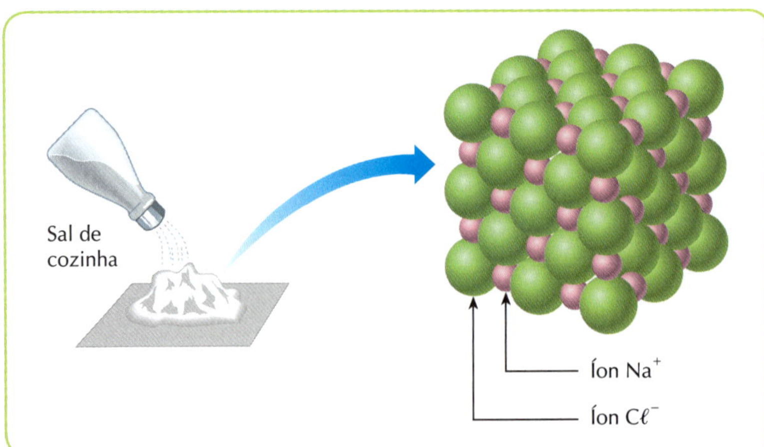

Representação esquemática do **retículo cristalino iônico** do cloreto de sódio. Os íons estão representados, sem escala, por esferas em cores fantasiosas.

Veja mais dois exemplos:

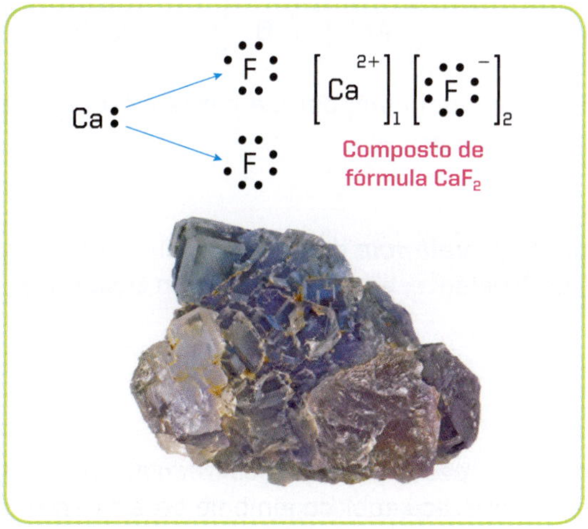

A fluorita (CaF_2) é um mineral do qual se obtém, industrialmente, o elemento flúor.

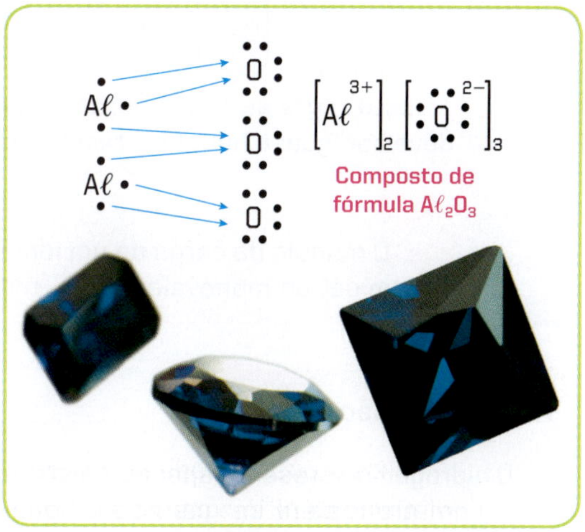

A safira consiste em um cristal de $Aℓ_2O_3$ (incolor), contendo "impurezas" responsáveis pela cor azul.

Em processos químicos, elétrons não são criados nem destruídos. Assim, o total de elétrons doado deve ser igual ao total recebido. Em outras palavras, **a carga total positiva no composto formado deverá ser igual à negativa, o que o tornará eletricamente neutro como um todo**.

Sempre que for necessário, para melhor compreender alguma passagem deste livro, consulte a distribuição eletrônica dos átomos neutros dos elementos na página 163 ou elabore essa distribuição consultando o número atômico na tabela periódica e usando o **diagrama das diagonais**.

3 Escrevendo a fórmula de um composto iônico

Os elementos dos grupos 1, 2 e 13, que são **metais**, apresentam 1, 2 e 3 elétrons, respectivamente, na camada de valência. Para ficarem estáveis, de acordo com a regra do octeto, deverão **perder** esses elétrons. Já os elementos dos grupos 15, 16 e 17, predominantemente **não metais**, deverão **receber** o número de elétrons que falta para completar o octeto.

Cátion		Ânion	
Na^+	Cátion do sódio, elemento do grupo 1 (1A).	N^{3-}	Ânion do nitrogênio, elemento do grupo 15 (5A).
Ca^{2+}	Cátion do cálcio, elemento do grupo 2 (2A).	O^{2-}	Ânion do oxigênio, elemento do grupo 16 (6A).
$Aℓ^{3+}$	Cátion do alumínio, elemento do grupo 13 (3A).	$Cℓ^-$	Ânion do cloro, elemento do grupo 17 (7A).

Do grupo 14, apenas estanho e chumbo (metais) apresentam razoável tendência a participar de ligação iônica, formando cátions.

Para escrever a fórmula de um composto iônico, é preciso descobrir qual a carga do íon estável formado pelos elementos presentes. A seguir, utilize a seguinte regra prática:

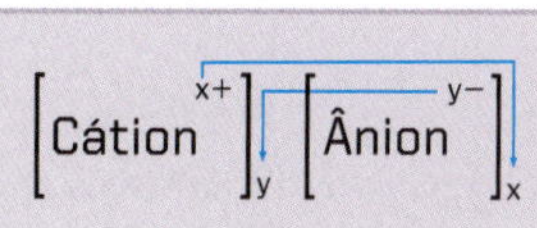

O cátion é escrito à esquerda e o ânion, à direita

Por exemplo:

$$[Ca^{2+}]_1 [F^-]_2 \Rightarrow CaF_2 \qquad [A\ell^{3+}]_2 [O^{2-}]_3 \Rightarrow A\ell_2O_3$$

Esta regra se fundamenta no seguinte fato: num composto, a carga elétrica total positiva deve ser igual à negativa, resultando carga total nula.

O módulo da carga de um íon é chamado de **valência** desse íon. Assim, por exemplo, Na^+ é um cátion monovalente; O^{2-} é um ânion bivalente; e $A\ell^{3+}$ é um cátion trivalente.

Hidrogênio não é metal!

O hidrogênio apresenta apenas 1 elétron. Para ficar com eletrosfera de gás nobre (igual à do hélio, que possui 2 elétrons), ele precisa *receber 1 elétron*. **Assim, em ligação iônica, o hidrogênio apresenta carga negativa.**

$$Na\bullet \rightarrow \bullet H \qquad [Na^+]_1 [:H^-]_1$$

Composto de fórmula NaH

Apesar de estar localizado no grupo 1 da tabela periódica, o hidrogênio se assemelha muito mais aos halogênios, pois apresenta tendência a, como eles, receber elétrons. O hidrogênio **não** é um metal alcalino. O íon H^- é chamado de **íon hidreto**.

$$Ca: \rightarrow \bullet H, \ \bullet H \qquad [Ca^{2+}]_1 [:H^-]_2$$

Composto de fórmula CaH_2

Conteúdo digital Moderna PLUS http://www.modernaplus.com.br
Texto: *Raio iônico*

EXERCÍCIOS ESSENCIAIS

A tabela periódica é instrumento de consulta!

EXERCÍCIOS RESOLVIDOS

1 Preveja a fórmula do composto resultante da união dos elementos $_{16}S$ e $_{20}Ca$.

Resolução

Utilizando o diagrama das diagonais, temos:

$_{16}S$: $1s^2 2s^2 2p^6 3s^2 3p^4$

$_{16}S$: K — 2 L — 8 M — 6 Não metal do grupo 16 (6A)

$_{20}Ca$: $1s^2 2s^2 2p^6 3s^2 3p^6 4s^2$

$_{20}Ca$: K — 2 L — 8 M — 8 N — 2 Metal do grupo 2 (2A)

Agora podemos prever a carga dos íons: o enxofre forma ânion bivalente S^{2-} e o cálcio forma cátion bivalente Ca^{2+}.

Assim:

$$[Ca^{2+}]_2 [S^{2-}]_2 \Rightarrow \boxed{CaS}$$

Perceba que o cátion é escrito antes do ânion. Note também a simplificação que foi feita entre os índices.

2 (Unitins-TO) Os átomos pertencentes à família dos metais alcalino-terrosos e dos halogênios adquirem configuração eletrônica de gases nobres quando, respectivamente, formam íons com número de carga:

a) +2 e −1.
b) +1 e −1.
c) −1 e +2.
d) −2 e −2.
e) +1 e −2.

Resolução

Um átomo de **metal alcalino-terroso** (dois elétrons na camada de valência) adquire eletrosfera de gás nobre ao **perder dois elétrons**. Com isso, passa a ter carga elétrica +2.

Um átomo de **halogênio** (sete elétrons na camada de valência) adquire eletrosfera de gás nobre ao **receber um elétron**. Com isso, passa a ter carga elétrica −1.

Alternativa **a**.

3 (Fecolinas-TO/Fundeg-MG) Sabendo que o número atômico do cálcio é 20 e do cloro é 17, a fórmula de um provável composto entre esses dois elementos será:

a) $CaC\ell_3$.
b) $CaC\ell$.
c) $Ca_2C\ell_2$.
d) $Ca_3C\ell_2$.
e) $CaC\ell_2$.

4 (UCDB-MS) Para adquirir configuração eletrônica de gás nobre, o átomo de número atômico 16 deve:

a) perder dois elétrons.

b) receber seis elétrons.

c) perder quatro elétrons.

d) receber dois elétrons.

e) perder seis elétrons.

5 (Ufal) Na classificação periódica, a família formada por elementos que originam cátions exclusivamente bivalentes é:

a) 7A. b) 6A. c) 3A. d) 2A. e) 1A.

6 Considere a seguinte tabela:

Elemento	Nº de prótons	Nº de elétrons	Carga elétrica total
Sódio (Na)	11	11	0
Cloro (Cℓ)	17	17	0
Sódio (Na^+)	11	10	+1
Cloro ($Cℓ^-$)	17	18	−1

Consultando os números atômicos, faça uma tabela semelhante a essa com o que aparece nos itens **a**, **b** e **c**.

a) Átomos eletricamente neutros de Li, N, O, F, Mg, Aℓ, P, S, K, Ca, Br, Rb, Sr, I, Cs, Ba.

b) Átomos eletricamente neutros dos gases nobres.

c) Íons que os elementos citados no item **a** formam, de acordo com o que prevê a regra do octeto.

d) Responda: a que gás nobre assemelha-se a eletrosfera dos elementos do item **a**, quando se transformam em íon?

7 Escreva a fórmula dos compostos formados pelos seguintes pares de elementos:

a) $_{11}Na$ e $_{35}Br$; c) $_{12}Mg$ e $_{16}S$; e) $_3Li$ e $_8O$;

b) $_8O$ e $_{19}K$; d) $_{13}Aℓ$ e $_{17}Cℓ$; f) $_1H$ e $_{56}Ba$.

8 Qual é a fórmula esperada para o composto formado pela união de um elemento metálico **A**, do grupo 1, com um elemento não metálico **B**, do grupo 15?

9 (Unifenas-MG) Os elementos **X** e **Y**, do mesmo período da tabela periódica, têm configurações eletrônicas s^2p^5 e s^1, respectivamente, em suas camadas de valência.

a) A que grupos da tabela periódica pertencem os elementos **X** e **Y**?

b) Qual será a fórmula do composto constituído pelos elementos **X** e **Y**? E o tipo de ligação formada? Justifique suas respostas.

10 (Cesgranrio-RJ) Um elemento E tem, na sua camada de valência, a configuração $4s^24p^4$. Sobre o elemento E, é falso afirmar que:

a) pertence à família dos calcogênios na tabela periódica.

b) está localizado no quarto período, grupo 6A da tabela periódica.

c) é um elemento representativo na classificação periódica.

d) tende a receber 2 elétrons e formar o íon E^{2-}.

e) forma com elementos X do grupo 1A compostos iônicos de fórmula XE_2.

11 (UFRN) Na ligação química de um átomo X, alcalino-terroso (2A), com um átomo Y, pertencente à família dos halogênios (7A), deverá haver a formação de cátion e ânion, respectivamente:

a) X^+ e Y^-. c) X^{2+} e Y^-. e) X^{7+} e Y^{2-}.

b) X^+ e Y^{2-}. d) X^{2+} e Y^{7-}.

12 (UFRO) O composto formado pela combinação do elemento X (número atômico = 20) com o elemento Y (número atômico = 9) provavelmente tem por fórmula:

a) XY. c) X_3Y. e) X_2Y.

b) XY_2. d) XY_3.

13 (Ufes) Para cada dos seguintes pares de elementos químicos, os números relativos de átomos de cada elemento que constituiriam o composto iônico resultante são, respectivamente:

Li e O, Ca e S, Mg e Br, Ba e H

a) 1 : 2, 1 : 1, 1 : 1, 2 : 1.

b) 2 : 1, 1 : 1, 2 : 1, 2 : 1.

c) 1 : 6, 2 : 6, 2 : 7, 2 : 1.

d) 2 : 1, 1 : 1, 1 : 2, 1 : 2.

e) 1 : 6, 1 : 3, 2 : 7, 1 : 2.

14 (UFMG) A maioria dos elementos químicos são metais.

Comparando-se as características de metais e de não metais situados em um mesmo período da tabela periódica, é **CORRETO** afirmar que os átomos de metais têm:

a) menores tamanhos.

b) maior eletronegatividade.

c) menor número de elétrons de valência.

d) maiores energias de ionização.

15 (UFRRJ) Os telefones celulares, telefones sem fio, relógios, controles remotos, são alguns dos equipamentos que funcionam com baterias a base de Lítio (Li). Considerando o íon Li^+ a posição do elemento na tabela periódica, é **incorreto** afirmar que esse íon:

a) apresenta 1 nível completamente preenchido.

b) tem um núcleo com 3 prótons.

c) tem a mesma configuração eletrônica que o átomo de Hélio.

d) apresenta números iguais de prótons e elétrons.

e) quando se liga com o íon cloreto, forma um composto iônico.

Conteúdo digital Moderna PLUS http://www.modernaplus.com.br
Exercícios adicionais

Seção 13.4

Neutralidade elétrica *versus* octeto completo

Objetivo

- **Contrapor, para íons, a diferença entre neutralidade elétrica e estabilidade.**

Antes de átomos isolados de sódio e cloro se unirem para formar NaCℓ, ambos os átomos estavam eletricamente neutros (carga elétrica total zero), porém não estavam com o octeto completo (não estáveis), pois não possuíam 8 elétrons na última camada.

Depois da união dos dois, eles deixaram de ser eletricamente neutros: agora são íons Na^+ e $Cℓ^-$. O conjunto formado pelos íons Na^+ e $Cℓ^-$ é estável, pois ambos passaram a ter 8 elétrons na última camada.

Estabilidade não deve ser confundida com neutralidade elétrica. Exemplificando esquematicamente, temos:

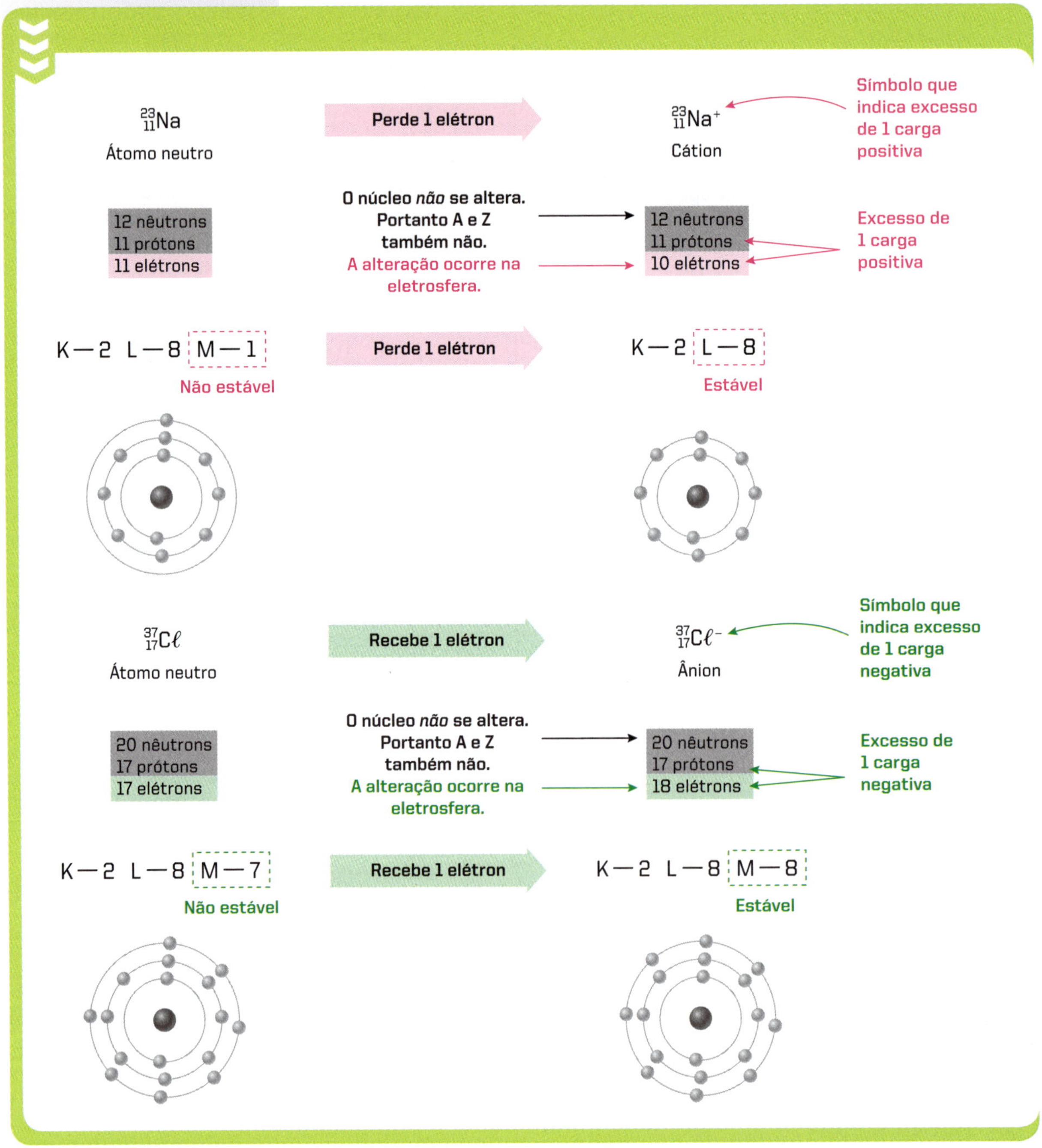

Propriedades dos compostos de metais e não metais

Objetivos

- Generalizar as propriedades mais importantes das substâncias iônicas.
- Reconhecer, pela fórmula, que uma substância é iônica.

Termos e conceitos

- substância iônica (ou composto iônico)
- ponto de fusão
- ponto de ebulição

Na tabela 1 apresentamos algumas substâncias que foram classificadas, no início deste capítulo, como pertencendo ao primeiro grupo. Elas e mais algumas com propriedades similares aparecem na tabela 3. São denominadas **substâncias iônicas** ou **compostos iônicos**.

Tabela 3 Propriedades de algumas substâncias formadas por metais e não metais

Substância	Elementos químicos formadores	Ponto de fusão (°C)	Ponto de ebulição (°C)	Conduz corrente elétrica no estado sólido?	Conduz corrente elétrica no estado líquido?
Cloreto de lítio	Li e Cℓ	610	1.383	Não	Sim
Cloreto de magnésio	Mg e Cℓ	714	1.412	Não	Sim
Brometo de potássio	K e Br	734	1.435	Não	Sim
Cloreto de cálcio	Ca e Cℓ	775	1.936	Não	Sim
Cloreto de sódio	Na e Cℓ	801	1.465	Não	Sim
Fluoreto de lítio	Li e F	848	1.673	Não	Sim
Óxido de alumínio	Aℓ e O	2.053	3.000	Não	Sim
Óxido de magnésio	Mg e O	2.825	3.600	Não	Sim

Fonte dos pontos de fusão e de ebulição: D. R. Lide (ed.). *CRC Handbook of Chemistry and Physics*. 84. ed. Boca Raton, CRC Press, 2003.

Todos os compostos que aparecem na tabela 3 apresentam em sua composição um metal (Na, K, Mg, Ca, Aℓ etc.) e um não metal (F, Cℓ, Br, O etc.). Isso permite associar tal fato às propriedades desses compostos.

As substâncias formadas por **metais** e **não metais** apresentam elevados pontos de fusão e de ebulição, conduzem corrente elétrica no estado líquido, mas não no estado sólido.

Um composto iônico apresenta íons fortemente unidos devido à atração entre cargas elétricas de sinais opostos dos cátions e ânions presentes no retículo cristalino. Dessa forma:

Composto iônico tende a ser sólido nas condições ambientes de pressão e temperatura.

Conteúdo digital Moderna PLUS http://www.modernaplus.com.br
Animação: *Tipos de ligação química interatômica*

EXERCÍCIOS ESSENCIAIS

16 (UCSal-BA) Os metais podem combinar com halogênios por meio de ligações iônicas, formando compostos que se caracterizam por:

a) apresentarem altas temperaturas de fusão e ebulição.
b) serem condutores de eletricidade no estado sólido.
c) compartilharem elétrons.
d) se apresentarem como líquidos ou gases em temperatura ambiente.
e) serem moleculares.

17 (Uema) Se comparado a água, o cloreto de sódio possui ponto de fusão ■, em consequência da ■ entre ■.
(Dados os números atômicos: Na = 11 e $C\ell$ = 17.)
Os termos que preenchem correta e ordenadamente as lacunas acima são:

a) elevado, forte atração, suas moléculas.
b) mais baixo, fraca atração, seus íons.
c) mais elevado, fraca atração, seus átomos.
d) muito baixo, forte atração, seus íons.
e) elevado, forte atração, seus íons.

18 (Mackenzie-SP) A substância que no estado líquido terá maior facilidade em conduzir corrente elétrica é:
(Números atômicos: K (Z = 19); $C\ell$ (Z = 17); O (Z = 8); H (Z = 1); C (Z = 6).)

a) $KC\ell$.
b) CH_4.
c) H_2O.
d) $C\ell_2$.
e) $CC\ell_4$.

19 (PUC-RS) O elemento A tem número atômico 11 e o elemento B, 8. O composto mais provável formado pelos elementos A e B será:

a) líquido nas condições ambientais.
b) um sólido com baixo ponto de fusão.
c) bom condutor de eletricidade quando fundido.
d) um composto de fórmula genérica AB_2.
e) insolúvel em água.

20 (UFSCar-SP) Na Classificação Periódica, a coluna 1 refere-se aos elementos alcalinos e a coluna 17 refere-se aos halogênios. Metais alcalinos como Lítio, Sódio e Césio reagem com gases halogênios como $C\ell_2$. Os produtos das reações dos metais Lítio, Sódio e Césio com o gás $C\ell_2$ são sólidos iônicos cujas fórmulas são, respectivamente,

a) $LiC\ell_2$, $NaC\ell$, $CsC\ell$.
b) $LiC\ell$, $NaC\ell_2$, $CsC\ell$.
c) $LiC\ell_2$, $NaC\ell_2$, $CsC\ell_2$.
d) $LiC\ell_3$, $NaC\ell_3$, $CsC\ell_3$.
e) $LiC\ell$, $NaC\ell$, $CsC\ell$.

21 (Udesc) Considere os seguintes elementos químicos: Na, Mg, S, H e Br. Os compostos iônicos formados entre esses elementos são:

a) Na_2S – MgS – NaH – MgH_2 – NaBr – $MgBr_2$.
b) Na_2S – MgS – H_2S – NaBr – $MgBr_2$ – HBr.
c) NaS – MgS – Mg_2H – NaBr – Mg_2Br.
d) NaS_2 – MgS – NaH – Mg_2H – NaBr – Mg_2Br.
e) Na_2S – MgS – NaBr – $MgBr_2$ – Na_2Mg.

22 (Ufersa-RN) Um elemento representativo Y, importante para o metabolismo das plantas, forma compostos iônicos do tipo XY, onde X é um metal alcalino-terroso. Sabendo que Y possui o menor raio atômico em seu grupo da tabela periódica, podemos afirmar que se trata do elemento:

a) potássio.
b) oxigênio.
c) nitrogênio.
d) fósforo.

Conteúdo digital Moderna PLUS http://www.modernaplus.com.br
Exercícios adicionais

Capítulo 14 Ligação covalente

O morango é fonte de vitamina C, um exemplo de substância molecular.

Gases nobres têm moléculas monoatômicas. As outras substâncias moleculares têm moléculas formadas por dois ou mais átomos unidos por ligação(ões) covalente(s).

› 14.1 Ligação covalente

A ligação covalente é a união entre átomos por meio do compartilhamento de elétrons da camada de valência.

› 14.2 Ligações covalentes adicionais usando par eletrônico de um mesmo átomo

O par eletrônico de uma ligação covalente pode ser proveniente de um ou de ambos os átomos que estabelecem essa ligação.

› 14.3 Escrevendo a fórmula de um composto molecular

O número de ligações covalentes que podem ser estabelecidas por um átomo depende do número de elétrons na sua camada de valência.

› 14.4 Algumas exceções à regra do octeto

Há moléculas que violam a regra do octeto.

› 14.5 Propriedades das substâncias moleculares

Substâncias moleculares têm pontos de fusão e de ebulição relativamente baixos e não tendem a conduzir corrente elétrica quando puras, nas condições ambientes.

Modelo da molécula de vitamina C, $C_6H_8O_6$, formada por átomos de três elementos químicos: carbono (representado em preto), hidrogênio (representado em cinza) e oxigênio (representado em vermelho).

Seção 14.1

Ligação covalente

Objetivos

- Interpretar e elaborar fórmulas eletrônicas e fórmulas estruturais.
- Distinguir o comportamento do hidrogênio, no tocante às ligações químicas, em relação aos demais membros do grupo 1.
- Contrapor ligação iônica e ligação covalente.

Termos e conceitos

- **ligação covalente**
- **molécula**
- **fórmula molecular**
- **fórmula eletrônica (ou de Lewis)**
- **fórmula estrutural**
- **ligação simples**
- **ligação dupla**
- **ligação tripla**

1 Ligação covalente é compartilhamento de elétrons

Como explicar a união entre átomos de um ou mais elementos químicos que precisem receber elétrons?

Vamos examinar inicialmente o caso da substância $C\ell_2$.

${}_{17}C\ell$:	$1s^2$	$2s^2 2p^6$	$3s^2 3p^5$
${}_{17}C\ell$:	K-2	L-8	M-7

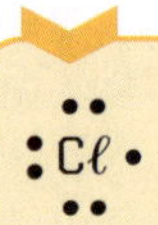
Representação de um átomo de cloro, com seus 7 elétrons na camada de valência.

O átomo de cloro precisa de mais 1 elétron para adquirir eletrosfera semelhante à do gás nobre argônio (Z = 18).

Foi proposto que, na substância $C\ell_2$, os átomos se mantêm unidos porque suas eletrosferas **compartilham** alguns elétrons da última camada. Compartilhar, nesse caso, significa que alguns elétrons **passam a fazer parte da camada de valência dos dois átomos ligados.** Compartilhando elétrons, eles **passam a ter eletrosfera semelhante à de gás nobre**. Na representação seguinte, as bolinhas pretas representam os elétrons da camada de valência. As circunferências representam a eletrosfera dos átomos.

Representação dos átomos isolados

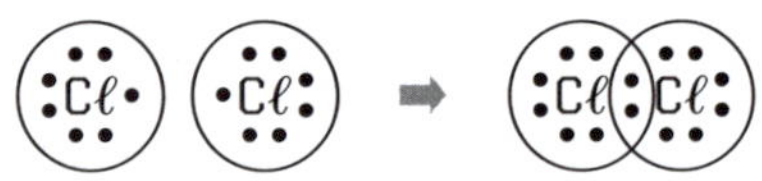

Representação da molécula de cloro ($C\ell_2$)

Representação do compartilhamento de elétrons entre os átomos que formam a substância $C\ell_2$. **Apenas** os elétrons da camada de valência foram indicados (por meio de bolinhas pretas).

Nenhum dos átomos envolvidos transformou-se em íon, ou seja, nenhum deles perdeu ou recebeu elétrons. Devido ao compartilhamento, todos passaram a ter, em suas eletrosferas, número de elétrons igual ao dos gases nobres.

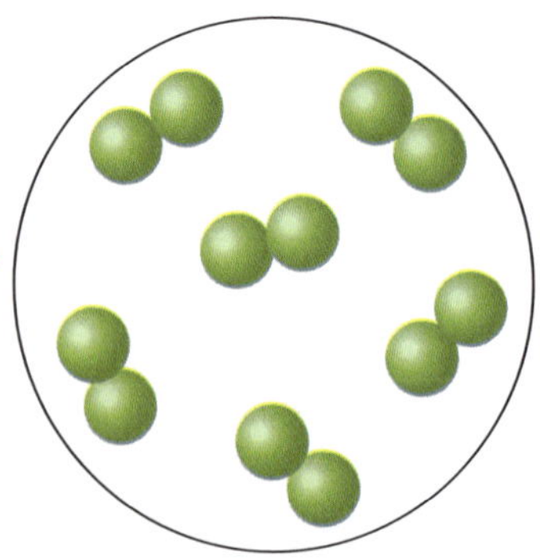

Modelo que representa o gás cloro. Cada átomo está representado por uma esfera em cor fantasiosa. Duas esferas juntas representam uma molécula $C\ell_2$.

Vamos examinar agora os casos das substâncias H_2, O_2 e N_2. Procurando os elementos H, O e N na tabela periódica, determinamos quantos elétrons apresentam na camada de valência.

$_1H: 1s^1$ — Um elétron na camada de valência

$_8O: 1s^2\ 2s^2 2p^4$ — Seis elétrons na camada de valência

$_7N: 1s^2\ 2s^2 2p^3$ — Cinco elétrons na camada de valência

Representação dos átomos isolados — Representação da molécula de hidrogênio (H_2)

Representação dos átomos isolados — Representação da molécula de oxigênio (O_2)

Representação dos átomos isolados — Representação da molécula de nitrogênio (N_2)

Representação do compartilhamento de elétrons entre os átomos que formam as substâncias H_2, O_2 e N_2. **Apenas** os elétrons da camada de valência foram indicados (por meio de bolinhas pretas).

Quando átomos se unem por compartilhamento de elétrons, dizemos que entre eles se estabelece **ligação covalente**. Os grupos de átomos unidos por ligação covalente são denominados **moléculas**.

Três maneiras distintas de representar uma molécula são a **fórmula molecular**, a **fórmula eletrônica** (ou **fórmula de Lewis**) e a **fórmula estrutural**, na qual cada par de elétrons compartilhado é representado por meio de um tracinho.

Fórmula molecular	H_2	O_2	N_2	$C\ell_2$
Fórmula eletrônica	H : H	:O :: O:	:N ⋮⋮ N:	:Cℓ:Cℓ:
Fórmula estrutural	H — H	O ═ O	N ≡ N	Cℓ — Cℓ

Nas moléculas de $C\ell_2$ e de H_2 diz-se que há uma **ligação covalente simples**. Na molécula de O_2 diz-se que há duas ligações covalentes ou uma **ligação covalente dupla**. E na molécula de N_2 diz-se que há três ligações covalentes ou uma **ligação covalente tripla**.

Os quatro exemplos que apresentamos envolveram moléculas de substâncias simples. Moléculas de substâncias compostas são também formadas por átomos que se unem por meio de ligações covalentes, como mostram alguns dos exemplos da tabela 1.

Tabela 1 **Alguns exemplos de substâncias em que há ligações do tipo covalente**

Elementos	Fórmula de Lewis	Fórmula estrutural
Flúor	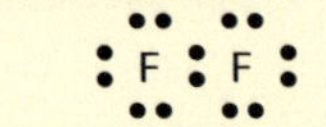	F — F
Bromo	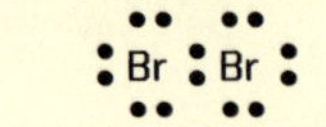	Br — Br
Iodo	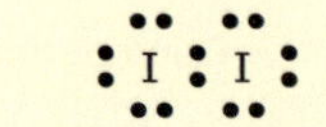	I — I
Carbono e oxigênio	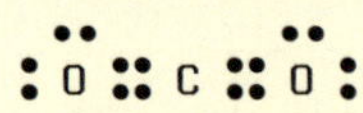	O = C = O
Oxigênio e hidrogênio	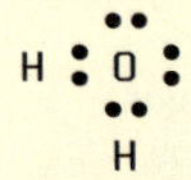	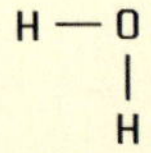
Nitrogênio e hidrogênio	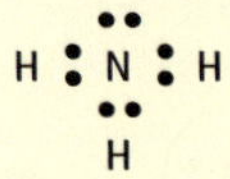	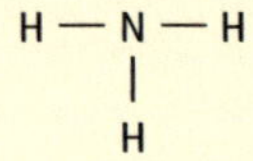
Carbono e hidrogênio	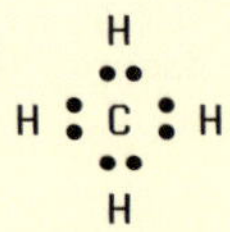	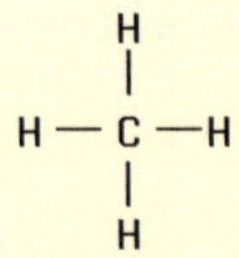
Carbono e cloro	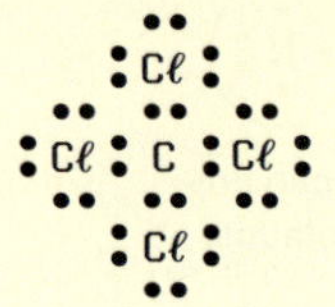	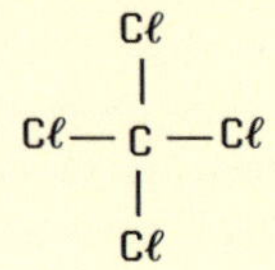

Ligação covalente e tabela periódica

Os elementos que tendem a fazer ligações covalentes são os *não metais* e os *semimetais*. O esquema mostra a representação de Lewis para esses elementos.

O número de ligações covalentes que o átomo de um elemento pode fazer é chamado de *valência* desse elemento. Assim, por exemplo, H e Cℓ são **monovalentes**; O é **bivalente**; N é **trivalente**; e C é **tetravalente**.

Hidrogênio não é metal!

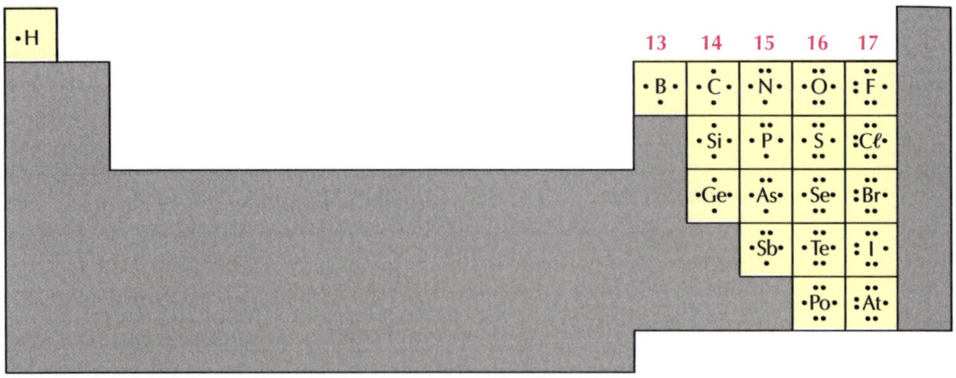

Alguns autores não classificam o hidrogênio como metal nem como não metal. No entanto, do ponto de vista das ligações químicas, **podemos, para efeitos didáticos, considerar o hidrogênio como sendo não metal**. De acordo com a regra do octeto, o hidrogênio (assim como os não metais) apresenta tendência para receber elétron para se estabilizar.

2 Não confunda ligação covalente com iônica

É importante que você perceba as diferenças fundamentais entre as ligações iônica e covalente. Na ligação *iônica* elétrons são transferidos, formando cátions e ânions que se unem compondo um *retículo cristalino iônico*. Nele, os íons se acham fortemente unidos, formando um composto sólido. Já na ligação *covalente*, os átomos não doam nem recebem elétrons, não ocorrendo a formação de íons. Os átomos se unem compartilhando elétrons e formando *moléculas*.

Três exemplos de compostos moleculares. Nas condições ambientes, o açúcar ($C_{12}H_{22}O_{11}$) é um sólido, a água (H_2O) é um líquido e o dióxido de carbono (CO_2) é um gás.

Mais de 98% da massa de um ser humano se deve a **substâncias moleculares**. A principal delas é a água, que contribui com cerca de 60% da massa de um adulto. Em recém-nascidos e crianças, essa porcentagem é ainda maior e tende a diminuir com o envelhecimento.

> Reveja os modelos de substâncias moleculares da página 90, consulte a tabela periódica e responda: que tipo de elemento químico toma parte na composição das substâncias utilizadas naqueles exemplos?

Conteúdo digital Moderna PLUS http://www.modernaplus.com.br
Texto: *Raio covalente e raio de van der Waals*

Seção 14.2

Ligações covalentes adicionais usando par eletrônico de um mesmo átomo

Objetivos

- Perceber que o par eletrônico de uma ligação covalente pode ser proveniente de um ou de ambos os átomos que estabelecem essa ligação.
- Conhecer a crítica ao conceito de "ligação dativa".

Termos e conceitos

- "ligação dativa"

Considere o composto de fórmula molecular SO_2, um poluente atmosférico comum nas grandes cidades. Suas moléculas podem ser representadas da seguinte forma:

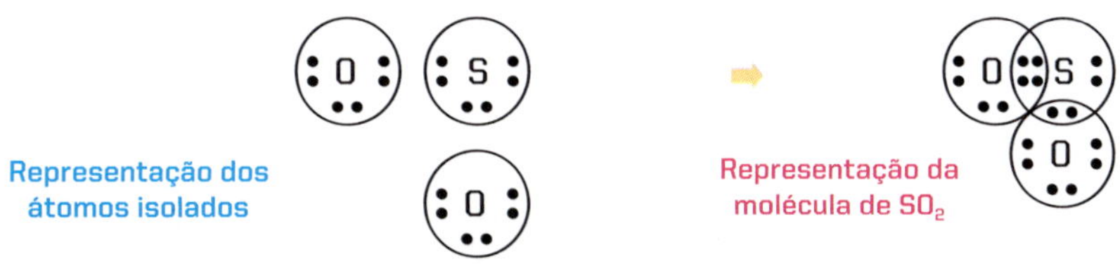

Representação do compartilhamento de elétrons entre os átomos que formam a substância SO_2. **Apenas** os elétrons da camada de valência foram indicados (por meio de bolinhas pretas).

Como você pode perceber, uma dessas ligações foi feita por meio do compartilhamento de dois elétrons provenientes de apenas um dos átomos envolvidos, o enxofre. Na teoria do octeto não há restrição alguma a isso.

> Uma ligação covalente pode ser estabelecida com um par de elétrons compartilhado, qualquer que seja a origem desse par de elétrons.

Um exemplo semelhante ao do SO_2 é o da molécula de ozônio (O_3):

Representação do compartilhamento de elétrons entre os átomos que formam a substância O_3. **Apenas** os elétrons da camada de valência foram indicados (por meio de bolinhas pretas).

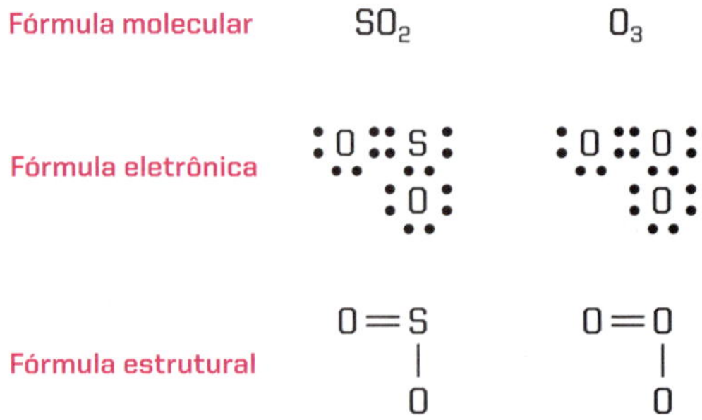

Alguns livros de ensino médio costumam chamar a ligação covalente em que ambos os elétrons "vieram" de um só átomo de **"ligação coordenada"** ou **"ligação dativa"** e representá-la por uma seta na fórmula estrutural.

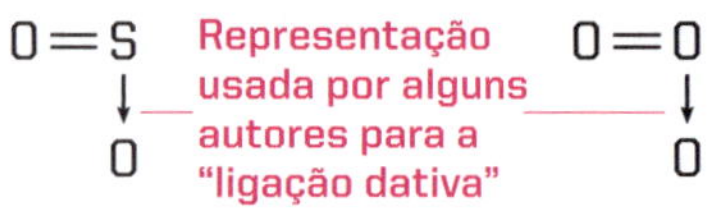

Vejamos mais alguns exemplos. A seguir apresentamos as fórmulas estruturais de HNO_3, H_2SO_4, H_3PO_4 e $HC\ell O_4$.

Considerando o modelo da **"ligação dativa"**:

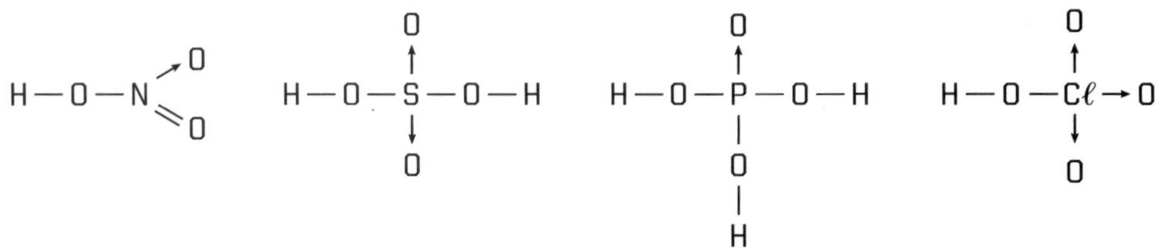

Não considerando o modelo de **"ligação dativa"**:

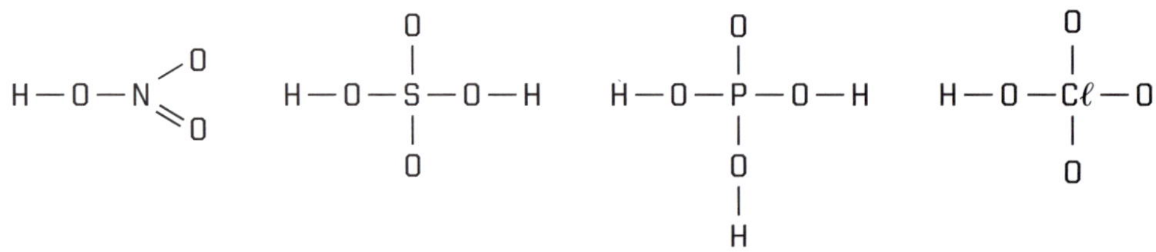

Na Química universitária o modelo da "ligação dativa" não é empregado (na verdade, é abominado). Isso porque não é necessário, ao escrever uma fórmula eletrônica, esclarecer de que átomo "vieram" os elétrons. Por isso, optamos, nesta obra, por **não dar ênfase** à terminologia **"ligação dativa"** nem à sua representação por meio de uma seta. Também optamos por não estabelecer distinção, na fórmula eletrônica, entre os elétrons que "vieram" de cada um dos átomos.

Seção 14.3

Escrevendo a fórmula de um composto molecular

Objetivo

- Deduzir, a partir do grupo de um elemento na tabela periódica, quantas ligações covalentes ele pode estabelecer.

Termos e conceitos

- não metal
- semimetal
- grupo

A ligação covalente é típica das substâncias que contêm em sua composição elementos não metálicos e/ou semimetálicos. O número de ligações covalentes depende da posição do elemento na tabela periódica, pois está relacionado ao número de elétrons na camada de valência. Veja exemplos no esquema a seguir.

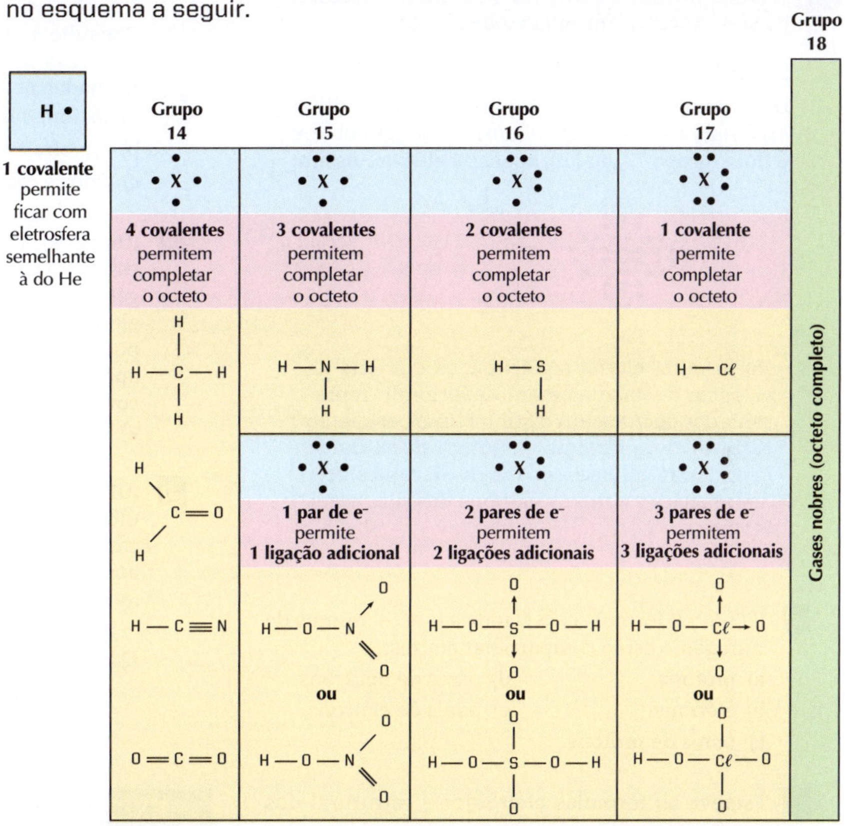

Por que os elétrons compartilhados mantêm os átomos unidos?

Os núcleos dos átomos que se unem para formar uma molécula se repelem, pois possuem cargas elétricas de mesmo sinal. Um elétron presente entre esses dois núcleos atrairá ambos, pois núcleo e elétron possuem cargas de sinais opostos. *A presença dos elétrons acarreta uma atração suficientemente intensa para manter os núcleos unidos*, apesar da repulsão entre eles.

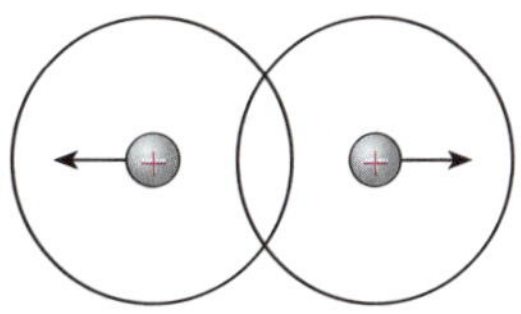
Esquema da repulsão entre núcleos

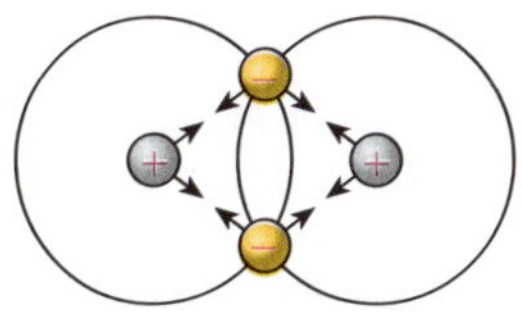
Esquema da atração entre elétrons e núcleos

Muitos materiais modernos e resistentes são constituídos por substâncias em que há ligação covalente. É o caso dos poliésteres e das poliamidas, materiais que podem ser empregados na confecção de barracas [A], parapentes [B] e asas-delta [C].

EXERCÍCIOS ESSENCIAIS

A tabela periódica é instrumento de consulta!

EXERCÍCIO RESOLVIDO

1 Escreva a fórmula eletrônica e a fórmula estrutural da substância de fórmula molecular CF_4.

Resolução

O carbono (grupo 14, ou 4A) precisa compartilhar 4 elétrons a fim de atingir eletrosfera de gás nobre, e o flúor (grupo 17, ou 7A), apenas 1 elétron. Assim:

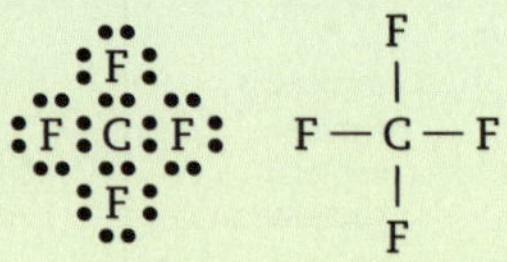

Na fórmula eletrônica acima, os elétrons de valência de cada elemento **não** foram representados de maneiras distintas. Isso porque, **ao escrever uma fórmula eletrônica (fórmula de Lewis), não há necessidade de se estabelecer diferenciação entre os elétrons dos diferentes átomos.**

2 (FEI-SP) A fórmula N ≡ N indica que os átomos de nitrogênio estão compartilhando três:

a) prótons.
b) elétrons.
c) pares de prótons.
d) pares de nêutrons.
e) pares de elétrons.

3 Escreva as fórmulas eletrônica e estrutural dos compostos que apresentam as seguintes fórmulas moleculares:

a) CH_4;
b) NH_3;
c) $PC\ell_3$;
d) $CHC\ell_3$;
e) HBr;
f) H_2S;
g) OF_2;
h) CO_2.

4 (Covest-PE) Nos compostos covalentes, os átomos dos elementos se ligam através de ligações simples, duplas ou triplas dependendo de suas configurações eletrônicas. Assim, é correto afirmar que as fórmulas estruturais das moléculas H_2, N_2, CO_2 e F_2 são:

a) H — H, N = N, O ≡ C — O, F — F.
b) H — H, N ≡ N, O ≡ C — O, F = F.
c) H — H, N ≡ N, O = C = O, F — F.
d) H — H, N ≡ N, O ≡ C — O, F = F.
e) H = H, N ≡ N, O = C = O, F = F.

5 (Vunesp) Sabendo-se os números atômicos de H (Z = 1), C (Z = 6) e N (Z = 7), a fórmula de Lewis do cianeto de hidrogênio é:

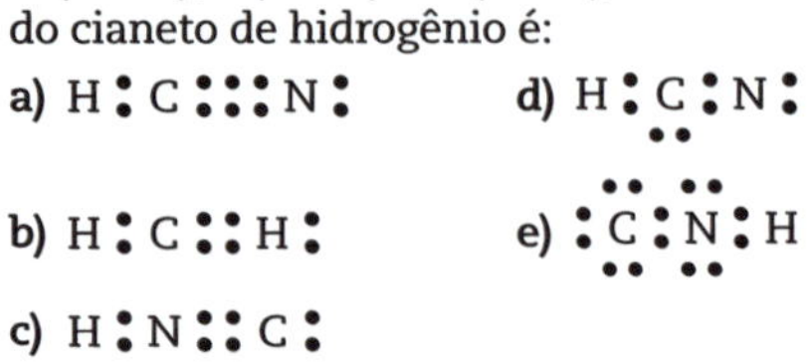

6 (Unicamp-SP) Observe as seguintes fórmulas eletrônicas (fórmulas de Lewis):

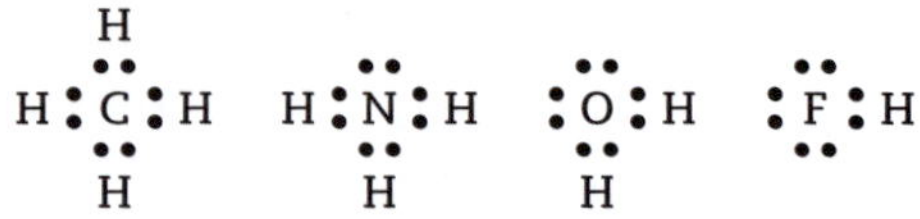

Consulte a classificação periódica dos elementos e escreva as fórmulas eletrônicas das moléculas formadas pelos seguintes elementos:

a) fósforo e hidrogênio;
b) enxofre e hidrogênio;
c) flúor e carbono.

7 (Unirio-RJ) O dióxido de carbono (CO_2) é um gás essencial no globo terrestre. Sem a presença deste gás, o globo seria gelado e vazio. Porém, quando ele é inalado em concentração superior a 10%, pode levar o indivíduo à morte por asfixia. Esse gás apresenta em sua molécula um número de ligações covalentes igual a:

a) 4. b) 1. c) 2. d) 3. e) 0.

8 (UFRJ) Os elementos químicos que apresentam a última camada eletrônica incompleta podem alcançar uma estrutura mais estável unindo-se uns aos outros.

a) De que forma se podem ligar dois átomos que precisem ganhar elétrons?
b) Dois elementos situam-se um no segundo período e subgrupo 4A, e outro, no terceiro período e subgrupo 7A da tabela periódica. Qual será a fórmula provável do composto por eles formado?

EXERCÍCIOS RESOLVIDOS

9 Esta questão se refere aos seguintes elementos químicos: sódio, magnésio, alumínio, silício, fósforo, enxofre e cloro.

a) Consulte a tabela periódica e determine os símbolos e os grupos (as famílias) desses elementos.
b) Sabe-se que três deles se combinam com o hidrogênio formando compostos iônicos. Quais são eles?
c) Escreva as fórmulas dos compostos do item anterior.
d) Sabe-se que os outros quatro elementos se combinam com o hidrogênio formando compostos onde a ligação é covalente. Escreva a fórmula estrutural desses compostos.

Resolução

a)
- sódio, Na, grupo 1 (anteriormente, 1A)
- magnésio, Mg, grupo 2 (anteriormente, 2A)
- alumínio, $A\ell$, grupo 13 (anteriormente, 3A)
- silício, Si, grupo 14 (anteriormente, 4A)
- fósforo, P, grupo 15 (anteriormente, 5A)
- enxofre, S, grupo 16 (anteriormente, 6A)
- cloro, $C\ell$, grupo 17 (anteriormente, 7A)

b) O sódio, o magnésio e o alumínio, pois são metais e formam cátions para se estabilizar.

c) $(Na^+)_1(H^-)_1 \Rightarrow NaH$

$(Mg^{2+})_1(H^-)_2 \Rightarrow MgH_2$

$(A\ell^{3+})_1(H^-)_3 \Rightarrow A\ell H_3$

Compostos em que há ligação iônica

d)

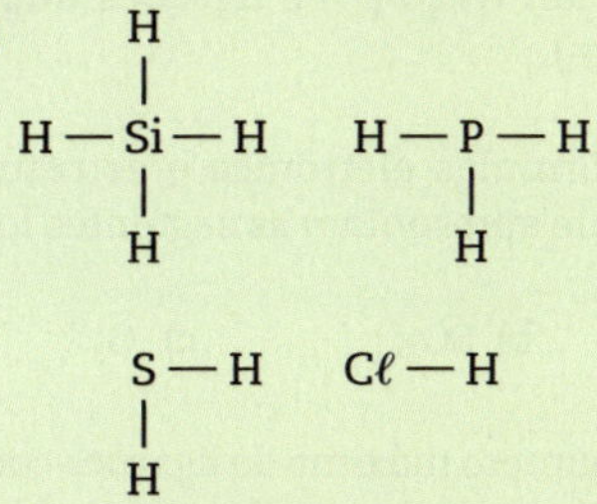

Compostos em que há ligação covalente

10 Baseado nas posições dos elementos na tabela periódica, preveja a fórmula do composto químico formado pelos seguintes pares de elementos químicos:

a) carbono e bromo.
b) magnésio e cloro.
c) potássio e enxofre.
d) fósforo e flúor.

Resolução

Metal e **não metal** tendem a se unir por **ligação iônica**.

Não metal e **não metal** (ou **semimetal**) tendem a se unir por **ligação covalente**. Assim:

a) carbono (grupo 14, ou 4A) e bromo (grupo 17, ou 7A) estabelecem ligação **covalente**:

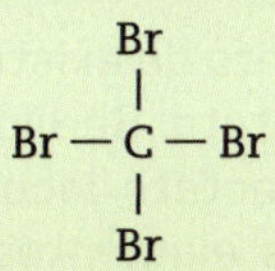 $\Rightarrow$ $\boxed{CBr_4}$

b) magnésio (grupo 2, ou 2A) e cloro (grupo 17, ou 7A) estabelecem ligação **iônica**:

$(Mg^{2+})_1(C\ell^-)_2 \Rightarrow \boxed{MgC\ell_2}$

c) potássio (grupo 1, ou 1A) e enxofre (grupo 16, ou 6A) estabelecem ligação **iônica**:

$(K^+)_2(S^{2-})_1 \Rightarrow \boxed{K_2S}$

d) fósforo (grupo 15, ou 5A) e flúor (grupo 17, ou 7A) estabelecem ligação **covalente**:

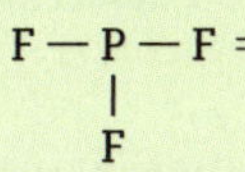 $\Rightarrow$ $\boxed{PF_3}$

11 (PUC-MG) O elemento bromo forma compostos iônicos e moleculares. Assinale a alternativa que apresenta, respectivamente, um composto iônico e um molecular formado pelo bromo.

a) $CaBr_2$ e HBr.
b) CBr_4 e KBr.
c) NaBr e $MgBr_2$.
d) KBr e NH_4Br.

12 (UEMS) Da combinação de um elemento químico A (Z = 37) juntamente com um elemento B (Z = 17) obtém-se uma substância que apresenta a seguinte fórmula e tipo de ligação:

a) AB e ligação iônica.
b) A_2B e ligação iônica.
c) AB_2 e ligação covalente.
d) AB_2 e ligação iônica.
e) AB e ligação covalente.

13 (Ufac) Quando o elemento X (Z = 12) se combina com o elemento Y (Z = 9), temos como resultado um composto que possui fórmula e tipo de ligação, respectivamente:

a) XY — iônica.
b) XY — covalente.
c) XY_2 — iônica.
d) XY_2 — covalente.
e) X_2Y_2 — covalente.

14 (Fuvest-SP) Um elemento (E) pertencente ao terceiro período da tabela periódica, forma com o hidrogênio um composto de fórmula H_2E e com o sódio um composto de fórmula Na_2E.

a) Represente a configuração eletrônica desse elemento.
b) A que família pertence?

15 (Uece) Átomos do elemento X, que apresentam a distribuição eletrônica $1s^2\ 2s^2\ 2p^6\ 3s^2\ 3p^5$:

a) pertencem à família dos calcogênios.
b) formam facilmente, com o carbono, o composto CX_2.
c) formam o íon X^-.
d) apresentam cinco níveis de energia.

EXERCÍCIO RESOLVIDO

16 Escreva a fórmula estrutural de C_2H_6.

Resolução

Como sabemos que o carbono faz quatro ligações e o hidrogênio apenas uma, concluímos que ambos os carbonos devem estar ligados entre si nessa molécula. Assim:

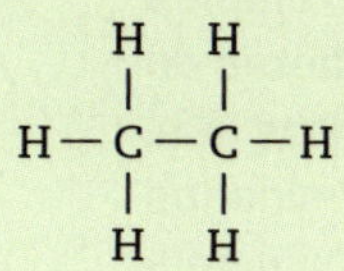

17 Escreva a fórmula estrutural dos seguintes compostos:

a) C_2H_4; **b)** C_2H_2; **c)** CH_4O; **d)** CH_2O; **e)** HCN; **f)** $COC\ell_2$.

18 (UEL-PR) As estruturas representadas a seguir, para as moléculas de H_2O, HCHO, NH_3, CO_2 e C_2H_4, estão corretas, quanto às ligações, EXCETO:

a) 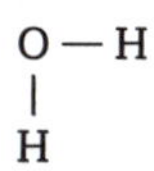

b) 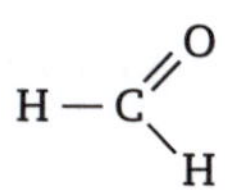

c) 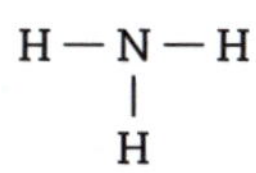

d) O=C=O

e) H—C≡C—H

19 (Vunesp) Para as moléculas N_2 e N_2H_4 (hidrazina) pede-se escrever as respectivas estruturas de Lewis.

20 O gás hilariante é uma substância de fórmula molecular N_2O. Foi o primeiro anestésico geral usado para a realização de cirurgias. Admitamos que sua fórmula eletrônica seja:

Escolha, entre as opções a seguir, a que melhor descreve as ligações existentes na molécula, segundo essa fórmula.

a) Quatro ligações iônicas.

b) Duas ligações covalentes simples.

c) Duas ligações covalentes e duas iônicas.

d) Duas ligações covalentes duplas.

e) Uma ligação covalente quádrupla.

21 (Unicamp-SP) A ureia (CH_4N_2O) é o produto mais importante de excreção do nitrogênio pelo organismo humano. Na molécula da ureia, formada por oito átomos, o carbono apresenta duas ligações simples e uma dupla, o oxigênio uma ligação dupla, cada átomo de nitrogênio três ligações simples e cada átomo de hidrogênio uma ligação simples. Átomos iguais não se ligam entre si. Baseando-se nessas informações, escreva a fórmula estrutural da ureia, representando ligações simples por um traço (—) e ligações duplas por dois traços (=).

22 Escreva as fórmulas eletrônica e estrutural dos compostos que apresentam as seguintes fórmulas moleculares:

a) SO_2; b) SO_3; c) O_3.

23 (Esal-MG) O número máximo de ligações coordenadas ou dativas que o cloro pode efetuar é igual a:

a) 1.

b) 2.

c) 3.

d) 4.

e) 5.

Conteúdo digital Moderna PLUS http://www.modernaplus.com.br
Exercícios adicionais

Seção 14.4

Algumas exceções à regra do octeto

Objetivos

- Reconhecer se um átomo está ou não com o octeto completo.
- Indicar exemplos importantes de elementos que, em determinados compostos, violam a regra do octeto.

Termos e conceitos

- expansão do octeto
- elétron desemparelhado

Atualmente, os químicos têm conhecimento da existência de muitas moléculas que não obedecem à regra do octeto. Berílio (Be) e boro (B) aparecem, em algumas moléculas, com o octeto incompleto. Apesar de pertencerem a grupos nos quais outros elementos tendem a formar cátions em ligações iônicas, esses dois elementos fazem ligação covalente.

O berílio é frequentemente encontrado nas moléculas com quatro elétrons na camada de valência, e o boro, com seis.

Note que são quatro elétrons na camada de valência do berílio e seis na do boro.

Duas outras exceções à regra do octeto são alguns compostos de enxofre e de fósforo, em cujas moléculas eles aparecem com mais de oito elétrons na camada de valência.

É relativamente comum encontrar o fósforo com dez elétrons na camada de valência e o enxofre com doze.

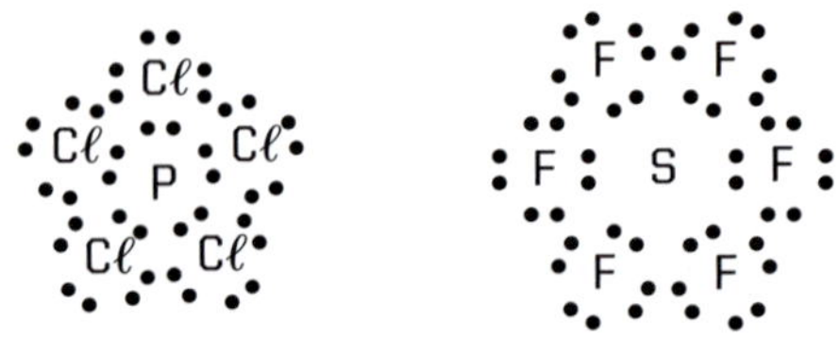

Note que são dez elétrons na camada de valência do fósforo e doze na do enxofre.

"Ligação dativa" não existe?!

A ligação dativa é um modelo simplista para representar as ligações presentes em certas moléculas que, na Química universitária, são mais bem representadas de outras maneiras, como, por exemplo, através de **expansões do octeto** como acontece em vários compostos de fósforo e enxofre.

Três exceções ainda mais interessantes à regra do octeto são os compostos NO, NO_2 e ClO_2, em cujas moléculas aparecem átomos com número ímpar de elétrons na camada de valência. Esses três compostos apresentam alta tendência a reagir quimicamente, transformando-se em compostos mais estáveis.

Note que, nestas estruturas, nitrogênio e cloro estão com um elétron desemparelhado, isto é, um elétron sem outro com o qual componha um par.

Outros modelos mais modernos já foram criados para tentar explicar os casos em que a regra do octeto falha. Entretanto, devido à sua complexidade, eles não serão comentados neste livro.

A substância NO_2 aparece no ar como consequência do trânsito intenso de automóveis. Trata-se de um sério poluente dos grandes centros urbanos. A coloração castanha que vemos sobre a cidade de São Paulo, na foto, se deve, em parte, ao NO_2.

EXERCÍCIOS ESSENCIAIS

A tabela periódica é instrumento de consulta!

24 (Cesgranrio-RJ) Das espécies químicas abaixo, indique aquela que não obedece à regra do octeto.

a) $MgBr_2$.
b) BF_3.
c) CO_2.
d) $NaCl$.
e) SO_2.

25 (PUC-PR) Qual das seguintes séries contém todos os compostos covalentes, cuja estabilização ocorre sem que atinjam o octeto:

a) $BeCl_2$, BF_3, H_3BO_3, PCl_5.
b) CO, NH_3, HClO, H_2SO_3.
c) CO_2, NH_4OH, $HClO_2$, H_2SO_4.
d) $HClO_3$, HNO_2, H_2CO_3, SO_2.
e) HCl, HNO_3, HCN, SO_3.

26 A molécula que não obedece à regra do octeto é:

a) HCl.
b) BrCl.
c) H_2S.
d) CS_2.
e) SF_6.

27 Obedece à regra do octeto:

a) SF_4.
b) BH_3.
c) ClO_2.
d) O_3.
e) NO_2.

Conteúdo digital Moderna PLUS http://www.modernaplus.com.br
Exercícios adicionais

Propriedades das substâncias moleculares

Objetivo

- Resumir algumas tendências das propriedades de substâncias moleculares.

Termos e conceitos

- **substância molecular**

Quando átomos se unem por ligações covalentes, formam moléculas.

Chamamos de **substâncias moleculares** aquelas formadas por moléculas.

A tabela 2 relaciona algumas propriedades de diversas substâncias moleculares. Você nota alguma regularidade?

Observando a tabela 2, podemos constatar algumas tendências que, de modo geral, são válidas para substâncias moleculares.

Substâncias formadas pela união de átomos de não metais (incluindo o hidrogênio) apresentam pontos de fusão e de ebulição relativamente baixos e não conduzem a corrente elétrica nos estados líquido ou sólido.

Se você observar atentamente os dados de pontos de fusão e de ebulição das substâncias moleculares (por exemplo, as que aparecem na tabela 2) e os comparar com a temperatura ambiente (25 °C), concluirá que:

Algumas substâncias moleculares são gasosas nas condições ambientes. Outras são líquidas e outras, sólidas.

Tabela 2 Propriedades de algumas substâncias moleculares

Substância	Elementos químicos formadores	Ponto de fusão (°C)	Ponto de ebulição (°C)	Conduz corrente elétrica no:	
				estado sólido?	estado líquido?
Hidrogênio	H	−259	−253	Não	Não
Flúor	F	−220	−188	Não	Não
Oxigênio	O	−219	−183	Não	Não
Nitrogênio	N	−210	−196	Não	Não
Metano	C e H	−182	−162	Não	Não
Cloreto de hidrogênio	H e Cℓ	−114	−85	Não	Não
Etanol	C, H e O	−114	78	Não	Não
Cloro	Cℓ	−102	−34	Não	Não
Metanol	C, H e O	−98	65	Não	Não
Brometo de hidrogênio	H e Br	−87	−66	Não	Não
Sulfeto de hidrogênio	H e S	−86	−60	Não	Não
Fluoreto de hidrogênio	H e F	−83	20	Não	Não
Amônia	N e H	−78	−33	Não	Não
Iodeto de hidrogênio	H e I	−51	−36	Não	Não
Bromo	Br	−7	59	Não	Não
Água	H e O	0	100	Não	Não
Benzeno	C e H	6	80	Não	Não
Naftaleno	C e H	80	218	Não	Não
Iodo	I	114	184	Não	Não
Glicose	C, H e O	150	*	Não	Não
Sacarose	C, H e O	186	*	Não	Não
Vitamina C	C, H e O	192	*	Não	Não

* Substâncias que, quando aquecidas, sofrem decomposição antes de chegar à ebulição.

Fonte dos pontos de fusão e de ebulição: D. R. Lide (ed.). *CRC Handbook of Chemistry and Physics*. 84. ed. Boca Raton, CRC Press, 2003.

Como se pode explicar, em nível microscópico, o fato de existirem substâncias moleculares pertencentes aos três estados físicos?

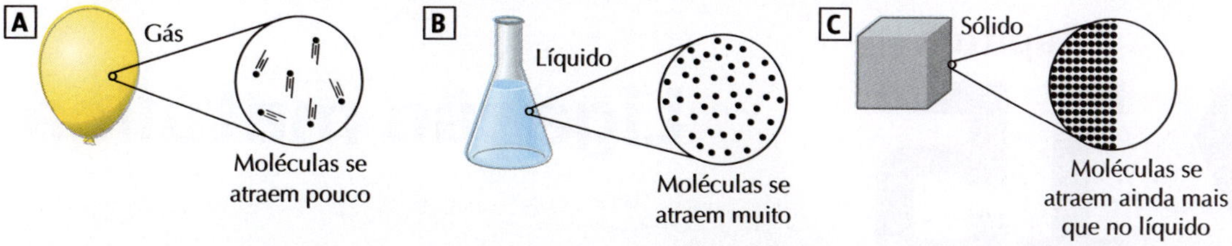

A resposta está ligada à união que existe entre as moléculas. Numa substância gasosa, A, as moléculas estão muito fracamente unidas; num líquido, B, elas estão fortemente unidas e, num sólido, C, estão mais intensamente unidas ainda.

A união entre as moléculas se deve às **ligações químicas intermoleculares**, isto é, interações atrativas entre as moléculas, assunto da próxima unidade.

Conteúdo digital Moderna PLUS http://www.modernaplus.com.br
Animação: *Tipos de ligação química interatômica*

EXERCÍCIOS ESSENCIAIS

28 (UFF-RJ) Para o estudo das relações entre o tipo de ligação química e as propriedades físicas das substâncias X e Y, sólidas a temperatura ambiente, foi realizado um experimento que permitiu as seguintes constatações:

I. A substância X, no estado sólido, não conduz a corrente elétrica, porém, no estado líquido, a conduz.

II. A substância Y não conduz a corrente elétrica no estado sólido nem no estado líquido.

Pode-se, então, concluir que:

a) As substâncias X e Y são covalentes.
b) As substâncias X e Y são iônicas.
c) A substância X é iônica e a substância Y é covalente.
d) A substância X é um metal.
e) A substância Y é um metal.

29 (UFV-MG) Quando átomos do elemento A (Z = 12) se combinam a átomos do elemento B (Z = 17), obtém-se um composto cuja fórmula e tipo de ligação são, respectivamente:

a) AB_2 e ligação iônica.
b) AB e ligação covalente.
c) A_2B e ligação iônica.
d) AB e ligação iônica.
e) AB_2 e ligação covalente.

30 (Vunesp) Qual a fórmula do composto formado entre os elementos $^{40}_{20}Ca$ e $^{35}_{17}C\ell$ e qual a ligação envolvida?

a) $CaC\ell$, iônica.
b) $CaC\ell$, covalente.
c) $CaC\ell_2$, iônica.
d) $CaC\ell_2$, covalente.
e) $Ca_2C\ell$, iônica.

31 (Unifor-CE) Dois elementos químicos X e Y combinam-se formando uma substância molecular XY_3. Então X e Y podem ter números atômicos, respectivamente:

a) 1 e 7.
b) 2 e 9.
c) 13 e 16.
d) 15 e 35.
e) 20 e 36.

32 (Uneb-BA) Das seguintes substâncias, a única que não apresenta ligação covalente é:

a) $HC\ell$. b) H_2O_2. c) NH_3. d) CO_2. e) $A\ell_2O_3$.

33 (UFU-MG) As propriedades das substâncias podem ser relacionadas com o tipo de ligação que existe entre seus átomos. Por exemplo: compostos que possuam ligações iônicas têm alto ponto de fusão (geralmente acima de 350 °C); todos são sólidos à temperatura ambiente, grande parte deles são solúveis em água e suas soluções aquosas conduzem corrente elétrica.

Assinale a alternativa em que aparecem SOMENTE substâncias predominantemente iônicas.

a) Perclorato de sódio ($NaC\ell O_4$); etanoato de sódio (CH_3CO_2Na) e cloreto de etila ($CH_3CH_2C\ell$).
b) Iodeto de sódio (NaI); hexano ($CH_3(CH_2)_4CH_3$) e carbonato de cálcio ($CaCO_3$).
c) Fluoreto de sódio (NaF); hidróxido de potássio (KOH) e nitrato de prata ($AgNO_3$).
d) Acetileno (etino) (C_2H_2); ácido perclórico ($HC\ell O_4$) e cloreto de sódio ($NaC\ell$).
e) Ácido sulfúrico (H_2SO_4); hidróxido de sódio (NaOH) e metanol (CH_3OH).

34 (UCSal-BA) Qual dos seguintes gases, à temperatura e pressão ambientes, é formado por moléculas monoatômicas?

a) ozônio.
b) hidrogênio.
c) nitrogênio.
d) argônio.
e) oxigênio.

Conteúdo digital Moderna PLUS http://www.modernaplus.com.br
Exercícios adicionais

UNIDADE E

Capítulo 15

Ligação metálica

Ponte Estaiada Octávio Frias de Oliveira sobre o Rio Pinheiros, em São Paulo.

A resistência à tração torna o aço adequado para ser usado em cabos de sustentação de elevadores, teleféricos e pontes. O aço é constituído principalmente por ferro, uma substância na qual há ligação metálica.

Os átomos que formam as substâncias metálicas se mantêm unidos por ligação metálica. Elétrons livres estão presentes no retículo cristalino metálico.

15.1 Propriedades das substâncias formadas por metais

A maioria das substâncias metálicas tem pontos de fusão e de ebulição elevados e conduz corrente elétrica nos estados líquido e sólido.

15.2 O que é corrente elétrica?

Corrente elétrica é um fluxo ordenado de cargas elétricas.

15.3 Ligação metálica e o modelo do "mar de elétrons"

Substâncias metálicas têm elétrons livres para conduzir corrente elétrica.

15.4 Ligas metálicas

Uma liga metálica é uma mistura sólida em que predomina(m) metal(is).

15.5 Propriedades das substâncias metálicas

Substâncias metálicas têm um conjunto de propriedades que lhes são características.

15.6 Comparando as substâncias iônicas, covalentes e metálicas

Sabendo a condutividade elétrica nos estados sólido e líquido, podemos inferir se uma substância é iônica, molecular ou metálica.

Seção 15.1

Propriedades das substâncias formadas por metais

Objetivo

- Resumir tendências de algumas propriedades de substâncias metálicas.

Termos e conceitos

- substância metálica
- ponto de fusão
- ponto de ebulição

Nos capítulos anteriores, estudamos as substâncias iônicas, formadas por metal e não metal, e as substâncias moleculares, constituídas por não metal(is). Neste capítulo estudaremos as substâncias metálicas.

As substâncias formadas exclusivamente por átomos de elementos metálicos são denominadas **substâncias metálicas**.

Por meio de uma análise de dados como os da tabela 1, os químicos puderam generalizar:

As substâncias metálicas conduzem a eletricidade no estado sólido e no líquido. Na sua maioria, apresentam altos pontos de fusão e de ebulição.

Tabela 1 Propriedades de algumas substâncias formadas por metais

Substância	Elementos químicos formadores	Ponto de fusão (°C)	Ponto de ebulição (°C)	Conduz corrente elétrica no	
				estado sólido?	estado líquido?
Mercúrio	Hg	−39	357	Sim	Sim
Gálio	Ga	30	2.204	Sim	Sim
Estanho	Sn	232	2.602	Sim	Sim
Chumbo	Pb	327	1.749	Sim	Sim
Zinco	Zn	420	907	Sim	Sim
Magnésio	Mg	650	1.090	Sim	Sim
Alumínio	Aℓ	660	2.519	Sim	Sim
Prata	Ag	962	2.162	Sim	Sim
Ouro	Au	1.064	2.856	Sim	Sim
Cobre	Cu	1.085	2.562	Sim	Sim
Níquel	Ni	1.455	2.913	Sim	Sim
Ferro	Fe	1.538	2.861	Sim	Sim
Platina	Pt	1.768	3.825	Sim	Sim
Vanádio	V	1.910	3.409	Sim	Sim
Rutênio	Ru	2.334	4.150	Sim	Sim
Tântalo	Ta	3.017	5.458	Sim	Sim
Tungstênio	W	3.422	5.555	Sim	Sim

Fonte dos pontos de fusão e de ebulição: D. R. Lide (ed.). *CRC Handbook of Chemistry and Physics*. 84. ed. Boca Raton, CRC Press, 2003.

O que é corrente elétrica?

Objetivos

- Conceituar corrente elétrica.
- Saber, no caso específico de corrente elétrica em metal, quais são as cargas em movimento.

Termos e conceitos

- corrente elétrica

No circuito que aparece abaixo, o acendimento da lâmpada evidencia que está havendo passagem de corrente elétrica através do circuito formado pelos fios metálicos, a pilha e a lâmpada.

> **Corrente elétrica** é um fluxo ordenado de cargas elétricas.

Os cientistas descobriram que a corrente elétrica que passa através de um metal (como os fios de cobre do circuito) consiste num movimento ordenado de elétrons (que possuem cargas elétricas negativas). A passagem de corrente elétrica pelo filamento da lâmpada faz com que esse filamento se aqueça, fique incandescente e, consequentemente, emita luz.

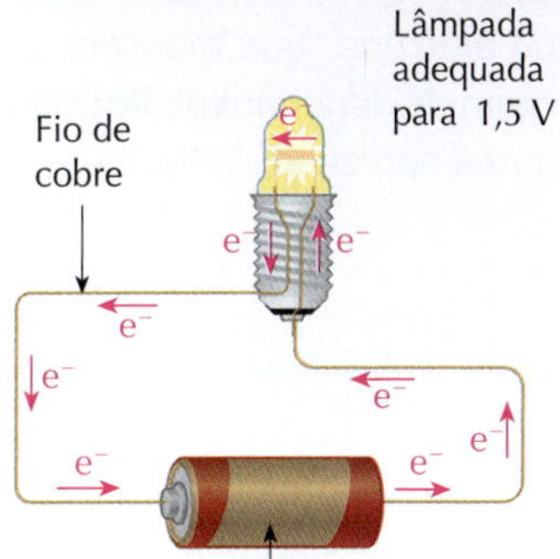

O fluxo de elétrons (simbolizados por e^-) no circuito metálico constitui uma corrente elétrica.

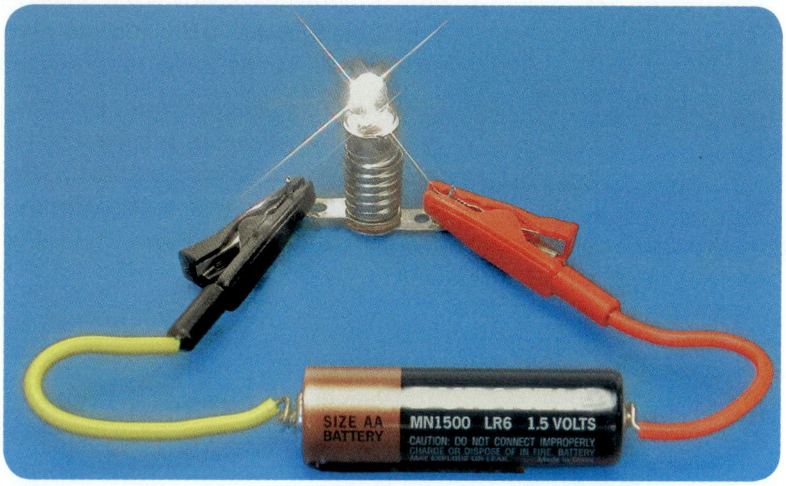

O filamento da lâmpada, aquecido pela passagem de corrente elétrica, fica incandescente.

O circuito elétrico da lanterna a pilha

Uma lanterna corresponde a uma montagem do mesmo tipo que a mostrada anteriormente. Quando a acendemos, provocamos a passagem de corrente elétrica por um circuito metálico que existe dentro dela.

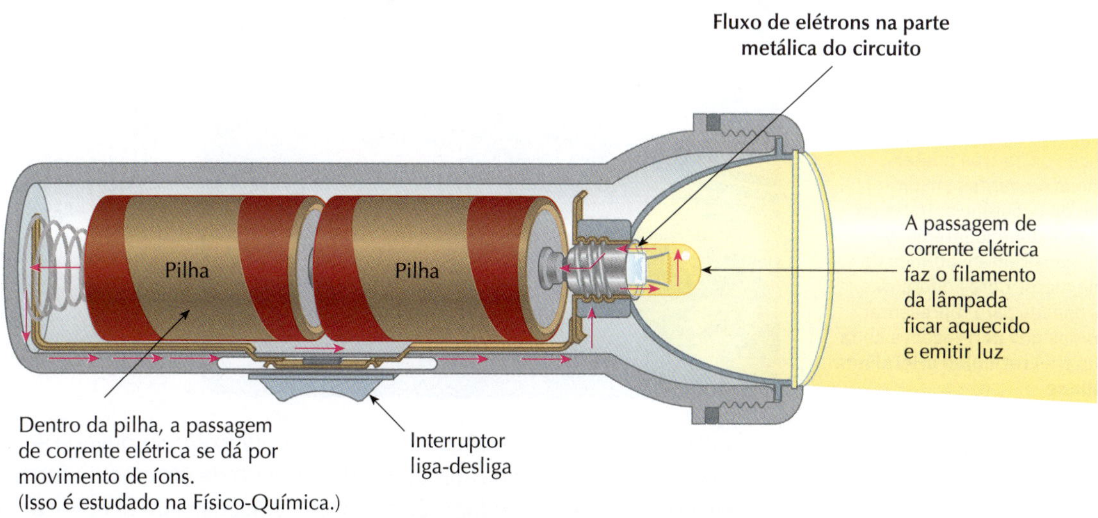

Ligação metálica e o modelo do "mar de elétrons"

❯ Objetivo

▶ Compreender como é a estrutura de uma substância metálica e por que ela conduz corrente elétrica.

❯ Termos e conceitos

- ligação metálica
- modelo do "mar de elétrons"
- retículo cristalino metálico

Uma vez que os metais são bons condutores de corrente elétrica, é de esperar que eles possuam em sua estrutura elétrons livres para se movimentarem. Essa é uma das evidências que conduziram à elaboração do modelo da ligação química existente nos metais.

Como já vimos, os núcleos dos átomos dos elementos classificados como metais não exercem uma atração muito alta sobre os elétrons da sua última camada. Por isso, possuem alta tendência a perder elétrons. Dessa forma, os cientistas admitem que um metal sólido é constituído por átomos em posições ordenadas com seus elétrons de valência livres para se movimentarem por todo o metal. Assim, temos um "amontoado" organizado de íons metálicos positivos mergulhados num "mar de elétrons" livres. Esse é o chamado **modelo do "mar de elétrons"**, que explica a condutividade elétrica dos metais. Ele está representado na figura ao lado.

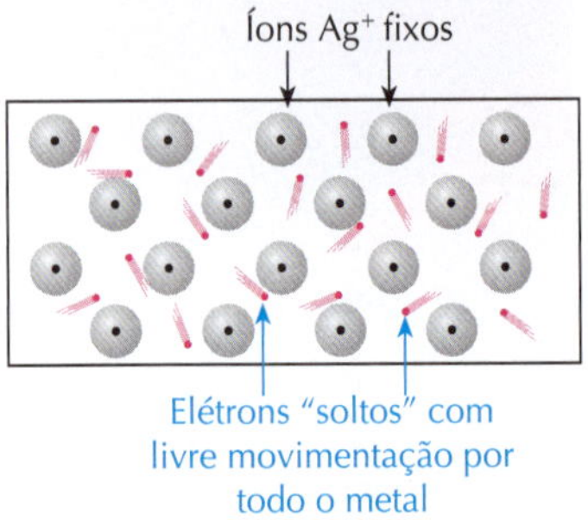

▲ Esquematização do modelo do "mar de elétrons" para a prata metálica. (Cores fantasiosas.)

Assim como a presença dos elétrons entre dois átomos os mantém unidos numa ligação covalente, é a presença do "mar de elétrons" que mantém os átomos metálicos unidos, em um tipo de ligação química denominado **ligação metálica**. Contudo, num pedaço de metal, os átomos não se encontram com o octeto completo.

A regra do octeto **não** é satisfatória para explicar a ligação metálica.

Se ampliarmos um pedaço de metal, veremos algo como o que aparece na figura A, abaixo: um mosaico composto de vários pedacinhos do mesmo metal. Cada um deles consiste num pequeno **retículo cristalino metálico** formado por milhares de milhões de átomos (a junção de três desses retículos está esquematizada na figura B).

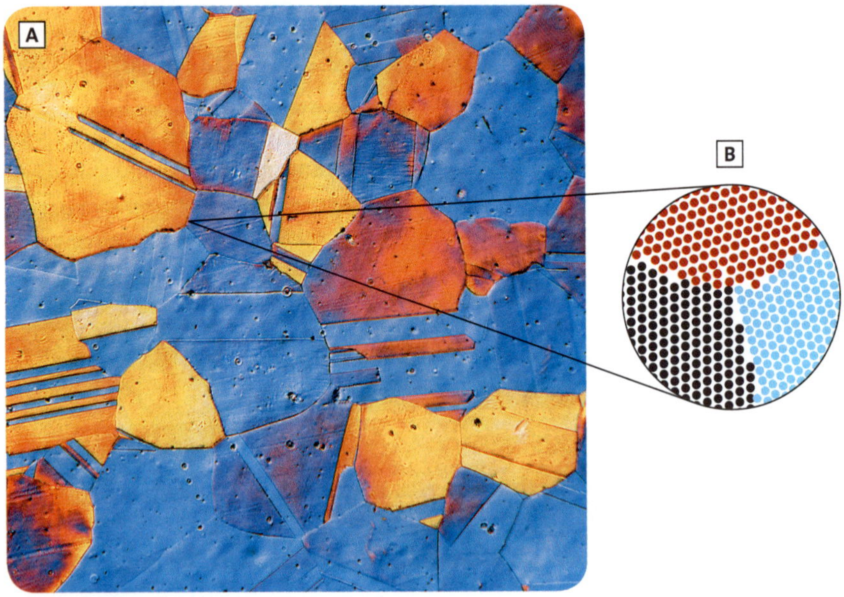

A Visão ao microscópio do corte de um pedaço de metal. Cada cristal aparece com uma tonalidade diferente devido à técnica fotográfica utilizada. Ampliação de aproximadamente 440 vezes.

B Ampliação esquemática da junção entre três cristais metálicos presentes em um pedaço da substância. Todas as bolinhas, independentemente da cor, representam átomos do mesmo metal. Cores diferentes foram usadas para representar os átomos que pertencem a cada um dos três **retículos cristalinos metálicos**.

Levando isso em conta, um pedaço de ferro, por exemplo, deveria ser representado por Fe_n, em que **n** representa um número de átomos de ferro muito grande presente nesse pedaço. Contudo os químicos, para simplificar, representam um pedaço de metal apenas pelo símbolo do elemento; no caso, Fe.

Seção 15.4

Ligas metálicas

Objetivos

- Conceituar liga metálica.
- Enumerar exemplos importantes de ligas metálicas.

Termos e conceitos

- liga metálica
- ouro 18 quilates
- bronze
- latão
- aço
- amálgama

Ouro 18 quilates, bronze, latão e aço são materiais que apresentam uma característica comum: trata-se de ligas metálicas.

Ligas metálicas são misturas de dois ou mais elementos, sendo que a totalidade (ou pelo menos a maior parte) dos átomos presentes é de elementos metálicos.

Exemplos de ligas metálicas:

- O ouro 18 quilates é uma liga de ouro e cobre (e, eventualmente, prata).
- O bronze é uma liga de cobre e estanho.
- O latão é uma liga de cobre e zinco.
- O aço é uma liga de ferro com pequena quantidade de carbono.
- O amálgama usado em restaurações dentárias, uma liga de mercúrio, prata e estanho. (O termo *amálgama* designa uma liga de mercúrio com um ou mais outros metais.)

Você pode obter informações sobre a escala de **quilates** na página 381.

O ouro 18 quilates é usado em joalheria.

Medalha de bronze.

Torneira de latão.

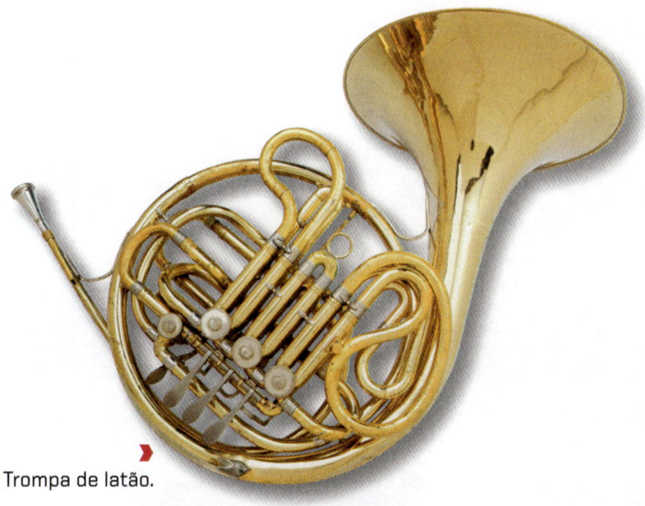

Trompa de latão.

Zíper de latão.

Conteúdo digital Moderna PLUS http://www.modernaplus.com.br
Texto: *Ligas metálicas*

Seção 15.5

Propriedades das substâncias metálicas

Objetivo

▶ Comentar as principais propriedades características das substâncias metálicas.

Termos e conceitos

- **condutividade térmica**
- **condutividade elétrica**
- **maleabilidade**
- **ductibilidade**

Espelhos são fabricados aplicando uma fina camada de prata na parte traseira do vidro.

- *Brilho característico*. Se polidos, os metais refletem muito bem a luz. Essa propriedade é fácil de ver, por exemplo, em bandejas e espelhos de prata.
- *Alta condutividade térmica e elétrica*. São propriedades que se devem aos elétrons livres. Seu movimento ordenado constitui a corrente elétrica e sua agitação permite a rápida propagação do calor através dos metais.

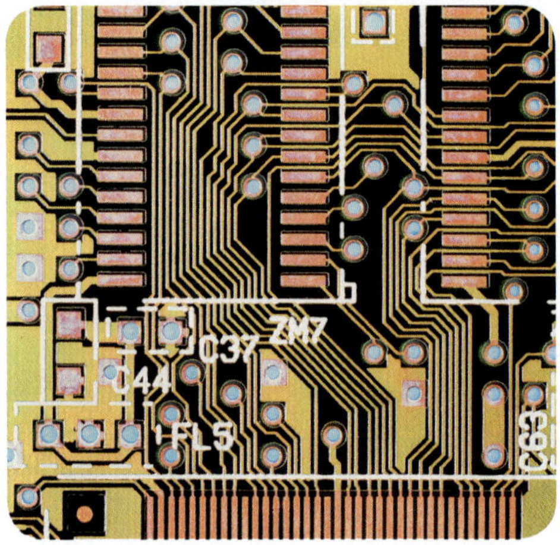

O cobre é um metal de cor avermelhada característica. É um dos metais que melhor conduzem a corrente elétrica e o calor. Nas fotos, fios elétricos de cobre revestidos de plástico e circuito impresso contendo cobre.

- *Altos pontos de fusão e de ebulição*. Em geral, são características dos metais (embora haja exceções, como mercúrio, PF = −39 °C; gálio, PF = 30 °C; e potássio, PF = 63 °C). Devido a essa propriedade e também à boa condutividade térmica, alguns metais são usados em panelas e em radiadores de automóveis.
- *Maleabilidade*. Metais são muito maleáveis, ou seja, fáceis de transformar em lâminas. O metal mais maleável é o ouro, que permite obter as lâminas mais finas (com espessuras da ordem de até 0,00001 cm!).
- *Ductibilidade*. Metais também são muito dúcteis, isto é, fáceis de transformar em fios. O ouro é também o mais dúctil dos metais, permitindo que se obtenham fios finíssimos (1 g fornece 2.000 m de fio!).

O ouro é uma das substâncias metálicas conhecidas há mais tempo. Por ser um metal muito maleável, o que facilita sua modelagem, é empregado há muito tempo para fazer adornos e objetos artísticos. É o caso dessa máscara mortuária do faraó egípcio Tutancâmom (1368-1349 a.C.)

Metais são dúcteis, isto é, fáceis de transformar em fios.

- *Resistência à tração*. O ferro, sob a forma de aço, é um exemplo de metal que apresenta grande resistência à tração. Isto significa que, quando se tenta esticar um cabo ou uma barra de ferro, eles suportam uma força muito grande, e só arrebentam se a força ultrapassar determinado valor. Essa propriedade permite sua utilização em cabos de elevadores e em construção civil, na mistura com o concreto, formando o chamado *concreto armado*.

Graças à sua elevada resistência à tração, o aço é empregado em mistura com o concreto, que possui alta resistência à compressão, compondo o *concreto armado*.

Conteúdo digital Moderna PLUS http://modernaplus.com.br
Texto: *Estrutura cristalina dos metais*

EXERCÍCIOS ESSENCIAIS

1 Classifique as seguintes afirmativas em verdadeiras ou falsas.

a) Um pedaço de metal sólido é constituído por moléculas.
b) Quando átomos de metal se unem por ligação metálica, eles passam a ficar com o octeto completo.
c) Num retículo cristalino metálico os átomos podem estar unidos por ligações iônicas ou covalentes.
d) Metais são bons condutores de corrente elétrica, pois apresentam elétrons livres.
e) Metais são bons condutores de calor, pois apresentam elétrons livres.
f) O aço é uma liga que apresenta alta resistência à tração, daí ser usado em cabos de elevadores e em construção civil.

2 (Fatec-SP) A condutibilidade elétrica dos metais é explicada admitindo-se:

a) ruptura de ligações iônicas.
b) ruptura de ligações covalentes.
c) existência de prótons livres.
d) existência de elétrons livres.
e) existência de nêutrons livres.

3 (UFRN) A ligação entre átomos de elementos de transição é:

a) iônica.
b) covalente.
c) metálica.
d) coordenada.

4 O que é bronze?

5 O que é latão?

6 O que é ouro 18 quilates?

7 O que é aço?

8 (Cefet-PR) Analise as afirmações a seguir:

I. O metal X é leve, sofre pouca corrosão e é bastante utilizado na construção civil (portões, esquadrias) e na fabricação de aeronaves (ligas leves).
II. O metal Y forma com o estanho uma liga denominada bronze, muito utilizada na fabricação de monumentos.
III. O metal Z de elevado ponto de fusão é frequentemente utilizado em filamentos de lâmpadas incandescentes.

Tais metais são, na ordem:

a) estanho, cromo, platina.
b) zinco, tungstênio, chumbo.
c) cobre, estanho, ouro.
d) alumínio, cobre, tungstênio.
e) estanho, alumínio, cobre.

9 (Uece) O cobre é um elemento químico muito importante para nossa saúde — evita a formação de coágulos, participa na fabricação de colágeno e ajuda a combater agentes que destroem as membranas e o DNA das células. Ele é encontrado nos seguintes alimentos: fígado, mariscos, grão-de-bico, feijão branco, lentilha e oleaginosas. Com relação a esse metal, assinale o correto.

a) Em seu estado fundamental possui um elétron no subnível $4p^1$.
b) É comum a formação da molécula CuO.
c) Entra na composição do outro 18 quilates.
d) É um mau condutor de calor.

Conteúdo digital Moderna PLUS http://modernaplus.com.br
Exercícios adicionais

Seção 15.6

Comparando as substâncias iônicas, covalentes e metálicas

Objetivos

- Inferir se uma substância é iônica, molecular ou metálica baseando-se na condutividade elétrica nos estados sólido e líquido.
- Explicar a razão de uma substância pura conduzir ou não corrente elétrica.

Termos e conceitos

- substância iônica
- substância molecular
- substância metálica

Ao final desta unidade, tendo estudado os tipos de ligação química interatômica (iônica, covalente e metálica), é importante que você tenha uma visão geral a respeito do assunto.

Tabela 2 Principais propriedades das substâncias estudadas neste capítulo

Substância	Pontos de fusão e de ebulição geralmente	Estado físico nas condições ambientes	Conduz corrente elétrica no estado sólido?	Conduz corrente elétrica no estado líquido?
Iônica	Altos	Sólido	Não	Sim
Molecular	Baixos	Sólido, líquido ou gasoso	Não	Não
Metálica	Altos	Sólido*	Sim	Sim

* Exceto mercúrio (Hg), que é líquido.

Vamos, agora, explicar a diferença no comportamento desses três tipos de substância quanto à condutividade elétrica.

As **substâncias metálicas** conduzem corrente elétrica no estado sólido graças a seus elétrons livres. Quando passam para o estado líquido (isto é, são fundidas, derretidas, sofrem fusão), os elétrons continuam livres para conduzir corrente elétrica.

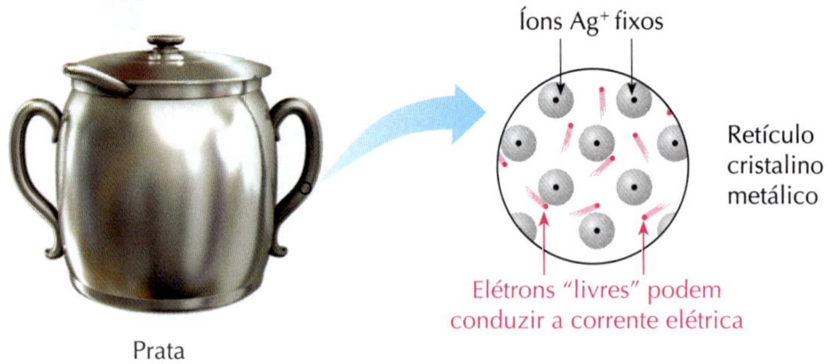

Moléculas não possuem carga elétrica, ou seja, são eletricamente neutras. Assim, as **substâncias moleculares** não apresentam cargas livres e, portanto, são incapazes de conduzir corrente elétrica*.

Numa substância molecular não há cargas livres para conduzir corrente elétrica. (Para simplificar, cada molécula foi esquematizada como uma esfera. Átomos individuais não foram representados.)

* Exceção a isso é se a substância molecular estiver no estado gasoso **e** a uma pressão muito baixa **e** submetida a uma voltagem muito alta, assunto que não será discutido aqui.

Lembre-se

- as **substâncias iônicas** são constituídas por íons (cátions e ânions) **em retículos cristalinos iônicos**;
- as **substâncias moleculares** são constituídas por **moléculas** (quando uma substância molecular está sólida, há um **retículo cristalino molecular**);
- as **substâncias metálicas** são constituídas por íons de elementos do tipo metal dispostos em **retículos cristalinos metálicos**, nos quais há elétrons livres para se movimentar (modelo do "mar de elétrons");
- corrente elétrica é um fluxo ordenado de cargas elétricas.

Íons são entidades possuidoras de carga elétrica, isto é, não são eletricamente neutros. **Substâncias iônicas** conduzem eletricidade no estado líquido, pois, nessas circunstâncias, os íons que as constituem não estão presos num retículo cristalino, mas livres para se movimentarem. No estado sólido, ao contrário, as substâncias iônicas não conduzem a corrente elétrica porque os íons não se encontram livres para se movimentarem. No estado sólido, esses íons estão presos ("travados" no lugar), formando o retículo cristalino iônico, como mostra a figura.

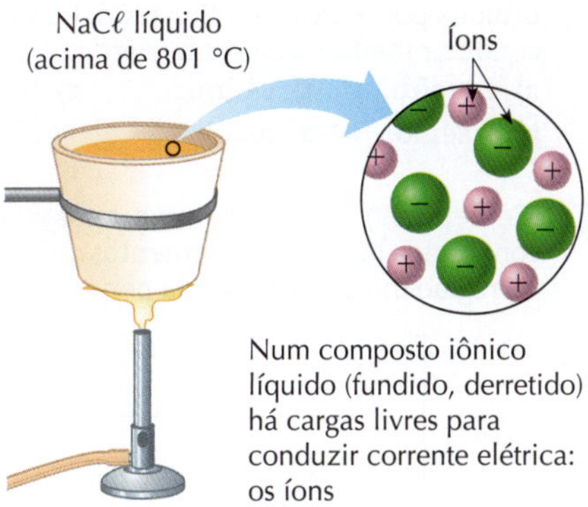

Num composto iônico líquido (fundido, derretido) há cargas livres para conduzir corrente elétrica: os íons

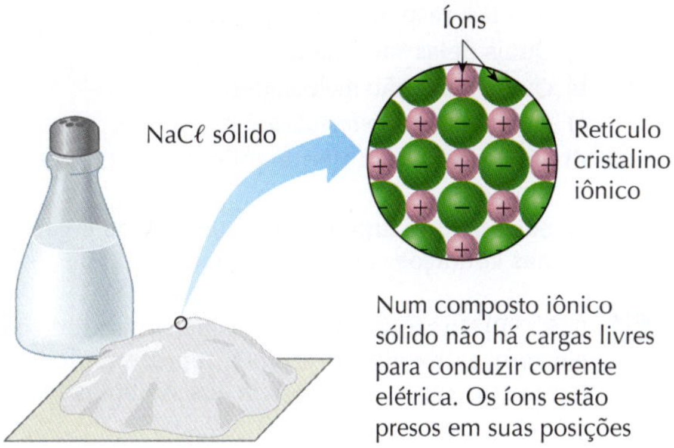

Num composto iônico sólido não há cargas livres para conduzir corrente elétrica. Os íons estão presos em suas posições

Conteúdo digital Moderna PLUS http://modernaplus.com.br
Animação: *Tipos de ligação química interatômica*

EXERCÍCIOS ESSENCIAIS

EXERCÍCIOS RESOLVIDOS

10 Ouro (Au) e iodo (I_2) são substâncias sólidas nas condições ambiente. Comparando o tipo de ligação química existente em cada uma, é possível prever qual apresenta maior ponto de fusão. Diga qual é e explique como chegou a essa conclusão.

Resolução

O ouro é substância **metálica** e o iodo é substância **molecular**. Espera-se, portanto, que o ouro apresente maior ponto de fusão.

Observação dos autores:

Apenas para ilustrar a previsão feita, o ponto de fusão do ouro é 1.064 °C e o do iodo é 114 °C.

11 Comparando as substâncias de fórmulas HBr e KBr é possível prever qual apresenta maior ponto de fusão.
Diga qual é e explique como chegou a essa conclusão.

Resolução

O HBr é substância **molecular** e o KBr é substância **iônica**. Espera-se, portanto, que o ponto de fusão do KBr seja maior que o do HBr.

Observação dos autores:

Apenas para ilustrar a previsão feita, o ponto de fusão do HBr é −87 °C e o do KBr é 734 °C.

12 (UEMG) As propriedades exibidas por um certo material podem ser explicadas pelo tipo de ligação química presente entre suas unidades formadoras. Em uma análise laboratorial, um químico identificou para um certo material as seguintes propriedades:

- Alta temperatura de fusão e ebulição;
- Boa condutividade elétrica em solução aquosa;
- Mau condutor de eletricidade no estado sólido.

A partir das propriedades exibidas por esse material, assinale a alternativa que indica o tipo de ligação predominante no mesmo:

a) metálica.
b) covalente.
c) dipolo induzido.
d) iônica.

13 (PUC-MG) Para o estudo das relações entre o tipo de ligação química e as propriedades físicas das substâncias **X** e **Y**, sólidas à temperatura ambiente, foram realizados experimentos que permitiram concluir que:

- A substância **X** conduz corrente elétrica no estado líquido, mas não no estado sólido;
- A substância **Y** não conduz corrente elétrica em nenhum estado.

Considerando-se essas informações, é **CORRETO** afirmar que:

a) a substância **X** é molecular e a substância **Y** é iônica.
b) a substância **X** é iônica e a substância **Y** é metálica.
c) a substância **X** é iônica e a substância **Y** é molecular.
d) as substâncias **X** e **Y** são moleculares.

14 Considere as seguintes substâncias:

- Ferro (Fe);
- Cloreto de potássio ($KC\ell$);
- Água (H_2O);
- Fluoreto de hidrogênio (HF);
- Níquel (Ni);
- Óxido de alumínio ($A\ell_2O_3$).

Sobre elas, responda às perguntas:

a) Quais delas são *iônicas?*
b) Quais delas são *moleculares?*
c) Quais delas são *metálicas?*
d) Quais são **certamente** sólidas nas condições ambiente?
e) Sabe-se que **uma** dessas substâncias é gasosa nas condições ambiente. Qual é?

15 (PUC-PR) No esquema abaixo estão as distribuições eletrônicas de alguns átomos representados por letras que não correspondem aos símbolos reais.

X $1s^1$
Y $1s^2\ 2s^2\ 2p^5$
Z $1s^2\ 2s^2\ 2p^6\ 3s^2\ 3p^5$
T $1s^2\ 2s^2\ 2p^4$
W $1s^2\ 2s^2\ 2p^6\ 3s^2$

Os compostos X_2T, Y_2, WZ_2, WT são, respectivamente:

a) iônico, iônico, iônico, molecular.
b) molecular, molecular, iônico, iônico.
c) iônico, iônico, molecular, molecular.
d) iônico, molecular, iônico, iônico.
e) molecular, molecular, molecular, iônico.

16 (UFF-RJ) Os compostos SiH_4, PH_3, CS_2 e SO_3 possuem uma característica em comum. Assinale a opção que identifica esta característica.

a) brilho metálico.
b) elevado ponto de ebulição.
c) capacidade de conduzir eletricidade.
d) elevada dureza.
e) baixo ponto de fusão.

17 (PUC-SP) Analise as propriedades físicas na tabela a seguir.

Amostra	Ponto de fusão	Ponto de ebulição	Condução de corrente elétrica: a 25 °C	Condução de corrente elétrica: 1.000 °C
A	801 °C	1.413 °C	isolante	condutor
B	43 °C	182 °C	isolante	–
C	1.535 °C	2.760 °C	condutor	condutor
D	1.284 °C	2.250 °C	isolante	isolante

Segundo os modelos de ligação química, A, B, C e D podem ser classificados, respectivamente, como:

a) composto iônico, metal, substância molecular, metal.
b) metal, composto iônico, composto iônico, substância molecular.
c) composto iônico, substância molecular, metal, metal.
d) substância molecular, composto iônico, composto iônico, metal.
e) composto iônico, substância molecular, metal, composto iônico.

18 (UFU-MG) Entre as substâncias simples puras constituídas por átomos de S, As, Cd, I e Br, a que deve conduzir melhor a corrente elétrica é a substância:

a) enxofre. c) cádmio. e) bromo.
b) arsênio. d) iodo.

19 (Ceeteps-SP) Considere uma substância simples constituída por um dos elementos químicos situados na região indicada da tabela periódica:

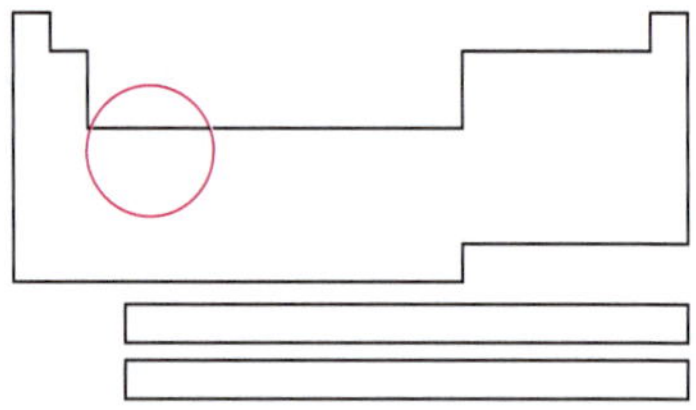

Essa substância simples deve apresentar, nas condições ambiente, a seguinte propriedade:

a) encontra-se no estado gasoso.
b) tem predomínio de ligações covalentes entre seus átomos.
c) é boa condutora de eletricidade.
d) reage vigorosamente com água e com sódio metálico.
e) tende a formar ânions quando reage com metais.

20 (Fuvest-SP) As figuras abaixo representam, esquematicamente, estruturas de diferentes substâncias, à temperatura ambiente.

(I) (II) (III)

Sendo assim, as figuras I, II e III podem representar, respectivamente,

a) cloreto de sódio, dióxido de carbono e ferro.
b) cloreto de sódio, ferro e dióxido de carbono.
c) dióxido de carbono, ferro e cloreto de sódio.
d) ferro, cloreto de sódio e dióxido de carbono.
e) ferro, dióxido de carbono e cloreto de sódio.

21 (UEMG) O cálcio é responsável pelo fortalecimento das raízes, das paredes celulares e mantém o equilíbrio iônico nas membranas celulares dos vegetais.

Sobre o elemento químico cálcio, assinale a alternativa cuja afirmação seja **INCORRETA**.

a) Apresenta dois elétrons de valência.
b) Apresenta o maior raio atômico em relação aos elementos do mesmo período.
c) Ao se ligar a elementos do grupo dos halogênios (X) apresenta um composto de fórmula geral CaX_2.
d) Forma substância simples que apresenta boa condutividade elétrica.

Conteúdo digital Moderna PLUS http://modernaplus.com.br
Exercícios adicionais

ESTABELEÇA CONEXÕES

MAPA CONCEITUAL DA UNIDADE E

Revise os conceitos estudados nesta unidade e decida como podem ser completados os locais em que aparecem os números.

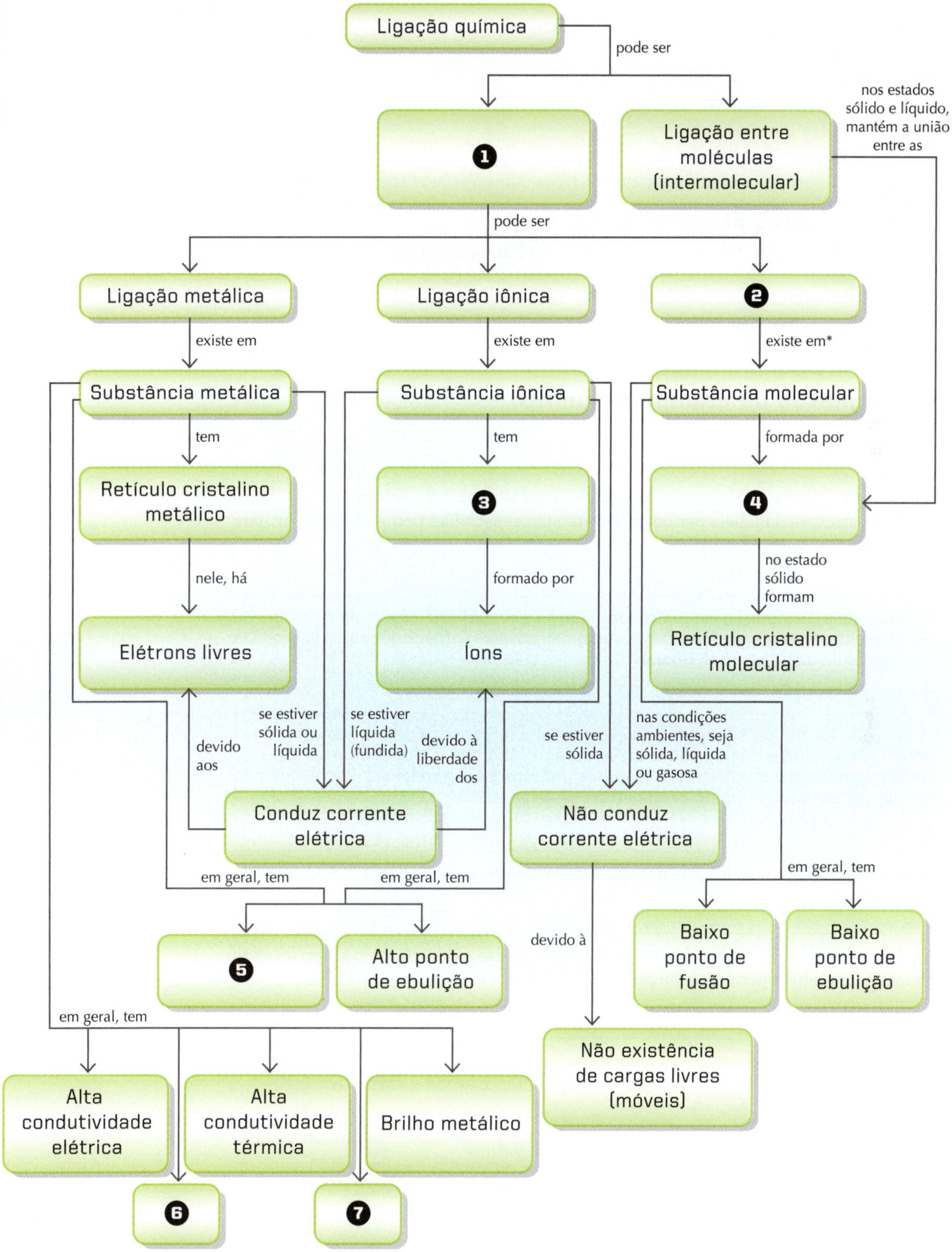

* Essa ligação também existe em substâncias macromoleculares (por exemplo, diamante, grafite, fósforo vermelho, polímeros) e em íons poliatômicos, tais como NO_3^-, SO_4^{2-}, CO_3^{2-} e PO_4^{3-} (estudados no capítulo 21).

REVISE, RELACIONE E RESOLVA

Lembre-se de que um enunciado deve ser lido e relido até total compreensão.

(UFPE) Considerando os elementos químicos com as seguintes configurações eletrônicas:

Aa: $1s^1$;
Bb: $1s^2\ 2s^1$;
Cc: $1s^2\ 2s^2\ 2p^2$;
Dd: $1s^2\ 2s^2\ 2p^4$;
Ee: $1s^2\ 2s^2\ 2p^5$;
Ff: $1s^2\ 2s^2\ 2p^6$;
Gg: $1s^2\ 2s^2\ 2p^6\ 3s^1$;

analise as afirmativas a seguir (julgando os itens como verdadeiros ou falsos).

0. Apenas dois desses elementos apresentam configuração eletrônica de gás nobre.
1. Aa e Dd podem formar moléculas diatômicas homonucleares.
2. A molécula de Aa_2 é formada por uma ligação simples, e a molécula de Dd_2 tem ligação dupla.
3. Aa, Bb e Ff pertencem ao mesmo grupo da Tabela Periódica.
4. Bb, Cc e Ee pertecem ao mesmo período da Tabela Periódica.

Sugestão de encaminhamento

1

Revise a estrutura da tabela periódica. Dê atenção especial ao nome dado aos **grupos** (ou **famílias**) **1**, **2**, **16**, **17** e **18**.

2

Recorde que a distribuição eletrônica (dos átomos neutros) está associada à posição de um elemento na tabela periódica. O número de camadas fornece que informação? E a terminação da distribuição eletrônica?

3

Lembre-se de que os símbolos dos elementos são constituídos de uma ou duas letras. A primeira é maiúscula e a segunda, se houver, é minúscula. A questão desta página representa os seis elementos por **símbolos genéricos** (isto é, que não correspondem aos símbolos verdadeiros) de duas letras.

4

Verifique o número de camadas de cada átomo. Julgue a afirmativa 4.

5

Analise a terminação das seis distribuições eletrônicas e determine o grupo de cada elemento na tabela periódica. Julgue as afirmações 0 e 3.

6

Sabendo o grupo do elemento Aa, elabore a fórmula eletrônica da molécula Aa_2, na qual dois átomos Aa estão unidos. Faça o mesmo para Dd_2 e avalie a afirmativa 2.

7

A expressão "moléculas diatômicas homonucleares", envolvida na afirmação 1, pode ser entendida como moléculas formadas por dois átomos do mesmo elemento. Sabendo disso, julgue 1.

Conteúdo digital Moderna PLUS http://modernaplus.com.br
Atividade de revisão

Capítulo

16 Geometria molecular

A partir da fórmula eletrônica de uma molécula pode-se determinar sua geometria molecular.

16.1 O que é geometria molecular?

Ao dizer qual é a geometria de uma molécula estamos designando a posição relativa dos núcleos dos átomos que formam essa molécula.

16.2 Modelo da repulsão dos pares eletrônicos da camada de valência (VSEPR)

O afastamento repulsivo dos pares de elétrons da camada de valência do átomo central de uma molécula influencia a geometria molecular.

Nestes modelos moleculares de CO_2, H_2O, NH_3, CH_2O e CH_4, o carbono está representado em preto, o hidrogênio em branco, o oxigênio em vermelho e o nitrogênio em azul. Modelos como estes representam, entre outras coisas, a geometria molecular. Estudaremos, neste capítulo, moléculas com geometria linear, trigonal plana, tetraédrica, piramidal e angular.

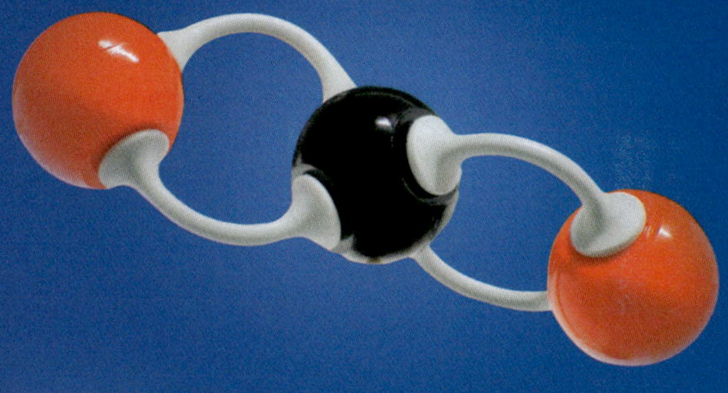

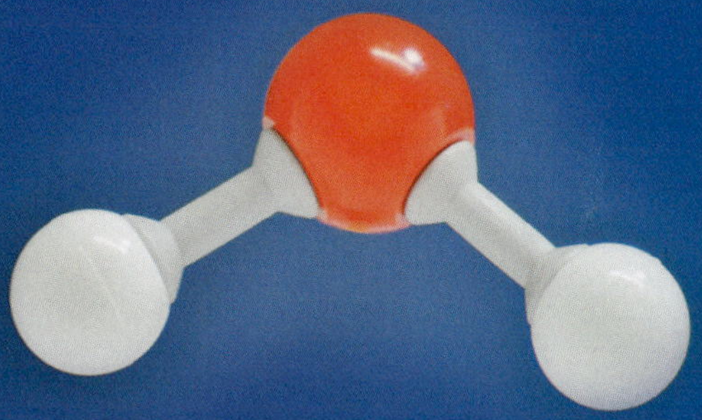

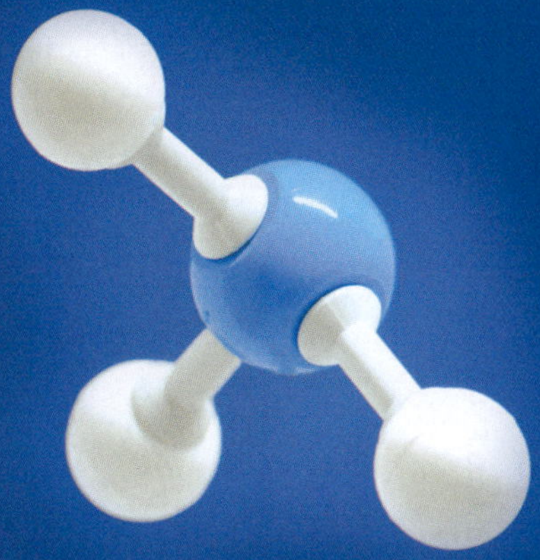

O que é geometria molecular?

Objetivo

▶ Conhecer as principais geometrias moleculares.

Termos e conceitos

- geometria molecular
- linear
- trigonal plana
- tetraédrica
- piramidal
- angular

Quando átomos de não metais se unem, eles o fazem por meio de uma ou mais ligações covalentes. Como consequência dessa união, surgem as moléculas com dois ou mais átomos.

A **geometria molecular** descreve como os núcleos dos átomos que constituem a molécula estão posicionados uns em relação aos outros. As geometrias moleculares mais importantes, que serão objeto de nosso estudo neste capítulo, são mostradas abaixo. Nesses modelos **cada bolinha representa um átomo** e **cada vareta representa uma ou mais ligações covalentes**.

Linear

Linear

Trigonal plana

Tetraédrica

Piramidal

Angular

Por meio de técnicas avançadas, os químicos determinaram a geometria de várias moléculas. Alguns exemplos são:

- $HC\ell$ — linear
- CO_2 — linear
- CH_2O — trigonal plana
- SO_2 — angular
- CH_4 — tetraédrica
- NH_3 — piramidal
- H_2O — angular

Uma pergunta que surge nesse momento é: como podemos prever a geometria de uma molécula? Existe um método relativamente moderno, elaborado pelos químicos ingleses Nevil Sidgwick e Herbert Powell e aperfeiçoado e divulgado pelo canadense Ronald Gillespie.

Trata-se de um método muito utilizado nas últimas décadas, em todo o mundo, para prever a geometria de moléculas. Ele se baseia no modelo da **repulsão dos pares eletrônicos da camada de valência** (às vezes abreviado pela sigla de origem inglesa **VSEPR**, de *valence-shell electron-pair repulsion*).

As ideias envolvidas são relativamente simples, como veremos a seguir.

Ronald J. Gillespie, cientista que contribuiu para facilitar o entendimento da geometria molecular por meio do modelo da repulsão dos pares eletrônicos da camada de valência.

Seção 16.2

Modelo da repulsão dos pares eletrônicos da camada de valência (VSEPR)

Objetivo

▶ Aplicar o modelo VSEPR para determinar geometria molecular.

Termos e conceitos

• ângulo de ligação

Imagine que enchêssemos dois balões de gás ("bexigas" usadas em festas infantis), os amarrássemos pela boca e os soltássemos sobre o chão. Em que disposição geométrica eles iriam cair? E se repetíssemos esse procedimento usando três e quatro balões?

Perceba, pelas imagens acima, que os balões se afastam o máximo possível uns dos outros. Unindo os seus centros imaginários, conseguiríamos um segmento de linha reta, um triângulo equilátero e um tetraedro, como mostrado a seguir:

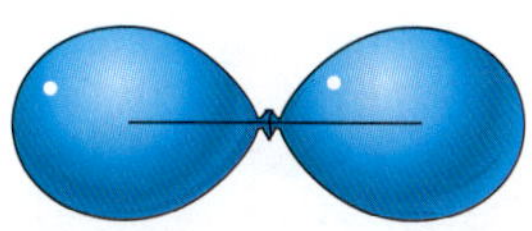

Segmento de reta

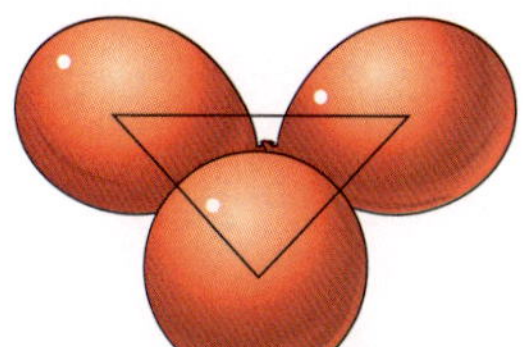

Triângulo equilátero

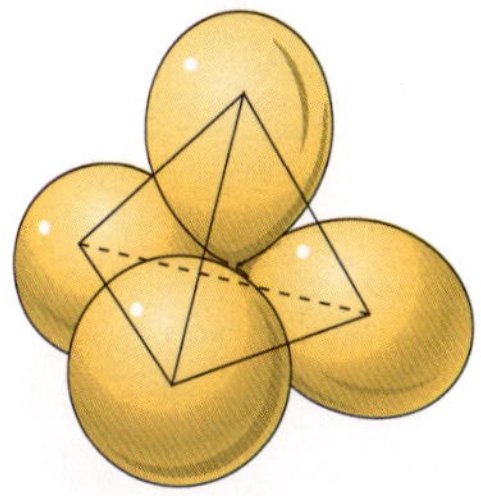

Tetraedro

Do mesmo modo que os balões, os pares de elétrons que formam as ligações também procuram afastar-se ao máximo uns dos outros, pois repelem-se mutuamente.

Os balões representam os pares de elétrons ao redor do átomo central. Devido à repulsão entre os elétrons, se houver dois pares de elétrons ao redor do átomo central, eles tenderão a ficar em lados opostos. Se forem três pares, eles terão as posições dos vértices de um triângulo equilátero. Se forem quatro, estarão direcionados para os vértices de um tetraedro.

Para determinar a geometria de uma molécula, o modelo da repulsão dos pares eletrônicos da camada de valência propõe uma sequência de passos que leva em conta as ideias que acabamos de expor:

1º) Escreva a fórmula eletrônica da substância e conte quantos "pares de elétrons" existem ao redor do átomo central. Entenda por "par de elétrons":

- ligação covalente, seja ela simples, dupla ou tripla;
- par de elétrons não usado em ligação.

2º) Escolha a disposição geométrica que distribua esses "pares de elétrons", assegurando a máxima distância entre eles:

Número de "pares de elétrons"	2	3	4
Distribuição escolhida	Segmento de reta	Triângulo equilátero	Tetraedro

Note bem

Ao usar o modelo VSEPR, as ligações simples, duplas ou triplas são **indistintamente** tratadas como um conjunto de elétrons que se afasta ao máximo de outras ligações e também de pares de elétrons não usados em ligação.

3º) Determine a geometria molecular, **considerando apenas os átomos unidos ao átomo central**. Apesar de serem os pares de elétrons que determinam a distribuição geométrica ao redor do átomo central, a geometria molecular é uma expressão da posição relativa dos núcleos dos átomos nela presentes. Assim, neste terceiro passo, consideramos apenas os átomos unidos ao átomo central (e ignoramos, portanto, os pares de elétrons não usados em ligações).

Para entender bem, analise com atenção os exemplos mostrados na tabela 1. No caso de uma *molécula biatômica*, isto é, formada apenas por dois átomos, a geometria é *necessariamente linear*, pois não há outro arranjo possível.

Em geometria molecular, é muito aplicada a expressão **ângulo de ligação**. Por exemplo, nas moléculas lineares CO_2 e BeF_2 ele vale 180°; na trigonal BF_3, vale 120°; e nas tetraédricas CH_4 e $CC\ell_4$, vale 109°28'.

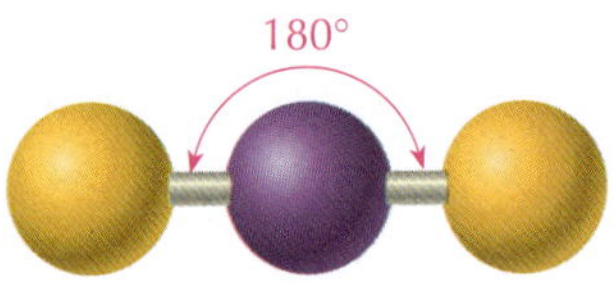

Linear

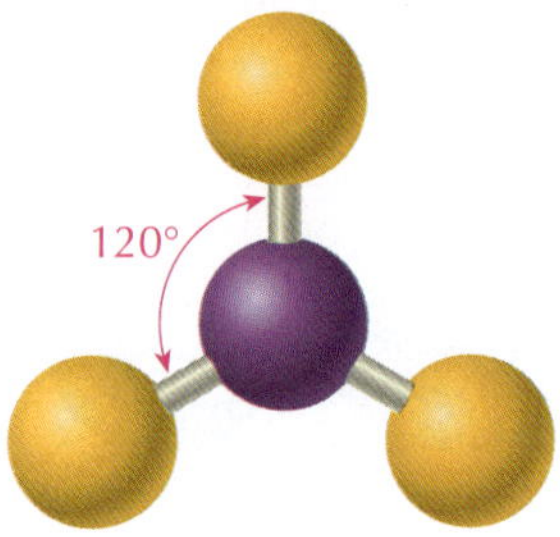

Trigonal plana

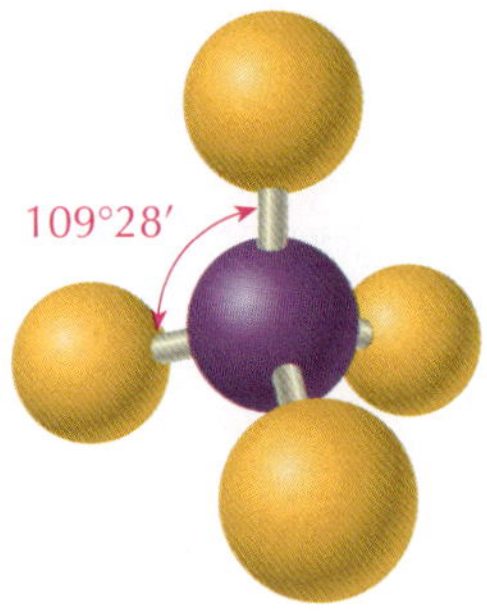

Tetraédrica

Na molécula de água (angular) e na de amônia (piramidal), os ângulos entre as ligações valem, respectivamente, 104,5° e 107°. O fato de esses ângulos serem menores do que 109°28' é explicado considerando que a repulsão entre par de elétrons não compartilhado e par de elétrons compartilhado é mais intensa do que a repulsão entre pares de elétrons compartilhados.

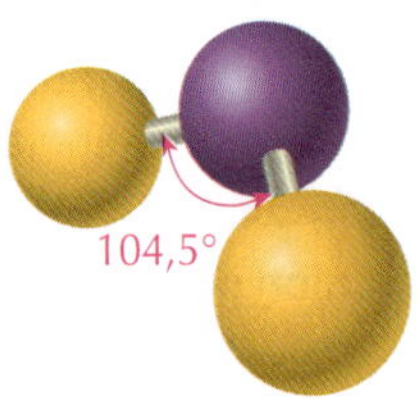

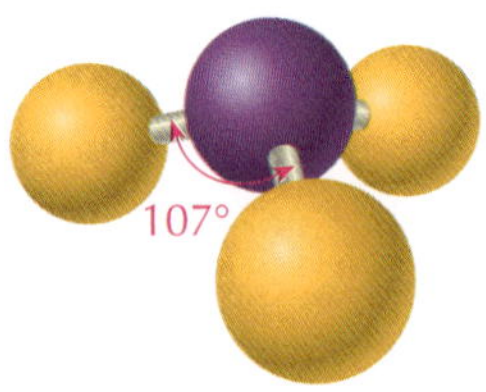

Repulsão entre dois pares de e^- **usados** em ligação	<	Repulsão entre par de e^- **usado** em ligação e par de e^- **não usado** em ligação	<	Repulsão entre dois pares de e^- **não usados** em ligação

Aumenta a intensidade da repulsão →

Tabela 1 Exemplos de aplicação do modelo de repulsão dos pares eletrônicos da camada de valência

1º passo Fórmula eletrônica	2º passo Distribuição dos "pares" de elétrons	3º passo Determinação da geometria molecular	Modelo molecular
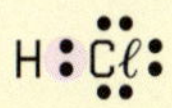	Toda molécula biatômica é linear	H — Cℓ **Linear**	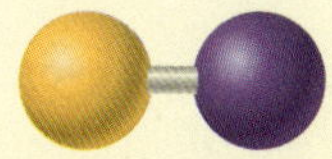
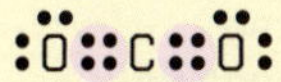 2 "pares"	O=C=O **Segmento de reta**	O=C=O **Linear**	
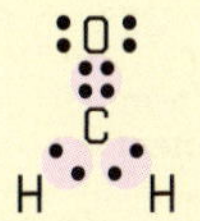 3 "pares"	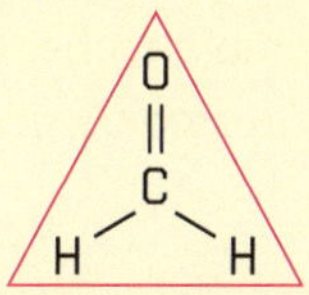 **Triângulo equilátero**	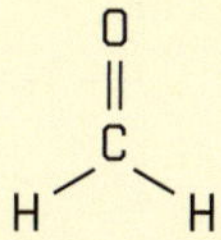 **Trigonal plana**	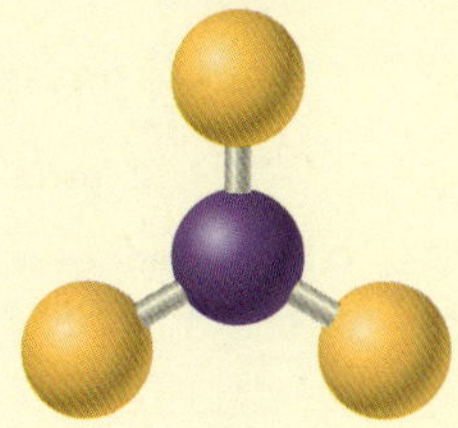
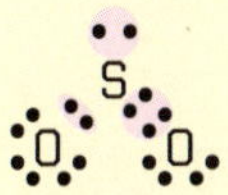 3 "pares"	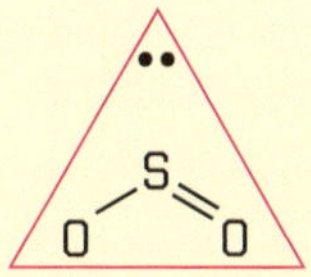 **Triângulo equilátero**	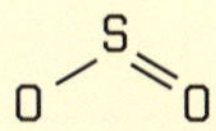 **Angular**	
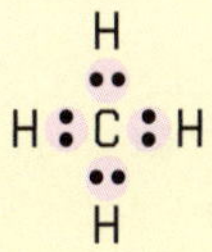 4 "pares"	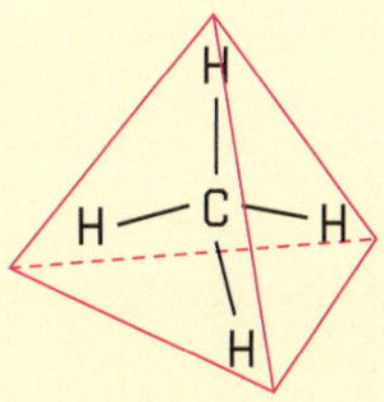 **Tetraedro**	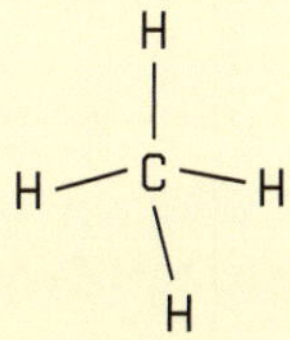 **Tetraédrica**	
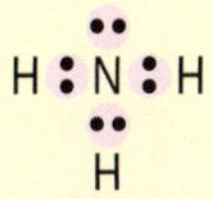 4 "pares"	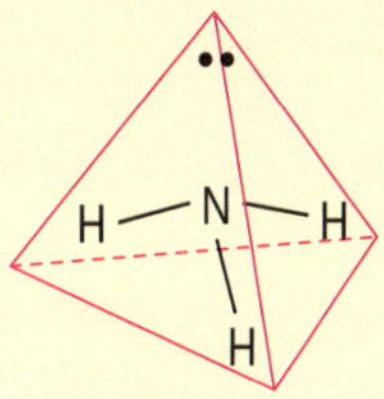 **Tetraedro**	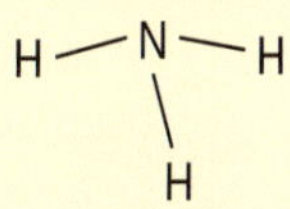 **Piramidal**	
 4 "pares"	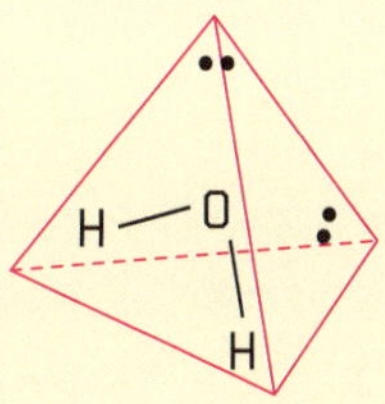 **Tetraedro**	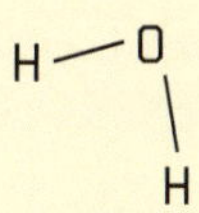 **Angular**	

Conteúdo digital Moderna PLUS http://www.modernaplus.com.br
Texto: *Existem outras geometrias moleculares*

EXERCÍCIOS ESSENCIAIS

EXERCÍCIO RESOLVIDO

1 Determine a geometria molecular de:

a) $BeC\ell_2$; b) BF_3; c) $CH_2C\ell_2$; d) PF_3; e) H_2S.

Resolução

1º passo Fórmula eletrônica	2º passo Distribuição dos "pares" de elétrons	3º passo Determinação da geometria molecular
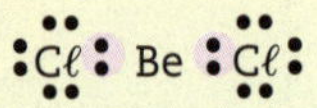 2 "pares" O berílio pode se estabilizar com 4 e⁻ na camada de valência	$C\ell - Be - C\ell$ Segmento de reta	$C\ell - Be - C\ell$ A molécula tem geometria linear
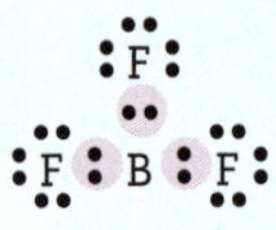 3 "pares" O boro pode se estabilizar com 6 e⁻ na camada de valência	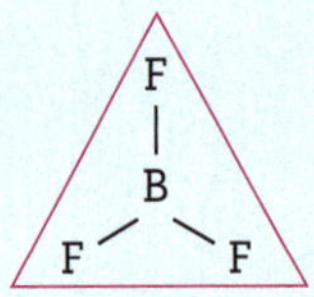 Triângulo equilátero	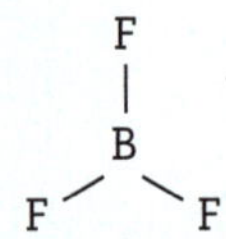 A molécula tem geometria trigonal plana
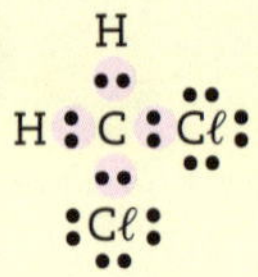 4 "pares"	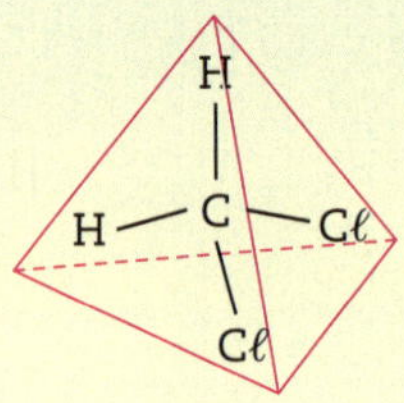 Tetraedro	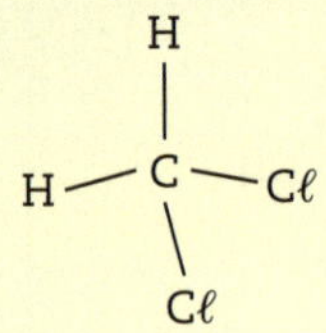 A molécula tem geometria tetraédrica
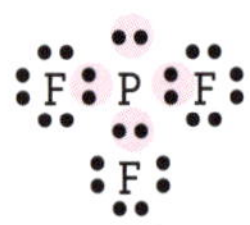 4 "pares"	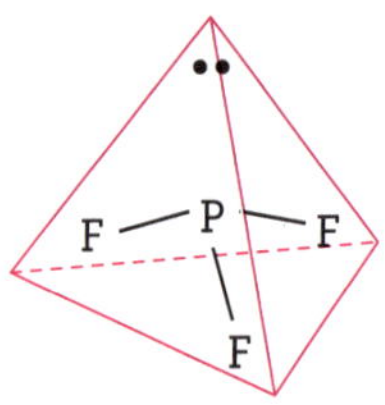 Tetraedro	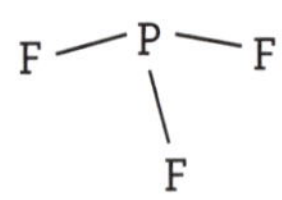 A molécula tem geometria piramidal
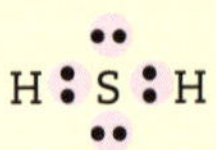 4 "pares"	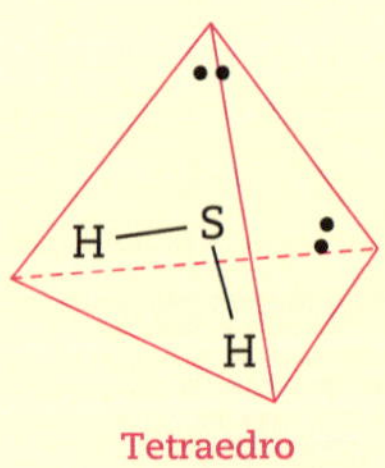 Tetraedro	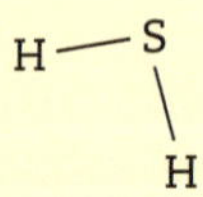 A molécula tem geometria angular

2 Determine a geometria das moléculas das substâncias:

a) HBr;
b) F_2;
c) CH_4;
d) NH_3;
e) H_2O;
f) CO_2;
g) $COC\ell_2$;
h) SO_2;
i) $CC\ell_4$;
j) $CHC\ell_3$;
k) CO;
l) $PC\ell_3$;
m) O_3;
n) HCN;
o) $C\ell CN$;
p) CS_2;
q) SiH_4;
r) HF.

3 (PUC-RJ) De acordo com a Teoria da repulsão dos pares eletrônicos da camada de valência, os pares de elétrons em torno de um átomo central se repelem e se orientam para o maior afastamento angular possível.

Considere que os pares de elétrons em torno do átomo central podem ser uma ligação covalente (simples, dupla ou tripla) ou simplesmente um par de elétrons livres (sem ligação).

Com base nessa teoria, é correto afirmar que a geometria molecular do dióxido de carbono é:

a) trigonal plana.
b) piramidal.
c) angular.
d) linear.
e) tetraédrica.

4 (UnB-DF) Julgue se a afirmação é certa ou errada:

A geometria da molécula H_2CO é trigonal plana.

5 (Cefet-AM) O gás SO_2 possui moléculas:

I. lineares;
II. com ângulos teóricos de ligações iguais a 120°;
III. em que há ligações entre dois átomos de oxigênio.

Está(ão) correta(s) somente a(s) afirmativa(s):

a) I.
b) II.
c) III.
d) I e III.
e) II e III.

6 (UFPA) Dadas as moléculas dióxido de carbono (CO_2), acetileno (C_2H_2), água (H_2O), ácido clorídrico ($HC\ell$) e monóxido de carbono (CO), o número de moléculas lineares é:

a) 1.
b) 2.
c) 3.
d) 4.
e) 5.

7 (Fuvest-SP) Os desenhos são representações de moléculas em que se procura manter proporções corretas entre raios atômicos e distâncias internucleares.

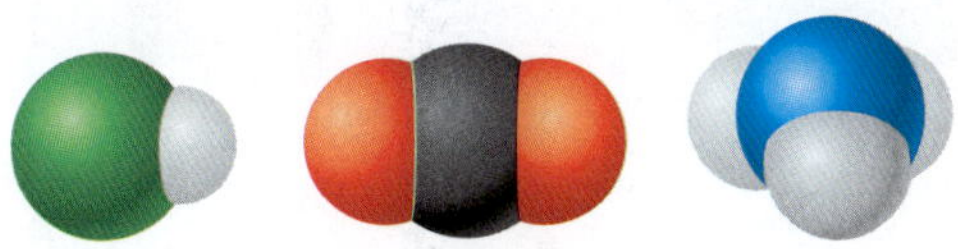

I II III

Os desenhos podem representar, respectivamente, moléculas de:

a) oxigênio, água e metano.
b) cloreto de hidrogênio, amônia e água.
c) monóxido de carbono, dióxido de carbono e ozônio.
d) cloreto de hidrogênio, dióxido de carbono e amônia.
e) monóxido de carbono, oxigênio e ozônio.

8 (UEG-GO) As bexigas de forma ovoide, apresentadas na figura abaixo, representam nuvens eletrônicas associadas a ligações simples, duplas ou triplas entre átomos. Levando-se em consideração os compostos BeH_2, H_2O, BF_3, CH_4, $NaC\ell$ e $BaSO_4$, responda aos itens abaixo:

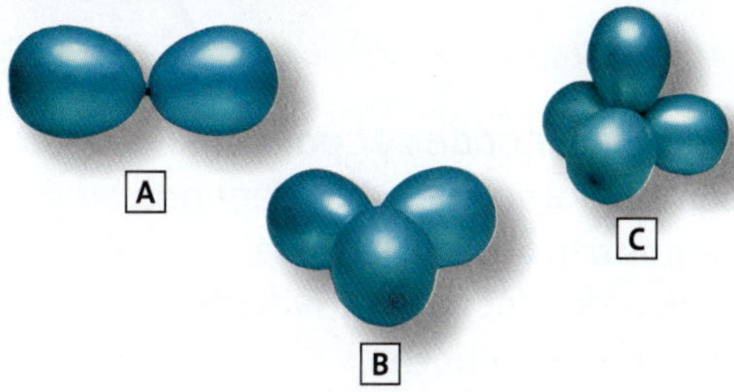

a) Associe, quando possível, os compostos às figuras representadas pelas bexigas.
b) Entre as espécies CH_4 e H_2O, qual apresenta menor ângulo de ligação? Explique.

9 (Esam-RN) Considere as seguintes fórmulas e ângulos de ligações.

Fórmula	Ângulo
H_2O	105°
NH_3	107°
CH_4	109° 28'
BeH_2	180°

As formas geométricas dessas moléculas são, respectivamente:

a) angular, piramidal, tetraédrica, linear.
b) angular, piramidal, tetraédrica, angular.
c) angular, angular, piramidal, trigonal.
d) trigonal, trigonal, piramidal, angular.
e) tetraédrica, tetraédrica, tetraédrica, angular.

10 (Ufes) A molécula da água tem geometria molecular angular e o ângulo formado é de ± 104° e não ± 109° como previsto. Esta diferença se deve:

a) aos dois pares de elétrons não ligantes no átomo de oxigênio.
b) à repulsão entre os átomos de hidrogênio, muito próximos.
c) à atração entre os átomos de hidrogênio, muito próximos.
d) ao tamanho do átomo de oxigênio.
e) ao tamanho do átomo de hidrogênio.

Conteúdo digital Moderna PLUS http://www.modernaplus.com.br
Exercícios adicionais

UNIDADE F

Capítulo

17

Polaridade de ligações e de moléculas

Uma molécula pode ser polar ou apolar, característica que depende da geometria molecular e da diferença de eletronegatividade dos átomos presentes.
A solubilidade de um soluto em um solvente é influenciada pela polaridade molecular de ambos.

17.1 Polaridade de ligações

Uma ligação covalente é polar quando os átomos ligados têm eletronegatividades diferentes e é apolar quando eles têm eletronegatividades iguais.

17.2 Polaridade de moléculas

Cada ligação covalente tem seu vetor momento de dipolo. A soma de todos os vetores momento de dipolo de uma molécula permite concluir se essa molécula é polar ou apolar.

17.3 Polaridade e solubilidade

Soluto polar tende a se dissolver bem em solvente polar; soluto apolar tende a se dissolver bem em solvente apolar.

O óleo, apolar, e a água, polar, são líquidos imiscíveis.

Polaridade de ligações

Objetivos

- Indicar a variação da eletronegatividade na tabela periódica.
- Aplicar o conceito de eletronegatividade para prever se uma ligação covalente é polar ou apolar.
- Interpretar a ligação iônica à luz do conceito de eletronegatividade.

Termos e conceitos

- eletronegatividade
- carga parcial
- ligação covalente polar
- ligação covalente apolar

1 O conceito de eletronegatividade

Átomos dos diversos elementos químicos apresentam diferentes tendências para atrair elétrons.

Denomina-se **eletronegatividade** a tendência que o átomo de um determinado elemento apresenta para atrair elétrons, num contexto em que se acha ligado a outro(s) átomo(s). Embora essa atração se dê sobre todo o ambiente eletrônico que circunda o núcleo do átomo, é de particular interesse a atração que ele exerce sobre os elétrons envolvidos na ligação química.

Há várias décadas os químicos se preocupam em estabelecer escalas numéricas para expressar a eletronegatividade. Entre as muitas escalas existentes, a mais conhecida é a que foi elaborada pelo químico estadunidense Linus Pauling, que aparece na tabela periódica a seguir.

ESCALA DE ELETRONEGATIVIDADE DE PAULING

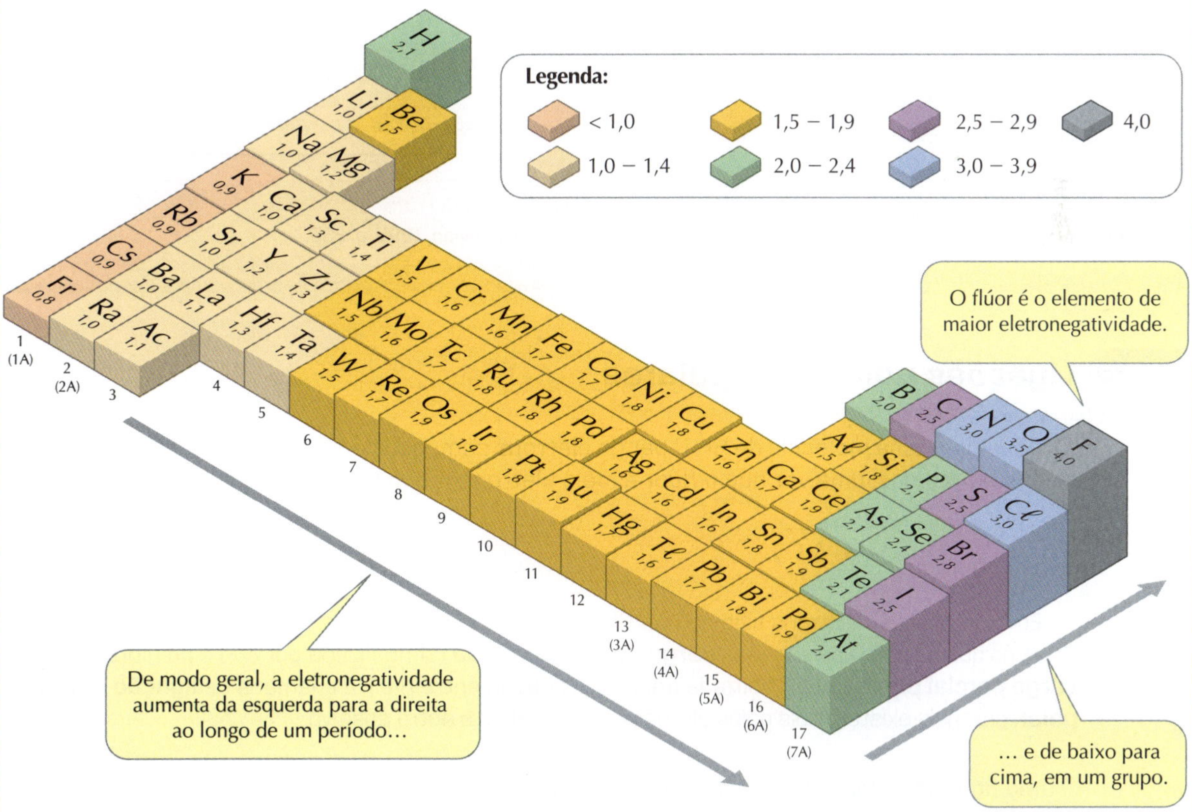

Fonte: J. W. Moore et al. *Chemistry*; the molecular science. 2. ed. Belmont, Thomson-Brooks/Cole, 2005. p. 355.

Esses valores são fundamentalmente os propostos por Pauling, com algumas correções mais recentes.

A partir desses valores podemos construir uma fila com alguns dos elementos que aparecem frequentemente no estudo da Química:

$$F > O > N \simeq C\ell > Br > I \simeq S \simeq C > P \simeq H > \text{metais}$$

Sentido crescente de eletronegatividade (←)

Alguns autores utilizam a palavra **eletropositividade** para se referir ao **oposto da eletronegatividade**. Assim, podemos dizer que:

> Ter alta eletronegatividade significa ter baixa eletropositividade, e vice-versa.

Linus Carl Pauling (1901–1994) foi químico e também pacifista. Suas contribuições para a Química foram inúmeras, dentre as quais destacamos os trabalhos teóricos sobre as ligações químicas, a elucidação da geometria molecular de proteínas e a elaboração do conceito de eletronegatividade.

A eletronegatividade é uma propriedade periódica

A eletronegatividade é uma propriedade periódica, ou seja, é uma propriedade cujo valor varia regular e periodicamente à medida que aumenta o número atômico dos elementos. Não é costume atribuir valores de eletronegatividade para os gases nobres, já que eles não apresentam tendência a receber ou compartilhar elétrons.

O gráfico A ilustra que a eletronegatividade é uma propriedade periódica. Para elaborá-lo, a eletronegatividade dos gases nobres foi considerada como zero. Na figura B, as setas mostram o sentido crescente da eletronegatividade na tabela periódica. O grupo dos gases nobres está em branco para enfatizar sua acentuada inércia química.

A

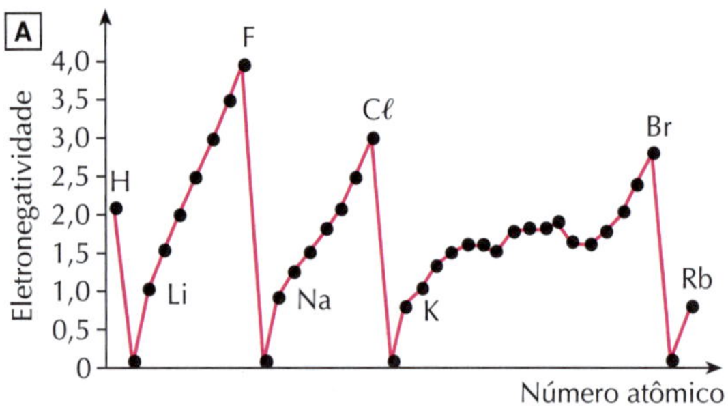

B

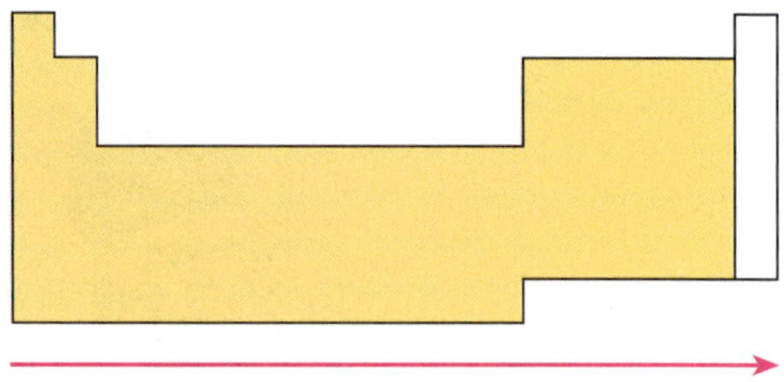

Fonte do gráfico: M. Freemantle. *Chemistry in action*. 2. ed. London, Macmillan, 1995. p. 338.

2 Ligações polares e apolares

Considere uma molécula de HF. O par de elétrons compartilhado não é atraído igualmente por ambos os átomos, uma vez que o flúor é mais eletronegativo que o hidrogênio.

Compartilhamento desigual: o flúor atrai os elétrons com mais intensidade que o hidrogênio.

Embora o par de elétrons seja compartilhado, ele se encontra mais deslocado no sentido do flúor. Dizemos que no flúor aparece uma **carga parcial negativa** (simbolizada por $\delta-$) e no hidrogênio uma **carga parcial positiva** (simbolizada por $\delta+$). A ligação entre H e F é chamada de **ligação covalente polar**, pois nela existem dois polos elétricos, um negativo e outro positivo.

> Uma **ligação covalente** será **polar** se os dois átomos que estabelecem essa ligação covalente possuírem **diferentes eletronegatividades**.

$$\overset{\delta+}{H}—\overset{\delta-}{F}$$

Ligação covalente polar

Considere, agora, o caso da molécula de H_2. Como ambos os átomos nela presentes possuem a mesma eletronegatividade, não há polarização da ligação e dizemos que se trata de uma **ligação covalente apolar**.

H—H

Ligação covalente apolar

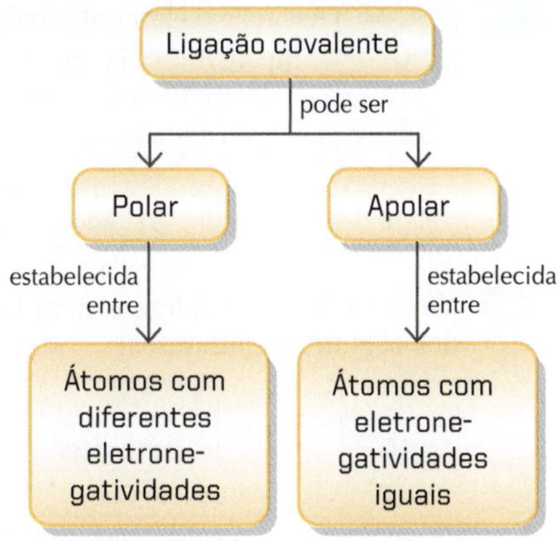

> Uma **ligação covalente** será **apolar** se os dois átomos que estabelecem essa ligação covalente tiverem **eletronegatividades iguais**.

3 Ligação iônica *versus* ligação covalente

Considere as ligações esquematizadas ao lado, cada qual acompanhada do respectivo valor de diferença (Δ) entre as eletronegatividades de ambos os átomos, calculada usando os dados que aparecem na página 243. Como você pode perceber, à medida que a diferença de eletronegatividade aumenta, os elétrons passam a ser cada vez mais predominantemente atraídos por um dos átomos. Assim:

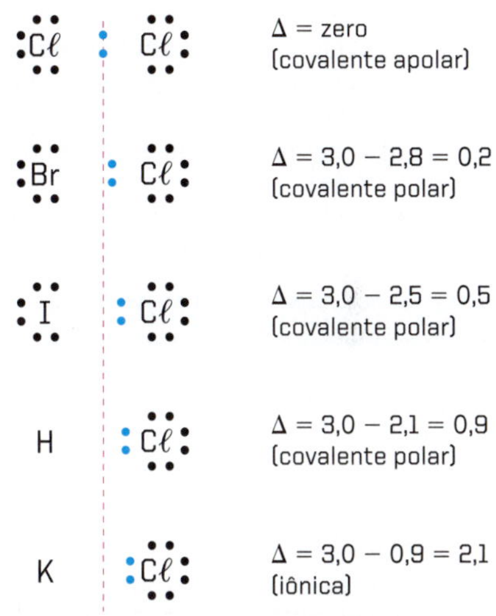

> A ligação iônica pode ser encarada como um caso extremo da ligação covalente polar, em que a diferença de eletronegatividade é tão grande que o elétron é transferido de um átomo para outro em vez de ser compartilhado por ambos.

A fronteira entre a ligação covalente e a iônica não é algo extremamente claro e bem definido. De modo geral, pode-se considerar que valores de Δ acima de 2 indicam ligação com forte caráter iônico. E valores abaixo de 1,5 indicam ligação com caráter predominantemente covalente.

Substâncias como $A\ell C\ell_3$, $A\ell Br_3$, $FeC\ell_3$ e $SnC\ell_4$, apesar de serem formadas por metal e não metal, têm ligações que **não** são tipicamente iônicas, tendendo mais a covalentes polares, já que $\Delta \leqslant 1{,}5$. Com efeito, tais compostos **não** têm pontos de fusão e de ebulição tão altos como o dos compostos tipicamente iônicos, como $NaC\ell$, KBr, $CaC\ell_2$, MgO e $A\ell_2O_3$.

EXERCÍCIOS ESSENCIAIS

1 (Udesc) Em 1932, o químico norte-americano Linus Pauling propôs uma medida quantitativa da distribuição dos elétrons nas ligações em que o poder de atração dos elétrons por um átomo, quando esse é parte da ligação, é chamado de eletronegatividade.

Assinale a alternativa que aponta qual é o átomo de halogênio mais eletronegativo e por quê.

a) O mais eletronegativo é o átomo de iodo, pois é o menor entre os halogênios e seus elétrons estão fortemente atraídos pelo núcleo do átomo.

b) O átomo mais eletronegativo é o átomo de cloro, pois é o menor entre os halogênios e seus elétrons estão fortemente atraídos pelo núcleo do átomo.

c) O mais eletronegativo é o átomo de flúor, pois é o menor entre os halogênios e seus elétrons estão fortemente atraídos pelo núcleo do átomo.

d) O átomo mais eletronegativo é o átomo de bromo, pois é o maior átomo entre os halogênios e seus elétrons formam ligações covalentes com mais facilidade.

e) O mais eletronegativo é o átomo de flúor, pois é o maior entre os halogênios e seus elétrons estão fortemente atraídos pelo núcleo do átomo.

2 (PUC-MG) Assinale o elemento mais eletronegativo.

a) Br. b) Sn. c) Pb. d) $A\ell$.

> **Comentário dos autores:**
> Entenda bem que essa questão solicita o elemento mais eletronegativo, dentre os citados nas alternativas.

3 (Unemat-MT) Considere a distribuição eletrônica dos seguintes elementos.

I	$1s^2\ 2s^2\ 2p^5$
II	$1s^2\ 2s^2\ 2p^6\ 3s^2$
III	$1s^2\ 2s^2\ 2p^3$
IV	$1s^2\ 2s^2\ 2p^6\ 3s^2\ 3p^6\ 4s^2\ 3d^6$
V	$1s^2\ 2s^2\ 2p^6$

Assinale a alternativa **correta**.

a) O elemento I é o que possui maior eletronegatividade.
b) O elemento II é um halogênio.
c) O elemento III tem a camada de valência completa.
d) O subnível mais energético do elemento IV é o $4s^2$.
e) O elemento V é capaz de realizar ligação iônica com o elemento II.

EXERCÍCIOS RESOLVIDOS

4 Considere as substâncias representadas pelas fórmulas: $HC\ell$, NH_3, NaF e H_2S. Em qual delas existe maior diferença de eletronegatividade entre os elementos quimicamente unidos?

Resolução

Entre as substâncias apresentadas, a que possui elementos mais distantes entre si na fila de eletronegatividade é o NaF. Nela há o elemento mais eletronegativo (o flúor) e um metal (o sódio):

$$F > O > N \approx C\ell > Br > I \approx S \approx C > P \approx H > \text{metais}$$

grande diferença de eletronegatividade

5 Sódio (grupo 1 da tabela periódica), magnésio (grupo 2), fósforo (grupo 15), enxofre (grupo 16) e cloro (grupo 17) localizam-se num mesmo período da tabela periódica.
Como você explica, fundamentado no conceito de eletronegatividade, o fato de $NaC\ell$ e $MgC\ell_2$ serem formados por íons (substâncias iônicas) e $PC\ell_3$, $SC\ell_2$ e $C\ell_2$ serem formados por moléculas (substâncias moleculares)?

Resolução

À medida que aumenta a diferença de eletronegatividade, aumenta o caráter iônico da ligação.

$NaC\ell$ $MgC\ell_2$ $PC\ell_3$ $SC\ell_2$ $C\ell_2$

← Aumenta a diferença de eletronegatividade

← Aumenta o caráter iônico

Aumenta o caráter covalente →

Sódio e magnésio possuem uma diferença de eletronegatividade suficientemente grande em relação ao cloro para que $NaC\ell$ e $MgC\ell_2$ apresentem **ligação iônica**. Os elementos fósforo e enxofre apresentam uma menor diferença de eletronegatividade em relação ao cloro e, assim, as ligações em $PC\ell_3$ e $SC\ell_2$ são **covalentes polares**. Finalmente, no $C\ell_2$ a diferença de eletronegatividade entre os átomos é nula e, consequentemente, a ligação é **covalente apolar**.

6 A respeito das substâncias H_2, HF, $HC\ell$, HBr e HI, responda:

a) Em qual há maior diferença de eletronegatividade entre os átomos?
b) Em qual(is) há ligação covalente apolar?
c) Em qual(is) há ligação covalente polar?
d) Em qual(is) há ligação iônica?
e) Das respostas ao item c, qual tem a ligação mais polar?

7 A respeito das substâncias $C\ell_2$, $HC\ell$ e $KC\ell$, responda:

a) Em qual(is) delas existe ligação covalente apolar?
b) Em qual(is) delas existe ligação covalente polar?
c) Em qual(is) delas existe ligação iônica?

8 (UFPE) As ligações químicas nas substâncias K (s), $HC\ell$ (g), $KC\ell$ (s) e $C\ell_2$ (g) são, respectivamente:

a) metálica, covalente polar, iônica, covalente apolar.
b) iônica, covalente polar, metálica, covalente apolar.
c) covalente apolar, covalente polar, metálica, covalente apolar.
d) metálica, covalente apolar, iônica, covalente polar.
e) covalente apolar, covalente polar, iônica, metálica.

9 (Uema) Se o caráter iônico da ligação entre dois ou mais átomos de elementos químicos diferentes é tanto maior quanto maior for a diferença de eletronegatividade entre eles, a alternativa que apresenta a substância que possui caráter iônico mais acentuado é:

(Números atômicos: H = 1; F = 9; Na = 11; K = 19 e I = 53.)

a) NaI. c) HI. e) KF.
b) F_2. d) KI.

10 (PUC-MG) Os subníveis mais energéticos dos elementos genéricos **A**, **B**, **C** e **D** são respectivamente: $3d^1$, $4s^2$, $4s^1$ e $2p^4$.

Considerando-se essas espécies, é **CORRETO** afirmar que:

a) **B** e **C** possuem propriedades semelhantes.
b) **A** possui raio atômico maior que o raio de **C**.
c) **A** é mais eletronegativo do que **D**.
d) **B** se liga a **D** formando composto iônico de fórmula **BD**.

Polaridade de moléculas

Objetivos

- Demonstrar, por meio de soma vetorial, se uma molécula é polar ou apolar.
- Demonstrar, por meio de considerações de simetria ao redor do átomo central, se uma molécula é polar ou apolar.
- Conhecer exemplos cotidianos de substâncias polares e de substâncias apolares.

Termos e conceitos

- vetor
- vetor momento de dipolo
- molécula polar
- molécula apolar

1 Breves noções sobre vetores

Imagine que, durante uma partida de futebol, um dos jogadores corra do ponto A até o ponto B. Se desejarmos descrever esse deslocamento como fizemos na figura abaixo, deveremos preocupar-nos com a **direção** do deslocamento, com seu **sentido** (isto é, se foi de A para B ou de B para A) e com a distância percorrida (que chamaremos de **módulo** do deslocamento).

> Um **vetor** é uma entidade matemática caracterizada por direção, sentido e módulo.

A flecha que aparece no desenho é uma representação gráfica do vetor deslocamento. Imagine agora que o jogador, após ir de A até B, se desloque de B até C. O deslocamento global pode ser representado pelo vetor que aparece em vermelho. Ele é chamado de **vetor resultante** da soma dos outros dois vetores. Vetores são um dos assuntos do curso de Física.

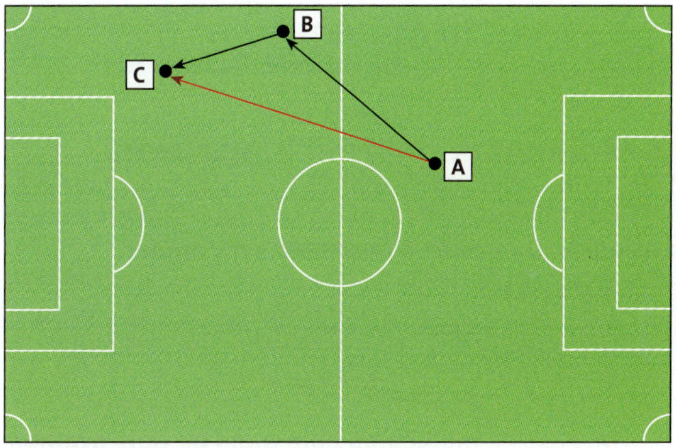

Exemplos de soma de vetores

Nos esquemas abaixo, os vetores representados em **preto** têm todos o **mesmo módulo**. Quando a resultante da soma não é nula, o vetor resultante está representado em magenta.

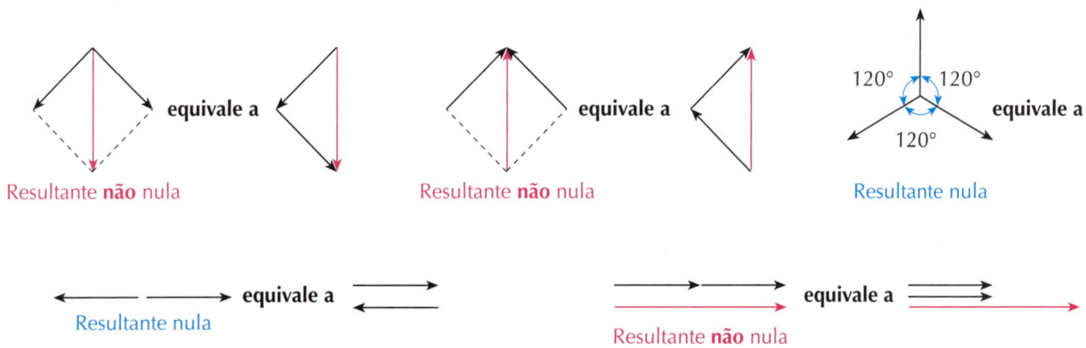

2 Vetor momento de dipolo

Como já vimos, na ligação que existe na molécula de HF ocorre o aparecimento de polos elétricos, e ela recebe o nome de **ligação covalente polar**. A polarização da ligação apresenta uma direção, um sentido e uma intensidade (que depende da diferença de eletronegatividade Δ entre os átomos). Assim, podemos representar a polarização por um vetor.

Peter Debye (1884-1966), químico que se destacou pelo estudo das propriedades relativas à polaridade molecular. Recebeu o Prêmio Nobel em 1936.

> **Vetor momento de dipolo** ou **momento dipolar** ($\vec{\mu}$) é aquele que representa a polarização de uma ligação covalente.

O vetor $\vec{\mu}$ possui a direção da reta que passa pelo núcleo dos átomos que tomam parte na ligação considerada e é orientado no sentido do polo positivo para o negativo.

$$\text{H} \longrightarrow \text{F} \qquad \vec{\mu} \neq \vec{0}$$

Vetor momento de dipolo não nulo

> As ligações apolares possuem vetor momento de dipolo nulo ($\vec{\mu} = \vec{0}$).

Como exemplo, considere o caso da ligação na molécula de H_2.

$$\text{H} - \text{H} \qquad \vec{\mu} = \vec{0}$$

Vetor momento de dipolo nulo

3 Moléculas polares e apolares

Nas moléculas formadas por dois átomos, se a ligação for polar, a **molécula** será **polar**. E, se a ligação for apolar, a **molécula** será **apolar**.

H → F	H—H
$\vec{\mu} \neq \vec{0}$	$\vec{\mu} = \vec{0}$
Molécula polar	Molécula apolar

No caso de **moléculas com mais de dois átomos**, a análise fica um pouco mais complicada porque **cada ligação tem um vetor** $\vec{\mu}$. Para saber se a molécula é polar ou apolar, devemos **somar** todos os vetores momento de dipolo de todas as ligações e concluir se o **vetor resultante** é nulo ou não.

> A polaridade de uma molécula com mais de dois átomos é expressa pelo **vetor momento de dipolo resultante** ($\vec{\mu}_R$). Se ele for nulo, a molécula será apolar e, caso contrário, polar.

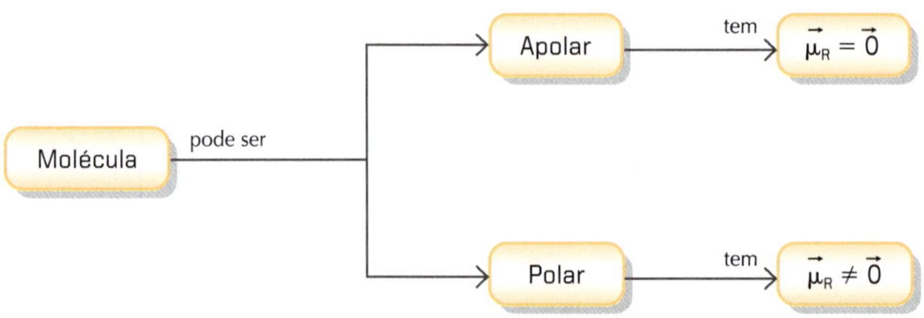

Conteúdo digital Moderna PLUS http://www.modernaplus.com.br
Texto: *Cozinhando com o forno de micro-ondas*

Para entender, analise os seguintes exemplos:

CO_2 (gás carbônico)	O = C = O **Linear**	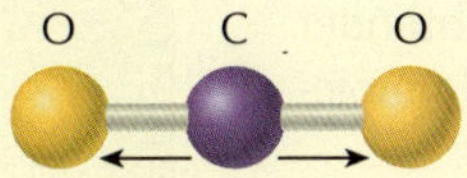	O ← C → O $\vec{\mu}_R = \vec{0}$ **Vetores se cancelam**	Molécula apolar
HCN (gás cianídrico)	H — C ≡ N **Linear**	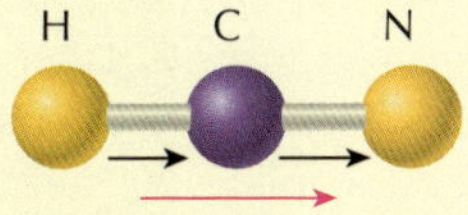	H → C → N $\vec{\mu}_R \neq \vec{0}$ **Vetores *não* se cancelam**	Molécula polar
H_2O (água)	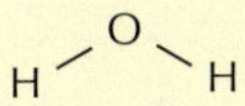**Angular**	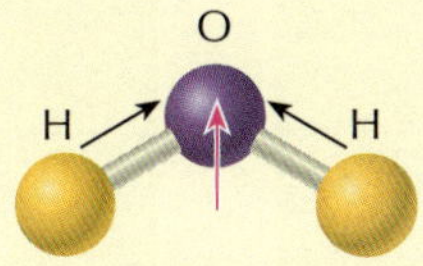	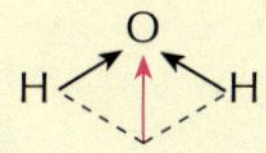$\vec{\mu}_R \neq \vec{0}$ **Vetores *não* se cancelam**	Molécula polar
NH_3 (amônia)	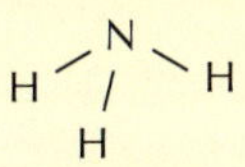**Piramidal**	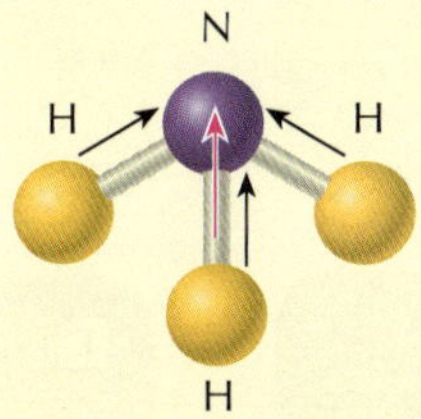	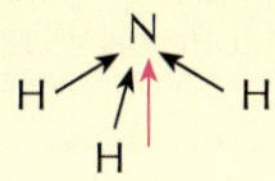$\vec{\mu}_R \neq \vec{0}$ **Vetores *não* se cancelam**	Molécula polar
$CC\ell_4$ (tetracloreto de carbono)	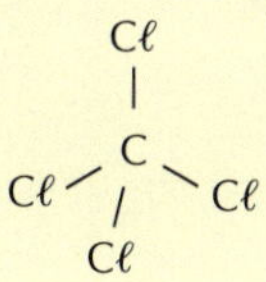**Tetraédrica**	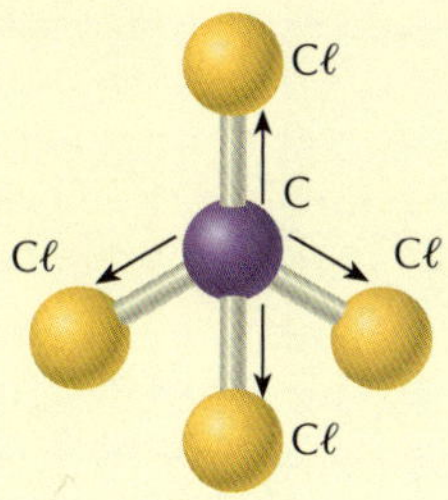	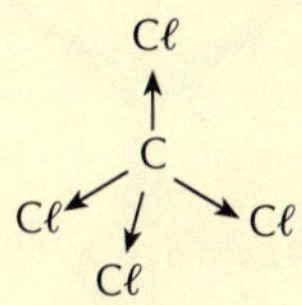$\vec{\mu}_R = \vec{0}$ **Vetores se cancelam**	Molécula apolar
CH_4 (metano)	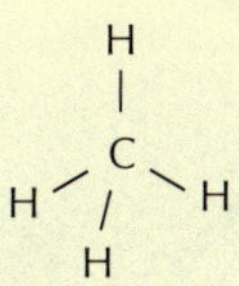**Tetraédrica**	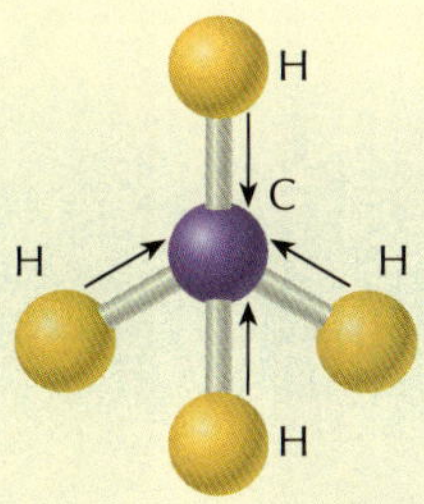	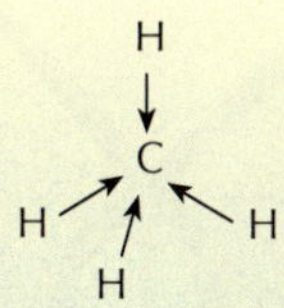$\vec{\mu}_R = \vec{0}$ **Vetores se cancelam**	Molécula apolar

Visualizando a soma vetorial no CH_4

A sequência de fotos irá ajudá-lo a entender que a soma dos quatro $\vec{\mu}$ das ligações da molécula de metano (CH_4) dá **resultante nula**.

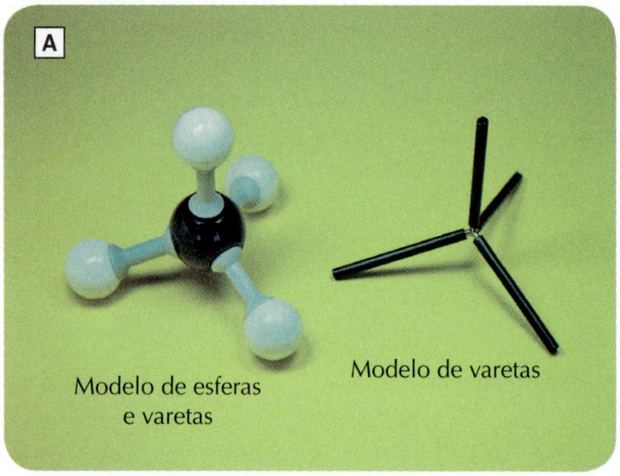

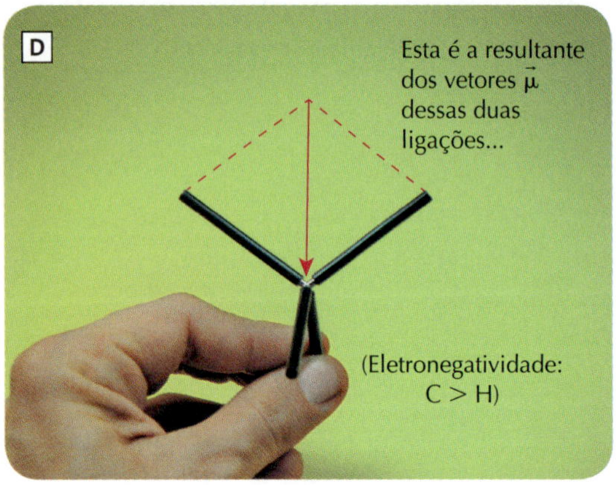

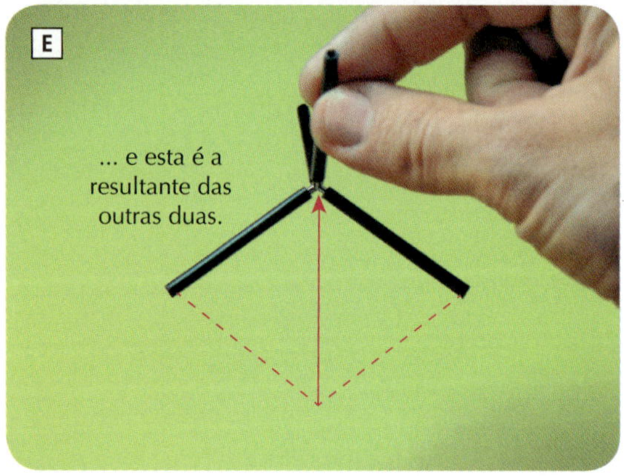

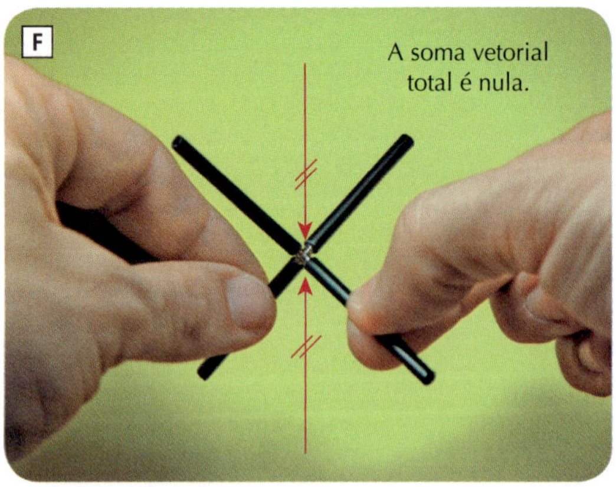

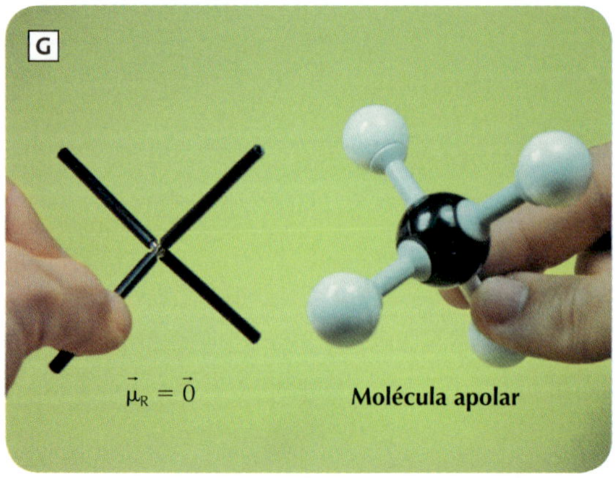

Visualizando a soma vetorial no $CC\ell_4$

Esta outra sequência de fotos irá ajudá-lo a entender que a soma dos quatro $\vec{\mu}$ das ligações da molécula de tetracloreto de carbono ($CC\ell_4$) dá **resultante nula**.

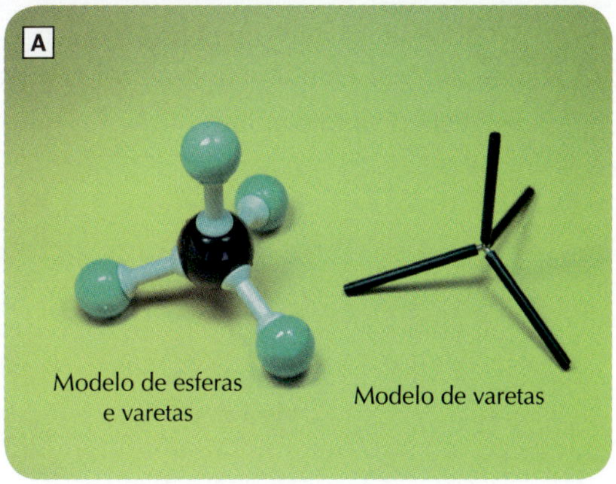

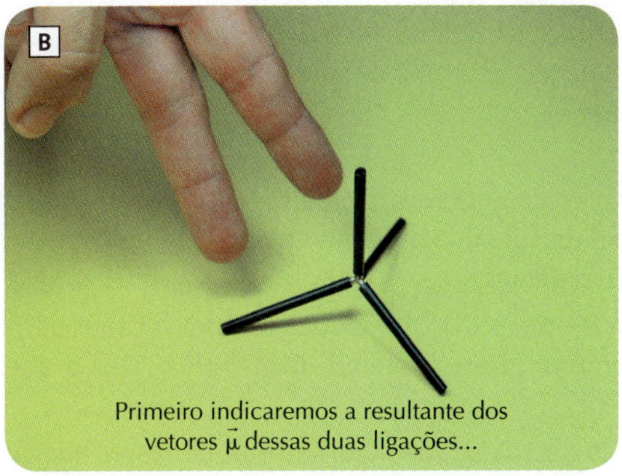

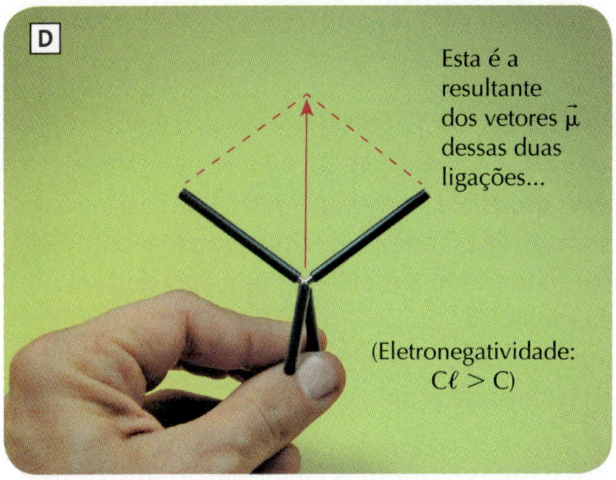

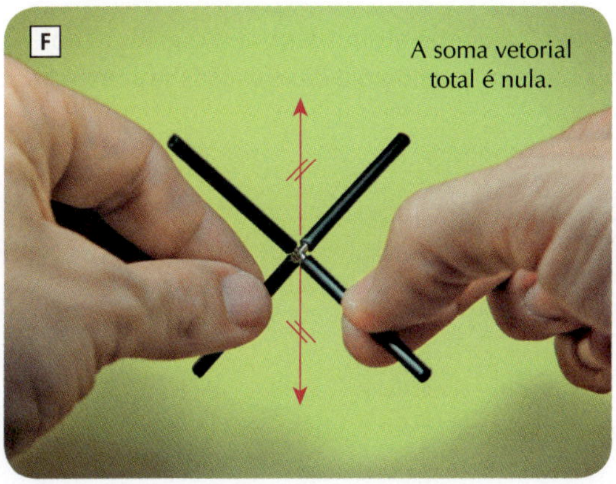

4 Casos mais complexos, sem um único átomo central

Moléculas mais complexas, que não apresentam um único átomo central (isto é, ligado a todos os demais), também podem ser analisadas por meio da soma de vetores.

Veja dois exemplos:

C_2H_4 (eteno ou etileno)

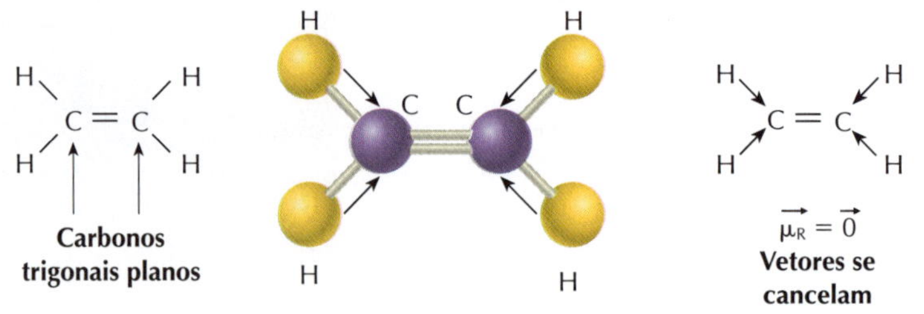

Molécula apolar

C_2H_2 (etino ou acetileno)

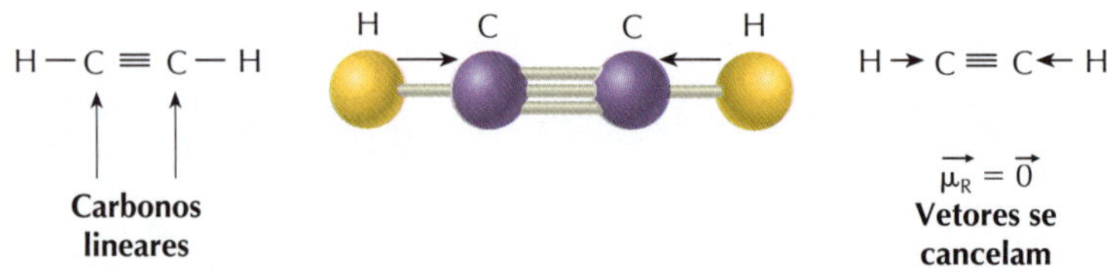

Molécula apolar

À medida que o grau de complexidade da molécula aumenta, a análise se torna mais difícil. Em alguns casos, é útil saber de antemão se uma substância é polar ou apolar. Eis alguns exemplos envolvendo compostos estudados na Química Orgânica:

- **compostos polares:** metanol (ou álcool metílico CH_3OH), álcool comum (etanol ou álcool etílico CH_3CH_2OH), éter dietílico (éter comum ou éter "etílico" $CH_3CH_2OCH_2CH_3$) e acetona (H_3CCOCH_3);
- **compostos apolares:** derivados diretos do petróleo (gasolina, benzina, benzeno, querosene, óleo diesel, óleo lubrificante, parafina, vaselina etc.), óleos e gorduras de origem animal ou vegetal.

Um método mais simples: uso da simetria

Existe um método mais simples para determinar se uma molécula é polar ou apolar, que se baseia na simetria do ambiente eletrônico que circunda o átomo central. Apesar de ser de utilização mais simples, como você perceberá a seguir, esse método é relativamente **limitado a moléculas que apresentem um único átomo central ligado a todos os demais átomos da molécula**.

A ideia envolvida é a seguinte: o átomo central tem ao seu redor pares eletrônicos, que podem ser pares usados em ligações ou pares não compartilhados. Há dois casos possíveis.

1º caso – Não há pares de elétrons não compartilhados e todos os átomos ligados ao átomo central são iguais. Disso resulta molécula APOLAR.

Nesse caso, existe uma **simetria** do ambiente eletrônico ao redor do átomo central, o que faz a molécula ser **apolar**. (Esse caso equivale a dizer que os vetores momento de dipolo das ligações **se cancelam**, resultando $\vec{\mu}_R$ = zero.)

Veja exemplos:

- Cℓ — Be — Cℓ
  - 2 átomos Cℓ
  - nenhum par de e^- não compartilhado

  } simetria ao redor do Be ⇒ molécula apolar

- O═C═O
  - 2 átomos O
  - nenhum par de e^- não compartilhado

  } simetria ao redor do C ⇒ molécula apolar

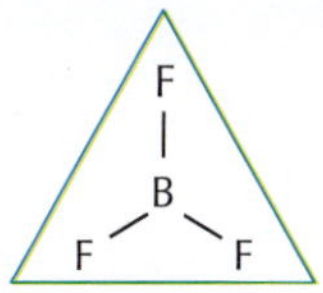

- 3 átomos F
- nenhum par de e^- não compartilhado

} **simetria ao redor do B** ⇒ **molécula apolar**

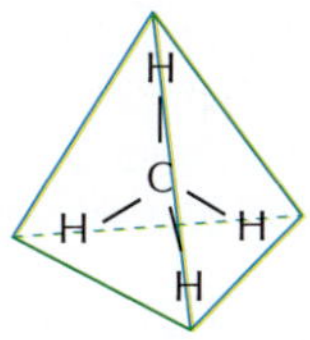

- 4 átomos H
- nenhum par de e^- não compartilhado

} **simetria ao redor do C** ⇒ **molécula apolar**

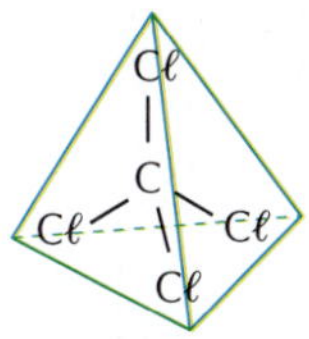

- 4 átomos Cℓ
- nenhum par de e^- não compartilhado

} **simetria ao redor do C** ⇒ **molécula apolar**

2º caso – Há um ou mais pares de elétrons não compartilhados e/ou nem todos os átomos ligados ao átomo central são iguais. Disso resulta molécula POLAR.

Nesse caso, existe uma **assimetria** do ambiente eletrônico ao redor do átomo central, o que faz a molécula ser **polar**. (Esse caso equivale a dizer que os vetores momento de dipolo das ligações **não se cancelam**, acarretando $\vec{\mu}_R \neq$ zero.)

Veja exemplos:

H—C≡N

- 1 átomo H
- 1 átomo N

} **assimetria ao redor do C** ⇒ **molécula polar**

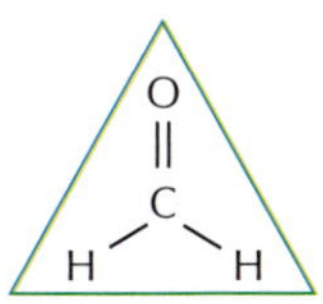

- 1 átomo O
- 2 átomos H

} **assimetria ao redor do C** ⇒ **molécula polar**

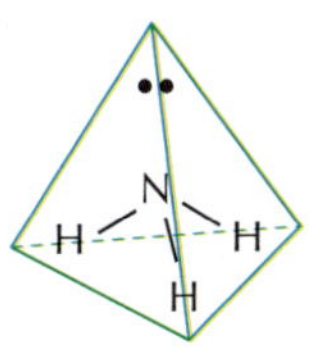

- 3 átomos H
- 1 par de e^- não compartilhado

} **assimetria ao redor do N** ⇒ **molécula polar**

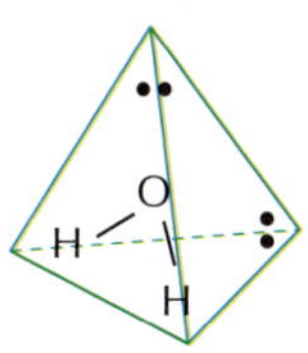

- 2 átomos H
- 2 pares de e^- não compartilhados

} **assimetria ao redor do O** ⇒ **molécula polar**

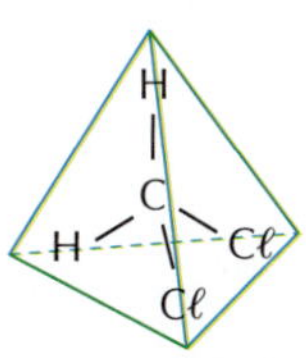

- 2 átomos H
- 2 átomos Cℓ

} **assimetria ao redor do C** ⇒ **molécula polar**

EXERCÍCIOS ESSENCIAIS

EXERCÍCIOS RESOLVIDOS

11 Determine se as seguintes moléculas são polares ou apolares:

a) H_2S; b) NH_3; c) CF_4; d) CH_2F_2.

Resolução

1º modo – Somatório dos vetores momento de dipolo

a)

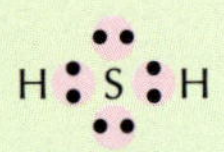

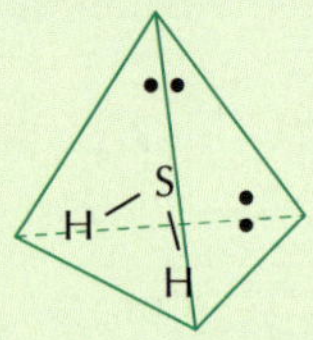

Molécula angular

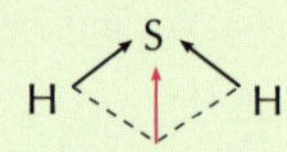

$\vec{\mu}_R \neq \vec{0}$
Vetores *não* se cancelam

Molécula polar

b)

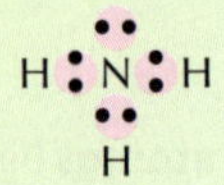

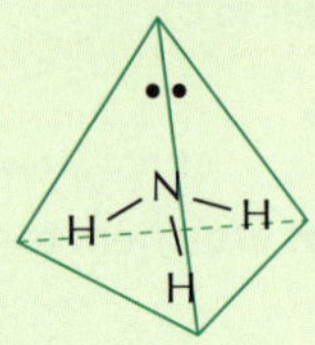

Molécula piramidal

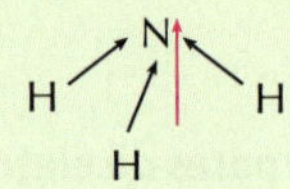

$\vec{\mu}_R \neq \vec{0}$
Vetores *não* se cancelam

Molécula polar

c)

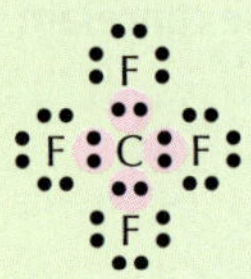

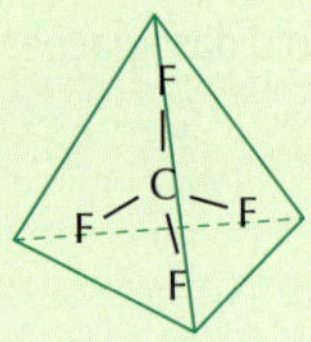

Molécula tetraédrica

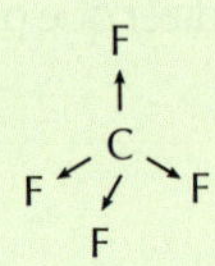

$\vec{\mu}_R = \vec{0}$
Vetores se cancelam

Molécula apolar

d)

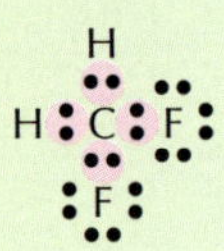

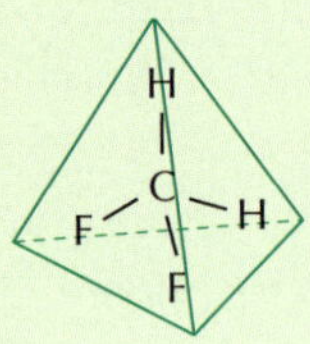

Molécula tetraédrica

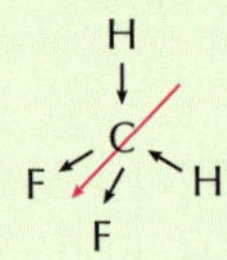

$\vec{\mu}_R \neq \vec{0}$
Vetores *não* se cancelam

Molécula polar

2º modo – Considerações de simetria

a)

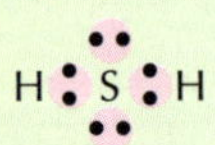

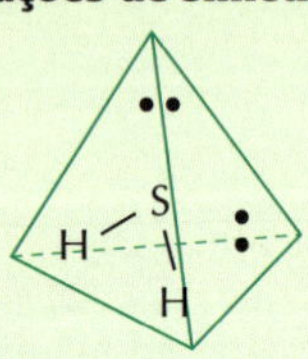

- 2 átomos H
- 2 pares de e^- não compartilhados

assimetria ao redor do S

Molécula polar

b)

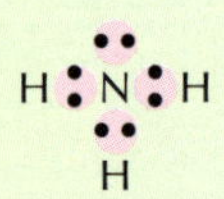

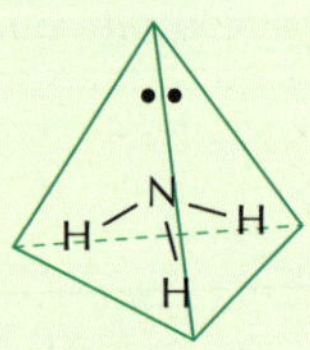

- 3 átomos H
- 1 par de e^- não compartilhado

assimetria ao redor do N

Molécula polar

c)

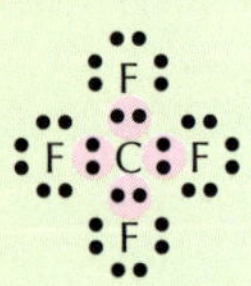

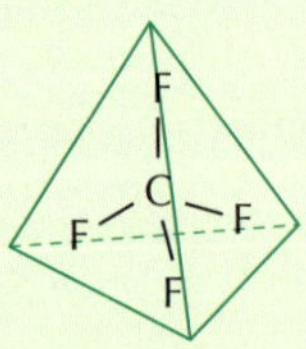

- 4 átomos F
- nenhum par de e^- não compartilhado

simetria ao redor do C

Molécula apolar

d)

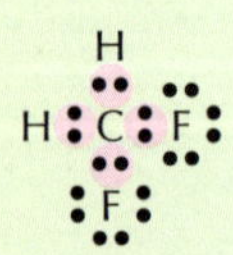

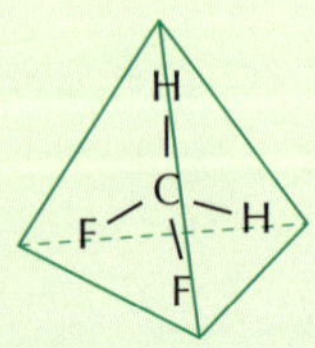

- 2 átomos H
- 2 átomos F

assimetria ao redor do C

Molécula polar

12 Apesar de a eletronegatividade do carbono ser 2,5 e a do flúor ser 4,0, a molécula de CF_4 é apolar. Explique por quê.

Resolução

Porque a molécula de CF_4 é tetraédrica. Em decorrência disso, os momentos de dipolo das ligações se cancelam e, portanto, **momento de dipolo resultante é nulo**, ou seja, a molécula é apolar.

13 (UFPE) Considerando os seguintes haletos de hidrogênio HF, $HC\ell$ e HBr, pode-se afirmar que:

a) a molécula mais polar é HF.
b) a molécula mais polar é $HC\ell$.
c) todos os três são compostos iônicos.
d) somente HF é iônico, pois o flúor é muito eletronegativo.
e) somente HBr é covalente, pois o bromo é um átomo muito grande para formar ligações iônicas.

Resolução

Os elementos H, F, $C\ell$ e Br são não metais e têm diferentes eletronegatividades.
No HF, no $HC\ell$ e no HBr há **ligação covalente polar.** No **HF**, como a diferença de eletronegatividade é a mais acentuada, a ligação apresenta a maior polaridade, o que faz com que a **molécula** seja a **mais polar** dentre as três.

Acentuada diferença de eletronegatividade

Sentido crescente de eletronegatividade

$F > O > N \simeq C\ell > Br > I \simeq S \simeq C > P \simeq H >$ metais

Alternativa **a**.

14 Indique quais das moléculas cujas fórmulas aparecem a seguir são polares e quais são apolares:

a) HBr;	d) NH_3;	g) CH_2O;	j) H_2S;
b) F_2;	e) H_2O;	h) SO_2;	k) $PC\ell_3$;
c) CH_4;	f) CO_2;	i) $CC\ell_4$;	l) HCN.

15 (Udesc) Nas moléculas apresentadas abaixo, indique quais apresentam ligações covalentes polares, quais apresentam ligações covalentes apolares e qual a polaridade das moléculas.

I) CO_2. II) H_2O. III) O_2.

a) I – ligação covalente polar, molécula apolar;
II – ligação covalente polar, molécula polar;
III – ligação covalente apolar, molécula apolar.
b) I – ligação covalente apolar, molécula polar;
II – ligação covalente polar, molécula apolar;
III – ligação covalente polar, molécula polar.
c) I – ligação covalente polar, molécula polar;
II – ligação covalente apolar, molécula polar;
III – ligação covalente polar, molécula polar.
d) I – ligação covalente apolar, molécula apolar;
II – ligação covalente apolar, molécula apolar;
III – ligação covalente apolar, molécula polar.
e) I – ligação covalente polar, molécula apolar;
II – ligação covalente apolar, molécula polar;
III – ligação covalente apolar, molécula apolar.

16 (Fuvest-SP) A figura mostra modelos de algumas moléculas com ligações covalentes entre seus átomos.

Analise a polaridade dessas moléculas, sabendo que tal propriedade depende da:

- diferença de eletronegatividade entre os átomos que estão diretamente ligados. (Nas moléculas apresentadas, átomos de elementos diferentes têm eletronegatividades diferentes.)
- forma geométrica das moléculas.

Dentre essas moléculas, pode-se afirmar que são polares apenas:

a) A e B.	c) A, C e D.	e) C e D.
b) A e C.	d) B, C e D.	

Observação: Eletronegatividade é a capacidade de um átomo para atrair os elétrons da ligação covalente.

17 (Furg-RS) Assinale a alternativa em que todas as espécies, no estado gasoso, apresentam momento de dipolo elétrico.

a) NF_3, H_2O e $HCC\ell_3$.
b) BeF_2, H_2O e $HCC\ell_3$.
c) NF_3, CO_2 e H_2O.
d) H_2O, CH_4 e $BC\ell_3$.
e) BeF_2, $BC\ell_3$ e HF.

18 (Ufersa-RN) Dentre as substâncias abaixo, indique aquela que apresenta molécula mais polar.

a) H — H. b) H — F. c) H — $C\ell$. d) H — Br.

19 (Cefet-PE) Atualmente, o óleo *diesel* fornecido pela Petrobras chega aos postos de grandes cidades com 500 ppm (partes por milhão) de enxofre e, no interior, com 2 000 ppm. O enxofre presente na composição do óleo *diesel* aumenta o risco de ocorrência de câncer, de doenças cardiovasculares e respiratórias. A queima do *diesel* produz como principais poluentes os gases CO_2, CO e SO_2. Com relação aos gases produzidos, NÃO é correto afirmar:

a) O monóxido de carbono (CO) é uma molécula polar.
b) O dióxido de enxofre (SO_2) é uma molécula linear.
c) O dióxido de enxofre (SO_2) apresenta uma ligação dativa.
d) O dióxido de carbono (CO_2) é uma molécula linear.
e) O dióxido de carbono (CO_2) é uma molécula apolar.

20 (PUC-RJ) A molécula de NF_3 é polar e a de $BC\ell_3$ é apolar, apesar de ambas apresentarem moléculas formadas pela combinação de quatro átomos: três ligantes iguais e um átomo central. A explicação para isso está associada ao fato de que:

a) a molécula de NF_3 apresenta ligações polarizadas, enquanto na molécula de $BC\ell_3$ as ligações são apolares.
b) a diferença de eletronegatividade ente os átomos que formam a molécula de NF_3 é maior do que a existente entre os átomos que formam a molécula de $BC\ell_3$.
c) ambas têm a mesma geometria molecular, mas na molécula de NF_3 existe um par isolado de elétrons.
d) a molécula de NF_3 apresenta simetria molecular, enquanto que a molécula de $BC\ell_3$ é assimétrica.
e) a molécula de NF_3 apresenta geometria piramidal trigonal, enquanto que a molécula de $BC\ell_3$ é trigonal plana.

Conteúdo digital Moderna PLUS http://www.modernaplus.com.br
Exercícios adicionais

Seção 17.3

Polaridade e solubilidade

Objetivos

▸ Prever se duas substâncias formam mistura homogênea ou mistura heterogênea baseando-se na polaridade molecular de ambas.

Termos e conceitos

- **mistura homogênea**
- **mistura heterogênea**
- **solvente**
- **soluto**

Leia o seguinte relato de fatos experimentais: foram colocados em três copos um pouco de água e etanol, gasolina e querosene, água e gasolina, respectivamente, e verificou-se que apenas nos dois primeiros casos os líquidos formam uma mistura homogênea.

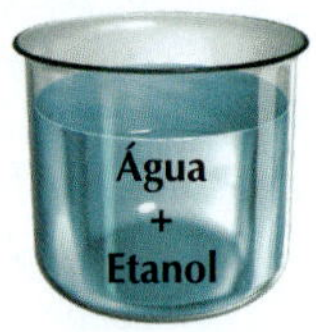

Mistura homogênea

Mistura homogênea

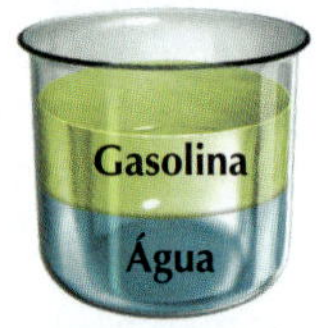

Mistura heterogênea

ATENÇÃO

O experimento RELATADO acima envolve etanol, gasolina e querosene, que são líquidos **voláteis, inflamáveis e tóxicos.**

Você não deve realizá-lo por conta própria. A eventual realização deve ter autorização e supervisão do(a) professor(a).

Óculos de segurança, luvas e aventais protetores são obrigatórios.

Lembrando que água e etanol são polares e que gasolina e querosene são apolares, os resultados experimentais relatados acima permitem ilustrar uma tendência geral que se observa:

> Soluto **polar** tende a se dissolver bem em solvente **polar**.
> Soluto **apolar** tende a se dissolver bem em solvente **apolar**.

Quando o solvente é polar e o soluto apolar ou vice-versa, não existe tendência para que haja solubilização. Isso explica, por exemplo, o fato de a gasolina não se dissolver bem em água.

Nas frases em destaque acima utilizamos a palavra *tende* justamente para enfatizar que se trata de uma *tendência*. A certeza só pode ser obtida, contudo, mediante a realização de experimentos. Apesar de a tendência apresentada ser bastante genérica e nem sempre válida, ela é bastante útil para fazer previsões.

Nas três provetas, a fase superior é água (H_2O, polar) e a inferior é tetracloreto de carbono ($CC\ell_4$ apolar). Na proveta do centro foi adicionado sulfato de cobre ($CuSO_4$, composto iônico), que se dissolve preferencialmente na fase polar, dando-lhe a cor azul. Na proveta da direita foi colocado bromo (Br_2 apolar), que se dissolve preferencialmente na fase apolar, conferindo-lhe a cor alaranjada.

Neste tubo de ensaio, a fase superior é ciclo-hexano (C_6H_{12}) líquido contendo iodo (I_2) dissolvido, ambos apolares. A fase inferior é água, polar.

EXERCÍCIOS ESSENCIAIS

EXERCÍCIOS RESOLVIDOS

21 (UFRGS-RS) Em vazamentos ocorridos em refinarias de petróleo, que extravasam para rios, lagos e oceanos, verifica-se a utilização de barreiras de contenção para evitar a dispersão do óleo. Nesses casos, observa-se a formação de um sistema heterogêneo onde o petróleo fica na superfície desses recursos hídricos. Sobre o sistema acima descrito é correto afirmar que a água e o petróleo não se misturam porque:

a) se apresentam em estados físicos diferentes.
b) apresentam densidades diferentes, e o petróleo fica na superfície devido a sua maior densidade.
c) apresentam moléculas com polaridades diferentes, e o petróleo fica na superfície devido a sua menor densidade.
d) a viscosidade da água é maior que a do petróleo.
e) a elevada volatilidade do petróleo faz com que este fique na superfície.

Resolução

Via de regra, líquido polar e líquido apolar não tendem a formar sistema homogêneo. Na mistura heterogênea formada por ambos, o de maior densidade constituirá a fase inferior e o de **menor densidade**, a **fase superior**.

Alternativa **c**.

22 (Estácio-RJ) Considere um mecânico com as mãos sujas de graxa (derivado do petróleo).

O melhor solvente para remoção desta graxa é:

a) água.
b) gasolina.
c) vinagre.
d) água com sal (salmoura).
e) álcool comum.

Resolução

Para a remoção da graxa, que é **apolar** (derivado direto do petróleo), é mais recomendado o uso de um solvente também **apolar**. Dentre as alternativas, o único líquido apolar é a gasolina.

Alternativa **b**.

23 Óleo de soja praticamente não se dissolve em água. A partir dessa informação, qual das deduções é mais cabível?

a) As moléculas de óleo são menores do que as de água.
b) Os elementos químicos presentes nas moléculas de óleo são totalmente diferentes dos presentes nas de água.
c) As moléculas do óleo de soja devem ser apolares.
d) Óleo de soja possui moléculas extremamente polares.
e) O número de átomos nas moléculas de óleo deve ser 3.

24 Dentre as substâncias gasosas O_2, O_3, N_2, CO_2 e $HC\ell$, qual deve se dissolver melhor em água? Justifique.

25 Dentre as substâncias HBr, NH_3, H_2O, SO_2 e $CC\ell_4$, qual deve se dissolver melhor em gasolina? Justifique.

26 O álcool etílico, CH_3CH_2OH, substância polar, deve dissolver-se melhor em gasolina ou em acetona? Justifique.

27 Um tecido branco ficou manchado com iodo (I_2), que apresenta uma coloração escura. Para remover essa mancha é melhor usar água ou tetracloreto de carbono? Por quê?

28 Um tecido apresenta uma mancha de gordura. Para removê-la é mais eficiente usar benzina ou álcool etílico antes da lavagem?

29 (UnB-DF) Julgue se a afirmativa é certa ou errada: A diferença de eletronegatividade entre o oxigênio e o carbono faz a molécula de dióxido de carbono apresentar um momento de dipolo maior que o da molécula de hidrogênio, o que torna o dióxido de carbono mais solúvel em água que o hidrogênio.

Conteúdo digital Moderna PLUS http://www.modernaplus.com.br
Exercícios adicionais

Capítulo 18 Forças intermoleculares

Quando pequenas quantidades de água caem sobre uma superfície apolar, elas tendem a formar gotas quase esféricas. É o que acontece no caso destas folhas. As interações intermoleculares relacionadas a esse fenômeno serão estudadas neste capítulo.

Moléculas se atraem por forças intermoleculares, que influenciam propriedades como solubilidade e ponto de ebulição.

18.1 Interações dipolo permanente-dipolo permanente

Nos estados sólido e líquido, as moléculas se mantêm unidas por forças intermoleculares. A atração entre polos elétricos (de sinais opostos) de moléculas polares é a interação dipolo-dipolo.

18.2 Ligações de hidrogênio

Duas moléculas que tenham H ligado diretamente a F, O ou N podem estabelecer entre si ligação de hidrogênio.

18.3 Interações dipolo instantâneo-dipolo induzido

A distorção momentânea da nuvem eletrônica molecular cria um dipolo instantâneo, que induz um dipolo numa molécula vizinha e origina a interação dipolo instantâneo-dipolo induzido.

18.4 Forças intermoleculares e ponto de ebulição

Podemos comparar os PE de substâncias moleculares considerando o tipo de força intermolecular e o tamanho da molécula (estimado pela massa molecular).

18.5 Exemplos com substâncias formadas por halogênios

Na série HF, HCℓ, HBr e HI, o PE do HF destoa devido às ligações de hidrogênio.

Seção 18.1

Interações dipolo permanente-dipolo permanente

Objetivos

- Conceituar interações intermoleculares.
- Comparar sólidos, líquidos e gases, sob os pontos de vista macroscópico e microscópico.
- Explicar o que é uma interação dipolo-dipolo.

Termos e conceitos

- macroscópico
- microscópico
- ligações (ou forças, ou interações) intermoleculares
- dipolo
- interação dipolo-dipolo

A tabela 1 compara uma substância molecular em cada um dos três estados de agregação. No estado gasoso, as moléculas se encontram bastante separadas, movimentando-se com muita liberdade. Já no estado líquido, elas se encontram mais próximas e unidas, movimentando-se com menor liberdade. No estado sólido, temos as moléculas bem organizadas e ainda mais unidas, com seu movimento muito restrito.

O que mantém as moléculas unidas nos estados sólido e líquido são as chamadas **ligações** ou **forças** ou **interações intermoleculares**. São fundamentalmente de três tipos: interações dipolo permanente-dipolo permanente, ligações de hidrogênio e interações dipolo instantâneo-dipolo induzido.

Tabela 1 Comparação entre substância molecular nos três estados de agregação

	Gasoso	Líquido	Sólido
Propriedades macroscópicas	Volume variável Forma variável	Volume fixo Forma variável	Volume fixo Forma definida
Modelo microscópico para as moléculas			
Atração que mantém as moléculas unidas	Muitíssimo fraca	Forte	Mais forte que no líquido
Espaço entre as moléculas	Muito grande (várias vezes maior que no líquido)	Pequeno	Em geral, menor que no líquido
Organização das moléculas	Total desordem, com movimento caótico das moléculas	Cada molécula está livre para se movimentar, mas sempre sob influência das moléculas vizinhas	As moléculas estão relativamente "presas" em suas posições, formando um retículo cristalino molecular

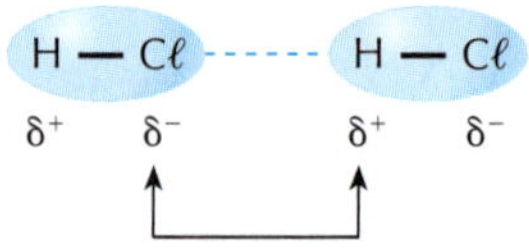

Ocorre atração entre cargas de sinais opostos

Considere uma molécula de HCℓ. Devido à diferença de eletronegatividade entre H e Cℓ, essa molécula é polar. Sua extremidade negativa atrai a extremidade positiva de outra molécula vizinha, o mesmo ocorrendo com sua parte positiva, que interage atrativamente com a parte negativa de outra molécula vizinha. Essa força de atração entre os dipolos das moléculas é chamada de **interação dipolo-dipolo**, **interação dipolo permanente-dipolo permanente** ou, ainda, **interação dipolar**.

Assim, no HCℓ líquido ou sólido são essas as forças que mantêm as moléculas unidas, o mesmo acontecendo em todas as substâncias polares.

As **interações dipolo permanente-dipolo permanente** ocorrem entre moléculas polares de substâncias como HCℓ, HBr, HI, H_2S, H_2Se, H_2Te, PH_3, AsH_3, SbH_3, éter e acetona.

Éter e acetona são líquidos nos quais há interações dipolo permanente-dipolo permanente.

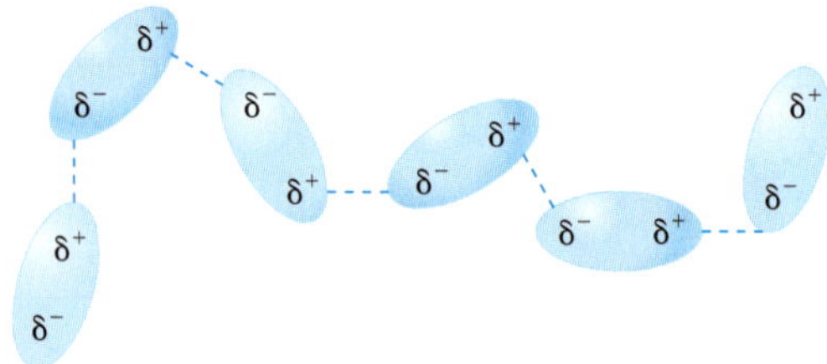

Representação das interações dipolo-dipolo, que unem as moléculas de uma substância polar.

Seção 18.2

Ligações de hidrogênio

Objetivo

- Explicar o que é uma ligação de hidrogênio.

Termos e conceitos

- ligação (ou ponte) de hidrogênio

Os átomos dos elementos flúor (F), oxigênio (O) e nitrogênio (N) são pequenos e muito eletronegativos. Quando eles estão ligados a um átomo de hidrogênio, haverá uma grande polarização dessa ligação. Isso quer dizer que o polo positivo formado no átomo de hidrogênio será muito intenso.

Devido à intensidade desse polo, o átomo de hidrogênio interage com o par de elétrons de outra molécula vizinha, como nos exemplos representados nas figuras (A), (B) e (C). Essa interação entre moléculas recebe o nome de **ligação de hidrogênio** (ou, numa denominação mais antiga, **ponte de hidrogênio**). Trata-se de uma interação mais forte do que as do tipo dipolo-dipolo.

Na água (H_2O), no fluoreto de hidrogênio (HF) e na amônia (NH_3), líquidos ou sólidos, são essas forças que mantêm as moléculas unidas.

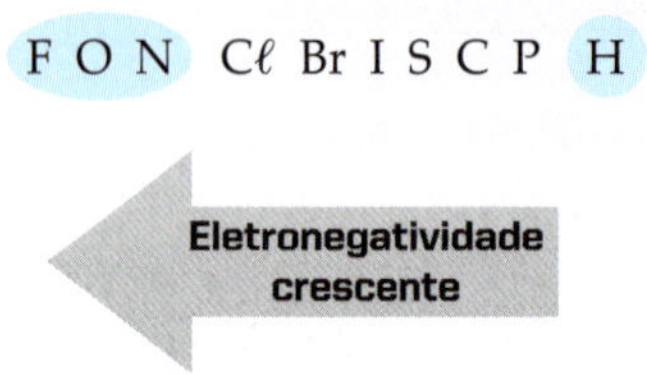

As ligações em HF, H_2O e NH_3 são fortemente polarizadas.

As **ligações de hidrogênio** são interações que ocorrem tipicamente entre moléculas que apresentem átomo de H ligado a F, O ou N.

A 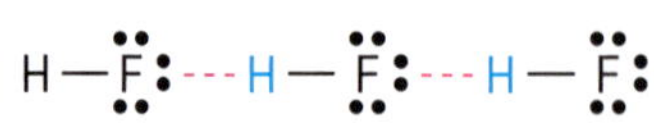

B 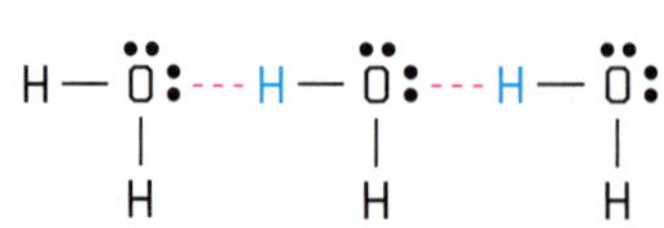

C 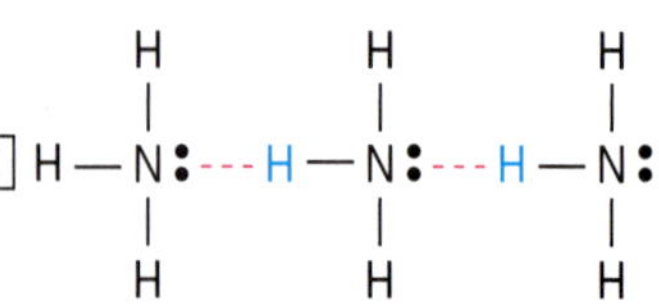

Representação esquemática das ligações de hidrogênio no fluoreto de hidrogênio A, na água B e na amônia C, líquidos ou sólidos.

Ligações de hidrogênio na água líquida e no gelo

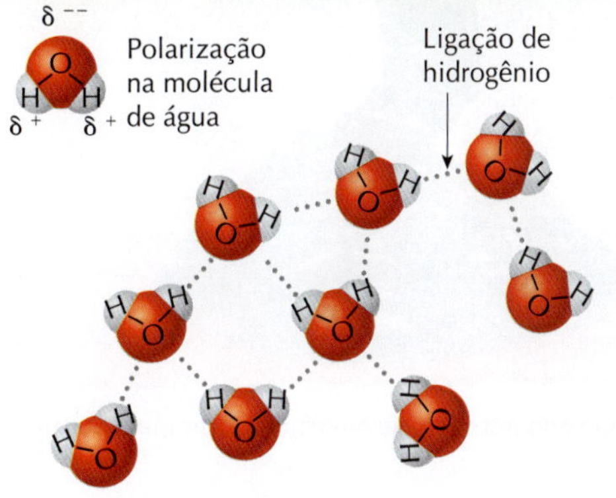

Água líquida

Há bastante mobilidade molecular e a estrutura não é organizada. As ligações de hidrogênio mantêm as moléculas unidas, mas, a todo instante, algumas dessas ligações se quebram e se formam em função da movimentação molecular.

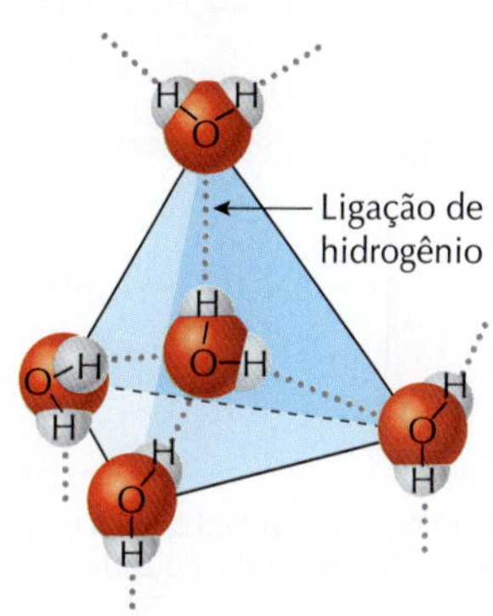

Água sólida (gelo)

Há uma estrutura altamente organizada. As moléculas apenas vibram ao redor de posições fixas. Cada molécula é mantida no centro de um tetraedro imaginário por meio de quatro ligações de hidrogênio, estabelecidas com quatro moléculas vizinhas.

Conteúdo digital Moderna PLUS http://www.modernaplus.com.br
Texto: *Tensão superficial*

Seção 18.3

Interações dipolo instantâneo--dipolo induzido

Objetivos

- Explicar o que é uma interação dipolo instantâneo-dipolo induzido.
- Identificar o principal tipo de força intermolecular presente em uma substância.

Termos e conceitos

- dipolo instantâneo
- dipolo induzido

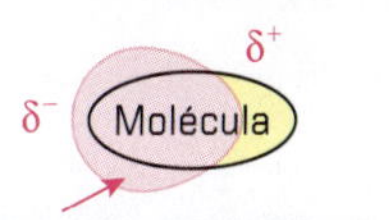

Uma distorção momentânea da nuvem eletrônica produz um dipolo instantâneo...

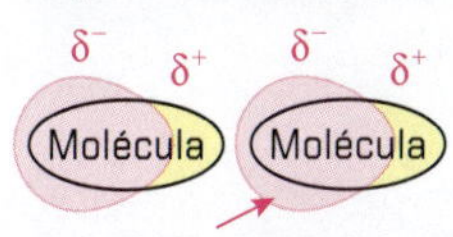

... que induz o aparecimento de um dipolo na molécula vizinha.

Esquema mostrando a origem das interações intermoleculares do tipo dipolo instantâneo-dipolo induzido.

Considere uma molécula apolar. Ela possui uma nuvem de elétrons em contínuo movimento. Se, durante uma pequena fração de segundo, essa nuvem eletrônica estiver um pouco mais deslocada para um dos extremos da molécula, poderemos dizer que foi criado um **dipolo instantâneo**, ou seja, por um instante apareceram dois polos na molécula.

A extremidade positiva desse dipolo atrai os elétrons da molécula vizinha, na qual, por sua vez, também aparece um dipolo, chamado de **dipolo induzido**, isto é, provocado pela primeira molécula. Esses dois dipolos, o instantâneo e o induzido, se atraem como no caso dos dipolos permanentes. A diferença é que essa situação dura apenas uma fração de segundo. As atrações desse tipo são mais fracas do que entre dipolos permanentes.

As **interações dipolo instantâneo-dipolo induzido** são decorrentes de distorções momentâneas da nuvem eletrônica das moléculas.

As interações dipolo instantâneo-dipolo induzido são conhecidas também como **forças dipolo induzido-dipolo induzido** ou também **forças de dispersão de London**, em homenagem ao físico Fritz Wolfgang London (1900-1954). Na verdade, elas **ocorrem em todas as substâncias, polares ou apolares**. Apesar de fracas, são o único tipo de interação intermolecular que ocorre entre as moléculas das substâncias apolares.

Alguns autores chamam essas interações de *forças de van der Waals*. Contudo, outros autores usam a expressão *forças de van der Waals* como sinônimo das forças intermoleculares de modo geral.

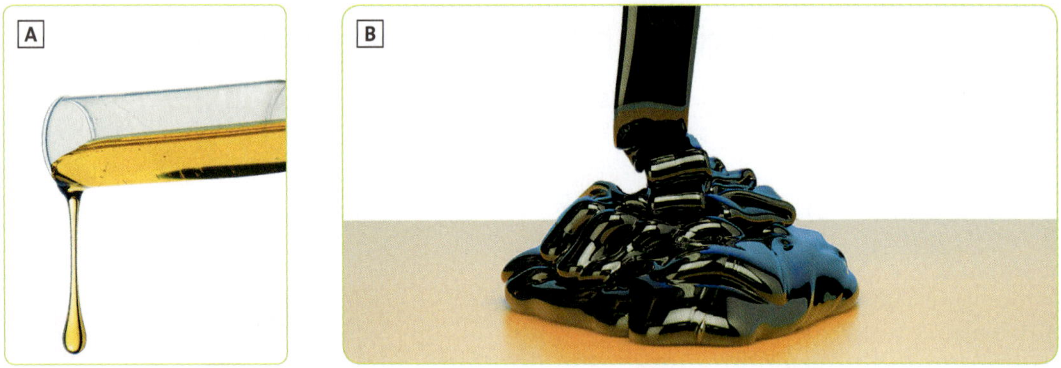

No óleo lubrificante, A, e no betume, B, ambos derivados do petróleo, as moléculas interagem por forças dipolo instantâneo-dipolo induzido.

As forças intermoleculares têm diferentes intensidades

Comparando moléculas com tamanhos e massas parecidos, pode-se afirmar que a intensidade dos diferentes tipos de forças intermoleculares varia na seguinte ordem:

Dipolo instantâneo--dipolo induzido → Dipolo permanente--dipolo permanente → Ligações de hidrogênio

Aumenta a intensidade das forças intermoleculares

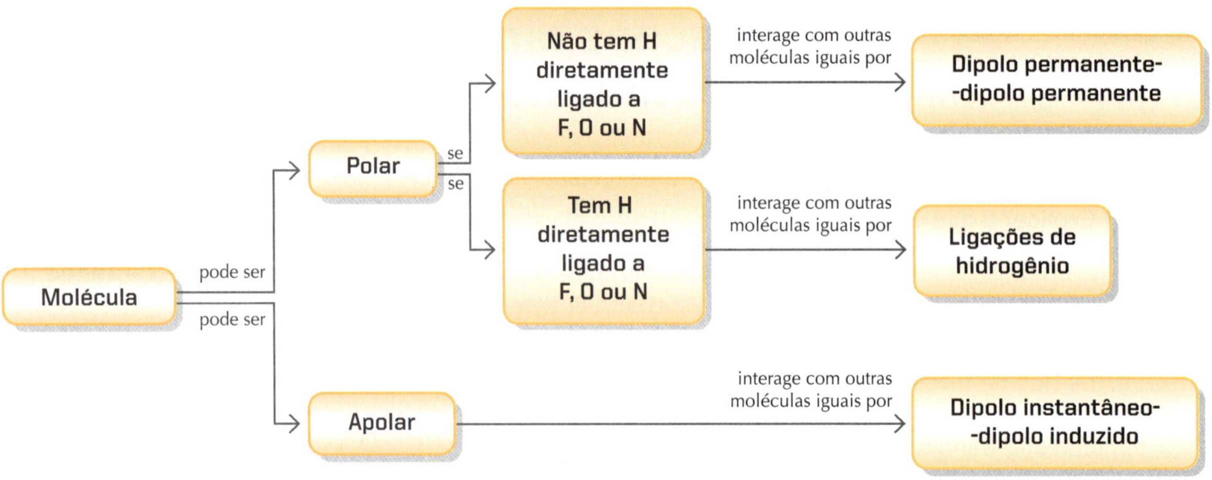

O que faz um suculento molho de tomate aderir aos fios de um delicioso macarrão? A resposta é simples: a interação entre as moléculas de ambos.

Quando o vapor de água condensa sobre uma superfície fria, são estabelecidas ligações de hidrogênio. Forças intermoleculares também são responsáveis pela adesão das gotas de água líquida à superfície.

Por que as colas colam?

As colas são produzidas especialmente para que tenham alta afinidade com os materiais que se destinam a aderir. Quando passamos cola em dois objetos a fim de uni-los, as moléculas da cola interagem fortemente (por meio de interações intermoleculares) com as moléculas de ambos os objetos. Dessa forma, ela os mantém unidos.

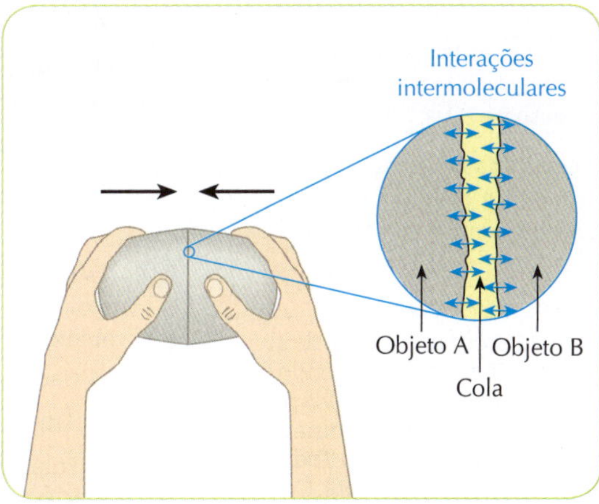

As colas são desenvolvidas para interagir (por meio de ligações intermoleculares) com os objetos a serem colados.

EXERCÍCIOS ESSENCIAIS

EXERCÍCIO RESOLVIDO

1 Qual das substâncias abaixo apresenta moléculas que, nos estados sólido e líquido, estão associadas por pontes de hidrogênio?

a) H_2.
b) CH_4.
c) NH_3.
d) PH_3.
e) NaH.

Resolução

- As moléculas de H_2 são **apolares** e interagem por meio de interações **dipolo instantâneo-dipolo induzido**.
- As moléculas de CH_4 também são **apolares** e se associam por forças tipo **dipolo instantâneo-dipolo induzido**.
- Nas moléculas de NH_3 há hidrogênio ligado diretamente a nitrogênio. Quando, em uma molécula, existe **H ligado a F, O ou N**, tal molécula estabelece **ligação de hidrogênio** com outra molécula igual a ela.
- A molécula de PH_3 é **polar** e, assim, estabelece com outras moléculas dessa mesma substância interações **dipolo-dipolo**.
- A substância NaH é **iônica** (Na é metal e H é não metal). É, portanto, **formada por íons** e não por moléculas.

Alternativa **c**.

2 (UFU-MG) As substâncias SO_2, NH_3, $HC\ell$ e Br_2 apresentam as seguintes interações intermoleculares, respectivamente:

a) forças de London, dipolo-dipolo, ligação de hidrogênio e dipolo induzido-dipolo induzido.
b) dipolo-dipolo, ligação de hidrogênio, dipolo-dipolo e dipolo induzido-dipolo induzido.
c) dipolo-dipolo, ligação de hidrogênio, ligação de hidrogênio e dipolo-dipolo.
d) dipolo instantâneo-dipolo induzido, dipolo-dipolo, ligação de hidrogênio, dipolo-dipolo.

3 (Ufersa-RN) Assinale a opção correta.

a) As moléculas da água, H_2O, apresentam geometria linear, ligações covalentes polares entre seus átomos e interações intermoleculares do tipo pontes de hidrogênio.
b) As moléculas do metano, CH_4, apresentam geometria tetraédrica, ligações covalentes apolares entre seus átomos e interações intermoleculares do tipo pontes de hidrogênio.
c) As moléculas do dióxido de carbono, CO_2, apresentam geometria linear, ligações covalentes polares entre seus átomos e interações intermoleculares do tipo forças de London.
d) A molécula da amônia, NH_3, apresenta geometria octaédrica, ligações iônicas e interações intermoleculares do tipo forças de London.

4 (Unifor-CE) Considere as espécies químicas:

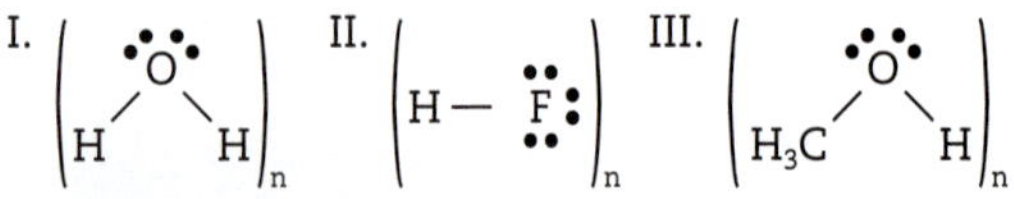

Há ligações covalentes ligando átomos e ligações de hidrogênio ligando moléculas em:

a) I, somente.
b) II, somente.
c) III, somente.
d) I e II, somente.
e) I, II e III.

Comentário dos autores:

Nesse exercício, a indicação da molécula entre parênteses e com o índice n deve ser interpretada como "n moléculas unidas por forças intermoleculares".

5 (Vunesp) A um frasco graduado contendo 50 mL de álcool etílico foram adicionados 50 mL de água, sendo o frasco imediatamente lacrado para evitar perdas por evaporação. O volume da mistura foi determinado, verificando-se que era menor do que 100 mL. Todo o processo foi realizado à temperatura constante. Com base nessas informações, é correto afirmar:

a) os volumes das moléculas de ambas as substâncias diminuíram após a mistura.
b) os volumes de todos os átomos de ambas as substâncias diminuíram após a mistura.
c) a distância média entre moléculas vizinhas diminuiu após a mistura.
d) ocorreu reação química entre a água e o álcool.
e) nas condições descritas, mesmo que fossem misturados 50 mL de água a outros 50 mL de água, o volume final seria inferior a 100 mL.

6 (UFS-SE) Na seguinte estrutura estão representadas moléculas de água unidas entre si por ligações:

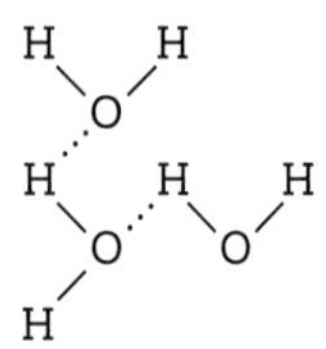

a) covalentes.
b) iônicas.
c) por pontes de hidrogênio.
d) por pontes de oxigênio.
e) peptídicas.

7 Que tipo de interação intermolecular existe no oxigênio líquido?

8 (Unicamp-SP) As pontes de hidrogênio formadas entre moléculas de água (HOH) podem ser representadas por:

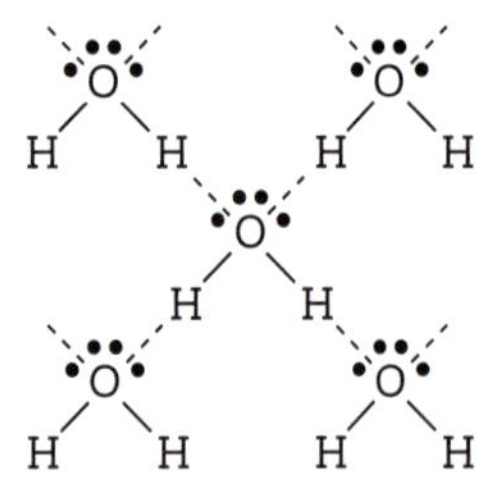

Com base nesse modelo represente as pontes de hidrogênio que existem entre moléculas de amônia (NH_3).

9 Indique qual é o tipo de interação intermolecular predominante que mantém unidas as moléculas das seguintes substâncias, nos estados sólido e líquido.

a) HBr;
b) F_2;
c) CH_4;
d) CH_3OH;
e) CH_3NH_2;
f) CS_2;
g) CH_2O;
h) SO_2;
i) $CC\ell_4$;
j) H_2S;
k) $PC\ell_3$;
l) HCN.

10 (IME-RJ) Indique a característica apresentada pela molécula do composto BF_3, para as propriedades abaixo.

a) Geometria molecular;
b) Ângulo de ligação;
c) Polaridade de ligação;
d) Polaridade de molécula;
e) Ligação intermolecular.

11 (PUC-PR) As festas e eventos têm sido incrementados com o efeito de névoa intensa do gelo-seco, o qual é constituído de gás carbônico solidificado.

A respeito do fato, pode-se afirmar:

a) A névoa nada mais é que a liquefação do gás carbônico pela formação das forças intermoleculares.
b) O gelo-seco é uma substância composta e encontra-se na natureza no estado líquido.
c) O gelo-seco é uma mistura de substâncias adicionadas ao gás carbônico e, por essa razão, a mistura se solidifica.
d) Na solidificação do gás carbônico ocorre a formação de forças intermoleculares dipolo-dipolo.
e) Sendo a molécula de CO_2 apolar, a atração entre as moléculas se dá por dipolo instantâneo-dipolo induzido.

12 A ilustração a seguir representa o retículo cristalino molecular da substância cloro no estado sólido. O que mantém as moléculas de $C\ell_2$ unidas nessa estrutura?

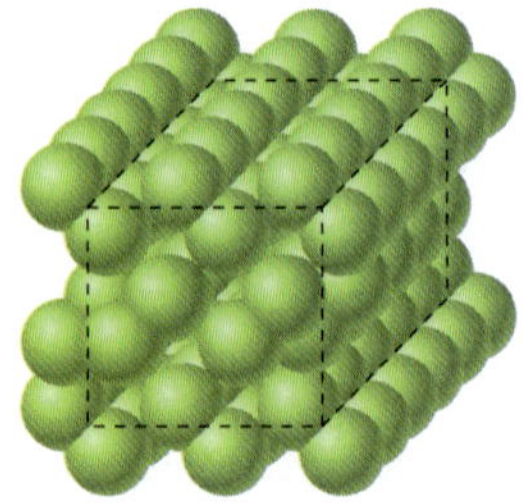

Conteúdo digital Moderna PLUS http://www.modernaplus.com.br
Exercícios adicionais

Forças intermoleculares e ponto de ebulição

Objetivos

- Descrever o que ocorre com as moléculas quando uma substância molecular sofre vaporização.
- Generalizar os fatores que influenciam o ponto de ebulição de uma substância molecular.

Termos e conceitos

- ponto de ebulição

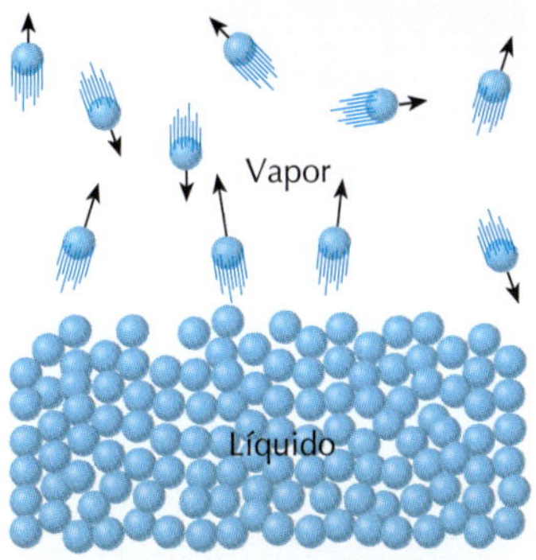

Representação da passagem das moléculas da fase líquida para a fase de vapor. É importantíssimo notar que **as moléculas não são quebradas nem destruídas nesse processo**. Elas apenas são separadas umas das outras. Em outras palavras, são rompidas as ligações entre as moléculas.

Quando uma substância molecular passa do estado líquido (ou sólido) para o estado gasoso, ocorre o **rompimento de ligações intermoleculares**.

Por exemplo, quando o HF sofre ebulição, rompem-se ligações de hidrogênio. Quando $HC\ell$, HBr ou HI (polares) sofrem ebulição, quebram-se interações dipolo-dipolo. E quando F_2, $C\ell_2$, Br_2 ou I_2 (apolares) sofrem ebulição, rompem-se interações dipolo instantâneo-dipolo induzido.

Por que as substâncias apresentam diferentes pontos de ebulição? Isso depende basicamente de dois fatores: o tamanho da molécula e o tipo de força intermolecular existente na substância.

Vejamos, primeiramente, o **efeito do tamanho da molécula**. Para entender a influência desse fator, lembre-se de que as interações dipolo instantâneo-dipolo induzido existem em todas as moléculas, sejam elas polares ou apolares.

Quanto maior for o tamanho da molécula, maior será a superfície para atuação dessas interações e, portanto, mais difícil será fazer a molécula se separar das outras, desprendendo-se da fase líquida e passando para a fase vapor. Assim, quanto maior o tamanho da molécula, maior será a temperatura necessária para a fervura, ou seja, maior o ponto de ebulição.

Ao tentar fazer previsões que comparam o ponto de ebulição de diferentes substâncias, **por simplicidade, muitas vezes comparamos as massas moleculares em vez de comparar o tamanho**. Trata-se de uma simplificação que, embora às vezes não funcione bem, permite, geralmente, fazer previsões úteis.

Vejamos agora o **efeito do tipo de ligação intermolecular** existente.

Quanto mais fortes forem as interações entre as moléculas, mais unidas elas estarão e, portanto, mais difícil será para que a substância sofra ebulição (maior o ponto de ebulição). Assim, a presença de interações dipolo-dipolo fará com que o ponto de ebulição seja maior do que se houvesse apenas as interações dipolo instantâneo-dipolo induzido. E a presença de ligações de hidrogênio fará com que o ponto de ebulição seja maior ainda.

É difícil levar em conta esses dois fatores ao comparar os pontos de ebulição de duas substâncias. É possível, contudo, fazer previsões úteis se mantivermos um desses fatores constante, ou praticamente constante.

Perceba que o ponto de ebulição de uma substância molecular depende, fundamentalmente, de dois fatores: a massa das moléculas e a intensidade das forças entre elas.

Ao compararmos duas substâncias com o **mesmo tipo de interação intermolecular**, a que tiver **maior tamanho** (estimado pela **maior massa molecular**) possuirá **maior ponto de ebulição**.

Ao compararmos duas substâncias com **massas moleculares próximas**, a que tiver **forças intermoleculares mais intensas** possuirá **maior ponto de ebulição**.

Seção 18.5

Exemplos com substâncias formadas por halogênios

Objetivo

- Analisar a variação de pontos de ebulição dos halogênios e dos haletos de hidrogênio.

Considere os elementos halogênios (grupo 17). A tabela 2 mostra os pontos de ebulição das substâncias simples formadas por tais elementos.

A tabela 3 apresenta os pontos de ebulição dos *haletos de hidrogênio*, substâncias compostas de halogênio e hidrogênio.

Se esboçarmos dois gráficos A e B com os dados das tabelas 2 e 3, respectivamente, perceberemos algo curioso: o HF parece comportar-se de modo anormal, destoando do comportamento dos demais haletos de hidrogênio.

Tabela 2 Ponto de ebulição (PE) das substâncias simples dos halogênios

Substância	PE (°C)
flúor (F_2)	−188
cloro ($C\ell_2$)	−34
bromo (Br_2)	59
iodo (I_2)	184

Fonte: D. R. Lide (ed.). *CRC Handbook of Chemistry and Physics*. 84. ed. Boca Raton, CRC Press, 2003.

Tabela 3 Ponto de ebulição (PE) dos haletos de hidrogênio

Substância	PE (°C)
fluoreto de hidrogênio (HF)	+20
cloreto de hidrogênio ($HC\ell$)	−85
brometo de hidrogênio (HBr)	−66
iodeto de hidrogênio (HI)	−36

Fonte: D. R. Lide (ed.). *CRC Handbook of Chemistry and Physics*. 84. ed. Boca Raton, CRC Press, 2003.

A

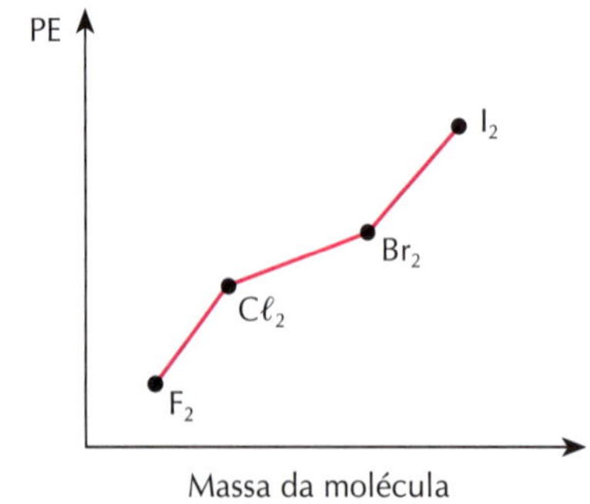

B

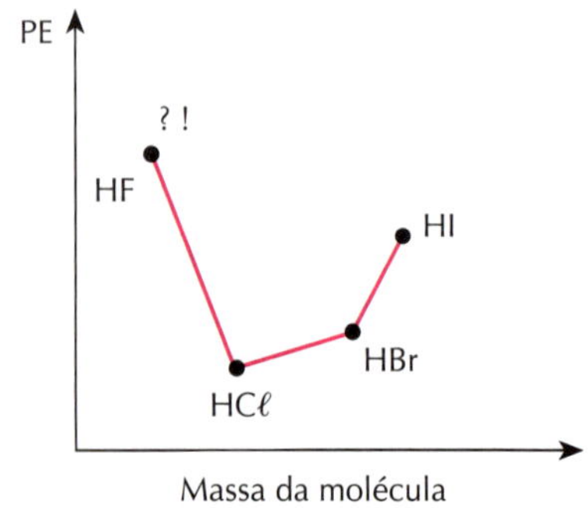

As substâncias simples formadas pelos halogênios têm moléculas apolares, apresentando, todas elas, o mesmo tipo de interação, dipolo instantâneo-dipolo induzido. Assim, é o tamanho crescente (e a massa molecular crescente) que determina a ordem crescente dos pontos de ebulição:

$$F_2 < C\ell_2 < Br_2 < I_2$$

Aumenta o ponto de ebulição →

As moléculas ficam maiores e com maior massa →

Ao compararmos $HC\ell$, HBr e HI, deparamos com uma situação análoga. Nas três substâncias ocorrem forças dipolo-dipolo, pois são polares.

$$HC\ell < HBr < HI$$

Aumenta o ponto de ebulição →

As moléculas ficam maiores e com maior massa →

O que determina, então, o alto ponto de ebulição do HF, que destoa da sequência $HC\ell$, HBr e HI?

A resposta é: ligações de hidrogênio. Apesar de a molécula de HF ser menor e mais leve que a de $HC\ell$, as ligações de hidrogênio são interações tão fortes que mantêm as moléculas de HF mais coesas que as de $HC\ell$.

$$HF > HC\ell$$

← Aumenta o ponto de ebulição

← As interações intermoleculares ficam mais intensas

EXERCÍCIOS ESSENCIAIS

EXERCÍCIOS RESOLVIDOS

13 (UEL-PR) Ruptura de ligações por pontes de hidrogênio ocorre quando:

a) água gasosa é decomposta em hidrogênio e oxigênio.
b) hidrogênio líquido se vaporiza.
c) vapor d'água se condensa.
d) água líquida se evapora.
e) gás d'água (mistura de CO + H_2) entra em combustão.

Resolução

Numa reação química (como a que aparece na alternativa **a)**) há um rearranjo de átomos, ou seja, eles passam a se unir de maneiras diferentes. Nas reações químicas são rompidas e formadas ligações químicas entre átomos (ligações interatômicas).

Na **vaporização do H_2** (apolar) líquido são **rompidas interações dipolo instantâneo-dipolo induzido.**

Na **condensação do vapor de água** (quando as moléculas se unem e passam da fase de vapor para a fase líquida) são **formadas ligações de hidrogênio.**

Na **evaporação da água** (quando as moléculas se separam e passam da fase líquida para a fase de vapor) são **rompidas ligações de hidrogênio.**

A combustão é um exemplo de reação química. Nas reações químicas são rompidas e formadas ligações químicas entre átomos (ligações interatômicas).

Alternativa **d**.

14 Qual dos desenhos representa, simplificadamente, o processo de fervura da água?

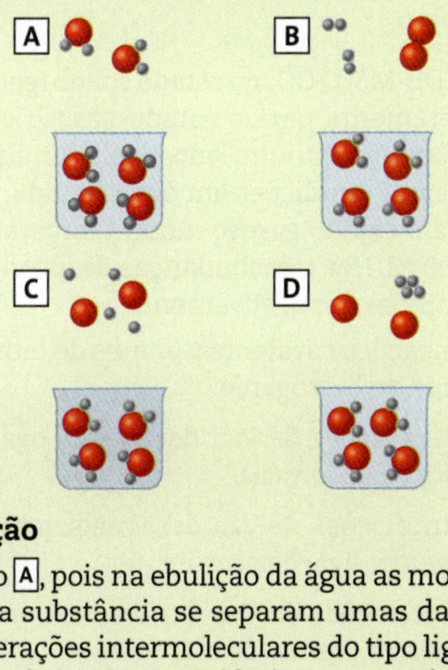

Resolução

Desenho A, pois na ebulição da água as moléculas dessa substância se separam umas das outras (interações intermoleculares do tipo ligação de hidrogênio são rompidas), **mas continuam sendo moléculas de H_2O.**

15 Durante a evaporação da gasolina, são rompidas:

a) as ligações covalentes.

b) as ligações iônicas.

c) as interações do tipo ligações de hidrogênio.

d) as interações do tipo dipolo instantâneo-dipolo induzido.

16 (UEPB) Moléculas de amônia (NH_3) interagem e mantêm-se unidas através de uma ligação extraordinariamente forte conhecida por ponte de hidrogênio. Observe os desenhos abaixo e marque a alternativa que corresponde, simplificadamente, à fervura da amônia:

a)

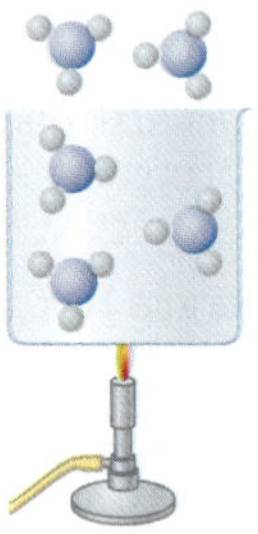

b)

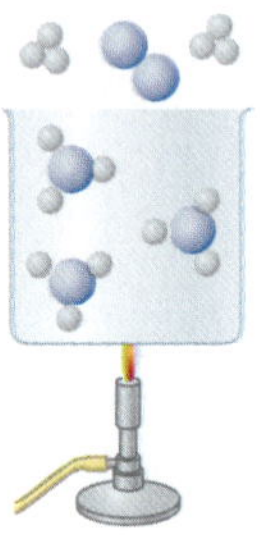

c)

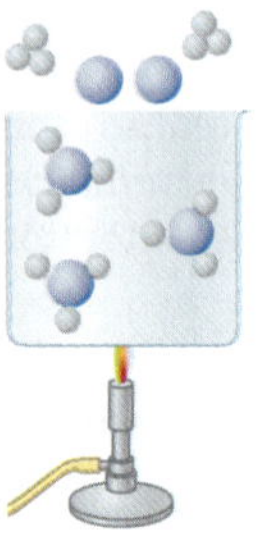

d)

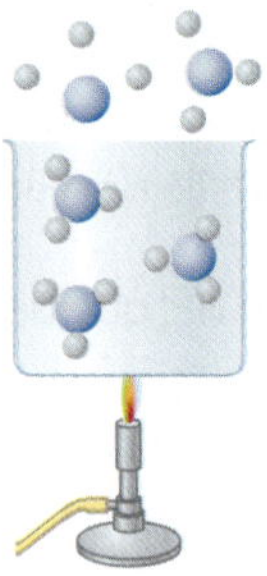

e)

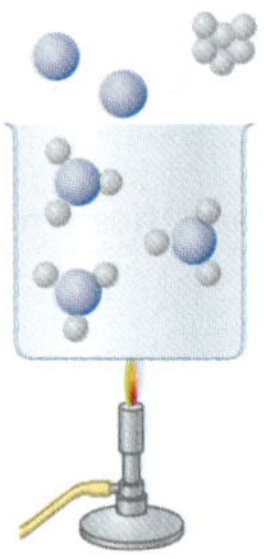

17 (UCDB-MS) O CO_2 no estado sólido (gelo-seco) passa diretamente para o estado gasoso em condições ambiente; por outro lado, o gelo comum derrete nas mesmas condições em água líquida, a qual passa para o estado gasoso numa temperatura próxima a 100 °C. Nas três mudanças de estados físicos são rompidas, respectivamente:

a) ligações covalentes; pontes de hidrogênio; pontes de hidrogênio.

b) interações de Van der Waals; ligações iônicas; ligações iônicas.

c) interações de Van der Waals; pontes de hidrogênio; ligações covalentes.

d) interações de Van der Waals; pontes de hidrogênio; pontes de hidrogênio.

e) interações de Van der Waals; pontes de hidrogênio; interações de Van der Waals.

18 (UFRGS-RS) A intensificação das interações intermoleculares ocorre quando:

a) a água entra em ebulição.

b) o vapor de água sofre condensação.

c) a água, a altas temperaturas, decompõe-se em oxigênio e hidrogênio.

d) o vapor de água é aquecido.

e) o gelo sofre fusão.

19 (Unicamp-SP) Considere os processos I e II representados pelas equações:

$$H_2O\ (l) \xrightarrow{I} H_2O\ (g) \xrightarrow{II} 2H\ (g) + O\ (g)$$

Indique quais ligações são rompidas em cada um desses processos.

20 (Vunesp) Considere as afirmações.

I. Comparando duas substâncias com o mesmo tipo de interação intermolecular, a que possuir maior massa molecular possuirá maior ponto de ebulição.

II. Comparando duas substâncias com massas molares próximas, a que possuir forças intermoleculares mais intensas possuirá maior ponto de ebulição.

III. O ponto de ebulição é propriedade específica de uma substância.

Está correto o contido em:

a) I apenas.

b) II apenas.

c) III apenas.

d) I e II apenas.

e) I, II e III.

21 (ESPM-SP) O butano (C_4H_{10}) tem massa molecular 58, e o etanol (C_2H_5OH), 46. O butano é um gás em condições ambientes, sendo utilizado como gás de cozinha, ao passo que o etanol é um líquido usado como combustível. Apesar de o etanol ser mais leve que o butano, ele se encontra no estado líquido devido a forças de atração intermoleculares intensas que têm origem nas hidroxilas (OH). Qual o nome dessa ligação intermolecular?

22 (UFF-RJ) O gás carbônico liberado na atmosfera, originário da queima de combustíveis fósseis, é considerado o responsável pelo efeito estufa, já que absorve ondas de calor refletidas pela superfície terrestre, provocando o aquecimento da atmosfera. Por outro lado, o hidrogênio é considerado combustível não poluente, pois o seu produto de queima é a água, que também absorve ondas de calor; porém, condensa-se facilmente em função do seu ponto de ebulição, ao contrário do CO_2.

Com base nessas informações, pode-se afirmar que a diferença de ponto de ebulição entre o CO_2 e o H_2O relaciona-se:

a) à interação iônica das moléculas do CO_2.

b) ao menor peso molecular da água.

c) à polaridade da molécula da água.

d) ao conteúdo de oxigênio das moléculas.

e) à diferença dos raios atômicos dos elementos.

EXERCÍCIO RESOLVIDO

23 O gráfico mostra o ponto de ebulição das substâncias formadas pelo hidrogênio e pelos elementos de cada um dos grupos 14, 15, 16 e 17 da tabela periódica em função da massa molecular. Com base nele, responda às perguntas.

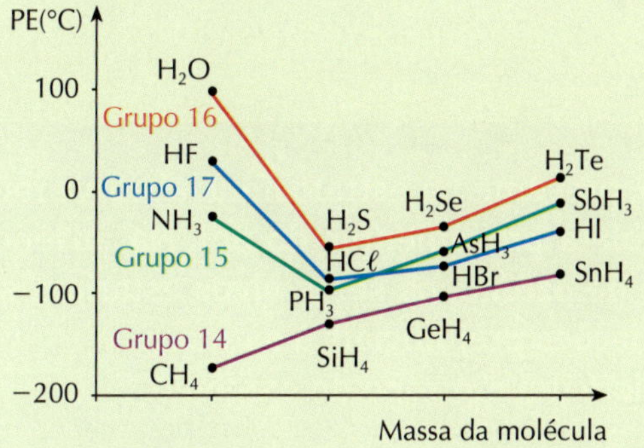

a) Por que os pontos de ebulição de H_2O, HF e NH_3 destoam do comportamento das outras substâncias formadas por elementos do mesmo grupo de O, F e N?

b) Por que não acontece o mesmo com o CH_4?

Resolução

a) Embora na sequência HF, $HC\ell$, HBr e HI haja aumento da massa da molécula, o HF destoa, apresentando maior ponto de ebulição devido ao tipo de interação intermolecular. Entre moléculas de HF ocorrem **ligações de hidrogênio**, interações mais fortes do que as do tipo dipolo-dipolo, que ocorrem entre as moléculas de $HC\ell$, de HBr e de HI. A mesma razão (presença de ligações de hidrogênio) faz H_2O e NH_3 possuírem pontos de ebulição que destoam dentro das sequências H_2O, H_2S, H_2Se, H_2Te e NH_3, PH_3, AsH_3, SbH_3.

b) Em toda a sequência CH_4, SiH_4, GeH_4, SnH_4, o tipo de interação intermolecular é o mesmo: dipolo instantâneo-dipolo induzido. O CH_4 não destoa porque não apresenta um tipo de interação intermolecular diferente dos outros membros da série. O aumento do ponto de ebulição na sequência CH_4, SiH_4, GeH_4, SnH_4 acompanha o aumento da massa da molécula.

(Uniderp-MS) **Instrução para as questões 24 a 26.** Para responder a essas questões, considere aspectos, como geometria molecular, polaridade, forças intermoleculares e as séries:

I. CH_4, C_2H_6, C_3H_8, C_4H_{10};
II. HF, $HC\ell$, HBr, HI;
III. NH_3, PH_3, AsH_3, SbH_3;
IV. H_2O, H_2S, H_2Se, H_2Te;
V. F_2, $C\ell_2$, Br_2, I_2.

24 (Uniderp-MS) As séries de moléculas que apresentam sempre um aumento do ponto de ebulição, à medida que aumenta a massa da molécula, são:

a) I e V. c) II e IV. e) IV e V.
b) II e III. d) III e IV.

25 (Uniderp-MS) A série de moléculas que apresenta geometria molecular do tipo angular é:

a) I. c) III. e) V.
b) II. d) IV.

26 (Uniderp-MS) As séries de moléculas que se dissolvem num solvente apolar, como o querosene, são:

a) I e II. c) III e IV. e) III e V.
b) II e IV. d) I e V.

27 (Unifesp) A geometria molecular e a polaridade das moléculas são conceitos importantes para predizer o tipo de força de interação entre elas. Dentre os compostos moleculares nitrogênio, dióxido de enxofre, amônia, sulfeto de hidrogênio e água, aqueles que apresentam o menor e o maior ponto de ebulição são, respectivamente:

a) SO_2 e H_2S. c) NH_3 e H_2O. e) SO_2 e NH_3.
b) N_2 e H_2O. d) N_2 e H_2S.

28 (EEM-SP) As substâncias, dadas pelas suas fórmulas moleculares, CH_4, H_2S e H_2O, estão em ordem crescente de seus pontos de ebulição. Explique por que, do ponto de vista estrutural, esses compostos estão nessa ordem.

29 (Unicamp-SP) Os pontos de ebulição da água, da amônia e do metano seguem a ordem $H_2O > NH_3 > CH_4$. Explique essa sequência considerando os tipos de forças intermoleculares e suas intensidades.

Conteúdo digital Moderna PLUS http://www.modernaplus.com.br
Exercícios adicionais

Capítulo 19 Alotropia

O ozônio, presente na estratosfera, absorve raios ultravioleta provenientes do Sol. Na ausência da camada de ozônio, os seres vivos estariam sujeitos a radiações prejudiciais à saúde.
O gás ozônio é um alótropo do oxigênio.

Alotropia é a ocorrência de diferentes substâncias simples formadas por um mesmo elemento químico.

19.1 Gás oxigênio e gás ozônio

Quando um elemento químico forma diferentes substâncias simples, tais substâncias são os alótropos desse elemento.
Os alótropos do elemento oxigênio são o oxigênio e o ozônio.

19.2 Fósforo branco e fósforo vermelho

Fósforo branco e fósforo vermelho são alótropos do elemento fósforo.

19.3 Grafite e diamante

A grafite e o diamante são alótropos naturais do elemento carbono.
Há, também, alótropos não naturais desse elemento, produzidos em laboratório.

19.4 Enxofre rômbico e enxofre monoclínico

O elemento enxofre tem os alótropos enxofre rômbico e enxofre monoclínico.

Gás oxigênio e gás ozônio

Objetivos

- Conceituar alótropos e alotropia.
- Comparar os alótropos do oxigênio.

Termos e conceitos

- alótropos
- alotropia
- ozônio
- camada de ozônio

Com os elementos químicos oxigênio, fósforo, carbono e enxofre ocorre um interessante fenômeno: eles formam mais de uma substância simples. É o que veremos neste capítulo.

Alótropos são diferentes substâncias simples formadas por um mesmo elemento químico.

Quando um elemento apresenta alótropos, diz-se que ocorre o fenômeno da **alotropia**.

O elemento oxigênio (símbolo O, número atômico 8) é encontrado na atmosfera na forma dos alótropos gás oxigênio (moléculas biatômicas de fórmula molecular O_2) e gás ozônio (moléculas triatômicas de fórmula molecular O_3).

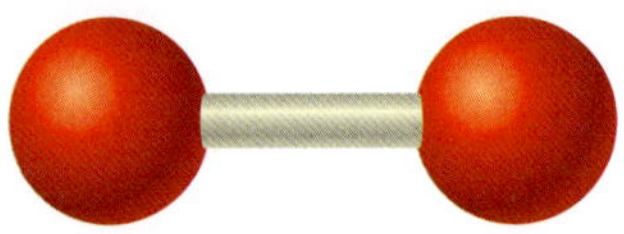

Nesse modelo de uma molécula de O_2, a vareta representa uma ligação covalente dupla.

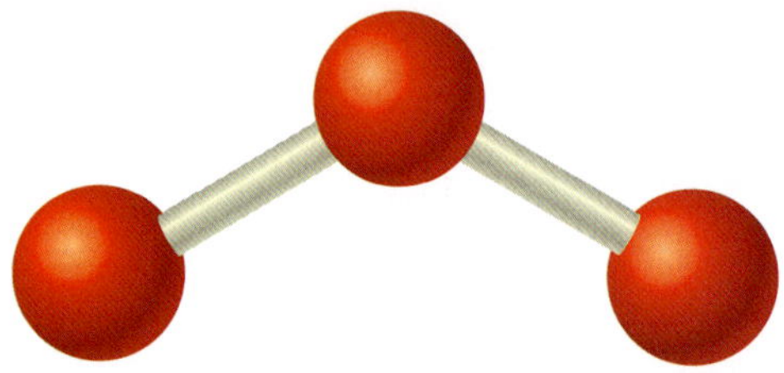

Nesse modelo de uma molécula de O_3, uma vareta representa uma ligação covalente dupla, e a outra, uma ligação covalente simples.

O gás oxigênio é o segundo componente mais abundante do ar atmosférico. Ele corresponde a 21% do volume do ar seco e sem poluentes. É impossível a sobrevivência da maioria dos seres vivos sem oxigênio. É também impossível fazer a combustão (queima) de um material, como gasolina ou álcool, na ausência desse gás.

Costumeiramente o gás oxigênio é chamado apenas de oxigênio. Você precisa ter muita atenção ao ler um texto, para que o seu bom senso e a interpretação do contexto em que aparece a palavra **oxigênio** revelem se se trata do **elemento químico** oxigênio (O) ou da **substância oxigênio** (O_2).

O ozônio é um gás que existe em reduzidíssima concentração no ar que respiramos, na troposfera, mas está presente em concentração relativamente maior na estratosfera, numa altitude de 20 km a 40 km, constituindo a chamada **camada de ozônio**. Ela tem um papel importante, pois impede que boa parte dos raios ultravioleta do Sol chegue à superfície terrestre. O excesso desses raios pode causar, no ser humano, lesões nos olhos, na pele e no sistema imunitário; além disso, nos seres fotossintetizantes, os raios ultravioleta interferem na fotossíntese, diminuindo o rendimento das lavouras e também matando o alimento dos peixes pequenos, o que prejudica vários níveis da teia alimentar em ambiente aquático.

Fósforo branco e fósforo vermelho

Objetivo

▶ Comparar os alótropos do fósforo.

Termos e conceitos

• fósforo branco

• fósforo vermelho

O elemento químico fósforo (símbolo P, número atômico 15) forma um alótropo com moléculas tetratômicas, o **fósforo branco** (fórmula molecular P_4).

Trata-se de uma substância que pode queimar espontaneamente se estiver em contato com o oxigênio do ar. Por isso é guardada submersa em água. Já se teve notícia de bombas incendiárias usadas em guerras e guerrilhas, que se baseavam nessa propriedade química do fósforo branco.

O elemento fósforo também forma **macromoléculas**, isto é, moléculas muito grandes, nas quais estão presentes milhares de milhões de átomos. Elas são representadas por P_n (ou, simplesmente, P) e pertencem ao alótropo denominado **fósforo vermelho**. O fósforo vermelho não precisa ser guardado submerso em água, uma vez que não apresenta a propriedade de queimar espontaneamente em contato com o ar.

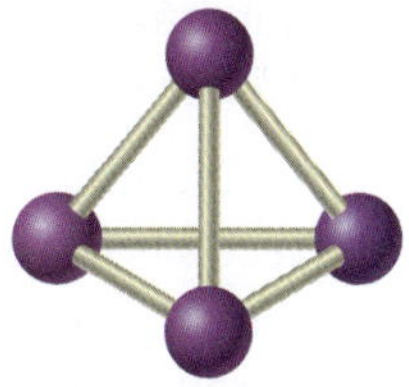

Modelo de uma molécula de fósforo branco (P_4)

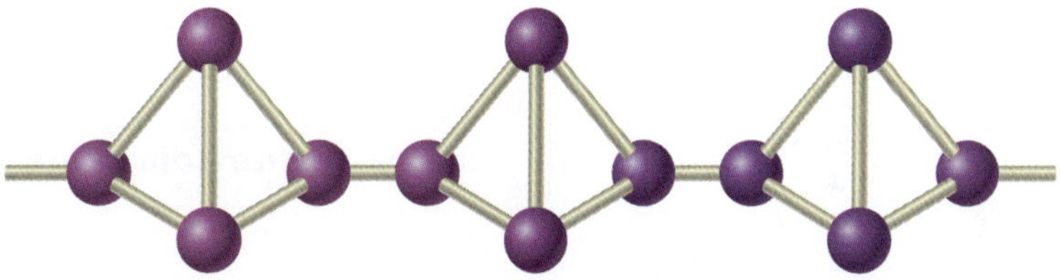

Modelo de uma macromolécula de fósforo vermelho (P_n)

Note que o **fósforo vermelho** tem natureza **macromolecular.**

Fósforo vermelho e fósforo branco. O fósforo branco é guardado imerso em água, pois, se exposto ao ar, sofre combustão espontânea.

ATENÇÃO

O fósforo branco é tóxico e inflama-se espontaneamente em contato com o ar.

Recomenda-se que essa substância NÃO esteja presente em instalações escolares de ensino médio.

Seção 19.3

Grafite e diamante

Objetivo

- Comparar os alótropos do carbono.

Termos e conceitos

- grafite
- diamante
- dureza
- fulereno
- *buckyball*
- nanotubo de carbono

O elemento químico carbono (símbolo C, número atômico 6) forma os alótropos naturais **grafite** e **diamante**.

A grafite é um sólido opaco e pouco duro. Já o diamante é um sólido transparente e muito duro. É a substância natural mais dura de que se tem conhecimento. Por causa disso é usado para cortar vidro e para fazer brocas.

Dureza é a capacidade de resistir a ser riscado por outras substâncias. Quando dizemos que a unha é mais dura que o sabonete, estamos dizendo que a unha é capaz de riscar o sabonete, mas não é riscada por ele. O fato de o diamante ser a substância natural mais dura quer dizer que ele risca todas as outras substâncias naturais, mas não é riscado por elas. Há pessoas que acham que o diamante é resistente a impactos como, por exemplo, uma martelada. Isso não é verdade. Se dermos uma violenta martelada num diamante, ele será totalmente despedaçado. Existe uma substância artificial (não natural) que é mais dura que o diamante. Ela se chama nitreto de boro.

Quando um diamante é lapidado, ele passa a ser denominado *brilhante*. Os brilhantes funcionam como prismas que decompõem a luz branca em suas componentes (as cores do arco-íris). Em virtude disso eles apresentam os reflexos coloridos que podem ser vistos em uma joia de brilhantes.

Observando os modelos a seguir, você pode perceber as diferenças existentes entre grafite e diamante em nível microscópico.

Note que **grafite** e **diamante** têm natureza **macromolecular**.

Diamante e grafite não só possuem aspectos diferentes como também muitas propriedades químicas e físicas distintas. Na foto, um diamante lapidado, colocado sobre pedaços de grafite.

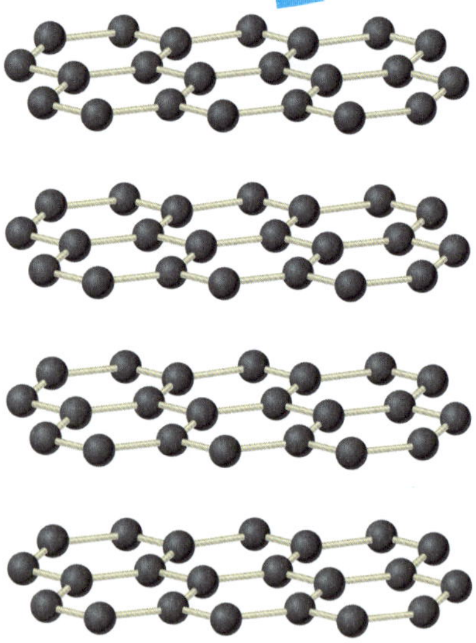

Modelo que representa a grafite (d = 2,22 g/cm^3), no qual as ligações covalentes feitas por um átomo de carbono apresentam disposição geométrica **trigonal plana**.

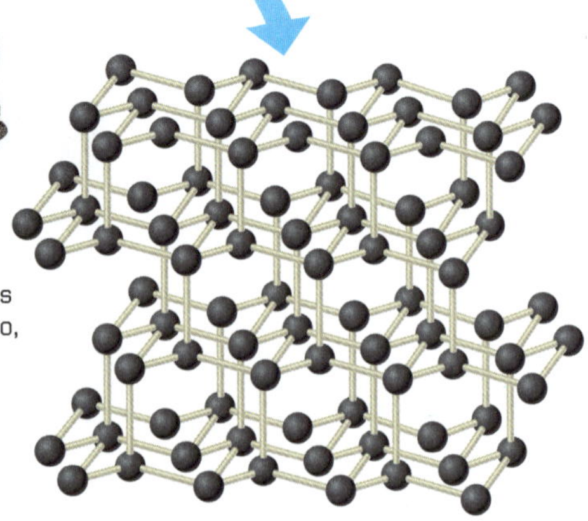

Modelo que representa o diamante (d = 3,51 g/cm^3), no qual as ligações covalentes feitas por um átomo de carbono apresentam disposição geométrica **tetraédrica**.

Alótropos do carbono que não existem na natureza já foram produzidos em laboratório. São os **fulerenos** (ou **buckminsterfulerenos**). Alguns têm moléculas que lembram bolas de futebol (esféricas ou distorcidas), conhecidas como ***buckyballs***. Outros, chamados **nanotubos de carbono**, têm moléculas com formato de minúsculos tubos, com diâmetro interno de aproximadamente 1 nm (1 nanômetro = 10^{-9} m).

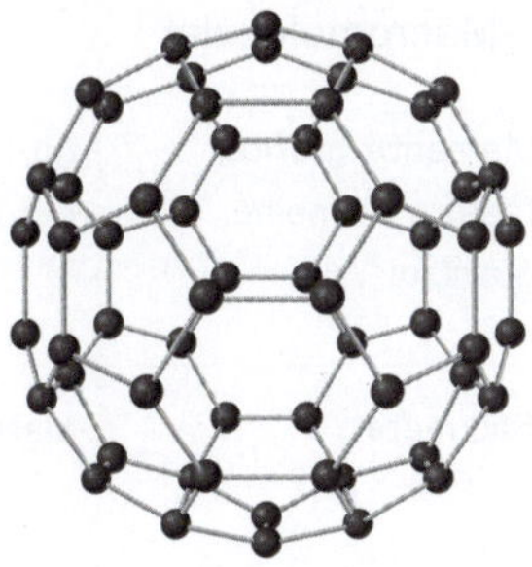

Modelo molecular de um exemplo de fulereno (C_{60}).

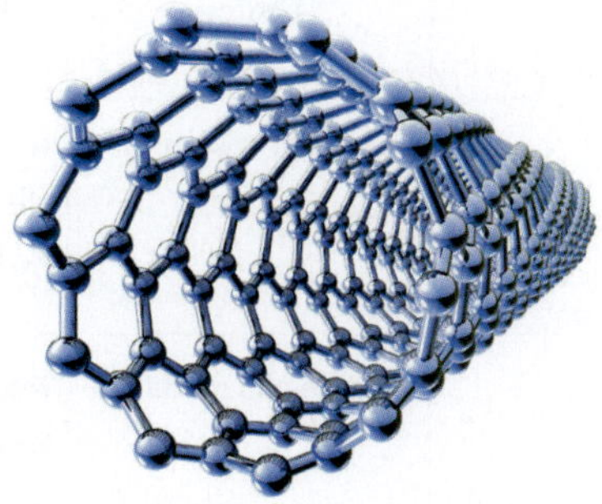

Modelo molecular, gerado por computador, de um nanotubo de carbono.

Conteúdo digital Moderna PLUS http://www.modernaplus.com.br
Texto: *E o carbono volta à cena*
Texto: *Vida em miniatura: pesquisa utiliza nanotecnologia no combate ao câncer*

Seção 19.4

Enxofre rômbico e enxofre monoclínico

Objetivo

- Comparar os alótropos do enxofre.

Termos e conceitos

- enxofre rômbico
- enxofre monoclínico

O elemento químico enxofre (símbolo S, número atômico 16) forma moléculas octatômicas S_8. No estado sólido, moléculas S_8 se agrupam e constituem o retículo cristalino molecular.

Há, contudo, duas formas distintas com que a natureza "empacota" as moléculas S_8, o que dá origem a dois tipos de cristal de enxofre sólido: um deles é chamado de **enxofre rômbico** e o outro, de **enxofre monoclínico**.

Ambos são de cor amarelada, e, quando vistos de muito perto, percebemos que têm formatos diferentes.

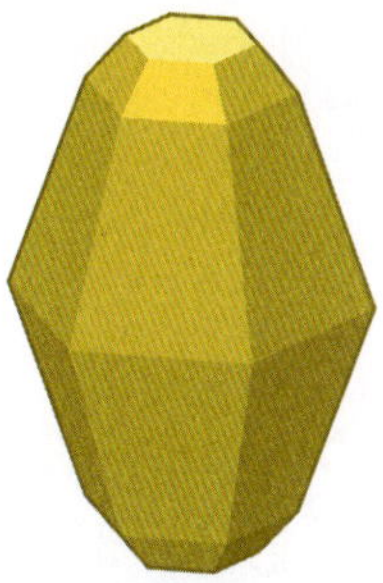

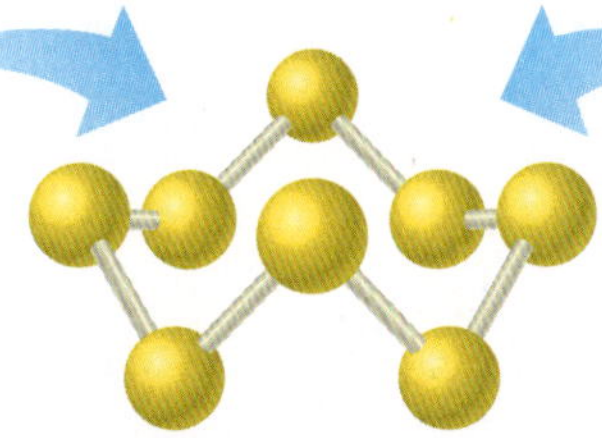

Modelo de uma molécula de enxofre S_8, que está presente tanto nos cristais de enxofre rômbico quanto nos de enxofre monoclínico.

Cristais de enxofre rômbico.

Cristais de enxofre monoclínico.

Resumindo: aspectos gerais da relação entre propriedades das substâncias e ligações químicas

	Iônica	Covalente		Metálica
		Molecular	Macromolecular	
Exemplos	$NaC\ell$, KBr, $CaC\ell_2$, $A\ell_2O_3$, CaO, $LiC\ell$	H_2, O_2, O_3, $HC\ell$, HF, NH_3, CH_4, CO_2, Br_2, H_2O, P_4, S_8	Diamante, grafite, fósforo vermelho, quartzo	Ag, Fe, Cu, Au, $A\ell$, Zn, Mg, Sn, Pb
Elementos presentes	Metal e não metal	Não metal	Não metal	Metal
No estado sólido, o retículo cristalino é do tipo	Retículo cristalino **iônico** (no qual existem íons) 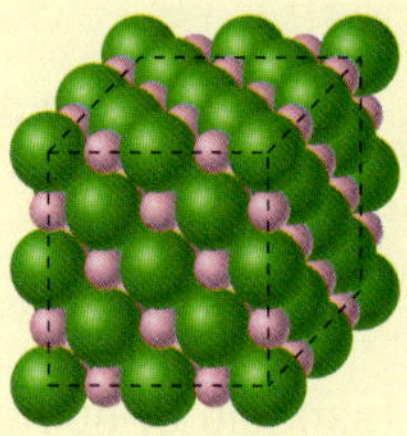 Retículo cristalino do $NaC\ell$ (s)	Retículo cristalino **molecular** (no qual existem moléculas) 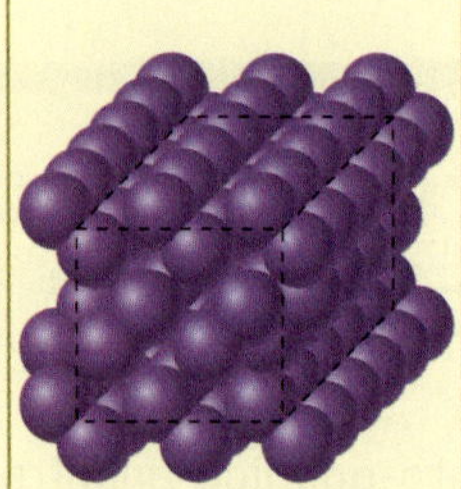 Retículo cristalino do I_2 (s)	Retículo cristalino **covalente** (no qual existem átomos unidos por ligação covalente) 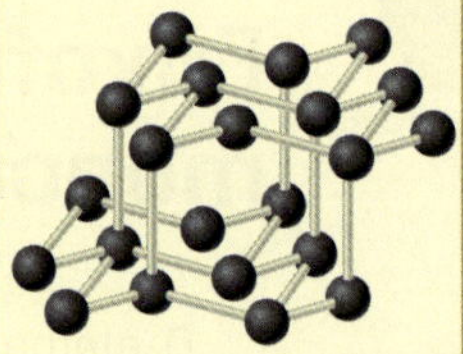 Retículo cristalino do C (diamante)	Retículo cristalino **metálico** (no qual existem íons metálicos circundados por um "mar de elétrons") 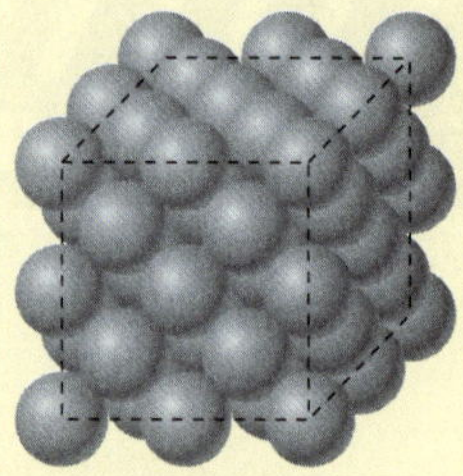 Retículo cristalino do $A\ell$ (s)
Ligações químicas presentes	Iônica	a) Covalente entre os átomos de uma molécula b) Ligação de hidrogênio, dipolo-dipolo ou dipolo instantâneo-dipolo induzido entre as moléculas	Covalente	Metálica
Pontos de fusão e de ebulição em geral	Altos	Baixos	Altos	Altos
Estado físico nas condições ambientes	Sólido	Sólido, líquido ou gasoso	Sólido	Sólido (exceto Hg)
Conduz corrente elétrica no estado sólido?	Não	Não	Geralmente não (a grafite é uma exceção relevante)	Sim
Conduz corrente elétrica no estado líquido?	Sim	Não	—	Sim

EXERCÍCIOS ESSENCIAIS

1 (UFS-SE) Alotropia é o fenômeno que envolve diferentes substâncias:

a) simples, formadas pelo mesmo elemento químico.

b) compostas, formadas por diferentes elementos químicos.

c) simples, com a mesma atomicidade.

d) compostas, com a mesma fórmula molecular.

e) compostas, formadas pelos mesmos elementos químicos.

2 (PUC-MG) São elementos que apresentam formas alotrópicas:

a) hidrogênio e oxigênio.

b) fósforo e enxofre.

c) carbono e nitrogênio.

d) cálcio e silício.

3 (Esam-RN) Identifique a alternativa em que podem ocorrer variedades alotrópicas.

a) CO e CO_2.

b) C_2H_6 e enxofre.

c) Enxofre e oxigênio.

d) CH_4 e C_2H_6.

e) Oxigênio e CH_4.

4 (UFF-RJ) O oxigênio, fundamental à respiração dos animais, e o ozônio, gás que protege a Terra dos efeitos dos raios ultravioleta da luz solar, diferem quanto:

a) ao número de prótons dos átomos que entram em suas composições.

b) ao número atômico dos elementos químicos que os formam.

c) à configuração eletrônica dos átomos que os compõem.

d) à natureza dos elementos químicos que os originam.

e) ao número de átomos que compõem suas moléculas.

5 (FEI-SP) Uma das preocupações com a qualidade de vida do nosso planeta é a diminuição da camada de ozônio, substância que filtra os raios ultravioleta do Sol, que são nocivos à nossa saúde. Assinale a única alternativa falsa referente ao ozônio.

a) É uma molécula triatômica.

b) É uma forma alotrópica do gás oxigênio.

c) É uma substância molecular.

d) É um isótopo do elemento oxigênio.

e) Possui ligações covalentes.

6 (UFMT) Em 1974, Mário J. Molina e F. Sherwood Rowland lançaram uma ideia explosiva: baseados em cálculos teóricos, levantaram a hipótese de que o cloro proveniente de clorofluorcarbonos (compostos gasosos de carbono contendo cloro e flúor) poderia destruir o ozônio estratosférico. Esses gases, conhecidos como Freons ou pela sigla CFC, são utilizados principalmente como substâncias refrigerantes em geladeiras, condicionadores de ar etc. e, na época, eram empregados como propelentes em frascos de aerossóis.

Julgue os itens como verdadeiros ou falsos:

0. O oxigênio é um exemplo de substância simples.
1. O ozônio tem fórmula molecular O_2.
2. O ozônio é um gás que protege a Terra dos efeitos dos raios ultravioleta da luz solar.
3. O oxigênio e o ozônio diferem quanto ao número atômico dos elementos químicos que os formam.

7 (Uespi) O elemento químico fósforo pode ser encontrado na forma de duas substâncias simples: o fósforo branco, que é usado na produção de bombas de fumaça e cuja inalação provoca necrose dos ossos; e o fósforo vermelho, que é utilizado na fabricação de fósforo de segurança e se encontra na tarja da caixa, e não no palito. Sobre o fósforo, assinale a alternativa correta.

a) Estas duas formas de apresentação do fósforo são chamadas de alotrópicas.

b) Estas duas formas de apresentação do fósforo são chamadas de isotérmicas.

c) A diferença entre as duas formas de fósforo reside somente no estado físico.

d) O fósforo se apresenta na natureza em duas formas, chamadas de isobáricas.

e) Estas duas formas de apresentação do fósforo são chamadas de isotópicas.

8 (UFPel-RS) A respeito do enxofre rômbico e do enxofre monoclínico é correto afirmar que eles se constituem em:

a) formas alotrópicas do elemento químico enxofre, cuja fórmula é S_8.

b) átomos isótopos do elemento químico enxofre, cujo símbolo é S.

c) átomos isótopos do elemento químico enxofre, cuja fórmula é S_8.

d) formas alotrópicas do elemento químico enxofre, cujo símbolo é S.

e) formas isobáricas da substância química enxofre, cujo símbolo é S.

Conteúdo digital Moderna PLUS http://www.modernaplus.com.br
Exercícios adicionais

ESTABELEÇA CONEXÕES

MAPA CONCEITUAL DA UNIDADE F

Revise os conceitos estudados nesta unidade e decida como podem ser completados os locais em que aparecem os números.

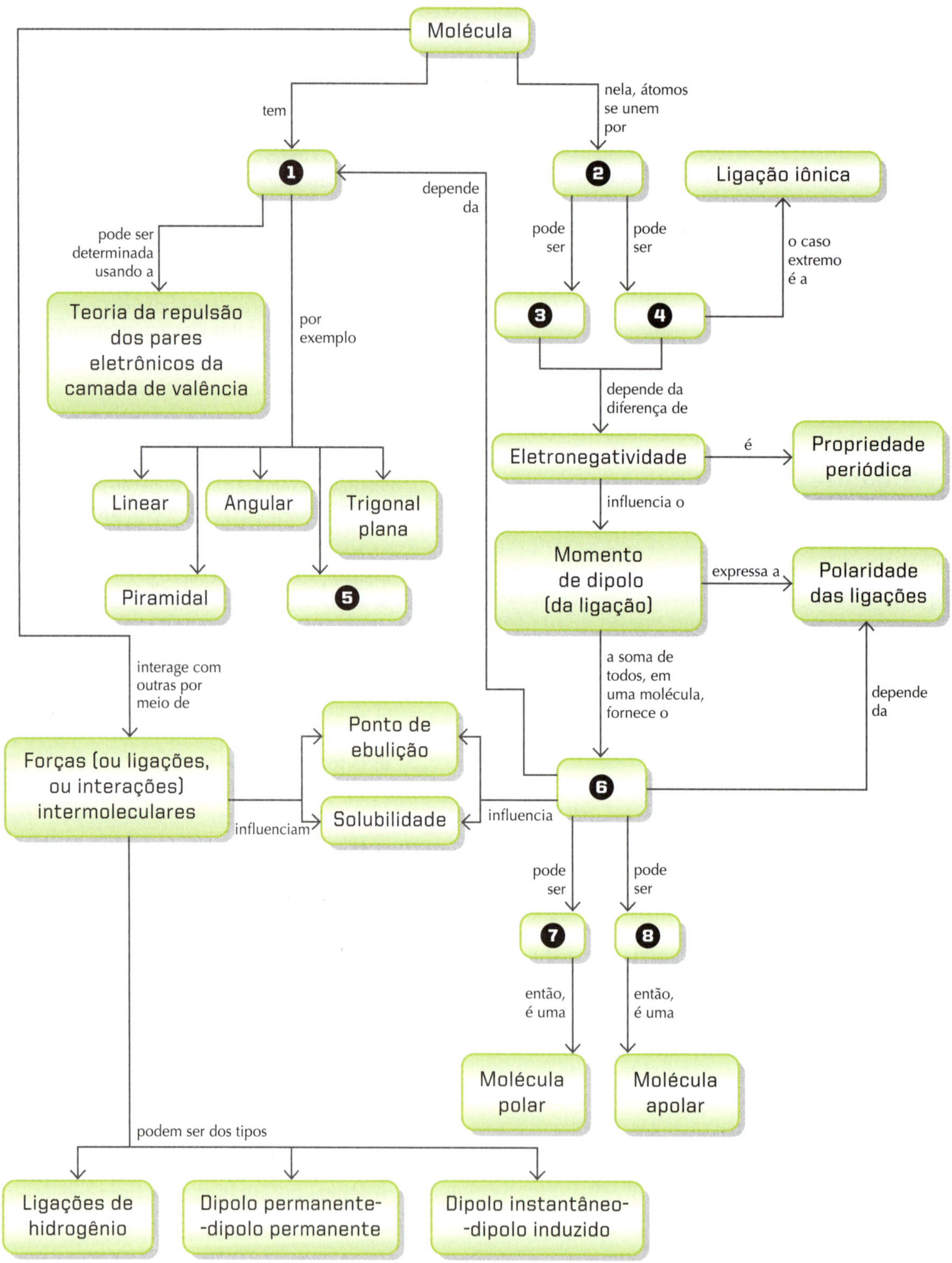

REVISE, RELACIONE E RESOLVA

Lembre-se de que um enunciado deve ser lido e relido até total compreensão.

(UnB-DF)

Na atualidade, um trabalho essencial do químico consiste em sintetizar novos materiais a partir do conhecimento das estruturas químicas e físicas de seus componentes. O estudo da estrutura química dos materiais projetados permite prever as suas propriedades físicas e químicas mesmo antes de eles serem sintetizados em laboratório. Isso se deve à relação entre as interações atômicas e as propriedades macroscópicas dos materiais. A respeito dessa relação, julgue os itens a seguir (em certos ou errados).

1) Entre outros fatores, a estrutura química de solventes para compostos polares deve apresentar átomos ligantes que tenham uma significativa diferença de eletronegatividade.
2) Devido à força elétrica entre os seus constituintes, os compostos iônicos geralmente são gasosos.
3) A ligação de hidrogênio é uma ligação química que ocorre apenas entre átomos de hidrogênio.
4) Um composto que tenha um átomo central com dois pares de elétrons não compartilhados e que seja unido a dois outros átomos apresentará uma configuração espacial trigonal plana.

Sugestão de encaminhamento

1

Lembre-se de que uma **solução** é uma mistura homogênea. Que condição um solvente líquido deve ter para que possa dissolver uma substância (soluto) que seja polar? Para que esse solvente satisfaça essa condição, que se pode afirmar sobre o **momento de dipolo resultante** ($\vec{\mu}_R$) de sua molécula? O momento de dipolo de uma molécula depende de duas coisas: do caráter polar ou apolar das ligações existentes na molécula e da geometria molecular (pois, dependendo dela, a soma dos vetores $\vec{\mu}$ das ligações polares pode resultar um $\vec{\mu}_R$ nulo ou não nulo). Levando isso em consideração, julgue a afirmação 1, na qual a expressão "átomos ligantes" pode ser entendida como "átomos que estão ligados".

2

Reveja os conceitos de ligação iônica e retículo cristalino iônico. Avalie a afirmativa 2.

3

Uma **ligação química** pode ser **interatômica** (iônica, covalente ou metálica) ou **intermolecular** (entre moléculas). Este último tipo pode ser dos tipos **dipolo instantâneo-dipolo induzido, dipolo permanente--dipolo permanente** ou **ligação** (ponte) **de hidrogênio**. Recorde cada um desses tipos e julgue a afirmação 3.

4

A afirmativa 4 descreve as características de certa molécula. Representando o átomo central por X e os átomos ligados a ele por Y, elabore a fórmula estrutural dessa molécula. Indique nela os pares de elétrons não compartilhados de X. Reveja a Teoria da Repulsão dos Pares Eletrônicos da Camada de Valência (VSEPR) e aplique-a para determinar a geometria dessa molécula. Julgue a afirmação 4.

Conteúdo digital Moderna PLUS http://www.modernaplus.com.br
Atividade de revisão

Capítulo

20 Condutividade elétrica de soluções aquosas

Soluções aquosas fazem parte dos seres vivos e estão muito presentes em nosso cotidiano. Para muitos aspectos da Química, é importante saber o que acontece com um soluto, do ponto de vista microscópico, quando ele se dissolve em água.

20.1 Fatos experimentais

Há soluções aquosas que apresentam alta condutividade elétrica, porém não são todas. $NaC\ell\ (aq)$ *e* $HC\ell\ (aq)$ *conduzem corrente elétrica, enquanto* $C_{12}H_{22}O_{11}\ (aq)$ *não conduz.*

20.2 Dissociação iônica e ionização

Quando são dissolvidos em água, o composto iônico $NaC\ell$ *sofre dissociação iônica, o composto molecular* $HC\ell$ *sofre ionização e o composto molecular* $C_{12}H_{22}O_{11}$ *não sofre nenhum desses dois fenômenos.*

20.3 Soluções eletrolíticas e soluções não eletrolíticas

Uma substância que, dissolvida em água, produza solução condutora de corrente elétrica é denominada eletrólito.

20.4 Comparando os comportamentos estudados

Em linhas gerais, é possível prever se uma determinada substância conduz corrente elétrica, quando pura ou quando em solução aquosa.

Substâncias moleculares não apresentam condutividade elétrica apreciável. A água é um exemplo de substância molecular. Apesar disso, sabe-se que a água do mar tem elevada capacidade de conduzir corrente elétrica. Após estudar este capítulo, tente explicar a razão disso.

Fatos experimentais

Objetivos

- Saber como é feito o teste de condutividade elétrica de uma solução.
- Indicar os resultados desse teste para algumas substâncias.

Termos e conceitos

- solução aquosa

A aparelhagem dos esquemas a seguir serve para testar se um material conduz a corrente elétrica. Um material que conduza corrente elétrica colocado em contato com as extremidades desencapadas dos fios faz a lâmpada acender. Utilizando um material não condutor, ela permanece apagada.

Vamos, agora, mostrar o resultado do teste de soluções aquosas de algumas substâncias. É importante salientar que estamos apenas relatando o resultado de experimentos que não sugerimos que sejam feitos por você. O experimento envolve riscos relacionados a choque elétrico e riscos relacionados à solução aquosa de cloreto de hidrogênio, que é altamente **corrosiva** e desprende **vapores tóxicos**.

ATENÇÃO

Esse experimento é enfocado por sua importância para o estudo da Química. Por ser perigoso (uso da rede elétrica), NÃO DEVE SER EXECUTADO PELOS ESTUDANTES, mesmo sob a supervisão do(a) professor(a). Além disso, o cloreto de hidrogênio, $HC\ell$, mesmo diluído, é corrosivo e desprende vapores irritantes, corrosivos e tóxicos.

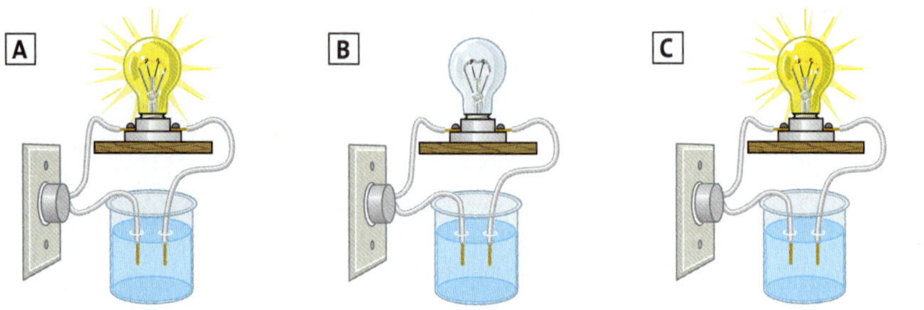

$NaC\ell$ dissolvido em água | $C_{12}H_{22}O_{11}$ dissolvido em água | $HC\ell$ dissolvido em água

Observe os resultados experimentais ilustrados nos esquemas A, B e C e lembre-se de que **solução** é uma *mistura homogênea* e de que **solução aquosa de uma substância** é *uma mistura homogênea formada pela substância e pela água*.

A solução aquosa de cloreto de sódio ($NaC\ell$) conduz corrente elétrica, como evidenciado em A. Testes similares permitiram enunciar, de modo geral, que:

> As substâncias iônicas, quando dissolvidas em água, produzem uma solução que **conduz** corrente elétrica.

O açúcar de cana ($C_{12}H_{22}O_{11}$) e o cloreto de hidrogênio ($HC\ell$) são ambos moleculares. Conforme revelou a experiência feita, a solução aquosa de açúcar não conduziu corrente elétrica (esquema B), mas a solução de cloreto de hidrogênio sim (esquema C). Muitos testes desse tipo, feitos em laboratório com soluções aquosas de substâncias moleculares, permitiram generalizar:

> Algumas substâncias moleculares, quando dissolvidas em água, produzem solução aquosa que **não conduz** corrente elétrica. Exemplos delas são o açúcar de cana (açúcar comum, ou sacarose, $C_{12}H_{22}O_{11}$), a glicose ($C_6H_{12}O_6$), o álcool comum (C_2H_6O) e a ureia (CH_4N_2O).

> Algumas substâncias moleculares, quando dissolvidas em água, produzem solução aquosa que **conduz** corrente elétrica. Exemplos são o cloreto de hidrogênio ($HC\ell$), o brometo de hidrogênio (HBr) e a amônia (NH_3).

Compreenda a meta deste capítulo

O que aparece destacado nos três esquemas acima são fatos experimentais. Como explicá-los? É possível prever se determinada substância produzirá solução aquosa condutora de corrente elétrica? Existe relação entre a composição química de uma substância e o fato de sua solução conduzir, ou não, eletricidade?

São algumas perguntas que começaremos a responder neste capítulo.

Seção 20.2

Dissociação iônica e ionização

Objetivos

▸ Explicar os resultados do teste de condutividade elétrica de soluções aquosas de $NaC\ell$, $C_{12}H_{22}O_{11}$ e $HC\ell$.

▸ Interpretar a equação química que representa o que ocorre quando $NaC\ell$, $C_{12}H_{22}O_{11}$ ou $HC\ell$, se dissolvem em água.

Termos e conceitos

- dissolver
- dissolução
- dissociação iônica
- ionização

1 O $NaC\ell$ sofre dissociação iônica

Como vimos no capítulo 15, um material pode conduzir corrente elétrica desde que apresente cargas elétricas livres para se movimentarem.

Vamos utilizar essa ideia para entender a explicação proposta pelos químicos para o fato de algumas soluções conduzirem a corrente elétrica e outras não.

Quando o cloreto de sódio é dissolvido em água (lembre-se: *dissolver* é o ato de fazer uma solução), os íons presentes no seu retículo cristalino são separados por ação da água. O esquema a seguir dá uma ideia desse acontecimento microscópico.

ESQUEMA DA DISSOCIAÇÃO IÔNICA DO $NaC\ell$

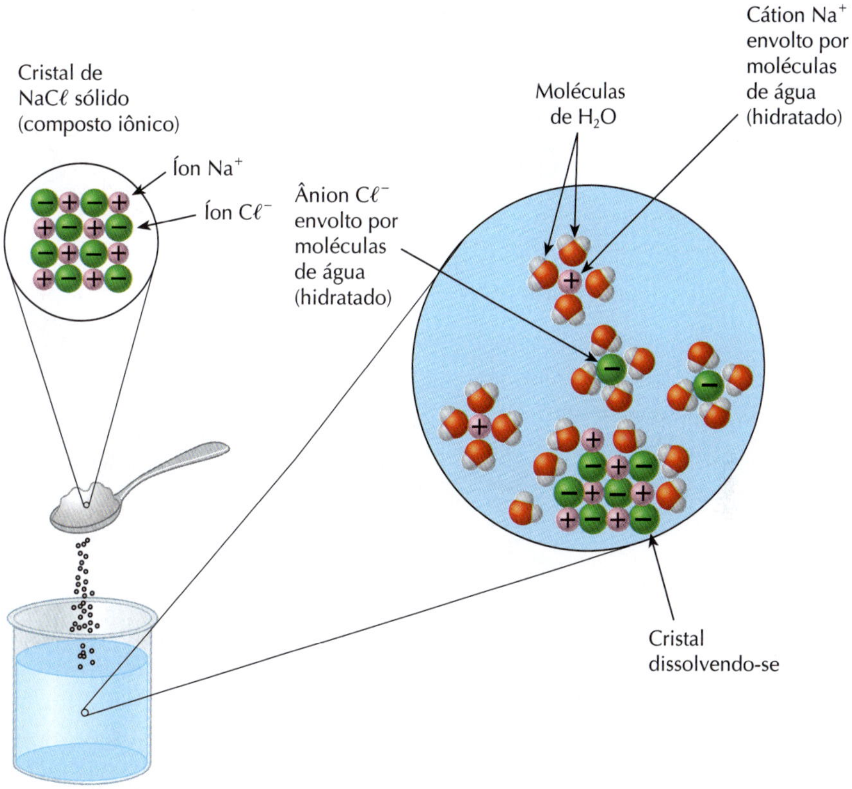

Essa separação é denominada **dissociação iônica**. A palavra dissociação relaciona-se ao verbo dissociar, que quer dizer separar. Assim, a expressão dissociação iônica significa, literalmente, separação dos íons.

> **Dissociação iônica** é a separação dos íons de uma substância iônica, que acontece quando ela se dissolve em água.

Perceba que a solução aquosa de cloreto de sódio tem íons livres e, portanto, isso está de acordo com o fato de ela conduzir corrente elétrica.

A dissociação iônica do NaCℓ em água pode ser assim equacionada:

$$NaC\ell\ (s) \rightarrow Na^{+}\ (aq) + C\ell^{-}\ (aq)$$

> Em uma equação química:
> (s) indica sólido; (ℓ) indica líquido; (g) indica gasoso; (aq) indica aquoso.

2 O açúcar NÃO sofre dissociação iônica

O açúcar de cana ($C_{12}H_{22}O_{11}$), ao contrário do sal, é uma substância formada por moléculas. Quando ele se dissolve em água, suas moléculas são separadas pela ação da água.

O esquema a seguir representa esse acontecimento microscópico. Perceba que a solução formada não apresenta íons e, portanto, não conduz eletricidade.

ESQUEMA DA DISSOLUÇÃO DO AÇÚCAR EM ÁGUA

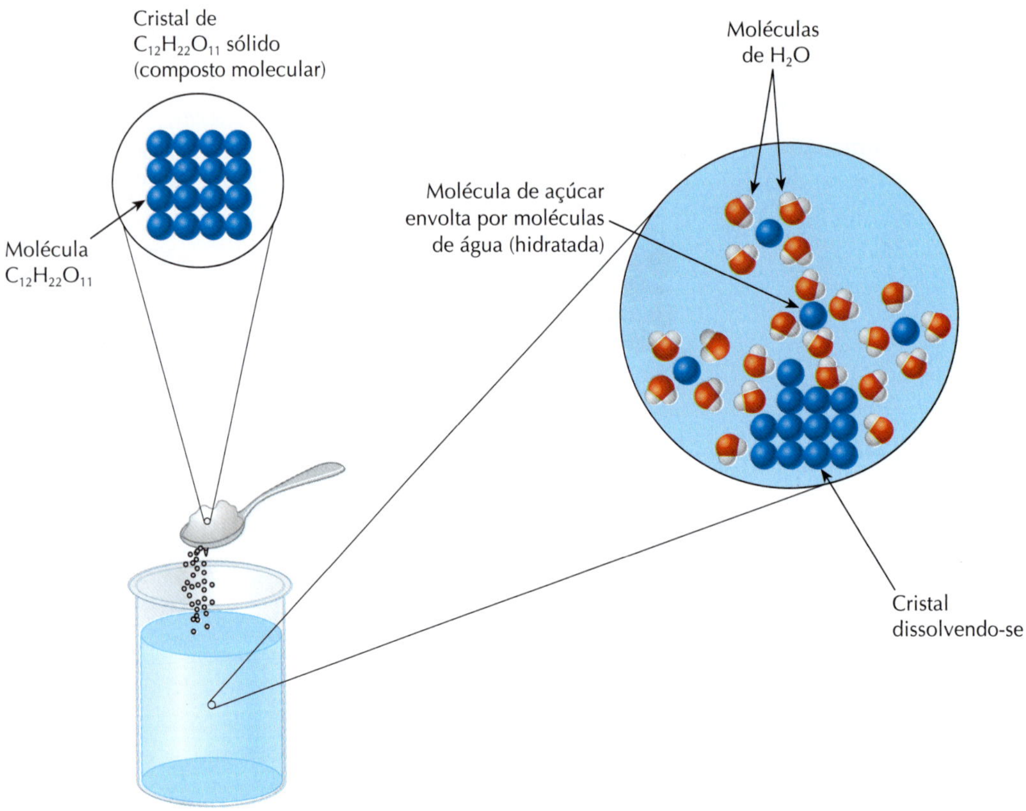

A separação das moléculas do açúcar **não** pode ser chamada de dissociação iônica, uma vez que não há íons se separando. Tal processo não possui nenhum nome em particular. Se você precisar se referir a esse acontecimento, diga apenas que "o açúcar **se dissolveu** em água". (Mais uma vez, lembre-se de que **dissolver** é o ato de fazer uma solução!)

A dissolução do açúcar em água pode ser assim equacionada:

$$C_{12}H_{22}O_{11}\ (s) \rightarrow C_{12}H_{22}O_{11}\ (aq)$$

> **Não confunda dissolução com dissociação iônica!**
>
> Dissolução = ato de dissolver, processo que ocorre quando uma substância se dissolve em outra.
>
> Dissociação iônica = separação de íons.

3 O HCℓ sofre ionização

O que ocorre ao dissolver o cloreto de hidrogênio (HCℓ) em água é um pouco diferente. O cloreto de hidrogênio é uma substância molecular. Os químicos concluíram que, quando ele se dissolve em água, suas moléculas não são apenas separadas e se dispersam na água, mas também são "quebradas" sob a ação desse líquido.

Nessa quebra, ambos os elétrons da ligação covalente entre H e Cℓ permanecem com o cloro; nenhum fica com o hidrogênio. Assim, ocorre a formação do cátion H^+ e do ânion $Cℓ^-$. Esse acontecimento é denominado **ionização**.

> **Ionização** é a formação de íons que acontece quando **algumas** substâncias moleculares se dissolvem em água. Exemplos de substâncias que se ionizam ao serem dissolvidas em água são o cloreto de hidrogênio (HCℓ), o brometo de hidrogênio (HBr) e a amônia (NH_3). Nem todas as substâncias moleculares sofrem ionização ao se dissolverem em água.

O esquema a seguir ilustra esse acontecimento microscópico. As moléculas de HCℓ espalham-se pela água e são quebradas, originando os íons H^+ e $Cℓ^-$. A solução resultante conduz eletricidade porque apresenta íons livres para se movimentarem.

ESQUEMA DA IONIZAÇÃO DO HCℓ

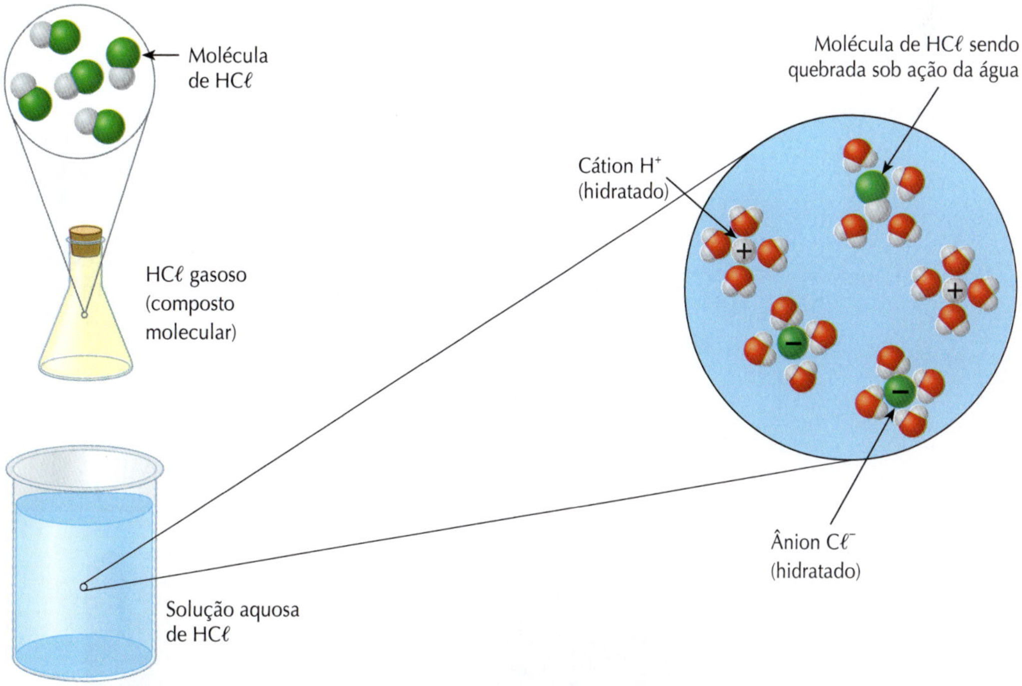

A ionização do HCℓ em água pode ser assim equacionada:

$$HCℓ\,(g) \rightarrow H^+\,(aq) + Cℓ^-\,(aq)$$

Esteja atento ao uso correto das palavras

Na **dissolução** do NaCℓ em água ocorre **dissociação iônica**.
Na **dissolução** do HCℓ em água ocorre **ionização**.
Na **dissolução** do $C_{12}H_{22}O_{11}$ em água **não** ocorre dissociação iônica nem ionização.

Seção 20.3

Soluções eletrolíticas e soluções não eletrolíticas

Objetivo

▸ Contrapor solução eletrolítica e solução não eletrolítica

Termos e conceitos

- solução iônica
- solução eletrolítica
- solução molecular
- solução não eletrolítica
- eletrólito

Vimos que as substâncias iônicas (aqui representadas pelo NaCℓ) sofrem dissociação iônica ao se dissolverem em água e produzem soluções contendo íons. Tais soluções conduzem corrente elétrica.

Quanto às substâncias moleculares, dois comportamentos são possíveis. Algumas se comportam como o cloreto de hidrogênio (HCℓ), ionizando-se em água e produzindo uma solução que contém íons e que, portanto, é condutora elétrica. Outras substâncias moleculares se comportam como o açúcar ($C_{12}H_{22}O_{11}$) e não sofrem ionização. Elas produzem uma solução que não conduz corrente elétrica. Os químicos utilizam as seguintes denominações:

Solução iônica ou **solução eletrolítica** é aquela que contém íons e, portanto, é condutora elétrica.

Solução molecular ou **solução não eletrolítica** é aquela que não contém íons e, portanto, não é condutora elétrica.

As substâncias que, dissolvidas em água, produzem solução condutora de corrente elétrica são denominadas **eletrólitos**.

Os eletrólitos nada mais são que as substâncias que, ao serem dissolvidas em água, sofrem dissociação iônica ou sofrem ionização.

Pesquise e aprenda

Qual é a importância dos eletrólitos no sangue humano e nos demais líquidos corporais?

O poraquê, uma espécie de peixe-elétrico, é capaz de produzir descargas elétricas que entorpecem suas presas. Isso só é possível porque a água, doce ou salgada, possui eletrólitos.

Conteúdo digital Moderna PLUS http://www.modernaplus.com.br
Texto: *Água da torneira e corrente elétrica*

Seção 20.4

Comparando os comportamentos estudados

Objetivo

▶ Generalizar o comportamento de condutividade elétrica de substâncias puras e de soluções.

Termos e conceitos

- **substância iônica**
- **substância molecular**
- **substância metálica**

O esquema a seguir compara cloreto de sódio, sacarose e cloreto de hidrogênio, as três substâncias que usamos como exemplo, puras e em solução aquosa.

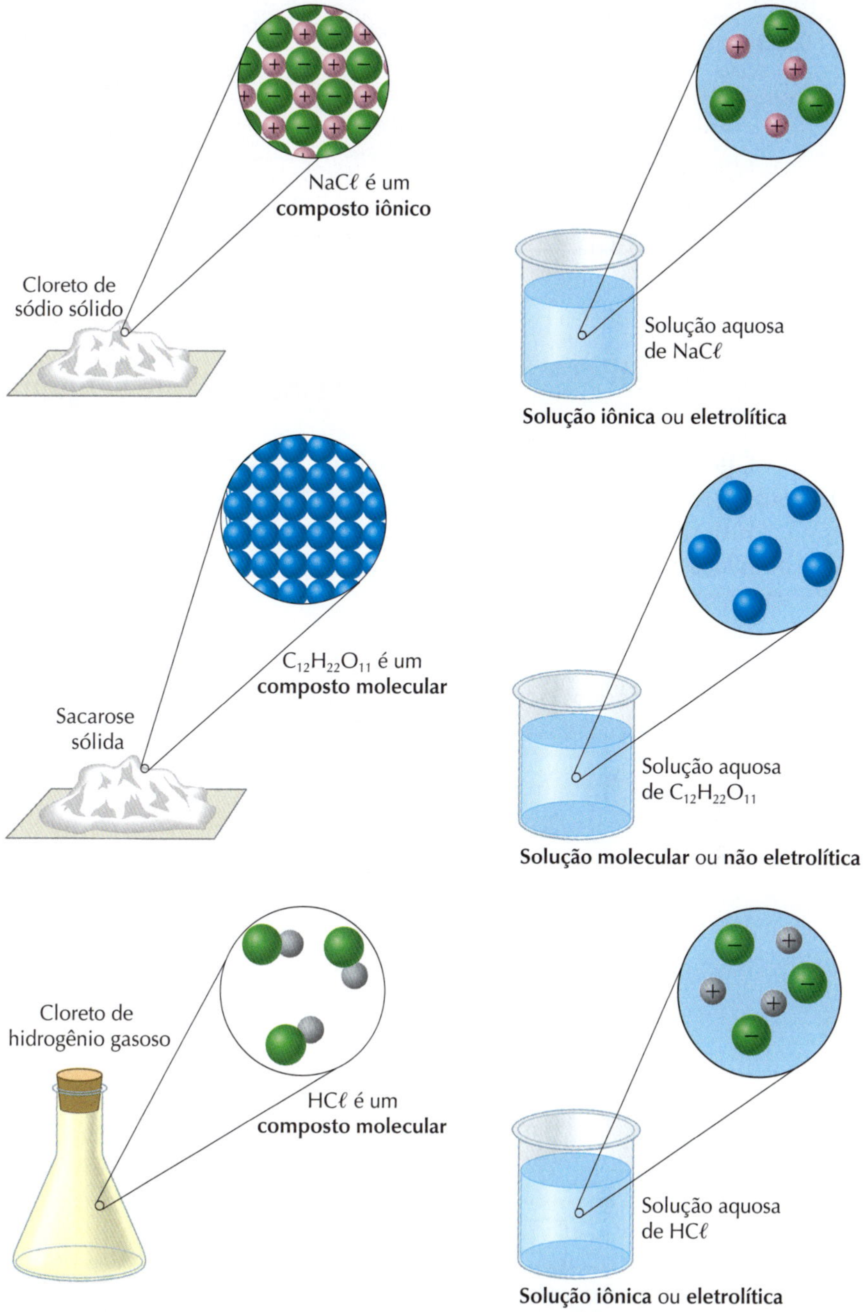

Podemos, agora, reunir o que estudamos neste capítulo e na unidade E em um único esquema, que mostra as situações práticas em que há interesse de saber se uma substância conduz, ou não, corrente elétrica, *à pressão ambiente*.

Note que neste esquema são incluídas informações sobre as substâncias metálicas, estudadas no capítulo 15. No entanto, nenhuma informação foi incluída sobre condutividade elétrica de suas soluções aquosas, já que substâncias metálicas não são solúveis em água.

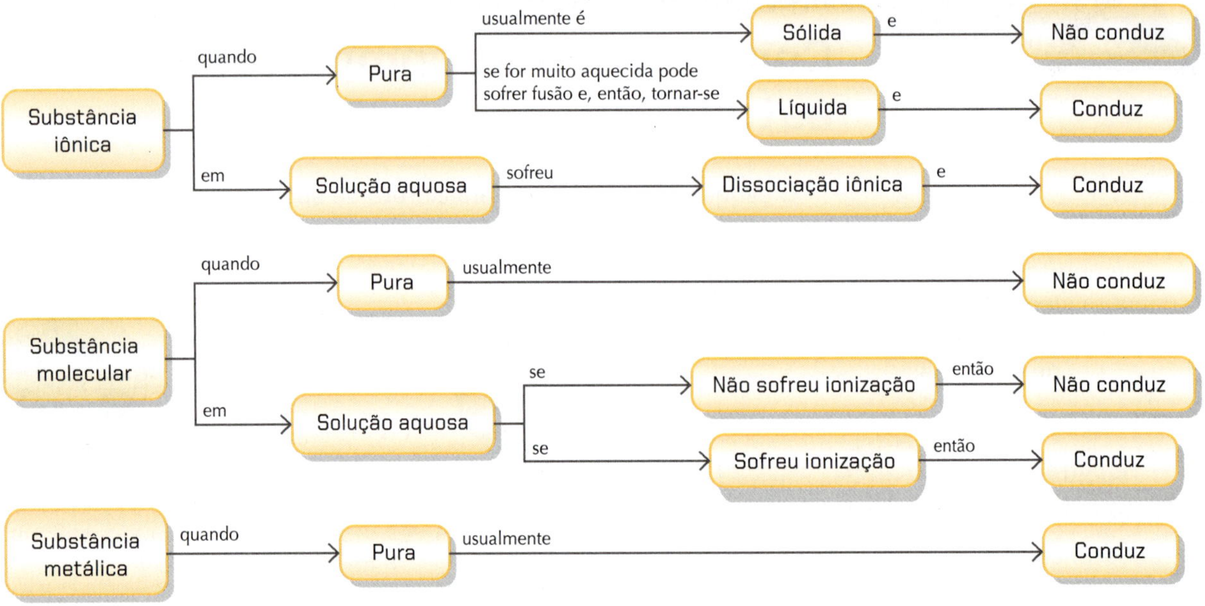

Resta uma interessante pergunta

É totalmente normal e compreensível que, neste momento, você tenha a seguinte dúvida: como eu posso prever se uma substância molecular sofrerá ionização ao ser dissolvida em água?

Historicamente, essa pergunta só pode ser respondida após os químicos testarem um grande número de soluções de substâncias moleculares. Não é em poucas palavras que podemos responder de modo abrangente.

Há, contudo, alguns casos muito significativos para a Química do ensino médio, que **serão estudados oportunamente**. Esses casos relevantes de substâncias moleculares que se ionizam quando dissolvidas em água são os ácidos inorgânicos e a amônia (estudados no capítulo 21), os ácidos carboxílicos, os fenóis e as aminas (estudados na Química Orgânica).

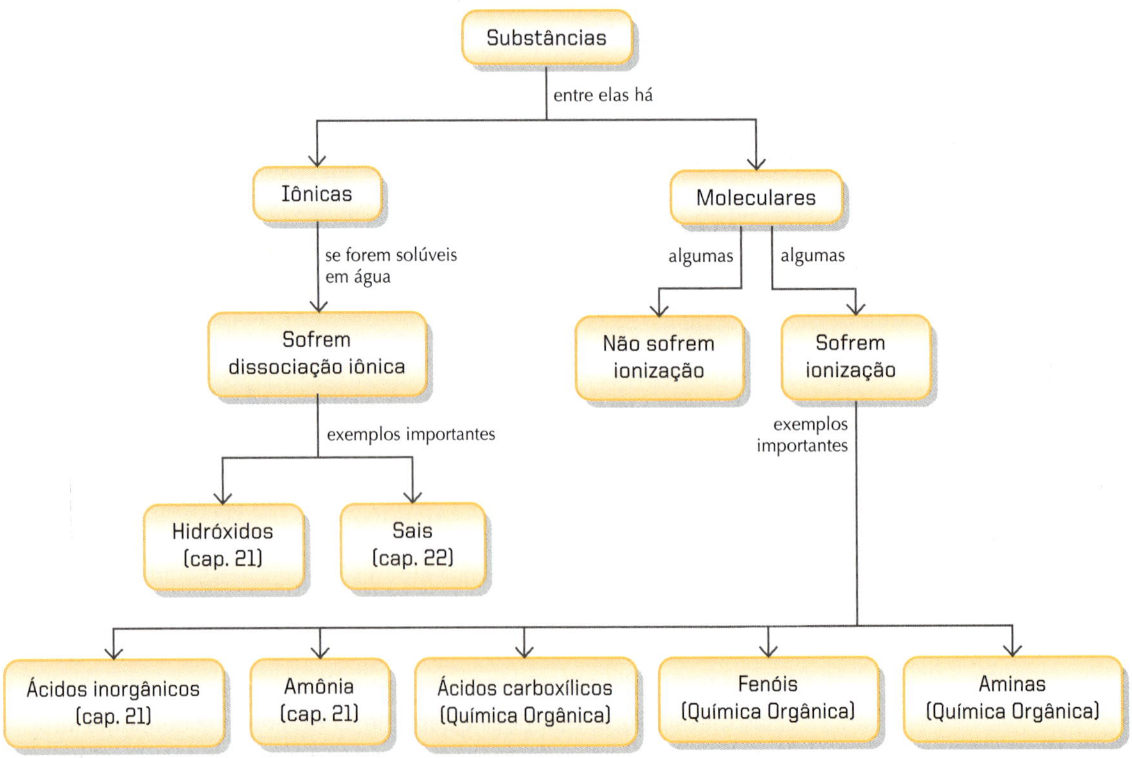

1 (Unama) O cloreto de cálcio — $Ca(C\ell)_2$ — é um sólido iônico. O cloridreto — $HC\ell$ — é um gás de caráter ácido. As soluções aquosas desses compostos conduzem corrente elétrica porque o ...

a) $Ca(C\ell)_2$ se ioniza e o $HC\ell$ se dissocia.
b) $Ca(C\ell)_2$ se ioniza e o $HC\ell$ se dissolve.
c) $Ca(C\ell)_2$ se dissocia e o $HC\ell$ se ioniza.
d) $Ca(C\ell)_2$ se dissolve e o $HC\ell$ se dissocia.

2 (UFCar-SP) Sal de cozinha (cloreto de sódio) e açúcar (sacarose) são sólidos brancos solúveis em água. Suas soluções aquosas apresentam comportamentos completamente diferentes quanto à condução de corrente elétrica. É correto afirmar que:

a) o cloreto de sódio é um composto iônico e sua solução aquosa conduz corrente elétrica, devido à presença de moléculas de $NaC\ell$. A sacarose é um composto covalente e sua solução aquosa tem viscosidade muito alta, diminuindo a condutividade da água.
b) uma substância como o cloreto de sódio, que em solução aquosa forma íons, é chamada de eletrólito. A solução de sacarose conduz corrente elétrica, devido à formação de ligações de hidrogênio entre as moléculas de sacarose e água.
c) o cloreto de sódio é um composto iônico e suas soluções aquosas conduzem corrente elétrica, devido à presença de íons livres. A sacarose é um composto constituído de moléculas e suas soluções aquosas não conduzem corrente elétrica, pois as moléculas neutras de sacarose não contribuem para o transporte de cargas.
d) a dissolução de sacarose em água leva à quebra das moléculas de sacarose em glicose e frutose e estas moléculas conduzem corrente elétrica. A solução de sal, por sua vez, apresenta condutividade menor que a da água destilada.
e) soluções aquosas de sacarose ou de cloreto de sódio apresentam condutividade elétrica maior do que aquela apresentada pela água pura, pois há formação de soluções eletrolíticas. Os íons formados são os responsáveis pelo transporte de cargas em ambos os casos.

3 (UFPE) Considere a figura a seguir:

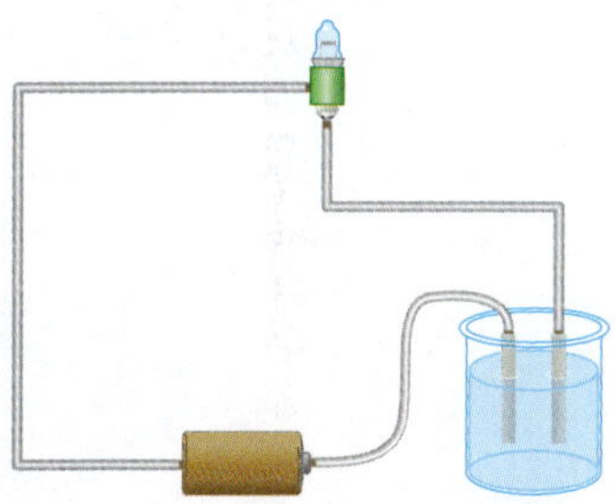

e as seguintes possibilidades para o líquido existente no interior do copo:

I. H_2O
II. H_2O + glicose
III. H_2O + sal de cozinha

Qual alternativa melhor descreve a condição da lâmpada?

a) Acesa em II e apagada nas demais.
b) Apagada em I e acesa nas demais.
c) Apagada em I e II.
d) Acesa em I, II e III.
e) Acesa em I e apagada nas demais.

4 (Uerj) A experiência a seguir é largamente utilizada para diferenciar soluções eletrolíticas de soluções não eletrolíticas. O teste está baseado na condutividade elétrica e tem como consequência o acendimento da lâmpada.

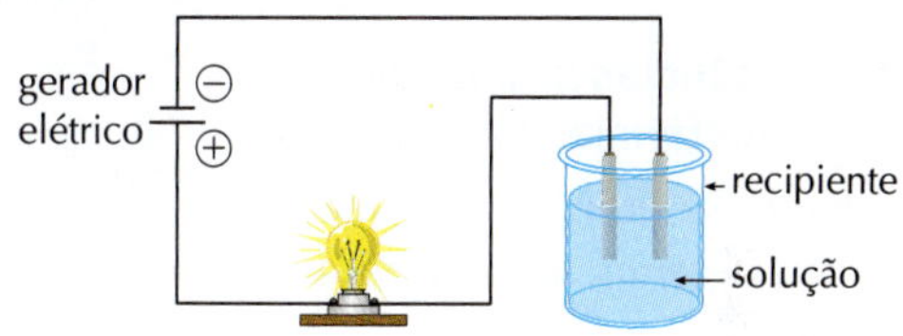

A lâmpada acenderá quando no recipiente estiver presente a seguinte solução:

a) O_2 (ℓ)
b) H_2O (ℓ)
c) $HC\ell$ (aq)
d) $C_6H_{12}O_6$ (aq)

5 (UFPI) Uma das características de substâncias que apresentam ligação iônica é:

a) apresentar ponto de fusão inferior a 150 °C.
b) conduzir corrente elétrica no estado sólido.
c) ser um líquido com ponto de ebulição superior a 150 °C.
d) apresentar os íons agrupados através de pontes de hidrogênio.
e) conduzir corrente elétrica em solução aquosa ou no estado fundido.

6 (Unifor-CE) A boa condutibilidade elétrica das soluções aquosas de cloreto de sódio deve-se ao movimento de:

a) elétrons livres.
b) elétrons compartilhados.
c) moléculas solvatadas.
d) moléculas dispersas.
e) íons dispersos.

7 (PUC-RJ) Escolha, entre as substâncias abaixo, aquela que tem as seguintes propriedades: não conduz a corrente elétrica no estado sólido, mas conduz em solução e é solúvel em solventes polares, como a água.

a) $NaC\ell$.
b) Na.
c) $HC\ell$.
d) $C\ell_2$.
e) H_2.

Conteúdo digital Moderna PLUS http://www.modernaplus.com.br
Exercícios adicionais

Capítulo

21 Ácidos e bases

As propriedades coletivas dos ácidos se devem ao íon H^+ e as propriedades coletivas das bases se devem ao íon OH^-.

21.1 Substâncias orgânicas *versus* substâncias inorgânicas

As substâncias químicas se dividem em duas categorias, as inorgânicas e as orgânicas.

21.2 Conceituação de ácidos e de bases

Na definição de Arrhenius, ácidos são substâncias que, ao se dissolverem em água, liberam H^+ (ou H_3O^+) como único cátion. Bases, ao se dissolverem em água, liberam OH^- como único ânion.

21.3 Ácidos

A ionização de um monoácido é representada por uma equação química e a ionização dos demais ácidos (diácidos etc.) é representada por um conjunto de equações, uma para cada etapa.

21.4 Bases

A amônia possui características bem diferentes das dos hidróxidos de metais. A escala de pH expressa a acidez ou a basicidade de uma solução aquosa (meio aquoso).

Um equilíbrio delicado

Durante a digestão, várias enzimas atuam sobre o alimento ingerido, transformando-o de modo que possa ser absorvido pelas células do corpo. No estômago, a ação enzimática depende fortemente da acidez.

Suco gástrico

O suco gástrico produzido no estômago é composto de algumas enzimas e ácido clorídrico.

Representação artística com cores fantasia, fora de escala e órgãos deslocados.

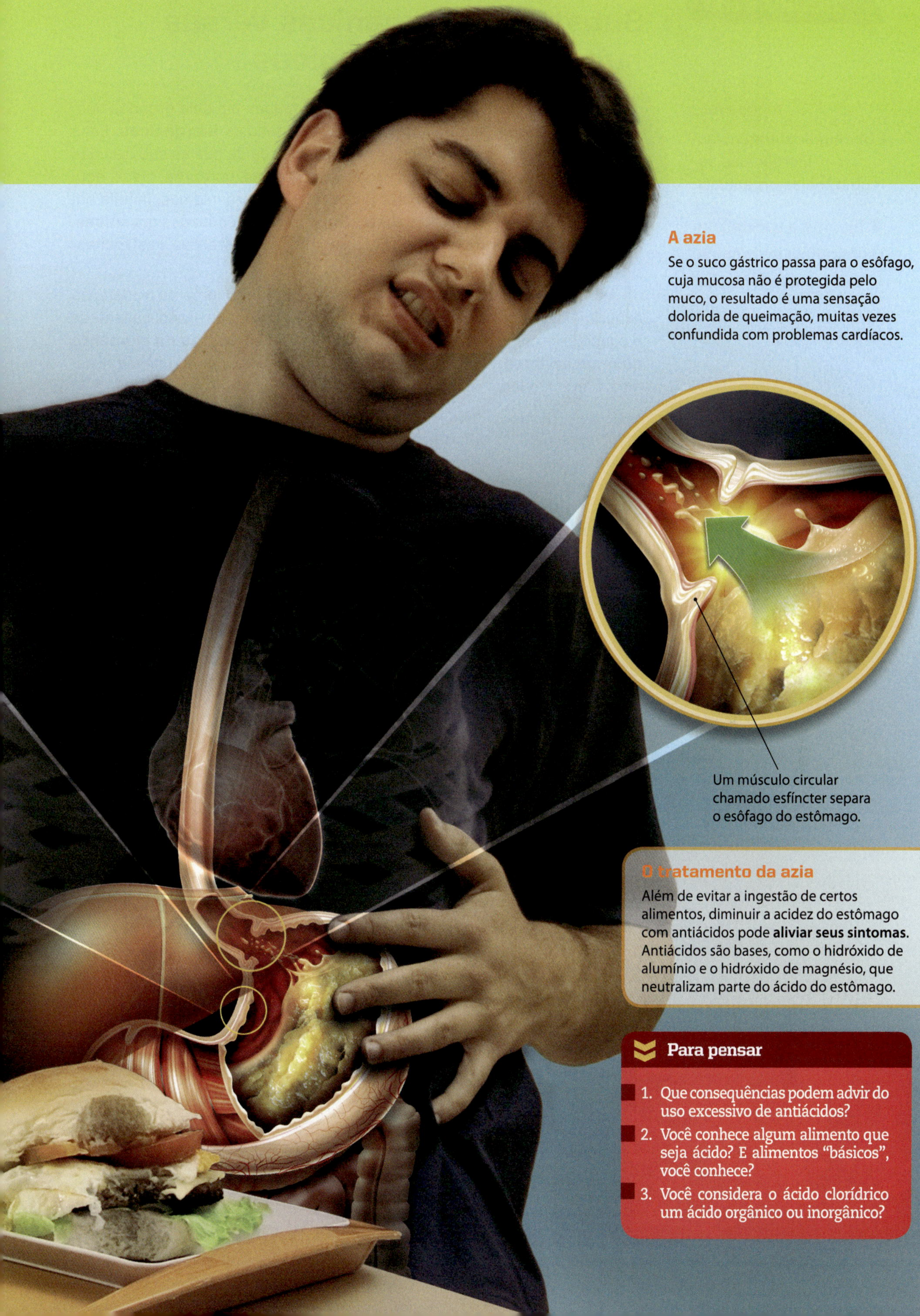

A azia

Se o suco gástrico passa para o esôfago, cuja mucosa não é protegida pelo muco, o resultado é uma sensação dolorida de queimação, muitas vezes confundida com problemas cardíacos.

O tratamento da azia

Além de evitar a ingestão de certos alimentos, diminuir a acidez do estômago com antiácidos pode **aliviar seus sintomas.** Antiácidos são bases, como o hidróxido de alumínio e o hidróxido de magnésio, que neutralizam parte do ácido do estômago.

Para pensar

1. Que consequências podem advir do uso excessivo de antiácidos?
2. Você conhece algum alimento que seja ácido? E alimentos "básicos", você conhece?
3. Você considera o ácido clorídrico um ácido orgânico ou inorgânico?

Seção 21.1

Substâncias orgânicas *versus* substâncias inorgânicas

Objetivo

- Distinguir substâncias inorgânicas de substâncias orgânicas.

Termos e conceitos

- substância inorgânica
- substância orgânica

As substâncias químicas podem ser agrupadas em dois grandes conjuntos: as substâncias **orgânicas** e as substâncias **inorgânicas**. Essa distinção é muito antiga e iniciou-se com a crença de que as substâncias presentes nos seres vivos (por exemplo, proteínas, gorduras, óleos, açúcares e vitaminas) só podiam ser produzidas por organismos, jamais em ambiente de laboratório. Tais substâncias foram denominadas **orgânicas**. Todas as demais substâncias (por exemplo, as existentes nas rochas) foram denominadas **inorgânicas**.

A crença mencionada ruiu no século XIX, graças a inúmeras evidências experimentais obtidas por químicos da época. A partir de então, passou-se a considerar como **substâncias orgânicas** os **compostos do elemento químico carbono**. Eles são o objeto de estudo da chamada Química Orgânica. Por outro lado:

> São denominadas **substâncias inorgânicas** aquelas que não contêm carbono em sua composição. Também são consideradas inorgânicas algumas substâncias que contêm carbono; é o caso do dióxido de carbono, do monóxido de carbono, da grafite, do diamante, do ácido carbônico, do ácido cianídrico, dos sais carbonatos e dos sais cianetos.

O carbonato de cálcio ($CaCO_3$), constituinte do esqueleto de corais, é um exemplo de substância inorgânica que contém carbono.

As substâncias inorgânicas são o objeto de estudo da **Química Inorgânica**.

Substâncias

podem ser

Orgânicas

exemplos

- metano, CH_4
- etano, C_2H_6
- eteno, C_2H_4
- etino, C_2H_2
- benzeno, C_6H_6
- metanol, CH_3OH
- etanol, CH_3CH_2OH
- ácido acético, CH_3COOH
- acetona, CH_3COCH_3
- éter comum, $CH_3CH_2OCH_2CH_3$
- clorometano, $CH_3C\ell$
- diclorometano, $CH_2C\ell_2$
- clorofórmio, $CHC\ell_3$
- tetracloreto de carbono, $CC\ell_4$
- metilamina, CH_3NH_2
- ácido benzoico, C_6H_5COOH
- proteínas
- gorduras
- óleos
- açúcares
- vitaminas

necessariamente

CONTÊM carbono

Inorgânicas

exemplos

- água, H_2O
- ácido clorídrico, $HC\ell$
- ácido bromídrico, HBr
- ácido nítrico, HNO_3
- ácido sulfúrico, H_2SO_4
- ácido fosfórico, H_3PO_4
- hidróxido de sódio, NaOH
- hidróxido de potássio, KOH
- hidróxido de magnésio, $Mg(OH)_2$
- hidróxido de cálcio, $Ca(OH)_2$
- hidróxido de alumínio, $A\ell(OH)_3$
- cloreto de sódio, $NaC\ell$
- nitrato de potássio, KNO_3
- sulfato de bário, $BaSO_4$
- fosfato de cálcio, $Ca_3(PO_4)_2$

NÃO contêm carbono

- dióxido de carbono, CO_2
- monóxido de carbono, CO
- ácido carbônico, H_2CO_3
- carbonato de sódio, Na_2CO_3
- carbonato de cálcio, $CaCO_3$
- ácido cianídrico, HCN
- cianeto de sódio, NaCN
- cianeto de potássio, KCN
- grafite, C (graf.)
- diamante, C (diam.)

são exemplos de substâncias inorgânicas que

CONTÊM carbono

Seção 21.2

Conceituação de ácidos e de bases

Objetivos

- Explicar as principais diferenças entre um ácido e uma base.
- Interpretar uma equação química que representa o que ocorre quando um ácido ou uma base se dissolve em água.

Termos e conceitos

- ácido
- base
- indicador ácido-base
- fenolftaleína
- tornassol
- dissociação iônica
- ionização

1 Definição operacional de ácidos e de bases

Existem em nosso cotidiano substâncias que apresentam sabor azedo, tais como o suco de limão e o vinagre. Há também substâncias que apresentam sabor adstringente, ou seja, "amarram" a boca. É o caso da banana, do caju e do caqui verdes e também do leite de magnésia. Na verdade, esses dois tipos de sabor, o azedo e o adstringente, caracterizam dois grandes grupos de substâncias: os ácidos e as bases.

ATENÇÃO

Jamais cheire ou coloque na boca uma substância empregada em experimentos.

Provar toda e qualquer substância a fim de classificá-la é, no mínimo, um **procedimento tolo e muito perigoso, que jamais deve ser feito**.

Químicos do passado perceberam que as substâncias de sabor azedo, os ácidos, quando misturadas ao suco de uva ou de amora, deixam esses materiais avermelhados.

Já as substâncias de sabor adstringente, as bases, deixam o suco da uva e o da amora azulados. Além disso, as bases deixam a pele escorregadia, como se estivesse com sabão. Isso acontece porque elas reagem com substâncias presentes na pele, destruindo-as e **provocando lesões**.

Ácidos são substâncias que avermelham o suco de uva ou de amora.

Bases são substâncias que azulam o suco de uva ou de amora.

Essas são **definições operacionais** de ácidos e bases, ou seja, **definições fundamentadas apenas em operações experimentais**, sem envolver nenhuma teoria microscópica a respeito do assunto.

A maioria das substâncias não se encaixa em nenhum desses dois grupos. É o caso, por exemplo, do cloreto de sódio (sal de cozinha), da sacarose (açúcar comum) e do etanol (álcool comum).

O suco de uva e o suco de amora são exemplos de *indicadores ácido-base*.

Indicador ácido-base é uma substância que apresenta uma determinada coloração em meio ácido e outra em meio básico.

Muitas flores contêm indicadores ácido-base naturais em suas pétalas. Esse é o caso de algumas hortênsias, como as da foto. Suas pétalas podem adquirir a cor rósea-avermelhada ou azul-arroxeada, dependendo de fatores como solo, adubação etc., que influenciam a acidez ou a basicidade das pétalas.

A fenolftaleína e o tornassol são alguns dos indicadores ácido-base mais utilizados em laboratório. As cores desses indicadores diante de ácidos e bases são as seguintes:

	Fenolftaleína	Tornassol
Meio ácido	Incolor	Vermelho
Meio básico	Rósea	Azul

O tornassol é conhecido pelos cientistas há bastante tempo. Como mostrado acima, ele adquire cor vermelha em meio ácido e cor azul em meio básico. Pode-se adquiri-lo (nas lojas de produtos químicos) em duas versões: *o papel de tornassol azul* e o *papel de tornassol vermelho*. Ambos consistem em tirinhas de papel contendo tornassol.

O papel de tornassol azul foi submetido, durante sua fabricação, ao contato com uma base, ficando azul. Num laboratório, esse papel é usado para testar se um certo material é ácido. Ácidos fazem-no mudar de cor, de azul para vermelho.

Já o papel de tornassol vermelho, ao contrário do anterior, tomou contato, ao ser industrializado, com um ácido. Isso o fez ficar vermelho. É útil, portanto, para indicar se um determinado material é básico, uma vez que substâncias básicas fazem-no mudar de vermelho para azul.

De onde vem o tornassol?

O tornassol é extraído de certos liquens. Liquens são organismos vivos formados pela associação entre algas e fungos.

A fenolftaleína permanece incolor em uma solução ácida (meio ácido) e fica rósea em solução básica (meio básico).

Ácidos avermelham o papel de tornassol azul (à esquerda) e bases azulam o papel de tornassol vermelho (à direita).

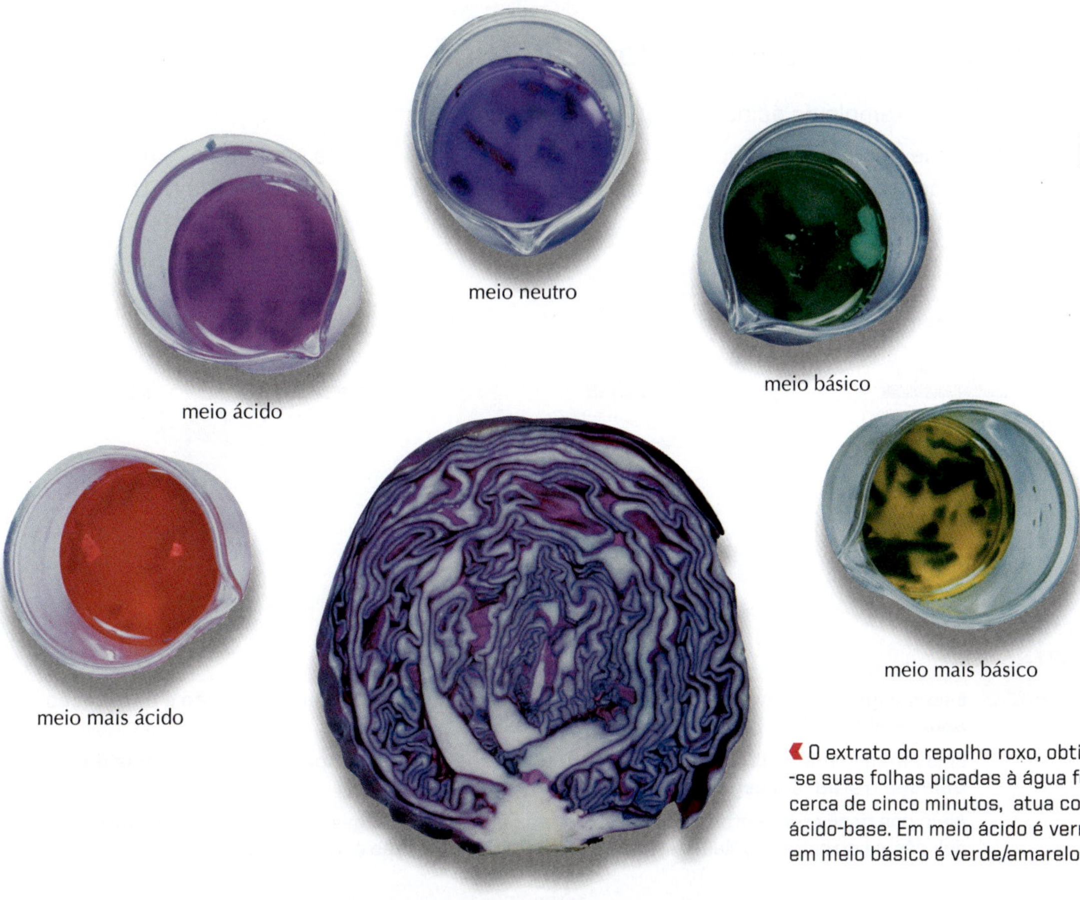

O extrato do repolho roxo, obtido submetendo-se suas folhas picadas à água fervente por cerca de cinco minutos, atua como indicador ácido-base. Em meio ácido é vermelho/róseo e em meio básico é verde/amarelo.

Indicadores ácido-base e produtos cotidianos

Usando indicadores ácido-base, como, por exemplo,

- solução de fenolftaleína em álcool,
- extrato de repolho roxo,
- trapos brancos umedecidos com suco de uva,
- trapos brancos umedecidos com suco de amora, é possível fazer a distinção entre meios ácidos e básicos. Veja os exemplos:

ATENÇÃO

Limpa-forno, líquido de bateria e ácido muriático são **extremamente perigosos**, e **NÃO devem ser manipulados pelos estudantes.**

Material	Fenolftaleína	Extrato de repolho roxo*	Suco de uva	Suco de amora	O meio é
Vinagre	Incolor	Vermelho	Avermelhado	Avermelhado	Ácido
Suco de limão	Incolor	Vermelho	Avermelhado	Avermelhado	Ácido
Refrigerante	Incolor	Vermelho	Avermelhado	Avermelhado	Ácido
Líquido de bateria	Incolor	Vermelho	Avermelhado	Avermelhado	Ácido
Ácido muriático	Incolor	Vermelho	Avermelhado	Avermelhado	Ácido
Solução de amônia	Rósea	Verde	Azulado	Azulado	Básico
Leite de magnésia	Rósea	Verde	Azulado	Azulado	Básico
Sabonete	Rósea	Verde	Azulado	Azulado	Básico
Limpa-forno	Rósea	Verde	Azulado	Azulado	Básico

Conteúdo digital Moderna PLUS http://www.modernaplus.com.br
Vídeo: *Indicadores ácido-base e produtos do cotidiano*

* Ao fazer a experiência, pode-se constatar a cor amarela em vez da verde, e rósea em vez da vermelha.

2 Ácidos, bases e condutividade elétrica

O HCℓ é um exemplo de ácido e o NaOH, um exemplo de base.

Se utilizássemos um aparelho para verificar a condutividade dos seguintes materiais: NaOH puro (sólido iônico), HCℓ puro (composto molecular gasoso), solução aquosa de NaOH e solução aquosa de HCℓ, verificaríamos que a lâmpada só acende no caso das duas soluções.

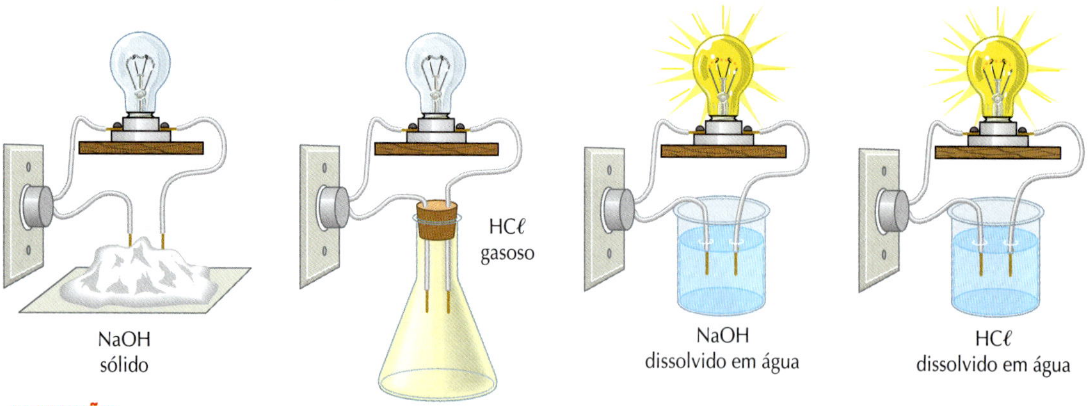

ATENÇÃO

Esses experimentos NÃO devem ser feitos pelo aluno, nem sob a supervisão e orientação do(a) professor(a).

Eles estão sendo aqui **APENAS RELATADOS para permitir a compreensão dos temas da Química tratados a seguir.**

Além dos riscos referentes à utilização da rede elétrica, o HCℓ gasoso é irritante e tóxico e sua solução é corrosiva. E o NaOH, sólido ou em solução, tem ação corrosiva sobre a pele e as mucosas.

Por que NaOH e HCℓ não conduzem corrente elétrica quando puros, mas quando dissolvidos em água passam a conduzir? Para explicar esse fato vamos partir da informação de que a corrente elétrica é um fluxo ordenado de cargas elétricas.

No NaOH sólido há íons (que são portadores de carga elétrica), mas eles não estão livres para se movimentar. Estão "travados" em suas respectivas posições no retículo cristalino iônico do composto. O HCℓ gasoso é formado por moléculas e, por isso, não conduz corrente elétrica.

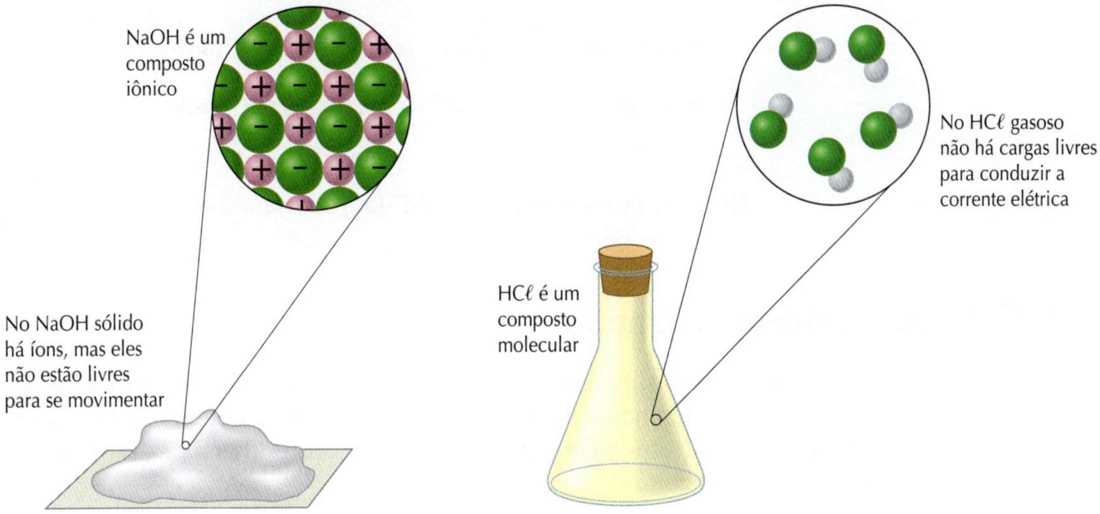

Já que as soluções de NaOH e HCℓ conduzem corrente elétrica, concluímos que nelas devem existir cargas elétricas livres para se movimentar. Que cargas são essas?

3 Bases sofrem dissociação iônica

Quando o NaOH se dissolve em água, sofre o processo de **dissociação iônica**, esquematizada a seguir. Conforme foi explicado na página 283, a dissociação iônica é a separação dos íons que ocorre quando uma substância iônica se dissolve em água.

DISSOCIAÇÃO IÔNICA DO NaOH

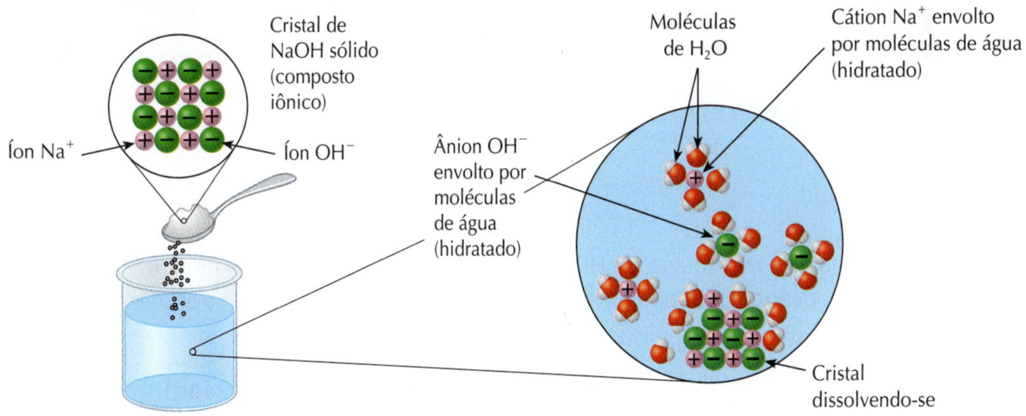

Para representar tal acontecimento, os químicos utilizam a seguinte equação química:

$$NaOH\ (s) \xrightarrow{H_2O} Na^+\ (aq) + OH^-\ (aq)$$

(Em palavras: NaOH sólido se dissolve em água produzindo íons Na^+ e OH^- em solução aquosa.)

> Em uma equação química:
> (s) indica sólido; (ℓ) indica líquido; (g) indica gasoso; (aq) indica aquoso.

Através da dissociação iônica passam a existir, na solução de NaOH, íons livres para se movimentar e, dessa forma, conduzir a corrente elétrica. Todas as substâncias iônicas, ao se dissolverem em água, sofrem o processo de dissociação iônica. Entre essas substâncias iônicas podemos destacar as **bases**, das quais NaOH é um exemplo. Outros exemplos de equações químicas que representam a dissociação iônica de bases são:

$$KOH\ (s) \xrightarrow{H_2O} K^+\ (aq) + OH^-\ (aq)$$

$$Ca(OH)_2\ (s) \xrightarrow{H_2O} Ca^{2+}\ (aq) + 2\ OH^-\ (aq)$$

$$A\ell(OH)_3\ (s) \xrightarrow{H_2O} A\ell^{3+}\ (aq) + 3\ OH^-\ (aq)$$

Note que as **bases** originam OH^- (aq) como único ânion.

4 Ácidos sofrem ionização

O $HC\ell$, por sua vez, é uma substância molecular, pois a ligação entre H e $C\ell$ é covalente. Como não há íons no $HC\ell$, ele não pode sofrer dissociação iônica (não podemos separar íons que não existem!). Ao dissolver $HC\ell$ em água ocorre o processo discutido na página 285 e reproduzido novamente na figura a seguir.

IONIZAÇÃO DO HCℓ

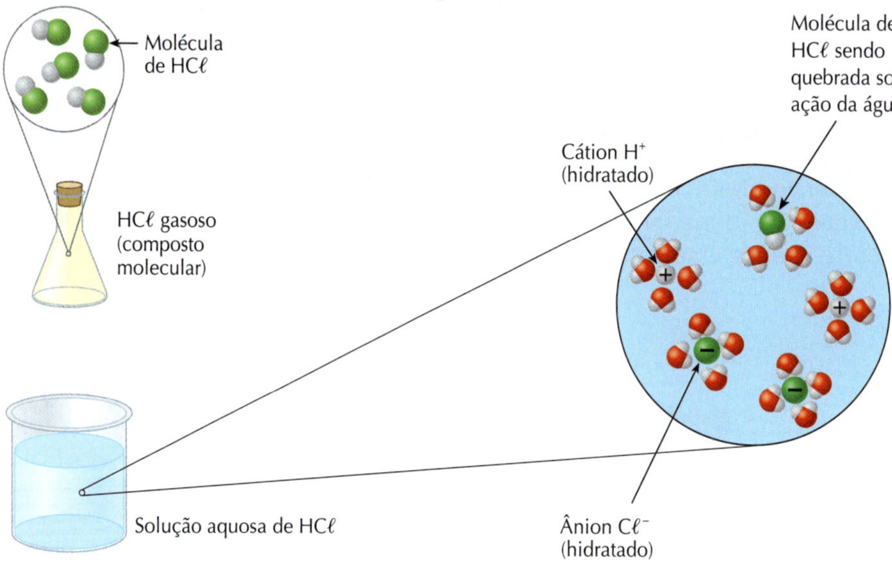

Note que as moléculas de $HC\ell$ são quebradas ao entrar em contato com a água, originando íons. Esse evento, chamado de **ionização**, também pode ser representado por uma equação química*:

$$HC\ell\ (g) \xrightarrow{H_2O} H^+\ (aq) + C\ell^-\ (aq)$$

(Em palavras: Moléculas de $HC\ell$ gasoso, ao se dissolverem em água, originam íons H^+ e $C\ell^-$ em solução aquosa.)

Devido à ionização, quando o $HC\ell$ se dissolve em água, são criados íons livres para conduzir a corrente elétrica. Como vimos no capítulo anterior, nem todos os compostos moleculares se ionizam em água: o açúcar da cana ($C_{12}H_{22}O_{11}$) e o álcool comum (C_2H_6O) são exemplos em que isso não ocorre.

* Veremos, mais à frente, que essa equação é mais bem representada da seguinte maneira:
$HC\ell\ (aq) + H_2O\ (\ell) \rightarrow H_3O^+\ (aq) + C\ell^-\ (aq)$

No momento estamos interessados em estudar os **ácidos**, compostos moleculares que sofrem ionização em água, sendo o HCℓ um exemplo. Outros exemplos são:

$$HBr\ (g) \xrightarrow{H_2O} H^+\ (aq) + Br^-\ (aq)$$

$$HNO_3\ (\ell) \xrightarrow{H_2O} H^+\ (aq) + NO_3^-\ (aq)$$

$$H_2SO_4\ (\ell) \xrightarrow{H_2O} 2\ H^+\ (aq) + SO_4^{2-}\ (aq)$$

Note que os **ácidos** originam H^+ (aq) como único cátion.

5 O conceito ácido-base de Arrhenius

Fundamentado em experiências de condutividade elétrica como as que descrevemos, o químico Arrhenius propôs, em 1887, as seguintes definições:

Ácido é todo composto que, dissolvido em água, origina H^+ como único cátion (o ânion varia de ácido para ácido).

Base é todo composto que, dissolvido em água, origina OH^- como único ânion (o cátion varia de base para base).

Assim, para Arrhenius, o íon H^+ é o responsável pela ação dos ácidos sobre indicadores e por sua corrosividade sobre certos materiais. Da mesma forma, o íon OH^- é o responsável pela ação das bases sobre indicadores e pelo ataque à pele, tornando-a escorregadia e provocando lesões.

Foto do químico sueco Svante Arrhenius, que recebeu o Prêmio Nobel, em 1903, por suas teorias sobre a dissociação de eletrólitos.

EXERCÍCIOS ESSENCIAIS

1 Cite algumas propriedades que permitam decidir se uma substância possui caráter ácido ou básico.

2 O que é um indicador ácido-base?

3 Cite dois indicadores ácido-base muito usados em laboratórios e três outros que podem ser extraídos de vegetais facilmente encontrados.

4 Quais dos seguintes materiais são condutores de corrente elétrica?

a) HCℓ puro gasoso.

b) HCℓ dissolvido em água.

c) NaOH puro sólido.

d) NaOH dissolvido em água.

5 Segundo Arrhenius, qual é o íon responsável pelas propriedades dos ácidos? E das bases?

6 Consulte a tabela periódica para obter as informações porventura necessárias e, a seguir, determine quantos:

a) prótons existem ao todo em cada um dos íons da resposta da questão anterior;

b) elétrons existem ao todo em cada um dos íons da resposta da questão anterior.

7 Os compostos de fórmulas HF, HCℓ, HBr, HI e H_2S estão entre as substâncias consideradas ácidos de Arrhenius.

Escreva a fórmula estrutural que representa a molécula de cada um deles.

8 Elabore a fórmula eletrônica (fórmula de Lewis) para o íon que, segundo Arrhenius, é o responsável pelas propriedades das bases. Que tipo de ligação química há entre os dois átomos presentes nesse íon?

Seção 21.3

Ácidos

Objetivos

- Nomear os principais ácidos, a partir de sua fórmula molecular.
- Escrever a fórmula molecular dos principais ácidos, a partir de seu nome.
- Representar a fórmula estrutural de um ácido.
- Equacionar a ionização de um ácido.

Termos e conceitos

- hidrácido
- oxiácido
- hidrogênio ionizável
- hidroxônio (ou hidrônio)

1 Fórmulas e nomenclatura

Os ácidos podem ser divididos em dois grupos: os que não contêm oxigênio (não oxigenados) e os que o contêm (oxigenados).

Ácidos não oxigenados (ou hidrácidos)

As substâncias HF, $HC\ell$, HBr, HI, H_2S e HCN são gasosas nas condições ambientes. Quando dissolvidas em água são consideradas ácidos, pois sofrem ionização liberando íons H^+.

Para denominar esse tipo de ácido, basta escrever o nome do elemento, seguido da terminação **ídrico**:

(elemento) .... **ídrico**

HF ácido fluor**ídrico**
$HC\ell$ ácido clor**ídrico**
HBr ácido brom**ídrico**
HI ácido iod**ídrico**
H_2S ácido sulf**ídrico**
(do latim *sulfur*, "enxofre")
HCN ácido cian**ídrico**

As substâncias HF, $HC\ell$, HBr, HI, H_2S e HCN são gases. Quando dissolvidas em água são denominadas ácidos, pois se ionizam liberando íons H^+.

Ovos contêm substâncias com átomos de enxofre em sua composição. Quando o ovo apodrece, essas substâncias dão origem ao H_2S, que é responsável pelo fétido odor de ovo podre.

Ácidos oxigenados (ou oxiácidos)

Há várias maneiras de ensinar a dar nome para os ácidos que contêm oxigênio. A que consideramos a mais prática para ser apresentada neste momento requer que se conheça a fórmula de seis ácidos, quatro dos quais são:

HNO_3	ácido nítr**ico**
$HC\ell O_3$	ácido clór**ico**
H_2SO_4	ácido sulfúr**ico**
H_3PO_4	ácido fosfór**ico**

Esses são os ácidos padrão para a nomenclatura. A partir deles, podemos deduzir outros nomes e outras fórmulas.

Perceba que todos esses nomes terminam em **ico**. A partir deles, acrescentando ou retirando oxigênios, conseguimos a fórmula de outros ácidos.

per: **"acima"**
hipo: **"abaixo"**

per .... (elemento) .... **ico**	
	+O ↑
.... (elemento) .... **ico**	
	−O ↓
.... (elemento) .... **oso**	
	−O ↓
hipo .... (elemento) .... **oso**	

Assim:

$HC\ell O_4$ ácido perclórico	—	—	—	**per** .... **ico**	
					+O ↑
$HC\ell O_3$ ácido clórico	H_2SO_4 ácido sulfúrico	HNO_3 ácido nítrico	H_3PO_4 ácido fosfórico	.... **ico**	
					−O ↓
$HC\ell O_2$ ácido cloroso	H_2SO_3 ácido sulfuroso	HNO_2 ácido nitroso	H_3PO_3 ácido fosforoso	.... **oso**	
					−O ↓
$HC\ell O$ ácido hipocloroso	—	—	H_3PO_2 ácido hipofosforoso	**hipo** .... **oso**	

Carbono e boro formam os ácidos carbônico e bórico, cujas fórmulas é útil conhecer:

H_2CO_3 ácido carbônico

H_3BO_3 ácido bórico

A

B

C

O ácido nítrico (HNO_3) tem inúmeras aplicações na indústria. Ele é utilizado, por exemplo, na produção de diversos explosivos, como nitroglicerina e trinitrotolueno (TNT), A, na remoção de incrustações calcárias em tubulações, B, e na composição da água-régia (mistura de HNO_3 e $HC\ell$) para dissolver metais nobres, como ouro e platina C.

Como já vimos, **elementos pertencentes a um mesmo grupo (família) da tabela periódica possuem propriedades semelhantes**. Assim, bromo (Br) e iodo (I) originam ácidos semelhantes aos do cloro (Cℓ), pois todos pertencem ao grupo dos halogênios.

H	Cℓ	O_4	ácido	per	clór	ico
H	Cℓ	O_3	ácido		clór	ico
H	Cℓ	O_2	ácido		clor	oso
H	Cℓ	O	ácido	hipo	clor	oso

Trocando cloro por bromo ou por iodo, temos:

Br	brom
I	iod

Selênio (Se) e telúrio (Te) se comportam de modo semelhante ao enxofre (S). E arsênio (As) e antimônio (Sb), de modo semelhante ao fósforo (P).

Crômio e **manganês** são dois elementos metálicos que formam ácidos. Os sais derivados desses ácidos (estudaremos os sais mais à frente) são bastante importantes em certos procedimentos químicos de laboratório:

$HMnO_4$	ácido permangânico
H_2MnO_4	ácido mangânico
H_2CrO_4	ácido crômico
$H_2Cr_2O_7$	ácido pirocrômico (ou dicrômico)

A chuva, mesmo em locais não poluídos, contém H_2CO_3. Em locais poluídos, passam também a estar presentes HNO_3 e H_2SO_4, que dão origem ao fenômeno conhecido como "chuva ácida".

Ácidos provenientes da desidratação de oxiácidos

Há alguns ácidos que podem ser encarados como provenientes da desidratação (perda de água) de outros ácidos. Nesse caso, utilizam-se os prefixos *meta* e *piro* para fazer a diferenciação.

H_3PO_4	ácido fosfórico	$2(H_3PO_4)$	ácido fosfórico
$-H_2O$	(ou **orto**fosfórico)	$-H_2O$	(ou **orto**fosfórico)
HPO_3	ácido **meta**fosfórico	$H_4P_2O_7$	ácido **piro**fosfórico

Sobre os prefixos orto, meta e piro, podemos dizer que:

O prefixo **orto** indica apenas que o ácido em questão pode gerar outro por desidratação; esse prefixo pode ser omitido.

O prefixo **meta** indica que o ácido pode ser encarado como proveniente da retirada de 1 molécula de água de 1 molécula do ácido orto.

O prefixo **piro** indica que o ácido pode ser encarado como proveniente da retirada de 1 molécula de água de 2 moléculas do ácido orto.

O ácido acético

O vinagre é uma solução aquosa de **ácido acético**, um ácido fraco da Química Orgânica. Porém, dada sua importância, precisamos saber desde já sua estrutura.

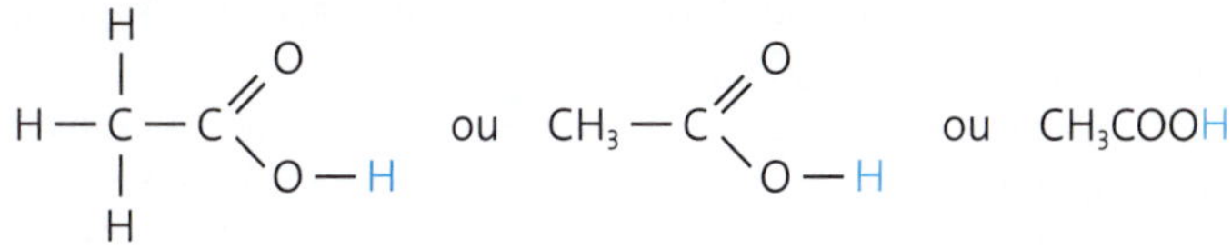

Representações que podem ser usadas para o ácido acético

Nas fórmulas acima, apenas o hidrogênio destacado em azul é ionizável. A ionização do ácido acético pode ser assim equacionada:

$$CH_3COOH \rightarrow H^+ + CH_3COO^-$$ ou

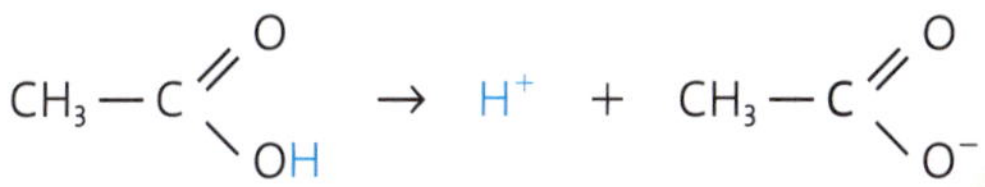

O ácido acético é responsável pelo odor e pelo sabor azedo do vinagre.

ATENÇÃO

O ácido muriático (solução comercial de $HC\ell$) é extremamente corrosivo e desprende vapores tóxicos que irritam a pele, os olhos, as mucosas e o sistema respiratório. O líquido de baterias (que contém H_2SO_4) também é extremamente corrosivo.

A manipulação desses materiais é perigosa e desaconselhável.

Todos esses produtos contêm soluções aquosas de ácidos. Na bateria há ácido sulfúrico (H_2SO_4); no vinagre, ácido acético (CH_3COOH); e nos refrigerantes, ácido carbônico (H_2CO_3). Ácido muriático é o nome comercial do ácido clorídrico ($HC\ell$).

O nudibrânquio, como o que aparece nessa foto, é um tipo de molusco marinho. Alguns deles podem liberar ácido sulfúrico (H_2SO_4) para se defender de predadores.

EXERCÍCIOS ESSENCIAIS

9 Escreva o nome dos seguintes ácidos:

a) $HC\ell$; b) $HC\ell O$; c) $HC\ell O_2$; d) $HC\ell O_3$; e) $HC\ell O_4$; f) H_2S; g) H_2SO_4; h) H_2SO_3; i) HNO_3; j) HNO_2; k) HBr; l) HCN; m) H_3PO_4; n) H_3PO_3; o) H_3PO_2; p) $H_4P_2O_7$; q) HPO_3; r) H_2CO_3; s) CH_3COOH; t) H_2CrO_4; u) $HMnO_4$.

10 Escreva a fórmula molecular dos seguintes ácidos:

a) nítrico; b) clórico; c) carbônico; d) sulfúrico; e) fosfórico; f) nitroso; g) sulfuroso; h) hipocloroso; i) iodídrico; j) fluorídrico; k) hipofosforoso.

11 Escreva a fórmula molecular dos seguintes ácidos: (consulte a tabela periódica para resolver por semelhança):

a) periódico; b) brômico; c) bromoso; d) hipoiodoso; e) arsênico; f) selênico.

12 (PUC-MG) A tabela apresenta algumas características e aplicações de alguns ácidos.

Nome do ácido	Aplicações e características
Ácido muriático	Limpeza doméstica e de peças metálicas (decapagem)
Ácido fosfórico	Usado como acidulante em refrigerantes, balas e goma de mascar
Ácido sulfúrico	Desidratante, solução de bateria
Ácido nítrico	Indústria de explosivos e corantes

As fórmulas dos ácidos da tabela são, respectivamente:

a) $HC\ell$, H_3PO_4, H_2SO_4, HNO_3.
b) $HC\ell O$, H_3PO_3, H_2SO_4, HNO_2.
c) $HC\ell$, H_3PO_3, H_2SO_4, HNO_3.
d) $HC\ell O_2$, $H_4P_2O_7$, H_2SO_3, HNO_2.
e) $HC\ell O$, H_3PO_4, H_2SO_3, HNO_3.

13 (UFPB) Os ácidos são substâncias químicas sempre presentes no cotidiano do homem. Por exemplo, durante a amamentação, era comum usar-se água boricada (solução aquosa que contém *ácido bórico*) para fazer a assepsia do seio da mãe; para limpezas mais fortes da casa, emprega-se ácido muriático (solução aquosa de *ácido clorídrico*); nos refrigerantes, encontra-se o *ácido carbônico*; e, no ovo podre, o mau cheiro é devido à presença do *ácido sulfídrico*.
Estes ácidos podem ser representados, respectivamente, pelas seguintes fórmulas moleculares:

a) H_3BO_3, $HC\ell$, H_2CO_2 e H_2SO_4.
b) H_2BO_3, $HC\ell$, H_2CO_3 e H_2S.
c) H_3BO_3, $HC\ell O_3$, H_2SO_3 e H_2CO_2.
d) H_2BO_3, $HC\ell O_4$, H_2S e H_2CO_3.
e) H_3BO_3, $HC\ell$, H_2CO_3 e H_2S.

14 (Univali-SC) A chuva ácida é um fenômeno químico resultante do contato entre o vapor d'água existente no ar, o dióxido de enxofre e os óxidos de nitrogênio. O enxofre é liberado, principalmente, por indústrias de veículos e usinas termoelétricas movidas a carvão e a óleo; os óxidos de nitrogênio, por automóveis e fertilizantes.
Ambos reagem com o vapor de água, originando, respectivamente, os ácidos sulfuroso, sulfídrico e sulfúrico, e o ácido nítrico. Esses elementos se precipitam, então, na forma de chuva, neve, orvalho ou geada, na chamada chuva ácida.
Dentre os efeitos da chuva ácida estão a corrosão de equipamentos e a degradação das plantas, solos e lagos. O contato com os ácidos é prejudicial, podendo causar, por exemplo, doenças respiratórias.
As fórmulas dos ácidos citados no texto acima, respectivamente, são:

a) H_2S, H_2SO_4, H_2SO_3, HNO_3.
b) H_2SO_3, H_2SO_4, H_2S, HNO_2.
c) HSO_4, HS, H_2SO_4, HNO_3.
d) HNO_3, H_2SO_4, H_2S, H_2SO_3.
e) H_2SO_3, H_2S, H_2SO_4, HNO_3.

15 (FEI-SP) Considere os ácidos oxigenados abaixo:
HNO_2 (aq); $HC\ell O_3$ (aq); H_2SO_3 (aq); H_3PO_4 (aq).
Seus nomes são, respectivamente:

a) nitroso, clórico, sulfuroso, fosfórico.
b) nítrico, clorídrico, sulfúrico, fosfórico.
c) nítrico, hipocloroso, sulfuroso, fosforoso.
d) nitroso, perclórico, sulfúrico, fosfórico.
e) nítrico, cloroso, sulfídrico, hipofosforoso.

16 (UFSM-RS) Associe a 2ª coluna à 1ª, considerando os ácidos.

1. $H_4P_2O_7$	A. fosfórico
2. H_3PO_3	B. fosforoso
3. H_3PO_4	C. nitroso
4. $HC\ell O_2$	D. nítrico
5. $HC\ell O_3$	E. hipofosforoso
6. $HC\ell O_4$	F. pirofosfórico
7. H_2SO_3	G. sulfuroso
8. HNO_2	H. cloroso
	I. perclórico
	J. clórico
	L. sulfúrico

A sequência das combinações corretas é

a) 1E — 2F — 3A — 4H — 5B — 6J — 7G — 8D.
b) 1F — 2E — 3B — 4J — 5H — 6I — 7L — 8C.
c) 1B — 2E — 3F — 4I — 5J — 6H — 7G — 8D.
d) 1E — 2B — 3F — 4J — 5I — 6H — 7L — 8D.
e) 1F — 2B — 3A — 4H — 5J — 6I — 7G — 8C.

Conteúdo digital Moderna PLUS http://www.modernaplus.com.br
Exercícios adicionais

2 Fórmulas estruturais dos ácidos oxigenados

Em moléculas com muitos átomos, estabelecer a maneira como eles estão sequenciados é uma tarefa que exige investigação experimental em laboratórios adequadamente equipados. Com base no resultado dessas pesquisas foi possível propor uma regra empírica (isto é, com base experimental) para escrever a fórmula estrutural dos ácidos oxigenados, sendo conhecida a fórmula molecular. A regra consiste na seguinte sequência:

1. Escrever o símbolo do elemento que está no centro da fórmula molecular.
2. Colocar um oxigênio entre cada hidrogênio capaz de se ionizar (hidrogênio ionizável) e o elemento central.
3. Ligar os oxigênios restantes, se houver, ao elemento central. (Havendo hidrogênios não ionizáveis, eles devem ser ligados ao elemento central. Isso ocorre no H_3PO_3 e no H_3PO_2, como será visto mais à frente.)

Seguindo os passos dessa sequência, elaboramos, por exemplo, as seguintes fórmulas estruturais.

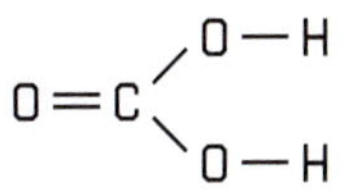

H_2CO_3
Ácido carbônico

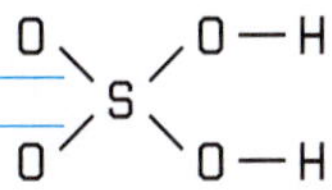

H_2SO_4
Ácido sulfúrico

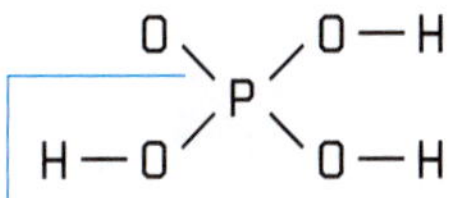

H_3PO_4
Ácido fosfórico

Essas ligações são consideradas, por alguns autores, como "dativas"

Considerando o modelo da "ligação dativa", as fórmulas estruturais do H_2SO_4 e do H_3PO_4 ficam:

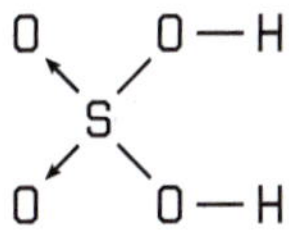

H_2SO_4
Ácido sulfúrico

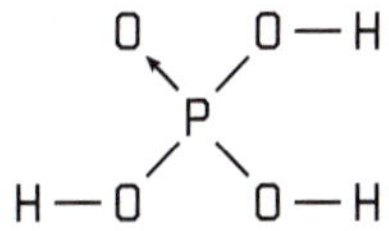

H_3PO_4
Ácido fosfórico

Atenção

As fórmulas estruturais dos ácidos sulfúrico e fosfórico apresentadas acima estão de acordo com o que é apresentado neste livro sobre ligação química e regra do octeto.

Porém, na Química universitária são estudadas evidências experimentais que permitem escrever essas fórmulas com ligação dupla S = O e P = O. Nelas, o fósforo está com dez elétrons na camada de valência e o enxofre, com doze (veja também a seção 14.4). Trata-se da **expansão do octeto**.

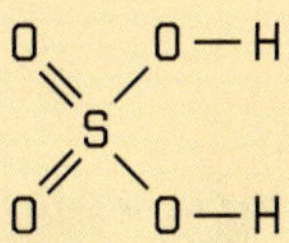

Ácido sulfúrico (H_2SO_4)

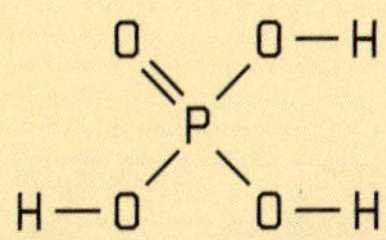

Ácido fosfórico (H_3PO_4)

Como as fórmulas mostradas acima **são as mais empregadas para esses ácidos em publicações científicas**, resolvemos incluí-las aqui.

As ligações duplas S = O e P = O também são escritas nas fórmulas estruturais dos ácidos sulfuroso, fosforoso e hipofosforoso.

Conteúdo digital Moderna PLUS http://www.modernaplus.com.br
Texto: *Produção de ácido sulfúrico e de ácido nítrico*

Modelos moleculares de alguns ácidos

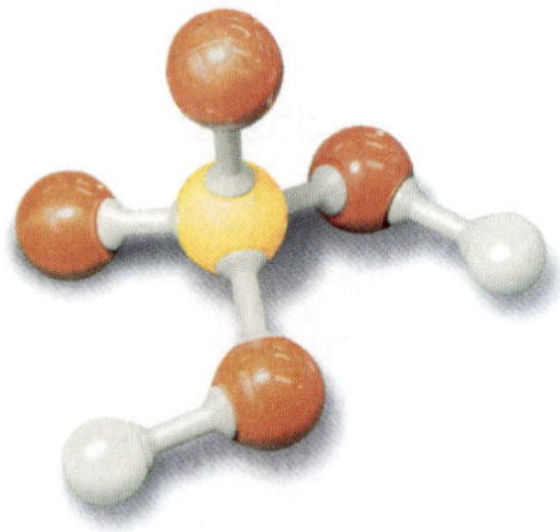

H_2SO_4

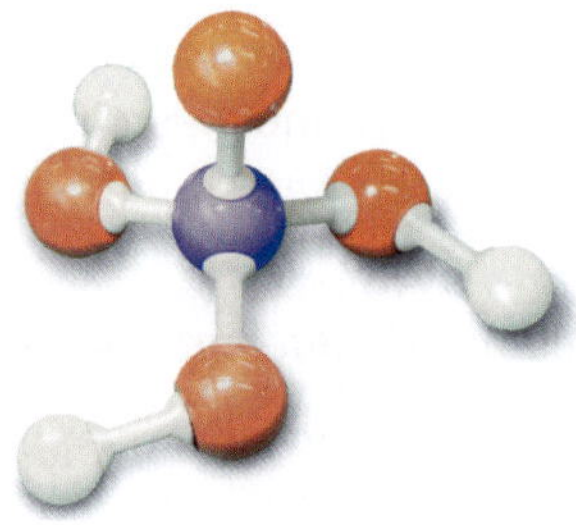

H_3PO_4

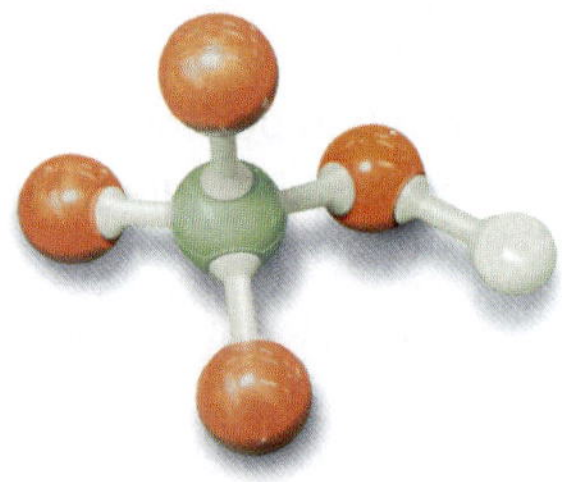

$HC\ell O_4$

H_2SO_3

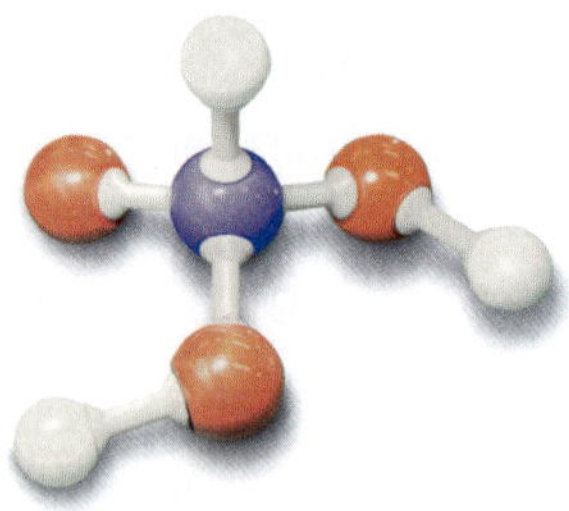

H_3PO_3

$HC\ell O_3$

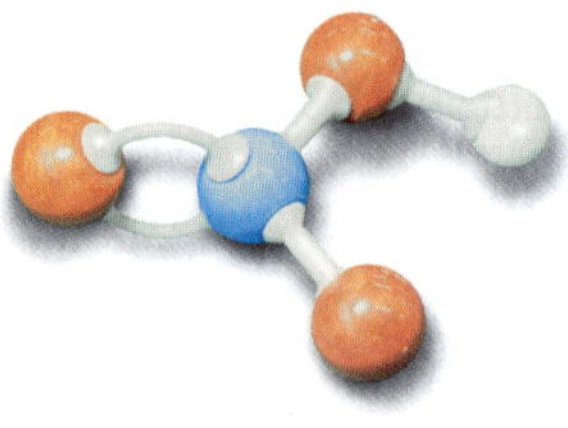

HNO_3

H_3PO_2

$HC\ell O_2$

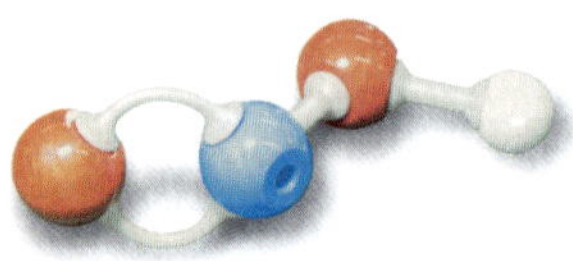

HNO_2

HPO_3

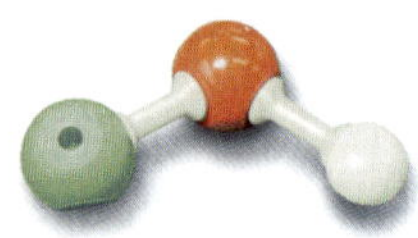

$HC\ell O$

H_2CO_3

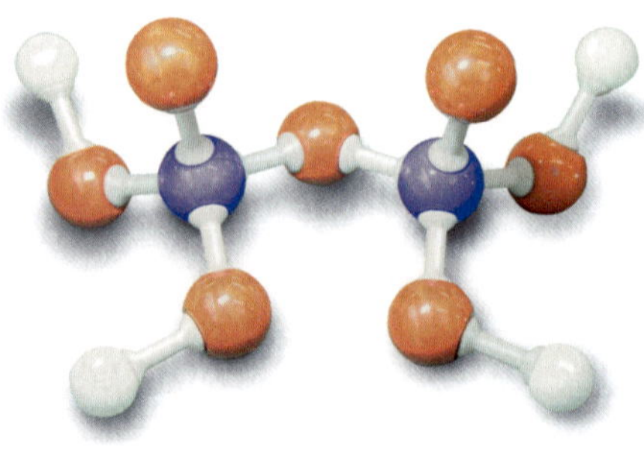

$H_4P_2O_7$

EXERCÍCIOS ESSENCIAIS

17 (UFRJ-modificado) O cientista John Dalton foi um dos pioneiros na tentativa de ordenar e definir propriedades dos elementos e das moléculas. Segundo sua Teoria Atômica, apresentada em 1803, toda a matéria seria composta por pequenas partículas indivisíveis chamadas átomos. Átomos do mesmo elemento possuiriam as mesmas características, podendo se ligar entre si ou a outros elementos, formando moléculas. Como os símbolos dos antigos alquimistas não se ajustavam a sua teoria, Dalton propôs ainda a adoção de novos símbolos para representar os elementos e as moléculas. As figuras a seguir apresentam algumas moléculas representadas com os símbolos criados por Dalton.

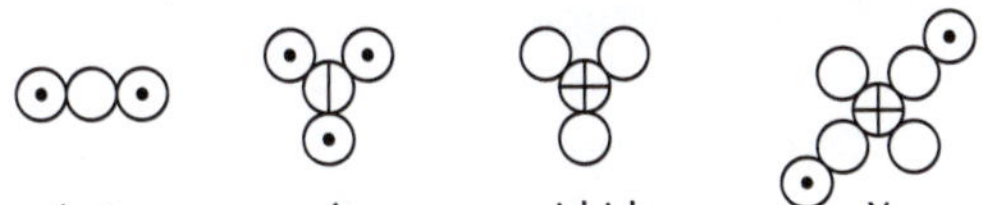

a) Escreva a estrutura do ácido nítrico usando a representação de Dalton.

b) Qual é o nome da substância X? Qual sua fórmula molecular?

18 (PUC-PR) A fórmula estrutural abaixo representa o ácido:

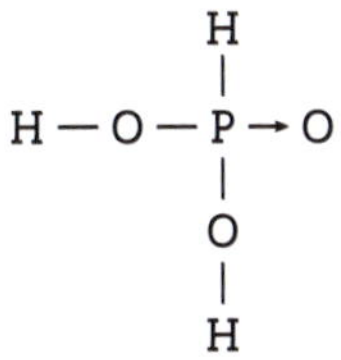

a) fosfórico.
b) metafosfórico.
c) fosforoso.
d) hipofosforoso.
e) ortofosforoso.

19 Escreva a fórmula estrutural dos seguintes ácidos:

a) hipocloroso
b) cloroso
c) clórico
d) perclórico
e) sulfúrico
f) sulfuroso
g) fosfórico
h) carbônico
i) nítrico
j) nitroso
k) clorídrico
l) bromídrico
m) sulfídrico
n) cianídrico (H liga-se a C)

20 (Mackenzie-SP) Dentre as fórmulas estruturais dadas nas alternativas, relativas às substâncias H_2O, HNO_2 e NaHS, a única correta é:

a) Na^{1-} $[H - S]^{1+}$

b) H=O

c) H—O—N=O

d) Na—H—S

e) 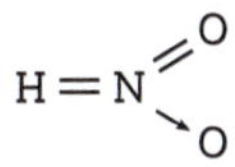

Dados os números atômicos:
H = 1; N = 7; O = 8; Na = 11; S = 16

21 (UFV-MG) Observe a estrutura química abaixo.

O nome do composto representado é:

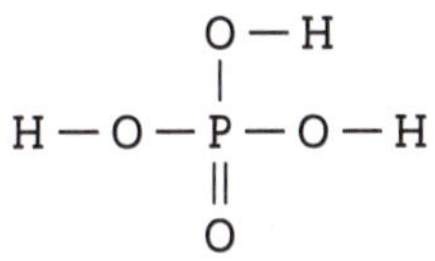

a) peróxido de fósforo.
b) hidrácido fosforoso.
c) hidróxido de fósforo.
d) óxido hidrofosfórico.
e) ácido fosfórico.

Conteúdo digital Moderna PLUS http://www.modernaplus.com.br
Exercícios adicionais

3 Ionização de ácidos

Ácidos são substâncias moleculares que, ao se dissolverem em água, sofrem ionização originando H^+ como único íon positivo. *O íon negativo que restar possuirá tantas cargas negativas quantos forem os H^+ liberados.*

$$HC\ell \rightarrow H^+ + C\ell^- \qquad H_2CO_3 \rightarrow 2\,H^+ + CO_3^{2-}$$

$$HNO_3 \rightarrow H^+ + NO_3^- \qquad H_3PO_4 \rightarrow 3\,H^+ + PO_4^{3-}$$

A fórmula estrutural ajuda a entender a carga do ânion resultante. Na ionização quebra-se uma ligação covalente e ambos os elétrons permanecem no ânion. Assim, o hidrogênio adquire carga positiva (H^+) e o ânion, carga negativa. Como exemplo, compare as fórmulas de H_2CO_3 e de CO_3^{2-}, mostradas a seguir.

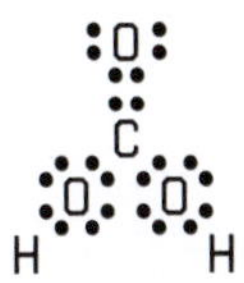

ácido carbônico (H_2CO_3)

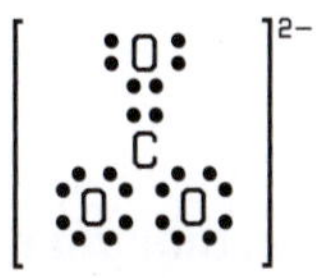

ânion derivado do ácido carbônico (CO_3^{2-})

As duas cargas negativas se devem aos elétrons que eram dos dois hidrogênios.

Essa dica facilita muito!

Note que o ânion derivado de um ácido terá uma carga negativa para cada H^+ ionizado.

4 Ionização em etapas

Quando um ácido libera mais de um H^+, na verdade ele o faz em etapas, liberando um por vez. Assim, podemos escrever uma equação química para cada etapa da ionização. Por exemplo:

$$\begin{array}{llllll} H_2SO_4 & \rightarrow & H^+ & + & HSO_4^- & \text{Primeira etapa} \\ HSO_4^- & \rightarrow & H^+ & + & SO_4^{2-} & \text{Segunda etapa} \\ \hline & & & & & (+) \\ H_2SO_4 & \rightarrow & 2\,H^+ & + & SO_4^{2-} & \text{Soma das etapas} \end{array}$$

$$\begin{array}{llllll} H_3PO_4 & \rightarrow & H^+ & + & H_2PO_4^- & \text{Primeira etapa} \\ H_2PO_4^- & \rightarrow & H^+ & + & HPO_4^{2-} & \text{Segunda etapa} \\ HPO_4^{2-} & \rightarrow & H^+ & + & PO_4^{3-} & \text{Terceira etapa} \\ \hline & & & & & (+) \\ H_3PO_4 & \rightarrow & 3\,H^+ & + & PO_4^{3-} & \text{Soma das etapas} \end{array}$$

Os ácidos podem ser classificados de acordo com o número de hidrogênios ionizáveis que há em suas moléculas.

Exemplos:

- monoácidos: $HC\ell$, HNO_3
- diácidos: H_2CO_3, H_2SO_4
- triácidos: H_3PO_4, H_3BO_3
- tetrácidos: $H_4P_2O_7$, H_4SiO_4

Esteja atento ao H_3PO_3 e ao H_3PO_2

Os ácidos **fosforoso** e **hipofosforoso**, apesar de possuírem três hidrogênios em suas moléculas, não perdem todos os três na forma de H^+.

O ácido fosforoso apresenta dois hidrogênios ionizáveis, e o ácido hipofosforoso apenas um. Evidências científicas revelaram que os hidrogênios não ionizáveis aparecem na fórmula estrutural unidos diretamente ao fósforo e não ao oxigênio, conforme representado nas fórmulas estruturais abaixo.

3 hidrogênios ionizáveis

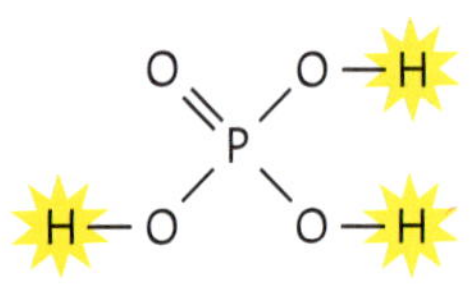

Ácido fosfórico (H_3PO_4)

2 hidrogênios ionizáveis

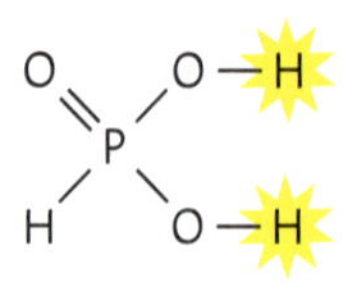

Ácido fosforoso (H_3PO_3)

1 hidrogênio ionizável

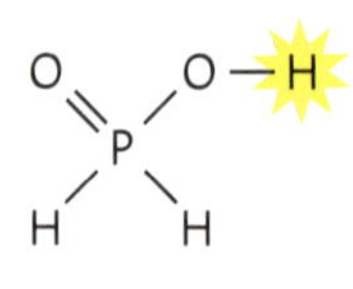

Ácido hipofosforoso (H_3PO_2)

Assim, o ácido **fosforoso** (H_3PO_3) é classificado como **diácido** e o ácido **hipofosforoso** (H_3PO_2) é classificado como **monoácido**.

Algo mais sobre ácidos de Arrhenius

Como já foi visto neste capítulo, de acordo com Arrhenius, ácidos são substâncias que em solução aquosa originam H^+ como único cátion.

Na verdade, um íon H^+ não é estável, uma vez que o hidrogênio necessita de dois elétrons para se assemelhar ao gás nobre hélio e, na forma de H^+, não possui nenhum. Para se estabilizar, um íon H^+ se une à água produzindo um íon H_3O^+.

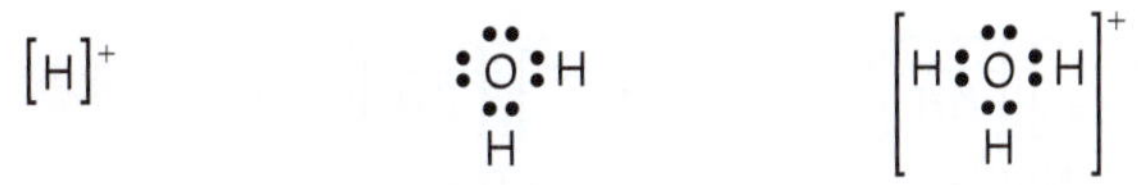

Íon H^+ (nenhum elétron) — Molécula de H_2O — Íon hidroxônio, ou hidrônio, H_3O^+

H_3O^+
Íon hidroxônio
ou
Íon hidrônio

Assim, a maneira mais correta de representarmos a ionização dos ácidos é:

$$HC\ell\,(g) + H_2O\,(\ell) \rightarrow H_3O^+\,(aq) + C\ell^-\,(aq)$$
$$HNO_3\,(\ell) + H_2O\,(\ell) \rightarrow H_3O^+\,(aq) + NO_3^-\,(aq)$$
$$H_2SO_4\,(\ell) + 2\,H_2O\,(\ell) \rightarrow 2\,H_3O^+\,(aq) + SO_4^{2-}\,(aq)$$

A definição de Arrhenius pode ser reescrita assim:

Ácido é todo composto que, dissolvido em água, origina H_3O^+ como único cátion.

EXERCÍCIOS ESSENCIAIS

EXERCÍCIO RESOLVIDO

22 (UVA-CE) Os ácidos $HC\ell O_4$, H_2MnO_4, H_3PO_3, $H_4Sb_2O_7$, quanto ao número de hidrogênios ionizáveis, podem ser classificados em:

a) monoácido, diácido, triácido, tetrácido.
b) monoácido, diácido, triácido, triácido.
c) monoácido, diácido, diácido, tetrácido.
d) monoácido, monoácido, diácido, triácido.

Resolução

• $HC\ell O_4$ é **monoácido**:

$$HC\ell O_4 \rightarrow H^+ + C\ell O_4^-$$

• H_2MnO_4 é **diácido**:

$$H_2MnO_4 \rightarrow H^+ + HMnO_4^-$$
$$HMnO_4^- \rightarrow H^+ + MnO_4^{2-}$$

• H_3PO_3 é **diácido** (e não triácido):

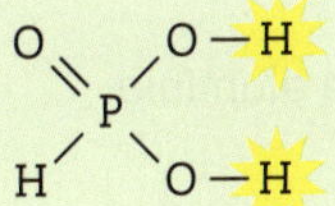

2 hidrogênios ionizáveis

Ácido fosforoso (H_3PO_3)

$$H_3PO_3 \rightarrow H^+ + H_2PO_3^-$$
$$H_2PO_3^- \rightarrow H^+ + HPO_3^{2-}$$

• $H_4Sb_2O_7$ é **tetrácido**:

$$H_4Sb_2O_7 \rightarrow H^+ + H_3Sb_2O_7^-$$
$$H_3Sb_2O_7^- \rightarrow H^+ + H_2Sb_2O_7^{2-}$$
$$H_2Sb_2O_7^{2-} \rightarrow H^+ + HSb_2O_7^{3-}$$
$$HSb_2O_7^{3-} \rightarrow H^+ + Sb_2O_7^{4-}$$

Alternativa **c**.

23 Equacione a ionização (em uma só equação) dos seguintes ácidos:

a) clorídrico; c) nítrico; e) carbônico;
b) clórico; d) sulfúrico; f) fosfórico.

24 Equacione a ionização (em duas ou mais etapas, conforme o caso) dos seguintes ácidos:

a) sulfúrico; c) carbônico; e) pirofosfórico.
b) sulfuroso; d) fosfórico;

25 (Vunesp) Verifica-se experimentalmente que tanto a água como o ácido nítrico puros são maus condutores de eletricidade. Observa-se, também, que uma solução de ácido nítrico em água é boa condutora de eletricidade. Explique essas observações experimentais.

Seção 21.4

Bases

Objetivos

- Nomear as principais bases (hidróxidos), a partir de sua fórmula.
- Escrever a fórmula das principais bases, a partir de seu nome.
- Indicar as principais diferenças entre a amônia e os hidróxidos de metais.
- Equacionar a dissociação iônica dos hidróxidos.
- Equacionar a ionização da amônia.
- Ter noção da escala de pH.

Termos e conceitos

- hidroxila (ou oxidrila)
- hidróxido
- álcali
- alcalino
- amônia
- amônio
- pH

1 Fórmulas e nomenclatura

As bases de Arrhenius são compostos iônicos formados por um cátion de elemento metálico ligado ionicamente ao íon OH^-. Por exemplo:

$[Na^+]_1[OH^-]_1$ → NaOH

$[Ca^{2+}]_1[OH^-]_2$ → $Ca(OH)_2$

$[Fe^{2+}]_1[OH^-]_2$ → $Fe(OH)_2$

$[Fe^{3+}]_1[OH^-]_3$ → $Fe(OH)_3$

OH^-
Íon hidroxila
ou
Íon oxidrila

Para facilitar, vamos dividir as bases em dois grupos, de acordo com o elemento metálico presente.

Bases de metais que possuem carga fixa

Há metais que, ao participarem de uma ligação iônica, o fazem sempre com a mesma carga. Observe a tabela 1.

Tabela 1 Elementos metálicos que formam um só cátion

Elemento metálico		Carga em ligação iônica
Alcalinos	+1	Li^+, Na^+, K^+, Rb^+, Cs^+, Fr^+
Alcalino-terrosos	+2	Mg^{2+}, Ca^{2+}, Sr^{2+}, Ba^{2+}, Ra^{2+}
Prata	+1	Ag^+
Zinco	+2	Zn^{2+}
Alumínio	+3	$A\ell^{3+}$

Esses metais formarão apenas uma base, cujo nome é dado escrevendo as palavras "hidróxido de" seguidas pelo nome do metal.

Hidróxido de ....(elemento)

Por exemplo:

NaOH hidróxido de sódio (+1)

$Ca(OH)_2$ hidróxido de cálcio (+2)

KOH hidróxido de pótassio (+1)

$Zn(OH)_2$ hidróxido de zinco (+2)

AgOH hidróxido de prata (+1)

$A\ell(OH)_3$ hidróxido de alumínio (+3)

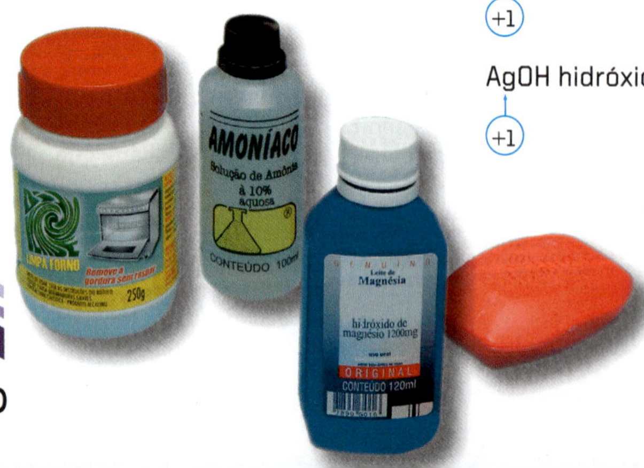

A soda cáustica, NaOH, está presente nos limpadores de forno e desentupidores de pia. É também aplicada na fabricação de sabão. O $Mg(OH)_2$ é comercializado como leite de magnésia (misturado com água). O hidróxido de alumínio, $A\ell(OH)_3$, é usado em alguns outros medicamentos para combater a acidez estomacal. E o amoníaco é a base NH_3, comentada mais adiante.

ATENÇÃO

NaOH e $Ca(OH)_2$ não devem ser manipulados sem orientação e supervisão adequadas.

Eles são sólidos brancos que provocam queimaduras na pele e nos olhos. Se ingeridos, causam sérias lesões internas. A dissolução do $Ca(OH)_2$ em água ocorre com grande liberação de calor, o que pode provocar violenta ebulição, espirrando solução quente e corrosiva na pessoa.

A cal hidratada, $Ca(OH)_2$, é utilizada para preparar argamassa, para fazer pintura e para reduzir a acidez do solo antes do plantio.

Bases de metais que possuem carga variável

A seguir aparece a tabela 2, com alguns metais importantes que apresentam carga variável. Eles consistem, na sua maioria, de metais de transição, aos quais a regra do octeto não se aplica para explicar essas cargas.

Tabela 2 Exemplos de elementos metálicos que formam mais de um cátion

Elemento metálico	Carga em ligação iônica			
	+1	+2	+3	+4
Cobre	Cu^{+}	Cu^{2+}		
Mercúrio	Hg_2^{2+}	Hg^{2+}		
Ouro	Au^{+}		Au^{3+}	
Ferro		Fe^{2+}	Fe^{3+}	
Níquel		Ni^{2+}	Ni^{3+}	
Crômio		Cr^{2+}	Cr^{3+}	
Cobalto		Co^{2+}	Co^{3+}	
Estanho		Sn^{2+}		Sn^{4+}
Chumbo		Pb^{2+}		Pb^{4+}
Manganês		Mn^{2+}	Mn^{3+}	Mn^{4+}

Por não apresentarem apenas uma carga, esses metais dão origem a mais de uma base e, dessa forma, o nome deve levar isso em conta para que não haja confusão. O modo moderno de nomear essas bases é escrever "hidróxido de" seguido do nome do metal e de um número, em algarismos romanos e entre parênteses, que corresponde à carga do cátion do metal.

Hidróxido de ....(elemento).......... + carga do cátion (algarismos romanos)

A ferrugem consiste numa mistura de $Fe(OH)_2$ e $Fe(OH)_3$.

Por exemplo:

CuOH (+1)	hidróxido de cobre (I)	$Fe(OH)_2$ (+2)	hidróxido de ferro (II)
$Cu(OH)_2$ (+2)	hidróxido de cobre (II)	$Fe(OH)_3$ (+3)	hidróxido de ferro (III)

Quando o metal possui apenas duas cargas, há um outro modo para denominar as bases, mais antigo, porém ainda em uso. Ele consiste na palavra "hidróxido" seguida do nome do elemento com a terminação **oso**, no caso de ser o cátion com a carga menor, e a terminação **ico**, no caso de carga maior.

> Carga **menor**: hidróxido (elemento)........................ + **oso**
>
> Carga **maior**: hidróxido (elemento)........................ + **ico**

Por exemplo:

CuOH	hidróxido cupr**oso**	$Fe(OH)_2$	hidróxido ferr**oso**
$Cu(OH)_2$	hidróxido cúpr**ico** (do latim *cuprum*, "cobre")	$Fe(OH)_3$	hidróxido férr**ico**

Álcali = base / Alcalino = básico

As cinzas, em contato com a água, produzem KOH. Na foto, vemos cinza jogada em água contendo fenolftaleína. O indicador adquire cor rósea, evidenciando que o meio fica básico.

O substantivo **álcali**, que significa **base**, vem do árabe *al-qali*, que quer dizer "a cinza".

O adjetivo **alcalino**, que quer dizer **básico**, também tem origem árabe.

ATENÇÃO

Não manipule cinzas com as mãos desprotegidas nem as leve à boca ou aos olhos.

Elas têm características básicas e efeito corrosivo sobre pele, mucosas e olhos.

2 Amônia (NH_3): uma base diferente

A **amônia** (NH_3), também chamada de **amoníaco**, é uma base diferente das outras. Trata-se de um composto gasoso que, ao ser dissolvido em água, sofre ionização, produzindo como íon negativo exclusivamente OH^-. Por isso a amônia é classificada como base.

$$NH_3\,(g) + H_2O\,(\ell) \rightarrow NH_4^+\,(aq) + \boxed{OH^-\,(aq)}$$

Hidroxila, íon característico das bases

O íon NH_4^+ é denominado **amônio**.

Podemos representar o produto da reação equacionada anteriormente por meio da fórmula **NH_4OH** e chamar essa base de **hidróxido de amônio. Assim, o composto de fórmula NH_4OH só existe na água. Ao ler a fórmula NH_4OH devemos ter sempre isso em mente.**

Compostos como NaOH, KOH, $Ca(OH)_2$ possuem metal em sua composição. São compostos iônicos e, portanto, sólidos nas condições ambientes. Quando dissolvidos em água, sofrem dissociação iônica, liberando íons OH^-.

Já a amônia, NH_3 – composto molecular que, nas condições ambientes, é um gás de cheiro forte e irritante –, não possui metal em sua composição. Quando dissolvida em água, reage com ela, originando íons. Portanto, ao contrário das demais bases, que sofrem dissociação iônica, a amônia sofre **ionização** quando é dissolvida em água.

As palavras **amônia** e **amoníaco** derivam do nome de Amon (ou Amon-Rá), que, na mitologia egípcia, era considerado o maior dos deuses ou o deus-sol, criador de todas as coisas. Na mitologia romana, ele foi conhecido como Júpiter-Amon. Na foto, vemos uma estátua do deus Amon com a face do faraó Tutancâmon.

Não confunda amônia com amônio!

O íon NH_4^+ é denominado amônio. Você não deve confundir **amônia** (NH_3), que é uma **molécula**, com **amônio** (NH_4^+), que é um **íon positivo** (cátion).

3 Dissociação iônica das bases de metais; ionização da amônia

Em água, os hidróxidos de metais, que são substâncias iônicas, sofrem dissociação iônica, em que o íon negativo liberado é a hidroxila:

$$NaOH\ (s) \rightarrow Na^+\ (aq) + OH^-\ (aq)$$
$$Ca(OH)_2\ (s) \rightarrow Ca^{2+}\ (aq) + 2\ OH^-\ (aq)$$
$$A\ell(OH)_3\ (s) \rightarrow A\ell^{3+}\ (aq) + 3\ OH^-\ (aq)$$

Como vimos, a amônia é uma base diferente das demais: ao ser dissolvida em água sofre ionização e, nesse contexto, pode ser representada pela fórmula NH_4OH e considerada como uma monobase.

$$NH_3\ (g) + H_2O\ (\ell) \rightarrow NH_4^+\ (aq) + OH^-\ (aq)$$

A **amônia**...
NH_3
... não possui metal.
... é um composto molecular.
... é gasosa quando pura.
... em água sofre ionização.

As outras bases (**hidróxidos metálicos**)...
NaOH, KOH, $Ca(OH)_2$ etc.
... possuem metal na composição.
... são compostos iônicos*.
... são sólidas quando puras.
... em água sofrem dissociação iônica.

As bases podem ser classificadas de acordo com o número de hidroxilas presentes em suas fórmulas.

Exemplos:
- monobases: NaOH, KOH, NH_4OH
- dibases: $Ca(OH)_2$, $Fe(OH)_2$
- tribases: $A\ell(OH)_3$, $Fe(OH)_3$
- etc

* Os hidróxidos de metais que não sejam alcalinos nem alcalino-terrosos apresentam um caráter covalente bastante acentuado.

A escala de pH

A água totalmente pura é considerada um **meio neutro**.

Quando dissolvemos um ácido na água, isso produz uma **solução ácida**, ou **meio ácido**.

E quando dissolvemos uma base na água, isso produz uma **solução básica**, ou **meio básico**.

Todas as soluções ácidas são igualmente ácidas? E as soluções básicas (alcalinas), são todas igualmente básicas? A resposta a ambas as perguntas é não. O grau de acidez ou de basicidade (alcalinidade) de uma solução pode ser expresso por meio do pH, que é uma propriedade característica de cada solução.

Essa escala é estudada com detalhes em Físico-Química, mas vamos aqui apresentar uma noção a seu respeito. **Na temperatura de 25 °C:**

> Uma solução **neutra** tem **pH** $= 7$.
> Uma solução **ácida** tem **pH** < 7.
> Uma solução **básica (alcalina)** tem **pH** > 7.

O esquema abaixo dá uma noção do pH de algumas soluções relativamente comuns no cotidiano. Perceba que:

> Quanto **menor o pH, maior a acidez** de uma solução (ou, equivalentemente, **menor a alcalinidade** dessa solução).
> Quanto **maior o pH, maior a alcalinidade** de uma solução (ou, equivalentemente, **menor a acidez** dessa solução).

O papel indicador universal, após ser mergulhado em uma solução e comparado com uma escala colorida, dá uma ideia do pH dessa solução.

Aparelho eletrônico digital que mede o pH de uma solução, denominado **pHmetro** (lê-se "peagâmetro").

EXEMPLOS DE VALORES DE pH

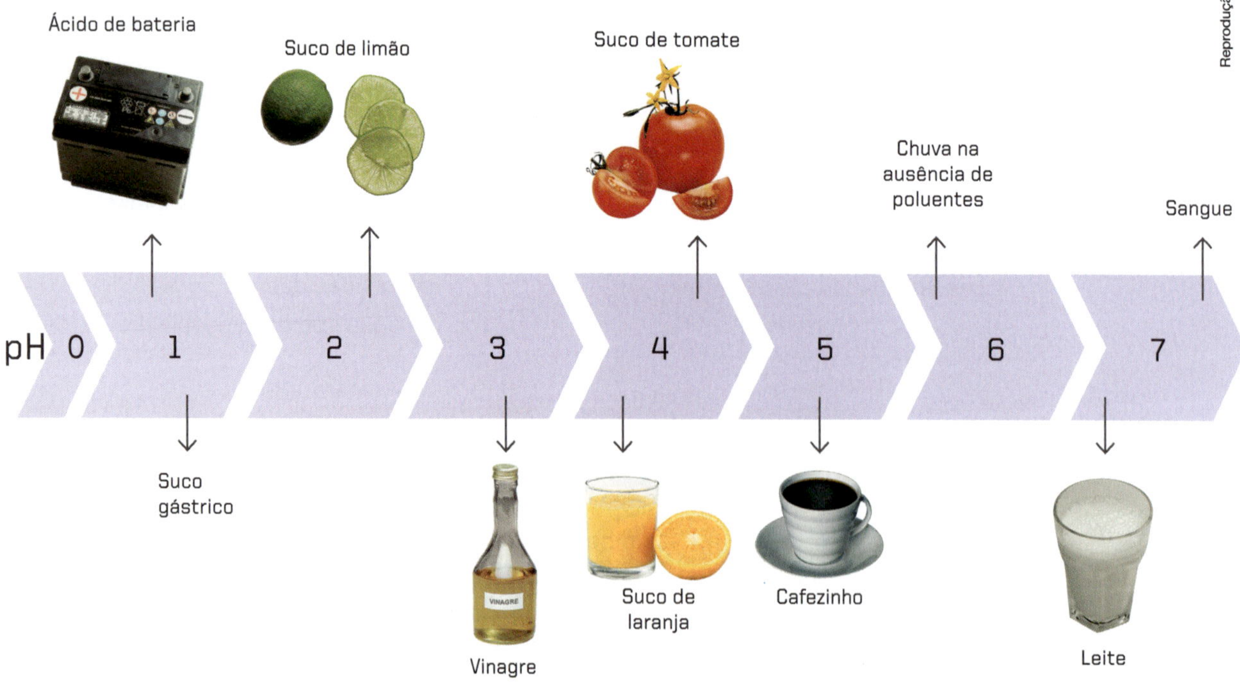

A medição de pH é um dos procedimentos de controle da qualidade ambiental dos rios, principalmente daqueles sujeitos ao despejo de poluentes. A medição do pH também é uma prática comum na agronomia e no controle de qualidade de produtos de limpeza e de alimentos.

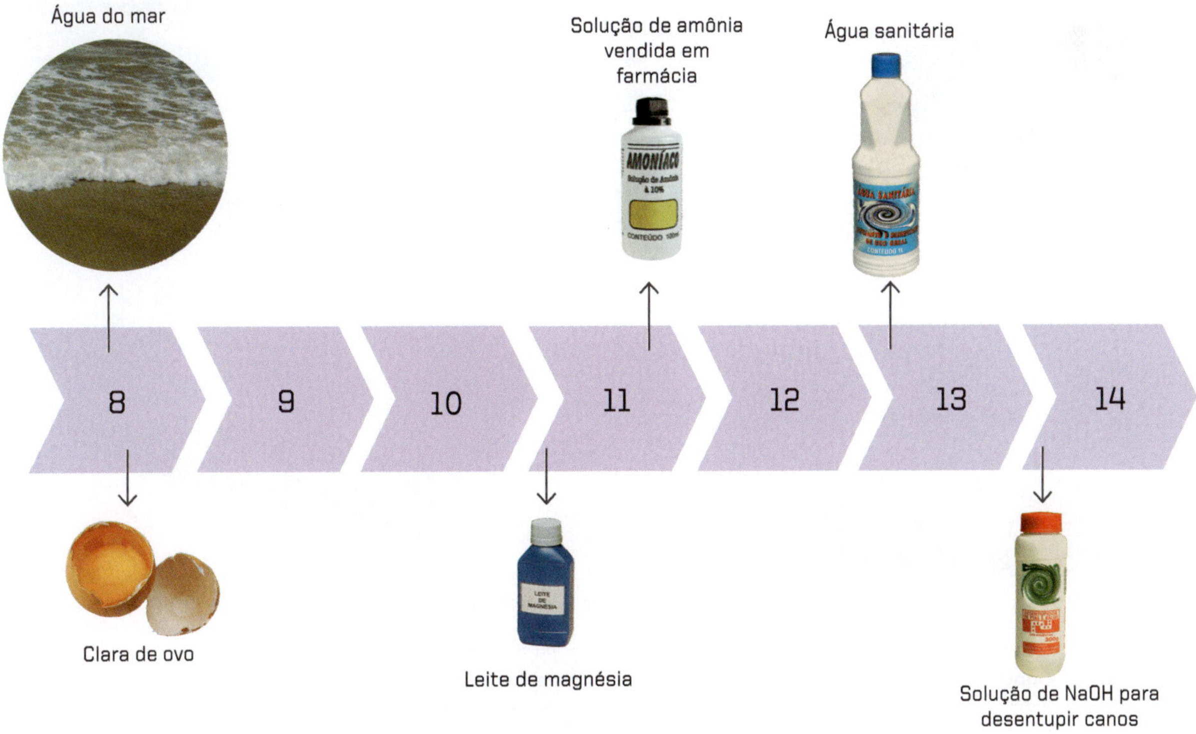

O sangue do diabo

A amônia (NH_3) é um gás que, dissolvido em água, origina íons hidroxila (OH^-).

Essa base fraca e solúvel em água foi utilizada no passado para fazer o material conhecido como sangue do diabo, um líquido róseo que, ao ser borrifado sobre um tecido branco, perde rapidamente sua cor.

O sangue do diabo era feito dissolvendo-se em meio copo grande de água (cerca de 150 mL) 10 gotas de solução aquosa **diluída** de amônia (**cuidado** com ela, pois desprende vapores tóxicos, que podem provocar desmaios, se inalados) e 20 gotas de solução de fenolftaleína em álcool.

A explicação para o desaparecimento da cor está no fato de a amônia ser um gás. Inicialmente o meio é básico e a fenolftaleína, rósea. Quando o líquido é jogado sobre um tecido, a amônia sai na forma de gás e o meio passa a ficar neutro, o que faz a fenolftaleína voltar a ficar incolor.

ATENÇÃO

Esse experimento só deve ser realizado com autorização e supervisão do(a) professor(a). A amônia desprende vapores irritantes e tóxicos.

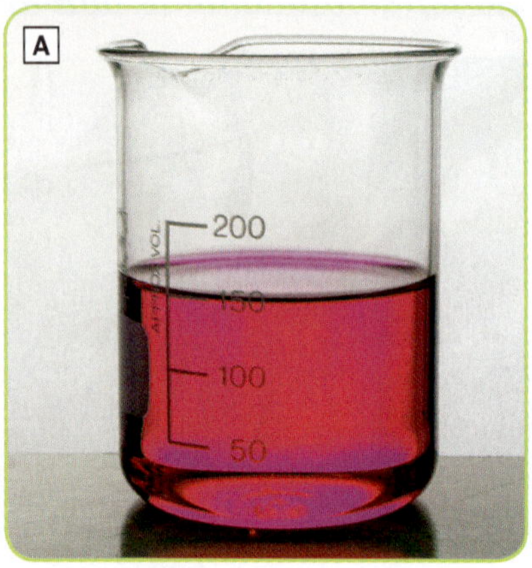

Sangue do diabo recém-preparado...

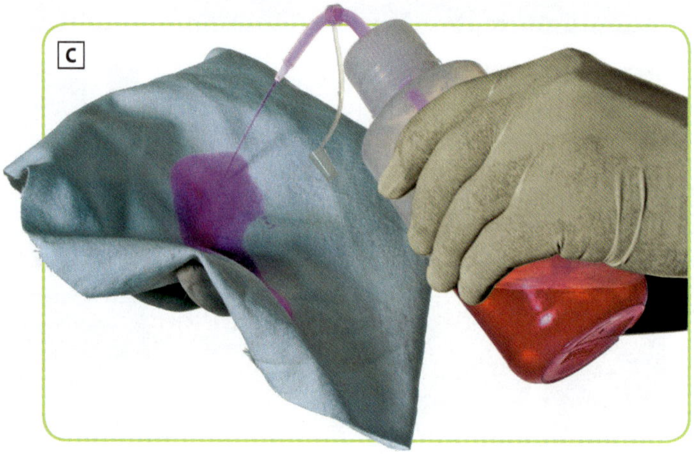

... e borrifado em um pano branco.

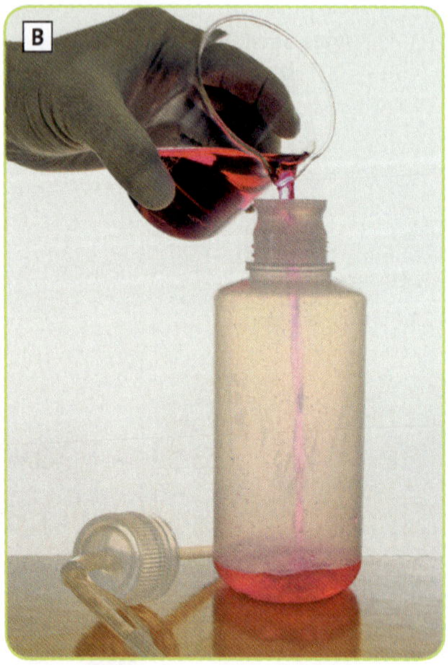

... é transferido para uma pisseta...

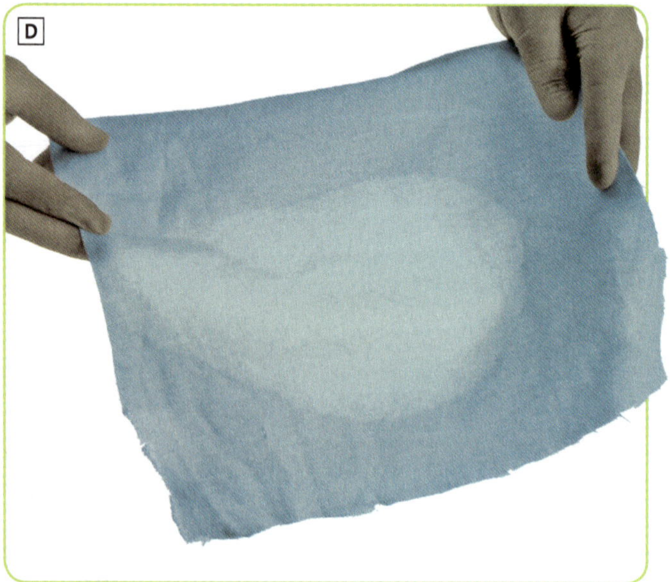

Após alguns minutos a cor rósea desaparece.

Conteúdo digital Moderna PLUS http://www.modernaplus.com.br
Vídeo: *O sangue do diabo*

EXERCÍCIOS ESSENCIAIS

EXERCÍCIO RESOLVIDO

26 Leia o seguinte texto e responda às perguntas:

Vazamento de amônia intoxica 24

Pelo menos 24 pessoas foram internadas com intoxicação por causa de um vazamento de amônia em um abatedouro de aves em Uberaba, Minas. O acidente ocorreu na chegada dos funcionários da empresa [...], uma das maiores do País. O vazamento pode ter sido causado por uma válvula que ficou aberta durante o fim de semana, quando foram realizados serviços de manutenção.

(*O Estado de S. Paulo*, 10 jan. 2006, p. A16.)

a) Qual é a fórmula molecular da substância mencionada?

b) Qual é o estado físico dessa substância nas condições ambientes?

c) Que se pode afirmar sobre ela quando dissolvida em água: é ácido, base ou nenhum dos dois?

d) Justifique sua resposta ao item anterior com auxílio de uma equação química.

e) O que se pode afirmar sobre o odor dessa substância?

f) A substância mencionada é tóxica porque, em contato com a água que existe dentro do nariz e dos pulmões, reage produzindo um íon negativo que é perigoso. Que íon é esse?

g) Como se chama o cátion derivado da substância mencionada no texto? Qual sua fórmula?

h) Escreva uma fórmula eletrônica para o íon da resposta do item anterior.

Resolução

a) NH_3

b) Estado gasoso.

c) É uma base.

d) Quando a amônia se dissolve em água, sofre **ionização**, produzindo íons OH^-, de acordo com a equação:

$$NH_3(g) + H_2O(\ell) \rightarrow NH_4^+(aq) + OH^-(aq)$$

e) Seu odor é forte e irritante.

f) É o íon hidroxila, OH^-.

g) Cátion amônio, cuja fórmula é NH_4^+.

h) 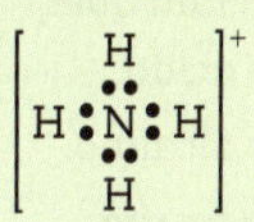

27 Equacione a dissociação iônica de:

a) KOH; b) $Ba(OH)_2$; c) $Fe(OH)_3$.

28 Nas cinzas estão presentes substâncias que, em contato com a água, promovem o aparecimento, entre outras, das substâncias conhecidas como hidróxido de potássio e hidróxido de sódio.

Escreva uma fórmula que represente cada uma dessas duas substâncias.

29 Escreva o nome das seguintes bases:

a) LiOH;
b) $Ba(OH)_2$;
c) $Fe(OH)_2$;
d) $Fe(OH)_3$;
e) $Sr(OH)_2$;
f) CsOH;
g) $Pb(OH)_2$;
h) $Pb(OH)_4$.

30 Escreva as fórmulas de:

a) hidróxido de magnésio;
b) hidróxido de cálcio;
c) hidróxido ferroso;
d) hidróxido férrico;
e) hidróxido cuproso;
f) hidróxido cúprico;
g) hidróxido de estanho (II);
h) hidróxido de estanho (IV);
i) hidróxido de amônio;
j) hidróxido de alumínio.

31 (UniEvangélica-GO) O nome, a fórmula do gás responsável pelo odor irritante do amoníaco e a reação desse gás com água são respectivamente:

a) amônia; NH_4^+; $NH_4^+ + H_2O \rightarrow HNO_3$.

b) amônia; NH_3; $NH_3 + H_2O \rightarrow NH_4OH$.

c) amônia; NH_4^+; $NH_4^+ + H_2O \rightarrow N_2H_2$.

d) hidróxido de amônio; NH_4OH;
$NH_4OH + H_2O \rightarrow NH_4^+ + OH^-$.

e) cloreto de amônio; $NH_4C\ell$;
$NH_4C\ell + H_2O \rightarrow NH_4^+ + C\ell^-$.

32 (Uespi) O sangue do diabo é um líquido vermelho que logo se descora ao ser aspergido sobre um tecido branco. Para prepará-lo, adiciona-se NH_4OH em água, contendo algumas gotas de fenolftaleína. A cor desaparece porque:

a) o tecido branco reage com a solução formando o ácido amoníaco.

b) a fenolftaleína evapora.

c) a fenolftaleína reage rapidamente com o NH_4OH.

d) o NH_3 logo evapora.

e) a solução é assim denominada devido à sua alta viscosidade.

33 (UFRGS-RS) Aos frascos A, B e C, contendo soluções aquosas incolores de substâncias diferentes, foram adicionadas gotas de fenolftaleína.

Observou-se que só o frasco A passou a apresentar coloração rósea. Identifique a alternativa que indica substâncias que podem estar presentes em B e C.

a) NaOH e $NaC\ell$.
b) H_2SO_4 e $HC\ell$.
c) NaOH e $Ca(OH)_2$.
d) H_2SO_4 e NaOH.
e) $NaC\ell$ e $Mg(OH)_2$.

EXERCÍCIO RESOLVIDO

34 (Fuvest-SP) Verifica-se alteração na cor do chá-mate ao se adicionarem gotas de limão.

a) Como se explica?

b) Como retornar à cor original?

Conselho: Não beba o chá ao fim da experiência.

Resolução

a) O chá-mate deve conter uma ou mais substâncias que atuam como indicador ácido-base. A adição de suco de limão acidificou a solução e provocou a mudança de cor do indicador.

b) A adição de uma **base neutralizará o ácido**, fazendo com que o meio deixe de ser ácido e o indicador retorne à coloração inicial.

35 (Faap-SP) O creme dental é básico, porque:

a) produz dentes mais brancos.

b) a saliva é ácida.

c) tem gosto melhor.

d) se fosse ácido, iria corroer o tubo (bisnaga).

e) produz mais espuma.

36 (UFJF-MG) Uma dona de casa realizou as seguintes operações:

1. Bateu em um liquidificador folhas de repolho roxo picadas com um pouco de água e depois aqueceu por cinco minutos.
2. Separou o líquido, que apresentava cor roxa, das folhas, com o auxílio de um coador e o dividiu em dois copos.
3. A um dos copos, adicionou vinagre (ácido acético) e não houve alteração na cor do líquido, ou seja, ele permaneceu roxo.
4. Ao outro copo, adicionou leite de magnésia (hidróxido de magnésio) e a cor do líquido passou para verde.

Assinale a afirmação **correta**:

a) O processo de separação utilizado na primeira operação é a destilação.

b) O líquido que apresentava cor roxa, separado na segunda operação, funciona como indicador ácido-base.

c) O processo de separação utilizado na segunda operação é a decantação.

d) O hidróxido de magnésio é um óxido.

e) O vinagre é uma base.

EXERCÍCIO RESOLVIDO

37 (Vest-Rio) Um médico atendeu um paciente com dores abdominais, originadas de uma patologia denominada "úlcera péptica duodenal". Para tratamento desse paciente, o médico prescreveu um medicamento que contém um hidróxido metálico, classificado como "uma base fraca". Esse metal pertence, de acordo com a tabela periódica, ao seguinte grupo:

a) 1A.

b) 3A.

c) 6A.

d) 7A.

e) Zero.

Resolução

As bases comumente empregadas como antiácidos estomacais são:

- $Mg(OH)_2$, presente no leite de magnésia;
- $A\ell(OH)_3$, presente em alguns outros medicamentos antiácidos comercializados com diversos nomes.

Assim, dentre as opções fornecidas, trata-se do $A\ell(OH)_3$, que é hidróxido de um metal do grupo 13 (anteriormente denominado família 3A).

Alternativa **b**.

38 (FMU/Fiam-SP) Para combater a acidez estomacal causada pelo excesso de ácido clorídrico, costuma-se ingerir um antiácido. Das substâncias abaixo, encontradas no cotidiano das pessoas, a mais indicada para combater a acidez é:

a) refrigerante.

b) suco de laranja.

c) água com limão.

d) vinagre.

e) leite de magnésia.

39 (FUA-AM) Assinale a alternativa correta que indica uma das substâncias ativas contidas no medicamento aziran, usado para neutralizar a hiperacidez estomacal.

a) hidróxido de sódio (soda cáustica).

b) ácido clorídrico.

c) ácido sulfúrico.

d) hidróxido de alumínio.

e) ácido cítrico.

40 (Unisinos-RS) Um aluno, trabalhando no laboratório de sua escola, deixou cair uma certa quantidade de solução alcoólica de fenolftaleína sobre um balcão que estava sendo limpo com sapólio. O local onde caiu a fenolftaleína adquiriu, quase que imediatamente, uma coloração violácea. Esse aluno, observando a mancha violácea, concluiu que:

a) o sapólio deve ser um meio ácido.

b) o sapólio deve ser um meio alcalino.

c) o sapólio deve ser um meio neutro.

d) o sapólio tem características de um sal.

e) a fenolftaleína removeu o sapólio do local.

Conteúdo digital Moderna PLUS http://www.modernaplus.com.br
Exercícios adicionais

Capítulo 22 Sais

Estalactites, como essas da Gruta do Lago Azul, em Bonito, MS, são constituídas de carbonato de cálcio, $CaCO_3$. Esse sal pode ser considerado um derivado do ácido carbônico e do hidróxido de cálcio.

Um sal pode ser considerado um derivado de um ácido e de uma base.

22.1 Neutralização total

Sal é um composto iônico que contém cátion de base e ânion de ácido. Quando um ácido e uma base reagem em neutralização total, todos os hidrogênios ionizáveis e todas as hidroxilas formam água. Evaporada a água, restará um sal normal.

22.2 Neutralização parcial

Quando um ácido e uma base reagem em neutralização parcial, resta(m) hidrogênio(s) ionizável(is) ou hidroxila(s) sem neutralizar. Evaporada a água, restará um hidrogenossal ou um hidroxissal.

22.3 Sais hidratados

Sal hidratado contém água de cristalização em proporção bem definida.

22.4 Compostos higroscópicos

Composto higroscópico absorve espontaneamente água da atmosfera.

Seção 22.1 Neutralização total

Objetivos

- Conceituar sal.
- Equacionar uma neutralização total.
- Deduzir a fórmula de um ânion, a partir da fórmula do ácido.
- Nomear um ânion, dada sua fórmula.
- Nomear um sal normal, dada sua fórmula.
- Escrever a fórmula de um sal normal, dado seu nome.

Termos e conceitos

- sal
- neutralização total

Ao ouvir a palavra "sal" é bem provável que a primeira coisa da qual você se lembre seja o sal de cozinha, o cloreto de sódio ($NaC\ell$). Também é provável que você pense que o único "sal" que existe seja esse. Em Química, contudo, a palavra sal designa uma classe de substâncias iônicas.

Além do cloreto de sódio, pertencem a essa classe muitos outros compostos, como, por exemplo: o carbonato de cálcio ($CaCO_3$), usado para diminuir a acidez do solo; o brometo de potássio (KBr), usado em medicamentos veterinários; o sulfato de sódio (Na_2SO_4), usado na produção de detergentes; e o cloreto de magnésio ($MgC\ell_2$), um dos muitos compostos dissolvidos na água do mar.

> Podemos definir **sal** como um composto iônico que contém **cátion proveniente de uma base** e **ânion proveniente de um ácido**.

Vamos considerar o cloreto de sódio como um primeiro exemplo. Em laboratório, verifica-se que é possível produzi-lo por meio da reação química entre uma solução aquosa de $HC\ell$ e outra de $NaOH$.

Ao misturar ambas as soluções, também se verifica que, dependendo das quantidades de $HC\ell$ e de $NaOH$ presentes nas soluções misturadas, a solução resultante pode ser ácida, básica ou neutra. Em outros capítulos deste livro, você poderá descobrir como é possível, sabendo as quantidades de $HC\ell$ e de $NaOH$ misturadas, determinar se a solução resultante será ácida, básica ou neutra.

Neste momento do estudo da Química é conveniente nos atermos a uma dessas três situações. Imagine que o número de moléculas de $HC\ell$ presentes numa das soluções misturadas seja **exatamente igual** ao número de pares de íons Na^+OH^- presentes na outra (lembre-se de que o $NaOH$ **não** é composto molecular; ele é constituído por íons Na^+ e OH^-). Nesse caso, verifica-se que a solução resultante é neutra. Mais do que isso, se deixarmos a água evaporar completamente, verificaremos que restará um resíduo sólido branco no recipiente. Uma análise química desse resíduo mostra que se trata de cloreto de sódio.

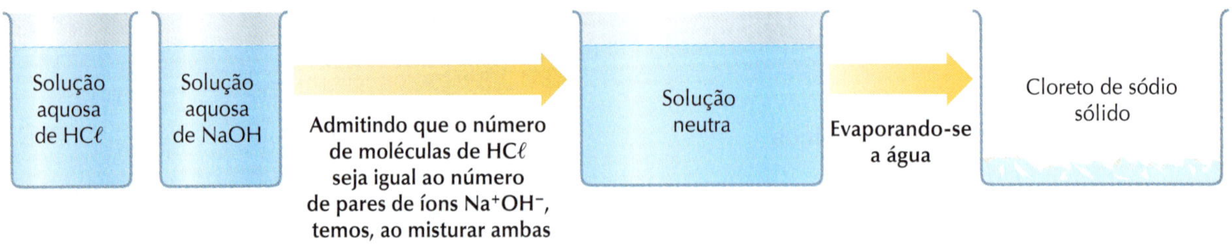

> A representação usual para a água é H_2O. Nas equações do texto ao lado, estamos usando HOH para ficar bem claro que, no caso das reações entre ácido e base, ela se forma a partir dos íons H^+ e OH^-.

Quando misturamos as duas soluções conforme descrito acima, ocorre uma reação entre os íons H^+ e OH^-, formando água. Essa reação é chamada de **neutralização**:

$$H^+ + OH^- \rightarrow HOH$$

Como você pode perceber, a neutralização faz com que os íons H^+ e OH^- presentes em solução se transformem em água e, dessa forma, permaneçam em solução apenas os íons Na^+ e $C\ell^-$. A reação em questão pode ser representada pela seguinte equação química:

$$HC\ell + NaOH \rightarrow NaC\ell + HOH$$

Se, após a mistura das soluções, evaporarmos completamente a água, restará no fundo do recipiente um sólido branco, cuja fórmula é NaCℓ. Esse composto pertence ao grupo de substâncias químicas chamadas de **sais**.

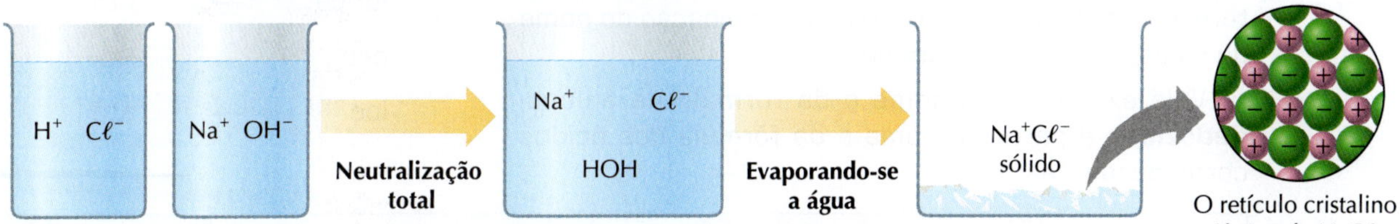

O retículo cristalino iônico do NaCℓ

Outros exemplos de neutralização podem ser assim equacionados:

$$HNO_3 + NaOH \rightarrow NaNO_3 + HOH$$
$$H_2SO_4 + Ca(OH)_2 \rightarrow CaSO_4 + 2\,HOH$$
$$H_3PO_4 + 3\,KOH \rightarrow K_3PO_4 + 3\,HOH$$

Os esquemas a seguir analisam cada uma dessas reações:

HNO_3	+	$NaOH$	⟶	$NaNO_3$	+	H_2O
Ácido		Base		Sal		Água
H^+ NO_3^-		Na^+OH^-		$[Na^+]_1[NO_3^-]_1$		HOH

H_2SO_4	+	$Ca(OH)_2$	⟶	$CaSO_4$	+	$2\,H_2O$
Ácido		Base		Sal		Água
H^+		OH^-		$[Ca^{2+}]_2[SO_4^{2-}]_2$		HOH
SO_4^{2-}		Ca^{2+}				
H^+		OH^-				HOH

H_3PO_4	+	$3\,KOH$	⟶	K_3PO_4	+	$3\,H_2O$
Ácido		Base		Sal		Água
H^+		K^+ OH^-		$[K^+]_3[PO_4^{3-}]_1$		HOH
H^+ PO_4^{3-}		K^+ OH^-				HOH
H^+		K^+ OH^-				HOH

Perceba que o balanceamento dessas equações emprega coeficientes para o ácido e para a base visando igualar o número de íons H^+ e OH^-. Assim, não sobram íons H^+ nem OH^-. Uma reação desse tipo é chamada de **neutralização total**. Mais adiante estudaremos outro tipo de neutralização, a parcial, na qual os números de íons H^+ e OH^- não são iguais.

Em uma **neutralização total** ácido-base **todos** os H^+ provenientes do ácido e **todas** as OH^- provenientes da base reagem formando H_2O.

1 Nomenclatura dos ânions

Retirando os hidrogênios ionizáveis de um ácido obtém-se a fórmula do ânion dele derivado. Uma vez conhecida a fórmula do ânion, chega-se à fórmula do sal considerando a ligação iônica entre ele e o cátion escolhido.

HCℓ	HNO_2	HNO_3	H_2SO_4
$[Na^+]_1[Cℓ^-]_1$	$[K^+]_1[NO_2^-]_1$	$[NH_4^+]_1[NO_3^-]_1$	$[Ca^{2+}]_2[SO_4^{2-}]_2$
NaCℓ	KNO_2	NH_4NO_3	$CaSO_4$

Lembre-se

Um ânion possuirá tantas cargas negativas quantos forem os H^+ retirados do ácido.

Assim, veremos que para dar nome a um sal é necessário conhecer o nome do ânion presente nesse sal.

A **nomenclatura dos ânions** é feita substituindo-se a terminação do nome do ácido pela terminação do nome do ânion, conforme a regra ao lado.

ÁCIDO	→	ÂNION
ídrico	→	eto
oso	→	ito
ico	→	ato

Veja exemplos do nome e da fórmula de ânions, **deduzidas** a partir do nome e da fórmula dos ácidos correspondentes*:

Ácido ...**ídrico**	Ânion ...**eto**	Ácido ...**oso**	Ânion ...**ito**	Ácido ...**ico**	Ânion ...**ato**
HF fluor**ídrico**	F^- fluor**eto**	H_2SO_3 sulfur**oso**	SO_3^{2-} sulf**ito**	H_2SO_4 sulfúr**ico**	SO_4^{2-} sulf**ato**
$HC\ell$ clor**ídrico**	$C\ell^-$ clor**eto**	HNO_2 nitr**oso**	NO_2^- nitr**ito**	HNO_3 nítr**ico**	NO_3^- nitr**ato**
HBr brom**ídrico**	Br^- brom**eto**	$HC\ell O_2$ clor**oso**	$C\ell O_2^-$ clor**ito**	$HC\ell O_3$ clór**ico**	$C\ell O_3^-$ clor**ato**
HI iod**ídrico**	I^- iod**eto**	$HC\ell O$ hipoclor**oso**	$C\ell O^-$ hipoclor**ito**	$HC\ell O_4$ perclór**ico**	$C\ell O_4^-$ perclor**ato**
HCN cian**ídrico**	CN^- cian**eto**	H_3PO_3** fosfor**oso**	HPO_3^{2-} fosf**ito**	H_3PO_4 fosfór**ico**	PO_4^{3-} fosf**ato**
H_2S sulf**ídrico**	S^{2-} sulf**eto**	H_3PO_2*** hipofosfor**oso**	$H_2PO_2^-$ hipofosf**ito**	CH_3COOH acét**ico**	CH_3COO^- acet**ato**

* Uma lista mais ampla está no suplemento Informações para Consulta.

** O H_3PO_3 só tem **dois** hidrogênios ionizáveis.

*** O H_3PO_2 só tem **um** hidrogênio ionizável.

2 Sais normais: fórmulas e nomenclatura

A **nomenclatura dos sais** é feita escrevendo-se o nome do ânion, a palavra "de" e o nome do cátion.

(nome do ânion) .... de .... (nome do cátion)

Para compreender, analise os exemplos:

ácido clor**ídrico** $HC\ell$ — $[Na^+]_1[C\ell^-]_1$ — cátion sódio, ânion clor**eto** — $NaC\ell$ cloreto de sódio

ácido nitr**oso** HNO_2 — $[K^+]_1[NO_2^-]_1$ — cátion potássio, ânion nitr**ito** — KNO_2 nitrito de potássio

ácido nítr**ico** HNO_3 — $[NH_4^+]_1[NO_3^-]_1$ — cátion amônio, ânion nitr**ato** — NH_4NO_3 nitrato de amônio

ácido sulfúr**ico** H_2SO_4 — $[Ca^{2+}]_{2}[SO_4^{2-}]_{2}$ — cátion cálcio, ânion sulf**ato** — $CaSO_4$ sulfato de cálcio

ácido fosfór**ico** H_3PO_4 — $[Mg^{2+}]_3[PO_4^{3-}]_2$ — cátion magnésio, ânion fosf**ato** — $Mg_3(PO_4)_2$ fosfato de magnésio

ácido sulfúr**ico** H_2SO_4 — $[Cu^{2+}]_{2}[SO_4^{2-}]_{2}$ — cátion cobre (II), ânion sulf**ato** — $CuSO_4$ sulfato de cobre (II) (sulfato cúprico)

ácido sulf**ídrico** H_2S — $[Fe^{2+}]_{2}[S^{2-}]_{2}$ — cátion ferro (II), ânion sulf**eto** — FeS sulfeto de ferro (II) (sulfeto ferroso)

ácido sulf**ídrico** H_2S — $[Fe^{3+}]_2[S^{2-}]_3$ — cátion ferro (III), ânion sulf**eto** — Fe_2S_3 sulfeto de ferro (III) (sulfeto férrico)

A

E

B

D

C

O mármore, A, que contém o sal carbonato de cálcio ($CaCO_3$), é uma bela rocha usada, dentre outras finalidades, para a ornamentação de construções e para fazer estátuas, como a Pietà, B, esculpida pelo artista italiano Michelangelo, entre 1497 e 1500. O Taj Mahal, na Índia, C, apresenta grande quantidade de mármore em seu revestimento. O $CaCO_3$ também é encontrado nas pérolas, D, e na casca dos ovos de aves e de répteis, E.

A água do mar tem outros sais além do NaCℓ

A água do mar contém vários sais dissolvidos. Aqueles presentes em quantidade mais expressiva são representados, em ordem decrescente de abundância, pelas fórmulas NaCℓ, $MgCℓ_2$, $MgSO_4$, $CaSO_4$, KCℓ, $CaCO_3$ e KBr (veja a tabela).

Tabela 1 Principais sais dissolvidos na água do mar

Sal	Massa (em gramas) do sal presente em 1 m^3 de água do mar
NaCℓ (cloreto de sódio)	27.000
$MgCℓ_2$ (cloreto de magnésio)	6.750
$MgSO_4$ (sulfato de magnésio)	5.625
$CaSO_4$ (sulfato de cálcio)	1.800
KCℓ (cloreto de pótassio)	750
$CaCO_3$ (carbonato de cálcio)	111
KBr (brometo de potássio)	103

Fonte: Tabela elaborada a partir de dados de Michael Freemantle. *Chemistry in action*. 2 ed. Londres, Macmillan, 1995. p. 368.

Conteúdo digital Moderna PLUS http://www.modernaplus.com.br
Texto: *Substâncias obtidas a partir da hidrosfera*

EXERCÍCIOS ESSENCIAIS

EXERCÍCIO RESOLVIDO

1 Escreva a equação da reação de neutralização total que ocorre entre ácido fosfórico e hidróxido de cálcio.

Resolução

Primeiramente precisamos escrever as fórmulas dos reagentes: H_3PO_4 e $Ca(OH)_2$. A seguir, para que haja neutralização total, devemos igualar a quantidade de íons H^+ e OH^- colocando os coeficientes adequados para cada substância:

$$2\,H_3PO_4 \;+\; 3\,Ca(OH)_2 \;\rightarrow\; \text{sal} \;+\; 6\,H_2O$$

$$6\,H^+ \quad \text{e} \quad 6\,OH^- \;\text{formam}\; \quad 6\,HOH$$

Retiramos os hidrogênios do ácido, obtendo a fórmula do ânion dele proveniente: PO_4^{3-} (carga 3−, pois no H_3PO_4 há 3 hidrogênios ionizáveis).

Levando em conta que a carga do cálcio é 2+, obtemos a fórmula do sal, $(Ca^{2+})_3(PO_4^{3-})_2$, e a colocamos na equação, conferindo o balanceamento.

$$\boxed{2\,H_3PO_4 + 3\,Ca(OH)_2 \;\rightarrow\; Ca_3(PO_4)_2 + 6\,H_2O}$$

2 Escreva a equação da reação de neutralização total entre:

a) ácido sulfúrico e hidróxido de potássio;
b) ácido nítrico e hidróxido de alumínio;
c) ácido sulfúrico e hidróxido de ferro (III);
d) ácido fosfórico e hidróxido de magnésio;
e) ácido carbônico e hidróxido de amônio.

3 (FGV-SP) A reação:

$$x\,Ca(OH)_2 + y\,H_2SO_4 \rightarrow z\,A + w\,B,$$

depois de corretamente balanceada, resulta para a soma $x + y + z + w$ o número:

a) 6. b) 5. c) 4. d) 7. e) 10.

4 (Cefet-AL) Dada a reação de neutralização:

$$x\,HC\ell \;+\; y\,Ca(OH)_2 \;\rightarrow\; z\,CaC\ell_2 \;+\; w\,H_2O$$

A soma dos menores coeficientes inteiros x, y, z e w que deixam a equação corretamente balanceada é:

a) 15. b) 6. c) 9. d) 8. e) 12.

5 (UEPB) Qual a equação química balanceada que representa a reação química do hidróxido de alumínio com o suco gástrico?

a) $2\,A\ell(OH)_3 + 3\,H_2CO_3 \rightarrow A\ell_2(CO_3)_3 + 6\,H_2O$
b) $A\ell(OH)_3 + H_2SO_4 \rightarrow A\ell_3SO_4 + H_2O$
c) $2\,A\ell(OH)_3 + 3\,H_2SO_4 \rightarrow A\ell_2(SO_4)_3 + 6\,H_2O$
d) $A\ell(OH)_3 + HC\ell \rightarrow A\ell C\ell_3 + H_2O$
e) $A\ell(OH)_3 + 3\,HC\ell \rightarrow A\ell C\ell_3 + 3\,H_2O$

6 (Udesc) Complete as equações:

I. $HC\ell + KOH \rightarrow$ ____________
II. $H_2SO_4 + Ca(OH)_2 \rightarrow$ ____________
III. $HNO_3 + NaOH \rightarrow$ ____________

Assinale a alternativa que corresponde à representação **correta** dos produtos das equações anteriores.

a) $KC\ell + HOH$; $Ca_2SO_4 + 2\,HOH$; $NaNO_3 + HOH$
b) $KC\ell + HOH$; $Ca + SO_4 + HOH$; $Na + NO_3 + HOH$
c) $KC\ell + 2\,HOH$; $CaSO_4 + 2\,HOH$; $Na + NO_3 + 3\,HOH$
d) $KC\ell + HOH$; $CaSO_4 + HOH$; $NaNO_3 + HOH$
e) $KC\ell + HOH$; $CaSO_4 + 2\,HOH$; $NaNO_3 + HOH$

7 (UEMS) Qual das seguintes reações representa um processo de neutralização?

a) $Mg(s) + 2\,HC\ell(aq) \rightarrow MgC\ell_2(aq) + H_2(g)$
b) $Pb(NO_3)_2(aq) + CaC\ell_2(aq) \rightarrow Ca(NO_3)_2(aq) + PbC\ell_2(s)$
c) $HC\ell(aq) + KOH(aq) \rightarrow KC\ell(aq) + H_2O(\ell)$
d) $2\,KC\ell O_3(s) \rightarrow 2\,KC\ell(s) + 3\,O_2(g)$
e) $2\,C_4H_{10}(g) + 13\,O_2(g) \rightarrow 8\,CO_2(g) + 10\,H_2O(aq)$

8 (UFJF-MG) O ácido sulfúrico é utilizado em muitos processos industriais. Uma das formas de medir o grau de desenvolvimento de um país é o consumo anual dessa substância. Os processos industriais à base de ácido sulfúrico geram efluentes ácidos (despejos industriais) que são nocivos ao meio ambiente.

Uma das formas de remediar parcialmente o problema é o tratamento do efluente com hidróxido de sódio, para a sua neutralização. **Escreva** a reação balanceada da neutralização completa do ácido sulfúrico para o tratamento do efluente.

9 (UEPB) Uma pessoa resolveu fazer um desentupimento do encanamento em sua casa. Encontrou um frasco contendo um pouco de soda cáustica. Porém, como a quantidade era pouca, resolveu procurar outro produto que pudesse ser adicionado à soda cáustica que tivesse a mesma finalidade. Apesar de ter encontrado ácido muriático, que tem a mesma finalidade, não misturou os dois. Por quê?

a) O ácido muriático, como o próprio nome já diz, é um ácido, e neutralizaria a soda cáustica, que é uma base.
b) O produto gerado pelos dois seria muito reativo.
c) Havia pouca soda cáustica, o que impediria a reação correta com o ácido muriático para dar um produto reativo.
d) O ácido muriático reagiria à soda cáustica, gerando um sabão.
e) Os dois são produtos compostos por substâncias salinas, o que não reforçaria o poder desengordurante na mistura.

EXERCÍCIO RESOLVIDO

10 a) Escreva a fórmula do nitrato de amônio.
b) Equacione a reação entre um ácido e uma base que produza esse composto.

Resolução

a) NH_4NO_3

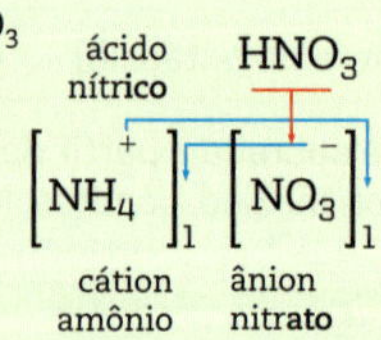

b) $HNO_3 + NH_4OH \rightarrow NH_4NO_3 + H_2O$ ou
$HNO_3 + NH_3 \rightarrow NH_4NO_3$

11 (PUC-MG) Qual das reações a seguir **NÃO** é uma reação de neutralização?

a) $KOH (aq) + HC\ell (aq) \rightarrow KC\ell (aq) + H_2O (\ell)$

b) $NH_3 (g) + HC\ell (g) \rightarrow NH_4C\ell (s)$

c) $Ca(OH)_2 (aq) + 2 HF (aq) \rightarrow CaF_2 (aq) + 2 H_2O (\ell)$

d) $CH_4 (g) + 2 O_2 (g) \rightarrow CO_2 (g) + 2 H_2O (g)$

12 (UFPel-RS) Os termos nitrato e sulfato se referem a __________, cujas cargas são respectivamente __________ e __________. Essas estruturas também existem, respectivamente, nos ácidos __________ e __________.

Assinale a alternativa cujos termos completam respectiva e corretamente o parágrafo acima.

a) ânions; +1 e +2; nitroso; sulfuroso.

b) ânions; −1 e −2; nítrico; sulfuroso.

c) ânions; −1 e −2; nítrico; sulfúrico.

d) cátions; −1 e −2; nítrico; sulfuroso.

e) cátions; +1 e +2; nitroso; sulfúrico.

13 (UFU-MG) Os compostos KBr; $NaC\ell O_3$; $CaCO_3$ e $MgIO_2$ têm sua origem nos ácidos, respectivamente:

a) brômico, clórico, carbonoso e hipoiodoso.

b) brômico, cloroso, carbônico e iodoso.

c) brômico, cloroso, carbâmico e iódico.

d) bromídrico, clórico, carbônico e iodoso.

14 (Ufes) A água mineral pode apresentar em sua composição química íons como sódio, magnésio, cálcio, cloreto, sulfato e carbonato. Esses íons podem formar entre si diversos compostos. A única alternativa que apresenta CORRETAMENTE a fórmula química e o nome de um dos possíveis compostos formados entre os íons citados é:

a) $NaSO_4$, sulfato de sódio.

b) $NaC\ell_2$, cloreto de sódio.

c) Na_2CO_3, bicarbonato de sódio.

d) $MnSO_4$, sulfato de magnésio.

e) $CaC\ell_2$, cloreto de cálcio.

15 Dê nome aos sais formados nas reações da questão 2.

16 Dê o nome dos seguintes sais:

a) $KC\ell$;

b) NaBr;

c) $(NH_4)_2S$;

d) KI;

e) Na_2CO_3;

f) $CaSO_4$;

g) Na_2SO_3;

h) K_3PO_4;

i) $NaNO_3$;

j) $Ca(NO_2)_2$;

k) $MgCO_3$;

l) $KBrO_3$;

m) $CuSO_4$;

n) FeS;

o) $Fe_2(SO_4)_3$.

17 Escreva a fórmula dos seguintes compostos:

a) carbonato ferroso;

b) sulfato de crômio (III);

c) nitrato de níquel (II);

d) sulfato de chumbo (IV).

18 (Fuvest-SP) A seguir aparecem os nomes alquímicos e os nomes modernos de três compostos químicos:

natro = carbonato de sódio;

sal de Epson = sulfato de magnésio;

sal de Glauber = sulfato de sódio.

O elemento químico comum às três substâncias é:

a) H.

b) Na.

c) S.

d) C.

e) O.

19 (UEMS) Qual das alternativas abaixo apresenta, respectivamente, a fórmula de um sal contendo um ânion da família dos halogênios e uma base contendo um cátion da família dos alcalinos terrosos?

a) $CaC\ell_2$ e $Mg(OH)_2$.

b) H_2S e $NaC\ell O$.

c) $HC\ell$ e NaOH.

d) $A\ell(OH)_3$ e H_2SO_4.

e) H_2S e $Ca(OH)_2$.

20 (PUC-RS) No mar existem vários sais dissolvidos, tais como **cloreto de sódio, cloreto de magnésio, sulfato de magnésio** e outros. Também se encontram sais pouco solúveis na água, como o **carbonato de cálcio**, que forma os corais e as conchas.

As fórmulas químicas das substâncias destacadas acima estão reunidas, respectivamente, em:

a) $NaC\ell$, $MgC\ell_2$, MgS e $CaCO_3$.

b) $NaC\ell_2$, $MgC\ell_2$, $MgSO_4$ e Ca_2C.

c) $NaC\ell_2$, $MgC\ell$, Mg_2SO_4 e $Ca(CO_3)_2$.

d) $NaC\ell$, $MgC\ell_2$, $MgSO_4$ e $CaCO_3$.

e) $NaC\ell$, $Mg_2C\ell$, MgS e Ca_2CO_3.

21 (UFMA) Os compostos cloreto de alumínio, ácido cloroso, perclorato de cálcio, hipoclorito de sódio e ácido clórico apresentam as seguintes fórmulas, respectivamente:

a) $A\ell C\ell_3 - HC\ell O_2 - Ca(C\ell O_4)_2 - NaC\ell O - HC\ell O_3$.

b) $A\ell C\ell_2 - HC\ell O_2 - Ca(C\ell O_4)_2 - NaC\ell O_2 - H_2C\ell O_4$.

c) $A\ell C\ell_4 - H_2C\ell O_4 - CaC\ell O_3 - NaC\ell O - HC\ell O_3$.

d) $A\ell C\ell - HC\ell O_3 - Ca(C\ell O_3)_2 - NaC\ell O_3 - H_2C\ell O_4$.

e) $A\ell C\ell_3 - HC\ell O_3 - Ca(C\ell O_4)_2 - NaC\ell O_3 - H_3C\ell O_4$.

22 (Cefet-AL) O nitrato de potássio é empregado como conservante na fabricação de carnes embutidas (presunto, mortadela, salame etc.), para preservar as características do alimento e a sua cor original. A função química e a fórmula do nitrato de potássio são respectivamente:

a) Ácido e HNO_3.

b) Sal e KNO_3.

c) Base e KOH.

d) Sal e $NaNO_3$.

e) Óxido e K_2O.

Conteúdo digital Moderna PLUS http://www.modernaplus.com.br
Exercícios adicionais

Seção 22.2

Neutralização parcial

Objetivos

- Equacionar uma neutralização parcial.
- Deduzir a fórmula de um ânion proveniente de neutralização parcial de ácido.
- Nomear hidrogenossal, dada a fórmula.
- Escrever a fórmula de um hidrogenossal, dado seu nome.
- Nomear hidroxissal, dada a fórmula.
- Escrever a fórmula de um hidroxissal, dado seu nome.

Termos e conceitos

- **neutralização parcial de ácido**
- **hidrogenossal**
- **neutralização parcial da base**
- **hidroxissal**

As reações de neutralização que discutimos até aqui são chamadas de **reações de neutralização total**. No entanto, há também outras, que denominaremos **reações de neutralização parcial**.

> Na **neutralização parcial nem todos** os hidrogênios ionizáveis do ácido **ou nem todas** as hidroxilas da base são neutralizados.

Há o caso da neutralização parcial **do ácido** e o da neutralização parcial **da base**. Vejamos cada um deles.

1 Neutralização parcial do ácido

Como já vimos, para ocorrer a neutralização total deve haver uma proporção adequada entre a quantidade dos participantes, proporção que é indicada pelos coeficientes da equação química corretamente balanceada.

Quando H_2SO_4 e NaOH tomam parte em uma reação de neutralização total e a água é evaporada da solução final, obtém-se um sólido cristalino, o sulfato de sódio, Na_2SO_4. Se esse processo for repetido, porém reduzindo-se à metade a quantidade de NaOH inicialmente presente na solução básica, verifica-se que o resíduo sólido final tem fórmula $NaHSO_4$.

NEUTRALIZAÇÃO TOTAL

Reação entre ácido sulfúrico e hidróxido de sódio na proporção de 1 : 2

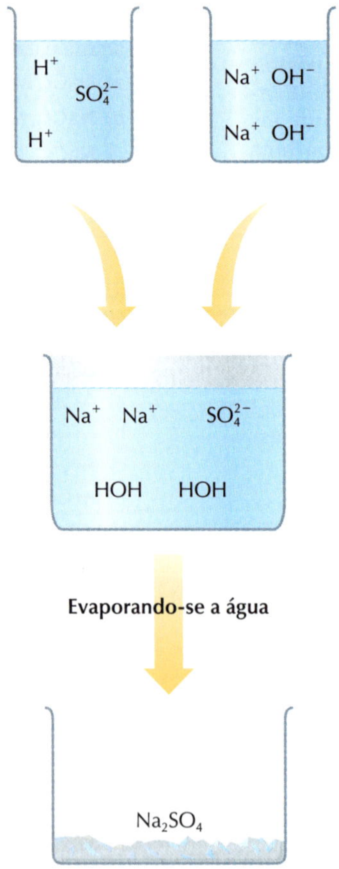

$H_2SO_4 + 2\ NaOH \longrightarrow \mathbf{Na_2SO_4} + 2\ H_2O$

NEUTRALIZAÇÃO PARCIAL DO ÁCIDO

Reação entre ácido sulfúrico e hidróxido de sódio na proporção de 1 : 1

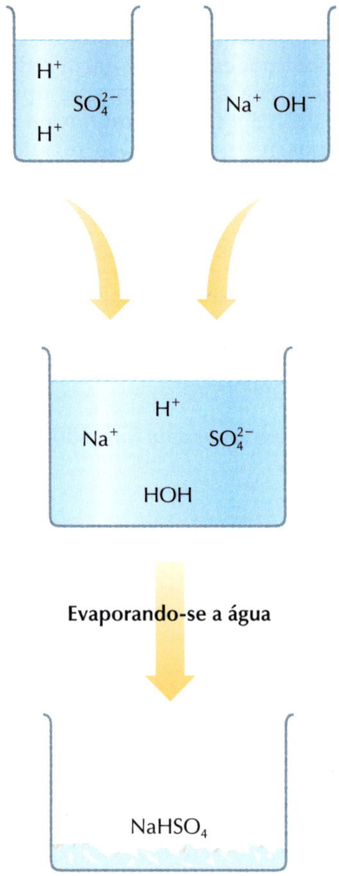

$H_2SO_4 + NaOH \longrightarrow \mathbf{NaHSO_4} + H_2O$

Quando H_2SO_4 e NaOH reagem na proporção 1 : 2 há **neutralização total**, que forma um **sal normal**:

$$H_2SO_4 + 2\,NaOH \rightarrow Na_2SO_4 + 2\,H_2O$$
$$H^+ + OH^- \rightarrow HOH$$
$$H^+ + OH^- \rightarrow HOH$$

Sal normal

$$[Na^+]_2[SO_4^{2-}]_1$$

> Note que, para cada H^+, há um OH^- e vice-versa.

Quando H_2SO_4 e NaOH reagem na proporção 1 : 1 há **neutralização parcial do ácido**, que forma um **hidrogenossal:**

$$H_2SO_4 + NaOH \rightarrow NaHSO_4 + H_2O$$
$$H^+ + OH^- \rightarrow HOH$$
$$H^+ \rightarrow \text{Não é neutralizado}$$

Hidrogenossal

$$[Na^+]_1[HSO_4^-]_1$$

Sobrou hidrogênio ionizável sem ser neutralizado

> Note que há mais H^+ do que OH^-. Assim, nem todos os H^+ serão neutralizados.

Veja outros exemplos:

- **Neutralização total** entre H_2CO_3 e NaOH:

$$H_2CO_3 + 2\,NaOH \rightarrow Na_2CO_3 + 2\,H_2O$$
$$H^+ + OH^- \rightarrow HOH$$
$$H^+ + OH^- \rightarrow HOH$$

Sal normal

$$[Na^+]_2[CO_3^{2-}]_1$$

- **Neutralização parcial** do H_2CO_3 pelo NaOH:

$$H_2CO_3 + NaOH \rightarrow NaHCO_3 + H_2O$$
$$H^+ + OH^- \rightarrow HOH$$
$$H^+ \rightarrow \text{Não é neutralizado}$$

Hidrogenossal

$$[Na^+]_1[HCO_3^-]_1$$

- **Neutralização total** entre H_3PO_4 e KOH:

$$H_3PO_4 + 3\,KOH \rightarrow K_3PO_4 + 3\,H_2O$$
$$H^+ + OH^- \rightarrow HOH$$
$$H^+ + OH^- \rightarrow HOH$$
$$H^+ + OH^- \rightarrow HOH$$

Sal normal

$$[K^+]_3[PO_4^{3-}]_1$$

- **Neutralização parcial** do H_3PO_4 pelo KOH, na proporção 1 : 2:

$$H_3PO_4 + 2\,KOH \rightarrow K_2HPO_4 + 2\,H_2O$$
$$H^+ + OH^- \rightarrow HOH$$
$$H^+ + OH^- \rightarrow HOH$$
$$H^+ \rightarrow \text{Não é neutralizado}$$

Hidrogenossal

$$[K^+]_2[HPO_4^{2-}]_1$$

- **Neutralização parcial** do H_3PO_4 pelo KOH, na proporção 1 : 1:

$$H_3PO_4 + KOH \rightarrow KH_2PO_4 + H_2O$$
$$H^+ + OH^- \rightarrow HOH$$
$$H^+ \rightarrow \text{Não são}$$
$$H \rightarrow \text{neutralizados}$$

Hidrogenossal

$$[K^+]_1[H_2PO_4^-]_1$$

Então, após esses exemplos, podemos conceituar:

> Na **neutralização parcial de um ácido** por uma base, **nem todos** os hidrogênios ionizáveis reagem com OH^-. O sal formado, um hidrogenossal, conterá hidrogênio(s) ionizável(is).

2 Nomenclatura dos ânions que contêm hidrogênios ionizáveis

Para dar nome aos sais provenientes da neutralização parcial de ácidos, precisamos, primeiramente, conhecer a nomenclatura dos ânions que contêm hidrogênios ionizáveis.

Veja exemplos:

H_2CO_3 carbônico →
- HCO_3^- hidrogenocarbonato ou carbonato ácido
- CO_3^{2-} carbonato

H_2SO_4 sulfúrico →
- HSO_4^- hidrogenossulfato ou sulfato ácido
- SO_4^{2-} sulfato

H_3PO_4 fosfórico →
- $H_2PO_4^-$ di-hidrogenofosfato ou fosfato diácido
- HPO_4^{2-} mono-hidrogenofosfato ou fosfato monoácido
- PO_4^{3-} fosfato

O prefixo **mono** pode ser **omitido**.

O uso do prefixo "bi"

Quando um ânion é proveniente de um ácido com dois hidrogênios ionizáveis e que perdeu um deles, pode-se substituir o prefixo **hidrogeno** por **bi**. Veja os quatro exemplos mais importantes:

H_2CO_3 carbônico →
- HCO_3^- **bicarbonato**
- CO_3^{2-} carbonato

H_2SO_4 sulfúrico →
- HSO_4^- **bissulfato**
- SO_4^{2-} sulfato

H_2SO_3 sulfuroso →
- HSO_3^- **bissulfito**
- SO_3^{2-} sulfito

H_2S sulfídrico →
- HS^- **bissulfeto**
- S^{2-} sulfeto

Importante: O prefixo **bi** tem razões de origem histórica e, **nesse contexto, não significa dois**. (Sua origem remonta a uma época em que as fórmulas dos compostos não eram conhecidas com precisão e pensava-se que o bicarbonato fosse o "dobro" do carbonato, por exemplo.)

3 Hidrogenossais: fórmulas e nomenclatura

A nomenclatura dos hidrogenossais é muito semelhante à dos sais normais, diferindo no fato de indicarmos a quantidade de hidrogênios ionizáveis por meio dos prefixos *mono-hidrogeno* (o *mono* pode ser omitido), *di-hidrogeno* etc.

Exemplos:

NaH_2PO_4 — di-hidrogenofosfato de sódio
Na_2HPO_4 — (mono-)hidrogenofosfato de sódio
$NaHSO_4$ — hidrogenossulfato de sódio
$NaHCO_3$ — hidrogenocarbonato de sódio
$Ca(HCO_3)_2$ — hidrogenocarbonato de cálcio

Os hidrogenossais eram antigamente chamados de sais ácidos. Assim, outra opção para dar nome a esses sais é fazer uso dos termos *monoácido, diácido* etc. Essa forma de nomenclatura tende, contudo, ao desuso.

NaH_2PO_4 — fosfato diácido de sódio
Na_2HPO_4 — fosfato (mono)ácido de sódio
$NaHSO_4$ — sulfato ácido de sódio
$NaHCO_3$ — carbonato ácido de sódio
$Ca(HCO_3)_2$ — carbonato ácido de cálcio

Lembre-se de que:

> Quando o hidrogenossal for originário de um ácido com dois hidrogênios ionizáveis (e somente nesses casos), pode-se substituir o prefixo **hidrogeno** por **bi**. **Nesse contexto**, o prefixo bi **não** tem o significado explícito de "dois".

Exemplos:

$NaHSO_4$ — bissulfato de sódio
$NaHCO_3$ — bicarbonato de sódio
$Ca(HCO_3)_2$ — bicarbonato de cálcio

Note que, como o ácido fosfórico (H_3PO_4) é triácido, **não existe** a nomenclatura "bifosfato".

4 Neutralização parcial da base

Se realizarmos a reação de neutralização total entre $HC\ell$ e $Ca(OH)_2$ e, ao final, evaporarmos a água da solução, obteremos o sólido cloreto de cálcio, $CaC\ell_2$. Porém, repetindo esse procedimento com metade da quantidade de ácido, verifica-se que o sólido cristalino obtido tem composição $Ca(OH)C\ell$.

NEUTRALIZAÇÃO TOTAL

Reação entre ácido clorídrico e hidróxido de cálcio na proporção de 2 : 1

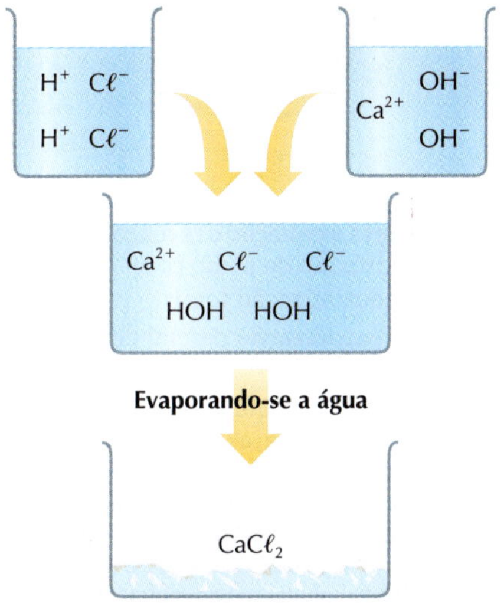

$2\,HC\ell + Ca(OH)_2 \longrightarrow \mathbf{CaC\ell_2} + 2\,H_2O$

NEUTRALIZAÇÃO PARCIAL DA BASE

Reação entre ácido clorídrico e hidróxido de cálcio na proporção de 1 : 1

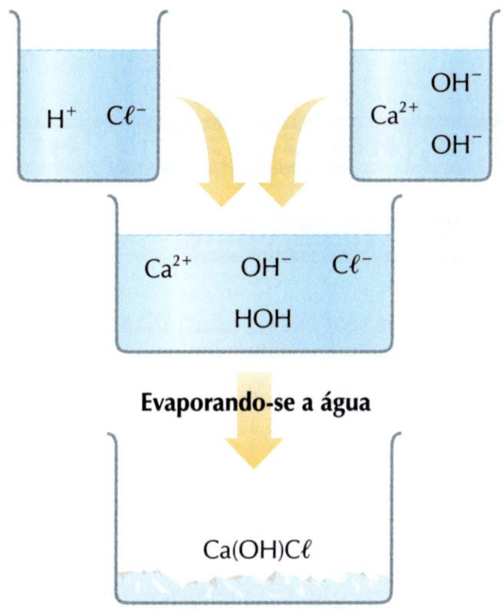

$HC\ell + Ca(OH)_2 \longrightarrow \mathbf{Ca(OH)C\ell} + H_2O$

Quando $HC\ell$ e $Ca(OH)_2$ reagem na proporção 2 : 1, há **neutralização total**, que forma um **sal normal**:

$$2\,HC\ell + Ca(OH)_2 \rightarrow CaC\ell_2 + 2\,H_2O$$
$$H^+ + OH^- \rightarrow HOH$$
$$H^+ + OH^- \rightarrow HOH$$

Sal normal

$$[Ca^{2+}]_1[C\ell^-]_2$$

> Note que, para cada OH^-, há um H^+ e vice-versa.

Quando $HC\ell$ e $Ca(OH)_2$ reagem na proporção 1 : 1, há **neutralização parcial da base**, que forma um hidroxissal:

$$HC\ell + Ca(OH)_2 \rightarrow Ca(OH)C\ell + H_2O$$
$$H^+ + OH^- \rightarrow HOH$$
$$OH^- \rightarrow \text{Não é neutralizada}$$

Hidroxissal

$$[Ca^{2+}][OH^-][C\ell^-]$$

Sobrou OH^- sem ser neutralizada

> Note que há mais OH^- do que H^+. Assim, nem todas as OH^- serão neutralizadas.

Assim, podemos dizer que:

> Na **neutralização parcial de uma base** por um ácido, **nem todas** as hidroxilas reagem com H^+. O sal formado, um hidroxissal, conterá hidroxila(s).

5 Hidroxissais: fórmulas e nomenclatura

Sua nomenclatura, semelhante à nomenclatura dos hidrogenossais, é indicada pelos prefixos *mono-hidroxi* (o *mono* pode ser omitido), *di-hidroxi* etc.

Exemplos:

$A\ell(OH)_2C\ell$ — di-hidroxicloreto de alumínio

$A\ell(OH)C\ell_2$ — (mono-)hidroxicloreto de alumínio

$Ca(OH)NO_3$ — (mono-)hidroxinitrato de cálcio

Os hidroxissais eram antigamente chamados de sais básicos. Outra forma de nomenclatura utiliza os termos *monobásico*, *dibásico* etc. Essa forma de nomenclatura tende ao desuso.

Exemplos:

$A\ell(OH)_2C\ell$ — cloreto dibásico de alumínio

$A\ell(OH)C\ell_2$ — cloreto (mono)básico de alumínio

$Ca(OH)NO_3$ — nitrato (mono)básico de cálcio

EXERCÍCIOS ESSENCIAIS

EXERCÍCIO RESOLVIDO

23 Equacione as reações de neutralização entre ácido sulfúrico e hidróxido de potássio:

a) na proporção de 1 : 2;

b) na proporção de 1 : 1.

Resolução

a) $1\ H_2SO_4 + 2\ KOH \rightarrow$ sal + água

$H^+ + OH^- \longrightarrow HOH$

$H^+ + OH^- \longrightarrow HOH$

É uma **neutralização total** que produz um sal normal com íons K^+ e SO_4^{2-}, o sulfato de potássio:

$$[K^+]_2[SO_4^{2-}]_1$$

A equação é:

$$\boxed{H_2SO_4 + 2\ KOH \rightarrow K_2SO_4 + 2\ H_2O}$$

b) $1\ H_2SO_4 + 1\ KOH \rightarrow$ sal + água

$H^+ + OH^- \longrightarrow HOH$

$H^+ \longrightarrow$ Não é neutralizado

É uma **neutralização parcial do ácido**, que produz um hidrogenossal com íons K^+ e HSO_4^-, denominado hidrogenossulfato de potássio, sulfato ácido de potássio ou bissulfato de potássio.

$$[K^+]_1[HSO_4^-]_1$$

A equação é:

$$\boxed{H_2SO_4 + KOH \rightarrow KHSO_4 + H_2O}$$

24 Equacione as reações de neutralização entre ácido carbônico e hidróxido de sódio:

a) na proporção de 1 : 2;

b) na proporção de 1 : 1.

25 Escreva a equação das reações entre ácido sulfídrico e hidróxido de sódio com:

a) neutralização total;

b) neutralização parcial do ácido.

26 (UFF-RJ) Os alquimistas foram muito importantes para a química, a ciência da transformação. Tentando encontrar a pedra filosofal, que teria o poder de transformar qualquer metal em outro, e o elixir da longa vida, que tornaria o ser humano imortal, criaram um grande número de aparelhos de laboratório e desenvolveram processos importantes para a produção de metais, de papiros, de sabões e de muitas substâncias, como o ácido nítrico, o ácido sulfúrico, o hidróxido de sódio e o hidróxido de potássio.

Sobre essas substâncias, ácidos e bases, pode-se afirmar que:

a) as fórmulas do ácido nítrico e do ácido sulfúrico são $HONO_3$ e H_2SO_4, respectivamente.

b) a reação entre o ácido nítrico e o ácido sulfúrico conduz à produção de apenas um sal.

c) o hidróxido de sódio não reage com o ácido nítrico, pois se trata de uma base forte.

d) na reação entre o ácido sulfúrico e o hidróxido de sódio podem ser formados dois sais.

e) a reação entre o ácido nítrico e o hidróxido de potássio pode conduzir à formação de dois sais: o $Cu(NO_3)_2$ e o Na_2NO_3.

27 O composto $NaHCO_3$ é usado em fermentos para bolo, em antiácidos estomacais e em alguns extintores de incêndio. Dê dois nomes para ele.

28 Na fabricação de papel sulfite utiliza-se $Ca(HSO_3)_2$. Dê dois nomes para esse composto.

29 Alguns fertilizantes contêm $CaHPO_4$ e $Ca(H_2PO_4)_2$. Escreva o nome de cada um deles.

30 Quatro íons importantes cujo nome pode começar com *bi* são mostrados a seguir. Escreva a fórmula do ácido do qual se originam. Escreva também o nome (começando com *bi*) de cada um desses íons.

a) HS^-;
b) HSO_3^-;
c) HSO_4^-;
d) HCO_3^-.

31 (PUC-RS)

I. $2\ HNO_3 + Mg(OH)_2 \rightarrow$ **X** $+ 2\ H_2O$
II. **Y** $+ 2\ KOH \rightarrow K_2HPO_4 + 2\ H_2O$
III. $H_2CO_3 + 2\ NaOH \rightarrow$ **Z** $+ 2\ H_2O$

A nomenclatura correta das substâncias **X**, **Y** e **Z** é, respectivamente:

a) nitrito de magnésio, ácido fosforoso e bicarbonato de sódio.
b) nitrito de manganês, ácido ortofosfórico e carbeto de sódio.
c) nitrato de magnésio, ácido fosfórico e bicarbonato de sódio.
d) nitrato de magnésio, ácido fosfórico e carbonato de sódio.
e) nitrato de magnésio, ácido fosforoso e carbonato de sódio.

32 (Unama) As fórmulas do **sulfato de cálcio**, do **bicarbonato de sódio** e do **nitrato de bário** são as apresentadas na alternativa:

a) $CaSO_3$; $NaHCO_3$; $BaNO_3$.
b) $CaSO_4$; $NaHCO_3$, $Ba(NO_3)_2$.
c) $CaSO_3$; Na_2CO_3; $Ba(NO_2)_2$.
d) $CaSO_4$; Na_2CO_3; $Ba(NO_3)_2$.

33 (Ufersa-RN) O cloreto de potássio, o hidrogenofosfato de cálcio e o nitrato de potássio são sais utilizados na fabricação de fertilizantes, cujas fórmulas químicas respectivas são:

a) $KC\ell$, $Ca_3(PO_4)_2$ e KNO_2.
b) $KC\ell$, $CaH_2(PO_4)_2$ e KNO_2.
c) $KC\ell O$, Ca_2HPO_4 e KNO_3.
d) $KC\ell$, $CaHPO_4$ e KNO_3.

34 (PUC-PR) Relacione a coluna da direita com a da esquerda:

1. $NaHCO_3$	(A) Ácido fosfórico
2. $Mg_2P_2O_7$	(B) Hidróxido plúmbico
3. H_2SO_3	(C) Carbonato de sódio
4. $Pb(OH)_4$	(D) Ácido sulfúrico
5. H_3PO_4	(E) Pirofosfato de magnésio
	(F) Hidróxido plumboso
	(G) Bicarbonato de sódio

A alternativa que relaciona corretamente fórmula e nome é:

a) 1-G; 2-E; 4-B; 5-A.
b) 1-C; 2-E; 3-D; 5-A.
c) 1-C; 2-F; 3-D; 5-A.
d) 1-G; 2-A; 3-D; 4-B.
e) 2-E; 3-D; 4-B; 5-A.

EXERCÍCIO RESOLVIDO

35 Equacione as reações de neutralização entre ácido clorídrico e hidróxido de magnésio:

a) na proporção de 2 : 1; **b)** na proporção de 1 : 1.

Resolução

a) A equação da **neutralização total** é:

$$2\ HC\ell + Mg(OH)_2 \rightarrow MgC\ell_2 + 2\ H_2O$$

b) $1\ HC\ell + 1\ Mg(OH)_2 \rightarrow$ sal + água

$H^+ + OH^- \longrightarrow HOH$

$OH^- \rightarrow$ Não é neutralizada

É uma **neutralização parcial da base**, que produz um hidroxissal com íons Mg^{2+}, OH^- e $C\ell^-$, denominado hidroxicloreto de magnésio ou cloreto básico de magnésio. **Podemos conferir a fórmula considerando que a carga total deve ser nula.** Assim:

$$[Mg^{2+}]_1\ [OH^-]_1\ [C\ell^-]_1$$

carga total = +2 − 1 − 1 = zero

$$HC\ell + Mg(OH)_2 \rightarrow Mg(OH)C\ell + H_2O$$

36 Escreva a equação das reações entre ácido nítrico e hidróxido de cálcio com:

a) neutralização total;
b) neutralização parcial da base.

37 (Uerj) Um caminhão transportando ácido sulfúrico capotou, derramando o ácido na estrada. O ácido foi totalmente neutralizado por uma solução aquosa de hidróxido de sódio. Essa neutralização pode ser corretamente representada pelas equações abaixo.

$$H_2SO_4 + 2\ NaOH \rightarrow X + 2\ H_2O$$
$$H_2SO_4 + NaOH \rightarrow Y + H_2O$$

As substâncias X e Y são, respectivamente:

a) $Na_2SO_4/NaHSO_4$.
b) $NaHSO_4/Na_2SO_4$.
c) Na_2SO_3/Na_2SO_4.
d) $Na_2SO_4/NaHSO_3$.
e) $NaHSO_3/Na_2SO_4$.

38 (Unirio-RJ) Os sais são produtos também obtidos pela reação de neutralização total ou parcial dos hidrogênios ionizáveis dos ácidos com as bases ou hidróxidos, segundo a reação genérica:

$$\text{ácido} + \text{base} \rightarrow \text{sal} + H_2O$$

Com base nessa afirmação, assinale o único ácido que não apresenta todos os seus produtos possíveis e relacionados:

a) clorídrico — só produz o sal neutro cloreto.
b) nítrico — só produz o sal neutro nitrato.
c) fosfórico — só produz o sal neutro fosfato.
d) sulfídrico — pode produzir tanto o sal neutro sulfeto como o sal ácido, sulfeto ácido ou hidrogenossulfeto.
e) sulfúrico — pode produzir tanto o sal neutro sulfato como como o sal ácido, sulfato ácido ou hidrogenossulfato.

Conteúdo digital Moderna PLUS http://www.modernaplus.com.br
Exercícios adicionais

Seção 22.3

Sais hidratados

Objetivo

▶ Reconhecer, pela fórmula, que um sal é hidratado.

Termos e conceitos

- água de cristalização (água de hidratação)
- sal hidratado

mono = um
di = dois
tri = três
tetra = quatro
penta = cinco
hexa = seis
hepta = sete

O gesso é fabricado utilizando como matéria-prima uma rocha chamada gipsita. Nela há uma substância denominada sulfato de cálcio diidratado, cuja fórmula química é $CaSO_4 \cdot 2\ H_2O$.

Pela fórmula você pode constatar a presença de água na substância. Trata-se da *água de cristalização* ou *água de hidratação*.

Chamamos de **água de cristalização** ou **água de hidratação** aquela que se encontra dentro do retículo cristalino de um composto iônico, fazendo parte de sua composição, em proporção bem definida.

Um sal é chamado de **sal hidratado** quando tem água de cristalização.

Outros exemplos são:

$CuSO_4 \cdot 5\ H_2O$ — sulfato de cobre (II) **penta**idratado
$CoC\ell_2 \cdot 6\ H_2O$ — cloreto de cobalto (II) **hexa**idratado
$FeSO_4 \cdot 7\ H_2O$ — sulfato de ferro (II) **hepta**idratado
$Na_2SO_4 \cdot 10\ H_2O$ — sulfato de sódio **deca**idratado.

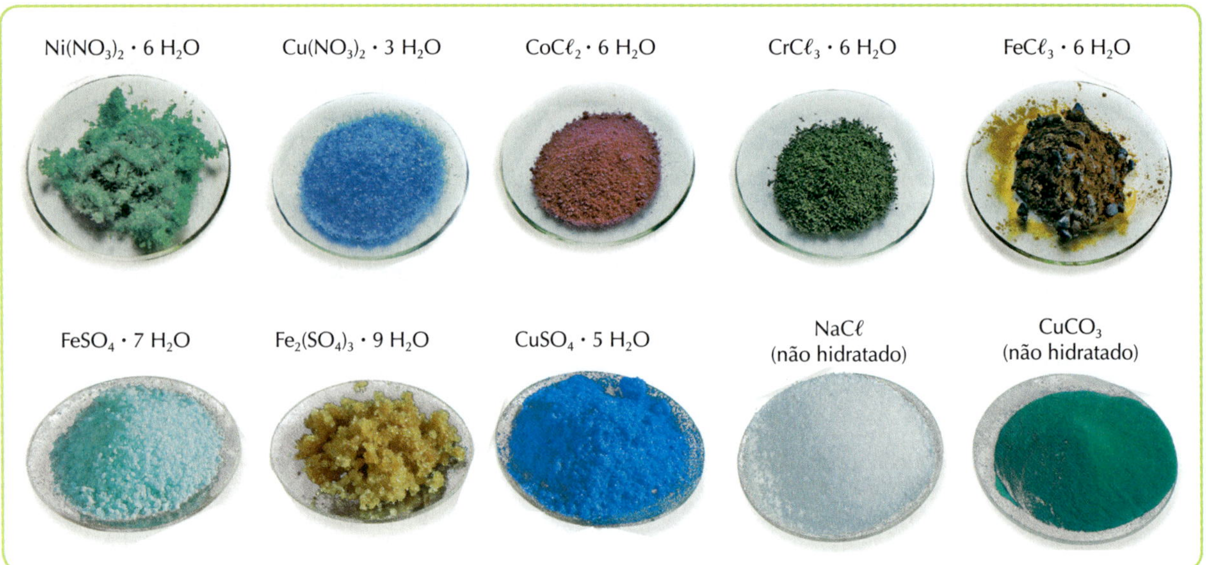

Exemplos de sais, vários deles contendo água de hidratação.

O sulfato de cobre (II) anidro (isto é, isento de água) é branco. Em contato com água, hidrata-se a $CuSO_4 \cdot 5\ H_2O$, que tem cor azul.

Se o $CuSO_4 \cdot 5\ H_2O$, azul, é suficientemente aquecido, perde água de cristalização, que sai na fase gasosa, produzindo novamente $CuSO_4$, branco.

Seção 22.4

Compostos higroscópicos

Objetivo

▶ Compreender o que é um composto higroscópico.

Termos e conceitos

• **composto higroscópico**

Há um ditado popular que diz: "Saleiro entupiu? Vem chuva!"

Esse "saber popular" possui certo fundo de verdade. O sal de cozinha pode conter algumas impurezas ($MgC\ell_2$ e $MgSO_4$) que são higroscópicas.

Composto higroscópico é aquele capaz de absorver água da atmosfera.

Em dias úmidos, quando há maior probabilidade de ocorrência de chuva, essas impurezas absorvem água da atmosfera e deixam o sal empelotado, entupindo o saleiro. Em dias secos, quando há poucas possibilidades de chover, a água do sal é perdida para a atmosfera, deixando o sal soltinho. Assim, essa "miraculosa" previsão está, na verdade, relacionada à umidade do ar.

Outros exemplos de substâncias higroscópicas são o ácido sulfúrico, o hidróxido de sódio e o cloreto de cálcio. Se um frasco com ácido sulfúrico concentrado é deixado destampado, vapor de água da atmosfera é absorvido por ele e um ligeiro aumento do nível do líquido irá ocorrer, graças à água absorvida que, líquida, se mistura ao ácido. Se pedaços de hidróxido de sódio sólido são deixados expostos à atmosfera, chegam a absorver tanta água que se dissolvem nela. Após algumas horas, no lugar do sólido observa-se um líquido claro, que é uma solução aquosa de hidróxido de sódio. Fenômeno semelhante ocorre com o cloreto de cálcio.

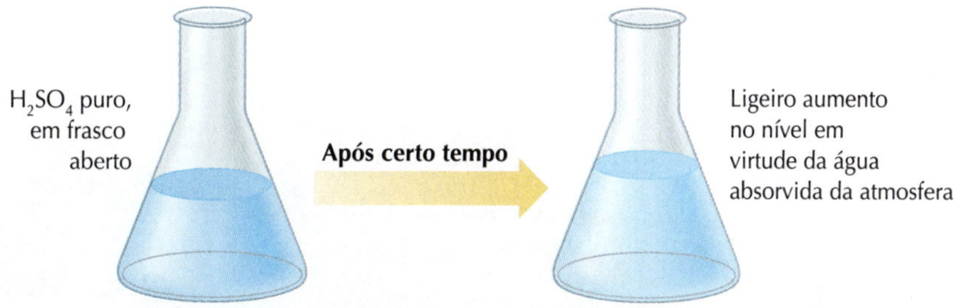

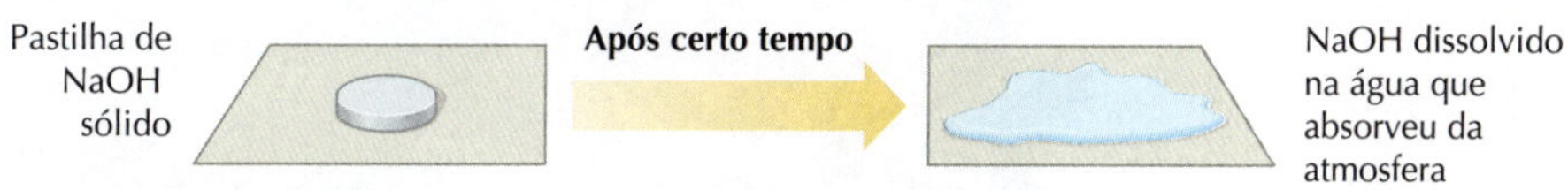

"Saleiro entupiu? Vem chuva!" é um ditado com um fundo de verdade, relacionado aos compostos higroscópicos.

Pastilhas de NaOH (s) absorvem água da atmosfera e acabam se dissolvendo nessa água. Na foto, esse processo está em andamento.

Nutrientes inorgânicos indispensáveis às plantas

As plantas precisam, entre outros elementos, de grandes quantidades de:

- nitrogênio (N): necessário para o crescimento das folhas;
- fósforo (P): importante para o desenvolvimento das raízes;
- potássio (K): tem papel na floração.

Os fertilizantes são fabricados de modo a fornecer esses elementos sob a forma de cátions e/ou ânions, que compõem sais presentes no fertilizante.

Fertilizantes são fabricados de modo a fornecer às plantas os elementos químicos que lhes são indispensáveis ao crescimento, à floração e à frutificação. Tais elementos aparecem nos fertilizantes na forma de sais.

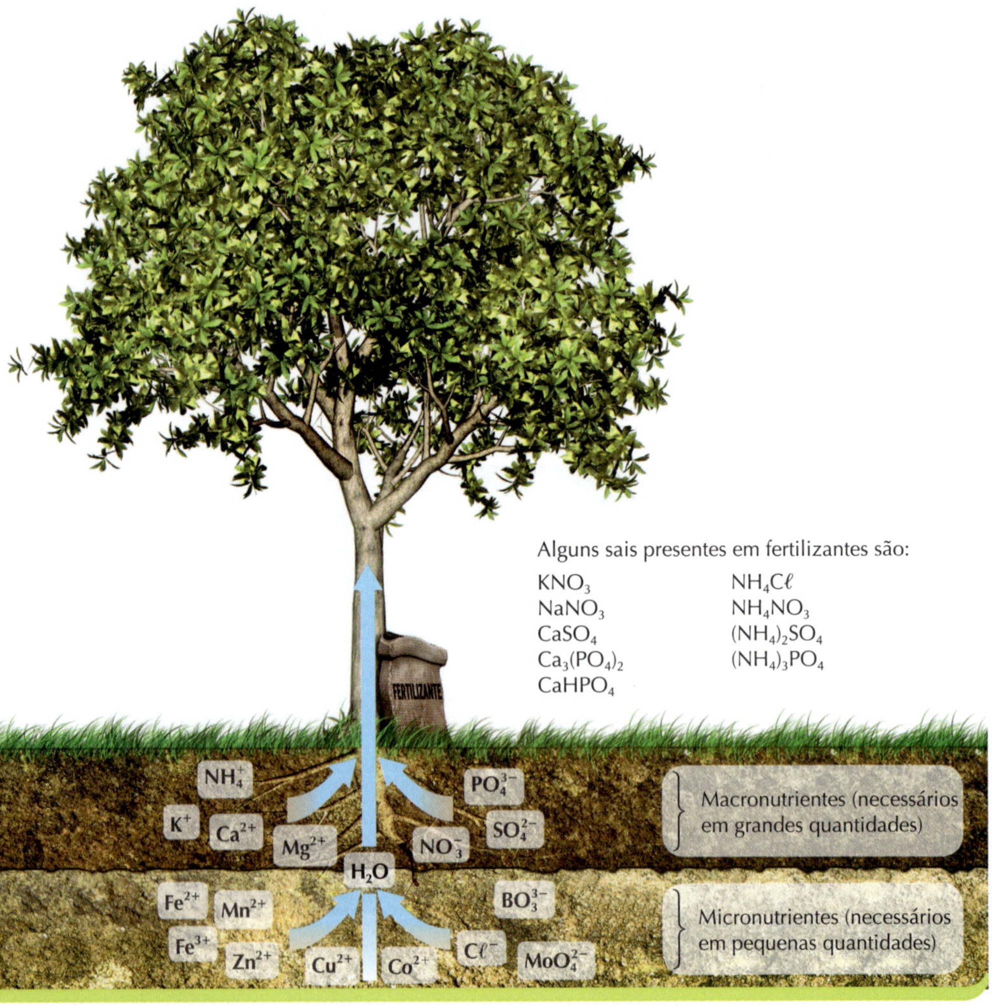

Alguns sais presentes em fertilizantes são:

KNO_3	$NH_4C\ell$
$NaNO_3$	NH_4NO_3
$CaSO_4$	$(NH_4)_2SO_4$
$Ca_3(PO_4)_2$	$(NH_4)_3PO_4$
$CaHPO_4$	

Sais e cotidiano

Ao nosso redor existe uma infinidade de sais, que fazem parte da constituição dos mais variados materiais.

- O carbonato de cálcio ($CaCO_3$), por exemplo, é encontrado na casca de ovos, no mármore, no calcário, nas pérolas e nos recifes de coral.
- O cloreto de sódio ($NaC\ell$), além de ser usado para salgar a comida, tem larga aplicação na conservação de alimentos (carne-seca, bacalhau salgado etc.), na composição do soro fisiológico (uma mistura de água com 0,9% em massa de $NaC\ell$) e como matéria-prima para a produção de cloro ($C\ell_2$), de soda cáustica ($NaOH$) e de hipoclorito de sódio ($NaC\ell O$).
- O fluoreto de sódio (NaF) serve como fonte de fluoreto (F^-) para a formação do esmalte dental, que aumenta a resistência à formação de cáries. É usado em algumas pastas de dente e também em enxaguatórios bucais.
- O salitre (KNO_3) e o salitre do Chile ($NaNO_3$) são empregados como conservantes dos embutidos de carne (presunto, salame, mortadela, rosbife etc.). Tomam parte, também, da composição de fertilizantes e da chamada pólvora negra, uma mistura de salitre, carvão e enxofre pulverizados.
- O carbonato de sódio (Na_2CO_3), também denominado soda ou barrilha, é empregado nas estações municipais de tratamento de água, em piscinas (para evitar que a água fique muito ácida) e nas fábricas de vidro e de sabão em pó como matéria-prima.
- Gesso e giz são dois materiais que contêm sulfato de cálcio ($CaSO_4$).

Alguns sais possuem aplicações relevantes em Medicina. (Veja exemplos na tabela 2, adiante.)

Para nos mantermos saudáveis, precisamos, diariamente, ingerir pequena quantidade de sais adequados. Eles estão presentes em muitos alimentos. Esses sais fornecem íons necessários ao bom funcionamento de nosso organismo. Alguns exemplos desses íons e de suas funções biológicas no ser humano são mostrados no esquema abaixo.

A atividade física intensa faz nosso organismo perder, junto com o suor, muitos íons necessários à saúde, como é o caso do sódio (Na^+) e do potássio (K^+). É importantíssimo que tais íons sejam repostos mediante uma dieta alimentar adequada, incluindo a ingestão de frutas e sucos.

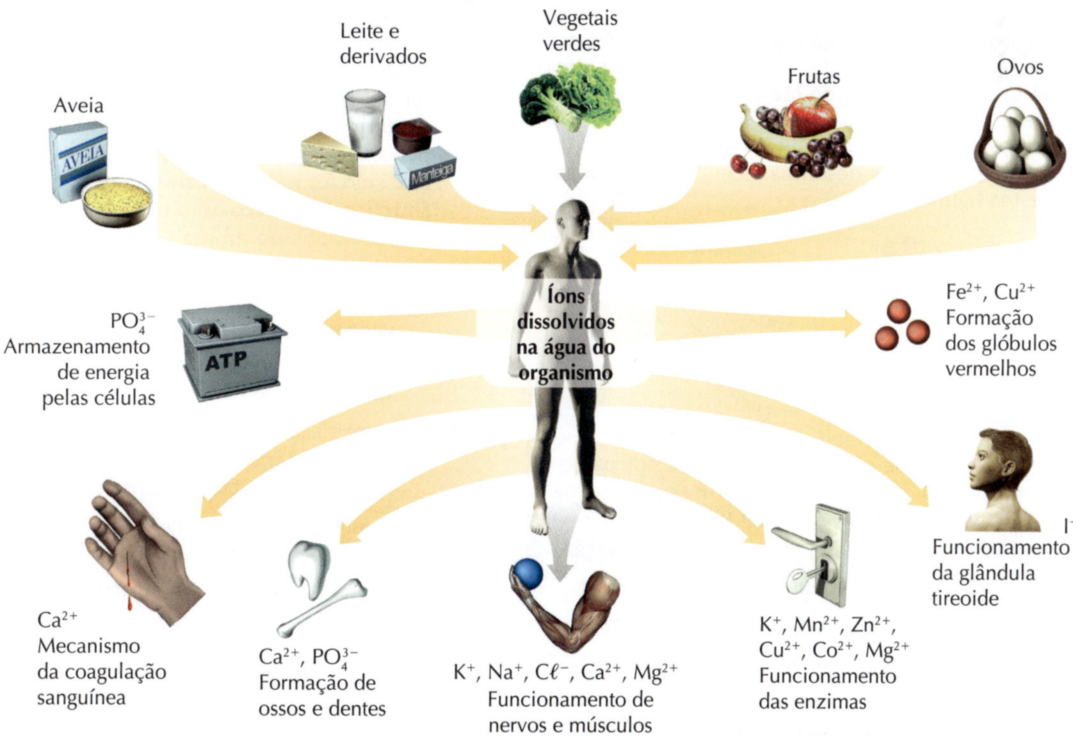

Tabela 2 Aplicação médica de alguns sais

Nome	Fórmula	Aplicação
Bicarbonato de sódio	$NaHCO_3$	Antiácido
Carbonato de amônio	$(NH_4)_2CO_3$	Expectorante
Carbonato de lítio	Li_2CO_3	Antidepressivo
Cloreto de amônio	$NH_4C\ell$	Acidificante do tubo digestivo
Cloreto de sódio	$NaC\ell$	Soro fisiológico
Iodeto de sódio	NaI	Fonte de iodo para a tireoide
Nitrato de potássio	KNO_3	Diurético
Permanganato de potássio	$KMnO_4$	Antisséptico de uso externo
Sulfato de bário	$BaSO_4$	Contraste em radiografia intestinal
Sulfato de cálcio	$CaSO_4$	Gesso para imobilizações
Sulfato de ferro (II)	$FeSO_4$	Fonte de ferro para anêmicos
Sulfato de magnésio	$MgSO_4$	Laxante

Fonte da tabela: F. A. Bettelheim et al. *Introduction to General, Organic & Biochemistry*. 7. ed. Belmont, Thomson-Books/Cole, 2004. p. 69, 177.

ATENÇÃO

A automedicação, isto é, o consumo de medicamentos sem orientação médica, é uma atitude extremamente perigosa para a saúde. Jamais se automedique.

Certifique-se de ter entendido

Pesquise o significado das palavras expectorante, antidepressivo, diurético e antisséptico, que aparecem na tabela ao lado.

Procure também o significado de outras palavras da tabela que não esteja certo de conhecer.

EXERCÍCIOS ESSENCIAIS

39 (UFMG) Certo produto desumidificador, geralmente encontrado à venda em supermercados, é utilizado para se evitar a formação de mofo em armários e outros ambientes domésticos.

- A embalagem desse produto é dividida, internamente, em dois compartimentos — um superior e um inferior. Na parte superior, há um sólido branco iônico — o cloreto de cálcio, $CaC\ell_2$.

Algum tempo depois de a embalagem ser aberta e colocada, por exemplo, em um armário em que há umidade, esse sólido branco desaparece e, ao mesmo tempo, forma-se um líquido incolor no compartimento inferior.

As duas situações descritas estão representadas nestas figuras:

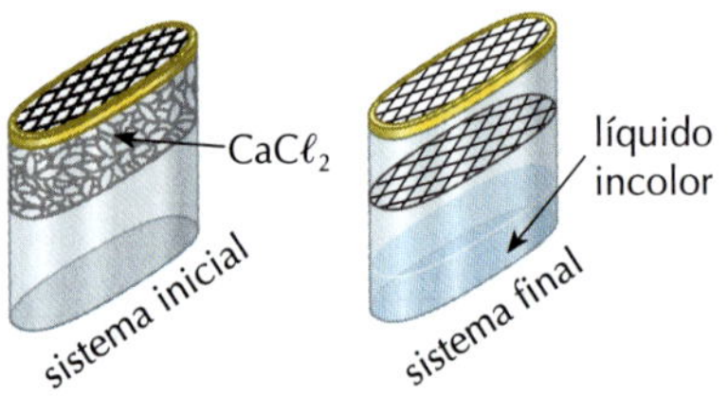

Considerando-se essas informações e outros conhecimentos sobre os materiais e os processos envolvidos, é **CORRETO** afirmar que:

a) o $CaC\ell_2$ passa por um processo de sublimação.

b) o $CaC\ell_2$ tem seu retículo cristalino quebrado.

c) o líquido obtido tem massa igual à do $CaC\ell_2$.

d) o líquido obtido resulta da fusão do $CaC\ell_2$.

40 (FEI-SP) O Na_2CO_3, comercializado na forma impura com o nome de barrilha, é:

a) um óxido.

b) um ácido.

c) uma base.

d) um sal.

e) uma mistura de sódio com carbono e ozônio.

41 (Fuvest-SP) Muitos acreditam ser mais saudável consumir "produtos orgânicos" do que produtos cultivados de forma convencional. É possível diferenciar esses dois tipos de produtos, determinando-se as quantidades relativas de ^{14}N e ^{15}N em cada um deles. Essas quantidades relativas serão diferentes, se o solo for adubado com esterco ou fertilizantes sintéticos. O esterco contém compostos originados no metabolismo animal, enquanto fertilizantes sintéticos, como, por exemplo, o nitrato de amônio, provêm da amônia.

Considere as afirmações:

I. ^{14}N e ^{15}N diferem quanto ao número de prótons, mas não quanto ao número de nêutrons.

II. Os fertilizantes nitrogenados, sejam sintéticos ou naturais, fornecem o nitrogênio necessário à formação de aminoácidos e proteínas nos vegetais.

III. O fertilizante nitrato de amônio pode ser obtido pela reação da amônia com o ácido nítrico.

É correto apenas o que se afirma em:

a) I.

b) II.

c) III.

d) I e II.

e) II e III.

Conteúdo digital Moderna PLUS http://www.modernaplus.com.br
Exercícios adicionais

Capítulo

23

Força de eletrólitos

Além de ser fonte de alguns nutrientes, o suco de frutas é rico em eletrólitos.

Como vimos no capítulo 20, eletrólito é uma substância que, dissolvida em água, produz uma solução condutora de corrente elétrica.

De modo geral, ácidos, bases e sais são eletrólitos. Neste capítulo veremos em que grau esses eletrólitos conduzem a corrente elétrica; em outras palavras, veremos a força dos eletrólitos.

Dissolvendo-se uma mesma quantidade de diferentes eletrólitos em iguais quantidades de água, verifica-se que a condutividade elétrica das soluções não será necessariamente a mesma. Quanto maior a força de um eletrólito, maior será a condutividade de suas soluções aquosas.

23.1 Força dos ácidos

O grau de ionização de um ácido é a porcentagem das moléculas desse ácido dissolvidas em água que sofrem ionização. De acordo com o grau de ionização, os ácidos podem ser classificados em fortes, moderados e fracos.

23.2 Solubilidade e força das bases

Há bases fortes e bases fracas. As bases fortes são as solúveis e parcialmente solúveis em água. As bases fracas incluem a amônia e todas as bases insolúveis em água.

23.3 Solubilidade e "força" dos sais

De modo bem geral, há sais solúveis e sais insolúveis em água. Somente os primeiros podem produzir solução com alta condutividade elétrica.

Força dos ácidos

Objetivo

- Classificar os ácidos de acordo com sua força.

Termos e conceitos

- grau de ionização
- ácido forte
- ácido moderado (ou semiforte)
- ácido fraco

Acompanhe o seguinte relato de experimento. Testam-se duas soluções feitas dissolvendo-se, numa mesma quantidade de água, igual número de móleculas de dois ácidos diferentes, HF e HCℓ. Verifica-se que o brilho da lâmpada é mais intenso no caso da solução de HCℓ, conforme a figura abaixo.

ATENÇÃO

Esse experimento NÃO deve ser feito pelo aluno. Ele está sendo aqui APENAS RELATADO para permitir a compreensão dos temas da Química tratados a seguir.
Além dos riscos referentes à utilização da rede elétrica, o HCℓ (aq) e o HF (aq) são corrosivos e desprendem vapores irritantes.

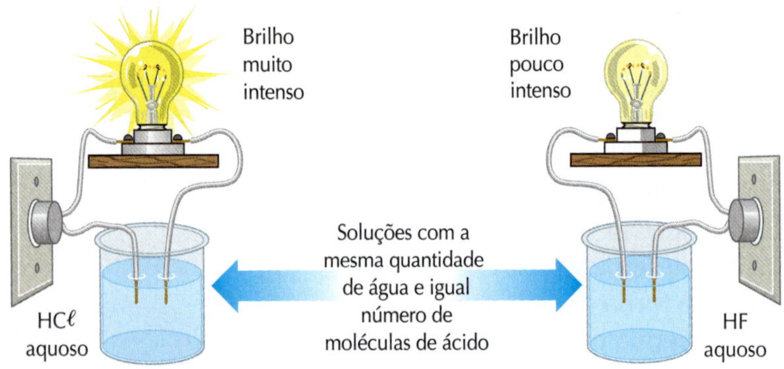

O fato de a solução de HCℓ conduzir melhor a corrente elétrica (brilho da lâmpada mais intenso) evidencia que nela devem existir mais íons livres do que na solução de HF.

Soluções de ácidos diferentes nem sempre apresentam a mesma condutividade elétrica. Isso acontece porque nem todos os ácidos ionizam-se na mesma extensão. Existe uma grandeza chamada **grau de ionização** que é empregada pelos químicos para descrever tal diferença.

O **grau de ionização** (α) de um ácido indica a porcentagem das moléculas desse ácido dissolvidas na água que sofreram ionização.

Admitamos que na solução de HCℓ o grau de ionização seja de 92%, e na de HF seja de 8%. Isso significa que, de cada 100 moléculas de HCℓ dissolvidas, 92 originam íons; no caso do HF, apenas 8 em cada 100. Assim, apesar de o número de moléculas de ácido dissolvidas ser o mesmo, a solução de HCℓ conduz melhor a corrente elétrica porque apresenta maior quantidade de íons numa mesma quantidade de água.

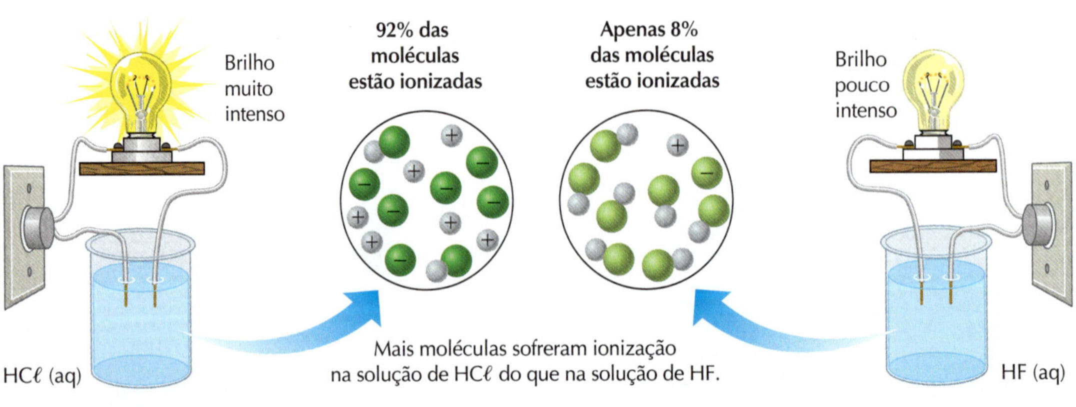

Mais moléculas sofreram ionização na solução de HCℓ do que na solução de HF.

Fundamentados na determinação experimental do grau de ionização*, os químicos puderam classificar os ácidos em fortes, moderados (ou semifortes) e fracos.

O esquema a seguir mostra a ordem crescente de força para alguns ácidos.

Verifica-se aumento da força do ácido →

HCN H_3BO_3 H_2S H_2CO_3 CH_3COOH < HF HNO_2 H_3PO_4 H_2SO_3 < HNO_3 H_2SO_4 $HC\ell$ HBr HI $HC\ell O_4$

Ácidos fracos	Ácidos moderados	Ácidos fortes
Têm geralmente $\alpha < 5\%$	Têm geralmente α entre 5% e 50%	Têm geralmente $\alpha > 50\%$

Como prever se um ácido é forte ou não sem consultar essa sequência? Para os **ácidos inorgânicos oxigenados** há uma regra empírica (isto é, baseada nas observações experimentais) que funciona bem. **Subtraia o número de hidrogênios ionizáveis do número de oxigênios**: se o resultado for 2 ou 3, será um ácido forte; 1, moderado; 0, fraco.

$HC\ell O_4$: $4 - 1 = 3$ ácido forte

H_2SO_4: $4 - 2 = 2$ ácido forte

H_3PO_4: $4 - 3 = 1$ ácido moderado

H_3BO_3: $3 - 3 = 0$ ácido fraco

> Quando o resultado é 3, o ácido é ainda **mais forte** do que quando é 2.

O **ácido carbônico** (H_2CO_3) é uma importante **exceção** a essa regra. Ele é um ácido fraco, ao contrário do que prevê a regra ($3 - 2 = 1$; moderado). Trata-se de um ácido instável, que sofre decomposição em gás carbônico e água:

$$H_2CO_3\,(aq) \rightarrow CO_2\,(g) + H_2O\,(\ell)$$

Como boa parte das moléculas dissolvidas se decompõe, restam poucas moléculas de H_2CO_3 para sofrer ionização, o que faz a solução apresentar baixa condutividade elétrica. Por isso, **o H_2CO_3 é considerado fraco**.

Para os **ácidos não oxigenados** não há uma regra satisfatória para prever a força. Como há apenas seis hidrácidos de importância, é útil ao estudante memorizar que:

Verifica-se aumento da força do ácido →

$HCN < H_2S < HF < HC\ell < HBr < HI$

Fracos: HCN, H_2S — Moderado: HF — Fortes: $HC\ell$, HBr, HI

O ácido acético é fraco

O ácido acético (CH_3COOH) é um ácido orgânico, mas que frequentemente aparece em procedimentos e em exercícios de Química Inorgânica. Ele é **fraco**.

* Será estudado em Físico-Química que o grau de ionização de um ácido depende da concentração da solução.

Ácidos e corrosão

O carbonato de cálcio (presente, por exemplo, no mármore) e o zinco são exemplos de substâncias corroídas por ácidos em geral. Comparando-se soluções com a mesma concentração, quanto maior a força do ácido, maior é a capacidade corrosiva de sua solução aquosa sobre essas substâncias.

Ao contrário do senso comum, ácidos não são capazes de corroer todas as coisas. O vidro, por exemplo, resiste bem aos ácidos em geral. Uma importante exceção é o HF, que, mesmo sendo um ácido moderado, é capaz de reagir com o vidro.

Por esse motivo as gravações em vidro são feitas utilizando esse composto ou então seus derivados.

$$\underbrace{SiO_2\,(s)}_{\text{presente no vidro}} + 4\,HF\,(aq) \rightarrow SiF_4\,(g) + 2\,H_2O\,(\ell)$$

O HF ataca o vidro, mas não é devido ao seu caráter ácido

A Escultura em mármore corroída ao longo dos anos pelos ácidos da chuva de um local poluído.

B Gravações no vidro podem ser feitas com derivados do HF.

C Duas soluções ácidas, uma de ácido forte (tubo da esquerda) e outra de ácido fraco, ambas de mesma concentração. Pedaços de zinco, acrescentados a ambas, são corroídos com liberação de gás hidrogênio. A reação é mais vigorosa com o ácido forte.

EXERCÍCIOS ESSENCIAIS

EXERCÍCIO RESOLVIDO

1 (UFPB) Apresentam-se, em ordem crescente de força, os ácidos:

a) HIO_4, H_3PO_4, H_3BO_3, H_2SO_4.
b) H_3BO_3, H_3PO_4, H_2SO_4, $HC\ell O_4$.
c) H_2SO_3, H_2SO_4, H_3PO_4, HIO_4.
d) HIO_4, $HC\ell O$, H_3PO_4, H_2SO_4.
e) $HC\ell O$, H_2SO_4, H_3PO_4, HIO_4.

Resolução

Vamos examinar cada uma das alternativas:

a) HIO_4: $4 - 1 = 3$ (muito) forte.
H_3PO_4: $4 - 3 = 1$ moderado.
H_3BO_3: $3 - 3 = 0$ fraco.
H_2SO_4: $4 - 2 = 2$ forte.

b) H_3BO_3: $3 - 3 = 0$ fraco.
H_3PO_4: $4 - 3 = 1$ moderado.
H_2SO_4: $4 - 2 = 2$ forte.
$HC\ell O_4$: $4 - 1 = 3$ (muito) forte.
(Ordem crescente de força)

c) H_2SO_3: $3 - 2 = 1$ moderado.
H_2SO_4: $4 - 2 = 2$ forte.
H_3PO_4: $4 - 3 = 1$ moderado.
HIO_4: $4 - 1 = 3$ (muito) forte.

d) HIO_4: $4 - 1 = 3$ (muito) forte.
$HC\ell O$: $1 - 1 = 0$ fraco.
H_3PO_4: $4 - 3 = 1$ moderado.
H_2SO_4: $4 - 2 = 2$ forte.

e) $HC\ell O$: $1 - 1 = 0$ fraco.
H_2SO_4: $4 - 2 = 2$ forte.
H_3PO_4: $4 - 3 = 1$ moderado.
HIO_4: $4 - 1 = 3$ (muito) forte.

Alternativa **b**.

2 (PUC-SP) Determine a ordem de acidez dos seguintes compostos:

I. HNO_2
II. H_4SiO_4
III. $HMnO_4$
IV. H_2SO_4

a) 2 > 4 > 3 > 1.
b) 3 > 4 > 1 > 2.
c) 1 > 3 > 4 > 2.
d) 1 > 2 > 3 > 4.
e) 4 > 2 > 1 > 3.

3 (UFSC) Considerando-se, exclusivamente, a diferença entre o número de oxigênios e o número de hidrogênios ionizáveis, em cada ácido, indique o(s) par(es) a seguir em que o ácido à esquerda é **mais forte** que o ácido à direita.

a) H_3BO_3 e HNO_3.
b) $HC\ell O_4$ e H_2SO_4.
c) $HC\ell O_4$ e $HC\ell O$.
d) H_3PO_4 e HNO_3.
e) H_3PO_2 e $HBrO_4$.
f) H_2SO_4 e $HC\ell O$.

4 (UFC-CE) O esquema a seguir mostra a aparelhagem que pode ser utilizada para testar a força dos ácidos:

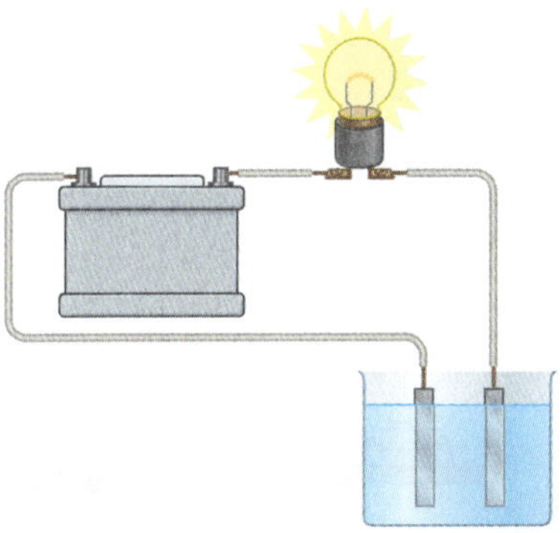

Em qual das soluções, todas com mesma concentração e temperatura, a lâmpada apresenta maior brilho?

a) HF.
b) H_2S.
c) H_3PO_4.
d) H_4SiO_4.
e) HNO_3.

EXERCÍCIO RESOLVIDO

5 (UFSM-RS, modificado) **X**, **Y** e **Z** representam genericamente três ácidos que, quando dissolvidos em um mesmo volume de água, a temperatura constante, comportam-se de acordo com a tabela:

	Número de moléculas dissolvidas	Número de moléculas ionizadas
X	20	2
Y	10	7
Z	5	1

Analise as afirmações, considerando os três ácidos.

I. **X** representa o mais forte
II. **Z** representa o mais fraco
III. **Y** apresenta o maior grau de ionização

Está(ão) correta(s):

a) apenas I.
b) apenas II.
c) apenas III.
d) apenas I e II.
e) I, II e III.

Resolução

Vamos calcular o grau de ionização (α) de cada ácido:

X: $\alpha = \frac{2}{20} = 0{,}10 = 10\%$

10% das moléculas de **X** se ionizaram.

Y: $\alpha = \frac{7}{10} = 0{,}70 = 70\%$

70% das moléculas de **Y** se ionizaram.

Z: $\alpha = \frac{1}{5} = 0{,}20 = 20\%$

20% das moléculas de **Z** se ionizaram.

De acordo com os valores de grau de ionização, o **mais forte é Y** e o **mais fraco é X**. Assim, as afirmações I e II são falsas e a afirmação III é verdadeira.

Alternativa **c**.

6 (Cesgranrio-RJ) Com base na tabela de graus de ionização apresentada a seguir:

Ácido	Grau de ionização (α)
HF	8%
$HC\ell$	92%
HCN	0,08%
H_2SO_4	61%
H_3PO_4	27%

podemos concluir que o ácido mais forte é:

a) HF.
b) $HC\ell$.
c) HCN.
d) H_2SO_4.
e) H_3PO_4.

7 Em uma solução aquosa de ácido acético, de cada 50 moléculas dissolvidas, uma se ionizou. Qual é o grau de ionização do ácido nessa solução? Esse ácido é forte, moderado ou fraco?

8 (UFPE) Ácido perclórico ($HC\ell O_4$) é um ácido forte. Quais as espécies químicas presentes, em maior concentração, em uma solução aquosa deste ácido?

a) H^+ e $C\ell O_4^-$.
b) $HC\ell O_4$ e H^+.
c) $HC\ell O_4$ e OH^-.
d) H^+, $C\ell^-$ e O_2.
e) OH^-, $C\ell^-$ e O_2.

Conteúdo digital Moderna PLUS http://www.modernaplus.com.br
Exercícios adicionais

Solubilidade e força das bases

Objetivo

▸ Classificar as bases de acordo com sua força.

Termos e conceitos

• base forte

• base fraca

ATENÇÃO

Esse experimento NÃO deve ser feito pelo aluno. Ele está sendo aqui APENAS RELATADO para permitir a compreensão dos temas da Química tratados a seguir.

Além dos riscos referentes à utilização da rede elétrica, NaOH (aq) e $Ca(OH)_2$ (aq) têm ação corrosiva sobre pele, mucosas e olhos.

Veja o seguinte relato de experimento. Adiciona-se uma "colherada" dos hidróxidos sólidos NaOH, $Ca(OH)_2$ e $Zn(OH)_2$ em três copos com a mesma quantidade de água. Mexe-se cada um por longo tempo e testa-se a condutividade elétrica de cada líquido. O que se observa aparece na figura abaixo.

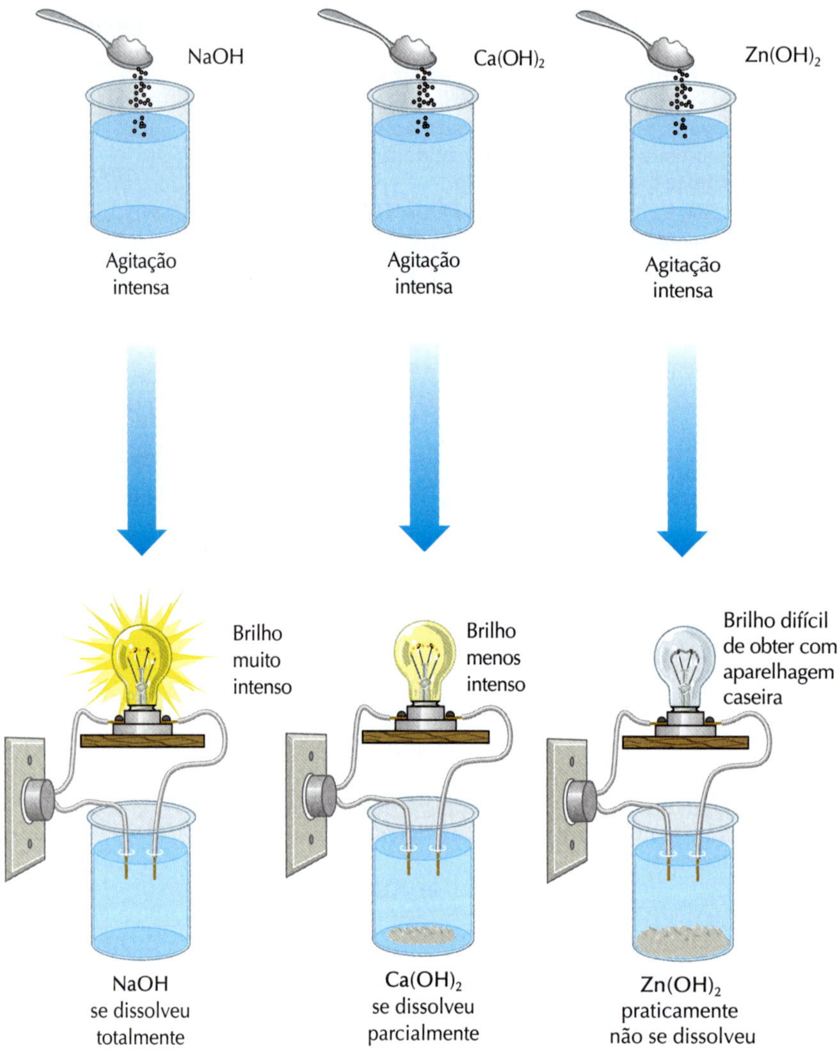

O resultado dessa experiência revela que todo o NaOH adicionado à água se dissolveu, o $Ca(OH)_2$ se dissolveu apenas parcialmente e o $Zn(OH)_2$ praticamente não se dissolveu. Como decorrência disso, na solução de NaOH há mais íons livres, o que explica sua maior condutividade elétrica. Na solução de $Ca(OH)_2$ a quantidade de íons é menor e na de $Zn(OH)_2$ é menor ainda.

No que diz respeito à solubilidade, os hidróxidos podem ser divididos em:

• solúveis: os de metais alcalinos e a amônia;

• parcialmente solúveis: os de metais alcalino-terrosos (exceto $Mg(OH)_2$);

• insolúveis: os demais (incluindo $Mg(OH)_2$).

Dizer que uma base é "insolúvel" não significa dizer que ela não se dissolve em água, mas que se dissolve em quantidade muito pequena.

Na Química Inorgânica, a expressão "força" da base é empregada com um sentido ligeiramente diferente do que no caso dos ácidos.

São denominadas **bases fortes** aquelas que são solúveis ou parcialmente solúveis em água e que, por esse motivo, ao se dissolverem em água são capazes de fornecer soluções com concentrações apreciáveis de íons OH^-. Por outro lado, são chamadas de **bases fracas** aquelas que, sendo insolúveis (isto é, muito pouco solúveis), fornecem soluções com concentrações muito baixas de íons OH^-.

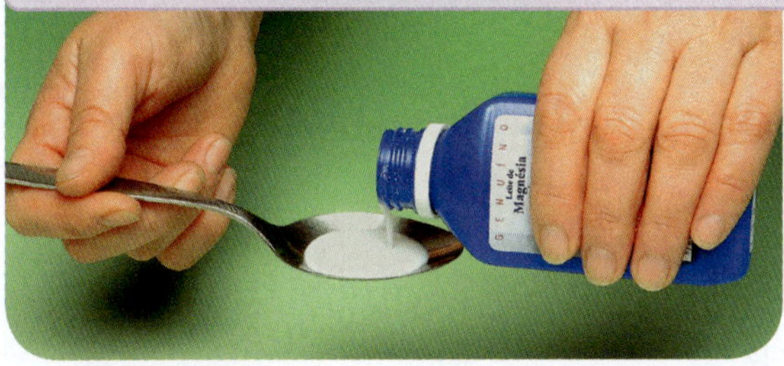

O leite de magnésia contém uma base pouco solúvel em água ("insolúvel") e que, em decorrência disso, é considerada base fraca.

Assim, na Química Inorgânica, temos:

- bases fortes: as de metais alcalinos e alcalino-terrosos (exceto $Mg(OH)_2$);
- bases fracas: as demais (incluindo $Mg(OH)_2$).

A amônia, NH_3, como já vimos, é uma base diferente. No que diz respeito à solubilidade e à força, ela também destoa das demais. Verifica-se, experimentalmente, que apenas uma pequena parte das moléculas de NH_3 dissolvidas em água reage com ela produzindo íons OH^-. Em geral, menos de 5% delas o fazem! Assim:

Apesar de a **amônia** ser uma base solúvel em água, ela é classificada como **base fraca** porque em suas soluções há baixas concentrações de íons OH^-.

EXERCÍCIOS ESSENCIAIS

9 Considerando-se o aparelho esquematizado abaixo, quais das seguintes bases poderiam provocar um *brilho muito intenso* na lâmpada quando adicionadas, em quantidade adequada, à água?

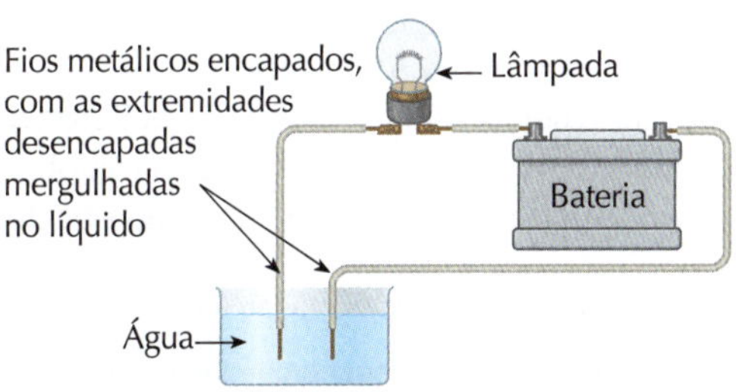

a) NaOH.
b) AgOH.
c) KOH.
d) $Fe(OH)_3$.
e) $Cu(OH)_2$.
f) $A\ell(OH)_3$.

10 Qual das seguintes bases é insolúvel em água?

a) NH_3.
b) KOH.
c) NaOH.
d) $Ba(OH)_2$.
e) $A\ell(OH)_3$.

11 Indique a base solúvel em água:

a) LiOH.
b) $Zn(OH)_2$.
c) $Fe(OH)_2$.
d) $Co(OH)_2$.
e) $Cr(OH)_3$.

12 (Mackenzie-SP) De uma certa substância, fazem-se as afirmações a seguir:

I. Reage com ácido, dando água e sal.
II. Em presença de água, sofre dissociação iônica parcial.
III. Em solução aquosa, torna a fenolftaleína vermelha.

A substância que se enquadra nas propriedades dadas é:

a) $BaSO_4$.
b) CH_4.
c) $Mg(OH)_2$.
d) SO_3.
e) $HC\ell$.

Conteúdo digital Moderna PLUS http://www.modernaplus.com.br
Exercícios adicionais

Seção 23.3

Solubilidade e "força" dos sais

Objetivo

- Classificar os sais em solúveis e insolúveis

Termos e conceitos

- sal solúvel
- sal insolúvel

Acompanhe o seguinte relato de experimento. Adiciona-se o mesmo número de partículas dos sais sólidos $NaC\ell$ e $AgC\ell$ em dois copos com a mesma quantidade de água (dissemos "partículas" porque $NaC\ell$ e $AgC\ell$ não são compostos moleculares). Mexe-se cada um por longo tempo e testa-se a condutividade elétrica de cada líquido. O que se observa aparece na figura abaixo.

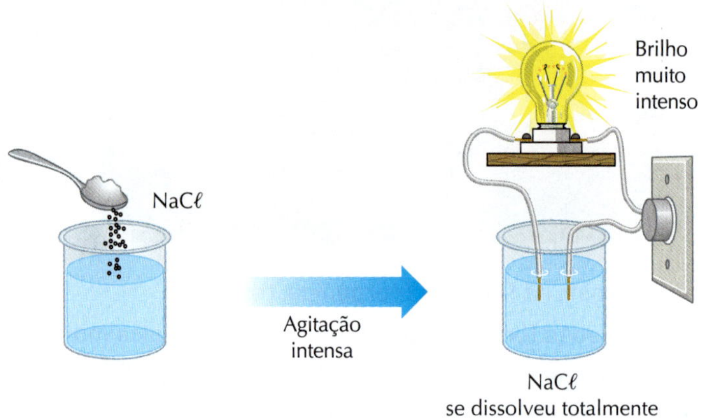

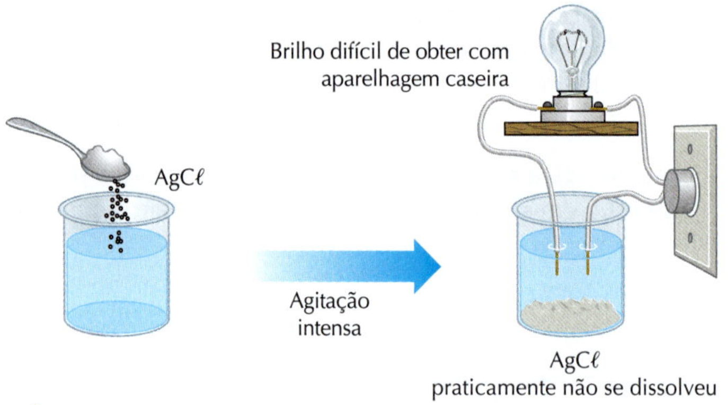

ATENÇÃO

Esse experimento NÃO deve ser feito pelo aluno. Ele está sendo aqui APENAS RELATADO para permitir a compreensão dos temas da Química tratados a seguir.

Como explicar o fato de a lâmpada acender com brilho bem menos intenso no caso do $AgC\ell$?

Quando o $NaC\ell$ se dissolve em água, ele sofre dissociação iônica, fornecendo uma solução que contém íons livres para conduzir a corrente elétrica. Já no caso do $AgC\ell$, apenas uma quantidade muito pequena do sal sofre dissociação iônica, fornecendo uma solução com pequena quantidade de íons Ag^+ e $C\ell^-$ livres. Isso é fácil de perceber pela baixa condutividade elétrica da solução obtida.

$$NaC\ell\,(s) \rightarrow Na^+\,(aq) + C\ell^-\,(aq)$$ **Dissociação iônica do NaCℓ**

$$AgC\ell\,(s) \rightarrow Ag^+\,(aq) + C\ell^-\,(aq)$$ **Dissociação iônica do AgCℓ**

A experiência indica que todo o NaCℓ adicionado à água sofreu dissociação iônica, mas apenas uma pequena parte do AgCℓ o fez.

Os químicos dizem que o $NaC\ell$ é um sal "solúvel" e o $AgC\ell$, um sal "insolúvel". Existe um limite para a quantidade de um composto iônico que pode se dissolver em água. Dizer que um sal é "solúvel" significa dizer que ele se dissolve em quantidade apreciável em água. E dizer que ele é "insolúvel" não significa que ele não se dissolva em água, mas que se dissolve em pequeníssima quantidade.

Como prever se um sal é solúvel ou não? Há tantos fatores que influenciam a solubilidade de um sal que isso torna difícil, ou até mesmo impossível, fazer previsões teóricas sobre suas solubilidades. Por esse motivo, os químicos costumam construir e consultar as chamadas **tabelas de solubilidade**, como a mostrada a seguir.

Tabela 1 Linhas gerais (e bem simplificadas) da solubilidade de sais em água

São geralmente solúveis os sais contendo o ânion	Exceções importantes (insolúveis)
NO_3^- (nitrato)	—
CH_3COO^- (acetato)	—
$C\ell^-$ (cloreto)	se o cátion for Ag^+, Hg_2^{2+} ou Pb^{2+}
Br^- (brometo)	se o cátion for Ag^+, Hg_2^{2+} ou Pb^{2+}
I^- (iodeto)	se o cátion for Ag^+, Hg_2^{2+} ou Pb^{2+}
SO_4^{2-} (sulfato)	se o cátion for Ca^{2+}, Sr^{2+}, Ba^{2+}, Hg_2^{2+} ou Pb^{2+}
São geralmente insolúveis os sais contendo o ânion	**Exceções importantes (solúveis)**
S^{2-} (sulfeto)	se o cátion for NH_4^+, alcalino ou alcalino-terroso
CO_3^{2-} (carbonato)	se o cátion for NH_4^+ ou alcalino
PO_4^{3-} (fosfato)	se o cátion for NH_4^+ ou alcalino

Fonte: Tabela elaborada pelos autores a partir de T. L. Brown et al. *Chemistry*; The central Science. 9. ed. Nova Jersey, Prentice-Hall, 2003. p. 118.

Solução de alguns sais (solúveis). A maioria dos cátions de metais de transição é colorida quando em solução aquosa.

Anteriormente, apresentamos informações sobre a força de ácidos e a força de bases. No caso dos sais, contudo, **não** é costume falar em "força". Isso porque, do ponto de vista prático, é mais importante saber se um sal é solúvel ou insolúvel.

Os sais solúveis produzem soluções com alta concentração de íons e que conduzirão bem a corrente elétrica. Então, lembre-se:

> Não é costume falar em "força" de sais.
> Todo **sal que se dissolva bem em água** produzirá **solução com alta condutividade elétrica.**

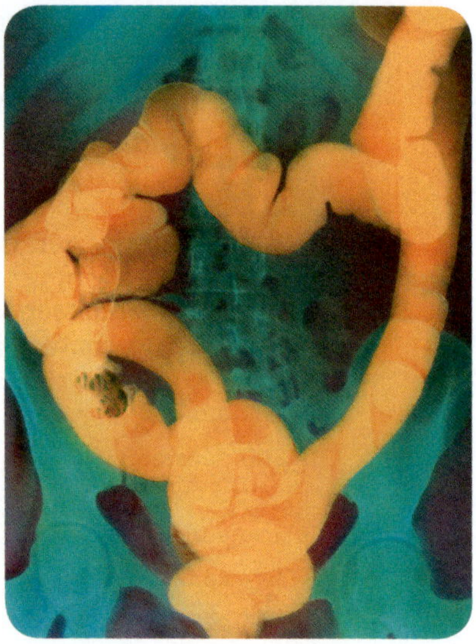

O sulfato de bário ($BaSO_4$) é um sal insolúvel em água. Se ingerido, permite que o intestino apareça em uma radiografia, como a dessa foto, em virtude de esse sal absorver os raios X. O colorido foi aplicado artificialmente.

Uma experiência envolvendo dois compostos de magnésio: uma base insolúvel e um sal solúvel

Uma interessante experiência relacionada à solubilidade aparece nas fotos abaixo. Leite de magnésia, que contém a base insolúvel $Mg(OH)_2$, é colocado em um béquer (foto A). É adicionado ácido clorídrico, que reage com a base, neutralizando-a e produzindo cloreto de magnésio, $MgC\ell_2$, um sal solúvel (foto B).

$$2\ HC\ell\ (aq) + \underbrace{Mg(OH)_2\ (s)}_{\text{insolúvel}} \rightarrow \underbrace{MgC\ell_2\ (aq)}_{\text{solúvel}} + 2\ H_2O\ (\ell)$$

Ao final da experiência não há mais sólido dentro do béquer (foto C). O que existe é uma solução aquosa de $MgC\ell_2$ e um eventual excesso de solução de $HC\ell$.

A

B

C

Conteúdo digital Moderna PLUS http://www.modernaplus.com.br
Vídeo: *Solubilidade de dois compostos de Mg*

ATENÇÃO

NÃO FAÇA o experimento comentado neste quadro por conta própria.

Ele só deve ser realizado em um laboratório, com **autorização e supervisão do(a) professor(a)**, para evitar acidentes com o ácido clorídrico, que, mesmo **diluído**, é corrosivo e desprende vapores tóxicos e irritantes. Óculos de segurança, luvas e aventais protetores são obrigatórios.

EXERCÍCIOS ESSENCIAIS

EXERCÍCIO RESOLVIDO

13 (ITA-SP) Colocando grãos de nitrato de potássio em um frasco com água, nota-se que com o passar do tempo o sólido desaparece dentro da água. Qual das equações é a mais adequada para representar a transformação que ocorreu dentro do frasco?

a) $KNO_3 (s) \rightarrow KNO_3 (\ell)$

b) $KNO_3 (s) + H_2O (\ell) \rightarrow KOH (aq) + HNO_3 (aq)$

c) $KNO_3 (s) \rightarrow K^+ (aq) + NO_3^- (aq)$

d) $KNO_3 (s) \rightarrow K (\ell) + NO_3 (aq)$

e) $KNO_3 (s) + H_2O (\ell) \rightarrow KNO_2 (aq) + H_2O_2 (aq)$

Resolução

$$K^+NO_3^- (s) \xrightarrow{H_2O} K^+ (aq) + NO_3^- (aq)$$

O composto sólido KNO_3, que é formado pelos íons K^+ e NO_3^-, ao se dissolver em água, sofre **dissociação iônica**, fornecendo uma solução na qual estão presentes os íons K^+ e NO_3^- aquosos.

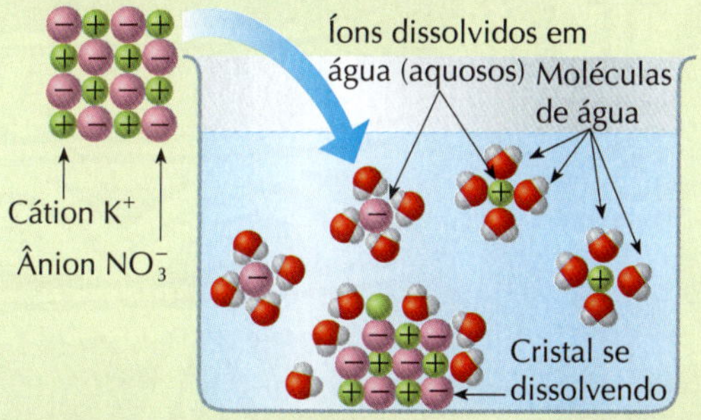

Alternativa **c**.

Observação: É oportuno repetir que *dissolver* não é o mesmo que *dissociar*. **Dissolver** é o ato de fazer uma solução (isto é, mistura homogênea). É um termo que pode ser empregado para as mais variadas substâncias ($HC\ell$, NH_3, açúcar, $NaC\ell$, $NaOH$ e outras) quando estão sendo misturadas com água. Por outro lado, **dissociar** significa separar. Assim, **dissociação iônica** é a separação de íons (que já existem previamente), que acontece quando uma substância iônica se dissolve em água. Esta última também não deve ser confundida com **ionização**, que é a formação de íons, que ocorre quando ácidos e amônia (compostos moleculares) se dissolvem em água.

14 Equacione a dissociação iônica dos seguintes sais solúveis:

a) KBr;
b) Na_2SO_4;
c) NH_4NO_3;
d) $Fe(NO_3)_3$;
e) $CaC\ell_2$.

15 Considerando-se o aparelho esquematizado a seguir, quais dos seguintes sais poderiam provocar um *brilho muito intenso* na lâmpada quando adicionados, em quantidade adequada, à água?

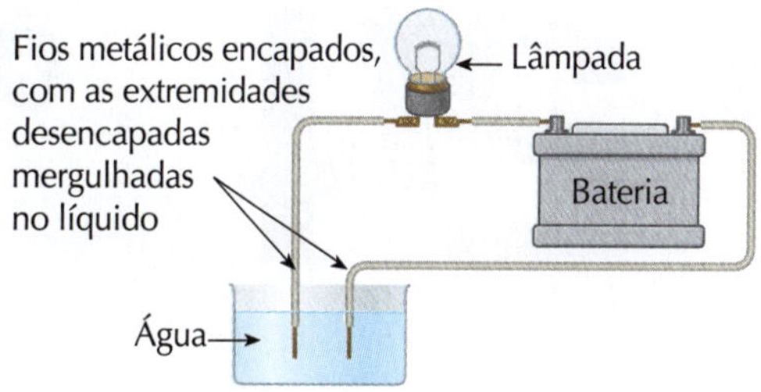

a) $NaC\ell$.
b) $AgC\ell$.
c) $NaNO_3$.
d) $(NH_4)_2SO_4$.
e) $CaSO_4$.
f) $PbSO_4$.
g) CaS.
h) FeS.
i) $CaCO_3$.

16 Fertilizantes devem fornecer os elementos necessários aos vegetais na forma de *compostos solúveis*, para facilitar a absorção. Assim, para fornecer o elemento fósforo, é mais conveniente utilizar Na_3PO_4 ou $Ca_3(PO_4)_2$? Por quê?

17 (ITA-SP) É pouco solúvel em água o seguinte par de sais:

a) $BaC\ell_2$ e $PbC\ell_2$.
b) $MgSO_4$ e $BaSO_4$.
c) $PbSO_4$ e $Pb(NO_3)_2$.
d) K_2CrO_4 e Na_2CrO_4.
e) $AgBr$ e PbS.

18 (UFS-SE) A maioria dos sais dos elementos do grupo 1 (exceto H) da Tabela Periódica são solúveis em água, o que não acontece com os do grupo 2, sendo, por exemplo, os cloretos solúveis em água, enquanto os carbonatos e sulfatos são, de maneira geral, pouco solúveis.

Assim, considerando-se os seguintes sais: carbonato de cálcio, cloreto de magnésio e sulfato de sódio, seria mais provável que se encontrasse dissolvido na água do mar:

a) sulfato de sódio, somente.
b) carbonato de cálcio, somente.
c) cloreto de magnésio e o carbonato de cálcio.
d) sulfato de sódio e o cloreto de magnésio.
e) sulfato de sódio e o carbonato de cálcio.

19 (Mackenzie-SP) Um gel clareador dental apresenta KNO_3 e NaF em sua composição. A respeito dessas substâncias, é correto afirmar que:

a) são óxidos.
b) possuem, ambas, cátion bivalente.
c) são sais solúveis em água.
d) o NaF é um composto iônico, enquanto o KNO_3 é 100% molecular.
e) todas as ligações no KNO_3 são iônicas, enquanto, no NaF, a ligação é covalente.

20 (UFV-MG) Quando uma solução de hidróxido de bário é misturada a uma solução de ácido sulfúrico, ocorre uma reação e forma-se uma substância, que é pouco solúvel e, portanto, precipita.

A partir dessas informações, faça o que se pede:

a) Dê a fórmula química do precipitado formado na reação.
b) Escreva a equação balanceada para a reação.

Conteúdo digital Moderna PLUS http://www.modernaplus.com.br
Exercícios adicionais

UNIDADE G

Capítulo

24 Óxidos

As cores vivas vistas em cerâmicas decorativas são obtidas utilizando óxidos como pigmento. O óxido de praseodímio, Pr_2O_3, por exemplo, é empregado para dar o tom amarelo-canário. Já os óxidos de ferro podem dar tons de amarelo, marrom, verde, azul, cinza e preto, dependendo da quantidade usada, da temperatura de queima e da atmosfera do forno.

Os óxidos são divididos em grupos, conforme a semelhança de certas propriedades.

› **24.1 Óxidos: definição e nomenclatura**

Óxidos são compostos de dois elementos químicos, dos quais um é o oxigênio e o outro não é o flúor.

› **24.2 Óxidos ácidos ou anidridos**

Um óxido ácido, ou anidrido, reage com água formando ácido e reage com base formando sal e água.

› **24.3 Óxidos básicos**

Um óxido básico reage com água formando base e reage com ácido formando sal e água.

› **24.4 Óxidos neutros**

CO, NO e N_2O são óxidos neutros.

› **24.5 Peróxidos**

Água oxigenada é uma solução aquosa de peróxido de hidrogênio. Os peróxidos de metais dos grupos 1 e 2 contêm o íon peróxido.

› **24.6 Há óxidos ácidos envolvidos na poluição atmosférica**

A chuva é naturalmente um pouco ácida, devido à dissolução do CO_2. Quando poluentes originam H_2SO_4 e HNO_3 na chuva, ela fica mais ácida que o normal (chuva ácida).

Seção 24.1

Óxidos: definição e nomenclatura

Objetivos

- Nomear corretamente um óxido.
- Prever a fórmula de um óxido iônico.

Termos e conceitos

- óxido
- óxido molecular
- óxido iônico
- íon óxido

Este capítulo é dedicado ao estudo dos óxidos.

Óxido é todo composto químico formado pelo oxigênio e um outro elemento que não seja o flúor.

Há fundamentalmente dois modos para dar nome aos óxidos. Um deles é mais utilizado para os **óxidos moleculares** e o outro para os **óxidos iônicos**. Vejamos cada caso.

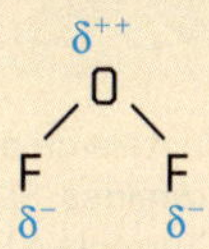

O composto OF_2 **não é** um óxido. Essa restrição ao flúor se deve ao fato de ser ele o único elemento mais eletronegativo que o oxigênio. A eletronegatividade é uma propriedade dos elementos químicos apresentada na seção 17.1.

1 Óxidos moleculares

Uma vez que o *oxigênio é um não metal*, para que um óxido seja molecular basta que o oxigênio esteja combinado com outro não metal ou com um semimetal (lembre-se de que os compostos moleculares são formados por átomos de não metais, ou semimetais, unidos por ligações covalentes).

não metal + oxigênio = óxido molecular

Como exemplos podemos destacar os óxidos formados pelo nitrogênio:

NO	NO_2	N_2O	N_2O_3	N_2O_4	N_2O_5
monóxido de **mono**nitrogênio	**di**óxido de **mono**nitrogênio	**mon**óxido de **di**nitrogênio	**tri**óxido de **di**nitrogênio	**tetr**óxido de **di**nitrogênio	**pent**óxido de **di**nitrogênio

Como você pode perceber, há uma considerável variedade de óxidos de nitrogênio. Essa diversidade também ocorre com alguns outros elementos. Pensando nisso, a regra de nomenclatura foi criada de modo a *evitar confusões* ao chamá-los apenas pelo nome.

[mono / di / tri / ...] + óxido de [mono / di / tri / ...] + ... (elemento)

Outros exemplos são:

CO	CO_2	$C\ell_2O_6$	$C\ell_2O_7$
monóxido de **mono**carbono	**di**óxido de **mono**carbono	**hex**óxido de **di**cloro	**hept**óxido de **di**cloro

Os veículos motorizados e a queima de combustíveis em instalações industriais contribuem para o aparecimento de vários óxidos moleculares na atmosfera: CO_2, CO, SO_2, SO_3, NO e NO_2.

mono = um
di = dois
tri = três
tetra = quatro
penta = cinco
hexa = seis
hepta = sete

Modelo molecular do quartzo, SiO_2. Os átomos de oxigênio estão representados em vermelho e os de silício em preto.

Cristais de **quartzo** possuem a forma de prismas e pirâmides. São chamados de **cristais de rocha** e sua fórmula é SiO_2. Grãos de quartzo são o principal componente da areia.

O prefixo *mono* pode ser omitido quando usado na frente do nome do elemento. Por exemplo:

NO	— **mon**óxido de nitrogênio	CO	— **mon**óxido de carbono
NO_2	— **di**óxido de nitrogênio	CO_2	— **di**óxido de carbono

Conteúdo digital Moderna PLUS http://www.modernaplus.com.br
Texto: *SiO_2: O óxido mais abundante na crosta terrestre*

2 Óxidos iônicos

Os óxidos iônicos apresentam oxigênio combinado com um metal (lembre-se de que, de modo geral, metal e não metal se unem por ligação iônica).

metal + oxigênio = óxido iônico

Três importantes exceções a essa regra geral são o Mn_2O_7, o MnO_3 e o CrO_3, que possuem elevado caráter covalente.

Podemos prever a fórmula do óxido de um determinado metal utilizando o que vimos sobre ligação iônica.

Como o oxigênio apresenta 6 elétrons na última camada, quando em ligação iônica ele recebe 2 elétrons e fica com duas cargas negativas, formando o ânion O^{2-}, denominado **íon óxido**.

O^{2-}
Íon óxido

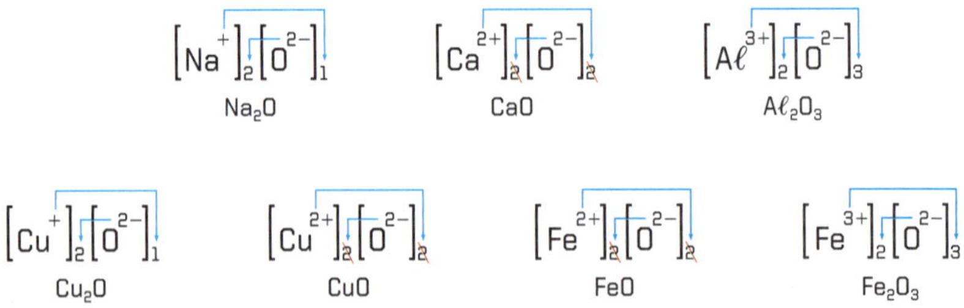

Vimos que, no caso dos óxidos moleculares, havia elementos com grande variedade de óxidos. Já no caso dos óxidos iônicos, isso não acontece. Como consequência, não há necessidade de uma nomenclatura tão rica em detalhes.

A cal virgem é óxido de cálcio (CaO).

Essa nomenclatura obedece à regra: escrever "óxido de" seguido pelo nome do metal. Caso seja um metal que forme mais de um cátion, então deve-se acrescentar, no final, um número, em algarismos romanos e entre parênteses, que corresponde à carga do cátion do metal.

> Óxido de (elemento) + carga do cátion (algarismos romanos)

São exemplos de óxidos de metais com carga fixa:

Na_2O — óxido de sódio
K_2O — óxido de potássio
CaO — óxido de cálcio
BaO — óxido de bário
$A\ell_2O_3$ — óxido de alumínio

E exemplos de óxidos de metais com carga variável:

Cu_2O — óxido de cobre (I)
FeO — óxido de ferro (II)
CuO — óxido de cobre (II)
Fe_2O_3 — óxido de ferro (III)

No caso de metais com duas cargas possíveis, como é o caso do cobre e do ferro, vale também outra forma de nomenclatura, mais antiga, porém ainda em uso. Ela consiste na palavra "óxido" seguida do nome do elemento com a terminação **oso** no caso de ser o cátion com a carga menor e a terminação **ico** no caso de ser a maior. Assim, para os quatro últimos exemplos:

Cu_2O — óxido cupr**oso**
FeO — óxido ferr**oso**
CuO — óxido cúpr**ico**
Fe_2O_3 — óxido férr**ico**

> Note que a nomenclatura dos óxidos iônicos é bastante semelhante à nomenclatura dos hidróxidos.
> Recorde os metais com carga fixa à página 310.
> Recorde os metais com carga variável à página 311.

Uma vez que há óxidos iônicos e óxidos moleculares, é muito difícil generalizar suas propriedades.

Para poder estudá-los melhor, costuma-se dividi-los em grupos que possuem propriedades semelhantes. É o que faremos nas seções subsequentes.

Dois metais dignos de nota

Dissemos que os metais não costumam apresentar grande variedade de óxidos. Porém o crômio e o manganês são duas importantes exceções. O crômio forma:

CrO $\quad Cr_2O_3$ $\quad CrO_2$ $\quad CrO_3$

e o manganês forma:

MnO $\quad Mn_2O_3$ $\quad MnO_2$ $\quad MnO_3$ $\quad Mn_2O_7$

Por esse motivo é costume aplicar para esses óxidos ambas as formas de nomenclatura. Por exemplo:

Cr_2O_3 — **tri**óxido de **di**crômio ou óxido de crômio (III)

Mn_2O_7 — **hept**óxido de **di**manganês ou óxido de manganês (VII)

EXERCÍCIOS ESSENCIAIS

EXERCÍCIO RESOLVIDO

1 Escreva a fórmula dos seguintes óxidos:
a) monóxido de nitrogênio;
b) monóxido de carbono;
c) dióxido de carbono;
d) heptóxido de dicloro;
e) pentóxido de difósforo;
f) trióxido de dimanganês.

Resolução

a) NO c) CO_2 e) P_2O_5

b) CO d) $C\ell_2O_7$ f) Mn_2O_3

2 Escreva o nome dos seguintes compostos:
a) SO_2; b) SO_3; c) P_2O_3; d) N_2O_4; e) Sb_2O_5.

EXERCÍCIO RESOLVIDO

3 Escreva a fórmula de:
a) óxido de rubídio;
b) óxido de magnésio;
c) óxido férrico.

Resolução

a) Rubídio é metal alcalino e forma cátion Rb^+:

$$[Rb^{+}]_2[O^{2-}]_1 \Rightarrow Rb_2O$$

b) Magnésio é metal alcalino-terroso e forma cátion Mg^{2+}:

$$[Mg^{2+}]_{\not 2}[O^{2-}]_{\not 2} \Rightarrow MgO$$

c) O íon férrico é o íon do ferro com carga mais alta, ou seja, íon ferro (III):

$$[Fe^{3+}]_2[O^{2-}]_3 \Rightarrow Fe_2O_3$$

4 Escreva a fórmula dos seguintes óxidos:
a) óxido de sódio;
b) óxido de cálcio;
c) óxido de potássio;
d) óxido de bário;
e) óxido de prata;
f) óxido ferroso.

5 Escreva o nome dos seguintes compostos:
a) Li_2O; b) SrO; c) Fe_2O_3; d) $A\ell_2O_3$; e) SnO; f) SnO_2; g) PbO; h) PbO_2.

6 (Cefet-PB) No nosso cotidiano deparamos com uma enorme quantidade de substâncias químicas que nos auxiliam em determinadas ocasiões, tornando os nossos afazeres mais atrativos e eficientes. Entre essas substâncias podemos destacar: bicarbonato de sódio; hidróxido de sódio; carbonato de cálcio e óxido férrico. As fórmulas corretas dessas substâncias são:

a) $NaHCO_3$; $NaOH$; $CaCO_3$; Fe_2O_3.
b) $NaHCO_3$; $NaOH$; $CaCO_2$; FeO.
c) $NaHCO_3$; $NaOH$; CaC_2; Fe_2O_3.
d) Na_2CO_3; $NaOH$; $CaCO_3$; Fe_2O_3.
e) Na_2CO_3; $NaOH$; $CaCO_3$; FeO.

7 (Cefet-AL) Atualmente, uma das maiores preocupações dos cientistas, e da sociedade em geral, é com o aumento da quantidade de gás dióxido de carbono na atmosfera terrestre. Tal aumento se deve, principalmente, à queima das florestas e de combustíveis fósseis. Sobre o dióxido de carbono, é INCORRETO afirmar que:

a) Apresenta fórmula CO_2 e é um dos gases responsáveis pelo efeito estufa.
b) Apresenta fórmula CO e, em grandes quantidades, não afeta o meio ambiente.
c) Sua molécula apresenta geometria linear.
d) As ligações que ocorrem entre os átomos são covalentes.
e) É uma substância apolar.

8 (UEG-GO) Na tabela abaixo, os elementos químicos são representados pelas letras A, B, C, D e E. Analise-a e responda ao que se pede.

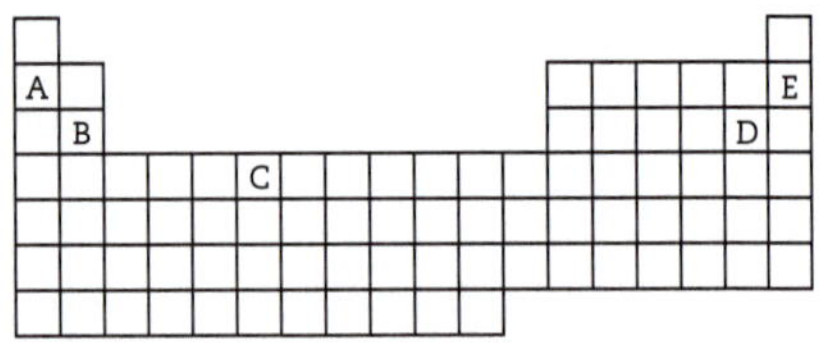

a) Escreva as fórmulas do óxido e do cloreto formados pelo elemento A.
b) Quais elementos presentes na tabela apresentam maior raio atômico e maior potencial de ionização, respectivamente? Explique.

9 (UFV-MG) Os resíduos industriais contendo metais como cádmio, estanho, mercúrio, chumbo, cromo e cobre, se lançados no ambiente, tornam-se sérios agentes de poluição. Em relação a esses elementos químicos e seus átomos, assinale a afirmativa INCORRETA:

a) O elemento mercúrio tem maior raio atômico do que o elemento cobre.
b) O elemento estanho forma óxido de fórmula SnO_2.
c) A distribuição eletrônica em camadas do elemento cádmio, no estado fundamental, é 2, 8, 18, 18, 2.
d) Todos os metais citados são de transição.

Conteúdo digital Moderna PLUS http://www.modernaplus.com.br
Exercícios adicionais

Seção 24.2

Óxidos ácidos ou anidridos

Objetivos

- Prever a fórmula de um óxido ácido.
- Nomear um anidrido.
- Equacionar as reações de um óxido ácido com água e com base.

Termos e conceitos

- **óxido ácido (ou anidrido)**
- **gelo-seco**

Considere a fórmula do ácido sulfúrico, H_2SO_4. Ao subtrair a fórmula da água da fórmula desse ácido, obtemos a fórmula SO_3, que representa o trióxido de enxofre.

$$\begin{array}{r} H_2SO_4 \\ -H_2\ \ O \\ \hline SO_3 \end{array}$$

Os químicos perceberam que alguns óxidos podem ser obtidos a partir da desidratação (retirada de água) de ácidos. Esses óxidos, que têm um comportamento químico intimamente relacionado ao ácido do qual provêm, são chamados de **óxidos ácidos** ou **anidridos**.

Além da nomenclatura que já estudamos, há outra que se aplica aos óxidos ácidos. Eles podem ser nomeados escrevendo-se a palavra "anidrido" seguida do nome do ácido que origina o óxido.

> Anidrido ....(nome do ácido que origina o óxido)........

Exemplos da fórmula de óxidos ácidos e da relação matemática entre suas fórmulas e a dos ácidos de que provêm são:

$$\begin{array}{r} H_2SO_4 \\ -H_2\ \ O \\ \hline SO_3 \end{array}$$

trióxido de enxofre ou anidrido sulfúrico

$$\begin{array}{r} H_2SO_3 \\ -H_2\ \ O \\ \hline SO_2 \end{array}$$

dióxido de enxofre ou anidrido sulfuroso

$$\begin{array}{r} H_2CO_3 \\ -H_2\ \ O \\ \hline CO_2 \end{array}$$

dióxido de carbono ou anidrido carbônico

$$\begin{array}{r} 2\ (HNO_3) = H_2N_2O_6 \\ -H_2\ \ O \\ \hline N_2O_5 \end{array}$$

pentóxido de dinitrogênio ou anidrido nítrico

$$\begin{array}{r} 2\ (HNO_2) = H_2N_2O_4 \\ -H_2\ \ O \\ \hline N_2O_3 \end{array}$$

trióxido de dinitrogênio ou anidrido nitroso

$$\begin{array}{rr} 2\ H_3PO_4 = & H_6P_2O_8 \\ -3\ H_2O\ = & -H_6\ \ O_3 \\ \hline & P_2O_5 \end{array}$$

pentóxido de difósforo ou anidrido fosfórico

Perceba que, nos casos envolvendo os ácidos nítrico (HNO_3) e nitroso (HNO_2), tivemos de multiplicar o ácido por 2 para que houvesse quantidade suficiente de hidrogênios e consequentemente fosse possível a subtração de água. No caso do ácido fosfórico (H_3PO_4) é necessário multiplicar o ácido por 2 e a água por 3 para que a quantidade de hidrogênios seja igual e, assim, não reste H no óxido obtido (pois, se restar H, não será um óxido!).

Os óxidos ácidos e a tabela periódica

Este esquema mostra os principais óxidos ácidos e os elementos neles presentes.

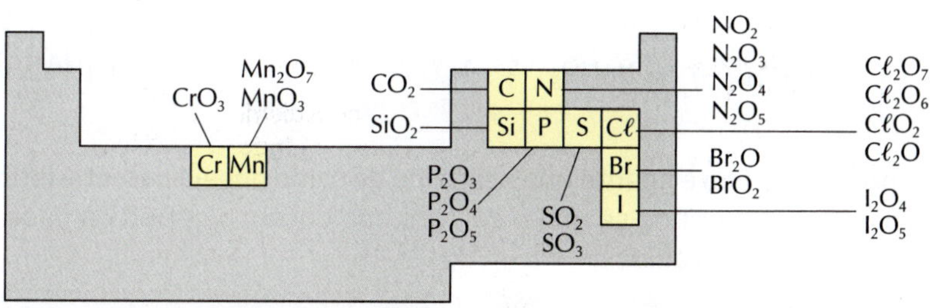

1 Reação de óxidos ácidos com água

Analise as seguintes equações químicas, que representam reações de óxidos ácidos com água:

$$SO_3 (g) + H_2O (\ell) \rightarrow H_2SO_4 (aq)$$
$$CO_2 (g) + H_2O (\ell) \rightarrow H_2CO_3 (aq)$$
$$N_2O_5 (\ell) + H_2O (\ell) \rightarrow 2\,HNO_3 (aq)$$

Note que se trata exatamente do oposto do processo de subtração de água que nos leva a descobrir a fórmula de um anidrido.

Óxidos ácidos reagem com água formando ácido.

CO_2: um óxido ácido muito conhecido

A foto A, ao lado, mostra um pedaço de gelo-seco segurado por uma pinça. O gelo-seco é dióxido de carbono (CO_2) no estado sólido, a −78 °C.

O dióxido de carbono sofre sublimação, ou seja, passa do estado sólido diretamente ao gasoso. Daí vem a expressão "gelo-seco", já que ele, ao "derreter", não se transforma em líquido.

O azul de bromotimol é um indicador ácido-base que assume a coloração azul em meio básico e amarela em meio ácido. Ao adicionarmos um pedaço de gelo-seco a um copo com água contendo algumas gotas de solução básica e esse indicador B, há uma mudança da cor azul para a amarela C, evidenciando que a presença de CO_2 no meio aquoso deixou-o ácido.

$$CO_2 (g) + H_2O (\ell) \rightarrow H_2CO_3 (aq)$$

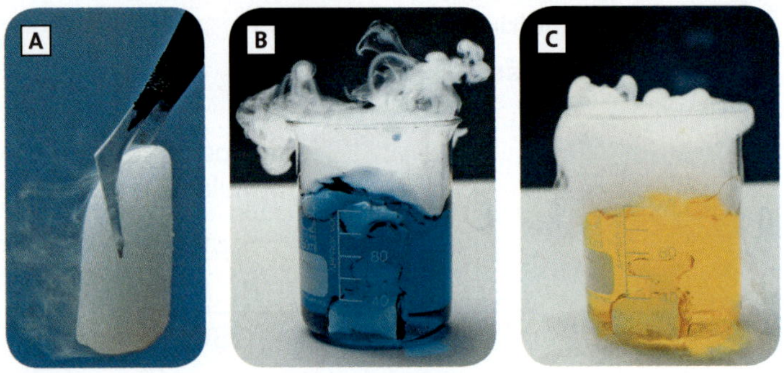

Conteúdo digital Moderna PLUS http://www.modernaplus.com.br
Vídeo: *O caráter ácido do dióxido de carbono*

ATENÇÃO

O gelo-seco (CO_2 sólido) em sublimação está a −78 °C e, por isso, pode provocar sérias lesões em contato com a pele.

Deve ser manipulado usando luvas térmicas ou pinças de madeira ou de metal.

2 Reação de óxidos ácidos com bases

Analise as equações de algumas reações de óxidos ácidos com bases:

$$SO_3 + 2\,NaOH \rightarrow Na_2SO_4 + H_2O$$

SO_3 corresponde ao H_2SO_4 — cátion da base $[Na^+]_2[SO_4^{2-}]_1$ ânion do ácido

$$CO_2 + Ca(OH)_2 \rightarrow CaCO_3 + H_2O$$

CO_2 corresponde ao H_2CO_3 — cátion da base $[Ca^{2+}]_2[CO_3^{2-}]_2$ ânion do ácido

$$N_2O_5 + 2\,NaOH \rightarrow 2\,NaNO_3 + H_2O$$

N_2O_5 corresponde ao HNO_3 — cátion da base $[Na^+]_1[NO_3^-]_1$ ânion do ácido

Nesses processos fica evidente que esse tipo de óxido possui características ácidas, uma vez que reage com bases. Verifica-se que o sal formado possui o cátion da base e o ânion do ácido que corresponde ao óxido ácido.

Óxidos ácidos reagem com bases formando sal e água.

Uma experiência para identificar o CO_2

O ar que expiramos (soltamos pelo nariz e/ou pela boca) contém um pouco de gás carbônico. Se assoprarmos, com auxílio de um canudinho, dentro de uma solução aquosa de $Ca(OH)_2$, chamada de **água de cal**, ocorrerá uma reação entre essa base e o óxido ácido CO_2, produzindo um **sólido branco insolúvel**, o $CaCO_3$. O efeito visual será o aparecimento de uma **turvação branca** dentro da solução.

$$CO_2\,(g) + Ca(OH)_2\,(aq) \rightarrow \boxed{CaCO_3\,(s)} + H_2O\,(\ell)$$

insolúvel em água

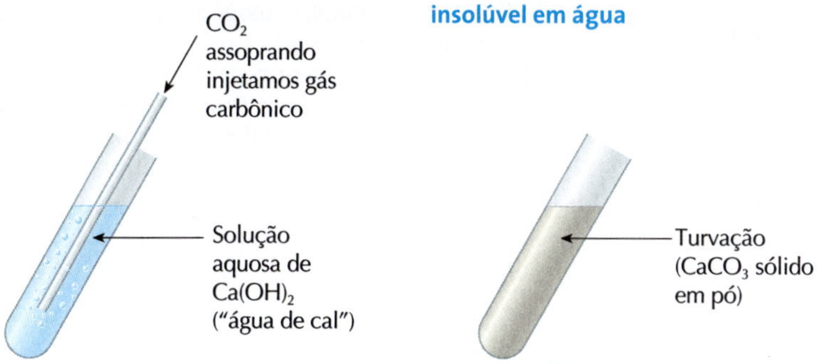

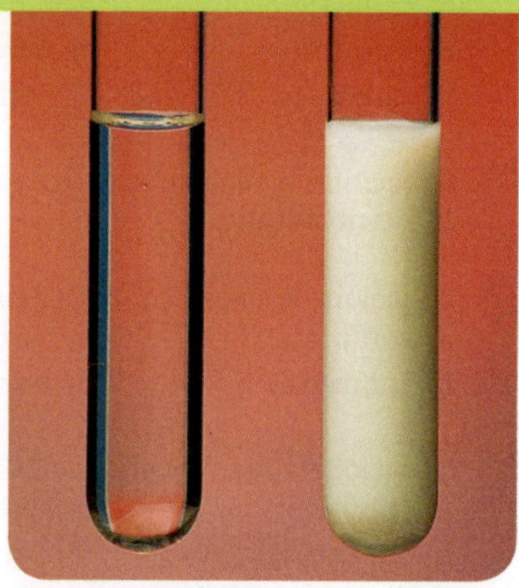

O tubo da esquerda contém uma solução aquosa de $Ca(OH)_2$, denominada água de cal. O tubo da direita mostra a turvação (devida ao $CaCO_3$ sólido formado) após borbulhar-se CO_2 nela.

A experiência também poderia ser feita com $Ba(OH)_2$, o que acarretaria a formação de $BaCO_3$ sólido.

Assoprando por um **tempo mais prolongado**, o sólido branco **desaparece**, pois o excesso de CO_2 reage com ele produzindo bicarbonato de cálcio (ou bicarbonato de bário), relativamente solúvel em água.

$$CaCO_3\,(s) + CO_2\,(g) + H_2O\,(\ell) \rightarrow Ca(HCO_3)_2\,(aq)$$

ATENÇÃO

A eventual realização desse experimento deve ter autorização e supervisão do(a) professor(a). A solução de $Ca(OH)_2$ não deve ter contato com pele, boca e olhos, pois é corrosiva.

EXERCÍCIOS ESSENCIAIS

EXERCÍCIOS RESOLVIDOS

10 (FMTM-MG) Um oxiácido pode ser preparado pela reação de um óxido de um elemento não metálico com a água. Escreva as equações químicas balanceadas da obtenção, por esse método, dos ácidos sulfúrico e carbônico.

Resolução

$$\begin{array}{r} H_2SO_4 \\ -H_2\ O \\ \hline SO_3 \end{array} \qquad \begin{array}{r} H_2CO_3 \\ -H_2\ O \\ \hline CO_2 \end{array}$$

Trióxido de enxofre ou anidrido sulfúrico — Dióxido de carbono ou anidrido carbônico

Assim, as equações solicitadas são:

$$\boxed{SO_3 + H_2O \rightarrow H_2SO_4}$$

$$\boxed{CO_2 + H_2O \rightarrow H_2CO_3}$$

11 Equacione a reação entre:

a) trióxido de enxofre e hidróxido de bário;

b) dióxido de carbono e hidróxido de potássio.

Resolução

a) O SO_3 é o óxido ácido correspondente ao H_2SO_4. Assim, na sua reação com $Ba(OH)_2$, o sal formado terá o cátion da base, Ba^{2+}, e o ânion do ácido correspondente ao óxido, SO_4^{2-}:

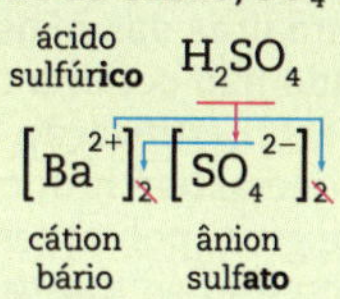

A equação é:

$$\boxed{SO_3 + Ba(OH)_2 \rightarrow BaSO_4 + H_2O}$$

b) O CO_2 é o óxido ácido correspondente ao H_2CO_3. Ao reagir com KOH, formará o sal com o cátion K^+, proveniente da base, e o ânion CO_3^{2-}, proveniente do ácido correspondente ao óxido:

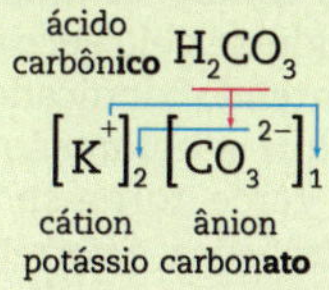

A reação é assim equacionada:

$$\boxed{CO_2 + 2\,KOH \rightarrow K_2CO_3 + H_2O}$$

12 Escreva a fórmula do anidrido:

a) sulfúrico;
b) sulfuroso;
c) carbônico;
d) nítrico;
e) nitroso;
f) permangânico.

13 Equacione a reação com água dos anidridos do exercício anterior.

14 Equacione a reação com NaOH dos anidridos:

a) sulfúrico;
b) sulfuroso;
c) carbônico;
d) nítrico.

15 Equacione a reação com $Ca(OH)_2$ dos anidridos:

a) sulfúrico;
b) sulfuroso;
c) carbônico;
d) nítrico.

16 (Uneb-BA)

I. Conservante de carnes, pescados e peles.

II. Na forma sólida é conhecido como gelo-seco e é considerado o principal responsável pelo efeito estufa.

III. Antiácido estomacal.

Associados corretamente com I, II e III estão, respectivamente, os compostos:

a) $HC\ell$, CO e NaO.
b) $NaC\ell$, CO_2 e $Mg(OH)_2$.
c) Na_2CO_3, H_2CO_3 e NaOH.
d) $NaC\ell$, CO e NaOH.
e) Na_2CO_3, CO e $Mg(OH)_2$.

17 (Unirio-RJ) Uma forma genérica de obter ácidos é a reação entre seu anidrido e água. Entre os ácidos abaixo relacionados, não pode ser obtido por esse processo o:

a) clorídrico.
b) cloroso.
c) perclórico.
d) hipocloroso.
e) clórico.

18 (UFRRJ) Nos dias atuais, a preocupação com o meio ambiente começa a ser uma realidade no meio empresarial, *vide* o certificado ISO 14000 concedido a empresas que são consideradas "ambientalmente corretas". O Brasil apresenta uma série de candidatas para receberem este certificado; afinal, o país que apresenta uma das mais severas leis ambientais do mundo não poderia deixar de ser também o pioneiro nesta certificação. Um tópico com o qual o Governo Federal terá muito trabalho será quanto à emissão de gases poluentes, tais como o anidrido sulfúrico e o sulfuroso, que geram, ao reagirem com a umidade do ar, o ácido sulfúrico. As fórmulas desses dois gases poluentes são, respectivamente.

a) SO_2 e SO.
b) SO_3 e S_2O_3.
c) SO_2 e S_2O_3.
d) SO_3 e H_2SO_4.
e) SO_3 e SO_2.

19 (UFSCar-SP) O "gelo seco" é dióxido de carbono sólido, e nas condições ambientes sofre sublimação. Colocando-se gelo seco em contato com água destilada contendo o indicador azul de bromotimol, observa-se que a coloração da solução, que inicialmente é verde, torna-se amarelada. Com base nessas informações, é correto afirmar que:

a) a solução final tornou-se alcalina.
b) o pH da solução aumentou.
c) as interações intermoleculares do gelo seco são mais intensas do que as interações intermoleculares da água.
d) o azul de bromotimol adquire coloração amarelada em meio ácido.
e) o gelo seco possui interações intermoleculares do tipo ligação de hidrogênio.

20 (Uerj) Na atmosfera artificial do interior das cápsulas espaciais, o oxigênio consumido pelos astronautas é renovado a partir de reservas de O_2. Para manter a concentração do gás produzido pelo metabolismo energético dos tripulantes em níveis não tóxicos, o ar artificial dessas cápsulas precisa, ainda, ser continuamente purificado.

Uma das substâncias que podem ser utilizadas na purificação do ar, com esse objetivo, é:

a) $HC\ell$.
b) K_2SO_4.
c) H_2CO_3.
d) NaOH.

21 (Cesgranrio-RJ) O aumento na concentração de CO_2 atmosférico força o aumento da absorção desse elemento pelos oceanos. Isso afeta o pH dos oceanos porque as moléculas de CO_2, ao entrarem em contato com as moléculas de água:

a) evaporam-se.
b) tornam-se alcalinas.
c) quebram-se liberando íons H^+.
d) reagem com estas formando ácido carbônico (H_2CO_3).
e) reagem com estas formando os íons carbonato (CO_3^{2-}) bicarbonado (HCO_3^-).

22 (Fuvest-SP) No seguinte trecho (adaptado) de uma peça teatral de C. Djerassi e R. Hoffmann, as esposas de três químicos do século XVIII conversam sobre um experimento feito com uma mistura de gases.

"Senhora Pohl — Uma vez o farmacêutico Scheele estava borbulhando [a mistura gasosa] através de uma espécie de água.

Madame Lavoisier — Deve ter sido água de cal.

Senhora Priestley — A água ficou turva, não ficou?

Madame Lavoisier — É o mesmo gás que expiramos... o gás que removemos com a passagem através da água de cal.

Senhora Pohl — Depois ele me pediu que colocasse no gás remanescente um graveto já apagado, apenas em brasa numa das extremidades. Já estava escurecendo.

Senhora Priestley — E o graveto inflamou-se com uma chama brilhante... e permaneceu aceso!"

Empregando símbolos e fórmulas atuais, podem-se representar os referidos componentes da mistura gasosa por:

a) CO_2 e O_2.
b) CO_2 e H_2.
c) N_2 e O_2.
d) N_2 e H_2.
e) CO e O_2.

Conteúdo digital Moderna PLUS http://www.modernaplus.com.br
Exercícios adicionais

Seção 24.3

Óxidos básicos

› Objetivos

- Prever a fórmula de um óxido básico.
- Equacionar as reações de um óxido básico com água e com ácido.

› Termos e conceitos

- óxido básico
- cal viva ou cal virgem

Os óxidos com características básicas que nos interessam neste livro são os óxidos de metais alcalinos e os de metais alcalino-terrosos. Tais óxidos podem ser encarados como resultado da desidratação dos respectivos hidróxidos, de modo similar ao que fizemos com os ácidos:

$$\begin{array}{r} Ca(OH)_2 \\ -\ OH_2 \\ \hline Ca\ \ O \end{array} \quad [Ca^{2+}]_2[O^{2-}]_2 \text{ Óxido de cálcio} \qquad \begin{array}{r} 2\,(NaOH) \\ -\ OH_2 \\ \hline Na_2O \end{array} \quad [Na^{+}]_2[O^{2-}]_1 \text{ Óxido de sódio}$$

1 Reação de óxidos básicos com água

Observe as seguintes equações químicas:

$$CaO\ (s) + H_2O\ (\ell) \rightarrow Ca(OH)_2\ (aq)$$
$$Na_2O\ (s) + H_2O\ (\ell) \rightarrow 2\,NaOH\ (aq)$$

Essas duas reações químicas são o oposto da subtração de água que fizemos anteriormente. Esse tipo de reação pode ser generalizado assim:

Óxidos básicos reagem com água formando base.

Os óxidos básicos e a tabela periódica

Este esquema mostra os principais óxidos básicos e os elementos neles presentes.
Há alguns outros metais que também formam óxidos básicos, porém não entraremos em detalhes sobre eles.

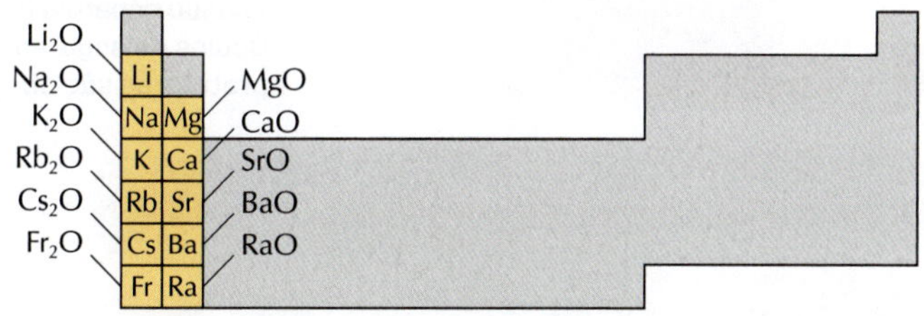

2 Reação de óxidos básicos com ácidos

Observe, agora, as seguintes equações de reações de óxidos básicos com ácidos:

$$CaO + 2\,HNO_3 \rightarrow Ca(NO_3)_2 + H_2O \qquad \text{cátion da base } [Ca^{2+}]_1[NO_3^{-}]_2 \text{ ânion do ácido}$$

CaO corresponde ao $Ca(OH)_2$

$$Na_2O + H_2SO_4 \rightarrow Na_2SO_4 + H_2O \qquad \text{cátion da base } [Na^{+}]_2[SO_4^{2-}]_1 \text{ ânion do ácido}$$

Na_2O corresponde ao NaOH

Nessas equações, você deve ter percebido que o sal formado possui o ânion do ácido e o cátion da base correspondente ao óxido básico (que é o mesmo cátion do óxido básico).

Óxidos básicos reagem com ácidos formando sal e água.

CaO: um óxido básico muito conhecido

O **calcário** é uma rocha constituída principalmente por carbonato de cálcio ($CaCO_3$), sendo muito utilizado na pavimentação do passeio público e na obtenção da **cal viva**:

$$\underset{\text{calcário}}{CaCO_3} \xrightarrow{\Delta} \underset{\text{cal viva ou cal virgem}}{CaO} + CO_2$$

A essa reação damos o nome de **decomposição térmica do calcário**. (O símbolo Δ indica aquecimento.)

A cal viva (CaO) formada é aplicada em pinturas (caiação) e também em argamassa, uma mistura de areia, cimento e cal. Em contato com a água, a cal viva forma a **cal hidratada**:

$$\underset{\text{cal viva}}{CaO} + H_2O \rightarrow \underset{\text{cal hidratada, cal extinta ou cal apagada}}{Ca(OH)_2}$$

As fotos [A] e [B] ilustram a realização dessa reação em laboratório. O frasco da foto [A], abaixo, contém água e fenolftaleína. Esse indicador ácido-base encontra-se incolor porque o meio está neutro. A adição de um pouco de cal viva (CaO) — o pó branco que está na ponta da espátula de metal — faz com que a fenolftaleína assuma a coloração avermelhada, característica de meio básico, como mostra a foto [B].

A

B

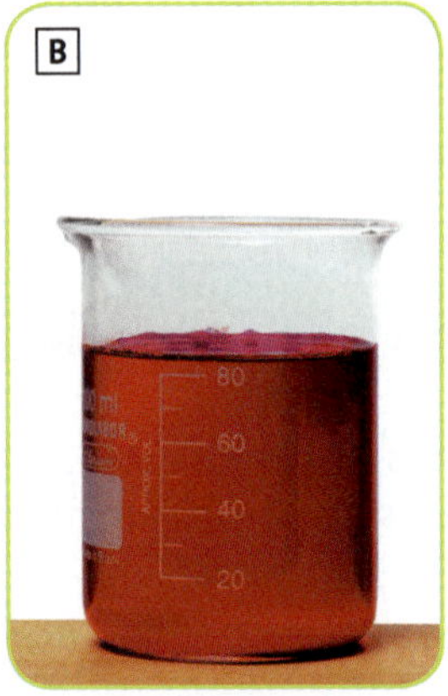

ATENÇÃO

A cal viva não deve ter contato com pele, boca e olhos, pois é irritante e corrosiva.
Sua dissolução em água ocorre com grande liberação de calor, o que pode provocar violenta ebulição, espirrando solução quente e corrosiva na pessoa.
Na eventual realização desse experimento, com **autorização e supervisão do(a) professor(a), deve-se adicionar apenas uma pitada de cal usando espátula** (como mostra a foto [A]).
Óculos de segurança, luvas e aventais protetores são obrigatórios.

Para reduzir a acidez do solo, quando esta é imprópria à agricultura, pode-se fazer a **calagem do solo**, ou seja, jogar cal virgem (CaO) ou cal hidratada [$Ca(OH)_2$] nele.

Conteúdo digital Moderna PLUS http://www.modernaplus.com.br
Texto: *Óxidos anfóteros*

Seção 24.4

Óxidos neutros

Objetivo

- Identificar óxidos ácidos, óxidos neutros e óxidos básicos.

Termos e conceitos

- óxidos neutros (ou indiferentes)

Há três óxidos, CO, NO e N_2O, que, ao contrário dos óxidos ácidos e dos básicos, não reagem com água, nem com ácidos nem com bases. Eles são chamados de *óxidos neutros*.

Óxidos neutros ou **indiferentes** são aqueles que **não** reagem com água, nem com ácidos nem com bases. São eles CO, NO e N_2O.

O fato de não reagirem com água, ácidos e bases não significa que não reajam com nenhuma outra substância. Veremos mais à frente que o NO reage, por exemplo, com o O_2 do ar.

Tabela 1 Comparação entre óxidos ácidos, básicos e neutros

Óxido	Formado por	Composto	Exemplos
Ácido	Não metal* e oxigênio	Molecular	CO_2, N_2O_5, N_2O_3, NO_2, N_2O_4, P_2O_5, P_2O_3, SO_2, SO_3, $C\ell_2O_7$
Neutro	Não metal e oxigênio	Molecular	CO, NO, N_2O
Básico	Metal alcalino ou alcalino--terroso e oxigênio	Iônico	Na_2O, K_2O, Li_2O, MgO, CaO, BaO

Atente a dois nomes antigos!

Não confunda **anidrido nítrico** (N_2O_5), que é o óxido ácido correspondente ao ácido nítrico, com **óxido nítrico**, que é um nome antigo usado para o NO. Outro óxido com um nome antigo e que pode causar dúvida é o **óxido nitroso** (N_2O), que não deve ser confundido com **anidrido nitroso** (N_2O_3).

CO: um dos muitos problemas do cigarro

Entre vários produtos formados na queima do fumo está o gás CO. Ele não reage com água, ácidos ou bases, pois é óxido neutro. Apesar disso é capaz de **reagir com a hemoglobina** que existe em nosso sangue, **impedindo-a de transportar oxigênio** para as várias partes de nosso organismo. Esse é um dos inúmeros problemas associados ao tabagismo.

ATENÇÃO

O CO é um gás tóxico.

* Três importantes exceções são o Mn_2O_7, o MnO_3 e o CrO_3, que possuem elevado caráter covalente.

EXERCÍCIOS ESSENCIAIS

EXERCÍCIO RESOLVIDO

23 Um caminhão-tanque capotou na estrada e derramou ácido sulfúrico na pista. Supondo que o ácido derramado tenha sido neutralizado pela aplicação de cal virgem (óxido de cálcio), equacione a reação envolvida.

Resolução

Óxidos de metais alcalinos e de metais alcalino-terrosos são básicos. Assim, o óxido de cálcio (alcalino-terroso) é básico.

Na reação do CaO com H_2SO_4, o sal formado terá o cátion Ca^{2+}, proveniente da base associada ao óxido, que é o mesmo cátion presente no óxido, e o ânion SO_4^{2-}, proveniente do ácido.

Assim, a equação pedida é:

$$CaO + H_2SO_4 \rightarrow CaSO_4 + H_2O$$

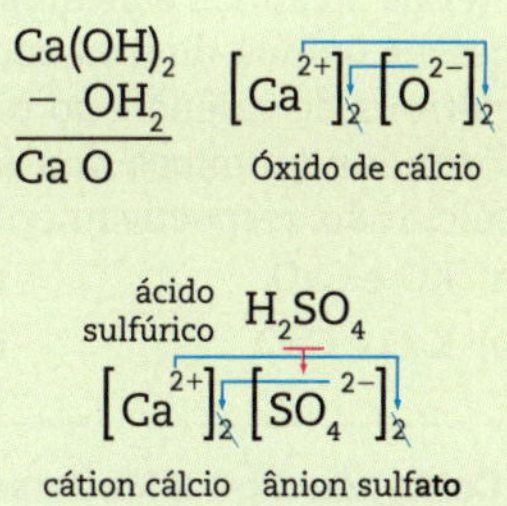

24 Equacione a reação dos seguintes óxidos com água:

a) óxido de lítio;
b) óxido de potássio;
c) óxido de cálcio;
d) óxido de bário.

25 Equacione a reação dos óxidos do exercício anterior com $HC\ell$.

EXERCÍCIO RESOLVIDO

26 Considere os elementos químicos carbono, cloro, nitrogênio, sódio, cálcio, potássio e fósforo.

Quais, entre eles, podem formar óxidos:

a) ácidos? b) básicos? c) neutros?

Resolução

Os elementos citados são:

- carbono: não metal
- cloro: não metal
- nitrogênio: não metal
- sódio: metal alcalino
- cálcio: metal alcalino-terroso
- potássio: metal alcalino
- fósforo: não metal

Os **não metais** podem formar **óxidos ácidos**.

Os **metais alcalinos e alcalino-terrosos** podem formar **óxidos básicos**.

Os não metais **carbono** e **nitrogênio** podem formar **óxidos neutros**, que são CO, NO e N_2O.

Assim, as respostas são:

a) carbono, cloro, nitrogênio e fósforo.
b) sódio, cálcio e potássio.
c) carbono e nitrogênio.

27 (UEMG) De acordo com as propriedades dos elementos químicos, podemos classificar como um óxido de natureza alcalina (básica) e um óxido de natureza ácida, respectivamente:

a) CaO e SO_3.
b) Na_2O e MgO.
c) CO e $A\ell_2O_3$.
d) $C\ell_2O$ e N_2O_3.

28 (UFF-RJ) São óxidos básicos:

a) MgO, $C\ell_2O$, K_2O.
b) $C\ell_2O_3$, CaO, MgO.
c) CaO, MgO, P_2O_5.
d) MgO, P_2O_5, $C\ell_2O$.
e) K_2O, MgO, CaO.

29 (UFV-MG) As cinzas provenientes da queima de vegetais podem ser utilizadas na produção de sabão por serem ricas em óxidos, principalmente os de metais alcalinos e alcalino-terrosos. Na formação desses óxidos iônicos ocorre a transferência dos elétrons de valência do metal para o oxigênio. As fórmulas químicas dos óxidos de potássio e de cálcio são, respectivamente:

a) KO e CaO.
b) K_2O e CaO.
c) KO_2 e CaO_2.
d) K_2O e Ca_2O.

30 (Furg-RS) Considere os seguintes óxidos:

I. Na_2O. **II.** CO_2. **III.** CaO. **IV.** SO_3.

Assinale a alternativa que apresenta apenas óxidos que, quando dissolvidos em água, tornam o meio ácido:

a) II e III.
b) II e IV.
c) III e IV.
d) I e II.
e) I e IV.

31 (Ufersa-RN) Assinale a alternativa que corresponde a um óxido neutro.

a) CO. b) CaO. c) $A\ell_2O_3$. d) SO_2.

32 (Udesc) Em relação à equação química representada abaixo é **correto** afirmar:

$$Na_2O\,(g) + H_2O\,(\ell) \rightarrow 2\,NaOH\,(aq)$$

a) O Na_2O (g) não pode ser considerado um óxido, pois reage com a água.
b) O Na_2O (g) é considerado um sal, pois reage com a água para formar uma base.
c) O Na_2O (g) é considerado um óxido básico, pois reage com a água para formar uma base.
d) O Na_2O (g) é considerado um óxido ácido, pois ao reagir com a água forma uma base.
e) O Na_2O (g) é considerado um óxido básico, pois neutraliza uma base.

33 (Unama) Quando falamos de gás hilariante, o que nos vem à cabeça? Um gás que provoca risos nas pessoas, não é mesmo? Na verdade este gás é um composto químico de fórmula N_2O (óxido de dinitrogênio), cuja inalação provoca efeitos anestésicos e ainda um estado de euforia, em geral seguido de náuseas e perturbações motoras. Após o estado de euforia inicial, a inalação do gás provoca náusea, sonolência, falta de coordenação motora, desorientação e falta de apetite.

Identifique, dentre as alternativas abaixo, aquela que traz a classificação correta do óxido conhecido como gás hilariante:

a) ácido. b) neutro. c) anfótero. d) misto.

34 (Fuvest-SP) Têm-se amostras de 3 gases incolores X, Y e Z, que devem ser H_2, He e SO_2, não necessariamente nesta ordem. Para identificá-los, determinaram-se algumas de suas propriedades, as quais estão na tabela a seguir:

Propriedade	X	Y	Z
Solubilidade em água	Alta	Baixa	Baixa
Reação com oxigênio na presença de catalisador	Ocorre	Ocorre	Não ocorre
Reação com solução aquosa de uma base	Ocorre	Não ocorre	Não ocorre

Com base nessas propriedades, conclui-se que X, Y e Z são, respectivamente:

a) H_2, He e SO_2
b) H_2, SO_2 e He
c) He, SO_2 e H_2
d) SO_2, He e H_2
e) SO_2, H_2 e He

Conteúdo digital Moderna PLUS http://www.modernaplus.com.br
Exercícios adicionais

Seção 24.5

Peróxidos

Objetivo

- Escrever a fórmula de um peróxido.

Termos e conceitos

- **peróxido de hidrogênio**
- **íon peróxido**

A água oxigenada é uma solução aquosa contendo 3% de peróxido de hidrogênio.

O_2^{2-} Íon peróxido

Esse índice **não** pode ser simplificado, pois faz parte da composição do íon.

A água oxigenada é uma solução aquosa do composto de fórmula H_2O_2, chamado quimicamente de **peróxido de hidrogênio**.

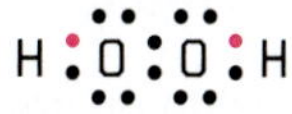

peróxido de hidrogênio

Imagine que fosse possível retirar os dois hidrogênios de sua molécula, mas que cada um saísse deixando o respectivo elétron. A estrutura resultante seria formada por dois átomos de oxigênio e possuiria duas cargas negativas:

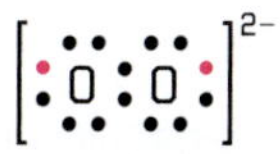

íon peróxido

As duas cargas negativas se devem aos dois elétrons simbolizado por •

O íon resultante, o O_2^{2-}, encontra-se presente em alguns compostos iônicos. É chamado de **íon peróxido**, e os compostos que o contêm pertencem à classe dos peróxidos. **Os peróxidos de maior importância são os de metais alcalinos e alcalino-terrosos**. A nomenclatura é feita de modo semelhante à dos óxidos básicos:

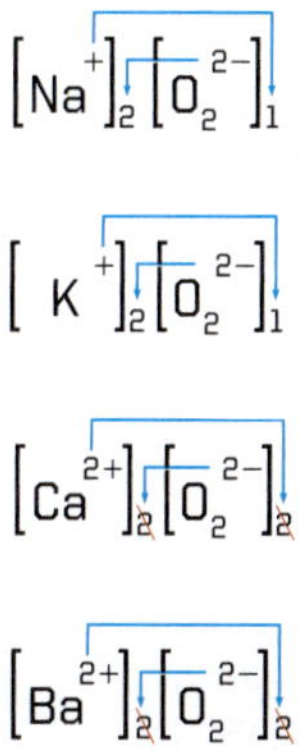

$[Na^{+}]_2[O_2^{2-}]_1$ — Na_2O_2 — peróxido de sódio

$[K^{+}]_2[O_2^{2-}]_1$ — K_2O_2 — peróxido de potássio

$[Ca^{2+}]_2[O_2^{2-}]_2$ — CaO_2 — peróxido de cálcio

$[Ba^{2+}]_2[O_2^{2-}]_2$ — BaO_2 — peróxido de bário

O H_2O_2 é o peróxido mais utilizado pelas indústrias químicas, sendo empregado no processamento de madeira, celulose e papel, no tratamento de despejos industriais e na fabricação de solventes e plásticos. Na foto, fábrica de papel.

O peróxido de sódio (Na_2O_2) é utilizado no branqueamento industrial das fibras de algodão destinadas a fazer tecidos.

Não confunda óxido com peróxido

Apesar de parecidos, os óxidos e os peróxidos de metais alcalinos e alcalino-terrosos possuem uma diferença decorrente dos diferentes ânions que os compõem:

O^{2-} íon óxido		O_2^{2-} íon peróxido	
Na_2O	óxido de sódio	Na_2O_2	peróxido de sódio
CaO	óxido de cálcio	CaO_2	peróxido de cálcio

Se necessário, reveja a formulação dos óxidos de metais alcalinos e alcalino-terrosos na seção 24.1.

EXERCÍCIOS ESSENCIAIS

EXERCÍCIO RESOLVIDO

35 (Fuvest-SP) Quando aplicada em ferimentos, a água oxigenada parece "ferver".

a) Por quê?

b) Escreva a equação que representa a reação química envolvida.

Resolução

a) A aparente "fervura" é, na realidade, a liberação de gás oxigênio.

b) $2\ H_2O_2\ (aq) \rightarrow 2\ H_2O\ (\ell) + O_2\ (g)$

36 Escreva as fórmulas do peróxido de:

a) potássio;
b) magnésio;
c) lítio;
d) cálcio.

37 Os peróxidos de estrôncio e de bário são empregados na fabricação de alguns fogos de artifício. Quais são suas fórmulas?

38 (Cefet-AL) Em outubro de 2007, a Polícia Federal prendeu 27 pessoas acusadas de adulterar leite em duas cooperativas no estado de Minas Gerais. Na adulteração, adicionava-se peróxido de hidrogênio (conhecido como água oxigenada) para matar bactéria e hidróxido de sódio (conhecido como soda cáustica) para aumentar o pH da mistura.

As fórmulas químicas do peróxido de hidrogênio e do hidróxido de sódio são respectivamente:

a) H_2O e NaO.
b) Na e H_2.
c) H_2O_2 e NaOH.
d) H_2O e $KC\ell$.
e) HO e NaO.

39 (UEPB) Assinale a alternativa que apresenta corretamente as estruturas de Lewis para as substâncias hidrogênio, oxigênio e peróxido de hidrogênio, respectivamente.

a) 

b) 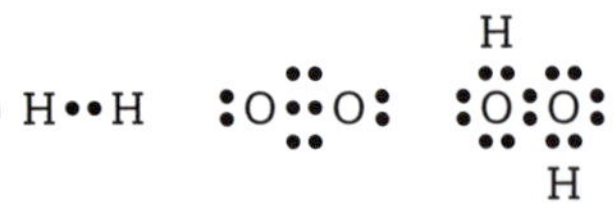

c) 

d) 

e) 

40 (Vunesp) Entre os peróxidos, apenas o peróxido de hidrogênio (H_2O_2) é molecular, todos os demais são iônicos. Peróxidos metálicos, como, por exemplo, peróxido de sódio (Na_2O_2), ao reagirem com água, podem formar peróxido de hidrogênio mais o hidróxido metálico correspondente. No entanto, em meio alcalino, o peróxido de hidrogênio sofre decomposição, liberando gás oxigênio (O_2) e água. Com base nas informações dadas escreva:

a) a equação química da reação entre peróxido de sódio e água;

b) a equação química de decomposição do peróxido de hidrogênio em meio alcalino.

Comentário dos autores:

O "meio alcalino" propicia condições para a ocorrência da decomposição do peróxido de hidrogênio, mas não figura como reagente na equação.

41 (Uerj) Um estudante observou algumas propriedades de um determinado metal Me:

- reagir facilmente com os halogênios;
- formar peróxido do tipo Me_2O_2;
- apresentar elevada eletropositividade.

Esse elemento, na Tabela de Classificação Periódica, está localizado na seguinte coluna:

a) 1.
b) 2.
c) 6.
d) 8.

Conteúdo digital Moderna PLUS http://www.modernaplus.com.br
Exercícios adicionais

Seção 24.6

Há óxidos ácidos envolvidos na poluição atmosférica

Objetivos

- Explicar como se forma a chuva ácida.
- Indicar aspectos nocivos da presença de certos óxidos na atmosfera.

Termos e conceitos

- efeito estufa
- chuva ácida
- SO_x
- NO_x

O ar atmosférico, na ausência de poluição, é composto fundamentalmente de N_2, O_2, Ar, CO_2 e quantidades variáveis de vapor de água. Nos locais poluídos, sobretudo em centros urbanos e industriais, muitas outras substâncias passam a fazer parte da sua composição.

Se nosso planeta fosse do tamanho de um globo terrestre escolar, boa parte do nosso estoque de ar respirável teria aproximadamente a mesma espessura da camada de tinta que o reveste! A emissão de poluentes justificada com o rótulo de "progresso" coloca em sério risco a qualidade da atmosfera do planeta.

Tabela 2 Exemplos de poluente

Classe de poluentes	Composição
Monóxido de carbono	CO
Óxidos de enxofre	SO_2 e SO_3
Óxidos de nitrogênio	NO e NO_2
Ozônio	O_3
Partículas	Fuligem (C), areia, partículas metálicas (Pb, Hg...) e fumaça, por exemplo
Restos de combustível não queimado	Vapores de álcool e gasolina, por exemplo

1 A chuva é, naturalmente, um pouco ácida!

Plantas e animais, ao respirar, eliminam gás carbônico (CO_2) na atmosfera. Podemos dizer que a presença desse gás na atmosfera é natural. Quando chove, ocorre uma reação entre ele e a água da chuva, produzindo ácido carbônico. A chuva fica um pouco ácida, porque o ácido carbônico é fraco. A reação envolvida pode ser assim equacionada:

$$CO_2\,(g) \;+\; H_2O\,(\ell) \;\rightarrow\; H_2CO_3\,(aq)$$

A presença de H_2CO_3 na chuva **não** se deve à poluição. Essa acidez natural da chuva é tão baixa que não faz nenhum mal aos seres vivos.

Lembre-se

A presença de H_2CO_3 na chuva **não** se deve à poluição.

A presença de CO_2 no ar pode ser constatada por quem trabalha em almoxarifado de laboratório. Próximo à tampa de um frasco contendo solução aquosa de NaOH, guardado por vários dias, pode-se formar um depósito branco de Na_2CO_3, que às vezes chega a travar a tampa. O sal se forma na reação da base com o CO_2, um óxido ácido.

2 Óxidos de carbono e fuligem

A combustão (queima) do álcool e da gasolina dentro dos motores dos automóveis produz uma mistura de dióxido de carbono (CO_2), monóxido de carbono (CO), carvão (C) pulverizado e água.

A produção de CO_2 na queima de combustíveis e nas queimadas tem provocado aumento da concentração desse gás na atmosfera. Como consequência, **intensifica-se** o chamado **efeito estufa**, que tende a provocar um aumento da temperatura média do planeta.

Já o CO é um gás extremamente tóxico. Ele afeta a capacidade do sangue de transportar oxigênio às diversas partes do corpo, onde é essencial à vida. O CO **não tem cheiro nem cor**. Dependendo da quantidade inalada, pode causar desde uma ligeira dor de cabeça até a morte.

O carvão (C) pulverizado é conhecido como fuligem. Ele é o principal responsável pela cor escura da fumaça que sai do escapamento de alguns automóveis, caminhões e ônibus e também das chaminés das fábricas. A presença da fuligem e de outras partículas sólidas em suspensão no ar causa irritação na córnea, além de produzir ou agravar problemas respiratórios, como a bronquite.

ATENÇÃO

O CO é um gás tóxico.

3 Óxidos de enxofre

Uma das principais impurezas que existem nos derivados de petróleo (gasolina, óleo *diesel*) e no carvão mineral é o enxofre (S). Quando esses combustíveis são utilizados, a queima do enxofre produz o dióxido de enxofre, um óxido ácido de cheiro bastante irritante.

$$S(s) + O_2(g) \rightarrow SO_2(g)$$

Ao reagir com a água da chuva, o SO_2 produz o ácido sulfuroso:

$$SO_2(g) + H_2O(\ell) \rightarrow H_2SO_3(aq)$$

Pior do que isso, na atmosfera o SO_2 reage com o oxigênio e se transforma lentamente no SO_3, outro óxido ácido. Embora essa reação seja difícil, ela é acelerada (catalisada) pela presença de certas partículas em suspensão na atmosfera. O SO_3 formado reage com a água da chuva, produzindo H_2SO_4, que é um ácido forte.

$$2\,SO_2(g) + O_2(g) \rightarrow 2\,SO_3(g)$$

$$SO_3(g) + H_2O(\ell) \rightarrow H_2SO_4(aq)$$

Assim se origina a chamada **chuva ácida**. Ela é responsável por inúmeros problemas, entre os quais se destacam:

- prejuízos para a agricultura, pois o solo se torna ácido e, ao mesmo tempo, o SO_2 destrói as folhas dos vegetais;
- a água dos rios e lagos se torna ácida e, consequentemente, imprópria à vida de peixes;
- corrosão do mármore, do ferro e de outros materiais usados em monumentos e construções.

O álcool proveniente da cana-de-açúcar não contém impurezas de enxofre e, portanto, não contribui para o aparecimento de H_2SO_4 na chuva.

Em textos técnicos é comum encontrarmos a simbologia SO_x para designar genericamente SO_2 e SO_3.

ATENÇÃO

O dióxido de enxofre, SO_2, é um gás incolor, corrosivo, irritante e tóxico.
Causa queimaduras na pele, necrose da córnea, edema de laringe e edema pulmonar, dentre outros sintomas.
Não reproduza o experimento da foto abaixo por conta própria.

A rosa dentro do erlenmeyer, inicialmente igual à outra, foi exposta por algumas horas a um ambiente contendo dióxido de enxofre (SO_2). Esse gás, que possui ação descorante, provocou a alteração em sua cor.

O mármore das ruínas da civilização da Grécia Antiga vem sofrendo maior corrosão nos últimos 50 anos do que nos 2 mil anos anteriores.

4 Óxidos de nitrogênio

No motor dos automóveis ocorre a entrada de ar, cujo O_2 é necessário à combustão. Junto com esse O_2, entram os outros componentes do ar, que não deveriam, em princípio, tomar parte de reações dentro do motor. No entanto, devido à alta temperatura interna do motor, ocorre a reação entre N_2 e O_2:

$$N_2\,(g) + O_2\,(g) \xrightarrow[\text{ou calor}]{\text{faísca elétrica}} 2\,NO\,(g)$$

Uma vez lançado na atmosfera, o NO se transforma num óxido ácido, o NO_2, que, ao reagir com a água da chuva, produz os ácidos nítrico e nitroso.

$$2\,NO\,(g) + O_2\,(g) \rightarrow 2\,NO_2\,(g)$$

$$2\,NO_2\,(g) + H_2O\,(\ell) \rightarrow HNO_3\,(aq) + HNO_2\,(aq)$$

O HNO_2 formado se decompõe, gerando mais HNO_3:

$$3\,HNO_2\,(aq) \rightarrow HNO_3\,(aq) + 2\,NO\,(g) + H_2O\,(\ell)$$

O HNO_3 é um ácido forte. Juntamente com o H_2SO_4, ele é importante responsável pelo fenômeno da **chuva ácida**. Curiosamente, contudo, o HNO_3 não surge na chuva apenas devido à poluição. Nos raios que ocorrem durante as tempestades também se formam NO e NO_2, que conduzem ao aparecimento desse ácido na água. Assim, quantidades moderadas de HNO_3 podem existir na chuva, mesmo na ausência de poluição, desde que a chuva seja acompanhada de raios.

O NO_2 também contribui para a formação de ozônio na atmosfera:

$$NO_2\,(g) + O_2\,(g) \rightarrow NO\,(g) + O_3\,(g)$$

É benéfica para o ser humano a presença de ozônio na estratosfera, onde ele filtra os raios ultravioleta provenientes do Sol. Contudo a presença desse gás na baixa atmosfera é inconveniente porque causa irritação nos olhos e na garganta e também prejudica os vegetais. Assim sendo, o gás O_3 é considerado um poluente. (Mais informações sobre o ozônio podem ser encontradas na seção 19.1.)

ATENÇÃO

O NO e o NO_2 são gases tóxicos.

Em textos técnicos é comum encontrarmos a simbologia NO_x para designar genericamente NO e NO_2.

Os raios promovem a reação entre N_2 e O_2 formando NO, que, a seguir, reage com O_2, produzindo NO_2.

ESQUEMA DO APARECIMENTO DE ÁCIDO NA CHUVA

Reações envolvidas na queima de combustíveis	Reações que ocorrem na atmosfera	Reação provocada pelos raios
Combustível + O_2 → CO_2, CO, C, H_2O	$2\,NO + O_2 \rightarrow 2\,NO_2$	$N_2 + O_2 \rightarrow 2\,NO$
$N_2 + O_2 \rightarrow 2\,NO$	$2\,SO_2 + O_2 \rightarrow 2\,SO_3$	
$S + O_2 \rightarrow SO_2$	$NO_2 + O_2 \rightarrow NO + O_3$	

EXERCÍCIOS ESSENCIAIS

42 (UFTM-MG) "Savanização da Amazônia": Pesquisadores brasileiros do Inpe (Instituto Nacional de Pesquisas Espaciais) indicam o tamanho do estrago que o aquecimento global vai fazer na Amazônia. Os resultados dos estudos são alarmantes, pois até o final deste século 18% da área que hoje é mata deve virar uma vegetação rala, semelhante ao cerrado.

(www1.folha.uol.com.br/folha/ciencia/ult306u16367.shtml 24.04.2007. Adaptado)

Na queima de florestas e combustíveis fósseis são liberados gases responsáveis pelo efeito estufa e que também contribuem para a formação de chuva ácida. Os principais poluentes gerados são: gás carbônico, monóxido de carbono, óxidos de enxofre e óxidos de nitrogênio (NO_x).

Dentre os poluentes citados, o principal responsável pelo aquecimento global e um dos poluentes classificados como óxido ácido são, respectivamente:

a) CO e NO_2.
b) CO e SO_2.
c) CO_2 e NO.
d) CO_2 e NO_2.
e) SO_2 e NO.

43 (Unemat-MT) Analise as afirmativas abaixo.

A – Apresenta cheiro característico de ovo podre e escurece objetos de prata.

B – É um óxido bastante nocivo à saúde, devido a sua grande afinidade com a hemoglobina, interferindo no processo de oxigenação das células.

C – É conhecido comercialmente por cal viva, a qual se transforma em cal extinta ao ser misturada à água.

As características **A**, **B** e **C** correspondem, respectivamente a:

a) SO_2, NO e CaO.
b) H_2S, CO_2 e $Ca(OH)_2$.
c) SO_3, CO e CaO.
d) H_2SO_4, NO_2 e $Ca(OH)_2$.
e) H_2S, CO e CaO.

44 (Mackenzie-SP) Na combustão do óleo diesel, devido à presença de impurezas, forma-se dióxido de enxofre, que, a seguir, reage com o oxigênio do ar formando um óxido de enxofre, SO_x.

Na reação desse óxido SO_x com a água da chuva:

a) é obtida uma solução levemente alcalina.
b) há a formação de íons hidroxônio.
c) formam-se íons SO_4^{1-}.
d) são produzidas moléculas de ácido sulfídrico.
e) são obtidas moléculas de enxofre.

45 (UEMG) Monumentos históricos da cidade de Congonhas são constituídos principalmente por pedra sabão, um tipo de rocha calcárea, rica em carbonato de cálcio, $CaCO_3$. Os óxidos de enxofre SO_3, e de nitrogênio NO_2, são os principais causadores da chuva ácida que pode danificar esses monumentos. Pesquisadores têm identificado cada vez mais a presença de ranhuras nos monumentos provocadas pela ação da chuva sobre eles.

Sobre o fenômeno descrito acima é **INCORRETO** afirmar que:

a) a diminuição da poluição nos grandes centros urbanos ajudaria na preservação dos monumentos históricos.
b) as ranhuras nos monumentos são provocadas pela dissolução da pedra sabão.
c) os ácidos presentes na chuva ácida apresentam as fórmulas H_2SO_4 e HNO_3.
d) os óxidos citados apresentam características ácidas.

46 (Enem-MEC) Uma região industrial lança ao ar gases como o dióxido de enxofre e óxidos de nitrogênio, causadores da chuva ácida. A figura mostra a dispersão desses gases poluentes.

Considerando o ciclo da água e a dispersão dos gases, analise as seguintes possibilidades:

I. As águas de escoamento superficial e de precipitação que atingem o manancial poderiam causar aumento de acidez da água do manancial e provocar a morte de peixes.

II. A precipitação na região rural poderia causar aumento de acidez do solo e exigir procedimentos corretivos, como a calagem.

III. A precipitação na região rural, embora ácida, não afetaria o ecossistema, pois a transpiração dos vegetais neutralizaria o excesso de ácido.

Dessas possibilidades:

a) pode ocorrer apenas a I.
b) pode ocorrer apenas a II.
c) podem ocorrer tanto a I quanto a II.
d) podem ocorrer tanto a I quanto a III.
e) podem ocorrer tanto a II quanto a III.

Conteúdo digital Moderna PLUS http://www.modernaplus.com.br
Exercícios adicionais

ESTABELEÇA CONEXÕES

MAPA CONCEITUAL DA UNIDADE G

Revise os "conceitos estudados" nesta unidade e decida como podem ser completados os locais em que aparecem os números.

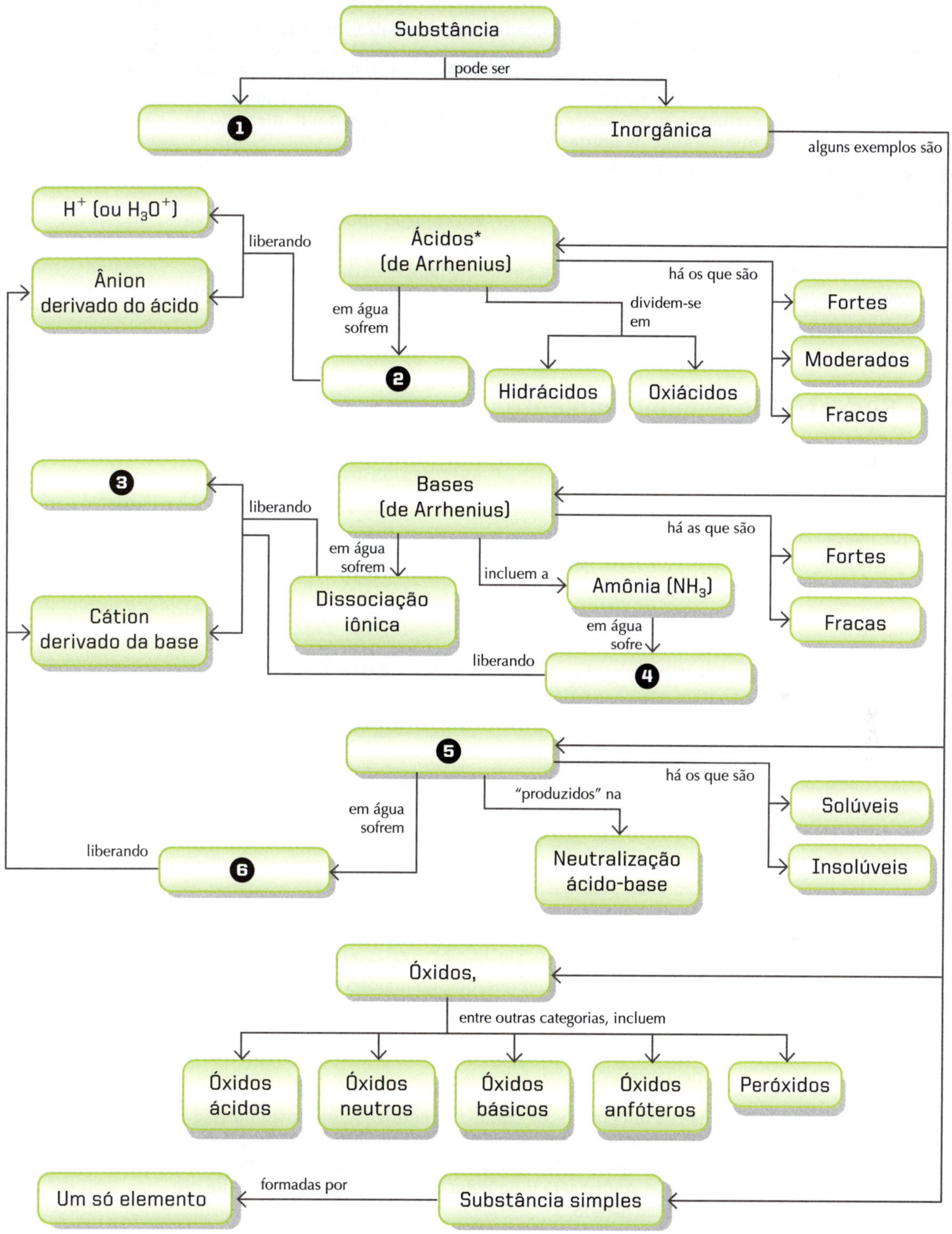

* Há ácidos de Arrhenius estudados na Química Orgânica (por exemplo, fenóis e ácidos carboxílicos), que não são, portanto, exemplos de substâncias inorgânicas. (Esses compostos são abordados no Volume 3).

REVISE, RELACIONE E RESOLVA

Lembre-se de que um enunciado deve ser lido e relido até total compreensão.

(Fuvest-SP) A Agência Nacional do Petróleo (ANP) estabelece que o álcool combustível, utilizado no Brasil, deve conter entre 5,3% e 7,4% de água, em massa. Porcentagens maiores de água significam que o combustível foi adulterado. Um método que está sendo desenvolvido para analisar o teor de água no álcool combustível consiste em saturá-lo com cloreto de sódio, $NaC\ell$, e medir a condutividade elétrica da solução resultante. Como o $NaC\ell$ é muito solúvel em água e pouco solúvel em etanol, a quantidade de sal adicionada para saturação aumenta com teor de água no combustível. Observa-se que a condutividade elétrica varia linearmente com o teor de água no combustível, em um intervalo de porcentagem de água que abrange os limites estabelecidos pela ANP.

a) Explique por que o etanol (CH_3CH_2OH) forma mistura homogênea com água em todas as proporções.

b) Faça um desenho, representando os íons Na^+ e $C\ell^-$ em solução aquosa e mostrando a interação desses íons com as moléculas de água.

c) Esboce um gráfico que mostre a variação da condutividade elétrica da mistura combustível, saturada com $NaC\ell$, em função do teor de água nesse combustível. Justifique por que o gráfico tem o aspecto esboçado.

Sugestão de encaminhamento

1

Recorde **ligação covalente** e quantas ligações faz um átomo de C, de H e de O. Elabore a **fórmula estrutural** do álcool etílico (CH_3CH_2OH). Nela, os átomos de carbono estão ligados um ao outro, e o átomo de oxigênio está ligado a um deles.

2

Revise os três tipos de **ligações intermoleculares** e reflita sobre qual desses tipos ocorre entre etanol e água. Responda ao item *a*.

3

Reveja o que acontece, do ponto de vista molecular, quando as substâncias $NaC\ell$, $C_{12}H_{22}O_{11}$ de $HC\ell$ se dissolvem em água. Atente bem à diferença entre a **dissociação iônica** do $NaC\ell$ e a **ionização** do $HC\ell$. Responda ao item *b*.

4

Vamos entender o trecho em que se lê "consiste em saturá-lo com cloreto de sódio, $NaC\ell$". Isso significa dissolver, em certa amostra de combustível, a maior quantidade possível de $NaC\ell$. Qualquer quantidade maior do que essa, se adicionada, não se dissolverá e irá direto ao fundo do recipiente. O enunciado dá a entender que, quanto maior o teor (porcentagem) de água misturada ao álcool, maior a quantidade de $NaC\ell$ que se dissolve em uma amostra da mistura. Isso ocorre porque o $NaC\ell$ é mais solúvel na água do que no álcool.

5

Para responder ao item c, construa um gráfico colocando a condutividade elétrica no eixo y (não há necessidade de especificar valores, é um esboço) e o teor de água no eixo x (variando de 5,3% a 7,4%). O enunciado diz que "a condutividade elétrica varia linearmente com o teor de água". Isso significa que o gráfico será uma **linha reta**. Crescente, decrescente ou constante? Por quê? Esboce o gráfico pedido.

Conteúdo digital Moderna PLUS http://www.modernaplus.com.br
Atividade de revisão

PARTE III

Unidade H

Reações inorgânicas

Unidade I

Mol

Unidade J

Gases

Unidade K

Estequiometria

PARTE III

Capítulo

25

Classificação das reações inorgânicas

Há grande variedade de reações envolvendo substâncias inorgânicas. Muitas têm características comuns e são agrupadas em tipos de reações.

25.1 Tipos de reação inorgânica

Quando dois ou mais reagentes formam um só produto, diz-se que ocorreu uma reação de adição.
Quando um só reagente forma dois ou mais produtos, a reação é de decomposição.
Quando uma substância simples reage com uma substância composta, e a reação forma outra substância simples e outra substância composta, ocorreu um deslocamento.
Dupla troca é um tipo de reação que envolve dois reagentes, ambos substâncias compostas. Na equação química, é como se houvesse uma "troca de parceiros".

O simples riscar de um palito de fósforo desencadeia reações químicas envolvendo substâncias existentes na lixa da caixa e na cabeça do palito. Uma reação química, que é a transformação de uma ou mais substâncias em outra(s), é representada por uma equação química.

10 (PUC-MG) Por meio da reação de combustão da amônia (NH_3), podemos obter o óxido nítrico (NO). Essa reação pode ser representada pela seguinte equação química não balanceada:

$$NH_3\,(g) \;+\; O_2\,(g) \;\rightarrow\; NO\,(g) \;+\; H_2O\,(g)$$

Após o balanceamento da equação, a soma de todos os coeficientes mínimos e inteiros das espécies químicas envolvidas é igual a:

a) 9. **b)** 13. **c)** 15. **d)** 19.

> **Comentário dos autores:**
>
> Se precisar de uma dica, lá vai: no caso específico dessa reação, comece balanceando o elemento hidrogênio.

EXERCÍCIOS RESOLVIDOS

11 Ao colocar um fio de cobre em uma solução de nitrato de prata, observa-se a formação de um depósito de prata metálica sobre o fio. Uma análise química revela que também houve passagem do cobre da superfície do fio para a solução, formando nitrato de cobre (II).

a) Equacione essa reação.

b) Classifique-a de acordo com seu tipo.

ATENÇÃO

Experimentos são aqui **APENAS COMENTADOS** com a finalidade de exercitar o equacionamento de reações.
Não tente realizá-los por conta própria.

Resolução

a) Inicialmente devemos **ler atentamente o enunciado para descobrir quais são os reagentes e os produtos da reação.** Devemos, a seguir, **escrever suas respectivas fórmulas.**

Reagentes: Cobre metálico (fio), Cu

Nitrato de prata, $[Ag^{+}]_1[NO_3^{-}]_1$

Produtos: Prata metálica (depósito sobre o fio), Ag

Nitrato de cobre (II), $[Cu^{2+}]_1[NO_3^{-}]_2$

A seguir, **escrevemos a equação química com essas fórmulas e fazemos o balanceamento:**

$$Cu\,(s) + 2\,AgNO_3\,(aq) \rightarrow 2\,Ag\,(s) + Cu(NO_3)_2\,(aq)$$

Confira que, de cada lado da equação balanceada, temos 1 átomo de cobre, 2 átomos de prata, 2 átomos de nitrogênio e 6 átomos de oxigênio (os átomos de nitrogênio e de oxigênio tomam parte dos íons nitrato, dois de cada lado).

b) É um processo do tipo X + YZ $\rightarrow$ Y + XZ, ou seja, **reação de deslocamento** ou **simples troca.**

12 Um método para obter gás nitrogênio em laboratório consiste em aquecer o sal nitrito de amônio. Ao aquecê-lo, ele se transforma no gás nitrogênio e em vapor de água. Equacione essa reação e classifique-a quanto a seu tipo.

Resolução

Inicialmente escrevemos as fórmulas de reagente e produtos:

Reagente: Nitrito de amônio, $[NH_4^{+}]_1[NO_2^{-}]_1$

Produtos: Gás nitrogênio, N_2

Vapor de água, H_2O

A seguir, escrevemos a equação utilizando essas fórmulas e fazemos o balanceamento:

$$NH_4NO_2\,(s) \;\rightarrow\; N_2\,(g) \;+\; 2\,H_2O\,(g)$$

Nesse processo um reagente origina mais de um produto (R $\rightarrow$ X + Y). Portanto, é uma **reação de decomposição.**

13 Na combustão do cálcio (reação desse metal com gás oxigênio), forma-se óxido de cálcio, também conhecido como cal viva. Equacione essa reação e classifique-a.

Combustão do cálcio.

14 Um método para obter gás hilariante (N_2O) em laboratório consiste em aquecer o sal nitrato de amônio. Ao aquecê-lo, ele produz vapor de água e o gás mencionado.

Equacione essa reação e classifique-a quanto a seu tipo.

15 A fabricação do gás cloreto de hidrogênio ($HC\ell$) é feita por meio da reação entre gás hidrogênio e gás cloro.

Equacione o processo de fabricação desse gás e diga que tipo de reação é essa.

> **Comentário dos autores:**
>
> O cloreto de hidrogênio é geralmente comercializado em solução aquosa. Nesse caso ele recebe o nome de *ácido clorídrico* ou *ácido muriático*.

16 O gás oxigênio pode ser obtido em laboratório mediante o aquecimento de clorato de potássio ($KC\ell O_3$). O gás é coletado como mostra a figura, sendo que o outro produto também formado é um sal não oxigenado.

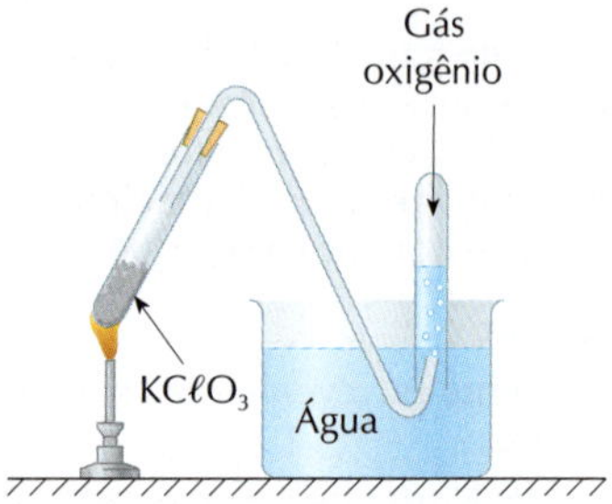

a) Equacione a reação em questão.

b) Classifique-a segundo seu tipo.

17 Há um tipo de *bomba incendiária* que é feito dissolvendo-se fósforo branco (P_4) em sulfeto de carbono (CS_2). Quando um frasco contendo essa solução é quebrado, assim que o sulfeto de carbono evapora completamente, o fósforo branco sólido reage com o oxigênio do ar formando P_4O_{10} sólido, num processo chamado de *combustão espontânea*.

Equacione essa combustão espontânea e diga de que tipo de reação se trata.

18 A partir do $NaHCO_3$, pode-se fabricar o composto **X** (cujo nome popular é **soda** ou **barrilha**).

$$2\,NaHCO_3\,(s) \xrightarrow{\Delta} \mathbf{X}\,(s) + CO_2\,(g) + H_2O\,(g)$$

Uma das aplicações de **X** é na obtenção de soda cáustica por meio da reação com a cal hidratada, $Ca(OH)_2$:

$$\mathbf{X}\,(aq) + Ca(OH)_2\,(aq) \rightarrow 2\,NaOH\,(aq) + \mathbf{Y}\,(s)$$

a) Escreva a fórmula e o nome de **X** e **Y**.

b) Classifique as duas reações de acordo com seu tipo.

Comentário dos autores:

A segunda reação é chamada de **caustificação da soda** (reação com cal). Daí surgiu a expressão **soda cáustica** para designar o hidróxido de sódio (NaOH), produto dessa reação.

19 A aparelhagem ilustrada abaixo permite realizar a reação química entre gás hidrogênio e óxido de cobre (II), CuO. Um dos produtos da reação é cobre metálico, que permanece no interior da aparelhagem, podendo ser identificado pela sua coloração avermelhada característica. O outro produto é água, que sai na forma de vapor.

Equacione essa transformação química e diga de que tipo de reação se trata.

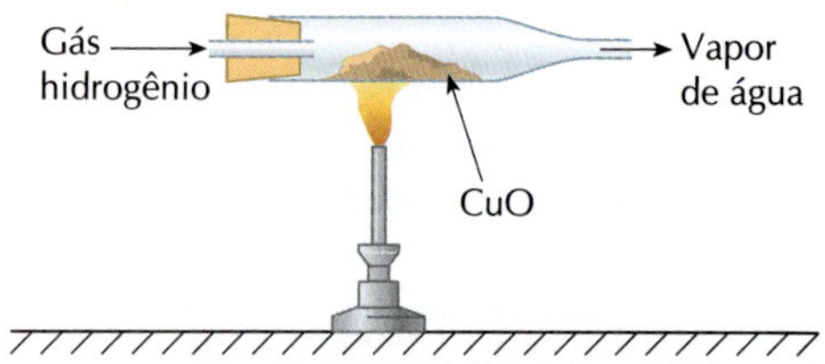

20 Ao adicionar raspas do metal alumínio a um recipiente contendo bromo líquido, Br_2, ocorre a formação de brometo de alumínio.

Equacione a reação, considerando que o produto é formado no estado sólido.

ATENÇÃO

Esse experimento NÃO deve ser feito pelo aluno, nem sob a supervisão e orientação do(a) professor(a).

O bromo é extremamente tóxico e corrosivo.

A reação entre alumínio sólido e bromo líquido libera calor, e isso provoca a vaporização de uma parte do bromo, que é castanho.

Conteúdo digital Moderna PLUS http://www.modernaplus.com.br
Exercícios adicionais

UNIDADE H

Capítulo

26

Reações de simples troca (deslocamento)

A ocorrência, ou não, de uma reação de deslocamento pode ser prevista com base no conceito de reatividade, que expressa a tendência que um elemento tem para deslocar outro.

26.1 Reações de deslocamento envolvendo metais

Um metal só desloca outro se for mais reativo que ele.

26.2 Reações de metais com ácidos

Um metal só desloca o hidrogênio de um ácido (como o clorídrico) se for mais reativo que ele.

26.3 Reações de deslocamento envolvendo não metais

Um não metal só desloca outro se for mais reativo que ele.

26.4 Equações químicas na forma iônica

Uma reação de deslocamento é mais bem representada por uma equação iônica, na qual não figuram os íons espectadores.

Estátuas e outros monumentos estão sujeitos à ação de agentes atmosféricos. O mármore e metais comuns, como o ferro, sofrem reações com substâncias presentes na chuva e no ar. Revestimentos de metais nobres, como o ouro, resistem ao ataque dessas substâncias. Essa propriedade foi reconhecida por civilizações antigas, como a egípcia, que produziu inúmeras obras utilizando esses materiais.

Diz-se que os metais nobres são **pouco reativos**.

Reações de deslocamento envolvendo metais

Objetivos

- Empregar corretamente o verbo "deslocar".
- Conceituar reatividade.
- Consultar a fila de reatividade dos metais.
- Prever se uma reação de deslocamento envolvendo metal ocorre ou não.

Termos e conceitos

- deslocar
- reatividade
- fila de reatividade

1 O zinco desloca o cobre, não o contrário

Considere os dois relatos de experimento seguintes e a respectiva análise dos resultados.

Primeiro relato de experimento – Coloca-se uma placa de zinco metálico (Zn) numa solução aquosa de sulfato de cobre (II) ($CuSO_4$). Verifica-se a formação de um depósito escuro sobre a placa. Uma análise química minuciosa revela que esse depósito é de cobre metálico (Cu). A análise revela também que a quantidade de íons cobre (II) (Cu^{2+}) na solução diminuiu e que nessa solução agora existem íons zinco (Zn^{2+}).

ATENÇÃO

A eventual realização desse experimento deve ter autorização e supervisão do(a) professor(a).
Nenhum dos reagentes deve ter contato com pele, boca e olhos. Óculos de segurança, luvas e aventais protetores são obrigatórios.

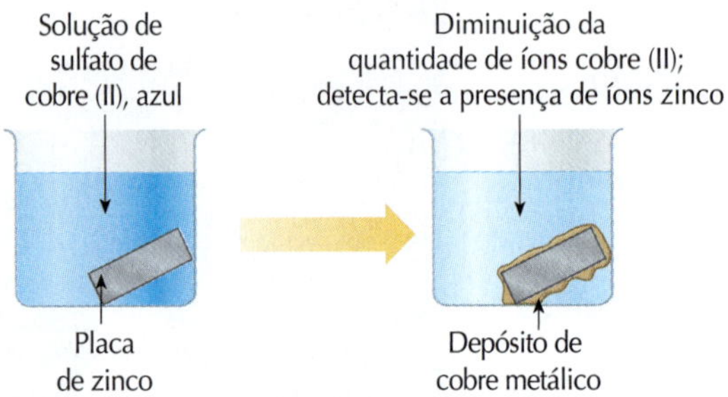

Íons cobre (II), em solução aquosa, apresentam cor azul. Íons zinco e íons sulfato, em solução aquosa, são incolores. Para visualização no esquema, a espessura da camada de cobre depositada foi exagerada. (Esquema ilustrado em corte.)

Interpretação do resultado – A análise microscópica do primeiro experimento envolve a ocorrência de uma reação de deslocamento (simples troca). Nessa reação química, zinco da placa (Zn) passou para a solução na forma de íon (Zn^{2+}) e uma parte dos íons cobre (II) (Cu^{2+}) da solução passou para a placa, na forma de cobre metálico (Cu). Dizemos que **o zinco deslocou o cobre**.

$$Zn\,(s) + CuSO_4\,(aq) \rightarrow Cu\,(s) + ZnSO_4\,(aq)$$

O zinco desloca o cobre

A ocorrência dessa reação é compatível com as evidências: forma-se um depósito de cobre metálico (Cu) sobre a placa de zinco; diminui a quantidade de íons Cu^{2+} na solução (também podemos dizer que diminui a quantidade de $CuSO_4$ dissolvido); e aparecem íons Zn^{2+} na solução (também podemos dizer que agora temos $ZnSO_4$ dissolvido). Esse processo está esquematizado na figura abaixo, à esquerda.

Use corretamente o verbo "deslocar"

Esse verbo é usado **apenas** em reações de simples troca. Dizemos que o elemento da substância simples **desloca** o da substância composta. No exemplo apresentado, **o zinco está deslocando o cobre**, não o contrário.

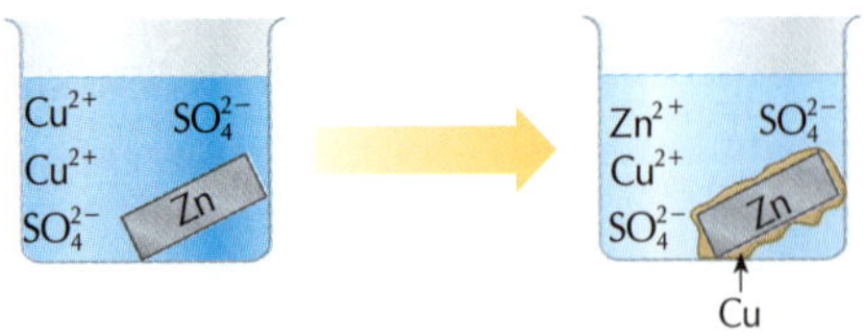

No esquema acima, parte dos íons Cu^{2+} é consumida na reação com a placa de zinco (Zn). Para visualização, a espessura da camada de cobre depositada foi exagerada. (Esquema ilustrado em corte.)

Pedaços de zinco metálico reagem com sulfato de cobre (II) em solução.

Segundo relato de experimento – Coloca-se uma placa de cobre metálico (Cu) numa solução aquosa de sulfato de zinco ($ZnSO_4$). Nenhuma alteração é percebida ao longo do tempo.

Interpretação do resultado – Como não ocorreu reação, concluímos que, por algum motivo, o cobre da placa não desloca o zinco da solução:

$$Cu\ (s) + ZnSO_4\ (aq) \rightarrow \text{não há reação}$$

O cobre *não* desloca o zinco

Assim, os íons Zn^{2+} permanecem todos na solução e o cobre metálico permanece na placa.

Não ocorre reação entre os íons Zn^{2+} e a placa de cobre (Cu).

2 A fila de reatividade dos metais

Podemos executar uma experiência semelhante à que acabamos de descrever, envolvendo também outros metais. Utilizando placas de zinco, níquel e cobre e soluções de $ZnSO_4$, $NiSO_4$ e $CuSO_4$, podemos, a partir de dados experimentais, construir a tabela a seguir.

		Placas metálicas		
		Zn	Ni	Cu
Soluções	$ZnSO_4$	—	**Não ocorre** reação	**Não ocorre** reação
	$NiSO_4$	**Ocorre** reação	—	**Não ocorre** reação
	$CuSO_4$	**Ocorre** reação	**Ocorre** reação	—

Como podemos perceber, a placa de zinco possui maior tendência para reagir que as demais; já a de cobre possui a menor tendência das três.

Vamos chamar de **reatividade** de um elemento a capacidade que ele possui para deslocar outro em uma reação de deslocamento.

Assim, de acordo com o conceito de reatividade, temos:

$$Zn > Ni > Cu$$

← Reatividade aumenta

Por meio de muitas experiências desse tipo, os químicos puderam construir uma fila de reatividade envolvendo os metais.

FILA DE REATIVIDADE DOS METAIS

Li > K > Ca > Na > Mg > Aℓ > Zn > Cr > Fe > Ni > Sn > Pb > Cu > Hg > Ag > Pt > Au

Metais alcalinos e alcalino-terrosos (Li a Mg) | Metais mais comuns no nosso cotidiano (Aℓ a Pb) | Metais nobres (Cu a Au)

← Reatividade aumenta

Podemos dizer, então, que a condição para que ocorra uma reação de deslocamento é que seja obedecida a fila de reatividade. Por exemplo:

Zn (s)	+ $NiSO_4$ (aq)	→	Ni (s)	+	$ZnSO_4$ (aq)	Reatividade Zn > Ni
Zn (s)	+ $CuSO_4$ (aq)	→	Cu (s)	+	$ZnSO_4$ (aq)	Reatividade Zn > Cu
Ni (s)	+ $ZnSO_4$ (aq)	→	**não** ocorre			Reatividade Ni < Zn
Ni (s)	+ $CuSO_4$ (aq)	→	Cu (s)	+	$NiSO_4$ (aq)	Reatividade Ni > Cu
Cu (s)	+ $ZnSO_4$ (aq)	→	**não** ocorre			Reatividade Cu < Zn
Cu (s)	+ $NiSO_4$ (aq)	→	**não** ocorre			Reatividade Cu < Ni

Ao mergulhar uma placa de cobre em uma solução aquosa de nitrato de prata, forma-se um depósito de prata metálica. O fato de essa reação ocorrer e de ser detectada a presença de íons Cu^{2+} na solução, ao final, permite comparar a reatividade de ambos os metais. *O cobre desloca a prata*, e portanto o *cobre* é *mais reativo* do que a prata:

$Cu\ (s) + 2\ AgNO_3\ (aq) \rightarrow 2\ Ag\ (s) + Cu(NO_3)_2\ (aq)$

Seção 26.2

Reações de metais com ácidos

Objetivos

- Prever se uma reação de deslocamento envolvendo metal e $HC\ell$ ocorre ou não.
- Equacionar uma reação de deslocamento envolvendo metal.

Termos e conceitos

- nobreza

Relato de experimento – Vamos relatar os resultados de um experimento envolvendo chapas dos metais zinco, ferro, cobre e ouro e quatro copos contendo solução aquosa de $HC\ell$. Após colocar em cada um dos copos a chapa de um metal diferente, observa-se que zinco e ferro são corroídos (esquema da figura A), mas cobre e ouro não (esquema da figura B). Verifica-se que, no caso dos metais corroídos, há o desprendimento de um gás incolor e combustível que, mediante uma análise mais detalhada, comprova-se ser hidrogênio.

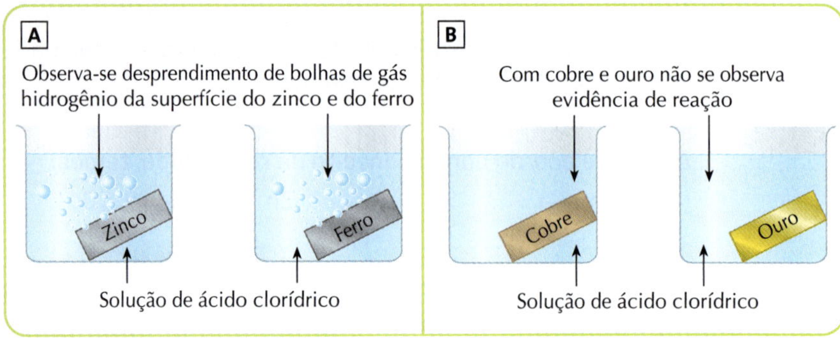

ATENÇÃO

A eventual realização desse experimento deve ter autorização e supervisão do(a) professor(a).
Nenhum dos reagentes deve ter contato com pele, boca e olhos.
Óculos de segurança, luvas e aventais protetores são obrigatórios.
O ácido clorídrico, mesmo diluído, é corrosivo e desprende vapores tóxicos e irritantes e o gás hidrogênio pode explodir, caso haja fogo ou faíscas nas proximidades.

Interpretação dos resultados – O que aconteceu nos quatro casos pode ser representado como segue, sendo que, onde ocorreu reação, podemos dizer que o hidrogênio do ácido em solução foi deslocado pelo metal.

$Zn\ (s) + 2\,HC\ell\ (aq) \rightarrow H_2\ (g) + ZnC\ell_2\ (aq)$
$Fe\ (s) + 2\,HC\ell\ (aq) \rightarrow H_2\ (g) + FeC\ell_2\ (aq)$
$Cu\ (s) + 2\,HC\ell\ (aq) \rightarrow$ **não** ocorre
$Au\ (s) + 2\,HC\ell\ (aq) \rightarrow$ **não** ocorre

Zinco e ferro deslocam o hidrogênio; cobre e ouro não

Conclui-se, desses resultados experimentais, que **zinco e ferro são mais reativos que hidrogênio**, e que **cobre e ouro são menos reativos que o hidrogênio**.

Por meio de muitas experiências desse tipo, os químicos puderam construir uma fila de reatividade envolvendo os metais e o hidrogênio, como a que aparece abaixo.

FILA DE REATIVIDADE DOS METAIS

← **Reatividade aumenta**

Li > K > Ca > Na > Mg > Aℓ > Zn > Cr > Fe > Ni > Sn > Pb > H > Cu > Hg > Ag > Pt > Au

Metais alcalinos e alcalino-terrosos (Li, K, Ca, Na, Mg) | Metais mais comuns no nosso cotidiano (Aℓ, Zn, Cr, Fe, Ni, Sn, Pb) | Metais nobres (Cu, Hg, Ag, Pt, Au)

Reagem com HCℓ (Li a Pb) | Não reagem com HCℓ (Cu a Au)

Nobreza aumenta →

Note que, no sentido oposto àquele em que a reatividade aumenta, cresce uma característica denominada nobreza.

> A **nobreza é o oposto de reatividade**. Quanto maior a nobreza de um metal, menor é a sua tendência de deslocar outro metal em reações de deslocamento.

Metais mais nobres (menos reativos) que o hidrogênio (Cu, Hg, Ag, Pt, Au) não são deslocados por ele, ou seja, não reagem com ácidos como o HCℓ.

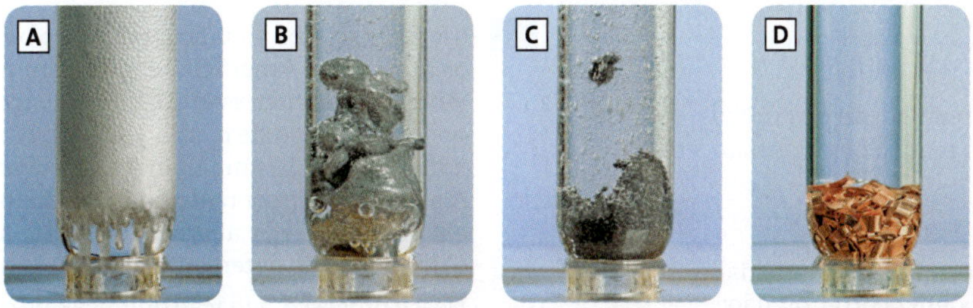

O magnésio, A, o zinco, B, e o ferro, C, são corroídos por uma solução aquosa de ácido clorídrico porque são metais mais reativos (menos nobres) que o hidrogênio. Já o cobre, D, por ser menos reativo (mais nobre) que o hidrogênio, não é atacado por essa solução.

O que são quilates?

O ouro puro não costuma ser usado em joias justamente porque é muito maleável e se deforma com facilidade. Geralmente o que se faz é misturá-lo com cobre e/ou prata, a fim de obter um material menos sujeito a deformação.

A escala de quilates é aplicada a peças de ouro para indicar o teor desse metal nelas presente.

O chamado "ouro 24 quilates" é o ouro puro, ou seja, em cada 24 gramas do material, 24 gramas são de ouro. Por sua vez, a expressão "ouro 18 quilates" significa que, em cada 24 gramas do material, 18 gramas são de ouro, e o restante é cobre e/ou prata. Fica claro, portanto, que uma peça de ouro não pode ter um valor de quilates superior a 24.

Joias feitas, por exemplo, com ouro 12 quilates – ou seja, que contêm, portanto, apenas 12 gramas desse metal em cada 24 gramas de massa – apresentam alto teor de cobre. São, por esse motivo, mais avermelhadas e se oxidam com mais facilidade do que o ouro 18 quilates. Trata-se do chamado "ouro baixo", ou seja, que apresenta baixo teor de ouro na peça.

Embora a palavra *quilate* seja também usada para pedras preciosas, como diamantes e rubis, o significado não é o mesmo. Nesse caso, trata-se de uma medida da massa da pedra preciosa, sendo que 1 quilate corresponde a 200 miligramas. Assim, por exemplo, a expressão "diamante de 2 quilates" significa que ele possui massa de 400 miligramas.

Fonte: E. L. Canto. *Minerais, minérios, metais*; De onde vêm? Para onde vão? 2. ed. São Paulo, Moderna, 2004. p. 50-51.

O ouro é um metal muito nobre, ou seja, pouco reativo. Por isso ele não reage com a acidez do suor e pode, portanto, ser usado em joias.

EXERCÍCIOS ESSENCIAIS

EXERCÍCIO RESOLVIDO

1 Preveja se as seguintes reações ocorrem ou não:

a) $Zn + 2AgNO_3 \rightarrow 2Ag + Zn(NO_3)_2$

b) $2Ag + H_2SO_4 \rightarrow H_2 + Ag_2SO_4$

Resolução

Para responder a essa questão, devemos verificar se o elemento que está sendo deslocado é menos reativo que aquele que o está deslocando, pois essa é a condição necessária para a ocorrência de uma reação de deslocamento.

a) $Zn\,(s) + 2\,AgNO_3 \rightarrow 2\,Ag + Zn(NO_3)_2$

O zinco (da substância simples) está deslocando a prata (da substância composta)

Consultando a fila de reatividade dos metais, vemos que Zn é mais reativo que Ag. Assim, essa reação **ocorre**.

b) $2\,Ag + H_2SO_4 \rightarrow H_2 + Ag_2SO_4$

A prata (da substância simples) está deslocando o hidrogênio (da substância composta)

Consultando a fila de reatividade dos metais, vemos que Ag **não** é mais reativa que H. Assim, essa reação **não ocorre**.

2 Preveja, **consultando** a fila de reatividade, se as seguintes reações podem ocorrer ou não:

a) $Cu + NiC\ell_2 \rightarrow Ni + CuC\ell_2$

b) $Mg + SnSO_4 \rightarrow Sn + MgSO_4$

c) $Ni + HgC\ell_2 \rightarrow NiC\ell_2 + Hg$

d) $Mg + 2HC\ell \rightarrow MgC\ell_2 + H_2$

e) $CaBr_2 + 2Ag \rightarrow Ca + 2AgBr$

f) $6Au + 2H_3PO_4 \rightarrow 3H_2 + 2Au_3PO_4$

g) $2HC\ell + Sn \rightarrow H_2 + SnC\ell_2$

3 (Uece) A fila de reatividade dos metais mais comuns é a seguinte:

K, Ba, Ca, Na, Mg, Aℓ, Zn, Fe, Cu, Hg, Ag, Au
← Reatividade crescente

Consultando essa fila, assinale a alternativa cuja reação química não ocorre:

a) $Mg + CuBr_2 \rightarrow Cu + MgBr_2$

b) $Ca + FeSO_4 \rightarrow Fe + CaSO_4$

c) $Hg + ZnC\ell \rightarrow Zn + HgC\ell_2$

d) $Cu + 2\,AgC\ell \rightarrow 2\,Ag + CuC\ell_2$

4 (Uespi) De acordo com a ordem de reatividade, assinale a alternativa na qual a reação não ocorre:

a) $Zn + 2\,HC\ell \rightarrow H_2 + ZnC\ell_2$

b) $Fe + 2\,HC\ell \rightarrow H_2 + FeC\ell_2$

c) $Mg + H_2SO_4 \rightarrow H_2 + MgSO_4$

d) $Au + 3\,HC\ell \rightarrow \frac{3}{2}H_2 + AuC\ell_3$

e) $Zn + 2\,AgNO_3 \rightarrow 2\,Ag + Zn(NO_3)_2$

5 (UFRN) Nas cinco equações químicas enumeradas abaixo, estão representadas reações de simples troca, também chamadas reações de deslocamento:

1. $Fe\,(s) + 2\,AgNO_3\,(aq) \rightarrow Fe(NO_3)_2\,(aq) + 2\,Ag\,(s)$
2. $3\,Ni\,(s) + 2\,A\ell C\ell_3\,(aq) \rightarrow 3\,NiC\ell_2\,(aq) + 2\,A\ell\,(s)$
3. $Zn\,(s) + 2\,HC\ell\,(aq) \rightarrow ZnC\ell_2\,(aq) + H_2\,(g)$
4. $Sn\,(s) + 2\,Cu(NO_3)_2\,(aq) \rightarrow Sn(NO_3)_4\,(aq) + 2\,Cu\,(s)$
5. $2\,Au\,(s) + MgC\ell_2\,(aq) \rightarrow 2\,AuC\ell\,(aq) + Mg\,(s)$

Analisando essas equações, com base na ordem decrescente de reatividades (eletropositividades) mostrada a seguir,

$Mg > A\ell > Zn > Fe > Ni > H > Sn > Cu > Ag > Au$,

pode-se prever que devem ocorrer espontaneamente apenas as reações de número:

a) 3, 4 e 5.
b) 2, 3 e 5.
c) 1, 2 e 3.
d) 1, 3 e 4.

6 (Uerj) Os objetos metálicos perdem o brilho quando os átomos da superfície reagem com outras substâncias formando revestimento embaçado. A prata, por exemplo, perde o brilho quando reage com enxofre, formando uma mancha de sulfeto de prata. A mancha pode ser removida colocando-se o objeto em uma panela de alumínio contendo água quente e um pouco de detergente por alguns minutos.

Nesse processo, a reação química que corresponde à remoção das manchas é:

a) $AgS + A\ell \rightarrow A\ell S + Ag$

b) $AgSO_4 + A\ell \rightarrow A\ell SO_4 + Ag$

c) $3\,Ag_2S + 2\,A\ell \rightarrow A\ell_2S_3 + 6\,Ag$

d) $3\,Ag_2SO_4 + 2\,A\ell \rightarrow A\ell_2(SO_4)_3 + 6\,Ag$

7 (Uece) O sistema a seguir mostra a ocorrência de reação química entre um ácido e um metal, com liberação do gás **X**.

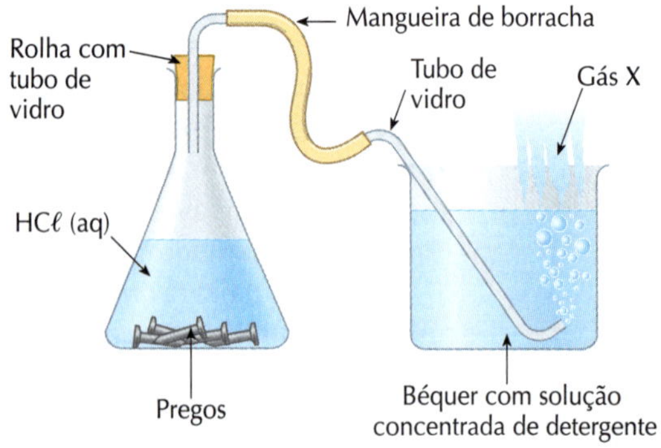

O gás **X**, liberado nesse sistema, é o:

a) O_2
b) $C\ell_2$
c) O_3
d) H_2

Conteúdo digital Moderna PLUS http://www.modernaplus.com.br
Exercícios adicionais

Seção 26.3

Reações de deslocamento envolvendo não metais

Objetivos

- Consultar a fila de reatividade dos não metais.
- Prever se uma reação de deslocamento envolvendo não metal ocorre ou não.
- Equacionar uma reação de deslocamento envolvendo não metal.

1 O cloro desloca o bromo, não o contrário

O cloro ($C\ell_2$) é uma substância amarelo-esverdeada, gasosa nas condições ambientes. Sua solução aquosa, de coloração amarelo-clara, é chamada de **água de cloro**.

O bromo (Br_2) é uma substância castanha, líquida nas condições ambientes. Sua solução aquosa, de cor alaranjada, é denominada **água de bromo**.

Veja os relatos de dois experimentos.

Primeiro relato de experimento – Dissolveu-se o sólido branco brometo de sódio em água, obtendo-se uma solução incolor. A ela adicionou-se água de cloro. Observou-se o aparecimento de uma coloração alaranjada. Uma análise química detalhada revelou que cloro foi consumido e que bromo foi formado. A figura A refere-se a esse experimento.

Segundo relato de experimento – Dissolveu-se o sólido branco cloreto de sódio em água, obtendo-se uma solução incolor. A ela adicionou-se água de bromo. Nenhuma evidência de reação foi observada e, de fato, uma análise química revela que não ocorreu nenhuma transformação química. A figura B refere-se a esse experimento.

ATENÇÃO

Esse experimento NÃO deve ser realizado pelo aluno.
As soluções de cloro e de bromo são tóxicas e corrosivas. Gás cloro e vapor de bromo, que se desprendem dessas soluções, podem provocar irritações e queimaduras na córnea e na pele, dor de cabeça, edema pulmonar, náuseas e vômitos.

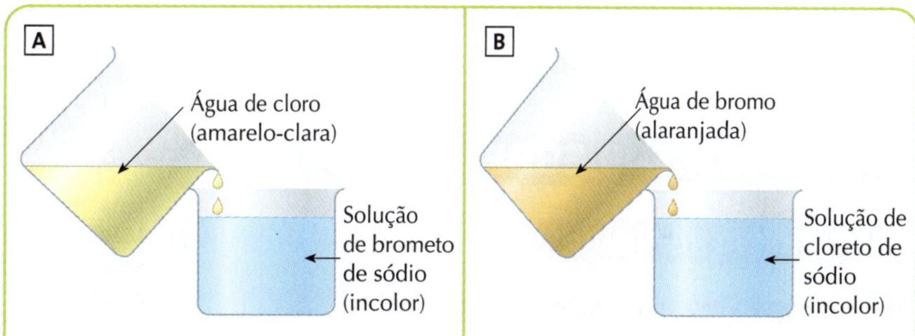

A: Aqui, verifica-se que aparecerá uma coloração alaranjada, evidenciando a formação de bromo

B: Aqui, *não* se observará evidência de que tenha ocorrido reação

Informação útil

É útil saber que o cloro ($C\ell_2$) é um gás amarelo-esverdeado, o bromo (Br_2) é um líquido castanho e o iodo (I_2) é um sólido acinzentado, bem escuro.

Quando dissolvidos em tetracloreto de carbono, benzina, benzeno ou éter de petróleo, o cloro produz coloração amarela, o bromo produz cor castanha e o iodo, violeta.

Interpretação dos resultados – No primeiro experimento, aconteceu uma reação química que formou bromo (Br_2). A interpretação dada pelos químicos é de que o cloro desloca o bromo, numa reação que pode ser assim equacionada:

$C\ell_2(aq) + 2\,NaBr(aq) \rightarrow Br_2(aq) + 2\,NaC\ell(aq)$ Reatividade $C\ell > Br$

O cloro desloca o bromo

A ocorrência dessa reação indica que **o cloro é mais reativo que o bromo**.

Já no segundo experimento não houve reação, o que é interpretado pelos químicos como indicativo de que o bromo é menos reativo que o cloro, já que não o desloca:

$Br_2(aq) + 2\,NaC\ell(aq) \rightarrow$ **não** ocorre Reatividade $C\ell > Br$

O bromo *não* desloca o cloro

2 A fila de reatividade dos não metais

Fundamentados em experiências como as apresentadas, os químicos construíram uma fila de reatividade para os não metais.

FILA DE REATIVIDADE DOS NÃO METAIS

$$F > O > C\ell > Br > I > S$$

← Reatividade aumenta

Resumindo

É muito importante você perceber que as leis que regem as **reações de deslocamento** se resumem em duas filas de reatividade: a dos metais e a dos não metais.

Lembre-se de que:

- **Um membro de uma dessas filas, se for mais reativo, desloca outro elemento, membro da mesma fila.**
- **Um membro de uma fila nunca deslocará um membro da outra.**

Reações relevantes envolvendo a fila de reatividade dos metais são dos tipos:

metal 1 + sal 1 → metal 2 + sal 2

metal + ácido → H_2 + sal

Reações relevantes envolvendo a fila dos não metais são do tipo:

não metal 1 + sal 1 → não metal 2 + sal 2

Conteúdo digital Moderna PLUS http://www.modernaplus.com.br
Texto: *Metais que reagem com água*

EXERCÍCIOS ESSENCIAIS

EXERCÍCIO RESOLVIDO

8 Preveja se a seguinte reação ocorre ou não:

$$Br_2 + 2\,NaI \rightarrow 2\,NaBr + I_2$$

Resolução

Para responder a essa questão, devemos verificar se o elemento que está sendo deslocado é menos reativo que aquele que o está deslocando, pois essa é a condição necessária para a ocorrência de uma reação de deslocamento.

$$Br_2 + 2\,NaI \rightarrow 2\,NaBr + I_2$$

O bromo (da substância simples) está deslocando o iodo (da substância composta)

Consultando a fila de reatividade dos ametais, vemos que Br é mais reativo que I. Assim, essa reação **ocorre**.

9 Preveja, com base na fila de reatividade, se as seguintes reações podem ocorrer ou não:

a) $I_2 + 2\,NaBr \rightarrow Br_2 + 2\,NaI$

b) $Br_2 + 2\,KC\ell \rightarrow C\ell_2 + 2\,KBr$

c) $C\ell_2 + Na_2S \rightarrow 2\,NaC\ell + S$

d) $3\,F_2 + 2\,A\ell C\ell_3 \rightarrow 2\,A\ell F_3 + 3\,C\ell_2$

10 (Mackenzie-SP) Dada a reatividade em ordem decrescente dos halogênios, $F > C\ell > Br > I$, a equação **incorreta** é:

a) $2\,NaF + C\ell_2 \rightarrow 2\,NaC\ell + F_2$

b) $2\,NaI + F_2 \rightarrow 2\,NaF + I_2$

c) $2\,NaBr + C\ell_2 \rightarrow 2\,NaC\ell + Br_2$

d) $2\,NaI + Br_2 \rightarrow 2\,NaBr + I_2$

e) $2\,NaBr + F_2 \rightarrow 2\,NaF + Br_2$

11 (UFSM-RS) Sabendo-se que a reatividade dos halogênios aumenta com o aumento da eletronegatividade, assinale a alternativa que indica possibilidade de reação química.

a) $2\,NaBr + C\ell_2 \rightarrow$

b) $2\,NaBr + I_2 \rightarrow$

c) $2\,NaC\ell + Br_2 \rightarrow$

d) $2\,NaC\ell + I_2 \rightarrow$

e) $2\,NaF + C\ell_2 \rightarrow$

12 Equacione as seguintes reações, caso ocorram (consulte a fila de reatividade):

a) cloro ($C\ell_2$) e brometo de sódio (NaBr);

b) bromo (Br_2) e iodeto de sódio (NaI);

c) iodo (I_2) e cloreto de potássio ($KC\ell$);

d) flúor (F_2) e brometo de cálcio ($CaBr_2$).

13 (UEPG-PR) O cloro é largamente usando como antisséptico na purificação da água para consumo, ou nas piscinas, onde habitualmente é aplicado na forma de hipoclorito de sódio. Podemos testar a presença de cloro na água utilizando o iodeto de potássio. Sobre essa reação é correto afirmar:

a) Trata-se de uma reação de síntese, em que o produto obtido é o cloreto de potássio.

b) A ação do cloro sobre o KI indica que o cloro apresenta maior reatividade que o iodo e tem a capacidade de substituí-lo em seus compostos.

c) O cloreto de potássio formado é um sal insolúvel em água e, portanto, precipita.

d) Haverá formação da substância simples I_2, comprovando ser uma reação de análise ou decomposição.

e) É uma reação de dupla troca.

14 (UEL-PR) O iodo pode ser obtido a partir dos iodetos naturais, tais como NaI, ao se tratar soluções aquosas do iodeto com:

a) cal extinta.

b) cloreto de sódio.

c) ácido clorídrico.

d) soda cáustica.

e) cloro.

15 (Mackenzie-SP) Da equação

$2\,NaBr + C\ell_2 \rightarrow 2\,NaC\ell + Br_2$

conclui-se que:

a) o bromo é mais reativo que o cloro.

b) ocorre uma reação de dupla troca.

c) o cloro é mais reativo que o bromo, deslocando-o.

d) o sódio é mais eletronegativo que o cloro.

e) a molécula de bromo é monoatômica.

16 (Uema) Uma reação de deslocamento simples, de cátion, é mostrada na equação:

a) $2\,KBrO_3 \rightarrow 3\,O_2 + 2\,KBr$

b) $2\,KBr + C\ell_2 \rightarrow 2\,KC\ell + Br_2$

c) $SO_3 + H_2O \rightarrow H_2SO_4$

d) $Cu + 2\,AgNO_3 \rightarrow Cu(NO_3)_2 + 2\,Ag$

e) $H_2SO_4 + Ca(OH)_2 \rightarrow CaSO_4 + 2\,H_2O$

Seção 26.4

Equações químicas na forma iônica

Objetivos

- Equacionar uma reação de deslocamento na forma iônica.
- Reconhecer um íon espectador em um sistema onde ocorre reação de deslocamento.

Termos e conceitos

- equação iônica
- íon espectador

Voltemos à reação entre a placa de zinco e a solução de sulfato de cobre. Os íons SO_4^{2-} não participam efetivamente da reação. Assim, não há necessidade de colocá-los na equação química.

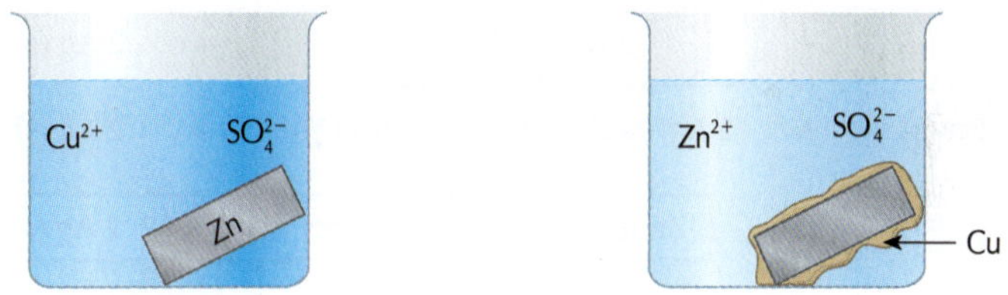

$$Zn\,(s) + CuSO_4\,(aq) \rightarrow Cu\,(s) + ZnSO_4\,(aq)$$

$$Zn + Cu^{2+} + \cancel{SO_4^{2-}} \rightarrow Cu + Zn^{2+} + \cancel{SO_4^{2-}}$$

$$Zn\,(s) + Cu^{2+}\,(aq) \rightarrow Cu\,(s) + Zn^{2+}\,(aq)$$

Equação iônica

Placa — Solução — Depósito — Solução

Os íons SO_4^{2-}, que **não** participam da reação, são considerados **íons espectadores**.

Essa última equação química é chamada de **equação iônica**. Nela aparecem os **verdadeiros participantes da reação**: a placa de zinco e os íons cobre (II) como reagentes e o cobre metálico e os íons zinco como produtos.

Para reações químicas que envolvam íons em solução aquosa, a equação iônica é a **melhor maneira** de representar o processo.

Vejamos outro exemplo:

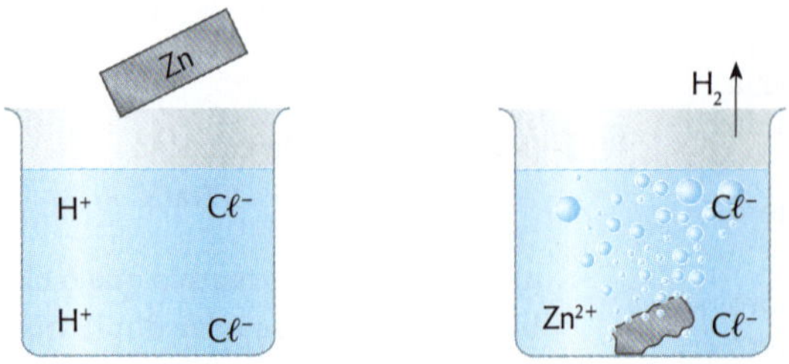

$$Zn\ (s) + 2\ HC\ell\ (aq) \rightarrow H_2\ (g) + ZnC\ell_2\ (aq)$$

$$Zn + \overbrace{2\ H^+ + \cancel{2\ C\ell^-}} \rightarrow H_2 + \overbrace{Zn^{2+} + \cancel{2\ C\ell^-}}$$

$$\boxed{Zn\ (s) + 2\ H^+\ (aq) \rightarrow H_2\ (g) + Zn^{2+}\ (aq)}$$ Equação iônica

Placa — Solução — Gás — Solução

> Os íons $C\ell^-$, que **não** participam da reação, são considerados **íons espectadores**.

EXERCÍCIOS ESSENCIAIS

EXERCÍCIO RESOLVIDO

17 Equacione, na forma iônica, a reação química entre:

a) magnésio metálico e ácido bromídrico;

b) zinco metálico e nitrato de prata aquoso.

Resolução

a) $Mg\ (s) + 2\ HBr\ (aq) \rightarrow H_2\ (g) + MgBr_2\ (aq)$

$Mg\ (s) + \overbrace{2\ H^+\ (aq) + \cancel{2\ Br^-}\ (aq)} \rightarrow H_2\ (g) + \overbrace{Mg^{2+}\ (aq) + \cancel{2\ Br^-}\ (aq)}$

$\boxed{Mg\ (s) + 2\ H^+\ (aq) \rightarrow H_2\ (g) + Mg^{2+}\ (aq)}$

b) $Zn\ (s) + 2\ AgNO_3\ (aq) \rightarrow 2\ Ag\ (s) + Zn(NO_3)_2\ (aq)$

$Zn\ (s) + \overbrace{2\ Ag^+\ (aq) + \cancel{2\ NO_3^-}\ (aq)} \rightarrow 2\ Ag\ (s) + \overbrace{Zn^{2+}\ (aq) + \cancel{2\ NO_3^-}\ (aq)}$

$\boxed{Zn\ (s) + 2\ Ag^+\ (aq) \rightarrow 2\ Ag\ (s) + Zn^{2+}\ (aq)}$

18 Equacione, na forma iônica, a reação entre:

a) magnésio metálico e sulfato de cobre (II) aquoso;

b) magnésio metálico e ácido clorídrico;

c) cobre metálico e nitrato de prata aquoso;

d) magnésio metálico e ácido sulfúrico.

19 Em seu caderno, complete e balanceie as equações químicas:

a) $Zn\ (s) + Cu^{2+}\ (aq) \rightarrow$ produtos;

b) $Mg\ (s) + Ag^+\ (aq) \rightarrow$ produtos;

c) $Zn\ (s) + H^+\ (aq) \rightarrow$ produtos;

d) $A\ell\ (s) + H^+\ (aq) \rightarrow$ produtos.

20 (UFSM-RS)

$\longrightarrow$

Zn Fe Ni Cu Ag Pt Au

$\longleftarrow$

Segundo a série de reatividade química, a seta para a direita indica o aumento da facilidade de redução dos íons e a seta para a esquerda indica o aumento da facilidade de oxidação dos metais. Assim, ocorre, espontaneamente, somente a reação:

a) $Cu + Fe^{2+} \rightarrow$

b) $Fe + Zn^{2+} \rightarrow$

c) $Ni + Au^+ \rightarrow$

d) $Ag + Ni^{2+} \rightarrow$

e) $Pt + Cu^{2+} \rightarrow$

21 (FEI-SP) Têm-se quatro tubos de ensaio contendo, respectivamente, soluções com íons dos seguintes metais: $A\ell$, Cu, Mg e Zn. Uma amostra de um desses metais é dividida em quatro partes, que são colocadas nos tubos de ensaio citados. Observou-se reação com precipitação de metal em três tubos de ensaio. A amostra escolhida é do metal:

a) $A\ell$

b) Mg

c) Zn

d) Cu

e) Não dá para determinar.

Conteúdo digital Moderna PLUS http://www.modernaplus.com.br
Exercícios adicionais

UNIDADE H

Capítulo 27
Reações de dupla troca

Reações de dupla troca ocorrem se íons dos reagentes se combinarem para formar uma nova substância, seja ela um precipitado, um composto volátil ou um eletrólito mais fraco do que os reagentes.

27.1 Reações de dupla troca com precipitação

Uma dupla troca pode ocorrer se os reagentes forem solúveis em água e ao menos um produto for insolúvel. O produto insolúvel é denominado precipitado e sua formação é chamada precipitação.

27.2 Reações de dupla troca com formação de substância volátil

Uma dupla troca pode acontecer se os reagentes forem não voláteis e ao menos um produto for volátil. A efervescência de um medicamento em água é um exemplo.

27.3 Dupla troca com formação de produto menos dissociado

Uma dupla troca pode ocorrer se os reagentes forem muito dissociados/ionizados e ao menos um produto for pouco ionizado/dissociado. A formação desse eletrólito mais fraco que os reagentes não é visualmente observável.

O ataque dos ácidos sulfúrico e nítrico, presentes na chuva ácida, ao carbonato de cálcio de uma estátua de mármore ocorre por reações de dupla troca com liberação de gás carbônico.

Reações de dupla troca com precipitação

Objetivos

- Conceituar precipitação e precipitado.
- Prever se, ao misturar duas soluções aquosas, haverá precipitação.
- Equacionar uma reação de dupla troca em que há precipitação.

Termos e conceitos

- precipitação
- precipitado

Um comentário inicial sobre dupla troca

O tema deste capítulo são as reações de dupla troca, esquematicamente representáveis assim:

$$XY + ZW \rightarrow ZY + XW$$

Ao estudá-lo, perceba que a maioria dos exemplos e dos exercícios será dos seguintes tipos:

sal 1 + sal 2 → sal 3 + sal 4
ácido 1 + sal 1 → sal 2 + ácido 2
base 1 + sal 1 → base 2 + sal 2

Também perceba que, nas seções 27.1, 27.2 e 27.3, trabalharemos, respectivamente, as três circunstâncias típicas de ocorrência de dupla troca, que são as seguintes:

- reagentes **solúveis** formando ao menos um produto **insolúvel**;
- reagentes **não voláteis** formando ao menos um produto **volátil**;
- reagentes **muito dissociados/ionizados** formando ao menos um produto **pouco dissociado/ionizado**.

Primeiro relato de experimento – Ao adicionarmos uma solução aquosa de $AgNO_3$, que é incolor, a uma solução aquosa de $NaC\ell$, que também é incolor, a observação macroscópica que se faz é que ocorre uma **precipitação**, isto é, a formação de uma substância insolúvel. Essa substância é branca e uma análise de sua composição química revela que se trata do cloreto de prata. A foto foi tirada um pouco depois de se iniciar a adição de uma solução à outra.

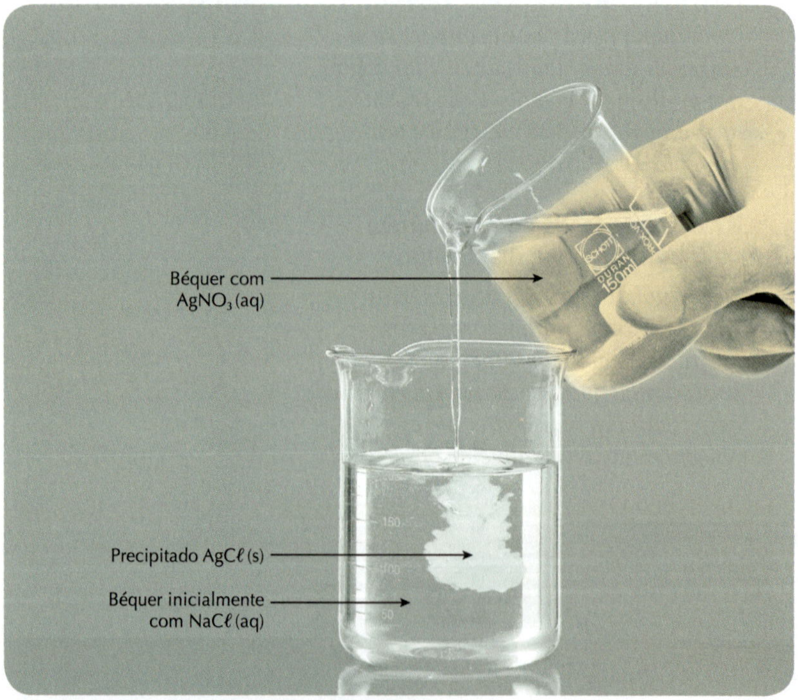

Precipitação de cloreto de prata, $AgC\ell$.

Análise do resultado – Quando as soluções foram misturadas, os íons Ag^+ e $C\ell^-$ se combinaram para formar um sal insolúvel, o $AgC\ell$, como ilustra o esquema a seguir.

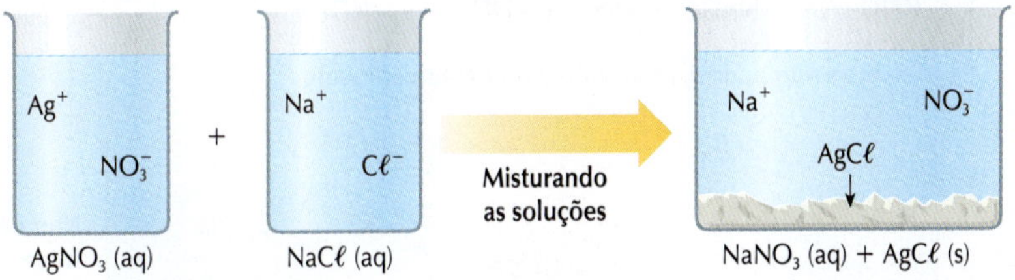

Ao misturar as soluções, ocorre precipitação de $AgC\ell$, isto é, forma-se $AgC\ell$ sólido

Uma maneira de equacionar a reação química ocorrida é mostrada a seguir. O $NaNO_3$ é um composto solúvel em água e o $AgC\ell$, um composto insolúvel em água. Este último é o **precipitado** observado, o que se indica com ↓.

$$AgNO_3 + NaC\ell \rightarrow NaNO_3 + AgC\ell \downarrow$$

Nessa reação de dupla troca ocorre precipitação de $AgC\ell$

Outra maneira de escrever a equação, mais completa, é com a indicação dos estados físicos:

$$AgNO_3(aq) + NaC\ell(aq) \rightarrow NaNO_3(aq) + AgC\ell(s)$$

Segundo relato de experimento – Repetindo o procedimento do experimento anterior, porém utilizando uma solução aquosa de KNO_3 no lugar de $AgNO_3$, a observação macroscópica que se faz é de que **não** ocorre precipitação, ou seja, não se forma produto insolúvel. O que se vê é simplesmente que dois líquidos incolores são misturados e, ao final, tem-se um único líquido incolor. Uma análise química mais detalhada revela que nenhuma nova substância foi formada, ou seja, não ocorreu reação química.

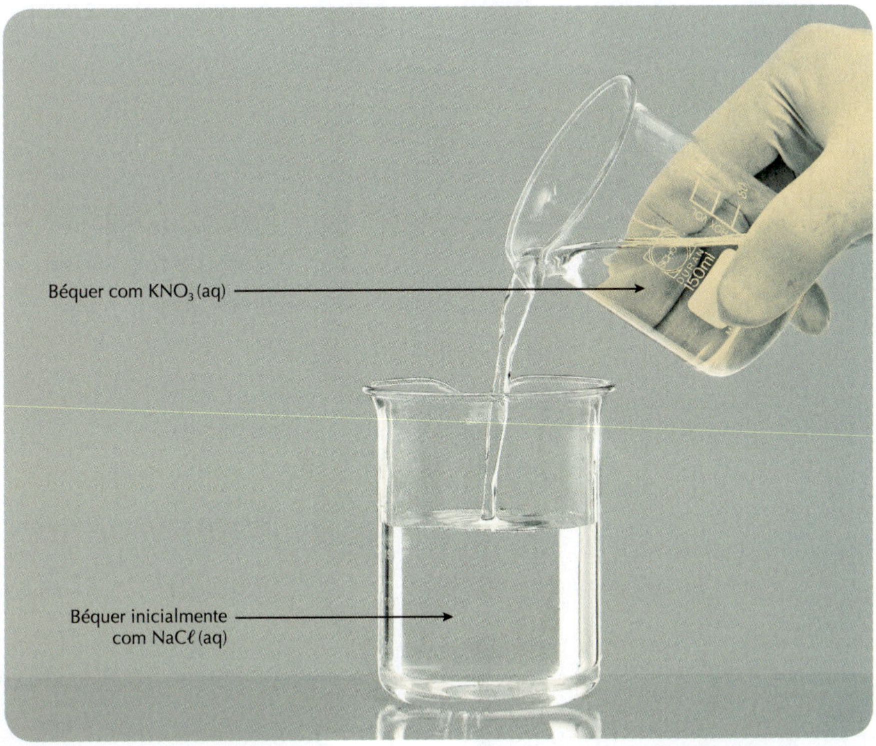

Não se observa precipitação.

Análise do resultado – Após a mistura das soluções de KNO_3 e de $NaC\ell$, estarão presentes dentro da mesma solução os íons K^+, NO_3^-, Na^+ e $C\ell^-$, que, em princípio, poderiam combinar-se para formar $KC\ell$ e $NaNO_3$. Porém, como esses sais ($KC\ell$ e $NaNO_3$) são solúveis, não observamos precipitação. Na verdade, não há reação, ou seja, não se forma nenhuma nova substância. O que ocorreu limita-se simplesmente à mistura das soluções.

Nesse segundo caso a reação de dupla troca **não** acontece porque entre os possíveis produtos nenhum é insolúvel, ou seja, nenhum precipita.

$$KNO_3 + NaC\ell \not\rightarrow NaNO_3 + KC\ell$$

Essa reação *não ocorre*, pois $NaNO_3$ e $KC\ell$ são solúveis

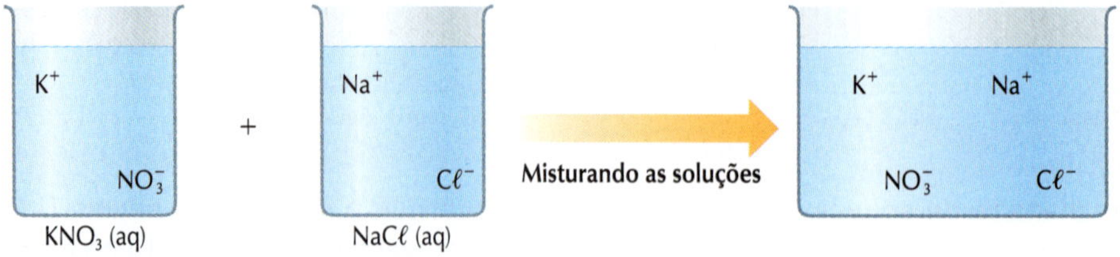

Não há reação química, pois não se forma nenhuma nova substância.

Pelo que vimos até aqui:

> Uma reação de dupla troca pode acontecer desde que tenhamos reagentes solúveis e ao menos um produto insolúvel.

Veja mais exemplos de dupla troca com precipitação.

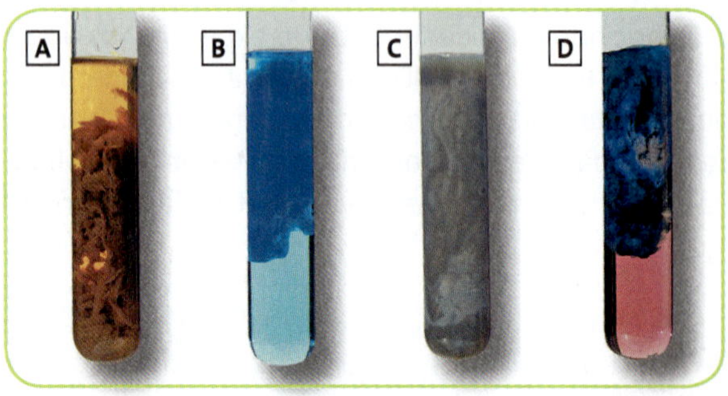

A $FeC\ell_3(aq) + 3\ NaOH(aq) \rightarrow 3\ NaC\ell(aq) + Fe(OH)_3(s)$

B $CuSO_4(aq) + 2\ NaOH(aq) \rightarrow Na_2SO_4(aq) + Cu(OH)_2(s)$

C $Cr(NO_3)_3(aq) + 3\ NaOH(aq) \rightarrow 3\ NaNO_3(aq) + Cr(OH)_3(s)$

D $Co(NO_3)_2(aq) + 2\ NaOH(aq) \rightarrow 2\ NaNO_3(aq) + Co(OH)_2(s)$

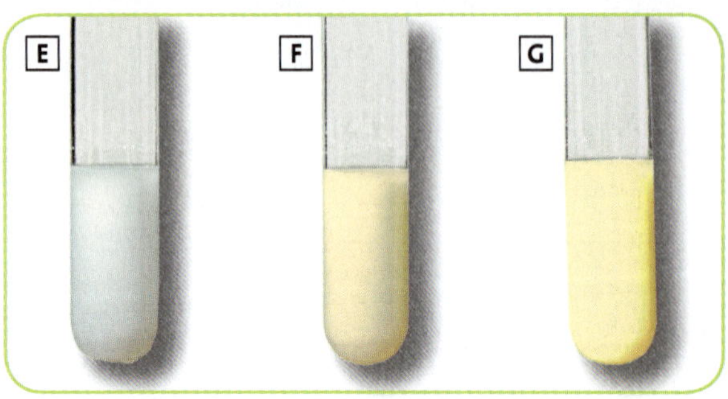

E $AgNO_3(aq) + KC\ell(aq) \rightarrow KNO_3(aq) + AgC\ell(s)$

F $AgNO_3(aq) + KBr(aq) \rightarrow KNO_3(aq) + AgBr(s)$

G $AgNO_3(aq) + KI(aq) \rightarrow KNO_3(aq) + AgI(s)$

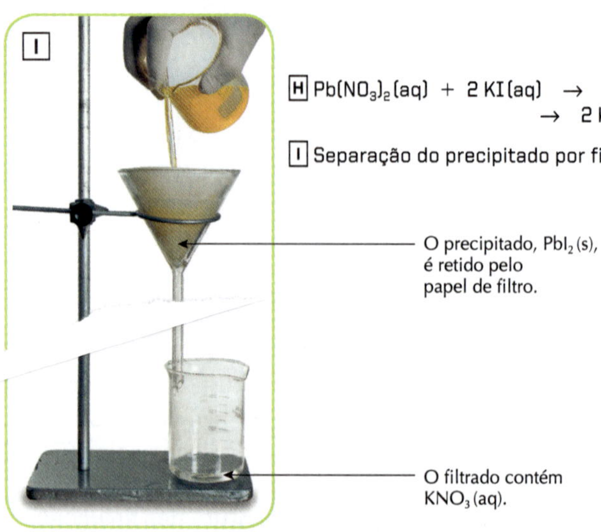

H $Pb(NO_3)_2(aq) + 2\ KI(aq) \rightarrow 2\ KNO_3(aq) + PbI_2(s)$

I Separação do precipitado por filtração.

Principais precipitados

Reveja na seção 23.3 a tabela de solubilidade de sais e, na seção 23.2, o texto sobre solubilidade de bases. Na resolução de **exercícios de vestibular**, alguns dos **precipitados** mais **comuns** são:

- $AgC\ell$
- $AgBr$
- AgI
- $PbC\ell_2$
- $PbBr_2$
- PbI_2
- $CaCO_3$
- $BaCO_3$
- $CaSO_4$
- $BaSO_4$
- $Mg(OH)_2$
- $A\ell(OH)_3$
- Hidróxidos de metais de transição

EXERCÍCIOS ESSENCIAIS

EXERCÍCIO RESOLVIDO

1 Ao misturar soluções aquosas de $Pb(NO_3)_2$ e $NaC\ell$, observa-se a formação de um precipitado. Equacione essa reação, identificando nela o precipitado.

Resolução

$$Pb(NO_3)_2(aq) + NaC\ell(aq) \rightarrow ?$$

Trata-se de uma dupla troca do tipo:

sal 1 + sal 2 → sal 3 + sal 4

Um dos produtos é o nitrato de sódio, $NaNO_3$, e o outro é o cloreto de chumbo (II), $PbC\ell_2$. Substituindo essas fórmulas na equação química:

$$Pb(NO_3)_2(aq) + NaC\ell(aq) \rightarrow NaNO_3 + PbC\ell_2$$

O $NaNO_3$ é **solúvel** em água e o $PbC\ell_2$ é **insolúvel**. Assim podemos completar com os **estados físicos dos produtos** e **balancear** a equação, chegando a:

$$Pb(NO_3)_2(aq) + 2\,NaC\ell(aq) \rightarrow 2\,NaNO_3(aq) + \underbrace{PbC\ell_2(s)}_{\text{precipitado}}$$

2 Ao misturar soluções aquosas de $AgNO_3$ e $KC\ell$, observa-se a formação de um precipitado. Equacione essa reação, identificando nela o precipitado.

(UFS-SE) Instruções: As questões de números 3 e 4 relacionam-se com a seguinte tabela de solubilidade de sais, em água:

Ânions	Solubilidade em água	Exceções
$C\ell^-$, Br^- e I^-	Solúveis	Ag^+, Pb^{2+} e Hg_2^{2+}
NO_3^-	Solúveis	–
CO_3^{2-}	Insolúveis	NH_4^+ e cátions de metais alcalinos
S^{2-}	Insolúveis	NH_4^+ e cátions de metais alcalinos e alcalinos-terrosos

3 (UFS-SE) Pode ser citado como sal insolúvel em água:

a) carbonato de sódio.
b) brometo de potássio.
c) cloreto de amônio.
d) iodeto de chumbo.
e) nitrato de prata.

4 (UFS-SE) Em quatro tubos de ensaio rotulados por I, II, III, IV misturam-se soluções aquosas de:

I. brometo de sódio + nitrato férrico
II. iodeto de potássio + sulfeto de amônio
III. sulfeto de sódio + nitrato de zinco
IV. carbonato de sódio + brometo de cálcio

Há formação de um precipitado em:

a) I e II.
b) I e III.
c) II e III.
d) II e IV.
e) III e IV.

5 Ao misturar soluções aquosas de $Pb(NO_3)_2$ e $(NH_4)_2SO_4$, observa-se a formação de um precipitado. Equacione essa reação, identificando nela o precipitado.

6 (Mackenzie-SP) A emulsão colocada em películas para fazer filmes fotográficos é preparada adicionando-se uma solução de nitrato de prata ($AgNO_3$) a uma mistura que contém gelatina e brometo de potássio (KBr), dissolvidos em água. Ocorre, então, uma reação formando-se um sal de prata na forma de cristais amarelos insolúveis em água.

O tipo de reação que ocorre e a fórmula desses cristais são, respectivamente:

a) neutralização e AgBr.
b) simples troca e Ag_2O.
c) precipitação e KNO_2.
d) oxidação e $AgNO_3$.
e) dupla troca e AgBr.

Conteúdo digital Moderna PLUS http://www.modernaplus.com.br
Exercícios adicionais

Reações de dupla troca com formação de substância volátil

Objetivos

- Prever se, ao misturar duas soluções aquosas, haverá dupla troca com liberação de gás.
- Equacionar uma reação de dupla troca com produto gasoso.

Termos e conceitos

- volátil
- não volátil

Relato de experimento – Adicionando uma solução aquosa de ácido sulfúrico **diluído** a uma de carbonato de sódio, observa-se imediatamente que se inicia a liberação de bolhas de gás, ou seja, começa uma **efervescência**, que prossegue por alguns segundos.

Foto de efervescência observada em decorrência da mistura de duas soluções aquosas, uma de ácido sulfúrico e outra de carbonato de sódio.

ATENÇÃO

A eventual realização desse experimento deve ter autorização e supervisão do(a) professor(a).
Nenhum dos reagentes deve ter contato com pele, boca e olhos.
O ácido sulfúrico, mesmo diluído, é muito corrosivo. É obrigatório o uso de luvas, avental e óculos de segurança.

Análise do resultado – Ao misturar as soluções, os íons H^+ se combinam com os íons CO_3^{2-} formando ácido carbônico (H_2CO_3). Esse ácido é instável e se decompõe em gás carbônico e água.

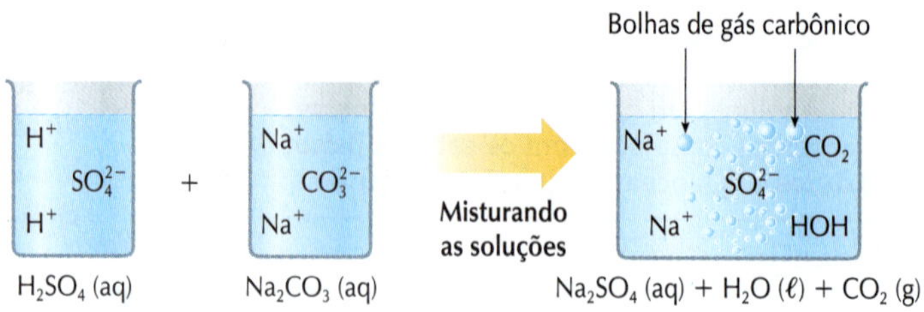

As bolhas são uma evidência de que houve reação química.

A reação de dupla troca pode ser assim equacionada:

$$H_2SO_4 + Na_2CO_3 \rightarrow Na_2SO_4 + H_2CO_3$$

E a decomposição do ácido carbônico:

$$\underset{\text{Instável}}{H_2CO_3} \rightarrow H_2O + CO_2\uparrow$$

em que o símbolo $\uparrow$ indica saída da substância na fase gasosa.

Assim, o processo total pode ser representado pela equação:

$$H_2SO_4 + Na_2CO_3 \rightarrow Na_2SO_4 + H_2O + CO_2\uparrow$$

O CO_2 é um produto volátil, isto é, um gás que sai do sistema

Uma maneira mais completa de representar a reação é incluir os estados físicos:

$$H_2SO_4\,(aq) + Na_2CO_3\,(aq) \rightarrow Na_2SO_4\,(aq) + H_2O\,(\ell) + CO_2\,(g)$$

O exemplo discutido ilustra a seguinte generalização:

Uma reação de dupla troca pode acontecer mesmo sem haver precipitação. Para isso, basta que tenhamos reagentes não voláteis e ao menos um produto volátil.

Algumas substâncias voláteis que você precisa conhecer

- **H_2S (g)**
- **HCN (g)**
- **CO_2 (g)**
  Se uma reação produz H_2CO_3, substitua-o por $H_2O\ (\ell) + CO_2\ (g)$
- **SO_2 (g)**
  Se uma reação produz H_2SO_3, substitua-o por $H_2O\ (\ell) + SO_2\ (g)$
- **NH_3 (g)**
  Se uma reação produz NH_4OH, substitua-o por $NH_3\ (g) + H_2O\ (\ell)$

Carbonato de cálcio (de coral) reagindo com ácido clorídrico:
$CaCO_3\ (s) + 2\ HC\ell\ (aq) \rightarrow CaC\ell_2\ (aq) + H_2O\ (\ell) + CO_2\ (g)$

Boa parte da massa das pérolas deve-se ao $CaCO_3$. O contato prolongado das pérolas com a acidez do suor faz com que elas sofram um processo de corrosão, que é representado pela seguinte equação (na qual HX representa os ácidos existentes no suor):
$CaCO_3\ (s) + 2\ HX\ (aq) \rightarrow CaX_2\ (aq) + H_2O\ (\ell) + CO_2\ (g)$

Gás cianídrico

O gás cianídrico (HCN), que mata por asfixia, foi utilizado em câmaras de gás na Segunda Guerra Mundial. Sua obtenção se dá por meio da reação entre ácido sulfúrico concentrado e cianeto de potássio (antigamente denominado *cianureto*):

$$\underbrace{H_2SO_4\ (aq) + 2\ KCN\ (aq)}_{\text{Reagentes não voláteis}} \rightarrow K_2SO_4\ (aq) + \underbrace{2\ HCN\ (g)}_{\text{Produto volátil}}$$

Como você pode notar, no início o potássio estava combinado com o cianeto, e o hidrogênio, com o sulfato; ao final, ambos trocaram de "posição" na equação. Esse processo é uma reação de **dupla troca com formação de substância volátil**.

ATENÇÃO

O HCN é um gás tóxico que mata por asfixia.

O HCN JAMAIS deve ser manipulado ou produzido em instalações escolares de ensino médio.

Utilidades do bicarbonato de sódio ($NaHCO_3$) estão relacionadas com as reações de dupla troca

Quando o bicarbonato de sódio reage com um ácido, ocorre a liberação de gás carbônico (**efervescência**):

$$\underbrace{HX + NaHCO_3}_{} \rightarrow NaX + \underbrace{H_2O + CO_2\uparrow}_{H_2CO_3 \text{ decomposto}}$$

Você mesmo pode observar a efervescência adicionando bicarbonato de sódio sólido (adquirido em farmácias) a uma porção de vinagre ou suco de limão.

A reação com ácidos explica por que o $NaHCO_3$ pode ser usado como antiácido estomacal e em fermentos.

- **Antiácido estomacal**: ao ser ingerido, o $NaHCO_3$ reage com o $HC\ell$ presente no estômago, combatendo a acidez estomacal e a azia.
- **Fermento "químico" para massas**: além do $NaHCO_3$, contém também outro composto, de características ácidas. Na reação entre ambos, que ocorre quando dissolvemos o fermento em água ou leite, ocorre liberação de CO_2, que faz a massa se expandir e ficar fofa.

Um medicamento efervescente contém, entre outros componentes, $NaHCO_3$ e também um ácido em pó. Ao ser jogado na água, ocorre a efervescência.

Conteúdo digital Moderna PLUS http://www.modernaplus.com.br
Texto: *Reações de hidretos iônicos com a água*

Seção 27.3

Dupla troca com formação de produto menos dissociado

Objetivos

- Explicar as três condições para que ocorra uma reação de dupla troca.
- Equacionar uma dupla troca na forma iônica.
- Reconhecer um íon espectador em um sistema onde ocorre dupla troca.

Termos e conceitos

- eletrólito

Há uma terceira situação em que também é possível ocorrer uma reação de dupla troca. No entanto essa situação é mais difícil de entender que as duas anteriores, pois *não* apresenta evidência macroscópica *visual* de que tenha ocorrido reação.

Considere a reação entre soluções de ácido clorídrico, $HC\ell$, e acetato de sódio, $Na(CH_3COO)$.

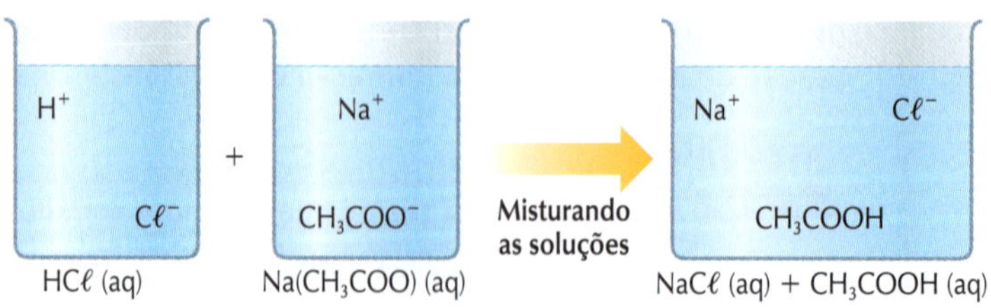

Forma-se um produto pouco ionizado.
Não há evidências visuais de reação, mas ela ocorre.

Na reação, os íons H^+ e CH_3COO^- se combinam formando um ácido fraco CH_3COOH, pouco ionizado. O processo pode ser assim equacionado:

$$HC\ell + Na(CH_3COO) \rightarrow NaC\ell + \underbrace{CH_3COOH}$$

Reagentes muito separados em íons — Produto pouco separado em íons

Representando com os estados físicos, temos:

$$HC\ell(aq) + Na(CH_3COO)(aq) \rightarrow NaC\ell(aq) + CH_3COOH(aq)$$

Apesar de não haver nenhuma evidência visual de que tenha ocorrido reação química, pode-se demonstrar que realmente ela aconteceu utilizando medidas de condutividade elétrica, pois, como você deve estar lembrado, um ácido forte (no caso, o $HC\ell$) em solução conduz melhor a corrente elétrica do que um ácido fraco (no caso, o CH_3COOH).

Esse exemplo ilustra que:

> Uma reação de dupla troca também pode ocorrer se entre os produtos figurar um eletrólito mais fraco que os reagentes, isto é, um ácido mais fraco ou uma base mais fraca.

Resumindo

Há três condições para a ocorrência de uma reação de dupla troca. Basta que uma delas seja satisfeita para que a reação ocorra:

- Reagentes **solúveis** formando ao menos um produto **insolúvel**.
- Reagentes **não voláteis** formando ao menos um produto **volátil**.
- Reagentes **muito dissociados/ionizados** e ao menos um produto **pouco dissociado/ionizado**.

EXERCÍCIOS ESSENCIAIS

7 Equacione a reação entre as seguintes substâncias, em solução aquosa, indicando o **precipitado** formado em cada caso:

a) $AgNO_3$ e $HC\ell$
b) $BaC\ell_2$ e H_2SO_4
c) $Ca(OH)_2$ e Na_2SO_4
d) $Ba(OH)_2$ e Li_2CO_3
e) KOH e $A\ell(NO_3)_3$

8 Equacione a reação entre as seguintes substâncias, em solução aquosa, indicando o **gás liberado** em cada caso:

a) Na_2S e H_2SO_4
b) KCN e HNO_3
c) K_2CO_3 e $HC\ell$
d) $(NH_4)_2SO_4$ e KOH

EXERCÍCIOS RESOLVIDOS

9 É muito comum o uso de ácido muriático ($HC\ell$ comercial) para lavar pisos e paredes. No entanto pisos e paredes de mármore (carbonato de cálcio) não podem ser lavados com esse ácido, pois ele reage com o carbonato de cálcio, corroendo-o e liberando um gás. É por isso que você não deve deixar cair líquidos ácidos (suco de limão, vinagre etc.) em pias de mármore.
Equacione essa reação e diga qual é o gás liberado.

Resolução

$$2\,HC\ell + CaCO_3 \rightarrow CaC\ell_2 + H_2CO_3$$

Substituindo H_2CO_3 por $H_2O + CO_2$ e colocando os estados físicos, temos:

$$2\,HC\ell(aq) + CaCO_3(s) \rightarrow CaC\ell_2(aq) + H_2O(\ell) + CO_2(g)$$

O gás liberado é o gás carbônico (CO_2).

Conclusão

"Carbonatos reagem com ácidos liberando gás carbônico".

10 Quando uma solução de ácido é derrubada sobre uma bancada, num laboratório, é procedimento usual eliminá-lo jogando bicarbonato de sódio em pó sobre o líquido. Equacione a reação envolvida considerando que o ácido derramado é o clorídrico.

Resolução

$$HC\ell + NaHCO_3 \rightarrow NaC\ell + H_2CO_3$$

Substituindo H_2CO_3 por $H_2O + CO_2$ e colocando os estados físicos, temos:

$$HC\ell(aq) + NaHCO_3(s) \rightarrow NaC\ell(aq) + H_2O(\ell) + CO_2(g)$$

Conclusão

"Bicarbonatos reagem com ácidos liberando gás carbônico".

11 (UFMG) Para fazer um experimento com cascas de ovo, ricas em $CaCO_3$, e ácido muriático, $HC\ell$, um estudante procedeu da seguinte forma:

- inicialmente, colocou algumas cascas de ovo em uma garrafa plástica;
- depois, conectou uma mangueira plástica à tampa da garrafa;
- isso feito, colocou, na garrafa, um pouco de ácido muriático e, rapidamente, tampou-a;
- em seguida, introduziu a mangueira conectada à tampa da garrafa em um tubo de ensaio, com a boca virada para baixo, dentro de um recipiente com água, como ilustrado nesta figura:

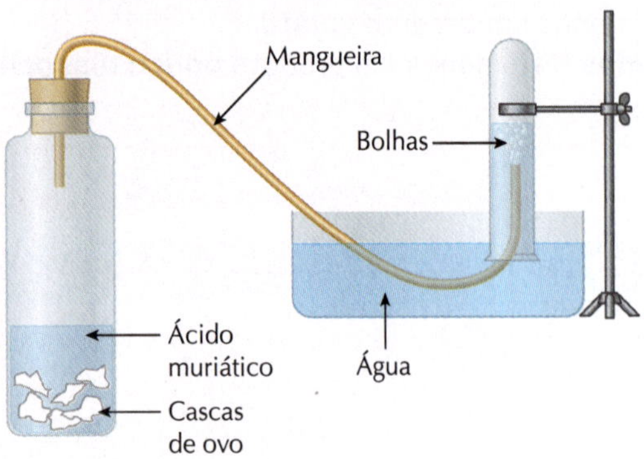

Após algum tempo, o estudante observou a formação de bolhas no interior do tubo de ensaio.

Considerando-se esse experimento e seus resultados, é **CORRETO** afirmar que:

a) as bolhas no interior do tubo evidenciam a evaporação da água.

b) as cascas de ovo, por terem caráter ácido, reagem com o $HC\ell$.

c) o gás coletado no tubo de ensaio é o O_2.

d) o nível de água dentro do tubo de ensaio diminui.

12 (Vunesp) Os exoesqueletos de muitos corais e moluscos são formados em grande parte por carbonato de cálcio. Uma maneira de determinar o teor de cálcio em amostras de conchas consiste em solubilizá-las e separar o cálcio das demais substâncias por precipitação. O precipitado formado é separado por filtração, determinando-se sua massa e encontrando-se seu teor através de cálculos estequiométricos. As equações que descrevem as reações desse processo são:

a) $CaCO_3 + 2\,HC\ell \rightarrow CaC\ell_2 + H_2O + CO_2$
$CaC\ell_2 + 2\,NaOH \rightarrow Ca(OH)_2 + 2\,NaC\ell$

b) $CaCO_3 \rightarrow CaO + CO_2$
$CO_2 + H_2O \rightarrow H_2CO_3$

c) $CaCO_3 + 2\,HC\ell \rightarrow CaC\ell_2 + H_2O + CO_2$
$CO_2 + H_2O \rightarrow H_2CO_3$

d) $Ca(HCO_3)_2 + 2\,HC\ell \rightarrow CaC\ell_2 + 2\,H_2O + 2\,CO_2$
$CaC\ell_2 + 2\,NaOH \rightarrow Ca(OH)_2 + 2\,NaC\ell$

e) $Ca(HCO_3)_2 \rightarrow CaO + 2\,CO_2 + H_2O$
$CO_2 + H_2O \rightarrow H_2CO_3$

13 (UFMS) O poluente atmosférico dióxido de enxofre, de odor desagradável, pode entrar na atmosfera de forma natural ou provocada pelo homem. Esse gás causa irritação nos olhos e outros problemas à saúde, além de danificar as plantas. Considerando a série de reações balanceadas que o dióxido de enxofre e seus produtos podem fazer na atmosfera ou na superfície terrestre,

I. $SO_2(g) + H_2O(\ell) \rightarrow H_2SO_3(aq)$

II. $2\,SO_2(g) + O_2(g) \rightarrow 2\,SO_3(g)$

III. $SO_3(g) + H_2O(\ell) \rightarrow H_2SO_4(aq)$

IV. $CaCO_3(s) + H_2SO_4(aq) \rightarrow CaSO_4(aq) + H_2O(\ell) + CO_2(g)$,

é correto afirmar que [julgue os itens em verdadeiros ou falsos]:

01. I produz ácido sulfúrico.

02. II é eficaz na despoluição do meio ambiente.

04. III é uma reação de combustão do SO_3.

08. IV é responsável pela destruição de estátuas (relíquias) antigas.

16. IV é uma reação de neutralização.

14 (Unisinos-RS) Para obter o sulfato ferroso, um sal usado para combater a anemia, a reação executada é a:

a) $Fe(OH)_2 + H_2S_2O_3 \rightarrow FeS_2O_3 + 2\,H_2O$

b) $Fe(OH)_2 + H_2S \rightarrow FeS + 2\,H_2O$

c) $FeCO_3 + H_2SO_4 \rightarrow FeSO_4 + CO_2 + H_2O$

d) $Fe(OH)_2 + H_2SO_3 \rightarrow FeSO_3 + 2\,H_2O$

e) $2\,Fe(OH)_3 + 3\,H_2SO_3 \rightarrow Fe_2(SO_3)_3 + 6\,H_2O$

15 (UFMG) Os extintores à base de espuma química são fabricados utilizando-se bicarbonato de sódio, $NaHCO_3$, e ácido sulfúrico, H_2SO_4. No interior do extintor, essas duas substâncias ficam separadas uma da outra. Para ser usado, o extintor deve ser virado de cabeça para baixo, a fim de possibilitar a mistura dos compostos, que, então, reagem entre si.

Um dos produtos dessa reação é um gás que produz uma espuma não inflamável, que auxilia no combate ao fogo.

Considerando-se essas informações, é **CORRETO** afirmar que a substância gasosa presente na espuma não inflamável é:

a) CO_2

b) H_2

c) O_2

d) SO_3

16 (Cefet-PE) Nos dias atuais, os conservantes são substâncias bastante utilizadas para impedir a decomposição dos alimentos (são inibidores de reação). Um dos conservantes mais utilizados, por exemplo, na carne, é o nitrito de sódio ($NaNO_2$), que, além de conservá-la, tem a finalidade de fixar-lhe a cor vermelha que lembra a carne fresca; porém é preciso ter cuidado, porque o excesso dele pode causar câncer de estômago. É estabelecido um valor máximo de 0,2% de nitrito de sódio para adicionar-se às carnes. Uma maneira de se obter o nitrito de sódio é através da reação entre o sulfeto de sódio (Na_2S) e o ácido nitroso (HNO_2). Essa reação ocorre devido:

a) à formação de uma substância gasosa.
b) ao enxofre ser mais reativo que o oxigênio.
c) a um dos produtos formados ser um precipitado.
d) ao nitrito de sódio formado ser uma substância molecular.
e) ao sódio existente no Na_2S ser muito reativo.

17 (UEL-PR) Em um processo de avaliação experimental, um aluno recebeu 4 rótulos contendo, separadamente, informações sobre os seguintes reagentes: $Fe(NO_3)_2$, $AgNO_3$, $KC\ell$ e Na_2CO_3. Recebeu, também, 4 frascos cada um contendo um desses reagentes, porém, sem identificação. Com o objetivo de rotulá-los adequadamente, o aluno numerou-os de 1 a 4, conforme figura a seguir, e fez alguns testes com amostras das soluções de cada frasco, obtendo as seguintes informações:

I. Com a adição de ácido clorídrico, houve desprendimento de gás na amostra do frasco 1 e formação de um precipitado na amostra do frasco 2.
II. Com adição de cloreto de sódio, observou formação de precipitado na amostra do frasco 2.
III. Com adição de hidróxido de sódio, observou formação de precipitado nas amostras dos frascos 2 e 4.
IV. Com a adição de ácido clorídrico, cloreto de sódio e hidróxido de sódio, nenhuma reação de precipitação ocorreu em amostras do frasco 3.

De acordo com os resultados dos testes realizados, os frascos 1, 2, 3 e 4 contêm, respectivamente:

a) $Fe(NO_3)_2$, $AgNO_3$, $KC\ell$, Na_2CO_3.
b) Na_2CO_3, $AgNO_3$, $Fe(NO_3)_2$, $KC\ell$.
c) $KC\ell$, Na_2CO_3, $Fe(NO_3)_2$, $AgNO_3$.
d) Na_2CO_3, $AgNO_3$, $KC\ell$, $Fe(NO_3)_2$.
e) $Fe(NO_3)_2$, $KC\ell$, $AgNO_3$, Na_2CO_3.

18 (Vunesp) Um sistema montado com um funil de adição (A), um kitassato (B) e um béquer (C), esse último contendo, inicialmente, apenas água destilada, pode ser utilizado para a produção de uma substância de uso muito comum em laboratórios e em indústrias químicas.

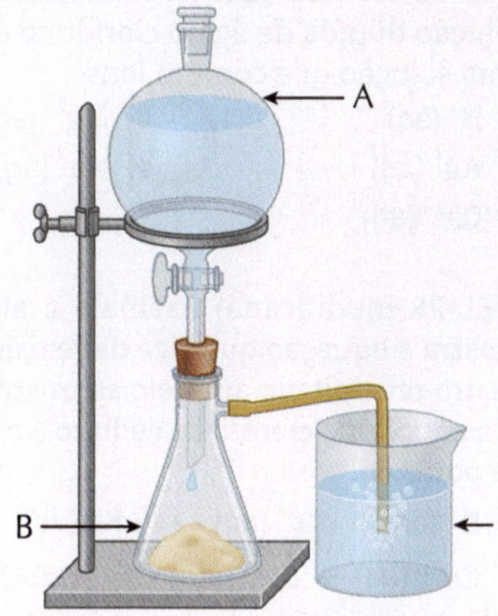

Assinale a alternativa que estabelece a correta correspondência entre os equipamentos e as substâncias neles presentes durante o processo.

	Funil de adição	Kitassato	Béquer
a)	H_2SO_4 (aq)	$NaC\ell$ (s)	$HC\ell$ (aq)
b)	$HC\ell$ (aq)	Na_2SO_4 (s)	H_2SO_4 (aq)
c)	$NaC\ell$ (aq)	$AgNO_3$ (s)	$AgC\ell$ (aq)
d)	Na_2CO_3 (aq)	$CaC\ell_2$ (s)	$CaCO_3$ (aq)
e)	$HC\ell$ (aq)	FeS (s)	$FeC\ell_3$ (aq)

EXERCÍCIO RESOLVIDO

19 Equacione, **na forma iônica**, a reação entre $AgNO_3$(aq) e $NaC\ell$(aq).

Resolução

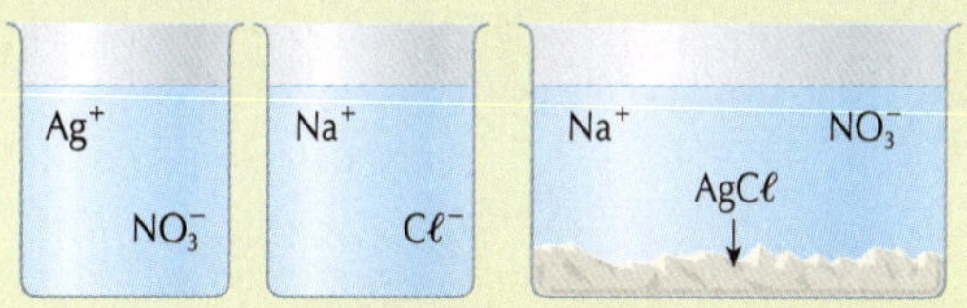

$$AgNO_3\,(aq) + NaC\ell\,(aq) \rightarrow NaNO_3\,(aq) + AgC\ell\,(s)$$

$$Ag^+ + \cancel{NO_3^-} + \cancel{Na^+}\;\; C\ell^- \rightarrow \cancel{Na^+} + \cancel{NO_3^-} + AgC\ell$$

$Ag^+(aq) + C\ell^-(aq) \rightarrow AgC\ell(s)$ Equação iônica
Solução Solução Precipitado

20 Equacione, na forma iônica, a reação que ocorre quando são misturadas soluções aquosas de:

a) $Pb(NO_3)_2$ e $NaC\ell$.
b) $Ca(NO_3)_2$ e K_2CO_3.
c) $BaC\ell_2$ e H_2SO_4.
d) Na_2CO_3 e $HC\ell$.
e) $NaHCO_3$ e $HC\ell$.

21 O sulfeto de zinco, pigmento branco utilizado na fabricação de tintas, é obtido por precipitação ao se misturar uma solução que contenha cátions zinco e outra contendo ânions sulfeto. Equacione a reação de precipitação.

22 (UFS-SE) Há formação de precipitado quando uma solução diluída de ácido clorídrico é adicionada a uma solução que contém íons:

a) $H^+ (aq)$
b) $Ag^+ (aq)$
c) $Ca^{2+} (aq)$
d) $Mg^{2+} (aq)$
e) $Na^+ (aq)$

23 (UEL-PR-modificada) Assinale a alternativa que mostra a equação química da reação de formação de um precipitado amarelo ao misturar uma solução aquosa de cloreto de cádmio e outra de sulfeto de potássio.

a) $K^+ (aq) + C\ell^- (aq) \rightarrow KC\ell (s)$
b) $Cd^{2+} (aq) + SO_3^{2-} (aq) \rightarrow CdSO_3 (s)$
c) $Cd^{2+} (aq) + S^{2-} (aq) \rightarrow CdS (s)$
d) $2 K^+ (aq) + S^{2-} (aq) \rightarrow K_2SO_3 (s)$
e) $Cd^{2+} (aq) + 2 C\ell^- (aq) \rightarrow CdC\ell_2 (s)$

24 (ITA-SP) Quando se deseja detectar a presença de NH_4^+ em soluções aquosas, aquece-se uma mistura da solução que contém esse íon com uma base forte, NaOH, por exemplo; testa-se então o gás produzido com papel indicador tornassol vermelho umedecido em água. Explique por que esse experimento permite detectar a presença de íons NH_4^+ em soluções aquosas. Em sua explicação deve(m) constar a(s) equação(ões) química(s) balanceada(s) da(s) reação(ões) envolvida(s).

25 (UFG-GO) A análise do enxofre contido numa amostra de sacarina ($C_7H_5NO_3S$) pode ser realizada segundo as seguintes etapas:

1. inicialmente, o enxofre é convertido em íons sulfato;
2. a seguir, a solução que contém os íons sulfato é tratada com uma solução de cloreto de bário, formando-se um precipitado;
3. o precipitado resultante é separado por decantação;
4. a massa desse precipitado é determinada.

Considerando as etapas acima:

a) escreva a equação química que representa a formação do precipitado da etapa 2;
b) proponha um método alternativo para a etapa 3.

26 (UFSCar-SP) Atualmente, a humanidade depende fortemente do uso de combustíveis fósseis para atender suas necessidades energéticas. No processo de queima desses combustíveis, além dos produtos diretos da reação de combustão – dióxido de carbono e vapor de água –, vários outros poluentes gasosos são liberados para a atmosfera como, por exemplo, dióxido de nitrogênio e dióxido de enxofre. Embora nos últimos anos tenha sido dado destaque especial ao dióxido de carbono por seu papel no efeito estufa, ele, juntamente com os óxidos de nitrogênio e enxofre, tem um outro impacto negativo sobre o meio ambiente: a propriedade de se dissolverem e reagirem com a água, produzindo os ácidos correspondentes, que acarretam a acidificação das águas das chuvas, rios, lagos e mares.

a) Escreva as equações químicas balanceadas das reações de dióxido de carbono e dióxido de enxofre com a água, dando origem aos ácidos correspondentes.
b) A chuva acidificada pela poluição reage com o carbonato de cálcio, principal componente de rochas calcárias, provocando a dissolução lenta dessas rochas. Escreva a equação química balanceada entre o carbonato de cálcio e os íons H^+ presentes na chuva acidificada.

Conteúdo digital Moderna PLUS http://www.modernaplus.com.br
Exercícios adicionais

ESTABELEÇA CONEXÕES

MAPA CONCEITUAL DA UNIDADE H

Revise os conceitos estudados nesta unidade e decida como podem ser completados os locais em que aparecem os números.

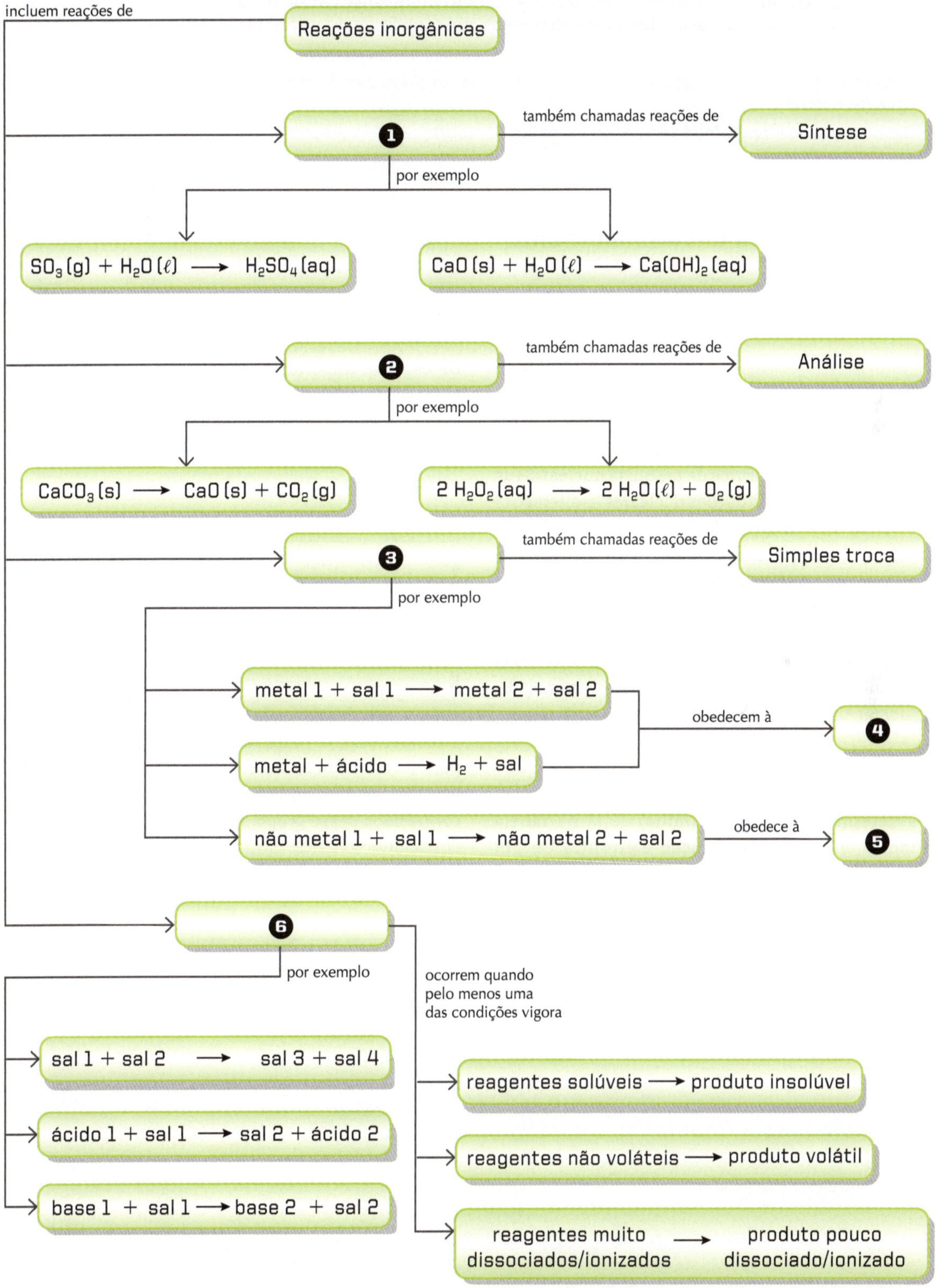

REVISE, RELACIONE E RESOLVA

Lembre-se de que um enunciado deve ser lido e relido até total compreensão.

(ITA-SP) Suponha que um pesquisador tenha descoberto um novo elemento químico, M, de número atômico 119, estável, a partir da sua separação de um sal de carbonato. Após diversos experimentos foi observado que o elemento químico M apresentava um comportamento químico semelhante aos elementos que constituem a sua família (grupo).

a) Escreva a equação balanceada da reação entre o elemento M em estado sólido e a água (se ocorrer).

b) O carbonato do elemento M seria solúvel em água? Justifique a sua resposta.

Sugestão de encaminhamento

1

Primeiramente, entenda a suposição feita. Os elementos com número atômico maior que o do urânio (Z = 92) não são encontrados na natureza. Alguns deles já foram sintetizados em laboratórios de pesquisa nuclear. Seus átomos sofrem transformações nucleares — alterações envolvendo o núcleo, estudadas no Volume 2, Físico-Química —, das quais resultam átomos com número atômico menor. A suposição feita é de que o elemento M com Z = 119 fosse estável e, subentende-se, existisse na natureza. Assim, o pesquisador o teria obtido (por meio de alguma reação química) de uma substância composta existente na natureza. Segundo o enunciado, tal substância seria o carbonato de M.

2

Para determinar o **grupo (família)** de M na tabela periódica, efetue a **distribuição eletrônica** de 119 elétrons por meio do **diagrama das diagonais**. Será necessário incluir um ou mais subníveis além da sétima camada. Acrescente-os na sequência das diagonais.

3

Revise as **reações de deslocamento** e de **dupla troca**. Dê especial importância à **equação na forma iônica**, pois nela não figuram os **íons espectadores**, ou seja, os íons que, embora presentes no sistema reacional, não tomam parte na reação.

4

Reveja as reações de metais com a água. Que tipo de reações são essas?

5

Considerando o grupo a que M pertence na tabela periódica, reflita sobre como será sua reação com a água. Baseie-se no que aprendeu sobre os metais mais conhecidos desse grupo. Responda ao item *a*. Procure equacionar a reação também na forma iônica.

6

Recorde as principais **regras de solubilidade de sais** em água. Considerando essas regras e o grupo de M, responda ao item *b*.

Conteúdo digital Moderna PLUS http://www.modernaplus.com.br
Atividade de revisão

Capítulo

28

Massa atômica, massa molecular e massa de íons

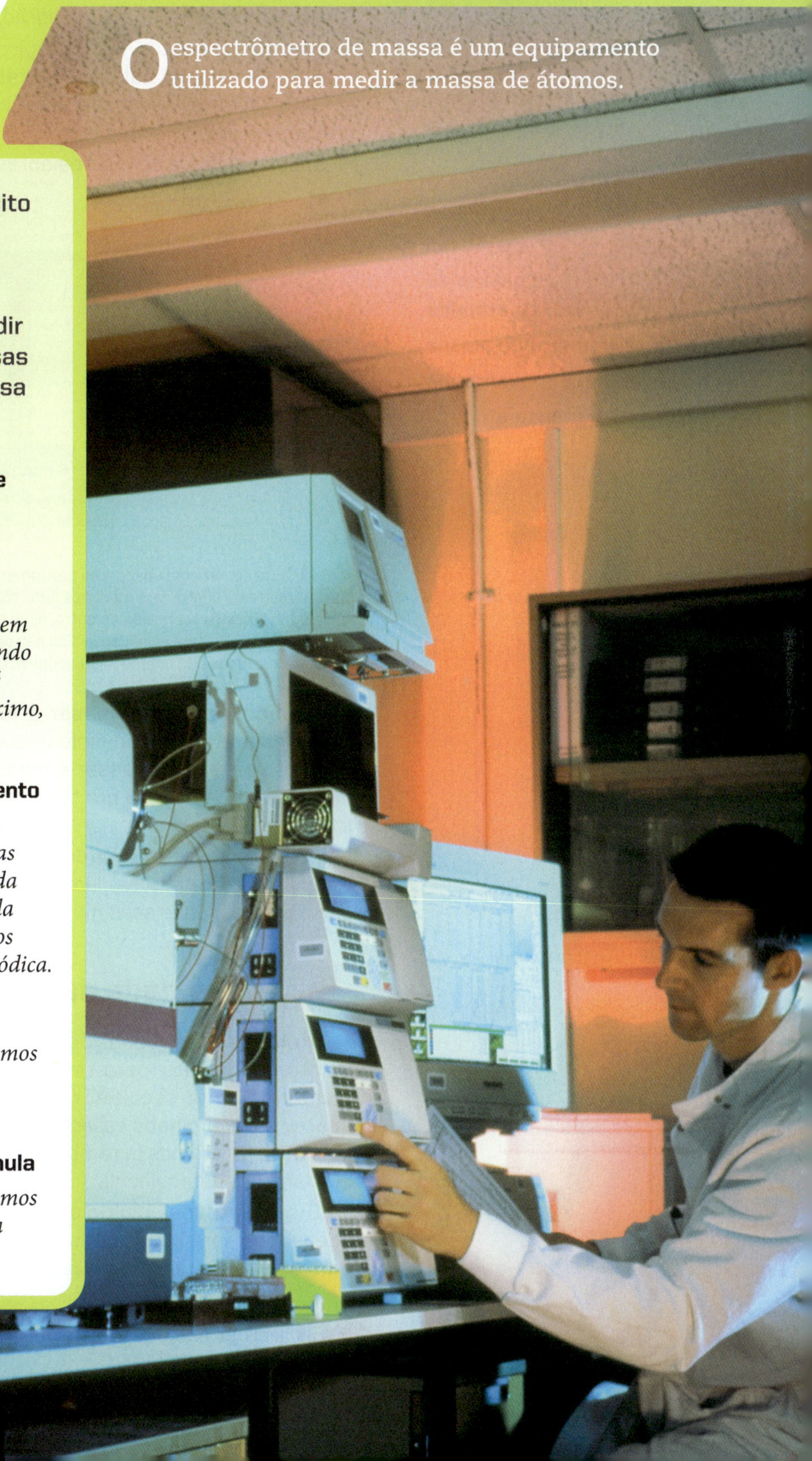

O espectrômetro de massa é um equipamento utilizado para medir a massa de átomos.

Átomos, moléculas e íons são muito pequenos para terem sua massa determinada em uma balança convencional. Há, no entanto, equipamentos que permitem medir a massa de átomos. A partir dessas massas, podemos calcular a massa de moléculas e a massa de íons.

28.1 Estabelecendo relação entre massa e quantidade

O espectrômetro de massa é um equipamento que permite medir a massa de átomos. O resultado dessa medida, a massa atômica, é expresso em unidades de massa atômica (u). Quando o valor numérico da massa atômica é arredondado para o inteiro mais próximo, coincide com o número de massa.

28.2 Massa atômica de um elemento

A massa atômica de um elemento é a média ponderada das massas atômicas de seus isótopos, média que é calculada considerando-se a abundância de cada um. As massas atômicas dos elementos podem ser consultadas na tabela periódica.

28.3 Massa molecular

Consultando a tabela periódica, podemos calcular a massa molecular de uma substância.

28.4 Massa de íons e massa fórmula

Consultando a tabela periódica, podemos calcular a massa de um íon e a massa fórmula de um composto iônico.

Seção 28.1

Estabelecendo relação entre massa e quantidade

Objetivos

- Compreender o que é a unidade de massa atômica.
- Conceituar massa atômica e saber em que unidade é expressa.

Termos e conceitos

- espectrômetro de massa
- unidade de massa atômica
- número de massa
- isótopos
- massa atômica

1 Massa

Como vimos no capítulo 2, *grandeza* é tudo aquilo que podemos medir. E *medir* é comparar com um padrão. Esse padrão é a *unidade de medida**.

A massa de objetos macroscópicos é uma grandeza que pode ser medida com auxílio de uma balança. E o resultado da medida pode ser expresso em uma unidade conveniente, tal como o miligrama (mg), o grama (g), o quilograma (kg) ou a tonelada (t).

Essas unidades de medida apresentam uma relação entre si:

$1\ kg = 10^3\ g \qquad 1\ mg = 10^{-3}\ g \qquad 1\ t = 10^3\ kg$

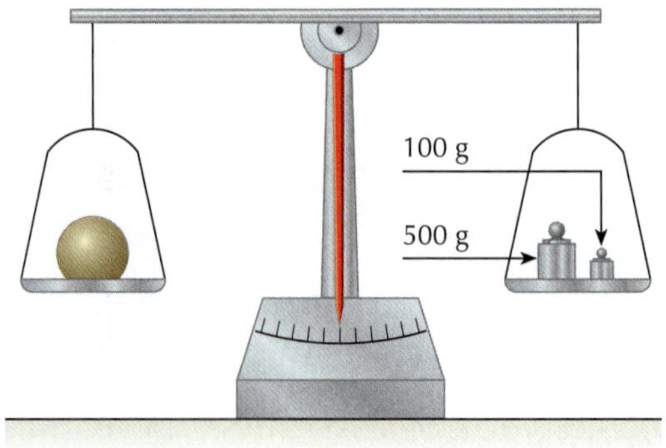

Medir é comparar com um padrão previamente adotado. Numa balança de dois pratos, como a que aparece aqui ilustrada, a medida é feita colocando-se o objeto num dos pratos e objetos de massa previamente conhecida no outro, a fim de equilibrar a balança. (No caso, a massa do objeto é 600 g.) Uma balança desse tipo não se presta, contudo, à determinação direta da massa de entidades do mundo microscópico, tais como um átomo ou uma molécula.

Quando vamos expressar a massa de um certo objeto, algumas unidades são mais convenientes que outras. Assim, por exemplo, não é muito sensato expressar a massa de um caminhão em miligramas, a massa de uma pessoa em toneladas nem a massa de um grão de areia em quilogramas.

Para expressar a massa dos átomos, entidades muitíssimo menores que o menor grão de areia, os cientistas escolheram uma unidade mais adequada que o grama ou que seus múltiplos e submúltiplos.

2 A unidade de massa atômica

Átomos são pequenos demais para poder ser manipulados individualmente e, portanto, para ter sua massa determinada em balanças comuns. No final do século XIX, os cientistas começaram a desenvolver um aparelho denominado *espectrômetro de massa*, que permite a comparação da massa de átomos (e também de íons e de moléculas) com uma unidade previamente estabelecida.

O grama e seus múltiplos e submúltiplos não são as unidades mais adequadas para a massa de átomos, pois são unidades grandes demais para expressar tais grandezas.

---

* O Suplemento Informações para Consulta contém muitas informações úteis sobre potências de dez e unidades.

Os cientistas escolheram um dos isótopos do elemento químico carbono e atribuíram a ele o valor 12 (exato) para comparar a massa dos átomos. Como se vê, foi escolhido algo inerente ao mundo microscópico, algo da mesma ordem de grandeza da massa dos átomos. Por uma simples questão de conveniência, que tem a ver com o complexo funcionamento dos espectrômetros de massa, foi escolhido como unidade de massa atômica (u) um doze avos da massa do isótopo do carbono de número de massa 12, isto é, 1/12 da massa do ^{12}C. Essa unidade de medida para a massa de átomos é denominada *unidade de massa atômica* e é simbolizada por u.

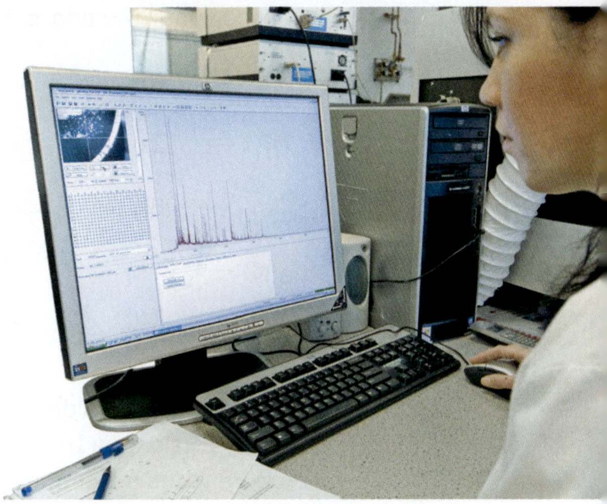

Técnica observa, na tela do computador, o resultado da análise em um espectrômetro de massa.

A **unidade de massa atômica**, cujo símbolo é **u**, é definida como sendo igual a 1/12 da massa de um átomo do isótopo ^{12}C.

3 Introdução ao conceito de massa atômica: análise de elementos com um só isótopo natural

Estudamos, no capítulo 8, que os átomos de um elemento químico apresentam o mesmo número atômico, isto é, o mesmo número de prótons. Na página 118 vimos que alguns elementos químicos existem na natureza sob a forma de mais de um isótopo, sendo que os isótopos de um elemento têm o mesmo número de prótons (pois são do mesmo elemento), mas diferentes números de nêutrons, o que acarreta diferentes números de massa.

De todos os elementos químicos conhecidos, apenas vinte existem na natureza sob a forma de um único tipo de átomo, ou seja, esses vinte elementos não apresentam dois ou mais isótopos naturais. Entre eles estão o flúor, o sódio, o alumínio, o fósforo, o manganês, o cobalto, o iodo e o ouro.

Em um espectrômetro de massa, pode-se determinar experimentalmente a massa dos átomos desses elementos. Os resultados das medidas são mostrados na tabela 1, abaixo.

Tabela 1 Massa atômica dos vinte elementos químicos que são encontrados na natureza sob a forma de um único tipo de átomo

Átomo	Massa atômica (u)	Átomo	Massa atômica (u)
Berílio, $^{9}_{4}Be$	9,012182	Nióbio, $^{93}_{41}Nb$	92,906378
Flúor, $^{19}_{9}F$	18,998403	Ródio, $^{103}_{45}Rh$	102,905504
Sódio, $^{23}_{11}Na$	22,989770	Iodo, $^{127}_{53}I$	126,904468
Alumínio, $^{27}_{13}A\ell$	26,981538	Césio, $^{133}_{55}Cs$	132,905447
Fósforo, $^{31}_{15}P$	30,973762	Praseodímio, $^{141}_{59}Pr$	140,907648
Escândio, $^{45}_{21}Sc$	44,955910	Térbio, $^{159}_{65}Tb$	158,925343
Manganês, $^{55}_{25}Mn$	54,938050	Hôlmio, $^{165}_{67}Ho$	164,930319
Cobalto, $^{59}_{27}Co$	58,933200	Túlio, $^{169}_{69}Tm$	168,934211
Arsênio, $^{75}_{33}As$	74,921596	Ouro, $^{197}_{79}Au$	196,966552
Ítrio, $^{89}_{39}Y$	88,905848	Bismuto, $^{209}_{83}Bi$	208,980383

Fonte: D. R. Lide (ed.). *CRC Handbook of Chemistry and Physics*. 84. ed. Boca Raton, CRC Press, 2003.

De modo aproximado, esses valores podem ser escritos assim:

$^{9}_{4}Be$ — 9 u	$^{45}_{21}Sc$ — 45 u	$^{93}_{41}Nb$ — 93 u	$^{159}_{65}Tb$ — 159 u
$^{19}_{9}F$ — 19 u	$^{55}_{25}Mn$ — 55 u	$^{103}_{45}Rh$ — 103 u	$^{165}_{67}Ho$ — 165 u
$^{23}_{11}Na$ — 23 u	$^{59}_{27}Co$ — 59 u	$^{127}_{53}I$ — 127 u	$^{169}_{69}Tm$ — 169 u
$^{27}_{13}A\ell$ — 27 u	$^{75}_{33}As$ — 75 u	$^{133}_{55}Cs$ — 133 u	$^{197}_{79}Au$ — 197 u
$^{31}_{15}P$ — 31 u	$^{89}_{39}Y$ — 89 u	$^{141}_{59}Pr$ — 141 u	$^{209}_{83}Bi$ — 209 u

O fato de a massa de um átomo de flúor ser 19 u significa que seus átomos têm massa que é 19 vezes maior que 1/12 da massa de um átomo de ^{12}C. Analogamente, um átomo de sódio tem massa 23 vezes maior que 1/12 da massa do ^{12}C. E assim por diante.

Massa atômica é a massa de um átomo. Por questão de conveniência, ela costuma ser expressa em unidades de massa atômica (u).

Você pode ter se perguntado: há alguma diferença no tratamento dos elementos que existem na natureza sob a forma de dois ou mais isótopos? Responderemos logo mais à frente.

4 Não confunda número de massa com massa atômica

Evidências experimentais mostraram que a massa do próton e a do nêutron são próximas, mas não exatamente iguais, e que a massa do elétron é significativamente menor que ambas:

$$\text{Massa de um próton} = 1{,}007276\,u$$

$$\text{Massa de um nêutron} = 1{,}008665\,u$$

$$\text{Massa de um elétron} = 0{,}000549\,u$$

Os elétrons contribuem muito pouco para a massa dos átomos. Prótons e nêutrons, por outro lado, apresentam contribuições significativas. Na unidade C, estudamos o conceito de **número de massa**, simbolizado por A, que corresponde à soma dos números de prótons e de nêutrons de um átomo. Esse número é inteiro, maior que zero e não possui unidade.

Já **massa atômica** é a massa de um átomo. Para expressar corretamente essa grandeza, devemos utilizar um número acompanhado de uma unidade, a unidade de massa atômica (u). A massa atômica quase sempre não tem valor inteiro.

Então não confunda número de massa com massa atômica.

No caso do alumínio ($^{27}_{13}A\ell$), por exemplo, o número de massa é 27 e a massa atômica é 26,981538 u, conforme a tabela 1 .

A massa atômica não é exatamente igual ao número de massa porque as massas de prótons e nêutrons não são exatamente 1 u e porque existe a pequena contribuição dos elétrons. Além disso, quando prótons e nêutrons tomam parte do núcleo de um átomo, a massa total do conjunto é ligeiramente inferior à massa que esses prótons e nêutrons teriam se estivessem separados. Isso se deve a um complexo fenômeno denominado *efeito de empacotamento*. A explicação desse efeito não é viável no ensino médio. Uma ideia básica é fornecida no quadro na página seguinte.

O importante é você perceber que quando o valor da massa de um átomo, expresso em u, é arredondado para o número inteiro mais próximo, o resultado desse arredondamento coincide numericamente com o número de massa. Isso você pode comprovar analisando os vinte exemplos que aparecem no início desta página.

Massa atômica e defeito de massa

Ao determinar a massa de um núcleo de deutério (^2_1H), deveríamos esperar que a sua massa fosse o resultado da soma das massas das partículas que o constituem, um nêutron e um próton. Assim:

$$^1_0n\ (1{,}008665\ u) + {}^1_1p\ (1{,}007276\ u) = {}^2_1H\ (2{,}015941\ u) \rightarrow \text{valor esperado}$$

Porém, a massa encontrada para o ^2_1H é igual a 2,013553 u, sendo um valor menor que o esperado. Nesse caso, ao unir um próton e um nêutron para formar um núcleo houve uma perda de massa correspondente a 2,015941 − 2,013553 = 0,002388 u.

Segundo a teoria, essa "perda de massa" é convertida em energia, denominada *energia de ligação do núcleo*. O cálculo dessa energia é feito utilizando a Equação de Einstein, a qual relaciona a variação da energia (ΔE), variação da massa (Δm) e a velocidade da luz (c):

$$\Delta E = (\Delta m) \cdot c^2$$

No caso da formação do núcleo do deutério essa energia é imensa e corresponde a $2{,}1 \cdot 10^8$ kJ · mol^{-1} de núcleos de deutério.

A massa de um átomo é sempre menor do que a soma das massas das partículas subatômicas que o constituem, sendo essa diferença de massa denominada *defeito de massa* ou *efeito de empacotamento.*

Um exemplo interessante desse efeito acontece no Sol, onde ocorre a fusão de dois núcleos de hidrogênio com dois nêutrons, formando um núcleo de hélio conforme a equação:

$$2\,{}^1_1H \ + \ 2\,{}^1_0n \ \rightarrow \ {}^4_2He$$

Essa fusão resulta numa perda de massa correspondente a 0,03038 u, que, convertida em energia, resulta na principal fonte de energia para a vida do planeta Terra, ou seja, a energia que é fornecida pelo Sol.

Seção 28.2

Massa atômica de um elemento

Objetivos

- Calcular a massa atômica de um elemento a partir da abundância de seus isótopos.
- Consultar massas atômicas na tabela periódica.

Termos e conceitos

- abundância (de um isótopo)
- massa atômica de elemento

1 Completando o conceito de massa atômica: análise de elementos com dois ou mais isótopos naturais

A maioria dos elementos químicos apresenta-se na natureza sob a forma de dois ou mais isótopos diferentes. Exemplos estão na tabela 2, abaixo.

Tabela 2 Massa atômica e abundância dos isótopos naturais de alguns elementos químicos

Átomo	Massa atômica (u)
Boro-10, $^{10}_5B$ (19,9%)	10,012937
Boro-11, $^{11}_5B$ (80,1%)	11,009306
Oxigênio-16, $^{16}_8O$ (99,757%)	15,994915
Oxigênio-17, $^{17}_8O$ (0,038%)	16,999132
Oxigênio-18, $^{18}_8O$ (0,205%)	17,999160
Neônio-20, $^{20}_{10}Ne$ (90,48%)	19,992440
Neônio-21, $^{21}_{10}Ne$ (0,27%)	20,993847
Neônio-22, $^{22}_{10}Ne$ (9,25%)	21,991386
Cloro-35, $^{35}_{17}C\ell$ (75,78%)	34,968853
Cloro-37, $^{37}_{17}C\ell$ (24,22%)	36,965903
Bromo-79, $^{79}_{35}Br$ (50,69%)	78,918338
Bromo-81, $^{81}_{35}Br$ (49,31%)	80,916291

Fonte: D. R. Lide (ed.). *CRC Handbook of Chemistry and Physics.* 84. ed. Boca Raton, CRC Press, 2003.

O elemento boro, por exemplo, existe sob a forma de dois isótopos naturais, o ^{10}B e o ^{11}B. O primeiro tem massa 10 u (estamos arredondando o valor experimental 10,012937 u, veja a tabela 2) e abundância de aproximadamente 20% e o segundo tem massa 11 u (arredondamento de 11,009306 u, tabela 2) e abundância de aproximadamente 80%.

Consideremos uma amostra de 100 átomos desse elemento, na qual há 20 átomos de ^{10}B (isto é, 20% dos átomos na amostra) e 80 átomos de ^{11}B.

Massa de 20 átomos de 10 u = 20 · 10 u = 200 u

Massa de 80 átomos de 11 u = 80 · 11 u = 880 u

Massa total dos 100 átomos = 200 u + 880 u = 1.080 u

Se 100 átomos de boro têm massa 1.080 u, então cada átomo desse elemento tem, em média, massa 10,8 u. Esse cálculo também poderia ter sido indicado como uma média ponderada:

$$\text{Massa média do átomo boro} = \frac{20 \cdot 10\ u + 80 \cdot 11\ u}{100} = 10{,}8\ u$$

Da mesma maneira, os químicos determinaram a abundância dos isótopos naturais de todos os elementos e suas respectivas massas. De posse desses dados, puderam ser calculadas as massas médias de seus átomos, expressas em unidades de massa atômica. Esses valores são conhecidos como *massas atômicas dos elementos* e aparecem relacionados na tabela periódica.

A **massa atômica de um elemento químico** é a massa média de seus átomos. Por conveniência, essa grandeza é geralmente expressa em unidades de massa atômica (u).

No caso de elementos que têm apenas um isótopo natural, como mostramos na página 403, a massa atômica é a própria massa desses átomos, já que não há necessidade de calcular a massa média.

Conteúdo digital Moderna PLUS http://www.modernaplus.com.br
Texto: *Massa atômica do lítio: cuidado*

2 As massas atômicas na tabela periódica

Agora você verá como é possível consultar a tabela periódica e, a partir dela, obter valores de massas atômicas para os elementos conhecidos.

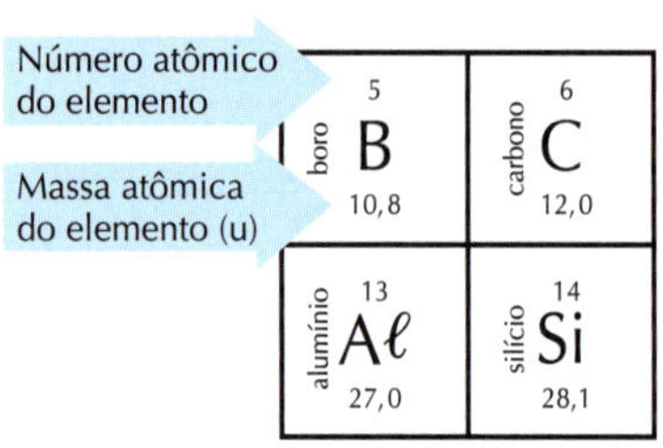

Na tabela periódica, encontramos o número atômico e a massa atômica dos elementos.

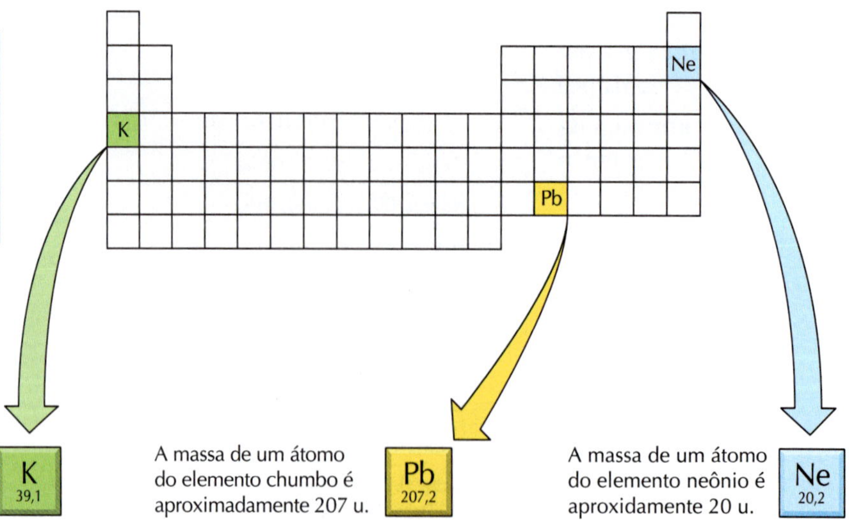

Massa molecular

› Objetivos

- Conceituar massa molecular.
- Calcular, consultando a tabela periódica, a massa molecular de uma substância.

› Termos e conceitos

- **massa molecular**

1 O conceito de massa molecular

A massa de uma molécula é calculada somando-se as massas dos átomos que a constituem.

> **Massa molecular** de uma substância é o nome dado à massa de uma molécula dessa substância. Por conveniência, essa grandeza é geralmente expressa em unidades de massa atômica (u).

Vejamos, por exemplo, os casos de água, amônia e dióxido de enxofre.

Cada molécula de água, substância de fórmula molecular H_2O, é formada por dois átomos de hidrogênio (de 1 u cada) e um átomo de oxigênio (de 16 u). Assim, a massa molecular da água é 18 u.

Cada molécula de amônia, substância de fórmula molecular NH_3, é formada por um átomo de nitrogênio (de 14 u) e três átomos de hidrogênio (de 1 u cada). Assim, a massa molecular da amônia é 17 u.

Cada molécula de dióxido de enxofre, substância de fórmula molecular SO_2, é formada por um átomo de enxofre (de 32 u) e dois átomos de oxigênio (de 16 u cada). Assim, a massa molecular do SO_2 é 64 u.

2 As massas moleculares a partir da tabela periódica

Conhecidas as massas dos átomos que formam uma determinada molécula é possível, através da soma desses valores, obter a massa da referida molécula.

A massa de uma molécula da substância oxigênio é aproximadamente igual a 32 u.

A massa de uma molécula da substância gás carbônico é aproximadamente igual a 44 u

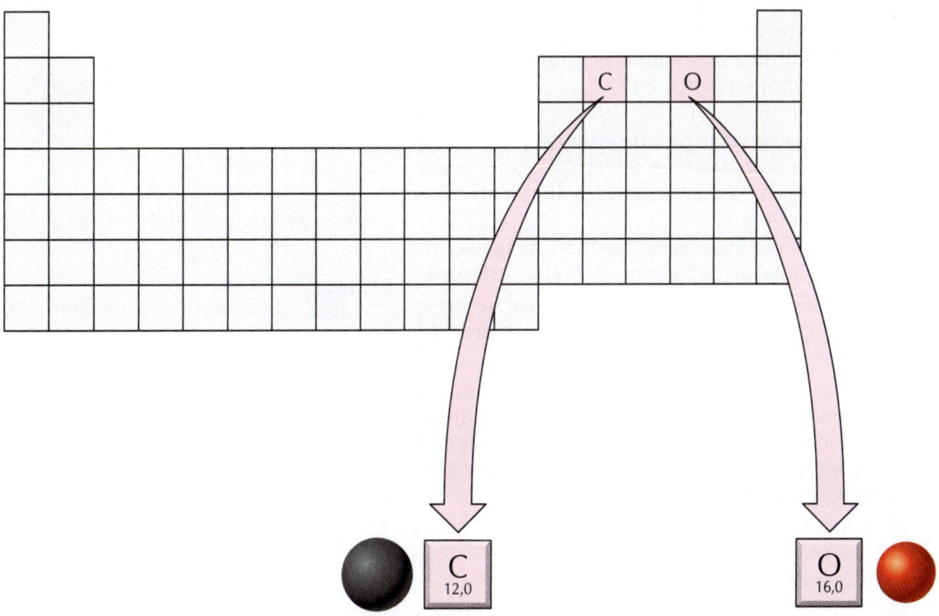

A massa de um átomo de elemento carbono é aproximadamente igual a 12 u.

A massa de um átomo do elemento oxigênio é aproximadamente igual a 16 u.

Seção 28.4

Massa de íons e massa fórmula

Objetivo

- Calcular, consultando a tabela periódica, a massa de um íon e a massa fórmula de um composto iônico.

Termos e conceitos

- massa de íon
- massa fórmula

A massa atômica do sódio é 23 u. Qual será a massa de um íon Na^+?

Bem, a diferença entre um átomo neutro de sódio e um íon Na^+ é que o íon tem um elétron a menos. Acontece que a massa de um elétron é totalmente desprezível perante a massa do átomo.

Assim, para efeitos práticos, a massa do íon Na^+ é 23 u.

Podemos proceder de modo análogo para ânions. Assim, por exemplo, como a massa atômica do cloro é 35,5 u, podemos afirmar que a massa de um íon $C\ell^-$ é 35,5 u.

Compostos iônicos não são formados por moléculas, mas por íons que constituem um retículo cristalino iônico (capítulo 13). Para esse tipo de composto podemos calcular a **massa fórmula**, que é a massa do conjunto de íons que aparece na fórmula da substância. Assim, por exemplo, a massa fórmula do cloreto de sódio, $NaC\ell$, é 58,5 u, valor calculado por meio da soma de 23,0 u (do Na^+) com 35,5 u (do $C\ell^-$).

EXERCÍCIOS ESSENCIAIS

1 (Fefisa-SP) Atualmente tem-se como padrão internacional da escala de massas atômicas:

a) a mistura isotópica natural do oxigênio.
b) a mistura isotópica natural do carbono.
c) o isótopo carbono-12.
d) o isótopo oxigênio-16.

2 Qual é a unidade de medida escolhida como a mais conveniente para expressar a massa de átomos? Como ela é definida?

3 Esta questão pretende exercitar a consulta à tabela periódica. Procure nela e escreva em seu caderno a massa atômica dos elementos: lítio, oxigênio, nitrogênio, cloro, cálcio e ferro.

4 (UFMS) Considerando os conceitos de isóbaros, de isótonos, de isótopos e as diferenças entre o número de massa e a massa atômica de um átomo, é correto afirmar que:

01. isótopos são átomos de mesmo Z, mas não necessariamente do mesmo elemento químico.
02. isóbaros são átomos diferentes dos isótonos, possuindo a mesma massa atômica e propriedades químicas e físicas diferentes.
04. a massa atômica de um elemento químico é constituída pela centésima parte do somatório das massas atômicas dos isótopos naturais desse elemento, multiplicadas pelas respectivas porcentagens de abundância.
08. a massa de um átomo é calculada pela soma das massas dos prótons, nêutrons e elétrons que o átomo possui.
16. o número de massa A não é uma massa, é um número inteiro que indica a quantidade de prótons e nêutrons existentes no núcleo do átomo.

Responda com a soma dos itens corretos.

EXERCÍCIO RESOLVIDO

5 (UFRRJ) Um elemento M apresenta os isótopos ^{79}M e ^{81}M. Sabendo que a massa atômica do elemento M é 79,90 u, determine os percentuais de cada isótopo do elemento M.

Resolução

Seja x a porcentagem de ^{79}M e (100 − x) a porcentagem de ^{81}M.

Temos que:

$$79{,}90 = \frac{79x + 81(100 - x)}{100}$$

$$7.990 = 79x + 8.100 - 81x$$

$$2x = 110$$

$$\boxed{x = 55\%}$$

Assim, há $\boxed{55\% \text{ de } ^{79}M}$ e $\boxed{45\% \text{ de } ^{81}M.}$

6 (Cesgranrio-RJ) Um elemento genérico X tem massa atômica 75,2 u e apresenta os isótopos ^{74}X, ^{75}X, ^{76}X. Sabendo-se que a ocorrência do isótopo 75 é de 40%, a ocorrência do isótopo 76 é de:

a) 10%.
b) 20%.
c) 40%.
d) 45%.
e) 50%.

7 (F. Visconde de Cairu-BA) Um elemento X tem massa atômica igual a 35,5 e é constituído de dois isótopos X_1, de massa 35,8, e X_2, de massa 35,4. Logo a porcentagem do isótopo X_1 é igual a:

a) 5.
b) 10.
c) 20.
d) 25.
e) 50.

A tabela periódica é um instrumento de consulta!

8 (FGV) Na figura, é representado o espectro de massa dos isótopos naturais do elemento gálio.

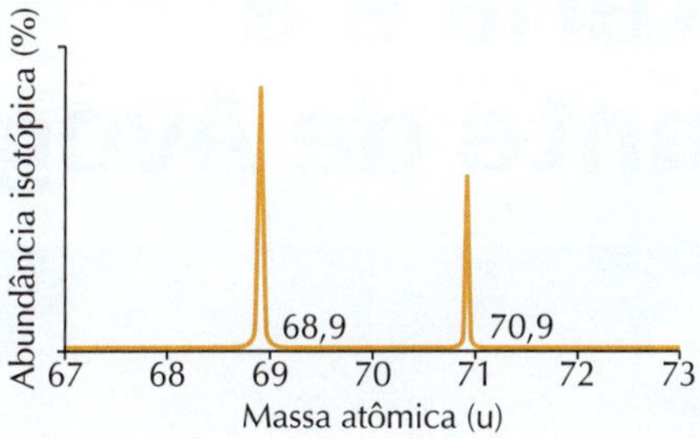

A abundância isotópica, em percentual inteiro, do isótopo do Ga-69 é:

a) 50%. b) 55%. c) 60%. d) 65%. e) 70%.

9 O elemento químico cobre apresenta dois isótopos naturais. Um deles tem massa 63 u e abundância 69% e o outro tem massa 65 u e abundância 31%. Sem precisar realizar cálculos ou consultar a tabela periódica, faça uma previsão se a massa atômica do elemento cobre deve ser maior ou menor que 64 u. Deixe claro o raciocínio envolvido.

10 Use os seguintes dados para mostrar que a massa atômica do elemento magnésio é 24,3 u.

- Magnésio-24, $^{24}_{12}Mg$, tem massa 24 u e abundância 79%.
- Magnésio-25, $^{25}_{12}Mg$, tem massa 25 u e abundância 10%.
- Magnésio-26, $^{26}_{12}Mg$, tem massa 26 u e abundância 11%.

11 (Fuvest-SP) O carbono ocorre na natureza como uma mistura de átomos dos quais 98,90% são ^{12}C e 1,10% são ^{13}C.

a) Explique o significado das representações ^{12}C e ^{13}C.

b) Com esses dados, calcule a massa atômica do carbono natural.

(Dados: Massa atômica do ^{12}C = 12,000 u, do ^{13}C = 13,003 u.)

12 (Unifor-CE) Dos seguintes compostos, qual apresenta massa molecular igual a 30?

a) C_2H_6. b) PH_3. c) NH_3. d) NO_2. e) N_2O_3.

EXERCÍCIOS RESOLVIDOS

13 Consulte a tabela periódica e determine a massa molecular do ácido fosfórico, H_3PO_4.

Resolução

H = 1 u · 3 = 3 u;

P = 31 u · 1 = 31 u;

O = 16 u · 4 = 64 u

$m(H_3PO_4)$ = 3 u + 31 u + 64 u = 98 u

14 Consulte a tabela periódica e determine a massa fórmula do sulfato de alumínio, $A\ell_2(SO_4)_3$, isto é, a massa do conjunto de íons $[A\ell^{3+}]_2\,[SO_4^{2-}]_3$.

Resolução

$A\ell$ = 27 u · 2 = 54 u;

S = 32 u · 3 = 96 u;

O = 16 u · 12 = 192 u

$m(A\ell_2(SO_4)_3)$ = 54 u + 96 u + 192 u = 342 u

15 (Ufac) A massa fórmula do composto $Na_2SO_4 \cdot 3\,H_2O$ é:

(Dados: H = 1 u, O = 16 u, Na = 23 u e S = 32 u.)

a) 142 u. b) 196 u. c) 426 u. d) 444 u. e) 668 u.

16 (F. Dom Bosco-DF) A massa molecular da sulfanilamida é:

(Dado: A fórmula molecular da sulfanilamida é $C_6H_8N_2O_2S$.)

a) 196 u. b) 174 u. c) 108 u. d) 112 u. e) 172 u.

17 Calcule a massa molecular ou a massa fórmula, conforme o caso, das substâncias representadas pelas seguintes fórmulas:

N_2, O_2, O_3, H_2O, CH_4, CO_2, SO_2, SO_3, $C\ell_2$, H_2SO_4, HNO_3, $C_6H_{12}O_6$, $Fe_2(SO_4)_3$, $Ca_5(PO_4)_3OH$.

18 (UFRGS-RS) A "água pesada" é uma espécie de fórmula D_2O, formada pela combinação entre deutério e oxigênio. O deutério é um isótopo do hidrogênio que apresenta um próton e um nêutron no núcleo. A partir dessas informações, considere as afirmações abaixo.

I. A massa molecular da água pesada é aproximadamente igual a 20 unidades de massa atômica.

II. Volumes iguais de água pesada e água comum apresentam massas diferentes.

III. A água pesada não apresenta interações moleculares do tipo dipolo-dipolo.

Dado: Massa atômica do oxigênio = 16 u.

Quais estão corretas?

a) Apenas I. c) Apenas III. e) I, II e III.

b) Apenas II. d) Apenas I e II.

19 (Cesgranrio-RJ) Admite-se que os isótopos ^{1}H, ^{2}H, ^{3}H; $^{35}C\ell$, $^{37}C\ell$; ^{16}O, ^{17}O, ^{18}O podem formar moléculas de ácido clórico. Relativamente a essas moléculas, podemos dizer que:

a) todas apresentam a mesma massa.

b) suas massas podem variar de 84 u a 94 u.

c) suas massas podem variar de 52 u a 58 u.

d) todas apresentam o mesmo número de nêutrons.

e) apresentam números de nêutrons que podem variar de 42 a 50.

20 Qual é a massa de um átomo de alumínio que está eletricamente neutro? E de um íon $A\ell^{3+}$?

21 Qual é a massa de um átomo de ouro que está eletricamente neutro? E de um íon Au^{+}? E de um íon Au^{3+}?

22 Qual é a massa de um átomo de enxofre que está eletricamente neutro? E de um íon sulfeto (S^{2-})?

23 Determine a massa de um íon nitrato (NO_3^-) e de um íon sulfato (SO_4^{2-}).

Conteúdo digital Moderna PLUS http://www.modernaplus.com.br
Exercícios adicionais

UNIDADE I

Capítulo

29

A grandeza quantidade de matéria e a Constante de Avogadro

A partir das massas atômicas dos elementos, é possível usar uma balança para "contar" quantos átomos, moléculas ou íons estão presentes em uma amostra.

29.1 Contando entidades

Se duas amostras de substâncias diferentes têm mesma massa, não podemos afirmar que o número de moléculas em ambas seja igual. Isso porque as moléculas de uma substância podem ter massa maior que as da outra.

29.2 Saindo do micro e entrando no macro

A relação entre o grama e a unidade de massa atômica é $1\ g = 6 \cdot 10^{23}\ u$

29.3 Quantidade de matéria (n)

O mol é a unidade do Sistema Internacional para a grandeza quantidade de matéria. Um mol de átomos tem $6 \cdot 10^{23}$ *átomos. Um mol de moléculas tem* $6 \cdot 10^{23}$ *moléculas. Um mol de íons tem* $6 \cdot 10^{23}$ *íons.*

29.4 Constante de Avogadro (N_A)

A Constante de Avogadro expressa quantas entidades há em um mol.

Gota a gota

Olhando para nosso planeta e os 2/3 azuis de sua superfície, pode parecer que existe mais água do que terra nele, mas a realidade é bem diferente.

Segundo uma estimativa do cientista Peter Gleick, o volume de água terrestre é de 1,386 bilhão km^3, ou seja, 1.386.000.000.000.000.000.000 litros, o mesmo que $1{,}386 \times 10^{21}$ litros.

Se toda a água contida na Terra fosse reunida em uma esfera, seu diâmetro não daria mais do que a distância entre as cidades de São Paulo e Salvador.

O cenário é ainda mais crítico se pensarmos em como esse volume de água se distribui pelo planeta.

96,5% da água da Terra está nos oceanos, mares e baías. É água salgada, imprópria para nosso consumo.

1,74% está congelada nas calotas, glaciares e neves eternas.

Entre o micro e o macro

Em nosso dia a dia é comum falarmos de litros ou mililitros de água. Já quando falamos de volumes de água presentes na Terra, lidamos com grandezas como o km^3 (1 km^3 = 10^9 m^3 = 10^{12} L). Em Química, não só o volume, mas o número de moléculas é importante. Hoje sabemos que em uma gota há cerca de 1,7 sextilhão de moléculas de água.

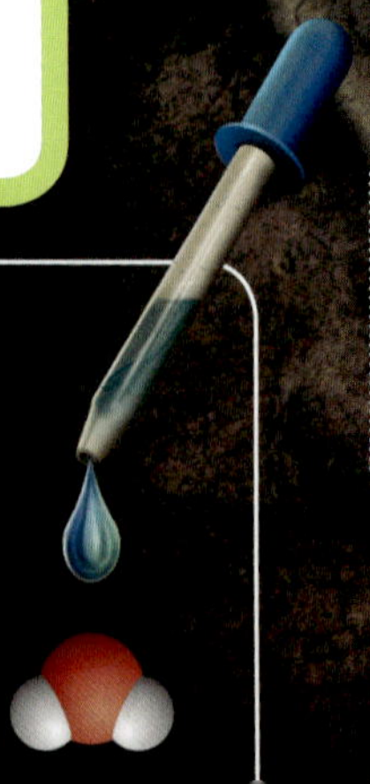

Um recurso mal distribuído

No meio de um deserto, Las Vegas é uma das cidades que mais consomem água nos Estados Unidos, o campeão mundial de consumo. O desperdício, no entanto, ameaça esgotar os recursos hídricos do país.

Las Vegas, Nevada, EUA

O Brasil é um dos países com maior disponibilidade de água potável no planeta. O setor rural é o grande consumidor hídrico do país, concentrando cerca de 60% da demanda nacional.

Areado, Minas Gerais, Brasil

Estima-se que, atualmente, mais de 2 bilhões de pessoas sofram com a escassez de água. Além da distribuição irregular das fontes de água pelo planeta, fatores como a guerra e o poder econômico afetam o acesso a esse recurso.

Wajir, Província Nordeste, Quênia

Utilização média da água por pessoa e por dia, 1998-2002 (litros)

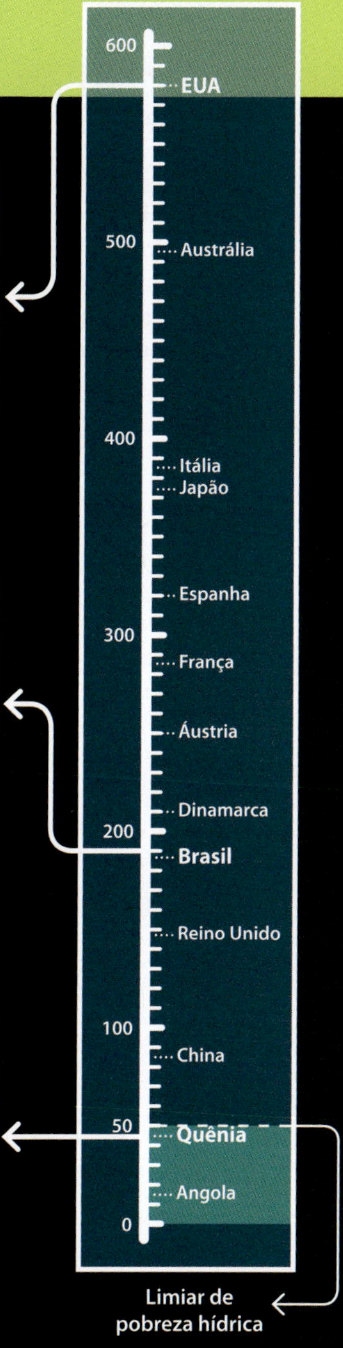

Fonte: Relatório do Desenvolvimento Humano 2006

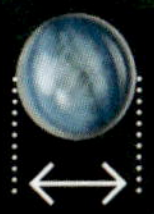

271,9 km

0,76% da água da Terra é doce e está em fontes subterrâneas.

58,5 km

0,008% da água da Terra está em fontes superficiais como rios e lagos.

Para pensar

1. Por que é importante relacionar a massa de determinada substância com o número de moléculas presentes nela?
2. Como seria possível saber quantas moléculas de água estão presentes em uma gota de água?

Seção 29.1

Contando entidades (átomos, moléculas, fórmulas unitárias, íons etc.)

Objetivo

▶ Perceber que saber apenas a massa de amostras de diferentes substâncias não permite comparar a quantidade de moléculas presentes nessas amostras.

Uma única entidade do mundo microscópico da Química (átomo, molécula, fórmula unitária, íon etc.) tem dimensões tão pequenas que se torna impossível vê-la e consequentemente manipulá-la. Ainda, como vimos, é impossível pesá-la usando meios convencionais. Por essa razão, os químicos acharam conveniente especificar o número de entidades presentes em uma amostra não em termos individuais, mas preferencialmente na forma de "pacotes" contendo um determinado número de entidades. Dessa forma ao invés de raciocinar no mundo microscópico, estaremos voltados ao mundo macroscópico.

Boa parte das explicações para os fenômenos químicos envolve conhecer o número das entidades microscópicas participantes, tais como átomos, moléculas, íons e fórmulas unitárias.

É importante ressaltar neste momento que **massa** não é uma grandeza que nos informa de modo direto o número de entidades microscópicas presentes em uma amostra. Observe o exemplo a seguir:

Duas amostras, ambas de massa 414 g dos líquidos incolores água e álcool comum (C_2H_6O), encontram-se nas fotos abaixo.

Água

Álcool

Como a densidade da água é 1,0 g/cm^3 e a do álcool é 0,8 g/cm^3, o volume da amostra de água é menor.

O fato de essas amostras terem a mesma massa não garante que o número de entidades (neste caso, moléculas) em ambas seja o mesmo. Cálculos mostram que no caso da água existem $13{,}8 \cdot 10^{24}$ moléculas no interior do frasco e, no caso do álcool, temos $5{,}4 \cdot 10^{24}$ moléculas.

Você aprenderá a determinar o número de entidades presentes em uma amostra ainda neste capítulo.

Em geral, a uma mesma massa de cada uma das diferentes substâncias estão associados números distintos de entidades que compõem essas diferentes substâncias. Isso porque cada uma dessas entidades (átomos, moléculas, íons, fórmulas unitárias etc.) tem massas distintas.

Nesse momento cabe uma pergunta: por que é tão importante em Química conhecer o número de entidades presentes em uma amostra?

> Expressar a quantidade de entidades microscópicas presentes em uma amostra de matéria é muito importante, pois permite comparar amostras, interpretar fenômenos e fazer previsões acerca desses fenômenos.

Numa feira, os feirantes também têm interesse em trabalhar com um número fixo de entidades, como a dúzia. Qual será essa quantidade fixa escolhida pelos químicos?

Iremos a seguir, com auxílio de um exemplo, observar por que é importante para o químico trabalhar com um número fixo de entidades e as previsões e cálculos que podem ser efetuados em decorrência desse conhecimento.

Caminhão tomba e derrama 19,6 toneladas de ácido sulfúrico (H_2SO_4).

Para neutralizar o ácido derramado será feita a adição de cal viva (CaO). Assim, cabe aos químicos calcular: quantas toneladas de cal viva serão necessárias para neutralizar completamente o ácido derramado?

A equação que representa a neutralização do ácido pela cal é descrita a seguir:

$$1\ H_2SO_4 + 1\ CaO \rightarrow 1\ CaSO_4 + 1\ H_2O$$

A equação química balanceada que representa a neutralização do H_2SO_4 pelo CaO indica que, para neutralizar uma entidade H_2SO_4, é necessário uma entidade CaO produzindo uma entidade $CaSO_4$ e uma entidade H_2O.

Os coeficientes de uma equação estão relacionados com a proporção entre os números de entidades que dela participam.

$$1\ H_2SO_4 + 1\ CaO \rightarrow 1\ CaSO_4 + 1\ H_2O$$

Proporção: 1 entidade + 1 entidade → 1 entidade + 1 entidade

Mas como é possível relacionar os números de entidades (micro) com as quantidades medidas em laboratórios (macro)? Ou, então, como saber o número de entidades H_2SO_4 presentes em 19,6 toneladas do ácido derramado?

Para resolvermos esse problema será necessário estabelecer uma relação entre unidade de massa atômica (micro) e grama (macro).

Apesar de não podermos contar átomos ou moléculas diretamente, podemos determinar indiretamente seus números se conhecermos as massas dos átomos, moléculas ou fórmulas unitárias. A seguir, você entenderá como isso é feito.

Consultando a tabela periódica, concluímos que a massa de uma molécula do H_2SO_4 é igual a 98 u e que a massa de uma fórmula unitária do CaO é 56 u.

Saindo do micro e entrando no macro: relacionando u com grama

Objetivo

- Conhecer a relação (fator de conversão) entre grama e unidade de massa atômica.

Termos e conceitos

- nível macroscópico
- nível microscópico

Conhecemos a massa de uma única entidade do H_2SO_4 (98 u) e de uma entidade do CaO (56 u). Portanto, estamos raciocinando com grandezas microscópicas. Precisamos sair do mundo micro (uma entidade) e entrar no mundo macro, ou seja, descobrir quantas entidades H_2SO_4 estão presentes em 19,6 toneladas do referido ácido para sabermos o número de entidades CaO a serem adicionadas para neutralizar completamente o ácido derramado.

Nossa situação é saber como relacionar o mundo micro (u) com o mundo macro (g, kg, t etc.), ou vice-versa.

Qualquer amostra de uma substância contém um número extremamente grande de entidades da qual a substância é feita. Essa amostra está associada a uma determinada massa, expressa em gramas. Torna-se então necessário um fator de conversão que relacione **u** (medida de massa para entidades individuais → micro) com **grama** (medida de massa para um grande número de entidades → macro).

O número $6 \cdot 10^{23}$ (obtido por meio de numerosos experimentos com gases, cristais e processos de galvanoplastia) é o fator de conversão entre o grama (g), que corresponde ao nível macroscópico e a unidade de massa atômica (u), que corresponde ao nível microscópico.

$$\mathbf{1\ g = 6 \cdot 10^{23}\ u}$$

Ele será bastante útil para relacionar massas de entidades microscópicas com massas medidas macroscopicamente, o que auxilia os químicos a realizar cálculos e previsões.

Importância histórica das massas atômicas

O estabelecimento da relação entre grama e unidade de massa atômica deveu-se ao trabalho de muitos cientistas ao longo das últimas décadas do século XIX e início do século XX.

Conhecer essa relação, e também a massa atômica dos elementos, foi um passo fundamental na história da Química porque permitiu utilizar uma balança para "contar" átomos ou, melhor dizendo, permitiu empregar medidas de massa para calcular a quantidade de átomos de um certo elemento presente em uma amostra.

Essa é uma das mais importantes conquistas da Química, que propicia uma conexão entre o mundo microscópico (átomos, moléculas, íons) e o macroscópico (medidas da massa de amostras). Os desdobramentos desse avanço serão estudados nesta e em outras unidades.

Ainda neste capítulo, partindo da relação entre **u** e **g**, veremos como determinar quantos átomos há em uma amostra cuja massa e composição sejam conhecidas. Por exemplo, na engrenagem da foto, há 279 g de ferro. Com essas informações, pode-se determinar que há $3 \cdot 10^{24}$ átomos de Fe nessa amostra do metal.

Seção 29.3

Quantidade de matéria (n)

Objetivos

- Reconhecer mol como uma unidade do SI.
- Definir mol.
- Perceber a importância do valor $6 \cdot 10^{23}$ na relação entre massas de entidades microscópicas (átomos, moléculas e íons) e massas de amostras macroscópicas.

A tabela abaixo mostra as sete unidades de base do Sistema Internacional de Unidades (SI).

Grandeza	Unidade	Símbolo
Comprimento	metro	m
Massa	quilograma	kg
Tempo	segundo	s
Corrente elétrica	ampère	A
Temperatura	kelvin	K
Intensidade luminosa	candela	Cd
Quantidade de matéria	mol	mol

Dentre as grandezas mencionadas, a Química tem particular interesse na grandeza quantidade de matéria.

Vimos anteriormente que o número $6 \cdot 10^{23}$ será bastante útil para relacionar massas de entidades microscópicas com massas medidas macroscopicamente.

Qual será então a importância da grandeza quantidade de matéria nesse contexto?

Na feira é costume trabalhar com "pacotes", ou seja, a dúzia.

Para que os químicos possam especificar o número de átomos em uma amostra não como átomos individuais, mas preferencialmente em termos de "pacotes" contendo um determinado número de átomos, foi criada uma grandeza denominada **"quantidade de matéria"**. Enfim, uma grandeza que possibilita aos químicos trabalhar com um número fixo de entidades!

A unidade SI para a grandeza quantidade de matéria é o **mol**.

Lembre-se de que o quilograma é o padrão da grandeza massa. Já o mol é o padrão da grandeza quantidade de matéria.

Anteriormente, a grandeza quantidade de matéria era denominada número de mols.

> O mol é definido como "a quantidade de matéria de um sistema que contém tantas unidades elementares quantos forem os átomos contidos em 0,012 kg (12 g) de carbono-12".

E quantos são os átomos contidos em 0,012 kg de carbono-12?

Observe neste exemplo que utiliza o elemento carbono a importância de **relacionar u** com **g**:

$$1\ g = 6 \cdot 10^{23}\ u$$

12 g de C = ? átomos

A tabela periódica nos informa que: ma(C) = 12 u (1 átomo)

$12 \cdot g = 12 \cdot 6 \cdot 10^{23} \cdot u$ (substituímos g por $6 \cdot 10^{23} \cdot u$)

$12 \cdot 6 \cdot 10^{23} \cdot u = 6 \cdot 10^{23} \cdot 12 \cdot u$

$6 \cdot 10^{23} \cdot \underbrace{12 \cdot u}$ = massa de $6 \cdot 10^{23}$ átomos de C

Esta é a massa de um único átomo de carbono

Resposta: 12 g (ou 0,012 kg) correspondem à massa de $6 \cdot 10^{23}$ átomos de C.

Quantidade de matéria é expressa na unidade mol

O mol é definido como "a quantidade de matéria de um sistema que contém $6 \cdot 10^{23}$ unidades elementares".

Pela definição, qualquer quantidade de matéria que contenha $6 \cdot 10^{23}$ entidades elementares é 1 mol. Assim, pode-se ter 1 mol de átomos, de moléculas, de íons, de prótons, de elétrons, ou de outras partículas etc.

O emprego desta definição de mol tornou obsoletos e colocou em desuso diversos termos, como número de mols, número de moléculas-grama, número de átomos-grama (todos substituídos por quantidade de matéria).

Em certo hipermercado há, ao todo, $3 \cdot 10^5$ embalagens de produtos. Você é capaz de dizer a quantidade em mols de embalagens de produtos que há nesse hipermercado?

1 Átomos: do micro ao macro

O que acontece quando substituímos u por grama?

Usando o mesmo raciocínio empregado anteriormente vamos resolver um problema:

Determine o número de átomos em 27 g de alumínio.

27 g de $A\ell$ = ? átomos

A tabela periódica nos informa que: $ma(A\ell) = 27$ u (1 átomo)

$27 \cdot g = 27 \cdot 6 \cdot 10^{23} \cdot u$ (substituímos g por $6 \cdot 10^{23} \cdot u$)

$27 \cdot 6 \cdot 10^{23} \cdot u = 6 \cdot 10^{23} \cdot 27 \cdot u$

$6 \cdot 10^{23} \cdot \underbrace{27 \cdot u}$ = massa de $6 \cdot 10^{23}$ átomos de $A\ell$

Esta é a massa de um único átomo de alumínio

Resposta: 27 g correspondem à massa de $6 \cdot 10^{23}$ átomos de $A\ell$.

Mais um problema:

Determine o número de átomos em 40 g de cálcio.

40 g de Ca = ? átomos

A tabela periódica nos informa que: $ma(Ca) = 40$ u (1 átomo)

$40 \cdot g = 40 \cdot 6 \cdot 10^{23} \cdot u$ (substituímos g por $6 \cdot 10^{23} \cdot u$)

$40 \cdot 6 \cdot 10^{23} \cdot u = 6 \cdot 10^{23} \cdot 40 \cdot u$

$6 \cdot 10^{23} \cdot \underbrace{40 \cdot u}$ = massa de $6 \cdot 10^{23}$ átomos de Ca

Esta é a massa de um único átomo de cálcio

Resposta: 40 g correspondem à massa de $6 \cdot 10^{23}$ átomos de Ca.

Quando substituímos u por grama, o valor numérico da massa atômica, que correspondia à massa de um átomo, passa a corresponder à massa de 1 mol de átomos ($6 \cdot 10^{23}$ átomos).

Exemplos:

ma(Aℓ) = 27 u → é a massa de 1 átomo de alumínio

27 g de Aℓ → é a massa de 1 mol ($6 \cdot 10^{23}$) de átomos de alumínio

ma(Ca) = 40 u → é a massa de 1 átomo de cálcio

40 g de Ca → é a massa de 1 mol ($6 \cdot 10^{23}$) de átomos de cálcio

Cada amostra consiste em 1 mol de átomos do elemento. No sentido horário desde o centro em cima estão 32 g de enxofre, 201 g de mercúrio, 207 g de chumbo, 64 g de cobre e 12 g de carbono.

Agora será possível calcular o número de átomos presentes em uma determinada amostra de massa conhecida, ou determinar a massa de um único átomo expressa em gramas.

EXERCÍCIOS ESSENCIAIS

A tabela periódica é instrumento de consulta!

1 Uma bolinha de gude tem massa 5 g. Se fosse possível ter um carregamento de 1 mol dessas bolinhas para ser transportado:

a) Qual seria a massa desse carregamento?

b) Se uma determinada carreta pode transportar 20 t, quantas viagens essa carreta teria de fazer para transportar todas as bolinhas?

c) Suponha que essa carreta possa fazer 3.000 viagens por ano (isso corresponderia, por exemplo, a 10 viagens por dia, 300 dias ao ano). Quantos anos a carreta deveria trabalhar para dar conta de levar toda a carga?

2 Um organismo humano contém algo em torno de uma centena de trilhão de células (10^{14} células). Na virada do século, a população mundial era de seis bilhões de pessoas ($6 \cdot 10^{9}$ pessoas). Quantas células humanas havia na virada do século?

3 Com base na questão anterior, responda: na virada do século, qual a quantidade em mols de células humanas?

4 Admita que os grãos de areia tenham a massa de 2 mg. Qual seria a massa de um mol de grãos de areia?

5 A massa do planeta Terra é $6 \cdot 10^{27}$ g. Qual a quantidade em mols de grãos de areia que teria uma massa igual à do planeta Terra?

6 Estima-se que o número de estrelas na Via Láctea (a galáxia em que se insere o sistema solar) seja $4 \cdot 10^{11}$. Isso equivale a quantos mols de estrelas?

7 Uma pilha com mil folhas de papel sulfite tem 10 cm de altura.
Imagine que fosse possível fazer uma pilha com um mol de folhas de sulfite.

a) Qual seria a altura dessa pilha, em quilômetros (km)?

b) Sabe-se que, em um ano, a luz percorre $9{,}5 \cdot 10^{12}$ km (essa distância é denominada *ano-luz*).
Quantos anos a luz levaria para percorrer a distância correspondente à altura da pilha de folhas de sulfite?

8 Calcule o número de átomos presentes nas seguintes amostras:

a) 5,4 g de alumínio;

b) $197 \cdot 10^{-2}$ g de ouro;

c) $9{,}2 \cdot 10^{2}$ g de sódio.

9 Calcule a quantidade de matéria presente em cada um dos casos do exercício anterior.

10 Sabendo-se que a massa atômica do magnésio é igual a 24 u, determine a massa, expressa em gramas, de um único átomo de magnésio.

11 Dentre as amostras listadas abaixo, indique aquela que possui a maior quantidade de matéria:

a) 10,8 g de prata;

b) 4,0 g de cálcio;

c) 20,7 g de chumbo.

12 Um balão infantil foi preenchido com 0,8 g de gás hélio. No interior desse balão há quantos:

a) mols de átomos de hélio?

b) átomos de hélio?

13 A palha de aço é constituída essencialmente de ferro metálico. Num pedaço de palha de aço há 0,15 mol de ferro. Faça uma estimativa da massa dessa amostra.

14 Que massa do metal prata contém a mesma quantidade em mols de átomos que existe em 19,7 g de ouro?

15 Há mais átomos em 5 g de crômio ou em 15 g de chumbo?

16 (Fatec-SP) A química bioinorgânica pode ser tentativamente definida como a parte da química que estuda os elementos químicos dentro do contexto especial dos organismos vivos, sejam eles essenciais à vida, ou necessários em pequeníssima escala.

A função básica dos íons sódio e potássio é a de contrabalancear as cargas negativas associadas a grupos funcionais orgânicos em proteínas, além de manter a pressão osmótica dentro de nossas células, evitando que elas entrem em colapso.

(Stanlei Ivair Klein – iq.unesp.)

Com relação ao sódio e ao potássio, são feitas as seguintes afirmações:

I. o potássio é um metal alcalino-terroso de elevado potencial de ionização;

II. o sódio forma com o flúor um composto iônico de fórmula NaF;

III. o potássio forma cátion monovalente, que é isoeletrônico do átomo de argônio;

IV. 11 g de sódio contêm 1 mol de átomos de sódio.

Dados: números atômicos:

Na = 11; F = 9; Ar = 18; K = 19.

Está correto o contido apenas em:

a) I.

b) I e II.

c) II e III.

d) III e IV.

e) I, III e IV.

Conteúdo digital Moderna PLUS http://www.modernaplus.com.br
Exercícios adicionais

2 Moléculas: do micro ao macro

O que acontece quando substituímos u por grama

De modo análogo aos cálculos feitos envolvendo átomos, vejamos alguns exemplos envolvendo moléculas:

Determine o número de moléculas em 18 g de água.

18 g de H_2O = ? moléculas

Usando dados da tabela periódica, calculamos que:

m(H_2O) = 18 u (1 molécula)

$18 \cdot g = 18 \cdot 6 \cdot 10^{23} \cdot u$ (substituímos g por $6 \cdot 10^{23} \cdot u$)

$18 \cdot 6 \cdot 10^{23} \cdot u = 6 \cdot 10^{23} \cdot 18 \cdot u$

$6 \cdot 10^{23} \cdot \underbrace{18 \cdot u}$ = massa de $6 \cdot 10^{23}$ moléculas de H_2O

Esta é a massa de uma única molécula de água

Resposta: 18 g correspondem à massa de $6 \cdot 10^{23}$ moléculas de H_2O.

Usando o mesmo raciocínio para contagem de átomos você poderá também contar moléculas, dada uma massa conhecida de substância.

Determine o número de moléculas em 342 g de sacarose ($C_{12}H_{22}O_{11}$).

342 g de $C_{12}H_{22}O_{11}$ = ? moléculas

Usando dados da tabela periódica, calculamos que:

m($C_{12}H_{22}O_{11}$) = 342 u (1 molécula)

$342 \cdot g = 342 \cdot 6 \cdot 10^{23} \cdot u$ (substituímos g por $6 \cdot 10^{23} \cdot u$)

$342 \cdot 6 \cdot 10^{23} \cdot u = 6 \cdot 10^{23} \cdot 342 \cdot u$

$6 \cdot 10^{23} \cdot \underbrace{342 \cdot u}$ = massa de $6 \cdot 10^{23}$ moléculas de $C_{12}H_{22}O_{11}$.

Esta é a massa de uma única molécula de sacarose

Resposta: 342 g correspondem à massa de $6 \cdot 10^{23}$ moléculas de $C_{12}H_{22}O_{11}$.

Determine o número de moléculas em 98 g de ácido sulfúrico (H_2SO_4).

98 g de H_2SO_4 = ? moléculas

Usando dados da tabela periódica calculamos que:

$m(H_2SO_4) = 98\ u$ (1 molécula)

$98 \cdot g = 98 \cdot 6 \cdot 10^{23} \cdot u$ (substituímos g por $6 \cdot 10^{23} \cdot u$)

$98 \cdot 6 \cdot 10^{23} \cdot u = 6 \cdot 10^{23} \cdot \mathbf{98 \cdot u}$

$6 \cdot 10^{23} \cdot \underbrace{98 \cdot u}$ = massa de $6 \cdot 10^{23}$ moléculas de H_2SO_4

Esta é a massa de uma única molécula de ácido sulfúrico

Resposta: 98 g correspondem à massa de $6 \cdot 10^{23}$ moléculas de H_2SO_4.

Já estamos quase aptos para resolver o problema do derramamento do ácido sulfúrico.

Quando substituímos u por grama, o valor numérico da massa molecular, que correspondia à massa de uma molécula, passa a corresponder à massa de 1 mol de moléculas ($6 \cdot 10^{23}$ moléculas).

Exemplos:

$m(H_2O) = 18\ u$ → é a massa de 1 molécula de água

18 g de H_2O → é a massa de $6 \cdot 10^{23}$ moléculas de água

$m(C_{12}H_{22}O_{11}) = 342\ u$ → é a massa de 1 molécula de sacarose

342 g de $C_{12}H_{22}O_{11}$ → é a massa de $6 \cdot 10^{23}$ moléculas de sacarose

Na foto abaixo se encontram quatro substâncias dentro dos béqueres. A massa de cada uma delas corresponde à respectiva massa molecular expressa em gramas.

Cada uma dessas amostras contém uma quantidade de substância correspondente a 1 mol, conforme mostrado a seguir:

18 g de água → um mol de moléculas H_2O → $6 \cdot 10^{23}$ moléculas H_2O

46 g de álcool → um mol de moléculas C_2H_6O → $6 \cdot 10^{23}$ moléculas C_2H_6O

180 g de glicose → um mol de moléculas $C_6H_{12}O_6$ → $6 \cdot 10^{23}$ moléculas $C_6H_{12}O_6$

342 g de sacarose → um mol de moléculas $C_{12}H_{22}O_{11}$ → $6 \cdot 10^{23}$ moléculas $C_{12}H_{22}O_{11}$

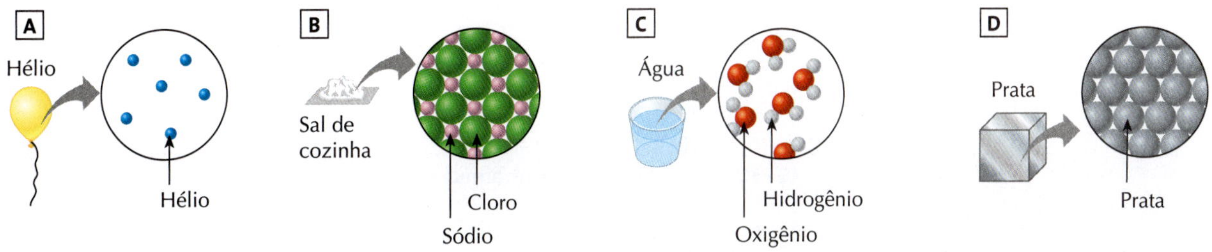

Para o perfeito entendimento desta unidade, convém lembrar (veja unidade E), que os átomos de gases nobres não têm tendência a se combinar quimicamente. Já os átomos dos demais elementos tendem a unir-se formando substâncias iônicas, moleculares ou metálicas, conforme o caso. O hélio, A, é um exemplo de gás nobre. No sal de cozinha, B, há íons sódio e íons cloreto formando um retículo cristalino iônico. Na água, C, há átomos de hidrogênio e oxigênio unidos por ligação covalente formando moléculas. E na prata, D, os átomos de prata se unem por ligação metálica, formando um retículo cristalino metálico. Os átomos e os íons estão representados por esferas em cores fantasiosas e em tamanho ampliado alguns milhões de vezes.

Enfim, agora é possível generalizar o que acontece quando substituímos u por grama, seja para átomos, moléculas ou íons:

> Se, partindo da massa de 1 átomo, 1 molécula ou 1 íon (uma entidade) expressa em u, substituirmos u por g, mantendo o mesmo número, passaremos a não ter mais a massa de um só átomo, molécula ou íon (entidades), mas sim de 1 mol ($6 \cdot 10^{23}$) de átomos, moléculas ou íons.

A massa de um único átomo de alumínio ($A\ell$) é 27 u e a massa de $6 \cdot 10^{23}$ átomos de alumínio é 27 g.

A massa de uma única molécula de amônia (NH_3) é 17 u e a massa de $6 \cdot 10^{23}$ moléculas de amônia é 17 g.

A massa de um único íon sulfeto (S^{2-}) é 32 u e a massa de $6 \cdot 10^{23}$ íons sulfeto é 32 g.

A massa de um par de íons $[Na^+]$ $[C\ell^-]$ (também chamada **massa fórmula** do $NaC\ell$) é 58,5 u e a massa de $6 \cdot 10^{23}$ pares de íons $[Na^+]$ $[C\ell^-]$ é 58,5 g.

3 Do nível atômico ao nível macroscópico

Vamos usar como exemplo a substância água, constituída por moléculas H_2O. Uma molécula de água, H_2O, é formada por dois átomos de hidrogênio e um átomo de oxigênio. Em nível laboratorial (macroscópico) se trabalha com 1 mol de moléculas de H_2O (18 g), que é constituído por 2 mol de átomos de hidrogênio (2 g) e 1 mol de átomos de oxigênio (16 g). Observe a comparação no esquema abaixo:

Fórmula química	H_2O	consite em	2 H	e	1 O
Nível atômico	1 molécula (18 u)		2 átomos de H $2 \cdot (1\ u)$		1 átomo de O (16 u)
	↓ $\times 6 \cdot 10^{23}$		↓ $\times 6 \cdot 10^{23}$		↓ $\times 6 \cdot 10^{23}$
Amostra em escala de laboratório (em gramas)	$6 \cdot 10^{23}$ moléculas H_2O 1 mol de moléculas H_2O 18 g de H_2O		$2(6 \cdot 10^{23})$ átomos H 2 mol de átomos H 2 g de H		$6 \cdot 10^{23}$ átomos O 1 mol de átomos O 16 g de O

Agora que aprendemos a relacionar massas do nível microscópico com massas do nível macroscópico, podemos colocar em prática nossos conhecimentos para resolver o exemplo citado na página 413, que envolve a neutralização do ácido sulfúrico derramado na estrada.

A neutralização do ácido pela cal é representada pela seguinte equação:

$$1\ H_2SO_4 + 1\ CaO \rightarrow 1\ CaSO_4 + 1\ H_2O$$

Proporção: 1 entidade + 1 entidade → 1 entidade + 1 entidade

98 u —neutraliza— 56 u

↓ ($6 \cdot 10^{23}$) ⇒ Para adentrarmos ao mundo macro...

98 g —neutraliza— 56 g

19,6 t —neutraliza— x

x = 11,2 t

Através desses cálculos os químicos chegam à conclusão de que para neutralizar 19,6 t de H_2SO_4 são necessárias 11,2 t de CaO (s).

EXERCÍCIOS ESSENCIAIS

EXERCÍCIO RESOLVIDO

17 Imagine que um copo contenha 252 g de água e esse conteúdo seja bebido por uma pessoa em 7 goles.

a) Qual a massa de água ingerida, em média, em cada gole, admitindo-se que todos os goles sejam "iguais"?

b) Quantas moléculas são engolidas em um único gole?

Resolução

a) Dividindo 252 por 7, chegamos a 36 g como a massa média do gole.

b) **Grandezas:** **Massa** **Número de moléculas**

$$\left.\begin{array}{l} 18\text{ g} — 6 \cdot 10^{23}\text{ moléculas} \\ 36\text{ g} — \quad x \end{array}\right\} \Rightarrow$$

$$\Rightarrow \boxed{x = 1{,}2 \cdot 10^{24}\text{ moléculas}}$$

18 Calcule o número de moléculas presentes nas seguintes amostras:

a) 3,6 g de água (H_2O);

b) $98 \cdot 10^{-3}$ g de ácido sulfúrico (H_2SO_4);

c) $180 \cdot 10^2$ g de glicose ($C_6H_{12}O_6$).

19 Sabendo-se que a massa molecular da água é igual a 18 u, determine a massa expressa em gramas de uma única molécula H_2O.

EXERCÍCIO RESOLVIDO

20 (Furg-RS) Qual a quantidade de matéria em átomos de hidrogênio que está presente em um mol do composto benzoato de amônio ($NH_4C_7H_5O_2$)?

a) 4 mol.
b) 5 mol.
c) 9 mol.
d) $5{,}4 \cdot 10^{24}$ mol.
e) 11 mol.

Resolução

$NH_4C_7H_5O_2$

Em um mol do composto há nove mols de hidrogênio.

Alternativa **c**.

21 Dentre as amostras listadas abaixo, indique aquela que possui a maior quantidade de matéria.

a) 7,2 g de água (H_2O);

b) $342 \cdot 10^{-3}$ g de sacarose ($C_{12}H_{22}O_{11}$);

c) $4{,}4 \cdot 10^4$ g de gás carbônico (CO_2).

22 Coloque as amostras do exercício anterior em ordem crescente do número de átomos.

23 Indique a quantidade de matéria, expressa em mol de átomos, para cada uma das amostras relacionadas no exercício anterior.

24 Um extintor de incêndio destinado a uso em equipamentos elétricos contém 5.060 g de dióxido de carbono (CO_2). Quantos mols de moléculas dessa substância há no extintor?

25 (Ceub-DF) Em uma amostra de 4,3 g de hexano (C_6H_{14}) encontramos aproximadamente:

a) $6{,}00 \cdot 10^{23}$ moléculas e $1{,}20 \cdot 10^{25}$ átomos.
b) $3{,}00 \cdot 10^{22}$ moléculas e $6{,}00 \cdot 10^{23}$ átomos.
c) $3{,}00 \cdot 10^{23}$ moléculas e $6{,}00 \cdot 10^{24}$ átomos.
d) $1{,}50 \cdot 10^{23}$ moléculas e $3{,}00 \cdot 10^{24}$ átomos.
e) $1{,}50 \cdot 10^{22}$ moléculas e $3{,}00 \cdot 10^{23}$ átomos.

26 (FEI-SP) Determine o número de átomos de hidrogênio contidos em 100,0 g de álcool etílico (C_2H_6O).

27 (UFRRJ) Um balão de oxigênio contendo $3{,}01 \times 10^{26}$ átomos foi completamente utilizado por uma equipe médica durante uma cirurgia. Admitindo-se que havia apenas gás oxigênio neste balão, a massa utilizada do referido gás foi equivalente a: (O = 16)

a) 8,0 kg.
b) 4,0 kg.
c) 12,0 kg.
d) 16,0 kg.
e) 10,0 kg.

28 (Vunesp) No ar poluído de uma cidade, detectou-se uma concentração de NO_2 correspondente a $1{,}0 \times 10^{-8}$ mol/L. Supondo que uma pessoa inale 3 litros de ar, o número de moléculas de NO_2 por ela inalada é:

a) $1{,}0 \times 10^8$.
b) $6{,}0 \times 10^{15}$.
c) $1{,}8 \times 10^{16}$.
d) $2{,}7 \times 10^{22}$.
e) $6{,}0 \times 10^{23}$.

29 (Mackenzie-SP) Dispõe-se de cinco recipientes (fechados), contendo massas iguais de:

Recipiente				
I	II	III	IV	V
H_2	O_2	H_2S	H_2SO_3	$H_2S_2O_3$

Dentre eles, aquele que contém o menor número de moléculas é o recipiente: (H = 1; O = 16; S = 32)

a) I. b) II. c) III. d) IV. e) V.

30 (UFRN) Num balão de vidro, com dois litros de capacidade e hermeticamente fechado, encontra-se uma mistura gasosa constituída por hidrogênio (H_2), hélio (He) e oxigênio (O_2), na qual existe 0,32 g de cada gás componente, nas condições ambientais de temperatura e pressão. A reação de formação de água é iniciada por meio de uma faísca elétrica produzida no interior do balão.

Antes de acontecer a reação de síntese da água, as *quantidades de matéria* dos componentes hidrogênio (H_2) e oxigênio (O_2) na mistura inicial são, **respectivamente**, iguais a:

a) $1{,}0 \times 10^{-2}$ e $8{,}0 \times 10^{-2}$ mol.
b) $8{,}0 \times 10^{-2}$ e $1{,}6 \times 10^{-1}$ mol.
c) $1{,}6 \times 10^{-1}$ e $1{,}0 \times 10^{-2}$ mol.
d) $1{,}0 \times 10^{-2}$ e $1{,}6 \times 10^{-2}$ mol.

Conteúdo digital Moderna PLUS http://www.modernaplus.com.br
Exercícios adicionais

Constante de Avogadro (N_A)

Objetivo

- Conhecer a Constante de Avogadro e sua relação com o conceito de mol.

Termos e conceitos

- **Constante de Avogadro**

A denominação "Constante de Avogadro" é uma homenagem a Amedeo Avogadro (1776-1856), cientista italiano que lançou as ideias básicas que permitiram, com a evolução histórica da Química, a determinação dessa constante, no início do século XX. Algumas informações sobre o trabalho de Avogadro são apresentadas na página 459.

Por menores que sejam, amostras de substâncias são formadas por um número extremamente grande de entidades. A essas amostras está associada uma determinada quantidade de matéria. Existe uma relação de proporcionalidade entre o número de entidades na amostra e sua quantidade de matéria. Dessa forma podemos afirmar que, para qualquer amostra de uma determinada substância, seu número de entidades (N) é diretamente proporcional a sua quantidade de matéria (n).

A constante de proporcionalidade que permite a passagem de quantidade de matéria para número de entidades é conhecida como Constante de Avogadro (N_A).

$$N = N_A \cdot n$$

ou

$$N_A = \frac{N}{n}$$

> A Constante de Avogadro (N_A) é o número de entidades (N) por unidade de quantidade de matéria (n).

Seu valor pode ser medido experimentalmente e o valor obtido é $6{,}02214 \cdot 10^{23}$ mol^{-1}. Ela é frequentemente aproximada para $6 \cdot 10^{23}$, conforme faremos geralmente neste livro.

Observação:

Conhecendo-se a Constante de Avogadro e as massas atômicas, é possível calcular não apenas o número de átomos em uma amostra, mas também o número de moléculas ou de íons, quando for o caso (substância molecular ou substância iônica).

Constante de Avogadro e quantidade de matéria

Em Química a quantidade expressa pela Constante de Avogadro (N_A) aparece com muita frequência. Uma amostra de substância que contenha um número de partículas unitárias igual à Constante de Avogadro de partículas unitárias contém uma quantidade de matéria de partículas unitárias correspondente a **1 mol**.

Assim, um mol de entidades corresponde a um número de entidades igual à Constante de Avogadro:

- Um mol de átomos de carbono são $6 \cdot 10^{23}$ átomos de carbono.
- Um mol de átomos de alumínio são $6 \cdot 10^{23}$ átomos de alumínio.
- Um mol de moléculas de água são $6 \cdot 10^{23}$ moléculas de água.
- Um mol de íons sódio são $6 \cdot 10^{23}$ íons sódio.
- Um mol de elétrons são $6 \cdot 10^{23}$ elétrons.

> A Constante de Avogadro é uma constante com unidade e não um número puro. Seu valor é igual a $6{,}02214 \cdot 10^{23}$ mol^{-1}.

Conteúdo digital Moderna PLUS http://www.modernaplus.com.br
Texto: *Tentando avaliar a dimensão da Constante de Avogadro*

EXERCÍCIOS ESSENCIAIS

A tabela periódica é instrumento de consulta!

EXERCÍCIO RESOLVIDO

31 O silício é um semimetal utilizado na elaboração de componentes eletrônicos. Calcule quantos átomos de silício há em um cristal de 56 mg desse elemento.

Resolução

Uma das utilidades da Constante de Avogadro é no cálculo do número de átomos numa amostra, como ilustra a resolução deste exercício.

Para a resolução montaremos uma regra de três, na qual colocaremos a massa de 56 mg convertida para gramas, ou seja, $5,6 \cdot 10^{-2}$ g. Essa conversão pode ser feita, por exemplo, por meio da seguinte regra de três:

Massa em miligramas		Massa em gramas
1 mg	———	10^{-3} g
56 mg	———	x

$$x = 5,6 \cdot 10^{-2}\ g$$

Consultando a tabela periódica obtemos a massa atômica do silício, 28 u. Portanto, a massa de um mol desse elemento é 28 g e podemos aplicar a ideia de que em 28 g há $6,0 \cdot 10^{23}$ átomos.

Massa em gramas		Número de átomos
28 g	———	$6,0 \cdot 10^{23}$ átomos
$5,6 \cdot 10^{-2}$ g	———	y

$$y = \frac{5,6 \cdot 10^{-2} \cdot 6,0 \cdot 10^{23}}{28} \Rightarrow$$

$$\Rightarrow \boxed{y = 1,2 \cdot 10^{21}\ \text{átomos}}$$

Observação: Se você tem dificuldade no entendimento de potências de dez ou em operações matemáticas com elas, estude e consulte o suplemento Informações para Consulta que acompanha esta obra.

32 Um prego de ferro tem massa de 14 g. Faça uma estimativa de quantos átomos existem nele.

33 Quantos átomos de alumínio há em uma panela que contém 810 g desse metal?

34 Escreva os resultados da questão anterior em palavras (mil, milhão, bilhão, trilhão, quatrilhão etc.).

35 Um anel de "ouro 18 quilates" tem massa total de 2,627 g, sendo que, desse total, 1,970 g é ouro, 0,635 g é cobre e o restante é prata. Determine, nessa joia, qual é:

a) a massa de prata;

b) o número de átomos de ouro;

c) o número de átomos de cobre;

d) a quantidade de matéria de prata;

e) a quantidade de matéria de ouro;

f) a quantidade de matéria de cobre.

36 Numa obturação dentária, um dentista colocou 10 mg de mercúrio misturado com pequenas quantidades de outros metais (estanho, prata etc.). Faça uma avaliação de quantos átomos de mercúrio estão presentes nessa obturação.

37 Esta questão pretende mostrar que, mesmo nas balanças muito sensíveis, o que se determina ao pesar um objeto macroscópico é a massa de um enorme conjunto de átomos. Uma balança bastante sensível, usada em laboratórios, é capaz de medir massas da ordem de $1,0 \cdot 10^{-6}$ g. Essa massa corresponde, aproximadamente, à massa de quantos átomos de:

a) lítio? b) magnésio? c) mercúrio?

EXERCÍCIO RESOLVIDO

38 (UFV-MG) O cloreto de vinila ($C_2H_3C\ell$) é matéria-prima para muitos plásticos (PVC) e fibras. Em 93,75 g de cloreto de vinila, determine:

(Constante de Avogadro = $6 \cdot 10^{23}\ mol^{-1}$)

a) a quantidade em mol de moléculas de $C_2H_3C\ell$

b) a quantidade em mol de átomos de carbono

c) o número de átomos de carbono

Resolução

a) Grandezas:

Massa de $C_2H_3C\ell$		Quantidade em mols de $C_2H_3C\ell$
62,5 g	———	1 mol
93,75 g	———	x

$$\Rightarrow \boxed{x = 1,5\ mol}$$

b) Grandezas:

Quantidade em mols de $C_2H_3C\ell$		Quantidade em mols de C
1 mol	———	2 mol
1,5 mol	———	y

$$\Rightarrow \boxed{y = 3\ mol}$$

c) Grandezas:

Quantidade em mols de C		Número de átomos de C
1 mol	———	$6 \cdot 10^{23}$ átomos
3 mol	———	z

$$\Rightarrow \boxed{z = 1,8 \cdot 10^{24}\ \text{átomos}}$$

39 Aproximadamente quantas vezes um átomo de enxofre é mais pesado que um átomo de oxigênio?

40 Aproximadamente quantas vezes um átomo de mercúrio é mais pesado que um átomo de hélio?

41 Comente a seguinte afirmação, dizendo se concorda ou não com ela: "As moléculas são mais pesadas que os átomos".

42 A massa de um bilhão (10^9) de moléculas de álcool comum (C_2H_6O) poderia ser determinada com uma balança cuja sensibilidade máxima é 0,1 mg?

Justifique. (Dizer que a "sensibilidade máxima" da balança é 0,1 mg significa dizer que essa é a **menor** massa que ela consegue medir. Em outras palavras, a balança não tem sensibilidade para detectar uma massa inferior a essa.)

43 A água é a substância presente em maior quantidade em nosso organismo. Num ser humano, cerca de 60% da massa corporal se deve à água. Faça uma estimativa de quantas moléculas de água tomam parte do corpo de uma pessoa de 60 kg.

44 Além do silício, o germânio é outro semimetal empregado em eletrônica. Para serem usados em determinados componentes, cristais de germânio são purificados até que apenas um átomo em cada bilhão (10^9) seja impureza, isto é, seja átomo de outro elemento. Faça uma estimativa de quantos átomos não são de germânio em um cristal de 73 mg desse elemento.

Silício e germânio são elementos empregados na fabricação de alguns componentes eletrônicos.

45 O DDT é um inseticida cujo uso foi muito difundido no passado, mas que, em função do risco que representa para o ambiente, foi proibido total ou parcialmente em muitos lugares do mundo. Trata-se de uma substância pouco solúvel em água; o máximo de DDT que se dissolve em cada litro de água é $1,0 \cdot 10^{-6}$ g. A massa de uma molécula de DDT é 354 u. Aproximadamente quantas moléculas de DDT podem se dissolver, no máximo, em um litro de água?

46 O tetracloreto de carbono, $CC\ell_4$, é um líquido incolor altamente tóxico, que foi muito usado nas lavanderias para fazer lavagem "a seco" (lavagem com outros solventes, que não a água), antes que se confirmasse sua toxicidade.

Em laboratórios e indústrias, ainda é muito usado como solvente. Sua utilização requer cuidados especiais para que os vapores não sejam inalados.

Considere, para efeito de cálculo, que a densidade desse líquido seja 1,54 g/cm^3. Quantas moléculas existem em uma embalagem de um litro de tetracloreto de carbono?

47 A principal função da hemoglobina no organismo humano é o transporte sanguíneo de oxigênio. Sua molécula, que tem massa 65.000 u, é formada por mais de nove mil átomos.

Avalie a seguinte afirmação, encontrada em um trabalho escolar: "A hemoglobina é muito importante para a saúde. Cerca de um mol dela está presente no sangue de uma pessoa".

48 Quantas vezes uma molécula de glicose, $C_6H_{12}O_6$, é mais pesada que uma molécula de água?

Conteúdo digital Moderna PLUS http://www.modernaplus.com.br
Exercícios adicionais

Capítulo

30 Massa molar

Cada 197 g de ouro contêm $6 \cdot 10^{23}$ átomos do metal. A massa molar do ouro é, portanto, 197 g/mol.

A massa molar é um dos dados mais importantes em procedimentos numéricos da Química. Ela pode ser determinada consultando-se a tabela periódica.

Seção 30.1

Massa molar (M)

Objetivo

- **Conceituar massa molar.**

Termos e conceitos

- massa molar
- elemento químico
- íon
- substância molecular
- substância iônica
- substância metálica

Para qualquer amostra de substância, sua massa (m) é diretamente proporcional a sua quantidade de matéria (n), isto é:

$$m = M \cdot n$$

A constante de proporcionalidade que permite calcular a massa de certa quantidade de matéria é chamada "massa molar" (M). A massa molar é a *massa da substância* por *unidade de quantidade de matéria*.

Assim, $m = M \cdot n$ ou então $M = \frac{m}{n}$

Exemplos:

$m(CO_2) = 44{,}0$ u

Para n = 1 mol, m = 44 g

$$M = \frac{m(\text{gramas})}{n(\text{mol})}$$

$M(CO_2) = 44{,}0$ g/mol

Significado: 1 mol de CO_2 tem massa de 44,0 g.

Massa molar de determinada entidade química é a massa de um mol de unidades dessa entidade química. A massa molar pode se referir a moléculas, átomos, íons, elétrons etc.:

- **Para elemento químico** – é a massa de um mol de átomos desse elemento.

$$M(C) = 12 \text{ g/mol}; \quad M(A\ell) = 27 \text{ g/mol}$$

- **Para substância molecular** – é a massa de um mol de moléculas dessa substância.

$$M(H_2O) = 18 \text{ g/mol}; \quad M(NH_3) = 17 \text{ g/mol}$$

- **Para íon** – é a massa de um mol desse íon.

$$M(Na^+) = 23 \text{ g/mol}$$

- **Para substância iônica** – é a massa de um mol de fórmulas, ou seja, o conjunto de íons que figura na fórmula usada para representar a substância.

$$M\,[Na^+]\,[C\ell^-] = 58{,}5 \text{ g/mol}; \quad M\,[Ca^{2+}]\,[F^-]_2 = 78{,}1 \text{ g/mol}$$

- **Para substância metálica** – é a massa de um mol de átomos do elemento metálico na forma de substância.

$$M(A\ell) = 27 \text{ g/mol}$$

A expressão correta para se referir à massa de uma porção de substância cuja quantidade de matéria é um mol é **massa molar** (M).

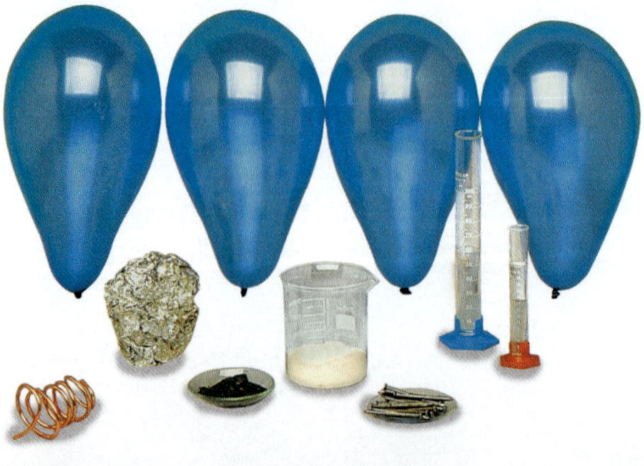

Nesta foto há 1 mol de cada uma das seguintes substâncias: ferro (pregos), carbono (grafite pulverizado), cobre (fio), alumínio (papel alumínio amassado), cloreto de sódio (pó branco), água (proveta menor), acetona (C_3H_6O, proveta maior) e gás carbônico (balões).

Seção 30.2

De massas atômicas a massas molares usando a tabela periódica

Objetivo

▸ Determinar, consultando a tabela periódica, a massa molar de elemento e, consequentemente, de íon e de substância.

Como sabemos, na tabela periódica encontram-se os valores das massas atômicas dos elementos. Para converter esses valores na respectiva massa molar basta substituir **u** (1 entidade) por **g · mol^{-1}** (1 mol de entidades). O esquema abaixo mostra como isso é feito:

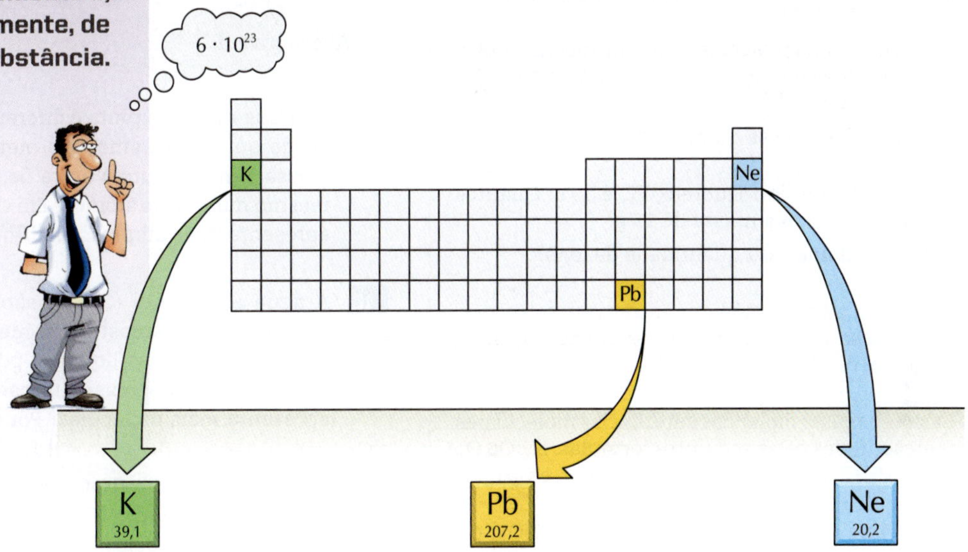

ma(K) = 39,1 u é a massa média de 1 átomo de K

M(K) = 39,1 g · mol^{-1}
39,1 g é a massa de $6 \cdot 10^{23}$ átomos, ou seja, de 1 mol

ma(Pb) = 207,2 u é a massa média de 1 átomo de Pb

M(Pb) = 207,2 g · mol^{-1}
207,2 g é a massa de $6 \cdot 10^{23}$ átomos, ou seja, de 1 mol

ma(Ne) = 20,2 u é a massa média de 1 átomo de Ne

M(Ne) = 20,2 g · mol^{-1}
20,2 g é a massa de $6 \cdot 10^{23}$ átomos, ou seja, de 1 mol

Utilidade da Constante de Avogadro (N_A) e da massa molar (M)

Um dos problemas enfrentados por alguns químicos do passado foi a determinação de quantos átomos existem numa certa amostra de matéria.

Com a determinação experimental da Constante de Avogadro (ou, de modo equivalente, da relação numérica entre grama e unidade de massa atômica), esse problema pôde ser resolvido.

Conhecendo-se a Constante de Avogadro e as massas atômicas (ou, alternativamente, as massas molares), é possível calcular não apenas o número de átomos em uma amostra, mas também o número de moléculas ou de íons, quando for o caso (substância molecular ou substância iônica).

Os exercícios a seguir ilustram algumas das inúmeras possibilidades de cálculos viabilizados pelo conhecimento dessas grandezas.

Lembre-se de procurar na tabela periódica os dados de que necessitar.

Conteúdo digital Moderna PLUS http://www.modernaplus.com.br
Texto: *Contando átomos*

EXERCÍCIOS ESSENCIAIS

A tabela periódica é instrumento de consulta!

1 Na tabela periódica encontramos a informação de que a massa atômica do elemento hélio é 4 u. Numa amostra de 4 g desse elemento, quantos átomos estão presentes?

Como se chama essa quantidade de átomos?

2 A massa de uma molécula de gás nitrogênio é 28 u. Quantas moléculas existem numa amostra de 28 g dessa substância?

Como se chama essa quantidade de moléculas?

3 A massa de um íon fluoreto, F^-, é 19 u. Quantos íons fluoreto têm a massa de 19 g?

Como se chama essa quantidade de íons?

4 Consulte a tabela periódica e escreva em seu caderno a massa molar dos seguintes elementos: lítio, oxigênio, nitrogênio, cloro, cálcio e ferro.

5 Calcule a massa molar das substâncias moleculares representadas pelas seguintes fórmulas: N_2, O_2, O_3, H_2O, CH_4, CO_2, SO_2, SO_3, $C\ell_2$, H_2SO_4, HNO_3 e $C_6H_{12}O_6$.

6 Determine a massa molar do íon nitrato (NO_3^-) e a massa molar do íon sulfato (SO_4^{2-}).

7 O carbonato de cálcio, $CaCO_3$, substância iônica formada pelos íons cálcio e pelos íons carbonato, é o principal constituinte do calcário e do mármore. Qual é a massa molar do $CaCO_3$?

EXERCÍCIO RESOLVIDO

8 (Vunesp) No preparo de um material semicondutor, uma matriz de silício ultrapuro é impurificada com quantidades mínimas de gálio, através de um processo conhecido como dopagem. Numa preparação típica, foi utilizada uma massa de 2,81 g de silício ultrapuro, contendo $6{,}0 \cdot 10^{22}$ átomos de Si. Nesta matriz, foi introduzido gálio suficiente para que o número de seus átomos fosse igual a 0,01% do número de átomos de silício. Sabendo que a massa molar do gálio vale 70 g/mol e a Constante de Avogadro vale $6{,}0 \cdot 10^{23}\ mol^{-1}$, a massa de gálio empregada na preparação é igual a:

a) 70 g.
b) 0,70 g.
c) 0,0281 g.
d) $7{,}0 \cdot 10^{-4}$ g.
e) $6{,}0 \cdot 10^{-23}$ g.

Resolução

Grandezas:	Número de átomos		Porcentagem
	$6{,}0 \cdot 10^{22}$ átomos	———	100%
	x	———	0,01%

$\Rightarrow x = 6{,}0 \cdot 10^{18}$ átomos

Grandezas:	Número de átomos		Massa
	$6{,}0 \cdot 10^{23}$ átomos	———	70 g
	$6{,}0 \cdot 10^{18}$ átomos	———	y

$\Rightarrow \boxed{y = 7{,}0 \cdot 10^{-4}\ g}$

Alternativa **d**.

9 A massa molar da prata é diferente da massa molar do ouro. Duas amostras metálicas de mesma massa, uma de ouro e outra de prata, possuem o mesmo número de átomos? Em caso negativo, qual apresenta mais átomos? Justifique.

10 A água e o etanol (C_2H_6O) são ambos líquidos incolores. Duas amostras de mesma massa, uma de cada um desses líquidos, possuem o mesmo número de moléculas? Em caso negativo, qual apresenta mais moléculas? Por quê?

11 O cloreto de sódio ($NaC\ell$) é formado pelos íons sódio (Na^+) e cloreto ($C\ell^-$). O cloreto de potássio ($KC\ell$) é formado pelos íons potássio (K^+) e cloreto ($C\ell^-$). Ambos são sólidos brancos. Duas amostras de mesma massa, uma de cada um desses sais, possuem o mesmo número total de íons? Em caso negativo, qual apresenta mais íons? Explique como você concluiu.

12 **O mercado do ouro**

Existem no mundo aproximadamente 125 mil toneladas de ouro garimpado. A produção anual das minas gira atualmente em torno de 2.200 toneladas e vem apresentando um crescimento médio de 4,3% ao ano na última década.

O contrato mais negociado hoje é o padrão (250 gramas) à vista (disponível).

Em determinados dias, ele representa 100% dos negócios fechados. O lote padrão negociado é de 249,75 gramas de ouro fino, correspondente a uma barra de 250 gramas. O teor de pureza é de 999 partes de ouro puro para cada 1.000 partes de metal.

As cotações são sempre em reais por grama, e não há um limite de oscilação diária, exceto se, excepcionalmente, a BM&F decidir fixar algum teto. A liquidação financeira (pagamento) pelo comprador será efetuada no dia útil seguinte ao da operação no pregão.

Suponha que um determinado investidor tenha guardado o equivalente a 25 L de ouro. Conhecendo-se os seguintes dados: massa molar do ouro = 197 g · mol^{-1}; Constante de Avogadro = $6 \cdot 10^{23}$ mol^{-1}; densidade do ouro = 19,3 g · cm^{-3}; o grama do ouro = R$ 50,00, responda às perguntas abaixo:

a) a massa de ouro guardada pelo investidor;

b) o valor em reais correspondente aos 25 L de ouro;

c) a quantidade de matéria presente nos 25 L de ouro.

EXERCÍCIO RESOLVIDO

13 O acetileno, C_2H_2, é um gás usado como combustível em maçaricos para soldar metal. Um serralheiro comprou um bujão de acetileno, no qual há 13 kg dessa substância.

a) Qual é a massa molar do acetileno?

b) Quantas moléculas do gás o serralheiro comprou?

Resolução

a) Consultando a tabela periódica, temos que a massa atômica do carbono é 12 u e a do hidrogênio é 1 u. Assim, a massa molecular do C_2H_2 é 26 u, o que implica uma massa molar de 26 g/mol.

b) Em 26 g de C_2H_2 (1 mol) há $6,0 \cdot 10^{23}$ moléculas.

Assim:

Massa em gramas		Número de moléculas
26 g	———	$6,0 \cdot 10^{23}$ moléculas
$1,3 \cdot 10^4$ g	———	x

$$x = \frac{1,3 \cdot 10^4 \cdot 6,0 \cdot 10^{23}}{26} \Rightarrow \boxed{x = 3,0 \cdot 10^{26} \text{ moléculas}}$$

14 A gasolina é uma mistura de muitas substâncias diferentes, a maioria das quais é constituída apenas pelos elementos carbono e hidrogênio. O octano, uma dessas substâncias, tem moléculas com oito átomos de carbono e dezoito de hidrogênio.

a) Represente o octano com uma fórmula molecular.

b) Calcule a massa molar do octano.

c) Em um litro de determinada gasolina há 22,8 g de octano. A quantas moléculas de octano isso corresponde?

15 O ácido acetilsalicílico, mais conhecido com o nome de aspirina, é um dos medicamentos mais utilizados em todo o mundo. Sua fórmula molecular é $C_9H_8O_4$.

a) Qual é a massa molecular dessa substância?

b) Qual é a massa molar dessa substância?

c) Quantas moléculas de ácido acetilsalicílico existem em um comprimido com 540 mg desse produto?

d) Qual a quantidade de matéria do ácido acetilsalicílico presente no comprimido com 540 mg?

16 Um recipiente contém $3,01 \cdot 10^{26}$ moléculas de água no seu interior. Admitindo-se que só exista água nesse recipiente, calcule o número de átomos de hidrogênio e o de oxigênio presentes. Dados: Constante de Avogadro: $6 \cdot 10^{23}$ mol^{-1}; massa molar da água: 18 g · mol^{-1}.

Conteúdo digital Moderna PLUS http://www.modernaplus.com.br
Exercícios adicionais

Capítulo

31 Mol e massa molar na determinação de fórmulas

Entre os responsáveis pelo odor dos limões está o limoneno, cuja fórmula molecular é $C_{10}H_{16}$. Sua fórmula mínima é C_5H_8 e sua fórmula porcentual é $C_{88,2\%}H_{11,8\%}$.

Existe uma relação entre a proporção dos átomos, a proporção em mols e a proporção em massa dos elementos que compõem determinada substância.

› 31.1 Mol e composição de substâncias

Em cada molécula de água, H_2O, há 2 átomos de hidrogênio e 1 átomo de oxigênio. Então, como consequência disso, em 1 mol de água há 2 mol de hidrogênio e 1 mol de oxigênio. Raciocínio semelhante permite determinar a proporção em mols dos elementos que formam os outros compostos químicos.

› 31.2 Fórmula molecular, fórmula mínima e fórmula porcentual

A fórmula molecular (quando aplicável), a fórmula mínima e a fórmula porcentual são modos de representar a composição de uma substância. Conhecendo-se uma delas e dispondo-se de dados adequados, é possível determinar as outras.

Seção 31.1

Mol e composição de substâncias

Objetivo

- Inferir, a partir da fórmula de uma substância, qual é a proporção em mols e qual é a proporção em massa entre os elementos constituintes.

Termos e conceitos

- mol
- massa molar

1 Fórmula química e quantidade em mols dos elementos

A fórmula molecular da água, H_2O, indica que cada molécula dessa substância é constituída por dois átomos de hidrogênio e um de oxigênio, totalizando três átomos.

Em duas moléculas de água há quatro átomos de hidrogênio e dois átomos de oxigênio, num total de seis átomos.

Em dez moléculas de água há vinte átomos de hidrogênio e dez átomos de oxigênio, totalizando trinta átomos.

Em $6 \cdot 10^{23}$ moléculas de água há $2 \cdot 6 \cdot 10^{23}$ átomos de hidrogênio e $1 \cdot 6 \cdot 10^{23}$ átomos de oxigênio, perfazendo um total de $3 \cdot 6 \cdot 10^{23}$ átomos.

Como já sabemos, a quantidade de $6 \cdot 10^{23}$ entidades corresponde a um mol dessas entidades. Assim, podemos dizer que:

- Em 1 mol de moléculas de H_2O há dois mols de átomos de hidrogênio e um mol de átomos de oxigênio, totalizando três mols de átomos.

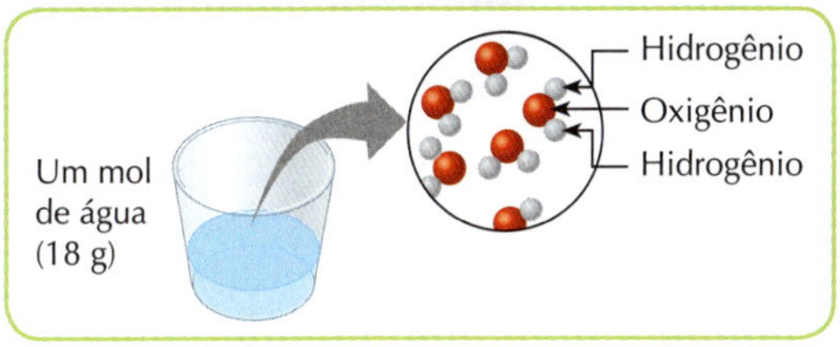

Em um mol de água (18 g) há $6 \cdot 10^{23}$ moléculas, cada uma formada por dois átomos de hidrogênio e um de oxigênio. Então há, nesse mol de água, $2 \cdot 6 \cdot 10^{23}$ átomos de hidrogênio e $6 \cdot 10^{23}$ átomos de oxigênio. Há, no total, $3 \cdot 6 \cdot 10^{23}$ átomos. Os átomos estão representados por esferas em cores fantasiosas e em tamanho ampliado alguns milhões de vezes.

Considerando a fórmula de outras substâncias, podemos tirar conclusões análogas, como, por exemplo, as seguintes:

- Em 1 mol de moléculas de álcool comum, C_2H_6O, há dois mols de átomos de carbono, seis mols de átomos de hidrogênio e um mol de átomos de oxigênio, totalizando nove mols de átomos.
- Em 1 mol de cloreto de sódio, $[Na^+][C\ell^-]$, há um mol de íons sódio, Na^+, e um mol de íons cloreto, $C\ell^-$, totalizando dois mols de íons.
- Em 1 mol de fosfato de cálcio, $[Ca^{2+}]_3[PO_4^{3-}]_2$, há três mols de íons cálcio, Ca^{2+}, e dois mols de íons fosfato, $[PO_4^{3-}]$, totalizando cinco mols de íons.

EXERCÍCIOS ESSENCIAIS

A tabela periódica é instrumento de consulta!

1 Em certa fábrica de brinquedos, um carrinho é montado pela junção de cinco peças. Uma delas é a carcaça e as outras quatro, iguais entre si, são as rodas do veículo. Em **uma dúzia** desses carrinhos, existem **quantas dúzias** de:

a) carcaças?
b) rodas?
c) peças, ao todo?

2 A fórmula molecular do metano, também conhecido como gás dos pântanos, é CH_4. Em **um mol** de moléculas de metano, existem **quantos mols** de átomos:

a) de carbono? b) de hidrogênio? c) ao todo?

3 A hidrazina, combustível utilizado em foguetes, é constituída apenas por dois elementos químicos. Em um mol dessa substância há dois mols de nitrogênio e quatro mols de hidrogênio.

a) Qual a fórmula molecular da hidrazina?
b) Qual a massa molar da hidrazina?
c) Da massa molar da hidrazina, quantos gramas se devem ao nitrogênio e quantos ao oxigênio?

4 A vitamina A é uma substância formada por apenas três elementos químicos. Em 0,5 mol de vitamina A, verificou-se a presença de 10 mol de carbono, 15 mol de hidrogênio e 0,5 mol de oxigênio. Qual é a fórmula molecular dessa vitamina?

2 Porcentagem em massa de um elemento numa substância

O conhecimento das massas atômicas (e, por consequência, das massas molares) permite estabelecer relação entre a massa de cada um dos elementos presentes em determinada substância, sendo conhecida sua fórmula química.

Imagine que o químico encarregado de uma indústria que obtém cobre a partir de seus minérios tenha a possibilidade de comprar, por um mesmo preço por tonelada, o minério calcopirita ($CuFeS_2$) ou o minério calcosita (Cu_2S). (Veja foto do cobre metálico ao lado.)

Foto de pedaço de cobre metálico encontrado na natureza como substância simples. A obtenção do cobre em larga escala é feita a partir de minérios, nos quais o cobre está combinado com outros elementos. Dois minérios de cobre são citados no texto ao lado.

Qual dos minérios ele deve preferir, do ponto de vista do custo?

A massa molar de $CuFeS_2$ é 183,5 g e, pela fórmula, percebemos que em um mol dessa substância há um mol de cobre (63,5 g). Assim:

Massa		Porcentagem
183,5 g	———	100%
63,5 g	———	x

$\Rightarrow x = 34{,}6\%$

A massa molar de Cu_2S é 159,1 g e, pela fórmula, em um mol dessa substância há dois mols de cobre (127,0 g, ou seja, duas vezes 63,5 g).

Massa		Porcentagem
159,1 g	———	100%
127,0 g	———	y

$\Rightarrow y = 79{,}8\%$

No caso de $CuFeS_2$, apenas 34,6% da massa do minério corresponde a cobre. Já no caso de Cu_2S, 79,8% corresponde a cobre. Assim, optando pela compra de calcosita, Cu_2S, o químico escolherá um minério do qual se pode extrair, de cada tonelada, maior quantidade de cobre.

EXERCÍCIOS ESSENCIAIS

A tabela periódica é instrumento de consulta!

5 O magnésio pode ser obtido, por meios industriais adequados, a partir do cloreto de magnésio extraído da água do mar.

a) Qual a porcentagem, em massa, de magnésio no cloreto de magnésio ($MgC\ell_2$)?

b) Qual a massa de magnésio presente em 100 kg desse sal?

6 As indústrias siderúrgicas obtêm aço, que é constituído predominantemente por ferro, a partir de minérios de ferro, tais como a hematita (Fe_2O_3) e a magnetita (Fe_3O_4).

Em qual desses minérios a porcentagem de ferro é maior?

7 Fertilizantes devem fornecer alguns elementos químicos necessários aos vegetais, entre os quais está o nitrogênio. As seguintes substâncias nitrogenadas são empregadas como componentes de fertilizantes:

- Ureia, CH_4N_2O;
- Nitrato de amônio, NH_4NO_3.

Qual delas apresenta maior quantidade de nitrogênio por grama do composto?

8 Em 98 g de ácido sulfúrico, H_2SO_4, existem quantos:

a) mols de átomos de hidrogênio?

b) mols de átomos de enxofre?

c) mols de átomos de oxigênio?

d) átomos de hidrogênio?

e) átomos de enxofre?

f) átomos de oxigênio?

9 Um saleiro contém 117 g de cloreto de sódio. Determine quantos cátions sódio e quantos ânions cloreto estão presentes nele.

Seção 31.2

Fórmula molecular, fórmula mínima e fórmula porcentual

Objetivos

- Interpretar fórmula molecular, fórmula mínima e fórmula porcentual.
- Realizar a conversão entre esses três tipos de fórmulas.

Termos e conceitos

- fórmula molecular
- fórmula mínima
- fórmula porcentual

Quando átomos se unem por ligação covalente, formam entidades denominadas moléculas.

A **fórmula molecular** indica quais e quantos átomos de cada elemento constituem uma molécula de determinada substância.

As moléculas de uma substância também podem ser representadas pela fórmula eletrônica ou pela fórmula estrutural, ambas discutidas no capítulo 14. Não é hábito empregar a expressão "fórmula molecular" para substâncias iônicas ou metálicas, pois elas não são constituídas por moléculas.

Os três tipos de substâncias – iônicas, moleculares e metálicas – podem ser representados pela fórmula mínima (ou empírica).

A **fórmula mínima** indica a proporção entre o número de átomos dos elementos que constituem uma substância. Essa proporção é expressa pelo conjunto dos **menores números inteiros** possíveis.

A glicose, por exemplo, tem fórmula molecular $C_6H_{12}O_6$. A proporção entre os números de átomos formadores dessa substância é 6 : 12 : 6. Essa mesma proporção, expressa por meio dos menores números inteiros possíveis, é 1 : 2 : 1. Assim, a fórmula mínima da glicose é CH_2O.

A tabela 1, abaixo, mostra alguns exemplos de substâncias e suas fórmulas mínimas. Note que, em alguns casos, a fórmula mínima coincide com a fórmula molecular. Note, também, que no caso das substâncias iônicas (cloreto de sódio, sulfato de potássio) e metálicas (ouro, prata) não há fórmula molecular, pois essas substâncias não são constituídas por moléculas.

Tabela 1 Fórmula molecular e fórmula mínima de algumas substâncias

Nome da substância	Fórmula molecular	Fórmula mínima
Água	H_2O	H_2O
Peróxido de hidrogênio	H_2O_2	HO
Glicose	$C_6H_{12}O_6$	CH_2O
Ácido sulfúrico	H_2SO_4	H_2SO_4
Sacarose	$C_{12}H_{22}O_{11}$	$C_{12}H_{22}O_{11}$
Cloreto de sódio	–	$NaC\ell$
Sulfato de potássio	–	K_2SO_4
Ouro	–	Au
Prata	–	Ag

Os três tipos de substâncias – iônicas, moleculares e metálicas – também podem ser representados pela fórmula porcentual (ou centesimal).

A **fórmula porcentual** indica os elementos formadores da substância e suas porcentagens em massa.

No caso da água, por exemplo, um mol de moléculas (18 g) contém dois mols de átomos de hidrogênio (2 g) e um mol de átomos de oxigênio (16 g).

Massa		Porcentagem			
18 g	———	100%	} ⇒	$x = 11{,}1\%$	Porcentagem de H
2 g	———	x			
18 g	———	100%	} ⇒	$y = 88{,}9\%$	Porcentagem de O
16 g	———	y			

Assim, a fórmula porcentual da água é $H_{11,1\%}O_{88,9\%}$.

No caso da glicose (fórmula molecular $C_6H_{12}O_6$), um mol de moléculas (180 g) contém seis mols de átomos de carbono ($6 \cdot 12\,g = 72\,g$), doze mols de átomos de hidrogênio ($12 \cdot 1\,g = 12\,g$) e seis mols de átomos de oxigênio ($6 \cdot 16\,g = 96\,g$).

Massa		Porcentagem			
180 g	———	100%	} ⇒	$x = 40{,}0\%$	Porcentagem de C
72 g	———	x			
180 g	———	100%	} ⇒	$y = 6{,}7\%$	Porcentagem de H
12 g	———	y			
180 g	———	100%	} ⇒	$z = 53{,}3\%$	Porcentagem de O
96 g	———	z			

Assim, a fórmula porcentual da glicose é $C_{40,0\%}H_{6,7\%}O_{53,3\%}$.

Com as questões a seguir, você poderá perceber que é possível interconverter esses três tipos de fórmulas. O esquema abaixo relaciona o número de algumas das questões em que essas conversões são efetuadas.

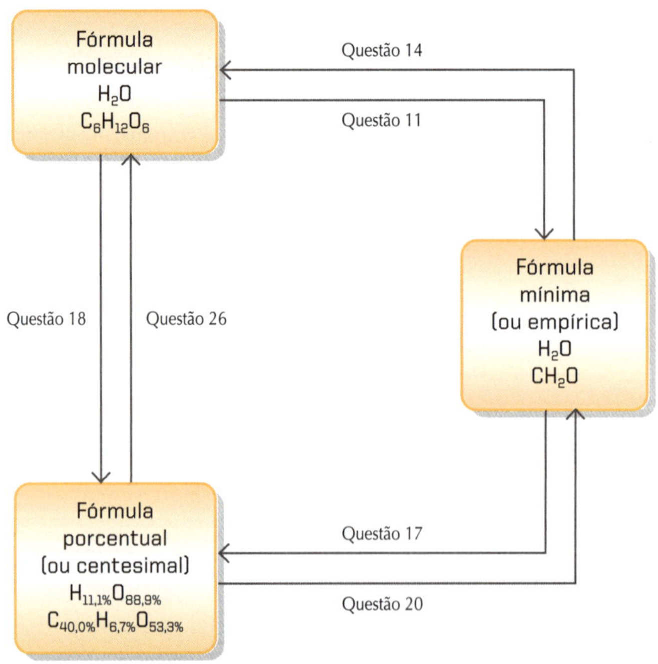

EXERCÍCIOS ESSENCIAIS

A tabela periódica é instrumento de consulta!

10 A molécula de vitamina C é constituída por seis átomos de carbono, oito de hidrogênio e seis de oxigênio. Represente a vitamina C por meio de suas fórmulas molecular e mínima.

11 A quinina é uma substância presente na água tônica e que, em Medicina, é usada como agente antimalária. Sua fórmula molecular é $C_{20}H_{24}N_2O_2$. Escreva a fórmula mínima da quinina.

12 Na estrutura da esmeralda são encontrados quatro elementos químicos, na seguinte proporção:

3 mol de berílio : 2 mol de alumínio : 6 mol de silício : 18 mol de oxigênio

Represente a esmeralda por meio de sua fórmula mínima.

13 A vanilina, composto extraído de uma determinada variedade de orquídea, é a substância que tem o aroma natural de baunilha.

A molécula de vanilina é formada por oito átomos de carbono, oito de hidrogênio e três de oxigênio.

É correto afirmar que a fórmula molecular da vanilina é igual à sua fórmula mínima?

Foto de orquídea da qual se extrai vanilina.

14 O etilenoglicol é uma substância altamente tóxica presente no fluido usado nos radiadores de automóveis. Sua fórmula mínima é CH_3O e sua massa molecular é 62 u. Qual é a fórmula molecular do etilenoglicol?

15 A putrescina é uma substância encontrada na carne em decomposição. Determinou-se que sua fórmula empírica é C_2H_6N. A determinação de sua massa molecular foi feita por um método sem muita precisão e situa-se na faixa de 86,7 u até 89,7 u. Determine a massa molecular da putrescina.

16 A nicotina, substância presente no cigarro, é formada pelos elementos carbono, hidrogênio e nitrogênio. O estudo de uma amostra de nicotina revelou a seguinte proporção:

0,25 mol de carbono : 0,35 mol de hidrogênio : 0,05 mol de nitrogênio

a) Escreva a fórmula mínima da nicotina.

b) Uma determinação da massa molecular da nicotina forneceu o valor 162 u. Qual é a fórmula molecular dela?

17 Determine a fórmula porcentual do carbonato de cálcio, $CaCO_3$.

18 O aroma característico do vinagre e seu sabor azedo devem-se ao ácido acético, cuja fórmula molecular é $C_2H_4O_2$. Determine a fórmula porcentual dessa substância.

19 A fórmula molecular da glicose é $C_6H_{12}O_6$, a do ácido acético é $C_2H_4O_2$ e a do formaldeído (que, misturado com água, é conhecido como formol) é CH_2O.

a) Escreva a fórmula mínima de cada um deles.

b) Compare a fórmula porcentual da glicose, deduzida na página anterior, com a do ácido acético, que você determinou na questão anterior. Que conclusão você tira?

c) Sem fazer nenhum cálculo adicional, preveja a fórmula porcentual do formaldeído.

EXERCÍCIO RESOLVIDO

20 A hidroquinona é uma substância empregada na revelação de filmes fotográficos. Sua composição porcentual, em massa, é 65,4% de carbono, 5,5% de hidrogênio e 29,1% de oxigênio. Qual é a fórmula mínima da hidroquinona?

Resolução

Determinar a fórmula mínima nada mais é que determinar a proporção entre o número de átomos dos elementos constituintes ou, de modo análogo, a proporção entre as quantidades em mols de átomos desses elementos.

Vamos, então, considerar uma amostra qualquer da substância e determinar quantos mols nela existem de cada elemento.

Para simplificar, consideremos 100 g de hidroquinona, em que há, de acordo com as porcentagens apresentadas, 65,4 g de carbono, 5,5 g de hidrogênio e 29,1 g de oxigênio.

Carbono: $n = \frac{m}{M} = \frac{65{,}4\ g}{12\ g/mol} = 5{,}5\ mol$

Hidrogênio: $n = \frac{m}{M} = \frac{5{,}4\ g}{1\ g/mol} = 5{,}5\ mol$

Oxigênio: $n = \frac{m}{M} = \frac{29{,}1\ g}{16\ g/mol} = 1{,}8\ mol$

Assim, há 5,5 mol de carbono, 5,5 mol de hidrogênio e 1,8 mol de oxigênio em 100 g de hidroquinona. A fórmula poderia ser escrita como $C_{5,5}H_{5,5}O_{1,8}$.

Porém, na fórmula mínima devem-se usar números inteiros (e os menores possíveis). O restante da resolução consiste em descobrir quais são os menores números inteiros que guardam entre si a mesma proporção que 5,5 : 5,5 : 1,8.

Dividir uma proporção toda por um mesmo número não altera essa proporção. Vamos, então, dividi-la pelo menor dos números encontrados. Essa estratégia normalmente conduz a números inteiros ou à metade deles.

$$\frac{5{,}5}{1{,}8} : \frac{5{,}5}{1{,}8} : \frac{1{,}8}{1{,}8} \Rightarrow 3 : 3 : 1$$

Assim, a fórmula mínima pedida é $\boxed{C_3H_3O}$

21 O gás natural é uma mistura de gases encontrada no subsolo, usualmente junto com jazidas de petróleo, e que possui larga aplicação como combustível. O principal constituinte do gás natural apresenta 75% de carbono e 25% de hidrogênio, em massa. Determine a fórmula molecular dessa substância, sabendo que suas fórmulas mínima e molecular são iguais.

22 Outro importante componente do gás natural apresenta 80% de carbono e 20% de hidrogênio, em massa. A fórmula molecular dessa substância é o dobro da sua fórmula mínima. Determine sua fórmula molecular.

23 Dois óxidos de enxofre têm a seguinte composição em massa:

Óxido A – 40% de enxofre e 60% de oxigênio

Óxido B – 50% de enxofre e 50% de oxigênio

Sabe-se que, para ambos, a fórmula mínima coincide com a molecular. Determine a fórmula molecular desses óxidos.

24 O ciclo-hexano é uma substância presente no petróleo, formada apenas por carbono e hidrogênio. Sua fórmula molecular é igual à sua fórmula mínima multiplicada por seis. Uma análise revelou a proporção de 6 : 1 entre **as massas** de carbono e de hidrogênio no ciclo-hexano. Determine sua fórmula molecular.

25 Uma amostra de um composto formado por apenas dois elementos químicos revelou a presença de 1,2 g de carbono e 6,4 g de enxofre. Deduza a fórmula mínima dessa substância.

EXERCÍCIO RESOLVIDO

26 O aroma natural de canela se deve a uma substância de massa molecular 132 u e que apresenta 81,8% de carbono, 6,1% de hidrogênio e 12,1% de oxigênio.

Qual a fórmula molecular dessa substância?

Resolução

Poderíamos resolver de modo similar à questão 20, chegando à fórmula mínima e, a seguir, usar a massa molecular para chegar à fórmula molecular.

Porém, como é conhecida a massa molecular (e, por consequência, a massa molar), há uma outra maneira. Vamos, inicialmente, determinar a massa de cada elemento dentro da massa de um mol da substância (132 g). A seguir, determinaremos a quantidade em mols de cada elemento.

Porcentagem		Massa	
100%	———	132 g	
81,8%	———	x	⇒ x = 108 g
100%	———	132 g	
6,1%	———	y	⇒ y = 8 g
100%	———	132 g	
12,1%	———	z	⇒ z = 16 g

Carbono: $n = \frac{m}{M} = \frac{108\ g}{12\ g/mol} = 9\ mol$

Hidrogênio: $n = \frac{m}{M} = \frac{8\ g}{1\ g/mol} = 8\ mol$

Oxigênio: $n = \frac{m}{M} = \frac{16\ g}{16\ g/mol} = 1\ mol$

Assim, se em 1 mol da substância há 9 mol de átomos de carbono, 8 mol de átomos de hidrogênio e 1 mol de átomos de oxigênio, a fórmula molecular é $\boxed{C_9H_8O}$.

27 A molécula da clorofila tem massa 892 u e é formada por 137 átomos de cinco elementos diferentes. Sabe-se que 6,3% da massa da clorofila se deve a nitrogênio e 9,0% a oxigênio.

Quantos átomos de nitrogênio existem em uma molécula de clorofila? E de oxigênio?

28 A molécula de hemoglobina é muito grande e tem massa 65.000 u. Sabendo que o elemento enxofre corresponde a 0,394% da massa de sua molécula, determine quantos átomos de enxofre há na molécula de hemoglobina.

29 A alicina, uma das substâncias que dão aroma característico ao alho, tem massa molar 162 g/mol. Deduza sua fórmula molecular, sabendo que sua composição em massa é:

44,4% C, 6,2% H, 39,5% S e 9,9% O

30 A cafeína, estimulante presente no café, tem massa molar 194 g/mol. Deduza a fórmula molecular dessa substância, sabendo que sua composição em massa é:

49,5% C, 5,2% H, 28,8% N e 16,5% O

Conteúdo digital Moderna PLUS http://www.modernaplus.com.br
Exercícios adicionais

ESTABELEÇA CONEXÕES

MAPA CONCEITUAL DA UNIDADE I

Revise os conceitos estudados nesta unidade e decida como podem ser completados os locais em que aparecem os números.

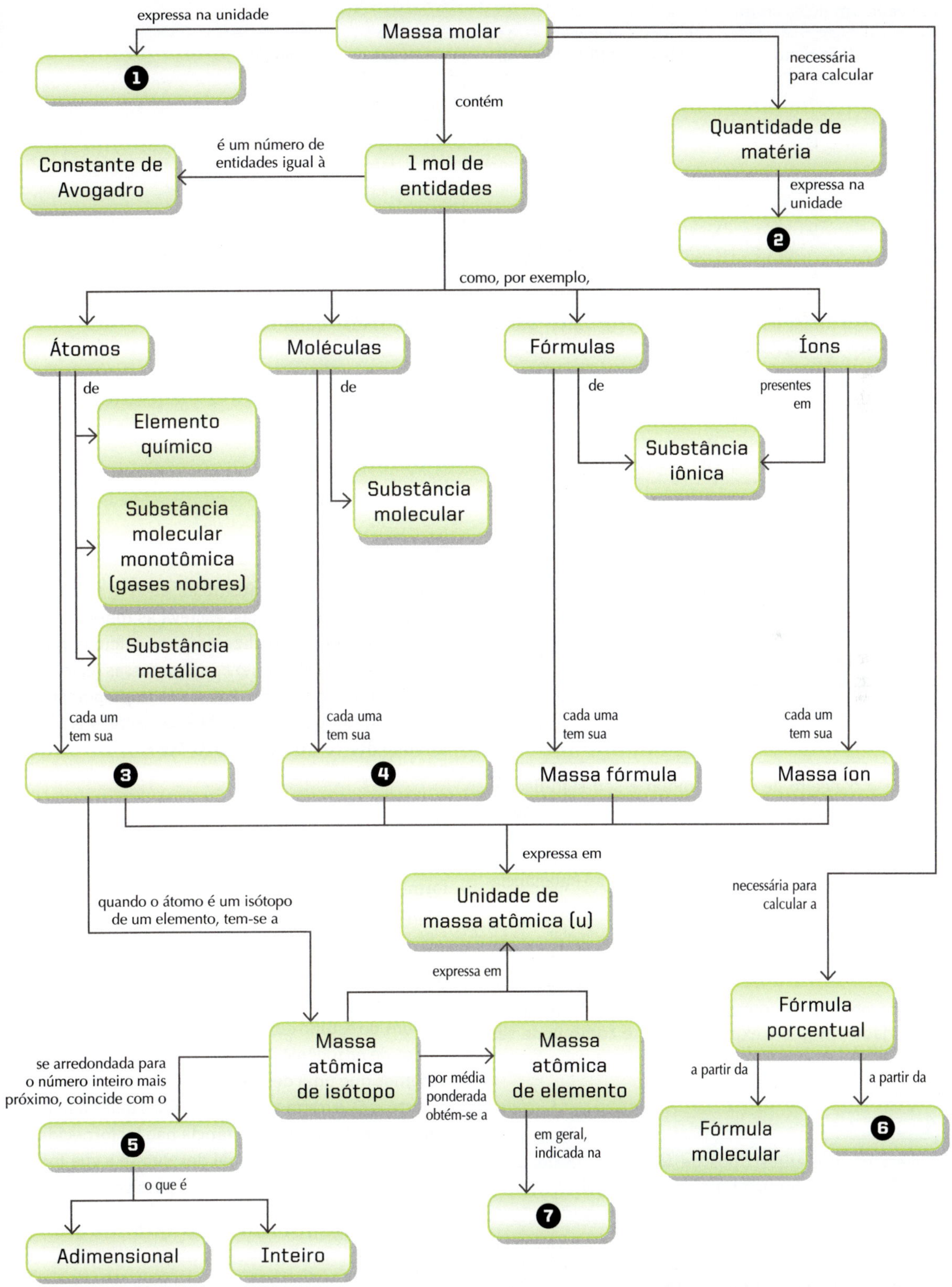

REVISE, RELACIONE E RESOLVA

Lembre-se de que um enunciado deve ser lido e relido até total compreensão.

(UFC-CE) Na análise de 5 (cinco) diferentes compostos (*A*, *B*, *C*, *D*, e *E*) formados apenas por nitrogênio e oxigênio, observou-se que as relações de massas entre nitrogênio e oxigênio em cada um deles eram:

Composto	Massa de Nitrogênio (g)	Massa de Oxigênio (g)
A	2,8	1,6
B	2,8	3,2
C	2,8	4,8
D	2,8	6,4
E	2,8	8,0

Se a massa molar do composto *C* é 76 g · mol^{-1}, determine as fórmulas químicas para os compostos *A*, *B*, *C*, *D* e *E*.

Sugestão de encaminhamento

1

Recorde os conceitos de **massa atômica** e **massa molecular**, bem como a **unidade** usada para expressá-las. Relembre como consultar as massas atômicas na tabela periódica e como executar, a partir delas, o cálculo da massa molecular.

2

Revise o conceito de **massa molar** e seu significado, ou seja, a sua relação com a **Constante de Avogadro**. Lembre-se de que podemos empregar o conceito de massa molar para, por exemplo, elemento, íon, substância molecular, substância metálica e substância iônica.

3

Estude novamente o que é **quantidade de matéria**, a unidade em que é expressa (**mol**) e como pode ser calculada.

4

Reveja os diferentes tipos de **fórmulas**: molecular, eletrônica, estrutural, mínima e porcentual.

5

Consulte as massas atômicas de N e O na tabela periódica e, a partir delas, escreva as massas molares desses elementos. Utilize-as para calcular quantos mols há de cada elemento nas dez massas relacionadas na tabela do enunciado. Por meio da proporção entre a quantidade em mols de N e O, escreva a fórmula mínima dos compostos *A*, *B*, *C*, *D* e *E*.

6

Usando o valor dado da massa molar de *C* e a sua fórmula mínima, determine a fórmula molecular desse composto.

7

Lembre, do estudo dos óxidos, que existem os seguintes óxidos de nitrogênio: NO, NO_2, N_2O, N_2O_3, N_2O_4, e N_2O_5. Já sabemos que uma dessas é a de *C*. Associe uma delas a *A*, outra a *B*, e outra a *E*. Associe duas delas a *D*. (Como a massa molar dessa substância não foi fornecida, não há como ter certeza de qual das duas é a sua fórmula molecular. Ambas são respostas possíveis.)

Conteúdo digital Moderna PLUS http://www.modernaplus.com.br
Atividade de revisão

Capítulo

32 Transformações envolvendo massa fixa de gás

Quando uma amostra gasosa sofre alterações de pressão, volume e temperatura, tais alterações estão vinculadas umas às outras por leis científicas.

› 32.1 Considerações iniciais

Pressão, volume e temperatura são variáveis de estado.

› 32.2 Transformações envolvendo massa fixa de gás

Quando uma amostra de gás sofre transformação isotérmica, a pressão e o volume variam de modo inversamente proporcional. Quando sofre transformação isocórica, a pressão e a temperatura kelvin variam de modo diretamente proporcional. E, quando sofre transformação isobárica, o volume e a temperatura kelvin variam de modo diretamente proporcional.

› 32.3 Equação geral dos gases

A equação geral dos gases resume as leis das transformações isotérmica, isocórica e isobárica, e também pode ser usada em outras transformações envolvendo quantidade fixa de gás.

Os mergulhadores utilizam cilindros de ar comprimido (21% de O_2 e 79% de N_2) feitos de alumínio ou aço, com volume entre 11 e 18 L. A pressão interna é, em média, 200 atm. A relação tempo de mergulho/cilindro é variável, já que depende da profundidade e do ritmo respiratório.

Quanto mais profundo o mergulho, mais gás é consumido.

Considerações iniciais

Objetivos

- Descrever a montagem conhecida como barômetro de Torricelli e como é empregada para medir a pressão atmosférica.
- Conhecer as principais unidades de pressão.
- Converter unidades de pressão.

Termos e conceitos

- pressão
- pressão atmosférica
- barômetro de Torricelli
- milímetro de mercúrio
- atmosfera
- pascal
- variáveis de estado

1 Substâncias gasosas nas condições ambientes são moleculares

As substâncias podem ser fundamentalmente de três tipos: iônica, molecular ou metálica, como vimos na unidade E. Nas condições ambientes (temperatura de 25 °C e pressão igual à pressão atmosférica ao nível do mar), as substâncias iônicas e as metálicas (exceto o mercúrio) são sólidas. Porém, entre as substâncias moleculares, nessas mesmas condições, encontramos as que são sólidas, as que são líquidas e as que são gasosas.

Assim, se uma determinada substância é gasosa nas condições ambientes, podemos deduzir que ela é formada por moléculas (isso inclui os gases nobres, cujas moléculas são formadas por apenas um átomo).

No estado gasoso as moléculas encontram-se muito mais separadas umas das outras do que nos estados líquido e sólido. Isso ocorre porque a coesão entre as moléculas no estado gasoso é muito pequena. Essa é a explicação científica para o fato de uma mesma massa de uma substância molecular ocupar um volume muitíssimo maior no estado gasoso do que nos estados líquido e sólido.

Moléculas a 350 m/s

Considere o gás oxigênio, O_2, a 25 °C e pressão atmosférica ao nível do mar. Evidências científicas indicam que a distância média entre as moléculas é aproximadamente quinze vezes o tamanho da molécula. As moléculas movimentam-se com velocidades da ordem de 350 m/s e colidem com outras a cada 10^{-9} s, em média. Entre duas colisões sucessivas, uma molécula percorre, em linha reta, algo entre cem e mil vezes o seu tamanho.

Apenas para comparar, se uma molécula desses gases fosse do tamanho de uma bola de tênis com 6,5 cm de diâmetro, estaria em média a 1 m de distância das vizinhas e percorreria de 6,5 m a 65 m antes de colidir com outra.

2 A experiência de Torricelli e a unidade de pressão *mmHg*

Em 1643, o matemático e físico italiano Evangelista Torricelli realizou a seguinte experiência: encheu um tubo de vidro (com cerca de 1 m de comprimento) com mercúrio, tapou sua extremidade com o dedo (figura A) e a destapou dentro de uma tigela também contendo mercúrio. Notou que o mercúrio começou a descer, até se estabilizar, como mostra a figura B.

O que fez o mercúrio descer? A resposta é simples: foi seu próprio peso.

Por que ele chega a um ponto em que para de descer? No momento em que a coluna de mercúrio se estabiliza, atinge-se uma situação de equilíbrio entre a pressão decorrente do peso da coluna, que força o mercúrio a sair do tubo, e a **pressão atmosférica**, que o força a entrar, como ilustra a figura C.

Por meio dessa experiência, Torricelli comprovou que a atmosfera exerce pressão e percebeu que a pressão atmosférica pode ser medida por meio da altura da coluna de mercúrio sustentada por ela. Estava criada a primeira unidade para medir pressão: a altura, em milímetros, de uma coluna de mercúrio, simbolizada por **mmHg**. A montagem mostrada na figura C é conhecida como *barômetro de Torricelli*.

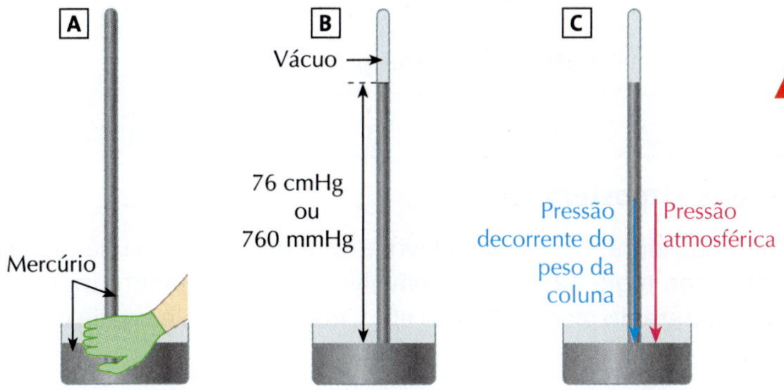

ATENÇÃO

O mercúrio é um metal tóxico e de efeito cumulativo no corpo humano. Seus vapores são facilmente absorvidos pelo organismo, razão pela qual NÃO SE RECOMENDA a realização do experimento de Torricelli.

Se a experiência de Torricelli for repetida no alto de uma montanha, a altura da coluna de mercúrio será menor que 760 mmHg, o que revela que a pressão atmosférica nesse local é menor.

De modo geral, verifica-se que, à medida que a altitude aumenta, a pressão atmosférica diminui, o que é evidenciado pela diminuição da altura da coluna de mercúrio no barômetro de Torricelli.

Na verdade, o valor da pressão atmosférica é uma decorrência da quantidade de ar que existe acima da localidade, o que aparece esquematizado na figura D.

Em homenagem a Torricelli, o mmHg é também simbolizado por **torr**.

$$1 \text{ mmHg} = 1 \text{ torr}$$

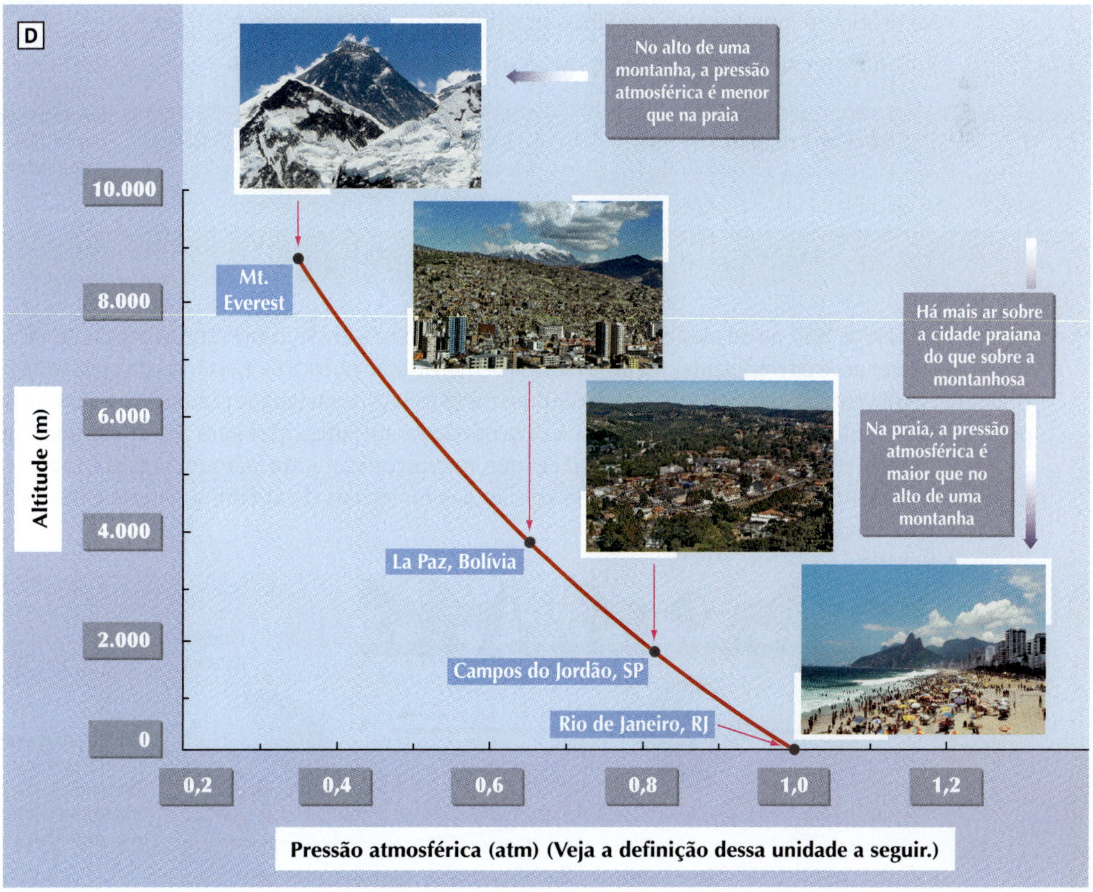

3 A unidade de pressão *atmosfera*

Ao nível do mar, a pressão atmosférica média é de 760 mmHg. Esse valor serviu de base para a definição de uma outra unidade para expressar pressão, a **atmosfera**, simbolizada por **atm**. A pressão de uma atmosfera (1 atm) equivale à pressão de 760 mmHg. Assim:

$$1 \text{ atm} = 760 \text{ mmHg}$$

Os significados da palavra atmosfera

Você não deve confundir os significados da palavra atmosfera, quando usada em Ciência. Essa palavra pode se referir ao meio gasoso que envolve um certo planeta (por exemplo, a atmosfera terrestre, a atmosfera do planeta Marte etc.), mas também é usada como o nome de uma unidade de pressão.

4 A unidade de pressão *pascal*

A **pressão** é uma grandeza conceituada em Física como sendo o resultado da divisão da força que atua perpendicularmente a uma superfície dividida pela área dessa superfície. Assim, por exemplo, seus pés exercem uma pressão sobre o solo, que pode ser calculada dividindo-se a força aplicada pelo seu corpo ao solo pela área de contato entre seus pés e o solo.

No SI (Sistema Internacional de Unidades), a força é expressa em **newton** (N) e a área é expressa em **metro quadrado** (m^2).

Surge, da definição de pressão, a unidade do SI para expressar essa grandeza: **newton por metro quadrado** (N/m^2), que é chamada de **pascal** e simbolizada por **Pa**.

Na prática, é muito usado o quilopascal (kPa), que corresponde a 10^3 Pa.

Verifica-se experimentalmente que 1 atm equivale a 101,3 kPa.

Blaise Pascal (1623-1662), matemático e cientista francês, a quem a unidade de pressão pascal (Pa), do Sistema Internacional, homenageia.

$$1 \text{ N/m}^2 = 1 \text{ pascal} = 1 \text{ Pa}$$

$$1 \text{ atm} = 760 \text{ mmHg} = 101{,}3 \text{ kPa}$$

Experiência de Magdeburg

Em 8 de maio de 1654, na cidade alemã de Magdeburg, Otto von Guericke, o inventor da bomba de vácuo (dispositivo para retirar ar de um recipiente), fez uma famosa demonstração pública da existência da pressão atmosférica. Utilizando seu invento, ele retirou o ar do interior de duas meias esferas de metal, que ficaram unidas exclusivamente pela ação da pressão atmosférica. Oito pares de cavalos não foram suficientes para separar as duas metades.

Numa interpretação moderna, podemos dizer que, microscopicamente falando, a resistência à separação é uma consequência da força que resulta da colisão das moléculas de ar com a parede externa das duas metades, que tende a mantê-las unidas.

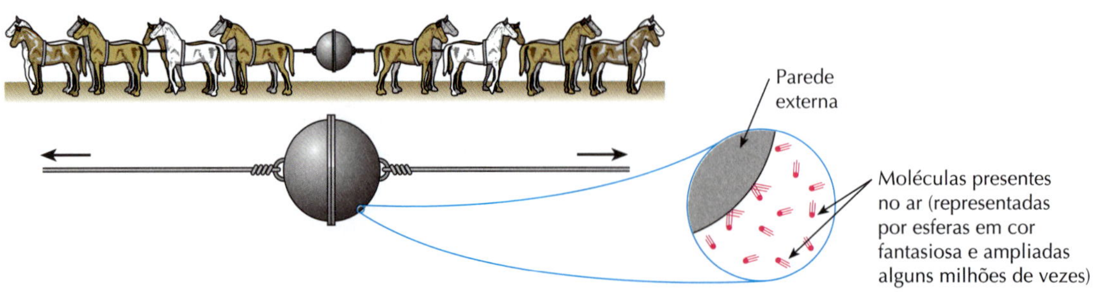

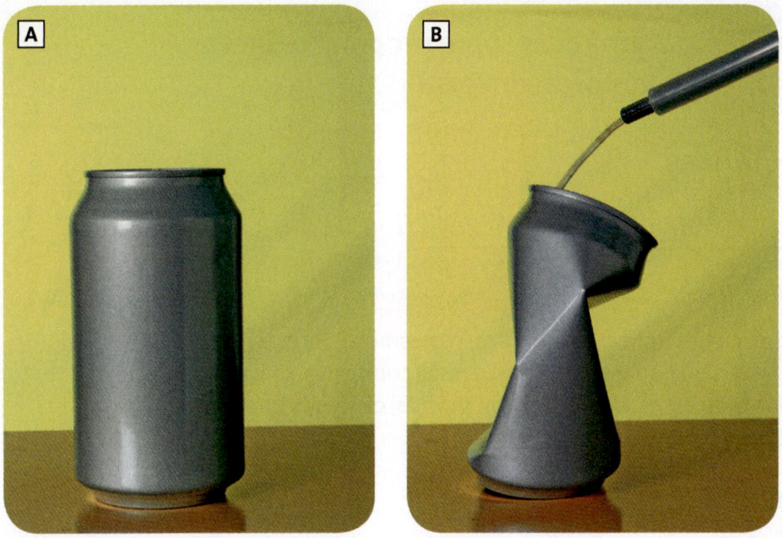

Efeito da pressão atmosférica em objeto na superfície da Terra. Em **A**, observa-se que uma lata de metal cheia de ar tem a mesma pressão dentro e fora, ou seja, a pressão no seu interior é igual à pressão atmosférica. Em **B**, quando o ar do interior da lata é removido, a pressão atmosférica faz com que a lata seja amassada.

5 Variáveis de estado

A expressão **estado de um gás** designa a situação em que esse gás se encontra, ou seja, como ele "está". Especificar o estado de um gás significa dizer qual é o valor:

- de sua pressão (P);
- de sua temperatura (T);
- de seu volume (V).

Dizemos que P, T e V são **variáveis de estado**.

Três unidades relevantes de pressão foram comentadas anteriormente: mmHg, atm e Pa.

Quanto à temperatura, estamos habituados a expressá-la em graus Celsius (símbolo: °C). Mais adiante conheceremos uma escala de temperatura mais útil para certos estudos científicos, a escala kelvin.

As unidades de volume mais relevantes (cm^3, mL, dm^3, L e m^3), bem como a maneira de interconvertê-las, foram apresentadas no capítulo 2. Recordando:

$$1\ dm^3 = 1\ L = 10^3\ mL = 10^3\ cm^3$$

$$1\ m^3 = 10^3\ L$$

EXERCÍCIOS ESSENCIAIS

EXERCÍCIO RESOLVIDO

1 Expresse a pressão de 190 mmHg na unidade atm.

Resolução

Em mmHg	**Em atm**
760 mmHg	1 atm
190 mmHg	x

$\Rightarrow$ x = 0,25 atm

2 O pneu de um automóvel foi calibrado com 1.520 mmHg. Expresse essa pressão em:
a) atm; **b)** kPa; **c)** torr.

3 A pressão atmosférica no alto do Monte Kilimanjaro, o ponto mais alto da África, a 5.000 m de altitude, é cerca de 0,5 atm. Expresse essa pressão em:
a) kPa; **b)** mmHg; **c)** torr.

4 Um balão publicitário, enchido com hélio, tem volume interno de 10 m^3. Expresse esse volume em:
a) L; **c)** mL;
b) dm^3; **d)** cm^3.

5 O volume interno de um balão de festa é 5 L. Expresse esse volume em mL e em cm^3.

Considerações matemáticas sobre proporção direta e proporção inversa

Considere os seguintes pares de dados:

y	1,5	3	4,5	6	7,5	9
x	0,5	1	1,5	2	2,5	3

Perceba que, se x duplica, y também duplica; se x triplica, o mesmo acontece com y; se x é dividido por 2, y também é. Dizemos que duas grandezas, nessas condições, são **grandezas diretamente proporcionais**. Colocando esses valores em um gráfico, obtemos uma reta que passa pela origem, isto é, pelo ponto (0, 0).

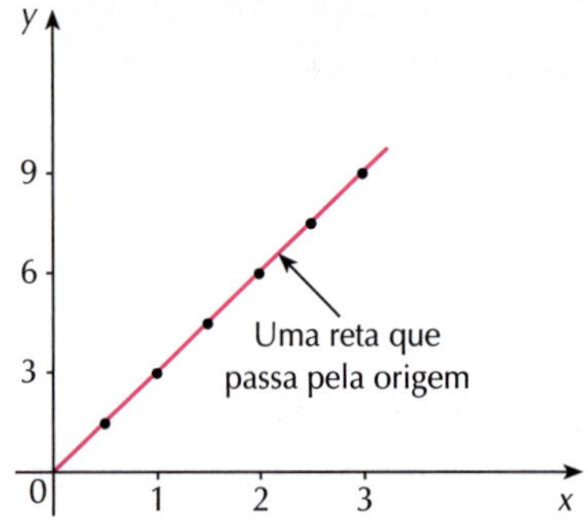

Podemos expressar a proporção direta entre duas grandezas, x e y, do seguinte modo:

$$\frac{y}{x} = k \quad \text{ou} \quad y = k \cdot x$$

em que "k" representa um valor numérico constante.

Considere, agora, um outro exemplo:

y	12	6	4	3	2	1,5
x	1	2	3	4	6	8

Perceba que, nesse caso, se x duplica, y fica dividido por 2; se x triplica, y fica dividido por 3. Quando x é dividido por 2, y fica duplicado. Dizemos que x e y são **grandezas inversamente proporcionais**. Colocando esses valores em um gráfico, obtemos uma curva chamada de hipérbole equilátera.

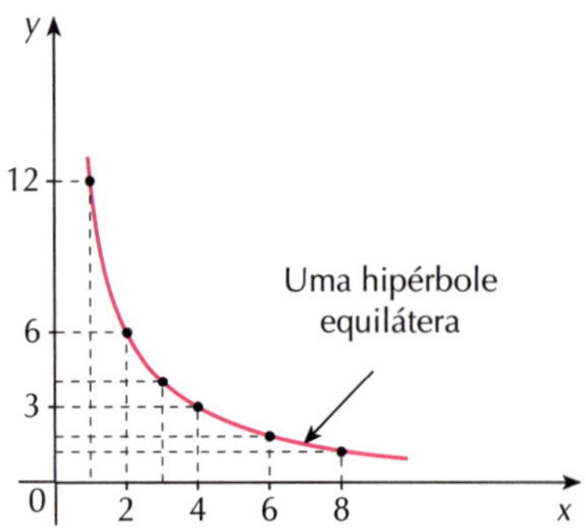

A proporção inversa entre duas grandezas, x e y, pode ser expressa matematicamente da seguinte forma:

$$x \cdot y = k \quad \text{ou} \quad y = \frac{k}{x}$$

em que "k" representa um valor numérico constante.

Seção 32.2

Transformações envolvendo massa fixa de gás

Objetivos

- Explicar o que vêm a ser transformação isotérmica, transformação isocórica e transformação isobárica.
- Enunciar a Lei de Boyle e as Leis de Charles e Gay-Lussac.
- Utilizar essas leis para fazer previsões.

Termos e conceitos

- transformação isotérmica
- Lei de Boyle
- transformação isocórica
- transformação isobárica
- escala kelvin de temperatura
- Leis de Charles e Gay-Lussac

1 Transformações isotérmicas e Lei de Boyle

Considere uma investigação utilizando um recipiente fechado provido de êmbolo (uma "tampa" bem justa que pode deslizar sem atrito) sobre o qual são colocados objetos de pesos conhecidos.

Mantendo-se constante a temperatura do gás, para cada peso diferente colocado sobre o êmbolo, é anotado o respectivo volume. Verifica-se que, quanto maior for o peso colocado, menor será o volume e maior a pressão lida no manômetro, conforme ilustram as figuras esquemáticas abaixo.

Com os valores anotados para pressão e volume pode-se construir um gráfico da pressão do gás em função do volume, como o que acompanha as figuras.

Repetindo essa experiência com diferentes amostras de diversos gases, mas sempre mantendo a amostra de gás confinada e a temperatura constante, verifica-se que o aspecto do gráfico é o mesmo.

A curva que aparece no gráfico abaixo é uma hipérbole equilátera. Isso evidencia que:

> Mantendo-se a temperatura constante, a pressão e o volume de uma amostra de gás variam de modo inversamente proporcional, fato conhecido como **Lei de Boyle**.

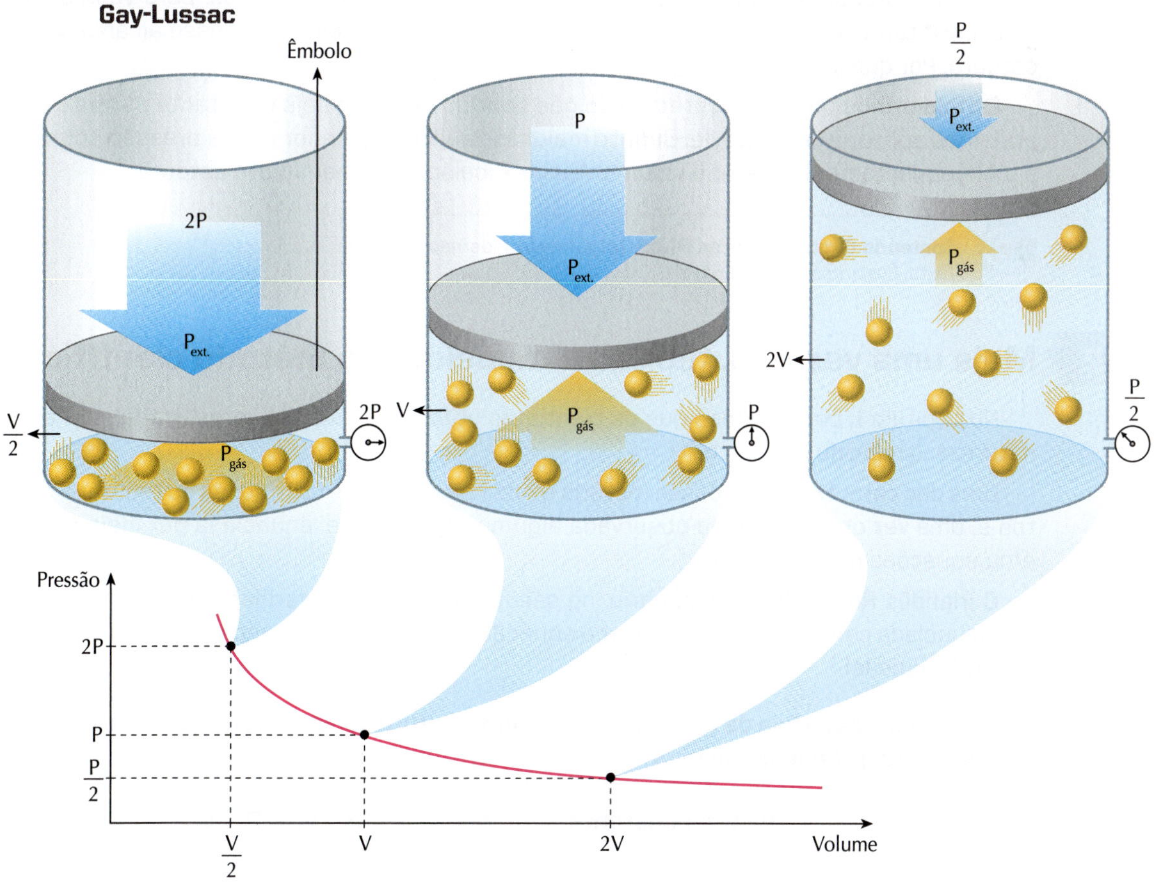

Matematicamente podemos expressar essa lei da seguinte maneira:

$$P \cdot V = \text{constante} \quad \text{ou} \quad P \cdot V = k$$

em que "k" representa um valor numérico constante.

Podemos também dizer que:

$$P_1 \cdot V_1 = P_2 \cdot V_2 \quad \text{Lei de Boyle}$$

em que os índices 1 e 2 representam os estados inicial e final de uma **transformação isotérmica**, ou seja, uma transformação que ocorre a uma temperatura constante. (*Isotérmica* vem do grego *iso*, "mesmo", e *termos*, "calor".)

Robert Boyle (1627-1691). Nascido na Irlanda, prestou apreciável contribuição ao início da Química como ciência propriamente dita. Sua famosa lei foi publicada em 1660 e seu livro, *The Sceptical Chymist*, em 1680. A Boyle devemos a distinção entre composto e elemento químico, tendo sido ele um dos primeiros a definir reação química.

Validade da equação

A equação matemática $P_1 \cdot V_1 = P_2 \cdot V_2$ expressa uma lei natural, ou seja, a generalização de uma regularidade observada. Essa equação se aplica:

- a substâncias no estado gasoso, cuja quantidade permaneça inalterada;
- com T permanecendo constante;
- com P na mesma unidade em ambos os membros;
- com V na mesma unidade em ambos os membros.

Vejamos um exemplo de aplicação da ideia que está por trás dessa lei.

É provável que você já tenha visto alguém soltar um balão de borracha preenchido com hélio, desses comprados em parques de diversão ou em centros de compras, para vê-lo subir ao ar livre. Entretanto, ao chegar a uma certa altura (muitas vezes ainda ao nosso alcance visual), ele estoura. Por que isso ocorre?

Considerando que a temperatura do gás contido no balão seja constante durante a subida, podemos aplicar a Lei de Boyle. Quanto maior for a altitude, menor será a pressão sobre o balão e, consequentemente, maior o volume. Assim, o balão irá inchando até estourar.

Conteúdo digital Moderna PLUS http://www.modernaplus.com.br
Texto: *Respiração e Lei de Boyle*

2 Mais uma vez, leis, teorias e modelos. É o método científico!

No capítulo 1, comentamos que os cientistas utilizam um método organizado para estudar a natureza, o método científico.

Uma das características desse método é fazer observações criteriosas ao realizar experimentos e, uma vez que tenha sido observada alguma regularidade, enunciá-la por meio de palavras e/ou equações matemáticas.

O irlandês Robert Boyle descobriu, no século XVII, uma regularidade da natureza, que pode ser enunciada com palavras ou com uma equação matemática. O enunciado de uma regularidade natural é uma **lei**.

Para uma massa fixa de gás a uma dada temperatura constante, a pressão e o volume são inversamente proporcionais:

$$P \cdot V = \text{constante} \quad \text{ou} \quad P_1 \cdot V_1 = P_2 \cdot V_2$$

Após enunciar uma lei, os cientistas geralmente tentam explicá-la. Uma proposta de explicação para uma ou mais leis é uma **teoria**. E quando uma teoria envolve entidades a que não temos acesso direto (por exemplo, as moléculas, que não são visíveis nos microscópios usuais), então ela se faz acompanhar de um **modelo**, ou seja, de como imaginamos que seja aquilo a que não temos acesso direto.

A começar de agora, veremos propostas de explicação para o comportamento dos gases, associadas a um modelo em nível molecular.

3 Interpretação molecular da pressão de um gás

A **pressão de um gás** é decorrente das colisões de suas moléculas com a parede do recipiente que contém esse gás.

O movimento das moléculas de um gás pode ser comparado ao de bolas de bilhar. Durante uma partida, essas bolas:

- se movem em linha reta;
- colidem umas com as outras;
- colidem com as laterais da mesa.

Contudo há uma diferença entre o movimento das moléculas de gás e o das bolas de bilhar. Após algum tempo, as bolas cessam seu movimento, e as moléculas não. Se isso acontecesse, um pneu murcharia sozinho algum tempo depois de calibrado.

As bolas de bilhar em movimento estão submetidas ao atrito contra o pano da mesa e contra o ar. Isso faz com que elas, aos poucos, tenham o seu movimento amortecido.

Já as moléculas estão em movimento perpétuo porque não são bolinhas rolando sobre uma superfície (uma superfície é formada por moléculas!) e também não estão submetidas ao atrito contra o ar (entre as moléculas não há nada, ou seja, é espaço vazio, vácuo!).

4 Interpretação molecular de uma transformação isotérmica

Podemos usar o modelo que acabamos de apresentar para interpretar, do ponto de vista microscópico, a Lei de Boyle.

Quanto menor for o volume, maior o número de colisões das moléculas com as paredes do recipiente. Assim, a diminuição do volume acarreta aumento na pressão do gás, como esquematizado a seguir.

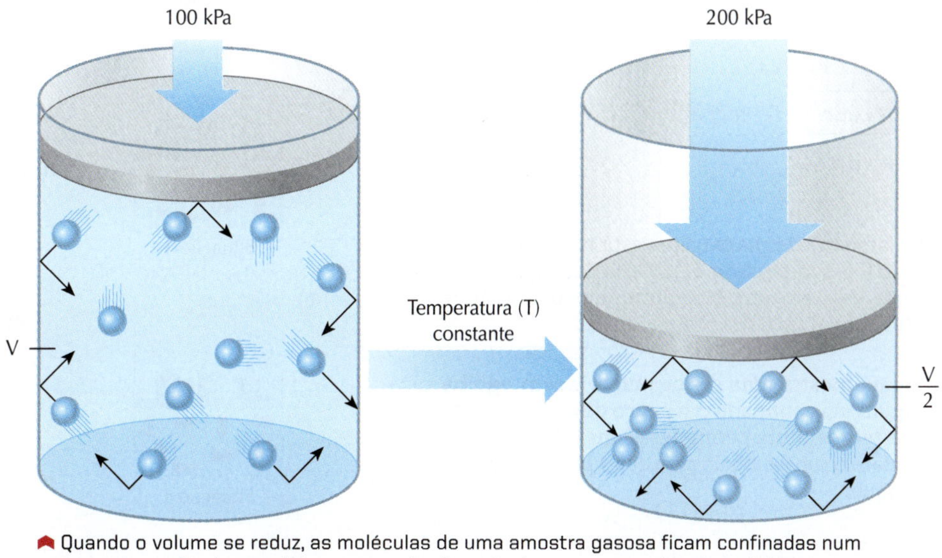

Quando o volume se reduz, as moléculas de uma amostra gasosa ficam confinadas num espaço menor. Por isso, colidem com maior frequência com as paredes do recipiente, o que acarreta aumento da pressão.

EXERCÍCIOS ESSENCIAIS

EXERCÍCIO RESOLVIDO

6 Uma amostra de gás nitrogênio está submetida a 0,3 atm em um recipiente de 2,0 L. Mantendo-se a temperatura fixa, o volume é alterado até a pressão atingir 1,2 atm. Qual é o volume final?

Resolução

Estão satisfeitas as condições para usar a Lei de Boyle.

Com $P_1 = 0{,}3$ atm, $V_1 = 2{,}0$ L e $P_2 = 1{,}2$ atm, temos:

$P_1 \cdot V_1 = P_2 \cdot V_2$

$0{,}3 \text{ atm} \cdot 2{,}0 \text{ L} = 1{,}2 \text{ atm} \cdot V_2 \Rightarrow \boxed{V_2 = 0{,}5 \text{ L}}$

7 Se uma amostra de gás, submetida a temperatura constante, tem o seu volume triplicado, o que acontece com a pressão?

EXERCÍCIO RESOLVIDO

8 (Uece) A figura mostra dois balões interligados por uma torneira. A interligação tem volume desprezível e no balão I a pressão é de 3 atm.

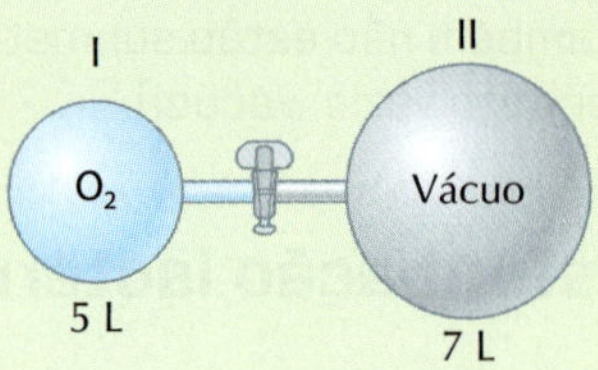

Abrindo a torneira e mantendo a temperatura constante, a pressão final do sistema será de:

a) 1,25 atm
b) 0,80 atm
c) 7,20 atm
d) 2,14 atm

Resolução

$P_1 \cdot V_1 = P_2 \cdot V_2$

$3 \text{ atm} \cdot 5 \text{ L} = P_2 \cdot 12 \text{ L}$

$\boxed{P_2 = 1{,}25 \text{ atm}}$

Alternativa **a**.

9 Uma amostra de gás oxigênio está num recipiente de 5,0 L e sua pressão é 130 kPa. Se, isotermicamente, essa amostra é comprimida até o volume de 0,5 L, qual será sua pressão final?

10 A figura mostra uma seringa **nova e sem agulha** na qual está confinado um pouco de ar. Admitindo que a temperatura permaneça constante, o que se deve fazer com o êmbolo para que a pressão interna duplique?

Que lei científica você usou?

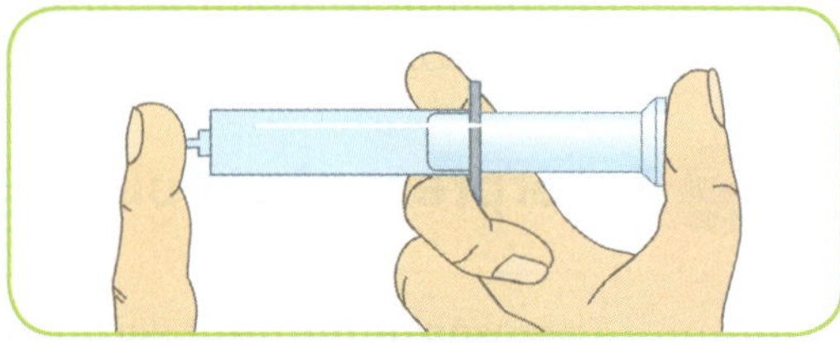

11 (PUC-SP) Uma amostra de gás oxigênio (O_2) a 25 °C está em um recipiente fechado com um êmbolo móvel. Indique qual dos esquemas abaixo melhor representa um processo de expansão isotérmica.

a)

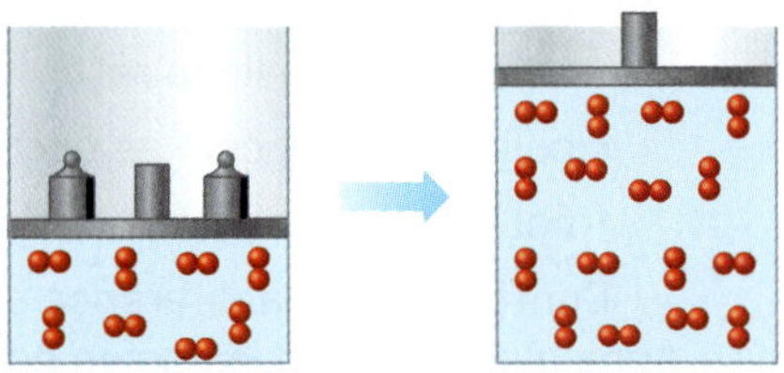

Situação 1 Situação 2

b)

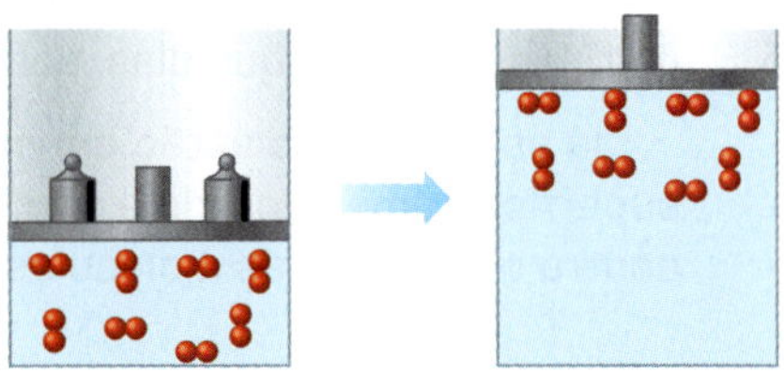

Situação 1 Situação 2

c)

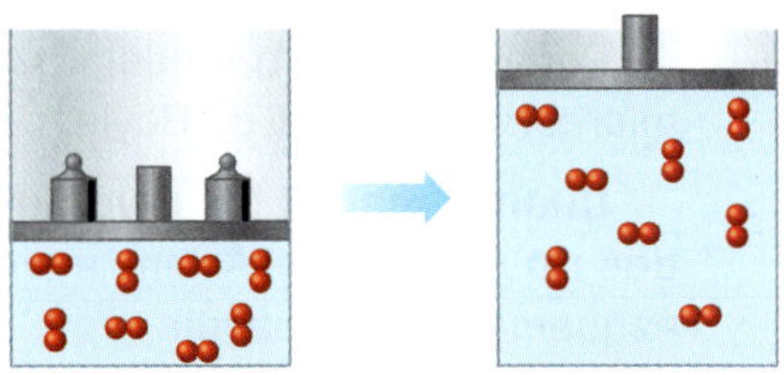

Situação 1 Situação 2

d)

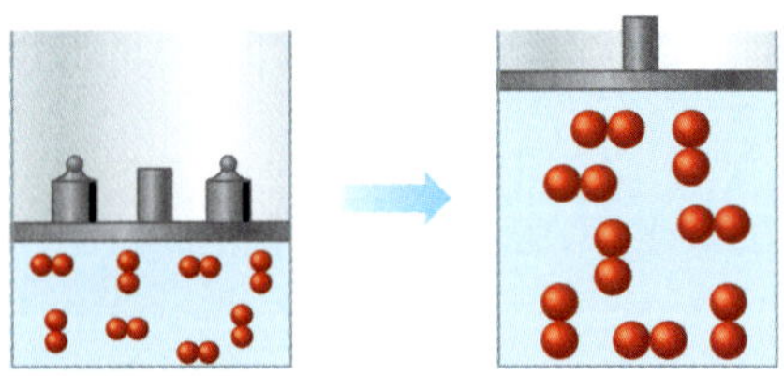

Situação 1 Situação 2

e)

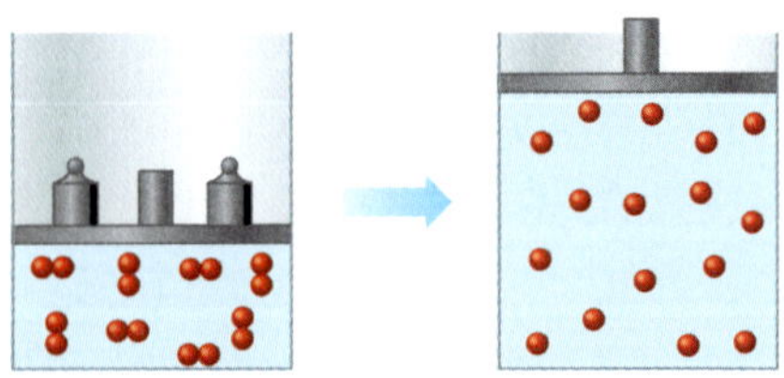

Situação 1 Situação 2

Conteúdo digital Moderna PLUS http://www.modernaplus.com.br
Exercícios adicionais

5 Transformações isocóricas

Uma amostra de gás é confinada em um recipiente indeformável, como o que aparece no desenho abaixo. A meta do experimento é medir a pressão dessa amostra gasosa em diferentes temperaturas. Para tanto, a temperatura da amostra é modificada sucessivas vezes e, em cada nova temperatura, é registrado o valor medido para a pressão.

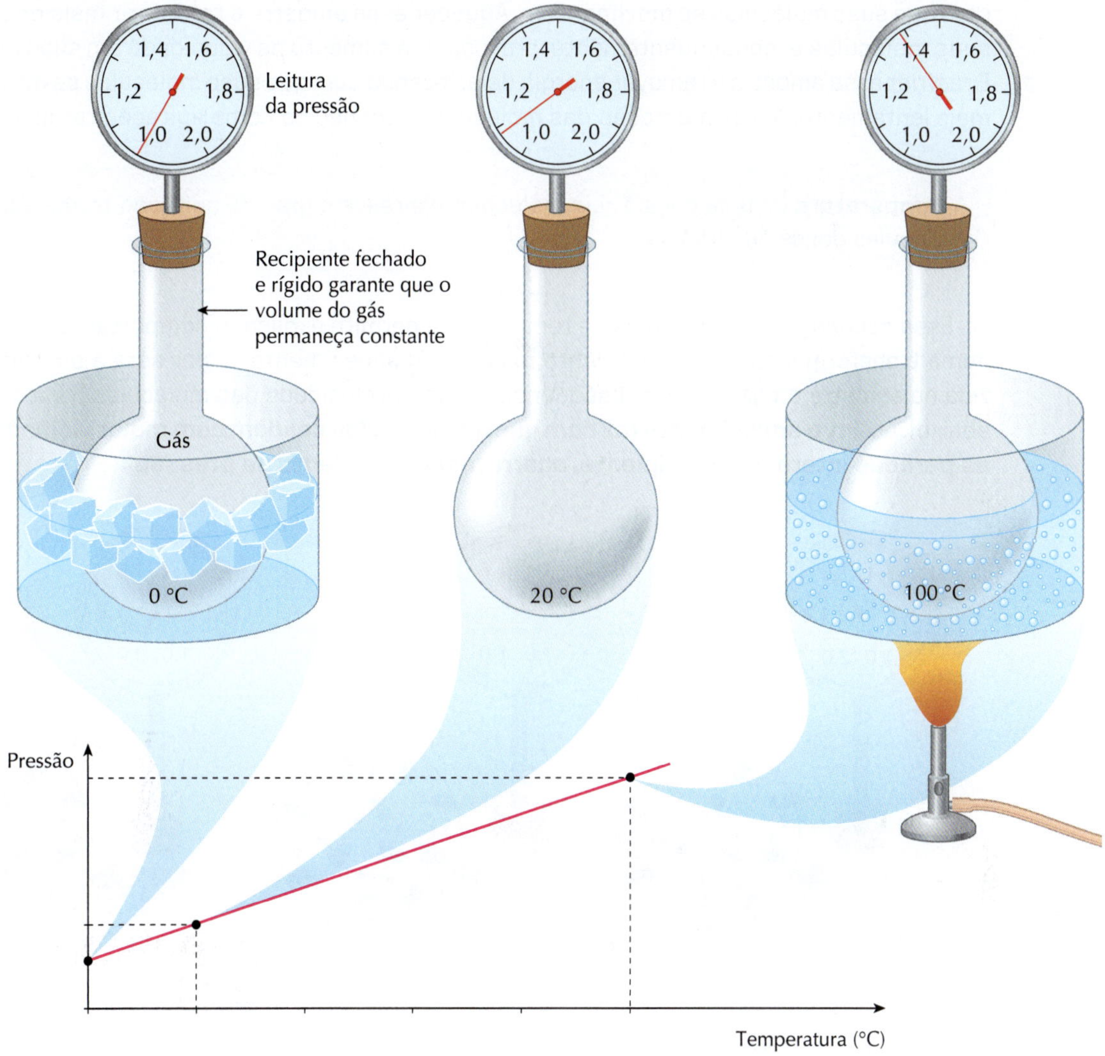

Os valores de pressão e de temperatura obtidos foram colocados em um gráfico, cujo aspecto está esboçado acima.

O gráfico se refere a uma **transformação isocórica**, isto é, uma alteração que ocorre a volume constante. Repare que o gás ocupa todo o volume do recipiente. Como o volume do recipiente não muda (estamos desprezando a dilatação do frasco), o volume de gás também permanece constante. O termo *isocórica* vem do grego *iso*, "mesmo", e *coros*, "volume". Os termos **isovolumétrica** e **isométrica** são também usados como sinônimos de isocórica.

O resultado do experimento mostra que, **nesse tipo de transformação, um aquecimento provoca um aumento de pressão da amostra gasosa, e o resfriamento, uma diminuição de sua pressão.** Mais do que isso, o gráfico mostra que a variação da pressão em função da temperatura, expressa em graus Celsius, é linear, ou seja, o gráfico é uma linha reta.

Um pneu velho e desgastado, após rodar grandes distâncias em um dia quente, pode estourar. Como podemos explicar isso?

Ao rodar grandes distâncias, o pneu e o ar nele contido sofrem aquecimento. De acordo com o experimento que acabamos de analisar, isso acarreta aumento da pressão interna. Esse aumento pode prosseguir até que a parede do pneu, fragilizada devido ao desgaste, seja rompida.

6 Interpretação microscópica de uma transformação isocórica

A temperatura é uma grandeza que pode ser medida com um instrumento macroscópico, o termômetro. Os cientistas consideram que a temperatura é uma manifestação da velocidade com que as moléculas de uma determinada substância se movimentam.

Quanto maior a temperatura de uma amostra de substância molecular, maior é a velocidade com que suas moléculas se movimentam. Aquecer essa amostra é transferir mais energia para suas moléculas e, consequentemente, provocar um aumento de velocidade em suas moléculas. E resfriar essa amostra é remover energia dela, fazendo com que suas moléculas se movimentem mais lentamente. A movimentação das moléculas é conhecida como agitação térmica*.

A **temperatura** de uma substância molecular expressa o grau de agitação térmica das moléculas dessa substância.

Essa concepção microscópica de temperatura permite explicar o comportamento de um gás numa transformação isocórica. Quanto maior for o aquecimento, maior será a energia introduzida na amostra de gás e, em consequência, maior a velocidade das moléculas (veja o esquema abaixo). Assim, **o aquecimento faz com que as moléculas colidam com maior violência contra as paredes internas do recipiente, acarretando o aumento de pressão.**

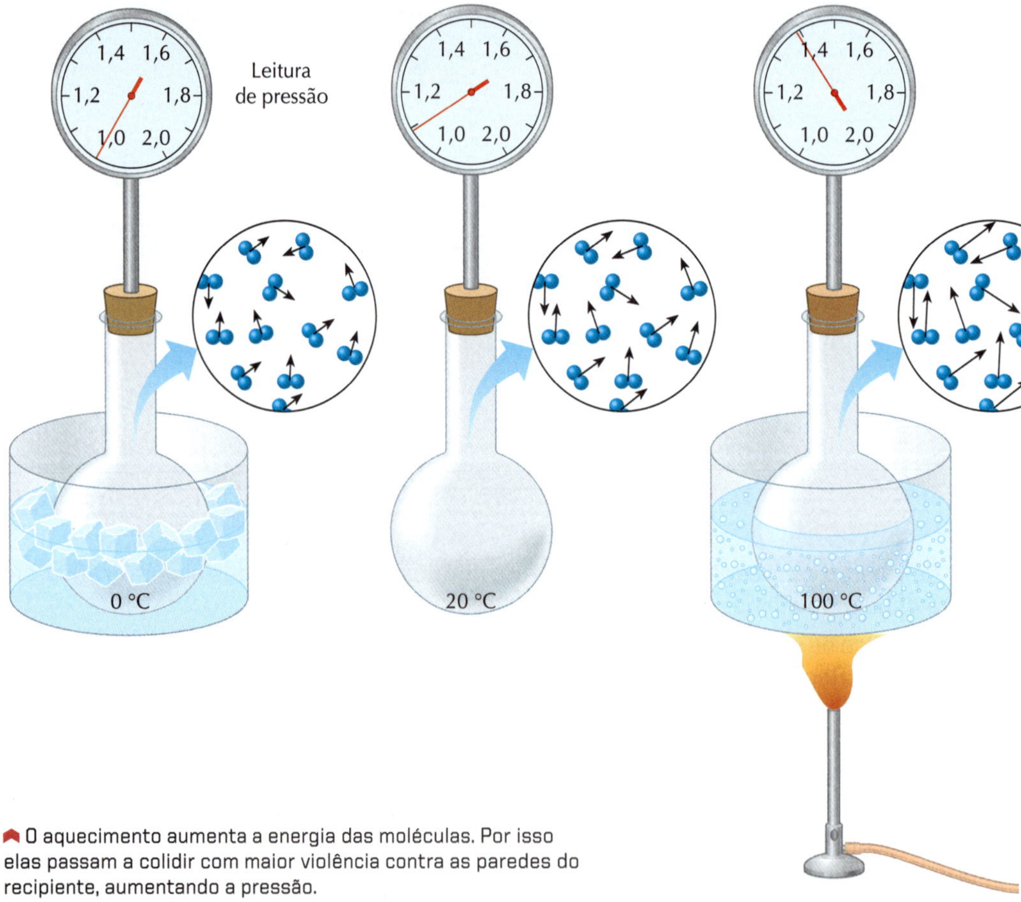

▲ O aquecimento aumenta a energia das moléculas. Por isso elas passam a colidir com maior violência contra as paredes do recipiente, aumentando a pressão.

No caso do exemplo do pneu velho, ele pode estourar devido à violência das colisões moleculares do gás aquecido com sua parede interna.

* Como os gases são substâncias moleculares, o destaque aqui é dado para a relação entre temperatura e agitação térmica das **moléculas**. No caso de substâncias iônicas e de substâncias metálicas, a temperatura expressa, respectivamente, o grau de agitação térmica dos **íons** e dos **átomos** formadores dessas substâncias.

7 Transformações isobáricas

Uma amostra de gás é confinada em um recipiente provido de um balão de borracha em sua extremidade, como o que aparece no desenho abaixo. A meta do experimento é medir o volume dessa amostra gasosa em diferentes temperaturas, mantendo-se a pressão constante (pressão atmosférica). A temperatura da amostra é modificada sucessivas vezes e, em cada nova temperatura, é registrado o valor medido para o volume.

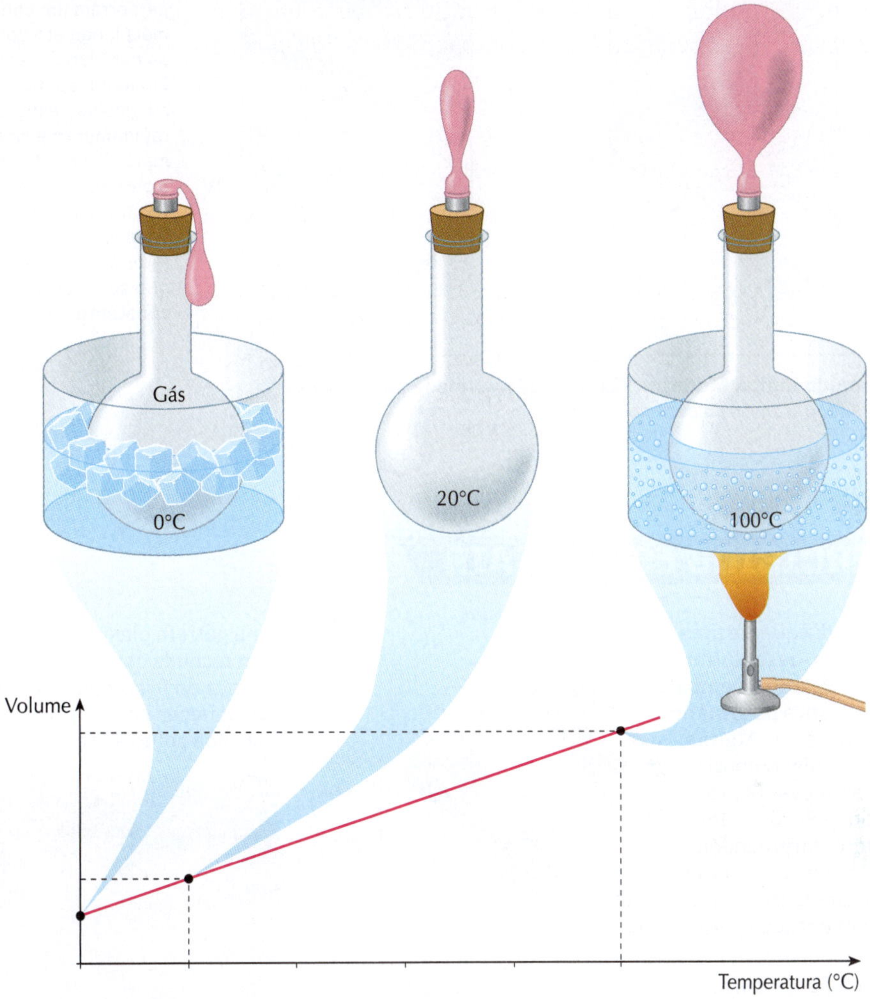

Os valores de volume e de temperatura obtidos foram colocados num gráfico, cujo aspecto está esboçado acima.

Na experiência em questão, o gás está sofrendo uma **transformação isobárica**, ou seja, uma transformação em que a pressão permanece constante. (*Isobárica* vem do grego *iso*, "mesmo", e *baros*, "pressão".)

O experimento revela que o aquecimento provoca a expansão do gás, e o resfriamento, sua contração. A reta crescente que aparece no gráfico informa que o volume de uma amostra gasosa, mantida a pressão constante, varia linearmente com a temperatura expressa em graus Celsius.

8 Interpretação microscópica de uma transformação isobárica

O aumento de temperatura aumenta a velocidade das moléculas. Se o volume fosse constante, a pressão iria aumentar, como discutimos há pouco.

Contudo, para que a pressão permaneça constante, o aumento de volume faz com que uma molécula, em média, tenha de percorrer uma distância maior até atingir as paredes internas do recipiente.

Assim, podemos dizer que, **ao aquecer a amostra gasosa, o aumento da violência das colisões das moléculas contra as paredes internas do recipiente é compensado pela diminuição da frequência com que essas colisões ocorrem**. Dessa forma, **a pressão permanece constante**. Isso está esquematizado na figura abaixo.

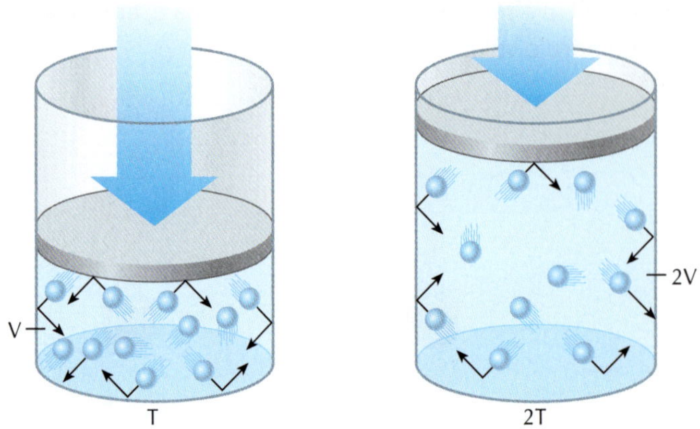

O aumento do volume faz com que as moléculas percorram um caminho mais longo até colidir com as paredes do recipiente. Embora o aquecimento faça as moléculas se moverem mais rapidamente e se chocarem mais violentamente com a parede interna, o maior volume reduz a frequência dessas colisões. Assim, um fator compensa o outro e a pressão medida permanece constante.

Conteúdo digital Moderna PLUS http://www.modernaplus.com.br
Simulador: *Transformações dos gases*

EXERCÍCIOS ESSENCIAIS

12 Em um dia quente uma pessoa usou um desodorante, fechou e guardou a embalagem plástica no armário do banheiro. Alguns dias depois, num dia frio, essa pessoa procurou pelo desodorante e surpreendeu-se ao ver que a embalagem estava murcha. Proponha uma explicação para esse fato.

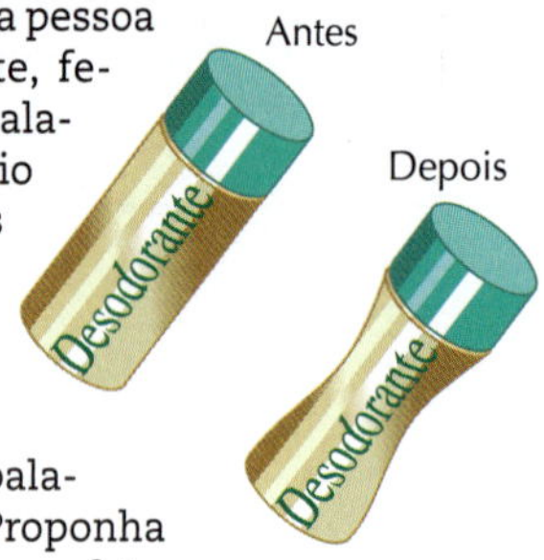

13 Um balão de borracha foi amarrado na boca de uma "garrafa vazia", como mostra a figura A. Essa garrafa foi colocada na água quente e observou-se o que está esquematizado na figura B. Esperou-se a garrafa voltar à temperatura ambiente e, finalmente, gelo foi colocado ao seu redor. Observou-se o que aparece na figura C.

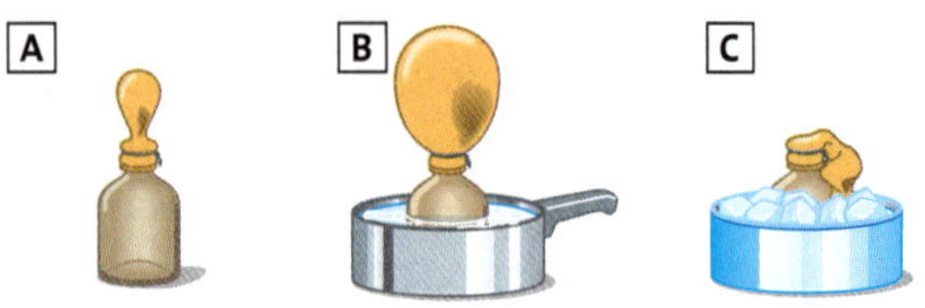

a) A "garrafa vazia" estava realmente vazia?

b) Explique o comportamento do balão na figura B.

c) Explique o comportamento do balão na figura C.

14 Durante uma festa infantil, algumas bexigas (balões de borracha) que estavam penduradas próximo a uma lâmpada acesa estouraram. Proponha uma explicação para esse fato.

15 Uma garrafa plástica "vazia" de 2 L de refrigerante, bem fechada com a tampa de rosca, é colocada no interior do *freezer* (veja a foto abaixo), onde deverá permanecer por 4 horas. A seguir será retirada e colocada sobre a mesa.

A garrafa no início da experiência.

a) Faça uma previsão do que será observado após retirar a garrafa do *freezer*.

b) O resultado seria diferente se a garrafa estivesse sem tampa desde o começo? Explique por quê.

c) Faça essas experiências para verificar suas previsões.

16 Certos produtos são comercializados sob a forma de *spray* de aerossol, em embalagens metálicas.

Nessas embalagens há, geralmente, alguma inscrição do tipo:

Não coloque esta embalagem no fogo ou no incinerador, mesmo depois de terminado o produto.

Explique a razão desse aviso, deixando claro o risco que existe em contrariar a instrução nele expressa.

Algo mais sobre proporções diretas

Considere os gráficos A e B, ao lado. Nos dois casos vemos que, quando *x* aumenta, *y* também aumenta. Como em ambas as situações temos gráficos que são linhas retas, podemos dizer que, tanto em A quanto em B, *y* **varia linearmente** com *x*.

Contudo apenas em A podemos dizer que *y* é **diretamente proporcional** a *x*. Em B isso não ocorre.

Para entender, basta perceber que no caso do gráfico A, quando *x* duplica, *y* também duplica, ao passo que, no caso do gráfico B, quando *x* duplica, *y* aumenta mas não chega a duplicar.

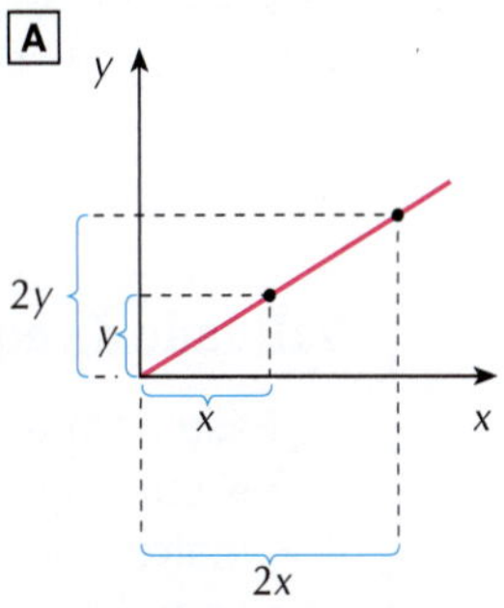

É um caso de proporção direta

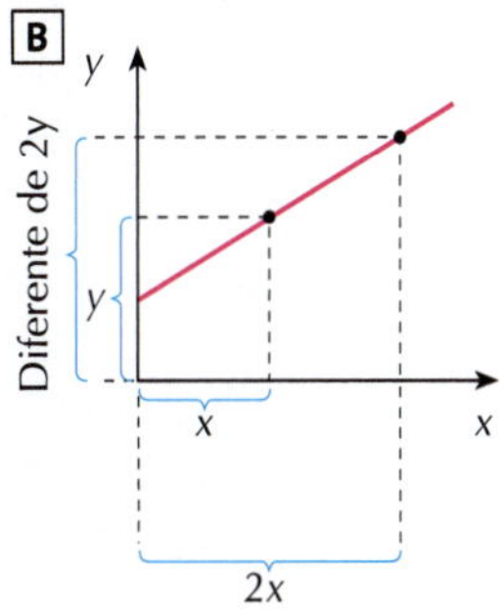

Não é um caso de proporção direta

Resumindo, um gráfico da grandeza *y* em função da grandeza *x* que corresponda a uma linha reta expressa uma **variação linear**. Se, além de ser uma linha reta, o gráfico passar pela origem — ponto (0, 0) — então, além de uma variação linear, o gráfico também expressará um caso de **proporção direta**.

9 A escala kelvin de temperatura

Em 1851, o inglês William Thomson, mais tarde possuidor do título de Lorde Kelvin, propôs **a escala kelvin de temperatura**, hoje também conhecida como **escala termodinâmica de temperatura** (expressa em kelvins, símbolo K). Os valores dessa escala estão relacionados com os da escala Celsius (símbolo °C) por meio do seguinte enunciado:

A temperatura na escala termodinâmica (em kelvins, K) é igual ao valor da temperatura em graus Celsius (°C) acrescida de 273:

$$T = t + 273$$

William Thomson, Lorde Kelvin (1824-1907).

O esquema abaixo compara algumas temperaturas em ambas as escalas.

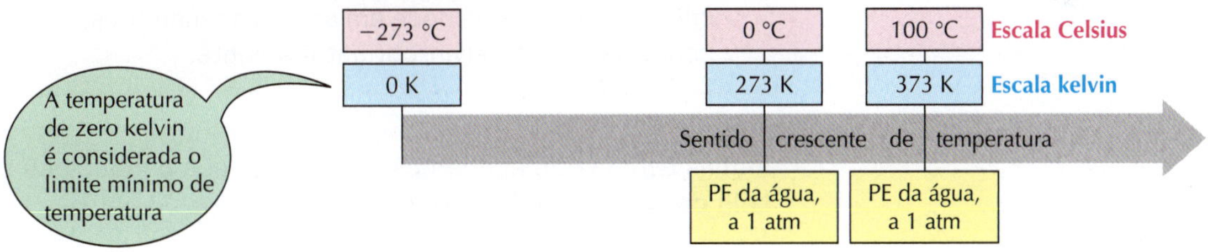

10 As Leis de Charles e Gay-Lussac

Em 1787, o francês Jacques Charles, interessado na construção de balões de ar quente, investigou o comportamento dos gases quando submetidos a variações de temperatura. Em 1802, outro francês, Gay-Lussac, formalizou os resultados de Charles na forma dos gráficos das transformações isocóricas e isobáricas que discutimos há pouco.

A escala kelvin de temperatura, proposta em 1851, tornou esses gráficos muito mais simples. Compare os gráficos A e B, ao lado, referentes a uma transformação isocórica.

Como você pode perceber, **a pressão é diretamente proporcional à temperatura em kelvins**, mas não à temperatura em graus Celsius. Trata-se de uma regularidade da natureza, que pode ser enunciada, constituindo-se em uma lei.

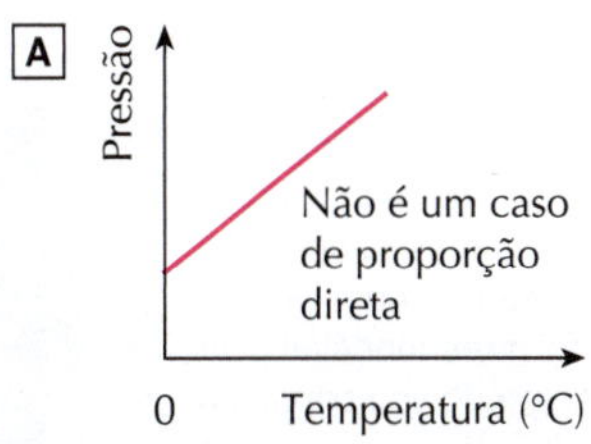

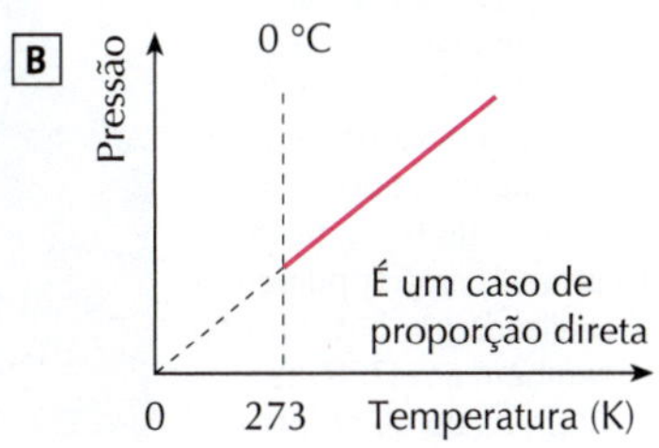

A pressão de uma amostra gasosa, mantida a volume constante, é diretamente proporcional à temperatura na escala kelvin:

$$\frac{P}{T} = \text{constante} \quad \text{ou} \quad \boxed{\frac{P_1}{T_1} = \frac{P_2}{T_2}}$$

Validade da equação

Essa última equação se aplica:

- a substâncias no estado gasoso, cuja quantidade permaneça inalterada;
- com V permanecendo constante;
- com P na mesma unidade em ambos os membros;
- com T na escala kelvin, obrigatoriamente.

C

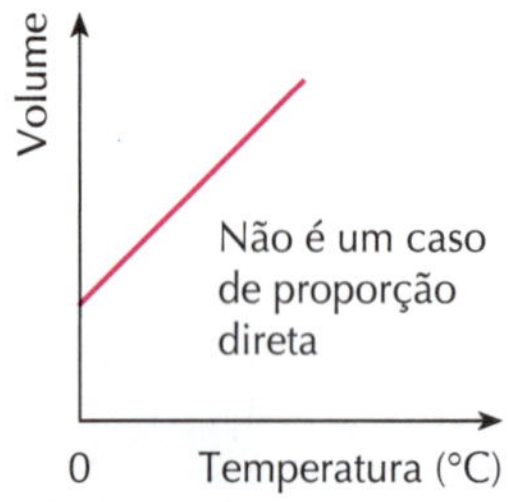

D

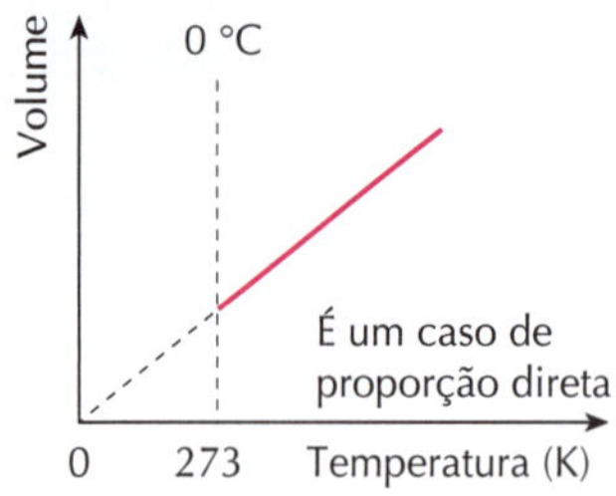

Algo semelhante acontece com os gráficos relativos à transformação isobárica. Comparando os gráficos C e D, ao lado, você pode perceber como **o volume é diretamente proporcional à temperatura na escala kelvin**. Assim, temos outra lei científica.

O volume de uma amostra gasosa, mantida a pressão constante, é diretamente proporcional à temperatura na escala kelvin:

$$\frac{V}{T} = \text{constante} \quad \text{ou} \quad \boxed{\frac{V_1}{T_1} = \frac{V_2}{T_2}}$$

Validade da equação

Essa última equação se aplica:

- a substâncias no estado gasoso, cuja quantidade permaneça inalterada;
- com P permanecendo constante;
- com V na mesma unidade em ambos os membros;
- com T na escala kelvin, obrigatoriamente.

Ambas as leis que acabamos de mostrar são conhecidas como **Leis de Charles e Gay-Lussac**.

Jacques Alexandre Cesar Charles (1746-1823), químico francês famoso por seus experimentos com balões, foi o responsável pelo segundo voo tripulado em 1783. Para gerar o gás hidrogênio, com o qual o balão foi enchido, foram necessários cerca de 230 kg de ácido e 460 kg de ferro metálico. (O primeiro voo tripulado foi realizado por outro grupo, também em 1783, usando um balão de ar quente.)

Joseph-Louis Gay-Lussac (1778-1850), cientista francês, contribuiu para a formação das bases da Química. Caracterizou o enxofre como elemento, foi o primeiro a isolar o boro, estudou o comportamento dos gases com relação ao aquecimento e também a participação desses gases em reações químicas, chegando à Lei Volumétrica que recebe seu nome (essa lei é mostrada na unidade K). Também forneceu contribuições para a Física, a Meteorologia e a Fisiologia. Assim como Jacques Charles, era adepto do balonismo, tendo atingido, num voo realizado em 1804, a altitude de 7 km (para colher amostras da atmosfera), recorde mantido por vários anos.

As Leis dos Gases e a embolia gasosa

Os dados a seguir ajudam a entender como as leis dos gases são importantes para os mergulhadores que usam cilindro de ar comprimido em seus mergulhos.

A densidade da água do mar é, em média, 1,03 g/cm^3. Sendo assim, através de cálculos, pode-se demonstrar que a pressão total exercida pela coluna de água sobre um mergulhador que se encontra 10 metros abaixo da superfície corresponde a 1 atm. Dessa forma, a pressão total exercida sobre o mergulhador nessa profundidade é o dobro da pressão atmosférica. Caso ele se encontre a 20 metros de profundidade, a pressão exercida sobre ele será o triplo da pressão atmosférica, e assim por diante.

Vejamos o que acontece com um mergulhador que se encontra a 10 metros de profundidade e resolve subir rapidamente à superfície sem respirar. Se a 10 metros de profundidade a pressão exercida sobre o mergulhador é duas vezes a da superfície, uma subida rápida faz com que haja uma descompressão brusca e consequentemente uma expansão do gás no interior dos pulmões, podendo romper as membranas desses órgãos e levá-lo à morte ou provocar uma **embolia gasosa**.

A embolia consiste no seguinte: o ar expandido no interior dos pulmões é empurrado para o interior dos vasos sanguíneos e capilares, formando bolhas gasosas na corrente sanguínea. Essas bolhas impedem que o fluxo normal do sangue atinja o cérebro, o que às vezes acarreta perda de consciência do mergulhador.

Para que o mergulhador fique curado, é necessário que se faça a recompressão. Nesse caso, ele é colocado em uma câmara fechada e a pressão é gradualmente aumentada, o que faz com que as bolhas presentes no sistema circulatório sejam lentamente reduzidas. A seguir, a pressão é diminuída muito lentamente (descompressão gradual) até chegar ao valor da pressão atmosférica local.

EXERCÍCIOS ESSENCIAIS

EXERCÍCIO RESOLVIDO

17 Uma amostra de gás encontra-se num recipiente fechado e indeformável, a −73 °C e 60 kPa. Se a temperatura for elevada até 77 °C, qual será a nova pressão?

Resolução

O fato de o recipiente ser "fechado e indeformável" significa que o volume permanece constante, isto é, trata-se de uma transformação isocórica. Assim, podemos usar a expressão:

$$\frac{P_1}{T_1} = \frac{P_2}{T_2}$$

com $P_1 = 60\,kPa$ e com as temperaturas na escala kelvin:

$T_1 = -73 + 273 = 200\,K$

$T_2 = 77 + 273 = 350\,K$

$$\frac{P_1}{T_1} = \frac{P_2}{T_2} \Rightarrow \frac{60\ kPa}{200\ K} = \frac{P_2}{350\ K} \Rightarrow \boxed{P_2 = 105\ kPa}$$

18 Uma amostra de gás, em um recipiente fechado e indeformável, é aquecida até que sua temperatura kelvin triplique. O que se pode afirmar sobre a pressão final dessa amostra?

19 Uma massa de nitrogênio gasoso encontra-se a 27 °C e 1,0 atm. Se essa amostra sofrer uma transformação isocórica até chegar a 177 °C, qual será sua pressão final?

20 Se uma amostra de 12,5 L de gás oxigênio, a −23 °C, for aquecida até 227 °C, mantendo-se sua pressão constante, qual será o volume final?

21 Considere uma determinada quantidade de gás carbônico confinada em um recipiente de 15 m^3, a 1 atm e 57 °C. Se esse gás for inteiramente transferido para outro recipiente de 20 m^3, qual deverá ser a temperatura final (em °C), a fim de que a pressão não se altere?

22 (EEM-SP) De um estado inicial de 4 L, 2 atm e 300 K, um gás perfeito é submetido a uma expansão isobárica até duplicar seu volume. Em seguida, é comprimido isotermicamente até seu volume original e, finalmente, a volume constante, é resfriado até sua pressão inicial.

1. Represente as transformações num diagrama *P* em função de *V*.
2. Calcule a temperatura do gás durante a compressão isotérmica e a pressão por ele atingida ao seu final.

Conteúdo digital Moderna PLUS http://www.modernaplus.com.br
Exercícios adicionais

Seção 32.3

Equação geral dos gases

Objetivos

- Enunciar a equação geral dos gases.
- Utilizar a equação geral dos gases para fazer previsões referentes a transformações envolvendo quantidade fixa de gás.

Termos e conceitos

- equação geral dos gases

A Lei de Boyle e as Leis de Charles e Gay-Lussac podem ser reunidas em uma única expressão, conhecida como **equação geral dos gases**:

$$\frac{P_1 \cdot V_1}{T_1} = \frac{P_2 \cdot V_2}{T_2}$$

Quando uma das três variáveis de estado – P, V ou T – permanece constante, essa equação se reduz a uma das três expressões estudadas anteriormente:

$$\frac{P_1 \cdot V_1}{T_1} = \frac{P_2 \cdot V_2}{T_2}$$

T constante → $\frac{P_1 \cdot V_1}{\cancel{T_1}} = \frac{P_2 \cdot V_2}{\cancel{T_2}} \Rightarrow P_1 \cdot V_1 = P_2 \cdot V_2$

V constante → $\frac{P_1 \cdot \cancel{V_1}}{T_1} = \frac{P_2 \cdot \cancel{V_2}}{T_2} \Rightarrow \frac{P_1}{T_1} = \frac{P_2}{T_2}$

P constante → $\frac{\cancel{P_1} \cdot V_1}{T_1} = \frac{\cancel{P_2} \cdot V_2}{T_2} \Rightarrow \frac{V_1}{T_1} = \frac{V_2}{T_2}$

É importante você perceber que a equação geral não se aplica apenas a transformações isotérmicas, isocóricas ou isobáricas. Ela pode ser utilizada sempre que uma massa fixa de gás estiver sofrendo uma mudança em duas ou três de suas variáveis de estado: pressão, volume e temperatura.

Validade da equação

Essa equação se aplica:

- a substâncias no estado gasoso, cuja quantidade permaneça inalterada;
- com P na mesma unidade em ambos os membros;
- com V na mesma unidade em ambos os membros;
- com T na escala kelvin, obrigatoriamente.

EXERCÍCIOS ESSENCIAIS

EXERCÍCIO RESOLVIDO

23 (F. Ruy Barbosa-BA) Um balão meteorológico com 50 L de gás hélio, a 20 °C e ao nível do mar, é lançado na atmosfera. Ao atingir a estratosfera, a pressão desse gás torna-se 0,4 atm e a temperatura –50 °C.

Determine, em L, a capacidade que o balão deve ter antes do lançamento.

Resolução

Como o gás presente no balão sofre expansão (veja cálculo a seguir), concluímos que, quando ele é lançado, não está expandido ao máximo de sua capacidade. Esse balão deve ter uma capacidade que seja, no mínimo, igual ao volume atingido na situação final descrita no enunciado, calculado a seguir:

$$\frac{P_1 \cdot V_1}{T_1} = \frac{P_2 \cdot V_2}{T_2} \Rightarrow \frac{1 \text{ atm} \cdot 50 \text{ L}}{293 \text{ K}} = \frac{0{,}4 \text{ atm} \cdot V_2}{223 \text{ K}} \Rightarrow \boxed{V_2 = 95{,}1 \text{ L}}$$

24 Uma amostra de 1 mol de gás oxigênio ocupa 22,4 L a 0 °C e 1 atm. Empregue a equação geral dos gases para prever qual será o volume dessa mesma amostra de gás se estiver submetida a uma temperatura de 273 °C e a uma pressão de 0,5 atm.

Conteúdo digital Moderna PLUS http://www.modernaplus.com.br
Exercícios adicionais

Capítulo

33 A Lei do Gás Ideal

A pressão, o volume, a temperatura e a quantidade de matéria em uma amostra gasosa se relacionam por meio da Lei do Gás Ideal.

A Lei do Gás Ideal, ou equação de estado dos gases perfeitos, é um importante princípio científico, que engloba a Lei de Boyle, as Leis de Charles e Gay-Lussac e o Princípio de Avogadro; além de englobá-los, pode ser aplicada a outras situações em que essas leis e esse princípio não são válidos.

› **33.1 Volume molar dos gases**

Volume molar é o volume ocupado por um mol de uma substância. A certa pressão e temperatura, o volume molar de qualquer gás (que tenha comportamento ideal) é o mesmo.

› **33.2 O Princípio de Avogadro**

O Princípio de Avogadro estabelece que volumes iguais de dois gases quaisquer, nas mesmas condições de pressão e temperatura, contêm mesmo número de moléculas.

› **33.3 Lei do Gás Ideal**

A Lei do Gás Ideal estabelece uma relação entre a pressão, o volume, a temperatura kelvin e a quantidade de matéria (quantidade em mols) de uma amostra gasosa.

Seção 33.1

Volume molar dos gases

Objetivos

- Conceituar volume molar.
- Compreender que o volume molar, a certa pressão e temperatura, é o mesmo para todas as substâncias gasosas (considerando comportamento ideal).
- Realizar cálculos de proporcionalidade envolvendo volume molar de gás.

Termos e conceitos

- volume molar
- volume molar de gás
- CNTP

Alguns dados experimentais

Analise os seguintes dados experimentais:

Gases

2 g	de H_2	(1 mol) a 0 °C e 1 atm ocupam um volume de 22,4 L
28 g	de N_2	(1 mol) a 0 °C e 1 atm ocupam um volume de 22,4 L
32 g	de O_2	(1 mol) a 0 °C e 1 atm ocupam um volume de 22,4 L
48 g	de O_3	(1 mol) a 0 °C e 1 atm ocupam um volume de 22,4 L
64 g	de SO_2	(1 mol) a 0 °C e 1 atm ocupam um volume de 22,4 L

Líquidos

18 g	de H_2O	(1 mol) a 0 °C e 1 atm ocupam um volume de 0,018 L
76 g	de CS_2	(1 mol) a 0 °C e 1 atm ocupam um volume de 0,060 L
160 g	de Br_2	(1 mol) a 0 °C e 1 atm ocupam um volume de 0,052 L

Sólidos

12 g	de $C_{(diam.)}$	(1 mol) a 0 °C e 1 atm ocupam um volume de 0,003 L
12 g	de $C_{(graf.)}$	(1 mol) a 0 °C e 1 atm ocupam um volume de 0,005 L
254 g	de I_2	(1 mol) a 0 °C e 1 atm ocupam um volume de 0,051 L

Dois mols de qualquer uma dessas substâncias, a 0 °C e 1 atm, ocupam o dobro do volume apresentado. Três mols ocupam o triplo, e assim por diante.

O volume desse cubo (ao lado de uma bola de futebol apenas para comparação) é de 22,4 litros.

Como vimos na unidade anterior, os químicos utilizam o mol para expressar a grandeza quantidade de matéria. **Define-se 1 mol como o conjunto de $6 \cdot 10^{23}$ unidades.**

Assim como usamos os termos *massa molar* para designar a *massa de 1 mol*, vamos utilizar a expressão **volume molar** para nos referir ao **volume ocupado por 1 mol de uma determinada** substância.

Observe a seguinte definição:

CNTP, TPN ou CN são siglas utilizadas para designar as **condições normais de temperatura e pressão**, 0 °C (273 K) e 1 atm (760 mmHg).

Tabela 1 Volume molar dos gases a 1 atm e em algumas temperaturas

Temperatura (°C)	Volume (L)
0	22,4
10	23,2
15	23,6
20	24,0
25	24,5
30	24,9

Pelos dados experimentais mostrados anteriormente, notamos que:

Quando 1 mol de um gás se encontra nas CNTP, ele ocupa um volume de 22,4 L. Isso independe do gás (desprezando os desvios da idealidade). Notamos também que líquidos e sólidos não apresentam a mesma regularidade.

A outras temperaturas e pressões, o volume molar dos gases assume outros valores, mas continua sendo o mesmo para todos os gases. Alguns desses valores aparecem na tabela 1, ao lado.

Seção 33.2

O Princípio de Avogadro

Objetivos

- Enunciar o Princípio de Avogadro.
- Aplicar o Princípio de Avogadro para comparar número de moléculas (e, consequentemente, também de átomos) em amostras gasosas.

Termos e conceitos

- Princípio (ou Hipótese) de Avogadro

Amedeo Avogadro.

O italiano Amedeo Avogadro estudou Direito e praticou a profissão por alguns anos. Em 1800, abandonou a advocacia e passou a se dedicar à Ciência. Em 1811, ele sugeriu pela primeira vez a hipótese que leva o seu nome, o **Hipótese de Avogadro**, também chamada **Princípio de Avogadro**:

> Volumes iguais de dois gases quaisquer, nas mesmas condições de pressão e temperatura, contêm igual número de moléculas.

A partir dessa hipótese, Avogadro foi capaz de:

- mostrar que a fórmula da água é H_2O e não HO, como pensava Dalton;
- distinguir entre átomos e moléculas (aliás, alguns historiadores atribuem a Avogadro a introdução da palavra *molécula* para designar conjuntos de átomos unidos; outros atribuem essa introdução a Gay-Lussac);
- distinguir entre massa atômica e massa molecular.

A comunidade científica só aceitou o Princípio de Avogadro alguns anos após a sua morte, quando outro italiano, Stanislao Cannizzaro (1826-1910), a defendeu vigorosamente num congresso internacional na Alemanha, em 1860.

Na evolução histórica da Química, o Princípio de Avogadro conduziu ao moderno conceito de mol. A Constante de Avogadro, que expressa quantas entidades há em um mol, tem esse nome em homenagem ao cientista cujo trabalho abriu caminho para muitos progressos na Química, inclusive para as tentativas de determinar tal número.

Uma das primeiras determinações confiáveis da Constante de Avogadro foi feita, nas primeiras décadas do século XX, pelo francês Jean Baptiste Perrin (1870-1942). Por suas contribuições à Ciência, Perrin recebeu o prêmio Nobel de Física em 1926.

Graças a Perrin e a muitos outros cientistas, hoje sabemos que a "hipótese" admitida por Avogadro pode ser comprovada. No entanto, como ela foi usada por Avogadro como conjectura a partir da qual fez deduções importantes, o nome "hipótese" ainda é empregado por razões históricas.

Compare as propriedades de três amostras gasosas nas CNTP

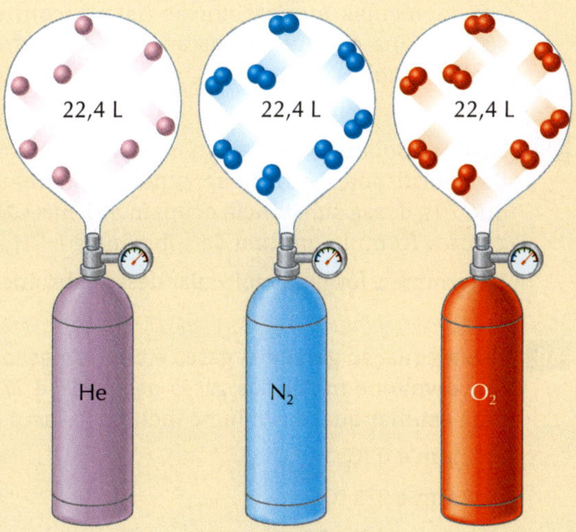

He	N_2	O_2
n = 1 mol	n = 1 mol	n = 1 mol
P = 1 atm	P = 1 atm	P = 1 atm
T = 0 °C (273 K)	T = 0 °C (273 K)	T = 0 °C (273 K)
V = 22,4 L	V = 22,4 L	V = 22,4 L
Número de moléculas = $6 \cdot 10^{23}$	Número de moléculas = $6 \cdot 10^{23}$	Número de moléculas = $6 \cdot 10^{23}$
Massa = 4,0 g	Massa = 28,0 g	Massa = 32,0 g

EXERCÍCIOS ESSENCIAIS

A tabela periódica é um instrumento de consulta!

EXERCÍCIOS RESOLVIDOS

1 Qual é o volume ocupado por 0,75 mol de gás nitrogênio nas condições normais de temperatura e pressão (CNTP)?

Resolução

A uma certa pressão e a uma certa temperatura, o volume de uma amostra gasosa é diretamente proporcional à quantidade de gás. Assim, podemos resolver por uma regra de três:

Quantidade de gás		Volume (nas CNTP)
1 mol	——	22,4 L
0,75 mol	——	x

$\Rightarrow$ **x = 16,8 L**

2 Qual é o volume ocupado por 21 g de gás nitrogênio nas condições normais de temperatura e pressão (CNTP)?

Resolução

Vamos resolver por uma regra de três. Para fazer sua montagem, devemos ter uma relação conhecida entre a massa do gás e seu volume nas CNTP. Consultando a massa atômica do nitrogênio na tabela periódica encontramos 14 u, o que nos permite calcular a massa molar do gás nitrogênio, N_2, obtendo 28 g/mol. Assim:

Massa de gás		Volume (nas CNTP)
28 g	——	22,4 L
21 g	——	x

$\Rightarrow$ **x = 16,8 L**

Note que essa questão conduz exatamente ao mesmo resultado que a anterior, porque 21 g de N_2 correspondem exatamente a 0,75 mol desse gás.

Poderíamos resolver essa questão de um outro modo. Inicialmente, calcularíamos a quantidade em mols de N_2 presentes em 21 g dessa substância. A seguir, montaríamos uma regra de três entre a quantidade em mols de gás e o volume nas CNTP, como na questão anterior.

3 Faça uma previsão do volume ocupado por uma amostra de 3,5 mol de gás nitrogênio nas CNTP.

4 Estime o volume de uma amostra de 6,4 g de gás oxigênio, O_2, nas CNTP.

5 Por que o volume de um mol de água nas CNTP é muitíssimo menor que 22,4 L?

6 Um balão meteorológico foi preenchido com gás hidrogênio, H_2, que está a 1,5 atm e 20 °C e ocupa 8 m^3. Sabendo que, nessas condições de pressão e temperatura, o volume molar dos gases é 16 L, determine:

a) a quantidade em mols de hidrogênio dentro do balão;

b) a massa de hidrogênio dentro do balão.

Balão meteorológico.

7 A 25 °C e 1 atm o volume molar dos gases é 24,5 L. Nessas condições de pressão e temperatura, qual será o volume ocupado por 64 g de gás ozônio, O_3?

8 Um balão de festa contém 5 L de gás hélio, He, em condições de pressão e temperatura tais que o volume molar dos gases é 20 L. Faça uma estimativa:

a) da massa de gás hélio que há dentro do balão;

b) do número de átomos de hélio que há dentro do balão.

Observação: Lembre-se de que o hélio é formado por moléculas monoatômicas (isto é, com um só átomo) e de que a Constante de Avogadro é $6 \cdot 10^{23} \cdot mol^{-1}$.

9 Em um laboratório uma substância gasosa foi isolada e purificada. Verificou-se, experimentalmente, que 70 g dessa substância ocupam 56 L nas CNTP e que a fórmula mínima da substância é CH_2.

Determine a fórmula molecular dessa substância.

10 Use a equação geral dos gases e a informação de que o volume molar dos gases nas CNTP é 22,4 L para estimar qual é o volume molar dos gases a:

a) 2 atm e 0 °C;

b) 2 atm e 273 °C;

c) 0,5 atm e 273 °C.

11 (Unicamp-SP) A partir de dados enviados de Vênus por sondas espaciais norte-americanas e soviéticas, pode-se considerar que, em certos pontos da superfície desse planeta, a temperatura é de 327 °C e a pressão atmosférica é de 100 atm. Sabendo-se que na superfície da Terra o volume molar de um gás ideal é 24,6 L a 27 °C e 1,00 atm, qual seria o valor desse volume nesses pontos de Vênus?

12 (Unicamp-SP) O princípio de Avogadro estabeleceu que: "Gases quaisquer, ocupando o mesmo volume, nas mesmas condições de temperatura e pressão, contêm o mesmo número de moléculas". Considere volumes iguais de CO, CO_2, C_2H_4, e H_2, todos à mesma temperatura e pressão.

Pergunta-se: onde há maior número de átomos de

a) oxigênio?

b) carbono?

c) hidrogênio?

Justifique suas respostas.

13 Empregue o Princípio de Avogadro para determinar qual dos recipientes esquematizados abaixo, todos contendo amostras gasosas nas mesmas condições de pressão e de temperatura, contém maior número de:

a) moléculas; b) átomos.

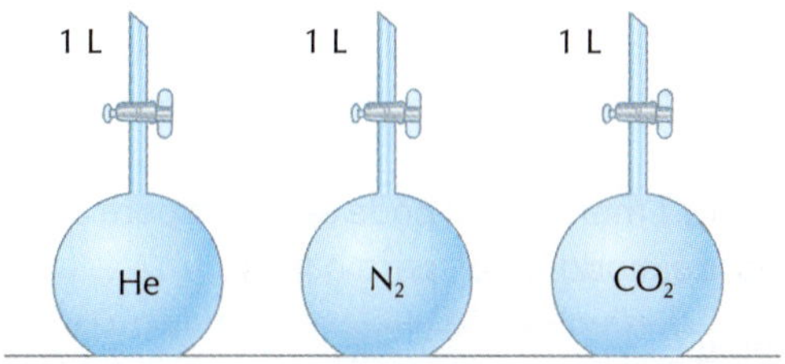

14 (Unimontes-MG) Dois balões de mesmo volume foram enchidos com os gases nitrogênio e metano. O laboratorista informou que foram necessários 4 g de metano e que as condições de temperatura e pressão foram as mesmas nos dois balões. Com base nesses dados, um estudante chegou às seguintes conclusões:

I. A massa de nitrogênio foi calculada como sendo 7 g.

II. O número de átomos presentes no balão contendo nitrogênio é o mesmo daquele presente no balão contendo metano.

III. Vinte e oito gramas do gás nitrogênio possuem $6{,}02 \times 10^{23}$ moléculas.

Indique a alternativa que inclui apenas conclusões **CORRETAS**.

a) I e II. b) I e III. c) II e III. d) I, II e III.

15 (Fatec-SP) Três recipientes idênticos, fechados, I, II e III, mantidos nas mesmas condições de temperatura e pressão, contêm moléculas dos gases oxigênio (O_2), monóxido de carbono (CO) e dióxido de carbono (CO_2), respectivamente. O Princípio de Avogadro permite-nos afirmar que:

a) o número de átomos de oxigênio é maior em I.

b) o número de átomos de carbono é maior em II.

c) o número total de átomos é igual em II e III.

d) o número de moléculas é maior em III.

e) o número de moléculas é igual em I, II e III.

16 Empregue o Princípio de Avogadro para determinar em qual dos recipientes esquematizados abaixo, todos contendo amostras gasosas nas mesmas condições de pressão e de temperatura, há maior número de:

a) moléculas; b) átomos.

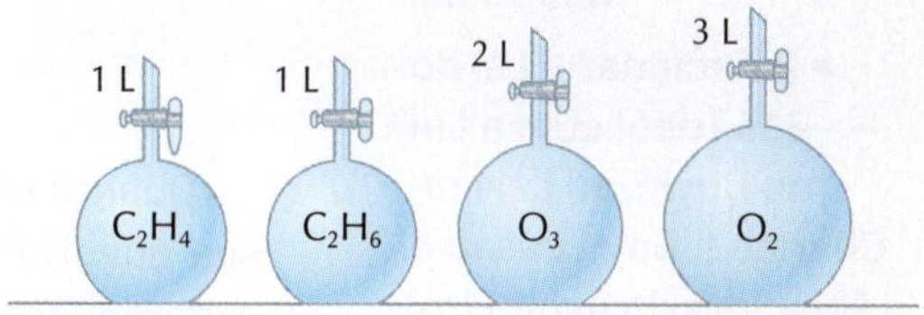

17 (EEM-SP) Massas iguais dos gases sulfidreto (H_2S) e fosfina, nas mesmas condições de pressão e temperatura, ocupam o mesmo volume. Qual a massa molecular da fosfina, sabendo que as massas atômicas do hidrogênio e do enxofre são iguais a 1 e 32, respectivamente?

18 (Uespi) Um balão contém 1,20 g de nitrogênio gasoso N_2; outro balão, de mesmo volume, contém 0,68 g de um gás X. Ambos os balões estão à mesma temperatura e pressão. A massa molecular do gás X será aproximadamente igual a:

a) 16. b) 10. c) 18. d) 30. e) 32.

Dado: massa atômica de N = 14 u.

19 (Fuvest-SP) Certo gás X é formado apenas por nitrogênio e oxigênio. Para determinar sua fórmula molecular, comparou-se esse gás com o metano (CH_4). Verificou-se que volumes iguais dos gases X e metano, nas mesmas condições de pressão e temperatura, pesaram, respectivamente, 0,88 g e 0,32 g. Qual a fórmula molecular do gás X?

a) NO

b) N_2O

c) NO_2

d) N_2O_3

e) N_2O_5

Massas molares (g/mol)	
H	1
C	12
N	14
O	16

20 (UnB-DF) Um mol de gás hélio ocupa um volume de 22,4 L na praia de Ipanema, no Rio de Janeiro, a 0 °C. Em Brasília, pressão atmosférica a 700 mm de Hg, o volume ocupado a 27 °C será:

a) 24,3 L.

b) 24, 6 L.

c) 26, 7 L.

d) 27, 6 L.

e) mesmo valor que no Rio de Janeiro.

21 (UCSal-BA) Que volume ocupam 100 mol de oxigênio nas condições ambientes de temperatura e pressão? (Volume molar de gás nas condições ambientes de temperatura e pressão = 25 L/mol)

a) 0, 25 L. c) $2{,}5 \cdot 10^2$ L. e) $2{,}5 \cdot 10^4$ L.

b) 2,5 L. d) $2{,}5 \cdot 10^3$ L.

Conteúdo digital Moderna PLUS http://www.modernaplus.com.br
Exercícios adicionais

Seção 33.3

Lei do Gás Ideal

Objetivos

- Enunciar a Lei do Gás Ideal.
- Aplicar a Lei do Gás Ideal.
- Relacionar a Lei do Gás Ideal com a Lei de Boyle, as Leis de Charles e Gay-Lussac e o Princípio de Avogadro.

Termos e conceitos

- **Lei do Gás Ideal**
- **constante universal dos gases**

1 A Lei do Gás Ideal e a constante universal dos gases

Como vimos, para certa massa de gás vale a seguinte relação:

$$\frac{P \cdot V}{T} = \text{constante}$$

Quanto vale essa constante? A resposta não depende do gás, mas da sua quantidade em mols. Com o volume molar nas CNTP, que foi medido experimentalmente, podemos calcular esse valor para 1 mol:

$$\frac{P \cdot V}{T} = \frac{1 \cdot 22{,}4}{273} = 0{,}082 \quad \text{Para 1 mol de gás ideal}$$

Esse valor é constante desde que a quantidade de gás também o seja. Portanto, essa relação será válida para **quaisquer** condições de temperatura e pressão em que 1 mol de gás se encontre.

E para 2 mol de gás? Nesse caso, podemos repetir o que acabamos de fazer, porém o volume utilizado no cálculo será duas vezes 22,4 L:

$$\frac{P \cdot V}{T} = \frac{1 \cdot 2 \cdot 22{,}4}{273} = 2 \cdot (0{,}082) \quad \text{Para 2 mol de gás ideal}$$

O mesmo que fizemos para 1 mol e 2 mol pode ser feito para 3 mol, 4 mol, 5 mol, 6 mol ou até mesmo, de modo geral, para n mol:

$$\frac{P \cdot V}{T} = \frac{1 \cdot 3 \cdot 22{,}4}{273} = 3 \cdot (0{,}082) \quad \text{Para 3 mol de gás ideal}$$

$$\frac{P \cdot V}{T} = \frac{1 \cdot n \cdot 22{,}4}{273} = n \cdot (0{,}082) \quad \text{Para n mol de gás ideal}$$

Dessa última expressão surge a **equação de estado dos gases perfeitos**, ou simplesmente **Lei do Gás Ideal**:

$$\frac{P \cdot V}{T} = n \cdot (0{,}082) \quad \Rightarrow \quad \boxed{P \cdot V = n \cdot R \cdot T} \quad \text{Lei do Gás Ideal*}$$

em que: $n = \text{quantidade em mols} = \frac{\text{massa (m)}}{\text{massa molar (M)}}$;

R = constante universal dos gases.

O valor numérico de R depende do conjunto de unidades utilizadas.

Veja alguns exemplos de valores de R acompanhados das unidades:

$$R = 0{,}082 \frac{\text{atm} \cdot \text{L}}{\text{mol} \cdot \text{K}}; \quad R = 62{,}3 \frac{\text{mmHg} \cdot \text{L}}{\text{mol} \cdot \text{K}}; \quad R = 8{,}315 \frac{\text{kPa} \cdot \text{L}}{\text{mol} \cdot \text{K}}$$

A Lei do Gás Ideal se aplica a substâncias no estado gasoso (de comportamento ideal), com a temperatura necessariamente na escala kelvin e com P e V nas mesmas unidades que R.

* Alguns livros de ensino médio no Brasil costumam chamar a expressão P · V = n · R · T de *Equação de Clapeyron*. Apesar de esse nome ser bastante difundido, na Química universitária ele **não** costuma ser utilizado.

Essa equação apresenta duas importantíssimas diferenças que a tornam mais abrangente que a equação geral dos gases. Não há necessidade da existência de estados inicial e final, isto é, **ela se aplica ao gás como ele está, mesmo que não esteja sofrendo uma transformação**. Além disso, ela **pode ser aplicada a transformações em que a massa de gás varia**, ou seja, quando ocorre entrada ou saída de gás em um recipiente (basta aplicá-la duas vezes: à situação inicial e à situação final). A grande versatilidade dessa equação ficará ainda mais clara quando você resolver as questões referentes a ela.

2 Explorando a Lei do Gás Ideal

A Lei do Gás Ideal, expressa pela equação $P \cdot V = n \cdot R \cdot T$, envolve uma série de interessantes relações que já foram vistas nesta unidade. Há quatro variáveis nessa equação: pressão, volume, quantidade de matéria (quantidade em mols) e a temperatura termodinâmica (isto é, em kelvins).

Vamos considerar que duas dessas variáveis sejam constantes, a fim de verificar a interdependência entre as outras duas. Nas demonstrações a seguir, "k" representa um valor constante, mas que **não é o mesmo em cada uma das situações**.

Uma amostra de gás (n constante) a temperatura constante

$$P = \frac{\overbrace{n \cdot R \cdot T}^{\text{constante (k)}}}{V} \Rightarrow P = k \cdot \frac{1}{V}$$

(Em palavras: Para uma quantidade fixa de gás ideal a uma dada temperatura constante, a pressão e o volume são inversamente proporcionais.)

Comentário: É a Lei de Boyle.

Importante

Nesta seção, "k" representa um valor constante, mas que **não** é o mesmo em cada situação.

Não memorize essas equações. Compreenda seu significado.

Uma amostra de gás (n constante) a volume constante

$$P = \frac{n \cdot R \cdot T}{V} \quad (\text{constante (k)}: \frac{n \cdot R}{V}) \Rightarrow P = k \cdot T$$

(Em palavras: Para uma quantidade fixa de gás ideal, mantida a volume constante, a pressão é diretamente proporcional à temperatura na escala kelvin.)

Comentário: É uma das Leis de Charles e Gay-Lussac.

Uma amostra de gás (n constante) a pressão constante

$$V = \frac{n \cdot R \cdot T}{P} \quad (\text{constante (k)}: \frac{n \cdot R}{P}) \Rightarrow V = k \cdot T$$

(Em palavras: Para uma quantidade fixa de gás ideal, mantida a pressão constante, o volume é diretamente proporcional à temperatura na escala kelvin.)

Comentário: É a outra das Leis de Charles e Gay-Lussac.

Comparando amostras de gás a P e T constantes

$$V = \frac{n \cdot R \cdot T}{P} \quad (\text{constante (k)}: \frac{R \cdot T}{P}) \Rightarrow V = k \cdot n$$

(Em palavras: Para gás ideal, a pressão e temperatura constantes, o volume e a quantidade em mols na amostra são diretamente proporcionais.)

Comentário: É uma maneira alternativa para expressar o Princípio de Avogadro.

Justificativa em nível molecular:

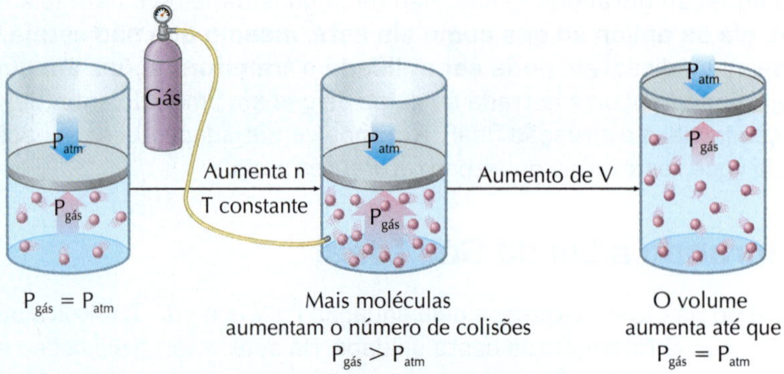

Comparando amostras de gás a V e T constantes

$$P = \frac{n \cdot \overbrace{R \cdot T}}{V}\ \text{constante (k)} \quad \Rightarrow \quad P = k \cdot n$$

(Em palavras: **Para gás ideal, a volume e temperatura constantes, a pressão e a quantidade em mols na amostra são diretamente proporcionais.)**

Comentário: Pense na situação de calibrar um pneu injetando mais ar dentro dele.

Justificativa em nível molecular:

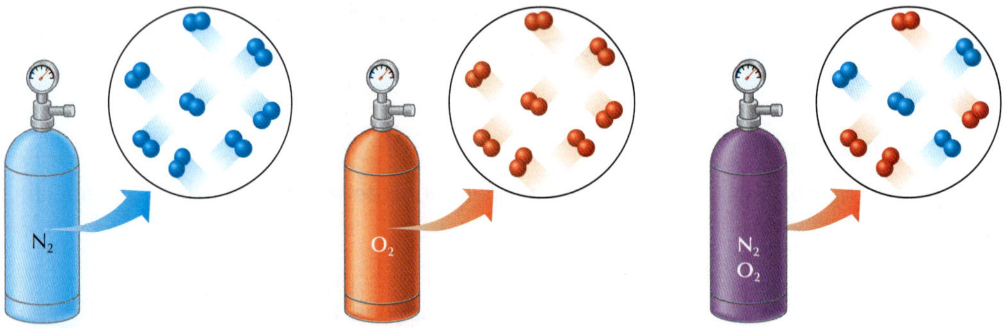

A pressão é diretamente proporcional à quantidade em mols do gás ideal e independe da composição do gás. Essas três amostras contidas em recipientes de igual volume e à mesma temperatura apresentam o mesmo número de moléculas, independentemente da natureza do gás. A pressão exercida nos três cilindros é a mesma.

Comparando amostras de gás a P e V constantes

$$n = \frac{P \cdot V}{R \cdot T}\ \text{constante (k)} \quad \Rightarrow \quad n = k \cdot \frac{1}{T}$$

(Em palavras: **Para gás ideal, a pressão e volume constantes, a quantidade em mols na amostra e a temperatura, em kelvins, são inversamente proporcionais.)**

Comentário: Reflita sobre essa relação após acompanhar a resolução da questão 29.

Relacionando a Lei do Gás Ideal com as leis individuais

PV = nRT

fixando n e T	fixando n e P	fixando n e V	fixando P e T
Lei de Boyle	**Lei de Charles**	**Lei de Charles**	**Princípio de Avogadro**
PV = constante	$\frac{V}{T}$ = constante	$\frac{P}{T}$ = constante	$\frac{V}{n}$ = constante

Conteúdo digital Moderna PLUS http://www.modernaplus.com.br
Texto: *Gás ideal versus gás real*

EXERCÍCIOS ESSENCIAIS

A tabela periódica é um instrumento de consulta! Consulte os valores de R no texto

EXERCÍCIO RESOLVIDO

22 Uma amostra de 2,2 g de gelo-seco, dióxido de carbono (CO_2) sólido, sublima e, uma vez no estado gasoso, é colocada em um recipiente fechado de 1 L e submetida à temperatura de 27 °C. Determine a pressão dessa amostra gasosa, expressa em atmosferas (atm).

Resolução

Admitindo comportamento de gás ideal, podemos empregar a Lei do Gás Ideal para determinar a pressão da amostra. Para tanto, precisamos converter a temperatura para kelvins e determinar a quantidade de matéria, em mols, na amostra gasosa. A conversão de temperatura fornece:

$T = t + 273 = 27 + 273 = 300\,K$

Para o cálculo, consultamos a tabela periódica e concluímos que a massa molar do CO_2 é 44 g/mol.

$$n = \frac{\text{massa}}{\text{massa molar}} = \frac{m}{M} = \frac{2{,}2\ g}{44\ g/mol} = 0{,}05\ mol$$

Aplicando a Lei do Gás Ideal:

$$P \cdot V = n \cdot R \cdot T \Rightarrow P = \frac{n \cdot R \cdot T}{V}$$

Substituindo os valores:

$$P = \frac{0{,}05\ mol \cdot 0{,}082\ \frac{atm \cdot L}{mol \cdot K} \cdot 300\ K}{1\ L} \Rightarrow \boxed{P = 1{,}23\ atm}$$

Note que as unidades de P, n e T são compatíveis com a unidade de R e que, para que a pressão resultasse em atmosferas, escolhemos o valor de R que contém a unidade atm.

23 Ao realizar a reação de ferro metálico com uma solução aquosa de ácido clorídrico, um químico recolheu 83,15 L de gás hidrogênio a 100 kPa de pressão e a 27 °C. Qual a quantidade em mols de gás hidrogênio na amostra recolhida?

24 Por meio de agitação e aquecimento, um grupo de estudantes expulsou praticamente todo o gás carbônico contido em um litro de refrigerante. O gás foi recolhido a 1 atm e 30 °C. A medida do volume da amostra forneceu o valor de 1,25 L. Determine, nessa amostra gasosa:

a) a quantidade em mols;

b) a massa de gás;

c) o número de moléculas.

25 Há dúvida se uma certa amostra de gás é de oxigênio (O_2), nitrogênio (N_2) ou dióxido de carbono (CO_2). Medidas revelaram que a massa da amostra é 0,70 g, seu volume é 750 mL, sua pressão é 0,82 atm e sua temperatura é 27 °C. Com base nessas informações, é possível decidir entre um dos três gases — oxigênio, nitrogênio ou dióxido de carbono — como sendo o que existe na amostra? Explique.

26 Deseja-se guardar 3,0 g de etano (C_2H_6) a 27 °C em um recipiente rígido de volume 1,5 L, que suporta, no máximo, 6 atm de pressão sem arrebentar. O recipiente pode ser utilizado para a finalidade desejada? Explique.

27 Utilize a Lei do Gás Ideal para prever o volume molar dos gases a 1,5 atm e 177 °C.

28 Imagine que as condições normais de temperatura e pressão fossem definidas como sendo 100 kPa e 0 °C. Procure no texto a correspondência entre atm e kPa e responda às questões.

a) A pressão de 100 kPa é maior ou menor que 1 atm?

b) Espera-se que o volume de 1 mol de gás ideal seja maior ou menor a 100 kPa e 0 °C se comparado a 1 atm e 0 °C?

c) Com auxílio de uma calculadora (se desejar) e da Lei do Gás Ideal, determine o volume molar de um gás ideal a 100 kPa e 0 °C.

d) Qual a diferença entre o valor calculado no item anterior e o valor de 22,4 L?

Comentário dos autores:

Há vestibulares que consideram as CNTP como sendo 100 kPa e 0 °C e, por isso, fornecem como volume molar de gás ideal o valor da resposta do item **c**.

EXERCÍCIO RESOLVIDO

29 Uma garrafa de vidro sem tampa está "vazia", ou melhor, cheia de ar, e encontra-se a 21 °C. Ela é colocada dentro de um forno a 217 °C. Como consequência do aquecimento, o ar contido em seu interior se expande e, com essa dilatação, uma parte dele é expulsa da garrafa.

Considerando que inicialmente há *n* mol de ar na garrafa, quanto haverá após o aquecimento?

Resolução

Essa questão ilustra uma das muitas situações aparentemente complexas que podemos resolver empregando a Lei do Gás Ideal duas vezes e, a seguir, dividindo ambas as equações membro a membro, a fim de cancelar fatores comuns.

Nesse caso específico, vamos aplicar a lei às situações inicial e final: a pressão é a mesma (a pressão ambiente no local da experiência, que simbolizaremos por P_{atm}), o volume da garrafa é o mesmo (estamos desconsiderando a ligeira dilatação do vidro) e a constante dos gases é a mesma (desde que estejamos trabalhando num mesmo conjunto de unidades). Alteram-se a temperatura (de 294 K vai para 490 K) e a quantidade em mols de ar que se encontra no interior da garrafa.

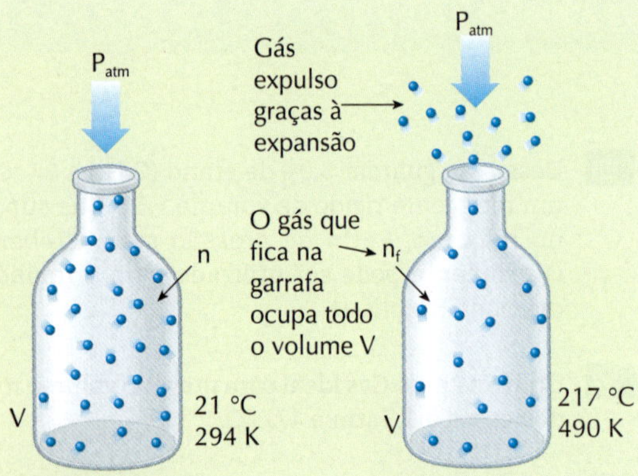

Situação inicial **Situação final**

Assim:

Inicial: $P_{atm.} \cdot V = n \cdot R \cdot 294$

Final: $P_{atm.} \cdot V = n_f \cdot R \cdot 490$

Dividindo essas equações membro a membro, temos:

$$\frac{\cancel{P_{atm.}} \cdot \cancel{V}}{\cancel{P_{atm.}} \cdot \cancel{V}} = \frac{n \cdot \cancel{R} \cdot 294}{n_f \cdot \cancel{R} \cdot 490} \Rightarrow \boxed{n_f = 0{,}6 \cdot n}$$

30 Um recipiente fechado e indeformável contém certa quantidade em mols de um gás. Acrescenta-se ao recipiente mais desse mesmo gás, até triplicar a quantidade em mols em seu interior. A seguir, o recipiente é aquecido até duplicar sua temperatura na escala kelvin. Compare a pressão final no interior do recipiente com a pressão inicial.

31 Um recipiente de 1 L contém gás nitrogênio a 5 atm e um outro recipiente, de 3 L, contém gás oxigênio a 2 atm. Ambos encontram-se na mesma temperatura.

a) Em qual deles há mais moléculas?

b) Determine a relação (divisão, quociente) entre o número de moléculas de gás em ambos os frascos.

32 No início de uma viagem, a pressão interna de um pneu sem câmara era de 2,00 atm e a temperatura era de 17 °C. Esse pneu foi perfurado por um prego durante uma viagem e perdeu parte do ar interno, que escapou graças ao furo (em geral, os pneus sem câmara murcham bem mais devagar que os pneus com câmara). Ao final da viagem, a temperatura do pneu era de 46 °C e sua pressão interna, de 1,65 atm.

Admitindo que o volume do pneu não tenha se alterado, determine que fração do ar inicialmente presente escapou do pneu durante a viagem.

33 (PUC-RS) Por vários motivos, o hidrogênio – queimado ou utilizado em células de combustível – é uma opção atraente para abastecer os automóveis do futuro. Diversas matérias-primas e fontes de energia (renovável, nuclear ou fóssil) podem ser utilizadas para produzi-lo. Além disso, o hidrogênio e o produto de sua combustão, a água, não são tóxicos e não poluem. Não há liberação de dióxido de carbono, um potente gás responsável pelo efeito estufa. [...]

Mas ainda não existe maneira totalmente segura e prática de abastecer um carro a hidrogênio. O hidrogênio contém três vezes mais energia que a gasolina por unidade de massa, mas atualmente é impossível armazenar o gás de forma tão compacta e simples quanto o combustível líquido tradicional. Assim, é difícil transportar de forma segura e eficiente uma quantidade de hidrogênio a bordo que garanta autonomia e desempenho satisfatórios. É preciso resolver esse problema – ou seja, estocar hidrogênio suficiente para assegurar a autonomia mínima aceitável de hoje (cerca de 500 km) sem que o volume do tanque de combustível comprometa o espaço para os passageiros e a bagagem.

SATYAPAL, Sunita; PETROVIC, John; THOMAS, George. Abastecendo com hidrogênio. *Scientific American*. ano 5, n. 6, maio 2007. p. 79 (com adaptações).

Considere-se que um tanque de combustível de um automóvel tem capacidade para 36,0 L de gasolina (densidade = 0,75 g/mL) e que sua autonomia é de 500 km. A partir do que refere o texto, é correto afirmar que, para obter-se a mesma autonomia, o volume de gás hidrogênio nas CNTP, em litros, é de:

a) 100,8.

b) 302,4.

c) 9.000,0.

d) 100.800,0.

e) 302.400,0.

Conteúdo digital Moderna PLUS http://www.modernaplus.com.br
Exercícios adicionais

Capítulo 34 Misturas gasosas e densidade de gases

A aplicação da Lei do Gás Ideal permite deduzir expressões para o cálculo de grandezas referentes a misturas gasosas. Também permite deduzir expressões para calcular a densidade, absoluta ou relativa, de gases.

› 34.1 Misturas gasosas

Em uma mistura de gases, cada um dos componentes tem sua pressão parcial, seu volume parcial e sua fração em mols. A soma de todas as pressões parciais resulta na pressão total e a soma de todos os volumes parciais resulta no volume total. A fração em mols está diretamente vinculada à porcentagem em volume.

› 34.2 Densidade de gases

É possível calcular a densidade absoluta de uma substância gasosa se conhecermos sua pressão, temperatura e massa molar. É possível comparar a densidade de duas substâncias gasosas, que estejam na mesma pressão e temperatura, se conhecermos a massa molar de cada uma.

O hélio é um gás menos denso que o ar e não é inflamável. Por isso, é empregado em balões fechados que flutuam no ar.

Seção 34.1

Misturas gasosas

Objetivos

- Conceituar pressão parcial, volume parcial e fração em mols.
- Enunciar a Lei de Dalton das pressões parciais e a Lei de Amagat.
- Realizar cálculos envolvendo misturas gasosas.

Termos e conceitos

- pressão parcial
- fração em mols
- Lei de Dalton
- volume parcial
- Lei de Amagat
- porcentagem em volume (de componente de mistura gasosa)

1 Pressão parcial

Considere quantidades quaisquer de três gases diferentes, A, B e C, todos em recipientes de mesmo volume e à mesma temperatura, como indicado na figura mais abaixo. Se colocarmos todos eles em outro recipiente também de mesmo volume, a pressão final da mistura gasosa será, obviamente, maior do que as pressões de cada componente quando isolado.

As pressões P_A, P_B e P_C são chamadas de **pressões parciais** dos componentes A, B e C.

> **Pressão parcial** de um componente de mistura gasosa é a pressão que ele possuiria se estivesse sozinho, no mesmo volume e à mesma temperatura em que se encontra a mistura.

Aplicando a Lei do Gás Ideal ao componente A isolado: $P_A \cdot V = n_A \cdot R \cdot T$, e à mistura gasosa como um todo: $P \cdot V = n_T \cdot R \cdot T$.

Dividindo essas equações membro a membro:

$$\frac{P_A \cdot \cancel{V}}{P \cdot \cancel{V}} = \frac{n_A \cdot \cancel{R} \cdot \cancel{T}}{n_T \cdot \cancel{R} \cdot \cancel{T}} \Rightarrow P_A = \frac{n_A}{n_T} \cdot P$$

O quociente n_A/n_T é chamado, por definição, de **fração em quantidade de matéria** ou **fração em mols** do componente A e simbolizado por x_A.

Assim: $$P_A = x_A \cdot P, \quad \text{em que } x_A = \frac{n_A}{n_T}$$

e, analogamente, temos:

$$P_B = x_B \cdot P \quad \text{e} \quad P_C = x_C \cdot P, \quad \text{em que } x_B = \frac{n_B}{n_T} \quad \text{e} \quad x_C = \frac{n_C}{n_T}$$

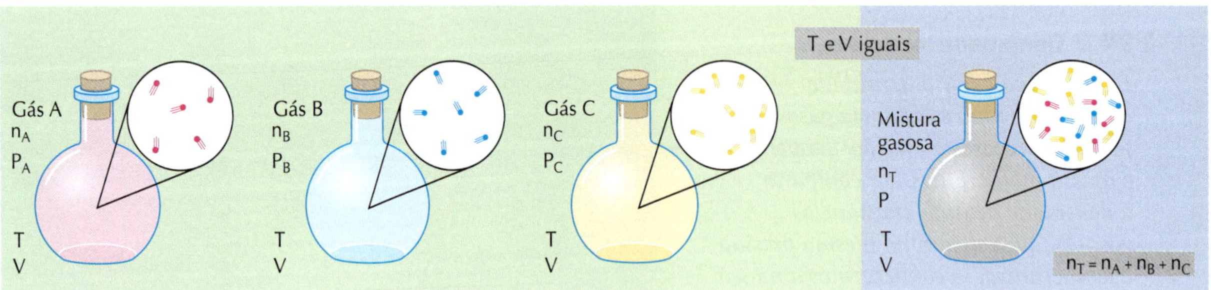

Reflita

Por que a fração em mols é sempre um número entre zero e um?

A fração em mols nos informa a porcentagem das moléculas de uma mistura que é de um certo componente. Explique por quê.

Outra expressão importante pode ser deduzida a partir da seguinte soma, que expressa que a quantidade em mols na mistura é a soma da quantidade em mols dos componentes: $n_T = n_A + n_B + n_C$.

Aplicando a Lei do Gás Ideal a A, B, C e à mistura como um todo, temos:

$$n_T = \frac{P \cdot V}{R \cdot T} \qquad n_A = \frac{P_A \cdot V}{R \cdot T} \qquad n_B = \frac{P_B \cdot V}{R \cdot T} \qquad n_C = \frac{P_C \cdot V}{R \cdot T}$$

Substituindo na equação $n_T = n_A + n_B + n_C$, vem que:

$$\frac{P \cdot V}{R \cdot T} = \frac{P_A \cdot V}{R \cdot T} + \frac{P_B \cdot V}{R \cdot T} + \frac{P_C \cdot V}{R \cdot T} \Rightarrow P \cdot \frac{\cancel{V}}{\cancel{R \cdot T}} = (P_A + P_B + P_C) \cdot \frac{\cancel{V}}{\cancel{R \cdot T}}$$

$$P = P_A + P_B + P_C$$ **Lei de Dalton das pressões parciais**

Essa expressão é conhecida como a **Lei de Dalton das pressões parciais**. Ela nos mostra que a pressão total de uma mistura gasosa é igual à soma das pressões parciais de seus componentes. Cada componente, portanto, é o responsável por *parte* da pressão total, e daí surgiu a expressão *pressão parcial*.

Embora tenhamos utilizado uma mistura de três gases para deduzir as equações, elas podem ser generalizadas para qualquer mistura de gases ideais, com dois ou mais componentes.

O esquema abaixo exemplifica em nível molecular a Lei de Dalton:

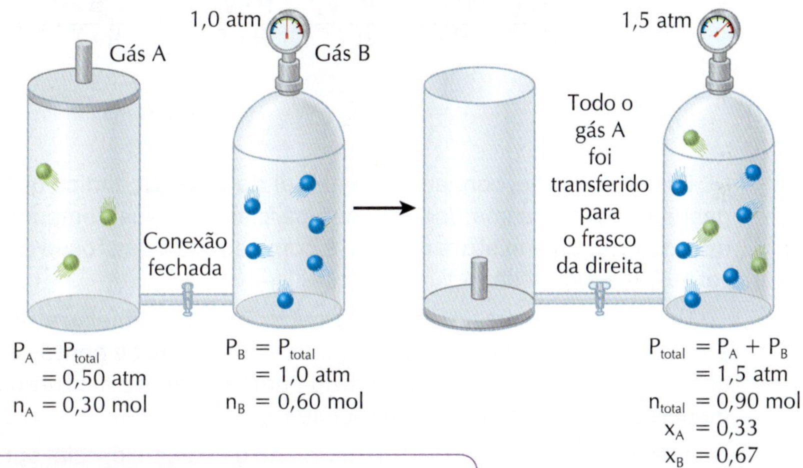

Reflita

Por que a pressão parcial de um componente nunca é maior que a pressão total?

Conteúdo digital Moderna PLUS http://www.modernaplus.com.br
Texto: *A pressão parcial e os mergulhadores*

2 Volume parcial

Considere quantidades quaisquer de três gases diferentes, A, B e C, todos em iguais condições de pressão e de temperatura (vamos apresentar uma discussão parecida com aquela sobre pressão parcial, porém o tema agora será o *volume parcial*).

Reunindo esses gases em um único recipiente, nas mesmas condições de pressão e temperatura, certamente o volume total será maior que o volume de cada componente isolado.

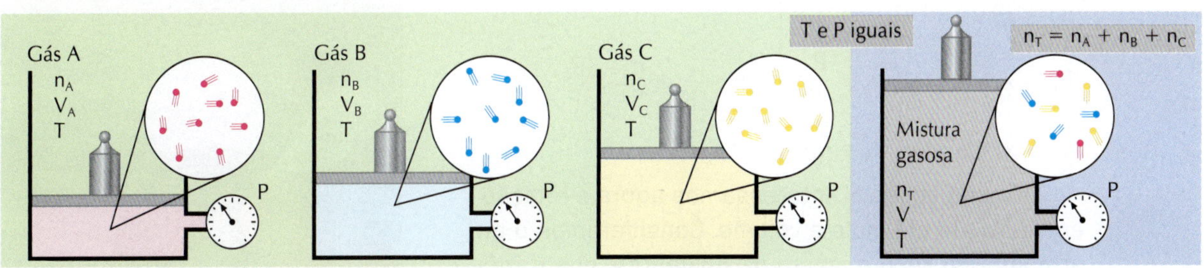

Os volumes V_A, V_B e V_C são chamados de **volumes parciais**:

Volume parcial de um componente de mistura gasosa é o volume que ele possuiria se estivesse sozinho, à mesma pressão e à mesma temperatura em que se encontra a mistura.

Aplicando a Lei do Gás Ideal ao componente A isolado: $P \cdot V_A = n_A \cdot R \cdot T$, e à mistura gasosa como um todo: $P \cdot V = n_T \cdot R \cdot T$.

Dividindo essas equações membro a membro:

$$\frac{\cancel{P} \cdot V_A}{\cancel{P} \cdot V} = \frac{n_A \cdot \cancel{R} \cdot \cancel{T}}{n_T \cdot \cancel{R} \cdot \cancel{T}} \Rightarrow V_A = \frac{n_A}{n_T} \cdot V$$

O quociente n_A/n_T é chamado de **fração em mols** do componente A (x_A). Assim, temos para o componente A e, analogamente, para B e C:

$$V_A = x_A \cdot V \quad V_B = x_B \cdot V \quad \text{e} \quad V_C = x_C \cdot V$$

Reflita

Por que o volume parcial de um componente nunca é maior que o volume total?

Outra relação pode ser obtida a partir de $n_T = n_A + n_B + n_C$.

Aplicando a Lei do Gás Ideal a A, B, C e à mistura como um todo, temos:

$$n_T = \frac{P \cdot V}{R \cdot T} \quad n_A = \frac{P \cdot V_A}{R \cdot T} \quad n_B = \frac{P \cdot V_B}{R \cdot T} \quad n_C = \frac{P \cdot V_C}{R \cdot T}$$

Substituindo na equação $n_T = n_A + n_B + n_C$, vem que:

$$\frac{P \cdot V}{R \cdot T} = \frac{P \cdot V_A}{R \cdot T} + \frac{P \cdot V_B}{R \cdot T} + \frac{P \cdot V_C}{R \cdot T} \Rightarrow \frac{\cancel{P}}{\cancel{R} \cdot \cancel{T}} \cdot V = \frac{\cancel{P}}{\cancel{R} \cdot \cancel{T}} \cdot (V_A + V_B + V_C)$$

$$V = V_A + V_B + V_C$$ Lei de Amagat dos volumes parciais

Essa expressão, conhecida como **Lei de Amagat**, indica que o volume total de uma mistura gasosa é igual à soma dos volumes parciais de seus componentes. Assim, podemos imaginar que, ao fazer uma mistura gasosa, é como se cada gás fosse o responsável por *parte* do volume total. Daí, a expressão *volume parcial*.

Contudo, é importantíssimo perceber que uma **mistura de gases é homogênea**, ou seja, apresenta uma única fase. Isso significa que todos os pontos da mistura apresentam a mesma composição, ou seja, os gases estão completamente misturados e cada um deles se encontra disperso por todo o interior do recipiente.

Assim, não entenda errado a definição de volume parcial apresentada acima. Você **não** deve imaginar a mistura como se cada gás estivesse confinado em uma parte do recipiente, ocupando apenas parte do volume total. O volume parcial é o volume que um gás componente da mistura **teria** se estivesse **sozinho**, na mesma pressão e na mesma temperatura da mistura.

3 Fração em mols e porcentagem em volume

Para um componente A qualquer de uma mistura gasosa, temos as seguintes expressões envolvendo a fração em mols, que podem ser reunidas:

$$\left.\begin{aligned} & x_A = \frac{n_A}{n_T} \\ & P_A = x_A \cdot P \Rightarrow x_A = \frac{P_A}{P} \\ & V_A = x_A \cdot V \Rightarrow x_A = \frac{V_A}{V} \end{aligned}\right\} \Rightarrow x_A = \frac{n_A}{n_T} = \frac{P_A}{P} = \frac{V_A}{V}$$

De modo especial, interessa-nos agora a relação entre fração em mols e volume. Consideremos o ar atmosférico seco e isento de poluentes, que é formado em sua quase totalidade por nitrogênio (N_2), oxigênio (O_2) e argônio (Ar). De modo aproximado, podemos dizer que em 100 L dessa amostra gasosa o volume parcial do nitrogênio é 78 L, o do oxigênio é 21 L e o do argônio é 1 L.

Como a fração em mols do oxigênio (O_2) no ar utilizado para calibrar pneus é 0,21, podemos afirmar que o volume parcial desse gás dentro do pneu é 21% do volume interno do pneu.

Vamos calcular a fração em mols de cada um deles:

Nitrogênio (N_2): $x_{nitrogênio} = \frac{V_{nitrogênio}}{V} = \frac{78\ L}{100\ L} = 0{,}78$ ou 78%

Oxigênio (O_2): $x_{oxigênio} = \frac{V_{oxigênio}}{V} = \frac{21\ L}{100\ L} = 0{,}21$ ou 21%

Argônio (Ar): $x_{argônio} = \frac{V_{argônio}}{V} = \frac{1\ L}{100\ L} = 0{,}01$ ou 1%

A **fração em mols** de um componente em uma mistura gasosa, quando expressa em porcentual, indica a **porcentagem em volume** desse componente na mistura.

Reflita

Por que a soma das frações em mols de todos os componentes é sempre igual a 1?

EXERCÍCIOS ESSENCIAIS

EXERCÍCIO RESOLVIDO

1 Uma mistura gasosa, constituída por 12 g de hidrogênio (H_2) e 32 g de metano (CH_4), ocupa um recipiente de 100 L e exerce uma pressão de 2 atm. Determine para cada componente:

a) a fração em mols;
b) a pressão parcial;
c) o volume parcial;
d) a porcentagem em volume.

Resolução

a) Cálculo das quantidades em mols:

$$n_{H_2} = \frac{12\ g}{2\ g/mol} = 6\ mol$$

$$n_{CH_4} = \frac{32\ g}{16\ g/mol} = 2\ mol$$

Cálculo das frações em mols:

$$x_{H_2} = \frac{6\ mol}{8\ mol} \Rightarrow \boxed{x_{H_2} = 0{,}75}$$

$$x_{CH_4} = \frac{2\ mol}{8\ mol} \Rightarrow \boxed{x_{CH_4} = 0{,}25}$$

Note que a fração em mols não tem unidade, é adimensional.

b) Cálculo das pressões parciais:

$$P_{H_2} = x_{H_2} \cdot P = 0{,}75 \cdot 2\ atm \Rightarrow \boxed{P_{H_2} = 1{,}5\ atm}$$

$$P_{CH_4} = x_{CH_4} \cdot P = 0{,}25 \cdot 2\ atm \Rightarrow \boxed{P_{CH_4} = 0{,}5\ atm}$$

c) Cálculo dos volumes parciais:

$$V_{H_2} = x_{H_2} \cdot V = 0{,}75 \cdot 100\ L \Rightarrow \boxed{V_{H_2} = 75\ L}$$

$$V_{CH_4} = x_{CH_4} \cdot V = 0{,}25 \cdot 100\ L \Rightarrow \boxed{V_{CH_4} = 25\ L}$$

d) As porcentagens em volume podem ser inferidas diretamente das frações em mols. Como a fração em mols do hidrogênio é 0,75, então sua porcentagem em volume é 75%.

Observe que, coerentemente, o volume parcial do hidrogênio (75 L) representa 75% do volume total (100 L). Analogamente, a porcentagem em volume do metano é 25%.

2 Uma mistura gasosa é formada por 4 mol de hélio e 1 mol de monóxido de carbono. Sabendo que a pressão total da mistura é 100 kPa e o volume é 125 L, determine para cada gás:

a) a fração em mols;
b) a pressão parcial;
c) o volume parcial;
d) a porcentagem em volume.

3 A porcentagem em volume de nitrogênio no ar é 78%.

Qual é a pressão parcial do nitrogênio no interior de um pneu calibrado com 180 kPa de ar?

4 Uma mistura gasosa é formada apenas por hidrogênio e hélio. Para cada molécula de hidrogênio presente há duas moléculas de hélio. Determine para cada componente:

a) a fração em mols;
b) a porcentagem em volume.

5 Se a mistura da questão anterior estiver submetida a 600 kPa, qual será a pressão parcial de cada componente?

6 Consulte a tabela periódica e determine a massa total da mistura da questão 2. O componente responsável pela maior parte da massa da mistura apresenta a maior fração em mols?

Conteúdo digital Moderna PLUS http://www.modernaplus.com.br
Exercícios adicionais

Seção 34.2

Densidade de gases

Objetivos

- Calcular e interpretar a densidade absoluta.
- Calcular e interpretar a densidade relativa.
- Explicar a diferença entre balões de ar quente e balões preenchidos com hélio.

Termos e conceitos

- **densidade (absoluta)**
- **densidade (relativa)**

A

B

A Os balões vendidos em parques de diversão são enchidos com hélio. Por que eles sobem quando os soltamos e os balões que enchemos com o gás expelido pelos pulmões não? B Outra pergunta: Por que os balões de ar quente sobem?

A resposta às perguntas formuladas na legenda das fotos acima tem relação com o conceito de **densidade absoluta** ou, simplesmente, **densidade** (d), propriedade apresentada no capítulo 2 e definida como a razão entre a massa (m) e o volume (V) de uma amostra de matéria:

$$d = \frac{m}{V}$$ Definição geral de densidade, válida para sólidos, líquidos e gases

1 Densidade absoluta de um gás

Conhecendo o volume molar dos gases nas condições em que uma certa substância gasosa se encontra, podemos calcular sua densidade fazendo uso da definição apresentada acima:

$$d = \frac{m}{V} = \frac{\text{massa molar da substância gasosa}}{\text{volume molar da substância gasosa}}$$

Particularmente, se estivermos trabalhando nas CNTP, sabemos que 1 mol ocupa o volume de 22,4 L e, dessa maneira, basta dividir a massa molar do gás (M) pelo volume molar nas CNTP (22,4 L).

Outro modo de calcular densidades absolutas é por meio de uma expressão mais genérica que relaciona densidade com pressão, com massa molar e com temperatura. Essa expressão pode ser deduzida a partir da Lei do Gás Ideal:

$$P \cdot V = n \cdot R \cdot T \quad \Rightarrow \quad P \cdot V = \frac{m}{M} \cdot R \cdot T \quad \Rightarrow \quad \frac{m}{V} = \frac{P \cdot M}{R \cdot T}$$

Então:

$$d = \frac{P \cdot M}{R \cdot T}$$ Equação para o cálculo de densidade; vale apenas para gás (suposto ideal)

Com auxílio dessa equação, podemos explicar por que um balão de ar quente sobe. Quando aumentamos a temperatura no interior do balão, a densidade do ar nele contido diminui. Assim, podemos dizer que o balão sobe porque sua densidade é menor que a do ar exterior.

$$d = \frac{P \cdot M}{R \cdot T} \text{ (P · M: constante (k))} \quad \Rightarrow \quad d = k \cdot \frac{1}{T}$$

(Em palavras: Para um gás ideal a pressão constante, a densidade é inversamente proporcional à temperatura na escala kelvin.)

Por que a fumaça sobe? A fumaça sobre porque é menos densa que o ar atmosférico graças a sua alta temperatura.

A descoberta do primeiro gás nobre

Na década de 1880, Lord Rayleigh, físico inglês, ficou surpreso com a diferença encontrada em duas medições experimentais efetuadas com o gás nitrogênio.

Na primeira, a densidade do nitrogênio obtido do ar, depois de eliminados o oxigênio, o dióxido de carbono e a água, era de 1,2561 g/cm³.

Na segunda, a densidade do nitrogênio proveniente da "queima" do gás amoníaco, segundo a equação:

$$4\,NH_3(g) + 3\,O_2(g) \rightarrow 2\,N_2(g) + 6\,H_2O(\ell)$$

era de 1,2498 g/cm³. As medidas foram feitas nas mesmas condições de pressão e temperatura.

O químico inglês William Ramsay sugeriu a Lord Rayleigh que o nitrogênio presente na atmosfera poderia estar misturado com um gás desconhecido. Seguindo esse raciocínio, fizeram o nitrogênio obtido do ar atmosférico reagir com magnésio metálico aquecido, produzindo o composto nitreto de magnésio, segundo a equação:

$$3\,Mg(s) + N_2(g) \rightarrow Mg_3N_2(s)$$

Ao reagir todo nitrogênio presente, perceberam que restou uma pequena quantidade de um gás mais denso, um elemento químico ainda desconhecido e que esses cientistas chamaram de Argônio (o nome argônio é derivado da palavra grega *argos*, que significa "inativo").

Como nessa época não havia na tabela periódica um lugar para um elemento gasoso e inativo (não reativo), William Ramsay sugeriu que ele fosse adicionado a outro grupo situado entre os halogênios e os metais alcalinos.

Lord Rayleigh (1842-1919).

William Ramsay (1852-1916).

2 Densidade relativa de gases

Neste contexto, a palavra **relativa** está sendo usada como sinônimo de **em relação a** ou de **comparando com**.

Assim, entende-se por densidade de um gás A *em relação* a um gás B o quociente entre as densidades de A e B, **ambas nas mesmas condições de temperatura e pressão**. Esse quociente pode ser simbolizado por $d_{A,B}$:

$$\text{Densidade do gás A em relação ao gás B} = d_{A,B} = \frac{d_A}{d_B}$$

A partir da expressão deduzida na página anterior, podemos obter uma fórmula simples para calcular densidades relativas:

$$\frac{d_A}{d_B} = \frac{\frac{\cancel{P} \cdot M_A}{R \cdot \cancel{T}}}{\frac{\cancel{P} \cdot M_B}{R \cdot \cancel{T}}} \Rightarrow \frac{d_A}{d_B} = \frac{M_A}{M_B}$$

Densidade de um gás em relação a outro

Vamos calcular, como exemplo, a densidade do gás oxigênio, O_2, em relação ao gás hidrogênio, H_2:

$$\frac{d_{O_2}}{d_{H_2}} = \frac{M_{O_2}}{M_{H_2}} = \frac{32\ \text{g/mol}}{2\ \text{g/mol}} = 16$$

Esse resultado possui a seguinte interpretação: o gás oxigênio é dezesseis vezes mais denso que o gás hidrogênio, estando ambos nas mesmas condições de pressão e temperatura. Note que a densidade relativa não possui unidade. É uma grandeza adimensional.

Um caso de particular interesse é o da densidade de um gás em relação ao ar:

$$\frac{d_{gás}}{d_{ar}} = \frac{M_{gás}}{M_{ar}} \quad \Rightarrow \quad \boxed{\frac{d_{gás}}{d_{ar}} = \frac{M_{gás}}{28{,}9 \text{ g/mol}}}$$

Densidade de um gás em relação ao ar

O valor 28,9 g/mol é chamado de **massa molar média do ar**. É calculado por meio de uma média ponderada, a partir da composição do ar seco e isento de poluentes.

Com o auxílio dessa expressão para cálculo da densidade de um gás em relação ao ar, podemos responder por que um balão cheio de hélio sobe, mas outro cheio de gás carbônico desce. Quando comparados ao ar, o hélio apresenta densidade menor, e o gás carbônico, densidade maior.

$$\frac{d_{He}}{d_{ar}} = \frac{M_{He}}{M_{ar}} = \frac{4{,}0 \text{ g/mol}}{28{,}9 \text{ g/mol}} < 1 \quad \Rightarrow \quad d_{He} < d_{ar}$$

$$\frac{d_{CO_2}}{d_{ar}} = \frac{M_{CO_2}}{M_{ar}} = \frac{44{,}0 \text{ g/mol}}{28{,}9 \text{ g/mol}} > 1 \quad \Rightarrow \quad d_{CO_2} > d_{ar}$$

Os modernos balões dirigíveis são enchidos com hélio, que substituiu o hidrogênio, usado antigamente. Isso porque o hidrogênio, apesar de ser o gás menos denso que existe, é extremamente inflamável e explosivo.

Inversão térmica e dispersão dos poluentes

Os gases expelidos pelos automóveis e chaminés das fábricas estão, geralmente, mais quentes que o ar atmosférico que se encontra sobre o local. Assim sendo, eles são menos densos e sobem. Isso está esquematizado na figura A.

Contudo, em certas circunstâncias decorrentes da complexa movimentação das massas de ar (assunto estudado pela Meteorologia) a camada de ar acima de uma cidade pode ficar mais quente que a inferior, conforme aparece no esquema da figura B.

Nessa situação, chamada de **inversão térmica**, os gases poluentes não conseguem subir, pois estão mais densos que essa camada superior. Assim, quando ocorre o fenômeno meteorológico da inversão térmica, a dispersão dos poluentes é grandemente dificultada, o que é especialmente prejudicial nos grandes centros urbanos.

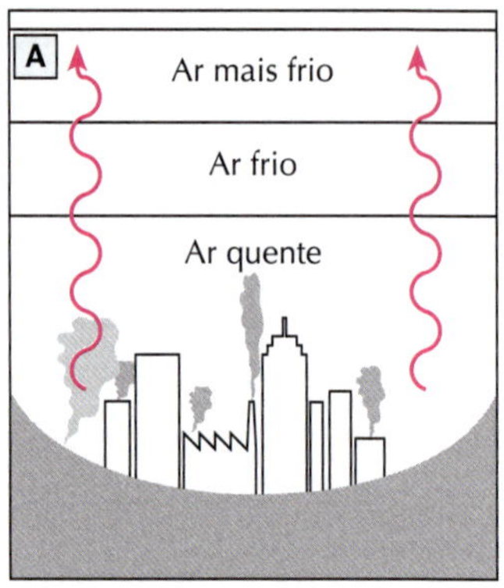

Situação normal.

São Paulo em dia de inversão térmica. Note o manto cinzento de poluentes sobre a cidade.

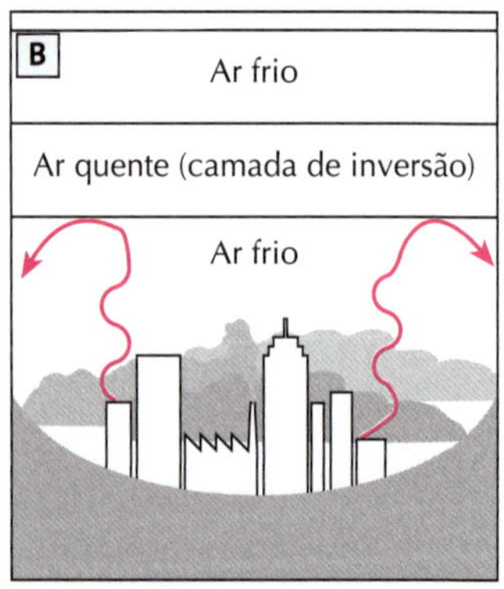

Inversão térmica.

EXERCÍCIOS ESSENCIAIS

7 Há um certo tipo de balão popular na época das festas juninas. Contudo, esse tipo é um sério risco à população e ao ambiente. Soltá-lo é considerado crime em nosso país.

a) Esses balões são abertos ou fechados?

b) Explique por que eles sobem.

c) Que risco representam para as pessoas? E para o ambiente?

8 Nas cidades de clima quente, os aparelhos de ar-condicionado são empregados para resfriar o ar da sala. Em algumas localidades mais frias, contudo, o aparelho de ar-condicionado é usado para esquentar o ambiente.
Observe os desenhos abaixo e decida, justificando, qual é o desenho que mostra a maneira mais correta (garantindo maior eficiência para aquilo que se deseja) de se instalar o aparelho de ar-condicionado em uma localidade de clima:

a) quente. b) frio.

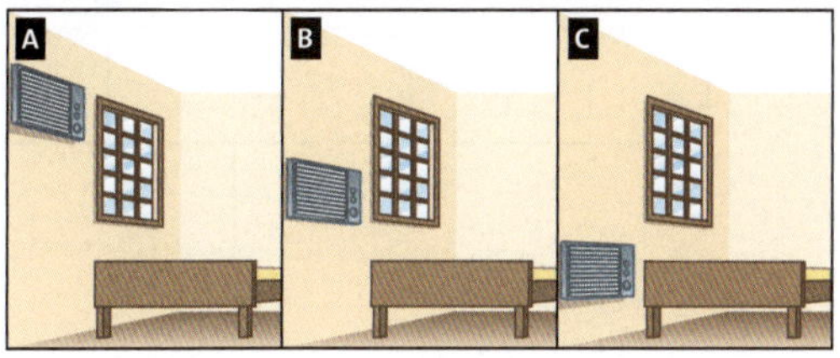

9 Apresente uma justificativa para o fato de hidrogênio e hélio, quando usados para encher um balão, favorecerem a subida desse balão, mas dióxido de carbono e dióxido de enxofre não.

10 Nas mesmas condições de pressão e temperatura, qual é mais denso, hélio (He) ou metano (CH_4)? Quantas vezes mais denso?

EXERCÍCIO RESOLVIDO

11 (Unicamp-SP) Durante os dias quentes de verão, uma brincadeira interessante consiste em pegar um saco plástico, leve e de cor preta, encher 3/4 de seu volume com ar, amarrar hermeticamente a sua boca, expondo-o, em seguida, aos raios solares. O ar no interior do saco é aquecido, passando a ocupar todo o volume. Como consequência, o saco sobe na atmosfera como um balão.

a) Considerando a pressão atmosférica constante durante a brincadeira e considerando ainda que inicialmente o ar estava a 27 °C, calcule a variação da temperatura do ar no interior do saco plástico, entre a situação inicial e a final, quando o gás ocupa todo o volume.

b) Qual é a relação entre as densidades do ar no início e no instante em que todo o volume do saco é ocupado?

Resolução

a) **Situação inicial** $\xrightarrow{\text{Aquecimento}}$ **Situação final**

Situação inicial	Situação final
$V_i = \frac{3}{4} V_f$	V_f
$T_i = 27\ °C = 300\ K$	T_f
n	n
$P_{atm.}$	$P_{atm.}$

Fazendo uso da **Lei do Gás Ideal** para os estados **inicial** e **final**, temos:

$$\frac{P_{atm.} \cdot V_f}{P_{atm.} \cdot V_i} = \frac{n \cdot R \cdot T_f}{n \cdot R \cdot T_i}$$

Dividindo as duas equações:

$$\frac{\cancel{P_{atm.}} \cdot V_f}{\cancel{P_{atm.}} \cdot V_i} = \frac{\cancel{n} \cdot \cancel{R} \cdot T_f}{\cancel{n} \cdot \cancel{R} \cdot T_i}$$

Como $\frac{V_f}{V_i} = \frac{4}{3}$

$$T_f = \frac{4 \cdot 300}{3} = 400\ K\ (127\ °C)$$

Portanto, a variação da temperatura é de 100 °C.

b) $$\frac{d_f}{d_i} = \frac{\frac{\cancel{m}}{V_f}}{\frac{\cancel{m}}{V_i}} = \frac{\frac{1}{\cancel{V_f}}}{\frac{1}{\frac{3}{4}\cancel{V_f}}} = \frac{3}{4}$$

$$\boxed{\frac{d_f}{d_i} = \frac{3}{4}} \quad \text{ou} \quad \boxed{\frac{d_i}{d_f} = \frac{4}{3}}$$

12 Dentro de um balão meteorológico há gás hidrogênio (H_2) submetido a 1,5 atm e 20 °C. Calcule a densidade desse gás, nessas condições, em g/L.

13 Logo após a explosão de uma bomba atômica na superfície da Terra, sobe uma enorme quantidade de poeira e cinzas, compondo o chamado *cogumelo atômico* (veja a foto abaixo). Explique como se forma o cogumelo atômico.

14 Se a atmosfera da Terra fosse exclusivamente formada por gás oxigênio, quais dos seguintes gases poderiam, pelo menos em princípio, ser usados para fazer um balão subir?

N_2, CO, CO_2, SO_2, SO_3, Ar, Kr, Xe.

15 Nas mesmas condições de pressão e temperatura, quantas vezes o gás butano (C_4H_{10}) é mais denso que o ar?

Conteúdo digital Moderna PLUS http://www.modernaplus.com.br
Exercícios adicionais

ESTABELEÇA CONEXÕES

MAPA CONCEITUAL DA UNIDADE J

Revise os conceitos estudados nesta unidade e decida como podem ser completados os locais em que aparecem os números.

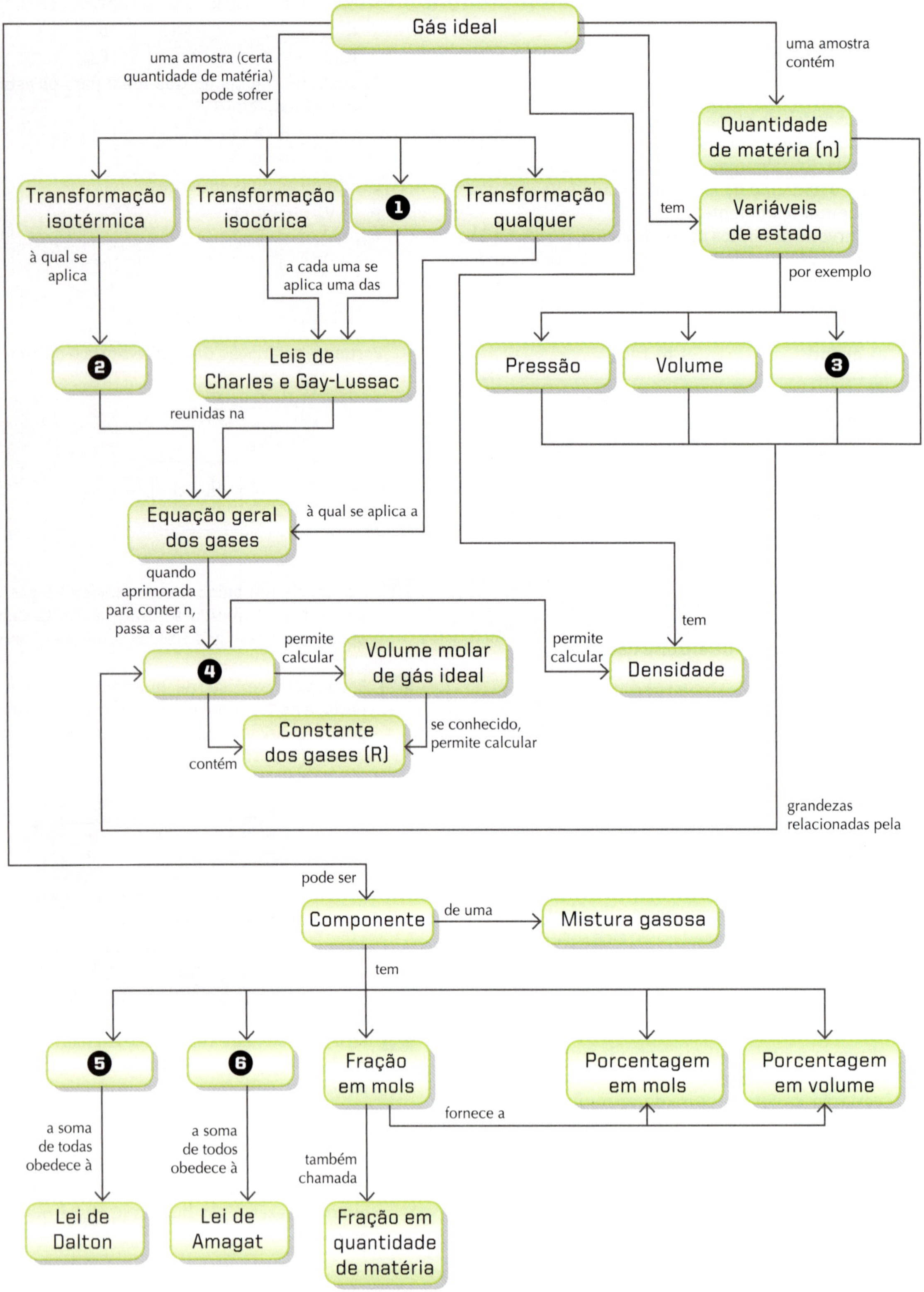

REVISE, RELACIONE E RESOLVA

Lembre-se de que um enunciado deve ser lido e relido até total compreensão.

(UFRJ) Um protótipo de carro movido a hidrogênio foi submetido a um teste em uma pista de provas. Sabe-se que o protótipo tem um tanque de combustível (H_2) com capacidade igual a 164 litros e percorre 22 metros para cada mol de H_2 consumido. No início do teste, a pressão no tanque era de 600 atm e a temperatura, igual a 300 K.

Sabendo que, no final do teste, a pressão no tanque era de 150 atm e a temperatura, igual a 300 K, calcule a distância, em km, percorrida pelo protótipo.

Sugestão de encaminhamento

1.

Revise a **Lei de Boyle** e as **Leis de Charles e Gay-Lussac**. Veja como elas foram reunidas na **Equação Geral dos Gases** e como esta equação pode ser usada para deduzir a **Lei do Gás Ideal**. Lembre-se de que a constante universal dos gases (R) tem valores diferentes, dependendo do conjunto de unidades empregadas no cálculo. Recorde como é possível deduzir o valor de R conhecendo-se o volume molar do gás ideal em determinada pressão e temperatura, como, por exemplo, a 0 °C e 1 atm.

2.

Obtenha do enunciado os dados referentes à situação inicial e à situação final do gás hidrogênio dentro do tanque de combustível do veículo.

3.

Verifique se os dados são suficientes para que você determine a **quantidade de matéria (quantidade em mols)** de H_2 nas situações inicial e final. Faça esse cálculo.

4.

Determine quantos mols de H_2 foram gastos no trajeto.

5.

Elabore uma regra de três baseada na proporcionalidade entre quantidade de H_2 queimada no motor (em mols) e distância percorrida (em metros). Obtenha no enunciado as informações de proporcionalidade necessárias.

6.

Verifique se a pergunta já está respondida ou se é necessário algum cálculo posterior ou alguma conversão de unidade.

Conteúdo digital Moderna PLUS http://www.modernaplus.com.br
Atividade de revisão

Capítulo

35 Relações estequiométricas fundamentais

Quantidade de matéria, massa, número de átomos ou de moléculas de reagentes e produtos se relacionam por cálculo estequiométrico.

35.1 Coeficientes estequiométricos

Coeficientes estequiométricos expressam a conservação dos átomos.

35.2 Proporção estequiométrica entre números de moléculas

Coeficientes estequiométricos indicam a proporção entre os números de moléculas consumidas e formadas.

35.3 Proporção estequiométrica entre quantidades em mols

Coeficientes estequiométricos indicam a proporção entre as quantidades em mols consumidas e formadas.

35.4 Relação entre quantidades em mols

Raciocínios de proporcionalidade permitem calcular a quantidade de matéria de reagentes e/ou de produtos.

35.5 Relação entre massas

Raciocínios de proporcionalidade permitem calcular a massa de reagentes e/ou de produtos.

35.6 Relação entre quantidades em mols, massas, moléculas, fórmulas e átomos

Diferentes grandezas podem ser relacionadas em um cálculo estequiométrico.

Em culinária, existe uma proporção fixa entre os ingredientes de uma receita. Ao usar múltiplos ou submúltiplos dessa receita, as quantidades são alteradas, mas não a proporção. Em Química, há uma proporção bem definida entre as quantidades dos participantes de uma reação. A compreensão dessa proporção é o ponto fundamental dos cálculos estequiométricos.

Usaremos a síntese da amônia várias vezes como exemplo

A amônia, NH_3, é uma substância muito importante para as indústrias químicas e para a sociedade. Ela é matéria-prima para a produção de certas variedades de plásticos, fibras têxteis, corantes, explosivos (que, ao contrário do que muita gente pensa, possuem também aplicações pacíficas e benéficas), ração para gado, medicamentos, produtos de limpeza e espuma para colchões e travesseiros. A amônia também é empregada em equipamentos de refrigeração e na fabricação de ácido nítrico.

Socialmente, talvez a mais importante das aplicações da amônia seja na produção de fertilizantes. Num mundo em que 90% ou mais da alimentação mundial vem da agricultura, a produção de fertilizantes é essencial para o plantio em larga escala.

Nas fábricas de amônia, a produção dessa substância é feita por meio da reação entre os gases nitrogênio e hidrogênio, realizada sob condições apropriadas em um reator (recipiente projetado para a ocorrência de determinada reação química). O nitrogênio usado provém do ar atmosférico e o hidrogênio é obtido da decomposição da água pela passagem de corrente elétrica.

Um grupo de engenheiros químicos está projetando uma indústria de amônia, na qual se deseja produzir diariamente oito toneladas e meia dessa substância ($8{,}5\ t = 8{,}5 \cdot 10^6\ g$).

Os engenheiros devem estimar as quantidades das matérias-primas nitrogênio e hidrogênio necessárias, a cada dia, para atingir a meta desejada. Vamos abordar o problema desse cálculo em várias situações nesta unidade, ressaltando um ponto importante em cada uma delas.

Seção 35.1

Coeficientes estequiométricos

Objetivo

- Revisar o significado de equação química e de seu correto balanceamento.

Termos e conceitos

- equação química
- coeficiente estequiométrico
- balanceamento

Revise

Releia os capítulos 5 e 6, especialmente as partes referentes à Lei de Lavoisier, à Lei de Proust, à Teoria Atômica de Dalton e ao balanceamento de equações químicas. Neste capítulo você aplicará o que aprendeu lá.

A síntese da amônia pode ser equacionada da seguinte maneira:

$$N_2\,(g) + 3\,H_2\,(g) \rightarrow 2\,NH_3\,(g)$$

Numa equação química, os números colocados antes da fórmula de cada substância, seja reagente ou produto, são os **coeficientes estequiométricos** ou, simplesmente, **coeficientes**.

Átomos não são criados nem destruídos numa reação química. Assim, os coeficientes devem ser corretamente escolhidos a fim de que o número de átomos de um certo elemento químico seja o mesmo em ambos os membros da equação química. Quando os coeficientes estão adequadamente colocados, diz-se que a equação química está corretamente **balanceada**.

O correto balanceamento de uma equação química está de acordo com a Lei de Lavoisier e com a Teoria Atômica de Dalton.

Na equação acima, os coeficientes são um, três e dois. Esses coeficientes informam que uma molécula de nitrogênio reage com três moléculas de hidrogênio produzindo duas moléculas de amônia.

Isso se encontra representado por meio do seguinte modelo microscópico, em que as esferas cinza representam átomos do elemento químico hidrogênio e as esferas azuis, átomos do elemento químico nitrogênio.

$$1\,N_2\,(g) + 3\,H_2\,(g) \rightarrow 2\,NH_3\,(g)$$

1 molécula N_2 + 3 moléculas H_2 → 2 moléculas NH_3

Verificando se o balanceamento está correto:

2 átomos de N + 6 átomos de H = 2 átomos de N + 6 átomos de H

A equação está corretamente balanceada, ou seja, está de acordo com a Lei de Lavoisier e com a Teoria Atômica de Dalton.

Uma demonstração experimental da Lei de Lavoisier. Na foto da esquerda, um béquer contém solução aquosa de $AgNO_3$ e outro solução aquosa de $NaC\ell$. Na foto da direita, todo o conteúdo de um deles foi transferido para o outro. Ocorreu uma reação, que não libera gás para o ambiente nem absorve gás dele, com precipitação de $AgC\ell$. Como se vê no mostrador da balança, a massa de recipientes mais conteúdo é a mesma no início e no fim.

Proporção estequiométrica entre números de moléculas

Objetivo

▶ Inferir que os coeficientes estequiométricos indicam a proporção entre os números de moléculas que participam de uma reação química.

Acabamos de ver que, na equação que representa a produção da amônia, os coeficientes informam que uma molécula de N_2 reage com três moléculas de H_2 produzindo duas moléculas de NH_3.

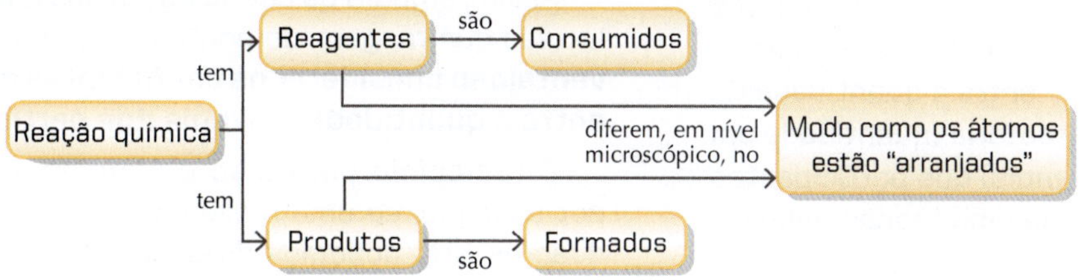

$$1\ N_2(g) + 3\ H_2(g) \rightarrow 2\ NH_3(g)$$

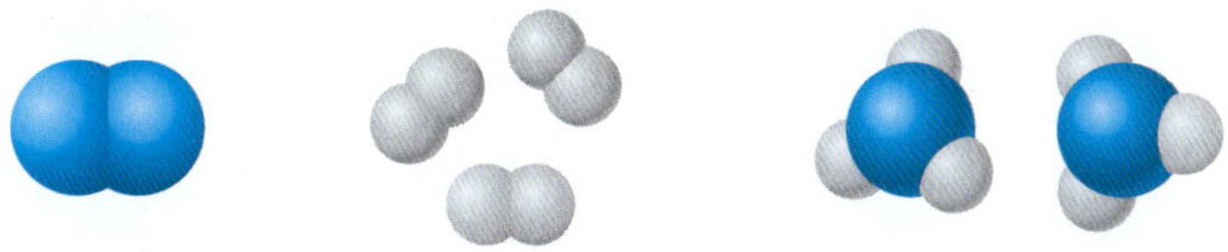

1 molécula + 3 moléculas → 2 moléculas

E se forem duas moléculas de N_2 reagindo? Ora, duas moléculas de N_2 reagem com seis de H_2 e produzem quatro de NH_3.

$$2\ N_2(g) + 6\ H_2(g) \rightarrow 4\ NH_3(g)$$

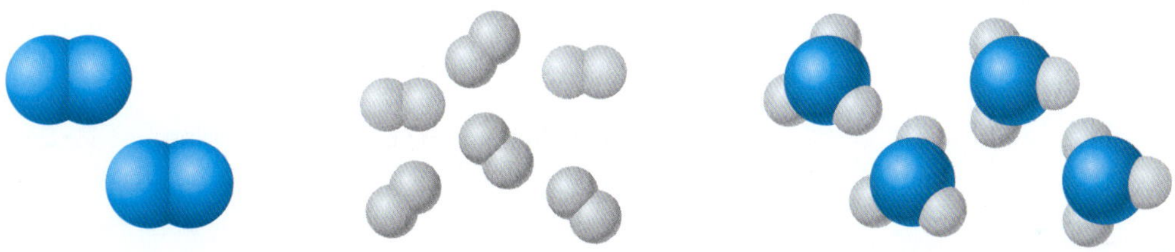

2 moléculas + 6 moléculas → 4 moléculas

Analogamente, três moléculas de N_2 reagem com nove de H_2 e produzem seis de NH_3.

$$3\ N_2(g) + 9\ H_2(g) \rightarrow 6\ NH_3(g)$$

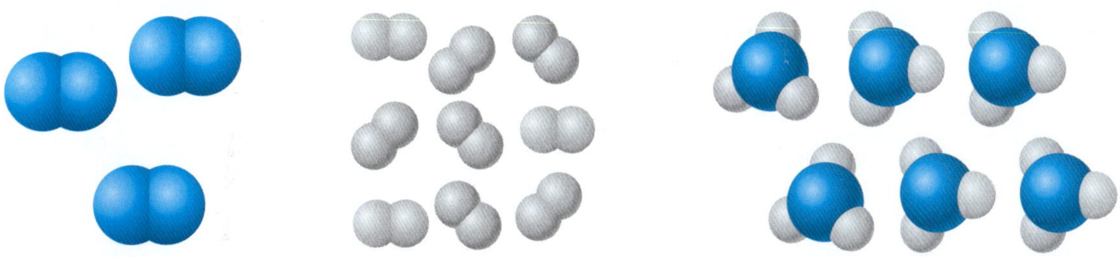

3 moléculas + 9 moléculas → 6 moléculas

Então, é importante perceber que **os coeficientes estequiométricos não indicam necessariamente a quantidade de moléculas que reagem ao realizar essa reação. Eles indicam a proporção entre os números de moléculas que tomam parte na reação** da síntese da amônia.

Seção 35.3

Proporção estequiométrica entre quantidades em mols

Objetivo

- Inferir que os coeficientes estequiométricos indicam a proporção entre a quantidade de matéria (quantidade em mols) dos participantes de uma reação química.

Como você já estudou, moléculas são entidades muitíssimo pequenas. Na menor amostra de uma substância molecular que conseguimos ver há uma quantidade extremamente grande de moléculas.

Assim, embora os coeficientes nos informem a proporção entre as moléculas que reagem, do ponto de vista de utilidade macroscópica **é mais vantajoso considerar os coeficientes como indicadores da proporção entre a quantidade em mols dos participantes de uma reação**.

O raciocínio para isso é simples. No caso da síntese da amônia, por exemplo, se uma molécula de N_2 reage com três de H_2 para formar duas de NH_3, podemos dizer que $6 \cdot 10^{23}$ moléculas de N_2 reagirão com $3 \cdot 6 \cdot 10^{23}$ moléculas de H_2 produzindo $2 \cdot 6 \cdot 10^{23}$ moléculas de NH_3. Ora, como $6 \cdot 10^{23}$ moléculas são 1 mol de moléculas, podemos dizer que 1 mol de moléculas de N_2 reage com 3 mol de moléculas de H_2 produzindo 2 mol de moléculas de NH_3.

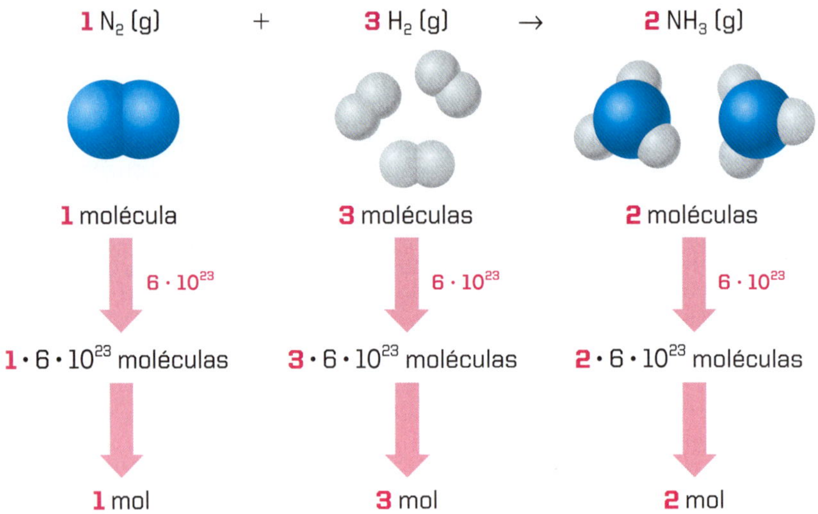

Assim, é possível escrever:

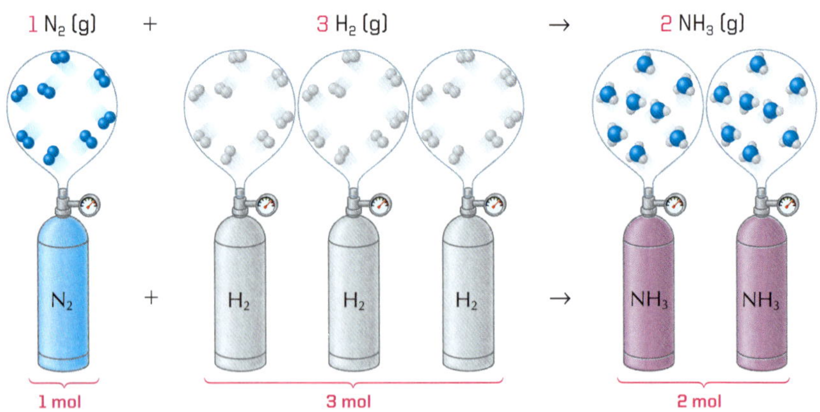

Os **coeficientes estequiométricos** informam a **proporção entre as quantidades em mols** dos participantes de uma dada reação química, denominada **proporção estequiométrica** dessa reação química.

É fundamental perceber que, ao realizar a síntese da amônia, não fazemos apenas uma molécula de N_2 reagir com três de H_2 produzindo duas de NH_3. Há um número muitíssimo grande de moléculas reagindo e sendo formadas. Mas há uma lei da natureza que é seguida por essa reação. A **proporção** entre os números de moléculas dos participantes, assim como a **proporção** entre as quantidades em mols, é expressa pelos coeficientes estequiométricos.

1 N_2 (g) + **3** H_2 (g) → **2** NH_3 (g)

1 mol + 3 mol → 2 mol

2 N_2 (g) + **6** H_2 (g) → **4** NH_3 (g)

2 mol + 6 mol → 4 mol

3 N_2 (g) + **9** H_2 (g) → **6** NH_3 (g)

3 mol + 9 mol → 6 mol

Assim:

	N_2 (g)	+	3 H_2 (g)	→	2 NH_3 (g)
Proporção entre moléculas	1	:	3	:	2
Proporção entre mols de moléculas	1	:	3	:	2

EXERCÍCIOS ESSENCIAIS

A tabela periódica é um instrumento de consulta!

1 (UnB-DF) Um importante cientista na evolução do conhecimento químico foi John Dalton (1766-1844). Com base nos trabalhos de Lavoisier, de Proust (1754-1826) e de outros cientistas da época, Dalton resgatou os conceitos acerca da indivisibilidade do átomo introduzidos por Demócrito e Leucipo, filósofos gregos que tiveram suas ideias rejeitadas por Platão e Aristóteles, influentes filósofos na época (400 a.C.). A teoria atômica, como ficou conhecido o conjunto de proposições de Dalton para explicar as leis da Química na época aceitas, foi importante para o desenvolvimento dos conceitos químicos. A esse respeito, julgue [certos ou errados] os itens abaixo.

1. O modelo atômico de Dalton não é suficiente para explicar a estequiometria das reações químicas.
2. De acordo com o modelo proposto por Dalton, todos os átomos de um mesmo elemento apresentam as mesmas propriedades químicas.
3. A concepção de átomo indivisível, defendida por Dalton, é cientificamente válida até hoje.
4. De acordo com Dalton, átomos não podem ser criados ou destruídos no curso de reações químicas ordinárias.

2 (Unicamp-SP) Numa balança improvisada, feita com um cabide, como mostra a figura abaixo, nos recipientes (**A** e **B**) foram colocadas quantidades iguais de um mesmo sólido, que poderia ou ser palha de ferro ou ser carvão.

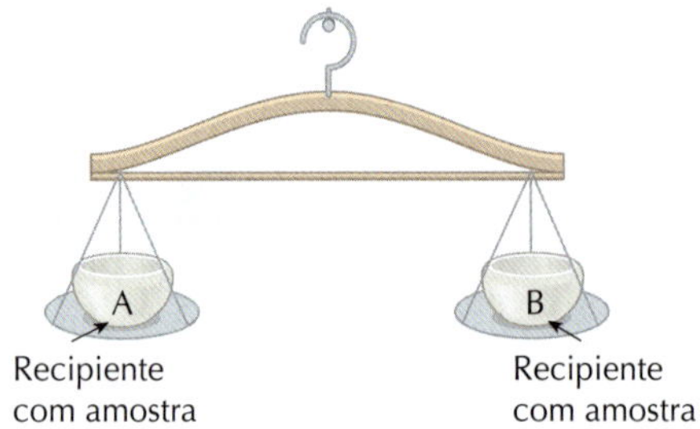

Foi ateado fogo à amostra contida no recipiente **B**. Após cessada a queima, o arranjo tomou a seguinte disposição:

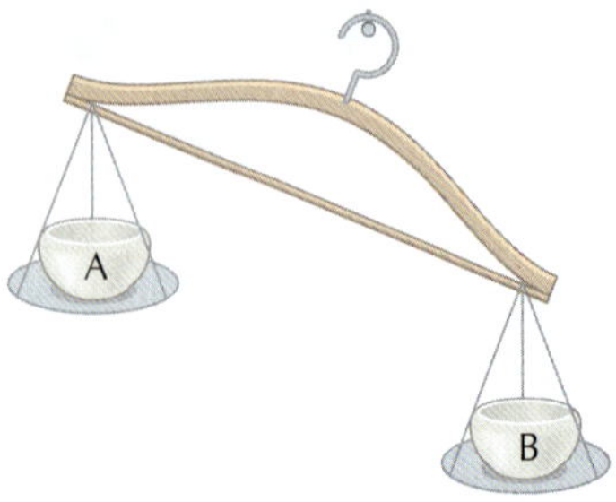

a) Considerando o resultado do experimento, decida se o sólido colocado em **A** e **B** era palha de ferro ou carvão. Justifique.

b) Escreva a equação química da reação que ocorreu.

3 (Vunesp) Para verificar a Lei de Lavoisier, um estudante realizou a experiência esquematizada abaixo:

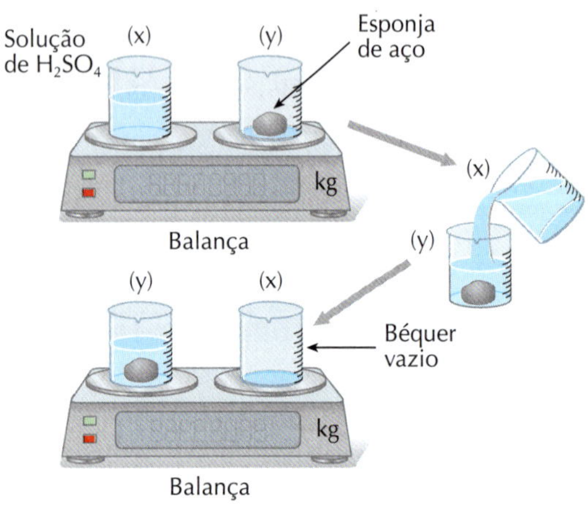

Terminada a reação, o estudante verificou que a massa final era menor que a inicial, justificando o ocorrido, a Lei de Lavoisier só pode ser verificada se o experimento for realizado:

a) utilizando-se reações entre gases.

b) nas condições normais de temperatura e pressão.

c) com reagentes e produtos no mesmo estado físico.

d) em sistema fechado.

e) se houver excesso do reagente em solução aquosa.

4 (Fuvest-SP) O conjunto esquematizado contém inicialmente os reagentes A e B separados. Utilizando dois conjuntos desse tipo, são realizados os experimentos 1 e 2, misturando-se A e B, conforme o quadro.

Experimento	1	2
Reagente A Solução aquosa de	$AgNO_3$	$HC\ell$
Reagente B Pó de	$NaC\ell$	Na_2CO_3
Produtos	$AgC\ell$ (s) Na^+ (aq) NO_3^- (aq)	H_2O (ℓ) CO_2 (g) Na^+ (aq) $C\ell^-$ (aq)

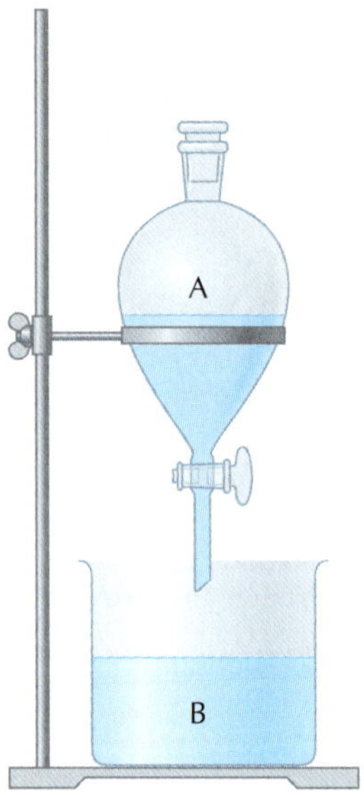

Designando por I a massa inicial de cada conjunto (antes de misturar) e por F_1 e F_2 suas massas finais (após misturar) tem-se:

	Experimento 1	Experimento 2
a)	$F_1 = I$	$F_2 = I$
b)	$F_1 = I$	$F_2 > I$
c)	$F_1 = I$	$F_2 < I$
d)	$F_1 > I$	$F_2 > I$
e)	$F_1 < I$	$F_2 < I$

Conteúdo digital Moderna PLUS http://www.modernaplus.com.br
Exercícios adicionais

Relação entre quantidades em mols

› Objetivo

▸ Calcular a quantidade de matéria de reagentes e/ou de produtos de uma reação química usando raciocínio de proporcionalidade.

› Termos e conceitos

• mol
• massa molar

Já estamos em condições de dar uma primeira resposta ao problema proposto no início do capítulo, determinando as quantidades em mols de nitrogênio e hidrogênio. Inicialmente, vamos calcular a quantidade em mols de amônia que se deseja produzir. A massa molar da amônia, calculada a partir da consulta à tabela periódica, é 17 g/mol. E a massa de amônia que se deseja produzir diariamente na indústria é de $8,5 \cdot 10^6$ g. Assim:

Massa		Quantidade de matéria	
17 g	———	1 mol	$\Rightarrow$ $x = 5,0 \cdot 10^5$ mol
$8,5 \cdot 10^6$ g	———	x	

Agora podemos estabelecer regras de três partindo da proporção em mols expressa pelos coeficientes estequiométricos da equação química:

	N_2	+	$3\ H_2$	$\rightarrow$	$2\ NH_3$
Proporção:	1 mol		3 mol		2 mol
Grandezas envolvidas:	Quantidade de matéria		Quantidade de matéria		Quantidade de matéria
	1 mol	———	3 mol	———	2 mol
	y	———	z	———	$5,0 \cdot 10^5$ mol

Temos, então, uma regra de três que permite determinar o valor de y e outra que permite determinar o valor de z.

1 mol	———	2 mol
y	———	$5,0 \cdot 10^5$ mol

$y = 2,5 \cdot 10^5$ mol

3 mol	———	2 mol
z	———	$5,0 \cdot 10^5$ mol

$z = 7,5 \cdot 10^5$ mol

Assim, para produzir diariamente $5,0 \cdot 10^5$ mol de amônia, a indústria gastará, também diariamente, $2,5 \cdot 10^5$ mol do reagente gás nitrogênio e $7,5 \cdot 10^5$ mol do reagente gás hidrogênio. Resolvemos o problema proposto no início do capítulo, expressando as respostas em quantidade de matéria.

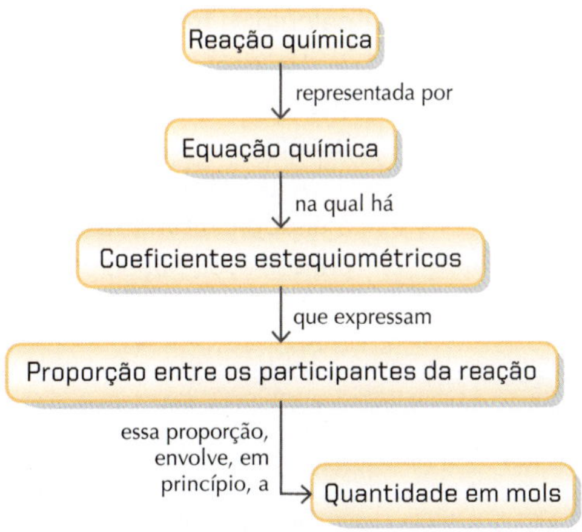

Conteúdo digital Moderna PLUS http://www.modernaplus.com.br
Texto: *A estequiometria do CO_2 e o efeito estufa*

EXERCÍCIOS ESSENCIAIS

EXERCÍCIO RESOLVIDO

5 As reações de neutralização ácido-base são muito importantes na Química. Qual é a quantidade em mols de NaOH necessária à completa neutralização de 5 mol de H_2SO_4?

Resolução

Inicialmente, vamos fazer a equação do processo e balanceá-la corretamente:

$$H_2SO_4 + 2\,NaOH \rightarrow Na_2SO_4 + 2\,H_2O$$

Por meio dessa equação, sabemos que a proporção estequiométrica é de 1 mol de H_2SO_4 para 2 mol de NaOH. Assim, podemos montar uma regra de três:

	H_2SO_4	+	$2\,NaOH$	$\rightarrow Na_2SO_4 + 2\,H_2O$
Proporção:	**1 mol**		**2 mol**	
Grandezas envolvidas:	**Quantidade de matéria**		**Quantidade de matéria**	

1 mol —— 2 mol
5 mol —— x
$\Rightarrow$ $x = 10$ mol

Assim, são necessários 10 mol de NaOH para neutralizar 5 mol de H_2SO_4.

Note que essa resposta nada mais é que uma consequência da proporção estequiométrica, que revela ser necessário, em mols, o dobro de NaOH em relação a H_2SO_4.

6 O ácido fosfórico — empregado como acidulante em certas guloseimas e em refrigerantes tipo "cola" — é produzido por meio da reação entre ácido sulfúrico e apatita, $Ca_3(PO_4)_2$, de acordo com a reação equacionada a seguir:

$$Ca_3(PO_4)_2(aq) + 3\,H_2SO_4(aq) \rightarrow$$
$$\rightarrow 2\,H_3PO_4(aq) + 3\,CaSO_4(s)$$

a) Quantos mols de ácido sulfúrico e de apatita são necessários para a produção de 10 mol de ácido fosfórico?

b) O sulfato de cálcio, outro produto da reação, é empregado na elaboração de massa corrida para paredes e na fabricação de giz. Quantos mols de sulfato de cálcio são produzidos juntamente com 10 mol do ácido?

Conteúdo digital Moderna PLUS http://www.modernaplus.com.br
Exercícios adicionais

Seção 35.5

Relação entre massas

Objetivo

- Calcular a massa de reagentes e/ou de produtos de uma reação química usando raciocínio de proporcionalidade.

Na seção 35.4 calculamos as quantidades em mols de nitrogênio e hidrogênio necessárias à produção de $8{,}5 \cdot 10^6$ g de amônia.

Se a intenção é determinar a massa de cada um desses reagentes, uma maneira de fazer isso é a seguinte: obter as massas molares consultando a tabela periódica; a partir delas e das quantidades em mols já determinadas, calcular a massa de cada um dos dois gases.

Há, contudo, um meio mais direto de chegar às massas dos reagentes. Em vez de montarmos regras de três envolvendo a quantidade em mols, como fizemos na página anterior, podemos montá-la com base na massa.

A ideia envolvida é simples. Os coeficientes nos fornecem a proporção em mols. Consultando a tabela periódica, chegamos às massas molares dos participantes e, de posse delas, montamos uma regra de três envolvendo massas.

	N_2	+	$3\,H_2$	$\rightarrow$	$2\,NH_3$
Proporção:	1 mol		3 mol		2 mol
	A massa de 1 mol de N_2 é 28 g		A massa de 1 mol de H_2 é 2 g		A massa de 1 mol de NH_3 é 17 g
Grandezas envolvidas:	Massa		Massa		Massa
	28 g	——	$3 \cdot 2$ g	——	$2 \cdot 17$ g
	x	——	y	——	$8{,}5 \cdot 10^6$ g

Temos, então, uma regra de três que permite determinar a massa de nitrogênio (x) e outra que permite determinar a massa de hidrogênio (y), necessárias à produção de $8{,}5 \cdot 10^6$ g de amônia.

$$\left.\begin{array}{l} 28\text{ g} \text{ ——— } 2 \cdot 17\text{ g} \\ x \text{ ——— } 8{,}5 \cdot 10^6\text{ g} \end{array}\right\} \quad x = 7{,}0 \cdot 10^6\text{ g}$$

$$\left.\begin{array}{l} 3 \cdot 2\text{ g} \text{ ——— } 2 \cdot 17\text{ g} \\ y \text{ ——— } 8{,}5 \cdot 10^6\text{ g} \end{array}\right\} \quad y = 1{,}5 \cdot 10^6\text{ g}$$

Assim, para produzir diariamente 8,5 t de amônia, a indústria gastará, também diariamente, 7,0 t de gás nitrogênio e 1,5 t de gás hidrogênio ($1\text{ t} = 10^6$ g).

EXERCÍCIOS ESSENCIAIS

A tabela periódica é um instrumento de consulta!

EXERCÍCIO RESOLVIDO

7 (FGV-SP) Balanceando-se a reação

$A\ell_2(SO_4)_3 + 3\ Ca(OH)_2 \rightarrow \mathbf{y}\ A\ell(OH)_3 + \mathbf{z}\ CaSO_4$

corretamente, obtêm-se os valores de **y** e **z**.

Qual a massa necessária de $Ca(OH)_2$ para reagir completamente com **w** quilogramas de $A\ell_2(SO_4)_3$?

> Dados:
> Massas Molares de $A\ell_2(SO_4)_3 = 342\ g \cdot mol^{-1}$, $Ca(OH)_2 = 74\ g \cdot mol^{-1}$ e $\mathbf{w} = \mathbf{y} + \mathbf{z}$

a) 3,25 quilogramas.
b) 5,40 quilogramas.
c) 4,62 quilogramas.
d) 1,08 quilogramas.
e) 67,57 gramas.

Resolução

A equação corretamente balanceada é:

$A\ell_2(SO_4)_3 + 3\ Ca(OH)_2 \rightarrow 2\ A\ell(OH)_3 + 3\ CaSO_4$

Assim, **y** = 2, **z** = 3 e **w** = 5. O enunciado informa que **w** kg (isto é, 5 kg) de $A\ell_2(SO_4)_3$ reagem. Portanto:

	$1\ A\ell_2(SO_4)_3$	$3\ Ca(OH)_2$
Proporção:	1 mol	3 mol
Grandezas:	Massa	Massa
	342 g ——	$3 \cdot 74$ g
	5 kg ——	x

$\Rightarrow x = 3{,}25$ kg

Alternativa a.

8 Observe os seguintes modelos que representam, em nível molecular, um sistema gasoso antes e depois de uma reação química. As esferas vermelhas representam átomos de oxigênio, as pretas, átomos de carbono, e as azuis, átomos de nitrogênio. Sobre o sistema, responda às questões.

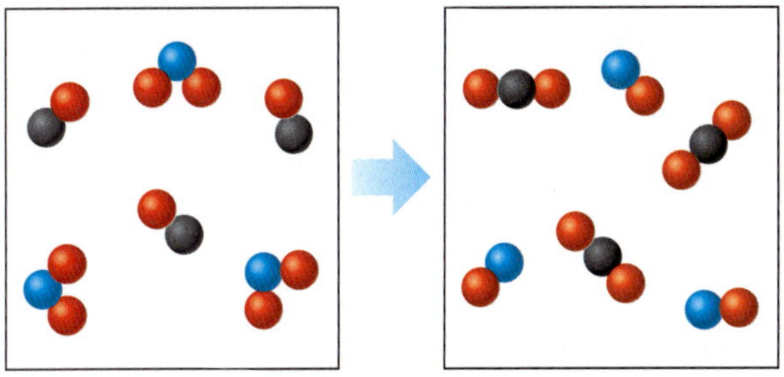

a) Equacione a reação envolvida.
b) Admita que, no início, haja 1 mol de moléculas de cada reagente. Qual a massa total dos reagentes? E a massa total dos produtos?
c) Compare as respostas do item anterior e diga se estão de acordo com a Lei de Lavoisier.

9 Após o acidente com um caminhão que derramou na estrada uma carga de 4,9 t de ácido sulfúrico, os técnicos utilizaram cal viva para neutralizar o ácido. Levando em conta a equação que representa a reação envolvida, determine a massa mínima de cal que deve ser empregada no processo.

$CaO\ (s) + H_2SO_4\ (\ell) \rightarrow CaSO_4 (s) + H_2O\ (\ell)$

10 O hipoclorito de sódio, $NaC\ell O$, é uma substância comercializada, em solução aquosa, com o nome de *água sanitária* ou *água de lavadeira*, possuindo propriedades bactericidas e alvejantes. Esse sal é produzido a partir de cloro e de soda cáustica, de acordo com a reação equacionada a seguir:

$C\ell_2(g) + 2NaOH(aq) \rightarrow NaC\ell(aq) + NaC\ell O(aq) + H_2O(\ell)$

Determine as massas de cloro e de soda cáustica necessárias à obtenção de 1.490 g de hipoclorito de sódio. (Empregue os seguintes valores de massa molar: $C\ell_2 = 71{,}0$ g/mol, NaOH = 40,0 g/mol e $NaC\ell O = 74{,}5$ g/mol.)

EXERCÍCIO RESOLVIDO

11 (UFS-SE) Uma das principais causas do aumento do efeito estufa é o aumento da quantidade de CO_2, proveniente da queima de combustíveis fósseis.

Supondo que uma gasolina seja composta apenas por heptano (C_7H_{16}), a quantidade, em kg, de CO_2 produzido pela queima completa de 10 litros dessa gasolina é aproximadamente de:

Dados:
Massas Molares (g/mol)
C_7H_{16} 100
CO_2 44
Densidade de heptano: 0,70 g/mL

a) 3.
b) 7.
c) 22.
d) 31.
e) 49.

Comentário dos autores:

A equação química que representa a combustão (queima) completa do heptano é

$$C_7H_{16} + 11\,O_2 \rightarrow 7\,CO_2 + 8\,H_2O$$

Resolução

Usando a densidade do heptano, vamos determinar inicialmente a massa de heptano presente em 10 L.

Grandezas:	Massa	Volume		
	0,70 g ——	1 mL	⇒	$x = 7{,}0 \cdot 10^3$ g ou x = 7,0 kg
	x ——	$1{,}0 \cdot 10^4$ mL		

	C_7H_{16}	$7\,CO_2$		
Proporção:	**1 mol**	**7 mol**		
Grandezas:	**Massa**	**Massa**		
	100 g ——	$7 \cdot 44$ g	⇒	y = 22 kg
	7,0 kg ——	y		

Alternativa **c**.

12 (UFSC) "*Houston, we have a problem.*" Ao enviar essa mensagem em 13 de abril de 1970, o comandante da missão espacial Apollo 13, Jim Lovell, sabia: a vida de seus companheiros e a sua própria estavam em perigo. Um dos tanques de oxigênio da nave explodira. Uma substância, o superóxido de potássio (K_2O_4), poderia ser utilizada para absorver o CO_2 e ao mesmo tempo restaurar o O_2 na nave.

CALCULE, segundo a equação $K_2O_4 + CO_2 \rightarrow$ $\rightarrow K_2CO_3 + \frac{3}{2}O_2$, a massa, em kg, de K_2O_4 necessária para consumir todo o CO_2 exalado por um tripulante durante 72 horas se, em média, uma pessoa exala 1,0 kg de CO_2 por dia. (O = 16, C = 12, K = 39.)

13 (Unicamp-SP) Há alguns meses, a Petrobras anunciou que reduziria, de 5% para 3%, o teor de enxofre no óleo combustível. Isso significa cerca de 272 toneladas de enxofre a menos, por dia, na atmosfera. Sabe-se que o enxofre contido no óleo é, na realidade, transformado em SO_2 (um gás) no momento da queima (combustão). Qual a massa (em toneladas) deste gás que deixará de ser lançada na atmosfera, por dia, devido à melhoria anunciada?

(Dados: massas atômicas relativas → O = 16; S = 32.)

$$S + O_2 \rightarrow SO_2$$

14 (Fatec-SP) Para se obter manganês metálico, muito utilizado em diversos tipos de aços resistentes, o dióxido de manganês reage com o alumínio metálico, segundo a equação:

$$3\,MnO_2\,(s) + 4\,A\ell\,(s) \rightarrow 2\,A\ell_2O_3\,(s) + 3\,Mn\,(s)$$

Supondo rendimento de 100% para essa reação, a massa de dióxido de manganês necessária para se obter 5 t de manganês metálico é aproximadamente:

a) 2 t.
b) 3 t.
c) 4 t.
d) 8 t.
e) 9t.

Dados: Massa molar (g/mol): Mn = 55; O = 16

15 (Fuvest-SP) Coletou-se água do Rio Tietê, na cidade de São Paulo. Para oxidar completamente toda a matéria orgânica contida em 1,00 L dessa amostra, microrganismos consumiram 48,0 mg de oxigênio (O_2). Admitindo que a matéria orgânica possa ser representada por $C_6H_{10}O_5$ e sabendo que sua oxidação completa produz CO_2 e H_2O, qual a massa de matéria orgânica por litro de água do rio?

a) 20,5 mg.
b) 40,5 mg.
c) 80,0 mg.
d) 160 mg.
e) 200 mg.

16 (UFF-RJ) Acompanhando a evolução dos transportes aéreos, as modernas caixas-pretas registram centenas de parâmetros a cada segundo, constituindo recurso fundamental na determinação das causas de acidentes aeronáuticos. Esses equipamentos devem suportar ações destrutivas e o titânio, metal duro e resistente, pode ser usado para revesti-los externamente.

O titânio é um elemento possível de ser obtido a partir do tetracloreto de titânio por meio da reação **não balanceada**:

$$TiC\ell_4\,(g) + Mg\,(s) \rightarrow MgC\ell_2\,(\ell) + Ti\,(s)$$

Considere que essa reação foi iniciada com 9,5 g de $TiC\ell_4$ (g). Supondo que tal reação seja total, a massa de titânio obtida será, aproximadamente:

a) 1,2 g. b) 2,4 g. c) 3,6 g. d) 4,8 g. e) 7,2 g.

Dados: Ti = 48 u; Cℓ = 35,5 u; Mg = 24 u.

17 (Unicamp-SP) A obtenção de etanol, a partir de sacarose (açúcar) por fermentação, pode ser representada pela seguinte equação:

$$C_{12}H_{22}O_{11} + H_2O \rightarrow 4\,C_2H_5OH + 4\,CO_2$$

Admitindo-se que o processo tenha rendimento de 100% e que o etanol seja anidro (puro), calcule a massa (em kg) de açúcar necessária para produzir um volume de 50 litros de etanol, suficiente para encher um tanque de um automóvel.

(Densidade do etanol = 0,8 g/cm³; massa molar da sacarose = 342 g/mol; massa molar do etanol = = 46 g/mol.)

18 (UFMG) O gráfico descreve a variação de massa observada quando 84 mg de bicarbonato de sódio, $NaHCO_3$ (s), são submetidos a aquecimento. A diminuição de massa deve-se à perda dos produtos gasosos.

Considerando o gráfico, indique a alternativa que apresenta uma reação compatível com a variação de massa observada.

a) $NaHCO_3 (s) \rightarrow \frac{1}{2} Na_2CO_3 (s) + \frac{1}{2} CO_2 (g) + \frac{1}{2} H_2O (g)$

b) $NaHCO_3 (s) \rightarrow NaOH (s) + CO_2 (g)$

c) $NaHCO_3 (s) \rightarrow \frac{1}{2} Na_2O (s) + \frac{1}{2} H_2O (g) + CO_2 (g)$

d) $NaHCO_3 (s) \rightarrow NaH (s) + CO_2 (g) + \frac{1}{2} O_2 (g)$

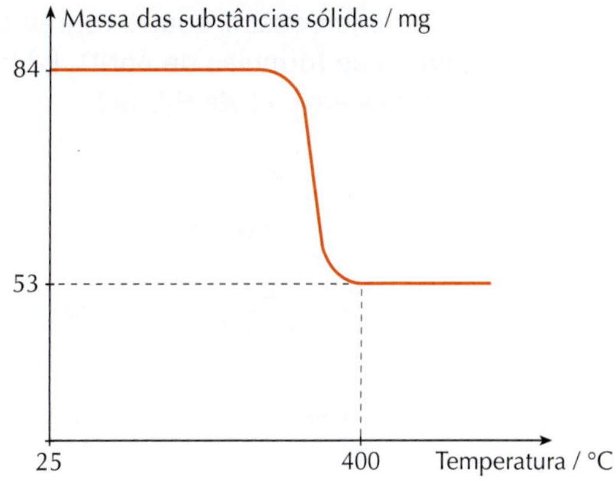

Conteúdo digital Moderna PLUS http://www.modernaplus.com.br
Exercícios adicionais

Seção 35.6

Relação entre quantidades em mols, massas, moléculas, fórmulas e átomos

Objetivo

- Realizar cálculos estequiométricos envolvendo diferentes grandezas referentes a reagentes e produtos de uma reação química.

Como já sabemos, os coeficientes da equação nos fornecem a proporção em quantidade de matéria (expressa em mols). Conhecida a proporção em mols, é possível relacioná-la com massas, moléculas (compostos moleculares), fórmulas (compostos iônicos) ou até mesmo átomos das substâncias participantes da reação. Vejamos um exemplo bastante ilustrativo de como isso é possível.

Observe a equação abaixo que representa a reação entre prata e ácido nítrico, ocorrida em condições ambientes.

$$3\ Ag\ (s) + 4\ HNO_3\ (aq) \rightarrow 3\ AgNO_3\ (aq) + 1\ NO\ (g) + 2\ H_2O\ (\ell)$$

Fazendo-se reagir $3{,}6 \cdot 10^{22}$ átomos de prata com quantidade suficiente de ácido nítrico, calcule:

a) a massa do ácido nítrico que reagiu;

b) o número de fórmulas do nitrato de prata formado;

c) o número de moléculas de NO gasoso formado;

d) a quantidade de matéria, expressa em mols, de água formada.

	$3\ Ag\ (s)$	+	$4\ HNO_3\ (aq)$	$\rightarrow$	$3\ AgNO_3\ (aq)$	+	$1\ NO\ (g)$	+	$2\ H_2O\ (\ell)$
Proporção:	3 mol		4 mol		3 mol		1 mol		2 mol
Grandezas envolvidas:	Número de átomos		Massa		Número de fórmulas		Número de moléculas		Mols
Transformando mol em:	$3 \cdot 6 \cdot 10^{23}$ átomos	——	252 g massa	——	$3 \cdot 6 \cdot 10^{23}$ fórmulas	——	$1 \cdot 6 \cdot 10^{23}$ moléculas	——	2 mol mols
Dados do problema:	$3{,}6 \cdot 10^{22}$ átomos	——	x massa	——	y fórmulas	——	z moléculas	——	w mols

Teremos, assim, quatro regras de três que nos permitirão determinar a massa de HNO_3 (x), o número de fórmulas de $AgNO_3$ (y), o número de moléculas de NO (z) e a quantidade de matéria, expressa em mol, de H_2O (w).

$$\begin{matrix} 3 \cdot 6 \cdot 10^{23} & —— & 252\text{ g} & —— & 3 \cdot 6 \cdot 10^{23} & —— & 6 \cdot 10^{23} & —— & 2\text{ mol} \\ 3{,}6 \cdot 10^{22} & —— & x & —— & y & —— & z & —— & w \end{matrix}$$

$x = 5{,}04$ g | $y = 3{,}6 \cdot 10^{22}$ fórmulas | $z = 1{,}2 \cdot 10^{22}$ moléculas | $w = 0{,}04$ mol

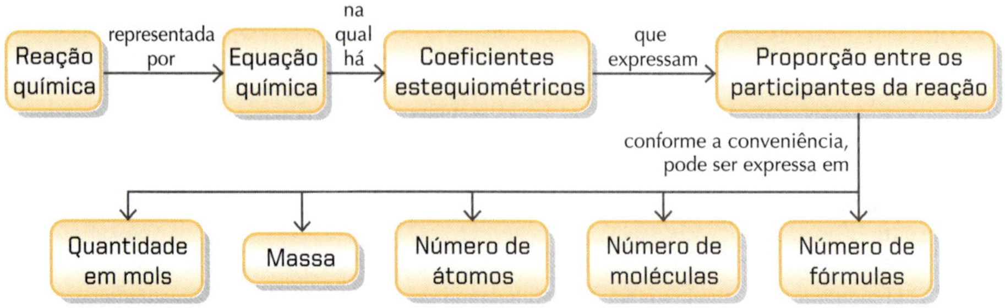

EXERCÍCIOS ESSENCIAIS

EXERCÍCIO RESOLVIDO

19 (UFSCar-SP) Um homem exala cerca de 25 mol de dióxido de carbono por dia em sua respiração. O acúmulo de dióxido de carbono em recintos fechados pode tornar impossível a sobrevivência de seres vivos, tornando-se necessário controlar seu nível no ambiente.

Durante a primeira viagem de balão sem escala ao redor da Terra, realizada em 1999, o nível de dióxido de carbono na cabina do balão foi controlado pelo uso de hidróxido de lítio sólido. No processo, ocorre reação entre o hidróxido de lítio e o dióxido de carbono, formando carbonato de lítio sólido e água como produtos.

a) Escreva a equação balanceada da reação entre hidróxido de lítio e dióxido de carbono.

b) Calcule a massa de hidróxido de lítio (massa molar = 24 g/mol) necessária para reagir com todo o dióxido de carbono exalado na respiração de um homem durante um dia. Suponha que a reação de absorção do dióxido de carbono ocorra com 100% de rendimento.

Comentário dos autores:

Lembre-se das reações características de óxidos ácidos, como é o caso do CO_2 (capítulo 24).

Resolução

a) $CO_2\ (g) + 2\ LiOH\ (s) \rightarrow Li_2CO_3\ (s) + H_2O\ (\ell)$

b)

	CO_2	2 LiOH
Proporção:	**1 mol**	**2 mol**
Grandezas:	**Quantidade de matéria**	**Massa**

$$\left.\begin{matrix} 1\text{ mol} & —— & 2 \cdot 24\text{ g} \\ 25\text{ mol} & —— & x \end{matrix}\right\} \Rightarrow$$

$\Rightarrow \boxed{x = 1{,}2 \cdot 10^3\text{ g}}$ ou $\boxed{x = 1{,}2\text{ kg}}$

20 (Uerj) O teor de óxido de alumínio na terra é cerca de 2,5 vezes maior do que o de óxidos de ferro (Fe_2O_3, FeO). Contudo, o custo do alumínio é maior que o do ferro. No passado (início do século XIX), o metal alumínio era mais caro que o ouro. Reis se destacaram por dar banquetes com baixelas de alumínio em lugar do ouro. Contudo, a partir de 1886, uma nova tecnologia de produção do metal alumínio reduziu-lhe o preço cerca de duas mil vezes, permitindo que um maior número de pessoas usasse utensílios deste metal, acabando com o privilégio dos reis. A reação química global do novo processo pode ser representada pela equação:

$$2\ A\ell_2O_3 + 3\ C \rightarrow 4\ A\ell + 3\ CO_2$$

Levando-se em conta as proporções da equação global, a quantidade em mols de carbono necessária à produção de 2.700 kg de alumínio, considerando um rendimento de 100%, é igual a:

a) $7{,}5 \cdot 10^4$.
b) $1{,}0 \cdot 10^5$.
c) $5{,}0 \cdot 10^4$.
d) $7{,}5 \cdot 10$.
e) $1{,}0 \cdot 10^2$.

Massa molar: $A\ell$ (27 g/mol).

21 (FMTM-MG) No motor de um carro a álcool, o vapor do combustível é misturado com o ar e se queima à custa de faísca elétrica produzida pela vela no interior do cilindro. A queima do álcool pode ser representada pela equação:

$$C_2H_6O\ (g) + 3\ O_2\ (g) \rightarrow$$
$$\rightarrow 2\ CO_2\ (g) + 3\ H_2O\ (g) + \text{energia}$$

A quantidade, em mols, de água formada na combustão completa de 138 gramas de etanol é igual a:

a) 1
b) 3
c) 6
d) 9
e) 10

(Dado: massa molar C_2H_6O = 46 g/mol.)

22 (Unicamp-SP) Duas amostras de carbono, C, de massas iguais, foram totalmente queimadas separadamente, empregando-se oxigênio, O_2, num dos casos, e ozônio, O_3, no outro. Houve sempre combustão completa, produzindo somente CO_2.

a) A massa de dióxido de carbono, CO_2, que se forma é a mesma nos dois casos? Justifique sua resposta.
b) São iguais as quantidades, em mols, de O_2 e de O_3 consumidas nas duas reações? Justifique sua resposta.

EXERCÍCIO RESOLVIDO

23 O gás cloro é produzido industrialmente a partir do cloreto de sódio. Em laboratório, contudo, quando é necessária pequena quantidade desse gás, pode-se obtê-lo por meio da reação entre o dióxido de manganês e o ácido clorídrico, que pode ser assim equacionada:

$$MnO_2(s) + 4\,HC\ell(aq) \rightarrow$$
$$\rightarrow MnC\ell_2(aq) + 2\,H_2O(\ell) + C\ell_2(g)$$

Nessa reação, deseja-se utilizar 29 g de dióxido de manganês.

a) Quantos mols de $HC\ell$ são necessários?
b) Quantas moléculas de cloro serão produzidas?

Resolução

	MnO_2	$4HC\ell$	$C\ell_2$
Proporção:	1 mol	4 mol	1 mol
Grandezas:	Massa	Quantidade de matéria	Número de moléculas
	87 g	4 mol	$6 \cdot 10^{23}$ moléculas
	29 g	x	y

$\Rightarrow$ $x = 1{,}3$ mol; $y = 2 \cdot 10^{23}$ moléculas

a) É necessário 1,3 mol de $HC\ell$.
b) São produzidas $2 \cdot 10^{23}$ moléculas de $C\ell_2$.

24 (Uerj) Objetos de prata são oxidados por poluentes atmosféricos, adquirindo uma coloração escura. Um dos modos de limpeza destes objetos consiste em embrulhá-los em papel alumínio e mergulhá-los em uma solução ligeiramente alcalina.
As equações abaixo representam os processos de oxidação e limpeza.

oxidação
$Ag\ (s) + H_2S\ (g) + O_2\ (g) \rightarrow Ag_2S\ (s) + H_2O\ (\ell)$
limpeza
$2\ A\ell\ (s) + 3\ Ag_2S\ (s) \rightarrow\ \rightarrow 2\ A\ell^{3+}\ (aq) + 3\ S^{2-}\ (aq) + 6\ Ag\ (s)$

Num processo de limpeza, foram recuperados $6 \cdot 10^{21}$ átomos de prata. Admitindo-se que a reação apresente 100% de rendimento, calcule a massa de alumínio consumida neste processo.

25 (Ufes) O número de moléculas de NO formadas, juntamente com a água, na reação da amônia (NH_3) com $3{,}60 \cdot 10^{21}$ moléculas de oxigênio é:

a) $3{,}60 \cdot 10^{21}$.
b) $2{,}88 \cdot 10^{21}$.
c) $2{,}40 \cdot 10^{21}$.
d) $1{,}80 \cdot 10^{21}$.
e) $6{,}02 \cdot 10^{21}$.

Conteúdo digital Moderna PLUS http://www.modernaplus.com.br
Exercícios adicionais

Capítulo

36 Relações estequiométricas envolvendo volume de um gás

Na proporção certa

Recentemente foram lançadas motos equipadas com air bags, balões que inflam quando acontece uma colisão. Esses balões, como no caso dos carros modernos, funcionam como almofadas e diminuem muito a gravidade dos ferimentos sofridos pelo piloto.

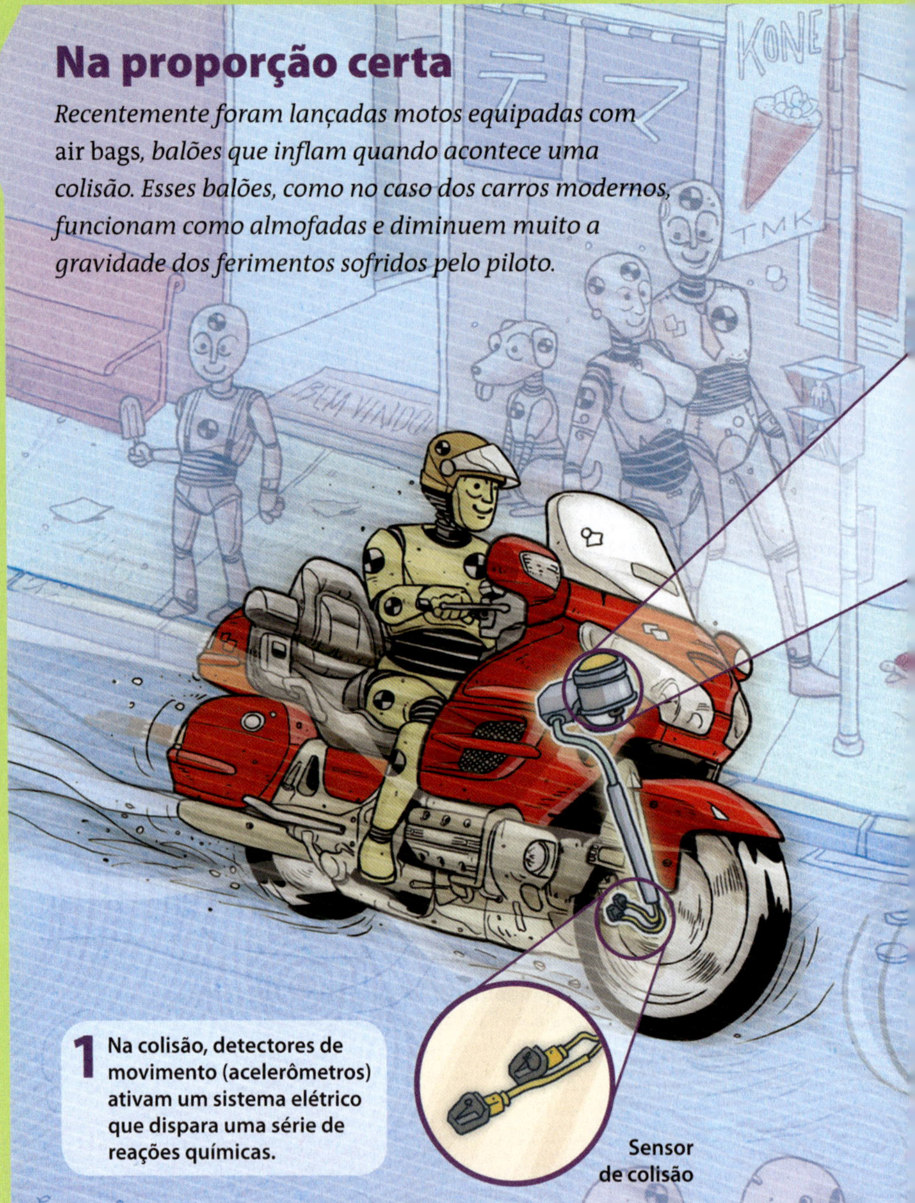

1 Na colisão, detectores de movimento (acelerômetros) ativam um sistema elétrico que dispara uma série de reações químicas.

Cálculos estequiométricos podem envolver volumes de participantes gasosos e também sequências de duas ou mais reações.

› 36.1 Relações estequiométricas com volume de gás

A proporção entre os volumes dos participantes gasosos de uma reação química, medidos nas mesmas condições de pressão e temperatura, é igual à proporção expressa pelos coeficientes estequiométricos.

› 36.2 Relação entre quantidades em mols, massas, moléculas, átomos e volumes

Entre as diferentes grandezas que podem ser incluídas em um cálculo estequiométrico estão os volumes de reagentes e produtos gasosos.

› 36.3 Cálculos estequiométricos envolvendo reações sucessivas

Ao realizar um cálculo estequiométrico que envolva duas ou mais reações sucessivas, deve-se atentar ao vínculo entre elas: o produto de uma etapa pode ser reagente em outra.

Propelentes em órbita

A conversão de sólidos em produtos gasosos também é usada para impulsionar foguetes. No primeiro estágio de seu lançamento, um ônibus espacial chega a 45 km de altitude, a 5.000 km/h, queimando 450 toneladas de um propelente sólido que tem a consistência de uma borracha de apagar.

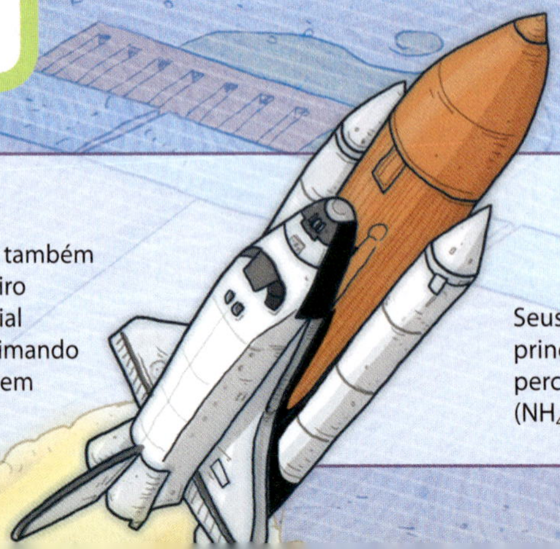

Seus componentes principais são perclorato de amônio ($NH_4C\ell O_4$) e alumínio.

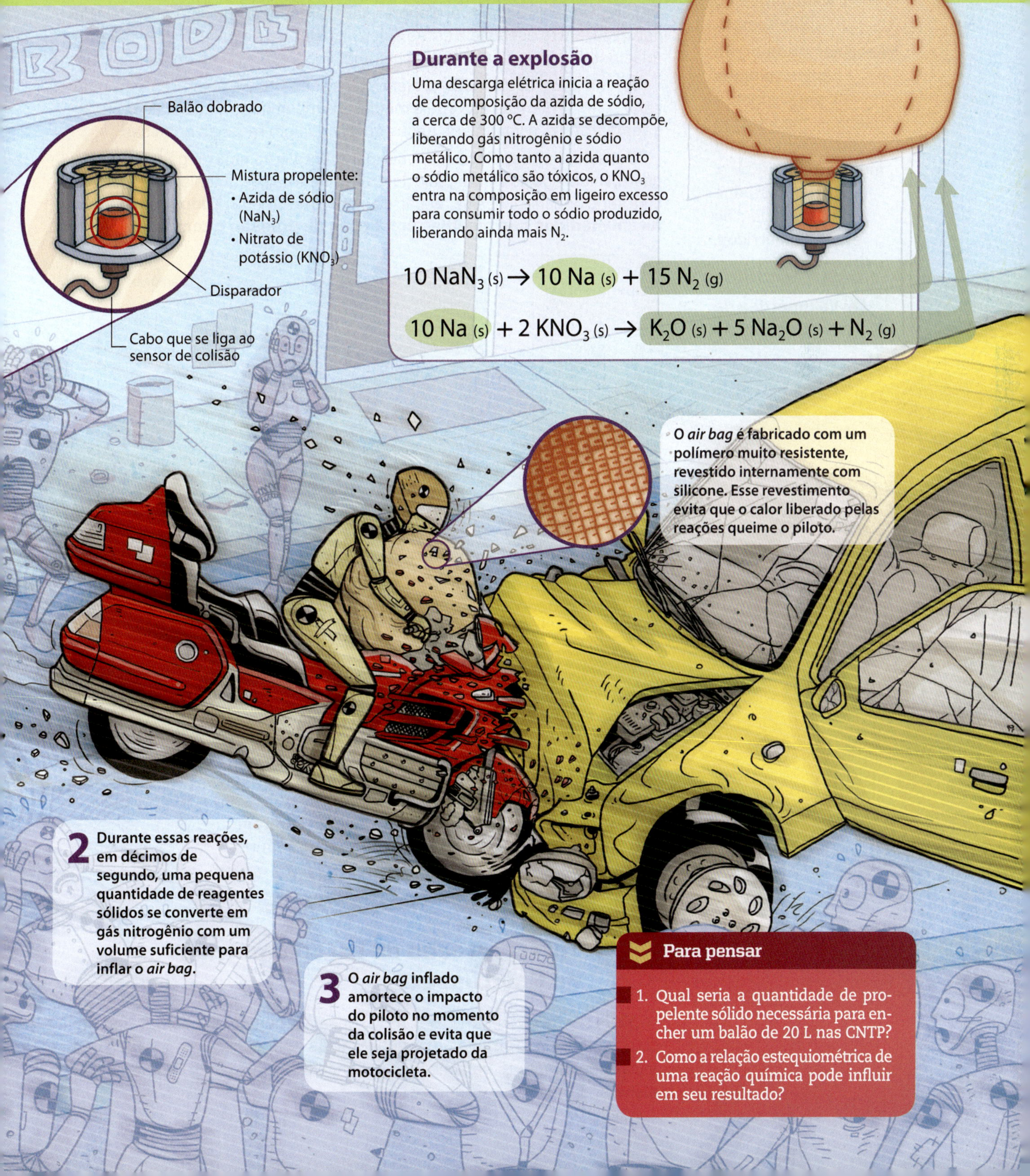

Durante a explosão

Uma descarga elétrica inicia a reação de decomposição da azida de sódio, a cerca de 300 °C. A azida se decompõe, liberando gás nitrogênio e sódio metálico. Como tanto a azida quanto o sódio metálico são tóxicos, o KNO_3 entra na composição em ligeiro excesso para consumir todo o sódio produzido, liberando ainda mais N_2.

$$10\ NaN_3\ (s) \rightarrow 10\ Na\ (s) + 15\ N_2\ (g)$$

$$10\ Na\ (s) + 2\ KNO_3\ (s) \rightarrow K_2O\ (s) + 5\ Na_2O\ (s) + N_2\ (g)$$

O *air bag* é fabricado com um polímero muito resistente, revestido internamente com silicone. Esse revestimento evita que o calor liberado pelas reações queime o piloto.

2 **Durante essas reações, em décimos de segundo, uma pequena quantidade de reagentes sólidos se converte em gás nitrogênio com um volume suficiente para inflar o *air bag*.**

3 **O *air bag* inflado amortece o impacto do piloto no momento da colisão e evita que ele seja projetado da motocicleta.**

Para pensar

1. Qual seria a quantidade de propelente sólido necessária para encher um balão de 20 L nas CNTP?
2. Como a relação estequiométrica de uma reação química pode influir em seu resultado?

Relações estequiométricas com volume de gás

Objetivos

- Enunciar a Lei Volumétrica de Gay-Lussac.
- Associar a proporção entre volumes de participantes gasosos, medidos na mesma pressão e na mesma temperatura, à proporção dos coeficientes estequiométricos.

Termos e conceitos

- Lei Volumétrica de Gay-Lussac

1 Lei Volumétrica de Gay-Lussac

No trabalho científico, as observações desempenham papel fundamental. A partir delas é possível elaborar generalizações, enunciando as leis da natureza. Entre essas leis estão a de Lavoisier e a de Proust, intimamente relacionadas com o cálculo estequiométrico (reveja-as na unidade B).

No início do século XIX, o cientista francês Gay-Lussac realizou uma série de experiências nas quais mediu, nas mesmas condições de pressão e temperatura, o volume de gases envolvidos em reações químicas.

Considere os seguintes dados experimentais: volume de gás nitrogênio gasto, volume de gás hidrogênio gasto e volume de gás amônia produzido em uma série de repetições da reação de síntese da amônia. **Todos os volumes foram medidos nas mesmas condições de pressão e temperatura**.

Diversos experimentos:	nitrogênio +	hidrogênio →	amônia
1º	50 mL	150 mL	100 mL
2º	100 mL	300 mL	200 mL
3º	500 mL	1.500 mL	1.000 mL
4º	1 L	3 L	2 L
5º	2 L	6 L	4 L
6º	3 L	9 L	6 L
7º	4 L	12 L	8 L

A que conclusão podemos chegar por meio desses dados?

De uma repetição para a outra, variam os volumes dos participantes gasosos. Mas a **proporção** entre os volumes desses participantes é constante.

$$N_2 + 3\,H_2 \rightarrow 2\,NH_3$$

Proporção entre volumes: 1 : 3 : 2

Fundamentado em resultados experimentais como esses que utilizamos como exemplo, Gay-Lussac pôde enunciar uma lei natural.

> Os volumes das substâncias gasosas que participam de uma reação química, medidos nas mesmas condições de pressão e temperatura, mantêm entre si uma **proporção fixa**. Essa proporção pode ser expressa por meio de **números inteiros e pequenos**.
>
> Essa é a **Lei Volumétrica de Gay-Lussac**.

2 Interpretação da Lei Volumétrica de Gay-Lussac

Gay-Lussac viveu de 1778 a 1850. Nessa época ainda não havia muita clareza sobre as fórmulas das substâncias nem sobre as equações químicas corretamente balanceadas. O conceito de mol ainda não havia sido elaborado.

Com base nas ideias aceitas atualmente, pode-se propor uma explicação para a Lei de Gay-Lussac. Primeiramente, perceba que a proporção entre volumes dos participantes gasosos é a mesma que a existente entre mols:

	N_2	+	$3\,H_2$	→	$2\,NH_3$
Proporção entre volumes:	1	:	3	:	2
Proporção entre mols	1	:	3	:	2

A partir da Lei do Gás Ideal podemos determinar o volume de uma amostra gasosa em função de sua quantidade em mols, de sua pressão e de sua temperatura. Considerando que várias amostras gasosas tenham seus volumes determinados nas mesmas condições de pressão e temperatura, é possível demonstrar que o volume é diretamente proporcional à quantidade em mols.

A demonstração é feita a seguir, na qual "k" representa um valor constante.

$$V = \frac{n \cdot R \cdot T}{P} \quad \text{constante (k)} \qquad \Rightarrow \qquad V = k \cdot n$$

(Em palavras: Para gás ideal, a pressão e temperatura constantes, o volume e a quantidade em mols na amostra são diretamente proporcionais.)

Então, como o volume é diretamente proporcional à quantidade em mols (com pressão e temperatura constantes), a **proporção** entre os volumes de gases que participam de uma reação (com pressão e temperatura constantes) é a mesma **proporção** que existe entre as quantidades em mols desses participantes. Essa é uma interpretação moderna para a Lei Volumétrica de Gay-Lussac.

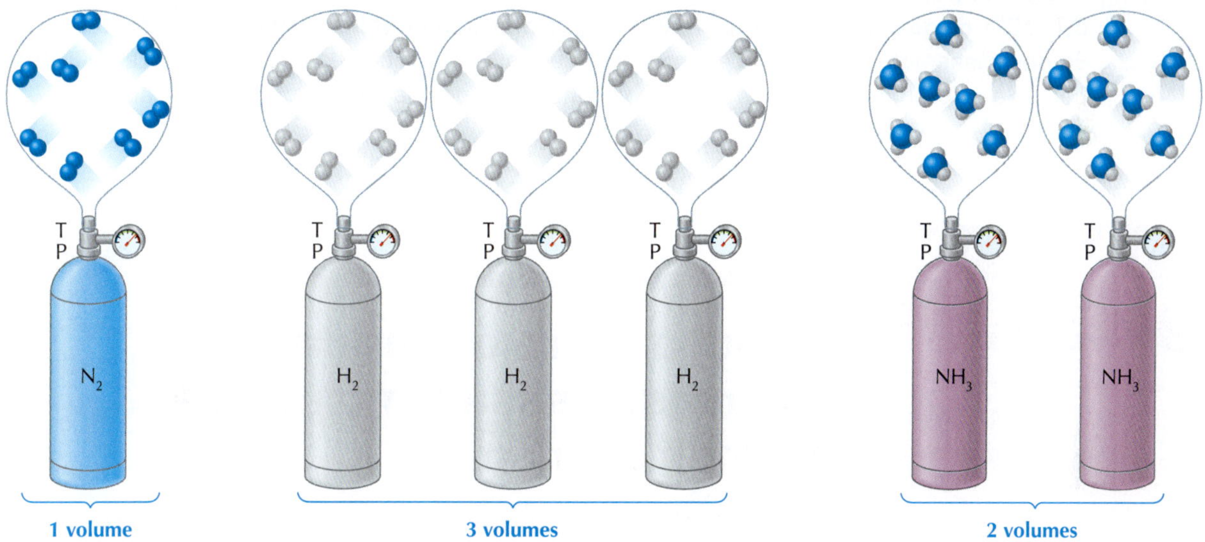

Reflita

Por que a Lei Volumétrica de Gay-Lussac não vale para os líquidos e os sólidos participantes de uma reação química?

3 Relação entre volumes

Voltemos ao problema proposto no início desta unidade. Anteriormente, calculamos as quantidades em mols e também as massas de nitrogênio e hidrogênio necessárias à produção de 8,5 t de amônia.

Agora, o objetivo é determinar o volume de cada um desses reagentes. Vamos aproveitar o fato de que os volumes de substâncias gasosas são proporcionais à quantidade em mols e incorporar o volume na elaboração de regras de três. Serão determinados os volumes de N_2 e de H_2, medidos a 25 °C e 1 atm, necessários à produção de 8,5 t de NH_3.

A montagem pode ser feita como segue, em que utilizamos a informação de que o volume molar dos gases, a 25 °C e 1 atm, é 24,5 L. Essa informação é tabelada (veja, por exemplo, a tabela 1 na página 458) ou pode ser calculada empregando a Lei do Gás Ideal com n = 1 mol, P = 1 atm e T = 298 K.

	N_2	+	$3\,H_2$	→	$2\,NH_3$
Proporção:	1 mol		3 mol		2 mol
	↓ O volume molar de gás a 25 °C e 1 atm é 24,5 L		↓ O volume molar de gás a 25 °C e 1 atm é 24,5 L		↓ A massa de 1 mol de NH_3 é 17 g
Grandezas envolvidas:	Volume		Volume		Massa
	24,5 L	——	$3 \cdot 24{,}5$ L	——	$2 \cdot 17$ g
	x	——	y	——	$8{,}5 \cdot 10^6$ g

Temos, então, uma regra de três que permite determinar o volume de nitrogênio (x) e outra que permite determinar o volume de hidrogênio (y), ambos medidos a 25 °C e 1 atm, necessários à produção de $8{,}5 \cdot 10^6$ g de amônia.

$$\left.\begin{array}{lcl} 24{,}5\ \text{L} & —— & 2 \cdot 17\ \text{g} \\ x & —— & 8{,}5 \cdot 10^6\ \text{g} \end{array}\right\} \quad x = 6{,}1 \cdot 10^6\ \text{L}$$

$$\left.\begin{array}{lcl} 3 \cdot 24{,}5\ \text{L} & —— & 2 \cdot 17\ \text{g} \\ y & —— & 8{,}5 \cdot 10^6\ \text{g} \end{array}\right\} \quad y = 1{,}8 \cdot 10^7\ \text{L}$$

Assim, para produzir diariamente 8,5 t de amônia, a indústria gastará diariamente $6{,}1 \cdot 10^6$ L de gás nitrogênio e $1{,}8 \cdot 10^7$ L de gás hidrogênio, volumes medidos a 25 °C e 1 atm. Se desejássemos determinar esses volumes em outras condições de pressão e temperatura, bastaria empregar, no lugar de 24,5 L, o volume molar de gás nas condições desejadas.

Seção 36.2

Relação entre quantidades em mols, massas, moléculas, átomos e volumes

Objetivo

▸ Realizar cálculos estequiométricos que incluam volume gasoso.

Como já sabemos, os coeficientes da equação nos fornecem a proporção em quantidade de matéria (expressa em mols). Conhecida a proporção em mols, vimos que é possível relacioná-la com massas, moléculas, fórmulas ou até mesmo átomos das substâncias participantes da reação. Vejamos agora um exemplo bastante ilustrativo de como é possível também relacionar coeficientes da equação com volumes, quando houver participante(s) no estado gasoso.

Observe a equação abaixo que representa a reação entre sódio metálico e água, ocorrida em condições ambientes.

(Volume molar de gás nas condições ambientes = $24{,}5\ \text{L} \cdot \text{mol}^{-1}$.)

$$2\,\text{Na (s)} + 2\,\text{H}_2\text{O}\,(\ell) \rightarrow 2\,\text{NaOH (aq)} + 1\,\text{H}_2\,\text{(g)}$$

Fazendo-se reagir $7{,}2 \cdot 10^{22}$ átomos de sódio com quantidade suficiente de água, calcule:

a) o número de moléculas de água que reagiu;

b) a massa do hidróxido de sódio formado;

c) o volume de H_2 gasoso formado nas condições ambientes.

	$2\,Na\,(s)$ +	$2\,H_2O\,(\ell)$ →	$2\,NaOH\,(aq)$ +	$1\,H_2\,(g)$
Proporção:	2 mol	2 mol	2 mol	1 mol
	↓	↓	↓	↓
Grandezas envolvidas:	Número de átomos	Número de moléculas	Massa	Volume
	↓	↓	↓	↓
Transformando mol em:	$2 \cdot 6 \cdot 10^{23}$ átomos —	$2 \cdot 6 \cdot 10^{23}$ moléculas —	$2 \cdot 40$ g massa —	24,5 L volume
Dados do problema:	$7{,}2 \cdot 10^{22}$ átomos —	x moléculas —	y massa —	z volume

Teremos assim regras de três que nos permitirão determinar o número de moléculas de H_2O (x), a massa de NaOH (y) e o volume de H_2 (z).

$$\begin{array}{ccccccc} 2 \cdot 6 \cdot 10^{23} & — & 2 \cdot 6 \cdot 10^{23} & — & 2 \cdot 40\ g & — & 24{,}5\ L \\ 7{,}2 \cdot 10^{22} & — & x & — & y & — & z \end{array}$$

$x = 7{,}2 \cdot 10^{22}$ moléculas $y = 4{,}8$ g $z = 1{,}47$ L

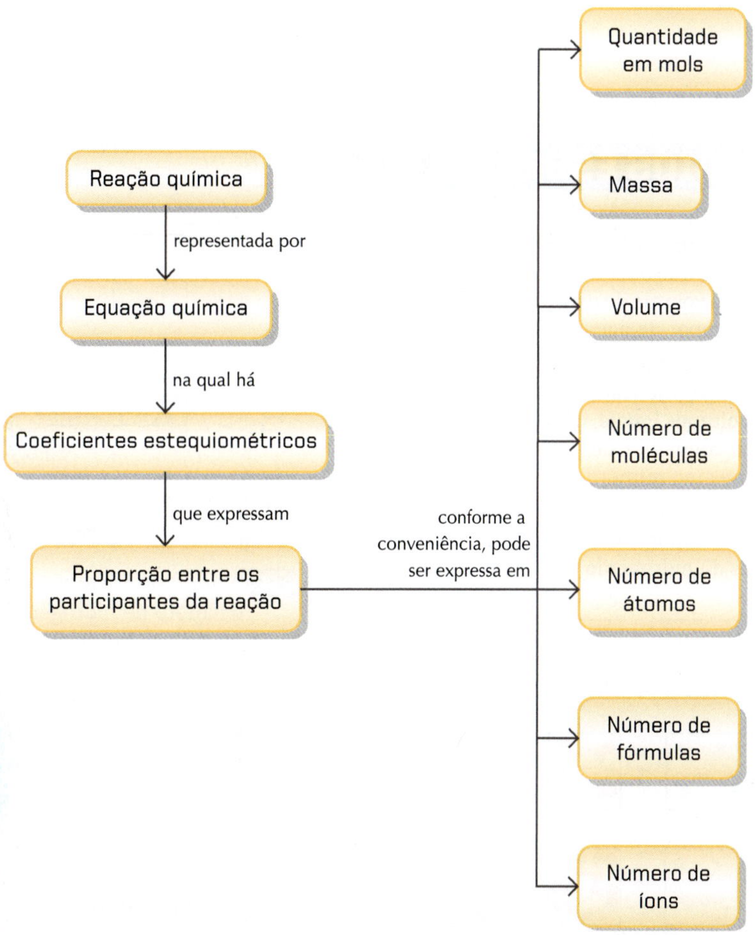

Gay-Lussac

Nos primórdios do século XIX, surgiram muitas dificuldades para se escrevem as fórmulas e equações corretas. Um exemplo é a reação para o preparo de óxido nítrico, que, hoje, é assim escrita:

$$N_2\,(g) + O_2\,(g) \rightarrow 2\,NO\,(g)$$

Gay-Lussac, em 1805, estudou os volumes relativos de nitrogênio e oxigênio que se combinavam nessa reação e constatou que eram iguais. Constatou também que o volume de óxido nítrico produzido era igual ao volume total de nitrogênio e oxigênio consumido. Com base neste e numa série de estudos similares, ele propôs que os volumes combinados de gases se mantinham em proporções simples como os pesos combinados dos átomos, e considerou esse trabalho uma confirmação da teoria de Dalton. Dalton, entretanto, pensou apenas em termos de átomos se combinando quando os elementos reagem. Assim, escreveu esta reação: N + O → NO, e achou que, se havia uma relação direta entre os volumes combinados e os pesos combinantes, o volume de NO formado seria apenas a metade do volume total de nitrogênio e oxigênio consumidos. Achou melhor acreditar que os resultados experimentais de Gay-Lussac não eram dignos de confiança. Avogadro reconheceu a dificuldade e publicou uma declaração, em 1811, em que formulava a hipótese de que as substâncias elementares podem existir como moléculas poliatômicas. Somente em 1860, quando um dos estudantes de Avogadro, chamado Cannizzaro, confirmou a hipótese, é que os químicos começaram a acreditar em sua importância.

Joseph-Louis Gay-Lussac (1778-1850).

Fonte: W. H. Slabaugh e T. D. Parsons. *Química Geral*. 2. ed. Rio de Janeiro, Livros Técnicos e Científicos, 1982. p. 27.

EXERCÍCIOS ESSENCIAIS

1 (Fuvest-SP) Em um artigo publicado em 1808, Gay-Lussac relatou que dois volumes de hidrogênio reagem com um volume de oxigênio, produzindo dois volumes de vapor de água (volumes medidos nas mesmas condições de pressão e temperatura).

Em outro artigo, publicado em 1811, Avogadro afirmou que volumes iguais, de quaisquer gases, sob as mesmas condições de pressão e temperatura, contêm o mesmo número de moléculas.

Dentre as representações a seguir, a que está de acordo com o exposto e com as fórmulas moleculares atuais do hidrogênio e do oxigênio é:

a) 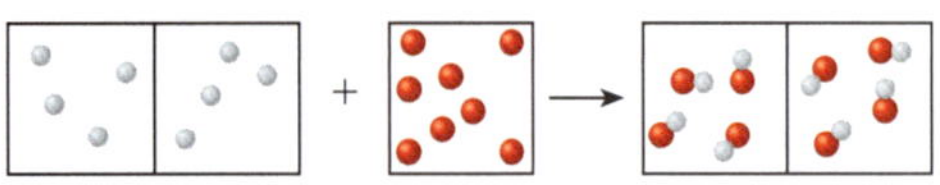

b) 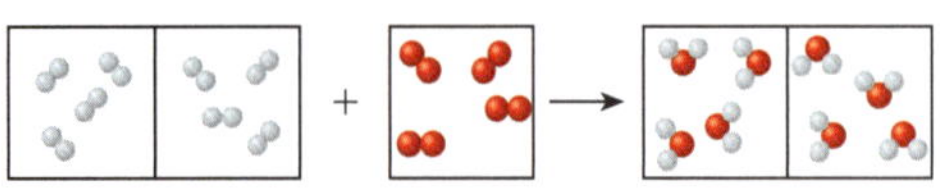

c) 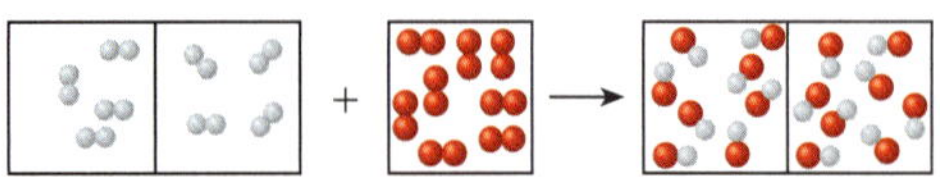

d) 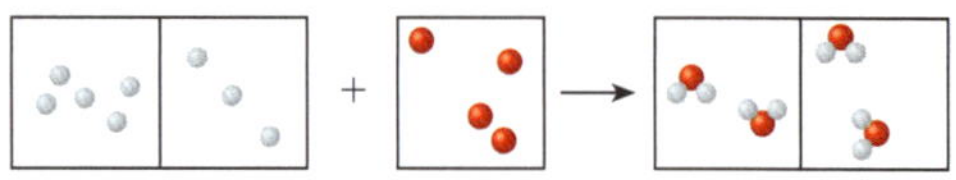

e) 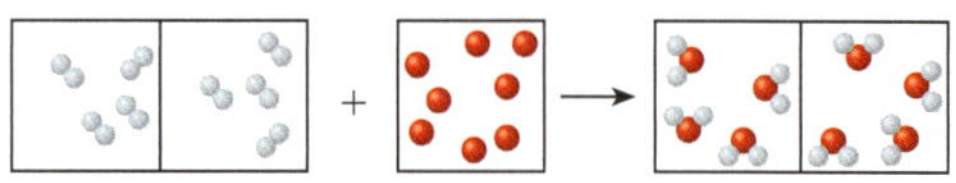

= Hidrogênio   = Oxigênio

EXERCÍCIOS RESOLVIDOS

2 Ácido clorídrico é um nome pelo qual é conhecido o cloreto de hidrogênio, $HC\ell$, quando em solução aquosa. A produção industrial do gás cloreto de hidrogênio ocorre por meio da reação entre os gases hidrogênio, H_2, e cloro, $C\ell_2$.

a) Equacione a reação envolvida.

b) Qual é a proporção estequiométrica que existe entre as quantidades em mols de reagentes e produto?

c) Qual a proporção entre os volumes de reagentes e produto, medidos na mesma pressão e temperatura?

Resolução

a) $H_2\,(g) + C\ell_2\,(g) \rightarrow 2\,HC\ell\,(g)$

b) De acordo com os coeficientes estequiométricos, a proporção entre as quantidades em mols dos participantes da reação é **1 : 1 : 2.**

c) É a mesma proporção que existe entre as quantidades em mols, **1 : 1 : 2.**

3 Seja a reação abaixo, na qual todos os gases se encontram nas mesmas condições de P e T:

$$2\,H_2\,(g) + 1\,O_2\,(g) \rightarrow 2\,H_2O\,(v)$$

Calcule o volume da mistura (H_2 (g) + O_2 (g)) necessário para produzir 400 mL de H_2O (v).

a) 600 mL. c) 200 mL. e) 800 mL.
b) 400 mL. d) 1.200 mL.

Resolução

$2\,H_2\,(g)$	+	$1\,O_2\,(g)$	→	$2\,H_2O\,(v)$
2 volumes		**1 volume**		**2 volumes**
2 mL	——	1 mL	——	2 mL
x	——	y	——	400 mL

x = 400 mL
y = 200 mL

x + y = 600 mL

Alternativa a.

4 O ozônio pode ser totalmente decomposto, formando, como único produto, oxigênio molecular. Quando 30 L de ozônio gasoso (à pressão P e temperatura T) se decompõem, qual o volume O_2 (g) medido à pressão P e temperatura T?

a) 30 L. b) 18 L. c) 45 L. d) 90 L. e) 60 L.

5 Seja a equação 2 CO (g) + 1 O_2 (g) → 2 CO_2 (g) (P = 1 atm; T = 300 K). Para obter 30 L de CO_2 nessas condições, qual o volume gasto da mistura gasosa (CO (g) + O_2 (g))?

a) 90 L. b) 45 L. c) 30 L. d) 15 L. e) 55 L.

6 (Mackenzie-SP) Todos os componentes da reação mencionada são gases e foram medidos à mesma pressão e temperatura. Na combustão total de 40 litros da substância C_3H_8, o volume de ar usado, e o volume total de produtos obtidos em litros, é igual a:

$$1\,C_3H_8 + 5\,O_2 \rightarrow 3\,CO_2 + 4\,H_2O$$

Observação: Considerar a composição volumétrica do ar: 80% de N_2 e 20% de O_2.

a) 112 L e 152 L.
b) 1.000 L e 280 L.
c) 200 L e 240 L.
d) 40 L e 80 L.
e) 560 L e 600 L.

7 (PUC-PR) Aplicando a Lei de Gay-Lussac, das combinações em volume, qual a contração em volume experimentada na equação abaixo, mantendo-se constantes as condições de pressão e temperatura para os reagentes e produtos gasosos?

$$N_2 + 3\,H_2 \rightarrow 2\,NH_3$$

a) 100%. b) 60%. c) 50%. d) 30%. e) 20%.

EXERCÍCIOS RESOLVIDOS

8 Quando se faz passar corrente elétrica pela água (contendo um pouco de sulfato de sódio, apenas para permitir a eficiente passagem da corrente elétrica), ocorre a sua decomposição nos gases hidrogênio e oxigênio.

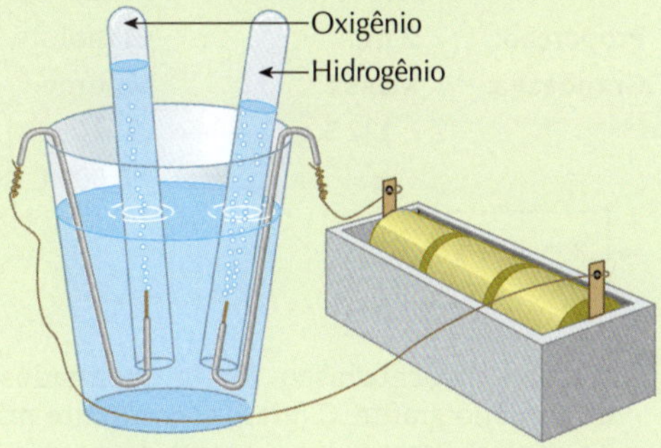

a) Equacione a reação envolvida.
b) Explique por que os volumes dos produtos não são iguais.
c) Faça uma previsão sobre a relação entre esses volumes.

Resolução

a) $2\,H_2O\,(\ell) \rightarrow 2\,H_2\,(g) + O_2\,(g)$

b) Porque os coeficientes estequiométricos não são iguais, ou seja, porque as quantidades em mols dos produtos formados não são iguais.

c) A proporção entre os coeficientes estequiométricos de H_2 (g) e O_2 (g) é de 2 : 1. Assim, a proporção entre os volumes de H_2 (g) e O_2 (g) produzidos também é 2 : 1, o que significa que a relação **volume de H_2 / volume de O_2** vale 2.

9 O gás oxigênio é extraído industrialmente do ar atmosférico. Em laboratório, pode ser obtido pela decomposição do $KC\ell O_3$ sólido que, aquecido numa aparelhagem como a ilustrada abaixo, produz $KC\ell$ sólido e O_2 gasoso.

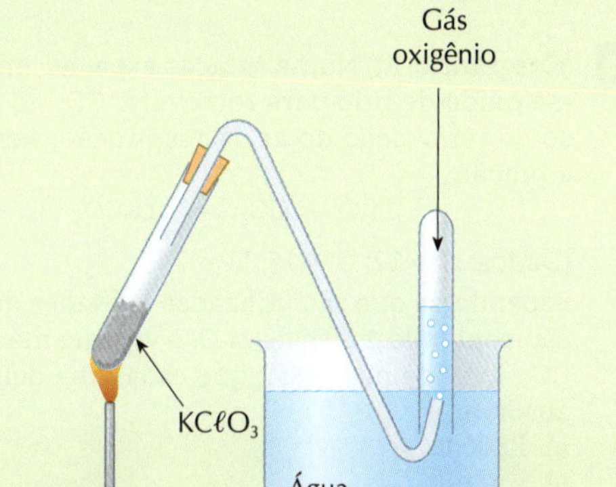

Para produzir 500 mL de O_2, recolhido a 30 °C e 1 atm, qual deve ser a massa de $KC\ell O_3$ decomposta?

(Dado: Volume molar de gás a 30 °C e 1 atm = 25 L.)

Resolução

Pelos dados, pode-se equacionar a reação:

$2\ KC\ell O_3\ (s) \rightarrow 2\ KC\ell\ (s) + 3\ O_2\ (g)$ ou

$KC\ell O_3\ (s) \rightarrow KC\ell\ (s) + \frac{3}{2} O_2\ (g)$

E, pelos coeficientes, podemos executar o cálculo estequiométrico:

	$2\ KC\ell O_3$		$3\ O_2$
Proporção:	**2 mol**		**3 mol**
Grandezas:	**Massa**		**Volume**
	2 · 122,5 g	—	3 · 25 L
	x	—	0,500 L

⇒ x = 1,63 g

10 Durante um churrasco, foram queimados 2,4 kg de carbono grafite, C (graf), constituinte principal do carvão. Essa queima ocorre de acordo com a seguinte equação química:

$$C\,(graf) + O_2\,(g) \rightarrow CO_2\,(g)$$

Juntamente com o carbono, gás oxigênio é consumido e gás carbônico é produzido. Considere que os volumes desses gases fossem medidos a 25 °C e 1 atm, situação em que o volume molar dos gases é 24,5 L.

a) Determine o volume do oxigênio consumido.
b) Determine o volume de gás carbônico produzido.

11 (UFPI) Pilotos levam tabletes de LiH para, no caso de acidente no mar, encher barcos ou coletes salva-vidas com gás hidrogênio obtido da reação desse composto com água:

$$LiH + H_2O \rightarrow LiOH + H_2$$

Considerando $R = 0{,}082\ \frac{atm \cdot L}{mol \cdot K}$, indique quantos gramas de LiH são necessários para inflar um barco salva-vidas, de volume igual a 8,20 L, pressão de 3,00 atm e temperatura de 27,0 °C.

a) 7,94 g.
b) 11,1 g.
c) 37,8 g.
d) 44,4 g.
e) 87,7 g.

12 (Cesgranrio-RJ) Numa estação espacial, emprega-se óxido de lítio para remover o CO_2 no processo de renovação do ar de respiração, segundo a equação:

$$Li_2O + CO_2 \rightarrow Li_2CO_3$$

(Dados: C = 12; O = 16; Li = 7.)

Sabendo-se que são utilizadas unidades de absorção contendo 1,8 kg de Li_2O, o volume máximo de CO_2, medido nas CNTP, que cada uma delas pode absorver, é:

a) 1.800 L.
b) 1.344 L.
c) 1.120 L.
d) 980 L.
e) 672 L.

EXERCÍCIO RESOLVIDO

13 (Funrei-MG) Leia o texto a seguir.

O funcionamento dos *air-bags* nos automóveis é resultado de esforços combinados de químicos e engenheiros e já salvou milhares de vidas no mundo. O sistema é ativado por sensores que detectam uma colisão e iniciam a explosão elétrica de uma pequena carga. Isso, por sua vez, desencadeia a tranformação química de uma substância, produzindo um gás, que preenche uma bolsa plástica. Uma das substâncias utilizadas é o azoteto de sódio, NaN_3. Essa substância se decompõe no *air-bag* de acordo com a seguinte reação:

$$2\ NaN_3\ (s) \rightarrow 2\ Na\ (\ell) + 3\ N_2\ (g)$$

Que massa aproximada de azoteto de sódio, em gramas, é capaz de produzir um volume igual a 11,2 litros de gás, nas Condições Normais de Temperatura e Pressão? (Considere que 1 mol de gás ocupa 22,4 litros nas CNTP.) Massas atômicas aproximadas (em u): Na = 23; N = 14.

a) 44,8. b) 32,5. c) 21,6. d) 84,5.

Resolução

	$2\ NaN_3$		$3\ N_2$
Proporção:	**2 mol**		**3 mol**
Grandezas:	**Massa**		**Volume**
	2 · 65 g	—	3 · 22,4 L
	x	—	11,2 L

⇒ x = 21,67 g

Alternativa **c**.

14 (UFRN) Em todo o mundo, os índices de acidentes de trânsito têm levado os órgãos responsáveis a tomar medidas reguladoras, entre elas campanhas educativas. Paralelamente, a indústria automobilística desenvolveu o *air-bag*, um balão que infla rapidamente para diminuir o impacto do passageiro com as partes internas do veículo. Em caso de colisão, a reação química principal a ocorrer no interior do balão é:

$$2\ NaN_3\ (s) \rightarrow 2\ Na\ (s) + 3\ N_2\ (g)$$

azida de sódio

A massa de azida de sódio necessária para produzir gás suficiente que ocupe um balão com 74 litros de volume, a uma temperatura de 27 °C e 1,0 atm de pressão, é aproximadamente

a) 130 g.
b) 1.440 g.
c) 195 g.
d) 65 g.

15 (UFMS) A decomposição total de 20 litros de hidreto de fósforo, PH_3 (g), produziu fósforo e certo volume V de gás hidrogênio, segundo a equação não balanceada, $PH_3\ (g) \rightarrow P\ (s) + H_2\ (g)$. Se os volumes das espécies gasosas forem medidos nas mesmas condições de pressão e temperatura, qual o volume, em litros, de gás hidrogênio produzido?

Conteúdo digital Moderna PLUS http://www.modernaplus.com.br
Exercícios adicionais

Seção 36.3

Cálculos estequiométricos envolvendo reações sucessivas

Objetivo

- Realizar cálculos estequiométricos que envolvam duas ou mais reações sucessivas.

Observe o exemplo abaixo e a conduta de resolução para esta nova situação dentro da estequiometria.

De acordo com a sequência de reações equacionadas a seguir, quantos mols de ferro metálico são necessários para produzir 10 mol de C_6H_{12}? (Admita que os outros reagentes estejam presentes em quantidade suficiente.)

$$Fe + 2\,HC\ell \rightarrow FeC\ell_2 + H_2$$

$$C_6H_6 + 3\,H_2 \rightarrow C_6H_{12}$$

Trata-se de uma situação em que devemos realizar um **cálculo estequiométrico com uma sequência de reações**. No caso, é uma sequência de duas reações.

Uma maneira de resolver o problema é somar ambas as equações, de modo a estabelecer uma proporção entre as quantidades em mols de Fe e de C_6H_{12}.

Todo o hidrogênio, H_2, necessário à segunda etapa é proveniente da primeira. Assim, ao somar as equações, devemos cancelar o H_2 produzido na primeira etapa com o H_2 consumido na segunda. Ocorre, contudo, que os coeficientes estequiométricos do H_2 não são iguais em ambas as etapas.

$$Fe + 2\,HC\ell \rightarrow FeC\ell_2 + 1\,H_2$$

$$C_6H_6 + 3\,H_2 \rightarrow C_6H_{12}$$

Podemos multiplicar a primeira equação por três, o que permite igualar o coeficiente estequiométrico do H_2 em ambas as etapas. (Se necessário, podemos multiplicar todas as equações, cada qual por um número conveniente.)

1ª etapa: $3\,Fe + 6\,HC\ell \rightarrow 3\,FeC\ell_2 + \cancel{3\,H_2}$

2ª etapa: $C_6H_6 + \cancel{3\,H_2} \rightarrow C_6H_{12}$

Soma: $C_6H_6 + 3\,Fe + 6\,HC\ell \rightarrow C_6H_{12} + 3\,FeC\ell_2$

	Fe	C_6H_{12}
Proporção:	3 mol	1 mol
Grandezas:	Quantidade de matéria	Quantidade de matéria

3 mol ——— 1 mol

x ——— 10 mol

$x = 30\text{ mol}$

Conteúdo digital Moderna PLUS http://www.modernaplus.com.br
Texto: *Como são feitas as bolas de tênis?*

EXERCÍCIOS ESSENCIAIS

EXERCÍCIO RESOLVIDO

16 (UFV-MG) O gás acetileno (C_2H_2), matéria-prima para o preparo de diversos compostos químicos, pode ser obtido pela reação do carbeto de cálcio (CaC_2) com água à temperatura ambiente. O carbeto de cálcio é produzido industrialmente através da reação entre óxido de cálcio (CaO) e uma fonte de carbono (carvão mineral ou vegetal). As equações abaixo representam as reações ocorridas.

$$CaO + 3\,C \rightarrow CaC_2 + CO$$

$$CaC_2 + 2\,H_2O \rightarrow C_2H_2 + Ca(OH)_2$$

a) Supondo 100% de rendimento, qual será a massa de carbeto de cálcio obtida a partir de 280,5 g de óxido de cálcio?

b) Supondo 100% de rendimento, qual será a massa de gás acetileno obtida a partir de 280,5 g de óxido de cálcio?

c) A 1 atm de pressão e temperatura de 27°C (300 K), qual será o volume de gás acetileno obtido a partir de 280,5 g de óxido de cálcio?
(Considere R = 0,082 atm L mol^{-1} K^{-1})

Resolução

a)

	CaO		CaC_2
Proporção:	**1 mol**		**1 mol**
Grandezas:	**Massa**		**Massa**
	56 g	———	64 g
	280,5 g	———	x

$\Rightarrow$ $\boxed{x = 321\text{ g}}$

b)

	CaO		C_2H_2
Proporção:	**1 mol**		**1 mol**
Grandezas:	**Massa**		**Massa**
	56 g	———	26 g
	280,5 g	———	y

$\Rightarrow$ $\boxed{y = 130\text{ g}}$

c) $V = \frac{n \cdot R \cdot T}{P} =$

$$= \frac{\frac{130\text{ g}}{26\,\frac{\text{g}}{\text{mol}}} \cdot 0{,}082\,\frac{\text{atm} \cdot \text{L}}{\text{mol} \cdot \text{K}} \cdot 300\text{ K}}{1\text{ atm}} \Rightarrow$$

$\Rightarrow$ $\boxed{V = 123\text{ L}}$

17 (Unip-SP) O gás natural sintético (CH_4) pode ser obtido pelo processo:

1ª etapa: $CO + 2\,H_2 \rightarrow CH_3OH$

2ª etapa: $4\,CH_3OH \rightarrow 3\,CH_4 + CO_2 + 2\,H_2O$

O número de mols de H_2 consumido na obtenção de 600 gramas de CH_4 é:

a) 25. b) 50. c) 75. d) 100. e) 125.

(Dados: H = 1; C = 12.)

18 (PUC-RS) Um dos efeitos da chamada "chuva ácida" causada pelo SO_2 (g) lançado na atmosfera é a transformação do mármore, $CaCO_3$ (s), em gesso, $CaSO_4$ (s), que pode ser representado pelas seguintes equações:

$$2\,SO_2\,(g) + O_2\,(g) \rightarrow 2\,SO_3\,(g)$$

$$SO_3\,(g) + H_2O\,(\ell) \rightarrow H_2SO_4\,(aq)$$

$$H_2SO_4\,(aq) + CaCO_3\,(s) \rightarrow CaSO_4\,(s) + H_2O\,(\ell) + CO_2\,(g)$$

A quantidade de gesso que pode ser formada, no máximo, pela reação de 44,8 litros de SO_2 (g) lançado na atmosfera, nas CNTP, é:

a) 34 g. b) 68 g. c) 136 g. d) 272 g. e) 340 g.

19 (Fuvest-SP) O equipamento de proteção conhecido como *air-bag*, usado em automóveis, contém substâncias que se transformam, em determinadas condições, liberando N_2, que infla um recipiente de plástico.

As equações das reações envolvidas no processo são:

$$\underbrace{2\,NaN_3}_{\text{azoteto de sódio}} \rightarrow 2\,Na + 3\,N_2$$

$$10\,Na + 2\,KNO_3 \rightarrow K_2O + 5\,Na_2O + N_2$$

a) Considerando que N_2 é gerado nas duas reações, calcule a massa de azoteto de sódio necessária para que sejam gerados 80 L de nitrogênio, nas condições ambientes.

b) Os óxidos formados, em contato com a pele, podem provocar queimadura. Escreva a equação da reação de um desses óxidos com a água contida na pele.

(Dados: Volume molar do gás nas condições ambientes = 25 L/mol; massa molar do NaN_3 = 65 g/mol.)

20 (Enem-MEC) Atualmente, sistemas de purificação de emissões poluidoras estão sendo exigidos por lei em um número cada vez maior de países. O controle das emissões de dióxido de enxofre gasoso, provenientes da queima de carvão que contém enxofre, pode ser feito pela reação desse gás com uma suspensão de hidróxido de cálcio em água, sendo formado um produto não poluidor do ar.

A queima do enxofre e a reação do dióxido de enxofre com o hidróxido de cálcio, bem como as massas de algumas das substâncias envolvidas nessas reações, podem ser assim representadas:

enxofre (32 g) + oxigênio (32 g) → dióxido de enxofre (64 g)

dióxido de enxofre (64 g) + hidróxido de cálcio (74 g) → produto não poluidor

Dessa forma, para absorver todo o dióxido de enxofre produzido pela queima de uma tonelada de carvão (contendo 1% de enxofre), é suficiente a utilização de uma massa de hidróxido de cálcio de, aproximadamente,

a) 23 kg. b) 43 kg. c) 64 kg. d) 74 kg. e) 138 kg.

Capítulo

37

Excesso de reagentes, “impurezas” e rendimento de reação

As quantidades de combustível e de O_2 que reagem em um veículo obedecem aos princípios do cálculo estequiométrico. Contudo, pode haver excesso de um desses reagentes. Nesse caso, o outro reagente atua como limitante.

Três fatores que precisam ser considerados ao se realizar um cálculo estequiométrico são a eventual presença de reagente(s) em excesso, reagente(s) contendo “impurezas” e reação(ões) com rendimento que não é total.

› 37.1 Reagente limitante e reagente em excesso

Se os reagentes de uma reação não estiverem presentes na proporção estequiométrica, haverá reagente em excesso e reagente limitante. Em um cálculo estequiométrico, o reagente limitante é considerado nos cálculos, pois é ele que condiciona a quantidade máxima de produto(s) que pode(m) ser obtido(s).

› 37.2 Reagentes que contêm “impurezas”

Quando uma amostra de reagente contém “impurezas”, isso significa que apenas parte da massa dessa amostra é, de fato, do reagente. Isso deve ser levado em conta ao realizar um cálculo estequiométrico.

› 37.3 Reações que não apresentam rendimento total

Se uma reação não tem rendimento total, isso deve ser considerado ao realizar um cálculo estequiométrico.

Reagente limitante e reagente em excesso

Objetivos

- Explicar o que é reagente limitante e reagente em excesso.
- Identificar a presença de reagente em excesso e considerar a quantidade de reagente limitante, ao realizar um cálculo estequiométrico.
- Determinar a quantidade em excesso de um reagente.

Termos e conceitos

- **reagente limitante**
- **reagente em excesso**

1 Excesso de reagente verificado pela proporção entre mols

Voltemos à síntese da amônia. Para cada molécula de N_2 que reage, três moléculas de H_2 reagem também. Assim, como já sabemos, há uma proporção entre as quantidades de moléculas que participam da reação e, por conseguinte, uma proporção entre as quantidades em mols.

$$1\ N_2\ (g) \quad + \quad 3\ H_2\ (g) \quad \rightarrow \quad 2\ NH_3\ (g)$$

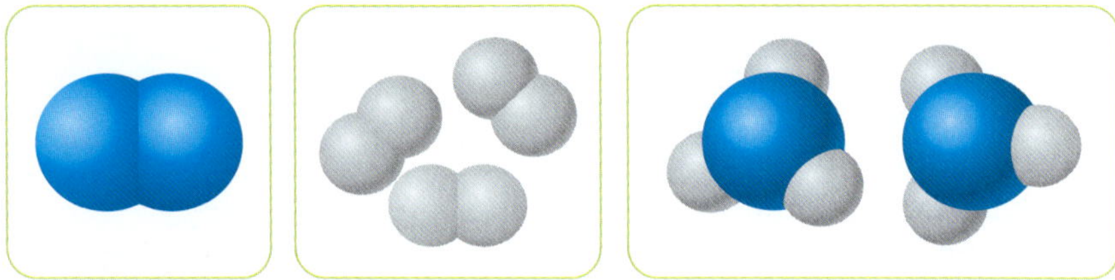

Compare com esta situação (figura 1):

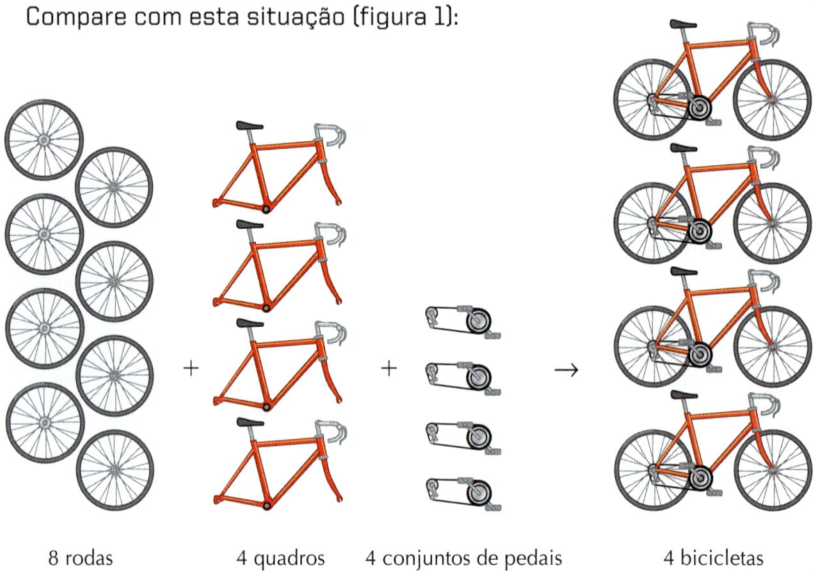

Para uma dada quantidade de N_2, se colocarmos mais H_2 que o necessário, as moléculas de H_2 em excesso não reagirão porque não há moléculas disponíveis de N_2 para reagir com elas. O esquema a seguir ilustra a síntese da amônia acontecendo na presença de **excesso do reagente** gás hidrogênio. Como você pode perceber, quando a reação se completa, o excesso de um reagente permanece sem reagir.

$$1\ N_2\ (g) \quad + \quad 3\ H_2\ (g) \quad \rightarrow \quad 2\ NH_3\ (g)$$

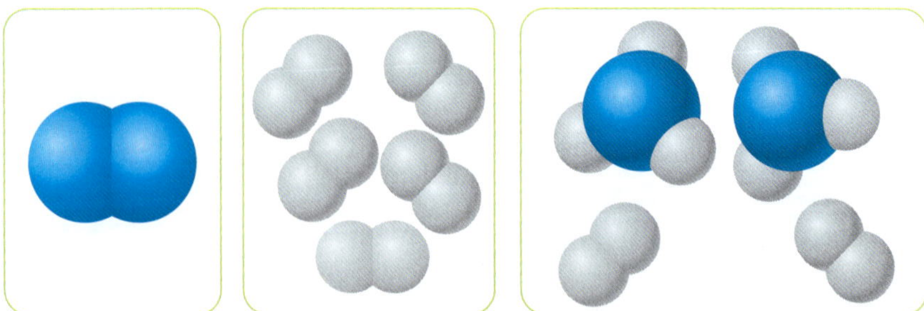

Uma nova comparação (figura 2):

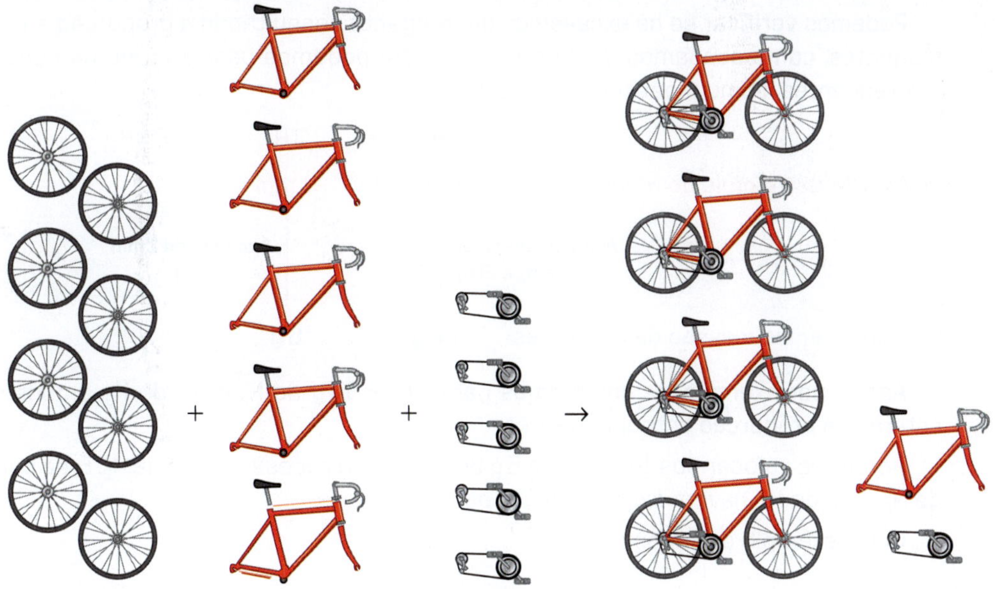

Fonte: Figuras 1 e 2 elaboradas com base em ilustrações do livro *Chemistry*, 3. ed., de John Olmsted III e G. M. Williams. John Wiley & Sons, Inc. Nova York, 2002. p. 148.

A presença de excesso de um reagente é uma situação semelhante àquela envolvendo rodas, quadros e conjuntos de pedais. Podemos avaliar a presença de excesso consultando a proporção em mols, expressa pelos coeficientes estequiométricos.

	N_2	+	$3\,H_2$	$\rightarrow$	$2\,NH_3$
Proporção entre mols de reagentes:	1 mol		3 mol		

Se as quantidades em mols dos reagentes estiverem presentes exatamente na proporção estequiométrica, então dizemos que não há excesso de nenhum deles. Contudo, se eles **não** estiverem presentes nessa proporção, então um deles estará em **excesso**.

Por exemplo, se forem colocados para reagir 10 mol de N_2 e 40 mol de H_2, haverá excesso de 10 mol de H_2. E, se forem colocados para reagir 20 mol de N_2 e 30 mol de H_2, haverá excesso de 10 mol de N_2.

Denomina-se **reagente limitante** o reagente consumido totalmente em uma reação química. Após o consumo do reagente limitante não se pode formar mais produto na reação, ou seja, a reação termina.
Denomina-se **reagente em excesso** o reagente presente numa quantidade superior à necessária para reagir com a quantidade presente do reagente limitante.

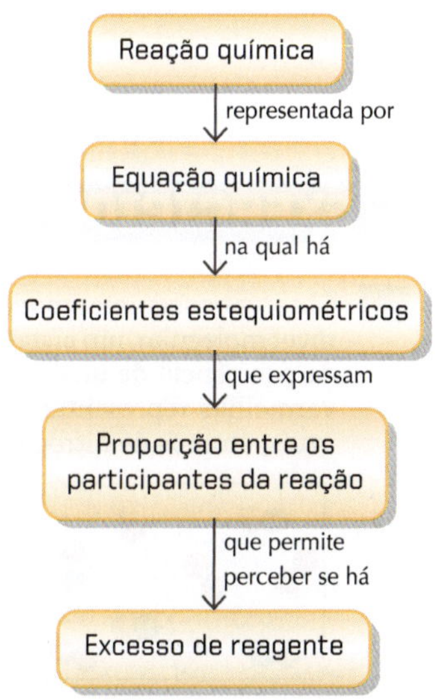

Observe que, no caso das bicicletas, havia excesso de 1 quadro e 1 conjunto de pedais. Após o término das 8 rodas (4 bicicletas) é impossível construir mais bicicletas. As rodas, no caso, **limitam** a obtenção de mais bicicletas.

2 Excesso de reagente verificado pela proporção entre massas

Podemos verificar se há excesso de um reagente consultando a proporção em mols entre os reagentes, como acabamos de mostrar. Também podemos usar a proporção entre as massas dos reagentes, como mostraremos agora.

$$N_2 \quad + \quad 3\,H_2 \quad \rightarrow \quad 2\,NH_3$$

Proporção entre mols de reagentes: 1 mol — 3 mol

A massa de 1 mol de N_2 é 28 g ↓ — A massa de 1 mol de N_2 é 2 g ↓

Proporção entre massas de reagentes: 28 g — 6 g

Assim, por exemplo, se colocarmos para reagir 14 g de N_2 e 3 g de H_2, ambos os reagentes estarão na proporção estequiométrica.

Porém, se colocarmos 14 g de N_2 e 5 g de H_2, haverá excesso de 2 g de H_2. E, se colocarmos 16 g de N_2 e 3 g de H_2, haverá excesso de 2 g de N_2.

Outro exemplo de excesso:

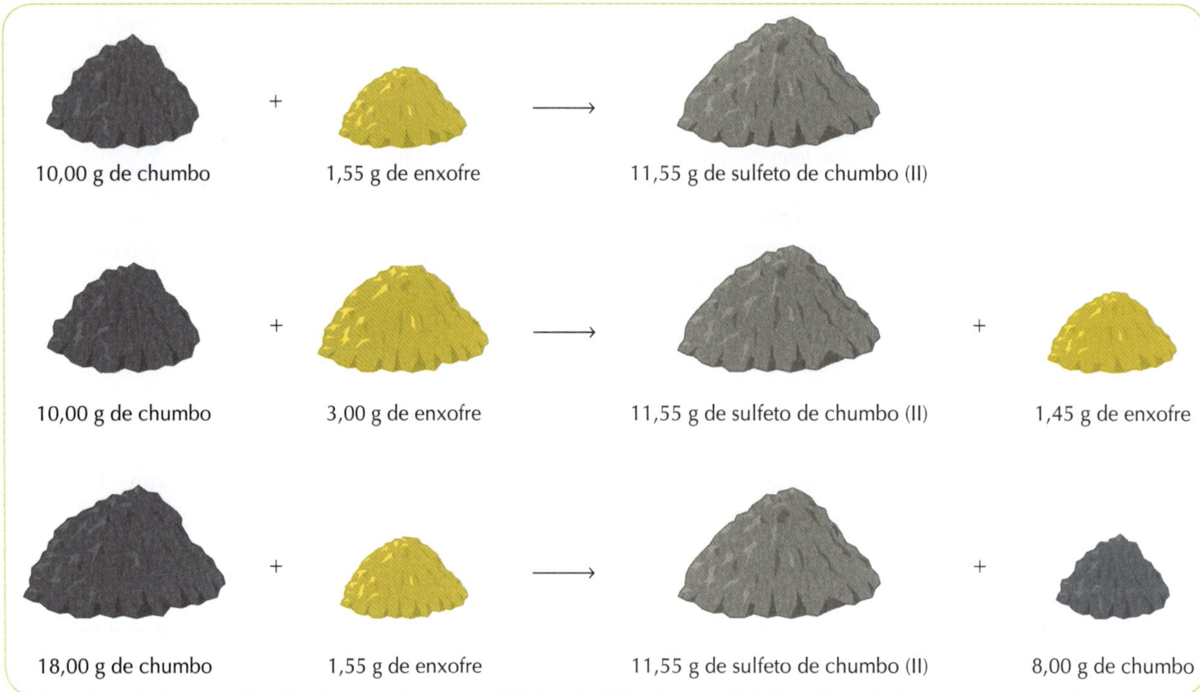

EXERCÍCIOS ESSENCIAIS

1 Observe os seguintes modelos que representam, em nível molecular, um sistema gasoso antes e depois da ocorrência de uma reação química. As esferas vermelhas representam átomos de oxigênio e as azuis, átomos de nitrogênio.

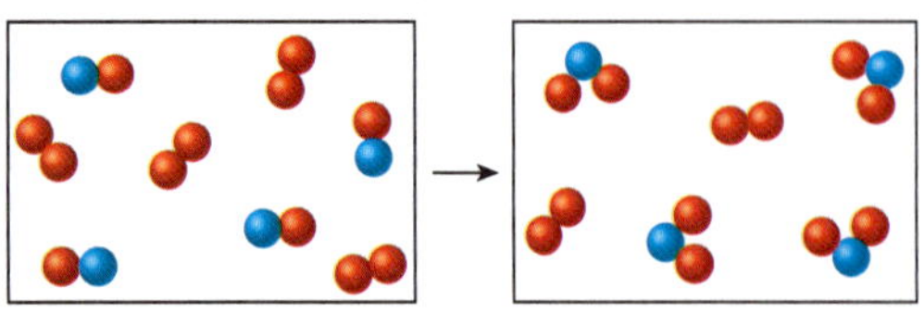

a) Equacione a reação envolvida.

b) Há algum reagente em excesso? Em caso afirmativo, qual é ele? Em caso negativo, justifique como concluiu.

c) Defina os termos *reagente limitante* e *reagente em excesso*.

d) Por que as quantidades de produtos formadas em uma reação química são determinadas somente pela quantidade do reagente limitante?

2 (UFRN) Baseando-se na equação

$2\ NO_2\ (g) + O_3\ (g) \rightarrow N_2O_5\ (g) + O_2\ (g)$ e nos diagramas a seguir, que representam a mistura reagente e também duas situações alternativas para os produtos de reação [diagramas (I) e (II)],

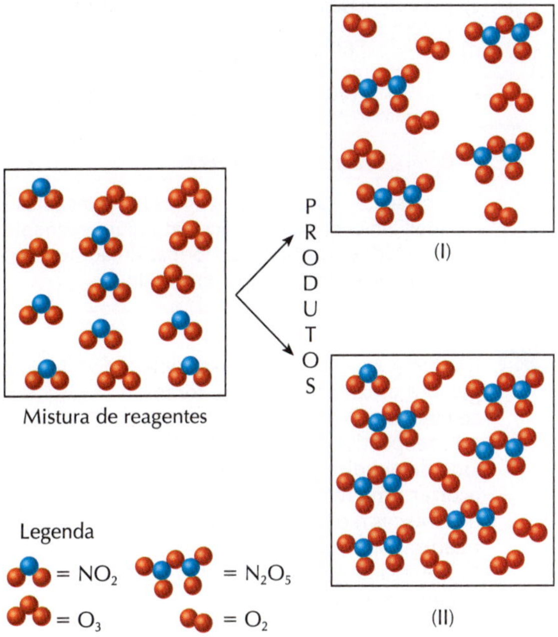

pode-se afirmar que o produto da reação para a mistura reagente acima é corretamente representado por

a) II, em que NO_2 é o reagente limitante.

b) I, em que NO_2 é o reagente limitante.

c) II, em que O_3 é o reagente limitante.

d) I, em que O_3 é o reagente limitante.

EXERCÍCIOS RESOLVIDOS

3 Calcule quantos mols de $HC\ell$ (g) serão produzidos na reação de 2 mol de H_2 (g) com 3 mol de $C\ell_2$ (g).

Resolução

Uma dica

Quando são fornecidas as quantidades de todos os reagentes, é sinal de que pode haver excesso de um deles.

	$1\ H_2\ (g)$ +	$1\ C\ell_2\ (g)$ →	$2\ HC\ell\ (g)$	
	1 mol ——	1 mol ——	2 mol	◄ Proporção correta
Dados do problema ►	2 mol ——	3 mol		

Observação: Os dados do problema estão fora da proporção, que é 1 mol de H_2 : 1 mol de $C\ell_2$. Para que 3 mol de $C\ell_2$ tomem parte da reação, serão necessários 3 mol de H_2. Segundo os dados do problema, estão disponíveis para reagir somente 2 mol de H_2. Então, para que a proporção seja mantida, 2 mol de H_2 reagirão com 2 mol de $C\ell_2$, restando 1 mol de $C\ell_2$ sem reagir (excesso).

Equacionando, temos:

$1\ H_2\ (g)$	+	$1\ C\ell_2\ (g)$	→	$2\ HC\ell\ (g)$
1 mol	——	1 mol	——	2 mol
2 mol	——	2 mol	——	4 mol

↓

haverá excesso de 1 mol, que não participa da reação

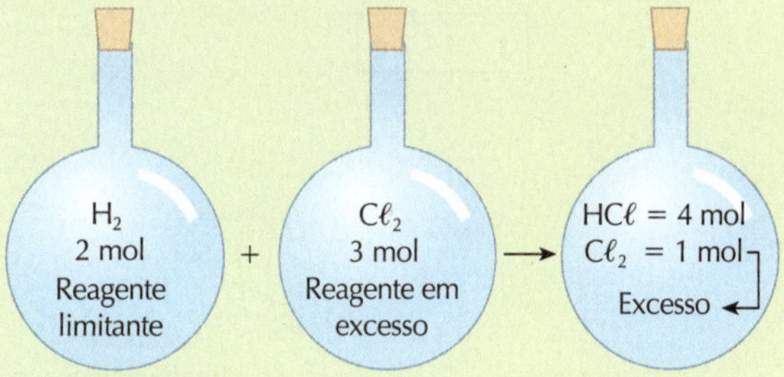

4 Calcule a massa de Na_2SO_4 formada pela mistura de 10 g de H_2SO_4 com 8,0 g de NaOH. Dados: Massa molar do H_2SO_4 = 98 g/mol, do NaOH = 40 g/mol, do Na_2SO_4 = 142 g/mol.

Resolução

	$1\ H_2SO_4$ +	2 NaOH →	$1\ Na_2SO_4 + 2\ H_2O$	
	1 mol ——	2 mol ——	1 mol	
	98 g ——	80 g ——	142 g	◄ Proporção correta
Dados do problema ►	10 g ——	8,0 g		

Para descobrir se os dados do problema estão na proporção correta ou se há reagente em excesso, a sugestão é analisar as duas hipóteses que mostramos a seguir.

Primeira hipótese: 10 g de H_2SO_4 reagirão totalmente.

$1\ H_2SO_4$ +	2 NaOH →	$Na_2SO_4 + 2\ H_2O$
1 mol ——	2 mol	
98 g ——	80 g	
10 g ——	x ⇒	x = 8,16 g

Supondo que os 10 g de H_2SO_4 tomem parte da reação, serão necessários 8,16 g de NaOH. Segundo os dados do problema, somente existem disponíveis 8,0 g de NaOH.

Conclusão: Os 10 g de H_2SO_4 **não** reagirão totalmente.

Segunda hipótese: 8,0 g de NaOH reagirão totalmente.

$1\ H_2SO_4$ +	2 NaOH →	$Na_2SO_4 + 2\ H_2O$
1 mol ——	2 mol	
98 g ——	80 g	
y ——	8,0 ⇒	y = 9,8 g

Supondo que os 8,0 g de NaOH reajam completamente, serão consumidos 9,8 g de H_2SO_4 para manter a proporção entre suas massas. Isso **é possível**, pois segundo os dados do problema há 10 g de H_2SO_4 disponíveis. Assim restará um excesso de H_2SO_4 de 0,2 g.

Portanto, pelas duas hipóteses testadas, concluímos que o NaOH é o reagente limitante e que o H_2SO_4 é o reagente em excesso.

Finalmente, podemos calcular a massa de Na_2SO_4 formada. Equacionando, temos:

$1\ H_2SO_4$	+	$2\ NaOH$	→	$1\ Na_2SO_4$ + $2\ H_2O$
1 mol	—	2 mol	—	1 mol
98 g	—	80 g	—	142 g
9,8 g	—	8,0 g	—	z

$$z = 14{,}2\ g$$

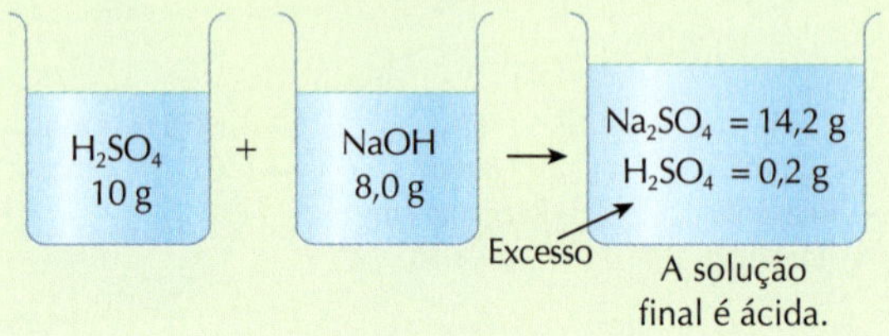

5 Numa das etapas da fabricação do ácido nítrico, a amônia reage com o oxigênio de acordo com a seguinte equação:

$$4NH_3(g) + 5O_2(g) \rightarrow 4NO(g) + 6H_2O(g)$$

Ao empregar 10 mol de amônia e 15 mol de gás oxigênio:

a) qual a quantidade em mols de NO que se poderá obter?

b) haverá reagente em excesso? Explique.

6 O bicarbonato de amônio, NH_4HCO_3, é um sal usado como fermento nas fábricas de biscoito. Sua produção industrial envolve a reação, sob condições apropriadas, de amônia, água e dióxido de carbono, de acordo com a equação:

$$NH_3(aq) + H_2O(\ell) + CO_2(aq) \rightarrow NH_4HCO_3(s)$$

Deseja-se produzir o sal a partir de 55 g de amônia, 110 g de dióxido de carbono e de quanta água for necessária.

a) Qual dos reagentes, amônia ou dióxido de carbono, está em excesso?

b) Qual a massa de água que será consumida na reação?

c) Qual a massa de sal produzida?

7 (UFRGS-RS) Num processo de produção de ácido acético, borbulha-se oxigênio no acetaldeído (CH_3CHO), a 60 °C, na presença de acetato de manganês (II) como catalisador:

$$2\ CH_3CHO\ (\ell) + O_2\ (g) \rightarrow 2\ CH_3COOH\ (\ell)$$

Num ensaio de laboratório para esta reação, opera-se no vaso de reação com 22,0 gramas de CH_3CHO e 16,0 gramas de O_2. Quantos gramas de ácido acético são obtidos nesta reação a partir destas massas de reagentes e qual o reagente limitante, ou seja, o reagente que é completamente consumido?

	Massa de CH_3COOH obtida	Reagente limitante
a)	15,0 g	CH_3CHO
b)	30,0 g	O_2
c)	30,0 g	CH_3CHO
d)	60,0 g	O_2
e)	120,0 g	CH_3CHO

Comentário dos autores:

A "presença de acetato de manganês (II) como catalisador" indica que tal substância atua aumentando a velocidade da reação. Essa informação não interfere no cálculo estequiométrico envolvido.

8 (Unifesp) Amostras dos gases oxigênio e dióxido de enxofre foram coletadas nos frascos idênticos *A* e *B*, respectivamente. O gás trióxido de enxofre pode se formar se ocorrer uma reação entre os gases dos frascos *A* e *B*, quando estes são misturados em um frasco *C*.

Sobre esses gases, são feitas as seguintes afirmações:

I. O frasco *A* apresenta o dobro de moléculas em relação ao frasco *B*.

II. O número de átomos do frasco *B* é o dobro do número de átomos do frasco *A*.

III. Ambos os frascos, *A* e *B*, apresentam a mesma massa.

IV. Considerando que a reação ocorreu por completo, o frasco *C* ainda contém gás oxigênio.

São corretas as afirmações

a) I, II, III e IV.

b) I, II e III, somente.

c) I, II e IV, somente.

d) I, III e IV, somente.

e) II, III e IV, somente.

9 (PUC-SP) Ao adicionar uma solução aquosa de nitrato de prata ($AgNO_3$) a uma solução aquosa de fosfato de sódio (Na_3PO_4), forma-se um sal branco e insolúvel, o fosfato de prata (Ag_3PO_4).

Essa reação foi realizada utilizando-se quantidades variadas dos reagentes, segundo a tabela abaixo:

Tubo número	1	2	3	4	5
$AgNO_3$ Quantidade de matéria adicionada (10^{-3} mol)	4	6	8	12	14
Na_3PO_4 Quantidade de matéria adicionada (10^{-3} mol)	12	10	8	4	2

Com base nessa tabela, é possível prever que o tubo em que se formará a maior quantidade de Ag_3PO_4 é o:

a) tubo 1.

b) tubo 2.

c) tubo 3.

d) tubo 4.

e) tubo 5.

Conteúdo digital Moderna PLUS http://www.modernaplus.com.br
Exercícios adicionais

Reagentes que contêm "impurezas"

Objetivo

- Realizar cálculo estequiométrico em que um ou mais participantes contenham "impurezas"

Termos e conceitos

- impureza
- grau de pureza

Uma nova situação. Pense nela

Na página 496, pudemos concluir que, para produzir diariamente 8,5 t de amônia, a indústria gastará, também diariamente, $6{,}1 \cdot 10^6$ L de gás nitrogênio e $1{,}8 \cdot 10^7$ L de gás hidrogênio, volumes medidos a 25 °C e 1 atm.

Acontece que o nitrogênio é proveniente do ar, no qual está presente em 78% em volume. Assim sendo, qual é o volume de ar necessário para a produção de 8,5 t de amônia?

Tente responder antes de prosseguir a leitura.

Em Química, quando dizemos que uma amostra contém "impurezas", isso não significa necessariamente que ela contém sujeiras ou substâncias tóxicas (embora isso possa muitas vezes acontecer). Significa que a amostra contém, além de uma determinada substância de interesse, outras que não são úteis no contexto em que se está trabalhando.

No caso proposto, o nitrogênio é o componente do ar que interessa a uma fábrica de amônia. Nesse contexto, em que se encara o ar como uma fonte da matéria-prima gás nitrogênio, os demais componentes podem ser considerados como "impurezas", ou seja, como componentes da mistura que não são de interesse nessa determinada situação.

Podemos determinar, mediante uma regra de três, a quantidade de ar necessária para se obter $6{,}1 \cdot 10^6$ L de gás nitrogênio. Esse volume representa 78% do volume do ar necessário. Qual será o volume da amostra toda (x), ou seja, de 100% dela?

Volume		Porcentagem
$6{,}1 \cdot 10^6$ L	—	78%
x	—	100%

$$\Rightarrow \quad x = 7{,}8 \cdot 10^6 \text{ L}$$

Acabamos de comentar um caso em que a presença de "impurezas" estava relacionada a uma porcentagem em volume.

É muito frequente expressar-se o **grau de pureza** de uma amostra em **porcentagem em massa**, que é a **porcentagem da massa da amostra que se deve à substância de interesse**.

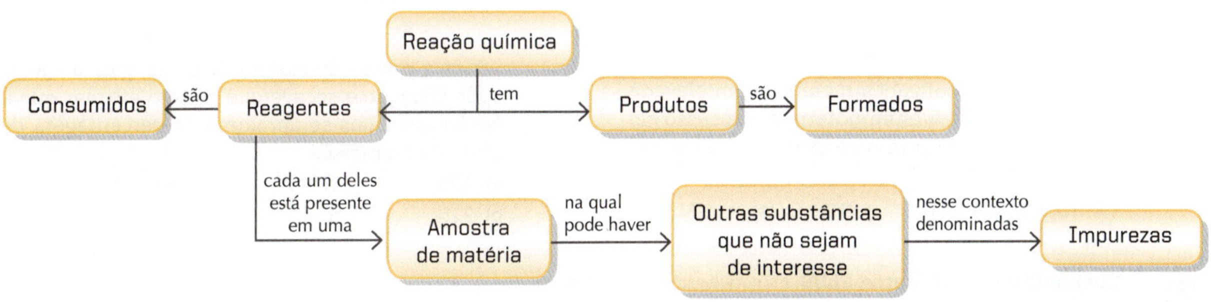

EXERCÍCIOS ESSENCIAIS

EXERCÍCIO RESOLVIDO

10 Determine a massa de ferro que pode ser obtida a partir de 1.000 t de minério hematita contendo 80% de Fe_2O_3:

$$Fe_2O_3\,(s) + 3\,CO\,(g) \rightarrow 2\,Fe\,(s) + 3\,CO_2\,(g)$$

Resolução

Primeiramente vamos calcular a massa de Fe_2O_3 presente em 1.000 t (isto é, $1{,}0 \cdot 10^9$ g) do minério:

Porcentagem — **Massa**

$$\left.\begin{matrix} 100\% & \text{———} & 1{,}0 \cdot 10^9\ g \\ 80\% & \text{———} & x \end{matrix}\right\} \Rightarrow x = 8{,}0 \cdot 10^8\ g$$

Para calcular a massa de ferro, **consultamos a tabela periódica**, a fim de obter as massas molares do Fe_2O_3 (160 g/mol) e do Fe (56 g/mol).

$$Fe_2O_3 + 3CO \rightarrow 2Fe + 3CO_2$$

Proporção: 1 mol — 2 mol

Grandezas: Massa — Massa

$$\left.\begin{matrix} 160\ g & \text{———} & 2 \cdot 56\ g \\ 8{,}0 \cdot 10^8\ g & \text{———} & y \end{matrix}\right\} \Rightarrow$$

$$\Rightarrow \boxed{y = 5{,}6 \cdot 10^8\ g} \text{ ou } \boxed{y = 560\ t}$$

11 (PUC-RJ) A tecnologia mais comumente empregada na produção industrial de ácido sulfúrico é o processo de contato, que envolve três etapas:

I) obtenção do dióxido de enxofre (SO_2) a partir do enxofre como matéria-prima.

$$2\,S\,(s) + 2\,O_2\,(g) \rightarrow 2\,SO_2\,(g) + \text{calor}$$

II) conversão catalítica do dióxido de enxofre em trióxido de enxofre (SO_3)

$$2\,SO_2\,(g) + O_2\,(g) \rightarrow 2\,SO_3\,(g) + \text{calor}$$

III) reação do trióxido de enxofre com a água produzindo o ácido sulfúrico

$$2\,SO_3\,(g) + 2\,H_2O\,(\ell) \rightarrow 2\,H_2SO_4\,(aq) + \text{calor}$$

Utilizando como matéria-prima 500 kg de enxofre, com 90% de pureza, calcule a quantidade máxima de SO_2, em quilograma, que pode ser obtida.

12 (PUC-SP) A pirolusita é um minério do qual se obtém o metal manganês (Mn), muito utilizado em diversos tipos de aços resistentes. O principal componente da pirolusita é o dióxido de manganês (MnO_2).

Para se obter o manganês metálico com elevada pureza, utiliza-se a aluminotermia, processo no qual o óxido reage com o alumínio metálico, segundo a equação:

$$3\,MnO_2\,(s) + 4\,A\ell\,(s) \rightarrow 2\,A\ell_2O_3\,(s) + 3\,Mn\,(s)$$

Considerando que determinado lote de pirolusita apresenta teor de 80% de dióxido de manganês (MnO_2), a massa mínima de pirolusita necessária para se obter 1,10 t de manganês metálico é

a) 1,09 t.
b) 1,39 t.
c) 1,74 t.
d) 2,18 t.
e) 2,61 t.

EXERCÍCIO RESOLVIDO

13 Calcário, que é carbonato de cálcio impuro, é empregado para a obtenção de cal viva, importante produto industrial. Uma amostra de 25 g de calcário foi submetida à decomposição por aquecimento e verificou-se a produção de 5,0 L de gás carbônico, volume que foi medido a 30°C e 1 atm.

(O volume molar de gás a 30°C e 1 atm é 25 L.)

$$CaCO_3\,(s) \rightarrow CaO\,(s) + CO_2\,(s)$$

a) Qual é a massa de $CaCO_3$ presente na amostra de calcário?

b) Determine o grau de pureza da amostra (isto é, a porcentagem de $CaCO_3$ nessa amostra).

Resolução

a) $CaCO_3$ — CO_2

Proporção: **1 mol** — **1 mol**

Grandezas: **Massa** — **Volume**

$$\left.\begin{matrix} 100\ g & \text{——} & 25\ L \\ x & \text{——} & 5{,}0\ L \end{matrix}\right\} \Rightarrow \boxed{x = 20\ g}$$

b) Temos a massa de $CaCO_3$, calculada no item anterior, e a massa total da amostra (25 g) de calcário. Assim, podemos determinar a porcentagem de $CaCO_3$:

Grandezas: **Massa** — **Porcentagem**

$$\left.\begin{matrix} 25\ g & \text{——} & 100\% \\ 20\ g & \text{——} & y \end{matrix}\right\} \Rightarrow \boxed{y = 80\%}$$

14 (PUC-RJ) Uma aliança de 10 g contém uma quantidade desconhecida de prata. Para se determinar essa quantidade, a aliança foi tratada com solução aquosa de ácido nítrico, de modo a transformar toda a prata presente em íons $Ag^+(aq)$. Em seguida, foi adicionado excesso de cloreto ($C\ell^-$) para precipitar o $Ag^+(aq)$, na forma de cloreto de prata, $AgC\ell$ (s), conforme equação abaixo:

$$Ag^+(aq) + C\ell^-(aq) \rightarrow AgC\ell\,(s)$$

Sendo a massa de cloreto de prata igual a 2,87 g, após filtração e secagem, é correto afirmar que a opção que mais se aproxima da percentagem de prata na aliança é:

a) 10%.
b) 22%.
c) 48%.
d) 75%.
e) 99%.

Conteúdo digital Moderna PLUS http://www.modernaplus.com.br
Exercícios adicionais

Seção 37.3

Reações que não apresentam rendimento total

Objetivo

- Realizar cálculo estequiométrico em que o rendimento da(s) reação(ões) não seja total.

Termos e conceitos

- rendimento

Pense nesta outra situação

Os químicos descobriram que a reação entre nitrogênio e hidrogênio para produzir amônia não ocorre de modo completo; ela aparentemente "para" antes que os reagentes, mesmo presentes na proporção estequiométrica, sejam completamente consumidos.

Segundo os engenheiros, nas condições em que a fábrica vai operar, apenas 60% da quantidade de nitrogênio e hidrogênio colocados para reagir de fato se transformam em amônia. Em que isso afeta as previsões de massas feitas na página 487?

1 O conceito de rendimento de uma reação química

Iniciamos esta unidade expondo a situação de uma indústria que deverá produzir diariamente 8,5 t de amônia.

Já calculamos as quantidades em mols (página 485), as massas (página 487) e os volumes a 25 °C e 1 atm (página 496) dos reagentes necessários para que se atinja essa produção. Na página 509 chegamos até a calcular o volume de ar do qual se pode extrair a quantidade de nitrogênio necessária.

Todos esses cálculos, contudo, basearam-se em uma consideração que não foi explicitada, mas sobre a qual se deve refletir ao fazer previsões baseadas em cálculo estequiométrico. **Considerou-se que a reação que produz amônia apresenta rendimento 100%**, ou seja, que ela ocorre até que pelo menos um dos reagentes (ou ambos, no caso de estarem na proporção estequiométrica) seja totalmente consumido.

Na prática, **em muitas reações químicas, os reagentes não são totalmente transformados em produtos, ou seja, tais reações não apresentam rendimento 100%**. Há vários motivos para uma reação não ter rendimento total. Um dos mais importantes é o fato de as reações tenderem à situação de equilíbrio químico, assunto estudado na Físico-Química.

Quando se diz que o rendimento de uma reação é 60%, isso significa que apenas 60% da quantidade que se esperava obter é de fato obtida na prática. Baseando-se nessa ideia, pode-se realizar uma previsão da quantidade de produto que será formado levando em conta o rendimento de uma reação.

2 Cálculo estequiométrico levando em conta o rendimento

Na página 487, a fim de calcular as massas dos reagentes necessários à síntese de 8,5 t de amônia, partimos da relação entre as quantidades em mols, que foi transformada numa relação entre massas. Vamos repetir o procedimento, mas, ainda na proporção em mols, vamos fazer uma pequena correção levando em conta o rendimento de 60%.

$$N_2 \quad + \quad 3\,H_2 \quad \rightarrow \quad 2\,NH_3$$

Proporção: 1 mol — 3 mol — 2 mol

Como o rendimento é de 60%, formam-se $0{,}60 \cdot 2$ mol

Proporção: 1 mol — 3 mol — 1,2 mol

A massa de 1 mol de N_2 é 28 g — A massa de 1 mol de H_2 é 2 g — A massa de 1 mol de NH_3 é 17 g

Grandezas envolvidas: Massa — Massa — Massa

$$28\,g \;——\; 3 \cdot 2\,g \;——\; 1{,}2 \cdot 17\,g$$
$$x \;——\; y \;——\; 8{,}5 \cdot 10^6\,g$$

Temos, então, uma regra de três que permite determinar a massa de nitrogênio (x) e outra que permite determinar a massa de hidrogênio (y), necessárias à produção de 8,5 t de amônia.

$$\left.\begin{matrix} 28\,g & —— & 1{,}2 \cdot 17\,g \\ x & —— & 8{,}5 \cdot 10^6\,g \end{matrix}\right\} \quad \boxed{x = 1{,}2 \cdot 10^7\,g}$$

$$\left.\begin{matrix} 3 \cdot 2\,g & —— & 1{,}2 \cdot 17\,g \\ y & —— & 8{,}5 \cdot 10^6\,g \end{matrix}\right\} \quad \boxed{y = 2{,}5 \cdot 10^6\,g}$$

Assim, para produzir diariamente 8,5 t de amônia, com rendimento de 60%, a indústria gastará, também diariamente, 12 t de gás nitrogênio e 2,5 t de gás hidrogênio. Note que, em relação aos valores calculados anteriormente (7,0 t e 1,5 t), esses são maiores. Isso é compreensível, pois, já que o rendimento da reação não é total, necessita-se de mais reagente a fim de obter uma mesma quantidade de produto.

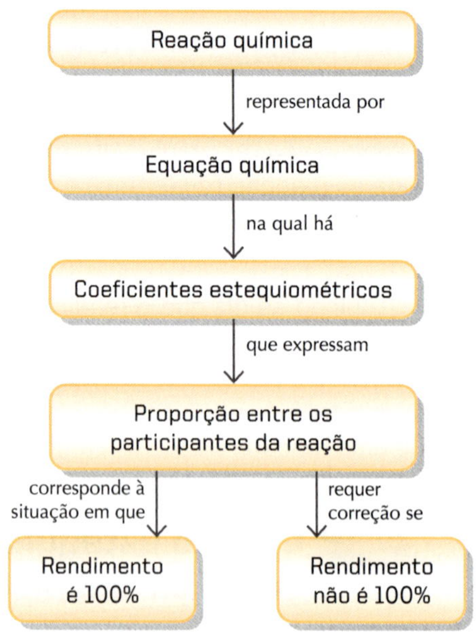

Conteúdo digital Moderna PLUS http://www.modernaplus.com.br
Texto: *Excesso e rendimento na produção de fertilizantes químicos*

EXERCÍCIOS ESSENCIAIS

EXERCÍCIO RESOLVIDO

15 O crômio é um metal empregado, entre outras finalidades, na produção do aço inox e no revestimento (cromação) de algumas peças metálicas. Esse metal é produzido por meio de uma reação que pode ser assim equacionada:

$$Cr_2O_3(s) + 2A\ell(s) \rightarrow 2Cr(s) + A\ell_2O_3(s)$$

Nesta moto há vários componentes cromados, isto é, revestidos por uma camada de crômio.

Numa indústria metalúrgica que produz crômio, esse processo ocorre com rendimento de 75%. Quantos mols de crômio metálico podem ser obtidos a partir de 50 mol de trióxido de dicrômio e 100 mol de alumínio?

Resolução

Note que as quantidades mencionadas de ambos os reagentes estão na proporção estequiométrica.

	Cr_2O_3	$2\,A\ell$	$2\,Cr$
Proporção:	**1 mol**	**2 mol**	**2 mol**
			↓ **75%**
Proporção:	**1 mol**	**2 mol**	**1,5 mol**

Grandezas:

Quantidade de matéria		**Quantidade de matéria**		**Quantidade de matéria**
1 mol	—	2 mol	—	1,5 mol
50 mol	—	100 mol	—	x

$\Rightarrow$ $\boxed{x = 75\ mol}$

16 (Vunesp) O inseticida DDT (massa molar = 354,5 g/mol) é fabricado a partir de clorobenzeno (massa molar = = 112,5 g/mol) e cloral, de acordo com a equação

$$2\,C_6H_5C\ell + C_2HC\ell_3O \rightarrow C_{14}H_9C\ell_5 + H_2O$$

clorobenzeno — cloral — DDT

Partindo-se de uma tonelada (1 t) de clorobenzeno e admitindo-se rendimento de 80%, a massa de DDT produzida é igual a:

a) 1,575 t.
b) 1,260 t.
c) 800,0 kg.
d) 354,5 kg.
e) 160,0 kg.

17 (Fuvest-SP) O nitrogênio pode ser obtido pela decomposição térmica do nitrito de amônio.

a) Escreva a equação de decomposição do nitrito de amônio.

b) Calcule o volume de nitrogênio obtido, nas condições normais de pressão e de temperatura, pela decomposição de 12,8 g de nitrito de amônio, supondo que o rendimento da reação seja de 80% (em massa).

Massas atômicas: H (1,0 u); N (14,0 u); O (16,0 u).

Volume molar dos gases nas CNTP = 22,4 L/mol.

18 (Ufes) A equação

$$2\,NaC\ell + MnO_2 + 2\,H_2SO_4 \rightarrow$$
$$\rightarrow Na_2SO_4 + MnSO_4 + C\ell_2 + 2\,H_2O$$

representa a reação que se passa para obtermos o cloro. Considerando que ela teve um rendimento de 85%, que foi realizada na temperatura de 27 °C e a uma pressão de 1,5 atm, e que utilizamos 500 g de sal, o volume de cloro obtido, em litros, é:

a) 59,6.
b) 82,5.
c) 119,2.
d) 280,5.
e) 1.650,0.

EXERCÍCIO RESOLVIDO

19 (Vunesp) A reação entre amônia e metano (CH_4) é catalisada por platina. Formam-se cianeto de hidrogênio e hidrogênio gasosos.

a) Escreva a equação química balanceada da reação.

b) Calcule as massas dos reagentes para obtenção de 2,70 kg de cianeto de hidrogênio, supondo 80% de rendimento da reação.

(Dados: H = 1 g/mol; N = 14 g/mol; C = 12 g/mol.)

Comentário dos autores:

Dizer que a reação é "catalisada por platina" significa que a presença de platina promove aumento da velocidade da reação.

Resolução

a) $NH_3\,(g) + CH_4\,(g) \rightarrow HCN\,(g) + 3\,H_2\,(g)$

b)

	NH_3	CH_4	HCN
Proporção:	**1 mol**	**1 mol**	**1 mol**
			↓ **80%**
Proporção:	**1 mol**	**1 mol**	**0,80 mol**
Grandezas:	**Massa**	**Massa**	**Massa**
	17 g	16 g	0,80 · 27 g
	x	y	2,70 kg

$\boxed{x = 2{,}125\ kg}$ $\boxed{y = 2{,}000\ kg}$

20 (UFJF-MG) Para retirar SO_2 da fumaça gerada na produção de carvão vegetal, pode-se passar o gás através de carbonato de cálcio. A seguinte reação ocorre:

$$CaCO_3\,(s) + SO_2\,(g) + \frac{1}{2}\,O_2\,(g) \rightarrow CaSO_4\,(s) + CO_2\,(g)$$

a) Calcule a massa de $CaCO_3$ necessária para remover 32 g de SO_2, obtida em um processo de produção de carvão vegetal.

b) Calcule a massa de $CaCO_3$ necessária para remover a quantidade de SO_2 do item (a), se o processo for apenas 50% eficiente.

c) O dióxido de enxofre pode reagir com o oxigênio atmosférico, produzindo trióxido de enxofre. Esse, por sua vez, reage com a água, levando à formação de ácido sulfúrico. Represente as reações mencionadas, através de equações químicas balanceadas.

EXERCÍCIO RESOLVIDO

21 O álcool comercializado como combustível, o etanol, é obtido a partir da sacarose, açúcar proveniente da cana, por meio da reação assim equacionada:

$$\underset{\text{sacarose}}{C_{12}H_{22}O_{11}\,(aq)} + H_2O\,(\ell) \rightarrow \underset{\text{etanol}}{4\,C_2H_6O\,(aq)} + 4\,CO_2\,(g)$$

Realizando essa reação em um laboratório que simula processos industriais, um grupo de estudantes universitários obteve 900 L de gás carbônico, medidos a 30°C e 1 atm, a partir de 6,840 g de sacarose.

(Massas molares: sacarose = 342 g/mol; etanol = = 46 g/mol. Volume molar de gás a 30°C e 1 atm = 25 L.)

Qual é o rendimento da reação?

Resolução

	$C_{12}H_{22}O_{11}$		$4\,CO_2$
Proporção:	**1 mol**		**4 mol**
Grandezas:	**Massa**		**Volume**
	342 g	—	4 · 25 L
	6.840 g	—	x

$\Rightarrow$ $\boxed{x = 2.000\text{ L}}$

Esse é o volume de gás que seria liberado se o rendimento fosse total. Com base nele, vamos calcular o rendimento:

Grandezas:	**Volume**		**Rendimento**
	2.000 L	—	100%
	900 L	—	y

$\Rightarrow$ $\boxed{y = 45\%}$

22 (UFRGS-RS) O carbonato de cálcio decompõe-se por aquecimento segundo a equação abaixo.

$$CaCO_3\,(s) \rightarrow CaO\,(s) + CO_2\,(g)$$

Numa experiência típica, 10,0 g de carbonato de cálcio são aquecidos em sistema aberto, obtendo-se 7,80 g de resíduo sólido. A porcentagem de decomposição do carbonato foi de

a) 22%.
b) 28%.
c) 39%.
d) 50%.
e) 78%.

(Massas molares, em g/mol: Ca = 40; C = 12; O = 16.)

23 (Fatec-SP) A ureia, $CO(NH_2)_2$, substância utilizada como fertilizante, é obtida pela reação entre CO_2 e NH_3, conforme mostra a equação:

$$CO_2\,(g) + 2\,NH_3\,(g) \rightarrow CO(NH_2)_2\,(s) + H_2O\,(g)$$

Dados: C = 12 g/mol; O = 16 g/mol; N = 14 g/mol; H = 1 g/mol.

Se 340 toneladas de amônia produzem 540 toneladas de ureia, o rendimento desse processo é:

a) 80%.
b) 85%.
c) 90%.
d) 95%.
e) 100%.

24 (Cesgranrio-RJ) Fazendo-se reagir 158 g de $Na_2S_2O_3$ com quantidade suficiente de I_2, segundo a equação

$$2\,Na_2S_2O_3 + I_2 \rightarrow 2\,NaI + Na_2S_4O_6$$

obtiveram-se 105 g de $Na_2S_4O_6$. O rendimento dessa reação foi de, aproximadamente:

a) 100%.
b) 80%.
c) 40%.
d) 30%.
e) 10%.

(Massas molares, em g/mol: O = 16; Na = 23; S = 32; I = 127.)

25 A ureia, $CO(NH_2)_2$, é uma substância com várias aplicações industriais, entre as quais se destacam o emprego em fertilizantes, em rações para gado e como matéria-prima na fabricação de algumas variedades de plásticos.

A produção industrial da ureia envolve a síntese da amônia, seguida pela sua reação com dióxido de carbono, sob condições apropriadas.

$$N_2 + 3H_2 \rightarrow 2NH_3$$
$$2NH_3 + CO_2 \rightarrow CO(NH_2)_2 + H_2O$$

Admitindo que ambas as etapas tenham rendimento total, quantos mols de ureia são produzidos a partir de 100 mol de gás nitrogênio?

26 Expresse a resposta da questão anterior em massa de ureia. (Você já sabe: **a tabela periódica é para ser consultada!**)

27 Repita a resolução das duas questões anteriores admitindo que o rendimento da primeira etapa seja de 60% e o da segunda etapa seja de 80%.

Conteúdo digital Moderna PLUS http://www.modernaplus.com.br
Exercícios adicionais

ESTABELEÇA CONEXÕES

MAPA CONCEITUAL DA UNIDADE K

Revise os conceitos estudados nesta unidade e decida como podem ser completados os locais em que aparecem os números.

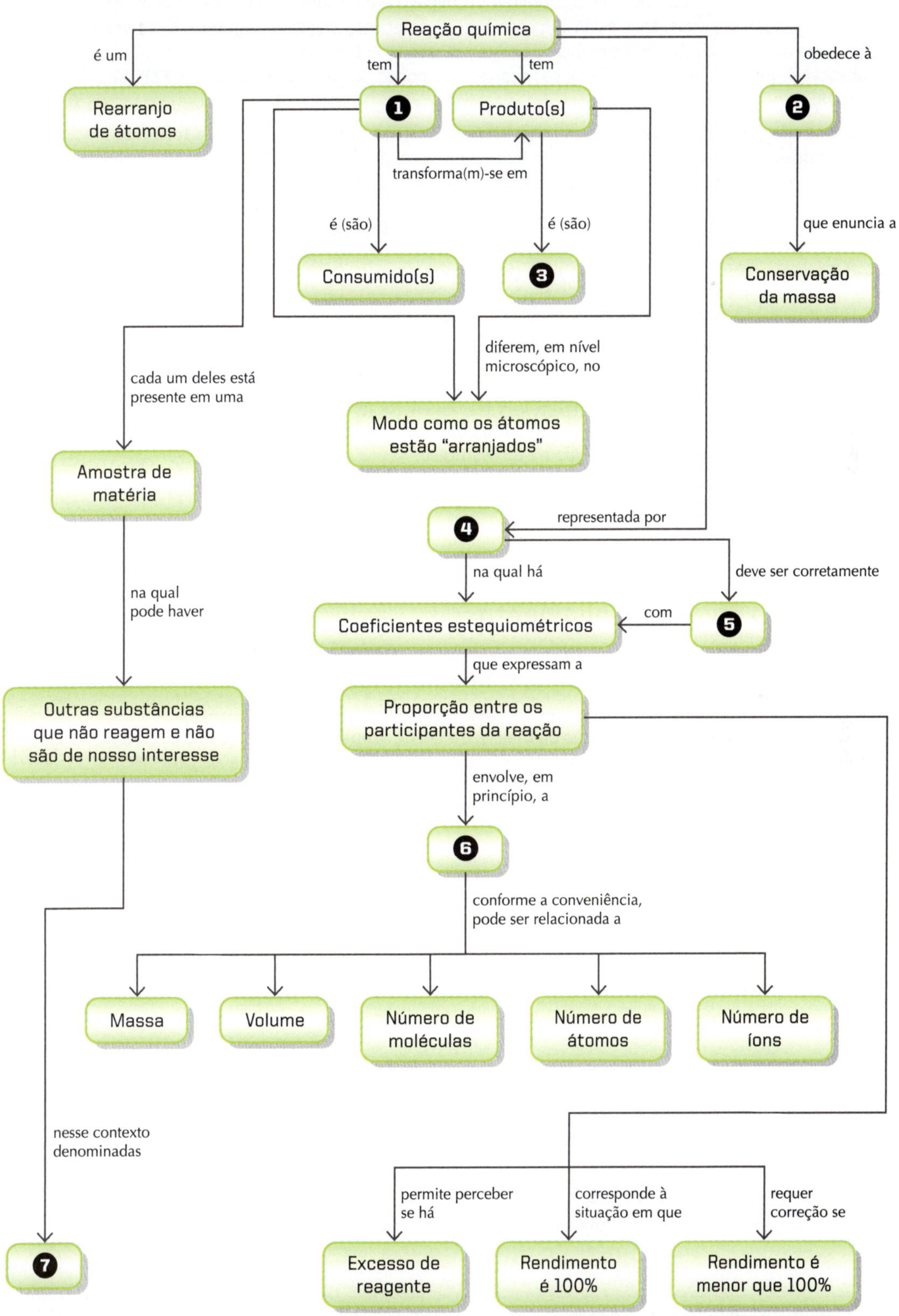

REVISE, RELACIONE E RESOLVA

Lembre-se de que um enunciado deve ser lido e relido até total compreensão.

(UFBA) Parece que o mundo passou a ver o etanol como a solução para todos os males das mudanças climáticas. Afinal ele é renovável e contribui menos para o efeito estufa. As emissões de CO_2 (g) na queima do etanol e na combustão do bagaço e da palha de cana-de-açúcar são reabsorvidas pelos vegetais. Essa seria uma vantagem do etanol, segundo alguns artigos veiculados pela mídia, em relação à gasolina e ao óleo diesel "que liberam, na combustão, CO_2 (g) não absorvível pelas plantas", se não fosse incorreta do ponto de vista da Química. (A FEBRE..., 2007, p. 48).

O etanol obtido pela fermentação da glicose — que constitui a base da biomassa formada a partir da fotossíntese —, ao entrar em combustão completa, produz dióxido de carbono e água. As equações químicas I, II e III representam esses processos de forma resumida.

I. $6\ CO_2\ (g) + 6\ H_2O\ (\ell) \xrightarrow[\text{clorofila}]{\text{fotossíntese}} C_6H_{12}O_6\ (aq) + 6\ O_2\ (g)$

II. $C_6H_{12}O_6\ (aq) \xrightarrow[\text{zimase}]{\text{fermentação}} 2\ C_2H_6O\ (aq) + 2\ CO_2\ (g)$

III. $C_2H_6O\ (aq) + 3\ O_2\ (g) \xrightarrow{\text{combustão}} 2\ CO_2\ (g) + 3\ H_2O\ (\ell)$

A partir da análise dessas informações e admitindo que os únicos produtos da combustão do etanol são o CO_2 (g) e H_2O (ℓ):

a) apresente um argumento que fundamente a afirmação de que o dióxido de carbono, substância química proveniente da combustão do etanol ou da queima de combustíveis fósseis, é absorvido igualmente pelos vegetais na fotossíntese;

b) demonstre, com base nas equações I, II e III, que o etanol, embora seja emissor de CO_2 (g), não aumenta o teor desse gás na atmosfera.

Sugestão de encaminhamento

1

Revise a **Lei de Lavoisier**, da conservação da massa, e a **Lei de Proust**, das proporções constantes. Qual delas permite dizer que um composto químico, qualquer que seja sua origem, tem a mesma composição química (e, portanto, tem as mesmas propriedades)? Conclua por que o CO_2, qualquer que seja sua fonte, será igualmente absorvido pelas plantas, na fotossíntese. Responda ao item *a*.

2

Lembre-se de que o **cálculo estequiométrico** está baseado na proporção em mols entre os participantes, e que essa proporção é expressa pelos **coeficientes estequiométricos** de uma equação química balanceada.

3

Reveja o cálculo estequiométrico com equações sucessivas. Some as equações II e III, com o objetivo de que todo o etanol (C_2H_6O) produzido em II seja gasto em III.

4

Compare a equação obtida com a apresentada em I e responda ao item *b*.

Conteúdo digital Moderna PLUS http://www.modernaplus.com.br
Atividade de revisão

BIBLIOGRAFIA

ALENCASTRO, R. B. & MANO, E. *Nomenclatura dos compostos orgânicos*. Rio de Janeiro, Ed. Guanabara, 1987.

ATKINS, P. W. & DE PAULA, J. *Physical Chemistry*. 8. ed. Oxford, Oxford University Press, 2006.

AUSTIN, G. T. *Shreve's chemical process industries*. 5. ed. Nova York, McGraw-Hill, 1984.

BEISER, A. *Concepts of modern Physics*. 3. ed. Nova York, McGraw-Hill, 1981.

BETTELHEIM, F. A. et al. *Introduction to General, Organic & Biochemistry*. 7. ed. Belmont, Brooks/Cole, 2004.

BLEI, I. & ODIAN, G. *General, Organic and Biochemistry*; connecting Chemistry to your life. Nova York, Freeman, 2000.

BLOOMFIELD, M. M. & STEPHENS, L. J. *Chemistry and the living organism*. 6. ed. Nova York, John Wiley, 1996.

BODNER, G. B. & PARDUE, H. L. *Chemistry*; an experimental science. 2. ed. Nova York, John Wiley, 1995.

BOTKIN, D. B. & KELLER, E. A. *Environmental Science*; earth as living planet. 5. ed. Hoboken, John Wiley, 2005.

BRADY, J. E. & SENESE, F. *Chemistry*; matter and its changes. 4. ed. Hoboken, John Wiley, 2004.

BROWN, T. L. et al. *Chemistry*; the central science. 9. ed. New Jersey, Prentice-Hall, 2003.

BROWN, W. H. et al. *Organic Chemistry*. 4. ed. Belmont, Brooks/Cole, 2005.

BÜCHEL, K. H. et al. *Industrial Inorganic Chemistry*. 2. ed. Weinheim, VCH, 2000.

CAREY, F. A. *Organic Chemistry*. 6. ed. Nova York, McGraw-Hill, 2006.

CHANG, R. *Chemistry*. 8. ed. Nova York, McGraw-Hill, 2005.

CIPRIANI, J. & HASMONAY, H. *Cours de Chimie*. Paris, Vuibert, 1986.

CLAYDEN, J. et al. *Organic Chemistry*. Oxford, Oxford University Press, 2001.

COTTON, F. A. et al. *Advanced Inorganic Chemistry*. 6. ed. Nova York, John Wiley, 1999.

DAVID, R. *Chimie pratique*. Paris, Vuibert, 1973.

EBBING, D. D. & GAMMON, S. D. *General Chemistry*. 8. ed. Boston, Houghton Mifflin, 2005.

FAUGHN, J. S. et al. *Physical Science*. 2. ed. Orlando, Saunders, 1995.

FENNEMA, O. R. (ed.) *Food Chemistry*. 3. ed. Nova York, Dekker, 1996.

FREEMANTLE, M. *Chemistry in action*. 2. ed. London, Macmillan, 1995.

GARRITZ, A. & CHAMIZO, J. A. *Química*. Wilmington, Addison-Wesley, 1994.

GEBELEIN, C. G. *Chemistry and our world*. Dubuque, WCB, 1997.

GIANCOLI, D. C. *Physics*. 5. ed. Nova Jersey, Prentice-Hall, 1998.

GILLESPIE, R. J. & HARGITTAI, I. *The VSEPR model of molecular geometry*. Needham Heights, Allyn and Bacon, 1991.

GILLESPIE, R. J. et al. *Atoms, molecules and reactions*; an introduction to Chemistry. Nova Jersey, Prentice-Hall, 1994.

GREEN, M. M. et al. *Organic Chemistry Principles and Industrial Practice*. Weinheim, VCH, 2003.

GREENWOOD, N. N. & EARNSHAW, A. *Chemistry of the elements*. 2. ed. Butterworth-Heinemann, Oxford, 1997.

HALL, N. (ed.) *The new Chemistry*; a showcase for modern Chemistry and its applications. Cambridge, Cambridge University Press, 2000.

HALLIDAY, D. et al. *Fundamentals of Physics*. 7. ed. Nova York, Wiley, 2005.

HEIN, M. et al. *Introduction to General, Organic and Biochemistry*. 8. ed. Hoboken, John Wiley, 2005.

HILL, J. W. & PETRUCCI, R. H. *General Chemistry*. Nova Jersey, Prentice-Hall, 1996.

HUHEEY, J. E. et al. *Inorganic Chemistry*; principles of structure and reactivity. 4. ed. Harper, Nova York, 1993.

JOESTEN, M. D. & WOOD, J. L. *World of Chemistry*. 2. ed. Orlando, Saunders, 1996.

JONES, L. & ATKINS, P. W. *Chemistry*; molecules, matter and change. 4. ed. Nova York, Freeman, 2000.

KOTZ, J. C. et al. *Chemistry & chemical reactivity*. 6. ed. Belmont, Brooks/Cole, 2006.

________. *The chemical world*. Orlando, Saunders, 1994.

KRAUSKOPF, K. B. & BEISER, A. *The physical universe*. 7. ed. Nova York, McGraw-Hill, 1993.

LEICESTER, H. M. *The historical background of Chemistry*. Nova York, Dover, 1971.

LEPREVOST, A. *Minerais para a indústria*. Curitiba, LTC, 1978.

LEVINE, I. *Physical Chemistry*. 5. ed. Nova York, McGraw-Hill, 2002.

LIDE, D. R. (ed.) *Handbook of Chemistry and Physics*. 82. ed. Boca Raton, CRC Press, 2001.

MAHAN, B. H. & MYERS, R. J. *University Chemistry*. 4. ed. Menlo Park, Benjamin-Cummings, 1987.

MARCH, J. & SMITH, M. B. *Advanced Organic Chemistry*. 5. ed. Nova York, John Wiley, 2001.

MASTERTON, W. L. & HURLEY, C. N. *Chemistry*; principles & reactions. 4. ed. Belmont, Brooks/Cole, 2001.

MASTERTON, W. L. & SLOWINSKI, E. J. *Química Geral Superior*. 4. ed. Rio de Janeiro, Interamericana, 1978.

MATTHEWS, P. *Advanced Chemistry*. Cambridge, Cambridge University Press, 1992. 2 v.

McMURRY, J. & FAY, R. C. *Chemistry*. 3. ed. Nova Jersey, Prentice-Hall, 2001.

McNAUGHT, A. D. & WILKINSON, A. *Compendium of chemical terminology*; Iupac recomendations. 2. ed. Oxford, Blackwell Science, 1997.

MILLER Jr., G. T. *Living in the environment*; principles, connections and solutions. 14. ed. Pacific Grove, Brooks/Cole, 2005.

MOELLER, T. et al. *Chemistry*; with inorganic qualitative analysis. 3. ed. Nova York, Harcourt Brace-Jovanovich, 1989.

MOORE, J. W. et al. *Chemistry*; the molecular Science. 2. ed. Belmont, Brooks/Cole, 2005.

MORRISON, R. T. & BOYD, R. N. *Organic Chemistry*. 6. ed. Nova Jersey, Prentice-Hall, 1992.

MORTIMER, R. G. *Physical Chemistry*. 2. ed. Nova York, Harcourt Academic Press, 2000.

MUNDY, B. P. et al. *Organic and Biological Chemistry*. Orlando, Saunders, 1993.

NEBEL, B. J. & WRIGHT, R. T. *Environmental Science*; the way the world works. 7. ed. Nova Jersey, Prentice-Hall, 2000.

NELSON, D. L. & COX, M. L. *Lehninger Principles of Biochemistry*. 3. ed. Nova York, Worth, 2000.

OLMSTED III, J. & WILLIAMS, G. M. *Chemistry*. 3. ed. Nova York, John Wiley & Sons, Inc., 2002.

OXTOBY, D. W. et al. *Chemistry*; science of change. 2. ed. Orlando, Saunders, 1994.

PANICO, R. et al. *A guide to IUPAC nomenclature of organic compounds. Recommendations 1993*. Cambridge, Blackwell Science, 1993. (Correções publicadas em *Pure and Applied Chemistry*, v. 71, n. 7, p. 1.327-1.330, 1999.)

________. *Guia IUPAC para a nomenclatura de compostos orgânicos*. Tradução portuguesa, nas variantes europeia e brasileira. Tradução de José Augusto Rosário Rodrigues et al. Lisboa, Lidel, 2002.

PARTINGTON, J. R. *A short history of Chemistry*. Nova York, Dover, 1989.

PAULING, L. *General Chemistry*. New York, Dover, 1970.

PINE, S. H. et al. *Organic Chemistry*. 4. ed. Singapore, McGraw-Hill, 1981.

POTAPOV, V. & TATARINCHIK, S. *Chimie Organique*. Moscou, Éditions Mir, 1981.

PURVES, W. K. et al. *Life*; the science of Biology. 7. ed. Sunderland (Massachussetts), Sinauer, 2004.

RAVEN, P. H. & BERG, L. R. *Environment*. 4. ed. Hoboken, John Wiley, 2004.

RAYNER-CANHAM, G. *Descriptive Inorganic Chemistry*. Nova York, Freeman, 1996.

REGER, D. L. et al. *Chemistry*; principles & practice. 2. ed. Orlando, Saunders, 1997.

ROBERTS, R. M. *Serendipia*; descubrimientos accidentales en la ciencia. Madrid, Alianza Editorial, 1989.

RONAN, C. A. *História ilustrada da ciência*. Rio de Janeiro, Jorge Zahar, 1987. 4 v.

ROYAL SOCIETY OF CHEMISTRY. *The age of the molecule*. London, Royal Society of Chemistry, 1999.

SALZBERG, H. W. *From caveman to chemist*; circumstances and achievements. Washington, American Chemical Society, 1991.

SANTOS FILHO, P. F. *Estrutura atômica & ligação química*. 1. ed. Campinas, publicação do autor, 1999.

SCHWARTZ, A. T. et al. *Chemistry in context*. 2. ed. Sem indicação do local de publicação, American Chemical Society, 1997.

SEGRÈ, E. *Dos raios X aos quarks*; físicos modernos e suas descobertas. Brasília, Ed. Universidade de Brasília, 1980.

SELINGER, B. *Chemistry in the marketplace*; a consumer guide. 5. ed. Sydney, Harcourt Brace, 1998.

SHRIVER, D. F. & ATKINS, P. W. *Inorganic Chemistry*. 3. ed. Oxford, Oxford University Press, 1999.

SMOLIN, L. A. & GROSVENOR, M. B. *Nutrition*; science and applications. Orlando, Saunders, 1994.

SNYDER, C. H. *The extraordinary Chemistry of ordinary things*. 4. ed. Nova York, John Wiley, 2003.

SOLOMONS, G. & FRYHLE, C. *Organic Chemistry*. 8. ed. Hoboken, John Wiley, 2004.

STOKER, H. S. *Chemistry*; a science for today. Nova York, Macmillan, 1989.

STREITWIESER, A. et al. *Introduction to Organic Chemistry*. 4. ed. Nova Jersey, Prentice-Hall, 1998.

SYKES, P. *A guidebook to mechanism in Organic Chemistry*. 6. ed. Nova York, Longman, 1995.

THOMAS, J. E. (org.) *Fundamentos de engenharia de petróleo*. Rio de Janeiro, Interciência, 2001.

TIPLER, P. A. & MOSCA, G. *Physics for scientists and enginners*. 5. ed. Nova York, Freeman, 2004.

TIPLER, P. A. & LLEWELLYN, R. A. *Modern Physics*. 4. ed. Nova York, Freeman, 2003.

VANCLEAVE, J. P. *A+ projects in Chemistry*. Nova York, John Wiley, 1993.

VOET et al. *Fundamentals of Biochemistry*. 2. ed. Hoboken, John Wiley, 2006.

VOLLHARDT, K. P. et al. *Organic Chemistry*; structure and function. 5. ed. Nova York, Freeman, 2007.

WARDLAW, G. M. et al. *Contemporary nutrition*; issues and insights. 2. ed. St. Louis, Mosby, 1994.

WEEKS, M. E. & LEICESTER, H. M. *Discovery of the elements*. 7. ed. Easton, Journal of Chemical Education, 1968.

WENDELL, M. S. e PARSONS, T. D. *Química Geral*. 2. ed. Rio de Janeiro, Livros Técnicos e Científicos Editora, 1982.

WHITTEN, K. W. et al. *General Chemistry*; with qualitative analysis. 7. ed. Belmont, Brooks/Cole, 2004.

ZUMDAHL, S. S. *Chemical Principles*. 5. ed. Boston, Houghton Mifflin, 2005.

CRÉDITOS DAS FOTOS

PARTE I

CAPÍTULO 1

Pág. 14/15 - © Cássio Vasconcelos
Pág. 16 - © J. L. Bulcão/Pulsar
Pág. 18 - © Digital Vision/Getty Images
Pág. 19 - © Rosenfeld Images LTD/SPL/Latinstock
Pág. 20 - © Philadelphia Museum of Art/Corbis/Latinstock
Pág. 21 - © Corel/Stock Photos

CAPÍTULO 2

Pág. 23 - © Digital Vision/Getty Images
Pág. 24 - © Eduardo Santaliestra/CID
Pág. 26 - © Charles D. Winters/PR/LatinStock
Pág. 27 - © Phototake/Alamy/Other Images
Pág. 30 - © Eduardo Santaliestra/CID
Pág. 36 - © Eduardo Santaliestra/CID
Pág. 37 - © Paula Bronstein/Getty Images; © Eduardo Santaliestra/CID; © Eduardo Santaliestra/CID; © Eduardo Santaliestra/CID; © Photodisc / Getty Images

CAPÍTULO 3

Pág. 41 - © Studio Schiermann/StockFood/Latinstock
Pág. 42 - Fotos: © Eduardo Santaliestra/CID
Pág. 44 - © Sérgio Dotta Jr./CID
Pág. 48 - Fotos: © Eduardo Santaliestra/CID
Pág. 49 - © Fabio Colombini

CAPÍTULO 4

Pág. 53 - © Mark A Leman/Stone/Getty Images
Pág. 54 - Fotos: © Sérgio Dotta Jr./CID
Pág. 55 - © Photodisc/Getty Images; © Photodisc/Getty Images; © Sérgio Dotta Jr./CID
Pág. 56 - © Sérgio Dotta Jr./CID; © Sérgio Dotta Jr./CID; © Orbit/Masterfile/Other Images
Pág. 57 - © Sérgio Dotta Jr./CID
Pág. 59 - © Ana Hochheim/SambaPhoto
Pág. 61 - © Wilton Júnior/AE; © Marcos Peron/Kino
Pág. 67 - © David McNew/Getty Images

CAPÍTULO 5

Pág. 71 - © Victor Soares / Shutterstock
Pág. 73 - © Photodisc / Getty Images; © Juan de Dios Lebrón/CID
Pág. 76 - © Photodisc/Getty Images; © Eduardo Santaliestra/CID; © Trece por Dieciocho/CID; © Digital Vision/Getty Images; © Sérgio Dotta Jr./CID; © Sérgio Dotta Jr./CID; © Sérgio Dotta Jr./CID
Pág. 77 - © Eduardo Santaliestra/CID; © Nicolino A. Brun/Kino
Pág. 80 - © Eduardo Santaliestra/CID; © Images & Stories/Alamy/Other Images
Pág. 81 - © Sam Shere/Getty Images
Pág. 82 - © David Wall/Alamy/Other Images
Pág. 83 - © Biblioteca Nacional de Madri/CID
Pág. 84 - © J. E. Casariego/CID; © Digital Vision / Getty Images
Pág. 86 - © Oronoz/CID; © Charles D. Winters/PR/LatinStock

CAPÍTULO 6

Pág. 87 - © David Cordner / Photographer's Choice/Getty Images: © Friedrich Saurer/SPL/Latinstock
Pág. 88 - © Ricerche Iconografic/CID
Pág. 94 - Fotos: © Sérgio Dotta Jr./CID
Pág. 95 - © NASA
Pág. 97 - © Sérgio Dotta Jr./CID
Pág. 99 - © Philippe Plailly/SPL/Latinstock

CAPÍTULO 7

Pág. 103 - © Colin Cuthbert/SPL/Latinstock
Pág. 104 - © Alexandre Belém / Kino
Pág. 105 - © Hitoshi Nishimura/Taxi/Getty Images
Pág. 106 - © Fabio Colombini; © Richard Cummins/Corbis/LatinStock
Pág. 107 - © Gustoimages/SPL/LatinStock; © Sérgio Dotta Jr./CID
Pág. 108 - © Bettmann/Corbis/Latinstock
Pág. 109 - © Akg Images/Latinstock
Pág. 110 - Fotos: © Sérgio Dotta Jr./CID

CAPÍTULO 8

Pág. 113 - © Wallis / Opção Brasil Imagens
Pág. 114 - © Bettmann/Corbis/Latinstock
Pág. 122 - © Phototostock-Israel/SPL/LatinStock; © PjrFoto/Gems/Alamy/Other Images; © Dinodia Images/Alamy/Other Images

CAPÍTULO 9

Pág. 125 - © Thomas Marent/Minden Pictures/Latinstock; © Mitsuhiko Imamori/Minden Pictures/Latinstock
Pág. 127 - © Olaf Doering/Alamy/Other Images
Pág. 129 - © Roy Morsch / Corbis / Latinstock; © Adriano Gambarini/Olhar Imagem; © NASA
Pág. 131 - © Mike Powell / Allsport / Getty Images; © Johnny Buzzerio / Corbis / Latinstock; © Alex Salim
Pág. 133 - © Ubik / AGE / Keystone
Pág. 135 - Fotos: © Andrew Lambert Photography/SPL/Latinstock
Pág. 136 - © Leandro Amaral/Futura Press; © Richard Treptow/PR/LatinStock; © Tek Image/SPL/LatinStock
Pág. 137 - © Daniel Cymbalista/ Pulsar; © Eduardo Santaliestra/CID; © Eduardo Santaliestra/CID
Pág. 138 - © NREL-US Dept. of Energy / SPL / Latinstock; © Holger Winkler-Zefa / Corbis / Latinstock; © Olaf Doering/Alamy/Other Images; © Satoshi Kuribayashi/Minden/LatinStock; © Piotr Naskrecki / Minden Pictures / Latinstock; © Matt Meadows / SPL / Latinstock

CAPÍTULO 10

Pág. 142 - © AKG Images/Latinstock
Pág. 149 - © Zaida Siqueira/Olhar Imagem
Pág. 150 - © Fábio Colombini

CAPÍTULO 11

Pág. 153 - © Tom Schierlitz/The Image Bank/ Getty Images
Pág. 154 - © AKG Images/Latinstock; © SPL/Latinstock
Pág. 155 - Fotos: © AKG Images/Latinstock
Pág. 156 - © Bettmann/Corbis/Latinstock
Pág. 164 - © SPL/Latinstock
Pág. 166 - © Museu Paulista da USP
Pág. 171 - Fotos: © Eduardo Santaliestra/CID

CAPÍTULO 12

Pág. 189 - © José Luiz Pelaez/Corbis/Latinstock; © Chris Knapton/SPL/LatinStock

PARTE II

Pág. 193 - Fotos: © Pier/The Image Bank/Getty Images

CAPÍTULO 13

Pág. 194/195 - © Dirk Wiersma/Science Photo Library/Latinstock
Pág. 197 - © Arnold Fisher/ Science Photo Library/Latinstock; © Cícero Viegas/ Isuzu Imagens; © Chassenet/ AGB
Pág. 198 - © Photodisc / Getty Images; © Leigh Beisch / StockFood / Getty Images; © Javier Jaime / CID; © Javier Jaime / CID
Pág. 199 - © Lawrence Berkeley National Laboratory / SPL / Latinstock
Pág. 203 - © Editorial Imagem, LLC/Alamy/Other Images; © PjrFoto/Gems/Alamy/Other Images

CAPÍTULO 14

Pág. 209 - © Nikola Bilic / Shutterstock; © TPG/AGB Photo
Pág. 210 - © Andrew Lambert Photography / SPL / Latinstock
Pág. 213 - © Photodisc / Getty Images; © Eduardo Santaliestra / CID
Pág. 215 - © Dennis Frates/Alamy/Other Images; © Jacek Iwanicki/Kino; © Mary-Ella Keith/Alamy/Other Images
Pág. 219 - © Luiz Guarnieri/Futura Press

CAPÍTULO 15

Pág. 222/223 - © Delfim Martins/Pulsar Imagens
Pág. 225 - © Eduardo Santaliestra / CID
Pág. 226 - © Manfred Kage / SPL / Latinstock
Pág. 227 - © Eugen/Corbis/LatinStock; © BHP Billinton/Reuters; © Photodisc/Getty images; © Olaf_Kowalzik/Alamy/Other Images
Pág. 228 - © Rick Gomez/Masterfile/Other Images; © Sheila Terry / SPL / Latinstock; © Dr. Jeremy Burgess / SPL / Latinstock; © Olivenza / CID; © Danny Lehman / Corbis / Latinstock
Pág. 229 - © Juca Martins/Olhar Imagem; © Delfim Martins/Pulsar
Pág. 244 - © Imagno-Schostal Archive / Hulton Archive / Getty Images

CAPÍTULO 16

Pág. 235 - Fotos: © Fabio Yoshihito Matsuura
Pág. 236 - © Extraído de "Atoms, Molecules and Reactions". Gillespie, Eaton, Humphreys and Robinson.
Pág. 237 - © Eduardo Santaliestra / CID
Pág. 241 - © Eduardo Santaliestra / CID

CAPÍTULO 17

Pág. 244 - © Ted Streshinsky / Corbis / Latinstock
Pág. 248 - Fotos: © Eduardo Canto
Pág. 251 - Fotos: © Eduardo Canto
Pág. 256 - © Sérgio Dotta Jr./CID; © Andrew Lambert Photography / SPL / Latinstock

CAPÍTULO 18

Pág. 258 - © G. Brad Lewis/Science Faction/Corbis/Latinstock
Pág. 259 - © Eduardo Santaliestra / CID; © R-P/Kino
Pág. 260 - © Sérgio Dotta Jr./CID
Pág. 262 - © Paul Rapson / SPL / Latinstock; © Paul Rapson / SPL / Latinstock; © Alexandre Belém/Kino; © Todd Ivins/Alamy/Other Images
Pág. 263 - © Chad Johnston/Masterfile/Other Images

CAPÍTULO 19

Pág. 270/271 - © Fabio Colombini
Pág. 273 - © Charles D. Winters / PR / Latinstock
Pág. 274 - © Davies & Starr / The Image Bank / Getty Images
Pág. 275 - © Pasieka / Science Photo Library/Latinstock; © Laguna Design/SPL/LatinStock; © Sidney Moulds / SPL-Latinstock; © Andrew Lambert Photography / SPL / Latinstock

CAPÍTULO 20

Pág. 280/281 - © Andre Seale/Pulsar imagens
Pág. 286 - © Minden Pictures/Minden Pictures/Latinstock

CAPÍTULO 21

Pág. 290/291 - © Paulo Manzi/CID
Pág. 292/293 - © Corel/Stock Photos; © Sandro Vannini /Corbis/Latinstock
Pág. 294 - © Darrell Gulin / Corbis / Latinstock
Pág. 295 - © Andrew Lambert Photography / SPL / Latinstock; © Eduardo Santaliestra / CID; © Andrew Lambert Photography / SPL / Latinstock;
Pág. 299 - © AKG Images / Latinstock
Pág. 300 - © Javier Jaime / CID
Pág. 301 - © SuperStock / Keystone; © K-Photos/ Alamy/ Other Images; © Sérgio Dotta Jr./ CID
Pág. 302 - © Picturestock/Alamy/Other Images
Pág. 303 - Fotos: © Eduardo Santaliestra / CID; © Fred Bavendam / Minden-Latinstock
Pág. 306 - © Eduardo Canto
Pág. 310 - © Eduardo Santaliestra/CID
Pág. 311 - © Eduardo Santaliestra / CID; © R-P/Kino
Pág. 312 - © Eduardo Santaliestra / CID
Pág. 313 - © Sandro Vannini /Corbis/Latinstock
Pág. 314 - © Garcia Pelayo / CID; © Charles D. Winters / PR / Latinstock; © Iara Venanzi/Kino; © Photodisc / Getty Images; © Eduardo Santaliestra / CID; © Dorling Kindersley/Getty Images; © Digital Vision / Getty Images; © Photodisc / Getty Images; © Iara Venanzi / Kino
Pág. 315 - © Ted Spiegel / Corbis / Latinstock; © Sheila Terry/SPL/Latinstock; © Martin Shields/Photoresearchers/Latinstock; © Charles D. Winters/Photoresearchers/Latinstock; Fotos: © Eduardo Santaliestra / CID
Pág. 316 - Fotos: © Sérgio Dotta Jr./CID

CAPÍTULO 22

Pág. 323 - A - © Muñoz Robredo/CID; B - © Basílica de São Pedro, Vaticano/Araldo de Luca/Corbis/LatinStock; C - © David Pearson/Alamy/Other Images; D - © Jewellery Specialist/Alamy/Other Images; E - © Iara Venanzi/Kino; © Eric Sanford / AGE-Keystone
Pág. 332 - © Martyn F. Chillmaid/SPL/LatinStock; © Andrew Lambert Photography/SPL/LatinStock; Fotos: © Martyn F. Chillmaid / Science Photo Library/Latinstock
Pág. 333 - © Eduardo Santaliestra / CID; © Andrew Lambert Photography / SPL / Latinstock
Pág. 334 - © Holt Studios International/Alamy/Other Images
Pág. 335 - © Patrik Giardino/Blend Images/Imageplus

CAPÍTULO 23
Pág. 337 - © Aprilphoto/Shutterstock
Pág. 340 - A - © John Kaprielian / PR / Latinstock; B - © Gabor Nemes/Kino; C - © Andrew Lambert Photography / SPL / Latinstock
Pág. 343 - © Eduardo Santaliestra / CID
Pág. 345 - © Andrew Lambert Phoography / SPL / Latinstock
Pág. 346 - © SPL / Latinstock; © Eduardo Santaliestra / CID

CAPÍTULO 24
Pág. 349 - © Robson Ventura / Folha Imagem
Pág. 350 - © Andrew Lambert Photography / SPL-LatinStock; © Sinclair Stammers / SPL-LatinStock
Pág. 351 - © Eduardo Santaliestra / CID
Pág. 354 - Fotos: © Sérgio Dotta Jr./CID
Pág. 355 - Fotos: © Eduardo Santaliestra / CID
Pág. 358 - A e B © Eduardo Santaliestra / CID; © Wayne Hutchinson/Alamy/Other Images
Pág. 361 - © Fernando Favoretto / CID; © Rosenfeld Images / SPL / Latinstock; © Ron Fehling/Masterfile/ Other Images
Pág. 363 - © Nasa; © Charles D. Winters/PR/LatinStock
Pág. 364 - © Eduardo Santaliestra / CID; © Yannis Kolesidis / AFP-Getty Images
Pág. 365 - © Daniel Augusto Jr./Futura Press

PARTE II
Pág. 369 - © Thomas Kruesselmann/Zefa/Corbis/ Latinstock

CAPÍTULO 25
Pág. 370 - © Adam Hart-Davis/Science Photo Library/ Latinstock
Pág. 372 - © Christopher Cooper-DK Ltd / Corbis-Latinstock; © Charles D. Winters/PR/LatinStock; © Christopher Cooper-DK Ltd / Corbis-Latinstock
Pág. 373 - Fotos: © Sérgio Dotta Jr./CID
Pág. 375 - Fotos: © Charles D. Winters / PR- Latinstock; © Andrew Lambert Photography / SPL-Latinstock
Pág. 376 - © Charles D. Winters / PR- Latinstock

CAPÍTULO 26
Pág. 377 - © Frank Trapper/Corbis/Latinstock
Pág. 378 - Fotos: © Martyn F. Chillmaid/SPL/Latin-Stock
Pág. 380 - Fotos: © Andrew Lambert Photography / SPL-Latinstock
Pág. 381 - © Andrew Lambert Photography / SPL-Latinstock

CAPÍTULO 27
Pág. 387 - © Fletcher & Baylis/Photo Researchers/ TPG/AGB Photo
Pág. 388 - © Sérgio Dotta Jr./ CID
Pág. 389 - © Sérgio Dotta Jr./ CID
Pág. 390 - A, B, C, D © Andrew Lambert Photography / SPL-Latinstock; E, F, G © Andrew Lambert Photography / SPL-Latinstock; H, I © Sérgio Dotta Jr./ CID.
Pág. 392 - © Sérgio Dotta Jr./ CID
Pág. 393 - © Charles D. Winters/PR/LatinStock; © Taxi Japan-Getty Images
Pág. 394 - © Sérgio Dotta Jr./ CID

CAPÍTULO 28
Pág. 401 - © Colin Cuthbert/Science Photo Library/ TPG/AGB Photo
Pág. 403 - © Simon Fraser /SPL/LatinStock

CAPÍTULO 29
Pág. 411 - © George Steinmetz/Corbis/Latinstock; © João Prudente/Pulsar Imagens; © Jehad Nga/Corbis/ Latinstock
Pág. 412 - Fotos: © Sérgio Dotta Jr./CID
Pág. 413 - © Matuiti Mayezo / Folha Imagem
Pág. 414 - © Erich Schrempp / Photo Researchers / Latinstock
Pág. 416 - © Raoul Minsart/Masterfile/Other Images
Pág. 417 - © Sérgio Dotta Jr./ CID
Pág. 422 - © AKG Images - Latinstock
Pág. 424 - © Adam Hart-Davis / SPL-Latinstock

CAPÍTULO 30
Pág. 425 - © TPG/AGB Photo
Pág. 426 - © Eduardo Santaliestra / CID
Pág. 428 - © Photodisc / Getty Images

CAPÍTULO 31
Pág. 430 - © TPG/AGB Photo
Pág. 432 - © Antonio Viñas Valcarcel / CID
Pág. 435 - © Chris Hellier / SPL-Latinstock

CAPÍTULO 32
Pág. 439 - © TPG/AGB Photo
Pág. 440 - © Gk Hart-Vikki Hart / The Image Bank-Getty Images
Pág. 441 - © Martyn Colbeck / Oxford Scientific-Photolibrary-Other Images; © Flávio Bacellar / Olhar Imagem; © Juca Martins / Olhar Imagem; © Ricardo Azoury / Pulsar
Pág. 442 - © AKG Images-Latinstock
Pág. 443 - © Sérgio Dotta Jr./ CID
Pág. 446 - © Bettmann / Corbis-Latinstock
Pág. 452 - © Eduardo Santaliestra / CID
Pág. 453 - © Hulton-Deutsch Collection / Corbis-Latinstock
Pág. 454 - © AKG Images- Latinstock; © AKG Images-Latinstock
Pág. 455 - © Ricardo Azoury / Olhar Imagem

CAPÍTULO 33
Pág. 457 - © Check Six/ Getty images
Pág. 458 - © Eduardo Santaliestra / CID
Pág. 459 - © J. Gómez de Salazar / CID
Pág. 460 - © Esgueva / CID

CAPÍTULO 34
Pág. 467 - © Tom Grill/age fotostock/NextFoto
Pág. 470 - © Eduardo Santaliestra / CID
Pág. 472 - © Stock Connection Distribution / Alamy / Other Images; © Jonathan Campos/ Gazeta do Povo/ Futura Press; © Marcos Peron / Kino
Pág. 473 - © SPL-Latinstock; © SPL-Latinstock
Pág. 474 - © Marcos Peron / Kino; © Clayton de Souza / Agência Estado
Pág. 475 - © US Dept. of Energy / SPL-Latinstock

CAPÍTULO 35
Pág. 478/479 - © Morgan Lane / Shutterstock
Pág. 480 - Fotos: © Sérgio Dotta Jr./CID
Pág. 490 - © Arcieri / Reuters-Newscom

CAPÍTULO 36
Pág. 498 - © AKG Images-Latinstock

CAPÍTULO 37
Pág. 503 - © Leonardo Papini/Sambaphoto
Pág. 513 - © Antonio Viñas Valcarcel / CID

CRÉDITOS DE INFOGRAFIA
Cap. 1 - *Fotos*: Cássio Vasconcellos
Cap. 10 - *Ilustração*: Gabriel Silveira
Cap. 21 - *Ilustração*: Erika Onodera / Foto: Paulo Manzi
Cap. 29 - *Ilustração*: Éber Evangelista / Fotos: George Steinmetz/Corbis/Latinstock, João Prudente/Pulsar Imagens, Jehad Nga/Corbis/Latinstock
Cap. 36 - *Ilustração*: Gil Tokio